FORSCHUNGEN UND BERICHTE ZUR VOR- UND FRÜHGESCHICHTE
IN BADEN-WÜRTTEMBERG

REGIERUNGSPRÄSIDIUM STUTTGART – LANDESAMT FÜR DENKMALPFLEGE

FORSCHUNGEN UND BERICHTE ZUR VOR- UND FRÜHGESCHICHTE
IN BADEN-WÜRTTEMBERG

BAND 110

2009

KOMMISSIONSVERLAG · KONRAD THEISS VERLAG · STUTTGART

REGIERUNGSPRÄSIDIUM STUTTGART – LANDESAMT FÜR DENKMALPFLEGE

MARKUS SCHOLZ

Das römische Reiterkastell Aquileia/Heidenheim

Die Ergebnisse der Ausgrabungen 2000–2004

mit Beiträgen von

MANFRED BAUMGÄRTNER, THOMAS BECKER, MARKUS HELFERT,
ULRICH KLEIN, HANS HEINRICH LUDWIG, MARCUS G. MEYER UND
CHRISTOPH J. RAUB

2009

KOMMISSIONSVERLAG · KONRAD THEISS VERLAG · STUTTGART

HERAUSGEBER:
REGIERUNGSPRÄSIDIUM STUTTGART – LANDESAMT FÜR DENKMALPFLEGE,
BERLINER STRASSE 12 · D-73728 ESSLINGEN AM NECKAR

Bibliografische Information Der Deutschen Bibliothek

Die Deutsche Bibliothek verzeichnet diese Publikation in der Deutschen Nationalbibliografie;
detaillierte bibliografische Daten sind im Internet über <http://dnb.ddb.de> abrufbar.

Redaktion und Herstellung
Verlags- und Redaktionsbüro Wais & Partner, Stuttgart
Produktion
Offizin Scheufele, Stuttgart

© Regierungspräsidium Stuttgart – Landesamt für Denkmalpflege, Esslingen am Neckar, 2009.
Das Werk einschließlich aller seiner Teile ist urheberrechtlich geschützt.
Jede Verwertung außerhalb der engen Grenzen des Urheberrechtsgesetzes
ohne Zustimmung des Herausgebers ist unzulässig und strafbar.
Dies gilt insbesondere für Vervielfältigungen, Übersetzungen, Mikroverfilmungen
sowie Einspeicherung und Verarbeitung in elektronischen Systemen.
Printed in Germany · ISBN 978-3-8062-2259-3

Vorwort

In den Jahren 2000 bis 2003 fanden in Heidenheim, bedingt durch verschiedene Baumaßnahmen umfangreiche Rettungsgrabungen im Kastell der Ala II Flavia statt. Das 5,58 ha große Kastell gehört zu den größten Militäranlagen römischer Zeit in Süddeutschland. Die Ausgrabungen, die das damalige Landesdenkmalamt Baden-Württemberg im Vorfeld der Errichtung eines Einkaufszentrums durchführte, erbrachten für die Gesamtstruktur des römischen Kastells, insbesondere aber für das Aussehen und für die Rekonstruktion römischer Reiterkasernen völlig neue Erkenntnisse. Im früheren Gartenanwesen Bittel, Karlstraße 18, hatte schon Bodo Cichy 1965 herausragende Befunde der Innenstruktur des Kastells nachweisen können, sodass hier ein Ansatzpunkt für die neuen Grabungen vorlag. Zusätzlich konnten weitere Bodeneingriffe, so im April 2002 die Bauarbeiten für eine zentrale Omnibushaltestelle sowie in den Gartenanlagen um das ehemalige Finanzamt unter der Karlstraße und die Komplexe in Kurt-Bittel-Straße 12, archäologisch begleitet werden.
Unmittelbar nach Abschluss der Rettungsgrabungen war es möglich, die nun vorliegende Arbeit vom Dezember 2004 bis November 2006 im Rahmen eines an der Universität Freiburg, Abteilung für Provinzialrömische Archäologie, angesiedelten Forschungsprojekts, das von der Deutschen Forschungsgemeinschaft finanziert wurde, aufzuarbeiten. Dem Leiter des Instituts, Prof. Dr. Hans Ulrich Nuber, und Herrn Dr. Hans-Dieter Bienert von der Deutschen Forschungsgemeinschaft gilt an dieser Stelle unser ganz besonderer Dank.
Die Finanzierung der Grabungsleiterstelle übernahm vom April bis Dezember 2003 gemeinsam mit dem Förderverein „Museum im Römerbad" die Stadt Heidenheim. Der Stadt und hier insbesondere Herrn Oberbürgermeister Ilg sowie Herrn Stadtarchivdirektor Dr. Weimert, Herrn Dipl.-Ing. Franz Hummel vom Bürgerbüro Bauen/Untere Denkmalschutzbehörde, Frau Dipl.-Ing. Kirstin Schindwolf und Klaus Schenk (Amt für Vermessung und Geoinformation) sei herzlich gedankt.
Danken möchten wir der Agentur für Arbeit Aalen mit der Außenstelle in Heidenheim für die Bewilligung mehrerer Arbeitsbeschaffungsmaßnahmen in den Jahren 2000 bis 2002 und die gute Zusammenarbeit. Mit einschließen möchte ich aber auch den Förderverein „Museum im Römerbad" sowie zahlreiche ehrenamtliche Helfer.
Für den Herausgeber ist es besonders erfreulich, wenn schon wenige Jahre nach Abschluss der großen Rettungsgrabungen ein Manuskript vorliegt und die Drucklegung zeitnah erfolgen kann. Damit werden die herausragenden Ergebnisse zur Struktur und Genese römischer Reiterkastelle am Limes und in dessen Hinterland dem wissenschaftlichen Publikum rechtzeitig vorgelegt. Dafür gilt mein ganz besonderer Dank dem Autor, Herrn Dr. Markus Scholz, jetzt Römisch-Germanisches Zentralmuseum Mainz, der mit ganz außerordentlichem Engagement und großem Einsatz die Grabung und die wissenschaftliche Auswertung dieser umfangreichen Untersuchungen durchführte. Möge diese Arbeit ein wichtiger Baustein zur weiteren Erforschung römischer Kastelle sein.
Zum Schluss möchte ich all denjenigen Dank sagen, die zum Gelingen dieser Publikation beigetragen haben, insbesondere dem Verlagsbüro Wais & Partner und Herrn Dr. Martin Kempa für die redaktionelle Betreuung.

Esslingen, im Dezember 2008 *Prof. Dr. Dieter Planck*

Für meine Verlobte Stefanie Kicherer

Inhalt

Dank 11

Einführung 13
   Forschungsstand 13
   Die neuen Ausgrabungen 2000–2004: Übersicht, Rahmenbedingungen
   und technisches Vorgehen 17
   Zeugnisse vorgeschichtlicher Besiedlung auf dem späteren Kastellgelände ... 18
      Bronzezeitliche Gräber 18
      Eisenzeitliche Gehöfte 19

I Die Umwehrung 21
   I.1 Die nördliche Umwehrung 21
   I.2 Die westliche Umwehrung 23
   I.3 Das Westtor *(porta principalis sinistra)* 29
   I.4 Suche nach der Holz-Erde-Umwehrung zwischen den Toren (Phase 1) .. 36
   I.5 Zur Datierung des Umwehrungsausbaus in Stein 37
   I.6 Gezielte Demontage 39
   I.7 Größe des Kastells und Rekonstruktion des Gesamtplans 39
   I.8 Zur Vermessung des Kastells 42
   I.9 Zur Be- und Entwässerung des Kastells 44

II Die Baracken 46
   II.1 Die Innenbebauung des Holz-Erde-Kastells (Phase 1) 46
      II.1.1 Gruben in den Trassen der *viae vicinariae*
      zwischen den Baracken (Phase 1) 46
      II.1.2 Liste der Befunde Phase 1 52
   II.2 Die Hauptbauphase der Baracken (Phase 2) 52
      II.2.1 Definition und Datierung 52
      II.2.2 Die Befunde 52
      II.2.3 Die Stuben *(papiliones)* 55
      II.2.4 Die Ställe *(stabula)* 60
      II.2.5 Die Kopfbauten 64
      II.2.6 Die Endbauten 72
      II.2.7 Die porticus 73
      II.2.8 Pfostengräbchen oder Schwellbalken? 77
      II.2.9 Römische Fertigbautechnik: Zur Vermessung der Baracken 81
      II.2.10 Strukturen befristeter Benutzungsdauer in den Baracken
      (Phase 2a und 2b) 89
      II.2.11 „Stallgruben" innerhalb der *porticus* der Baracken III bis VI
      (Phase 2a) 89

II.2.12 Anmerkungen zum Fundmaterial der Phase 2a 94
II.2.13 Liste der Befunde Phase 2a 97
II.2.14 Einrichtungen und Umbauten innerhalb der Baracken,
die nicht bis zum Ende des Kastells Bestand hatten (Phase 2b) . . . 97
II.2.15 Liste der Befunde Phase 2b 97
II.3 Umbauten, die bis zur Aufgabe des Kastells bestanden (Phase 3) 97
    II.3.1 Veränderungen in den Mannschaftsquartieren 98
    II.3.2 Neue Kopfbauten 100
    II.3.3 Erneuerte Endbauten 103
    II.3.4 Erweiterung der Kopf- und Endbauten 104
    II.3.5 Das Ende der Baracken 106
    II.3.6 Liste der Befunde Phase 3 107
II.4 Zweistöckige Baracken? Ein Rekonstruktionsvorschlag
(*Markus Scholz und Hans Heinrich Ludwig*) 107
II.5 Die römische Nutzung des Kastellareals nach der Vorverlegung
des Limes (Phase 4–5) 112
    II.5.1 Liste der Befunde Phase 4–5 114

III Befunde außerhalb des Kastells 115

III.1 Abfallgruben vor dem Lager 115
III.2 Zweiphasiger Sohlgraben parallel zur Westumwehrung und Verlauf
der westlichen Ausfallstraße (verlängerte *via principalis*) 117
III.3 Manöverplatz *(campus)* vor dem Kastell 117
    III.3.1 Datierungsrelevante Funde vom Areal „Gleisharfe" 121

IV Die Funde 123

IV.1 Epigraphische Quellen zur *ala II Flavia pia fidelis milliaria*
und ihrem Personal 123
    IV.1.1 Fragment eines Militärdiploms. 127 n. Chr. 123
    IV.1.2 Gestempelte Ziegel 124
    IV.1.3 Herstellerinschriften auf Keramik und andere vor dem Brand
          (*ante cocturam*) angebrachte Graffiti und Markierungen 131
    IV.1.4 Besitzerinschriften auf Metallobjekten und Keramik (Graffiti) . . . 131
    IV.1.5 Keramikgefäße mit Graffiti 139
    IV.1.6 Das „Personal" der *ala II Flavia pia fidelis milliaria* und die
          Namen ihrer Soldaten 141
    IV.1.7 Anhang: Die übrigen Personennamen der *ala II Flavia pia fidelis
          milliaria* 150
          Kommandeure (unter Mitarbeit von Marcus Reuter) 150
          Offiziere und Mannschaften 152
    IV.1.8 Zur Geschichte der *ala II Flavia pia fidelis milliaria* 155
    IV.1.9 Graffiti auf Bleiobjekten 164
IV.2 Münzen *(Ulrich Klein, Marcus G. Meyer und Markus Scholz)* 166
IV.3 Objekte aus Buntmetall und Blei 179
    IV.3.1 Buntmetallfunde vom mutmaßlichen *campus* des Kastells
          (Ausgrabung „Gleisharfe" 2004) 205
    IV.3.2 Chemische Untersuchungen an emaillierten Zierbeschlägen
          aus Heidenheim *(M. Baumgärtner und Ch. J. Raub)* 210

IV.4 Objekte aus Eisen	212
IV.5 Objekte aus Bein und Knochen	230
IV.6 Glas	233
IV.7 Reliefsigillata	241
IV.8 Töpferstempel auf glatter Terra Sigillata	269
IV.9 Keramik. Die wichtigsten Warenarten (Phase 1–3)	277
IV.9.1 Produktionsorte	279
IV.9.2 Gefäßtypen	280
IV.10 Öllampen aus Ton	316
IV.11 Kochgeschirr aus Lavez	319
IV.12 Baumaterial der Baracken	321
IV.12.1 Fachwerklehm und Verputz	321
IV.12.2 Ziegel	323
IV.12.3 Trittsiegel auf Ziegeln *(Thomas Becker)*	336
IV.12.4 Chemische Keramikanalysen *(Markus Helfert)*	341
V Katalog der Befunde	348
Vorbemerkungen zum Katalog	348
VI Exkurs: Siedlungen der frühen Völkerwanderungszeit (4.–5. Jh.) auf dem vormaligen Kastellgelände	453
VII Zusammenfassung	457
VIII Verzeichnis der abgekürzt zitierten Literatur	465
IX Tafel 1–46	473
X Anlage 1–25	521

Dank

Die vorliegende Arbeit entstand im Anschluss an die Ausgrabungen zwischen Dezember 2004 und November 2006 im Rahmen eines an der Universität Freiburg, Abt. für Provinzialrömische Archäologie, angesiedelten Forschungsprojektes, das von der Deutschen Forschungsgemeinschaft mit einer „eigenen Stelle" finanziert wurde. Beiden Institutionen gilt für die Bereitstellung gedeihlicher Arbeitsbedingungen mein herzlicher Dank, namentlich Prof. Dr. Hans Ulrich Nuber. Ebenso herzlicher Dank gilt dem Landesamt für Denkmalpflege (einst Landesdenkmalamt) Baden-Württemberg im Regierungspräsidium Stuttgart sowie der Stadt Heidenheim. Das Regierungspräsidium hat die Restaurierungsarbeiten an den Metallfunden durch Rolf-Dieter Blumer, Nicole Ebinger-Rist, Hildegard Hüther, Elisabeth Lerch und Shimon Mahnke (alle Esslingen) ermöglicht sowie die Kosten für einen Teil der Fundzeichnungen und für alle Fotos übernommen. Der initiativreichen Arbeit der Restauratorinnen und Restauratoren, die werkstoffkundliche und herstellungstechnische Untersuchungen einschloss, gebührt höchstes Lob. Die Zeichnungen der Eisenfunde stammen zum größten Teil aus der Künstlerhand von Alexandra Gram M.A. (Augsburg), ein großer Teil der Profile von Keramikgefäßen von Ortrun Mack (Herbrechtingen) sowie Katja Baumgärtner (Mögglingen), alle übrigen Zeichnungen vom Verfasser selbst. Ortrun Mack, Katja Baumgärtner, Ingrid Kreuzer (Heidenheim), Lutz Mayer (Heidenheim) und Marianna Wenczel (Heidenheim) ist außerdem für beharrliche, geduldige und sorgfältige Büroarbeiten in besonders herzlicher Weise zu danken, die die Genannten aus freien Stücken unentgeltlich geleistet haben. Ohne ihr Zutun wäre die Arbeit nicht in der vorgesehenen Zeit vollendet worden. Die Fotos hat Yvonne Mühleis (Esslingen) in bewährter Qualität aufgenommen. Prof. Dr. Dieter Planck, Dr. Jörg Biel und insbesondere Dr. Ingo Stork haben den Ausgrabungen wie der Auswertungsarbeit stets wohlwollende Förderung und Interesse angedeihen lassen. Dr. Klaus Kortüm hat das Projekt von Anfang an mit wertvollen Ratschlägen und konstruktiver Kritik begleitet und außerdem bei der Korrekturlesung des Manuskripts mitgewirkt. Bei den Genannten und bei folgenden Kollegen bedanke ich mich ferner für ausführliche und anregende Diskussionen: Gereon Balle M.A. (Heidenheim), Thomas Becker M.A. (Wiesbaden), Dr. Wolfgang Czysz (Thierhaupten), Dr. Christian Dreier (Metz), Dr. Meinrad N. Filgis (Esslingen), Dr. Philipp Filtzinger † (Neckartailfingen), Dr. Jörg Heiligmann (Konstanz), Peter Heinzelmann (Heidenheim), Dr. Markus Helfert (RGK Frankfurt/Main), Dr. Nick Hodgson (South Shields), Dr. Martin Kemkes (Rastatt), Dr. Marcus G. Meyer (Freiburg), Prof. Dr. Hans Ulrich Nuber (Freiburg), Dr. Thomas Pauli-Gabi (Windisch CH), Dr. Marcus Reuter (Xanten), Dr. Rainer Schreg (RGZM Mainz), Dr. Gabriele Seitz (Freiburg), Dr. Christian Sebastian Sommer (München), Dr. Bernd Steidl (München), Dr. Andreas Thiel (Esslingen), Dr. Jürgen Trumm (Windisch) und Edgar Weinlich M.A. (Rufenhofen). Das Rekonstruktionsmodell ist in bewährter Zusammenarbeit mit Dipl.-Ing. arch. Hans Heinrich Ludwig (Herbrechtingen) entstanden, der die Rekonstruktionszeichnung anfertigte und der mit Dr. Martin Kemkes und mir zusammen auch die wissenschaftliche Betreuung des Nachbaus in Aalen übernahm. Dipl.-Ing. arch. Hans Heinrich Ludwig oblag als stellvertretendem, technischem Grabungsleiter 2001–2004 die Befunddokumentation. Ohne seine Präzision und Beharrlichkeit wäre manches Ergebnis nicht zu erzielen gewesen. Für baufachliche Beratung danke ich ferner Dipl.-Ing. Peter Diller, Dipl.-Ing. Gerhard Holz (Sta-

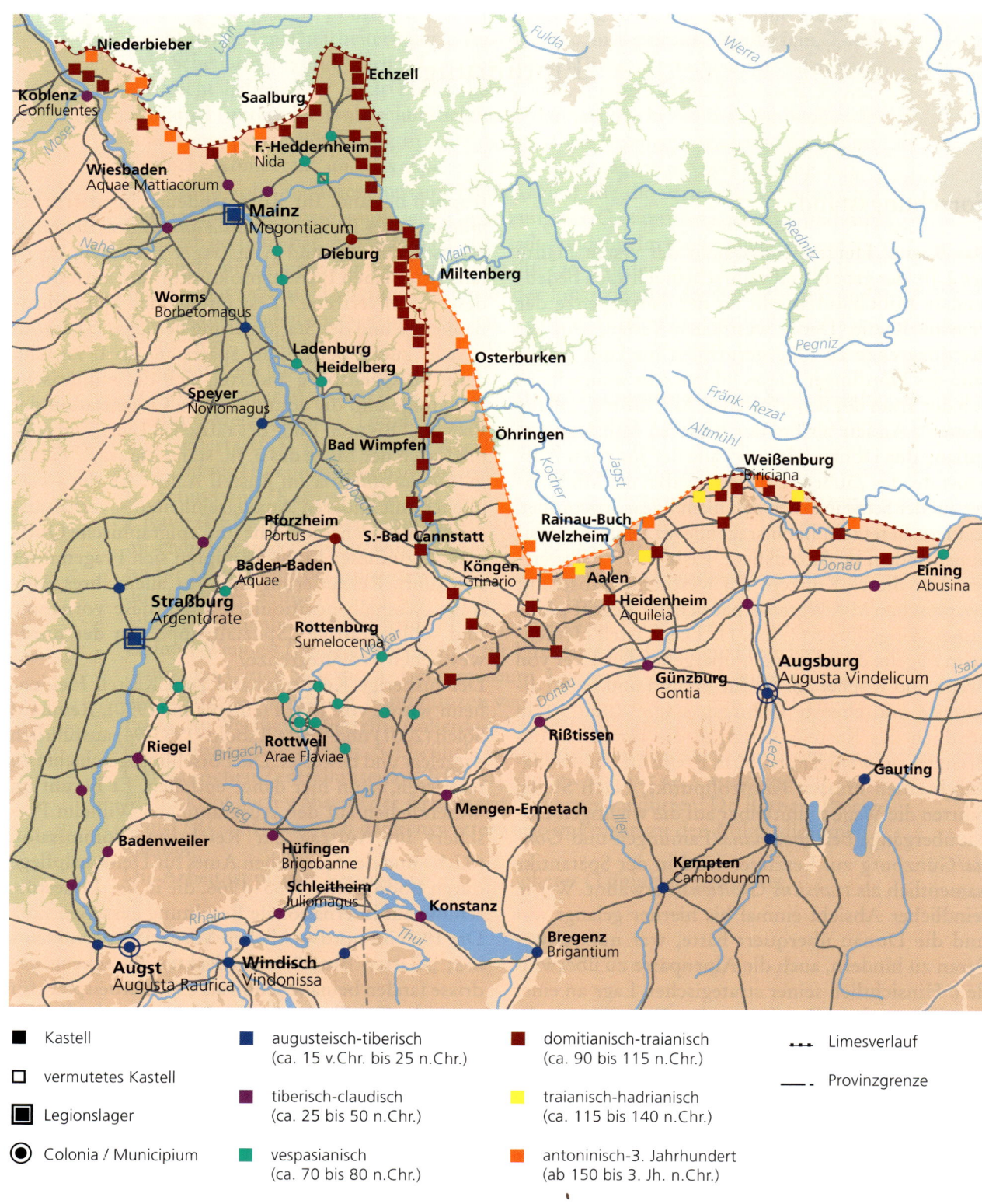

■ Kastell	■ augusteisch-tiberisch (ca. 15 v.Chr. bis 25 n.Chr.)	■ domitianisch-traianisch (ca. 90 bis 115 n.Chr.)	▬▬▬ Limesverlauf
□ vermutetes Kastell	■ tiberisch-claudisch (ca. 25 bis 50 n.Chr.)	■ traianisch-hadrianisch (ca. 115 bis 140 n.Chr.)	▬ ▬ Provinzgrenze
■ Legionslager			
◉ Colonia / Municipium	■ vespasianisch (ca. 70 bis 80 n.Chr.)	■ antoninisch-3. Jahrhundert (ab 150 bis 3. Jh. n.Chr.)	

Abb. 1: Ausbauphasen des obergermanischen und rätischen Limes und seines Hinterlands.

mussten. Die ungewöhnlich kontrastreich sich im Boden abzeichnenden Holzbaubefunde waren vor dem Hintergrund eines (zur Verdeutlichung, nicht zur Fälschung!) retuschierten Fotos von manchen Kollegen sogar zeitweise, wenn auch nur mündlich in Zweifel gezogen worden.[6] Erst die Erkenntnis, dass die Heidenheimer Befunde dem Typ der Stallbaracken angehören,[7] schuf eine aussichtsreiche Ausgangsposition für weitere Forschungen.

Bisher ungesichert war auch der Verlauf der westlichen Kastellumwehrung und damit die wirkliche Gesamtgröße des Lagers. In der jüngeren Literatur schwanken die (unrichtigen) Angaben inklusive Kastellmauer zwischen „4,8" und „ca. 6" ha.

Aufgrund der wiederholten Vorverlegung der westrätischen Militärgrenze kommt dem Kastell Heidenheim prinzipiell der Stellenwert eines *dated site* für die erste Hälfte bis zur Mitte des 2. Jh. zu. Ein solcher fehlte bisher im Westen Rätiens. Diese Region ist eine eigenständige „Keramikprovinz". Die Übertragung des an Fundmaterial aus dem Regensburger Raum erarbeiteten Chronologiegerüstes bereitet hier Schwierigkeiten.[8] Die Faiminger Gräber sind nur eingeschränkt als Referenzmaterial verwendbar, da sie zum einen mehrheitlich in die Zeit nach der Mitte des 2. Jh. datieren und es sich zum anderen um teilweise unvollständige bzw. in ihrer Zusammengehörigkeit als „geschlossene Funde" fragliche Altfunde handelt.[9] Die vollständig ergrabene Straßenstation von Sontheim/Brenz, „Braike", fällt für Materialvergleiche aufgrund des Publikationsstandes bis auf die reliefverzierte Sigillata vorerst aus.[10]

Bezüglich des Siedlungsbeginns schwanken die Angaben in der jüngeren Fachliteratur zwischen „Titus-

---

6 Die schwarzweiße Übersichtsaufnahme Cichy 1971, 15 wurde aufgrund ungünstiger Schlagschatten durch benachbarte Bäume etwas nachretuschiert. Es konnte nun jedoch bewiesen werden, dass nichts verfälscht wurde.
7 Sommer 1995; Balle 2000.
8 Pfahl 1999, 83–86.
9 Müller 1999.
10 Zuletzt: G. Seitz, RGA 28 (Berlin/New York 2005) s.v. Sontheim an der Brenz; dies., Strassenstationen – Infrastruktur für die Weltherrschaft. In: Imperium Romanum 420–425; Naumann 2005.

Abb. 2: Topographie und Gesamtplan des Kastells Heidenheim vor den Ausgrabungen 2000–2004.

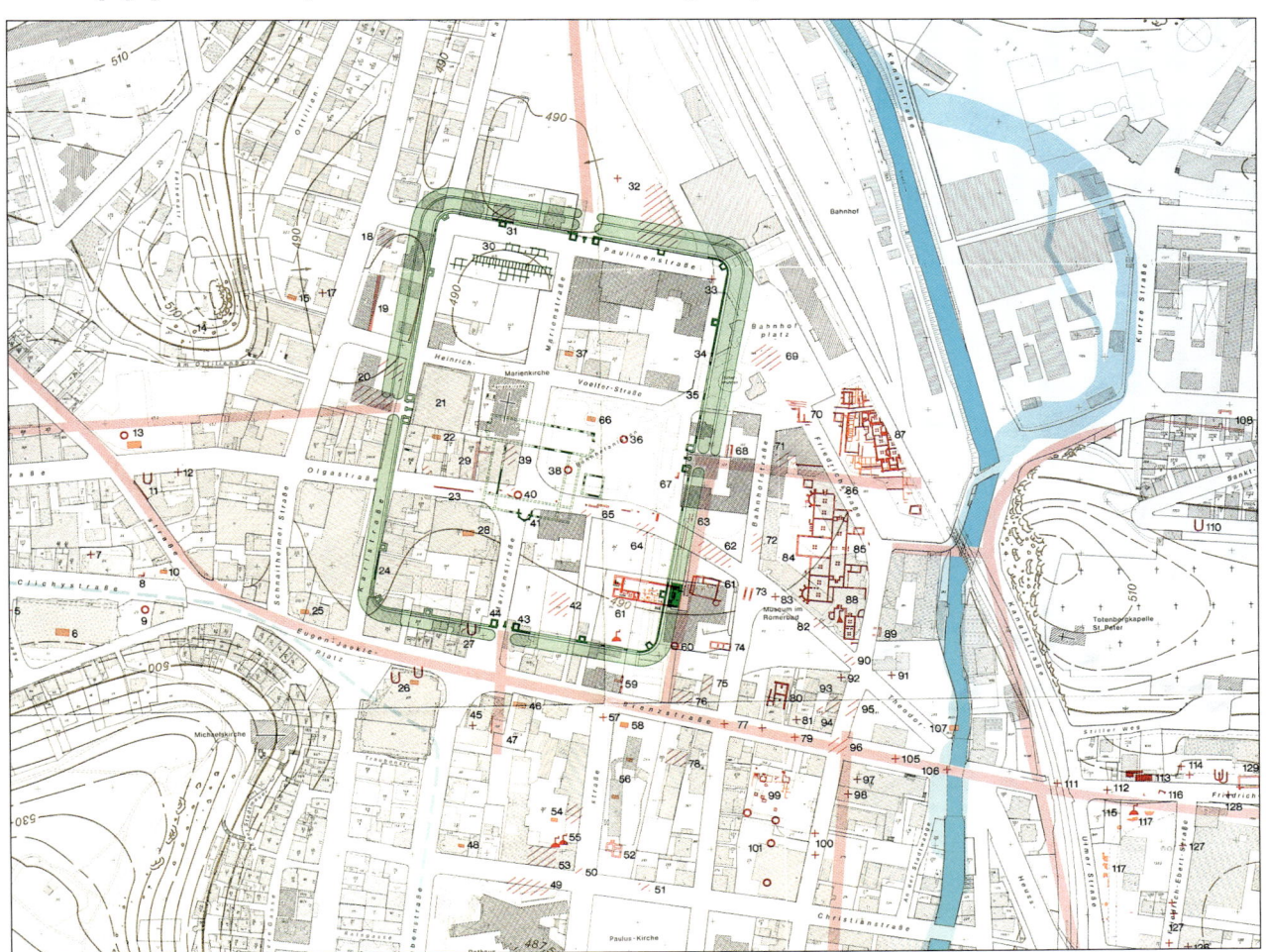

Trajan", „um 90 n. Chr.", „um 103/111", „ca. 105/115 n. Chr." und „um 110 n. Chr.".[11] Die Anfangsdatierung des Alenkastells muss nicht zwangsläufig mit der des Militärstandortes Heidenheim identisch sein. In diesem Zusammenhang bleibt die Frage nach der Existenz eines älteren, deutlich kleineren Holz-Erde-Lagers (Kastell II) östlich des Reiterkastells zu beantworten. Ein 1966 an zwei Stellen geschnittener bzw. angeschnittener Spitzgraben sowie an dessen Ostkante bei einer Bermenbreite von 0,75 m entdeckte Pfostenlöcher einer mutmaßlichen Holz-Erde-Mauer wurden als Zeugnisse für „Kastell II" in Anspruch genommen, das als Baulager für das Alenkastell gedeutet wurde.[12] Diese Befunde sind zuletzt von Reinhard Sölch angezweifelt worden, der die Existenz dieses Holz-Erde-Lagers folglich negiert.[13] Seine Argumente sind zwar nur zum Teil stichhaltig, doch haben sie eine alternative Deutungsmöglichkeit als Entwässerungsgraben eröffnet.[14] Ein gewisses Augenmerk ob ihres eventuellen militärischen Ursprungs verdienen vielmehr die ältesten, barackenähnlichen Holzbaustrukturen, die bei den Ausgrabungen 1991/92 in der Friedrichstraße dokumentiert wurden.[15] Diese spannende Ausgrabung verharrt unpubliziert.

Deutlich enger lässt sich das Enddatum des Alenkastells fassen, das mit dem Umzug der Truppe nach Aalen gleichzusetzen ist. Hierfür sind die Dendrodaten von den Stümpfen der Eichenpfeiler der hölzernen *principia*-Vorhalle *(groma)* des Kastells Aalen relevant, die mit 160 plusminus 10 n. Chr. angegeben werden.[16] Nach Dieter Planck ist dieses Datum jedoch erst mit einer zweiten Holzbauphase des Stabsgebäudes zu verbinden, dem eine ältere vorausging.[17] Dabei soll es sich um eine „älteste kurzfristige Überdachung der *via principalis*„ handeln.[18] Für eine endgültige Beurteilung dieser Befunde bleibt die Auswertung der Grabungen im Stabsgebäude abzuwarten. Die Bruchstücke einer Bauinschrift aus dem Aalener Stabsgebäude bezeugen vermutlich die Fertigstellung der eigentlichen, steinernen *principia*. Sie wird von Geza Alföldy 163/164 n. Chr. datiert.[19] Von Relevanz sind ferner eine kleine Serie von Brunnenverschalhölzern aus dem Kastellvicus von Rainau-Buch, die im Winter 160/161 n. Chr. geschlagen wurden,[20] sowie die Fälldaten der Limespalisaden im Rotenbachtal (163/164 n. Chr.) und bei Rainau-Schwabsberg (165 n. Chr.).[21] Nun geht aber zumindest beim Limestor Dalkingen dieser Palisade wiederum ein mit Flechtwerk verbundener Zaun voraus, sodass zuletzt von Dieter Planck sogar ein Anfangsdatum des äußeren wrätischen Limes schon um 150 n. Chr. vorgeschlagen wurde.[22] Schien sich bis dahin das Datum um 160 n. Chr. für die Vorverlegung (auch) des wrätischen Limes in der Forschung als konsensfähig herauszukristallisieren, wird für den südlichen obergermanischen Limes inzwischen auch wieder ein etwas früherer Ansatz um 155–160 n. Chr. diskutiert.[23] Es bleibt zu resümieren, dass nach dem publizierten Forschungs- bzw. Meinungsstand die Unsicherheiten und Diskrepanzen über die das Kastell Heidenheim betreffenden Anfangs- und Enddatierungen größer denn je sind: 80/90–110 n. Chr. bzw. 150–160/161 n. Chr. Das liegt daran, dass das archäologische Fundmaterial – sofern an den relevanten Stellen vorhanden – methodisch kaum auf engere Zeiträume festgelegt werden kann. Umso wichtiger ist es, künftig den Bestand jedes einzelnen Platzes aufzuarbeiten.

Wie bei allen Kastellen der älteren Grenzlinien, so gilt es auch in Heidenheim das Schicksal des Militärplatzes nach dem Abzug der Garnison zu beleuchten.[24] Während die östliche *retentura* eine mehrphasige zivile Überbauung mit Holz- und Steingebäuden erfahren hat,[25] konnten 1965 keine

---

11 Heiligmann 1990, 192 f.; B. Rabold in: Planck 2005, 118; Kortüm 1998, 51; Schmid 2000, 54; E. Schallmayer/M. Becker, RGA 18 (Berlin/New York 2001) 419–421 s. v. limes.
12 Heiligmann 1990, 114–116.
13 Sölch 2001, 20–22.
14 Die unterschiedliche Stratigraphie im Oberteil der beiden für die Holz-Erde-Mauer in Anspruch genommenen Pfosten muss nicht gegen deren Gleichzeitigkeit sprechen (ebd. 20), da sie sich auch dadurch erklären ließe, dass einer der beiden Pfosten ausgegraben wurde, während der Stumpf des anderen im Boden verblieb. Funde vorgeschichtlicher Scherben in der unteren Grabenfüllung können höchstens post quem datieren, nicht aber, wie R. Sölch meint, eine vorrömische Zeitstellung des Grabens begründen. Die Pfostengräbchen der Baracken des Alenkastells enthielten als Funde überwiegend vorgeschichtliche Scherben, da einzig dieses Kulturmaterial am Anfang an der Oberfläche lag und in die Verfüllungen gelangen konnte. Meines Erachtens berechtigte Zweifel erstrecken sich auf das sonstige Fundmaterial aus dem Graben sowie auf die ungewöhnlich geringe Bermenbreite.
15 Rabold 1993/94.
16 Kortüm 1998, 61.
17 Planck 1988, 43 f.
18 Diese Verfärbungen hölzerner Punktfundamente haben etwa die Größe der *porticus*-Pfosten der Heidenheimer Baracken, was diese Interpretation durchaus unterstützt.
19 Alföldy 1989.
20 Kortüm 1998, 62 f.; Greiner 2002, 83 f. B. A. Greiner geht davon aus, dass die Brunnenhölzer saftfrisch verbaut wurden und datiert daher die Gründung nicht nur des Brunnens 2, sondern des gesamten Vicus in das Jahr 161 n. Chr. Diese Deutung ist jedoch abhängig von der „Vorgabe" der Daten aus dem Aalener Stabsgebäude. Bedeutsam ist, dass der Holzeinschlag am äußeren rätischen Limes erstmals nachweislich 161 n. Chr. einsetzt.
21 Kortüm 1998, 63; Planck 2005, 258.
22 D. Planck, Das Limestor bei Dalkingen. Pforte zur zivilisierten Welt. In: Imperium Romanum 130 beruft sich dabei auf Keramik und Münzen aus der ersten Bauphase des Limestores. Die vollständige Vorlage der Funde ist ein Desiderat.
23 K. Kortüm in: Biegert/Lauber 1995, 558–563; Alföldy 2004.
24 Luik 2002.
25 Sölch 2001, 24–37.

nachkastellzeitlichen Nutzungsspuren in der *praetentura* festgestellt werden.
Damit seien Forschungsstand und Fragestellungen umrissen.

Die neuen Ausgrabungen 2000–2004: Übersicht, Rahmenbedingungen und technisches Vorgehen

In den Jahren 2000–2003 führte das Landesdenkmalamt Baden-Württemberg im Vorfeld der Errichtung des Einkaufszentrums „Schloss-Arkaden", eines großen, für die Stadtentwicklung bedeutenden Bauvorhabens, umfangreiche Flächengrabungen durch. Davon betroffen war vor allem das nordwestliche Vorderlager, das zwischen 2000 und 2003 zum größten Teil untersucht werden konnte. Hier fanden sich Grundrisse von sieben Baracken, davon drei Doppelbaracken. Im Bereich des ehemaligen Anwesens Bittel (Karlstraße 18) gelang der Anschluss an die Ausgrabungen B. Cichys von 1965. Günstige Rahmenbedingungen ließen 2000–2002 annähernd die Ausführlichkeit einer Forschungsgrabung zu. Außer im östlichen Drittel der Doppelbaracke IV/V wurden überall zwei Plana angelegt. Mit dem ersten Planum wurde stets versucht, die Oberkante der frühalamannischen Kulturschicht freizulegen, die in Gestalt schwarzer, lehmiger bis humoser Erde fast durchgängig die römischen Befunde bedeckte. Diese manchmal noch ca. 5 cm starke, vor allem an Keramikscherben und Tierknochen reiche Kulturschicht von der gleichfalls dunklen, darüber liegenden Humusdecke zu trennen, die vom Mittelalter bis in das 20. Jh. als Acker- und Gartenerde bewirtschaftet wurde, gelang nicht immer. An vielen Stellen war die völkerwanderungszeitliche Schicht zerwühlt und in einer allgemeinen humosen Deckschicht aufgegangen. Daher kontrastierten in ihr nur wenige Befunde. Nur an wenigen Stellen, so z. B. der Stallbereich der Baracken III und VI, schimmerten römische Barackengräbchen bereits auf diesem Niveau schwach als hellere Streifen durch. Dies war nach vorausgegangenen Regenfällen aufgrund ihres höheren Kiesgehaltes möglich. Die Gräbchen des jüngeren Kopfbaus von Baracke IV gaben sich im Planum 1 bereits als ockerfarbene, mit Verputzstücken weiß gesprenkelte Streifen zu erkennen. Die frühalamannische Kulturschicht lag in rund 1,5 bis 1,8 m Tiefe unter modernen Aufschüttungen der Jahre um 1970. Die Aufdeckung der archäologischen Schichten erforderte daher nicht unbeträchtliche logistische und technische Aufwendungen.

Unter dieser schwarzen Deckschicht kam der nur partiell flächig, meist nur wenige Zentimeter stark einplanierte Fachwerkschutt der Baracken zutage. Dieser pflegte im Zuge der Anlage des zweiten Planums maschinell abgetragen und dabei auf Funde durchsucht zu werden. Mit Planum 2 wurde die Freilegung der kastellzeitlichen Oberfläche angestrebt, die in Ermangelung künstlich befestigter Laufhorizonte oder sedimentierter Straten mit der Oberkante des gewachsenen Brenzkieses identisch sein musste. In aller Regel wurden Profilschnitte bzw. schichtweise Abgrabungen erst vom Planum 2-Niveau aus vorgenommen. Unterhalb der Trassen der modernen Straßen empfahl es sich, von vornherein auf Planum 2-Niveau abzutiefen, da verschiedene Leitungen die antike Oberfläche bereits zerstört hatten. Dies betrifft den Bereich von Baracke VII (Heinrich-Voelter-Straße, Abb. 16) sowie die westlichen Barackenenden westlich der Hausstörungen (ehemals Villa Voelter, Villa Meebold und Villa Bittel) unter dem ehemaligen Gehweg der Karlstraße (Anlage 5).

Die im September 2003 erfolgte Rettungsgrabung im Bereich des nordwestlichen Abschnittes von Baracke I, der von der Tiefgaragenabfahrt zum Einkaufszentrum bedroht war, musste sich aufgrund des raschen Baufortschrittes auf die notwendigste Dokumentation beschränken. Hier wurden mittels Minibagger ebenfalls zwei (künstliche) Plana angelegt. Nur ausgewählte Strukturen konnten hier noch im Profil dokumentiert werden. Immerhin reichte die Zeit noch, um alle Befunde (teilweise mit dem Minibagger) auszunehmen und (grob sowie mit der Metallsonde) nach Funden zu durchsuchen.

Im April 2002 begannen die Bauarbeiten für eine „Zentrale Omnibushaltestelle" (ZOH) in dem bis dahin fast gänzlich unbebauten Areal, das von der Marienstraße im Westen, der Olgaschule im Norden, dem Amtsgericht im Osten und von der zur Brenzstraße hin ausgerichteten Bebauung im Süden umrahmt wird. Bis zu diesem Zeitpunkt befanden sich hier Parkplätze und Grünflächen. Lediglich südlich der Olgaschule waren neuzeitliche Gebäudefundamente vorhanden, die die archäologische Substanz aber nur punktuell störten. Da sich die Baumaßnahme über zentrale Bereiche des östlichen Hinterlagers *(retentura)* erstreckte, wurde zwischen dem 3.2.2002 und dem 6.4.2002 eine Rettungsgrabung durchgeführt. Bei früheren Ausgrabungen (1966 und 1970) in benachbarten Grundstücken waren neben Strukturen des Kastells auch dichte Siedlungsbefunde des nachkastellzeitlichen Vicus mit mehreren Holz- und Steinbauphasen sowie (geringe) hochmittelalterliche Siedlungsreste aufgedeckt worden.

Die Oberkante der durchgängig vorhandenen archäologischen Schichten lag je nach bisheriger Nutzung (und damit teilweise verbundenen neuzeitlichen Aufschüttungen) der Flächen ca. 0,6 bis 1,5 m unter den Oberflächen des Jahres 2002. Von den Baumaßnahmen akut bedroht waren jedoch lediglich 24 ca. 3 m × 3 m große Teilflächen, die die Betonfundamente für die Stützpfeiler der Überdachung der Omnibushaltestelle aufnehmen sollten, sodass keine zusammenhängende Flächengrabung, sondern nur punktuelle, das Gelände sozusagen „perforierende" Untersuchungen mit einer kleinen Mannschaft vorgesehen waren. Dennoch bestand somit die Möglichkeit, einen repräsentativen Einblick in die Bebauung des südöstlichen Kastellareals sowie die Ausdehnung des nachkastellzeitlichen Vicus innerhalb eines ca. 60 m × 25 m umfassenden Areals zu bekommen. Der durch weitgehend trockene Witterung begünstigte Grabungsverlauf und nicht zuletzt die aufsehenerregende Entdeckung einer bronzezeitlichen Gräbergruppe eröffneten schließlich die Chance, im Westen (zwischen Olgaschule und Marienstraße) eine ca. 120 m² große zusammenhängende Fläche aus Forschungsinteresse (Fl. 1; Abb. 42) aufzudecken. Hier bestand begründete Aussicht, erstmals Strukturen eines zur Innenseite des Kastells ausgerichteten, an die *via decumana* angrenzenden Kopfbaus einer Baracke zu untersuchen, was ansatzweise auch gelang. Zu diesem Zeitpunkt war der Charakter der kastellzeitlichen Innenbebauung (Doppelbaracke XXI/XXII) bereits gesichert, sodass im Sinne wissenschaftlicher Schwerpunktsetzung auf die Untersuchung weiterer 3 m × 3 m großer Fundament-„Sichtfenster" im Bereich des Mannschaftstraktes zugunsten der potentiellen „Kopfbaufläche" verzichtet wurde.

Die Rettungsgrabungen im März bis August 2003 in den Gartenarealen rings um das ehemalige Finanzamt sowie unter der Karlstraße (bis dahin Fußgängerzone) fanden bereits inmitten der Großbaustelle der „Schloss-Arkaden" statt. Dennoch wurde es von Seiten der Bauherrschaft (ITG Düsseldorf) ermöglicht, die teilweise recht zeitintensiven Befunde der Umwehrung, insbesondere der umgestürzten westlichen Kastellmauer mit der gebührenden Sorgfalt nach Schichten abzugraben und zu dokumentieren. Gewisse zeitliche Abstriche mussten dagegen bei der Freilegung der Barackenreste VIII und XXV an der westlichen *via sagularis* hingenommen werden. Hier waren nur mehr die Dokumentation eines Planums und ausgewählte Profilschnitte möglich. Die großen Abfallgruben an der Schnaitheimer Straße wurden teils von Hand teils maschinell ausgenommen. Das gilt ferner für die im Sommer 2000 untersuchten Abfallgrubenkomplex an der Kurt-Bittel-Straße 12 vor der Nordumwehrung des Kastells. Hier wurde ebenfalls nur ein Planum dokumentiert.

Im Herbst 2004 wurde ein bis dahin archäologisch völlig unbekanntes Gelände 100 bis 200 m nördlich des Kastells auf dem Areal des ehemaligen Güterbahnhofs mit drei langen Suchschnitten sondiert. Im Rahmen einer eher improvisierten Grabung konnte eine fast durchgängige und sehr fundreiche kastellzeitliche Kulturschicht in rund 3,5 m Tiefe (!) freigelegt und dokumentiert werden. Hier scheint sich ein Trainingsplatz *(campus)* der Reiterei befunden zu haben.

Zeugnisse vorgeschichtlicher Besiedlung auf dem späteren Kastellgelände

Unter den römischen Strukturen kamen fast überall auch vorgeschichtliche Siedlungsspuren zutage, die in die mittlere (ca. 1500 v. Chr.) und späte Bronzezeit (ca. 1000–800 v. Chr.) sowie vor allem in die frühe Eisenzeit (sog. Hallstattzeit, ca. 800–500 v. Chr.) datiert werden können (Anlage 1–2).

Bronzezeitliche Gräber (Anlage 2)

Eine besondere Überraschung stellte die Entdeckung einer kleinen Gräbergruppe im Bereich der ZOH dar, von der zwei Einzelgräber und eine Doppelbestattung freigelegt und geborgen werden konnten. Ihre obertägigen Markierungen (Grabhügel?) waren, falls je vorhanden, spätestens im frühen 2. Jh. n. Chr. beim Bau der Doppelbaracke XXI/XXII eingeebnet worden, deren Fundamentgräbchen das Doppelgrab am Rand störte. Weitere Gräber, die in großzügigen Abständen von fünf und mehr Metern zueinander angelegt waren, dürften außerhalb der Grabungsflächen noch unberührt im Boden schlummern. Gänzlich unbekannt sind Charakter, Lage und Ausdehnung der zugehörigen Siedlung(en), die vermutlich im heutigen Innenstadtbereich zu suchen ist.

In Grab ZOH-Bef. 59 war ein ca. 40-jähriger und einst etwa 163 cm großer Mann in sog. „Hockerstellung" beigesetzt.[26] Die unnatürlich starke Anwinklung der Beine könnte auf eine rituelle Fesselung des Toten hinweisen, möglicherweise aus Angst vor Wiedergängertum. Zwei weitere Gräber (Abb. 15) waren vielleicht aus demselben Grund zusätzlich mit

---

26 Die anthropologischen Untersuchungen führte Martin Menninger M.A. durch, der die Befunde im Rahmen seiner Dissertation am Institut für Ur- und Frühgeschichte der Universität Tübingen ausgewertet hat. Diese sowie die ^{14}C-Proben wurden durch eine großzügige Spende des Bestattungsunternehmens Siegfried Jahraus (Heidenheim) ermöglicht.

schweren Lesesteinen abgedeckt (ZOH-Bef. 80 und 91): Das Hockergrab einer ca. 20–25 jährigen Frau (ca. 161 cm groß, ZOH-Bef. 91) sowie die Doppelbestattung eines ca. 25–30 Jahre alten Mannes und einer etwa gleichaltrigen Frau, deren Körperhöhen 164 bzw. 149 cm betrugen (ZOH-Bef. 80). Die Toten waren chiastisch übereinandergelegt, wobei der Kopf der Frau im Osten, der des Mannes im Westen ruhte. Als einzige Grabbeigabe überhaupt trug dieser Tote eine aus Tierknochen geschnitzte Perle um den Hals. Das Fehlen von Grabbeigaben erschwert eine sichere Datierung und kulturelle Einordnung der Bestattungen. Das archäologisch nachgewiesene Grabbrauchtum (Hocker- und Mehrfachbestattung, Steinabdeckung der Gräber, strenge westöstliche Ausrichtung) weist zwar Kennzeichen der jungsteinzeitlichen Kultur der sog. „Schnurkeramik" auf, die um 3000–2000 v. Chr. im heutigen Südwestdeutschland verbreitet war, doch legen naturwissenschaftliche Untersuchungen andere Rückschlüsse nahe. Radiocarbonanalysen (^{14}C), die von zwei Langknochen vorgenommen wurden, ergaben ein Alter von 3550 ± 29 bzw. von 3528 ± 37 Jahren. Demnach scheinen die Toten einer bisher unbekannten mittelbronzezeitlichen Zivilisation anzugehören, die sich durch einen für diese Epoche atypischen Grabbrauch auszeichnete und die wir vorläufig „Heidenheimer Gruppe" nennen möchten.

Wie die anthropologische Analyse der Skelette durch M. Menniger zeigte, waren die Individuen miteinander verwandt, sodass wir von einer Art „Familienfriedhof" sprechen können. Sämtliche Skelette weisen Fehlbildungen durch Mangelernährung (Mangel an Eiweiß und Eisen, also vor allem an tierischer Nahrung) und Verschleißerscheinungen durch harte körperliche Arbeit auf. Die Gräber werfen somit ein bezeichnendes Licht auf die kargen Lebensbedingungen der Albbewohner während der Bronzezeit.

Eisenzeitliche Gehöfte (Anlage 1)

Im Bereich des altehrwürdigen Grundstücks Bittel, aber auch westlich des Finanzamts sowie nördlich der Kurt-Bittel-Straße kamen insgesamt mindestens fünf verschiedene Gräbchensysteme zum Vorschein (Bef. 996/1146, 15/21/1016, 720), innerhalb derer sich teilweise noch Pfostenreihen zugehöriger Holzhäuser und/oder Traufgräbchen (?) von solchen erhalten hatten (z. B. Bef. 680). Durch römische, frühalamannische und neuzeitliche Befunde vielfach gestört, kann nur eine detaillierte Auswertung die genaue zeitliche Abfolge dieser einander überlagernden vorgeschichtlichen Siedlungseinheiten entschlüsseln.[27] Fest steht bislang nur, dass die Zaungräbchen von leichten Palisaden oder Bretterwänden herrühren, mit denen Bauernhöfe unterschiedlicher Zeitstellung umfriedet waren, ohne dass ihnen ein Befestigungscharakter zugesprochen werden kann. Eher handelte es sich um Grundstückseinfriedungen. Andere Gräbchen, wie z. B. Bef. 245 und 264 sowie solche zwischen den römischen Baracken I und II, dürften eher zu Drainagezwecken angelegt worden sein.

Die in diesen sowie als umgelagerte Einzelstücke noch in den römischen Befunden entdeckten Keramikscherben weisen auf die Urnenfelderkultur und die nachfolgende Hallstattzeit (ca. 1000–500 v. Chr.; Abb. 3) hin. Derartige umzäunte „Herrenhöfe" dieser Epochen sind gerade während der letzten Jahre recht zahlreich in Süddeutschland entdeckt worden.[28] Das Fehlen mediterraner Importwaren und anspruchsvoller, bemalter Feinkeramik, wie sie etwa aus dem Umfeld der Heuneburg oder des Ipf bekannt sind,[29] spricht jedoch für eine sozial eher nachrangige Einordnung der Heidenheimer Siedler.

Die im westlichen und nordwestlichen Grabungsareal teilweise nachweisbaren Pfostenbauten scheinen zu einer außergewöhnlich großen Hofanlage gehört zu haben, deren Umfassungsgräbchen am Südrand der Grabungsflächen (Heinrich-Voelter-Str.) von einem aus vier mächtigen Pfosten konstruierten Torbau unterbrochen zu sein scheint (Bef. 1364, 1367, 1377, 1381).[30] Nahe der Nordwestecke dieser Anlage (Bef. 1146), unmittelbar unter dem ehemaligen Wohnhaus Bittel gelegen, wurden die Reste von vier rechteckigen, bis zu 30 cm tiefen Gruben entdeckt, die in einer Reihe parallel zum nördlichen Zaungräbchen lagen (Bef. 1441, 1258, 1259, 1261). Sie enthielten zahlreiche durch Hitzeeinwirkung rosarot bis grau verfärbte Kalksteine, Holzkohle und viel Asche. Auch die Ränder und Sohlen dieser Gruben wiesen starke Brandrötung auf, sie bargen jedoch nur wenige Funde. Derartige „Feuergruben" sind aus hallstattzeitlichen Gehöften in Süddeutschland mehrfach belegt, ihre Interpretation als Grillstellen

---

27 Beispielsweise die zugehörige Innenbebauung zum Grabensystem Bef. 996/1146 bzw. Bef. 15/21/1016.
28 Vgl. z. B. M. Schaich/K. H. Rieder, Eine hallstattzeitliche Siedlung mit „Herrenhof" im Anlautertal bei Enkering. Arch. Jahr Bayern 1998, 48–50; R. Krause, Ein zweiter Rechteckhof am frühkeltischen Fürstensitz auf dem Ipf bei Osterholz, Gde. Kirchheim am Ries, Ostalbkreis. Arch. Ausgr. Baden-Württemberg 2004, 91–97 bes. 94 f.
29 R. Krause, Palisadenanlagen der späten Hallstattzeit am Fuße des Ipf beim Weiler Osterholz, Gde. Kirchheim am Ries, Ostalbkreis. Arch. Ausgr. Baden-Württemberg 2000, 70–75 bes. 74 f.; ders., Arch. Ausgr. Baden-Württemberg 2004, 101.
30 Vgl. einen ähnlichen, allerdings undatierten Befund: H. Fehr/ C. Later/H.-P. Volpert, Arch. Jahr Bayern 2005, 94 Abb. 126 (Unterhaching).

Abb. 3: Repräsentative Beispiele vorgeschichtlicher Keramik mit Verzierung aus dem Kastellareal. Fb.-Nr. 11, 2172 M. 1:2, sonst M. 1:1.

(zum Braten von Schweinen) oder als Ofenbatterien ist jedoch umstritten.[31] Wenige verbrannte Tierknochen könnten hier den Ausschlag zugunsten der zuerst genannten Deutung geben. Eine weitere „Feuergrube" war bereits 1965 entdeckt, jedoch nicht als solche erkannt worden (Bef. 1699).
Die Gräbchenanlage Bef. 15/21/1016 scheint eine Toranlage bzw. einen breiten Durchlass am Ostende der Grabung 1965, zwischen den römischen Baracken I und II, besessen haben, denn das Gräbchen Bef. 1706 kann nicht länger als römisch gelten (Kap. II.2.5). Vergleichbare versetzte Toranlagen sind allerdings erst aus der jüngeren Eisenzeit bekannt.[32] Leider ließ sich nicht klar erkennen, in welchem chronologischen Verhältnis dieses Gräbchen zu zwei hier entdeckten, wahrscheinlich hallstattzeitlichen Grubenhäusern steht (Bef. 1707, 1708).
Ein einzelnes vorgeschichtliches Körpergrab nördlich der Gehöftstrukturen (Bef. 1655) könnte zu einem dieser Anwesen gehört haben, doch lässt sich seine Zeitstellung wiederum mangels Beigaben nicht eindeutig bestimmen. Beim Ausheben eines Fundamentgräbchens der römischen Baracke I war es obendrein teilweise zerstört worden.
Sicher in die späte Hallstattzeit (Ha D3, ca. 600–500 v. Chr.) datierbar ist ein fast quadratisches Grubenhaus (Bef. 1200) unter Baracke III, das mit Brandschutt eines (über diesem Keller errichteten?) Fachwerkbaus und zahlreichen zerscherbten, teilweise verbrannten Tongefäßen angefüllt war. Hieraus wurden auch zwei kleine bronzene sog. „Paukenfibeln" geborgen.[33]
Der jüngeren Eisenzeit könnte mit Vorbehalt bisher nur eine schwarztonige Randscherbe mit sog. Grübchenverzierung zuweisbar sein, für die formelle Parallelen aus der Spätlatènezeit benennbar sind.[34] Die Vorbehalte begründen sich dadurch, dass sehr ähnliche frei geformte Ware mit Grübchenverzierung noch in römischen Siedlungen des 1. und 2. Jh. vorkommt.[35] Befunde der jüngeren Eisenzeit lassen sich beim derzeitigen Bearbeitungsstand nicht identifizieren.

---

31 G. Raßhofer, Eine hallstattzeitliche Siedlung in Velburg. Arch. Jahr Bayern 2002, 50–53 bes. 53 mit weiterer Literatur. Dort gibt es eine Reihe von elf rechteckigen bis langovalen, flachen Gruben, die hitzeverziegelte Ränder und zahlreiche verbrannte Steine in ihren Einfüllungen aufwiesen. Sie wird als Ofenbatterie (für Keramik oder Speisen?) angesprochen.
32 Freundl. Mitteilung Dr. Ingo Stork (Esslingen).
33 Zum Tpy vgl. E. Gersbach, Die Paukenfibeln und die Chronologie der Heuneburg bei Hundersingen/Donau. Fundber. Baden-Württemberg 6, 1981, 213–223.
34 Vgl. G. Wieland, Die Spätlatènezeit in Württemberg. Forschungen zur jüngeren Latènekultur zwischen Schwarzwald und Nördlinger Ries. Forsch. u. Ber. Vor- u. Frühgesch. Baden-Württemberg 63 (Stuttgart 1996) Taf. 64,7. Das Stück stammt aus einem Kontext der frühen Kastellzeit. Es ist nicht ausgeschlossen, dass Gefäße dieser einheimischen Machart noch in römischer Zeit hergestellt wurden, vgl. auch Fundber. Baden-Württemberg 2, 1975, 221 Abb. 129 (Ursprung).
35 Flügel 1996, 328 Abb. 4c–d.

I Die Umwehrung

I.1 Die nördliche Umwehrung

Anlage 18; 20

In den Jahren 2000 und 2003 konnte der westliche Abschnitt der Nordumwehrung an zwei verschiedenen Stellen aufgeschlossen und dokumentiert werden. Eine Rettungsgrabung im Bereich des Grundstücks Kurt-Bittel-Straße 12 erfasste die Nordumwehrung auf 5 m Breite etwa in der Mitte zwischen der *porta praetoria* und dem westlichen Zwischenturm.[36] Dabei gelang G. Balle der Beweis, dass der nördlichen Kastellmauer nur ein Verteidigungsgraben in Gestalt eines Spitzgrabens vorgelagert war (Abb. 4–5).[37] Diese Erkenntnis konnte 2003 sowohl für die Nord- als auch für die Westumwehrung bestätigt werden (s. u.). Der Spitzgraben setzt beidseitig mit einem flachen Böschungswinkel an, wobei die Außenkanten wie bei der Ostumwehrung rund 7 m auseinander liegen.[38] Möglicherweise ist diese Abböschung wie im Falle der Westumwehrung (s. u.) auch hier erst beim Zufüllen des Grabens entstanden, indem man von seinen Flanken Material schürfte. Der eigentliche oder zentrale Spitzgraben war mit 3,2 m (Rest-) Breite und 1,2 m Tiefe kaum mehr als vorschriftsmäßig ausgeführt worden. Die wannenartig verbreiterte Sohlenkontur dürfte auf wiederholte Reinigungsarbeiten zurückzuführen sein.[39] Die Verfüllung des Kastellgrabens bestand hier offensichtlich aus kurz nacheinander eingebrachten Planierschichten (Abb. 5 E–F): Über den kleinteiligen Abbruchschutt der Kastellmauer (F und J) warf man solchen von Innenbauten (Fachwerkschutt, evtl. von Baracke I) und zahlreiche Abfälle (Bef. 1002, Phase 3). Erst über der bereits abgesackten Verfüllung bildete sich im 4.–5. Jh. eine völkerwanderungszeitliche Kulturschicht (Abb. 5 D), gefolgt von neuzeitlichen bis modernen Deckschichten (Abb. 5 A–C).

Von der Kastellmauer konnte zwar nur das noch bis zu zwei Steinlagen hohe Fundament der Außenkante freigelegt werden, doch war auf diesem Wege der Nachweis erbracht, dass die Wehrmauer direkt unter den heutigen Hausfassaden verläuft. Damit ließ sich ferner die Position des 1913 aufgedeckten westlichen Zwischenturmes bestätigen.[40] Als Baumaterial dienten Bruchsteine des örtlich anstehenden Jurabankkalks, die weitgehend steinbruchfrisch vermauert oder allenfalls grob zurechtgeschlagen wurden. Das Kastellmauerfundament durchstößt eine vorgeschichtliche Siedlungsschicht (I), über der sich wiederum eine vor allem aus Kalkmörtel und Kalksteinsplittern bestehende Ablagerung erstreckt, die sowohl durch den Bau als auch durch den Abriss der Mauer zustande gekommen sein dürfte (Abb. 5 G). Die Berme misst hier 3 bis 4 m – je nachdem, wo man die nicht mehr sicher bestimmbare Innenkante des Spitzgrabens ansetzen möchte.

Etwa 10 m östlich des nordwestlichen Eckturms ließ sich im Juli 2003 in einem modernen Leitungsgraben ein weiterer Aufschluss der Nordumwehrung erzielen.[41] Die Befestigung wurde hier orthogonal angeschnitten. Zur Dokumentation gelangte wegen der üblichen Baustellenhektik nur ein Teil des Westprofils (Abb. 6). Das Kastellmauerfundament war an dieser Stelle mit nur noch zwei nebeneinander liegenden Reihen der fischgrätenartig geschichteten Fundamentstickung (Abb. 6 A) schlechter erhalten als in der Sondage Kurt-Bittel-Straße 12. Der nach Norden verkippte Mauerversturz fiel dafür umso massiver an. Partiell bestand er sogar noch aus vermörtelten Steinlagen des Mauerkerns (Abb. 6 B). Auch die Schichtenfolge unterscheidet sich von der des rund 45 m weiter westlich gelegenen Aufschlusses Kurt-Bittel-Straße 12. Während der Mauerschutt dort die unterste Grabenfüllung bildete und vor allem aus Mörtel und kleinteiligen Steintrümmern be-

---

36 Zur Lage Anlage 5. – Vorberichte: Balle 2000, 93 f.; ders. in: Scholz 2001/02, 96 f.
37 Ältere Beobachtungen eines „Doppelgrabens" durch W. Prescher und E. Gaus erweisen sich damit als Fehlinterpretation (vgl. Heiligmann 1990, 107). – Auch andere Kastelle des „Alb-Limes" und im Ries verfügten nur über einen einfachen Spitzgraben: Burladingen-Hausen, Periode 2 (Heiligmann 1990, 59 f.); Oberdorf am Ipf (ebd. 125–127) und Munningen (Baatz 1976, 18 f.). Während in Heidenheim gewiss die beengten Platzverhältnisse im Tal den Verzicht auf einen zweiten Graben nahe legten, scheinen in Oberdorf die Bodenverhältnisse (Felsen) den entscheidenden Ausschlag gegeben zu haben.
38 Heiligmann 1990, 107 (7,2 m).
39 Das Reinigen hat keine nebeneinander liegenden Grabenspitzen hinterlassen, da man im Kiesboden beinahe automatisch der alten Grabenkante folgt. Anders verhält es sich z. B. in Munningen, wo der Spitzgraben in Lehmboden gestochen wurde (Baatz 1976, 19).
40 Sölch 2001, 49 (Fundstelle 31, damals Paulinenstraße 12).
41 Zur Lage Anlage 5. Der Versorgungsleitungsgraben wurde im Gehweg vor der Westfassade des heutigen Eckhauses Kurt-Bittel-Straße 14 angelegt.

Abb. 4: Spitzgraben der Nordumwehrung im Profil. Kurt-Bittel-Straße 12, 2000.

stand, waren hier teilweise noch im Verband vermörtelte Partien des Mauerkerns über dem bereits zuvor verfüllten Kastellgraben (Abb. 6 D) zu liegen gekommen. Letzterer konnte allerdings nur auf der Sohle des Leitungsgrabens erfasst werden, wo 4,7 m Breite gemessen wurden. Die obere Verfüllung bestand hier wiederum aus römischem Bauschutt (wohl von Holz- und Steinbauten) sowie aus graubraunem Lehm. Die Berme verengte sich an dieser Stelle auf rund 2 m.

Zwischen dem Mauerfundament und der Innenkante des Kastellgrabens wurde eine muldenförmige Eingrabung (Abb. 6 C) erfasst, die von außen an das Fundament heranführte. Sie war mit zerkleinertem Mauermörtel, Lehm und Kies gefüllt. Trotz des punktuellen Ausschnittes, der eilends zu dokumentieren war, zeichnen sich hier weitgehende Übereinstimmungen mit der Befundsituation an der Westumwehrung ab. Darauf wird im Folgenden zurückzukommen sein.

Abb. 5: Profil der Nordumwehrung, Kurt-Bittel-Straße 12, 2000. A–C Neuzeitliche-moderne Deckschichten. D Völkerwanderungszeitliche Kulturschicht. E–F, J Einplanierter Abbruchschutt des Kastells (Bef. 1002). G Bauschicht der Kastellmauer. H Außenkante der Kastellmauer. I Vorgeschichtlicher Horizont. Blick nach Westen. M. 1:50.

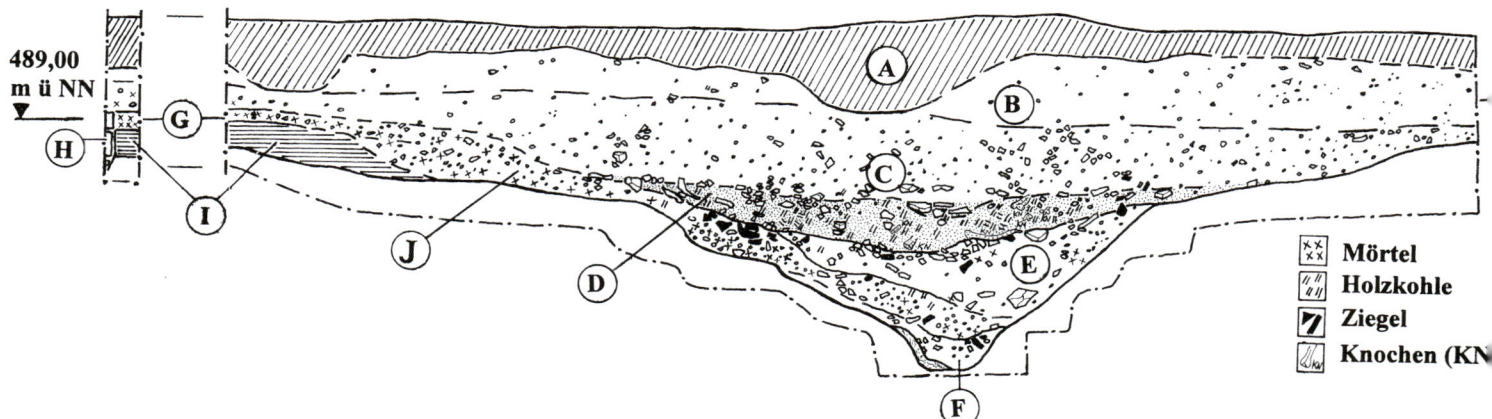

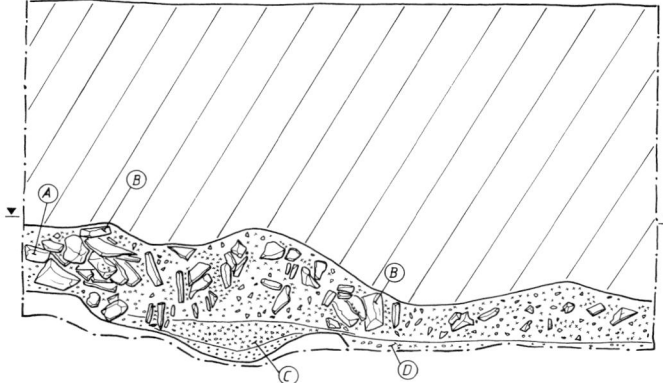

Abb. 6: Profil der Nordumwehrung nahe Eckturm, Kurt-Bittel-Straße 14, 2003. A Rest Fundamentstickung der Kastellmauer. B Mauerversturz. C (Unterminierungs-?) Grube. D Spitzgraben. Blick nach Westen. Höhenlinie 488,90 m ü. NN. M. 1:50.

I.2 Die westliche Umwehrung

Anlage 7; Abb. 7–13

Im Jahre 2003 stand im Garten des ehemaligen Finanzamts sowie in der Karlstraße, die bis dahin Fußgängerzone war, eine 48 m lange Strecke der Westumwehrung zur Untersuchung an. Unter Einschluss des westlichen Kastelltores *(porta principalis sinistra)* reichte die Grabungsfläche vom südlichen Grabenkopf (Bef. 1634, Phase 3) bis 20 m nördlich des Tores.[42] Dabei wurden folgende Haupterkenntnisse gewonnen:
1. Die Westumwehrung verläuft 4,5 m weiter westlich als bisher angenommen, wodurch die Kastellfläche „größer wird".
2. Dank partiell guter Erhaltung ergeben sich Anhaltspunkte zur Bautechnik und zur „dritten Dimension".
3. Nachweis einer der Steinmauer vorausgehenden Holzbefestigung im Bereich des Westtores (Abb. 16–17).

Die Verfüllung des Spitzgrabens bestand hier aus kaum trennbaren Packungen teils durch Umlagerungen verschmutzten, teils sterilen Kieses. Das hieraus deutlich spärlicher als aus der Grabenfüllung der Nordumwehrung (Bef. 1002, Phase 3) erhobene Fundmaterial ist ausnahmslos kastellzeitlich zu datieren (Bef. 1520, Phase 3). Spitzgraben und Mauerfuß trennte eine maximal 3 m breite Berme. Die ursprüngliche Innenkante des Verteidigungsgrabens war nicht mehr vorhanden, da der Bermenbereich offenkundig zur Gewinnung von Auffüllmaterial (anstehender Brenzkies) im Zuge der Schließung des Grabens abgetragen worden war. Nur so lässt sich erklären, weshalb die Bermenfläche und der erhaltene Spitzgrabenansatz rund 0,8 m tiefer als die Fundamentstickung der Kastellmauer liegen (Abb. 8; 10). Die Oberweite des noch erhaltenen Grabenrestes beträgt ca. 2,5 m; als ursprüngliche Breite dürften etwa 4 m veranschlagt werden, falls der obere Graben nicht wie im Norden mit flacheren Böschungswinkeln ansetzte. Diese Abschrägung seiner Außenkante zeigte wiederum der südliche Grabenkopf des Westtores (Bef. 1634), dessen Kernbreite wie im Norden mit rund 3 m angegeben werden kann. An Bauschutt enthielt die Grabenfüllung beiderseits des Westtores nur einzelne Brocken und Splitter von gesägten Kalktuffquadern und Bankkalksteinen sowie knapp ein Dutzend Ziegelbruchstücke von *tegulae et imbrices* und *lateres*, jedoch im Gegensatz zur nördlichen Kastellgrabenfüllung kaum Holzbauschutt und Nägel.

Im Bereich der Berme nördlich des Westtores kamen unter dem Mauerversturz (s. u.) einzelne flache, bis zu 2 m breite Gruben zum Vorschein, die nach ihrem unregelmäßigen Erscheinungsbild zu urteilen am ehesten als Materialentnahmelöcher gedeutet werden können (Bef. 1580, 1600, 1611 und 1613; Anlage 7; Abb. 9). Aufgrund ihrer unsystematischen Platzierung und geringen Tiefe zwischen 20 und 45 cm erscheint mir eine Funktionsansprache als militärische Annäherungshindernisse unwahrscheinlich. Ihre Verfüllung besteht vor allem aus kleinteiligem Mauerschutt, insbesondere aus Mörtel, Kies und stellenweise von organischen Resten herrührendem, dunkelbraunem Lehm (Bef. 1580). Fundmaterial enthielten sie wenig, doch ist dieses einwandfrei kastellzeitlich zu datieren. Vermutlich wurde das hier geschürfte Material zur Verfüllung des Spitzgrabens verwendet.

Die nördlich an das Westtor anschließende Kastellmauer war auf wenigstens 17,5 m Länge umgestürzt. Dieser glückliche Befund gestattet nicht nur eine detaillierte Studie ihrer Konstruktion, sondern zugleich die Bestimmung ihrer Mindesthöhe. Der Versturz bestand im Wesentlichen aus dem für sekundäre Verwendungszwecke eher minderwertigen Füllmaterial des *opus caementitium*-Kerns, wohingegen die gut recyclebaren Kalkplatten beider Mauerschalen bis auf einen über ca. 3 m Streckenlänge erhaltenen Basisstumpf mit noch 15 Fassadenlagen ebenso fehlten wie Reste eventuell vorhandener Zinnen (Abb. 8; 10–13). Die Gesamtlänge des Mauerversturzes nach Westen hin beträgt gut 7 m. Je weiter die Trümmer vom Fundament entfernt liegen, desto geringer wird nicht nur die Substanz, sondern desto stärker ist

---
42 Vorberichte: Scholz 2003; Scholz 2003/04, 110–112; Scholz 2005, 851 f.

Abb. 7: Spitzgraben der Westumwehrung im Profil (Bef. 1520), darüber umgestürzte Kastellmauer (Bef. 1442), darüber schwarze frühalamannische Kulturschicht (Bef. 1443). Garten des Finanzamts 2003.

durch die längere Fallstrecke auch das Gefüge auseinandergerissen worden. Diese Gefügestrukturen kommen regelmäßig bis zu 4 m Entfernung vom Fundament vor. Ab dieser Stelle schrumpft das Schuttpaket schnell um etwa die Hälfte auf nur noch 20 bis 30 cm Stärke über der Kastellgrabenverfüllung zusammen. Dieser Absatz fällt ungefähr mit der Kante einer tiefschwarzen, humosen Kulturschicht der frühen Alamannen zusammen, die sich später darüber gebildet hat (Bef. 1443; Anlage 15). Ob dieser Absatz mit den dünneren Mauerresten eines Wehrgangs identifiziert werden darf, wie dies bei der umgestürzten Wehrmauer des Kastells Wörth der Fall zu sein scheint,[43] ist zu bezweifeln. Diese Interpretation würde nämlich der Beobachtung widersprechen, dass die äußere Mauerschale vor dem Umkippen entmantelt wurde (s. u.). Viel eher ist dieser Befund ein Ergebnis unterschiedlich intensiven Abtransports der Trümmer. Stellt man sich den durch den Fall verzogenen Schutt auf seine einstige Fugendichte gestaucht vor, so ergibt sich eine ehemalige Mindesthöhe von 4,0 bis eher 4,5 m.[44]

Die Konstruktion der einst vier Fuß (1,2 m) breiten Mauer ließ sich recht gut nachvollziehen. Der Mauerkern war wie die Schalmauern selbst sorgfältig aufgeschichtet: Er bestand aus kleineren Kalkplatten von durchschnittlich ca. 15 bis 30 cm Kantenlänge, die abwechselnd mit Links- bzw. Rechtsneigung in horizontalen „Fischgrät-Reihen" (Abb. 12) aufgeschichtet waren *(opus spicatum)*. Dazwischen folgten „Durchschüsse" horizontaler Steinlagen. Jede dieser abwechselnd angeordneten Reihen war mit Gussmörtel *(opus caementitium)* als Ausgleichsschicht übergossen.

Am nördlichen Grabungsprofil zeichnete sich kein Ende oder auch nur Ausdünnen des Schuttfächers ab, sodass sich der Befund weiter nach Norden erstrecken kann. Im Süden hingegen scheint bei gleichen Erhaltungsbedingungen tatsächlich das authentische

---

43 Dort sollen sich die mutmaßlichen Zinnentrümmer ähnlich wie hier als dünnere Schuttlage abgezeichnet haben (Johnson 1987, 85 nach ORL; Faßbinder/Lüdemann 2002).

44 Die noch bestehenden Mauern des Praetorianerlagers in Rom messen ohne Zinnen knapp 4,5 m, mit Zinnen 5 m (Johnson 1987, 82; Faßbinder/Lüdemann 2002), die des Numeruskastells Wörth am Main bestätigen diese Werte (ebd. 85). Die Ausgräber des Kastells Murrhardt schlossen anhand im Verband in den Graben gestürzter Mauerteile und der ungewöhnlich weiten Entfernung der *via sagularis* vom Mauerfundament (ca. 11 m) sogar auf eine überdurchschnittliche Höhe der Kastellmauer von „nicht unter 5 m" (ORL B 44, 6). Die umgekippte Mauer des Kastells Vindolanda (GB) war noch bis zu einer Höhe von 3,35 m erhalten (Birley/Blake 2007, 23; 26),

Abb. 8: Profil der Westumwehrung nördlich des Westtors, Garten des Finanzamts 2003. Links die Fundamentstickung der Kastellmauer, rechts der Spitzgraben, darüber liegt der Schutt der umgestürzten Kastellmauer. Blick nach Süden.

Ende der umgekippten Mauer erreicht worden. Dieses reicht bis auf etwa 4 m an den Standort des nördlichen Torturmes heran.

Dieser „Mauerfall" verlangt natürlich eine Erklärung. Ohne erkennbare Zwischenschicht bedeckt der Schutt die weitgehend homogene Verfüllung des Spitzgrabens. Das bedeutet, dass zwischen dessen wohl rasch erfolgter Einebnung und dem Umkippen

Abb. 9: Gruben im Bereich der Berme unterhalb des Mauerschutts, links der Spitzgraben, oben Profile durch die umgestürzte Mauer. Garten des Finanzamts, Sommer 2003. Blick nach Norden.

der Mauer nicht allzu viel Zeit vergangen sein dürfte, da sich keine Sediment- oder noch so dünne Humusschicht gebildet hatte. Stellenweise bedeckte eine kieshaltige Planie den liegen gebliebenen Schutt, die wenige, aber ausschließlich kastellzeitliche Funde enthielt (Bef. 1527, Phase 4). Am Südende des Mauerversturzes hat man aus demselben wohl im 3. Jh. eine Art Pflasterung gelegt (Bef. 1528, Phase 4), sodass das Umstürzen auf jeden Fall noch in römischer Zeit erfolgt sein muss.

Dass die Kastellmauer kaum – wie bei ähnlichen Befunden andernorts erwogen wird – durch ein Erdbeben oder statische Schwachpunkte zu Fall kam,[45] sondern durch eine gezielt angewandte Abrisstechnik, legen folgende Indizien nahe:

---

45 Im Falle des derzeit prominentesten Befundes dieser Art, der umgestürzten Wände der Villa von Oberndorf-Bochingen, hält die Ursachenforschung noch an; der Ausgräber erwägt ein Erdbeben im 3. Jh. als Ursache: C. S. Sommer, Arch. Ausgr. Baden-Württemberg 2000, 117–121; ders. 2007a. Vgl. ferner P. Knierriem, Civitas Aurelia Aquensis – Entwicklung, Stagnation und Reduktion eines Verwaltungsbezirkes. In: Schallmayer 1996, 69–75 bes. 73–75. – Statische Insuffizienz war offenbar für den Kollaps einer Gebäudemauer im Kastell Sulz verantwortlich (Sommer 1995a, 168f. mit Abb. 96) sowie möglicherweise auch für einen Fassadensturz bei Carsington, Derbyshire (R. Ling, Britannia 23, 1992, 233–236). – Komplizierter verlief die Fallgeschichte eines
Fortsetzung siehe nächste Seite

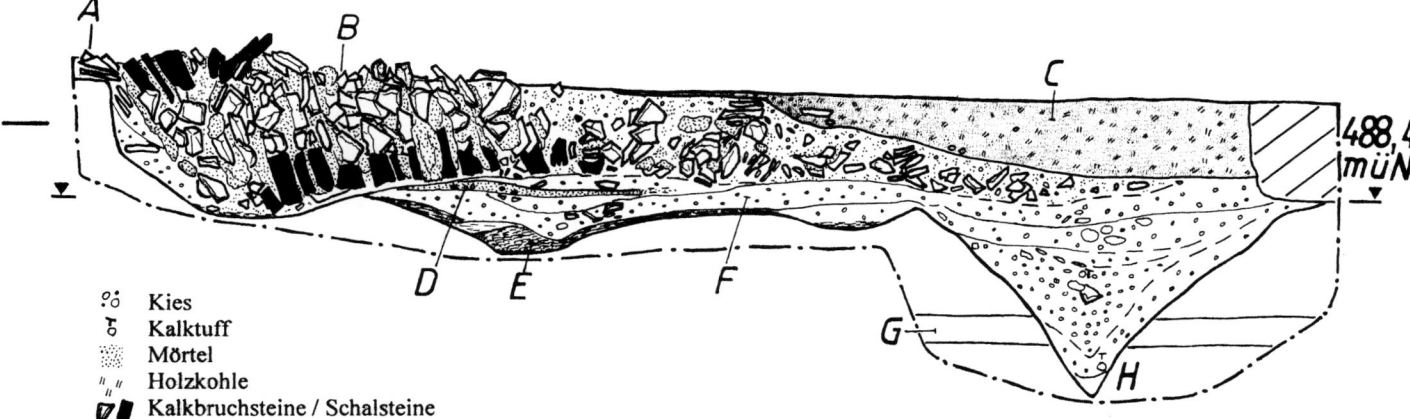

Abb. 10: Profil der Westumwehrung nördlich des Westtors, Garten des Finanzamts 2003. Am besten erhaltener Abschnitt. A Fundamentstickung der Kastellmauer. B Mauer im Originalverband (Schalsteine schwarz), weiter westlich verzogener Versturz (Bef. 1442). C Völkerwanderungszeitliche Kulturschicht. D Schicht zerkleinerten, abgeschlagenen Mörtels, vermutlich von der Außenschale der Mauer. E Seichte Grube mit dunkler Sohle (Bef. 1580). F Kiesplanie. G Alter (antiker?) Grundwasserhorizont. H Spitzgraben. Blick nach Süden. M. 1:50.

Abb. 11: Profil der Westumwehrung nahe Zwischenturm, Karlstraße 15, 2003. Die Umwehrung wurde durch den Schacht schräg (ca. südwest-nordöstlich) angeschnitten. A Fundamentstickung der Kastellmauer. B Vorgeschichtliche Befunde. C Abbruchschutt der Kastellmauer. D Grubenartiger „Annex" des Spitzgrabens mit Steinpackung. E Völkerwanderungszeitliche Kulturschicht über dem inneren Spitzgrabenansatz. Blick nach Norden. Höhenlinie 488,90 m ü. NN. M. 1:50.

1. Die Fundamentstickung des umgestürzten Mauerabschnittes bestand aus einer Lage von in *opus spicatum*-Technik verlegten Kalkbruchsteinen. Sie war jedoch nicht mehr in ihrer ursprünglichen Breite (1,4 m wie beim südlichen Torturm) erhalten, sondern konsequent ihrer Außenkante beraubt. Diese Fehlstellen sind keinesfalls durch nachrömische Störungen verschuldet.[46]

2. Beim Umkippen ist die Kastellmauer auf eine tiefer liegende Bermenfläche gefallen, stellenweise sogar in Gruben wie die im Profil dokumentierte (Abb. 9–10). Dieser künstliche Oberflächenabtrag führte nicht nur bis nahe an das Fundament heran, sondern schädigte dieses sogar in der unter 1 beschrieben Weise. Dieser Zustand ist mit dem Fortbestand der Mauer unvereinbar.

3. Näher zum Mauerfuß hin erstreckte sich über der Materialentnahmegrube Bef. 1580 (Abb. 10 E), die zugleich mit der obersten Planierschicht des Kastellgrabens eingeebnet worden war, eine bis zu 10 cm

---

Fortsetzung Fußnote 45:
Gebäudes in Rottweil, die vielleicht durch Frostsprengung ausgelöst wurde: C. S. Sommer, Fundber. Baden-Württemberg 25, 2001, 479–536 bes. 514f. – Ungeklärt verharrt das Umstürzen der Wand eines Limeswachtturmes bei Kaisersbach, Wp 9/116: Fundber. Baden-Württemberg 2, 1975, 218f.; D. Planck, Untersuchungen am Wachtturm 9/116 auf Markung Kaisersbach, Rems-Murr-Kreis. Fundber. Baden-Württemberg 4, 1979, 214–229 bes. 218.

46 Solche gab es entlang der Innenseite des Kastellmauerfundaments, wo bis zum Frühjahr 2003 die Grundstücksmauer des Finanzamts gründete. Diese hat etwa parallel zur römischen Mauer im gewachsenen Boden eine Art „Schatten" hinterlassen.

starke Schicht zerkleinerten Mauermörtels (Abb. 10 D). Diese lässt auf begonnene Abbrucharbeiten an der Mauer schließen, bevor sie bei Anlage der Unterminierungsgrube durchstoßen wurde.

Diese Vorgänge deuten auf eine gezielte Unterminierung des Fundamentes hin, um die Mauer bewusst umzustürzen.[47] Dies ist offensichtlich erst geschehen, nachdem man bereits die äußere Mauerschale abgebaut hatte – mit Ausnahme des im Profil dokumentierten, ca. 3 m langen Abschnittes, wo man auf den Rückbau der äußeren Mauerschale verzichtet hatte. Die hier verschmähten Fassadensteine waren vielleicht nicht erst infolge des Sturzes, sondern bereits zuvor durch Witterungseinflüsse rissig geworden und damit zur Wiederverbauung unbrauchbar. Möglicherweise hat man an dieser Stelle den außen entmantelten Mauerkern provisorisch abgestützt, um ihn einigermaßen gefahrfrei untergraben zu können. Nach dem Umwerfen des Mauertorsos (durch Zugseile?) ließen sich die Steine der inneren Mauerschale bequem ablösen und aufsammeln, ohne dafür zuerst den rückwärtigen Erdwall abtragen zu müssen. Ein gut vergleichbarer Ablauf wurde beim Kohortenkastell Faimingen nachgewiesen, wo der Versturz der aus Kalktuffsteinen aufgeschichteten Kastellmauer über dem zuvor verfüllten Spitzgraben zu liegen kam.[48]

Eine zweite Fixierung der Westumwehrung gelang nahe einem mutmaßlichen Zwischenturm im März 2003.[49] Hier konnte nur ein schräges, etwa südwest-nordöstlich verlaufendes Profil eilig dokumentiert werden (Abb. 11). Einwandfrei zu identifizieren war das Kastellmauerfundament mit seiner Kernstickung in *opus spicatum*-Technik (Abb. 11 A), wohingegen die feldseitige Mauerkante durch einen Kanalgraben gestört war. Gestört war leider auch die Schuttschicht der Kastellmauer (Abb. 11 C), sodass keine Aussage darüber getroffen werden kann, ob der weiter südlich beobachtete Mauersturz sich bis hierher fortsetzte. Als aufschlussreich erwies sich allerdings der Ansatz des Kastellgrabens, der nach einer 2 bis 3 m breiten Berme folgte. Er hatte hier die Gestalt einer Grube mit kastenförmiger Profilkontur (Abb. 11 D). Auf der Sohle dieser einst ca. 0,7 m tiefen Grube, die nach Westen nahtlos in die schräge Böschung des Spitzgrabens übergeht, waren mehrere Lagen unvermörtelter Bruchsteine aufgeschichtet, bei denen es sich nicht um hineingefallenen Kastellmauerschutt handeln kann. Welche Funktion sollte diese Steinpackung erfüllen? Soweit die ausschnitthafte Beobachtung einen Vergleich gestattet, erinnert dieser Befund an die markanten muldenförmigen Ausspülungen, die B. Cichy in der Berme der Ostumwehrung unmittelbar vor einem Zwischenturm beobachtet hat.

Abb. 12: Umgestürzte westliche Kastellmauer, Detail (Bef. 1442). Garten des Finanzamts 2003.

Abb. 13: Umgestürzte westliche Kastellmauer (rechts), im Bereich des Spitzgrabens von frühalamannischer Kulturschicht überlagert (links).

---

47 Vergleichbare, in der älteren Literatur bisweilen als Spuren von Unterminierungsversuchen interpretierte Befunde, die als Zeugnisse von Belagerungen in Anspruch genommen wurden, bringt D. Baatz m.E. überzeugender mit der Ausraubung großer Architekturteile an den Mauerfüßen in Verbindung: D. Baatz, Cuniculus – Zur Technik der Unterminierung antiker Wehrbauten. In: Schallmayer 1996, 84–89. Diese Betrachtung erstreckt sich u.a. auf das Kastell Westernbach. Die Südseite seiner Umwehrung soll bei einer Belagerung unterminiert worden sein. So jedenfalls deutet der Ausgräber einen Befund, wonach die Mauer auf einer Länge von 9 m in eine tiefe, mit viel Holzkohle gefüllte Grube hinabgestürzt sei (zuletzt: Hüssen 2000, 55f. mit Abb. 29). Anhand der freilich etwas schematisierten Profilzeichnung im ORL B 41a, 4f. kann man diesen Eindruck durchaus gewinnen. Die Ähnlichkeit mit dem Heidenheimer Befund ist aber offenkundig. Daher könnten die Spuren in Westernbach ebenfalls mit (nachrömischen?) Abrissarbeiten erklärt werden. – Weitere Befunde umgestürzter Kastellmauern: Johnson 1987, 85 und Fassbinder/Lüdemann 2002 (Kastell Wörth).

48 Eingartner u.a. 1993, 32–36. Für eine anregende Diskussion der Befunde aus Heidenheim und Faimingen danke ich Herrn Dr. J. Eingartner (München).

49 Anlage 5 (westlich von Baracke VI). Der Aufschluss erfolgte durch einen Leitungsschacht im Gehweg an der Ecke des Polizeigrundstücks Karlstraße 15.

Abb. 14: Südlicher Zwischenturm der Ostumwehrung, davor Spitzgraben mit Erosionsbefunden in der Berme. Vorne Mauern des jüngeren Streifenhauses. Ausgrabung 1966. Blick nach Nordwesten.

Er führte ihre Entstehung auf die Einwirkung von Wasserstrahlen aus möglichen Dachrinnen des Turmes zurück (Abb. 14).[50] Aufgrund der üblichen Abstände dürfte der Schnitt in der Karlstraße seinerseits unmittelbar an der Flanke eines – freilich nicht nachgewiesenen – Zwischenturmes liegen. Eventuell verdankt die hier festgestellte Grube am Grabenrand ihre Entstehung denselben Ursachen wie dort. Es mag sein, dass man mittels Einbringung einer aus Kalkbruchsteinen aufgeschichteten, drainagewirksamen Befestigung einer weiteren Erosion der Grabenkante entgegenwirken wollte.

Die neuen Ausgrabungen zeigen klar, dass der nördliche Abschnitt der westlichen Kastellmauer nicht rechtwinklig zur Nordfront verläuft, sondern im minimal stumpfen Winkel von 91 Grad auf diese trifft, diese Mauerstrecke also um 1 Grad nach innen (Osten) einknickt. Da die westlichen Außenwände der angrenzenden Baracken diese Anomalie wiederholen, ist wohl nicht an einen Fehler zu denken, sondern an eine bewusste planerische Entscheidung. Ein konkreter Grund dafür ist nicht greifbar, doch könnte er im Bauuntergrund zu suchen sein. Das Gelände fiel hier ursprünglich leicht nach Norden ab; das Gefälle ist durch moderne Geländeerhöhungen nivelliert. Die geologischen Talsedimente (vorwiegend Flusskies) enthalten hier – nach den Erkenntnissen der Ausgrabung 2000 unmittelbar vor der Nordumwehrung sowie 2004 im Bereich des mutmaßlichen *campus* zu urteilen – einen deutlich höheren Lehmanteil als im Kuppenbereich der westlichen *praetentura*. Eventuell beeinflusste die heterogenere Bodenkonsistenz, die wohl auch schlechtere statische Bodeneigenschaften nach sich zog, die abweichende Standortwahl des nordwestlichen Eckturms.

Mangels verlässlicher Aufschlüsse diskussionswürdig ist auch der Verlauf des südlichen Abschnittes der westlichen Kastellmauer. Setzte sich hier der leicht asymmetrische Verlauf des nördlichen Abschnitts linear nach Süden fort oder korrigierte man den Verlauf unterhalb des südlichen Torturmes der *porta principalis sinistra* wieder zu einem rechten Winkel mit der Südfront? Letzteres wurde für den Gesamtplan (Anlage 20.1; 20.2) angenommen, ist aber unsicher. Auch eine Baustellenbeobachtung von E. Gaus aus dem Jahre 1906 hilft hier nicht weiter: Beim Um-

---

50 Heiligmann 1990, 109f.

bau der Gastwirtschaft „Zum Hasen" in der Karlstraße 2 und 4 stellte er eine auf 19 m Länge erhaltene Mauer von 1,4 m Breite fest, bei der es sich um die Kastellmauer gehandelt haben könnte.[51] Bei keiner der beiden Rekonstruktionsalternativen ist die kartierte Stelle allerdings mit dem zu erwartenden Verlauf der Kastellmauer in Deckung zu bringen. Vermutlich ist der Grund hierfür wiederum in ungenauen Einmessungen der Altgrabungen zu suchen. Es besteht außerdem die Unsicherheit, dass es sich hierbei auch um ein nachkastellzeitliches Bauwerk gehandelt haben könnte. Aus Vorsicht wurde daher auf eine Markierung dieser Stelle im Kastellplan (Anlage 20.1; 20.2) als „Kastellmauer gesichert" verzichtet.

I.3 Das Westtor *(porta principalis sinistra)*

Anlage 4; 7

Wegen der zahlreichen modernen Versorgungsleitungen unter der Karlstraße ist mit einem allgemeinen Substanzverlust von mindestens 20 bis 30 cm gegenüber der antiken Oberfläche zu rechnen. Die Fundamente des Westtores wurden in bereits stark gestörtem Zustand angetroffen (Abb. 15). Die Konzentration der in das Finanzamtsgebäude führenden Leitungen hat sogar zum Totalverlust des nördlichen Torturmes geführt. Nur an einer Stelle lagen noch ein paar Fundamentsteine in situ (Bef. 1538; Anlage 7). Den Mittelpfeiler der beiden Tordurchfahrten *(spina)* bezeugten nur noch klägliche Reste seines Fundaments (Bef. 1531; Anlage 7; Abb. 15). Von denen des Südturmes hatten sich trotz erheblicher Substanzverluste stellenweise immerhin noch zwei Mauerlagen erhalten. Wie im Falle des von B. Cichy 1966 freigelegten Zwischenturmes der südöstlichen Umwehrung (Abb. 14),[52] behielt die zweite Mauerlage die Stärke des Fundaments von 1,4 m Breite bei, wohingegen die Kastellmauer außen um 0,2 m gegenüber dem Fundament zurücksprang. Dadurch erzielte man eine architektonisch gefällige Gliederung der Außenfassade, die allerdings keine wehrtechnischen Vorteile brachte.

Vor der Außenmauer des Südturms sowie unter dessen Flankenmauern ließen sich noch die schemenhaften Verfärbungen großer Pfostengruben als letzte Zeugen eines älteren hölzernen Torturms erkennen (Anlage 4; Abb. 16–17).[53] Damit glückte erstmals der Nachweis eines älteren Holz-Erde-Lagers. Die Lagerbefestigung wurde also nicht von Beginn an in Stein errichtet wie man bisher annahm.[54] Während im Falle von Bef. 1584 (südliche Feldseite) die ausgesteinte rechteckige Standspur noch einen einst mindestens 40 cm × 50 cm starken Holzpfeiler anzeigte, der hier gestanden hatte, waren Pfostenstandspuren in den übrigen Pfostengruben nicht mehr erkennbar, weil man diese beim Bau der Steinmauer wieder ausgegraben und die zurückbleibenden Löcher mit nahezu sterilem Kies aufgefüllt hatte.[55] Daher wurde der ganze Befund nur unter günstigen Feuchtigkeitsbedingungen bzw. beim allmählichen Austrocknen als gräuliche bis hellbraune Verfärbung sichtbar. Diese Befunde hätte man leicht übersehen können, hätte nicht die Entdeckung des beschriebenen ausgesteinten Pfostens Bef. 1584 rechtzeitig die Sinne für solch unscheinbare Strukturen geschärft. Außerdem wies die gegenüber dem anstehenden Brenzkies verdichtete Konsistenz ihrer Verfüllungen, die obendrein aus größeren Kieseln als im natürlichen Umfeld bestand, auf eine künstliche Veränderung des Bodens hin. Bei einer Breite von 0,6 bis 1,0 m reichten die Gruben mit ihren flachen Sohlen 0,5 bis 0,6 m tief unter das jüngere Steinfundament hinab. Unter Berücksichtigung des modernen Oberflächenverlustes müssen die Pfosten einst rund 1 m tief unter der antiken Oberfläche eingegraben gewesen sein, was ihre tragende Funktion verdeutlicht. Im Gegensatz zu den sechs Hauptpfosten (Bef. 1584, 1598, 1599, 1609a–c; Anlage 4) waren die beiden östlichen Stützen auf der Innenseite (Bef. 1606, 1607) bescheidener dimensioniert.[56] Die noch nachvollziehbare Pfostenstandspur von Bef. 1607 erreichte nur 0,3 m Stärke. Man kann annehmen, dass auf ihnen

---

51 Sölch 2001, 23 mit Anm. 144 u. 46f. (Fundstelle 24).
52 Heiligmann 1990, 109f.
53 Bef. 1584; 1598; 1599; 1606; 1607; 1609 (Phase 1, Anlage 4).
54 So zuletzt B. Rabold in: Planck 2005, 118. Angesichts zahlreicher Parallelen von gleichzeitigen Standorten am Neckar- und Alb-Limes war mit einer älteren Holz-Erde-Befestigung allerdings zu rechnen, vgl. z. B. Heiligmann 1990, 57–59 (Burladingen-Hausen); ebd. 75 (Gomadingen, Holz-Erde-Mauer vermutet, kein Steinausbau bekannt); ebd. 90f. (Ursprung); ebd. 125f. (Oberdorf, kein Steinausbau bekannt); H. Zürn, Fundber. Baden-Württemberg 2, 1975, 141–143 (Benningen); Hüssen 2000, 39 u. 156 (Heilbronn-Böckingen). Das Kohortenkastell Walheim I verfügte anfangs wohl über eine Rasensodenmauer (Kortüm 2005, 32). Vgl. ferner die Frühphase des Öhringer Westkastells (ebd. 58).
55 Spuren eines gezielten Abrisses könnten auch an der Feldseite der Holz-Erde-Mauer des Kastells Munningen entdeckt worden sein: Vor jedem ihrer Pfosten stieß man auf ein orthogonal zur Mauerflucht verlaufendes Gräbchen, das an den Pfosten ansetzt und sich bis zur Grabenkante erstreckt. Nach Baatz 1976, 21 soll es sich dabei um Spuren einer hölzernen Strebenkonstruktion handeln, um eine Reparaturmaßnahme also, mittels derer man den drohenden Einsturz der bereits geneigten Befestigung zu verhindern suchte. Als alternative Interpretation ließe sich aber auch an Spuren einer gezielten Demontage denken, indem man die Pfosten unten freilegte, um sie leichter herausziehen zu können (freundl. Mitteilung W. Czysz, Thierhaupten).
56 Vgl. einen ähnlichen Befund der Holz-Erde-Umwehrung des Kastells Heilbronn-Böckingen: Hüssen 2000, 39 u. 156.

Abb. 15: *Porta principalis sinistra*, Karlstraße 2003. Fundamentreste der *spina* (links) und des südlichen Torturms (rechts), durch Kanalgräben stark gestört. Rechts unten vor der Mauer ausgesteinter Pfosten Bef. 1584 des Holzturms. Rechts oben Entwässerungskanal der *via sagularis*.

eine Treppe oder Plattform als Turmzugang lastete. Zwischen Bef. 1584 und 1598 konnte noch eine weitere Pfostenstandspur erkannt werden (Bef. 1597; Abb. 17), die sich zwar in die Linie der übrigen Pfosten einfügt, aber unter der nördlichen Flankenmauer keine symmetrische Entsprechung fand. Daher dürfte der Holzturm von insgesamt sechs Pfosten getragen worden sein.[57] Der Zwischenpfosten Bef. 1597 wäre dann als Reparatur oder (nachträgliche) Verstärkung anzusehen. Gleiches scheint auf die Doppelgrube Bef. 1609b in der Mitte der nördlichen Pfostenreihe zuzutreffen. Die Erhaltung der Pfostenstandspuren unterhalb der späteren Mauerfundamente ist der Tatsache zu verdanken, dass Letztere wohl kaum mehr als zwei Fuß tief unter die römische Oberfläche hinabreichten – im statisch tragfähigen Kiesboden genügten offenbar relativ flache Fundamente. Damit gründeten die Turmfundamente nicht tiefer als das Fundament der Kastellmauer. Um die Tragfähigkeit des Bodens für das Mauerfundament zu erhalten, kam es jedoch darauf an, die Auffüllungen der Pfostengruben wieder sorgfältig zu verdichten.

Soweit aus der erhaltenen Substanz zu schließen ist, scheint man die Toranlage im Zuge der Auflassung des Standortes wesentlich gründlicher und wohl auch in anderer Weise demontiert zu haben als den nördlich angrenzenden Mauerabschnitt. Im Bereich des Südturmes, wo wieder günstigere Erhaltungsbedingungen herrschten, wurde kein Schuttfächer angetroffen, auch nicht in seinem westlichen Vorfeld oder im Bereich der *via principalis*. Lediglich im hinter dem Tor verlaufenden Kanal entlang der *via sagularis* (Bef. 1550, Phase 3) fand sich Steinbauschutt sowie in eher bescheidenem Umfang auch in der Spitzgrabenverfüllung (s.o.). Nur in diesen tornahen Befunden enthielt der Steinbauschutt Bruchstücke gesägter Kalktuffquader. Aus 48 gleichartigen, mehrheitlich leicht trapezoid zugesägten Architekturspolien war ferner der untere Steinkranz eines nachkastellzeitlich-römischen Brunnens über dem Westende von Baracke IV konstruiert (Bef. 1300; Anlage 12; Abb. 18–21). Ein im „Museum im Römerbad"

---

57 Tortürme mit sechs Pfosten waren durchaus üblich, vgl. beispielsweise Baatz 1976, 16–19 Beil. I (Munningen); W. H. Manning, Usk: The Fortress Exavations 1968–1971 (Cardiff 1981) 65–92.

Abb. 16: *Porta principalis sinistra*, Karlstraße 2003. Südliche Pfostenreihe des hölzernen Torturms im Profil (von links nach rechts Bef. 1584 und 1597–1599), darüber Außenmauer des jüngeren Turms. Blick nach Norden.

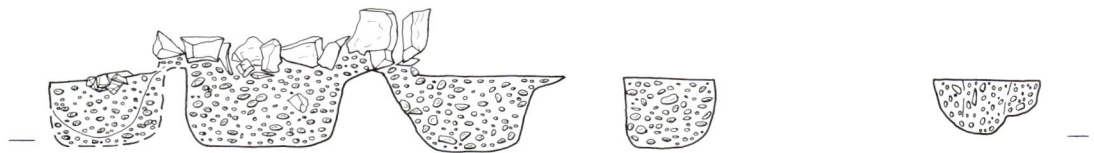

Abb. 17: *Porta principalis sinistra*, Karlstraße 2003. Südliche Pfostenreihe des hölzernen Torturms im Profil (von links nach rechts Bef. 1584 und 1597–1599 und 1607). M. 1:50.

durchgeführter Versuch, die Quader an ihren leicht trapezoiden Kanten (wieder) möglichst passgenau aneinanderzufügen, führte zu einem verblüffenden Ergebnis: Es ergab sich dabei annähernd ein Halbkreis, dessen Innendurchmesser etwa 3,2 m beträgt – die Breite der Durchfahrten der Prinzipaltore (Abb. 22)! Haben wir also Teile der demontierten und unweit sekundär verwendeten Bogenarchitektur des Westtores wiedergefunden? Diese Schlussfolgerung liegt nahe, muss jedoch dahingehend relativiert werden, dass die ursprüngliche Anordnung der einzelnen Quader natürlich nicht bekannt ist, ja nicht einmal Gewissheit darüber besteht, dass sie aus ein und demselben Primärbau demontiert wurden. Aufgrund ihrer nur leichten Schrägen kann man aber zumindest ausschließen, dass es sich um Elemente von Fensterbögen handelt.[58] Genauso wenig ist mehr zu ergründen, ob diese Quader (nur) an der Fassade vermauert waren und somit von zwei Torbogenfronten stammen könnten oder – worauf man wegen ihrer wenig repräsentativen Größe vielleicht eher zu schließen geneigt ist – in einem überwölbten Torgang. Gleichermaßen in Frage kommt eine Bogenkonstruktion aus zwei mit versetzten Fugen übereinander liegenden Quaderreihen, wie z. B. die Porta

---

58 Vgl. beispielsweise die Quaderformen des Regensburger Torbogens bei K. Dietz/T. Fischer, Die Römer in Regensburg (Regensburg 1996) 96.

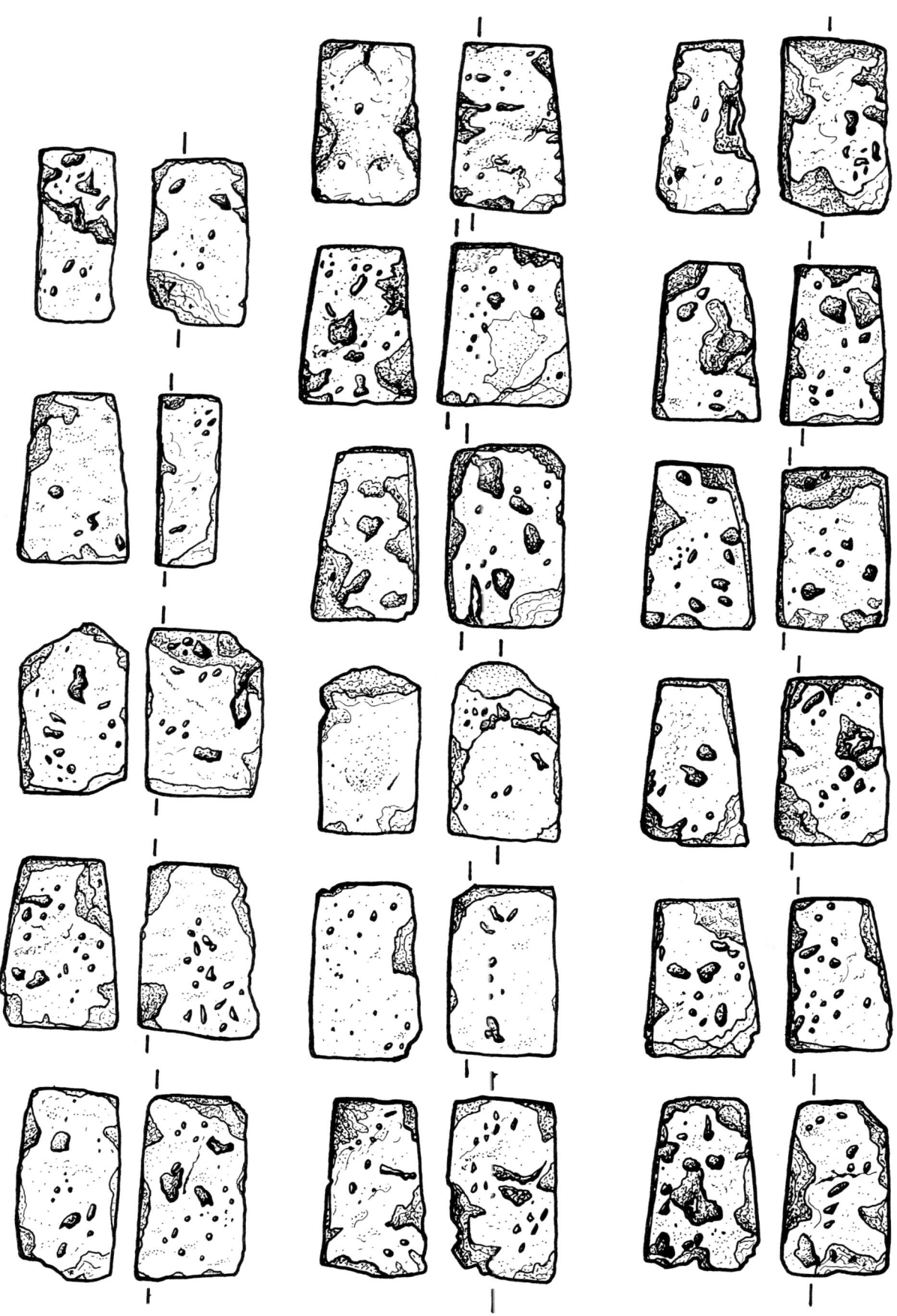

Abb. 18: Tuffquader (Architekturspolien) aus dem Steinkranz des Brunnens Bef. 1300. M. 1:10.

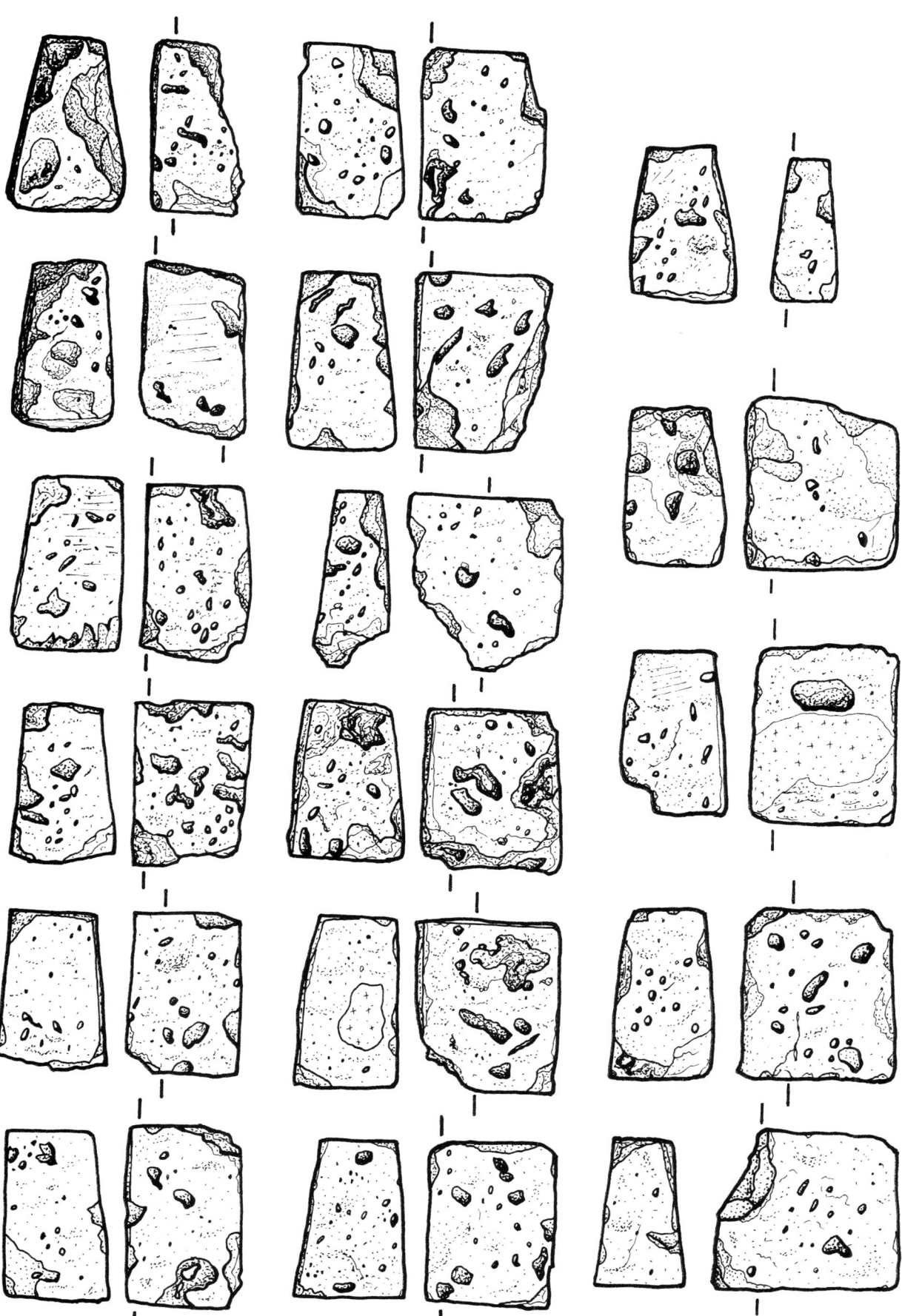

Abb. 19: Tuffquader (Architekturspolien) aus dem Steinkranz des Brunnens Bef. 1300. M. 1:10.

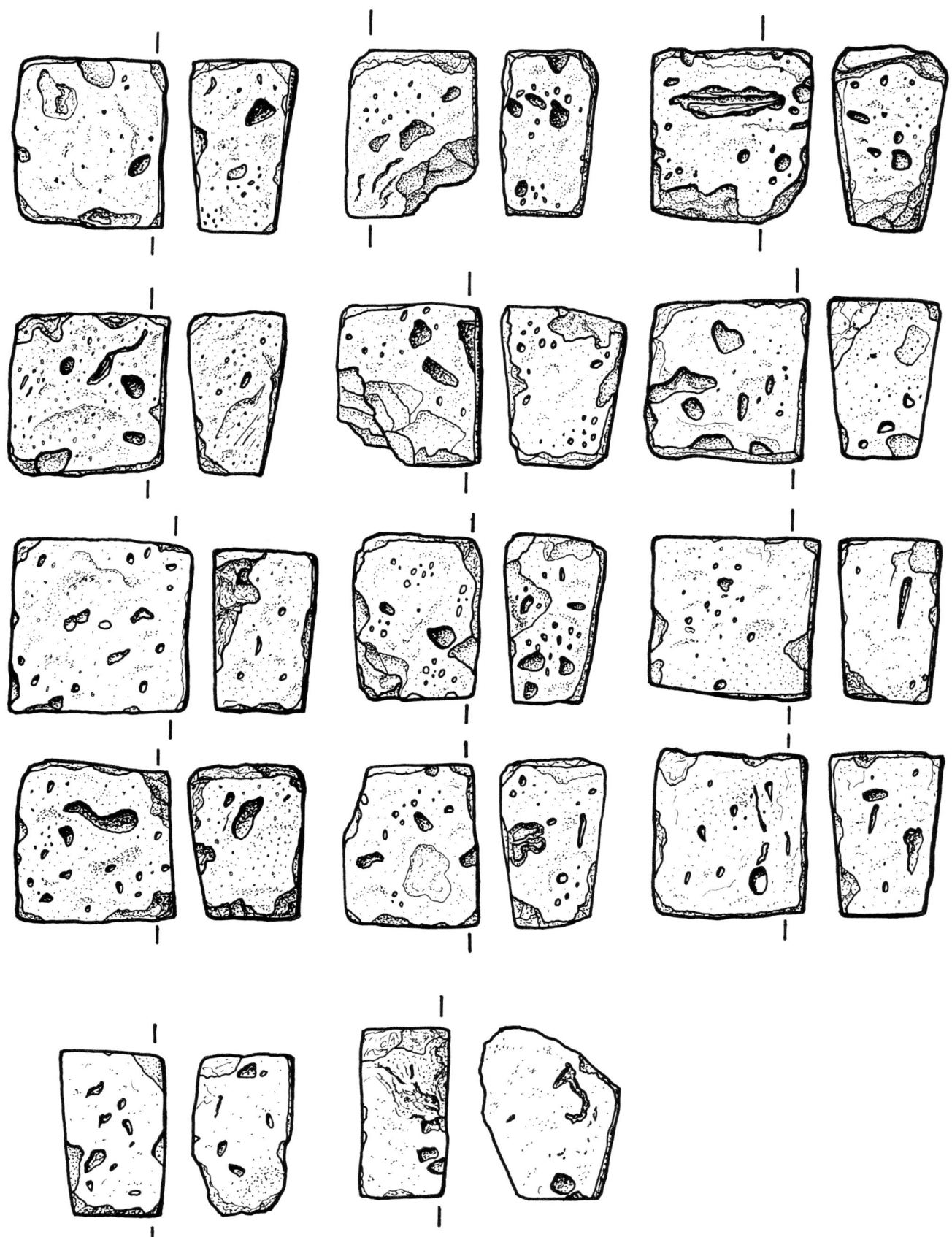

Abb. 20: Tuffquader (Architekturspolien) aus dem Steinkranz des Brunnens Bef. 1300. M. 1:10.

Abb. 21: Brunnen Bef. 1300 (Phase 4) im Profil. Die Brunnenstube bestand aus den keilförmigen Kalktuffquadern.

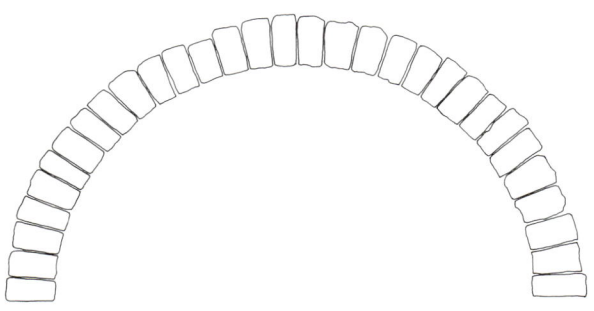

Abb. 22: Zeichnerischer Rekonstruktionsvorschlag für ein Torbogengewölbe mit den Tuffsteinen aus dem Brunnen Bef. 1300. Die Breite der beiden Tordurchfahrten der *porta principalis sinsistra* betrug jeweils 3,2 m. Dieses Maß entspricht wahrscheinlich auch dem Durchmesser des Torbogens. M. 1:50.

Maggiore von *Ferentinum*/Ferentino.[59] Deren mit den vorliegenden Architekturstücken in Form und Größe gut vergleichbaren Bogenblöcke verwendete man dort auch an der Fassade. Immerhin steht aufgrund der oben genannten, gleichartigen Architekturreste aus dem Kastellgraben und dem Kanal der Lagerrandstraße fest, dass das Westtor über eine derartige Architekturausstattung verfügt haben muss. Geht man wie üblich davon aus, dass die senkrechten Torwangen mindestens so hoch waren wie der Bogendurchmesser, lässt sich der Torbogenscheitel auf rund 4,8 m Höhe rekonstruieren. Er hätte dann etwa eine Linie mit der Oberkante der Wehrmauer (ohne Zinnen) gebildet oder diese nur wenig überragt.[60]

Die *via principalis* gab sich wie die anderen Wege innerhalb des Kastells schlicht als bebauungsfreier Streifen zu erkennen. Der natürliche Kiesboden dürfte keine eigene Fahrbahnbefestigung erfordert haben. Aufgrund des durch die zahlreichen Störungen verursachten allgemeinen Oberflächenverlustes von mindestens 20 bis 30 cm war die eigentliche antike Oberfläche zwar nicht mehr erhalten, doch ließ sich gegenüber der natürlichen Farbe des gewachsenen Kieses auch in dieser Tiefe noch eine etwas dunklere Verfärbung feststellen, die durch eingesickerten Schmutz entstanden sein dürfte (Signatur „Straße gesichert" Anlage 4; 7; 11). Zum Verlauf westlich des Tores vgl. Bef. 1616/1633 und 1465/1500 (Kap. III.2).

---

59 Adam 1994, 163 mit Abb. 388. Errichtet um 80 v. Chr.
60 Adam 1994, 166f.

I.4 Suche nach der Holz-Erde-Umwehrung zwischen den Toren (Phase 1)

Unter der sich nördlich an das Tor anschließenden Kastellmauer verlief die intensive Suche nach Holzpfosten einer früheren Holz-Erde-Befestigung erfolglos. Eine mit Holzpfosten errichtete Kastellumwehrung, wie z. B. in Oberdorf, Munningen, Weißenburg oder Mainhardt,[61] ist in Heidenheim also nicht nachgewiesen. Die Gräbchen der Holzkastellumwehrung von Weißenburg sehen im Profil zwar genauso aus wie die Gräbchen parallel zur Innenseite der Heidenheimer Kastellmauer (Bef. 1540, 1590; Anlage 5; 7), doch sind Letztere aufgrund ihrer Position mit dem Steinkastell kontemporär: Sowohl nördlich als auch südlich der *porta principalis sinistra* waren die Gräbchenköpfe mit gut sichtbaren Pfostenstandspuren erhalten, im Norden allerdings nur noch die tieferen Partien unter einer modernen Leitungsstörung. Die Pfosten selbst zeichneten sich vor allem als muldenförmige Vertiefungen unterhalb der Gräbchensohle (bis zu 41 cm Tiefe unter dem Planum) ab sowie durch ihr gegenüber der Gräbchenfüllung dunkleres Erdsubstrat. Diese Beobachtung lässt darauf schließen, dass die Pfostenstümpfe im Boden verblieben und vermodert sind – jedenfalls deutet nichts darauf hin, dass sie herausgezogen wurden. Beide Pfostengräbchen nehmen auf die Lage der Steintürme Rücksicht, sodass ihnen eine Funktion im Kontext der steinernen Umwehrung zugewiesen werden muss (s. u.). Die einst an die Holztürme anschließende Lagerbefestigung kann man sich mangels archäologischer Spuren unter oder in unmittelbarer Nähe der (späteren) Steinmauer kaum anders als in Gestalt einer zweischaligen Rasensodenmauer vorstellen, die auf der antiken Oberfläche gründete und deshalb nicht mehr nachweisbar ist. Ihr Kern dürfte mit dem Kiesaushub des Kastellgrabens aufgefüllt worden sein.[62] Ein Knüppelrost als Unterbau ließ sich wegen des Oberflächenverlustes nicht mehr feststellen.[63] Der Kiesboden pflegt derartig oberflächliche Strukturen ohnehin kaum zu konservieren.[64] Diesem mutmaßlich vorhandenen Wall *(vallum)* scheint man später, wie z. B. für die Kastelle Ladenburg sowie Hesselbach und Würzberg am Odenwaldlimes nachgewiesen, die Steinmauer vorgebaut zu haben.[65]

Bei den Ausgrabungen 1966 an der Ostumwehrung des Kastells stieß man diesbezüglich auf besser erhaltene Befunde, so zunächst wiederum auf ein Pfostengräbchen, das die Kastellmauer entlang der *via sagularis* begleitete und dessen im Durchschnitt rund 0,2 m starke Pfosten bis zu 0,8 m in den anstehenden Boden eingetieft waren.[66] Bezüglich Dimensionen, Lage und Verlauf handelt es sich um einen analogen Befund zu den 2003 zu beiden Seiten des Westtores festgestellten, oben genannten Gräbchen Bef. 1540 und 1590 (Abb. 23). B. Cichy und, ihm folgend, J. Heiligmann interpretierten es als „eine niedrige Stützwand aus Holzbohlen oder Flechtwerk, die zwischen senkrecht stehenden Pfosten verspannt waren".[67] Von dem (älteren) Erdwall hinter der Wehrmauer, der das rund 3,6 m breite Intervallum zwischen der Innenseite der Kastellmauer und der *via sagularis* einnahm, sei dort noch eine ca. 1 m hohe Aufschüttung erhalten geblieben. Sie soll aus einer wellenartigen Schichtenbänderung bestanden haben, deren Zustandekommen B. Cichy mit dem schichtweisen Ausleeren der Körbe für den Erdtransport erklärte.[68]

Wenigstens für die ausgegrabenen Partien der Nord- und Westumwehrung erhebt sich allerdings die Frage nach dem Verbleib der Wallsubstanz. Angesichts einer ca. 4,5 m hohen Mauer müsste das Materialvolumen beträchtlich gewesen sein, wenn der Wall so weit aufgeragt haben sollte, dass seine Krone als Wehrgang dienen konnte, beträchtlicher als es vielleicht durch den Aushub des Kastellgrabens allein zu

---

61 Heiligmann 1990, 126; Baatz 1976; Grönke/Weinlich 1991, 22–25 Bei. I. Die Umwehrung des Holz-Erde-Kastells von Mainhardt bestand aus einer Reihe mächtiger Pfosten: I. Stork, Neues zum Kastell Mainhardt, Kreis Schwäbisch Hall. Arch. Ausgr. Baden-Württemberg 2000, 84–87 bes. 86: die Abstände zwischen den mindestens 40 cm starken Pfosten betrugen im Mittel 1 m.

62 Ähnlich stellen sich die Verhältnisse in Walheim dar, denn von der Umwehrung des Kastells II blieb außer den Turmpfosten lediglich ein bebauungsfreier Streifen (Kortüm/Lauber 2004, 83).

63 Der Nachweis einer solchen Unterkonstruktion für einen Erdwall direkt auf der antiken Oberfläche gelang z. B. an der Umwehrung der Kastelle Rottweil III (Planck 1975, Beil. 5 Nr. 2), Sulz (Sommer 1995, 167), Ladenburg (C. S. Sommer, Arch. Ausgr. Baden-Württemberg 1991, 133) sowie im Reiterkastell Ribchester (Buxton/Howard-Davis 2000, 25–28).

64 Vgl. auch unten die Diskussion um die Ausstattung der Baracken mit Bretterfußböden (Kap. II.2.3).

65 C. S. Sommer, Ladenburg. Fundber. Baden-Württemberg 17/2, 1992, 114 f.; Kortüm 2004, 33 mit weiterer Literatur. Vgl. ferner die Bauphasen des neu entdeckten Lagers bei Augsburg (Bakker 2005, 72).

66 Cichy 1971, 50 f.; Heiligmann 1990, Beil. 8B; Sölch 2001, 25. – Sollten diese rückwärtigen Wallstützen ringsherum gleich tief eingegraben worden sein, so würde dies bedeuten, dass der Oberflächenverlust im Bereich des Westtores sogar bis zu 40 cm beträgt, denn dort waren die entsprechenden Pfosten nur noch bis zu 41 cm Tiefe unter Planum erhalten.

67 Heiligmann 1990, 109. – Eine vergleichbare Pfostenreihe fand sich an der Umwehrung des Kohortenkastells Walheim I (Kortüm 2005, 33). Auch zur ersten Phase des Kastells Eining gehörte ein solcher Pfostengraben, den Gschwind 2004, 35 allerdings als Palisadengraben einordnet. Diese Deutung ist im Falle Heidenheims auszuschließen, denn dann hätte das Gräbchen vor (wie z. B. in Essingen, vgl. Kempa 1995, 210) und nicht hinter den Tortürmen verlaufen müssen.

68 Cichy 1971, 50.

Abb. 23: Pfostengräbchen zur Wallabstützung (Bef. 1540) nördlich des Westtors. Blick nach Westen.

gewinnen war. Umgekehrt hat der Wehrgraben bei seiner Verfüllung keinesfalls die gesamte Masse eines derart großen Erdkörpers aufgenommen. Die Verfüllung des nördlichen Spitzgrabens bestand ja, wie oben dargelegt, vorwiegend aus dem Abbruchschutt der Kastellmauer und von Fachwerkgebäuden. An der Westfront, wo die Kastellmauer zunächst stehen blieb, hat man es sich bei der Einebnung des Spitzgrabens leicht gemacht, indem man die Berme und auch die äußere Grabenkante abtrug, um so den Spitzgraben in eine breite, flache Senke zu verwandeln, auf der die verstürzte Kastellmauer lag. Wenigstens an dieser Stelle zog man die Materialsubstanz des Walles offenkundig nicht zur Grabenverfüllung heran. Erst über dem Mauerschutt wurde eine mit 10 bis 20 cm eher dünne (bzw. dünn erhaltene) Kiesschicht aufgefunden (Bef. 1527), die möglicherweise von nachgerutschtem oder darüber planiertem Material des Walles herrühren könnte. Hätte man stattdessen zur Einebnung des Kastellgrabens den Erdwall hinter der Mauer abgetragen, so hätten sich nicht nur Berme und ursprüngliche Grabenkontur besser erhalten müssen, sondern man hätte auch das Erdmaterial des abzutragenden Walls über die noch stehende Mauer hieven oder es um sie herum transportieren müssen – ein kaum anzunehmender Arbeitsaufwand.

Welche Interpretationsangebote bleiben also verfügbar? Möglich wäre, dass der Wall nur teilweise abgetragen wurde, um beispielsweise offen stehende Gruben und Gräben innerhalb des Lagers einzuebnen. So könnte der Entwässerungsgraben entlang der *via sagularis* (Bef. 1550) teilweise mit Wallmaterial aufgefüllt worden sein. Wenn das stimmt, dürfte ein in dieser Füllung entdeckter Denar des Domitian von 92 n. Chr. eventuell als Terminus post quem für den Wallbau herangezogen werden. Beweisen lässt sich das aber nicht. Abschnitte oder Teile des Walls könnten schlicht stehen geblieben und erst allmählich während der nachkastellzeitlichen Vicusperiode abgetragen worden sein, um z. B. Kies für den Straßenbau zu gewinnen. Alternativ dazu ließe sich erwägen, ob der mutmaßliche Wall wirklich überall vorhanden war. Bisher ist der Wallbereich nur in der Nachbarschaft von Türmen untersucht worden. Könnten die Pfostengräbchen nicht auch Stützen hölzerner Anbauten gewesen sein, zumal sich der Winkel zwischen Mauer und Türmen dafür besonders eignet? Ein schmalerer Wehrgang könnte leicht oberhalb von deren Dächern verlaufen sein. Man braucht auch nicht zwingend annehmen, dass der Wallkörper aus Phase 1 bis zur Wehrganghöhe der Steinmauer aufragte. Die fehlende Distanz könnte immer noch eine Holzkonstruktion überbrückt haben.

I.5 Zur Datierung des Ausbaus der Umwehrung in Stein

Der Ausbau der Umwehrung in Stein ist nicht datiert. Hierfür kommt die gesamte Regierungszeit des Hadrian sowie die des Antoninus Pius bis um 150 n. Chr. in Betracht. Zwar könnte man einen Zusammenhang mit dem mutmaßlichen Besuch Hadrians in Rätien 121 n. Chr. postulieren, doch fehlen bis heute eindeutige Zeugnisse eines militärischen Bauprogramms Hadrians in der Provinz.[69] Die Errichtung von Steinbauten unter Antoninus Pius ist hin-

---

69 In späthadrianischer Zeit könnten Kastelle (zunächst als Holzkastelle) am östlichen rätischen Limes gegründet worden sein, z. B. Ellingen, Pfünz und Pförring (Kortüm 1998, 44 f.); K. Dietz in: Czysz u. a. 1995, 121 f. – Anders stellt sich die Lage in Obergermanien dar, wo jüngst bei Marköbel Stümpfe von Eichenpalisaden des Limes geborgen wurden, deren Fällung dendrochronologisch 119 und 120 n. Chr. datiert werden konnte: E. Schallmayer, Der Limes, Marköbel und Kaiser Hadrian. Denkmalpflege und Kulturgesch. 2/2003, 12–21, bes. 13 f.; ders., Neue Forschungen am Limes in Hessen. Denkmalpflege und Kulturgesch. 3/2005, 17–21 bes. 18 f. – Mit umfangreicheren Baumaßnahmen ist eher in der Provinzhauptstadt *municipium Aelium Augustum*/Augsburg zu rechnen, die unter Hadrian Stadtrecht erhielt, vgl. L. Bakker, *Augusta Vindelicum*. Augsburgs Weg vom römischen Garnisonsort zur Hauptstadt Rätiens. In: L. Wamser (Hrsg.), Die Römer zwischen Alpen und Nordmeer. Zivilisatorisches Erbe einer europäischen Militärmacht. Ausstellungskat. Rosenheim (Mainz 2000) 88–94 bes. 92. Neue Untersuchungen vermögen eine hadrianische Blüte aber nicht ohne weiteres zu bestätigen, sondern vielmehr einen Steinausbau über flächig abgebrannter Holzarchitektur in flavisch-trajanischer Zeit: A. Schaub, Zur Lokalisierung des Forums von Augusta Vindelicum. Archäologische Aspekte zur Diskussion über die Provinzhauptstadt Raetiens. In: L. Bakker (Hrsg.), Augsburger Beitr. Arch. 3 (Augsburg 2000) 27–41 bes. 29–31; N. Willburger, Die römische Wandmalerei in Augsburg. Augsburger Beitr. Arch. 4 (Augsburg 2004) 112 f.

Flavia pia fidelis milliaria dem Aalener Nachfolgelager deutlich an, das 6,07 ha einnimmt.[92] Bedenkt man, dass das Kastell Heidenheim auf fast ebenem Talgrund errichtet wurde – das ursprüngliche Gefälle von der *porta principalis sinistra* zur *porta principalis dextra* lässt sich auf ca. einen Meter veranschlagen[93] –, das Kastell Aalen jedoch an einem nach zwei Seiten hin abfallenden Hang liegt, so leuchtet ein, dass dort allein für den Gefälleausgleich zwischen den Gebäudeterrassen und Lagerstraßen zusätzlicher Platz benötigt wurde. Im konzeptionellen Ursprung ist das Kastell Aalen – abgesehen von den insgesamt vier Verteidigungsgräben – also eigentlich nicht größer als sein Heidenheimer Vorgänger.

Neben dem Aufschluss der Westumwehrung konnte auch der Westabschnitt der nördlichen Kastellmauer 2000 bzw. 2003 durch zwei Schnitte mittels moderner Vermessung fixiert werden. Bis dahin waren lediglich die Grabungsaufschlüsse der Jahre 1961–1962 (Fahnenheiligtum und *porta decumana*), 1965 (Baracken I–III), 1966 (südöstliche Kastellmauer mit Zwischenturm) und 1970 (Baracke XXIV) unabhängig vom ursprünglichen Gesamtplan im ORL vermessen und kartiert worden.[94] Die daraus abgeleiteten jüngeren Gesamtpläne stellen die bisher gültigen Grundlagen für das Kastell Heidenheim dar.[95]

Im Zuge der Erstellung des neuen digitalen Kastellplans hat K. Schindwolf (Vermessungsamt Heidenheim) sämtliche älteren Grabungsaufschlüsse einschließlich der Grabungen der RLK anhand identischer Punkte[96] neu georeferenziert und damit entzerrt. Das Ergebnis zeigt erhebliche bis drastische Abweichungen vom ORL-Plan,[97] bestätigt aber die Vermessung der Grabungen von 1961–1970. Die nordsüdliche Ausdehnung des Kastells beträgt – von den Mauern außenkanten aus gemessen – tatsächlich 275,1 m, was einem römischen Planmaß von 930 Fuß entspricht.[98] Die westöstliche Ausdehnung beläuft sich entlang der Nordfront auf 201,5 m (geplant 680 Fuß), entlang der Südfront wahrscheinlich auf 204,1 m (geplant 690 Fuß). Bereits oben (Kap. I.2) wurde darauf hingewiesen, dass der nördliche, die *praetentura* schützende Abschnitt der westlichen Kastellmauer nicht rechtwinklig zu den westöstlichen Achsen verläuft, sondern um ca. 1 Grad nach innen, d. h. nach Osten, „einknickt". Das Kastell ist an dieser Stelle also nicht ganz symmetrisch angelegt, sodass sich der „Fehler" über die gesamte Länge der *praetentura* auf etwa 10 Fuß summiert, um die die Nord- gegenüber der Südmauer kürzer geraten ist.

Die Lokalisierung des Nordtores (*porta praetoria*) bereitet Probleme, zu deren Lösung die erneute Freilegung notwendig wäre.[99] Einstweilen können nur zwei alternative Lösungsmöglichkeiten angeboten werden. Die Mauerstümpfe dieses Tores wurden 1896 von Forstmeister W. Prescher freigelegt und (zumindest aus heutiger Sicht) nur behelfsmäßig eingemessen. Da sich zum Zeitpunkt der Ausgrabung noch kein Gebäude in der Nähe befand, das in modernen Katastern eingetragen ist, gelingt eine verlässliche Georeferenzierung der Altgrabung leider nicht; das Nordtor hängt sozusagen „in der Luft". Mangels besserer Erkenntnisse haben alle jüngeren Pläne die gegenüber dem Südtor (*porta decumana*) und dem Stabsgebäude abweichende, asymmetrische Lage des Nordtores übernommen. Aufgrund der jüngsten Aufschlüsse empfiehlt sich eine Revision der Problematik.[100] Die Abweichung zwischen – soviel vorweg – zwei Lösungsalternativen (Anlage 20.1 bzw. 20.2) beträgt 3 bis 4 m. Nimmt man die Angaben W. Preschers im ORL genau, so liegt die westliche Außenkante des westlichen Torturmes 43,6 m entfernt von der östlichen Außenkante des westlichen Zwischenturmes, die östliche Außenkante des östlichen Torturmes aber nur 39,4 m von der Westwand des östlichen Zwischenturmes.[101] Die absolute Position des Letzteren verharrt mangels fester Bezugspunkte jedoch ebenso ungeklärt wie die des Tores. Als einigermaßen zuverlässig erwies sich die Position des westlichen Zwischenturmes, da dieser 1913 bereits unmittelbar vor der Fassade eines heute noch bestehenden Hauses (Kurt-Bittel-Straße 12) freigelegt und auf diese eingemessen werden konnte. Der

---

Fortsetzung Fußnote 91:
    durch die Verwendung moderner Kartierungsprogramme (GIS) sowie durch die absolute Einmessung der modernen Ausgrabungen behoben werden.
92 Planck 2005, 9.
93 Das Gefälle innerhalb der ergrabenen Bereiche der Doppelbaracke IV/V beläuft sich beispielsweise auf ca. 30 cm (vgl. Anlage 24).
94 Sölch 2001, 51; Grabung 1970: Cichy 1971, 8; Sölch 2001, 57.
95 Heiligmann 1990, Beil. 7; Rabold/Sölch 1994; Sölch 2001, Beil. 1.
96 Zum Beispiel anhand bereits 1895/96 vorhandener und heute noch bestehender Gebäude und Grundstücksgrenzen.
97 ORL B 66b, 2: 271 m × 195 m. – Moderne Ausgrabungen haben auch andernorts zu erheblichen Korrekturen ORL-zeitlicher Pläne geführt, z. B. M. Hoppe, Neues zur Befestigung des römischen Kastells Niedernberg. Arch. Jahr Bayern 2002, 75–77. Ähnliche Vorbehalte könnten auch auf das Kastell Lorch zutreffen, da die dort 1987 ausgegrabenen Baracken und die angrenzende Lagerhauptstraße (*via principalis?*) schief zu der von der RLK lokalisierten Umwehrung verlaufen (vgl. den Gesamtplan bei Nuber 1990, 23).
98 Dieses Maß spielt auch bei der hypothetischen Rekonstruktion des Lagers I von Rottweil eine Rolle, und zwar als Länge der Innenbebauung von *latus praetorii* plus *retentura* (Franke 2003, Beil. 13).
99 Da das Nordtor zumindest teilweise unter einer modernen Kreuzung liegt, ist daran vorläufig nicht zu denken.
100 Bereits Sölch 2001, 24 rechnet damit, dass das Nordtor im ORL falsch eingezeichnet ist.
101 ORL B 66b, Taf. II.

Suchschnitt G. Balles 2000 bestätigte, dass die Kastellmauer in der Kurt-Bittel-Straße direkt unter der heutigen Fassadenfront verläuft.[102] Bei beiden Vorschlägen bleibt übrigens die asymmetrische Lage des Tores in der Praetorialfront erhalten.[103] Darauf wird im nachfolgenden Kapitel zurückzukommen sein. Durch die Zusammenschau der Grabungsaufschlüsse in den Kastellen Heidenheim und Aalen lässt sich die Innenbebauung eines *ala milliaria*-Kastells erstmals idealtypisch rekonstruieren (Anlage 20.1; 20.2). Während die Standorte der Baracken durch die Heidenheimer Ausgrabungen gegeben bzw. mit hoher Wahrscheinlichkeit rekonstruierbar sind, vermitteln die Forschungen im Limeskastell Alen eine recht genaue Vorstellung vom Bestand der Funktionsgebäude im Mittellager *(latera praetorii)*. Dass die Aalener *principia* ganz offensichtlich nach demselben Architektenplan wie zuvor das Heidenheimer Stabsgebäude errichtet wurden, ist schon länger bekannt.[104] In beiden Kastellen sind nur Ausschnitte des *praetorium* bekannt, doch deutet die Lage eines quadratischen Raumes rechts neben den *principia* auch hier auf mindestens ähnliche Grundrisse hin.[105] Leider lässt die Synopse der Gebäudereste an beiden Standorten keine befriedigende Grundrissrekonstruktion des Baukomplexes zu, da die im Bereich des Heidenheimer *praetorium* entdeckten Mauerzüge nur skizzenhaft dokumentiert worden sind und im Einzelfall nicht abschließend geklärt werden konnte, welche auf eine kastellzeitliche oder vielleicht auch nachkastellzeitliche Steinbebauung des Vicus zurückgehen.[106] Die hier in Beilage 20,1–2 vorschlagsweise als dem Kastell zugehörig eingetragenen Mauerstümpfe sind teils von W. Prescher 1896/97, teils im Februar 1973 beim Aushub eines Kabelschachtes in der heutigen Olgastraße aufgedeckt worden.[107] Ihre Datierung ist ungesichert, doch fällt mindestens ein Mauerwinkel mit einer nordsüdlichen Vermessungsachse des Kastells zusammen (Ostgrenze des dritten östlichen *clima*, s. u. Kap. I.8), was für eine Zugehörigkeit zu diesem spricht. Der in nordsüdlicher Richtung verlaufende mächtige Mauerstumpf nahe der Ostumwehrung könnte in Analogie zur Aalener Kastelleinteilung von einem Speicherbau *(horreum)* stammen.[108] Diese Gebäudeansprache erhält wiederum Unterstützung durch die Deckungsgleichheit der Mauer mit einer Vermessungsachse, die vermutlich die östliche Grenze der Innenbebauung markiert (s. u.). Trifft dies zu, so kann es sich hier nur um die östliche Außenwand eines Speichers handeln.

Ansonsten müssen weitere Forschungen abgewartet werden, die man aufgrund der zu erwartenden Tiefenlage der Befunde von 1,5 bis 2,0 m unter der heutigen Levillain-Anlage künftig vielleicht mit verbesserten geophysikalischen Methoden (Georadar) erfolgsversprechend durchführen kann.

Deutlich ungünstiger stellen sich Forschungsstand wie -perspektiven im *latus praetorii sinistrum* dar. Südlich der *via principalis* wurde in einer bereits ausgehobenen Baugrube im Juli 1977 nur noch eine vermutlich kastellzeitliche Grube beobachtet, von deren Existenz ohne weitere Argumente auf ein Holzgebäude rückgeschlossen wurde.[109] Ein schmaler, 4,5 m langer Baggerschnitt in der Hofeinfahrt der ehemaligen Olgaapotheke (zwischen den ehemaligen Anwesen Olgastraße 9 und Karlstraße 8) führte im Juli 2003 jedoch zum Nachweis einer kastellzeitlichen Steinbebauung an dieser Stelle, indem 1,5 m unter der modernen Oberfläche in entsprechender Schichtfolge ein bis zu 30 cm mächtiges Paket aus kastelltypischem Mörtel und Kalkbruchsteinen angetroffen wurde, wenn auch kein Mauerfundament in situ.[110] In diesem Areal ist außerdem mit nachkastellzeitlicher Steinbebauung zu rechnen.[111] Einstweilen kann nur festgehalten werden, dass in diesem Lagerviertel sowohl Holz-Fachwerk- als auch steinfundamentierte Bauten zu erwarten sind. Leider ist dieses Areal durch moderne Bebauung fast flächendeckend zerstört. Immerhin vermitteln die jüngst an gleicher Position im Kastell Aalen durchgeführten Grabungen eine Vorstellung von den möglicherweise einst auch hier vorhandenen Lagerbauten:[112] Magazin, *fabrica* und vielleicht auch ein *valetudinarium*.

---

102 Balle 2000, 93.
103 Anlage 20.1: 314 Fuß West, 330 Fuß Ost; Anlage 20.2: 326 Fuß West, 318 Fuß Ost.
104 Planck 1988, 59; Sölch 2001, 24.
105 Die abweichend schiefe Ausrichtung des mutmaßlichen Aalener *praetorium* hängt vermutlich mit der örtlichen Bodenbeschaffenheit (Staunässe und deren Drainage) zusammen.
106 Sölch 2001, 56 f.
107 Sölch 2001, 57 Fundstelle 65.
108 Mit außerhalb der Umwehrung gelegenen weiteren Speicherbauten ist bei römischen Militärlagern grundsätzlich zu rechnen, wie Beispiele aus Künzing (K. Schmotz, Erste Arbeitsergebnisse zum Amphitheater von Künzing, Lkr. Deggendorf. In: Vorträge des 23. Niederbay. Archäologentages [Rahden/Westf. 2005] Abb. 1), Oberstimm und wahrscheinlich auch Ruffenhofen demonstrieren (Sommer 2004, 351). In der unmittelbaren Nachbarschaft des Heidenheimer Lagers bleibt dafür jedoch nur wenig Platz. – Vgl. ferner M. Gechter/J. Wentscher, Römische Militärgebäude außerhalb des Bonner Legionslagers. Arch. Rheinland 1988, 31 f.
109 Sölch 2001, 46 Fundstelle 22 (Karlstraße 10).
110 Entlang der Ostmauer der Apotheke Karlstraße 8 wurde ein Profil dokumentiert (Profil-Blatt 236 der Grabungsdokumentation).
111 Sölch 2001, 46 Fundstelle 23 und 49 Fundstelle 29: Die kastell- oder nachkastellzeitliche Datierung dieser wiederum in Baustellen 1928 bzw. 1975 beobachteten Mauerreste ist mangels Fundmaterial und exakter Einmessung fraglich.
112 Scholz 2004b (Vorbericht); Scholz 2007.

I.8 Zur Vermessung des Kastells

Anlage 20.1; 20.2

Da die Kastellbefunde nun erstmals digital vermessen und georeferenziert vorliegen, erscheint der Versuch sinnvoll, das antike Vermessungssystem zu entschlüsseln.[113] Hierbei ist von den Befunden der Phase 2 (steinerne Umwehrung und Baracken) auszugehen. Als vermessungstechnisch zuverlässige Ausgangspunkte konnten die *spinae* des Süd- und Westtores sowie der Scheitel des Fahnenheiligtums eingesetzt werden. Das aus den Achsen dieser drei Punkte ermittelte Kreuz der Basislinien verrät den ersten Standort der *groma* wie üblich in der Mitte der späteren, mit diesem Synonym bezeichneten *principia*-Vorhalle.

Im nächsten Schritt ist zu überprüfen, welches der üblichen Flächenmaße die bekannten Fluchten der Innenbebauung am konsequentesten erschließt. Hierbei halfen die Überlegungen K. Kortüms zur Vermessung des Numeruskastells (II) von Walheim sowie von R. Franke zur Vermessung des Kastells I von Rottweil: In beiden Fällen beruht das Einteilungsprinzip weitestgehend auf Flächenmaßen, die ein Vielfaches von 30 röm. Fuß darstellen:[114] *clima* (60 × 60), *actus* (120 × 120), *iugerum* (120 × 240) und *heredium* (240 × 240).[115] Auch die Innenfläche des Kastells Heidenheim lässt sich in zwei klassische Flächenmaße der römischen Militärarchitektur aufteilen, und zwar entweder in 150 quadratische *climata* (1 *clima* = 60 × 60 Fuß) oder in 150 rechteckige, westöstlich gerichtete *hemistrigia* (1 *hemistrigium* = 120 × 30 Fuß),[116] die Gesamtfläche einschließlich Umwehrung in 198 (12 × 16,5 bzw. 6 × 33) *climata/hemistrigia*.

Für die Innenbebauung samt *viae praetoria et decumana* waren – je nach Positionierungsvorschlag des Nordtores sowie der rechten *praetentura* (s. u.) – in westöstlicher Richtung 600 oder 615 Fuß vorgesehen, also 10 oder 10,25 *climata* = 5 oder 5,125 *hemistrigia*. Einige Baufluchten folgen den nordsüdlich verlaufenden Messlinien: Die Westfront der Baracken I–VIII fällt – von der beschriebenen Abweichung von 1 Grad am Westrand der nordwestlichen *praetentura* abgesehen – mit der westlichen Vermessungslinie exakt zusammen. In der Osthälfte der *retentura* stimmt die nordsüdliche Grenze des ersten *clima* etwa mit der Kante des Endbaumoduls der Baracken überein (Ausgrabung ZOH, Doppelbaracke XXI/XXII).

Während die „glatten" Maße (600 Fuß = 10 *climata*) trotz aller Ergänzungen auf die *retentura* recht gut zutreffen, hängt die Einteilung der nicht ausgegrabenen rechten (östlichen) *praetentura*-Hälfte von der wahrscheinlichsten kartographischen Positionierung des Nordtores ab. Verwirft man die diesbezüglichen Angaben W. Preschers wegen der gravierenden Ungenauigkeiten des ORL-Plans, so lässt sich das Vorderlager mittels der *climata*-Quadrate geradezu idealtypisch rekonstruieren (Anlage 20.1)! Ein gewisser „Pferdefuß" dieser verlockenden Lösung besteht darin, dass der Raum für die östliche *via sagularis* deutlich breiter ausfallen würde als für die westliche. War das eine planerische Absicht? Vielleicht kann eine Befundbeobachtung B. Cichys zur Erklärung beitragen: Die Ostfront der Doppelbaracke XXI/XXII wird von zwei Punktfundamenten (Pfosten) begleitet, bei denen es sich um die Reste einer *porticus* oder eines anderen Anbaus unbekannter Zweckbestimmung gehandelt haben könnte, der zumindest entlang der nordwestlichen *via sagularis* keine Entsprechung findet. Dennoch befriedigt die auf den ersten Blick eingängige Rekonstruktion aufgrund der ungleichen Hälften des Vorderlagers nicht. Folgt man jedoch dem ORL-Vorschlag zur Positionierung des Nordtores, d. h. erachtet jedenfalls die von W. Prescher zwischen den Türmen der Praetorialfront gemessenen Abstände für makellos, so ließe sich die *praetentura* in zwei fast gleich große Barackenblöcke (I–VIII und IX–XVI) bei gleich bleibender Breite der Lagerringstraße einteilen und gewänne eine platzartig vergrößerte *via praetoria*, die für ein großes Reiterlager sehr zweckmäßig erscheint (Anlage 20.2). Die (*spina* der) *porta praetoria* läge dann um 12 Fuß (ein Fünftel *clima*) von der Basislinie nach Osten versetzt. Mit dieser Rechtsverschiebung wäre die Verkürzung der Nordfront gegenüber der Südfront um 10 Fuß, die durch den einknickenden Verlauf der Westfront zustande kam, ausgeglichen. Mit der Abweichung um 12 Fuß wäre

---

113 Der darauf abgezielte Versuch von Oxé 1941, 152 f. u. Taf. 15 ist trotz teilweise richtiger Ansätze – wie nun feststeht – aufgrund der geschilderten Ungenauigkeiten durch neuzeitliche Vermessungsfehler, der Unkenntnis der Innenbebauung sowie des fehlenden Nachweises für den Verlauf der Westumwehrung gescheitert. – Vermessungsingenieure (*mensores*) gab es nicht nur in den Legionen, sondern auch bei einigen Auxiliareinheiten (Kortüm/Lauber 2004, 113).

114 Ein *pes Monetalis* (pM) entspricht 0,295833 m. Dieses Maß liegt der röm. Vermessung zugrunde.

115 Oxé 1941, 116–124; Kortüm/Lauber 2004, 110–113 bes. 111; Franke 2003, 87 mit Beil. 12–13. – Diese Werte sind die gemeinsamen Nenner der Dezimal- und Duodezimalzählung der römischen Vermesser. Beide Systeme wurden oft miteinander kombiniert, vgl. z. B. A. V. Schoonhoven, Metrology and Meaning in Pompeii. The Urban Arrangement of Regio VI (Rom 2006) 190.

116 Diese Maße werden von Polybios und Pseudo-Hyginus als grundlegende Einheiten empfohlen (*Liber de munitionibus castrorum* 1 ff.), vgl. Oxé 1941, 111–113; Kortüm/Lauber 2004, 111.

der Bezug zum Vermessungssystem auch bei dieser Alternative gewahrt. Die nordsüdlich verlaufenden *climata*-Vermessungslinien würden die ergänzten Baracken im östlichen Vorderlager sogar symmetrisch perfekt „aufteilen". Die Westflanke des östlichen Torturmes würde genau 30 Fuß östlich der nordsüdlichen Basislinie zu liegen kommen.

Obwohl die zweite Variante (Anlage 20.2) mehr Wahrscheinlichkeit auf sich vereint, sehe ich die endgültige Entscheidung zwischen beiden ohne erneute Feldforschungen nicht. Große Teile der mutmaßlichen Baracken XII–XVI liegen heute – zumindest von Störungen durch neuzeitliche oder moderne Überbauung verschont – in ca. 1,5 bis 2,0 m Tiefe unter der gegenwärtigen Oberfläche der Levellain-Anlage (Bahnhofsanlage) verborgen. Vorläufig stellt dieser Park das letzte unerforschte bzw. noch erforschbare archäologische „Reservat" im Kastell Heidenheim dar. Möglicherweise gelingt dort künftig einmal die Vervollständigung des Gesamtplans inklusive der Lösung der hier erörterten Frage durch zerstörungsfreie Methoden, z. B. durch verbesserte Georadartechnik.

In nordsüdlicher Richtung waren insgesamt 14,5 *climata* (870 Fuß) für die Innenbebauung abgesteckt worden. Das *clima*- bzw. *hemistrigium*-Grundmaß spiegelt sich erwartungsgemäß auch in einigen westöstlich gerichteten Baufluchten wider: Am weitesten mit der südlichen Grenze des vierten Süd-*clima* (in der Mitte der *via quintana*), eher aber mit der des siebten *hemistrigium* in der *retentura* scheint der südliche Bebauungsabschluss der *latera praetorii* zusammengefallen zu sein. Die Gesamtbreite der Vorhalle des Stabsgebäudes (*groma*) einschließlich ihrer Portale nimmt vier *climata* ein. Die Nordgrenze des ersten *clima* der *praetentura* verläuft etwa deckungsgleich mit den südlichen Außenwänden der Baracken VIII und XVI.

Innerhalb der abgesteckten Bebauungsflächen richtete man nicht jede Bauflucht sklavisch an den *clima-/hemistrigium*-Linien aus, sondern passte die Gebäudelage den Bedürfnissen flexibel an. Hierbei waren vor allem die benötigten Wegbreiten ausschlaggebend. Unterhalb des *clima*-Maßes lassen sich stellenweise Einheiten von 12 Fuß nachvollziehen, so z. B. bei der Breite der *viae praetoria et decumana* zwischen den Tortürmen. Die Länge der *groma* beträgt wie gesagt 240 Fuß (20 × 12), die nordsüdliche Ausdehnung des Stabsgebäudes ohne Apsis 216 Fuß (18 × 12).[117] Die Gesamtlänge der Baracken ist wahrscheinlich auf 276 Fuß (23 × 12) zu beziffern, während für die Länge der Kopfbauten 48 Fuß das angepeilte Richtmaß gewesen zu sein scheinen. Die Breite der Doppelbaracken (ohne *porticus*) beträgt wiederum 60 Fuß (5 × 12). Das Duodezimalsystem kam auch bei der Vermessung anderer Militärlager zur Anwendung, so z. B. bei der zweiten Bauphase des Kastells Zugmantel. Dieser sind zwei *pedatura*-Steine zugewiesen, die auf 96 und 72 Fuß lauten.[118]

Die Umwehrung selbst ist in das Schema der *climata* bzw. *hemistrigia* nur grob einzupassen. Für sie scheint prinzipiell vom beschriebenen Vermessungsrand der Innenbebauung aus ein weiteres *clima* Gesamtbreite vorgesehen gewesen zu sein (inklusive *viae sagulares*). Innerhalb dessen Grenzen halten sich immerhin die Außenkanten des Spitzgrabens der Süd-, West- und Nordumwehrung, wohingegen die Innenkante des östlichen Spitzgrabens in etwa die Außenlinie des „Umwehrungs-*clima*" aufnimmt. Möglicherweise wurde dem Kastellterritorium im Osten ein weiteres *clima* zugeschlagen, um eine parallel zum Graben verlaufende „Begleitstraße", deren Existenz 1966 bewiesen werden konnte,[119] mit in das System einzubeziehen.

Der Mauerverlauf hält sich ringsherum nur sehr grob, am ehesten noch im Norden und Süden, an das innere *hemistrigium* der Umwehrung. Damit gilt das o. g. Vermessungsschema zwar nicht für den genauen Verlauf der Kastellmauer, jedoch für die Umwehrung insgesamt. Das Kastell ist einschließlich seines einfachen Verteidigungsgrabens in eine Gesamtfläche von 12 (4 × 3) *heredia* plus sechs *hemistrigia* (im Norden) eingepasst. Dieser Sachverhalt unterstützt auch hier die Beobachtung von A. Oxé, dass die Kastellvermessung die Innenbebauung plus inneres Straßennetz berücksichtigte,[120] nicht jedoch den exakten Verlauf der einzelnen Befestigungsbestandteile der Umwehrung (inklusive *viae sagulares*) vorschrieb, die je nach Bedarf mit engerem oder weiterem Abstand den eigentlichen *castra* vorgebaut zu werden pflegte.[121] Dennoch bleiben die Planmaße der Mauerlängen (930 und 690 Fuß) dem 30-Fuß-Modul des *hemistrigium* verpflichtet. Im Falle des Kastells Heidenheim deuten ferner die Positionen der Zwischentürme auf eine grundsätzliche Berücksichtigung der *clima-hemistrigia*-Vermessung hin.

---

117 Damit nimmt das Stabsgebäude in seinen äußersten Grenzen (inklusive Apsis des Fahnenheiligtums) beinahe das hierfür von Polybios empfohlene klassische *heredium* (240 × 240 Fuß) ein, vgl. Oxé 1941, 113–115.
118 ORL B 8 (Zugmantel) 107.
119 Sölch 2001, 25. – Vgl. auch J. Trumm in: Pauli-Gabi 2004 (Vindonissa).
120 Oxé 1941, 112 – jedenfalls nach der erhaltenen Literatur des Polybios und Pseudo-Hyginus.
121 Vgl. auch Franke 2003, 87.

I.9 Zur Be- und Entwässerung des Kastells

Bis heute konnte im gesamten Lagerareal kein einziger kastellzeitlicher Brunnen identifiziert werden,[122] auch Bef. 1300 im Bereich des Barackenkopfbaus IV datiert vermutlich nachkastellzeitlich (Anlage 12). Angesichts der zahlreichen Jaucherinnen bei gleichzeitiger Durchlässigkeit des Kiesbodens wären Brunnen wegen der Kontaminierungsgefahr als Frischwasserquellen auch ungeeignet gewesen.[123] Andererseits blieb kein Befund oder Fundstück (etwa Eisenmuffen) von einer Wasserleitung übrig. Dass solche vermutlich dennoch zu postulieren sind und wohl obertägig verliefen, ist zwar ein Schluss e silentio, doch sehe ich keine andere Lösung.

Möglicherweise verfügte das Kastell von Norden her sogar über eine eigene, von der Brenz abzweigende Kanalzuleitung, die vergleichbar dem neuzeitlichen Kanal in der Schnaitheimer Straße von Nordwesten an das Kastell heran- oder westlich davon vorbeigeführt worden sein mochte.[124] Ob es im Bereich der heutigen Schmelzofenvorstadt und der Seewiesen bereits im 2. Jh. einen Brenzsee gab, dessen Ablauf vielleicht sogar durch einen römischen Staudamm geregelt wurde,[125] bleibt zu klären. Geht man davon aus, dass es zur Bestandszeit des Kastells nördlich desselben im Brenztal keine Siedlung gab, die Abwässer in den Fluss hätte einleiten können, so kommt die nur 8 km weiter bei Königsbronn entspringende Brenz selbst als ein Frischwasserlieferant des Lagers in Betracht.

Der nördliche Suchschnitt im Bereich der „Gleisharfe/ehemaliger Güterbahnhof" hat im Herbst 2004 einen als Zuleitung interpretierbaren, kastellzeitlichen Sohlgraben erfasst, der mit ca. 3 m Breite und 0,5 m Tiefe bei Annahme eines geraden Verlaufs auf die Nordwestecke des Kastells zwischen Eck- und Zwischenturm zielt (Anlage 19; Kap. III.3). Dort mag das Wasser mittels eines kleinen (hölzernen?) Aquädukts über den Spitzgraben und durch die Umwehrung geleitet worden sein, wo es sich am Rand der nördlichen *via sagularis* in eine Quellfassung oder gar in ein Nymphäum ergossen haben könnte.[126] Da dieser Bereich bisher nicht ausgegraben wurde, bleiben diese Überlegungen freilich hypothetisch. Der breite Abwasserkanal entlang der westlichen *via sagularis* (Bef. 1550; Anlage 7; 11) sowie der einzige Traufkanal vor Baracke I (s. u.) könnten aber indirekt auf eine solche Schöpfstelle und deren Ableitungsbedarf hindeuten. Das 2003 in einem Leitungsgraben nahe dem Eckturm beobachtete Profil durch die Nordumwehrung ließ keine Unterbrechung des Spitzgrabens erkennen, doch hat dieser Aufschluss die hier in Frage stehende Stelle vermutlich knapp verfehlt. Diese liegt zwar bereits ca. 0,5 m tiefer als die „Geländekuppe" im Bereich der Baracken III–VII, doch ließen sich derart geringe Gefälleunterschiede noch ohne weiteres baulich ausgleichen. Die *praetentura sinistra* nimmt insgesamt den relativ am höchsten gelegenen Bereich des Kastells ein, sodass Zuleitungen auch am ehesten dort zu erwarten sind.

Besser sind wir über die Entwässerung des Kastells, jedenfalls der Baracken informiert. Wie bereits erwähnt, verlief entlang der westlichen *via sagularis* ein mächtiger, holzverschalter Abwasserkanal (Bef. 1550). Hinter dem Westtor mündeten in ihn die beiden deutlich seichteren Straßengräben der *via principalis*. In den *viae vicinariae* zwischen den Baracken wurde hingegen kein Kanal angetroffen und trotz geeigneter Oberflächenerhaltung nur an zwei Stellen Traufgräbchen, nämlich unmittelbar vor den *porticus* der Baracken I und III. Gerade Letzteres zeichnete sich als ein nur wenige Zentimeter tiefer Streifen ab, der nach Westen hin allmählich auslief (Bef. 23, Phase 2b; Abb. 30; Anlage 8). An eine systematisch angelegte

---

122 Sölch 2001, 50f. Fundstellen 36, 38 und 40: Diese Brunnen sind unvollständig ausgegraben worden und in Ermangelung von Funden undatiert. Möglich erscheint hier auch eine vicuszeitliche oder sogar mittelalterliche Zeitstellung.

123 Diese Zusammenhänge dürften den Zeitgenossen gerade hier bewusst gewesen sein. Anders im Kastell Aalen, wo im Stabsgebäude sowie an der *via principalis* direkt hinter der *porta principalis sinistra* Brunnen entdeckt wurden (Krause 1999). Die Hanglage sowie die kaum wasserdurchlässige Opalinuston schufen dort allerdings geeignete Voraussetzungen, um Oberflächenwasser und Jauche abzuleiten, wodurch sich ein Einsickern in das Grundwasser verhindern ließ. Leider gibt es dort keine Aufschlüsse im Bereich der Stallbaracken, vgl. jedoch die Überlaufrinnen früher (Gerberei?) Gruben im Bereich der mutmaßlichen *fabrica*: Scholz 2004b, 126; ders. 2007. Über einen annähernd ähnlich wie Bef. 1550 dimensionierten Abwasserkanal verfügte auch die westliche *via sagularis* des Kastells Aalen (ebd.).

124 Die neuzeitliche (18. Jh.) Randverbauung aus Kalksteinblöcken des ehemaligen Kanals unter der Schnaitheimer Straße wurde bei der Erneuerung eines modernen Kanals 2001 angeschnitten und von P. Heinzelmann und mir dokumentiert. Etwaige römische Befunde waren hier bereits völlig zerstört. Zum Heidenheimer Brenzsee und seiner neuzeitlichen Entwässerung nach Süden vgl. zuletzt M. Sträßner, Spuren am Heidenheimer See – Heidenheim im Januar 2006. Heidenheimer Jahrb. 2005/06, 95–117.

125 Sölch 2001, 13 u. 22 erwägt eine römische „Talsperre".

126 Zusammenfassend zur Wasserversorgung: Johnson 1987, 223–231. Derartige Anlagen sind mehrfach aus den Innenhöfen von Stabsgebäuden bekannt, u. a. auch im Kastell Aalen (Kemkes/Scheuerbrandt/Willburger 2006, 198f. mit Abb. 229d). Im Kastell Housesteads befand sich in einer Kastellecke ein Sammelbecken für Frischwasser, das aus einer Leitung gespeist wurde. Von hier zweigten weitere Versorgungsleitungen in das Kastellinnere sowie in eine Spülung der nahegelegenen Mannschaftslatrine ab (Johnson 1987, 232–235). Einen derartigen Befund zeigt auch das Luftbild des Holz-Erde-Kastells Eislingen (Planck 2005, 70).

Struktur ist hier wohl kaum zu denken, sondern eher an eine nur zeitweilig vorhandene Traufe. Der ansonsten konsequente Negativbefund an Entwässerungsgräbchen lässt nur – erneut e silentio – den Rückschluss zu, dass die Baracken mit ihren enormen Dachflächen über Dachrinnen verfügt haben müssen, die (mittels Wasserspeier?) entweder direkt in den breiten Wassersammler in der *via sagularis* (Bef. 1550) oder auch in vielleicht über dessen Holzabdeckung aufgestellte Sammelbecken oder -wannen mit Überlauf eingespeist haben mochten. Dachrinnen hat bereits B. Cichy für die Bedeckung der Türme postuliert, ausgehend von einem Befund an der Südostumwehrung (s. o. S. 28).[127] Es wäre unverständlich, wenn die *ala* angesichts ihres enormen Wasserbedarfs ganz auf die Sammlung von Regenwasser verzichtet haben sollte.[128] Aus welchem Material die vermuteten Dachrinnen bestanden haben (Holz, Blei?), bleibt mangels archäologischer Hinweise offen.

---

127 Die Frage, ob bzw. welche römische Gebäude über Dachrinnen verfügten, stößt an methodische Nachweisprobleme und wird daher auch in der jüngeren Literatur zur römischen Bautechnik oft ausgespart oder m.E. voreilig negativ beantwortet, z.B. Weber 2000a; Pauli-Gabi u.a. 2002, 145; 165–178; D. Morgan Evans, Rebuilding the Past – a Roman Villa (London 2003) 101–106. Kaiser/Sommer 1994, 352 erwägen zumindest den Einbau von Bleiblechen als drainagewirksame Verbindung zweier aneinander stoßender Dächer. Selbst wenn solche Bleibleche in den Boden geraten sind, dürfte die Identifizierung ihrer einstigen Verwendung als Dachrinne in der Regel jedoch schwerfallen. Dachrinnen waren in der Antike aber durchaus bekannt. So verfügten beispielsweise ptolemäisch-römische Tempeldächer in Ägypten über teilweise komplizierte Systeme von Dachrinnen: D. Arnold, Lexikon der ägyptischen Baukunst (Düsseldorf 2000) 57f. Mit Dachrinnen und Wasserspeiern ist zumindest bei öffentlichen Gebäuden zu rechnen. So beinhaltet beispielsweise auch der Rekonstruktionsvorschlag für die Augster Curia eine Dachrinne: V. Schaltenbrand Obrecht, Die Baueisen aus der Curia und aus dem Tempel Sichelen 2 in Augusta Raurica. Jahresber. Augst u. Kaiseraugst 17, 1996, 311–372 bes. 350 Abb. 53. Das Rekonstruktionsmodell der Basilika von Riegel folgt diesem Beispiel und sieht Kragziegel vor, die primär die Enden der Dachbalken zu schützen haben, hinter denen sich aber leicht Ablaufrinnen befunden haben können: C. Dreier, Stadtkultur mit kleinem Budget. Die Basilika von Riegel. In: Imperium Romanum. Roms Provinzen an Neckar, Rhein und Donau. Ausstellungskat. Stuttgart 2005, 186–189 mit Abb. 210; 212 und freundl. Auskunft C. Dreier (Metz).

128 Ein Kleinpferd benötigt je nach Arbeitsbelastung und Jahreszeit zwischen 25–40 l Wasser pro Tag, die in mehrere Portionen aufgeteilt werden müssen (Grönke 1999, 94).

II Die Baracken

II.1 Die Innenbebauung des Holz-Erde-Kastells (Phase 1)

Anlage 3; 4

II.1.1 Gruben in den Trassen der *viae vicinariae* zwischen den Baracken (Phase 1)

Ein eigenwilliges Merkmal der *praetentura* des Kastells stellen die zahlreichen Gruben in den Gassen zwischen den (späteren) Baracken *(viae vicinariae)* sowie unter deren Portiken dar (Abb. 24–27; 33; 56). Sie sind in bebauungsparallelen Reihen ausgerichtet und sollten ursprünglich wohl annähernd langrechteckige bis quadratische Grundformen erhalten. Obwohl sie nicht immer in einheitlichen Abständen angeordnet sind, lässt sich eine gewisse Orientierung auf die Contubernien nicht leugnen. Die beim ersten Blick auf das Planum gleichförmig und stereotyp erscheinenden Befunde verteilen sich, wie zu zeigen sein wird, auf zwei Kastellphasen und dienten wahrscheinlich unterschiedlichen Zwecken. Die hier zunächst zu behandelnden älteren Gruben liegen inmitten der Lagergassen *(viae vicinariae)*. Sie repräsentieren die ältesten fassbaren Strukturen des Kastells überhaupt (Phase 1), während die jüngeren, weiter unten zu besprechenden Gruben innerhalb der Portiken jüngeren Datums sind (Phase 2a).

Die Wände der Gruben Phase 1 waren offenkundig mit Holzbrettern, Flechtwerk, Bohlen oder Knüppeln verschalt,[129] wovon die allgegenwärtigen Ränder aus dunkler Lehmerde zeugen. Diese im Planum wie „Trauerränder" wirkenden Begrenzungen (in der Terminologie des Befundkatalogs fast immer Schicht B) umfingen die Gruben allseitig bei schwankender Stärke von zwei bis ca. 20 cm (Abb. 24–27; 56). An der Grenze zum gewachsenen Kiesboden steckten öfter Jurakalkplatten senkrecht, manchmal waren auch Ziegelsplitter und häufig kleinteilig fragmentierte vorgeschichtliche Keramikscherben in ihnen eingelagert.[130] Die dunkle Erde der Ränder rührt also nicht nur oder gar nicht von etwaigen Rückständen der organischen Einfassungen selbst her, sondern vor allem von deren Hinterfüllungen, für die man Kies, Steine und Oberflächenhumus verwendete.[131] Im Gegenteil war in manchen Profilschnitten anhand unregelmäßiger oder schräg ansteigender Grubenwände sowie an den oft im unteren Grubendrittel dicker werdenden dunklen Randschichten nachvollziehbar, dass die organischen Randverbauungen zuletzt offenbar wieder geborgen worden waren, sodass die Grubenränder teilweise einstürzen oder abrutschen konnten. Im Sohlbereich der einst zwischen 50 und 130 cm, meist 60 bis 80 cm unter der zeitgenössischen Oberfläche tiefen Gruben lassen sich diese Randschichten nur schwer oder nicht von den ebenfalls dunklen untersten Einfüllungen trennen. Daher bleibt ungewiss, ob die Grubensohlen einst ebenfalls befestigt waren, vielleicht mittels Beplankung oder eines Holzrostes. Immerhin lässt sich das antike Bemühen erkennen, einigermaßen ebene Sohlenflächen zu schaffen.

Die meisten dieser Kastengruben liegen zwar vertikalstratigraphisch isoliert, doch lassen sich zum Beweis ihrer relativchronologischen Einordnung an den Beginn der Kastellgeschichte einige klare Überschneidungen konstatieren. Demnach werden sie von den Baustrukturen der Baracken geschnitten, schneiden oder überlagern ihrerseits aber nur prähistorische Befunde (Tab. 1).

Ist es statthaft, die stratigraphischen Verhältnisse einzelner Gruben auf die übrigen zu übertragen? Dafür sprechen neben der Reihung (Horizontalstratigraphie) noch weitere Argumente. Zum einen die frappierend einheitliche Verfüllung der Gruben: Einer dunklen Sohlenschicht wohl aus organischen Abfällen, etwas Brandschutt (von Herdstellen), der meist nur aus feinen Holzkohleflittern besteht, und gelegentlich einigen Kalkbruchsteinen, folgen kaum trennbare, da vermutlich rasch nacheinander eingefüllte Kiespackungen. Sehr oft, insbesondere aber

---

129 Zur Verschalung von Gruben mit Bohlen oder palisadenartig senkrecht gestellten Knüppeln vgl. Pauli-Gabi u. a. 2002, 120.

130 Es fällt auf, dass es sich dabei ganz überwiegend um kleinteilige (in der Regel kleiner als 5 cm × 5 cm), mehrheitlich stark verrollte bzw. verwitterte vorgeschichtliche Keramikscherben handelt, um Material also, das zur Gründungszeit des Kastells wohl verstreut an der Oberfläche lag. Das gegebenenfalls unter „Schicht B" verzeichnete Fundmaterial stammt in der Regel aus den Erdhinterfüllungen dieser Randaussteifungen und dürfte demnach beim Bau der Gruben in den Boden geraten sein.

131 Gegen die Deutung der dunklen Ränder als verrottete Holzreste spricht die Beobachtung, dass sich die Bretterverschalung des Kanals der westlichen *via sagularis* (Bef. 1550, vgl. Phase 3) nicht als dunkler, sondern konsequent als ein ca. 2 cm starker graugrüner Randstreifen abgezeichnet hat. Hier scheint man die Holzverschalung tatsächlich im Boden belassen zu haben.

Tabelle 1: Stratigraphie der Gruben der Phasen 1 anhand von Überschneidungen mit anderen Befunden.

Baracke, vor der die Grube liegt	Bef.-Nr. der Grube	Wird geschnitten von (Bef.-Nr.)
III	1008	Grube Phase 2a (1007)
III	299	Traufgräbchen der *porticus* von Baracke III (23)
III	281	Traufgräbchen der *porticus* von Baracke III (23)
III	280	Traufgräbchen der *porticus* von Baracke III (23)
III	253	Traufgräbchen der *porticus* von Baracke III (23) und Grube Phase 1 (252)
III	100	Traufgräbchen der *porticus* von Baracke III (23)
III	64	Traufgräbchen der *porticus* von Baracke III (23)
IV	41	Grube des *porticus*-Pfostens von Baracke IV (226)
VI	348a	Grube des *porticus*-Pfostens von Baracke VI (348b)
VI	580	Grube Phase 2a (583)
VI	580	Grube des *porticus*-Pfostens (582)
V	883	Grube Phase 2a (921)
V	891	Grube Phase 1 (826)
V	709	Grube Phase 1 (713)

im oberen Drittel der Verfüllungen sind diese mit Einschlüssen oder Zwischenschichten aus hellbraunem Lehm und Mörtel durchsetzt. Es dürfte sich dabei – im Analogieschluss aus dem Abbruchschutt des Kastells – um Rohmaterial für Fachwerklehm und dessen Verputz handeln. Dass die Einheitlichkeit der Grubenverfüllungen deren Gleichzeitigkeit bedeutet, belegen die zahlreichen Anpassungen von Keramikbruchstücken, die in verschiedenen Gruben der Phase 1 entdeckt wurden und dabei bisweilen Distanzen von mehr als 20 m überspannen.[132] Das heißt, dass die Gruben offenbar im Zuge einer Planierung des Geländes geschlossen wurden, wobei man auch die Gelegenheit zur Entsorgung frisch angefallener sowie offenbar bereits herumliegender Abfälle wahrnahm:[133] Die Bruchkanten der Keramikgefäße sind meistens noch recht scharfkantig, und öfter lassen sich Gefäße aus den vorhandenen Scherben wieder zu einem Drittel oder mehr zusammensetzen. Es kommen aber auch immer wieder Einzelscherben

Abb. 24: Grube der Phase 1 Bef. 41 (links), von *porticus*-Pfosten der Baracke IV Bef. 226 (rechts) geschnitten.

mit verrollten und verwitterten Oberflächen im Fundbestand der Phase 1 vor. Eine taphonomische Verbindung besteht ferner zwischen Grube Bef. 713 und der Verfüllung des südlichen Außengräbchens von Baracke V (Bef. 338, Phase 2), da hier je eine Scherbe zum Vorschein kam, die wahrscheinlich Teile ein und derselben südgallischen Reliefschüssel waren (Kap. IV.7, Reliefsigillata Nr. 35). Sie bestätigt das Ende von Phase 1 spätestens zu Beginn des Barackenbaus. Die Ergebnisse der Vertikal- und Horizontalstratigraphie sowie die Taphonomie beurkunden, dass wir die Verfüllung der Gruben von Phase 1 als einen einzigen, konzertierten Vorgang im Sinne eines „geschlossenen Befundes" begreifen dürfen.

Wie die stratigraphischen Beobachtungen gezeigt haben, bleibt die relativchronologische Einordnung in die Anfangszeit des Kastells richtig. Ob der 101/102 n.Chr. geprägte, kaum benutzte Denar des Trajan (Kap. IV.2 Nr. 12) aus der obersten Verfüllung von Bef. 14 als Terminus post quem für die Verfüllung der Gruben herangezogen werden darf, muss leider offen bleiben, denn er lag genau an der Schichtgrenze zwischen der obersten Einfüllung und der jüngeren Nachplanierung (Schicht A). Chronologisch bedeutsam ist die Feststellung, dass in Phase 1 ausschließlich südgallische Terra Sigillata vorkommt, und zwar solche aus La Graufesenque und Banassac (Kap. IV.7 Nr. 15 u. 35). Auch die Zusammensetzung

---

132 Die Einzelbelege sind im Befundkatalog aufgeführt.
133 Zuletzt scheinen einzelne Gruben noch eine kurzfristige (Aus-)Nutzung als Latrine erfahren zu haben, worauf Einschlüsse grünlichgrauer Erdsubstanz hinweisen könnte, z.B. in Bef. 327/1097 und ZOH-71. Eine längerfristige oder gar regelmäßige Defäkalisierung in diese Gruben zu erwägen, besteht aber kein Anlass. Vgl. Latrinen über Straßengräben aus Augst: R. Hänggi, Jahresber. Augst u. Kaiseraugst 10, 1989, 53f.

Abb. 25: Grube der Phase 1 Bef. 42.

Abb. 26: Grube der Phase 1 Bef. 161/299.

Abb. 27: Grube der Phase 1 Bef. 726.

der übrigen Keramik ist durchaus charakteristisch für eine kurzlebige Frühphase (Kap. IV.9.2).

Aus den linearen westöstlichen Reihungen fallen die Bef. 252/104, 891, 348a und 755 (Anlage 3) heraus. Im Falle der Überschneidungen Bef. 891 mit 826, 755 mit 343 und 756 sowie einiger „Doppelgruben", die aus der Abfolge zweier sich überschneidender Gruben entstanden sind, deutet sich eine punktuelle Zweiphasigkeit an.[134] Im Planum wie im Profilschnitt erwiesen sich die extralinearen Gruben Bef. 252/104 und 755 als die jeweils jüngeren. Bei Bef. 891 scheint zwar das umgekehrte Verhältnis zuzutreffen, doch krankt hier die Beurteilungssicherheit an einer neuzeitlichen Störung.

Von der eigentlichen Grubenverfüllung sind die oft vorhandenen Nachplanierungen späterer Zeit (Schichten A) zu trennen. Sie bestehen aus verdichtetem Kies, der manchmal mit Kalkmörtel vermischt ist. Aus diesem Grund heben sich die obersten Grubenverfüllungen im Planum hell vom gewachsenen Kiesboden ab. Es lässt sich leicht nachvollziehen, dass sich über den mit der Zeit etwas abgesunkenen Grubenverfüllungen in den späteren *viae vicinariae* Pfützen oder sogar Schlaglöcher gebildet hatten, die es dauerhaft zu nivellieren galt. Der zeitliche Abstand dieser Maßnahmen zur Aufgabe der Gruben und damit ihrer Hauptverfüllung ist – sofern überhaupt möglich – im individuellen Einzelfall einzuschätzen, da sich hierin nicht notwendig eine einheitlich durchgeführte Maßnahme widerspiegeln muss. Vage Anhaltspunkte bieten Scherben ostgallischer Sigillatagefäße Drag. 18/31 und Drag. 33 aus Bef. 713A.

Diese recht ausführliche Befundbeschreibung (weitere Details entnehme man dem Befundkatalog) leitet zur Beantwortung der Frage nach der Funktion dieser Gruben über. Da die Gruben spätestens beim Bau der Baracken und der Etablierung der Lagergassen *(viae vicinariae)* aufgegeben und zugeschüttet wurden, entfällt die Suche nach einem funktionalen Bezug zu den Baracken. Vielmehr hat man – wie die Nachplanierungen unmissverständlich bekunden – die Löcher in den neuen Lagergassen als Störfaktor wahrgenommen.

---

134 Bef. 1108, 190/315 (vor späterer Baracke III), Bef. 883 (vor späterer Baracke V) und Bef. 580 (vor späterer Baracke VI).

Der erste Ausgräber, B. Cichy, sah in ihnen Sickergruben aus der Bauzeit des Kastells.[135] Angesichts ihrer Lage in der Traufe der Portiken sowie angesichts der enormen Dachflächen der Baracken erscheint diese Deutung zunächst plausibel, wird aber durch den Charakter der Einfüllungen widerlegt. Bei stärkeren Regenfällen während der Grabungen 2001 zwischen den Baracken V und VI zeigte sich nämlich, dass das Verfüllungsmaterial der Gruben keineswegs bessere Drainageeigenschaften besitzt als der gewachsene Kiesboden selbst – im Gegenteil. Sickergruben hätte man besser mit größeren Steinen verfüllt, was nicht der Fall war, keineswegs jedoch mit Lehm- oder Mörteleinlagerungen (s. o.). Eine Randbefestigung der Löcher wäre völlig unnötig gewesen. Es kommt hinzu, dass sich die von B. Cichy als Entwässerungssystem angesprochenen, schräg verlaufenden Gräbchen zumindest teilweise als sicher prähistorischer Entstehung entpuppten. Außerdem berühren sie nur ausnahmsweise eine der fraglichen Gruben und scheiden damit als Zuleitungen aus.[136] In Frage käme allenfalls eine Funktion als Zisternen für Lösch- oder Putzwasser.

Dass es sich nicht bloß um Kiesentnahmelöcher handelt, versteht sich beinahe von selbst.[137] Als Wasserlöcher wiederum wäre kaum eine der Gruben tief genug gewesen. Es fällt vielmehr auf, dass die Sohlen einiger Gruben – je nach Lage in 70 bis 120 cm Tiefe unter Planum 1 – auf der Oberkante einer natürlichen Schicht schwarz verfärbten Kieses verlaufen, aber nur ausnahmsweise in diese eindringen.[138] Diese durch Manganausfällungen im Schwankungsbereich eines alten (des römischen?) Grundwasserspiegels entstandene geohydrologische Struktur wurde nirgendwo durchstoßen, was im Falle der Wasserentnahme aber nötig gewesen wäre. Auch eine Interpretation als Zisternen überzeugt nicht vollständig, weil zu erwartende Abdichtungen aus Lehm oder Mörtel entlang der Ränder fehlen, wenn man nicht behaupten möchte, dass die Gruben etwa mit Bleiblech ausgeschlagen gewesen seien, das rückstandslos entfernt worden sei.[139]

Stall- oder Dunggruben bieten eine nicht kategorisch zurückzuweisende Deutungsalternative, zumal die dunklen Sohlenschichten auf organische Rückstände hinweisen. Leider haben die Wasser- und ansatzweise auch Luftdurchlässigkeit des Heidenheimer Kiesbodens die Erhaltung organischer Substanzen vollständig verhindert. Mehrere 10-Liter-Eimer mit Erdproben aus den Sohlenschichten wurden in Gaienhofen-Hemmenhofen nach makroskopischen Rückständen untersucht – vergeblich. Im Gegensatz zu den Gruben innerhalb der Portiken (Phase 2a) waren unter den Sohlen der Gruben Phase 1 jedoch nie die charakteristischen rostroten Ausfällungen der Jaucherinnen (Kap. II.2.4) zu beobachten, wobei deren Zustandekommen freilich eine gewisse Benutzungsdauer voraussetzt.

Stichprobenartig analysierte Phosphatproben, die aus den Schichten der Befunde 1100 und 1108 genommen wurden, zeigen zwar erwartungsgemäß eine erhöhte Belastung der dunklen Sohlenschichten an, aber nur durchschnittliche Belastungen der übrigen Verfüllschichten sowie des Kiesbodens direkt unter den Grubensohlen (Tab. 3).

Die Sohlenschichten der Gruben Phase 1 bargen, wie bereits erwähnt, manchmal Brandschutt, nämlich Placken hellbraunen (Fachwerk-) Lehms, Platten-

---

135 Cichy 1971, 16. Nicht alle der dort markierten Grubenbefunde gehören den Phasen 1 oder 2a an, jedenfalls nicht Bef. 1249 und 1697 (Phase 3)! Das bestätigt die 2002, als die Flächen von 1965 teilweise wieder aufgedeckt wurden, gemachte Erfahrung, dass B. Cichy bei weitem nicht alle Befunde schneiden oder ausgraben ließ, wodurch ihm wesentliche Informationen vorenthalten blieben. Leider wurde nicht dokumentiert, welcher Befund im Jahre 1965 eigentlich in welcher Intensität erforscht wurde. Die (damals auch finanziell bedingten) Versäumnisse ließen sich im Herbst 2002 nur noch partiell nachholen.

136 Überhaupt ist die Notwendigkeit von Drainagen in dem von Natur aus schnell trocken fallenden Kiesboden in Frage zu stellen. Der Grundwasserspiegel könnte in der Antike allerdings höher gelegen haben als heute. Etwa 1,0 bis 1,5 m unter römischer Oberfläche war ein Horizont durch Manganausfällungen schwarz verfärbten Kieses zu beobachten, der vielleicht den Schwankungsbereich eines alten, wenngleich undatierten Grundwasserspiegels anzeigt. Die tiefsten Gruben reichen bis zu dieser Schicht hinab. Die Sohle eines weiter südöstlich gelegenen Brunnens, dessen römische Zeitstellung fraglich ist, war nach 4 m allerdings noch nicht erreicht (Sölch 2001, 51 Nr. 40).

137 Materialentnahmegruben innerhalb eines Kastells sind grundsätzlich keine Seltenheit, doch wählte man dafür sinnvollerweise weniger frequentierte Areale als die Quartierbereiche. So liegen beispielsweise im Lager von Usk fünf große Gruben entlang der *horrea* nebeneinander. Sie reichen durch eine Lehmschicht hindurch bis zu einer natürlichen Kiesschicht, jedoch nicht in diese hinein. W. H. Manning, The Fortress Excavations 1968–1971 (Cardiff 1981) 188f. deutet sie deshalb als Entnahmegruben für (Fachwerk-) Lehm.

138 Bef. 13; 118; 120; 157; 180; 252; 280; 726; 728; 825; 1100; 1108. In die „Manganschicht" greifen ein: Bef. 41; 42; 91; 92. Dass sich die Berührungen mit der „Manganschicht" besonders auf den Bereich zwischen den Baracken III und IV konzentrieren, liegt daran, dass das antike Gelände hier in Nord- und Ostrichtung leicht abzufallen begann. Außerdem sind die Gruben hier insgesamt tiefer ausgefallen als zwischen den Baracken V und VI.

139 Als Zisternen würde ferner ihre Vielzahl irritieren. Einzelne mit Holz oder Bleiplatten ausgeschlagene Kastengruben, die als Zisternen in Frage kommen, fanden sich beispielsweise im *intervallum* des Kastells *Gelduba* (Fahr/Reichmann 2002, 482). Vorstellbar wäre eine Bevorratung mit Löschwasser. Sollte der Bedarf bestanden haben, die Wasserversorgung der Pferde zusätzlich mittels Regenwasserzisternen zu decken, so hätte man entsprechende Auffangbehälter mit geringerem Aufwand und geringerer Verunreinigungsgefahr für das Wasser oberirdisch im Traufbereich aufstellen können. Vielleicht hat man dies sogar getan, da Traufrinnen mit Ausnahme der Ansätze vor den Portiken der Baracken I und III fehlen.

(z. B. Gutshöfe) vielleicht erst im Aufbau begriffen war.[148]

Eine weitere Beobachtung wirft ebenfalls Fragen auf: In der *retentura* (Bereich der Doppelbaracke XXI und XXII) erfolgten zwar nur punktuelle Aufdeckungen, doch trafen die Sondagen südlich von Baracke XXII deutlich seltener auf analoge Gruben (Bef. ZOH-71 sowie unter ZOH-102). Diese sind streng genommen auch nicht sicher in Phase 1 datierbar, da hier eine lückenlose Aneinanderreihung wie in der *praetentura* als ein entscheidendes Kriterium ausfällt. Sollte man daraus schließen, dass das Lager anfänglich noch nicht voll mit der *ala milliaria* besetzt oder sogar kleiner war?

Bezüglich des Datierungsvorschlags von Phase 1 und damit der Anfangsdatierung des Kastells Heidenheim in spättrajanische Zeit (ca. 110 n. Chr.) sei weiter unten auf die Kapitel über Münzen und Reliefsigillaten (IV.2 und IV.7) verwiesen. Es bleibt festzuhalten, dass Phase 1 offenbar mit dem Belieferungsbeginn mit Banassacware zusammenfällt bzw. während Phase 1 bereits Sigillaten aus Banassac geliefert wurden.

II.1.2 Liste der Befunde Phase 1

Bef. 13; 13; 41; 42; 64; ZOH-71; 91; 92; 100; 118; 120; 123/281; 124–26/280; 157; 161/299; 180; 186; 190/314; 190/315; 252/104; 253; 327/1097; 343; 348a; 575; 576; 580; 581; 709; 711; 713; 726; 728; 729; 755; 756; 757; 761; 764; 766; 767; 822; 823; 824; 825; 826; 883; 891; 1087; 1100; 1108.

II.2 Die Hauptbauphase der Baracken (Phase 2)

Anlage 5–7; Abb. 29–35

II.2.1 Definition und Datierung

Phase 2 bezeichnet den ursprünglichen Errichtungszustand der Baracken. Die betreffenden Baubefunde sind in den Plänen braun eingefärbt. Bezogen auf das Fundmaterial wird Phase 2 grundsätzlich jedes Objekt zugeordnet, das während der Nutzungszeit der Baracken in den Boden gelangte. Anders als in Phase 1 und 3 ist das Material also nicht im Zuge eines punktuellen Ereignisses (Phase 1: Bereinigung des Bauplatzes vor dem Barackenbau, Phase 3: Abbruch der Baracken) in den Boden geraten, sondern bei verschiedenen, kaum in eine Abfolge zu bringenden Einzelereignissen während eines Zeitraums von rund 50 Jahren zwischen ca. 110 und 160 n. Chr. Diese zunächst einfach klingende Definition bereitet in der praktischen Umsetzung aus mehreren Gründen Schwierigkeiten. Erstens erwiesen sich die binnen kurzer Zeit ausgehobenen und wieder verfüllten Fundamentgräbchen – ein punktuelles Ereignis am Beginn von Phase 2 – als derart arm an römischem Fundmaterial, dass darunter nicht ein einziges Objekt beschreibens- oder gar abbildungswürdig ist, von den beiden Münzen einmal abgesehen (s. u.). Zweitens konnte nachgewiesen werden, dass das Kastellareal während der Garnisonszeit sauber gehalten wurde, indem anfallender Müll regelmäßig in große Abfallgruben außerhalb des Kastells entsorgt wurde (Kap. III.1), dort aufgefundenes Material aber den Kastellphasen 1–3 nicht mehr zuzuordnen ist. Immerhin lässt sich die Verfüllung der Gruben innerhalb der Portiken als ein gesonderter Vorgang zu Phase 2a zusammenfassen, obwohl ein punktuelles, alle betreffenden Befunde verbindendes Ereignis nicht zu belegen ist. Schließlich bleibt das Material übrig, das wohl zu unterschiedlichen Zeitpunkten in Gruben verfüllt wurde, die noch vor dem Ende des Kastells anlässlich eng begrenzter Umstrukturierungen geschlossen wurden (Phase 2b). Da es sich bei diesen Gruben jedoch oft um isoliert liegende Befunde handelt, fällt eine Unterscheidung zwischen Phase 2b und 3 oft schwer.

Prinzipiell ist das Fundmaterial aus Phase 1 als Terminus post quem für die Errichtung der Baracken zu verwenden. Unabhängig davon liefern zwei abgegriffene Aesmünzen Domitians, geprägt 82 bzw. 84/85 n. Chr., aus der Verfüllung von Fundamentgräbchen der Baracken II und III einen wenn auch vagen Terminus post quem für die Hauptbauphase.[149]

II.2.2 Die Befunde

Die Ausgrabungen 1965 und 2000–2003 führten zum Nachweis von insgesamt acht Baracken (I–VIII) in der westlichen *praetentura* des Kastells, die alle in Holz-Fachwerk-Technik errichtet waren. Sechs von ihnen waren baulich zu drei Doppelbaracken (II/III, IV/V und VI/VII) zusammengefasst. Im Norden und im Süden schloss jeweils eine Einzelbaracke (I bzw. VIII) das Kastellviertel ab. Bei der Besprechung von Phase 1 (Kap. II.1) wurde zu begründen versucht, warum diese Gebäudeanordnung anstelle der einfacheren Lösung mit vier Doppelbaracken gewählt wurde.

Die Breite der Doppelbaracken liegt (ohne *porticus*)

---

148 Mit einer gleichzeitig, d. h. in trajanischer Zeit, beginnenden Aufsiedlung des Umlandes ist zu rechnen (Pfahl 1999, 83–85).
149 Vgl. Kap. IV.2 (Münzen) Nr. 4–5.

Abb. 28: Stallbereich und *porticus* von Baracke I. Niveau Planum 1. Kurt-Bittel-Straße, September 2003. Der helle Diagonalstreifen in der Bildmitte ist ein Lichtreflex. Blick nach Osten.

Abb. 29: Endbau, Stall- und *porticus*-Bereich von Baracke I. Niveau Planum 2. Kurt-Bittel-Straße, September 2003. Blick nach Osten.

bei 18,0 bis 18,3 m, was 60 Fuß als Planmaß erkennen lässt.[150] Die Portiken überspannen zusätzlich je acht Fuß, der freie Straßenraum zwischen den Baracken nimmt 17–18 Fuß ein. Jede Baracke war für eine der insgesamt 24 *turmae* der *ala milliaria* konzipiert und gliedert sich in Mannschaftsstuben (*papiliones*) und diesen vorgelagerte Pferdeställe (*stabula*), die durch Jaucherinnen als solche identifiziert werden können (s. u.). Davor befand sich entlang der Nord- bzw. Südfront des Mannschaftstraktes eine offene Veranda (*porticus*). Die Gesamtlänge der Baracken bleibt unbekannt, da bisher weder zur *via praetoria* noch zur *via decumana* hin ein Gebäudeabschluss erreicht wurde, doch kann sie höchstens 81,6 m (276 Fuß) betragen haben,[151] sofern sich diese Straßen auf die Minimalbreite der Tordurchfahrten beschränkten. Unter der berechtigten Annahme, dass die Größen der Kopf- bzw. Endbauten, die offenbar immer abwechselnd den West- bzw. Ostabschluss einer Doppelbaracke bildeten, nicht schwankten, sondern einheitlich dimensioniert waren, ist diese Maximalrekonstruktion tatsächlich realistisch (Kap. II.2.5;

Anlage 20.1; 20.2). Auch die Aufdeckungen im Bereich des Endbaus von Baracke XXI in der östlichen *retentura*, die bis auf wenige Meter an die *via decumana* heranführten, legen diese Länge nahe.

Es verblieben dann sogar noch 1,5 bis 2 m Platz für eine die *via praetoria* flankierende *porticus*. Eine solche konnte auf der gegenüber liegenden Seite, zur Lagerringstraße (*via sagularis*) hin, allerdings nicht nachgewiesen werden. Im Bereich der Baracken I–VII reichte der Aufschluss dafür nicht weit genug nach Westen, im westlichen Vorfeld von Baracke VIII und dem Bau XXV könnte im ungünstigsten Fall ein moderner Leitungsgraben die Pfostenverfärbungen zerstört haben, falls es sie je gab. Daran zu zweifeln ist man jedoch berechtigt, denn dadurch würde die *via sagularis* auf 2,5 m Breite eingeengt und wäre damit gerade noch breit genug für einen Reiter – eine un-

---

150 Ein *pes Monetalis* (pM) entspricht 0,295833 m. Dieses Maß liegt der Barackenvermessung zugrunde.
151 So schätzt bereits Heiligmann 1990, 113.

Abb. 30: Stallbereich und *porticus* von Baracke III (links) und Gruben in der Lagergasse zwischen den Baracken III und IV. Niveau Planum 1. Unterhalb der Zeichenmaschine ist das Traufgräbchen Bef. 23 zu erkennen. Karlstraße 16, Sommer 2000. Blick nach Osten.

nötige Beengung, die man gewiss vermeiden wollte. Vor der Ostfassade der Doppelbaracke XXI/XXII in der östlichen *retentura* hat es jedoch eine *porticus* zur Lagerringstraße hin gegeben, wenn man der Deutung zweier Pfostenbefunde durch B. Cichy folgt.[152] Die östliche Lagerhälfte ist allerdings um knapp 4 m breiter als die westliche, da die *porta praetoria* wohl aus topographischen Gründen (Kap. I.2 und I.8) geringfügig aus der Mitte der Nordfront nach Westen versetzt errichtet wurde und die nordwestliche Kastellmauer geringfügig nach innen einknickt.

Den verbleibenden Platz zwischen der südlichen Einzelbaracke (VIII) und dem nördlichen Straßengraben der *via principalis* nahm offensichtlich ein schmaler Holzbau ein, dessen nordsüdliche Ausdehnung von 14 röm. Fuß im Achsmaß exakt der der Pferdeställe in den Stallkasernen entspricht (XXV). Zur *via principalis* hin war ihm eine *porticus* vorgeblendet. Da nur das an die Kreuzung von *via principalis* und *via sagularis* angrenzende Westende dieses Gebäudes ausgegraben werden konnte – seine Fortsetzung nach Osten war bereits 1957 beim Bau der tiefen Keller des Kaufhauses „Rupprecht" unbeobachtet zerstört worden[153] – bleiben seine Länge und Raumeinteilung unbekannt. Ob sich der Schuppen, wie hier vorsichtig rekonstruiert wurde (Anlage 20.1; 20.2), nur bis zum Westportal der Vorhalle des Stabsgebäudes (*groma*) erstreckte oder mit nur einem Fußweg Abstand von dieser wie die Baracken auch bis zur *via praetoria*, kann nicht entschieden werden. Während der allerersten Kastellphase von Aalen scheint ein breiter Abstand zur ersten Baracke in der *praetentura* bestanden zu haben, die man durchaus im Sinne einer „Umgehungsstraße" der *principia*-Vorhalle deuten kann.[154] In Künzing, Rainau-Buch und Ruffenhofen, um nur einige Beispiele anzuführen, stoßen die Baracken jedoch direkt an die *groma*.[155]

Die Funktion des ja nur an seinem Westrand ergrabenen Baus XXV muss ebenfalls unbestimmt bleiben, doch darf man eine weitere Mannschaftsunterkunft als Interpretation wohl ausschließen. Eher ist hier mit zusätzlichen Stallungen, Lagerräumen oder vielleicht sogar mit *tabernae* wie in Legionslagern zu rechnen.[156] Wie weit die bauliche Einheit von Baracke VIII und Bau XXV, die sich durch das westliche Verbindungsgräbchen (Bef. 1558) andeutet, nach Osten reichte, bleibt ebenfalls ungeklärt. Zwischen beiden Gebäuden scheint es jedoch einen schmalen Hof gegeben zu haben, dessen nordsüdliche Breite denen der *papiliones* entspricht (4,8 m = 16 Fuß).

Die nun fast vollständig nachgewiesene bzw. erschließbare Bebauung des nordwestlichen Kastellviertels kann mit einiger Zuversicht auch auf das nordöstliche übertragen werden, das von archäologischen Ausgrabungen bisher nicht erfasst wurde. Drei kursorische Baustellenbeobachtungen bestätigen immerhin das Vorhandensein von (Holz-) Bebauung in diesem Areal.[157] Im August 2002 konnte bei Sanierungsarbeiten am Fundament des rückwärtigen Hausteils Heinrich-Voelter-Straße 6 in der gewohnten Tiefe eine bis zu 10 cm starke Kulturschicht auf einer Länge von ca. 2 m beobachtet werden, deren Konsistenz weitgehend dem unten (Kap. II.3, Phase 3) zu besprechenden Abbruchschutt hölzerner Kastellbauten entsprach.[158]

Im südöstlichen Kastellviertel (*retentura*) konnte B. Cichy durch Ausgrabungen 1966 und 1970 weitere Barackenstrukturen feststellen.[159] Die ebendort erfolgten Untersuchungen im Winter und Frühjahr 2002 anlässlich des Baus der „Zentralen Omnibus-

---

152 Cichy 1971, 8 (Grabung 1966); Heiligmann 1990, 114; Sölch 2001, 25. Die Spuren von Holzbebauung unter dem großen steinernen, nachkastellzeitlichen Streifenhaus (Sölch 2001, Beil. 4A) lassen sich mit den Ausgrabungsergebnissen von 2002 nur schwer zur Deckung bringen. Möglicherweise sind hier kastellzeitliche und vicuszeitliche Holzbaustrukturen kaum mehr auflösbar miteinander vermengt. Entsprechend zurückhaltend bewertet R. Sölch selbst die Befunde in seinem Gesamtplan (ebd. Beil. 1).
153 Sölch 2001, 46 Nr. 21. Während einer kurzen Besichtigung der Baugrube am 14.5.1959 wurden angeblich weder Holz- noch Steinbaubefunde beobachtet.
154 Planck 1986, 248.
155 Von der Osten-Woldenburg 2000, 88; Sommer 2006, 22. – Für eine anregende Diskussion über Gebäude XXV danke ich Herrn Dr. J. Heiligmann (Konstanz).
156 Petrikovits 1975, 49 mit Anm. 23.
157 Sölch 2001, 50 Nr. 37 u. 57 Nr. 66.
158 Beobachtung des Verfassers.
159 Cichy 1971, 8; Heiligmann 1990, 114.

Abb. 31: Stallbereich und *porticus* von Baracke III (rechts), Gruben in der Lagergasse zwischen den Baracken III und IV. Niveau Planum 2. Die Mauern rechts oben sind neuzeitlich. Karlstraße 16, Sommer 2000. Blick nach Westen.

haltestelle" (ZOH) führten zum Nachweis einer Doppelbaracke. Den Platz des rückwärtigen Lagers mit insgesamt vier Doppelbaracken (XVI–XX und XXI–XXIV) aufzufüllen, bietet sich als die wahrscheinlichste Lösung an.

II.2.3 Die Stuben *(papiliones)*

Abb. 32; 34–35

Wie der Gesamtplan der Baracken II und IV lehrt, entspricht die westöstliche Länge der Offizierskopfbauten jeweils drei *contubernia*-Einheiten *(papilio et stabulum)*, die der gegenüber am anderen Barackenende liegenden Endbauten je zwei *contubernia*-Einheiten, wie unten zu zeigen sein wird. Folglich bleiben im Mitteltrakt jeder Baracke 13 Raumeinheiten zur Unterbringung der Mannschaft einer Schwadron *(turma)* übrig. Die Länge der Stuben in nordsüdlicher Richtung beträgt einheitlich 16 Fuß (4,73 m), die der vorgelagerten Ställe stets 14 Fuß (4,14 m). Dagegen wechselt die westöstliche Breite der Räume zwischen 14 und meist 15, selten zwischen 13 oder 16 Fuß,[160] was sich durch die Pfostenrhythmen der westöstlich verlaufenden Längswände ergibt. Man gewinnt durchaus den Eindruck, als habe man bewusst unterschiedliche *contubernia*-Größen angestrebt, um gegebenenfalls unterschiedlich große Stubengemeinschaften darin unterbringen zu können. Lediglich die an die Kopfbauten grenzenden Stuben wurden mit 16–17 Fuß größer bemessen (sog. „Endcontubernien"). Die Belegungsdichte der leicht unterschiedlich großen Stuben von drei bis maximal vier Mann ergibt sich aus der Aufstallungskapazität der Pferdeställe (s. u.).[161] Geht man davon aus, dass zumindest ein Endcontubernium noch als Einzelunterkunft einer Charge *(principalis)* diente, z. B. eines *sesquiplicarius*,[162] bleiben zwölf *contubernia* als Mannschaftsquartiere zu verteilen übrig. Eine nominell 1000 Mann starke Einheit ließe sich somit bei einer Turmenstärke von ca. 36–39 Mann plus *decurio* und zwei bis drei Chargen (insgesamt also 39–42 Mann) problemlos in den insgesamt 24 Baracken des Kastells unterbringen.[163] Das gilt selbst dann noch, wenn man dafür plädiert, dass auch das zweite Endcontubernium einer jeden Kaserne nur mit einem einzigen Soldaten, z. B. einem *signifer* (Kap. IV.1, Graffito Nr. 52) oder einem anderen *immunis* (z. B. *cornicularius*, *librarius*, *custos armorum*, *curator* etc.),

---

160 15 Fuß waren ein gängiges Maßmodul für Holzgebäude. Auch die Stuben in den Kasernen der *castra nova equitum singularium* in Rom maßen 15 × 14 pM (Speidel 1994, 128). Vgl. ferner K. H. Lenz, Militaria und Militärlager der römischen Kaiserzeit im Stadtgebiet der Colonia Ulpia Traiana (Xanten). Arch. Korrbl. 31, 2001, 587–599 bes. 593f. Ob es sich bei den ausschnitthaften Strukturen unter der CVT tatsächlich um Militärbaracken handelt, harrt noch des Beweises.

161 Planck 1975, 89 und Heiligmann 1990, 114 gingen noch von einer Belegungsdichte von sieben Mann pro *contubernium* aus, Cichy 1971, 24 sogar von acht Mann. Damals war der Typus der Stallkasernen noch nicht entdeckt, sodass die vorderen Räume herkömmlich als *arma* gedeutet und separate Stallungen irgendwo in einem noch nicht ausgegrabenen Areal des Kastells vermutet wurden. Bei diesem Modell blieb weniger Platz für Baracken, die man sich in der Konsequenz dichter belegt vorstellte. Demnach hätten sich vier Turmen eine Doppelbaracke geteilt. Die von B. Cichy postulierte verstärkte Trennwand in der Mitte der Baracken II und III (Cichy 1971, 22) existiert nicht. Es handelt sich um einen phantasievollen, jedoch grundlosen Interpretationsversuch. Welchen Zweck hätte sie auch erfüllen sollen?

162 Für die Belegung der Endcontubernia lassen sich aus dem Fundmaterial keine positiven Indizien ableiten. Der Graffito Nr. 45 *Hasti*, gefunden in der Jaucherinne des westlichen Endcontuberniums von Baracke III, gibt keine Aussage über den Rang des Benannten preis.

163 Zu Rückschlüssen auf die Turmengröße durch Konfrontation der Angaben bei Hygin, De munitionibus castrorum 16 mit archäologischen Befunden vgl. Sommer 1995, 150 und zuletzt Hodgson 2003, 86–89. Heidenheim wird hier fälschlicherweise noch als Beispiel mit 11–12 *contubernia* angeführt.

Abb. 32: Mannschaftstrakt der Doppelbaracke IV/V. Gruben in der Lagergasse, unten Ansatz von Baracke VI. In der Bildmitte frühalamannische Hauspfosten. Niveau Planum 1. Karlstraße 14/16, Juni 2001. Blick nach Norden.

belegt gewesen sei. Dieser Gedanke ist nicht abwegig, da die Anzahl von 13 Contubernien außergewöhnlich hoch ist. Unter den bis heute bekannten Auxiliarbaracken, auch unter den sicher Reitereinheiten zugewiesenen, werden zwölf Contubernien normalerweise nicht überschritten. So reihen sich in den rund 60 m langen Baracken des Alenlagers Dormagen zwar 13 Stubeneinheiten aneinander, doch fehlt ein abgesetzter Endbau, für den man wohl die äußeren ein bis zwei Contubernien in Anspruch nehmen muss.[164] Die *turmae* von *cohortes quingenariae equitatae* mussten bisweilen mit neun *contubernia* auskommen.[165]

Lediglich die Kasernen des Kastells RottweilIII zählen ebenfalls 13 Stubeneinheiten, sofern man die äußerste nicht dem Endbau zuschlagen möchte.[166] Die Besatzungsfrage von RottweilIII ist noch ungeklärt; bisher rechnet die Forschung mit einer Legionsve-

---

164 Vgl. die Rekonstruktion von M. Gechter, Dormagen. In: M. Reddé et al., Les fortifications militaires. Documents d'archéologie française 100 (Bordeaux 2006) 266.
165 So in den Baracken des 2. Jh. der Kastelle South Shields und Wallsend (Hodgson/Bidwell 2004, 124 u. 134). Die dortigen *turmae* waren demnach wohl nur 27 Mann stark. Kaum größer sind die ca. 50 m langen Doppelbaracken in der *retentura* des Lagers Tih u-Cetate, deren Inneneinteilung aus dem Magnetogramm aber nicht eindeutig hervorgeht: J. Bennet, The *cohors equitata* fort at Tih u-Cetatem Romania: the results of geophysical survey and other research. Journal of Roman Arch. 19, 2006, 278–299.
166 Planck 1975, 88 u. Anlage 4; Kortüm/Lauber 2004, 381 Abb. 177. – Vgl. außerdem die „umgeklappten" und als kurze Doppelbaracken gestalteten Kasernen im frühkaiserzeitlichen Kastell Valkenburg (NL), die ebenfalls über 13 Contubernien verfügen. Allerdings beansprucht dieser Kasernentyp auch hinsichtlich seiner *fabricula* in den Endbauten einen Sonderstatus: Johnson 1987, 196; A. de Hingh/W. Vos, Romeinen in Valkenburg (ZH) (Leiden 2006) 105 f. – Die nur aus dem Magnetogramm bekannten Doppelbaracken des Kastells Ruffenhofen, das inzwischen als Alenlager gilt, könnten 12 oder 13 *contubernia* gezählt haben, doch ist das Prospektionsbild für genauere Aussagen zu undeutlich (Sommer 2006, 22). Das deutlichere Magnetogramm des Kastells Rainau-Buch (von der Osten-Woldenburg 2000, 88) ist diesbezüglich besser beurteilbar, doch werden hier maximal elf Stubeneinheiten erreicht. Als Besatzung ist eine *cohors quingenaria equitata* zu erwarten.

xillation. Sollte die Parallele zu Heidenheim vielleicht bedeuten, dass RottweilIII ebenfalls ein Alenlager war, und zwar einer *ala quingenaria*?[167] Andererseits umfassen mehr als zwölf Contubernien tatsächlich nur die Baracken einiger Legionslager sowie die stadtrömischer Einheiten.[168] So weisen die fast 77 m langen Kasernen im Prätorianerlager *(castra praetoria)* in Rom 15 Stubeneinheiten auf, von denen wohl wiederum zwei für den Endbau abzuziehen sind.[169] Hinsichtlich der Barackendimensionen stellen sie schmeichelhafterweise eine der besten Parallelen für Heidenheim dar. Mit deutlich über 100 m Länge werden die Unterkünfte der stadtrömischen *equites singulares* in ihren zwischen 193 und 197 n.Chr. errichteten *castra nova* rekonstruiert.[170] Der lückenhafte Ausgrabungsbefund lässt aber auch alternative Ergänzungen zu;[171] so könnten hier auch zwei oder drei kürzere Kasernen in einer Reihe gestanden haben. Diese Möglichkeit erhält größeres Gewicht, falls diese Truppe unter Septimius Severus auf 1000 Mann aufgestockt wurde und in 32 Turmen zu je 30 Mann (statt 24 Turmen zu je 42 Mann) organisiert war wie M. P. Speidel erwägt.[172]

Man könnte versucht sein, in dieser architektonischen Besonderheit einen Ausdruck des innerhalb des rätischen Provinzheeres prominenten Ranges der *ala milliaria* zu erblicken,[173] die bis um 170 n.Chr. gewissermaßen die „Ersatzlegion" der Provinz Raetia stellte, doch spiegeln die Ausmaße zunächst nur den größeren Unterbringungsbedarf wider. Dem einzelnen Soldaten wurde jedenfalls kaum mehr Platz zugestanden als dies in den bekannten Quartieren anderer auxiliarer Reitereinheiten auch der Fall war. Eher könnte es der Rang dieses Truppentyps mit sich gebracht haben, dass man den stellvertretenden Turmenführern *(duplicarii* oder *sequiplicarii)* ein erweitertes Quartier bot (Kap. II.2.6), denn ausgeprägte Endbauten finden sich häufiger in Legions- (Wohnungen der *optiones*) als in Hilfstruppenlagern. Möglicherweise waren auch die Unteroffizierschargen *(principales)* der *ala milliaria* durch Zuweisung eines eigenen Endcontuberniums gegenüber den Mannschaften besser gestellt, als dies vielleicht bei anderen Auxiliareinheiten üblich war. Jedenfalls dokumentiert ein Graffito aus Köngen, dass zumindest ein Feldzeichenträger der dortigen Kohorte in der Gemeinschaft eines *contubernium* lebte: cont(ubernium) signiferi Lupi.[174] Man könnte noch einwenden, das dreizehnte *contubernium* habe vielleicht logistischen Bedürfnissen Rechnung getragen (z.B. als zusätzlicher Stall- und Lagerraum), doch spricht nichts dagegen, sondern alles dafür, dass auch diese Stuben bewohnt waren. Im Fall des östlichen Endcontuberniums von Baracke V waren noch Reste einer Herdstelle erhalten, und zwar an derselben Position wie in anderen Stuben auch (s.u.). Die ungewöhnliche Anzahl von 13 Contubernien scheint im Zuge späterer Umbauten auf zwölf zurückgenommen worden zu sein, indem man die Kopfbauten erweiterte (vgl. Phase 3). Darin bestätigt sich eher die soeben angedeutete Tendenz, speziell die Chargen, kaum jedoch jeden einfachen Soldaten *(eques)* der Truppe wegen ihres Ranges mit großzügiger Wohnraumbemessung zu privilegieren.

Aus den vorgefundenen Resten lässt sich das Aussehen der Stuben folgendermaßen rekonstruieren: An ihrer stallseitigen Wand war jede *papilio* mit einer Herdstelle ausgestattet. Diese einheitliche Standortwahl gilt zumindest für die späte Kastellzeit (Anlage 10, Phase 3, Signatur „H"), bis zu der die in Resten angetroffenen Feuerstellen in Benutzung waren. Ältere oder an anderer Stelle erbaute Herde fanden sich nicht. Die Konstruktion der Herdstellen lässt

---

167 Dieser Ansatz ergab sich in einer Diskussion mit K. Kortüm (Esslingen) beim Vergleich der Barackenbefunde von Rottweil III und Heidenheim. Eventuell gab es auch in Rottweil III Jaucherinnen, die bisher nicht als solche erkannt worden sind. Die 3,9 ha umfassende Lagerinnenfläche würde sich mit acht Baracken des dort teils ausgegrabenen, teils rekonstruierten Typs (Planck 1975, Beil. 4) in der *retentura* und acht Baracken in der *praetentura* passgenau ausfüllen lassen. Unter den gestempelten Truppenziegeln aus Rottweil ist bis heute zwar keine *ala* bekannt, doch muss dies für die Besatzungsfrage des Kastells III kein relevantes Argument darstellen. Bisher werden als Besatzung von Kastell III Legionsabteilungen vorgeschlagen, wofür die Größe der Kopfbauten sprechen könnte: C. S. Sommer/P. Filtzinger/der./B. Cämmerer, Die Römer in Baden-Württemberg (Stuttgart 1986) 523; K. Kortüm, MVNICIPIVM ARAE FLAVIAE. Plan der römischen Stadt (Stuttgart 2004); C. S. Sommer/T. Schlipf, Rottweil. Fundber. Baden-Württemberg 26, 2002, 134–146 bes. 145 mit Abb. 27 (Gesamtplan des Kastells III, Stand 2000).

168 Die Baracken der Legionslager des 1. Jh. Inchtuthil (Schottland) und Colchester weisen zwar eine Reihung von 14 Stubeneinheiten auf, doch hat man davon wahrscheinlich zwei für den *optio* abzuziehen, auch wenn dessen mutmaßliche Unterkunft architektonisch nicht als Endbau hervorgehoben ist (vgl. Franke 2003, 92; Kortüm/Lauber 2004, 381 Abb. 177). Ähnlich dürften die Verhältnisse in *Vindobona*/Wien liegen, wo 13 gleich groß bemessenen *contubernia* kein betonter Endbau folgt. Wesentlich größer als in Heidenheim fallen jedoch die Zenturionenkopfbauten aus: O. Harl, Die zweite Weihung an den Genius einer Zenturie aus dem Legionslager Vindobona. Fundort Wien 2/1999, 6–14 bes. 8.

169 E. L. Caronna, Castra Praetoria. In: Steinby 1993, 251–254 bes. 253.

170 C. Buzzetti, Castra Equitum Singularium. In: Steinby 1993, 246–248 u. 442 Abb. 140.

171 Ebd. 444 Abb. 142.

172 Speidel 1994, 128. – Nach Evidenz von Inschriften blieb das ältere Lager neben dem neuen weiter besetzt. Die Truppenunterkünfte waren also (aus Platzgründen) auf zwei *castra* verteilt. Zusammenfassend dazu: Coulston/Dodge 2000, 84.

173 Vgl. dazu Birley 1966.

174 M. Luik/F. Reutti, Der Römerpark in Köngen. Führer Arch. Denkmäler Baden-Württemberg 12 (Stuttgart 1988) 69 Abb. 49.

Abb. 33: Stallbereich und *porticus* von Baracke VI, oben Lagergasse mit Gruben der Phasen 1 und 2a. Niveau Planum 2. Karlstraße 14, Juli 2001.

Abb. 34: Stuben und Ställe von Baracke V (oben), Ställe von Baracke VI, dazwischen Lagergasse mit Gruben der Phasen 1 und 2a. Niveau Planum 2. Die Mauern sind neuzeitlich. Karlstraße 14, September 2001. Blick nach Norden.

Abb. 35: Stuben der Doppelbaracke VI/VII. Niveau Planum 1. Karlstraße 14, November 2002. Blick nach Osten.

sich am besten anhand der wenigen noch nahezu vollständig erhaltenen Exemplare in Baracke II (Abb. 36) sowie eines Beispiels in Baracke VI (Bef. 708) studieren. Die übrigen sind beim Abriss der Baracken beseitigt worden, sodass an Ort und Stelle allenfalls zerwühltes Brandmaterial zurückblieb. Demnach hat man die ca. 1 m² große Brennfläche entweder aus von Hand gestrichenem Lehmschlag oder aus Ziegeln bzw. Ziegelbruch konstruiert. Zur Verwendung gelangten umgedrehte Dachziegel (-bruchstücke) *(tegulae)*, ca. 6 cm dicke *lateres* oder von ihren Kanten befreite Fragmente von *tubuli* (Kap. IV.12.2). Die mittlere der fünf erhaltenen Brennplatten in Baracke II weist in ihrem Zentrum eine kreisrunde Glutmulde auf (Anlage 10); sie bestand aus Lehmschlag. Ziegel oder Lehm ruhten auf einer wiederum in Lehm gebundenen Rollierung größerer Jurakiesel (von ca. Faustgröße). An drei Seiten hat man die Feuerstellen – sei es in rechteckiger (in Baracke II) oder halbrunder Form (Bef. 708 in Baracke VI) – mit einem Mäuerchen aus Juraplattenkalksteinen, die ebenfalls mit Lehm verfugt waren, umfangen. Da die Kaminfundamente bis in die Mitte der Wandgräbchen ragen, ist davon auszugehen, dass die betroffenen Gefache hier nicht mit Lehm und Flechtwerk, sondern eben mit der steinernen Kaminkonstruktion ausgefüllt waren. In anderen Fällen scheint man die Fachwerkwand alternativ dazu mit Ziegelplatten gegen die Hitzeeinwirkung bekachelt zu haben (Kap. II.4 und IV.12.2). Dass sich die Hitze stellenweise auf die benachbarten Fachwerkwände auswirkte, zeigen einschlägige Funde verziegelter Hüttenlehmbrocken mit Abdrücken von Flechtwerk. Die insbesondere an den Plattenkalken verhältnismäßig rasch eintretenden Hitzeschäden führten dazu, dass die Herdstellenaufbauten öfter erneuert werden mussten. Entsprechender Schutt fand sich besonders in den Befunden, die während der Kastellzeit verfüllt wurden (Phase 2a und 2b), aber auch in den großen Abfallgruben vor dem Kastell.

Die Stuben dürften mit Bretterfußböden ausgestattet gewesen sein,¹⁷⁵ denn Stampflehmböden oder andersartig befestigte Gehniveaus gab es entgegen früherer Darstellungen nicht.¹⁷⁶ Zwar scheinen die Erhaltungsbedingungen im Bereich der Baracken I–III prinzipiell etwas besser gewesen zu sein als weiter südlich und außerdem erfolgte der Erdabtrag auf Planum 1 während der Ausgrabung 1965 ausschließlich von Hand, was gewiss eine sensiblere Freilegung der oberen antiken Schichten ermöglichte als die maschinelle Anlage von Planum 1 in den Jahren 2000–2003, doch möchte ich den von B. Cichy beschriebenen Lehmbelag mit „Ziegelsplitt" analog zu Befunden in den Baracken IV–VII eher als den mehr oder weniger flächig einplanierten Fachwerkschutt der Baracken interpretieren. Jedenfalls ließ sich diese jüngste kastellzeitliche Schicht nicht von den Verfüllungen der Jaucherinnen und Gruben (Phase 3) unterscheiden. Für das einstige Vorhandensein von Holzfußböden sprechen neben einer höheren Wohnqualität vereinzelt noch aufgefundene, sehr flache Gräbchen, die im Bereich der Stuben und Ställe parallel zu den Wandgräbchen verlaufen. Es handelt sich um folgende Strukturen:

Bef. 3
Rest eines nordsüdlich verlaufenden Gräbchens von max. 12 cm Tiefe unter Pl. 1 im Stall des östlichen Endcontuberniums von Baracke IV (Anlage 5).

Bef. 988
Nordsüdliches Gräbchen von 10 bis 14 cm Tiefe unter Pl. 1 zwischen den Stubenwänden Bef. 1000 und 984 in Baracke V (Anlage 5).

Bef. 789
Nordsüdlich verlaufender Rest eines flachen Gräbchens von 2 bis 7 cm Tiefe unter Pl. 2 im Stall des östlichen Endcontuberniums von Baracke VI, wahrscheinlich Phase 3 (Anlage 10).

Bef. ZOH-68
Flaches Gräbchen parallel vor der Trennwand Bef. ZOH-67 in Baracke XXI (Anlage 7).

Bef. ZOH-99
Westöstlich parallel zu den Wandfundamenten verlaufendes Gräbchen im Kopfbau von Baracke XXII, dessen dunkles Substrat gerade noch 2 bis 3 cm tief unter Pl. 1 erhalten war (Anlage 7).

Bef. ZOH-35, ZOH-38, ZOH-39
Schmächtige Gräbchenreste, die in westöstlicher Richtung vom Trennwandgräbchen ZOH-37 eines Stalles in Baracke XXI abzweigen. Während Bef. ZOH-35 mit ebener Sohle 10 bis 12 cm unter Pl. 1 verläuft und im Achsabstand von 6 Fuß zum Wandgräbchen Bef. ZOH-37 wahrscheinlich eine

Abb. 36: Herdstelle und Kaminversturz in Baracke II. Karlstraße 18, Ausgrabung 1965.

Pfostenstandspur einschließt (Stütze einer Pferdebox?), sind ZOH-38 und 39 gerade noch 2 bis 3 cm tief unter Pl. 1 (erhalten). Das Substrat aller genannten Strukturen unterscheidet sich nicht von dem des Wandgräbchens ZOH-37 (Anlage 7).

Möglicherweise ist ferner ein zusätzliches Gräbchen in der Osthälfte von Baracke I (Ausgrabung 1965) unter diese Verdachtsfälle aufzunehmen. Die entweder nur geringfügig in die Oberfläche eingelassenen oder öfter vielleicht nur auf diese aufgelegten Fußboden-Schwellbalken haben im Kiesboden kaum Abdrücke hinterlassen. Ich muss allerdings zugeben, dass die maschinelle Anlage von Planum 1 in der östlichen Hälfte der Doppelbaracke IV/V stellenweise nicht sensibel genug vorgenommen wurde, um die Auffindungschancen solcher Strukturen zu wahren. Aber gerade in B. Cichys detaillierter Planumszeichnung von 1965 fallen in den Stuben der Baracken II und III vereinzelt etwas dunkler kolorierte „Schattierungen" auf, die vielleicht ähnlich interpretiert werden dürfen, während er die vermeintlichen Lehmböden, die sich angeblich scharf von den Wandgräbchen abgegrenzt haben sollen,¹⁷⁷ in seiner an-

---

175 Vgl. die erhaltenen Bretter eines Holzfußbodens in einem hölzernen Militär(?)-Bau claudischer Zeit unter der CVT: Lenz 2006, 77 mit Abb. 47. Lenz deutet den Befund als *valetudinarium*, der militärische Charakter ist aber nicht zweifelsfrei erwiesen.
176 Cichy 1971, 22 spricht von Stampflehmböden in Kaserne I. Seine Darstellung übernahm Heiligmann 1990, 113.
177 Cichy 1971, 22.

Pferdeställe in den Kastellen South Shields und Wallsend am Hadrianswall nimmt die britische Forschung inzwischen Holzböden an.[207]

Abschließend bleiben noch Kapazität und Auslastung der *stabula* einzuschätzen. Für moderne Arbeitspferde werden 1,50 m × 2,50 m Platzbedarf bei Ständerhaltung und Anbindung veranschlagt. Angesichts einer Stallbreite in nordsüdlicher Richtung von ca. 4,2 m (14 Fuß) ließen sich drei Pferde gerade eben unterbringen. Da, wie verschiedentlich nachgewiesen wurde,[208] die römischen Kavalleriepferde mit Widerristhöhen (Schulterhöhen) von ca. 1,4 m etwas kleiner gewachsen waren als heutige Warmblutzuchtstuten und damit eher den Camarguepferde entsprachen, dürften drei bis maximal vier Tiere den Aufstallungsraum erschöpft haben. Dabei ist davon auszugehen, dass sie angebunden wurden, sofern es keine Boxen gab. Da die Pferde wahrscheinlich regelmäßig in Bewegung gehalten wurden, benötigten sie anders als moderne Hobbyreitpferde am Abend wohl keinen Auslauf mehr in der Box.

Im Alltag jedoch dürfte sich die Situation dahingehend entspannt haben, dass vermutlich nur selten alle Commilitonen eines *contubernium* gleichzeitig anwesend waren, sondern dass sich die faktische Belegungsdichte durch Einsätze und Abkommandierungen verringert haben dürfte. In Friedenszeiten ist gewiss auch mit zeitweiliger Weidehaltung zu rechnen, wie kastellzeitliche Zaungräbchensysteme nahe legen, die nördlich des Kastells im Gewann „Fürsamen" aufgedeckt werden konnten und die möglicherweise zu Außenanlagen des Kastells gehörten.[209] So sehr unterschiedliche Rahmenbedingungen (Krieg und Frieden, Sommer und Winter, Abkommandierungen u. a.) durchaus zu unterschiedlichen Auslastungen geführt haben mögen, so bleibt doch klar zu betonen, dass jeder Mann und jedes Reitpferd der Truppe jederzeit seinen fest zugeordneten Platz im Kastell hatte.[210] Denn darin bestand der eigentliche militärische Sinn der Stallbaracken: Rasche Mobilisierung und enge Bindung zwischen *eques* und *equus*.

II.2.5 Die Kopfbauten

Abb. 40–43

Mit erhöhter Spannung wurde 2002 die Untersuchung der sog. „Kopfbauten", größerer Raumkomplexe, die als Quartiere der Turmenoffiziere (*decuriones*) zu deuten sind, erwartet. An den westlichen Enden der Baracken II und IV konnten die Kopfbauten – von partiellen Störungen abgesehen – vollständig aufgedeckt werden; am Westende von Baracke XXII in der *retentura* war nur ein Teilaufschluss möglich (Abb. 42).[211] Zur *via praetoria* hin blieb uns die Untersuchung der Kasernenabschlüsse allerdings verwehrt. Die dort zu erwartenden Befunde liegen, soweit sie nicht bereits durch moderne Leitungen und Kanäle zerstört sind, in rund 2 m Tiefe unter der heutigen Marienstraße. Die Neuerkenntnisse über Ausdehnung, Lage und Struktur der Dekurionenquartiere führen zu deutlichen Modifizierungen des bisher vorliegenden Ergänzungsversuchs, der sich vorschnell als „Mustergrundriss" in der Fachliteratur verfestigt hat.[212] Mit der Erkenntnis, dass eine einfache Stallbaracke nicht zwei *turmae* beherbergte, sondern nur eine (Kap. II.2.3, Stuben), eine Doppelbaracke analog also nicht vier, sondern zwei *turmae*, ist als Erstes die Erwartung zweier gleich großer Kopfbauten an jedem Barackenende hinfällig.[213] Auch die Interpretation der 1965 aufgenommenen Befunde

---

207 Hodgson/Bidwell 2004, 131 u. 135 Abb. 8 (modifizierte Zeichnung nach P. Connolly/J. Sailer). Im Kastell Wallsend hatte man im Zuge des Steinausbaus der Baracken die Holzböden der Ställe durch Steinplatten ersetzt und die Jaucherinnen dementsprechend mit beweglichen Platten bedeckt (Hodgson 2003, 80).

208 G. K. Kunst, Equidenskelette aus dem Vorland des Auxiliarkastells Carnuntum. In: Kandler 1997, 183–209 bes. 203; mit Methodenkritik: Peters 1998, 152 f.; S. Deschler-Erb, Vom Packesel zum Kurierpferd – Archäozoologische Aussagemöglichkeiten zu den Equiden in Kemkes/Scheuerbrandt 1999, 64–71 bes. 65 f.; Hodgson 2003, 83. – „Germanische" Pferde der Spätlatènezeit könnten noch kleiner gewesen sein, wie ein Pferdeskelett aus Inden (Kreis Düren) mit 133 bis 135 cm Schulterhöhe anzeigt: H. Berke/B. Päffgen/K. P. Wendt, Der Eburonen kleine Pferde. Arch. Rheinland 2001, 46–48.

209 Scholz 2005/06, 64–94 bes. 71 f. Vgl. auch M. Thannabaur/H.-P. Volpert, Neue Flächengrabungen im Gewerbegebiet „InTerPark" in Kösching. Arch. Jahr Bayern 2005, 85–88 bes. 86 f.: Es erscheint nicht ausgeschlossen, dass ein Teil der dort nachgewiesenen römischen Zaungräbchen, die pauschal einer hölzernen Villa rustica zugewiesen wurden, zu Außenanlagen des Reiterkastells Kösching gehörten. Diesbezüglich muss jedoch die Befundanalyse abgewartet werden. – Zu Außenanlagen von Kastellen und zur Umgebung derselben vgl. jetzt Hopewell 2005. – Zu rechnen ist ferner mit der Bewirtschaftung von Wiesen durch die Truppe, worauf der Fund einer übergroßen Sense im Stabsgebäude des Reiterkastells Dormagen hinweisen könnte: F. Willer, Experiment mit Amboss und Muskelkraft. Arch. Deutschland 6/2003, 58 f. Ein Experiment mit einem Nachbau der übergroßen Sense ließ zwar keinen Vorteil bei der Grasmaht erkennen, doch dürften die antiken Benutzer solcher Werkzeuge wesentlich besser in Übung gewesen sein als heutige Hobbygärtner.

210 Die Vorzüge der Weidehaltung betont E. Grönke, Das römische Alenkastell Biricianae in Weissenburg i. Bay. Limesforsch. 25 (Mainz 1997) 93 f.; Grönke 1999. Trotz vieler richtiger und bedenkenswerter Argumente vernachlässigt E. Grönke m. E. den eigentlichen militärischen Aspekt, vgl. Hodgson 2003, 85 f.

211 Scholz 2002, 98 f.

212 Nach Heiligmann 1990, Beil. 7. Vgl. z. B. Johnson 1987, 192 u. 194; Kemkes/Scheuerbrandt 1997, 106 Abb. 115; Kemkes u. a. 2006, 204 Abb. 235; Kortüm/Lauber 2004, 381 Abb. 177.

213 Planck 1988, 35 (nach J. Heiligmann), bereits vorsichtiger Heiligmann 1990, 113; Hodgson 2003, 85; Bidwell/Hodgson 2004, 123 u. 131–136.

Abb. 40: Westliches Ende mit Teilen des Kopfbaus von Baracke II, links oben Ansatz von Baracke I. Areal der Ausgrabung 1965 im „Garten Bittel" (links unten Fundamente des Elternhauses von K. Bittel), September 2002. Blick nach Osten.

als sog. „Drillingskaserne" hat sich nun als Makulatur herausgestellt.

Andererseits ist es leider nicht gelungen, den Gesamtgrundriss der Baracken endgültig zu klären, da keine von ihnen vollständig ausgegraben werden konnte. Das betrifft insbesondere die Ausdehnung und Lokalisierung der sog. Schluss- oder Endbauten, die den Kopfbauten am anderen Gebäudeende gegenüberliegen. Sie boten eine angemessene Bleibe für den stellvertretenden Turmenführer, vermutlich in der Regel einen Empfänger doppelten Soldes *(duplicarius)*, und pflegten grundsätzlich kleiner bemessen zu sein als die Kopfbauten (Kap. II.2.6). Der im Folgenden zur Diskussion gestellte Ergänzungsvorschlag stellt daher nicht die einzig mögliche Lösung dar, wohl aber die widerspruchsfreieste Alternative. Äußerliches Merkmal der Kopfbauten ist der übliche architektonische Vorsprung auf die Linie der *porticus*-Pfosten des Mannschaftstraktes. Dies belegen die Gräbchen Bef. 1240 (Baracke II; Anlage 5), 1304 (Baracke IV; Anlage 5) sowie der Südabschluss von Baracke XXII unmissverständlich (Anlage 7). Im Herbst 2002 gelang unterhalb des betonierten Fußbodens der Villa Bittel der Nachweis der nordöstlichen Kopfbauecke von Baracke II, die an dieser Stelle dank fehlender Unterkellerung noch als Gräbchenrest erhalten war. Im Gegensatz zu den Mannschaftstrakten waren die Kopfbauten mindestens einmal von Grund auf erneuert worden (Kap. II.3, Phase 3). Dieser Umstand hilft bei der Identifizierung ihrer Ausdehnung bzw. ihrer Ansätze an den Stellen, wo weitere Ausgrabungen verwehrt blieben. So markieren am östlichen Ende von Baracke V das jüngere Gräbchen Bef. 553 (Phase 3; Anlage 10) und am Westende von Baracke VI das zweiphasige Wandgräbchen Bef. 1447 (Phase 3; Anlage 10) immerhin noch die Begrenzung der Offiziersquartiere. Als erste Neuerkenntnis ist daraus abzuleiten, dass diese nicht wie erwartet einseitig am West- oder Ostende der Doppelbaracken Rücken an Rücken benachbart nebeneinander lagen, sondern immer abwechselnd mit den jeweiligen Endbauten mal am West- und mal am Ostende der Baracken. So befinden sich die Kopfbauten der Baracken II, IV, VI und wahrscheinlich auch VIII im Westen, die der Baracken I, III, V und VII sind am Ostende zu ergänzen (Anlage 20.1; 20.2). Es gibt jedenfalls keinerlei Handhabe, die Westenden der Baracken III und V, wo die schematische Abfolge von insgesamt 15 Contubernien durchgehalten wurde, mit den Raumkomplexen von Offiziersunterkünften gleichzusetzen.[214]

Diese alternierende Anordnung erscheint zunächst ungewohnt, ist aber zwingend, wenn man – wofür jedweder Vergleich spricht – unterschiedliche Größen und Binnenstrukturen für Kopf- und Endbauten auch hier voraussetzen darf. Außerdem ist diese Anordnung nicht völlig singulär: Jüngste Ausgrabungen im Legionslager Vindonissa (Windisch-Spillmannwiese) könnten auf ein vergleichbares Grundrissmuster der flavischen Kasernen hindeuten, jedenfalls treten auch dort architektonisch unterschiedlich gestaltete Barackenende mit und ohne Vorsprung nebeneinander auf.[215] Das gleiche Muster zeichnet sich im Alenkastell Carnuntum ab.[216] Versetzt liegen beispielsweise die Kopfbauten der jüngeren (3. Jh.) Barackenblöcke im Kastell South Shields.[217] Das Grundrissmuster einer ohne Endbau fortlaufenden Raumfolge einer Mannschaftsbaracke Rücken an Rücken mit dem Kopfbau einer benachbarten Baracke wiederholt sich im oströtischen Kastell Moos-Burgstall, das um 120 n. Chr. aufgegeben worden sein soll.[218] Anders als in Heidenheim sind die Raumgrößen der dortigen, etwas asymmetrischen Doppelbaracke unterschiedlich groß bemessen, was H. Schönberger an der Funktion des westlichen Anbaus als Kaserne zweifeln ließ.[219] Man könnte sich jedoch vorstellen, dass die größere östliche Baracke mit Kopfbau – insbesondere wegen der mutmaßlichen

---

[214] Es sei denn man plädiert für unterschiedlich große Kopfbauten, was zwar nicht ausgeschlossen ist (vgl. beispielsweise Hesselbach, Periode 2: Baatz 1973, 42 und Taf. 2), aber eben nicht die Regel.
[215] J. Trumm, Legionslager. In: Pauli-Gabi 2004, 111–114 bes. 112.
[216] Stiglitz 1997, 71 Abb. 47, KII.1 und KII.2.
[217] Hodgson/Bidwell 2004, 128; D. J. Breeze, Handbook to the Roman Wall (Newcastle upon Tyne 2006) 119.
[218] Schönberger 1982, 198–204 u. Anlage 5.
[219] Schönberger 1982, 203.

Abb. 41: Bereich des Endbaus von Baracke III (links unten) und des Kopfbaus von Baracke IV (rechts unten). Niveau Planum 2. Karlstraße 16, Juni 2002. Blick von Norden.

Stallgruben[220] – eine *turma* beherbergte, die westliche aber vielleicht eine *centuria* einer gemischten Einheit. Sind die rätischen Baracken Moos-Burgstall und Heidenheim ursprünglich nach Planvorlagen der Legion von Vindonissa entworfen worden?

Löst man sich einmal von dem suggestiven Eindruck vieler rekonstruierter, weil lückenhaft ergrabener Barackengrundrisse und betrachtet nur die wirklich nachgewiesenen Baubefunde, so lassen sich auch andernorts alternative Grundrissrekonstruktionen nach diesem Heidenheimer Schema erwägen, z. B. in den Kastellen Echzell und Kösching.[221] Möglicherweise diente diese versetzte Anordnung dem schnelleren Ausrücken aus dem Lager im Ernstfall, indem nicht alle Turmen zur *via praetoria* drängten, sondern ihre Quartiere (mit dem *decurio* idealiter voran) vielleicht abwechselnd auch über die *viae sagulares* und von dort über die Prinzipaltore verließen. Vielleicht lässt sich auf diese Weise auch die Anomalie der nach Norden statt nach Süden ausgerichteten Baracke I erklären. Ein ergänzendes Indiz tritt noch hinzu: Die nordwestliche Wehrmauer des Kastells bildet keinen exakten rechten Winkel mit der Nordfront, sondern knickt leicht nach innen ein, sodass sich ein Winkelmaß von 91–92 Grad ergibt. Dieser „Fehler"

(Kap. I.8) wurde bei der Vermessung der Westwände der Baracken II–VIII offensichtlich bewusst fortgeführt, denn sie bilden ebenfalls keinen exakt rechten Winkel mit den westöstlich verlaufenden Langgräbchen, sondern eine exakt parallele Flucht mit der nordwestlichen Umwehrung. Das kann nur bedeuten, dass es auf eine strikte Einhaltung der Straßenbreite der *via sagularis* ankam, in der keine noch so geringen Engpässe zulässig waren. Dies wiederum leuchtet in dieser Konsequenz nur ein, wenn sie wie die Hauptstraßen des Lagers bei der Planung für die Ernstfallmobilisierung eine entscheidende Rolle spielte.

Insgesamt fallen die Heidenheimer Kopfbauten nicht größer aus als die anderer Reiterlager, sie sind im Grundriss sogar kleiner bemessen als die der flavischen Baracken von Rottweil III und Ladenburg Pe-

---

220 Vgl. auch Hodgson 2003, 76.
221 D. Baatz, Germania 46, 1968, Beil. 2 mit genauer Position der Grabungsaufschlüsse und der darin nachgewiesenen sowie der ergänzten Holzbaubefunde. Gleiches gilt ferner für die nur spärlich aufgedeckten Munninger Baracken (Baatz 1976, 24 Abb. 12 u. 26 Abb. 14). – Hüssen/Mehler 2004, 84 Abb. 87.

riode 1.²²² Die westöstliche Länge beläuft sich auf 14,5 m, was einem Planmaß von 48 Fuß (real 48–49 Fuß) entspricht,²²³ die nordsüdliche Breite auf 11,5 m (geplante 38 Fuß). Die Nutzfläche beträgt damit rund 160 m² im Erdgeschoss bzw. 320 m² bei Annahme der Zweigeschossigkeit.²²⁴ Das zuletzt genannte Flächenmaß würde die Größe von Zenturionenblöcken des 1.–2. Jh. n. Chr. in Legionsbaracken deutlich übersteigen, sofern nicht auch diese (wenigstens teilweise) zwei Stockwerke umfassten.²²⁵ Die grundlegende Binnengliederung vermittelt der Kopfbau von Baracke II: An den Mannschaftstrakt grenzt ein Grundrissmodul an, das aus zwei annähernd quadratischen Räumen von *papilio*-Größe besteht, die durch einen Korridor von 2,0 bis 2,1 m (7 Fuß) Breite getrennt sind („Dreiraummodul"). Diese Raumabfolge verbirgt sich an gleicher Stelle auch in den erhaltenen Resten der Kopfbauten der Baracken IV und XXII (Anlage 5 bzw. 20.1). Die Hauptfläche nimmt ein fast quadratischer „Saal" von ca. 10,0 m × 11,5 m ein. Diesen unterteilt lediglich eine Reihe von fünf Pfosten parallel zur Nordwand, die wahrscheinlich bereits in Phase 2 zu datieren ist (Abb. 40). Auch am südlichen Ende des Saales könnte sich eine ähnliche Unterteilung andeuten, von der allerdings nur noch ein einziger Pfosten (Bef. 1360; Anlage 5) erhalten ist.²²⁶ Daraus ergibt sich eine dreischiffige Grundgliederung des „Saales" in westöstlicher Richtung, die eine gewisse Parallele zu der eigenartigen Längsgliederung der Kopfbauten des Kastells Rottweil III darstellt.²²⁷ Betrachten wir die Befunde kurz en detail (Anlage 5):

Bef. 1221
Pfostengrube im Bereich des Kopfbaus von Baracke II (Fl. 134A). Im Profil muldenförmige Kontur bis max. 18 cm unter Planum 1 tief, d. h. in diesem Areal reichte der Pfosten einst bis zu 40 cm unter die römische Oberfläche hinab, da die antiken Schichten im Umfeld der Villa Bittel bereits stark gestört waren. Pfostengrube und -standspur waren nicht mehr sicher zu differenzieren. Dunkelbrauner Lehm mit Kieseln.
Stratigraphie: In einer Linie mit den o. g. Pfostengruben, Nordteil durch neuzeitliche Leitung gestört.

Bef. 1224
Pfostengrube im Bereich des Kopfbaus von Baracke II (Fl. 134A) mit ca. 60 cm Dm. und im Profil muldenförmiger Kontur bis max. 22 cm unter Pl. 1. Inmitten der dunkelbraunen Verfärbung zeichnet sich anhand hellbraunen Lehms und kleiner Verputzstückchen die Pfostenstandspur von ca. 20 cm Dm. ab.
Interpretation: Die Verfüllung der Pfostenstandspur mit Abbruchschutt der Baracke deutet darauf hin, dass das Holz intakt gezogen wurde. Beides spricht dafür, dass die zugehörige Konstruktion bis zum Kastellende bestand.
Stratigraphie: Vgl. Bef. 1221, schneidet das vorgeschichtliche Zaungräbchen Bef. 1146.

Bef. 1268, 1274 u. 1275
Vgl. Bef. 1221, 1224 u. 1244. Bef. 1268 liegt in der Bauflucht des jeweils westlichsten Trennwandgräbchens der Baracken I, III, V und VIII.

Bef. 1360
Pfostengrube im Bereich des Kopfbaus von Baracke II (Fl. 123B/133D) mit runder Kontur von ca. 50 bis 60 cm Dm. und max. 12 cm Tiefe unter Planum 1, d. h. rund 30 bis 40 cm Tiefe unter der römischen Oberfläche, da in diesem Areal die antiken Schichten durch moderne Leitungsgräben unterhalb des Fußgängerweges der Karlstraße bereits gravierend gestört waren.
Interpretation: Bestandteil einer Raumgliederung innerhalb des Kopfbaus. Dafür sprechen die spiegelbildliche Lage zu Bef. 1274 sowie Substrat und Abmessungen des Befundes, die er mit der Pfostenreihe Bef. 1221, 1224, 1244, 1268 u. 1274–1275 teilt.
Stratigraphie: Isolierter Befund.

Die ausführliche Besprechung dieser Punktfundamente erscheint mir sinnvoll, da sie an etwa derselben Position auch in den Kopfbauten IV und XXII vorkommen (Bef. 1305, 1309, 1317, 1322 und ZOH-92). Dass es sich um mutmaßliche Gerüstpföstchen oder Ähnliches wie in den Mannschaftstrakten han-

---

222 C. S. Sommer/T. Schlipf, Rottweil. Fundber. Baden-Württemberg 26, 2002, 134–146 bes. 145 mit Abb. 27 (Gesamtplan des Kastells III, Stand 2000); Kortüm/Lauber 2004, 381 Abb. 177. – Gleiche Abmessungen wie in Heidenheim (14,5 m Länge) besitzen beispielsweise der Kopfbau der Baracke D im Kastell Burladingen-Hausen (Heiligmann 1990, Beil. 3, 2–6), ein Kopfbau im Alenkastell Kösching (Hüssen/Mehler 2004, 84 mit Abb. 87) sowie Kopfbauten im Kastell I von Rottweil (Franke 2003, 95).

223 In *Cambodunum*/Kempten finden sich ebenfalls Maßmodule, denen Dutzend-Schritte zugrunde liegen: 24, 36 und 48 Fuß (Weber 2000a, 33). Die beiden kleineren Einheiten lassen sich im Kastell Heidenheim jedoch nicht nachvollziehen.

224 Zumindest bei den Offizieren ist mit der Anwesenheit von Familienangehörigen und privatem Dienstpersonal zu rechnen, das gegebenenfalls im Kopfbau mit unterzubringen gewesen sein möchte, vgl. Speidel 1996, 53–55. – Familienrechtlich blieben die *decuriones* und *centuriones* gegenüber den Mannschaftsdienstgraden auch nach der Reformierung der Veteranenprivilegien durch Antoninus Pius besser gestellt, indem ihre Kinder weiterhin zusammen mit den Eltern das Bürgerrecht erhielten: H. Wolff, Zu den Bürgerrechtsverleihungen an Kinder von Auxiliaren und Legionaren. Chiron 4, 1974, 479–510; B. Pferdehirt, Ein neues Militärdiplom für Pannonia Inferior vom 11.8.193 n. Chr. Arch. Korrbl. 32, 2002, 247–260 bes. 256–259; M. Scholz, Militärdiplom und Ziegelstempel aus Walheim, Kreis Ludwigsburg. Arch. Ausgr. Baden-Württemberg 2005, 123 f.

225 Hoffmann 1995, 111 berechnete die Binnenfläche von nachaugusteischen Kopfbauten der Legionszenturionen auf durchschnittlich 230 bis 259 m² (nur im Grundriss, d. h. im Erdgeschoss).

226 Im Vorbericht (Scholz 2002, 100) habe ich noch von einer peristylartigen Raumstruktur gesprochen, wovon ich nun Abstand nehmen möchte, zumal sich die zentrale (aber keineswegs zentriert gelegene) Grube Bef. 1228 kaum als Wasserbecken interpretieren lässt (vgl. Beschreibung Bef. 1228, Phase 3).

227 Planck 1975, Beil. 4.

deln könnte (s. o.), schließen ihre Dimensionen aus. Derart geringe Eintiefungen waren im Umfeld der Villa Bittel auch gar nicht mehr erhalten. Vielmehr möchte ich in ihnen konstruktive Punktfundamente für die Binnengliederung des „Saales" erkennen. Die Umbauten in der Offizierswohnung IV (Phase 3) haben nachweislich zur Aufgabe dieser Baustruktur geführt, vielleicht aber nicht in den Kopfbauten II und XXII. Möglicherweise dienten sie dem Zweck, flexibel leicht gebaute Wände zwischen den stationären Pfosten einziehen und nach veränderten Bedürfnissen, z. B. nach einem Personalwechsel, ohne allzu großen bautechnischen Aufwand wieder umgestalten zu können. In Baracke IV allerdings läuft das Langgräbchen, das Ställe und Stuben scheidet (Bef. 421), bis zum Ende des Kopfbaus fort. Ob dies von Anfang an so war und die Zuordnung zu Phase 2 stimmt oder ob sich dahinter eine Zwischenphase verbirgt, kann nicht mehr entschieden werden, da die Anschlüsse der fraglichen Binnenwandgräbchen durch die Eingriffe der Phase 3 gestört wurden. Jedenfalls entschied man sich hier für eine massivere und damit wohl längerfristig erwünschte Zimmerkomposition als in Baracke II. Dies zeigt sich ferner daran, dass die Binnengliederung des Kopfbaus IV mit nur geringen Veränderungen in Phase 3 übernommen wurde.

Die beschriebene Raumkombination („Dreiraummodul" plus saal- oder hofartiger Großraum) zitiert das Grundschema urbaner römischer Häuser.[228] Sogar bis in die Abmessungen (11,5 m × 14 m) hinein identisch sind Wohnhausgrundrisse (Streifenhäuser) in *Cambodunum*-Kempten. Überträgt man die dortigen Beispiele analog auf die Heidenheimer Grundrisse, müsste der Haupteingang der Kopfbauten II und IV von der nördlich angrenzenden *via vicenaria* her in den saalartigen Raum geführt haben, in dessen Zentrum dort je eine Feuerstelle und eine oder mehrere Kellergruben angetroffen wurden.[229] Dieser Hauptraum scheint besonders intensiv genutzt worden zu sein, während die beiden durch einen Korridor getrennten Nebenräume vermutlich eher Rückzugsmöglichkeiten (darunter ein Schlafraum?) boten. Vielleicht darf man die Frage anschließen, ob die sich andeutende Zweiteilung der Kopfbauten – das offenbar verbindliche „Dreiraummodul" und der unterschiedlich gegliederte „Saal" oder Hauptraum – ebenfalls mit verschiedenen Funktionen, nämlich Dienst- und Wohnbereich erklären lässt. Für die Identifikation des „Dreiraummoduls" mit den Diensträumen könnte immerhin sprechen, dass sich dieses Muster auch in Offiziersunterkünften andernorts wiedererkennen lässt, so z. B. im Kopfbau einer Reiterbaracke des Kastells Wallsend,[230] im *prae-* *torium* („Westbau") des Kohortenkastells Urspring,[231] im Kommandanten-Wohnhaus des Numeruskastells Hesselbach,[232] in einer Offiziersunterkunft (?) im Legionslager Rottweil[233] oder vielleicht auch in der älteren Bauphase von Kaserne D im Kohortenkastell Burladingen-Hausen.[234] In den *praetentura*-Kopfbauten des Kastells Llanfor (Wales) gab es offenbar einen zentralen Großraum für je zwei aneinander grenzende Offizierswohnungen mit jeweils vier vorgelagerten Kammern.[235] Gut vergleichbar ist ferner der Grundriss der zweiten Bauphase jener Grenzstation, der später das sog. „Limestor" von Dalkingen vorgeblendet wurde. Gerade diese Parallele spricht dafür, dass das Erdgeschoss vorwiegend dienstlich genutzt wurde, während die Wohnräume der Offiziere dann – unter Annahme der Zweistöckigkeit der inneren Barackenräume – im Obergeschoss zu suchen wären. Aufgrund der Vielzahl von Grundrissvergleichen in unterschiedlichen, militärischen wie zivilen Gebäuden scheint es sich um einen bewährten Allzweckgrundriss gehandelt zu haben.

---

228 Vgl. beispielsweise die Zusammenstellung von Grundrissen bei Pauli-Gabi u. a. 2002, 125. Gut vergleichbar und mit 12,0 m × 15,4 m nur unwesentlich größer sind ferner die als *atrium*-Häuser gedeuteten Grundrisse in Lahnau-Waldgirmes: A. Becker/ G. Rasbach, Vortrag zur Jahressitzung 2001 der Römisch-Germanischen Kommission. Waldgirmes. Eine augusteische Stadtgründung im Lahntal. Ber. RGK 82, 2001, 591–610 bes. 593 Abb. 1, 1a–c u. 594 f.; dies., Germania 81.1, 2003, 148 Anm. 1 (weitere Lit.). Vgl. ferner die Grundrisse bei Kortüm/Lauber 2004, 459 Abb. 191B, 39–40. Das Walheimer Vergleichsgebäude ist größer (Frontlänge 19 m): ebd. 47 f. mit Abb. 7. – In modifizierter Form findet man diesen Grundrisstyp auch in den Streifenhäusern des Vicus Bliesbruck: J.-P. Petit/M. Mangin, Alésia, Bliesbruck et autres sites de l'est de la France. In: Gogräfe/Kell 2002, 81–131 bes. 96.

229 Weber 2000a, 28 f. mit Abb. 41 I u. 31 f. mit Abb. 46. Der saalartige Hauptraum wird hier als „Einheitsraum" bezeichnet.

230 Hodgson/Bidwell 2004, 124 Phase 2A (ca. 160 n. Chr.).

231 Heiligmann 1990, 92; ders., Vormarsch auf die Schwäbische Alb: Das Kastell Urspring. In: Römer an Donau und Iller. Neue Forschungen und Funde. Ausstellungskat. Ulm (Sigmaringen 1996) 43–51 bes. 51. Die betreffenden Räume waren mit Fußbodenheizung ausgestattet.

232 Baatz 1973, 31 f. (Bau 6) und Taf. 2 (Periode 1).

233 A. Bräuning/C. Dreier/K. Kortüm/I. Klenner/M. Rauschkolb, Archäologie einer Stadt – Neue Grabungen im römischen und mittelalterlichen Rottweil. Arch. Ausgr. Baden-Württemberg 2005, 150–158 bes. 153.

234 Heiligmann 1990, Beil. 3, 1–2 und 12. Das stark verwinkelt anmutende Gräbchengewirr ist vermutlich mit einer zweiten (oder mehreren) Bauphase(n) zu erklären, die man bei den Ausgrabungen 1914 nicht differenziert hat (Heiligmann 1990, 66). Eventuell bildeten 1 und 2 ursprünglich einen einzigen Raum. Möglich ist auch, dass sich hinter den engen Kammern 1–8 nicht nur Wandgräbchen, sondern vielleicht auch als solche missdeutete Jaucherinnen verbergen. Als Besatzung des Kastells kommt eine *cohors quingenaria equitata* durchaus in Betracht.

235 Hopewell 2005, 251 u. 253 Abb. 11. Der Befund ist allerdings bisher nur aus dem Magnetogramm bekannt und deswegen hinsichtlich eventuell vorhandener Punktfundamente und Bauphasen zurückhaltend zu beurteilen.

Der Korridor des „Dreiraummoduls" könnte über einen separaten „Diensteingang" vom benachbarten Endcontubernium aus verfügt haben. Die Parallele aus Burladingen-Hausen bietet mit ihrem von sechs Punktfundamenten untergliederten Raum Nr. 12 übrigens noch ein weiteres Vergleichsmerkmal, den sie mit dem Heidenheimer Kopfbau IV gemeinsam hat. In dessen südöstlichem Eckraum befinden sich ebensolche Pfostengruben, wenn auch nur drei (Bef. 1030–1032; Anlage 5). Ihre rechteckige Form unterscheidet sie in auffälliger Weise von allen übrigen Punktfundamenten (z. B. auch den *porticus*-Pfosten). Pfostenstandspuren lassen sich in ihnen nicht orten, und auch ihre geringe Tiefe von ca. 10 cm unter der römischen Oberfläche erinnert eher an Standmulden (tuff-) steinerner Pfostensockel als an eingegrabene Holzständer. Ihre Zuordnung zu Phase 2 und/oder 3 ist übrigens unsicher, denn lediglich die kieshaltigere Verfüllung, die von den Gräbchen der Phase 3 abweicht, entschied über den Periodisierungsvorschlag. Welchen Nutzen brachten sie? Diese Frage kann vorläufig nicht zufriedenstellend beantwortet werden. Sowohl im Kopfbau IV als auch in dem von Burladingen-Hausen sind Binnenräume betroffen, die möglicherweise über keine direkte Beleuchtung verfügten. Stützten diese Pfosten womöglich ein tribünenartiges Halbgeschoss, um wenigstens einen indirekten Tageslichteinlass zu gewähren? Oder flankierten sie sogar einen kleinen Lichthof? Die zuletzt geäußerte Deutungsalternative würde allerdings der Identifikation mit Diensträumen widersprechen.

Aus dem ohnehin kaum vorhandenen Fundmaterial lässt sich keine Nutzungsgeschichte der einzelnen Räume ableiten. Ob der Fund eines Zieranhängers, der wahrscheinlich zu einer Standarte gehörte (Bronze-Nr. 56a), im Kopfbau II dahingehend ausgelegt werden sollte, dass das Turmenfeldzeichen zeitweise dort aufbewahrt wurde, sei dahingestellt. Ansonsten bleibt man auf allgemeine Überlegungen, Grundrissvergleiche und die Ausdeutung der wenigen Spuren im Rauminneren angewiesen.

Wo standen die Pferde der Offiziere? Diese für die Mannschaftstrakte so entschlossen beantwortete Frage bedarf im Falle der Decurionenquartiere etwas ausführlicherer Diskussion, denn lediglich im südlichen der kleinen Räume im Kopfbau IV (zwischen den Wänden Bef. 1024, 1027 und 1021b) hat sich der unterste Rest einer westöstlich orientierten Jaucherinne (Bef. 1026; Anlage 8) erhalten, die von den charakteristischen rostroten Sickerverfärbungen umgeben war. Anders als die Ställe des Mannschaftstraktes lag dieser in einem Binnenraum, der gewiss zu den am schlechtesten mit Tageslicht versorgten zählte

Abb. 42: Kopfbau der Baracke XXII (links), Endbau der Baracke XXI (rechts). Links der Grubenkomplex Bef. ZOH-48. Die Steinansammlungen rechts gehören zu bronzezeitlichen Gräbern.

und damit auch für wenig andere Verwendungen in Frage gekommen wäre. Aufgrund ihrer Nähe muss er einen Zugang zur *via sagularis* gehabt haben, kaum jedoch wie die Mannschaftsställe zur *via vicenaria*. Der kleine Stall kann maximal zwei Pferde aufgenommen haben.[236] Auch der westlich sich anschließende Raum wird mit der Pferdehaltung in Verbindung zu bringen sein, da nur durch ihn hindurch der mutmaßliche Stallraum erreichbar war. In Phase 3 wurde hier tatsächlich nahe am Westende von Kopfbau IV eine mit ca. 4 m Länge deutlich größere, nordsüdlich verlaufende Sickerrinne nachträglich eingezogen (Bef. 1315; Anlage 10). Ohne den Befund der Jaucherinne Bef. 1026 hätte man die Kammer inmitten des Kopfbaus schwerlich als Stall interpretieren, doch lässt sich diese Lokalisierung durch Vergleiche mit den Binnengliederungen von Kopfbauten im frühkaiserzeitlichen Vexillationskastell Augsburg sowie im Numeruskastell Walheim untermauern.[237]

---

236 Die Rangordnung des römischen Militärs sah offenbar für jeden *decurio* drei Pferde vor, für jeden *duplicarius* und *sesquiplicarius* je zwei: R. W. Davies, The supply of animals to the Roman army and the remount system. In: ders. 1989, 153–173 bes. 153 mit Anm. 2; M. P. Speidel, Horsmen in the Pannonian alae. In: Ders., Roman Army Studies 2 (Mavors 8) (Stuttgart 1992) 62–66 bes. 63. Diese Einschätzung basiert in erster Linie auf Grabsteinreliefs, die diese Chargen mit der entsprechenden Anzahl an Pferden darstellen. Hinzu kommen Berechnungen nach den Angaben zur Truppenstärke bei Hygin. Fraglich bleibt allerdings, ob ein Offizier wirklich immer drei Tiere (als Ersatzpferde) gleichzeitig zugewiesen bekam, was angesichts des intensiven Übungsbedarfs mit den Reittieren nicht unbedingt sinnvoll gewesen wäre, oder ob er dreimal in Folge staatlich bezuschusste (?) Pferde beanspruchen durfte. Einstweilen gehe ich davon aus, dass ein *decurio* wie die übrigen Reiter in der Regel nur ein Pferd im Einsatz hatte. Zum Rang der *decuriones* vgl. A. v. Domaszewski, Die Rangordnung des römischen Heeres. 2. Aufl. bearb. v. B. Dobson. Beih. Bonner Jahrb. 14 (Köln, Graz 1967) 53.

237 Schaub 1999, 106; Kortüm/Lauber 2004, 92 Bef. 3159.

Überhaupt scheint für die Ställe innerhalb der Offiziersbehausungen keine grundsätzlich verbindliche Position vorgeschrieben gewesen zu sein, wie beispielsweise die wechselnden Positionen der Jaucherinnen in den Turmenbaracken der Kastelle South Shields und Wallsend am Hadrianswall verdeutlichen. Stets weichen sie jedoch von den Ausrichtungen der Mannschaftsställe ab. So öffnete sich der Stall der Baracke 6 in South Shields ebenfalls zur *via sagularis* hin.[238] Wiederum parallel zu denen der Contubernien verlaufen die beiden Jaucherinnen im Kopfbau einer mutmaßlichen Reiterbaracke claudischer Zeit unter der CVT.[239]

Als potentieller Stall in Verdacht zu ziehen ist ferner der nordöstliche Raum (Baracken II und IV) des o. g. „Dreiraummoduls".[240] Für seine Bestimmung als Stall sprechen rostrote Verfärbungen im Kies nördlich der jüngeren Grube Bef. 1218 (Phase 3; Anlage 10), die von einer durch den neuzeitlichen Keller der Villa Meebold zerstörten, älteren Jaucherinne stammen könnte. Die schwarzen Manganausfällungen in diesem Bereich sind natürlichen Ursprungs. Im Falle des analogen Raumes im Kopfbau II haben neuzeitliche Störungen (Villa Bittel) jede Überprüfungsmöglichkeit vernichtet. Am mutmaßlichen südlichen Kopfbauansatz von Baracke V blieb immerhin ein bauliches Detail erhalten: Statt eines durchlaufenden Gräbchens als Grenze zur *porticus* – ein solches wurde erst in Phase 3 nachträglich eingezogen (Bef. 553; Anlage 10) – befindet sich hier lediglich ein Zwischenpfosten (Bef. 555 zwischen Außengräbchen Bef. 338 und *porticus*-Pfosten Bef. 557; Anlage 5). Diese nur leichte bauliche Trennung zwischen *porticus* und Offiziersquartier könnte bedeuten, dass hier ein ein- oder zweitüriger, mindestens 4 Fuß breiter Zugang zum Kopfbau bestand, der sich als Stalltür eignete.

Ob die Befunde von Kopfbau IV auf die anderen Offiziersquartiere übertragbar sind, bleibt fraglich. Eine amorphe rostrote Verfärbung des gewachsenen Kieses nahe der Südwestecke des Kopfbaus II (nahe Bef. 1360; Anlage 5) begünstigt aber einen Vergleich mit Bef. 1026. Demnach darf in den Kopfbauten vielleicht mit verschiedenen Stallungen gerechnet werden, auch wenn sie wie im Falle des Kopfbaus IV nicht gleichzeitig in Betrieb gewesen sein müssen.[241] Mehrere Ställe oder solche, die größer waren als für nur ein Offizierspferd nötig (z. B. Jaucherinne Bef. 1315, Phase 3), könnten auch darin ihre Erklärung finden, dass möglicherweise noch privates Dienstpersonal oder sogar weitere Chargen (*principales*) und deren Reittiere im Kopfbau untergebracht waren. Diese Lösungsvariante wird für die Kavalleriebaracken in Wallsend und South Shields disku-

Abb. 43: Latrine im Kopfbau der Baracke (Bef. 1553, Phase 3). Blick nach Norden.

tiert.[242] Sie kommt ferner für den mit zwei Ställen ausgestatteten Endbau von Baracke V in Betracht (Kap. II.2.6).

Den im Kopfbau IV zwischen das „Dreiraummodul" und den mutmaßlichen Stall geschalteten Korridor (zwischen Bef. 1023 und 1024) stelle ich mir mit einer Holztreppe in das Obergeschoss ausgestattet vor, in der möglicherweise die eigentliche (Privat-) Wohnung des *decurio* eingerichtet war. Ein weiterer Treppenaufgang könnte sich an der *via sagularis* befunden haben (zwischen Bef. 1313 und 1323), der jedoch in Phase 3 zugunsten des neuen Stalles (Bef. 1315) aufgegeben wurde.

Das oben gemachte „Zugeständnis" an die *decuriones*, ihre (Wohn-) Räumlichkeiten bis zu einem gewissen Grade frei gestalten zu können, bleibt allerdings hypothetisch. Vorstellbar ist, dass sich ihre Einflussnahme auf eine Art architektonischen Auswahlkatalog vorbestimmter, miteinander kombinierbarer Raummuster beschränkte. Mit diesem Modell harmoniert die Tatsache, dass die Binnengliederung des Kopfbaus IV (Phase 2 und 3) den Kern des südlichen *praetorium*-Teils im Kastell Rottweil V beinahe exakt kopiert.[243] Die Raummodule sind eben charakteristisch für Wohnbauten, nicht nur für Kopfbauten.

---

238 Hodgson/Bidwell 2004, 124; Hodgson 2003, 50 u. 58f. (Wallsend). Vgl. auch die Grundrisszusammenstellung von Baracken verschiedener Reiterlager ebd. 74.
239 Lenz 2006, 73f. mit Abb. 44.
240 Den Stall des Offizierspferdes darf man durchaus als eine Art Dienstraum gelten lassen.
241 Auch die Kopfbauten der Reiterbaracken von Moos-Burgstall verfügten über mehrere mutmaßliche Stallgruben in unterschiedlichen Räumen (Schönberger 1982, Beil. 5).
242 Hodgson 2003, 88.
243 K. Kortüm, Die Kastelle IV und V sowie weitere Untersuchungen zur Frühzeit von Rottweil. Arch. Ausgr. Baden-Württemberg 2003, 96–100 bes. 98 Abb. 68. Selbst die Abmessungen weichen – sofern der kleine Maßstab der Publikation Rückschlüsse gestattet – nur geringfügig voneinander ab.

Daran schließt sich die Frage nach der Innenausstattung der Kopfbauten an, für die sich leider kaum Hinweise ergeben. Im Gegensatz zu den Mannschaftsstuben lassen sich mit einiger Wahrscheinlichkeit jedoch Latrinen in ihnen lokalisieren, die erst in Phase 3 verfüllt wurden.[244]

Die im Vorfeld der Grabung gehegte Hoffnung, wie im Alenlager Echzell auf Wandmalereien zu stoßen, wurde enttäuscht.[245] Zwar hat man den anfallenden Bauschutt am Ende von Phase 2 gründlich abtransportiert, doch blieb vor Ort nicht das kleinste diesbezüglich verräterische Stück zurück. Diese Aussage gilt auch für die anderen Kopfbauten. In Phase 3 wiederum scheint es zu einer Ausmalung gar nicht mehr gekommen zu sein, falls eine solche je vorgesehen war. Lediglich die Verfüllung der späten Grubenkomplexe Bef. 1163/1217/1164 (Anlage 10) im Kopfbaubereich II enthielt wenige Stücke rot bemalten Verputzes, ebenso der nachkastellzeitliche (?) Brunnen Bef. 1300 im Kopfbau IV (Phase 4; Anlage 12). Der Negativbefund von Wandmalerei überrascht angesichts des Ranges der *decuriones* einer *ala milliaria* schon ein wenig, wenn man bedenkt, dass im Lager der niedergermanischen Rheinflotte (*classis Germanica*) in Köln-Alteburg in trajanisch-hadrianischer Zeit sogar Contubernien mit Wandmalerei ausgeschmückt waren.[246]

Wenn oben behauptet wurde, dass das Fundmaterial nichts zur Bestimmung der Raumnutzungen beiträgt, so gilt dies mit einer gewissen Ausnahme. Aus den späten Grubenkomplexen (Bef. 1163/1217/1164, Phase 3) im Bereich des Kopfbaus II wurden ungewöhnlich viele Scherben von Feinkeramik-Trinkbechern und Terra-Sigillata-Tellern gefunden, die mit verschiedenen Besitzergraffiti markiert waren (Kap. IV.1.6, epigraphische Quellen). Sollten Fundstelle und einstiger Verwendungsort des Tafelgeschirrs identisch sein, so ließe sich vorsichtig erwägen, ob nicht ein Teil des Kopfbaus II einen Gemeinschaftsraum, evtl. eine Art „Offiziersmesse" beherbergte.

Ein Unterschied zu vielen anderen Baracken besteht darin, dass der Heidenheimer Typus keinen Trennkorridor oder Interspatium zwischen Kopfbau und Mannschaftstrakt aufweist.[247] Die bisherige Grundrissergänzung der Heidenheimer Baracken I–III, die aus den Grabungen von 1965 abgeleitet wurde,[248] ist nun auch in diesem Punkte hinfällig. Am östlichen Rand von Kopfbau II kam sie nachweislich durch die Fehlinterpretation eines vorgeschichtlichen Gräbchens (Bef. 1127; Anlage 1) zustande, das leicht schräg zum römischen Wandgräbchen Bef. 1232 verläuft. Fataler wirkte sich die Missdeutung eines wahrscheinlich ebenfalls vorgeschichtlichen (Palisaden-)Gräbchens (Bef. 1706; Anlage 1; 26) auf die Interpretation des Ostabschlusses der Baracken I–II aus. Hier soll nach B. Cichy ein breites Gräbchen die vermeintlichen architektonischen Kopfbau-Vorsprünge miteinander verbunden haben.[249] Folgende Argumente münden in die Widerlegung dieser Ansicht:

1. Das Gräbchen ist nicht einheitlicher Entstehung, denn der südliche Teil (Bef. 1721; Anlage 6) im Stallbereich von Baracke II verläuft parallel zu den Barackenfluchten, während der nördliche schräg nach Norden abdriftet. Handelte es sich hier tatsächlich um eine römische Baustruktur, wäre sie als eine der ganz wenigen wirklich schief geraten.

2. Der nördliche Abschnitt (Bef. 1706; Anlage 1 oben rechts) verläuft vielmehr parallel zur Ostseite einer großen vorgeschichtlichen Einfriedung, des Palisadengräbchens Bef. 427/15 (Anlage 1), die auf gleicher Höhe ihren Nordabschluss erreicht.

3. Die Kolorierungen beider Gräbchenabschnitte unterscheiden sich in B. Cichys Planumszeichnung stark voneinander. Während der südliche die hell- bis graubraune Färbung der restlichen Jaucherinnen erhalten hat (Bef. 1721), wird der nördliche (Bef. 1706) auffallend dunkelbraun wiedergegeben, wodurch er sich von den sicheren Barackengräbchen kontrastreich abhebt.

4. Nicht immer unterscheiden sich vorgeschichtliche Befunde anhand ihrer Konsistenz wesentlich von den römischen Fundamentgräbchen der Phase 2,

---

244 Anlage 10, Bef. 1272 (Baracke II), Bef. 1218 (falls keine Stallgrube, Baracke IV) und Bef. 1553 (Baracke VIII; Abb. 43).

245 D. Baatz/F.-R. Herrmann (Hrsg.), Die Römer in Hessen (Stuttgart 1982) 264 u. 204f. Abb. 138–139; M. Schleiermacher, Die römischen Wand- und Deckenmalereien aus dem Limeskastell Echzell. Saalburg-Jahrb. 46, 1991, 96–120 bes. 108–110. In Wohnräumen von Legionszenturionen sind Wandmalereien wiederholt bezeugt (Hoffmann 1995, 121).

246 R. Thomas, Die Wandmalereifunde der Ausgrabung im römischen Flottenlager an der Alteburg in Köln im Jahre 1998. Kölner Jahrb. 36, 2003, 599–635.

247 Schaub 1999, 107 interpretiert diese Korridore im Falle Augsburgs als Treppenaufgänge in ein Obergeschoss. – Auf verstärkte Pfosten in den Langgräbchen, die in gewisser Weise eine Art „Sollbruchstelle" zwischen Kopfbau und Contubernientrakt andeuten, wird weiter unten einzugehen sein.

248 Cichy 1971, 16–18.

249 Heiligmann 1990, 113. Das Schwarzweißfoto (Cichy 1971, 15) ist im betroffenen Ausschnitt durch den Einsatz eines Stiftes erkennbar (wenn auch nicht mit der Absicht einer Fälschung) manipuliert worden. Das gilt auch für die anderen Barackenbefunde, die am Tag der Aufnahme durch den Schlagschatten der angrenzenden, hohen Bäume verdeckt waren. In der bei Heiligmann 1990, 112 publizierten, unveränderten Aufnahme ist der fragliche Bereich durch die Schattenschwärzung kaum mehr erkennbar. – Als Vorbild einer gedachten Kopfbauverbindung dienten wohl Befunde aus Valkenburg (vgl. Baatz 1973, 57 mit Lit.).

doch enthalten sie öfter einen höheren Humus- und geringeren Kiesanteil und kontrastieren daher dunkler als diese. Das scheint auch für Bef. 1706 gegolten zu haben.

Zusammenfassend lässt sich nun feststellen, dass der südliche Abschnitt des vermeintlichen Kopfbaugräbchens in Wahrheit als Jaucherinne zu identifizieren ist, wie sie an dieser Stelle auch zu erwarten ist. B. Cichy kannte diesen Befundtyp noch nicht und missdeutete ihn als (jüngere) Wandgräbchen.[250] Der nördliche Abschnitt (Bef. 1706) hingegen scheint zu einer vorgeschichtlichen Umfriedung zu gehören, die hier vielleicht einen versetzten Eingang hatte.[251] Eine andere Nordfortsetzung der Umfriedung wurde jedenfalls nicht gefunden, ihre Existenz ist aber vorauszusetzen, sofern man nicht darauf rekurrieren möchte, dass das Gräbchensystem nie zur Vollendung gelangt sei. Derart versetzt gestaltete Durchlässe gibt es unter vorgeschichtlichen Umwehrungen/Umfriedungen nicht häufig, doch lassen sich durchaus Parallelen anführen, so z. B. in den Befestigungsanlagen der Heuneburg.[252] Auch die südliche Torsituation der früheisenzeitlichen Grabenanlage von Kirchheim-Osterholz weist ein nach außen abgewinkeltes Gräbchen auf.[253]

Mit dieser Umdeutung der fraglichen Grabungsbefunde von 1965 bleibt auch B. Cichys Vorstellung einer „Drillingskaserne" nicht länger haltbar.[254] Das haben auch die Grabungsaufschlüsse am Südwestabschluss von Baracke I ergeben, indem hier das südliche Außengräbchen (Bef. 1260; Anlage 5) – anders als bisher ergänzt – ohne Vorsprung durchläuft. Es liegt somit vielmehr die Nachbarschaftssituation einer einfachen und einer doppelten Baracke ähnlich der Anordnung im Kastell Rottweil III vor.

Zwei weitere Unregelmäßigkeiten bleiben jedoch bestehen und sollen nicht verschwiegen werden: 1. Einzig im östlichsten, dreizehnten *contubernium* von Baracke II ist die Stube deutlich breiter ausgefallen als der Stall. Es handelt sich um das einzige mutmaßliche Endcontubernium mit baulicher Sonderstruktur. 2. Die *porticus* von Baracke I öffnet sich entgegen auswärtiger Vergleichsbeispiele nach Norden zur *via sagularis* und nicht nach Süden zu Baracke II hin. Die eigentliche Gasse *(via vicenaria)* ist aber mit 5,2 m (17–18 Fuß) genauso breit bemessen worden wie zwischen den Doppelbaracken.

II.2.6 Die Endbauten

Abb. 29; 41–42; 61; 66

Wie bereits erläutert, verfügen die Baracken an dem Ende, das dem Kopfbau gegenüberliegt, über einen kleineren Endbau, der vermutlich dem stellvertretenden Turmenführer *(duplicarius)* und eventuell auch weiteren Chargen *(principales)* als Unterkunft zugedacht war. In Baracke I, III, V und wahrscheinlich auch VII belegte er das westliche Ende, in Baracke II, IV und VI das östliche. Ungünstigerweise konnte keiner dieser Endbauten vollständig ausgegraben werden, da entweder Störungen oder verbindliche Grabungsgrenzen ein Fortkommen verhindert haben. Gleichwohl lassen sich einige Rückschlüsse aus der Synopse der dokumentierten Endbau-Strukturen I, III, V und XXI ziehen. Das betrifft zuerst die westöstliche Breite dieser Sonderunterkünfte. Der um die *porticus*-Breite vorspringende Nordabschluss von Baracke I zeigt unmissverständlich an, dass der dortige Endbau die Breite zweier *contubernia* einnahm. Dies lässt sich im Falle der Baracken III und V nicht mit gleicher Deutlichkeit aussagen. Keine gegenüber dem Mannschaftstrakt veränderte Raumgliederung zeigt hier in Phase 2 die Quartiergrenze an. Während in Baracke V zunächst eine unveränderte Abfolge aus 15 Stuben und Ställen zu konstatieren ist – der *porticus*-Bereich konnte hier leider nicht mehr untersucht werden – so fällt in Baracke III/Phase 2 lediglich die äußerste westliche Stubeneinheit aus dem Rahmen, und zwar durch ihre ungewöhnliche Breite von 18 Fuß, das Fehlen einer Jaucherinne im Vorraum sowie den jüngeren Vorbau in der *porticus*-Flucht (Bef. 1280/1290, Phase 3; Anlage 10). Wie weit sich Letzterer nach Osten erstreckte, lässt sich wegen der neuzeitlichen Hausstörung (Villa Meebold) nicht mehr entscheiden. Er könnte sich theoretisch bis zum dritten westlichen *contubernium* erstreckt haben. Fest steht nur, dass sich die rostroten Sickerspuren der Jaucherinne im zweiten *contubernium* auch noch unter dem Erhaltungsniveau der Befunde bis weit in den *porticus*-Bereich hinein verfolgen lassen (Bef. 1147; Anlage 6), sodass man auch hier auf einen baulichen Vorsprung (mit verlängerter oder eigener Jaucherinne) zu schließen geneigt ist.

---

250 Cichy 1971, 30.

251 Das relativchronologische Verhältnis zu den beiden hallstattzeitlichen Grubenhäusern (Bef. 1707 und 1708; Anlage 1) lässt sich nicht mehr zweifelsfrei klären.

252 H. Reim, Eine befestigte Siedlung der jüngeren Späthallstattzeit im Vorfeld der Heuneburg bei Hundersingen, Gde. Herbertingen, Kreis Sigmaringen. Arch. Ausgr. Baden-Württemberg 2003, 56–62 bes. 57 Abb. 31 (Hauptbefestigung); S. Kurz/J. Wahl, Zur Fortsetzung der Grabungen in der Heuneburg-Außensiedlung auf Markung Ertingen-Binzwangen, Kreis Biberach. Arch. Ausgr. Baden-Württemberg 2005, 78–82 bes. 79 Abb. 63 (versetzte Wallöffnung der Unterburg).

253 K. Fuhrmann/R. Krause, Außergewöhnliche Steinbefunde beim frühkeltischen Fürstensitz auf dem Ipf bei Osterholz, Gde. Kirchheim am Ries, Ostalbkreis. Arch. Ausgr. Baden-Württemberg 2005, 92–97 bes. 93 Abb. 74.

254 Cichy 1971, 16.

In Baracke V wiederum deuten die Umbauten in Phase 3 an, dass dort wie in Baracke I wohl ebenfalls nur die letzten beiden Stubeneinheiten dem Endbau zuzurechnen sind. Auch für den mutmaßlichen Endbau von Baracke XXI in der *retentura* lässt sich ein Vorbau vor den beiden westlichsten Stubeneinheiten durch Gräbchenausschnitte belegen (ZOH-Bef. 106 und 107; Anlage 7), die in den Fundamentgräben des ZOH-Betriebsgebäudes zum Vorschein kamen.[255]

In der Zusammenschau darf man resümieren, dass die Endbauten zwei *contubernia* breit und damit erwartungsgemäß kleiner waren als die Kopfbauten. Fraglich bleibt, ob wirklich jeder Endbau den *porticus*-Raum einschloss. Gerade im Falle der Endbau-Pferdeställe von Baracke V erscheint ein baulich geschlossener Vorsprung unnötig oder sogar sinnwidrig, wenn es nicht ausschließlich darum gegangen sein sollte, den Rang des Endbaubewohners auch architektonisch hervorzuheben. Ein Vergleich mit einschlägigen Barackenbefunden in anderen Truppenlagern lehrt, dass architektonisch hervorgehobene Endbauten keineswegs selbstverständlich sind, was bisweilen selbst für die Kopfbauten gilt.[256] Vom gangartigen Vorbau von Baracke I war während Phase 2 nur ganz im Westen eine Eckkammer abgetrennt (Bef. 1646; Anlage 5), wohingegen der von Endbau XXI offenkundig in der Flucht der übrigen Trennwände unterteilt war (Bef. ZOH-106). Ungeklärt blieb, ob sich hier in beiden Vorräumen (wie in Baracke V) oder nur in einem davon (wie in Baracke III) Pferdeställe befanden. Der Vorbau von Baracke I besaß übrigens keinen festen Ostabschluss, sondern allenfalls ein Tor, das sich zur *porticus* hin öffnete.[257]

Kein Indiz erzwingt also den Rückschluss auf eine einheitliche Lösung, zumal auch im Falle von Baracke III vermehrte Kultureinschlüsse in der Verfüllung der Baubefunde Bef. 1280 und 1290 (Phase 3; Anlage 10) als Anzeiger einer späteren Ausbauentwicklung verstanden werden können. Nicht ausgeschlossen erscheint, dass hier anfänglich die *porticus* bis zum Barackenende durchlief (Pfosten Bef. 1290). Erst in Phase 3 lässt sich eine Tendenz erkennen, die Ställe der Endbauten in die Portiken hinein vorzuverlegen; spätestens dann bedurfte man des Vorbaus.

II.2.7 Die porticus

Abb. 28–31; 33; 44–45

Den Mannschaftstrakten war eine überdachte Veranda *(porticus)* vorgebaut, deren Breite 7–8 Fuß einnimmt. In der Verlängerung jeder Stalltrennwand stößt man auf einen Stützpfosten. Die Gruben dieser *porticus*-Pfosten wurden mit 40 bis 60 cm unter Pl. 1,

Abb. 44: *Porticus*-Pfosten Bef. 360 von Baracke V.

d. h. ca. 45 bis 65 cm unter der römischen Oberfläche durchschnittlich etwa genauso tief ausgehoben wie die westöstlich verlaufenden Langgräbchen, allerdings mit stärkeren Tiefenschwankungen als diese. Lediglich zwei Pfosten fallen mit nur 20 cm Tiefe deutlich aus dem Rahmen (Bef. 326 und 117, Baracke IV; Anlage 5). Vor der Mitte von Baracke III ließ sich ausnahmsweise gar kein Porticuspfosten nachweisen, da er vielleicht kaum eingegraben war. Nach den zahlreich erhaltenen Pfostenstandspuren zu urteilen, übertrafen die quadratischen bis rechteckigen Holzstützen mit durchschnittlich 25 bis 30 cm Stärke die der Fachwerkwände (Abb. 44–45). Diesen Maßen liegen nicht nur die Erdverfärbungen zugrunde, son-

---

255 Die Nachuntersuchung erfolgte Anfang Mai 2002.

256 Zum Beispiel in Moos-Burgstall, Eining (Gschwind 2004, 51 f.) und Oberstimm (Schönberger 1978, 138, Periode 1, Baracken 12 und 14) gab es in flavischer Zeit vorspringende und lineare Kopf- und Endbauten nebeneinander (Unterscheidungsmerkmal zwischen Infanterie- und Kavallerie-Baracken?). Der barackenartige Bau Nr. 12 in Oberstimm harrt allerdings noch seiner endgültigen Funktionsklärung als Truppenunterkunft oder eher als Lagerhaus (Schönberger 1978, 118). Vorspringende Endbauten fehlen im Lager Rottweil III (Planck 1975, Beil. 4) sowie in der flavischen Periode des Kastells *Gelduba*-Gellep (Fahr/Reichmann 2002, 481 – die Kopfbauten wurden hier nicht erforscht). – Die Baracken hadrianischer Zeit im Kastell Wallsend am Hadrianswall hatten weder vorspringende End- noch Kopfbauten (Hodgson/Bidwell 2004, 124; Britannia 30, 1999, 334–340), ebenso wenig die Baracken der Severerzeit von South Shields (ebd. 125–128). – Im Numeruskastell Hesselbach verfügten die vier Zenturienbaracken der Periode 2 – nach den vorspringenden Pfostengräbchen zu urteilen – über unterschiedlich große Kopfbauten. Einem davon fehlte der Vorsprung ganz sowie dies überhaupt in Periode 1 der Fall war (Baatz 1973, 42 und Taf. 2). – In der *retentura* des Kastells Valkenburg hat man nur jeden zweiten Kopfbau mit Vorsprüngen versehen (Baatz 1973, 57), wobei diese Raumkomplexe auch verschieden genutzt wurden (als Offizierswohnungen bzw. als *fabricula*).

257 Vgl. einen ähnlichen Gang in der Flucht der *porticus* in einem Kopfbau im Alenkastell Kösching (Hüssen/Mehler 2004, 84 mit Abb. 87) sowie im Numeruskastell Hesselbach (Baatz 1973, 42, Periode 2).

Abb. 45: *Porticus*-Pfosten der Baracke II, Ausgrabung 1965.

dern auch die Abstände von Keilsteinen zueinander, die fast jeden Pfosten umgaben und deren in situ-Positionen sie wiederholt gut konserviert hatten. Streng genommen beziehen sich die Maße nur auf den eingegrabenen Teil der Hölzer, doch wären sie für Holzsockel, in die dann schwächere Ständer eingezapft gewesen sein müssten, außergewöhnlich gering. Daher ist davon auszugehen, dass man für die Portiken in der Tat massivere Pfosten wählte. Dies ist durchaus einsichtig, da man annehmen darf, dass im Dienstalltag immer wieder Pferde an ihnen festgebunden worden sein dürften. Wie weiter unten dargelegt (Kap. II.11, Ställe), ist durchaus damit zu rechnen, dass die Portiken zumindest saisonal als erweiterter Stallbereich genutzt wurden.

Von einem etwaigen Fußbodenbelag der *porticus* blieb nichts übrig, doch bleibt auch hier nur die alternative Entscheidung zwischen dem blanken Kies- oder einem Bretterboden. Solange zumindest die Stallgruben der Phase 2a (Kap. II.11) offen standen, muss eine bewegliche Abdeckung derselben vorausgesetzt werden. Diese hätte sich mittels beweglicher Holzdeckel innerhalb eines Bretterbodens gewiss am zuverlässigsten realisieren lassen.

Die *porticus* standen in keiner erkennbaren bautechnischen Systemabhängigkeit von den Außenwänden der Baracken. Im Gegenteil deuten die manchmal etwas unregelmäßigen Abstände zu den Außenwänden – Abweichungen von bis zu einem Fuß von der idealen Vermessungsflucht sind keine Seltenheit – darauf hin, dass die Portiken zuletzt und als eine separate Konstruktion an den Barackenkörper angebaut worden waren. Aufgrund dieser Indizien wird in der Rekonstruktion (Kap. II.4) auch ein separates, von der Stallbedeckung abgesetztes Dach favorisiert. Bei der Begutachtung der Konsistenz der Pfostenstandspuren fällt auf, dass offenbar nur wenige Holzstümpfe abgesägter Pfosten als graubraune Erdverfärbungen im Boden zurückgeblieben sind. Die Mehrheit der nachweisbaren Stützen ist offenbar herausgezogen oder ausgegraben worden. Die Pfostenlöcher waren nicht oder nur ausnahmsweise mit Fachwerkschutt verfüllt, sondern mehrheitlich mit hellem Brenzkies. Wann dies geschah, lässt sich nicht sicher bestimmen; die Demontage muss aber keineswegs einheitlich erst im Zuge des Barackenabbruchs erfolgt sein. Eine Zweiphasigkeit ließ sich nur in wenigen Fällen nachweisen,[258] doch kann man sich vorstellen, dass die der Witterung fast ungeschützt ausgesetzten Hölzer irgendwann ausgetauscht werden mussten. Möglicherweise wurden die Pfosten einmal – sei es in einer einzigen Maßnahme oder nach und nach – repariert, indem man sie auf Sockel aus Kalktuffstein stellte. Bei den Baracken III–VI lässt sich – vielleicht mit Ausnahme von Bef. 117/Baracke IV und Bef. 348b/Baracke VI (Anlage 5) – keine Standposition eines solchen Punktfundamentes zweifelsfrei umreißen, da diese in den von Natur aus tragfähigen Kiesboden nur geringfügig eingegraben zu werden brauchten, doch fanden sich im finalen Barackenschutt etliche kleinere Bruchstücke bzw. Absplitterungen von Kalktuffsteinen, die folglich irgendwo in der Barackenarchitektur zur Verwendung gekommen sein müssen. Günstiger stellt sich diesbezüglich die Überlieferung im Falle von Baracke I dar, denn in dem dort bereits etwas niedrigeren Gelände musste erst eine 10 bis 15 cm starke, schwarzbraune Auelehmschicht durchdrungen werden, bevor man festen Kiesboden erreichte (Abb. 28). Die großen quadratischen Pfostenstandspuren im Planum 1 könnten durchaus als Abdrücke von solchen Steinsockeln herrühren, die ältere Holzpfosten ersetzt haben könnten. Leider musste aufgrund des Zeitdrucks bei dieser Notbergung auf klärende Pfostenschnitte verzichtet werden.

Abschließend bleiben wiederum Unregelmäßigkeiten und Sonderfälle anzusprechen. Hinter den Pfosten

---

258 Anlage 5; 10. 1713a/b; 1710/1709 (Baracke II); 298? (Baracke III) sowie Bef. 799a/b (Baracke VI).

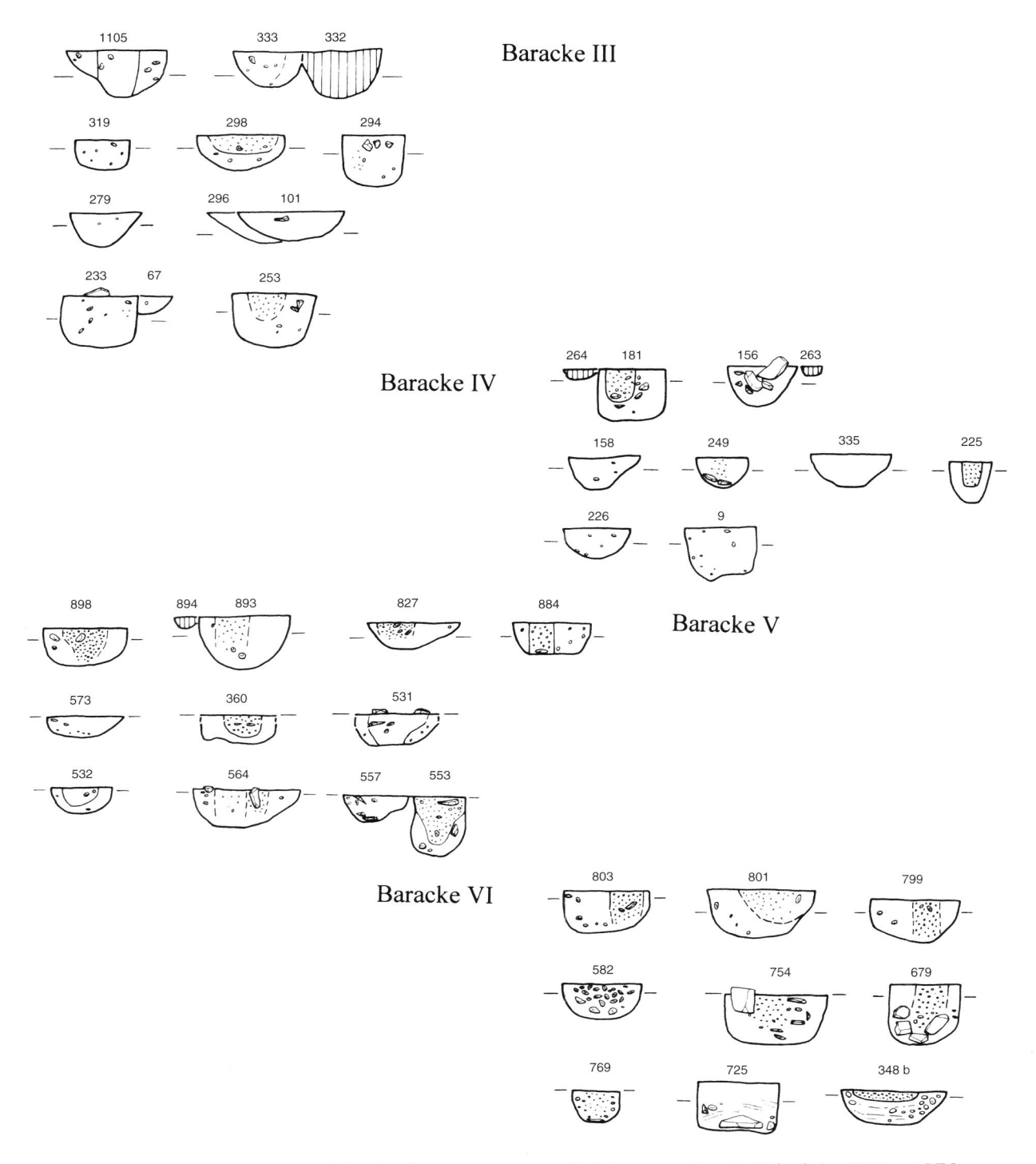

Abb. 46: *Porticus*-Pfosten der Baracken III–VI im Profil. Aus verschiedenen Blickrichtungen. M. 1:50. Höhenlinie: 488,90 m ü. NN.

Bef. 679 und 769 (Baracke VI; Anlage 5) fällt eine zweite, allerdings etwas schwächere Pfostenstellung auf (Bef. 782 und 771; Anlage 5). Dieses Phänomen wiederholt sich an derselben Position in der *porticus* von Baracke IV (Bef. 46 und 47; Anlage 5), nicht sicher jedoch in Baracke II. An allen genannten Stellen fehlen die „Stallgruben" (Phase 2a). Eine Konstruktionserklärung liegt nicht auf der Hand, man könnte sich aber vorstellen, dass hier über dem *porticus*-Dach oder an dessen statt eine erhöhte Bühne bestand, auf die man vielleicht mittels eines Flaschenzugs Lasten (z. B. Futtervorräte) emporhieven konnte, um sie von dort im Ober- bzw. Dachgeschoss der Doppelbaracken einzulagern. Die größere Nähe zur *via praetoria* als zur *via sagularis* könnte den bevorzugten Anlieferungsweg anzeigen.

Tabelle 4: Die *porticus*-Pfosten der Baracken III–VI. * Profilzeichnung vgl. Abb. 46.

Bef.	Baracke	Sohlentiefe (m ü. NN)	Sohlentiefe (cm unter Pl. 1)	Breite der Pfostenstandspur (cm)	Beschreibung und Interpretation
*1105	III	488,72	45	32–34	Dunkle Standspur – eines abgesägten Pfostens?
* 333	III	488,80	56	ca. 30	Im Planum wurde zunächst nur die Standspur erkannt. Abgesägter Pfosten?
* 319	III	488,70	44	–	Keine Pfostenstandspur erkennbar.
* 298	III	488,70	44	–	Aufgrund der oberen Einfüllung mit Fachwerkschutt wurde der Pfosten entweder ausgegraben oder er ist zweiphasig.
* 294	III	488,62	60	20–30	Der Pfosten stand wohl am Nordostrand der Pfostengrube.
* 279	III	488,70	55	–	Keine Pfostenstandspur erkennbar.
* 101	III	488,84	41	–	Aufgrund des großen Keilsteins stand der Pfosten wohl am Südende.
* 233	III	488,75	47	–	Aufgrund zweier Keilsteine stand der Pfosten südlich der Mitte.
* 253	III	488,60	60	30	Der Pfosten wurde mit Keilsteinen stabilisiert.
326	IV	488,91	19	–	In der Mitte des Befundes befindet sich ein Keilstein.
* 181	IV	488,56	63	24	Der Pfosten wurde wahrscheinlich gezogen.
* 156	IV	488,70	41	20–30	Das Pfostenloch ist mit Keilsteinen verfüllt, die nachrutschten, als der Pfosten herausgezogen wurde.
* 158	IV	488,72	46	20–30	Aufgrund der eng zulaufenden Grube max. 30 cm Pfostenstärke.
117	IV	–	max. 20	–	Flache Mulde mit länglichem „Annex" nach Osten. Eher Standspur eines Pfostensockels als eines eingegrabenen Pfostens.
* 249	IV	488,74	45	20–30	Der Pfosten wurde wahrscheinlich gezogen, Keilsteine sind in das Pfostenloch nachgerutscht.
* 335	IV	488,75	40	25	Die Breite der Pfostenstandspur ergibt sich aus der abgesetzten Sohlenmulde.
* 225	IV	488,62	47	16	Die Standspur ist möglicherweise verdrückt.
* 226	IV	488,76	38	20–30	Hellbrauner Lehm und Keilsteine deuten im Südosten des Befundes den Pfosten an.
* 9	IV	488,58	48	–	Eine Vertiefung unter der sonst ebenen Sohle ist punktuell und wahrscheinlich bei der Entnahme eines größeren Kiesels entstanden.
* 898	V	488,67	47	max. 25–30	Der Pfosten wurde wahrscheinlich gezogen, die Standspur blieb in der Befundmitte zurück, verfüllt mit Kies.
* 893	V	488,60	55	28	Der Pfosten wurde wahrscheinlich gezogen, die Standspur liegt nördlich der Befundmitte.
* 827	V	488,80	33	35 × 28	Die Pfostenstandspur ist im Planum deutlich anhand ihrer Kiesverfüllung erkennbar, d. h. der Pfosten wurde wahrscheinlich gezogen. Sie liegt westlich der Befundmitte.
* 884	V	488,65	50	22–23	Die Pfostenstandspur liegt nördlich der Befundmitte und hebt sich durch ihre helle Kiesfüllung ab wie Bef. 827. Ein flacher Kiesel diente als Unterlegstein des Pfostens.
* 573	V	488,72	20 + 10	–	Pfostenstandspur nicht identifiziert.
353	V	488,68	28 + 10	–	Pfostenstandspur nicht identifiziert.
* 360	V	488,66	24 + 10	ca. 30	Im Planum umgeben mehrere Keilsteine die Pfostenstandspur, die mit Kleinkieseln und wenig Lehm verfüllt ist.
* 531	V	488,62	24 + 10	20–21	Im Planum umgeben mehrere Keilsteine die Pfostenstandspur, die sich durch graubraunen Lehm abzeichnet, d. h. der Pfosten wurde evtl. abgesägt.
* 532	V	488,70	22 + 10	20 × 30, max. 35	Die Pfostenstandspur im Westteil des Befundes zeichnet sich durch dunklen Lehm ab, d. h. der Pfosten wurde evtl. abgesägt.

Bef.	Baracke	Sohlentiefe (m ü. NN)	Sohlentiefe (cm unter Pl. 1)	Breite der Pfostenstandspur (cm)	Beschreibung und Interpretation
*564	V	488,60	33 + 10	max. 30 × 30	Die Standspur lag im nordöstlichen Bereich des Befundes, hebt sich anhand ihrer dunklen Erde aber nicht scharf ab, ein Keilstein steckt senkrecht am Rand.
*557	V	488,66	24 + 10	25	Die Standspurbreite ist nur anhand des vertieften Muldenabsatzes zu bestimmen, nicht anhand abweichender Verfüllung (Kies und dunkler Lehm). Kalkbruchsteine dienten zur Verkeilung des Pfostens.
*803	VI	488,60	52	32 × 28	Südlich der Befundmitte zeichnet sich die Standspur anhand heller Kiesfüllung deutlich ab.
*801	VI	488,68	48	25–28	Die Standspur des Pfostens im Osten des Befundes verläuft schräg, d.h. der Pfosten wurde herausgezogen, das Pfostenloch mit Fachwerklehm verfüllt.
*799	VI	488,74	43	22–23	Zweiphasige Pfostengrube. Die ältere Standspur ist nicht mehr erkennbar. Die Standspur des jüngeren, gezogenen Pfostens (südlich der Befundmitte) ist mit Kies verfüllt, der Pfosten war mit Keilsteinen stabilisiert.
*582	VI	488,67	41	max. 35	In der Befundmitte konzentrieren sich größere Kiesel (Pfostenstandspur?).
*348b	VI	488,65	39	max. 55	Die ansatzweise geschichtete Einfüllung deutet evtl. darauf hin, dass der Pfosten ausgegraben wurde. Die zurückbleibende Grube wurde mit Kies und etwas Fachwerklehm verfüllt. Zuoberst hebt sich eine 6 cm tiefe und 55 cm breite Kieseinfüllung ab. Es könnte sich um den Abdruck eines jüngeren Pfostensockels handeln.
*754	VI	488,46	59	ca. 25	Das mit Kies aufgefüllte Pfostenloch zeichnet sich zwischen Keilsteinen ab.
*679	VI	488,48	52	24 × 25	Die mit Kies aufgefüllte Standspur verläuft etwas schief und zeigt an, dass der Pfosten gezogen wurde. In der unteren Grubenhälfte war er von Keilsteinen umgeben.
*769	VI	488,62	50	25	Im Planum 1 mit Keilsteinen umgeben, ein flacher Stein lag auf der Sohle unter der mit Kies verfüllten Pfostenstandspur.
*725	VI	488,65	40	ca. 30	Auf der flachen Sohle der Grube liegt eine Kalkplatte von 35 cm Länge, die möglicherweise mit der Breite des einst darauf stehenden Pfostens korrespondiert. Keine Standspur ist erkennbar, der Pfosten wurde aufgrund der eher geschichteten Einfüllung wohl ausgegraben.
786	VI	488,58	50	20–30	Die Standspur deutet sich im Mittelbereich durch dunklere Erde an (von abgesägtem Pfostenstumpf?). Die Profildokumentation wurde versäumt.

In der Gasse zwischen dem Kopfbau von Baracke IV und dem Endbau der Baracke III fanden sich mehrere Pfosten, deren Größe etwa denen der *porticus*-Pfosten gleicht. Mit Ausnahme von Bef. 1291 und 1296 (Anlage 14), die wahrscheinlich aus frühalamannischer Zeit stammen, sind die übrigen mangels Überschneidung und Fundmaterial nicht datiert. Man könnte überlegen, ob sich auf diese Pfosten ein Verbindungsdach zwischen den Barackenabschlüssen stützte oder ob sich zwischen ihnen ein Tor befand, das vielleicht durchgehenden Pferden ein unkontrolliertes Ausbrechen ins übrige Kastellgelände verwehren konnte.

II.2.8 Pfostengräbchen oder Schwellbalken?

Abb. 47–49

Ob die in der Regel 0,3 bis 0,4 m, maximal bis zu 0,5 m breiten und bis zu 0,6 m (2 röm. Fuß) tiefen Fundamentgräbchen als Überreste von Schwellbalken oder als Pfostengräbchen anzusprechen sind, ist keine triviale Frage.[259] Ihre Beantwortung dient nicht nur der terminologischen Präzision, sondern viel-

---
259 Die Richtmaße von 1 Fuß Breite und 2 Fuß Tiefe scheint man auch im Falle der Barackengräbchen des Kastells Munningen angestrebt zu haben (Baatz 1976, 23).

Abb. 47: Längsprofil des Langgräbchens Bef. 411 mit Pfostenstandspuren im Bereich des Kopfbaus von Baracke IV. Blick von Norden.

mehr der grundsätzlichen Erschließung der Kasernenbautechnik sowie des weiter unten vorzustellenden Rekonstruktionsvorschlages (Kap. II.4). Schwellbalken sind materialintensiver als Pfosten-Punktfundamente und erfordern eine höhere zimmermannstechnische Kompetenz, da die Einzapfungen der Ständer dem jeweiligen Schwellbalken angepasst werden müssen. B. Cichy spricht von „Gräbchen, in welche die … Holzständer der Fachwerkkonstruktion eingestellt waren".[260] Unter „Ständerbau" werden in der Literatur bisweilen zwei unterschiedliche Bautechniken verstanden: So gebrauchen ihn manche Autoren als Synonym für Pfostenbau,[261] andere bezeichnen damit die Verwendung von Schwellbalken oder vergleichbare Unterleger von Holzpfosten, die einer flächigeren Verteilung des auf dem Pfosten lastenden statischen Gewichtes dienten.[262] In seiner Grabungsdokumentation bleibt B. Cichy die Nachvollziehbarkeit dieser Aussage schuldig, da während der Grabung 1965 kein einziges Gräbchenprofil dokumentiert wurde. Trotz der geradezu fotografischen Exaktheit seiner Planumszeichnungen, die ein genaues Studium der Befunde zumindest in ihrem flächigen Erscheinungsbild bezeugt, war es B. Cichy offenkundig nicht gelungen, die Pfostenstellungen in den Gräbchen zu erkennen, was einigermaßen verwundert. J. Heiligmann wiederum spricht von „Wandgräbchen", ohne sich zu deren bautechnischer Ausführung zu äußern.[263] Im Vorbericht der Ausgrabung 2000 deutete G. Balle die Fundamentstrukturen als Schwellbalkengräbchen,[264] doch geschah dies noch vor der systematischen Anlage klärender Längsprofile, die erst 2001 erfolgte.

Um die Ansprache der auf dem Plan so monoton gleichartig erscheinenden, bei näherer Betrachtung im Detail aber doch variantenreichen Gräbchenstrukturen zu erleichtern, werden im Folgenden die westöstlich verlaufenden Pfostengräbchen, die die Stuben- und Stallzeilen voneinander trennen, mit „Langgräbchen" bezeichnet, die nordsüdlich ausgerichteten Wandgräbchen zwischen den Stuben *(papiliones)* bzw. Ställen *(stabula)* als „Trennwandgräbchen". Der Einzelunterscheidung dient die jeweilige Befundnummer (Bef.).

Betrachten wir nun die charakteristischen Merkmale der Gräbchen:

Die Verfüllung der Pfostengräbchen ist sehr einheitlich. Sie besteht hauptsächlich aus rückverfülltem Jurakies des gewachsenen Bodens, der wohl beim Ausheben mit Oberflächenhumus verunreinigt worden war. Dieser inzwischen verlehmte ehemalige Humus (dunkelbrauner Lehm) sorgt für den oft wünschenswert scharfen Kontrast gegenüber dem hellen, anstehenden Jurakies des Brenztals. Aus den Gräbchen liegen nur wenige Funde vor, bei denen es sich hauptsächlich um mehr oder weniger verwitterte vorgeschichtliche Keramikscherben handelt. Sie wurden in der Regel zwar einzeln, jedoch über die Gesamtfläche betrachtet fast in jeder Holzbaustruktur der Phase 2 angetroffen, und zwar in allen Tiefenbereichen der Gräbchenverfüllungen. Beim Eintreffen der römischen Bauabteilungen dürften sie noch auf der Oberfläche gelegen haben und mit dem Humus in die Gräbchenverfüllungen geraten sein. Römisches Fundmaterial war, von einigen Nägeln, Keramikscherben und einem südgallischen Sigillatafragment abgesehen, nicht enthalten.

Zur Klärung ihrer Tiefe und des Verlaufs ihrer Sohlen wurden durch die Mehrzahl der Gräbchen Längsprofile angelegt und dokumentiert. Um eine zeitraubende Einzelbesprechung der sich letztlich wiederholenden Befunde zu sparen, möchte ich im Folgenden die Doppelbaracke IV/V exemplarisch als „Musterbaracke" (Anlage 24) herausgreifen, da die hier erzielten Erkenntnisse ohne weiteres auf die anderen Baracken übertragbar sind. Die Doppelbaracke IV/V eignet sich hierfür aufgrund ihrer vergleichsweise guten Erhaltung von Pfostenstandspuren insbesondere im östlichen Gebäudeteil und weil die Baubefunde hier am gründlichsten untersucht werden konnten.

Die Tiefe der westöstlich verlaufenden Langgräbchen schwankt zwischen 0,4 bis 0,6 m unter der römischen Oberfläche (Abb. 47–50),[265] wobei die mitt-

---

260 Cichy 1971, 14.
261 Zum Beispiel Planck 1975, 87.
262 Zur Definition von Ständer- und Pfostenbau vgl. Kaiser/Sommer 1994, 319.
263 Heiligmann 1990, 113.
264 Balle 2000, 92.
265 Die Wandgräbchen des Ladenburger *praetorium* reichten mit bis zu 80 cm deutlich tiefer (Sommer 1999, 175). Dies könnte durch den weniger tragfähigen Boden (Lösslehm) oder aber durch die
Fortsetzung siehe nächste Seite

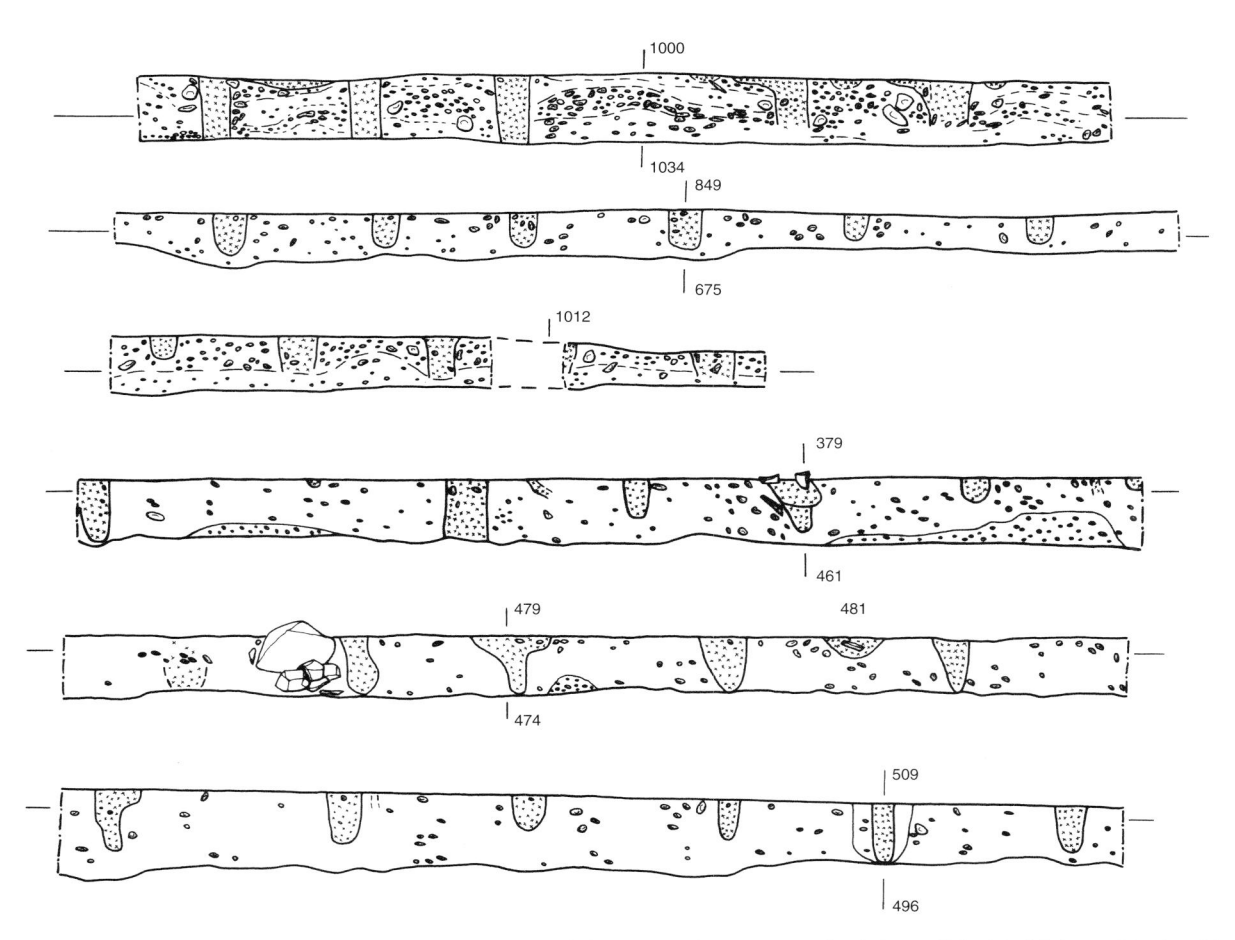

Abb. 48: Sequenzen des Längsprofils von dem Langgräbchen Bef. 411, Baracke IV/V, mit der Lage und den Bef.-Nr. der abzweigenden Trennwandgräbchen. Blick einheitlich von Norden. M. 1:50, Höhenlinie: 488,90 m ü. NN.

leren, die Stuben begrenzenden Langgräbchen tendenziell, wenngleich nicht an jeder Stelle tiefer ausgehoben waren als die Außengräbchen (Anlage 24). An einzelnen Stellen werden bei diesen lediglich 0,3 m erreicht, während als „Extremwert" in einem zentralen Langgräbchen hingegen sogar 0,7 m Tiefe gemessen wurde: Es handelt sich hierbei um den östlichsten Pfosten (Bef. 629; Anlage 5) des zentralen Langgräbchens der Doppelbaracke IV/V (Bef. 411), der mit ca. 30 cm auch merklich breiter war als die üblichen Wandstützen (s. u.). Diese Fundamentverstärkung erklärt sich durch die „Naht" zum angrenzenden Kopfbau. Hierauf und auf ähnliche Befunde wird später zurückzukommen sein. Über weite Strecken verlaufen die Sohlen der Langgräbchen eben, an zahlreichen Stellen weisen sie jedoch muldenförmige Vertiefungen auf. Diese treten zu oft auf, um als schlichte Unachtsamkeit der Baupioniere ignoriert werden zu können. Signifikante Differenzen zwischen den vier Langgräbchen lassen sich übrigens nicht feststellen, weder bezüglich ihrer Abmessungen noch Pfostenanzahl.

Die Trennwandgräbchen sind zumeist deutlich flacher als die Langgräbchen, nur wenige erreichen deren Tiefe. Das gilt für die Trennwände zwischen den Stuben und Ställen gleichermaßen. Ihre Konturen im Längsprofil offenbaren zugleich eine merklich höhere Varianz als im Falle der Langgräbchen – sowohl im Hinblick auf die Tiefe als auch den Sohlenverlauf. Nur wenige Gräbchen sind wirklich eben genug angelegt, um Schwellbalken aufnehmen zu können.[266] Häufig erscheinen wiederum muldenför-

Fortsetzung Fußnote 265:
5,5 m hohe Wand eines saalartigen Raumes erklärbar sein, die im Gegensatz zu den Heidenheimer Doppelbaracken durch keine rechtwinklig abzweigenden Zwischenwände versteift war, sodass deren Stabilität wesentlich von der Eingrabungstiefe der Pfosten abhing.

266 Von Westen nach Osten: Bef. 1000; 1034; 915; 849; 655; 412; 398; 419; 471 (Anlage 5). Auf der Sohle von Bef. 419 erstreckt sich eine dunkelbraune Lehmschicht, die aber nur mühsam als Rest eines vermoderten Schwellbalkens gedeutet werden könnte. Schließlich unterscheidet sich die restliche Auffüllung nicht von dem Substrat anderer Gräbchen. Ein gleichartige, dunkle, sohlenbegleitende und verdichtet wirkende Lehmschicht fand sich ferner in einigen Gräbchen des Kopfbaus von Baracke IV und des Endbaus von Baracke V (Bef. 411, 421, 1000, 1024, 1034;
Fortsetzung siehe nächste Seite

Abb. 49: Längsprofil durch die Trennwandgräben Bef. 984 (links) und 1046 (rechts) der Endcontubernien von Doppelbaracke IV/V. In der Mitte Querprofil durch das Firstgräbchen Bef. 411. Phase 2. Blick nach Nordwesten, Sommer 2002.

Abb. 50: Längsprofil des Trennwandgräbchens Bef. 509, Baracke V. Blick von Osten.

mige Vertiefungen unter einzelnen Pfosten,[267] manchmal sogar unter allen Pfosten.[268] Einheitlicher ist das Erscheinungsbild im Planum. Die Gräbchen verlaufen fast ausnahmslos gerade. Wo dies vereinzelt nicht der Fall ist, z.B. bei Bef. 792b (Phase 3; Anlage 10), können dafür spätere Reparaturen verantwortlich gemacht werden. Schwellbalkengräbchen unterscheiden sich davon – je nach Beschaffenheit der Holzelemente – bisweilen durch leicht unregelmäßigen, aus der Hauptrichtung abweichenden Verlauf.[269] Fast überall halten die Trennwandgräbchen einen Abstand von 0,3 bis 1 m zu den Langgräbchen ein; für die wenigen Ausnahmen[270] lässt sich einstweilen kein triftiger Grund erkennen.[271] Es fällt indes auf, dass die Trennwandgräbchen in den Kopfbauten der Baracken II und IV immer bis zum Anschluss an die Langgräbchen durchgezogen sind.

In vielen Fällen lassen sich noch die Pfostenstandspuren anhand von Erdverfärbungen erkennen (Abb. 47–51). In der Regel bot ockerfarbener Lehm, mehr oder weniger mit kleinteiligem Kalkmörtelverputz und/oder etwas Brandlehm durchsetzt, einen deutlichen Farbkontrast zum dunklen Gräbchensubstrat. Daraus darf man schließen, dass der Pfosten zuletzt herausgezogen und das zurückbleibende Pfostenloch mit Fachwerkschutt verfüllt worden ist. Andere Pfosten mussten wohl ausgegraben werden, wobei entsprechend größere Gruben entstanden, so z.B. beim nördlichen Pfosten von Bef. 1075 (Stalltrennwand in Baracke IV; Anlage 5). Seltener, aber nicht unbedingt undeutlicher, verrieten homogene, graubraune Erdstreifen den Platz einer Wandstütze. In diesem Fall neige ich zu der Annahme, dass der abgesägte Pfostenstumpf im Boden dem Vermodern preisgegeben wurde. Bei Betrachtung des Plans Beilage 24 fällt rasch auf, dass es vornehmlich die Binnengräbchen der Wohnstubenwände sind, in denen der Nachweis der Pfosten gelang, während im Bereich der außen liegenden Ställe abgesehen von Baracke VI schlechtere Nachweisbedingungen herrschten. Dies liegt gewiss auch daran, dass feuchte Witterung auf die frontseitigen Langgräbchen intensiver einwirken konnte oder Pferdejauche auf die Pfosten der Trennwandgräbchen, sodass sich eine Entnahme des moderigen Stumpfes hier wohl nicht mehr lohnte. Im Rahmen des unten anzubietenden Rekonstruktionsvorschlags (Kap. II.4) soll aber auch ein anderer möglicher Grund erörtert werden, nämlich das weitgehende Fehlen ausgefachter Wände in den Ställen und deren wahrscheinlich eher offene Konstruktionsweise. Jedenfalls deutet die Verteilung des beim Abriss des Kastells einplanierten, ockerfarbenen Fachwerklehms und des ihn einst bedeckenden, weiß getünchten Kalkmörtelverputzes generell an, dass vor allem die Wohnräume ausgefacht und verputzt waren.

Fortsetzung Fußnote 266:

Anlage 5; 24). Möglicherweise bezeugt sie nichts anderes als nasse Witterung während der Aushubarbeiten. – Bef. 654 und 655 könnten prinzipiell Schwellbalken gewesen sein, denn die Sohlen dieser Gräbchen verlaufen einigermaßen eben, und die Pfostenspuren zeichneten sich nur als Mulden ab. Andererseits könnte dieser Befund auch durch nachrutschendes Verfüllungsmaterial beim Herausziehen der Pfosten entstanden sein. Für diese wahrscheinlichere Lösung spricht die Standspurbreite von ca. 20 cm, die für eine Zapfennut zu breit wäre.

267 Von Westen nach Osten: Bef. 984; 1046; 792; 1075; 832; 667; 935; 836; 359; 386; 434; 461; 446; 520; 454; 496 (Anlage 5; 24).

268 Von Westen nach Osten: Bef. 1015; 675; 700; 379; 474; 552.

269 Vgl. beispielsweise die Mannschaftsbaracke B im frühkaiserzeitlichen Kastell Zurzach (Hänggi u.a. 1994, 46). Teilweise extrem schiefwinklig verlaufen die Barackengräbchen des Kastells Burladingen-Hausen, was nicht nur zulasten der RLK-Grabungstechnik geht. Über die Konstruktionsweise ist jedoch wenig bekannt; die von G. Bersu beschriebenen Pfostenstellungen scheinen einer jüngeren Reparaturphase anzugehören (Heiligmann 1990, 65 und Anlage 3).

270 Von Westen nach Osten: Bef. 1027; 1024; 1023; 1034; 1046; 792; 386; 344; 509 (Anlage 5).

271 Dass die Unterbrechungen zwischen Lang- und Trennwandgräbchen zum Nachweis von Türöffnungen taugen (Cichy 1971, 22), mag man getrost bezweifeln.

Nur in Einzelfällen hat der Boden die einst rechteckigen Querschnitte der Hölzer ansatzweise bewahrt, mehrheitlich sind sie „verrundet". Die Standspurbreiten liegen regelhaft zwischen 15 und 20 cm, wobei 20 cm der am häufigsten gemessene Wert ist.[272] Vereinzelt wird dieser übertroffen, vornehmlich in der Nähe der Oberfläche. Hier könnte Drehen oder Rütteln zur Lockerung des Pfostens ein breiteres Loch verursacht haben (z.B. Bef. 482 und 504 in Langgräbchen Bef. 411; Abb. 47–48) ebenso wie einzelne schiefe Standspuren. Es bleibt zu betonen, dass alle Pfosten – egal ob sie in den Lang- oder Trennwandgräbchen nachgemessen wurden – prinzipiell gleich stark waren. Die Standspuren sehr vieler Pfosten führen bis zur Sohle des Gräbchens hinab (Abb. 47–50). Ihre flache Unterseite gründet dort auf dem gewachsenen Kies, seltener auf einer Juraplatte als Unterlegstein. Folglich wurden zumindest diese Pfosten nicht in einen Schwellbalken eingezapft – sonst hätte man schmalere und deutlich flachere Standspuren von Zapfen erwarten dürfen –, sondern in den ausgehobenen Fundamentgraben eingestellt.[273]

Spätestens jetzt wird untrüglich klar, dass die dunklen Bodenverfärbungen nicht von in situ vergangenen Schwellbalken stammen können, sondern von Pfostengräbchen, die sogleich nach dem Einstellen und Justieren der Pfosten mit ihrem Aushub rückverfüllt wurden.[274] Von dem zuletzt genannten Vorgang dürften die muldenartigen Vertiefungen herrühren, die manchen Pfostenfuß unter das Sohlenniveau des Gräbchens hinabführten. Auf diese Weise wurden die Pfosten in die linear ausgehobenen, manchmal offenkundig zu flach geratenen Gräbchen eingepasst. Eine ähnliche Korrektur scheint auch im Falle von Bef. 471 und 513 (Stubenbereich von Baracke V; Anlage 5) erfolgt zu sein: Nachdem das Trennwandgräbchen wohl etwas zu weit westlich ausgehoben worden war, hat man für die Holzständer seitliche Erweiterungen gegraben, die sich im Planum als halbrunde „Ausbuchtungen" abzeichnen. Für die Befundbilder mancher Trennwandgräbchen im Stallbereich von Baracke II dürften ähnliche Vorgänge verantwortlich sein. Umgekehrt lässt sich in Einzelfällen nachvollziehen, dass zu tief geratene Gräbchensohlen vor dem Einstellen der Pfosten mit ausgesuchten größeren Kieseln wieder auf das gewünschte Niveau aufgefüllt wurden (Bef. 429, 386, 477). Die unbeabsichtigten Tiefstellen lassen sich leicht durch Fehler der Baupioniere erklären oder durch die Herausnahme größerer (bis maximal kopfgroßer) Wacker, die im Brenzkies gelegentlich vorkommen, sowie von etwaigen Wurzelstümpfen. Inmitten der Gräbchenverfüllungen trifft man immer wieder auf größere Kiesel/Wacker sowie auf mehr oder weniger große, polygonale oder plattenartige Kalkbruchsteine. Öfter erscheinen solche neben Pfostenstandspuren, wo sie als Keilsteine dienten. Diese Stabilisierungstechnik wurde regelmäßig bei den Einzelfundamenten der *porticus*-Pfosten angewandt.[275]

Die Querprofile der Gräbchen zeigen nicht nur rechteckige, sondern öfter auch muldenförmige bis sogar fast V-förmige Konturen. Man muss allerdings berücksichtigen, dass durch den Druck des anstehenden Kiesbodens manche rechtwinklige Kontur im Laufe der Zeit etwas „verrundet" ist bzw. dass im Kiesboden die Anlage rechteckiger Formen ohnehin schwer fällt.

II.2.9 Römische Fertigbautechnik: Zur Vermessung der Baracken

Anlage 25; Abb. 51–52

Bei der Betrachtung der Pfostenabstände erwies es sich als zielführend, nicht die Pfostenbreiten (ca. 20 cm) und die Spatien zwischen den Pfosten zu messen,[276] sondern die Achsabstände von Pfosten zu Pfosten, d.h. von deren Mitte auszugehen. Auf diese Weise lässt sich die Spur der *mensores* und ihrer mehr oder weniger streng durchgehaltenen Systematik verfolgen. Der Schlüssel liegt dabei in den nordsüdlich verlaufenden Trennwandgräbchen, deren Stützenabstand in den *papiliones* fast immer 4 + 4 + 4 + 4 Fuß beträgt. Vor allem in Baracke IV wurde er nahezu konsequent durchgehalten. Vereinzelte Abweichun-

---

272 Die Wandpfosten des Ladenburger *praetorium* maßen beispielsweise etwa 22 cm × 22 cm: Sommer 1999, 175.

273 Hätte man aber einen Schwellbalken so weit ausgehöhlt, dass man den Pfosten in voller Breite hätte hindurchstecken können, so hätte man nicht nur einen immensen zimmermannstechnischen Aufwand gehabt, sondern zugleich auch den eigentlichen Sinn eines Schwellbalkens aufgegeben, nämlich die statisch wirksame Auflagefläche einer Pfostenwand zu verbreitern. Eine zusätzliche Stabilität hätte man allenfalls an den Seiten erzielen können.

274 Die Füllung zahlreicher Standspuren mit Fachwerkschutt zeigt an, dass die Pfosten beim Abbruch der Baracken sehr oft gezogen wurden. Ein derartiges Vorgehen hätte man zumindest für Schwellbalken erwarten dürften, die im Inneren der Baracken lagen. Deren Bergung hätte natürlich jede Nachweismöglichkeit von Pfostenpositionen verhindert. Wollte man dennoch annehmen, dass sämtliche Schwellbalken konsequent im Boden belassen und damit der Verrottung preisgegeben wurden, so wundert man sich, warum so gut wie nirgendwo einplanierter Fachwerkschutt dorthin nachsackte, wo zerfallendes Holz Hohlräume und Senkungen hinterlassen haben müsste.

275 Waagrecht auf der Gräbchensohle liegende oder seitlich senkrecht gestellte Plattenkalksteine, die man als Unterlage bzw. Seitenstabilisierung eines eingegrabenen Schwellbalkens hätte interpretieren können, kommen hingegen nicht vor. Auch die omnipräsente, wenngleich mengenmäßig eher geringe Einlagerung vorgeschichtlicher Keramikscherben spricht gegen Schwellbalken.

276 So z.B. Sommer 1999, 176.

Tabelle 5: Wandmodule der Baracken (+ = Pfosten). Vgl. Anlage 25.

Nr.	Abstandsfolgen zwischen den Pfosten der Trennwände in Fuß	Wandlänge in Fuß	Wandmodule in Fuß
1a	4 + 4 + 4 + 4; 3 + 4 + 4 + 5; 5 + 4 + 4 + 3	16	+ 4 + 4 +
1b	3 + 4 + 4 + 3	14	+ 4 + 4 +
2	3 + 5 + 4 + 4	16	+ 5 + 4 +
3	4 + 5 + 3 + 4	16	+ 5 + 3 +
4	4 + 4 + 3 + 5; 5 + 3 + 4 + 4	16	+ 4 + 3 +
5	4 + 3 + 3 + 4	14	+ 3 + 3 +
6	5 + 4 + 5	14	+ 4 +
7	3 + 3 + 3	9	+ 3 +

gen von dieser Regel dürften von späteren Umbauten herrühren, wie dies mit Sicherheit bei Bef. 792b der Fall war und evtl. auch bei Bef. 470/471/473 (Baracke IV; Anlage 24–25). Manchmal tauchen aber auch andere Abfolgen auf, nämlich 3 + 4 + 4 + 5,[277] 4 + 4 + 5 + 3[278] und 5 + 3 + 4 + 4 (Bef. 773, Baracke VI). Zwischen den Ställen werden mehrheitlich 5 + 4 + 5 Fuß gemessen, d. h. statt der drei Pfosten mit gleichem 4-Fuß-Abstand zwischen den Stuben wählte man hier die kleinere Version mit zwei Pfosten im 4-Fuß-Abstand, die nach Norden und Süden jeweils mit einem 5 Fuß langen Riegel mit den Längswänden verbunden wurden. Daneben kommen vereinzelt auch die Abstandsfolgen 4 + 3 + 3 + 4[279] und 3 + 4 + 4 + 3[280] Fuß in den Stallwänden vor. Insgesamt lassen sich aus den Abstandsrhythmen der Trennwände sieben verschiedene Module ableiten, die aus zwei oder drei Pfosten bestehen (Tab. 5; Beil. 25).

Aufgrund dieser Befunde halte ich es für angemessen, von einem Systembau zu sprechen bzw. von einer regelrechten Fertigbautechnik mit vorproduzierten Fachwerkwandrahmen. Die Anschlüsse an das jeweils benachbarte Wandmodul dürften durch oberirdisch verlegte (Schwell-) Riegel hergestellt worden sein, deren Längen wie die Pfostenabstände der Fertigwände ebenfalls immer 3, 4 und 5 Fuß betragen haben. Je nach Verfügbarkeit des Materials und der gewünschten Raumbreiten wurden so flexible Kombinationen ermöglicht. Die Modulabfolgen in den westöstlich verlaufenden Langwänden lassen sich allerdings nur dort aufspüren, wo die Pfostenstellungen durchgängig bis zu einem Barackenkopf nachweisbar waren (Doppelbaracke IV/V). Hierbei zeigt sich zwar keine derart strenge Regelmäßigkeit wie in den Trennwänden, doch sind Tendenzen erkennbar: Die Trennwand-Module Nr. 1–3 (insbesondere Nr. 1) kehren auch in den Langgräbchen regelmäßig wieder, während die Module Nr. 4–5 und 7 mit seltenen Ausnahmen sogar auf diese beschränkt sind (Anlage 25: gelb, violett und – als Sonderfall im Kopfbau – braun). Das Trennwand-Modul N. 6 wiederum war den Stallwänden vorbehalten.

In den Langgräbchen wurden die Fertigwände in wechselnder Alternierung aneinandergereiht, was wohl mit den unterschiedlichen Stubenbreiten von 13–17 Fuß zusammenhängt. Es fällt jedoch auf, dass die 5-Fuß-Abstände in den inneren, die *papiliones* begrenzenden, westöstlich verlaufenden Langwänden (z. B. Bef. 421, 411 und 354 der Doppelbaracke IV/V; Anlage 5) weitgehend gemieden wurden und stattdessen häufiger 3-Fuß-Abstände auftreten (Module Nr. 4–5 und 7). Dadurch dürfte einerseits die Flexibilität in der Modulanordnung gefördert, andererseits die statische Belastbarkeit durch dichtere Pfostenstellungen verbessert worden sein (Zweigeschossigkeit!). Hinzu kommt eine effizientere Ausnutzung des Bauholzes[281] durch den vermehrten Gebrauch der 3-Fuß-Verbindungsriegel als kleinste Einheit der hölzernen Bauelemente. Anders verhält es sich in den westöstlich verlaufenden Außenwänden der Pferdeställe, in denen 5-Fuß-Abstände häufiger vorkommen, jedenfalls in Baracke VI. Hieraus lässt sich leicht das Bedürfnis nach breiten Stalltüren (4–5 Fuß) ablesen. Ferner waren die Stallwände mit nur einem Geschoss geringeren statischen Belastungen ausgesetzt. In Einzelfällen, wo der Nachweis eines Zwischenpfostens nicht gelang, könnte statt zweier 3-Fuß- auch ein 6-Fuß-Riegel verwendet worden sein (Baracke IV; Anlage 25). Allerdings ist nirgendwo ein 6-Fuß-Abstand zwischen zwei Pfosten sicher belegt.

Akzeptiert man die These der Fertigbautechnik, dass also die Pfosten nicht einzeln eingegraben wurden, sondern im Verbund der sieben Varianten von Wandgerüst-Modulen, erschließt sich der Zweck von Pfos-

---

277 Bef. 477 (Baracke V); 861 (Baracke VI) und 1393 (Baracke VII); Anlage 5.
278 So im Endbaubereich von Baracke V (Bef. 1000 und Sequenz von Bef. 1310); Anlage 5.
279 Bef. 1075; 667; 665 (Baracke IV); 287 (Baracke III) und in Baracke II die fünfte Stalltrennwand von Osten (Ausgrabung 1965); Anlage 5.
280 Bef. 935 und 552 (Baracke V).
281 Für kürzere Riegel konnte natürlich auch eher Verschnittholz eingesetzt werden.

Tabelle 6: Trennwandgräbchen zwischen den Ställen in der Doppelbaracke IV/V, von Westen nach Osten.

Bef.	Baracke	Sohlentiefe (m ü. NN)	Sohlentiefe (cm unter Pl. 1)	Verlauf der Gräbchensohlen	Pfosten-breite (cm)	Pfostenschema (röm. Fuß)
1068	IV	488,70	35–36	fast eben	20–23	5 + 4 + 5
1075	IV	488,80–488,94	16–30	uneben, nordsüdliches Gefälle	20	4 + 3 + 3 + 4
700	IV	488,75–488,80	25–30	fast eben	–	5 + 4 + 5
667	IV	488,75–488,80	23–30	fast eben	–	4 + 3 + 3 + 4
665	IV	488,80	20–22	eben	–	4 + 3 + 3 + 4
429	IV	ca. 488,80	25–28	fast eben	–	5 + 4 + 5
434	IV	488,70–488,80	20–30	uneben, Vertiefung im Nordteil	–	5 + 4 + 5 ?
436	IV	488,70	30	eben	–	5 + 4 + 5 ?
446	IV	488,76–488,80	20–25	fast eben	–	5 + 4 + 5 ?
454	IV	488,70–488,78	22–25	fast eben	–	5 + 4 + 5
485	IV	488,66–488,70	34–30	fast eben	–	5 + 4 + 5
1339	V	488,90–488,95	5–10	fast eben	–	–
1352	V	488,76–488,84	10–18	uneben, Vertiefung im Nordteil	–	–
915	V	488,88–488,90	10–12	eben	–	5 + 4 + 5
832	V	488,80–488,90	10–22	uneben, Vertiefungen im Nord- und Südteil	–	5 + 4 + 5
934	V	nicht erhalten	nicht erhalten	–	–	–
836	V	488,64–488,84	16–36	uneben, Vertiefungen unter Pfosten	20–25	5 + 4 + 5
935	V	488,66–488,78	28–42	uneben, Tiefpunkt im Nordteil	20–25 g/a	3 + 4 + 4 + 3
386	V	488,66–488,80	18–32	uneben, Vertiefung im Nordteil, drei Plattenkalksteine, zwei davon liegen auf der Sohle	–	–
344	V	488,75	18	eben	–	4 + 3 + 3 + 4
517	V	488,77	23	eben	–	–
520	V	488,70	23	eben	–	5 + 4 + 5[1]
547	V	488,60	35	eben	–	5 + 4 + 5[2]?
552	V	488,50–488,65	30–45	uneben, Vertiefungen unter den Pfosten	–	3 + 4 + 4 + 3

1 Pfostenstandspuren sind zwar nicht erhalten, doch erzwingt der Abstand der südlichen Gräbchenkante zu Bef. 338 mindestens ein 5-Fuß-Interspatium.
2 Wie Bef. 520, siehe vorangehende Anmerkung.

tengräbchen statt einzelner Pfostengruben von selbst: Die Pioniere *(munifices)* hatten zwar grundsätzlich mehr Erdvolumen auszuheben, doch konnte diese Arbeit linear und ohne Unterbrechungen zum Ausmessen der einzelnen Pfostenstandorte ablaufen. Der Vorteil war ein doppelter: Erstens ließ sich auf diese Weise – hatte man einmal die Fluchtschnüre gespannt und die Grundvorgaben ausgesprochen – zahlreiches Personal beschäftigen, das über keine besonderen Kenntnisse verfügen musste und trotzdem kaum angeleitet zu werden brauchte. Zweitens erlaubten die Gräbchen, die eingestellten Wandelemente so lange gegeneinander zu verschieben bis sie aneinander anpassten. Doch selbst bei einer einfachen Tätigkeit wie dem Ausheben der Fundamentgräbchen entlang einer Fluchtschnur kommen Fehler vor. So sind einzelne Gräbchen fehlplatziert worden und mussten korrigiert werden. Dies scheint bei Bef. 485 und 470/471/473 (Baracke IV; Anlage 5; 24) der Fall gewesen zu sein. Möglicherweise führten logistische Unzulänglichkeiten bei der Versorgung mit exakt passenden Wandteilen oder Ungeübtheit im Umgang mit der Fertigbautechnik dazu, dass einzelne Räume ungleichmäßig breit geraten sind. Bisweilen beträgt die Differenz zwischen beiden Längswänden einen Fuß. Sie musste durch schräge Trennwände ausgeglichen werden, was mittels angepasster (Schwell-)Riegel ohne Weiteres möglich war.

Immer wieder aber gibt es Pfostenstandspuren, die sich diesem Vermessungsschema nicht unterwerfen lassen. Dabei handelt es sich zum einen um Pfosten, die schräg herausgezogen wurden, sodass die Mündungen ihrer Pfostenlöcher versetzt liegen. Freilich ist auch mit punktuellen Reparaturen zu rechnen, ohne in jedem Einzelfall den Nachweis dafür antreten zu können, wie z.B. in der Außenwand eines Stalles von Baracke III (Bef. 106), dessen doppelte Jauchengrubenausstattung (Bef. 1111 und 1113; Anlage 6; 8) gleichermaßen auf Umstrukturierungen hindeutet. Auch kleinere, nur wenige Zentimeter tief

Tabelle 7: Trennwandgräbchen zwischen den *papiliones* in der Doppelbaracke IV/V, von Westen nach Osten. Soweit anhand der Verfärbung der Standspuren nachvollziehbar, wurde versucht, zwischen abgesägten (a) und gezogenen (g) Pfosten zu unterscheiden.

Bef.	Baracke	Sohlentiefe (m ü. NN)	Sohlentiefe (cm unter Pl. 1)	Verlauf	Pfostenbreite (cm)	Pfostenschema (röm. Fuß)
1024	IV	488,90–488,92	28–30	fast eben	20 (a)	4 + 4 + 4 + 4
1023	IV	488,80–488,60	36–56	uneben, Mittelabschnitt muldenartig tiefer	22 (a)	4 + 3 + 5 + 4?
1034	IV	488,84–488,90	22–28	fast eben, Nordabschnitt flacher	22; 24 (g)	4 + 4 + 4 + 4
1046	IV	488,77–488,89	18–30	uneben, Vertiefungen unter den drei Pfosten	20 (g)	4 + 4 + 4 + 4
792a	IV	488,88–488,90	22–24	eben (Standspuren nicht bis zur Sohle)	20 (g)	4 + 4 + 4 + 4[1]
675	IV	488,80–488,88	14–22	uneben, Vertiefungen unter den Pfosten im Norden und Süden	20 (g)	4 + 4 + 4 + 4
655	IV	488,78–488,82	20–24	fast eben (Standspuren nicht bis zur Sohle)	18 (g)	4 + 4 + 4 + 4
654	IV	488,78–488,80	22–24	eben (Standspuren nicht bis zur Sohle)	18 (g)	4 + 4 + 4 + 4
412	IV	488,77–488,83	30–24	fast eben	–	4 + 4 + 4 + 4
419	IV	488,72–488,76	22–26	fast eben	–	–
461	IV	488,72–488,83	19–30	uneben, Vertiefung unter nördlichem Pfosten	15; 17 (g)	4 + 4 + 4 + 4
471	IV	488,77–488,80	20–23	fast eben	20–22 (g)	3 + 3 + 5 + 5
474	IV	488,65–488,75	26–36	uneben, Vertiefungen unter den drei Pfosten	– (a)	4 + 4 + 4 + 4
496	IV	488,70–488,88	14–32	uneben, Vertiefungen unter zwei Pfosten	15–20 (g)	4 + 4 + 4 + 4
1015	V	488,76–488,98	10–32	uneben, Vertiefungen für die Pfosten	20–21 (g)	5 + 4 + 4 + 3[2]
1006	V	488,80–488,84	32–36	eben	20; 22 (g)	4 + 4 + 4 + 4
1000	V	488,82–488,86	31–35	fast eben	ca. 20 (g)	4 + 4 + 5 + 3
984	V	488,80–488,94	24–38	uneben, Vertiefung unter nördlichem Pfosten	18–20 (g)	4 + 4 + 4 + 4
940	V	488,84–488,90	18–24	uneben, Vertiefungen unter den Pfosten	ca. 20 (a)	4 + 4 + 4 + 4?
849	V	488,80–488,85	25–30	uneben, Vertiefung unter nördlichem Pfosten	17; 20 (g)	4 + 4 + 4 + 4
852	V	488,73–488,82	30–39	uneben, Vertiefung unter mittlerem Pfosten	– (a)	4 + 4 + 4 + 4
856	V	488,76–488,84	38–32	uneben, nordsüdliches Gefälle	20–22 (a)[3]	4 + 4 + 4 + 4
359	V	488,68–488,90	14–36	uneben, Vertiefung unter südlichem Pfosten	– (a)	4 + 4 + 4 + 4?
398	V	488,78–488,82	18–22	fast eben	– (a)	–
379	V	488,70–488,80	26–38	uneben, Vertiefungen unter zwei bis drei Pfosten	– (a)	4 + 4 + 4 + 4?
477	V	488,62–488,75	22–35	uneben, nordsüdliches Gefälle	14–15 (g)	3 + 4 + 4 + 5
479	V	488,76	23	kein nordsüdliches Profil angelegt	–	4 + 4 + 4 + 4
509	V	488,58–488,64	46–40	fast eben, leichtes nordsüdliches Gefälle (Abb. 50)	15 (g)	4 + 4 + 4 + 4

1 Spätere Reparatur: 5 + 3 + 4 + 4 röm. Fuß (Bef. 792b, Phase 3).
2 Spätere Reparatur durch einen Zwischenpfosten.
3 Nur im oberen Mittelteil von zwei der drei Pfostenstandspuren sind keilförmige Einlagerungen von Fachwerkschutt vorhanden. Ansonsten erscheinen die Standspuren braungrau. Interpretation: Möglicherweise ist später überdeckender Abbruchschutt in Hohlräume nachgesunken, die beim Vermodern der Holzstümpfe entstanden waren.

Abb. 51: „Ausbuchtungen" an den Langgräbchen der Baracken III–VI. Blick einheitlich von Westen. Reihenfolge von Norden nach Süden und Westen nach Osten, zur Lokalisierung vgl. Anlage 5. M. 1:50. Rasterung: Verfüllung mit Fachwerkschutt; schwarz: frühalamannische „Störung". Höhenlinie: 488,90 m ü. NN.

Baracke III
Gräbchen Bef. 1120

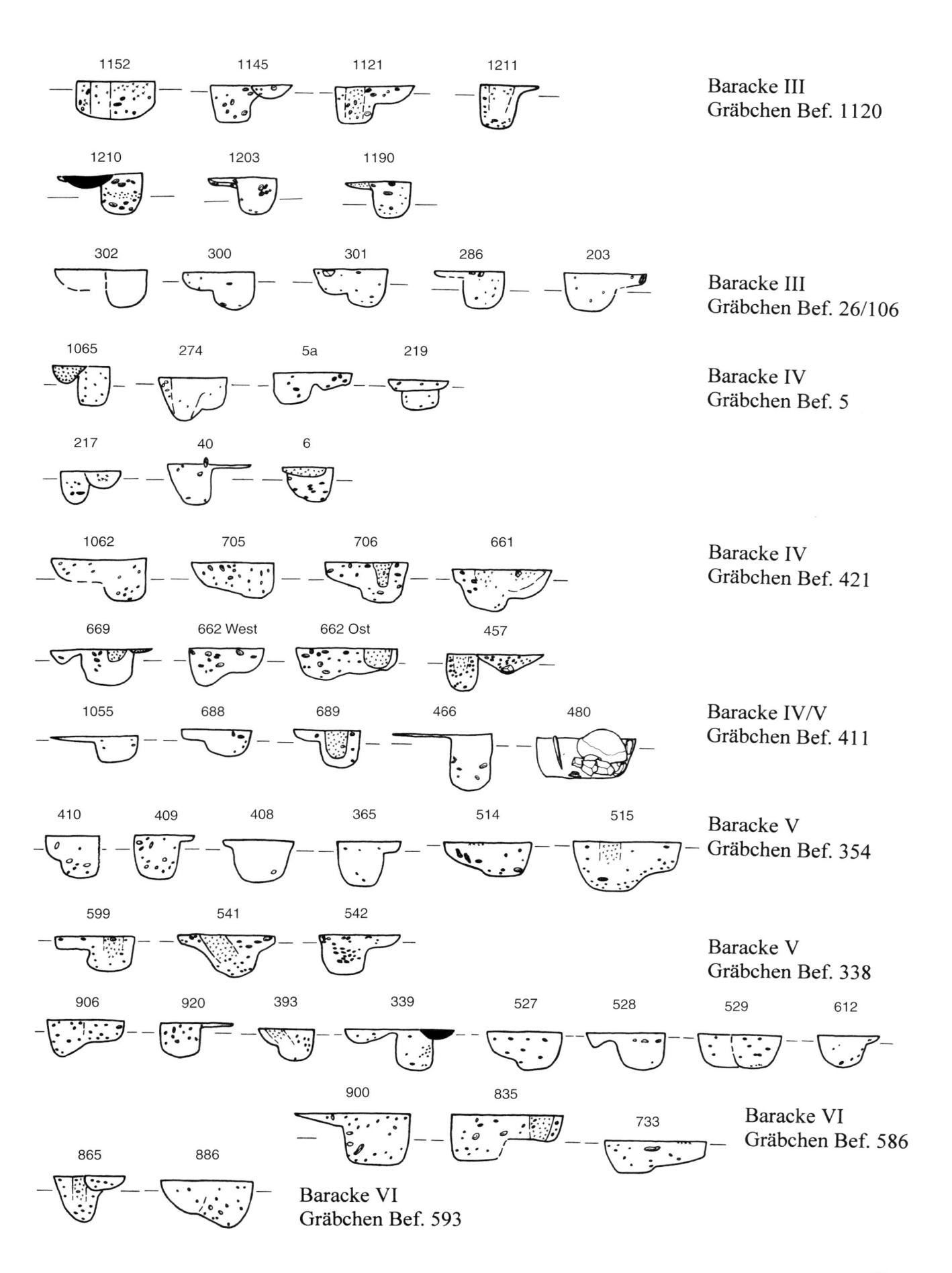

Baracke III
Gräbchen Bef. 26/106

Baracke IV
Gräbchen Bef. 5

Baracke IV
Gräbchen Bef. 421

Baracke IV/V
Gräbchen Bef. 411

Baracke V
Gräbchen Bef. 354

Baracke V
Gräbchen Bef. 338

Baracke VI
Gräbchen Bef. 586

Baracke VI
Gräbchen Bef. 593

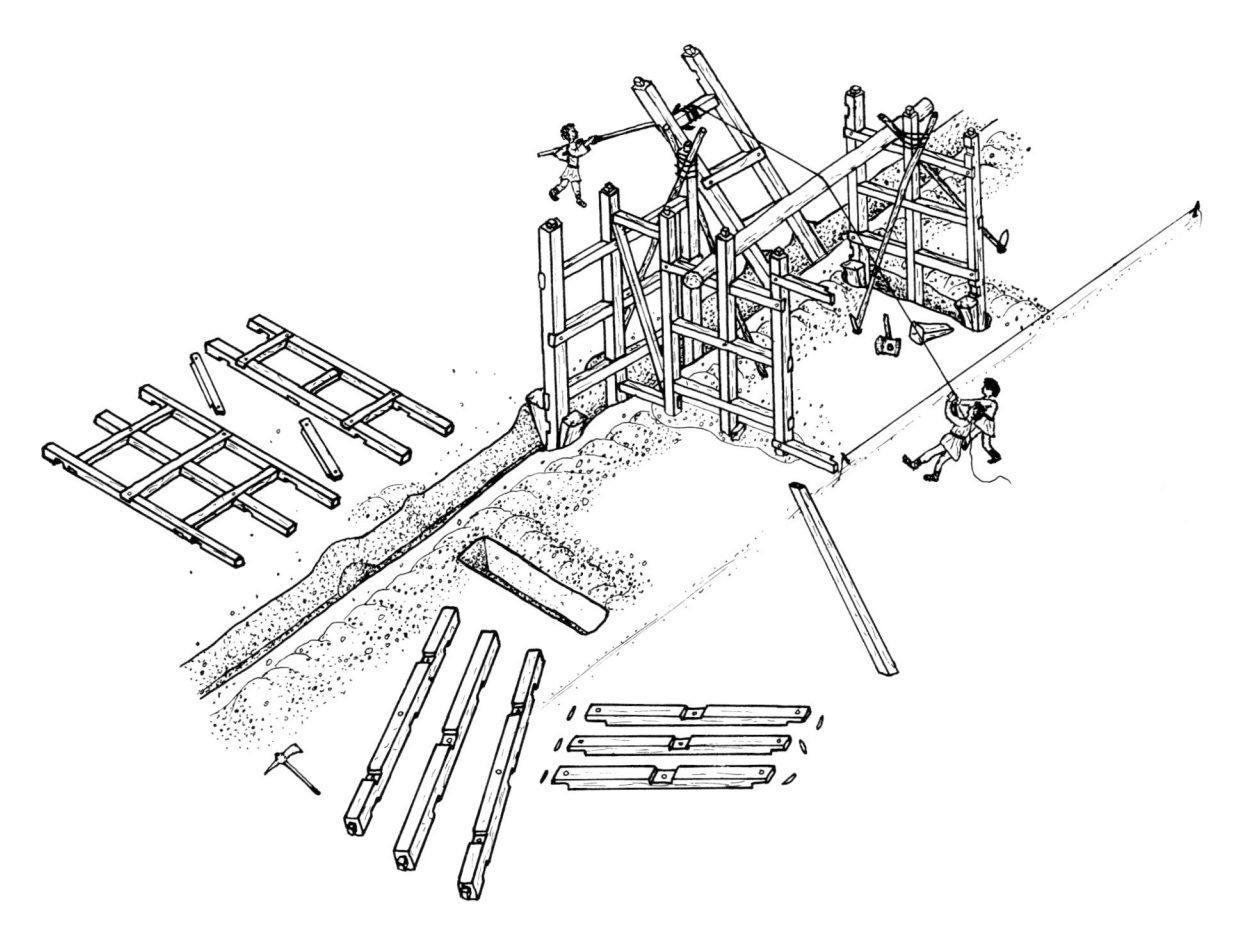

Abb. 52: Modellhafte Vorstellung vom Aufrichten der mutmaßlichen Fertigbau-Fachwerkwände zu Beginn von Phase 2. Zeichnung M. Scholz.

reichende Pfostenstandspuren wurden vereinzelt zwischen den Wandstützen entdeckt. Sie könnten von senkrecht geführten Staketen des Flechtwerks herrühren, die nicht in einem bodennahen Querriegel, sondern direkt in der Kiesverfüllung des Pfostengräbchens steckten.[282] Wenn die untersten, vermutlich bodennahen Querriegel zwischen den Wandpfosten nicht auf einer Ebene durchliefen, „um die tragenden Pfosten nicht beidseitig durch Verzapfungen zu schwächen",[283] sondern höhenversetzt alternierten, wird verständlich, warum solche Pföstchen nicht überall fassbar sind. Es kommt hinzu, dass die Löcher dünnerer Hölzer beim Herausziehen aus den hauptsächlich mit Kies verfüllten Gräbchen leicht verschüttet werden konnten.

Eine weitere Eigentümlichkeit der Langgräbchen, seltener auch der Trennwandgräbchen, stellen die zahlreichen, in Ausdehnung und Form unterschiedlichen „Ausbuchtungen" dar (Abb. 51). Da von vielen dieser „Ausbuchtungen" Profilzeichnungen, Fotos und/oder Beschreibungen vorhanden sind, ist eine Klassifizierung möglich, auch wenn in manchen Einzelfällen durchaus mehrere Erklärungsmuster in Frage kommen:

Variante a: Die Masse der „ausgefransten" Gräbchenränder und kleineren Kantenirregularitäten geht zulasten des Kiesbodens, denn kleinere Randabbrüche und manchmal auch Profilstürze gehören zu den leidigen Erfahrungen mit offenen Gräben im Heidenheimer Kiesboden, damals wohl genauso wie heute.[284] Ausbuchtungen an den Seiten von Pfostenstandspuren können auch leicht durch schräges Einschieben der Ständer in den Graben erklärt werden.[285] Zu Vergleichszwecken werden hier nur wenige der zahllosen Beispiele abgebildet (Abb. 51).
Variante b: Die größeren, oft (noch) rechteckigen Annices sind als konstruktive Zusätze kaum zu verken-

---

282 Vgl. dazu Kaiser/Sommer 1994, 317f.
283 Sommer 1999, 175f. – In Herculaneum sind Fachwerkwände erhalten, die quadratische Felder bilden, deren Riegel also auf einer Linie liegen (Adam 1994, 122f.). Zumindest bei manchen handelt es sich um Innenwände.
284 Soweit mit Bef.-Nr. versehen: Zum Beispiel Bef. 1148, wo das lockere Erdreich eines geschnittenen vorgeschichtlichen Gräbchens nachgerutscht zu sein scheint (Baracke III, an Langgräbchen Bef. 1120); 1047 im Gräbchenwinkel (Baracke IV, im Winkel von Bef. 421 und 1046), 842 und 540 (Baracke V, an Langgräbchen Bef. 354); Anlage 5.
285 Zum Beispiel Bef. 1370 in Baracke VI.

nen. Ihre Verfüllung unterscheidet sich nicht von der der Gräbchen, woraus geschlossen werden darf, dass sie gleichzeitig mit diesen während des Barackenbaus verfüllt wurden.[286] Soweit die frontseitigen Langgräbchen betroffen sind, erfolgt der Vorsprung öfter zur Innen- als zur Außenseite des Gebäudes hin, wie z. B. im Falle von Bef. 106 (Baracke III) und Bef. 338 (Baracke V).[287] Ansonsten ergibt sich eine weitgehend gleichmäßige Verteilung entlang der nördlichen und südlichen Gräbchenränder. Die Profilkonturen der meisten „Ausbuchtungen" fallen schräg oder geschwungen zum Pfostengräbchen hin ab. Sie reichen wenigstens bis zu einem Viertel, bestenfalls jedoch bis zur Hälfte der Gräbchentiefe hinab. Seltener heben sich separate Mulden ab, die wiederum schräge Außenkanten haben.[288] Mindestens 29 (in allen Baracken zusammen) dieser Annices springen neben einer Pfostenstellung aus der Gräbchenflucht hervor.[289] Ich möchte sie als Widerlager schräger Holzkeile interpretieren, die nach der Aufrichtung der Wandrahmen so lange zu deren Abstützung gebraucht wurden, bis die benachbarten Wandrahmen angepasst und eingezapft waren, sodass das Pfostengräbchen wieder verfüllt werden konnte (Abb. 52). Doch auch die mindestens 17 (in allen Baracken zusammen) dieser Annices, die die Pfostenpositionen meiden und zwischen oder neben diesen platziert sind, brauchen nicht anders gedeutet zu werden:[290] Wie zu zeigen war, hat man die Pfosten nicht einzeln aufgerichtet, sondern wahrscheinlich im Verbund vorgezimmerter Wandelemente, die aus zwei oder drei Pfosten mit diesen verbindenden Riegeln bestanden. Lehnte man eine Schrägstütze nun gegen einen der Riegel, konnte auf diesen dieselbe Stabilisierungswirkung für die „Fertigwand" übertragen werden wie auf einen Pfosten. Nun bestand der Sinn der Gräbchen ja gerade darin, dass man in ihnen die Wandteile solange hin und her verschieben und zueinander justieren konnte, bis sie sich endgültig zueinander passten und verzapft oder vielleicht – um der Schnelligkeit willen – mit eisernen Winkelbändern zusammengenagelt werden konnten. Auf derartige Verschiebungen und Ausrichtungsversuche mag man die enger beieinander liegenden Annices zurückführen.

Variante c: An manchen Stellen scheint man – zu unterschiedlichen Zeiten – zusätzliche Stützpfosten gebraucht zu haben. Soweit es sich um kleinere Befunde aus der Bauzeit der Baracken handelt, sind sie vielleicht als Spuren hölzerner Keilpfosten an den Wandstützen zu deuten. Nur in wenigen Fällen lassen mit abweichendem Erdmaterial verfüllte Pfostenlöcher oder -gruben erkennen, dass hier einmal nachträgliche Reparaturstützen eingefügt wurden (vgl. Phase 3; Anlage 10).[291]

Eine andere Deutung verlangt die rund 70 cm tiefe Pfostenstellung an der Grenze zum östlichen Kopfbau von Baracke V (Bef. 629, in Langgräbchen 411; Anlage 5). An der spiegelbildlich gegenüberliegenden Seite, an der südlichen Kopfbauecke von Baracke IV, gab es diese Irregularität nicht. Eine vergleichbare Vertiefung konnte allerdings in der Gräbchenkreuzung Bef. 421/1034 an der Nahtstelle zum Kopfbau von Baracke IV festgestellt werden. Hierbei muss wiederum einschränkend angemerkt werden, dass weder eine Pfostenstandspur erkannt wurde noch es gelang, die Vertiefung eindeutig von einem mächtigen vorgeschichtlichen Pfosten zu unterscheiden. Ebenfalls nicht mit gleicher Sicherheit kann Bef. 1232 (an Langgräbchen 1230; Anlage 5) in der Ostwand des Kopfbaus von Baracke II hier eingereiht werden, da diese Pfostengrube ursprünglich nur ca. 30 cm tief unter die römische Oberfläche hinabreichte.[292] Gleichwohl wäre die Positionierung stabilerer Träger als „Sollbruchstelle" zwischen Kopfbau und Mannschaftstrakt verständlich, wenn man die jüngere Phase des Kopfbaus von Baracke IV betrachtet (vgl. Phase 3), denn hier blieben die Pfosten der Gräbchen Bef. 421 und 1034 trotz des Umbaus bestehen. Offenbar kalkulierten die Baumeister von vornherein separate Um- und Neubauten der Offiziersquartiere ein, die die Statik des übrigen Barackenkörpers nicht gefährden durften. In diesen Kontext lassen sich ferner die mächtigen Zusatzpfosten im Kopfbaubereich von

---

286 Verbindungsmuffen oder Queranker zwischen Schwellbalken scheiden als Erklärungsmöglichkeit wie oben dargelegt aus.

287 Eher umgekehrt ist das Verhältnis bei Bef. 586 (Baracke VI).

288 Zum Beispiel Bef. 457 (Baracke IV) sowie Bef. 339 und 528 (Baracke V); Anlage 5.

289 Soweit mit Bef.-Nr. versehen (von Westen nach Osten): Bef. 1267 (Baracke II, Kopfbau); 1210? (Baracke III, an Langgräbchen Bef. 1120); 300–302; 286; 203 (Baracke III, an Langgräbchen Bef. 106); 274; 219; 217; 40 (Baracke IV, an Langgräbchen Bef. 5); 661; 669; 442; 457 (Baracke IV, an Langgräbchen Bef. 421); 689 (Baracke IV/V, an Langgräbchen Bef. 411); 514; 515; 599; 541 (Baracke V, an Langgräbchen Bef. 354); 906; 393; 339?; 528; 529? (Baracke V, an Langgräbchen Bef. 338); 1396; 1416; 1420 (Baracke VII, an Langgräbchen Bef. 1380; Anlage 5.

290 Soweit mit Bef.-Nr. versehen (von Westen nach Osten): 1145; 1203? (Baracke III); 705; 706; 662 (Baracke IV, an Langgräbchen Bef. 421); 1055; 668; 466; 480 (Baracke IV/V, an Langgräbchen Bef. 411); 900; 873; 752; 721; 733 (Baracke VI, an Langgräbchen Bef. 586) und 1438 (Baracke VII, an Langgräbchen Bef. 1380).

291 Zum Beispiel Bef. 1152 (Baracke III, an Langgräbchen Bef. 1120); 1065 (Baracke IV, an Langgräbchen Bef. 5); 835; 807 (Baracke VI, an Langgräbchen Bef. 586 bzw. 593) oder 1406 (Baracke VII, an Langgräbchen Bef. 1380).

292 Möglicherweise stellt Bef. 1232 lediglich den südlichen Abschluss des Gräbchens Bef. 1233 dar, dessen Sohle uneben verläuft. Bei der erneuten Freilegung 2002 war von dem 1965 festgestellten Gräbchen nur noch die südliche Pfostenvertiefung erhalten. Der starke Oberflächenverlust im Bereich des Hauses Bittel führte dazu, dass die höher liegenden Partien 2002 nicht mehr erhalten waren.

Tabelle 8: „Ausbuchtungen"/Annices an den Langgräbchen der Baracken und ihre möglichen Entstehungsmuster. Reihenfolge der Angaben: Bef.-Nr. (Bef.-Nr. Langgräbchen, Baracke). * Profil Beil. 5, dort innerhalb der Baracken in westöstlicher Richtung geordnet.

Bef.-Nr.	Bef.-Nr. Langräbchen	Baracke	Bef.-Nr.	Bef.-Nr. Langräbchen	Baracke
Variante a, Kiesausbruch			* 920	338	V
*1211	1120	III	* 339	338	V
* 409	354	V	* 527	338	V
* 408	354	V	* 528	338	V
* 612	338	VI	* 900	586	VI
909	593	VI	873	586	VI
Variante b, Hilfspfosten			350	586	VI
1267	1240	II	* 733	586	VI
*1121	1120	III	* 866	593	VI
*1210	1120	III	ZOH-44	XXI	
*1203	1120	III	ZOH-70A	XXII	
*1190	1120	III	ZOH-75	100	XXII
* 302	106	III	ZOH-101	100	XXII
* 300	106	III	*Variante c, Stützpfosten*		
* 301	106	III	*1152	1120	III
* 286	78	III	*1145	1120	III
* 203	26	III	*1065	5	IV
* 5a	5	IV	* 274	5	IV)?
* 40	5	IV	* 662 Ost	421	IV
*1062	421	IV	* 480	411	IV/V
* 705	421	IV	* 835	586	VI
* 706	421	IV	1406	1380	VII
* 669	421	IV	ZOH-86	70	XXII
* 662 West	421	IV	ZOH-97	70	XXII
* 457	421	IV	*Variante d, Umbau*		
*1055	411	IV/V	1134	1120	III
* 688	411	IV/V	* 219	5	IV
* 689	411	IV/V	* 217	5	IV
* 466	411	IV/V	* 6	5	IV
* 410	354	V	* 661	421	IV
* 365	354	V	* 541	354	V
* 514	354	V	393	338	V
* 515	354	V	751	586	VI
* 599	354	V	752	586	VI
* 542	354	V	* 865	593	VI
540	354	V			
* 906	388	V			

Baracke XXII stellen (Bef. ZOH-86 und ZOH-97 an Langgräbchen Bef. ZOH-70; Anlage 7). Eine äquivalente, wenngleich an dieser Position nicht leicht nachvollziehbare statische Funktion scheint die mit zahlreichen Kalkbruchsteinen zugesetzte Annexgrube Bef. 480 (an Langgräbchen Bef. 411, Baracke IV/V; Anlage 5) erfüllt zu haben. Sowohl aufgrund der Zusetzung mit Plattenkalksteinen als auch wegen der Lage handelt sich um einen singulären Fall.

Variante d: Ganz oder teilweise mit Fachwerklehm verfüllte „Ausbuchtungen" zeigen an, dass sie im Rahmen einer Umbaumaßnahme oder meistens erst beim Abriss der jeweiligen Baracke entstanden sind. Mehrheitlich zielten diese Eingriffe auf einen Pfosten, der ein Stück weit ausgegraben werden musste, bevor man ihn herauszuziehen vermochte. Dabei blieb manchmal ein schiefes, aus der Linie verschobenes Pfostenloch zurück.[293] In der Regel aber dürfte das beim schrägen Herausziehen zurückbleibende Pfostenloch durch nachrutschenden Kies verschüttet

---

293 Dies könnte beispielsweise das Schicksal des Pfostens an Bef. 5 nördlich von Bef. 700 (dritter westlicher Stall in Baracke IV; Anlage 5) gewesen sein oder auch einer Stütze in Bef. 421 im westlichen Endcontubernium von Baracke IV, wenn es sich hier nicht um einen Zusatzpfosten handelt. Beim Herausziehen des Pfostens entstand auch die schräge Standspur Bef. 1049 im Langgräbchen Bef. 411 (Baracke IV).

worden sein und damit der Nachweisbarkeit entzogen. Die konservierten schrägen Standspuren dokumentieren indes, dass die Holzstützen anders als bei ihrer Errichtung nicht im Verbund entfernt wurden, sondern offenbar einzeln. Das bedeutet, dass zuerst alle Gefache und Querriegel entfernt worden sein müssen. Dieses nachvollziehbare Vorgehen entspricht durchaus den Erwartungen, da die Pfosten mit ihren wohl mehr oder weniger vermoderten Füßen nur noch eingeschränkt als Bauhölzer in Frage gekommen sein dürften oder zumindest nicht im Verbund ihrer bisherigen Wandrahmenkonstruktion.

Schließlich bleibt eine latente Restunsicherheit bestehen, ob nicht die eine oder andere „Ausbuchtung" durch die Überschneidung einer vorgeschichtlichen Pfostengrube durch ein römisches Gräbchen zustande kam, zumal sich die vorgeschichtlichen Befundverfärbungen nicht immer so deutlich von den römischen unterschieden wie etwa die Mehrheit der völkerwanderungszeitlichen. Auch Fundmaterial, sofern überhaupt vorhanden, kann kaum eine Entscheidungshilfe sein, da auch in den römischen Gräbchen fast ausschließlich vorgeschichtliches Altmaterial eingelagert ist. Konkrete Verdachtsfälle sind Bef. 274 (an Langgräbchen Bef. 5, Baracke IV; Anlage 5) und 529 (an Langgräbchen Bef. 338, Baracke V).

II.2.10 Strukturen befristeter Benutzungsdauer in den Baracken (Phase 2a und 2b)

Hierunter werden alle Befunde – mit Ausnahme des Traufgräbchens Bef. 23 handelt es sich um Gruben – subsumiert, die nicht während der gesamten Bestandszeit der Baracken in Funktion waren und noch vor dem Ende des Kastells um 160 n. Chr. wieder geschlossen wurden. Die Unterscheidung der beiden Teilphasen 2a und 2b gibt nicht unbedingt eine chronologische Abfolge wieder. Obwohl einige Befunde der Phase 2b definitiv jünger verfüllt sind als die der Phase 2a, was sich u. a. am Vorkommen von „rätischer" Glanztonware ablesen lässt, bilden hier jedoch funktionale Zusammenhänge das entscheidende Klassifizierungskriterium: Während die *porticus*-Gruben von Phase 2a bezüglich ihrer Lage und Funktion einem einzigen Befundtypus angehören und auch weitgehend gleichzeitig in Funktion waren, fasst Phase 2b zeitlich und funktional unterschiedliche Vorgänge zusammen.

II.2.11 „Stallgruben" innerhalb der *porticus* der Baracken III bis VI (Phase 2a)

Anlage 8–9; Abb. 53–56

Die Gruben innerhalb der Portiken sind jünger als die „Gassengruben" der Phase 1. Dies beweisen einzelne Überschneidungen mit denselben (Tab. 9).[294] Ferner sind sie erst nach Errichtung der Baracken ausgehoben worden, da die Gruben der *porticus*-Pfosten sowie die Außengräbchen der Ställe manchmal – wenn auch nur am Rand – von ihnen geschnitten werden. Auch das Fundmaterial ist tendenziell etwas jünger, was allerdings lediglich bei der Terra Sigillata auffällt. Zwei Gruben lieferten nämlich mittelgallische Reliefsigillaten, Reste von Importgefäßen, die in Befunden der Anfangszeit des Kastells noch fehlen.

Mit Ausnahme von Bef. 20 und 791 (am östlichen Ende der Baracken III bzw. VI gelegen; vgl. Anlage 8) enthielt keine weitere Grube den für Phase 3 charakteristischen Fachwerkschutt;[295] solcher bedeckte gelegentlich nur die obersten Verfüllschichten und war über der eigentlichen Verfüllung nachgesackt. Daraus ist zu schließen, dass die Gruben nur vorübergehend gleichzeitig mit den Baracken in Betrieb waren und bereits vor der Auflassung des Kastells ihre Funktion wieder verloren hatten und verfüllt wurden.

Worin lag diese Funktion? Beurteilungsversuche bedürfen weiterer Befundvergleiche und Beobachtungen. Wie die älteren Gruben der Phasen 1 sind auch die jüngeren der Phase 2a mit denselben auffälligen dunklen Erdrändern umgeben, verfügten also ebenfalls über eine organische (Holz-?) Verschalung. Die oberen Einfüllstraten beider Grubenphasen bestehen in der Regel aus mehr oder weniger verunreinigtem Kies, doch damit erschöpfen sich die Gemeinsamkeiten der auf den ersten Blick so gleichartigen Befunde. Bei näherer Betrachtung fallen teils sogar markante Unterschiede zu den Gruben der Phase 1 ins Auge:

1. Gruben der Phase 2a finden sich nicht vor jedem Stall eines Contuberniums, vor Baracke IV stellen sie sogar eine Ausnahmeerscheinung dar. Das bedeutet, dass sie offenkundig nicht verpflichtend auszuheben oder (stellenweise) entbehrlich waren.

2. Häufiger als Phase 1 weisen sie eine runde, ursprünglich vielleicht annähernd quadratische Grundform auf.

3. Sie sind im Durchschnitt, wenn auch nicht in jedem Einzelfall tiefer als die Gruben der Phase 1 (Tab. 9). Ein konsequenter Zusammenhang mit alten

---

294 Bef. 580 und 583, 1100 und 1107 (Anlage 3 bzw. 8).
295 Die Einfüllung der Gruben Bef. 20 und 791 könnte gleichermaßen im Zuge punktueller Umbauten zustande gekommen sein.

Tabelle 9: Stratigraphie der Gruben der Phase 2a anhand von Überschneidungen mit anderen Befunden.

Lage der Grube	Bef.-Nr.	Stratigraphisches Verhältnis	Beteiligter Befund (Bef.-Nr.)
porticus-Bereich von Baracke III	1107	schneidet	Grube Phase 1 (1108)
porticus-Bereich von Baracke III	282	schneidet	südliches Langgräbchen von Baracke III (106)
porticus-Bereich von Baracke III	75	wird geschnitten von	Pfosten einer Umbauphase von Baracke III (68 und 236/237, Phase 3)
porticus-Bereich von Baracke III	201	wird geschnitten von	Jaucherinne einer Umbauphase von Baracke III (200, Phase 3)
porticus-Bereich von Baracke III	20	schneidet	südliches Langgräbchen von Baracke III (26/106)
porticus-Bereich von Baracke VI	583	schneidet	Grube Phase 1 (Bef. 580)
porticus-Bereich von Baracke VI	724	schneidet	Grube des *porticus*-Pfostens von Baracke VI (725)
porticus-Bereich von Baracke VI	800	schneidet	Grube des älteren *porticus*-Pfostens von Baracke VI (799a) und Grube Phase 1 (901)
porticus-Bereich von Baracke VI	800	wird geschnitten von	Grube des jüngeren *porticus*-Pfostens von Baracke VI (799b, Phase 2b) (Abb. 55)
porticus-Bereich von Baracke VI	901	wird geschnitten von	Grube Phase 2a (800)

Grundwasserhorizonten (mangangeschwärzte Kiesschichten in ca. 1 m Tiefe unter Planum) lässt sich auch hier nicht herstellen, obwohl die Grubensohlen der Phase 2a diese häufiger durchstoßen haben.

4. Die Grubensohlen sind häufiger als in Phase 1 muldenförmig oder uneben, seltener flach. Man gewinnt im Gegensatz zu Phase 1 nicht den Eindruck, dass sie regelmäßig mit einem Bodenbelag (aus Holz) ausgestattet waren.

5. Die Verfüllungen bestehen in der Regel aus mehr Schichten als in Phase 1, die sich zudem klarer voneinander abgrenzen. Oft hat sich in ihnen eine feinere Stratigraphie gebildet als in den Gruben der Phase 1. Besonders eindrucksvolle Beispiele hierfür bieten Bef. 75 und 800 (vor Baracke III bzw. VI; Anlage 8). Dieser Umstand deutet darauf hin, dass sie kaum ruckartig in einem Zuge, sondern eher allmählich und über einen längeren Zeitraum hin verfüllt wurden oder teilweise sogar zusedimentiert sind. Hierzu passt, dass es anders als in Phase 1 deutlich seltener grubenübergreifende Scherbenanpassungen gibt.

6. Die Ansicht, dass sie länger offen standen als die Gruben der Phase 1 unterstützt auch das im Verhältnis zur geringeren Grubenanzahl etwas üppigere Fundmaterial.[296] Dieses enthält weniger umgelagerte vorgeschichtliche Scherben als in Phase 1. Gleichwohl kommen größere Bruchstücke von Keramikgefäßen seltener vor als in der Frühphase, was gegen eine regelmäßige Nutzung der *porticus*-Gruben der Phase 2a als Abfalllöcher spricht. Eher ist hier an die Einbringung von Kehricht zu denken.

7. Der gewachsene Kiesboden unterhalb der Gruben weist manchmal, allerdings längst nicht regelmäßig eine gleichartige rostrote Verfärbung auf, wie sie für die Jaucherinnen der Phasen 2–3 typisch sind.[297]

8. Ein wesentlicher Unterschied zu den Gruben der Phase 1 besteht auch darin, dass die der Phase 2a fast immer Einlagerungen von Kalkbändern aufweisen. Dabei handelte es sich ursprünglich wohl wie in den Jaucherinnen um ungelöschten Kalk, der stellenweise mörtelartig mit Kieseln der angrenzenden Verfüllschichten verbacken ist. Diese Kalklinsen oder Zwischenstraten sind in verschiedenen Verfüllungshöhen anzutreffen, oft in der Mitte oder im oberen Drittel der Gruben.[298] Vom Verputz-Kalkmörtel im Barackenschutt unterscheiden sich diese Kalkkonzentrationen durch fehlende Sandmagerung. Im Fall der Bef. 800, 802 und 921 kam der Kalk offenbar auf Holzoberflächen (wohl Brettern) zu liegen, deren Abdrücke er konserviert hat. Gerade bei den Bef. 800 und 802 besteht der Verdacht, dass sie, als sie bereits zu zwei Dritteln verfüllt waren, vor ihrer endgültigen Einebnung als Kalklöschgruben zweckentfremdet wurden.

---

296 Ca. 370 Fundpositionen aus Gruben der Phase 1 stehen ca. 355 Fundpositionen aus solchen der Phase 2a gegenüber.

297 Rostrote Ausfällungen fielen unterhalb der Gruben Bef. 75, 76, 201, 282, 296, 297, 723, 724, 802 und 804 auf.

298 Bef. 75 (Schicht D); 76 (B); 166 (B); 297 (F); 320 (A); 358 (B); 394 (E); 530 (A); 533 (B); 563 (C-D, E); 583 (C); 584 (E); 723 (D); 724 (E); 800 (C, E, J); 802 (oberes Drittel); 828 (F); 921 (D) und 1107 (C) (Anlage 8). Detaillierte Beschreibungen entnehme man dem Befundkatalog.

Abb. 53: Grube Phase 2a Bef. 1270 vor dem Kopfbau von Baracke II.

Abb. 54: Grube der Phase 2a Bef. 394 vor Baracke V.

Die Position unter den Veranden (*porticus*) setzt einst vorhandene hölzerne Abdeckungen voraus. Im Gegensatz zu den „Gassengruben" der Phase 1 ist das Phänomen der „*porticus*-Gruben" nicht auf Heidenheim beschränkt.[299] Vergleichbare Befunde liegen z. B. aus Kösching,[300] Oberstimm,[301] Künzing[302] und Ladenburg[303] sowie vor allem aus der hadrianischen Periode von South Shields am Hadrianswall vor.[304] In der britannischen Militärbasis des 1. Jh. Usk scheint man vormalige Infanterie- einmal in Kavalleriebaracken umgewandelt zu haben, wobei diesen ebenfalls Gruben vorgelagert wurden.[305]
Im South Shields benachbarten Lager Wallsend, das ebenfalls für eine *cohors quingenaria equitata* konzipiert war und dessen Stallbaracken des 2. Jh. in der *retentura* ansonsten mit denen von South Shields identisch sind, hat man die betreffenden Straßen- und *porticus*-Areale kaum ausgegraben, sodass das einstige Vorhandensein von Gruben dort vorerst nur vermutet werden kann.[306] Diese Ungewissheit erstreckt sich auch auf andere Kastelle mit Reiterbesatzung, in denen die Lagergassen und Portiken nicht oder kaum aufgedeckt wurden: Im Alenkastell Echzell sind Gruben in den Portiken stellenweise angeschnitten worden, doch gab es sie dort wie hier nicht regelmäßig.[307] Die nur in geringem Umfang aufgedeckten Lagergassen und Portiken der Dormagener Reiterbaracken waren frei von barackenzeitlichen Gruben,[308] was gleichermaßen für das flavische Reiterkastell Gelduba[309] sowie für das Alen(-?) Lager RottweilIII gilt. An diesen nieder- bzw. obergermanischen Alenstandorten bleibt das einstige Vorhandensein unterschiedlich dichter Grubenreihen (vgl. die Heidenheimer Baracken III und IV) immerhin möglich. Resümierend ist festzuhalten, dass eine geschlossene Grubenkette zwar offenkundig nicht zwingend erforderlich war, dieser Grubentyp aber dennoch eine spezifische Einrichtung von Reiterbaracken darstellt. Umgekehrt ist innerhalb der nord-

westlichen Provinzen bisher jedenfalls kein Reiterkastell zu benennen, in dem sie definitiv fehlten. Das Heidenheimer Beispiel regt an, dass künftige Ausgrabungen in Lagern mit Reiterbesatzung nach Möglichkeit auch die Straßen und Portiken mit einbeziehen sollten.
Aufgrund des sporadischen Vorkommens in allzu kleinen Sondageflächen hat die Forschung diese Befunde bisher weitgehend ignoriert. Einzig in South Shields fand man sie einstweilen ebenso regelmäßig vor wie in Heidenheim. Der Ausgräber N. Hodgson hat sie, bereits in Kenntnis der Heidenheimer Vergleichsbefunde, einer kurzen Darstellung gewürdigt und eine Deutung als Sickerschächte in enger Verbindung mit der Pferdehaltung vorgeschlagen.[310] Dem ist grundsätzlich nicht zu widersprechen. Auch

---

299 Was Phase 1 anbelangt, muss allerdings einschränkend bemerkt werden, dass in anderen Kastellen bisher kaum einmal die Lagerstraßen flächig freigelegt wurden – wohl in der Erwartung dort nur auf befundfreie Zonen zu stoßen.
300 Hüssen/Mehler 2004, 84 mit Abb. 87.
301 Schönberger 1978, 106 u. 115. Die Gruben unter der *porticus* von Baracke 6 standen allerdings vielleicht nicht gleichzeitig mit den Jaucherinnen offen.
302 Schönberger 1975, 67.
303 C. S. Sommer in: Kemkes/Scheuerbrandt 1999, 84 Abb. 1: Gruben unter der *porticus* einer Stallbaracke im Kastell I von Ladenburg.
304 Hodgson 2002, 888; ders. 2003, 86.
305 A. G. Marvell, Excavations at Usk 1986–1988. Britannia 27, 1996, 51–110 bes. 68 f.: Bei einer Umnutzung einer Baracke wurden vormalige *arma* in Pferdeställe umgewandelt, indem man Jaucherinnen einzog. Vor den Ställen fand man Gruben, die in drei von vier Fällen zentral vor dem Stall liegen. Datierung um 55–67 n. Chr. Vgl. ebd. 79–86 zur Diskussion der Stallbefunde, Belegung mit Pferden und Truppenzuweisung.
306 Hodgson 2003, 86.
307 D. Baatz, Germania 46, 1968, Anlage 2.
308 Müller 1979, Taf. 8 Flächen B und C u. Taf. 15.
309 Fahr/Reichmann 2002, 477.
310 Hodgson 2002, 888 u. 893 Abb. 5; Hodgson/Bidwell 2004, 136. Das Kastell South Shields war in hadrianischer Zeit für eine *cohors quingenaria equitata* konzipiert worden.

Abb. 55: Grube der Phase 2a Bef. 800 (rechts) schneidet *porticus*-Pfosten Bef. 799 von Baracke VI (links).

dort handelte es sich um Kastengruben, die wie in Heidenheim rund 1 m tief waren. Phosphatmessungen des Bodens unterhalb der Gruben ergaben dort ähnlich hohe Belastungswerte wie unter den Jaucherinnen, was den Stallkontext unterstreicht.[311]

Wenn also die Ansicht zutrifft, dass es sich ähnlich oder vielmehr zusätzlich zu den Jaucherinnen um „Stallgruben" handelt, wofür auch die immer wieder wie in diesen auszumachenden Einstreuungen von Kalk sprechen, so bedeutet dies, dass die Portiken zumindest zeitweise die Funktion von Ställen bzw. Pferdeunterständen übernahmen. Es ist leicht vorstellbar, dass hier die Pferde vorzugsweise während der warmen Jahreszeit angebunden wurden („Sommerstall"),[312] vorübergehend während Einsatzpausen oder in Vorbereitung von Alarmbereitschaften. In diesem Fall wäre der eigentliche Stallraum dann eher als „Winterstall" anzusprechen, der obendrein genügend Platz für Pferde bot, die sich längere Zeit hinlegen mussten oder für die sich eine isolierte Haltung oder intensivere Betreuung empfahl, sei es wegen Krankheit oder auch Aggressivität gegenüber Artgenossen („Stutenbissigkeit").

Dass man in den Portiken nicht analog zu den eigentlichen Ställen Jaucherinnen anlegte, mag einerseits mit anderer Oberflächenbeschaffenheit zu tun haben, denn eine Holzbeplankung der Veranden ist nicht beweisbar, andererseits mit einer im Alltag sicher wünschenswerten schnellen Dungentsorgung in die Gruben. Möglicherweise entleerte man diese nur von Zeit zu Zeit. Durch wiederholtes Herausschaufeln könnten nämlich die muldenförmigen Sohlen entstanden sein, die die Gruben der Phase 2a in der Regel von denen der Phase 1 unterscheiden. Dagegen lässt sich einwenden, dass es letztendlich einfacher gewesen wäre, den anfallenden Mist sogleich auf einen zum Abtransport bereitstehenden Karren aufzuladen. Das aber mag zu modern-ökonomisch gedacht sein, denn den Reitern, so darf man erwarten, standen für derartig „schmutzige" Dienste zweifelsohne Knechte *(calones)* zur Verfügung, sodass sie nicht selbst Hand anzulegen brauchten, falls sie den Stalldienst überhaupt selbst besorgten.[313] Es mag hinzukommen, dass allzu viele herumstehende Mistkarren auch den ständigen Reitverkehr (zumal bei Alarm) behindert hätten. Man muss schon hinterfragen, warum im Bedarfsfalle bloßer Drainage von Pferdeurin die Gruben derartig tief ausgehoben wurden. Im Heidenheimer Kiesboden wäre das eigentlich unnötig gewesen. Das mit den „Stallgruben" in den Portiken verbundene Trockenlegungs- bzw. Entsorgungssystem mutmaßlicher Pferdeunterstände hat sich jedenfalls, wie die vorzeitige Aufgabe der Gruben verkündet, nicht dauerhaft durchgesetzt. Darin liegt eine weitere Parallele zu den Befunden in South Shields, wo sie möglicherweise von steinverkleideten Drainagerinnen in der Gasse ersetzt wurden.[314] Solche fehlten im Kastell Heidenheim definitiv. Ein fast prägefrischer Denar des Hadrian (RIC 175; Kap. IV.2 Nr. 21) von der Sohlenschicht der Grube Bef. 1301 beweist, dass die Gruben bis mindestens 125/128 n. Chr. in Funktion waren. Die mithin wohl spätesten Funde der Gruben-Phase 2a stammen aus Bef. 75, Bef. 723 und 1688 (Anlage 8): Aus ihnen liegen Sigillatabruchstücke vor, die Merkmale ostgallischer Manufakturen (darunter Heiligenberg) aufweisen.

---

311 Freundl. Mitteilung Nick Hodgson, South Shields, (Brief vom 07. Januar 2002), dem ich für anregende Diskussionen danke. Die Publikation der Ergebnisse der Phosphatanalysen von South Shields steht noch aus. – Bedauerlicherweise haben wir in Heidenheim versäumt, die Gruben der Phase 2a zu beproben (vgl. Phase 1).

312 Zur Unterscheidung von Sommer- und Winterställen vgl. auch Davison 1989, 138.

313 Bis heute ist unklar, ob etwa jeder Reiter einen oder mehrere *calones* beschäftigte, jedes *contubernium* oder ob sie der *turma* zugeteilt waren. Grabreliefs suggerieren, dass jedem Soldat ein *calo* diente, vgl. P. Noelke, Grabreliefs mit Mahldarstellung in den germanisch-gallischen Provinzen – soziale und religiöse Aspekte. In: P. Fasold/T. Fischer/H. von Hesberg/M. Witteyer (Hrsg.), Bestattungssitte und kulturelle Identität. Grabanlagen und Grabbeigaben der frühen römischen Kaiserzeit in Italien und den Nordwest-Provinzen. Xantener Ber. 7 (Köln, Bonn 1998) 399–418 bes. 407. Ferner bleibt offen, ob sie von den Reitern selbst finanziert oder sogar von der Truppe gestellt wurden; grundsätzlich dazu M. P. Speidel, The soldiers' servants. Ancient Soc. 20, 1989, 239–247. Dasselbe gilt für die Unterbringung dieser Dienstkräfte. Stillschweigend wird stets angenommen, dass sie ebenfalls in den Baracken untergebracht gewesen seien (zuletzt Hodgson 2003, 84), wofür jedoch jeder Beweis fehlt. Alternativ sei zur Diskussion gestellt, ob sich die *calones* bisweilen vielleicht aus der „Vicus-Jugend" des Standortes rekrutierten, u. a. aus den Soldatenkindern, die später selbst den Eintritt in die Truppe anstrebten. Dieses Modell würde auch „Heimschläfer" akzeptieren.

314 Hodgson 2002, 888; Hodgson/Bidwell 2004, 136. Hier waren die Gruben bis mindestens um 180 n. Chr. in Funktion.

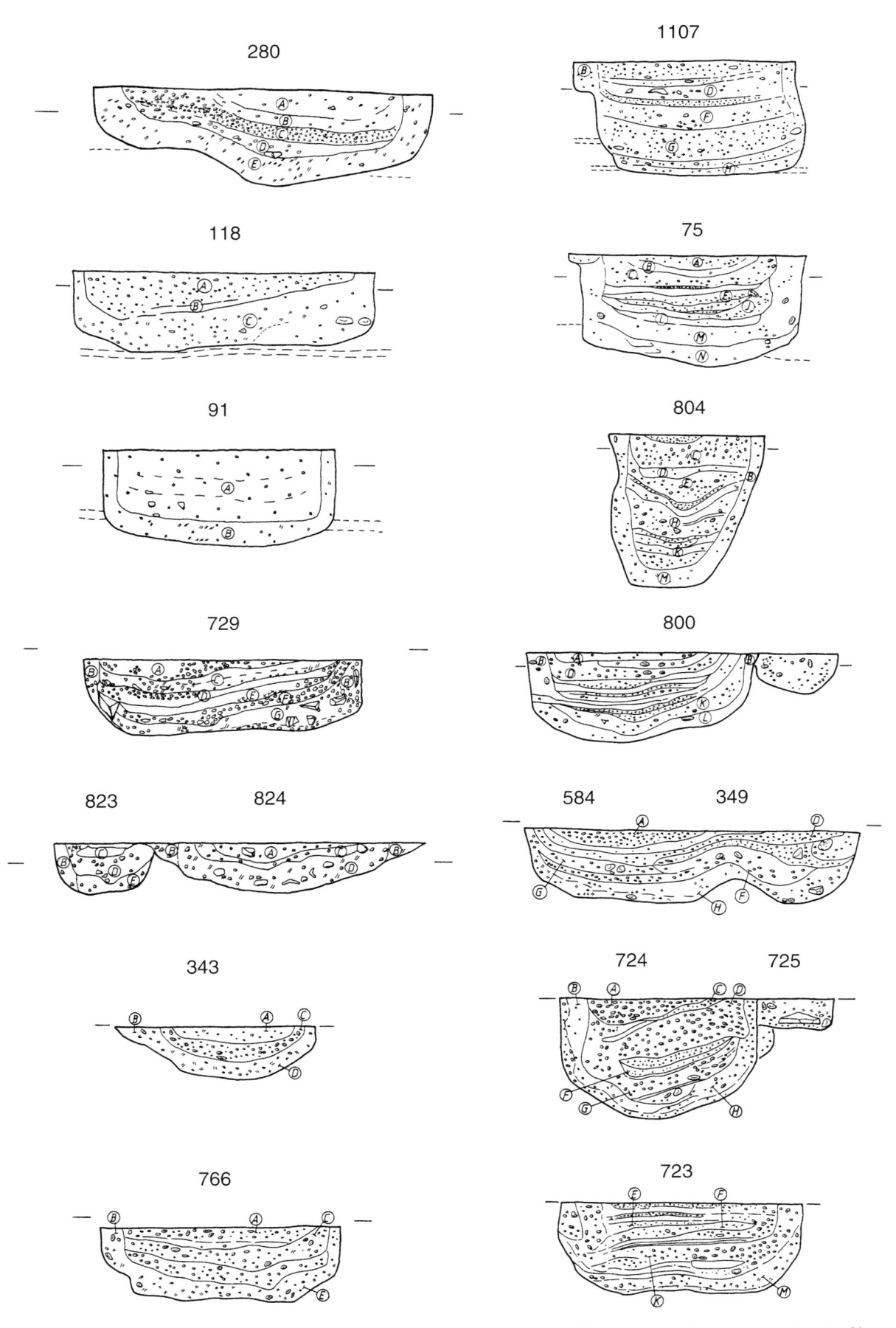

Abb. 56: Linke Spalte: Ausgewählte Profile von Gruben im Bereich der *viae vicinariae* (Phase 1). Rechte Spalte: Ausgewählte Profile von Gruben unter den *porticus* (Phase 2a). M. 1:50. Höhenlinie: 488,90 m ü. NN.

Zu klären bleibt die Frage, warum vor den Kopfbauten der *decuriones* offenbar deutlich größere Gruben benötigt wurden.[315] Dieses Phänomen ist nämlich nicht auf Heidenheim beschränkt, sondern wiederholt sich zumindest in South Shields und Kösching (s. o.), wo ebenfalls Dekurionen-Kopfbauten des 2. Jh. ergraben wurden.

II.2.12 Anmerkungen zum Fundmaterial der Phase 2a

Der zeitliche Abstand der Grubenphasen 1 und 2a kann anhand des Fundmaterials nicht gemessen werden. Immerhin dauerte er lang genug, um Veränderungen in der Sigillatabelieferung erkennen zu können (Kap. IV.7–8). Die Verfüllung der Gruben von Phase 2a ist im Gegensatz zu denen von Phase 1 wahrscheinlich nicht in einer Aktion gleichzeitig erfolgt, sondern eher allmählich innerhalb eines gewissen Zeitraums. Davon zeugen sowohl der feingliedrigere Schichtenaufbau der meisten Gruben als auch die Tatsache, dass es im Fundmaterial benachbarter Gruben im Gegensatz zur Phase 1 nur ausnahmsweise Anpassungen gibt.

Die Anzahl an rot gestrichenen, sog. „rätischen" Reibschüsseln nimmt, verglichen mit Phase 1, gegenüber der Anzahl tongrundiger Reibschüsseln deutlich zu. Zweihenkelkrüge mit eingestochener Gesichtsverzierung und Ratterdekor erweitern das Keramikspektrum gegenüber Phase 1. Glanztonbecher und -schüsseln der sog. „rätischen" Ware mit den Verzierungsstilen Drexel 1–3 fehlen in Phase 2a weiterhin. Einzelne Scherben solcher Gefäße fanden sich lediglich in späteren Nachplanierungen über den bereits abgesackten Verfüllschichten. Glanztonbecher der Phase 2a weisen nach wie vor Griesbewurf und Karniesränder auf. Immer noch in der Minderzahl, aber häufiger als in Phase 1 trifft man Keramikbruchstücke mit bereits verrollten Bruchkanten an. In Einzelfällen stammen Scherben desselben Gefäßes, wie bereits angemerkt, aus Gruben beider Phasen. So passen z. B. zwei Wandscherben aus den obersten, wohl nachträglichen Verfüllschichten A und C der Grube 822 (Phase 1) an größere Gefäßreste aus den benachbarten Gruben 802 und 804 (Phase 2a) an, in deren unteren Verfüllschichten sie lagen. Fragmente vermutlich derselben Reibschüssel sind Bef. 575-7 (vgl. Kap. V) aus der jüngsten, nachträglichen Kiesplanie der älteren Grube 575 (Phase 1) sowie Bef. 394-10 aus der jüngeren Grube 394 (Phase 2a). Scherben derselben Schüssel verteilen sich auf Bef. 883 und 901 (Phase 1) sowie auf Bef. 800 (Phase 2a). Hierfür könnten allerdings Zuordnungsfehler beim Ausgraben verantwortlich sein, da die Überschneidung der Bef. 800/901 optisch kaum abgrenzbar war. Gleiches gilt für Anpassungen aus den Gruben 580 (Phase 1) und 583 (Phase 2a). Die Nigrascherben mit Rollrädchendekor aus den Gruben 709 (Phase 1) und 802 (Phase 2a) könnten Scherben desselben Gefäßes sein, doch lässt sich dies ebenso wenig durch Anpassung beweisen wie die Zusammengehörigkeit der Scherben Bef. 823-5 (Phase 1) und Bef. 828-4 (Phase 2a).

Sehr häufig kommen während der Phasen 1–2a grautonige Kochtöpfe mit grobem und unscharfem, horizontalem Kammstrich vor (Ware 9), meist mit umgeschlagenem, manchmal mit steilem dreieckigem Rand und fast immer mit rauer Oberfläche. Im Wiederholungsfalle verteilen sich Scherben desselben Topfes auf verschiedene Gruben derselben Phase. Unter den Vorratsgefäßen (Schüsseln, Flaschen/

Abb. 57: Stallgrube Bef. 195 (Phase 2b) in Baracke III.

Abb. 58: Vorratsgrube Bef. 478 (Phase 2b) in Baracke V, dritte Stube von Osten.

---

315 Bef. 1270 vor Baracke II und Bef. 1301 vor Baracke IV. – Vgl. die Diskussion um die Anzahl der Pferde der Dekurionen in Kapitel II.2.5.

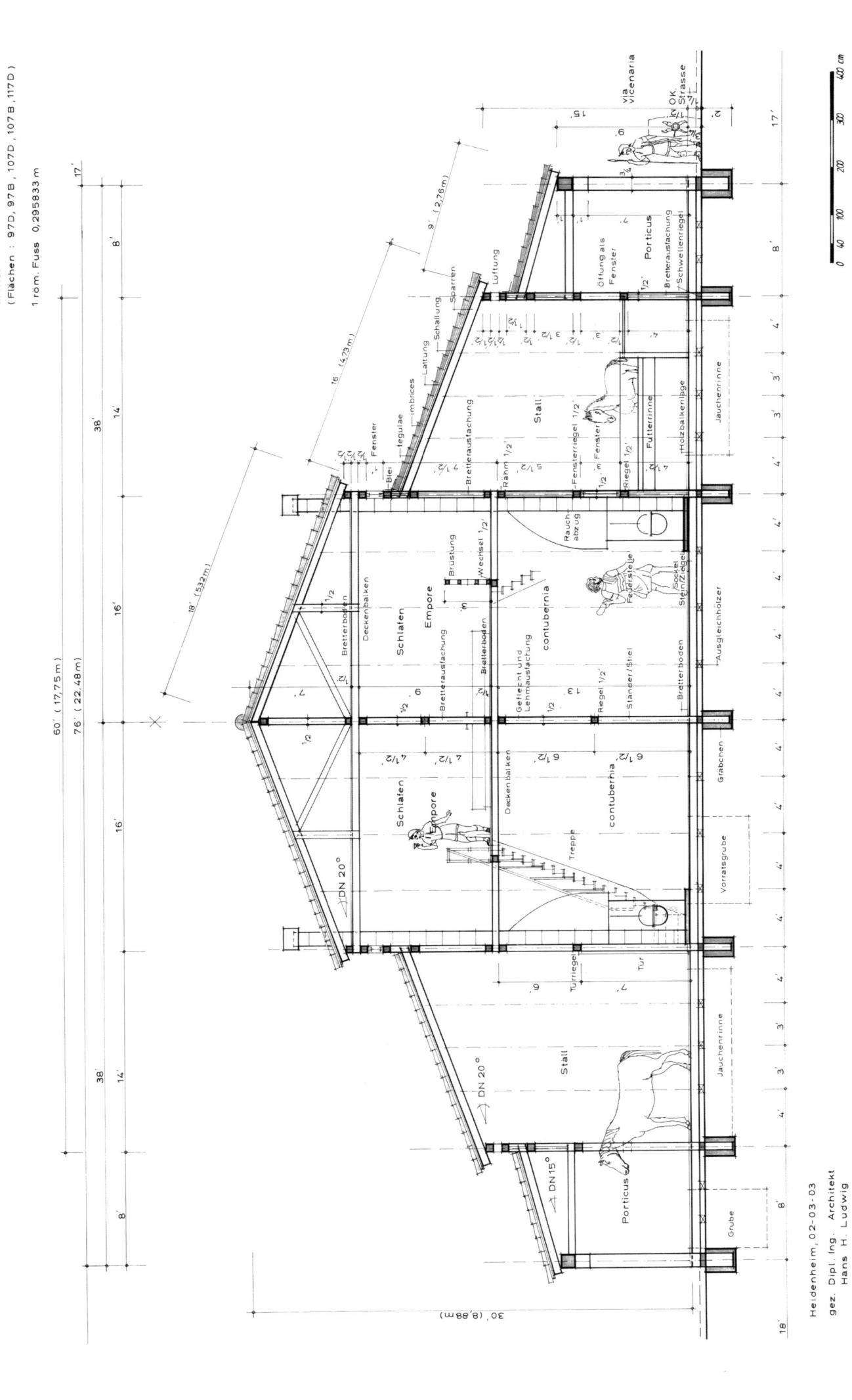

Abb. 59: Rekonstruktionsvorschlag des Mannschaftstraktes einer zweistöckigen Doppelbaracke. Zeichnung H. H. Ludwig.

Abb. 60: Teilnachbau einer Heidenheimer Doppelbaracke im Maßstab 1:1 im Limesmuseum Aalen 2005.

Abb. 61: Teilnachbau einer Heidenheimer Doppelbaracke im Maßstab 1:1 im Limesmuseum Aalen 2005. Endbau ohne architektonischen Vorsprung wie in Phase 2 wahrscheinlich.

Töpfe) fällt eine Gruppe mit braunroten Überzügen bzw. braunroter Bemalung auf (Ware 4). Eine weitere Warengruppe weist folgende Tonmerkmale auf: innen rot bis braun, außen mattschwarz bei unebener, manchmal rauer Oberfläche. Es handelt sich meist um steilwandige bzw. konische (Koch-) Töpfe, aber auch um bauchige mit umgeschlagenem Rand (Ware 10). Fast alle Bruchkanten sind scharfkantig.

II.2.13 Liste der Befunde Phase 2a

Bef. 20; ZOH-72; 75; 76; ZOH-83; 136/282; 155; 166; 168/296/297; 182; 201; 320; 321; 349/584; 358; 359; 394; 530; 533; 563; 583; 723; 724; 753; 791; 800; 802; 804; 828; 901; 921; 1107; 1270; 1294; 1301; 1669; 1670; 1688.

II.2.14 Einrichtungen und Umbauten innerhalb der Baracken, die nicht bis zum Ende des Kastells Bestand hatten (Phase 2b)

Anlage 8–9; Abb. 57–58

Bei nur wenigen Befunden innerhalb der Baracken ließ sich mit der nötigen Sicherheit nachvollziehen, dass sie bereits vor dem Ende des Kastells wieder außer Betrieb genommen und eingeebnet worden waren, z.B. indem der finale Abbruchschutt ihre Verfüllung überdeckte. In einigen weiteren Fällen könnte schon vor dem Kastellende der bei punktuellen Umbauten angefallene Fachwerkschutt zur Verfüllung herangezogen worden sein, ohne diesen jedoch von dem erst in Phase 3 deponierten unterscheiden zu können (z.B. Bef. 1166; Anlage 8). Auf etwaige Unsicherheiten bei der Phasenzuweisung wird im Befundkatalog (Kap. V) hingewiesen. Mangels stratigraphischer Einbindung kann nicht geklärt werden, ob die wenigen Stuben, in denen eine Vorratsgrube entdeckt wurde, bereits von Anfang an mit einer solchen ausgestattet waren. In zwei Fällen wurde eine in Phase 2b geschlossene Grube von einer jüngeren innerhalb derselben *papilio* abgelöst.[316]

Noch weniger als Phase 2a ist Phase 2b chronologisch eng fassbar. So gab es in sieben Ställen von Baracke III jeweils zwei Jaucherinnen bzw. -gruben; neben der ursprünglichen, etwa in der Mitte des Stalles gelegenen wurde eine jüngere nahe der Stallwand ausgehoben. Diese löste die ursprüngliche Jaucherinne entweder ab oder wurde zusätzlich geschaffen. Es handelt sich jedenfalls um keine chronologisch einheitliche Maßnahme: Während Bef. 1135 von Bef. 1137 und Bef. 1147 von Bef. 1142 (Anlage 6; 8) abgelöst wurde, bestand Bef. 1111 mit hoher Wahrscheinlichkeit nur zeitweilig parallel zur eigentlichen Jaucherinne (Bef. 1113) und wurde deutlich früher als diese wieder verfüllt. Hierfür spricht – vorbehaltlich aller Unwägbarkeiten von Einzelfunden – auch ein numismatischer Befund, denn der 119–121 n. Chr. geprägte Dupondius des Hadrian aus Bef. 1111 ist in fast prägefrischem Zustand verloren gegangen, wohingegen der Dupondius desselben Prägetyps aus Bef. 1142 bereits bis zur Unkenntlichkeit abgegriffen war![317] Später als Bef. 1111 scheint auch die Grube Bef. 195 (Abb. 57) aufgegeben worden zu sein, deren Verfüllung von einem späteren Reparaturpfosten (vgl. Phase 3) geschnitten wird. An das in ihr entdeckte Tonfläschchen passt eine Scherbe aus der Grube Bef. 1166 (s.u.) an,[318] deren Verfüllung wiederum durch einen bereits etwas abgegriffenen Dupondius des Hadrian post quem datiert ist.[319] Die Zuschüttung von Bef. 206 im östlichen Teil von Baracke III ist durch einen fast prägefrischen As des Hadrian aus den Jahren 125–128 n. Chr. post quem datiert.[320] Die Notwendigkeit zusätzlicher Jaucherinnen oder -gruben mag dem Bestallungswechsel von Stuten zu Hengsten oder umgekehrt entsprossen sein.

II.2.15 Liste der Befunde Phase 2b

Bef. 23/67/98/128/131/256; ZOH-36; 87/241/337; 188/334; 195; 206; 370; 438; 478; 524/525; 595; 799b; 979; 1026; 1063; 1111; 1125; 1137; 1142; 1166; 1236; 1238; 1250; 1252; 1330.

II.3 Umbauten, die bis zur Aufgabe des Kastells bestanden (Phase 3)

Anlage 10–11, Abb. 28–29; 41–43; 62–66

Phase 3 wird durch Verfüllungen definiert, die beim Abbruch des Kastells um 160 n. Chr. zustande gekommen sind und meistens aus dem finalen Barackenschutt bestehen oder solchen beinhalten. Außerdem fallen hierunter auch die jüngsten strukturellen Umbauten in den Baracken, die bis zum Kastellende Bestand hatten.

---

316 Grube Bef. 370 (Baracke V; Anlage 8) folgte in Phase 3 Bef. 377 (Anlage 10). Grube Bef. 595 (Baracke VI; Anlage 8) wurde offenbar durch Bef. 1390 (Phase 3; Anlage 10) abgelöst.
317 Vgl. Kap. IV.2 (Münzen) Nr. 17–18.
318 Dieser „Scherben-Link" ist verbürgt, da die Zusammengehörigkeit bereits während des Abtragens von Bef. 1166 aufgefallen war. Das Gefäß aus Bef. 195 hatte die Fundbearbeitung bereits durchlaufen. Ein nachträglicher Zuordnungsfehler ist daher ausgeschlossen.
319 vgl. Kap. IV.2 (Münzen) Nr. 22.
320 Kap. IV.2 (Münzen) Nr. 23.

Abb. 62: Stallgrube Bef. 664 (Phase 3) in Baracke IV. Das schräg verlaufende dunkle Gräbchen ist vorgeschichtlich. Blick nach Westen.

Abb. 63: Stallgrube Bef. 691 (Phase 3) in Baracke IV. Links im Profil ein vorgeschichtliches Gräbchen sowie das Langgräbchen Bef. 421 (Phase 2). Blick nach Nordwesten.

II.3.1 Veränderungen in den Mannschaftsquartieren

Die Mannschaftstrakte der Baracken sind im Großen und Ganzen einphasig und hatten bis zur Aufgabe des Kastells im Zuge der Limesvorverlegung Bestand. An verschiedenen Stellen ist es jedoch zu Erneuerungs- und Ausbesserungsmaßnahmen gekommen. Davon betroffen waren in erster Linie einzelne Fundamentpfosten, seltener ganze Wände.[321] Lediglich das fünfte *contubernium* von Westen in Baracke V hat eine individuelle Neugestaltung erfahren, indem ein kleiner Zwischenraum eingefügt wurde (Bef. 983 und 1354; Anlage 10). Da diese (punktuellen) Eingriffe sehr unterschiedlicher Natur und zum Teil auch Technik sind, kann im Gegensatz zu den „Regelbefunden" der Phase 2 auf Einzelbeschreibungen im Befundkatalog nicht verzichtet werden (Kap. V).

Lediglich Baracke I scheint um die Mitte des 2. Jh. einen teilweisen oder sogar vollständigen Neubau erfahren zu haben. Während der Grabung im September 2003 waren trotz eiliger Notbergung zwei Bauphasen deutlich unterscheidbar: Die ältere (Anlage 5, Phase 2) bestand aus den üblichen Pfostengräbchen, die jüngere (Phase 3) aus wesentlich flacheren Schwellbalkengräbchen. Auch in der Dokumentation der Grabung 1965 zeichnen sich zumindest stellenweise Strukturen ab, die analog zu 2003 als jüngere Bauphase gedeutet werden können (Bef. 1703-05; Anlage 10). Weiter westlich war die antike Oberfläche indes so sehr durchwühlt, dass die jüngeren Bauspuren über dem südlichen Außengräbchen Bef. 1260 (Anlage 5) bereits vernichtet waren. Ursache für den Barackenneubau I könnte die höhere Witterungsanfälligkeit der Einzel- gegenüber den Doppelbaracken sein. Deren Lebensdauer erreichte jedenfalls rund 50 Jahre.[322] Die meisten Pfostenstümpfe waren bei der Auflassung des Lagers noch so weit intakt, dass sie gezogen oder ausgegraben wurden, wie die Auffüllung ihrer Pfostenlöcher mit Fachwerkschutt verrät.

Systematische Umbauten betrafen die östlichen Pferdeställe in den Baracken II–V sowie die Mehrheit der Ställe in Baracke VI, indem man die vormaligen Trennwände offenbar durch je ein einzelnes, kräftiges Punktfundament ersetzte.[323] In Baracke VI fand wahrscheinlich sogar ein zweiphasiger Umbau statt, ohne dass man das Altersverhältnis zwischen den beiden jüngeren Trennwänden Bef. 797 und 793 (Anlage 10) zu den Punktfundamenten angeben könnte. Diese bestehen entweder aus Pfostenstandspuren[324] oder aus breiten, rechteckigen bis quadratischen, jedoch recht flachen Gruben (Bef. 589 und 716). Da Letztere zur Aufnahme von Holzstützen kaum geeignet waren, könnte man an die gegen Verrutschen

---

321 Erneuerte Pfosten: z. B. Bef. 600 (Stallbereich Baracke IV); erneuerte Wände: Bef. 792 (*contubernium* neben dem erweiterten Kopfbau von Baracke IV) und Bef. 1721 (Stallbereich Baracke II; Anlage 10).

322 Der Kiesboden, der auch nach langen und heftigen Regenfällen schnell wieder abtrocknet, trug gewiss zur Holzkonservierung bei. Zur möglichen Lebensdauer von Holzbaracken vgl. auch St. Groh/H. Sedlmayer, Forschungen im Kastell Mautern-Favianis (Wien 2002) 84: dort angeblich sogar 70–80 Jahre.

323 Vgl. Anlage 10, von Westen nach Osten: Bef. 1714–1719 (Baracke II); 290, 273, 268 und 83 (Baracke III); 437, 447 und 455 (Baracke IV); 840, 516, 520 und 546 (Baracke V) und 869, 817, 819, 863, 589, 647 741b, 788 und 716 (Baracke VI).

324 Bef. 869; 817; 819; 863; 647; 741b und 788 (von Westen nach Osten; Anlage 10).

Abb. 64: Stallgrube Bef. 554 (Phase 3) in Baracke V. Blick nach Westen.

nur geringfügig eingetieften Standspuren steinerner Pfostensockel denken. In Frage kämen solche aus Kalktuffstein, da Splitter und kleinere Bruchstücke dieses Materials im Abbruchschutt der Baracken relativ häufig zum Vorschein kamen.

Sollten diese Deutungen zutreffen, so könnte dies bedeuten, dass die ursprünglichen, auf die *contubernia* bezogenen Stallboxen für je drei Tiere in den betroffenen Gebäudeteilen zugunsten einer Gruppenhaltung in hallenartigen Anbindeställen aufgegeben wurden,[325] sodass den Punktfundamenten lediglich noch statische, aber kaum mehr trennende Funktion zukam. Diese Sichtweise erfährt dadurch Unterstützung, dass die jüngeren Stützen nicht mittig über den vormaligen Pfostengräbchen postiert wurden, sondern versetzt neben diesen. Vermutlich wollte man den bereits aufgefüllten Boden der älteren Pfostengräbchen aus statischen Gründen meiden, wohingegen es auf eine *contubernia*-genaue Positionierung offenbar nicht mehr unbedingt ankam. Wahrscheinlich ging diese Umbaumaßnahme mit der unten zu besprechenden Erweiterung der Kopfbauten einher, wodurch ja der Mannschaftstrakt um eine Contubernieneinheit beschnitten wurde. Hat man nur ein näheres Zusammenrücken der Reittiere bezweckt oder auch eine flexiblere Aufstallungsmöglichkeit? Das Phänomen der zusätzlichen oder veränderten Jaucherinnen (Phase 2b) könnte für die zweite Möglichkeit sprechen. Weiterhin bestand ja die Option, die Tiere wenn nötig mittels beweglicher Gatter oder Schranken voneinander zu trennen. Darüber hinaus könnte man vermuten, dass einer flexibleren Aufstallung auch eine stärkere Fluktuation von Mannschaftsteilen entsprach. Wurden Soldaten in der Spätzeit in wechselnden Gruppen und in kürzeren Intervallen abkommandiert als dies zuvor der Fall war?

In der Spätzeit ist eine unregelmäßige Zunahme von Gruben zu verzeichnen. Das sind zum einen „Stallgruben" ganz ähnlich denen aus Phase 2a, die jedoch nicht mehr in den Portiken liegen, sondern in einzelnen Stallräumen (Bef. 691, 664 und 438 in Baracke IV).[326] Bef. 438 hat dabei die ursprüngliche Jaucherinne an dieser Stelle abgelöst. Die obersten Fachwerkschutteinfüllungen von Bef. 691 und 664 überdecken die Pfostengräbchen nur partiell, schneiden diese aber nicht. Anders verhält es sich mit den Gruben Bef. 1249 und 1697 (westliche Baracke II), deren Lage die Aufgabe des nördlichen Langgräbchens Bef. 1240 (Phase 2, Anlage 5) in diesem Abschnitt voraussetzt (zur Erweiterung des Kopfbaus s. u.). Aus Bef. 1697 stammt übrigens die Schlussmünze im Bereich der Baracken (Kap. IV.2 Nr. 27). Wie im Falle von Bef. 438 scheint man auch hier die älteren Jaucherinnen aufgegeben zu haben. Es drängt sich die Frage auf, ob die Gruben eine andere Lösung der Dungentsorgung reflektieren – aus welchen Gründen auch immer. Konnten die für die betreffenden *contubernia* verantwortlichen Soldaten etwa seltener als andere auf die Unterstützung durch Knechte *(calones)* zurückgreifen, sodass sich der Dung erst einmal ansammelte? Wenn ja, wie begründete sich die unterschiedliche personelle Ausstattung? Lag die Anzahl der Knechte im Ermessen der Soldaten oder der *contubernia*, weil sie diese selbst finanzieren mussten, oder gab es an den Rang der Reiter gebundene Regeln? Vorerst lässt sich nur festhalten, dass es während der Spätzeit des Kastells offenbar verschiedene Vorgehensweisen bei der Dungentsorgung gab, die sich von Stubengemeinschaft zu Stubengemeinschaft unterschieden haben mochten.

Eine Zunahme scheint es auch bei den Gruben innerhalb der *papiliones* gegeben zu haben, wobei genau genommen nur deren Verfüllungen in Phase 3 datierbar sind (vgl. auch Phase 2b), nicht aber der Anlagezeitpunkt dieser als Vorratsgruben oder -keller zu deutenden Löcher. Es ist jedoch bemerkenswert, dass offenbar nur eine Minderzahl von *contubernia* überhaupt den Bedarf einer solchen Ausstattung gehabt zu haben scheint. Sollte die Interpretation der Gruben in Phase 1 richtig sein, so hätte in der An-

---

325 Langgestreckter Anbindestall ohne Wandunterteilung: Grönke 1999, 95.
326 Vgl. Anlage 10 u. Abb. 62–63. Fraglich ist dies im Falle von Bef. 1302 (Baracke III), da nicht sicher ist, ob sich der jüngere Endbauvorsprung so weit nach Osten erstreckte.

Abb. 65: Endbau von Baracke XXI. ZOH, Februar 2002. Die dunklen Gräbchen Bef. 41 und 43 (Phase 2) werden vom hellen Gräbchen Bef. 40 (Phase 3) geschnitten. Blick nach Westen.

fangszeit des Standortes jede Stubengemeinschaft über eine eigene Vorratsgrube verfügt. Hatte die Lagerleitung aufgrund der offenkundig schlechten Erfahrungen mit den nachsackenden Verfüllungen in den Lagergassen das Ausheben weiterer Gruben zunächst untersagt oder nur ausnahmsweise erlaubt, weil sie spätere Änderungen im Bebauungsplan vielleicht statisch zu beeinträchtigen drohten? Nahm die Grubenzahl erst wieder zu, nachdem nennenswerte Veränderungen im Bebauungsplan nicht mehr zu erwarten waren? Zudem lässt sich feststellen, dass die Gruben sehr unterschiedlich tief und überhaupt recht individuell geartet waren. Das Spektrum reicht von Kastengruben[327] über erdkellerartige Anlagen mit Abgangsstufe[328] bis zu einfachen Mulden.[329]

Auf einen wachsenden Bedarf an Vorratsgruben in der späteren Zeit könnten zunächst auch die neuen Ausgrabungen im Bereich von Mannschaftsunterkünften in der *retentura* des Westkastells Welzheim hinweisen, wo zahllose Gruben und Erdkeller unterschiedlicher Zeitstellung einander überlagern.[330] Allerdings muss die Auswertung der chronologischen Abfolgen und Grubenfunktionen dort abgewartet werden, bevor weiterführende Aussagen zu treffen sein werden.

II.3.2 Neue Kopfbauten

Abb. 41; 65–66

Während man die Mannschaftstrakte im Laufe von ca. 50 Jahren kaum verändert hat, sind alle ausgegrabenen Kopf- und Endbauten mindestens einmal umstrukturiert worden.[331] Betrachten wir zunächst den Kopfbau von Baracke IV, der von allen am besten erhalten war und bis auf die Störung seiner Nordostecke durch die Villa Meebold auch vollständig ausgegraben werden konnte (Anlage 10). Dieser Kopfbau

---

327 Vgl. Anlage 10, z. B. Bef. 377 (Baracke V); Bef. 1220, 1219 und 1207 (Baracke III; die Einordnung dieser drei Befunde in Phase 2b oder 3 ist allerdings unsicher).
328 Bef. 478 (dritte Stube von Osten in Baracke V, Phase 2b; Anlage 8).
329 Vgl. Anlage 10, z. B. Bef. 650 (Baracke IV); 857 (Baracke V) und 1390 (Baracke VI).
330 Krause/Gram 2005, 132; Kortüm 2006, 102 u. 105.
331 Unterschiedliche Ausbaustadien bzw. –geschwindigkeiten von Kopfbauten und Mannschaftsunterkünften sind ein seit der frühen Kaiserzeit bekanntes Phänomen, vgl. dazu J. K. Haalebos, Die früheste Belegung des Hunerberges in Nijmegen. Limes XVIII (Oxford 2002) 403–414 bes. 408 f.: Während die Kopfbauten hier bereits ausgebaut waren, lebten die einfachen Soldaten noch in Zelten oder hüttenartigen Leichtbauquartieren.

ist mindestens einmal umstrukturiert (Lage des Pferdestalls; vgl. Kap. II.2.5) und zuletzt sogar vollständig neu errichtet worden. Bemerkenswert ist, dass dieser Neubau die ursprüngliche Binnengliederung der Phase 2 kaum verändert hat. Lediglich die beiden schmalen Kammern in der Mitte der südlichen Raumzeile wurden um 4 Fuß (1,2 m) nach Osten verbreitert, die Trennwand Bef. 1022 des nordsüdlichen Korridors hingegen nur um 3 Fuß, sodass dieser insgesamt verschmälert wurde. Der südliche Raum (zwischen den Wänden Bef. 1017 und 1021) scheint ursprünglich als Stall gedient zu haben.[332] Diesen hat man – wie zu zeigen sein wird schon vor dem Neubau – an den Westrand des Offiziershauses verlegt, wo die jüngere Jaucherinne Bef. 1315 parallel zur Westwand verläuft, sodass der Stall seinen Zugang zur *via sagularis* hin besaß. Die Jaucherinne schneidet das Pfostengräbchen Bef. 421 der Phase 2, was zumindest mit der Teilniederlegung dieser Wand gleichbedeutend ist. Die typischen Sickerspuren unterhalb der Jaucherinne Bef. 1315 beweisen, dass diese einige Zeit lang benutzt wurde.

Für den Neubau wechselte man von der Pfosten- zur Ständerbautechnik, indem man wesentlich flachere, kaum tiefer als 15 cm eingegrabene Fundamentgräbchen für Schwellbalken aushob. Möglicherweise waren die zu Phase 2 passenden Fertigbaumodule nicht mehr verfügbar oder es erschien schlicht einfacher, mittels der flexibler modifizierbaren Ständerbautechnik den neuen Kopfbau quasi als separates Gebäude in die Barackenstruktur zu integrieren. Auch andernorts ist immer wieder zu beobachten, dass jüngere Holzbauphasen auf Schwellbalken (Ständern) gründeten. Meistens ließen ältere Eingrabungen im Baugrund wie hier kaum eine andere statische Lösung zu.[333] Möglicherweise strebte man zugleich für einen künftig bevorstehenden, jedoch nie mehr realisierten Neubau der Mannschaftstrakte eine konsequentere bauliche Trennung zwischen diesen und den Kopfbauten an, wie dies auch andernorts der Fall war, beispielsweise in Gestalt eines schmalen Korridors.[334]

Alle vormaligen Wände wurden entfernt und deren Pfostengräbchen teilweise deckungsgleich überbaut. Hierzu beließ man die – offenbar abgesägten – Pfostenstümpfe der Phase 2 gewissermaßen als „Pfählung" unter den Schwellbalken im Boden. Lediglich die o. g. Binnenwände sowie die Ostwand Bef. 1018 hat man ein Stück aus der Flucht des vormaligen Pfostengräbchens versetzt angelegt. Die Pfosten der Längswand Bef. 411 scheinen stehen geblieben zu sein, da ihre Pfostenlöcher vom südlichen Schwellbalkengräbchen Bef. 1017 einerseits nicht beeinträchtigt wurden und andererseits wie dieses mit Fachwerkschutt gefüllt waren, d. h. man hat auch diese Pfosten gezogen und nicht abgesägt. Dass dies nicht schon im Zuge des Neubaus passierte, sondern erst bei dessen Abbruch im Zusammenhang mit der Aufgabe des Kastells, beweisen die Verfüllungen aus demselben Fachwerkschutt (s. u.). Außerdem lehnen sich die jüngeren Trennwände des Endbaus von Baracke V (Bef. 1327 und 1012) nicht an das neue Schwellbalkengräbchen Bef. 1017 an, sondern an das ältere Pfostengräbchen Bef. 411, was für dessen Weiterexistenz spricht. Demnach wäre der neue Kopfbau IV tatsächlich als in sich geschlossener Baukörper innerhalb des Barackengerüsts der Phase 2 zu betrachten.

Leider waren die Befunde westlich der Trennwandgräbchen Bef. 1027 und Bef. 1015 (Phase 2; Anlage 5) sowie westlich der Störung durch die Villa Meebold deutlich schlechter konserviert als in den übrigen Flächen, da hier unter dem ehemaligen Fußgängerweg der Karlstraße die Verlegung verschiedener moderner Versorgungsleitungen zur Zerwühlung der oberen antiken Schicht geführt hat. Daher blieb die nördliche Stallwand (Bef. 1313) beispielsweise nur partiell erhalten, während das Westende des Schwellbalkengräbchens Bef. 1019 bereits völlig zerstört war. Dasselbe gilt vermutlich auch für die Nordwand des Kopfbaus, wo keine Chance mehr bestand, über dem Pfostengräbchen der Phase 2 (Bef. 1304; Anlage 5) eine jüngere, höher liegende Baustruktur zu entdecken. In Analogie zum Neubau der übrigen Wände wäre allerdings auch hier ein jüngeres Schwellbalkengräbchen zu erwarten. Die Westwand des Kopfbaus IV wurde nun durch fünf mächtige Punktfundamente (zusätzlich?) abgestützt.[335] Es ließ sich leider nicht mehr klären, ob über dem älteren Pfostengräbchen Bef. 1310 (Phase 2) eventuell ebenfalls eine jüngere Schwellbalkenkonstruktion verlief, worauf die Südwestecke hindeuten könnte. Die Pfostenwände der Phase 2 (Bef. 1310) dürften jedenfalls nicht mehr bestanden haben; deren abgesägte Pfostenstümpfe sind, soweit sie noch sichtbar waren, wohl in situ vergangen.[336]

Stratigraphische Lage und Verfüllung der Balkengräbchen zeugen von einer der spätesten Baumaßnahmen im Kastell. Die Schwellbalken waren offen-

---

332 Ausschlaggebend ist der Rest einer Jaucherinne Bef. 1026, vgl. Anlage 8 (Phase 2b).
333 Vgl. hierzu Weber 2000, 82–84; Pauli-Gabi u. a. 2002, 153.
334 Vgl. die Zusammenstellung von Barackengrundrissen bei Kortüm/Lauber 2004, 381 Abb. 177.
335 Bef. 1308; 1311; 1314; 1318; 1321 (Anlage 10).
336 Die schlechte Oberflächenerhaltung in diesem Bereich kann diese Aussage nur wenig einschränken, da die Pfostenstandspuren allenthalben oftmals bis zur Gräbchensohle reichten.

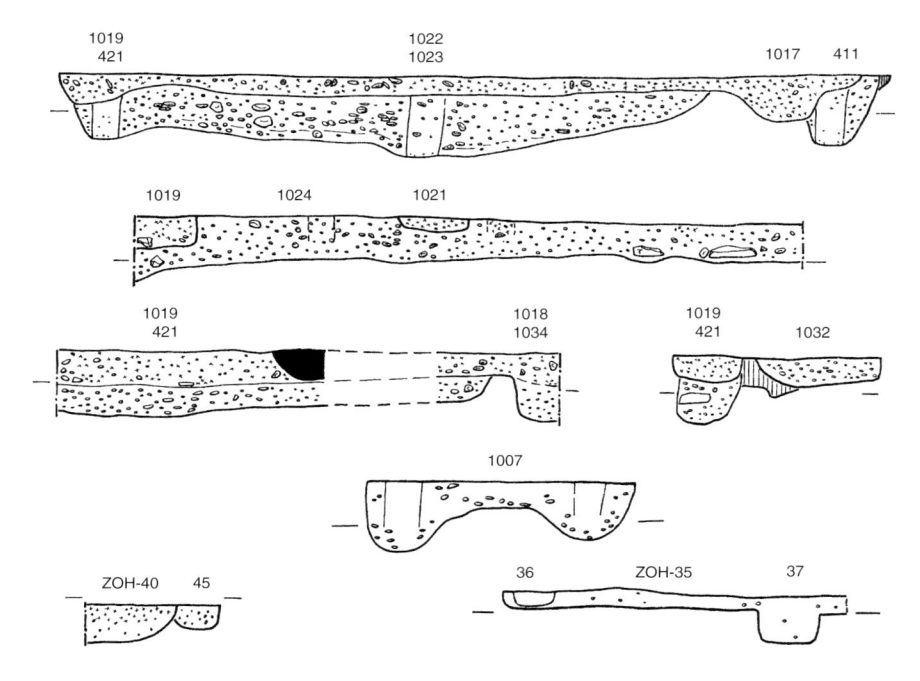

Abb. 66: Ausgewählte Profile von zweiphasigen Wandgräbchen aus dem Kopf- und Endbau der Doppelbaracken IV/V und XXI/XXII. M. 1:50. Höhenlinie 488,90 m ü. NN.

bar intakt wieder geborgen worden, sodass man ihre Gräbchen einheitlich mit finalem Abbruchschutt einebnete. Darin und nur hier fanden sich größere Mengen rohen, noch ungetünchten Wandverputzes. Wurde der Neubau vielleicht nie vollendet bzw. im Rohbauzustand wieder abgerissen? Die völlige Fundleere in diesem Bereich nährt diesen Verdacht zusätzlich. Eine begonnene, vermutlich nie vollendete Erneuerung ließ sich auch im partiell aufgedeckten Kopfbau der Baracke XXI östlich der *via decumana* feststellen (Bef. ZOH-40; Anlage 11; Abb. 65). Hatte der Befehl zur Vorverlegung des Limes die Heidenheimer Truppe überraschend ereilt und die eben erst bei den Kopfbauten begonnene Erneuerung der inzwischen rund 50 Jahre alten Bausubstanz abrupt beendet?[337] Manches scheint für diese Annahme zu sprechen.

Im Kopfbau von Baracke II lassen sich die Spuren nicht so einfach deuten. Hier haben durchgängige Oberflächenstörungen rund um die Villa Bittel sowie zwischen dieser und der Villa Meebold die Erhaltung jüngerer, höher liegender Bausubstanz gründlich verhindert. Auch die Pfostengräbchen der Phase 2 waren in diesem Areal stellenweise kaum noch tiefer als 15 bis 20 cm erhalten. In Analogie zu den Kopfbauten IV und XXI ist aber auch hier mit jüngeren Umbauten zu rechnen. Vom Kopfbau der Baracke VI ließ sich nur noch die Südostecke erfassen. Auch hier war analog zum Kopfbau IV eine zweiphasige Ostwand zu unterscheiden (Bef. 1447), deren jüngere

Phase wiederum ein nur flaches Schwellbalkengräbchen repräsentierte.

Deutungsschwierigkeiten bereiten die amorphen Grubenkomplexe Bef. 1228, 1163/1217/1164 und 1231 im Bereich von Kopfbau II (Anlage 10), die ausweislich anpassender Scherben und teilweise durchgängiger Straten gleichzeitig verfüllt wurden. Im Profil weisen diese Gruben teils wannen-, teils kastenförmige Konturen auf und stellenweise senkrechte Wände. Die teils eben, teils unregelmäßig verlaufenden Sohlen erreichen Tiefen von ca. 0,7 bis 1,1 m unter der kastellzeitlichen Oberfläche. Ihre Existenz beweist, dass der Kopfbau II einmal unter Aufgabe seiner gesamten vormaligen (Phase 2) Binneneinteilung grundlegend umgestaltet wurde. Eine nachkastellzeitliche Zeitstellung ist zwar nicht völlig ausgeschlossen, doch sprechen zwei Argumente dagegen: Erstens unterscheidet sich das Fundmaterial weder in chronologischer noch in funktionaler Hinsicht von

---

337 Ähnlich stellt sich die Lage in Neckarburken dar, wo das Kastellbad 158 n. Chr. gründlich saniert worden war. Noch unter demselben Befehlshaber wurde die Truppe nach Osterburken verlegt: M. P. Speidel, Die Brittones Elantienses und die Vorverlegung des obergermanischen Limes. Fundber. Baden-Württemberg 11, 1986, 309–311. Dabei wird m.E. zu recht angenommen, dass die Vorverlegung in einem Zug innerhalb von zwei bis drei Jahren erfolgte, vgl. auch S. Biegert/J. Lauber, Fundber. Baden-Württemberg 20, 1995, 548. – Der plötzliche Abbruch militärischer Bauplanung ist kein Einzelfall, vgl. z. B. Bakker 2005.

der Kastellphase 3 und zweitens berücksichtigen die Gruben noch die südliche und östliche Außenwand des Kopfbaus, die bei ihrer Anlage also noch sichtbar gewesen sein müssen (Bef. 1164 schneidet das Langgräbchen Bef. 1126 nur ganz am Rand), selbst wenn sie wie bei Kopfbau IV inzwischen auch hier durch höhere, nicht mehr erhaltene Schwellbalkengräbchen ersetzt worden waren. Die vor allem aus dunklem Erdmaterial organischen Ursprungs sowie aus Fachwerkschutt bestehenden Verfüllungen enthalten zahlreiche Einzelscherben, aber nur wenige größere oder zusammensetzbare Gefäßreste. Die Vertiefungen dienten zuletzt folglich nicht mehr der Abfallentsorgung einer bewohnten Nachbarumgebung, sondern sie wurden einigermaßen rasch aus herumliegendem Schutt- und Oberflächenmaterial verfüllt. Nicht unwesentlich ist dabei die Detailbeobachtung, dass sich darunter nicht nur der sonst in Phase 3 übliche weiße Fachwerkwandverputz befand, sondern außerdem mit Kieselchen gemagerter Gussmörtel, wie er für die *opus caementitium*-Füllung des Kastellmauerkerns typisch ist. Es sieht also so aus, als seien die Gruben beim oder nach dem Abbruch der unweit befindlichen westlichen Kastellmauer verfüllt worden.

Wozu aber dienten die Gruben? Sollte es sich bei ihnen um erdkellerartige Vorratsgruben gehandelt haben? Dazu könnten ihre Abmessungen ebenso passen wie die Funde von Dolienscherben in den Verfüllungen. Zwar fehlen ihnen die sonst zu beobachtenden Wandverschalungen, doch könnte man sich diesbezüglich in die Annahme flüchten, dass sie beim Abbruch der Baracke wieder ausgebaut worden seien, da sie aufgrund ihres relativ geringen Alters noch intakt gewesen sein mochten. Durch dabei oder bald hernach (zumal wegen des instabilen Kiesbodens) einbrechende Wände mögen auch die amorphen, verrundeten Konturen im Planum entstanden sein. Trifft die Deutung als Vorratsgruben oder Erdkeller zu, wäre damit nicht nur eine völlige Umstrukturierung des Kopfbaus einhergegangen, sondern zugleich auch eine Umnutzung desselben, denn eine Deutung als Offizierswohnung lässt sich mit diesen Befunden kaum mehr in Einklang bringen – jedenfalls nicht mehr für den Großteil des Kopfbau-Erdgeschosses. Möglicherweise begründete diese Umnutzung zugleich die Erweiterung des Kopfbaus nach Osten (s. u.).

Eine in jeder Hinsicht vergleichbare „Großgrube" wurde auch inmitten des Kopfbaus der Baracke XXII entdeckt (Bef. ZOH-48; Anlage 11). Da auch sie die Kopfbaustrukturen der Phase 2 stört und außerdem – im Gegensatz zu den Gruben im Kopfbau II – auch von den Baufluchten abweicht, wurde sie während der Ausgrabung 2002 zunächst für nachkastellzeitlich gehalten. Dagegen sprechen aber sowohl das Fundmaterial als auch der Vergleich mit den analogen Verhältnissen im Kopfbau II, sodass eine gewisse Systematik durchscheint.

Eine alternative Erklärung für dieses spätkastellzeitliche „Grubenphänomen" in den Kopfbauten ließe sich noch anbieten: Sowohl in der *praetentura* als auch in der *retentura* grenzen die (betroffenen) Kopfbauten an Wege, die wahrscheinlich nach der Aufgabe des Kastells oder sogar im Zuge dessen erneuert (*via decumana*) oder erst neu angelegt wurden, so wahrscheinlich über dem verfüllten westlichen Kastellgraben (vgl. Phase 4–5). Hierzu bedurfte man möglichst naher, unverschmutzter Kiesschürfstellen. Die amorphen Konturen der Gruben ließen sich durch bloße Kiesentnahme für den Straßenbau besser erklären. Falls dies, wie es scheint, gleichzeitig mit den Abbrucharbeiten geschah, wurden die Gruben mit Kastellmaterial verfüllt, obwohl sie dann bereits einer nachkastellzeitlichen Planung unterlagen. In Bezug auf ihre Entstehung wie Verfüllung bleibt vorläufig zu resümieren, sind diese „Großgruben" die allerspätesten Kastellbefunde.

II.3.3 Erneuerte Endbauten

Unter den fünf teil- oder nur ansatzweise aufgedeckten Endbauten ist ausschließlich der von Baracke I mit Sicherheit vollständig erneuert worden, wobei man seinen hallenartigen nördlichen Vorbau mit drei Punktfundamenten verstärkte. Unsicher bleiben Zeitstellung und Natur des nicht ganz parallel zu den Trennwänden verlaufenden Gräbchens zwischen Bef. 1649 und 1654 (Anlage 10), da seine Lage zwar für eine Jaucherinne spricht, seine geringe Breite sich jedoch als eher ungewöhnlich ausnimmt. Zumindest durchdrang es die hier aufliegende Auelehmschicht bis in den gewachsenen Kies hinein. Seinerseits wird es vom jüngeren Schwellbalkengräbchen Bef. 1650 geschnitten. Möglicherweise diente der nördliche Fortsatz des Gräbchens als Jaucherinne in Phase 3, womit der jüngere Stall auch hier im Vorbau zu suchen wäre (s. u.).

Im Falle des Endbaus III kann ein vollständiger Neubau nur vermutet werden. Diesen erweiterte man vermutlich erst nachträglich mit einem nach Süden in die Portikus vorspringenden Raum (Bef. 1280 und 1290; Anlage 10), in dem zuletzt ein Stall eingerichtet war, wie die Jaucherinne Bef. 1288 bekundet. Die Reste der Wandgräbchen Bef. 1280 (Süd), 1286 und 1290 deuten auf zwei Bauphasen hin, deren erste wie in Phase 2 aus in Gräbchen eingestellten Pfosten bestand, die nur sehr lückenhaft erhaltene jüngere wahrscheinlich aus Schwellbalkenfundamenten. Die Grube Bef. 1281 ist wahrscheinlich als Latrine zu deuten, die sicherlich nicht zur Primärausstattung des Endbaus gehörte, sondern erst nachträglich eingefügt wurde, wie die Überschneidung mit dem Langgräbchen Bef. 1120 (Phase 2) und die Verschiebung der Nordwand des Raumes weiter nach Norden (Bef. 1279) beweist. Sie ist die einzige in einem Endbau entdeckte Toilette des Kastells, falls nicht Bef. 1712 in einer westlichen Raumecke des Endbaus II ebenfalls als eine solche zu interpretieren ist. Mangelhafte Dokumentation (das Profil wurde bei der Ausgrabung 1965 aufzunehmen versäumt) verhindert eine zielsichere Ansprache dieses Befundes als Grube, größere Pfostengrube oder aber als Trichter, der bei der Ausgrabung eines Pfostens entstanden ist. Jedenfalls deutet sich mit Bef. 1711 sowie östlich von Bef. 1712 auch hier eine zweite Bauphase an.

Im Endbau von Baracke V hat man die ursprünglichen beiden Wohnstuben in drei Kammern unterteilt, deren kleinere östliche über einen westöstlichen Korridor (Trennwand Bef. 1007; Anlage 10) erschlossen und mit einer holzverschalten Kastengrube (Bef. 976) ausgestattet wurde. Deren Charakter wie Verfüllung spricht eher für eine Vorratsgrube oder sogar für ein Wasserbecken innerhalb eines kleinen Lichthofes, jedoch gegen eine Latrine. Anders als im Endbau III wurden die Erneuerungen hier in der Technik der Pfostengräbchen ausgeführt (Bef. 1327, 1012 und 1007), für die in das Langgräbchen Bef. 411 offenbar neue Verbindungspfosten eingesetzt wurden.

Der Endbau von Baracke XXI in der *retentura* scheint zumindest zuletzt gemeinsam mit dem angrenzenden Kopfbau XXII umstrukturiert worden zu sein, wie das beide Wohneinheiten durchlaufende Schwellbalkengräbchen Bef. ZOH-40 (Anlage 11; Abb. 65) zu vermuten Anlass gibt. Wahrscheinlich zur gleichen Zeit hat man eine neue Jaucherinne im Endbau-Vorsprung angelegt (Bef. ZOH-105), die reiches Fundmaterial der späten Kastellzeit erbrachte, darunter auch ein Möbel- oder Griffprotom in Gestalt eines Adlerköpfchens aus Elfenbein (Kap. IV.5). Wie im Endbau III wurde offensichtlich auch hier der Stall in den *porticus*- bzw. Vorbauraum vorverlegt.

In jedem auch nur ansatzweise angegrabenen Kopf- und Endbau lässt sich also mindestens eine jüngere Bauphase erkennen, auch wenn Charakter, Technik und Erhaltung unterschiedlich ausfallen. Zwar ist nicht notwendig von einer barackenübergreifenden Gleichzeitigkeit der jeweils jüngsten Baumaßnahmen auszugehen (soweit sie als jüngste datierbar sind), doch festigt sich der bereits bei den Kopfbauten gewonnene Eindruck, als habe die Erneuerung der Baracken an ihren Chargenunterkünften gerade erst begonnen, als die Besatzung bereits der Befehl zur Limesvorverlegung ereilte (s. o. Kopfbau IV).

Die Sanierung der Kopf- und Endbauten wurde uneinheitlich in Pfosten- oder Schwellbalkentechnik ausgeführt. Im Falle des Kopfbaus IV sowie des Endbaus I wendete man eine aus Ständern und Pfosten kombinierte Technik an (Mischbauweise), die sich auch beim erweiterten Kopfbau II (s. u.) wiederholt. Genau diese Kombination der Fundamentierung aus kurzen Schwellbalkengräbchen und Pfosten zeichnet ferner die einzigen bis heute erforschten Holzbaubefunde im Kastell Aalen aus. Dabei handelt es sich um Reste einer Baracke, die in der Nachbarschaft der Vorhalle des Stabsgebäudes *(groma)* in der *praetentura* entdeckt wurde und zur ältesten Kastellperiode gehören soll,[338] sowie um die beiden Holzbauphasen der mutmaßlichen *fabrica*.[339] Aufgrund der erosionsbedingt spärlichen Erhaltung von Baracken sowie der auf das Mittellager konzentrierten Ausgrabungen bleiben die Vergleichsmöglichkeiten zwischen Heidenheimer und Aalener Baracken einstweilen darauf beschränkt.

II.3.4 Erweiterung der Kopf- und Endbauten

Eine Besonderheit der Heidenheimer Baracken stellt die spätere Erweiterung der ursprünglichen Kopf- und Endbauten aus Phase 2 dar. In den Kopfbau IV wurde das ehemalige westliche Endcontubernium einbezogen, wobei dessen Stall aufgegeben und dessen vormaliger *porticus*-Abschnitt in den Vorbau integriert wurde (Bef. 1081 und 1084; Anlage 10). Der so entstandene größere Raum erhielt einen Pfosten als Zwischenstütze (Bef. 1065). Den südlichen Abschluss des Raumes bildete ein westöstlich gerichteter Korridor als Zugang zur eigentlichen, älteren Offiziersunterkunft oder aber in Gestalt einer eingebauten Holztreppe zum ersten Stock derselben (Bef. 1035 und 1066). Dafür könnte sprechen, dass sich die Korridorwand Bef. 1066 nicht der Flucht des Gräbchens Bef. 1056 anschloss, sondern genau vor der Mitte des älteren Kopfbaukorridors errichtet wurde. Dadurch blieb Raum für eine 3 Fuß breite Tür eines Erdgeschoss-Durchgangs in den Kopfbau neben dem vermuteten Treppenhaus. Am Ostende des Gräbchens Bef. 1035 mag man sich eine Tür in die ehemalige Stube des Endcontubernium vorstellen, die ansonsten keine erkennbare Veränderung erfuhr. Die Gräbchen Bef. 1018, 1035 und 1066 grenzen ohne nachvollziehbare Überschneidung aneinander, da sie mit

---

338 Planck 1988, 43 und 46 mit Abb. 12.
339 Scholz 2004b, 125 f.; Scholz 2007, 114–118.

gleichartigem Material (vor allem mit Fachwerklehm) verfüllt waren. Daher lässt sich keine eindeutige Bauabfolge zur Erneuerung des Kopfbaus IV mehr nachvollziehen. Die verwendeten Techniken unterscheiden sich jedoch, indem der jüngere Kopfbau IV auf Schwellbalken gründete, seine Erweiterung hingegen in abweichender Technik durch Pfostengräbchen realisiert wurde (Bef. 1035, 1066, 1081 und 1084; Anlage 10). Diese nachträglichen Pfostengräbchen erreichten bei weitem nicht mehr die Tiefe wie die der Phase 2. Die späte Zeitstellung des vermutlich im Rohbaustadium wieder abgerissenen jüngeren Kopfbaus (s.o. S. 102) sowie die abweichenden Bautechniken begünstigen die Argumentation, dass die Erweiterung des Kopfbaus vor dessen eigentlichem Neubau stattfand.

In der bereits beschriebenen Mischbautechnik (kurze Schwellbalken in Kombination mit Pfosten) wurde der Kopfbau II um die nächsten beiden *contubernia* nach Osten ausgedehnt, denn auch hier schloss man die ehemalige *porticus* durch Wände (Bef. 1242 und 1247; Anlage 10). Die vormaligen Ställe wurden aufgegeben. Darauf weist die Tatsache hin, dass im einstigen Stall des Endcontuberniums über der einplanierten Grube Bef. 1238 (Phase 2b; Anlage 8) eine Herdstelle (Bef. 1239) eingerichtet wurde. Wie im Falle der erneuerten Endbauten (s.o.) verschob man die Ställe also in die ehemalige Veranda (*porticus*), wo man nun als Ersatz für die älteren Jaucherinnen Bef. 1236 und 1250 (Phase 2b; Anlage 8) die jüngere Jaucherinne Bef. 1241 sowie die Stallgrube Bef. 1249 aushob.

Das dritte *contubernium* von Westen wurde in genau derselben Weise umgestaltet, indem die Grube Bef. 1697 (Anlage 10) offenbar der Jaucherinne Bef. 1252 (Phase 2b; Anlage 8) nachfolgte. Allerdings lässt sich hier kein Vorbau zwischen den ehemaligen Portikuspfosten nachweisen. Die Längswände Bef. 1230 und 1240 (Phase 2; Anlage 5) fielen in den beiden westlichen *contubernia* dem Umbau zum Opfer. Statt ihrer wurde mittels der Pfosten-Gräbchen-Kombination Bef. 1237 und 1256 (Anlage 10) eine neue westöstlich verlaufende Zwischenwand knapp südlich von Bef. 1230 eingezogen. Südlich von Bef. 1240 blieben nur zwei Pfosten erhalten, die auf eine vergleichbare bauliche Neulösung hindeuten. Eventuell gehörte als westliche Verlängerung auch der Pfosten Bef. 1244 dazu. Diese „Südverschiebung" der westöstlichen Wände diente offenkundig dazu, genügend Raum für die vorgelagerten Pferdeställe zu schaffen.

Die Kopfbauten III und V konnten zwar nicht erforscht werden, doch ließen sich auch hier spätere Umbauten in den angrenzenden Endcontubernien feststellen. Erneut künden die Jaucherinne Bef. 24/200 (Baracke III; Anlage 10) sowie die Stallgrube Bef. 554 (Baracke V; Abb. 64) von einer Verlagerung oder Ausdehnung der Stallungen in den vormaligen *porticus*-Raum. Die spärlichen Reste des Kopfbaus VI sind hinsichtlich einer möglichen Erweiterung nicht beurteilbar,[340] eher schon die des Kopfbaus XXII in der *retentura*, die das Pfostengräbchen Bef. ZOH-65 anzeigt (Anlage 11). Der Befund gleicht der Erweiterung von Kopfbau IV. Da das östlich folgende *contubernium* seine *porticus* offenkundig behielt, erstreckte sich der Ausbau auch hier nur auf das vormalige westliche Endcontubernium.

Während die Offiziershäuser um die Mitte des 2. Jh. konsequent ausgedehnt wurden, lässt sich dies im Falle der Endbauten nur für die von Baracke I (Bef. 1655 und 1661–1664; Anlage 10) und XXI in der *retentura* behaupten, wo die *porticus* der beiden östlich benachbarten *contubernia* durch ein neues Pfostengräbchen geschlossen wurden (Bef. ZOH-108; Anlage 11).

Die zunehmende Einbeziehung der Veranden (*porticus*) in den Stallbereich erscheint im Alltag leicht verständlich, da sich hier neben dem reinen Platzgewinn ein geeigneter Ort zur Pferdepflege und zum Aufsatteln anbot. Warum aber vergrößerte man die Kopfbauten? Nur im Falle des Kopfbaus II, der ja auch als Einziger um zwei *contubernia* erweitert wurde, könnte man eine Nutzungsverlagerung dafür verantwortlich machen, wenn man den Grubenkomplex Bef. 1163/1164/1217/1228/1231 (Anlage 10) tatsächlich mit späteren Vorratskellern identifiziert, deren Kapazität dann gewiss den Bedarf eines Einzelnen überstieg. Ansonsten bleiben mangels Parallelen nur Erklärungsversuche. Möglicherweise, so könnte man ansetzten, wurde ein weiterer *principalis* oder *immunis*, der vielleicht vorher das Endcontubernium bewohnte, quasi mit in den Kopfbau aufgenommen. Diese Variante ließe sich durchaus mit zwei weiteren Beobachtungen kombinieren: Zum einen sind die Tafelgeschirrfunde mit verschieden lautenden Graffiti aus dem Bereich des Kopfbaus II zu nennen. Neben den Gruben könnten auch sie anzeigen, dass ein Teil desselben nun vielleicht einem erweiterten Personenkreis zugänglich war oder in ihm sogar Gemeinschaftsräume ausgewiesen wurden. Zum anderen bietet der jüngere Pferdestall im Kopfbau IV (Jaucherinne Bef. 1315; Anlage 10) mehr Platz als jeder Stall eines *contubernium*, der üblicherweise für drei Pferde konzipiert war.

---

340 Bef. 807 entspricht in Lage und Struktur allerdings Bef. 1256 in Baracke II und könnte damit auf ähnliche Umbauten hindeuten.

Alternativ ließe sich dafür plädieren, dass der Rang der *decuriones* einer *ala milliaria* durch die Vergrößerung ihrer Räume aufgewertet werden sollte. Immerhin nahm die Heidenheimer Einheit die Führungsrolle des Provinzheeres anstelle einer Legion wahr. Die ursprünglichen Kopfbauten der Phase 2 unterschieden sich in ihrer Grundfläche aber nicht sonderlich von solchen in Kohortenlagern oder allenfalls durch ihre vermutete Zweigeschossigkeit. Die Kopfbauerweiterungen fallen chronologisch in etwa mit einem bemerkenswerten epigraphischen Befund zusammen: In Kapitel IV.1.1 wird registriert, dass die *ala II Flavia milliaria* erst in den rätischen Militärdiplomen des Antoninus Pius aus der rein numerischen Reihenfolge der übrigen Truppen herausgenommen wurde und ihres Ranges gemäß an die Spitze der rätischen Truppenliste aufrückte. Zumindest in den Militärdiplomen nahm sie erst dann eine Sonderstellung ein. Man könnte daraus also folgern, dass ihr (gegenüber den anderen *alae* der Provinz) erst nachträglich ein wirklich höherer Rang zugebilligt wurde. Die bisherigen Untersuchungen konnten jedenfalls keine am Barackengrundriss ablesbare Bevorzugung des Personals der *ala milliaria* gegenüber Reitern anderer Hilfstruppen herausstellen (Kap. II.2). Die Barackengröße spiegelt zunächst nur die höhere Soldatenanzahl wider. Die erweiterten Kopfbauten würden aber in der Tat eine gewisse Mittelstellung zwischen den Unterkünften von Legionszenturionen und Offizieren anderer Hilfstruppen einnehmen.[341] Demzufolge ließe sich die rangmäßige Privilegierung einer Truppe – falls überhaupt an ihren Unterkünften – nur an denen ihrer Chargen ablesen, nicht jedoch an den Mannschaftsunterkünften.

II.3.5 Das Ende der Baracken

Spätestens um 160/61 n. Chr. wurden die Kastellbauten systematisch niedergelegt, und der Baugrund sorgfältig mit Schutt eingeebnet.[342] Damit einher ging der Abtransport wiederverwendbaren Baumaterials:[343] Im Inneren der Gebäude, wo bessere Konservierungsbedingungen für Hölzer herrschten, waren etliche Pfostenstandspuren bis zur Gräbchensohle mit Abbruchschutt aufgefüllt, so z. B. in der Doppelbaracke IV/V. Dieser Befund lässt sich am ehesten so erklären, dass die Pfostenfüße nach rund 50 Jahren noch so stabil waren, dass sie gezogen werden konnten. Auffällig bleibt trotz des konsequenten Einsatzes der Metallsonde die relativ geringe Anzahl an Baueisen, bei denen es sich fast ausschließlich um abgezwickte Nägel handelt.[344] Die angesichts der stattlichen Dimensionen der Holzarchitektur gewiss in großer Zahl verwendeten Baueisen wurden wahrscheinlich zusammen mit den Hölzern geborgen.[345] Ob die Baracken des Nachfolgekastells Aalen unter Wiederverwendung eines Teils der alten Bausubstanz aus Heidenheim errichtet wurden, lässt sich vielleicht überprüfen, wenn die dortigen Grabungen einmal einer Auswertung unterzogen werden. Gleichwohl scheint der Grundtyp der Heidenheimer Doppelkasernen charakteristisch für Kastelle des *exercitus Raeticus* geworden zu sein. Auf vergleichbare Grundrisse deuten die Magnetogramme der Kastelle Rainau-Buch und Ruffenhofen hin,[346] Ersteres Standort einer *cohors equitata*, Letzteres vermutlich einer *ala*.[347] In der Doppelkaserne des Kastells Ellingen, in der keine Jaucherinnen gefunden wurden, war nach neuerer Forschungsmeinung jedoch Infanterie stationiert.[348]

Eine Auffälligkeit erscheint noch erwähnenswert: Im Bereich der Baracken I–III, insbesondere der Doppelbaracke II–III wurde deutlich mehr Fundmaterial geborgen als in allen anderen Baracken. Dahinter stehen neben grabungstechnischen Gründen (Erdabtrag auf Pl. 1 von Hand in den 1965 ausgegrabenen Bereichen) zweifelsohne auch antike Ursachen. Außer der höheren Zahl an fundreichen Gru-

---

341 Die erweiterten Heidenheimer Kopfbauten messen rund 19 m × 11,5 m, was einer Innenfläche von ca. 218 m² (im Grundriss = Erdgeschoss) entspricht. Damit nähern sie sich der unteren Durchschnittsgröße mittelkaiserzeitlicher Kopfbauten von Legionszenturionen an, die Hoffmann 1995, 111 mit 230 bis 259 m² beziffert.

342 Die Auflassung eines Kastells ging in der Regel mit der Einebnung des Lagergeländes einher, zumal wenn der Platz an sich für spätere Nutzungen bereitstehen sollte. Die wiederholt erfolgte Schleifung von periodischen Lagern konnte z. B. am frühkaiserzeitlichen Kastellplatz *Tenedo*/Zurzach vor allem anhand von Grubenstratigraphien eindrucksvoll nachgewiesen werden, vgl. Hänggi 1994, 73–83.

343 Zur Wiederverwendung von Bauhölzern im militärischen Kontext vgl. beispielsweise Buxton/Howard-Davis 2000, 328.

344 Vgl. Kap. IV.4, Eisenfunde Nr. 68–76.

345 Vgl. hingegen den einplanierten Brandschutt vom Holzdach der älteren *curia* in Augst: V. Schaltenbrand Obrecht, Die Baueisen aus der Curia und aus dem Tempel Sichelen 2 in Augusta Raurica. Jahrb. Augst u. Kaiseraugst 17, 1996, 311–372.

346 H. von der Osten-Woldenburg, Arch. Ausgrabungen Baden-Württemberg 2000, 87–90, bes. Abb. 67; C. S. Sommer in: Limes XVIII (Oxford 2002) 443 und 452; E. Schallmayer in: L. Wamser (Hrsg.), Römer zwischen Alpen und Nordmeer. Ausstellungskatalog Rosenheim (Mainz 2000) 72 Abb. 54.

347 Sommer 2006, 22 f.; ders., Kastellvicus Ruffenhofen – Aufbau und Struktur einer Marketendersiedlung am raetischen Limes. In: Studia Historica et Archaeologica In Honorem Magistrae Doina Benea (Timişoara 2004) 345–357 bes. 347.

348 W. Zanier, Das römische Kastell Ellingen. Limesforsch. 23 (Mainz 1992) 166–170; M. Reuter, Studien zu den *numeri* des Römischen Heeres in der Mittleren Kaiserzeit. Ber. RGK 80, 1999, 421. – Aufgrund der knapp unter der Ackerkrume anstehenden Liasschichten wäre ein Eintiefen von Jaucherinne auch sehr mühevoll gewesen.

ben scheint hier zuletzt auch an der Oberfläche mehr „liegen geblieben zu sein", woraus vorsichtig gefolgert werden könnte, dass diese nördlichsten Baracken innerhalb der *praetentura sinistra* während der Vorverlegung des Limes vielleicht noch zeitweilig von einer „Nachhut" belegt und als letzte geräumt worden sein mochten.

II.3.6 Liste der Befunde Phase 3

Bef. 6; 22; 24/200; ZOH-48; ZOH-61; ZOH-65; ZOH-66; ZOH-79; 83; ZOH-105; ZOH-108; 199; 202; 217; 219; 236/237; 265; 268; 273; 290; 377; 387; 437; 438; 447; 455; 481; 516; 546; 548; 553; 554; 559; 560/561; 565; 589; 600; 647; 650; 664; 691; 700a; 708; 712; 716; 741b; 788; 789; 792b; 793; 797; 807/809; 812; 815; 816a; 817; 819; 835; 840; 841; 851; 857; 863; 976; 983; 1002; 1007; 1012; 1017–1022; 1028; 1035; 1056; 1065; 1066; 1077; 1081; 1084; 1114/1113 Nord/1116; 1134; 1152; 1163/1207/1164; 1207; 1218–1220; 1228; 1231; 1237; 1239; 1241; 1242; 1244; 1245; 1247; 1249; 1256; 1271; 1272; 1279–1281; 1286; 1288; 1290; 1302; 1308; 1311; 1314; 1315; 1318; 1321; 1327; 1354; 1390; 1446; 1447; 1520; 1550; 1553; 1562; 1645; 1648/1652/1653; 1649; 1650; 1654; 1656; 1659; 1661–1664; 1672; 1697; 1703–1705; 1709; 1711/1712; 1713b; 1714–1719; 1721.

II.4 Zweistöckige Baracken? Ein Rekonstruktionsvorschlag

MARKUS SCHOLZ
UND HANS HEINRICH LUDWIG

Abb. 59–61

Die kontrastreich und flächig erhaltenen sowie recht systematisch ausgegrabenen Barackengrundrisse fordern dazu auf, Vorstellungen über deren einstige dritte Dimension zu entwickeln.[349] Da vom Aufgehenden nichts als einplanierter Fachwerkschutt übrig geblieben ist und kein Befund unumstößliche Festwerte vorgibt, wie z. B. in Gestalt erhaltener Hölzer, einer umgestürzten Fachwerkwand o. ä.,[350] bleibt jeder Rekonstruktionsversuch natürlich von vornherein hypothetisch. Es geht daher nicht um das Maß an Wahrscheinlichkeit der einen oder anderen Lösungsmöglichkeit, sondern um das Mögliche an sich. Selbstverständlich ist es möglich, die über 81 m langen Doppelbaracken nach dem Vorbild herkömmlicher Rekonstruktionszeichnungen einstöckig zu rekonstruieren.[351] Dies würde vordergründig die einfachste Lösung darstellen: Von ihrer eigentlichen Konzeption her einzelne, einstöckige Baracken hat

man Rücken an Rücken als Doppelbaracken aneinandergebaut, um Platz und Material zu sparen. Diese Lösung birgt jedoch nicht unerhebliche Nachteile. Die Traufen der separaten Satteldächer würden dann über dem mittleren Längsgräbchen, der gemeinsamen Gebäuderückwand, zusammentreffen. Angesichts der großen Dachflächen würden sich an dieser „Nahtstelle" zweier Teilgebäude stets größere Mengen Regenwassers – zumal im recht regenreichen Heidenheim – sammeln. Diese Verbindungsstelle dauerhaft abzudichten, dürfte eine schwer lösbare Herausforderung dargestellt haben.[352] Zu diesem Zweck hätte man Bleibleche direkt unterhalb der aneinanderstoßenden Traufen zu einer beiden Dächern gemeinsamen Regenrinne montieren können.[353] Die dann unvermeidbaren Löt- oder Nietstellen würden aber die latente Gefahr undichter Stellen mit sich bringen. Es kommt hinzu, dass periodisch anzunehmende Wartungsarbeiten, z. B. die Reinigung von Laub im Spätherbst,[354] entlang einer solchen nur eingeschränkt zugänglichen Dachpartie erschwert würden. Das gilt ferner für winterliche Schneelasten,[355] die sich unvorteilhafterweise genau an dieser Stelle sammeln würden. Die Notwendigkeit aufwändiger, bei entsprechenden Witterungslagen auch regelmäßiger Räumungsarbeiten wäre die Folge. Dass wir im Übrigen davon ausgehen, dass zumindest die Dachtraufen der Portiken in Regenrinnen mündeten, wurde bereits in Kapitel I.9 dargelegt. Ein weiterer Nachteil der einstöckigen Rekonstruktion bestünde darin, dass die innen liegenden Stuben

---

349 Überlegungen dazu wurden bereits von R. Sölch u. R. Käpplinger veröffentlicht (Sölch 1991/92).

350 Vgl. beispielsweise den Befund einer umgestürzten, wenn auch nicht in voller Höhe erhaltenen Fachwerkwand im Vicus von Petinesca: R. Zwahlen, Der Vicus von Petinesca (Kt. Bern, CH). In: Gogräfe/Kell 2002, 45 f. – Eine teilweise erhaltene umgestürzte Fachwerkwand in Metz hat die Positionen von Pfosten und diagonalen Verstrebungen bewahrt. Die Fachwerkfüllung bestand aus Ziegeln (Gallia Informations 1989, 120 fig. 46; 60–80 n. Chr.).

351 Besondere Beachtung und Verbreitung hat die Rekonstruktionszeichnung von P. Connolly gefunden, vgl. z. B. C. S. Sommer in: Kemkes/Scheuerbrandt 1999, 85. Es sei betont, dass diese hier nicht angefochten, sondern ihr im Falle der Doppelbaracken eine alternative Lösung gegenübergestellt werden soll.

352 Wegen genau dieser Probleme der Wasserabfuhr entschied sich z. B. auch Zwahlen 1995, 135 für die Rekonstruktion straßenparalleler Firste. Vgl. ferner J. Rychener, Wasser als Müll. Arch. Schweiz 29/4, 2006, 18–25 bes. 23 f.

353 Vgl. einen entsprechenden Rekonstruktionsvorschlag für Vicus-Streifenhäuser in Ladenburg (Kaiser/Sommer 1994, 352 mit Abb. 258).

354 Bei anzunehmender organischer Dachdeckung würde sich ein mehr oder weniger regelmäßiger Wartungsbedarf nicht nur auf diese Abflussrinne, sondern auch auf das Deckmaterial selbst beziehen. Leichte Zugangsmöglichkeiten wären also sinnvoll.

355 Mit ergiebigen Schneefällen ist in Heidenheim auf rund 490 m ü. NN stets zu rechnen.

(*papiliones*) mangels Fensterpositionen vom Tageslicht kaum erreicht würden und daher finster blieben, was im Falle freistehender Einzelbaracken natürlich unproblematisch wäre.

Diese Nachteile lösen sich auf, wenn man davon ausgeht, dass sich über den Grundrissen der Doppelbaracken ein basilikaartiger Aufbau erhob. Damit folgen wir grundsätzlich dem Modellvorschlag von R. Sölch und R. Käpplinger.[356] Ein unbestreitbarer Vorteil der zweigeschossigen Alternative ist der potentielle zusätzliche Stauraum für Pferdefutter und Einstreu, freilich um den Preis einer aufwändigeren, materialintensiven Konstruktion.[357]

Auf Basis der in den vorangehenden Kapiteln analysierten Baubefunde (insbesondere Kap. II.2.2–9, Phase 2) und des Barackenschutts soll hier ein Rekonstruktionsvorschlag unterbreitet werden, der während der letzten Jahre im Diskurs zwischen Archäologen, Bauingenieuren und Zimmerleuten entstanden ist.[358] Das Ergebnis ist von Dipl.-Ing. Architekt H. H. Ludwig (Herbrechtingen) in die beiliegende Zeichnung umgesetzt worden (Abb. 59). Im Jahre 2005 konnte im Zuge des Ausbaus des Limesmuseums Aalen zum Archäologischen Park nach dieser Vorlage ein Segment von drei Contubernien einer Doppelbaracke im Maßstab 1:1 nachgebaut werden (Abb. 60–61). Die Projektleitung lag bei M. Kemkes, die wissenschaftliche Beratung bei Verf. und H. H. Ludwig, die bautechnisch-handwerkliche Ausführung bei der Firma Arc-Tech (Birstein).[359]

In der jüngeren, das Thema Gebäuderekonstruktion betreffenden Fachliteratur ist allgemein ein gewisser Trend hin zu monumentaleren Lösungsvorschlägen zu beobachten, wobei es vor allem um (zivile) Steinarchitektur geht.[360] Aber auch von zivilen Holzbauten, z.B. Vicusstreifenhäusern, werden inzwischen hohe, im Grundsatz zweigeschossige Rekonstruktionsmodelle angeboten.[361] Für die hölzerne Militärarchitektur ist die basilikale Lösung zwar gerade im Falle Heidenheims nicht völlig neu,[362] doch wurde die Diskussion um die Möglichkeit eines sich aus der Gebäudehöhe ergebenden Obergeschosses bislang nicht geführt.[363] Die bis heute einzigen römischen Militärunterkünfte, die aufgrund erhaltener Treppen als sicher zweistöckig gelten, sind die Kasernen der Prätorianer in Rom.[364] Möglicherweise wird man in einigen Jahrzehnten zu dem Urteil gelangen, dass ein gewisser Hang zur Monumentalität dem aktuellen Zeitgeist entwachsen sein mag,[365] doch halten wir es für durchaus angebracht, am vorliegenden Beispiel einmal bewusst die maximal mögliche Variante zu entwickeln und zur Diskussion zu stellen.

Wenn sich also über dem zentralen, westöstlich verlaufenden Langgräbchen der jeweiligen Doppelbaracke (Bef. 1126, Doppelbaracke II/III; 411, IV/V; 1370, VI/VII) der Dachfirst erhob, ergäbe sich schon bei Annahme von nur 2 m Durchgangshöhe unter der Dachtraufe der *porticus* und einer minimalen Dachneigung von 20 Grad eine Firsthöhe von über 8 m. Geringere Dachneigungen als 15 Grad, die wir für die wahrscheinlich zum Schluss vorgebaute *porticus* vorsichtshalber veranschlagen möchten,[366] kommen im Falle der angenommenen Schindel- oder Lattendeckung kaum in Frage, da sonst die Gefahr von Schneebrüchen wächst.[367]

---

356 Sölch 1991/92, 69. Alternative Rekonstruktionsmöglichkeiten, denen andere Dachlandschaften zugrunde liegen, werden dort ebenfalls erörtert (ebd. 67).

357 Vgl. die in Anbetracht der „nun höheren" Baracken die u. E. folgerichtige Rekonstruktion der *principia* des Kastells Aalen durch D. Planck, M. N. Filgis und D. Rothacher (Kemkes u. a. 2006, 198f.).

358 Für anregende Diskussionen danke ich G. Balle, W. Czysz, C. Dreier, M. N. Filgis, T. Fischer, F. Hummel, R. Käpplinger, M. Kemkes, K. Kortüm, H. H. Ludwig, M. Mackensen, H. U. Nuber, D. Planck, M. Reuter, C. S. Sommer, I. Stork, A. Thiel und G. Weis.

359 Zu danken ist W. Hein, W. Leitzgen, R. Palm und T. Scheuermann.

360 C. S. Sommer, Hoch und immer höher – Zur dritten Dimension römischer Gebäude in Obergermanien. In: Gogräfe/Kell 2002, 47–61. Vgl. ferner z. B. die Basilika von Riegel: C. Dreier in: A. Bräuning/C. Dreier/J. Klug-Treppe, Riegel – Römerstadt am Kaiserstuhl. Das neue Bild von einem alten Fundplatz. Arch. Inf. Baden-Württemberg 49 (Freiburg 2004) 27–30. – Suter u. a. 2004, 150–181 (Meikirch CH). Man denke dabei ferner an die anhaltende Diskussion um die Rekonstruktion der Haupthäuser römischer Gutshöfe: T. Bechert, Hof oder Halle? Anmerkungen zur Überdachung des zentralen Innenbereichs kaiserzeitlicher Risalitvillen. In: Balácai Közlemények IX. Internationale Tagung über römerzeitliche Villen in Veszprém-Baláca, 20.–23. September 2004 (Veszprém 2005) 165–176.

361 Zum Beispiel Zwahlen 1995, 141; ders., Vicus Petinesca – Vorderberg. Die Holzbauphasen (2. Teil) (Bern 2002) 43; Pauli-Gabi u. a. 2002, 126 (*Vitudurum*/Oberwinterthur).

362 Cichy 1971, 20; Sölch 1991/92. Vgl. ferner das Rekonstruktionsmodell für das Alenlager *Biriciana*/Weißenburg sowie des Bonner Legionslagers (Grenzen des Römischen Imperiums 2006, 128 Abb. 4).

363 Einen Denkanstoß dazu gab Schaub 1999.

364 E. L. Caronna, Castra Praetoria. In: Steinby 1993, 253; Coulston/Dodge 2000, 82 zu den Konsequenzen für die Belegung der *contubernia*. Für die Quartiere der *equites singulares* in den *castra nova* wird die Zweigeschossigkeit aufgrund vorgefundener Rampen ebenfalls erwogen (Speidel 1994, 128; Coulston/Dodge 2000, 85).

365 Man denke nur an die neuen Großbauten in Berlin.

366 Dadurch lassen sich nicht nur die Gesamthöhe und damit der Materialbedarf etwas reduzieren, sondern auch das von den oberen Dächern abfließende Regenwasser etwas abbremsen.

367 Sölch 1991/92, 69f. geht sogar von 30 Grad Dachneigung bei Schindel- oder Lattendeckung aus, was das Gebäude auf 10 bis 11 m erhöhen würde. Diesen Richtwert favorisieren auch Kaiser/Sommer 1994, 351. Aber gerade die ebd. 348–351 zusammengestellten neuzeitlichen Vergleiche für Dachneigungen bei Schindeldächern zeigen eine heterogene Varianzbreite von 15–50 Grad. Eine Dachneigung von ca. 40° legt Zwahlen 1995, 141 für die schindelbedeckten Vicushäuser von Petinesca zugrunde.

Diese relativ stattlichen Dimensionen lassen schon aus praktischen Erwägungen vermuten, dass zumindest der Mittelteil (Stuben) zweistöckig war. Der Rekonstruktionsvorschlag von R. Sölch ging dagegen von hohen, eingeschossigen Räumen aus.[368] Hohe Räume entsprechen zwar italisch geprägtem Wohnstil, der zumindest von römischen Kommandeuren auch nördlich der Alpen geschätzt wurde. Darauf lässt jedenfalls eine umgestürzte, einst mindestens 5,5 m hohe, bemalte Fachwerkwand aus dem mutmaßlichen *praetorium* des Kastells Ladenburg schließen.[369] Ob dieser Befund jedoch Maßstäbe an Mannschaftsunterkünfte anlegt, ist zu bezweifeln. Noch deutlich höhere Räume, wie man sie für die Heidenheimer Baracken dann annehmen müsste, wären nicht nur „ungemütlich" und schwer beheizbar gewesen, sondern hätten vor allem den Verzicht auf die leicht realisierbare Platzgewinnung durch ein – wie auch immer geartetes – zweites Stockwerk oder Zwischengeschoss bedeutet. Die *papiliones* dürften aber in erster Linie nach Kriterien der Zweckmäßigkeit konzipiert worden sein. Die Annahme der Zweistöckigkeit wird außerdem durch einige schmale Korridore unterstützt, die sich zumindest im jüngeren Kopfbau von Baracke IV sowie im jüngeren Endbau von Baracke V (Kap. II.3.2, Phase 3) nachweisen ließen und die als Treppenaufgänge gedeutet werden können.[370] Ferner ist zu überlegen, ob die im Vergleich mit den übrigen Stuben breiteren Endcontubernien mit Treppen ausgestattet waren, denn ihre Lage entspricht den schmalen Trennkorridoren (für Treppen) zwischen Kopfbau und Mannschaftstrakt in Baracken anderer Kastelle.

Anhand der Pfostengräbchen selbst lässt sich das Aufgehende wie gesagt nicht zwingend ableiten. Ihr auf den ersten Blick uniformes Erscheinungsbild im Planum differenziert sich etwas bei Betrachtung der Längsprofile durch die Gräbchen (Anlage 24): Die inneren Langgräbchen, insbesondere das mittlere, sind tendenziell, wenngleich nicht an jeder einzelnen Stelle etwas tiefer ausgehoben worden als die äußeren Langgräbchen. Lässt sich dies als Indiz für einen höheren Aufbau werten? Obwohl diese Überlegung zunächst verlockend erscheint, ist sie dennoch zu negieren. Über die statische Belastbarkeit entscheidet nämlich weniger die Tiefe der Fundamente,[371] als vielmehr ihre Auflagefläche in Kombination mit der Tragfähigkeit des jeweiligen Baugrundes sowie die Aussteifung des Fachwerks. Der gewachsene, recht homogen mit etwas Lehm durchsetzte Heidenheimer Kiesboden gewährleistet nach Aussagen von Baufachleuten die statische Tragfähigkeit für einen zweigeschossigen Aufbau durchaus, wenn die Pfosten nicht angespitzt werden, sondern mit flacher Unterseite in den Fundamentgräbchen gründen, was der Fall war.[372] Die Auflastfläche war durch das enge „Skelett" gleich starker und recht gleichmäßig verteilter Pfosten in der Summe ausreichend groß. Die Aussteifung wurde mittels Eingrabung der Pfosten, durch Querriegel und Diagonalriegel und die Gefachfüllungen erreicht.

M. N. Filgis geht davon aus, dass die Wände des Obergeschosses über dem Rähm gesondert abgezimmert wurden.[373] Fraglich bleibt, ob hierbei die für das Erdgeschoss nachgewiesene Modulbauweise fortgesetzt wurde oder ob hier z. B. mit größeren Pfostenabständen im Sinne einer leichteren Bauweise variiert wurde. Ansonsten hätte man entsprechend lange (bis zum Dachfirst mindestens 8 m messende) Holzpfosten benötigt, die nicht nur schwerer zu beschaffen waren, sondern auch Probleme bei der Aufrichtung der Wände bereitet hätten. Die zumindest teilweise als temporäre Stützpfosten während der Bauzeit gedeuteten „Ausbuchtungen" an den Pfostengräbchen sprechen für eher kurze Stützen oder Keile (Abb. 52) und damit zugleich für kürzere, bis max. 4 m lange Wandpfosten. Auf diese Weise wurde auch der Nachbau im Limesmuseum Aalen realisiert: Die Wandpfosten werden durch einen Rähm abgeschlossen, auf dem die Deckenbalken aufliegen. Über diesen liegt ein zweiter Rähm, in dem die Pfosten des oberen Stockwerks eingezapft sind (Abb. 59).[374] Über die Nutzung des Obergeschosses lässt sich freilich nur spekulieren. In unserer Zeichnung haben

---

368 Sölch 1991/92, 71 f. – Eine Zusammenstellung belegter und erschließbarer Raumhöhen verschiedener Gebäude bieten Kaiser/Sommer 1994, 344–350.
369 Sommer 1999.
370 Solche Korridore pflegt man in zivilen Gebäuden ohne weiteres mit Treppenhäusern zu identifizieren, was im Falle von Militärbaracken, wo es sie öfter zwischen den Kopfbauten und Mannschaftstrakten gibt, bisher merkwürdigerweise nicht erwogen wurde (einen Ansatz dazu bietet Schaub 1999). – Eine architektonische Überhöhung der Kopfbauten gegenüber den Mannschaftstrakten ist bei dem hier vorgeschlagenen Basilika-Modell nicht zu erwägen.
371 Hierin besteht ein häufiger Trugschluss; freundl. Hinweis Dipl. Ing. G. Holz (Heidenheim, Statiker für Holzbau) und Dipl. Ing. G. Weis (Heidenheim, Stadtbaumeister a. D.). Die Eingrabung dient nur dazu, die Gefahr des seitlichen Verrutschens der Fundamente zu bannen. Dies erreicht man aber in erster Linie durch die Versteifung des Fachwerks mittels Querriegel und Ausfachung (ansonsten dürfte es ja auch keine zweigeschossigen Holzbauten auf Schwellbalken geben). Eine Zwischendecke würde die Stabilität sogar zusätzlich erhöhen.
372 Für entsprechende Diskussionen und mündliche Gutachten danke ich den Herren Dipl.-Ing. P. Diller (Bauingenieur, Heidenheim), M. N. Filgis (Bauforscher und Architekt, Esslingen), G. Holz (Statiker für Holzbau, Heidenheim), H. H. Ludwig (Architekt, Herbrechtingen), G. Weis (Bauingenieur und Stadtbaumeister a. D., Heidenheim).
373 Freundlicher Hinweis Dr. M. N. Filgis, Esslingen.
374 Adam 1994, 122 mit Abb. 281.

wir einen Wohn- und Schlafraum rekonstruiert.[375] Nicht weniger wahrscheinlich ist allerdings die alternative Nutzung des Platzes als Lagerraum für Futtermittel und Einstreu, wodurch auch die Wärmedämmung im Winter verbessert werden konnte. Nicht auszuschließen ist, dass die Entscheidung über die Raumnutzung vom jeweiligen *contubernium* selbst getroffen werden durfte. Dabei ist zu berücksichtigen, dass die Stubengemeinschaften der Kavallerie mit drei bis vier Soldaten zwar weniger dicht belegt waren als die der Infanterie, ihnen aber durch die vorgelagerten Ställe der in Infanteriebaracken übliche Vorraum *(arma)* fehlte. Gleichwohl hatte die Kavallerie höheren Platzbedarf, da auch die Reitausrüstung (man denke beispielsweise an die sperrigen Parade- und Pferderüstungen), Lebensmittel- und Brennholzvorräte hier unterzubringen waren. Dafür war im *porticus*- und Stallbereich mit Sicherheit kaum Platz vorhanden, da er zum Manövrieren der Pferde freizuhalten war. Möglicherweise waren in den Baracken auch noch Pferdeknechte/Stallburschen (*calones*) unterzubringen, falls diese nicht im Vicus wohnen und nur zum Dienst im Kastell erscheinen durften, was wir entgegen der herrschenden, allerdings nie stichhaltig begründeten und nie hinterfragten Forschungsmeinung annehmen möchten (Kap. II.2.11). Die Verfügbarkeit eines Obergeschosses hätte die Platzverhältnisse im 25 Jahre dauernden Dienstalltag der Soldaten auf jeden Fall entspannt.

Es fragt sich allerdings, wie weit dieses mutmaßliche Obergeschoss ausgebaut gewesen sein mag. Denn gewisse Haken an der vorgeschlagenen Zweistöckigkeit sollen nicht verschwiegen werden. Das betrifft in erster Linie die Beleuchtung. Bruchstücke von Fensterglas sind vereinzelt auch im Bereich der Mannschaftstrakte entdeckt worden (Kap. IV.6). Während man an den Stirnseiten der Baracken im Kopf- bzw. Endbaubereich – Letzterer wurde für den Aalener Nachbau gewählt – durchaus mit Fenstern rechnen kann, sind im Bereich der Mannschaftstrakte nur Oberlichter möglich. Je mehr Lichtdurchlass man fordert, desto höher muss der Mittelbau ausgeführt werden. Die Aalener Rekonstruktion geht dabei vom notwendigen Minimum aus. Im Falle eines vollwertigen Obergeschosses wäre der Erdgeschossraum nur indirekt durch die offene Tür zum Stallraum und allenfalls durch eine Treppenluke von oben zu beleuchten gewesen. Was nach heutigen Maßstäben als unerträglich bis unvorstellbar dunkel anmutet, war in der Antike vielleicht nicht so ungewöhnlich, wenn man sich etwa die Verhältnisse in pompejianischen Stadthäusern vor Augen führt. Dennoch hätte man in den Baracken allenfalls an sonnigen, warmen Tagen bei geöffneten Ställen

über genügend Tageslicht im Erdgeschossraum der *papilio* verfügt, um ungehindert jedweder Beschäftigung dort (Zubreiten von Mahlzeiten, Pflege der Ausrüstung u. a.) nachgehen zu können. Ergänzende Lichtquellen boten die in einiger Zahl gefundenen Öllampchen (Kap. IV.10) sowie in begrenztem Umfang auch das Herdfeuer.[376] In unserer Rekonstruktionszeichnung haben wir ein Halbgeschoss mit Balustrade („Empore") angenommen. Auf diese Weise konnten wenigstens Tageslichtschimmer durch die (verglasten?) Oberfenster auch das Erdgeschoss erreichen. Nach entsprechenden Versuchen im Aalener Nachbau (bei Bewölkung) war es dort noch immer ziemlich duster, doch konnte man sich wenigstens einigermaßen sicher im Raum orientieren. Dies ist vor allem für den Aufgang in das mutmaßliche Obergeschoss wichtig. Im Gegensatz zur Zeichnung (Abb. 59) möchten wir nun aber statt einer steilen Treppe lieber eine Stiege oder Leiter vorsehen.[377]

Einen zweiten kritischen Punkt stellt die Beheizung im Winter dar. Eine gewisse Wärmeausstrahlung der Pferde hätte nur genutzt werden können, wenn man Schlafstellen direkt über dem Pferdestall eingerichtet hätte, was in der Dachschräge im Extremfall durchaus möglich war, wenn man die Deckenbalken beplankte. Ansonsten blieb man weitgehend auf die Strahlwärme der Herdstelle im Erdgeschoss angewiesen. Diese konnte sicher zugleich als Raumheizung funktionieren, wenn es eine durchgängige Zimmerdecke gab, d. h. im angesprochenen Falle eines vollwertigen Obergeschosses. Möglicherweise liegt die Lösung – anders als wir es durch unsere gegenwärtige Wohnkultur gewohnt sind – darin, dass wir uns unterschiedliche Wohnverhältnisse im Sommer und Winter vorstellen müssen. Während im Sommer

---

375 Die Frage, wie nah die Reitersoldaten bei ihren Pferden nächtigen sollten, wird völlig unterschiedlich beantwortet. Während Veteranen des 2. Weltkriegs mehrfach davon berichteten, dass sie sehr dicht bei ihren Melde- oder Zugpferden zu schlafen pflegten, waren die Stallungen und Mannschaftskasernen bei neuzeitlichen Kavallerieregimentern stets räumlich voneinander getrennt. Stallwachen nahmen die Aufsichtspflicht über die Tiere wahr. Zwischen Kriegs- und Friedenszeiten ist hierbei wohl deutlich zu unterscheiden: Während im Kriege spontane Einsatz- oder auch Fluchtbereitschaft, häufiger Standortwechsel sowie (in der Neuzeit) plötzlich einsetzender Beschuss gewiss eine unmittelbare Nähe des Reiters zu seinem Tiere auch in der Nacht empfahl, braucht eine so enge Nähe zur Beruhigung der Pferde im Kasernenleben unter Friedensbedingungen nicht notwendig veranschlagt zu werden.

376 Um helle Flammen zu erzeugen, genügt zwar bereits das Schüren mit verhältnismäßig kleinen Spanhölzern, doch müssten diese kontinuierlich nachgelegt werden, womit ein Mann vollauf beschäftigt wäre.

377 Die ideale Treppensteigung von ca. 40 Grad (Adam 1994, 202 f.) wäre nur von einem Raumende zum anderen zu erzielen gewesen.

vielleicht eine weitgehend luft- und lichtdurchlässige Öffnung der Räume möglich war, indem man z. B. die Deckenbeplankung des mutmaßlichen Obergeschosses auf das beschriebene Halbgeschoss reduzierte, ließen sich im Winter die Deckenbalken durch die (reversible) Auflage zusätzlicher Bodenbretter in eine durchgängige Decke umwandeln. Darüber mag man sich eingelagerte Vorräte (Heu, Stroh o. ä.) vorstellen, die eine Zeit lang auch zusätzliche Wärmeisolierung bieten konnten. Im Sommer bedurfte man gewiss nicht so umfangreicher Vorratshaltung, da den Pferden ab und an die Möglichkeit zur Weide gewährt werden konnte und überhaupt der sommerliche Dienstalltag wohl weitestgehend außerhalb der Baracken stattfand. Im Winter wiederum ließ sich eher auf die spärliche Zuführung von Tageslicht verzichten, da man ohnehin auf künstliche Lichtquellen angewiesen war. Sofern man im Winter ein einigermaßen gut beheiztes Erdgeschoss für erstrebenswert hielt, ließ es sich natürlich kaum vermeiden, enger zusammenzurücken und die Schlafplätze im Erdgeschoss einzurichten. Selbstverständlich mussten dann Rauchentwicklung und Funkenflug an der Feuerstelle tunlichst vermieden werden. Dies lässt sich durch trockenes, möglichst harzarmes Brennholz weitgehend garantieren. Diese Überlegungen haben uns auch dazu veranlasst, die Rekonstruktion schornsteinartiger Abzüge vorzuschlagen. Diese könnten im Unterbau aus Ziegeln (z. B. *tubuli*) oder Lehm, im Oberbau aus Holzbrettern konstruiert worden sein.[378] Da tönerne Kaminaufsätze im keramischen Fundbestand fehlen,[379] neigen wir zu der Vorstellung, dass die hölzernen Schornsteinmündungen mit umgedrehten *tegulae* abgedeckt gewesen sein mochten.[380] Problematisch bleiben natürlich die Dachdurchbrüche der Schornsteine und deren Abdichtung. Hierfür könnte man Bleiblech verwendet haben. Alternativ dazu kann man sich auch vorstellen, dass die Schornsteinmündungen unterhalb der Dachtraufe endeten, sodass die auf dem Steigweg bereits abgekühlten Abgase und Qualm von dort ins Freie abziehen konnten. Ein entsprechender Feuerungsversuch im Aalener Nachbau erwies die volle Zugfähigkeit des Schornsteins, sobald der Kamin einmal erwärmt war.[381] Bei all den zahlreichen Herdstellen in den Holzbaracken grenzt es beinahe an ein Wunder oder bezeugt vielmehr die Disziplin der Soldaten, dass das Kastell Heidenheim von Brandkatastrophen offenbar verschont blieb.
All diese ausformulierten Überlegungen und Vorstellungen sind natürlich theoretischer Natur, doch lässt das Aalener Rekonstruktionsmodell eine flexible, den jahreszeitlichen Bedingungen ebenso wie der Belegungsdichte angemessene Raumaufteilung zu. Je nach Bedarf und Notwendigkeit ließen sich über den Deckenbalken der *papiliones* wie der Ställe mit abnehmbaren Bodenbrettern zusätzliche, verschieden große Räume schaffen.

Ein weiterer kritischer Punkt ist der enorme Bedarf an Bauholz, wofür sich Eiche am besten eignet. Der in Aalen verwirklichte massive Idealausbau verschlang etwa 25 Eichen und 2–3 Nadelbäume (Kiefer, Fichte) für die Dachdeckung. Hochgerechnet auf eine vollständige Doppelbaracke bedeutet dies einen Einschlagbedarf von über 250 Eichen und 24–36 Nadelbäumen. Unter der Voraussetzung, dass die Schwäbische Alb im frühen 2. Jh. tatsächlich nur dünn besiedelt war, könnte dieser Bedarf aus dem Umland durchaus noch gedeckt worden sein. Die Tatsache, dass man in der *praetentura* des Kastells Aalen lediglich auf Holzbaugräbchen einer Baracke der Frühzeit gestoßen ist, während jüngere Barackenstrukturen nicht nachweisbar waren,[382] mag nicht nur an den Erhaltungsbedingungen (Oberflächenerosion) liegen, sondern – in Ermangelung entsprechender Mengen geeigneten Bauholzes[383] – vielleicht auch an der Verwendung anderer Baumaterialien und deren archäologischer Nachweisbarkeit. Hierbei ist z. B. an Sockelmäuerchen zu denken, an verputzte Lehmziegel wie sie jüngst z. B. im Legionslager Vindonissa entdeckt wurden[384] oder an Stampflehmmauern wie sie etwa in der Colonia Ulpia Traiana errichtet wurden.[385]

Eine letzte Frage erstreckt sich auf die Bearbeitungstechnik der maßgefertigten Bauhölzer: Wurden sie mit dem Beil bearbeitet oder gesägt? Der archäolo-

---

378 Vgl. einen solchen Rekonstruktionsvorschlag mit Bretteresse und -schornstein für ein Fachwerkgebäude mit Schmiede: C. May Castella, Balade architecturale dans le *vicus* gallo-romain de *Lousonna*-Vidy. In: Gogräfe/Kell 2002, 7–24 bes. 16 fig. 8.

379 Vgl. den Fund eines tönernen „Lichthäuschens" (Kaminaufsatz?) bei Sölch 2001, 161 Nr. 14 u. Taf. 100. – Lochziegel: z. B. Suter u. a. 2004, 160 Abb. 170 (*Vindonissa*). – Ziegel mit kaminartigen Aufsätzen: Adam 1994, 215 mit Abb. 501; K. Adler-Wölfl/R. Sauer, Dachaufsatz, Lichthäuschen oder Räuchergerät? Zu einer keramischen Objektgruppe aus dem römischen Siedlungskomplex in Unterlaa. Fundort Wien 3/2000, 158–167.

380 Vgl. auch die an neuzeitlichen Beispielen orientierte hölzerne Schornsteinluke in einer Rekonstruktionszeichnung von Petinesca (Zwahlen 1995, 139): Über der Dachöffnung ist gegen die vorherrschende Wetterrichtung ein Holzschild schräg aufgestellt.

381 Für die sachgerechte Durchführung der Aktion ist der Aalener Feuerwehr zu danken.

382 Planck 1988, 43 und 46 Abb. 12. Ähnlich stellt sich neuerdings die Nachweisproblematik der Mannschaftsunterkünfte im Alenkastell Welzheim dar (Krause/Gram 2005).

383 M. Nenninger, Forstwirtschaft und Energieverbrauch. Der Wald in der Antike. In: Imperium Romanum 388–392.

384 J. Trumm in: Pauli-Gabi 2004, 113.

385 G. Precht, Konstruktion und Aufbau sogenannter römischer Streifenhäuser am Beispiel von Köln (CCAA) und Xanten (CUT). In: Gogräfe/Kell 2002, 181–198 bes. 189f.

gische Befund selbst erlaubt keine sichere Antwort, doch scheinen erhaltene Haftflächen des Mörtelverputzes für glatte Holzoberflächen (gesägt oder gehobelt?) zu sprechen (Kap. IV.12.1). Sicher verfügten römische Bautrupps über genügend erfahrene Zimmerleute, doch sollte auch der Einsatz großer, von mehreren Personen bedienter Gattersägen in Sägegruben erwogen werden. Dies hätte neben höherer Präzision abermals den Vorteil, dazu auch ungeübtes Personal einsetzen zu können. Ungewiss bleibt indes, ob man schon über mechanische, z.B. mit Wasserkraft angetriebene Sägemaschinen verfügte. Derartige Vorrichtungen sind zwar erst im Mittelalter sicher belegt,[386] doch war das Prinzip spätestens in frühbyzantinischer Zeit bekannt, wie der Befund einer mechanischen Marmorsäge in Ephesos zeigt.[387]

II.5 Die römische Nutzung des Kastellareals nach der Vorverlegung des Limes (Phase 4–5)

Anlage 12–13; Abb. 21; 67

Bei der Auswertung der Grabungen 1966 im südlichen Kastellareal konnte R. Sölch mindestes drei nachkastellzeitliche, römische Bauphasen unterscheiden.[388] Aus Gründen der Übersichtlichkeit soll hier indes eine Komprimierung auf zwei Phasen, nämlich eine Holz- und eine Steinbauphase genügen (Phase 4–5), dem Beispiel des „Gesamtplans des römischen Heidenheim" (Sölch/Rabold 1993) folgend. Während sich unter den Befunden der ZOH-Grabung (Areal der Doppelbaracke XXI/XXII; Anlage 13) mindestens eine vicuszeitliche Holz- und eine Steinbauphase differenzieren ließen, lässt sich für die drei einzigen nachkastellzeitlichen Befunde im Bereich der nordwestlichen *praetentura* (Bef. 1300; Anlage 12) bzw. jenseits der Westumwehrung (Bef. 1528 und 1529; Anlage 13) keine Phasengruppierung durchführen.

Betrachten wir zunächst die *retentura* (Anlage 13). Im Bereich der Doppelbaracke XXI/XXII wurden mehrere römische Holzbaubefunde festgestellt. Ihre nachkastellzeitliche Datierung ist teils durch Überschneidungen mit Barackenbefunden (so im Falle von Bef. ZOH-42; -47; -49; -54; -57 und -103), teils durch eine höhere stratigraphische Lage gesichert. So waren der Pfosten Bef. ZOH-5 und das flache Schwellbalkengräbchen ZOH-6 in eine Kiesplanie eingetieft, die ihrerseits den Abbruchschutt der Baracken bedeckte. In gleicher Weise war etwas weiter östlich ein nordsüdlich verlaufendes Gräbchen stratigraphisch eingebunden (ohne Bef.-Nr.). Auf dieser nachkastellzeitlichen Oberflächenbefestigung lehnte sich eine in Resten erhaltene Herdstelle an das Gräbchen Bef. ZOH-6 an. Überreste einer weiteren kleinen, mit Steinen eingefassten Feuerstelle (Bef. ZOH-103) fanden sich über der Grube Bef. ZOH-48 (Phase 3; Anlage 11) bzw. waren in deren Verfüllung leicht eingesunken. All diese Strukturen lassen sich mangels chronologisch empfindlicher Funde zeitlich nicht enger als zweite Hälfte 2. bis erste Hälfte 3. Jh. festlegen. Für eine spätere, etwa mittelalterliche Datierung gibt es keine Anhaltspunkte. Im Falle der einzeln liegenden Pfostengruben mit ihren steinverkeilten Pfostenstandspuren Bef. ZOH-1–2 lässt sich nur sagen, dass sie nicht in das Barackenschema passen und aufgrund ihres Substrats römisch (oder später) datieren. Die teilweise ebenfalls mit Steinen verkeilten Pfostenbefunde ZOH-42, -49, -54 und -57 liegen zwar in einer Reihe, doch ist ihre bauliche Zusammengehörigkeit deswegen nicht bewiesen. Im Grunde genommen sind sie nicht anders zu beurteilen als Bef. ZOH-1–2.

Es bleibt das Résumé zu ziehen, dass sich diese Einzelbefunde weder funktional noch zeitlich zusammenfassen lassen. Gleichwohl könnten sie zu einer Art „Hinterhofbebauung" einer Streifenhausparzelle gehört haben. So nimmt die Pfostenreihe Bef. ZOH-42–57 in etwa die Flucht jenes großen, mehrphasigen und zuletzt in Stein ausgebauten Streifenhauses auf, das bereits 1966 ausgegraben wurde.[389] Ein Stück der nördlichen Außenmauer dieses Streifenhauses (ZOH-Bef. 85; Anlage 13) sowie einer Innenmauer seines südlichen Annex wurden im März/April 2002 ebenfalls freigelegt, Letztere allerdings nur mehr im Rahmen einer Baustellenbeobachtung.

Der gemauerte, einst offenbar mit einem Gewölbe versehene Schacht Bef. ZOH-102 (Anlage 13; Abb. 67) wurde im Planum zunächst für einen kleinen quadratischen Steinkeller gehalten. Diese Interpretation musste aufgrund der sich abzeichnenden Tiefe aber bald verworfen werden. Da es leider unmöglich war, bis zur Sohle des Befundes vorzustoßen, bleiben seine Tiefe unbekannt und seine Funktion letztlich ungeklärt. Der Schacht lag offensichtlich auf dem Grundstück des großen Streifenhauses, weswegen ich von einer privaten Nutzung ausgehen möchte. Unter den prinzipiell in Frage kommenden Deu-

---

386 Ein beschädigtes Handwerkerrelief aus Rom wird versuchsweise in diese Richtung gedeutet: R. B. Ulrich, Roman Woodworking (New Haven, London 2007) 48.
387 F. Mangartz, Zur Rekonstruktion der wassergetriebenen byzantinischen Steinsägemaschine von Ephesos, Türkei – Vorbericht. Arch. Korrbl. 36, 2006, 573–589.
388 Sölch 2001, 24–32 und Anlage 4.
389 Sölch 2001, 24–32.

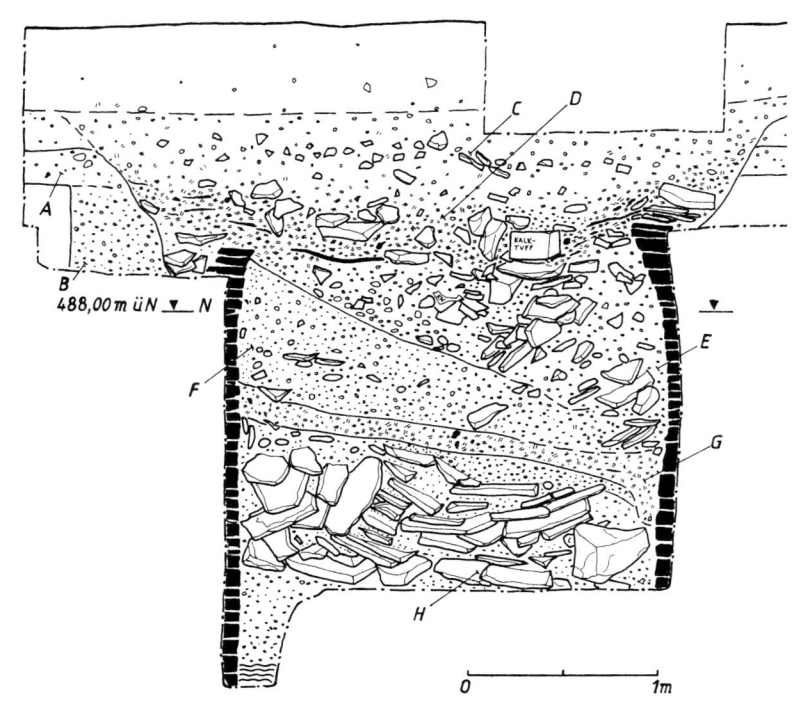

Abb. 67: Quadratischer, mit Trockenmauern verschalter Schacht (Brunnen?) des nachkastellzeitlichen *vicus* (Bef. ZOH-102). Marienstraße (ZOH) April 2002. Profil nach Osten. A Kastellschicht. B Südliches Außengräbchen der Doppelbaracke. C Pflasterung (römisch oder frühmittelalterlich). D Brandschicht (3. Jh.); E.F Einfüllschichten aus Kies, Kalkbruchsteinen und Siedlungsabfall. G Abfallschicht mit viel Asche. H Packung aus Kalkplatten. Zeichnung M. Scholz.

tungsmöglichkeiten – Latrine, Brunnen, Zisterne – erachte ich aufgrund von Parallelen die zuerst genannte als die wahrscheinlichste. Ähnlich dimensionierte quadratische oder rechteckige Steinschächte wurden 1992/93 im Bereich der Ploucquetstraße ausgegraben.[390] Ein 2,40 m im Durchmesser und 3,80 m in der Tiefe messender, allerdings runder Steinschacht im Vicus von Walheim verursachte den Bearbeitern gleichermaßen Interpretationsschwierigkeiten.[391] Er könnte ebenfalls als Latrine gedient haben. Als alternative Deutung kommt vielleicht ein technischer Zweck in Frage (Gerbereigrube?). Die Verfüllung des Schachtes ist durch einen 171 n. Chr. geprägten Denar des Mark Aurel post quem datiert; die über der Verfüllung liegende Brandschicht kann aufgrund einer Scherbe des Rheinzaberner Sigillata-Töpfers Primitivus IV erst während der ersten Hälfte des 3. Jh. entstanden sein.

Im Bereich der vormaligen Baracken in der westlichen *praetentura* lässt sich bei kritischer Betrachtung kein Befund wirklich sicher einer nachkastellzeitlichen, römischen Siedlungsphase zuweisen. Auch im Fundmaterial dieses Areals, selbst im Streufundbestand des Baggerplanums 0–1, gibt es kein einziges römisches Objekt, das zwingend nachkastellzeitlich zu datieren wäre – von den spätantiken Münzen in frühalamannischem Kontext einmal abgesehen. Der Da-

tierungsvorschlag des Brunnens oder – vorsichtiger formuliert – des runden Schachtes mit Steinkranz Bef. 1300 (Anlage 12; Abb. 21) in die nachkastellzeitliche Vicusperiode (Phase 4) beruht auf zwei Argumenten: Erstens schneidet er einen Baubefund der Phase 2 (Bef. 1304, Ausbuchtung des nördlichen Kopfbau-Gräbchens; Anlage 5) und zweitens wurden in seinem Steinkranz kastellzeitliche Spolien verbaut, denen teilweise noch Mörtel anhaftete. Dabei handelt es sich um Ziegelbruch und vor allem um die 48 gesägten Kalktuffquader, die wahrscheinlich von der demontierten Wehrarchitektur des Kastells stammen (Kap. I.3). Das wenige Fundmaterial aus der Verfüllung des Brunnens vermag eine nachkastellzeitliche Datierung nicht zu bestätigen. Streng genommen könnte man auch argumentieren, dass es sich um einen spätkastellzeitlichen Einbau in den Kopfbau von Baracke IV handelt, der unter Verwendung ausgetauschter oder durch Abriss angefallener Steinbauelemente erfolgte. Eine kurzfristige Verwendung des Rundschachtes als Offizierslatrine wäre immerhin denkbar, wobei die dünne weißlichgraue Tonlehmschicht über der Sohle als organischer

---

[390] Rabold 1992, 147f.; Rabold 1993/94, 62f. mit Abb. 15.
[391] Kortüm/Lauber 2004, 139 Grube 2925/2939.

113

Rückstand und nicht – worauf die Konsistenz eher hindeutet – als Brunnenschlick interpretiert werden müsste. In den benachbarten Kopf- und Endbauten waren die Latrinen jedoch mit deutlich geringerem Aufwand konstruiert worden und unterschieden sich anhand ihrer Verfüllungen (Kap. II.3.2–3). Deshalb und auch wegen der Grundwassersituation halte ich es für wahrscheinlicher, dass in dem runden Schacht Bef. 1300 ein Brunnen zu erkennen ist, der wegen der Verwendung von Spolien nicht allzu lange nach der Aufgabe des Lagers gegraben worden sein dürfte. Die zugehörige Bebauung fehlt bisher allerdings. Man kann sie nur westlich der Kastellumwehrung vermuten, wo im heutigen Hofareal des Polizeipräsidiums noch keine archäologische Untersuchung stattgefunden hat. Hier besteht weiterer Klärungsbedarf. Über dem Versturz der westlichen Kastellmauer wurde an mehreren Stellen eine unterschiedlich dicke, max. 8 bis 10 cm starke Schicht aus umgelagertem Brenzkies beobachtet (Bef. 1527). Sie enthielt vereinzelte, kleinteilig zerbrochene und mehrheitlich verrollte Keramikscherben, die in die Kastellzeit datiert werden können. Die Kiesschicht wurde wahrscheinlich kurz nach dem Abriss der Kastellmauer über deren Schutt planiert, um einen Niveauausgleich zu schaffen. Jedenfalls gab es zwischen dem Mauerschutt Bef. 1442 (Anlage 7) und diesem Kiesauftrag keine Zwischenschicht, die als „Sedimentation einer Interimszeit" hätte gedeutet werden können. Bef. 1527 gehörte zusammen mit dem Pflasterungsrest Bef. 1528 sowie dem Graben Bef. 1529 (Anlage 13) vermutlich zur Anlage eines nachkastellzeitlichen Wege- oder Straßenkörpers, der über dem verfüllten Wehrgraben und dem Kastellmauerschutt in nordsüdlicher Richtung verlief. Der Mauerschutt hätte sich zweifellos als Unterbau einer Kunststraße geeignet. Diese Hypothese muss aber künftig durch weitere Aufschlüsse überprüft werden.

II.5.1 Liste der Befunde Phase 4–5

ZOH-1, ZOH-2, ZOH-5, ZOH-6, ZOH-42, ZOH-47, ZOH-49, ZOH-54, ZOH-57, ZOH-85, ZOH-102, ZOH-103; 1300; 1527–1529.

III Befunde außerhalb des Kastells

III.1 Abfallgruben vor dem Lager

Anlage 7; 19; Abb. 68–69

Die im Jahre 2000 vor der Nordumwehrung und 2003 vor der Westumwehrung des Kastells ausgegrabenen Grubenkomplexe sind anhand ihrer Lage sowie ihres chronologisch wie funktional auf das Kastell bezogenen Fundstoffs leicht als Müllkippen desselben zu identifizieren. Diese Befunde können in eine Reihe z. B. mit dem bekannten „Schutthügel" des Legionslagers Vindonissa oder dem „Bonner Berg", der Abfallhalde des Bonner Legionslagers,[392] gestellt werden. Auch in der unmittelbaren Umgebung von Hilfstruppenlagern ist man bereits verschiedentlich auf ähnliche Müllkippen gestoßen, so z. B. vor den jeweiligen Nordumwehrungen der Holzkastelle Gomadingen und Donnstetten,[393] Krefeld-Gellep und Zurzach.[394] Die Ausmaße des mutmaßlichen Schutthügels des Alenlagers Echzell, des sog. „Grünberg", der im 19. Jh. noch eine Höhe von 3 m und einen Durchmesser von mehr als 60 m gemessen haben soll,[395] führt vor Augen, dass die bis heute vorgefundenen, unten beschriebenen Abfallgruben bei weitem nicht die einzigen Entsorgungshalden der *ala milliaria* während ihrer ca. 50–60-jährigen Garnisonszeit in Heidenheim gewesen sein können. Das gilt nicht zuletzt für die Lagerung von Stallmist, der in der Antike vielleicht teilweise als Dünger abgefahren wurde.[396] Analog zu Echzell, wo der „Grünberg" rund 70 m vom Kastell entfernt liegt, und unter Berücksichtigung der engen Platzverhältnisse im Heidenheimer Brenztal dürften ein oder mehrere Schutthügel deutlich außerhalb der bekannten Siedlungsareale zu suchen sein, vielleicht im Stubental oder im Bereich der heutigen Oststadt? Aus Grubenkomplexen vor dem Lager stammt die Mehrheit des gesamten Fundbestandes der Ausgrabungen 2000–2003. Da sich die Funde innerhalb der jeweiligen Grube zwar ansatzweise relativchronologisch ordnen (z. B. bei Bef. 1012/1053/1055; Abb. 68; Anlage 19), nicht jedoch mit der Phasengliederung der Baracken korrelieren lassen, erschien es sinnvoll, das Material nur in Auswahl vorzustellen. Dies geschieht in den jeweiligen Abhandlungen in Kapitel IV, wo die Funde gegebenenfalls abgebildet oder im Falle der Masse der Keramik wenigstens statistisch ausgezählt sind. Nachfolgend werden jeweils nur die funktional und chronologisch relevanten Stücke aufgelistet.

Einige Unterschiede zwischen den Deponierungsplätzen sind indes zu benennen. Während man vor dem Nordtor (Bef. 1007–1055; Anlage 19) neben Siedlungsabfällen (Keramik und Tierknochen) und stellenweise Fachwerkbauschutt von Umbauten im Kastell offenbar auch in größeren Mengen Stallmist entsorgte, was sich nicht nur in Gestalt dunkler Erde niederschlug, sondern auch in den signifikanten rostroten Ausfällungen im gewachsenen Kiesboden unter den Grubensohlen, zeugen Funde aus Bef. 1450 (Abb. 69; Anlage 7) vor dem Westtor auch von ausgekehrten Funktionsräumen, wahrscheinlich der/einer *fabrica*. Es handelt sich hierbei um Hinterlassenschaften von Buntmetallverarbeitung (Kap. IV.3). Sofern sich die Position der Lagerwerkstatt im Nachfolgekastell Aalen nach dem Heidenheimer Beispiel richtete und hier wie dort zur Linken des Stabsgebäudes lag,[397] wäre der Entsorgungsweg zu Bef. 1450 tatsächlich der kürzeste gewesen. Pferdedung hingegen scheint hier nicht im gleichen Umfang in den Boden gekommen zu sein wie in die Gruben vor der Nordumwehrung.

Ferner lassen sich chronologische Divergenzen fassen: Während die Gruben vor der Nordumwehrung wohl schon seit der Frühzeit des Kastells (zumindest Bef. 1012) und partiell bis zu dessen Ende (Bef. 1055) offen standen, scheint die Abfalldeponierung in Bef. 1450 erst relativ spät, ca. Mitte des 2. Jh., eingesetzt zu haben. Offenbar kam es längere Zeit darauf an, das verhältnismäßig beengte Gelände zwischen Westumwehrung und Ottilienberg bis auf den vorgelagerten Sohlgraben (s. u.) für Bewegungen der

---

392 C. Van Driel-Murray/M. Gechter, Funde aus der fabrica der legio I Minervia am Bonner Berg. Rhein. Ausgr. 23 (Köln, Bonn 1984) 1–83.
393 Heiligmann 1990, 75 f. u. 82.
394 C. Reichmann, Eine römische Müllkippe. Arch. Rheinland 2004, 84–86. – In Zurzach lag(en) die Schutthalde(n) wohl an der Uferböschung des Rheins und sind dort weitgehend der Erosion zum Opfer gefallen (Hänggi u. a. 1994, 70).
395 Steidl 2004, 121 f. Beil.
396 Zur Düngung in der antiken Landwirtschaft vgl. Peters 1998, 42. Nach Columella 2, 14, 4 gehörte Pferdekot zwar nicht zu den bevorzugten Düngemitteln, doch muss diese traditionelle italische Sichtweise am rätischen Limes nicht geteilt werden.
397 Scholz 2004b; Scholz 2007.

Abb. 68: Abfallgruben-Komplex Bef. 1053/55 vor der Nordumwehrung des Kastells. Kurt-Bittel-Straße 12, Herbst 2000. Blick nach Osten.

Abb. 69: Abfallgruben (rechts unten Bef. 1450), zweiphasiger Sohlgraben (vor der Fassade des Finanzamts; Bef. 1465/1500) sowie frühalamannische Grubenhäuser und Hauspfosten vor der Westumwehrung des Kastells. Schnaitheimer Straße, Frühjahr 2003.

Reiterei freizuhalten (Ausfallweg aus der *porta principalis sinistra*). Jedenfalls konnte bis heute keine Bebauung dieses Areals nachgewiesen werden. Erst nach dem Ende des Kastells (vgl. Phase 4) könnte sich das partiell geändert haben.

Den Fundmassen aus den Grubenkomplexen außerhalb des Kastells steht die relative Fundarmut im Lagerinneren gegenüber. Das beweist, dass der Müll im Kastell allenfalls zwischengelagert wurde, um von den *ad stercus* („auf den Misthaufen")[398] eingeteilten Soldaten abgeholt und entsorgt zu werden. Nur Gruben, die im Zuge von Umbaumaßnahmen im Kastell zu verfüllen waren, boten gelegentlich kürzere Entsorgungswege (Phase 1, 2a und 2b). Ansonsten geriet die Masse des Fundmaterials im Lager erst während des Abbruchs desselben in den Boden („Umzugsmüll").

Liste der Abfallgruben vor dem Kastell
Bef. 1007/1008/1009; 1012/1053/1055; 1015; 1016; 1450; 1620.

III.2 Zweiphasiger Sohlgraben parallel zur Westumwehrung und Verlauf der westlichen Ausfallstraße (verlängerte *via principalis*)

Anlage 7; Abb. 69
Etwa 27 m vor der westlichen Kastellmauer verläuft ein zweiphasiger Sohlgraben von knapp 6 m Gesamtbreite. Der Eindruck eines derart breiten Grabens täuscht jedoch, da sich die beiden zeitlich aufeinander folgenden Gräben nur am Rand überlagern und somit den Gesamtbefund im Planum breiter erscheinen lassen (Bef. 1616/1633 ältere Phase; Bef. 1500/1465 jüngere Phase). Beide waren aber jeweils weniger als 4 m breit und erreichten eine nur relativ geringe Tiefe von 0,6 bis 0,8 m unter der römischen Oberfläche.

Der Bezug des Grabens zum Kastell wird durch seinen zur Westumwehrung parallelen Verlauf sowie anhand der Datierung seines Fundmaterials determiniert. Ein bereits 1936 beim Bau der Polizeistation ca. 50 m weiter nördlich von E. Bittel beobachteter Grabenzug scheint mit diesem Befund identisch zu sein.[399] Der Sohlgraben nahm auf die westliche Ausfallstraße des Kastells Rücksicht, was seine kastellzeitliche Datierung unterstreicht. Er endet knapp nördlich der mutmaßlichen Trasse in einem erweiterten „Grabenkopf". Ob der Graben südlich der verlängerten *via principalis* wieder einsetzte, bleibt ungeklärt, da dieser Bereich außerhalb der Untersuchungsflächen lag. Der Straßenkörper selbst war unbefestigt (natürliche Kiesoberfläche) und gab sich als befundleerer Streifen zu erkennen. Die Südwestbiegung der Straße wird durch die Topographie und die Lage einer mächtigen kastellzeitlichen Abfallgrube (Bef. 1450) erzwungen.

Wozu diente der Graben? Aufgrund seiner bescheidenen Abmessungen möchte man ihm nur eine geringe fortifikatorische Wirkung zubilligen; er könnte höchstens als zusätzliches Annäherungshindernis gedient haben. Primärfunktion des Grabens dürfte schlicht die Kiesgewinnung gewesen sein, z. B. beim Bau der Kastellmauer. Vielleicht sollte auf diese Weise aber zugleich auch das unmittelbare Militärareal abgegrenzt werden, denn ein ähnlicher Grabenzug, der 1966 rund 17 m vor der Ostumwehrung nachgewiesen wurde, lässt mit J. Heiligmann nun erneut an eine ringförmige, wenn auch vielleicht nur zeitweise existente „Umfriedung" des Kastellgeländes oder zumindest von Teilen der *praetentura* denken.[400] Das Lager von Llandovery (Wales) beispielsweise war ebenfalls nur an einer Schmalseite von einem der Umwehrung 32 m vorgelegten Graben umgeben.[401] Zwischen dem Spitzgraben der westlichen Kastellumwehrung (Bef. 1520 und 1634) und Bef. 1465/1500 erstreckte sich ein in der Antike – zumindest im ausgegrabenen Bereich – unbebautes „Glacis".

III.3 Manöverplatz *(campus)* vor dem Kastell

Der Befund wurde bei der Ausgrabung „Gleisharfe"/ehemaliger Güterbahnhof 2004 (Anlage 19; Abb. 70–71) aufgedeckt. In der Nähe jedes Standlagers *(castra hiberna)* befand sich ein Übungsplatz *(campus)*. Hier konnte die Einheit trainieren, sich versammeln, Paraden abhalten, religiöse Zeremonien vollziehen und auch den feierlichen, jährlich zu erneuernden Treueid gegenüber dem Kaiser ablegen.[402] Besonders intensives Training brauchte die Kavallerie, um die Pferde in Gefechtsformation sicher zu beherrschen. Drill und Disziplin waren offiziell so

---

[398] Fink 1971, 110 f. u. 114.
[399] Sölch 2001, 46 Nr. 19.
[400] Heiligmann 1990, 107 u. Anlage 7–8. Dieser Umfassungsgraben war von Rabold/Sölch 1994 und ders. 2001, 116 – wie sich jetzt herausgestellt hat – irrtümlich negiert worden. Das kastellzeitliche Fundmaterial dieses westlichen Grabens schließt die Erwägung von R. Sölch, hier könne ein älteres Baulager bestanden haben, definitiv aus.
[401] Burnham 2006, 372 Abb. 3 („single ditch").
[402] Johnson 1987, 236–241; R. W. Davies, Service in the Roman Army. Edited by D. Breeze an V. A. Maxfield (Edinburgh 1989) 93–140; F. Kiechle, Die „Taktik" des Flavius Arrianus. Ber. RGK 45, 1964, 87–129; Kemkes/Scheuerbrandt 1997, 13–19. – Zu Außenanlagen von Kastellen vgl. zuletzt Hopewell 2005.

wichtig, dass sie in den „Göttinnen des Manöverplatzes" *(Campestres)* sogar Anbetung genossen.[403] Ihnen aus feierlichen Anlässen von den Kommandeuren geweihte Altäre wurden an einigen Truppenstandorten entdeckt, zu deren Garnisonen Reiter gehörten *(alae, cohortes equitatae)*, so z.B. in Obernburg, Heilbronn-Böckingen, Benningen und Pförring. Keiner dieser Steine wurde jedoch an seinem ursprünglichen Aufstellungsort im Bereich des *campus* gefunden. Überhaupt sind bisherige Lokalisierungsversuche von Exerzierplätzen für kein obergermanisches oder rätisches Hilfstruppenkastell meines Wissens über Vermutungen und Indizien hinaus gediehen. Gewisse Hinweise auf die Lage des oder eines *campus* liegen immerhin für das Bonner Legionslager[404] sowie für die Kastelle Echzell und Künzing vor.[405] Nirgendwo hat man bisher Einfriedungen eines solchen Militärgeländes oder gar Ehrenmonumente entdeckt, wie sie z.B. aus *Lambaesis* in der Provinz Numidia bekannt sind.[406] Es ist naturgemäß nicht einfach, die antike Zweckbestimmung eines von Bebauung und Eingrabungen weitgehend frei gebliebenen Geländes mit archäologischen Mitteln nachzuweisen. Zu erwarten wären allenfalls randlich aufgebaute Holztribünen. Dies erfordert nicht nur umfangreiche Flächenaufdeckungen, sondern auch eine außergewöhnlich gute Oberflächenerhaltung. Es kommt hinzu, dass die Manöverplätze in der Regel, wie britannische Beispiele zeigen,[407] jenseits der Siedlungen und Gräberfelder liegen. Damit pflegen sie meistens dem Fokus der Denkmalpflege entrückt zu sein.[408] Als Methode zur Lokalisierung solcher Trainingsflächen quasi als „Negativbefund" bieten sich flächige geophysikalische Prospektionen in den Lagerumgebungen an.[409]

Wahrscheinlich ist es im Herbst 2004 gelungen, den oder wenigstens einen *campus* des Kastells Heidenheim zu lokalisieren. Im Vorfeld eines größeren Neubauprojektes (Berufsakademie) wurde das Gelände des ehemaligen Güterbahnhofs (sog. „Gleisharfe") mit drei 30, 50 und 70 m langen sowie je 5 m breiten Suchschnitten sondiert (im Folgenden als südlicher, mittlerer und nördlicher Suchschnitt bezeichnet). Diese verliefen ca. 100 bis 240 m nördlich der *porta praetoria*. Mangels (beobachteter) Bodeneingriffe fehlte bisher jeder Hinweis auf eventuell vorhandene archäologische Substanz unter diesem nördlich des Kastells gelegenen Areal.[410] Lediglich das Vorhandensein der kastellzeitlichen Römerstraße ins Brenztal (verlängerte *via praetoria*) konnte vorausgesetzt werden. Folglich richtete sich die Funderwartung zunächst auf ein mögliches Gräberfeld oder einen bislang unbekannten „Nordvicus".

Tatsächlich kam im südlichen Sondageschnitt in 3,0 bis 3,5 m Tiefe (!) unter der heutigen Oberfläche, von mächtigen Kiesaufschüttungen für die Gleisanlagen[411] und einer ca. 0,5 m starken Auelehmschicht aus nachrömischer Zeit bedeckt, die römische Straße zutage. Ihr an zwei Stellen fixierter Verlauf entspricht den Prognosen recht gut.[412] Der gewölbte, mit bis zu 0,4 m Höhe und 6 bis 7 m Breite für eine Fernverbindung eher schmächtige Straßenkörper (Bef. 2 und 6) besteht aus Brenzkies, der zur Oberfläche hin mit römischem Ziegel- und Keramikbruch durchsetzt war, der wohl von Ausbesserungen des Belags her-

---

403 B. Steidl, Ein Altar für die Campestres aus Obernburg am Main. Bayer. Vorgeschbl. 68, 2003, 89–100. – Zu Trainingsmethoden der Kavallerie vgl. auch M. Mattern, Bilder römischer Reitkunst. In: P. Noelke u.a. (Hrsg.), Romanisation und Resistenz in Plastik, Architektur und Inschriften der Provinzen des Imperium Romanum. Neue Funde und Forschungen (Mainz 2003) 291–306.
404 M. Gechter, Das römische Gräberfeld Bonn, Irmintrudisstraße. Arch. Rheinland 1999, 102–105 bes. 104 erwähnt, dass um das Lager ein von der Kavallerie (in den *castra* war neben den Legionsreitern offenbar noch eine *ala* stationiert) als Trainingsgrund genutzter Freiraum bestanden habe.
405 Die Einseitigkeit militärbezogenen Fundmaterials bei gleichzeitigem Fehlen von Siedlungsspuren sind wesentliche Argumente, um den *campus* nördlich des Kastells Echzell zu lokalisieren (Steidl 2004, 122). – Zwischen dem äußerem Wehrgraben des Kastells Künzing und dem Beginn der Zivilsiedlung befindet sich eine weitgehend fundfreie, unbebaute Fläche von etwa 100 m ostwestlicher Ausdehnung, die möglicherweise als Marktplatz oder als Gelände für Reiterspiele genutzt wurde: K. Schmotz, Der Mithrastempel von Künzing, Lkr. Deggendorf. Ein Vorbericht. Vorträge des 18. Niederbayerischen Archäologentages (Rahden/Westf. 2000) 111–113 bes. 111f.
406 Speidel 2006, 3–5. Vgl. auch die Lage des vermuteten Manöverplatzes der Mainzer Legionen zwischen Kästrich und Weisenau in der Nähe des Drusus-Denkmals (Selzer 1988, 100).
407 Johnson 1987, 237.
408 Das gilt selbst für einst so stattliche Bauten wie Amphitheater, vgl. S. Bender, Amphitheater und Kampfspiele am Limes in Hessen. Denkmalpflege und Kulturgeschichte 3/2005, 29–31.
409 Ein derartiges „Roman Fort Environs Project" ist in Großbritannien angelaufen (Burnham 2006).
410 Einzig E. Gaus hatte 1931 in den damaligen Güterbahnhofsgärten nördlich des Hellenstein-Gymnasiums Probeschnitte gezogen, wobei er auf eine 0,5 bis 0,6 m starke Schicht mit römischen Funden gestoßen sei. Der Charakter der Fundstelle ist aber nicht mehr zu ergründen, da die Dokumentation unzureichend ist und die Funde verschollen sind (Sölch 2001, 49 Fundstelle 32 „Paulinenstraße"). Es könnte sich hier um ähnliche Abfalldeponien gehandelt haben, wie sie 2000 unter dem Grundstück Kurt-Bittel-Straße 12 (Bef. 1012–1053/55) festgestellt wurden. – Beim Bau einer Tankstelle 1966/67 sollen Mauerreste beobachtet worden sein, über die jedoch nichts bekannt ist. Der Platz lässt sich nur grob nordwestlich der Nordostecke der Kastellmauer lokalisieren (ebd.). Hinter dieser Beobachtung könnten sich nachkastellzeitliche Gebäude ebenso verbergen wie vielleicht wiederum ein umgestürzter Abschnitt der Kastellmauer, denn frühere Beobachtungen von Mauerschutt im Garten des Finanzamts hat man ebenfalls als nachkastellzeitliche Bebauung fehlgedeutet (ebd. 46 Fundstelle 20).
411 Die mächtigen Aufschüttungen aus Kies, Hochofenschlacken und stellenweise auch Bauschutt sind frühestens in die 1920er Jahre zu datieren.
412 Rabold/Sölch 1994; Sölch 2001, 18 u. Anlage 1.

Abb. 70: „Gleisharfe" (ehem. Güterbahnhof), südlicher Sondageschnitt, September 2003. Im Profil ist der gewölbte Kiesdamm der verlängerten *porta praetoria* zu erkennen (unterer Bildrand). Rechts und links schließt sich eine dünne, aber fundträchtige Kulturschicht an.

rührt. Hierin fanden sich auch einzelne bronzene „Militaria".[413] Ein mittelalterliches Hufeisen aus dem Kieskörper belegt die nachrömische Weiterbenutzung der Straße.

Anstelle von Entwässerungsgräben schloss sich beiderseits der Trasse eine 2 bis 15 cm starke, mit zunehmender Entfernung von der Straße stellenweise lückenhafte antike Oberflächenbefestigung an.[414] Diese Schicht bestand aus Brenzkies, dessen Körnung im Durchschnitt kleiner ausfiel als die des Straßendammes, sowie aus mehr oder weniger kleingeschlagenem Ziegel- und Keramikbruch. Als einzige archäologische Schicht ließ sie sich fast durchgängig in allen Sondageschnitten verfolgen (Bef. 1; 4; 5 und 8). Auf ihr und in ihr lagen überall verstreut zahlreiche bronzene Zierbeschläge und -anhänger der Kavallerieausrüstung.[415] Unter dieser Schicht stand wiederum Auelehm, manchmal auch als feine Zwischenschicht innerhalb der beschriebenen Planie. Wie sich nun gezeigt hat, lag das vermutlich weitgehend als Auewiesen zu rekonstruierende Gelände nördlich des Kastells in der Antike rund 1,5 bis 2 m tiefer als das Kastellareal selbst und damit wenigstens teilweise im Überschwemmungsbereich der Brenz.

Damit bot das Areal zweifellos den vom Militärhistoriker Arrian (Taktik 34,1) für einen Reitplatz geforderten weichen Untergrund. Offenbar war dieser bisweilen sogar zu weich bzw. feucht, sodass man ihn partiell aufschüttete und dabei auch Abfälle aus dem

---

413 Vgl. Kap. IV.3 (Bronze) Nr. 166, 183, 186 (Bef. 3 im südlichen Suchschnitt) sowie Nr. 194 und 203 (Bef. 6 im mittleren Suchschnitt).

414 Im Planum des südlichen Suchschnittes begleitete den Ostrand des Kieskörpers ein mit dunklem Auelehm gefüllter, ca. 2 m breiter „Streifen", der anfänglich für den östlichen Straßengraben gehalten wurde (Bef. 3). Dieser Befund erwies sich beim Schneiden jedoch als eine lokale, nur wenige Zentimeter tiefe Absenkung des Straßenkieses, die eher in der Art einer Pfütze mit Schwemmablagerungen gefüllt war. Hieraus stammen einige Funde (Bef. 3). Das Fehlen eines eigentlichen Straßengrabens wurde durch den mittleren Suchschnitt, der die Ostflanke der Straße (Bef. 6) erreichte, bestätigt. Überhaupt hätte man einen solchen erst in einigen Metern Abstand zum zentralen Kiesdamm (Fahrbahn) erwarten dürfen, da öffentliche Straßen zwischen diesem und den Gräben in der Regel mit unbefestigten Erdbanketten für Fußgänger und Reiter ausgestattet zu sein pflegten, vgl. H. U. Nuber/G. Seitz, Caracalla auf der Ostalb – ein römischer Meilenstein aus Sontheim an der Brenz, Kreis Heidenheim. Arch. Ausgr. Baden-Württemberg 2002, 109–111 mit Abb. 85.

415 Vgl. Kap. IV.3 (Bronze) Nr. 158–223.

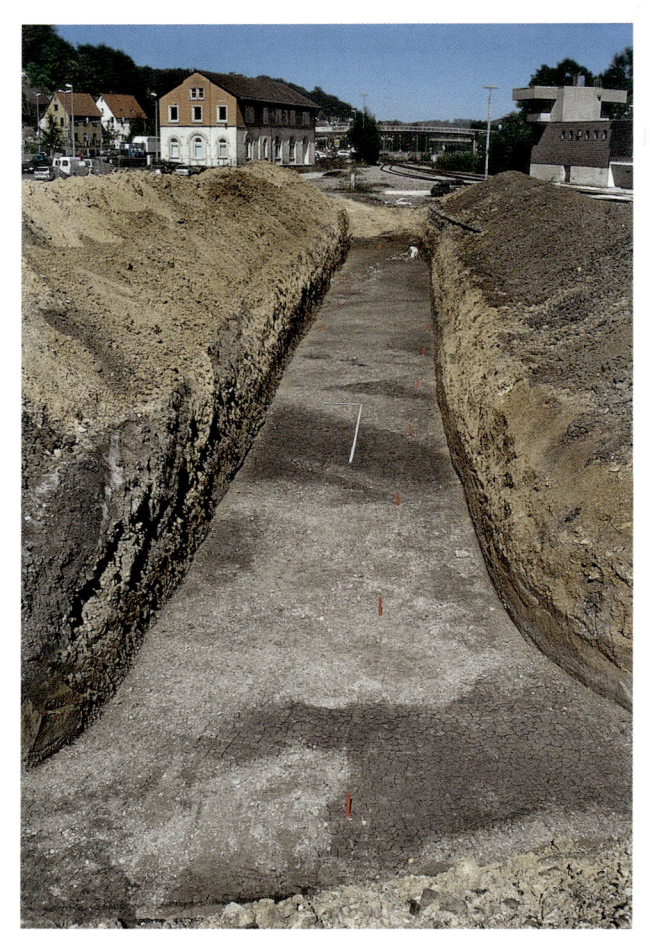

Abb. 71: „Gleisharfe" (ehemaliger Güterbahnhof), nördlicher Sondageschnitt, September 2003. Drainagegräbchen (vorne) und Sohlgraben (hinten), partielle Oberflächenbefestigungen mit Kies („aufgefüllte Pfützen").

Kastell verwendete. Dabei achtete man offenbar darauf, mit den Abfällen möglichst keine Nägel hierher zu verbringen, denn solche wurden trotz intensiven Einsatzes der Metallsonde kaum gefunden. Das gilt ferner für andere Eisenfunde mit Ausnahme weniger Schlüssel. An Waffenteilen fand sich nur eine einzige stark korrodierte Speerspitze.[416] Dieser Negativbefund braucht nicht verwundern, denn eine möglichst sorgfältige Aufsammlung etwaiger bei Übungen verloren gegangener Waffen gebot schon die Vorsicht, um Verletzungsgefahren von den Pferden abzuwenden. Möglicherweise hat man ohnehin lieber auf hölzerne Übungswaffen zurückgegriffen.

Selbstverständlich genügen die zufälligen Ausschnitte der Sondagen nicht, um auf die mögliche antike Nutzungsvielfalt des knapp 5 ha großen Areals zu schließen, das im Süden vom Kastell, im Westen von den Abhängen des Ottilienbergs, im Norden von der Talenge im Bereich des heutigen Zollamts („Felsen") sowie von der Brenz im Osten begrenzt wird. Weitere Argumente begünstigen jedoch die angebotene Deutung des Befundes: Bebauungsspuren fehlen, was in dem feuchten, siedlungsfeindlichen Grund auch für die vor- und nachkastellzeitlichen Epochen gilt. Einige Gräbchen im Ostteil des südlichen sowie im nördlichen Suchschnitt (Bef. 7 und 10) haben eher den Charakter von bedarfsweise gezogenen Drainagerinnen (Abb. 71), die dem antiken Gefälle nach Südosten in Richtung des Brenzlaufes folgen, als den von Holzbaustrukturen.

Das recht üppige Fundmaterial wird im Rahmen der jeweiligen Materialkapitel behandelt, auf die hier verwiesen sei (Münzen, Bronzefunde und Terra Sigillata).[417] Zusammenfassend kann mit wünschenswerter Klarheit festgestellt werden, dass es sich sowohl chronologisch (Münzen, TS) wie funktional (Bronzefunde) auf das Kastell bezieht. Einige Gefäßscherben tragen Besitzergraffiti, die den militärischen Kontext unterstreichen: *t(urma) Marci Hilarionis*; *t(urma) Iuli(i) [---]*; *t(urma) Lu[---]*; *[t(urma?] Ama(ndi?) Leda* und *Firmi*.[418] Die elf Prägungen umfassende Münzreihe reicht – soweit aufgrund der teilweise schlechten Erhaltung noch bestimmbar – von Domitian bis Hadrian.[419]

Das im Vergleich zu allen anderen Befunden des Kastells extrem starke Übergewicht von Sigillaten aus Mittelgallien und aus Heiligenberg könnte andeuten, dass die oben beschriebenen Aufschüttungen im Bereich des mutmaßlichen *campus* erst während der späten Kastellzeit um die Mitte des 2. Jh. zustande gekommen sind. Möglicherweise wurde damit sogar eine Umnutzung des Geländes eingeleitet, da sich hier auch Spuren von Buntmetallverarbeitung fassen ließen, u.a. offensichtlich fehlgeschlagene Fälschungsversuche von Silbermünzen (Kap. IV.2, S. 171), was mit dem gleichzeitigen Betrieb als Reitgelände unvereinbar ist. Da aber keine Werkstatteinrichtungen (Öfen etc.) entdeckt wurden, die freilich außerhalb der Suchschnitte liegen könnten, ist auch damit zu rechnen, dass das hier gefundene Ausschussmaterial von Buntmetallverarbeitung aus einer Lagerwerkstatt entsorgt worden sein könnte. Um es noch einmal zu betonen: Das in den drei Suchschnitten gefundene Material enthält nicht einen Gegenstand,

---

416 Fb.-Nr. 12, Bef. 1 mit teilweise abgebrochener Tülle. Auch ein Restaurierungsversuch hätte die stark geschädigte Substanz kaum retten können, sodass auf eine Darstellung des Stückes verzichtet wurde.

417 Auf die Behandlung der übrigen Keramik wurde verzichtet, da die Stücke recht kleinteilig sind und gegenüber dem Spektrum aus dem Kastell und seinen Abfallgruben keine Neuerkenntnisse brachten. Es sei aber betont, dass die Scherben von der „Gleisharfe" mit dem Typenspektrum aus dem Kastell übereinstimmen.

418 Vgl. Kap. IV.1 (epigraphische Quellen) Nr. 19–22; 28; 43.

419 Vgl. Kap. IV.2 (Münzen) Nr. 54–62.

der zwingend nachkastellzeitlich (nach Mitte 2. Jh.) datiert werden müsste.
Ob dieses mutmaßliche Übungsfeld der *ala* als einziges zur Verfügung stand, bleibt fraglich, doch war es in unmittelbarer Kastellnähe aufgrund der Ausdehnung des Vicus zweifellos das einzige. Im unmittelbaren Vorfeld der Kastellumwehrung ist außerdem mit Abfallhalden zu rechnen. Hierauf deuten auch Reste von Pferdekadavern, die am Ostende des südlichen Suchschnittes zutage kamen (Bef. 12).[420] Allerdings ist die kastellzeitliche Datierung in ihrem Falle nicht gesichert. Ein weiteres Equidenskelett fand sich direkt unter dem Kiesdamm der Straße (Bef. 2). Das Tier dürfte also während der frühen Tage des Kastells verendet sein.[421]
Von besonderem Interesse ist ein 3 m breiter und 0,5 bis 0,6 m tiefer Sohlgraben, der am Ende des nördlichen Suchschnitts angetroffen wurde und dessen Verfüllung mehrere, ausschließlich kastellzeitliche Funde barg (Bef. 9).[422] Leider war es aufgrund der gegenwärtigen Grundstücksnutzung nicht möglich, seinem weiteren Verlauf nach Süden zu folgen. Insbesondere der zu erwartende Kreuzungspunkt mit der römischen Straße (mittels Brücke?) hätte weitere Klärung seiner Funktion bringen können. Fest steht, dass in ihm eine Zeit lang Wasser geflossen sein muss. Dadurch jedenfalls scheint die 10 bis 15 cm starke Schicht zähen Auelehms abgelagert worden zu sein, die die Grabensohle bedeckte. Die 40 bis 50 cm mächtige Verfüllung besteht wiederum aus grauem Lehm, die sich vom braun bis grau changierenden anstehenden Auelehm der unmittelbaren Umgebung abhebt (grauer Lehm ist ein Verwitterungsprodukt). Dabei kontrastierte die Südostflanke im Planum deutlicher („Prallhang") als der nordwestliche Befundrand. Die zentrale Verfüllung enthielt zahlreiche, stellenweise dicht gepackte Kalksteine von durchschnittlich Kopfgröße, mehrfach auch größere. Im Gegensatz zu römischem Mauerschutt handelte es sich hierbei allerdings nicht um kantig gebrochene Bankkalke, sondern um stark verwitterte und daher verrundete Kalksteine. Diese wurden also nicht in Steinbrüchen gebrochen, sondern müssen zuvor lange an der Oberfläche gelegen haben.
Gehörte dieser Graben oder Kanal nun zur Einrichtung des *campus*, evtl. als eine Art Hindernisparcours? Das erscheint nicht ausgeschlossen, doch möchte ich eher vermuten, dass dieser Sohlgraben als Kanal (Frisch-) Wasser von der Brenz abzweigte und zum Kastell leitete. Unter Annahme seines geraden Verlaufs nach Süden würde er die Kastellumwehrung ziemlich genau neben ihrem nordwestlichen Eckturm treffen, wo er im Bereich der *via sagularis* als Laufbrunnen o. ä. geendet haben könnte (Kap. I.9).

Die Feldsteine in seiner Verfüllung könnten tatsächlich vom *campus*-Areal abgesammelt worden sein, als dieses eingerichtet wurde, um potentielle „Stolpersteine" aus dem Weg zu räumen. Man kann sich vorstellen, dass sie, über dem Kanalaushub als Damm aufgeschichtet, den künstlichen Wasserlauf vom Übungsplatz getrennt haben könnten.
Ob Kaiser Hadrian im Zuge seiner Reise durch die Nordwestprovinzen 121/122 n. Chr. auch das rätische Heer inspizierte und Manöver abnahm, wissen wir nicht. Sicher aber hätte dabei die *ala II Flavia pia fidelis milliaria* als Führungstruppe des *exercitus Raeticus* eine herausragende Rolle gespielt. Möglicherweise hätte der Herrscher dann ähnliche Worte des Lobes gefunden, wie sie durch seine als „Manöverkritik" bekannte, 128 n. Chr. im numidischen *Lambaesis* vor dem afrikanischen Heer gehaltene Ansprache an die Reiter der *ala I Pannoniorum* inschriftlich überliefert sind:[423]
„Alles habt Ihr in Reih und Glied ausgeführt. Ihr habt den Exerzierplatz mit Euren Manövern angefüllt. Nicht ohne Anmut habt Ihr die Speere geschleudert, obwohl Ihr nur kurze und starre Speere benutzt habt; mehrere von Euch haben ihre Lanzen ebenso gut geworfen. Auf die Pferde seid Ihr heute voller Tatkraft aufgesessen, gestern schnell. (...) Während der ganzen Übung habt Ihr mir ohne Unterschied gefallen."

III.3.1 Datierungsrelevante Funde vom Areal „Gleisharfe"

Außer Metall, vgl. dazu Kapitel IV.2–3.

Glas
1 BS einer viereckigen Flasche mit Herstellermarke *[---?]N POR[---]* entlang des Bodenrandes, im Bodenzentrum drei konzentrische Kreise, vgl. Kap. IV.6 (Glas) Nr. 30. Aquamarinfarbenes Glas. Fb.-Nr. 42.
2 Türkise Melonenperle, vgl. Kap. IV.6 (Glas) Nr. 93. Fb.-Nr. 36.

---

420 Ein vermutlicher „Abdeckerplatz" des Kastells Aalen befand sich in vergleichbarer Position zum Lager: In der Friedhofstraße 41 wurde 1995 eine große Grube angeschnitten, die sehr viele Tierknochen v. a. von Pferden barg (M. Luik, Aalen. Fundber. Baden-Württemberg 26, 2002, 122 f. Fundstelle 64).
421 In dem sauren Milieu des Auelehms herrschen ansonsten sehr schlechte Erhaltungsbedingungen für Tierknochen. Stellenweise fanden sich stark zersetzte Reste, doch scheinen solche Abfälle hier ohnehin kaum deponiert worden zu sein.
422 Neben Keramik- und Ziegelfragmenten handelt es sich auch um die bronzenen „Militaria" Nr. 176 und 177 sowie um den bronzenen Schlossriegel Nr. 209 (Kap. IV.3).
423 CIL VIII 18042, Übersetzung nach H. Freis; Speidel 2006, 14 u. 60–62.

aria). Der Stempelabdruck ist ziemlich flau, die Ziegeloberfläche zudem verwittert, sodass von den *ansae* nur noch spärliche Reste erhalten sind. Das Stück wurde chemisch beprobt. – Aus der späten Grube im Bereich des westlichen Kopfbaus der Baracke in der östlichen *retentura* (Bef. ZOH-48). Fb.-Nr. 1593.

Durch sie erhöht sich die Gesamtzahl der in Heidenheim gefundenen Ziegel mit *IIF*-Stempel auf acht bis neun (Nr. 5–9, unsicher ist Nr. 9). Bereits vor 2000 wurden folgende Exemplare gehoben:

*5 Der bekannte Altfund soll nach K. Bittel und – ihm folgend – Heiligmann 1990, Taf. 152,16 aus dem Vicus stammen. Diese Angabe stimmt mit dem Inventar jedoch nicht überein. Vielmehr kam er im Bereich des Gräberfeldes am südlichen Abhang des Totenberges zutage. Für diese Auskunft danke ich P. Heinzelmann, Heidenheim. Verbleib: Museum im Römerbad.

*6 Bei Kanalarbeiten südlich des Bahnhofs in der Friedrichstraße fand P. Heinzelmann ein *tegula*-Fragment mit dem Rest eines *IIF*-Stempels. Der Fund wird erwähnt von B. Rabold, Arch. Ausgr. Baden-Württemberg 1987, 117 und ist abgebildet bei Planck 1988, 33. Neben diesem wurden hunderte weiterer Bruchstücke von Hypokaust- und Dachziegeln aufgelesen, gereinigt und auf Markierungen hin untersucht, doch trug kein weiteres einen Stempelabdruck (freundl. Hinweis P. Heinzelmann; vgl. auch Sölch 2001, 66 Nr. 86 Friedrichstraße 2). Verbleib: Museum im Römerbad.

*7 Ein *tegula*-Bruchstück mit vollständig erhaltenem *IIF*-Stempel gehört zum Fundmaterial der 1991/92 an der Friedrichstraße durchgeführten Ausgrabungen (erwähnt: Rabold 1992a; Rabold 1993/94, 57–62). Bis auf das herausgebrochene zweite *I* ist er zusammen mit Nr. 3 der am schärfsten ausgeprägte Stempelabdruck. Der Dachziegel wurde in den obersten Fundschichten (Pl. 0–1) im Bereich der westöstlich verlaufenden Straße südlich des Badegebäudes angetroffen (Fb.-Nr. 504 [1992], Fl. 112, Pl. 0–1). Unterhalb des Stempels befindet sich ein Textilabdruck. Verbleib: Museum im Römerbad.

8 In einem jüngeren Estrichfußboden desselben Badegebäudes war ein Ziegelbruchstück (Format?) mit *IIF*-Stempel vermauert (Fb.-Nr. 346 [1991], Fl. 99, Pl. 1–2, Bef. 2302). Verbleib: Zentrales Fundarchiv Rastatt.

9 Ein „Ziegel mit Ziegelstempel" wurde in einem älteren *praefurnium* desselben Badegebäudes vermauert angetroffen (Fb.-Nr. 684 [1992], Fl. 99, Pl. 10, Bef. 3878). Ziegel- und Stempeltyp müssen bis zu einer Auswertung dieser umfangreichen Ausgrabungen unidentifiziert bleiben. Möglicherweise handelt es sich wiederum um einen *IIF*-Stempel. Verbleib: Zentrales Fundarchiv Rastatt.

9a Bei den 2007 fortgesetzten Ausgrabungen im Bereich der Villa rustica im Gewann „Fürsamen" (ca. 1 km nördlich des Kastells; Vorbericht: Scholz 2005/06) wurde ein weiteres *tegula*-Bruchstück mit demselben Stempel gefunden. Für eine Autopsie des Stückes vor Ort und für die Möglichkeit, es in diesem Manuskript noch nachträglich zu berücksichtigen, danke ich Herrn Dr. P. Knötzele (Heidenheim).

*10 Bei den Ausgrabungen in der Friedrichstraße 1991/92 wurde ferner ein Ziegel mit dem Rest eines Kohortenstempels *CO[---]* in rechteckigem Rahmen mit Zackenrand und *tabula ansata* entdeckt (Rabold 1993/94, 47 Abb. 3; Fb.-Nr. 65 [1991], Fl. 91, Pl. 1–2, Bef. 2055). Er lag in einem (Entwässerungs-?) Gräbchen, das parallel zur westlichen Außenmauer des Badegebäudes verläuft. Verbleib: Zentrales Fundarchiv Rastatt.

Diesen sieben außerhalb des Kastells gefundenen Exemplaren ist gemeinsam, dass sie mehr oder weniger stark fragmentiert sind. Aus ihren Fundstellen darf man weitergehend folgern, dass sie offenbar alle erst nach sekundärer Verwendung an ihre Fundstelle gelangt waren. Ob diese Ziegel noch in vollständigem Zustand oder bereits als Bruchstücke zweitverwendet wurden, lässt sich nicht mehr sagen. Datierungen für ihre Einsedimentierung können ohne eingehende Auswertung der Grabungen 1991/92 in der Friedrichstraße nicht angeboten werden, doch lässt sich keiner der Ziegelfunde mit den älteren (kastellzeitlichen) Holzbauphasen dort in Verbindung bringen. Im Gegenteil spricht sogar alles dafür, dass zumindest ein Teil des Materials erst nach dem Ende des Kastells aus dessen Abbruchschutt gewonnen und hier verbaut wurde.[434]

Dieser im Vergleich zu den enormen Ziegelmengen aller bisherigen Großgrabungen in Heidenheim geringe Anteil an gestempelten Exemplaren spiegelt sich auch in den jüngsten Kastellgrabungen wider: Von den über 300 Ziegelbruchstücken, die während der Kastellgrabungen gefunden und auf Markierungen hin überprüft wurden, trug folglich nur etwa jedes Hundertste einen Stempel. Gegenüber der Stempelfrequenz auf denselben Ziegelformaten *(tegulae* und *lateres)* aus Legionsziegeleien ist dies ein recht bescheidener Quotient, doch weiß man grundsätzlich noch zu wenig über Modalitäten und Regelmäßigkeiten der Ziegelstempelung durch Militäreinheiten. Die aktuelle Ziegelforschung sieht in den Stempeln zwar auch Eigentumsmarken, die einer unkontrollierten Abzweigung oder Unterschlagung insbesondere der unvermörtelten und damit leicht demontierbaren Formate entgegenwirken sollten, vor allem aber Zähl- und Kontrollvermerke der Produktion.[435]

Nach einer Synopse der originalen Fundstücke kann eine Aussage mit Sicherheit getroffen werden: Sie

---

[434] Zu den methodischen Konsequenzen angesichts sekundär verwendeter, gestempelter Ziegel vgl. Thiel 2005, 340–342. Zur Verwendung von Ziegeln mit Truppenstempeln in zivilem Kontext vgl. auch D. Schmitz, Die gestempelten Ziegel des römischen Köln. Kölner Jahrb. 37, 2004, 223–447 bes. 249–252.

[435] Thiel 2005, 341 u. 344–347. Die Stempelung beschränkt sich häufiger auf Ziegelformate, die leicht wiederverwendbar waren, was insbesondere auf *tegulae* und *lateres* zutrifft. Vgl. auch allgemein zum Thema Ziegelstempel: C. Fleer, Gestempelte Ziegel aus Asberg. Funde aus Asciburgium 13 (Duisburg 2003) 6–8.

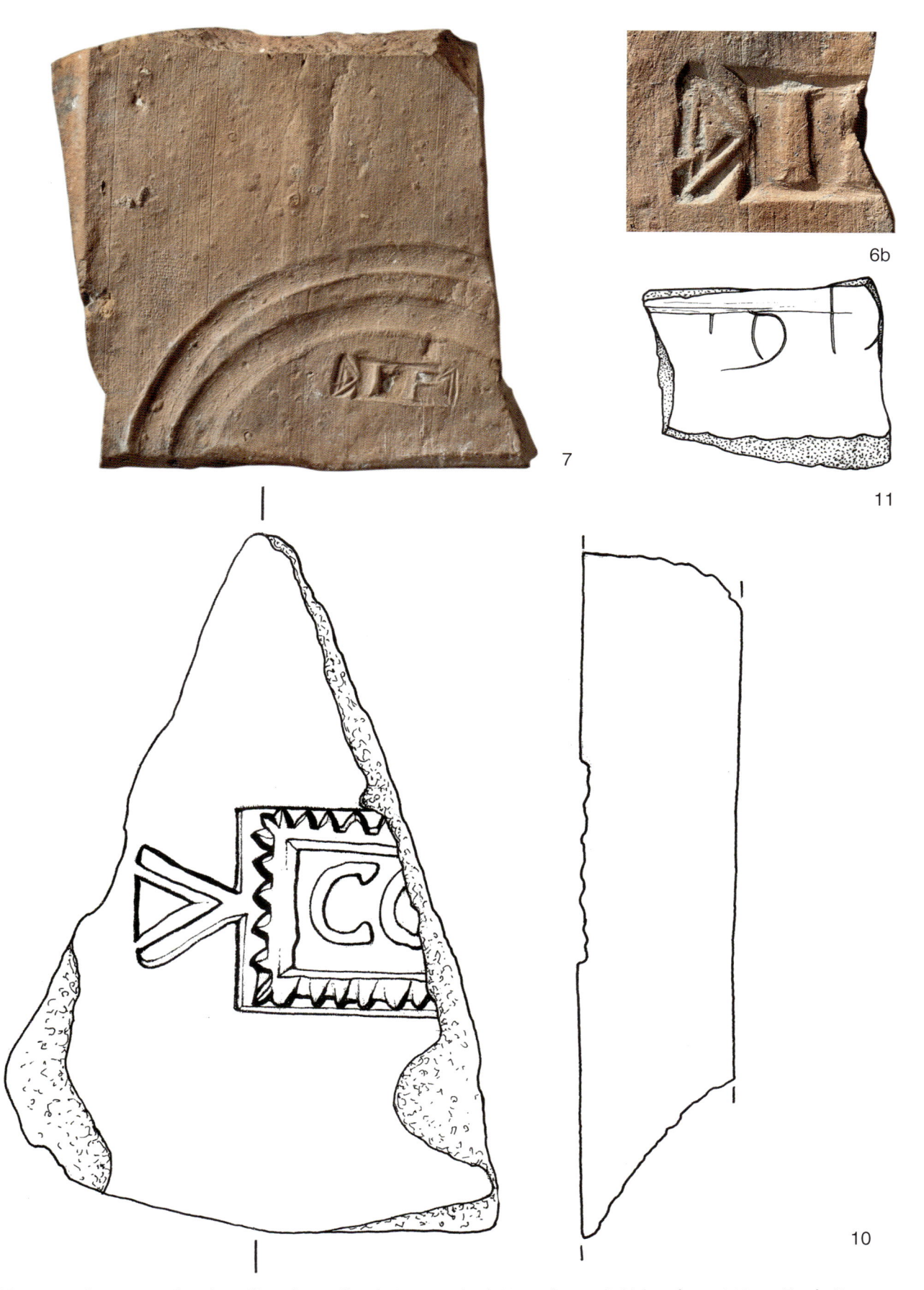

Abb. 74: Ziegel mit Stempel und Graffito. 6b Detail, vgl. Abb. 73. 7 mit Stempel *(ala) II F(lavia)*, Wischmarke und Textilabdruck (Ausgrabung Friedrichstraße 1992) M. 1:2. Tegula (?) 10 mit Stempel *co[(hors) ---]* M. 1:1. 11 mit Graffito M. 1:2.

alle tragen Abdrücke ein und desselben Stempels.⁴³⁶ Neben übereinstimmenden Abmessungen sind hierfür vor allem Details in der Rahmenprofilierung der *ansae* ausschlaggebend, wobei die linke *ansa* links unten eine unverwechselbare Unregelmäßigkeit in Gestalt einer Kerbe aufweist. Da die Stempelabdrücke an manchen Stellen feine Holzfaserungen erkennen lassen, dürfte dieser Makel am ehesten auf eine Absplitterung im geschnitzten Holzstempel zurückzuführen sein.⁴³⁷ Auch die dünne Verbindungsserife zwischen dem zweiten I und F bzw. überhaupt die Serifen sind gemeinsame Merkmale. Die Buchstabenformen sind für den Stempelvergleich nicht unerheblich, da die *ansae* manchmal schlecht ausgeprägt sind.

All diese Merkmale treffen auch auf ein *IIF*-gestempeltes *tegula*-Bruchstück aus Günzburg zu, das 1919 auf dem Grundstück Ulmer Straße 66 gefunden wurde. Auch dieser Ziegel wurde zweifellos mit demselben Stempel wie das Heidenheimer Baumaterial signiert,⁴³⁸ auch wenn hier die linke *ansa* mit der charakteristischen Makulatur nicht erhalten ist. Zwei weitere mit diesem Stempel signierte Ziegel sollen unweit davon entdeckt worden sein, ebenfalls im Bereich des vespasianischen Kastells. Leider lässt sich die Stempelidentität nicht mehr überprüfen, da die Stücke als Kriegsverluste gelten müssen. Dass es sich um denselben Stempel handelt, ist aber sehr wahrscheinlich.⁴³⁹

Die gestempelten *tegulae* aus Heidenheim und Günzburg verbinden außerdem ein weiteres gemeinsames Merkmal: In allen Fällen ist der Stempel nahe eines falzfreien Randes parallel zu diesem innerhalb einer doppelten, halbkreisförmigen Wischmarke positioniert. Letztere ist im Falle von Nr. 3 zwar nicht erhalten, doch stimmt auch hier die Stempelposition überein. Es keimt der Verdacht auf, dass diese intentionell regelmäßige Anordnung der „Habitus" ein und derselben Ziegelei oder Zieglergruppe gewesen sein könnte.

Nun erhebt sich die Frage nach dem oder den Ziegeleistandort(en). Weder in Heidenheim selbst noch in seinem Umland sind bisher römische Ziegeleien entdeckt worden. Günzburg war zwar Töpfereistandort,⁴⁴⁰ doch fehlt bisher auch dort ein Beweis für eine früh- bis mittelkaiserzeitliche Ziegelei. Immerhin aber gibt es Hinweise auf eine spätantike Ziegelproduktion.⁴⁴¹ Alle Ziegel aus Befunden des Kastells Heidenheim, so auch die drei gestempelten Neufunde, weisen einen – oft sogar augenfällig hohen – Anteil an Biotitglimmer auf; ihr Ton scheint nach makroskopischen Merkmalen identisch zu sein. Das gilt ferner für das Günzburger Exemplar. Diese natürlichen Glimmereinlagerungen, die ursprünglich aus alpinem Urgestein ausgewaschen wurden, sind charakteristisch für die Tone der oberen Süßwassermolasse (oberes Miozän, ca. 14 Mio. Jahre und später), die im Voralpenland bis zur Donau als oberste geologische Formation anstehen, während die Tonbildung im Heidenheimer Raum anderen geologischen Bedingungen unterlag.⁴⁴² Nur auf der südlichen Flächenalb gibt es noch glimmerhaltige Tone der tertiären Meeresmolasse sowie der oberen Süßwassermolasse, z. B. bei Dettingen oberhalb des Eselsburger Tals (ca. 12 km südlich des Kastells Heidenheim). Hier bestanden in der Neuzeit Ziegeleien. Nichts deutet bisher darauf hin, dass diese Vorkommen bereits in römischer Zeit genutzt wurden; in der Nachbarschaft der Burg Falkenstein bei Dettingen befanden sich lediglich frühneuzeitliche Ziegelöfen.⁴⁴³ Feine, glimmerhaltige Quarzsande der oberen Süßwassermolasse, die durch Absenkung und Überschwemmung der heutigen Südalb noch vor dem „Rieseereignis" (vor 17 Mio. Jahren) entstanden sind, stehen zwischen Oggenhausen und Nattheim an, wo sie lange als Bausand abgebaut wurden.⁴⁴⁴ Ob diese Vorkommen bereits in römischer Zeit bekannt waren und gar zur Tonaufbereitung genutzt wurden, ist unbekannt.

Dieser Exkurs in die regionale Geologie erscheint mir notwendig, um den Raum eingrenzen zu können, in dem die Truppenziegelei(en) der *ala II Flavia p. f. milliaria* zu suchen ist (sind). Heidenheim selbst scheidet ja als Produktionsort aus. Ferner ist zu klären, ob der in Günzburg gefundene Ziegel und die im

---

436 Nr. 8–9 habe ich nicht im Original gesehen, doch sprechen die Beschreibungen für denselben Stempel.

437 Vgl. hierzu allgemein N. Hanel/U. Tegtmeier/A. Bethke, Stempelstöcke für Ziegel in römischer Zeit. Archäologische Aspekte und experimentelle Beobachtungen. Kölner Jahrb. 37, 2004, 449–461.

438 Eine vergleichende Autopsie des Günzburger Stempels mit einem Heidenheimer Original (Nr. 3) fand zusammen mit W. Czysz am 3.8.2006 im Museum Günzburg statt. Die bereits aus früheren Publikationen bekannte Zeichnung stellt sich gegenüber dem bei Czysz 2002, 58 Abb. 45 erstmals veröffentlichten Foto als ungenau und fehlerhaft heraus.

439 Schmid 2000, 63f.; Czysz 2002, 58f.: „mit erhabenen, unleserlichen Buchstaben [2–3]". Dieser Vermerk sowie eine Skizze im Inventar des Museums Günzburg sprechen für die Stempelidentität. Offenbar waren die Stempelabdrücke relativ schlecht ausgeprägt.

440 Czysz 2002, 105–110.

441 Unpubliziert, freundl. Mitteilung W. Czysz.

442 P. Rothe, Die Geologie Deutschlands. 48 Landschaften im Portrait (Darmstadt 2005) 119 mit weiterer Lit.

443 Freundl. Auskunft P. Heinzelmann. Von dort sollen die zum Ausbau des Heidenheimer Schlossbrunnens verwendeten Ziegel stammen, vgl. auch P. Heinzelmann/H. Jantschke, Der Schloßbrunnen Hellenstein. Heidenheimer Jahrb. 1987/88, 229–247.

444 W. Trinkle, Ostalb. Werden und Besiedlung (Schwäbisch Gmünd 1979) 39.

Heidenheimer Kastell ausgegrabenen aus derselben Ziegelei stammen, was man aufgrund der identischen äußeren Merkmale zunächst anzunehmen geneigt ist. Zu diesem Zweck wurde eine stichprobenartige geochemische ICP-MS-Keramikanalyse des Günzburger Exemplars sowie des gestempelten Ziegels Nr. 4 aus Heidenheim durchgeführt (Kap. IV.12.4). Das Ergebnis besagt zweierlei: Zunächst wird bestätigt, dass beide Ziegel hinsichtlich ihrer chemischen Zusammensetzung nach den Hauptelementen tatsächlich einheitlich sind. Das bedeutet, dass ihre Tone demselben geologischen Kontext entnommen sind, also Schichten der oberen Süßwassermolasse. Die Feinanalyse der Spurenelemente, die für die genauere Lokalisierung der Ziegelei(en) von entscheidender Bedeutung ist, zeigt jedoch, dass beide beprobten Ziegel unterschiedlichen Gruppen angehören. Der geochemische „Fingerabdruck" unterscheidet sich also. Das heißt, dass sie aus Tonen verschiedener Orte im Bereich der oberen Süßwassermolasse hergestellt worden sein müssen. Unterschiedliche Tonvorkommen sind wahrscheinlich mit zwei verschiedenen Ziegeleien gleichzusetzen. Es ist also davon auszugehen, dass zuerst Günzburg und später Heidenheim von verschiedenen Ziegeleistandorten aus mit Baumaterial versorgt wurden.

Was bedeutet dieser Befund nun für die Dislokationsgeschichte der *ala II Flavia p. f. milliaria*? Die Tatsache, dass der in Günzburg gefundene Ziegel eine geochemische Gruppe mit den Produkten des Günzburger Reibschüsseltöpfers *Carantus* bildet, spricht dafür, dass auch der Ziegel in Günzburg hergestellt wurde. Damit ist ein gewichtiges Indiz dafür gewonnen, dass die *ala II Flavia p. f. milliaria* in der Tat zuerst in Günzburg stationiert war. Wegen der oben dargestellten typologischen Verbindung mit den Heidenheimer Ziegelstempel dürfte sie zumindest die letzte Einheit im Günzburger Lager gewesen sein. Um die Baustelle des Nachfolgekastells Heidenheim zu beliefern, hat man offenbar einen neuen Standort für die Truppenziegelei gewählt. Da es an vergleichbaren Referenzen aus diesem Raum fehlt, bleibt die Vermutung, dass diese bei Faimingen oder südlich davon beim Aschberg zu suchen ist, vorläufig eine Hypothese. Der Standortwechsel wäre aus logistischen Gründen aber durchaus nachvollziehbar: Von der Brenzmündung bei Faimingen konnte man bis Heidenheim durchgängig den Wasserweg nutzen, während der Transportweg von Günzburg aus erheblich weiter gewesen wäre. Er hätte entweder donauabwärts führen müssen oder über den beschwerlichen Landweg durch das sumpfige Langenauer Ried.[445]

Diese Schlussfolgerungen basieren wohlgemerkt auf nur zwei beprobten Ziegeln, einer statistisch inexistenten Basis, auch wenn die Analyseergebnisse unbestreitbare Unterschiede aufzeigen. Künftig wäre eine Serienbeprobung der gestempelten Ziegel aus Heidenheim wünschenswert, die im Rahmen dieser Arbeit nicht mehr zu leisten war. Es wäre ja durchaus vorstellbar, dass neben neu gestrichener Baukeramik auch Altziegel aus abgebrochenen Bauten des Günzburger Lagers nach Heidenheim abtransportiert wurden.[446] Letzte, auch statistische Sicherheit ließe sich zur Gegenprobe nur gewinnen, wenn in Günzburg eines Tages einmal ein Befund mit primär verbauten, *IIF*-gestempelten Ziegeln entdeckt würde, z. B. das Kastellbad.

Einstweilen lässt sich resümieren: *IIF*-gestempelte Ziegel wurden im Heidenheimer Kastell und teilweise auch in jüngeren Gebäuden des Vicus verbaut. Das Material wurde während einer Zeitspanne von insgesamt 150 Jahren offensichtlich mehrfach recycelt. Die geochemischen Analysen eines Günzburger und eines Heidenheimer Ziegels deuten an, dass für Bauvorhaben an beiden Orten jeweils unterschiedliche Ziegeleistandorte existierten. Ob sie die jeweils einzige Bezugsquelle für Baukeramik waren, bleibt künftiger Forschung zu überprüfen vorbehalten. Die Ziegeleien lagen zuerst in Günzburg, später am ehesten im Umfeld von Faimingen. Beim Bau des Heidenheimer Nachfolgekastells Aalen kam der neue Stempel *AL II FL* zum Einsatz, während der Heidenheimer/Günzburger Typus dort nicht mehr bezeugt ist.[447] Den in Aalen verwendeten Ziegeln fehlt der Biotitglimmer. Dort ist wiederum mit einer neuen Ziegelei zu rechnen, die den örtlichen Opalinuston verwendete.

Der Kohortenstempel Nr. 10 widersetzt sich bis heute allen Bestimmungsversuchen.[448] Auch seine

---

445 In diesem Falle wäre die Brenz erst wieder bei Sontheim erreicht worden. Die Ziegel hätten dort für den weiteren Flusstransport umgeladen werden müssen. Es ist außerdem fraglich, ob die durch das Ried führende Römerstraße Günzburg – Niederstotzingen zu diesem Zeitpunkt überhaupt schon ausgebaut war.

446 Zur Wiederverwendung älterer Ziegel in neuen Militärbauten vgl. A. Thiel, Hadrianische Ziegel von antoninischen Kastellplätzen in Obergermanien. In: N. Gudea (ed.), Roman Frontier Studies. Proceedings of the XVIIth International Congress of Roman Frontier Studies (Zalău 1999) 565–570 bes. 568f.

447 Spitzlberger 1968, 168; D. Planck, Das Kastell der Ala II Flavia in Aalen. Aalener Jahrb. 1988, 78; Kemkes u. a. 2006, 190. Bisher fehlt dieser Typus in Heidenheim.

448 Einen stilistisch vergleichbaren Stempel, der jedoch keine Zacken entlang der Schriftfeldleiste hat, führte die *cohors I Flavia Canathenorum milliaria sagittariorum* (Straubing), vgl. Walke 1965, Taf. 139,7a. Mit Zacken, aber andersartiger *ansa* ORL B 26 (Friedberg) Taf. 4,34: *cohors I Flavia Damascenorum milliaria*. Die Entfernung zwischen deren Stationierungsort Friedberg in der Wetterau und Heidenheim spricht gegen eine Gleichsetzung mit dieser Truppe.

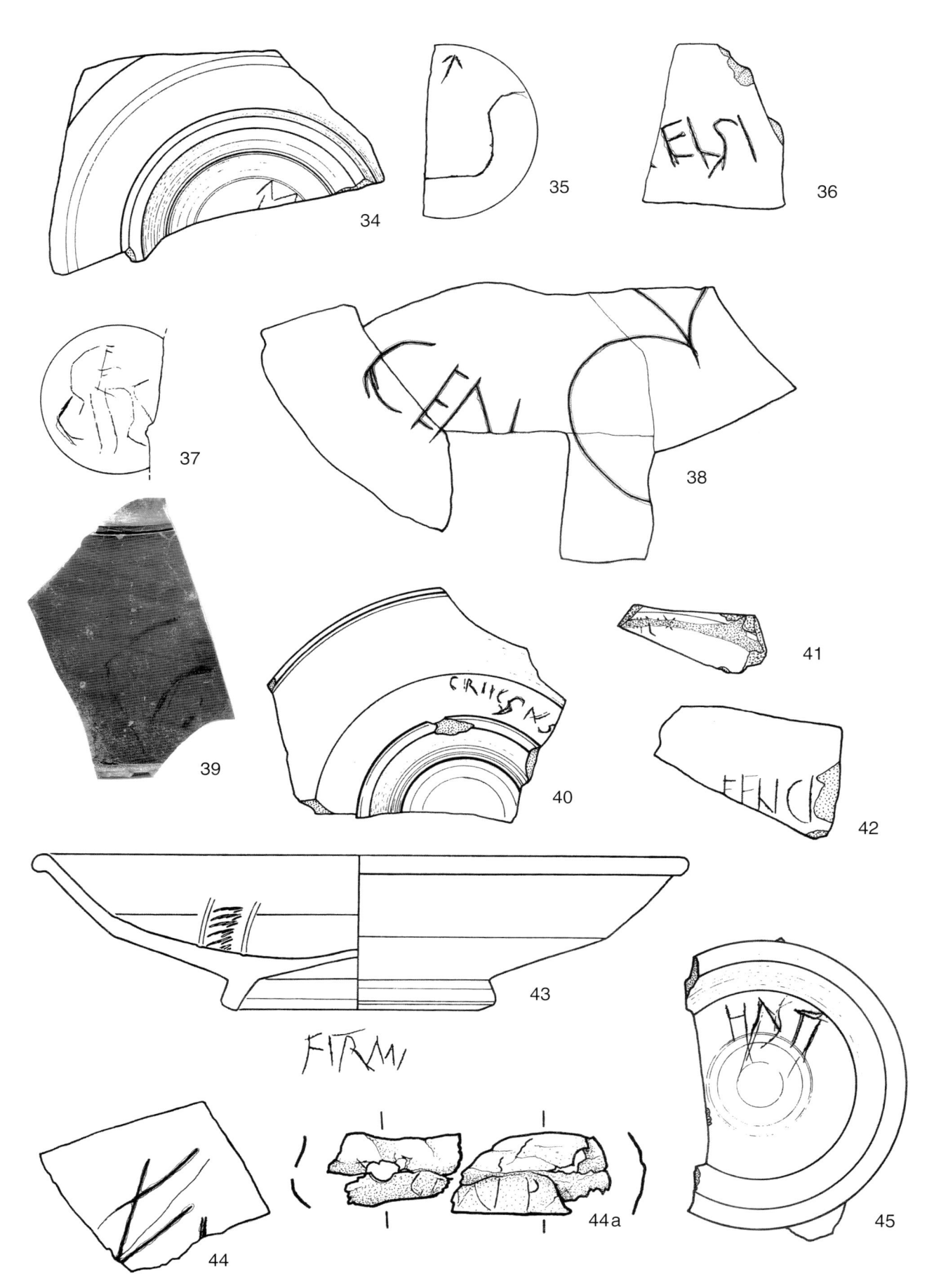

Abb. 77: Besitzergraffiti auf Keramik 34–38.40–44.45 M. 1:2. Dipinto auf Terra Sigillata 39 M. 1:2. Bronzene Besitzermarke 44a M. 1:1.

134

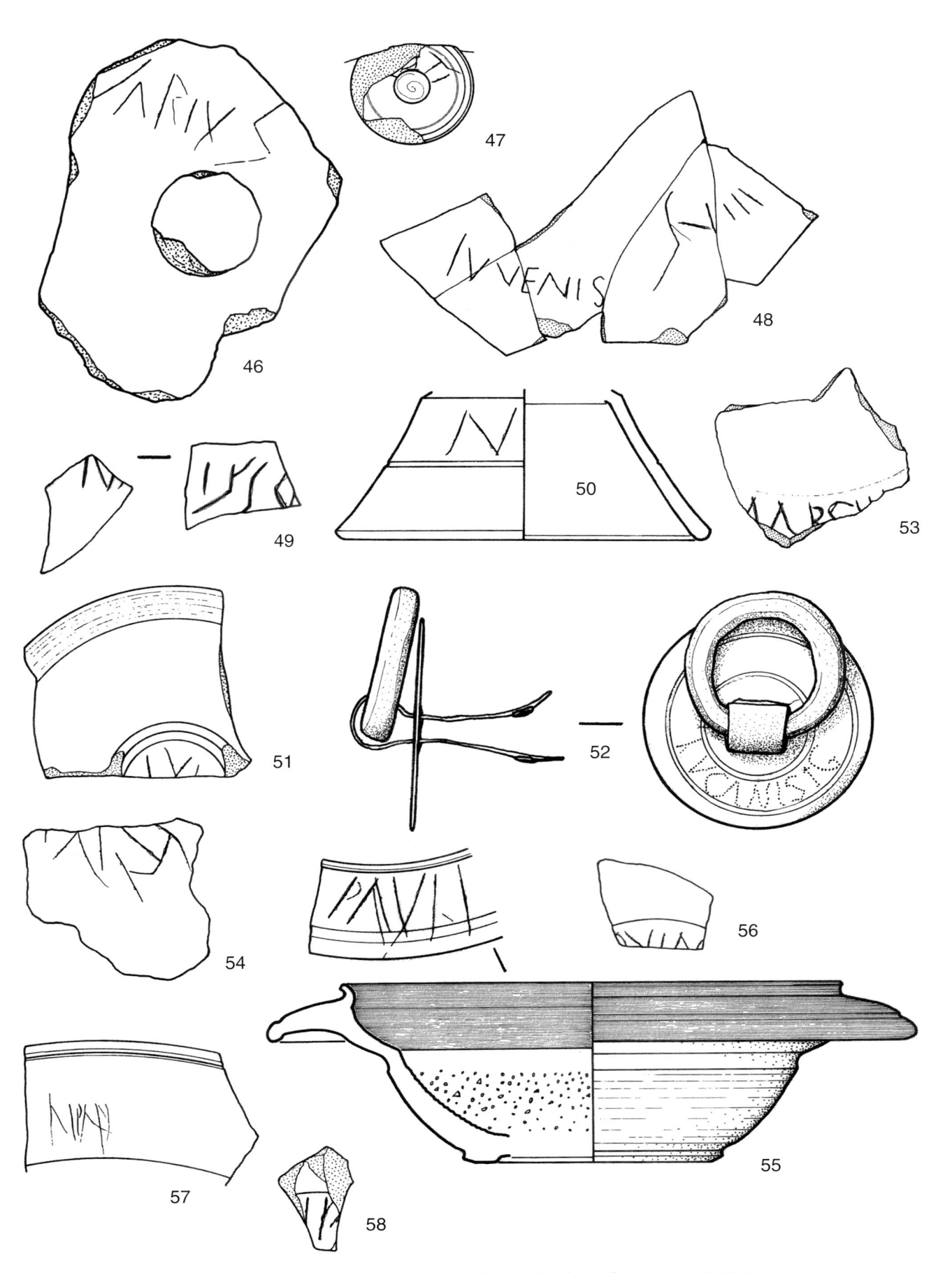

Abb. 78: Besitzergraffiti auf Keramik 46–51.53–58 M. 1:2. Bronzener Griff eines Kästchens oder einer *capsa* 52 M. 1:1.

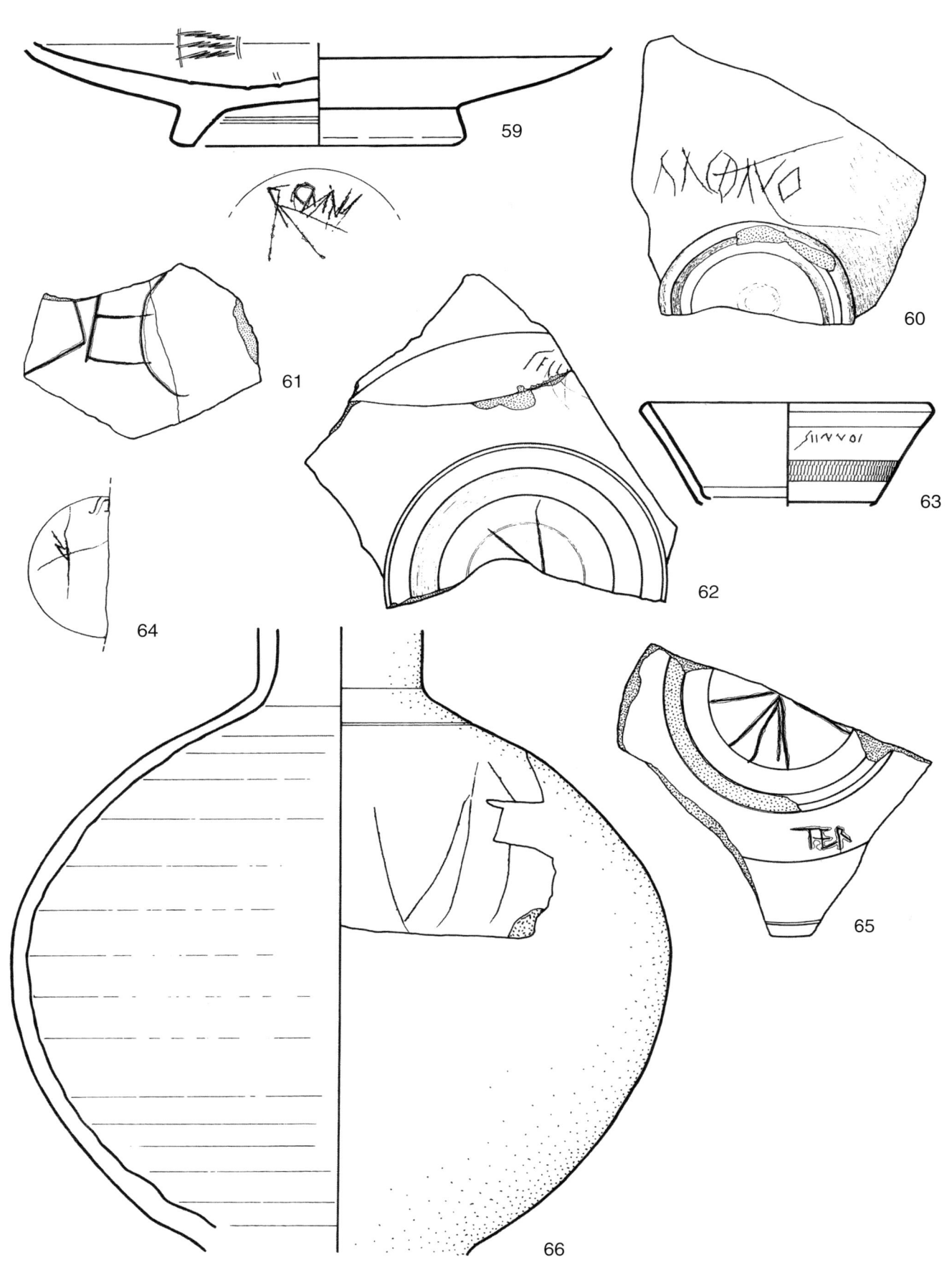

Abb. 79: Besitzergraffiti auf Keramik. M. 1:2.

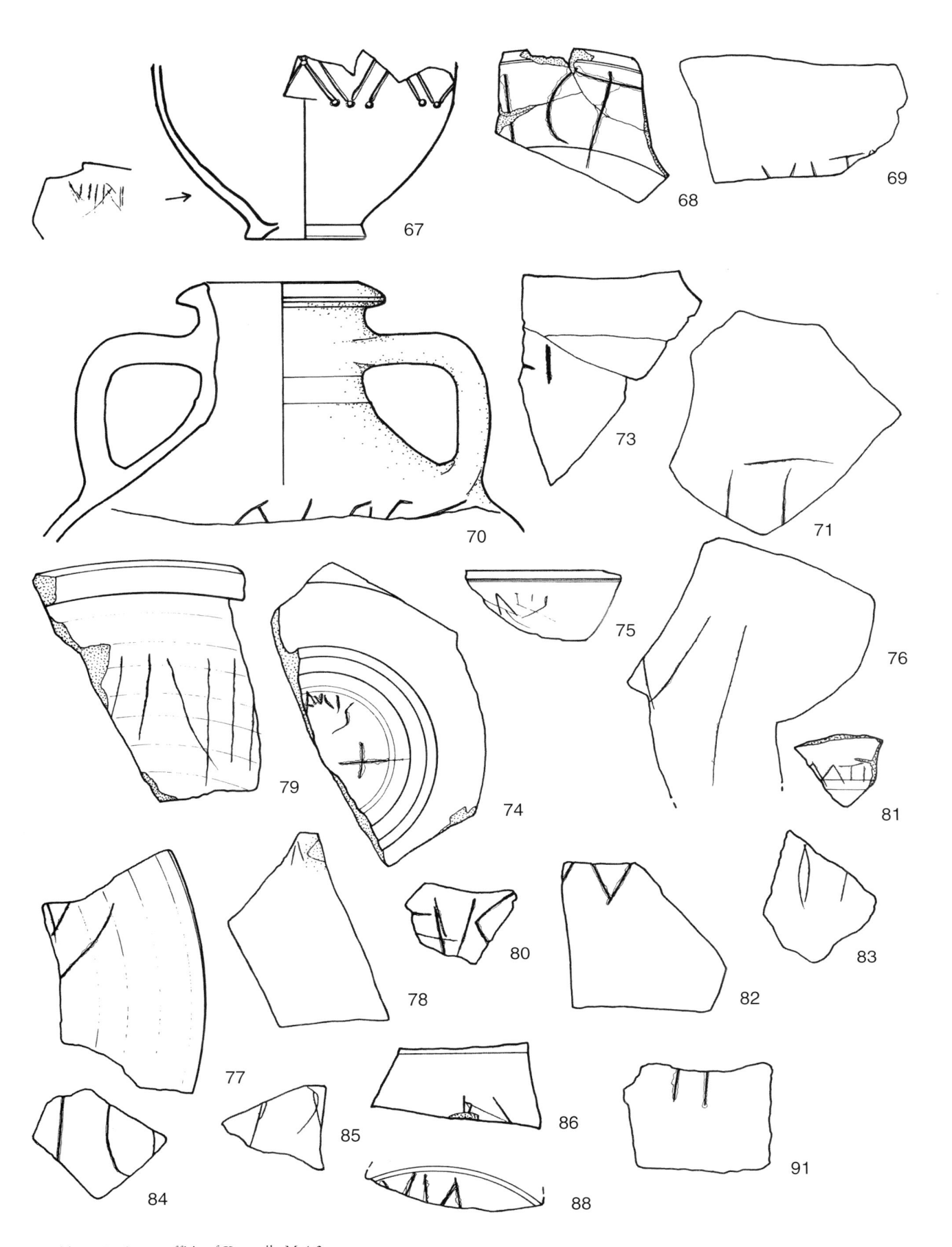

Abb. 80: Besitzergraffiti auf Keramik. M. 1:2.

Wandknicks Graffito, lesbar bei umgestülptem Gefäß: *T(urma) LV[---]*. Wahrscheinlich lateinisches Cognomen *Lucius, Lucanus* o. ä. – Vom *campus* nördlich des Kastells (Ausgrabung „Gleisharfe" 2004, Bef. 9). Phase 3. Fb.-Nr. 11.

*21 BS eines Kruges (Ware 8), unter dem Boden Graffito: *T(urma) L(---)*. – Aus einer Abfallgrube vor der nördlichen Umwehrung des Kastells (Bef. 1012). Phase 1–3. Fb.-Nr. 1063.

*22 Bodenstück eines Trink(-?)Bechers rätischer Glanztonware. Unter dem Boden Graffito: *T(urma) MARCI / HILAR /IONIS* (Scholz 2004a, 131). Lateinisches Cognomen *Hilaris* („der Freundliche") mit ostgallischer *-io-*Endung? Die Verbreitung des Namens reicht allerdings weit über diese Region hinaus.[492] – Vom *campus* nördlich des Kastells (Ausgrabung „Gleisharfe" 2004, Bef. 4). Phase 2–3. Fb.-Nr. 1.

*23 Rechteckiger Riemenbeschlag mit Scharnier (Länge 3,3 cm, Breite 1,2 cm). Der Beschlag diente der Befestigung eines Zieranhängers, z.B. einer *lunula* (vgl. Bronze-Nr. 46). Gewicht 5,0 g. Vgl. Czysz 2002, 55 Abb. 40, 7 (Günzburg). – Das rechte Ende des bronzenen Scharnierstiftes hat Pilzkopfform, das linke ist über einer Unterlegscheibe flachgeklopft, um ein Durchrutschen durch die Scharnierösen zu verhindern. Auf der Rückseite zwei mitgegossene Nietstifte, von denen einer abgebrochen ist. Die Schauseite trägt die eingepunzte Besitzerinschrift *T(urma) N(...) VAL(...)* oder *T(urma) MI(...) AL(...)*. Während die Punkte des N tief eingeschlagen wurden, sind die des L zarter und nur schlecht erhalten. Scheinbar hat sich das Objekt beim Einhämmern der Buchstaben verbogen. – Aus einer frühen Grube in der *via vicenaria* zwischen Baracke V und VI (Bef. 576). Phase 1. Fb.-Nr. 1303.

*24 Oberteil eines zerscherbten Zweihenkelkruges. Auf der Schulter Graffito: *T(urma). QVAR(...). AESTIV[us]* mit Worttrennern in Gestalt kleiner Rauten. Dem Vorbericht (Scholz 2001/02, 115) war nur das Bruchstück mit *Aestiv[us]* bekannt. Das Cognomen *Aestivus* mit der Bedeutung „im Sommer Geborener" ist in verschiedenen Provinzen des Nordwestens mit Einzelbelegen vertreten, weist aber einen Verbreitungsschwerpunkt in Hispanien auf.[493] Der abgekürzte Name des *decurio* dürfte *Quartus, Quartius* o. ä. gelautet haben. – Aus der Verfüllung des nördlichen Kastellgrabens (Bef. 1002). Phase 1–3. Fb.-Nr. 1035/1037.

*24a Massiver langrechteckiger Riemenendbeschlag aus Bronze mit Verschlusshaken wahrscheinlich von einem Zügel oder vom Kopfgeschirr. Punzinschrift mit einem feinen, halbmondförmigen Stichel eingeschlagen: *T(urma) ROM(ani?) OCTAVI*. Das lateinische Cognomen *Octavus* („der als achter Geborene") weist keine spezifische Verbreitung auf. – Aus dem Kanal der nordwestlichen *via sagularis* zwischen Baracke VIII und dem Westtor (Bef. 1550). Phase 3. Fb.-Nr. 2376.

*25 Bronzene Besitzermarke mit gelochtem Befestigungsstift. Punzinschrift: *TVR(ma) / SOL[--- / ---]*. Die Oberfläche ist durch Korrosion stark beschädigt. Vielleicht lateinisches Cognomen *Sol(l)emnis* („der Festliche" oder „an einem Festtag Geborene") oder *Sollius*, um nur die häufigsten Ergänzungsmöglichkeiten zu nennen. Nicht ausgeschlossen ist ferner der gallische Name *Solimarus*.[494] – Aus einer Abfallgrube vor der nördlichen Umwehrung des Kastells (Bef. 1053/55). Phase 1–3. Fb.-Nr. 1097.

*26 WS eines Kruges (Ware 6) mit Graffito: *AELI EQ T[urmae ---]*. – *Aelius* kann sowohl kaiserliches Gentiliz sein als auch, wenngleich seltener, Cognomen.[495] Es bieten sich zwei Auflösungsmöglichkeiten: 1. als Gentiliz mit abgekürztem Cognomen *Aeli(i) Eq(uestri o. ä.) t[urmae ---]* oder 2. als Cognomen *Aeli eq(uitis) t[urmae ---]*. – Aus einer Abfallgrube vor der Westumwehrung des Kastells (Bef. 1620). Phase 2–3. Fb.-Nr. 2426.

*27 WS eines Kruges (Ware 8) mit Graffito: *[---]CIS M[---]* (Name) oder *[---]CIS M(odii) [---]*. Die linke Haste des V ist ein bereits ante cocturam entstandener Kratzer, an den der Schriftzug sichtlich bewusst anschließt. Vermutlich Rest einer Turmeninschrift. – Aus einer späten Grube im Kopfbau von Baracke II (Bef. 1164). Phase 3. Fb.-Nr. 2095.

*28 BS eines Tellers Drag. 31, Heiligenberg (Stempel Nr. 5 Cristo f). Unter dem Boden Graffito: *[T(urma)? A?] MA(...) LIIDA* oder *LIIDA [I?]MA(giniferi)*. Anfang und Ende des Graffitos sind unklar, je nachdem ob man eine Turmeninschrift ergänzt oder die Rangbezeichnung *imaginifer*. Im zuerst genannten Falle könnte der *decurio Amandus* geheißen haben. *Leda* ist als maskulines Cognomen im Gegensatz zu *Ledia* bisher allerdings nicht belegt. Die Verbreitung von *Leda* ist unspezifisch, der Name kommt in mediterranen und gallisch geprägten Provinzen nur vereinzelt vor.[496] – Vom *campus* nördlich des Kastells (Ausgrabung „Gleisharfe" 2004, Bef. 4). Phase 3. Fb.-Nr. 2.

*29 2 kl. WS eines Kruges mit Graffitiresten im Schulterbereich: *[---]MI . A/M[---]* und *[---]NI?* Der Abstand beider nicht anpassender Bruchstücke zueinander bleibt unbekannt. Wegen des Worttrenners vermutlich Rest einer Turmeninschrift. – Aus einer Grube innerhalb der *porticus* von Baracke III (Bef. 282). Phase 2a. Fb.-Nr. 453 u. 458.

*30 RS eines Tellers Drag. 18/31, Randdm. 17 cm. Südgallisch. Graffito zwischen Rand u. Boden: *[t(urma)? ---]VPII CA[---]*. Vermutlich Rest einer Turmeninschrift, z.B. *[turma L]upii Ca[ndidi]*. In Frage kämen auch die weniger häufigen Namen *Cupius, Pupius* und *Rupius*.[497] – Aus einer Grube innerhalb der *porticus* von Baracke III (Bef. 1107). Phase 2a. Fb.-Nr. 1706.

*31 Kl. RS eines Tellers Drag. 18/31, ostgallisch. Auf dem Rand Graffito: *TV[rma ---?]* od. Cognomen, z.B. *Tullius*. – Aus der Verfüllung des westlichen Kastellgrabens (Bef. 1520). Phase 3. Fb.-Nr. 2389.

*32 WS eines Kruges mit Graffito: *T[urma? ---]* od. Cognomen od. Gewichtsangabe *t(esta) [p(ondo) ---]*. – Aus einer Grube im Stallbereich von Baracke IV (Bef. 664). Phase 3. Fb.-Nr. 917.

*33 BS eines Tellers Drag. 18/31, südgallisch (Stempel Nr. 13 *Iuliani*?). Graffito innerhalb des Standrings: *AES* (Scholz 2001/02, 116 Nr. 2). Abkürzung für ein Cognomen, z.B. für *Aestivus, Aesillus* o. ä. (vgl. oben Nr. 26) oder für Duo Nomina *Ae(lius) S(...)* bzw. für Tria Nomina *A(ulus) E(...) S(...)*, was weniger wahrscheinlich ist. – Aus einer Grube innerhalb der *porticus* von Baracke V (Bef. 563). Phase 2a. Fb.-Nr. 576.

*34 BS eines Tellers Drag. 18/31, mittel- od. ostgallisch. Graffito innerhalb Standring: *AM[---]*. Verschiedene Cognomina möglich, z.B. *Amabilis*. – Aus dem Abbruchschutt von Baracke VI, Fl. 87, Pl. 0–1. Phase 3. Fb.-Nr. 734.

*35 Ca. zur Hälfte erhaltener Teller Curle 15, ostgallisch, ungestempelt. Auf der Bodenunterseite Graffito: *A S*. Die stark unterschiedliche Größe beider Buchstaben sowie der

---

492 Lörincz 1999, 182.
493 Lörincz/Redö 1994, 46.
494 Lörincz 2002, 86–88.
495 Mócsy 1983, 6; Lörincz/Redö 1994, 32–38.
496 Lörincz 2000, 21: ITA 1 HIS 3 BEG 1 NOR 1 DAC 1.
497 Mócsy 1983, 365.

Abstand zwischen ihnen sprechen für Initialien zweier Namen. – Aus der zentralen Grube im Kopfbau von Baracke II (Bef. 1228). Phase 3. Fb.-Nr. 2210.

*36 WS eines Kruges mit Graffito: *CELSI* (Scholz 2001/02, 116 Nr. 3). Lateinisches Cognomen *Celsus* („der Strahlende"). Dieses lateinische Cognomen ist vor allem in Hispanien, Gallia Narbonensis und den westlichen Grenzprovinzen verbreitet.[498] – Aus der Verfüllung des nördlichen Kastellgrabens (Bef. 1002). Phase 3. Fb.-Nr. 1030.

*37 BS eines Tellers Drag. 18/31, Heiligenberg (Stempel Nr. 36 *Sacco fecit*). Unter dem Boden fein eingeritzter Graffito: *SE / CELS[I* od. *–IN]*. Wahrscheinlich zwei verschiedene Namen, z. B. *Se(cundus)* und *Celsus*, oder Duo Nomina. Wahrscheinlich handelt es sich nicht um denselben *Celsus* wie bei Nr. 36, da sich die Schreibweisen (Form des *E*, *L* und *S*) markant voneinander unterscheiden. – Aus einer Abfallgrube vor der nördlichen Umwehrung des Kastells (Bef. 1053). Phase 1–3. Fb.-Nr. 1114.

*38 4 anpassende WS eines Kruges (Ware 6) mit Graffito: *CEN*, daneben *hedera*. Möglicherweise wurde die Einritzung rechts des Efeublattes, eines üblichen Trennzeichens, fortgesetzt (evtl. Turmeninschrift?). Wahrscheinlich abgekürztes lateinisches Cognomen, z. B. *Censor* oder *Censorinus*. – Aus einer Abfallgrube vor der nördlichen Umwehrung des Kastells (Bef. 1053). Phase 1–3. Fb.-Nr. 1116.

*39 RS einer konischen Sigillata-Schüssel, Randdm. ca. 24 cm, südgallisch. Unterhalb des Randes bei umgestülptem Gefäß lesbarer Dipinto, mit Tusche geschrieben: *COR[---]*. Das R ist durch den Rest seiner senkrechten Haste sowie seines oberen Bogenansatzes zu identifizieren. Wahrscheinlich lateinisches Cognomen *Cornelius*. – Aus einer Abfallgrube vor dem Westtor des Kastells (Bef. 1450). Phase 3. Fb.-Nr. 2270a.

*40 Ca. zu einem Viertel erhaltener Teller Drag. 18/31, ostgallisch (Stempel Nr. 47 *Ver[---]*). Graffito zwischen Standring u. Wandknick: *CRIICSNS* (sic!). Vermutlich Verschreibung für das lateinische Cognomen *Crescens* („der Gedeihliche"). Vgl. den Schreibfehler -SC(E)N- (*FL(avius) CRIINSCNTIS*) bei einem Graffito aus Günzburg.[499] – Aus einer Jaucherinne in Baracke VII (Bef. 1398). Phase 3. Fb.-Nr. 2145.

*41 Kl. WS Drag. 18/31, mittel- od. ostgallisch. Im Bereich des Wandknicks Graffito, mit kleinen Buchstaben fein eingeritzt u. stark verrieben: *FIILIX*. – Vom *campus* nördlich des Kastells (Ausgrabung „Gleisharfe" 2004, Bef. 4). Phase 2–3. Fb.-Nr. 34.

*42 WS eines Kruges mit Graffito: *FELICI[S]*. Lateinisches Cognomen *Felix* („der Glückliche"). Wahrscheinlich bezog sich dieser Graffito auf eine andere Person als Nr. 41, da sich Schriftduktus (*E* und *L*), Kasus und Fundstellen zu sehr voneinander unterscheiden. – Aus der Verfüllung des nördlichen Kastellgrabens (Bef. 1002). Phase 3. Fb.-Nr. 1037.

*43 Ungefähr zu einem Drittel erhaltener gr. Teller/Platte Drag. 18/31, mittelgallisch (Stempel Nr. 17 *Marcelli.m*). Unter dem Borden Graffito: *FIRMI*. Lateinisches Cognomen *Firmus* („der Starke"). – Vom *campus* nördlich des Kastells (Ausgrabung „Gleisharfe" 2004). Phase 2–3. Fb.-Nr. 47.

*44 WS eines gr. Kruges mit Graffitorest im Schulterbereich: *FI[---]*? Lesung unsicher. Wahrscheinlich Cognomen, z. B. *Fidelis* („der Treue") oder *Firmus*. – Aus einer Abfallgrube vor der nördlichen Umwehrung des Kastells (Bef. 1016). Phase 1–3. Fb.-Nr. 1062.

*44a 2 anpassende, stark verbogene Bruchstücke eines Bronzebleches mit noch einem Nagelloch. Aufgrund schlechter Erhaltung sind nur noch Reste eingeritzter Buchstaben zu erkennen: *GEMI P[---]*? Lesung unsicher. Möglicherweise handelt es sich um eine Turmeninschrift, vgl. Nr. 18. – Aus dem Kanal der nordwestlichen *via sagularis* zwischen Baracke VIII und dem Westtor (Bef. 1550). Phase 3. Fb.-Nr. 2376.

*45 BS eines gr. Tellers/einer Platte Drag. 18/31, Heiligenberg (Stempel Nr. 26 *Regin f*). Unter dem Boden Graffito: *HASTI*. Evtl. von *hasta* („Lanze") abgeleiteter „Spitzname", denn ein Cognomen *Hastus* scheint bisher unbekannt zu sein.[500] Als Alternative Deutung bliebe in vager Analogie zu jenem berühmten *Hahucus* aus Zwammerdam die Annahme eines germanischen Namens (evtl. für *Chattus*?).[501] – Aus einer zusätzlichen Jaucherinne in Baracke III (Bef. 1137). Phase 2b. Fb.-Nr. 1904.

*46 Bruchstück eines Deckels mit stark verriebenem Graffitorest: *[IAN]VARIVS*. Wahrscheinlich Cognomen *Ianuarius* („der im Januar Geborene"). – Aus einer Grube im erweiterten Kopfbau von Baracke II (Bef. 1249). Phase 3. Fb.-Nr. 2150.

*47 Ca. zur Hälfte erhaltene Tasse Drag. 27, Heiligenberg (Stempel Nr. 42 *Tritus f*). Unter dem Boden Graffito: *I[V]STI*, weniger wahrscheinlich *F[E]STI*. Lateinisches Cognomen *Iustus* („der Gerechte"). – Vom *campus* nördlich des Kastells (Ausgrabung „Gleisharfe" 2004). Phase 1–3. Fb.-Nr. 44.

*48 4 anpass. WS von der Schulter eines Kruges (Ware 8) mit Graffito: *IVVENIS S(extarii) VIII*. Das lateinische Cognomen *Iuvenis* („der Jugendliche") ist in Obergermanien und Noricum auffallend häufig.[502] Das daraus abgeleitete Pseudogentiliz *Iuvenius* füllt gewissermaßen die Lücke, indem es derzeit nur aus Rätien bekannt ist.[503] Hier scheint allerdings die günstige Überlieferung familiärer Verbindungen den Fundniederschlag zu beeinflussen. Neben dem unverkennbaren Schwerpunkt in Inschriften des Mainzer Einzugsbereichs, der für einen „Soldatennamen" spricht, könnten auch Anklänge an einheimische Namen die Beliebtheit des Namens gefördert haben. – Aus einer Abfallgrube vor dem Westtor des Kastells (Bef. 1450). Phase 1–3. Fb.-Nr. 2301.

*49 2 nicht anpassende WS eines Kruges mit Graffitorest: *IV[---]*, Ansatz eines dritten Buchstabens vorhanden, und *[---]ISSO*. Die Ausrichtung der Scherben ergibt sich anhand der Ritzrichtung der Hasten. – Wahrscheinlich Cognomen, z. B. *Iunius* od. *Iunianus*, weniger wahrscheinlich als Inhaltsangabe zu deuten. Die vermutliche Endung *-isso(nis?)* deutet auf ein nichtlateinisches, wohl gallisches Cognomen hin.[504] Es könnte sich demnach um die Reste einer Turmeninschrift handeln, da einerseits der Abstand zwischen den beiden Scherben unbekannt ist und es andererseits für einen Namen *Iu[---]isso* keine Parallele zu geben scheint.[505] Nach A. Mócsy kommen für die Endung *-isso* folgende Ergänzungen in Betracht: *Cisso*, *Mammisso*, *Prisso*, *Advetisso*, *Boduisso* und *Elvisso*. Sie alle beschränken sich bei durchweg nur 1–3 Belegen auf den keltisch-gallischen Sprachraum, die drei zuerst genannten auf

---

498 Lőrincz 1999, 48.
499 Czysz 2002, 54 Abb. 39.
500 Lőrincz 1999, 221.
501 Haalebos 1977, 200 f.
502 Lőrincz 1999, 211: ITA 4 HIS 5 BEG 10 NOR 10 AQV 1 LVG 3 MIN 0;1.
503 Ebd. RAE 7.
504 Vgl. auch Féret/Sylvestre 2004, Nr. 23 zu *Ianussius*; Scholz 2000a, 48 (*Bellissa*).
505 Mócsy 1983, 338; Negativbefund bei Lőrincz 1999, 198–212.

Ostgallien und Obergermanien.⁵⁰⁶ – Aus einem Grubenkomplex vor der nördlichen Umwehrung des Kastells (Bef. 1053/55). Phase 1–3. Fb.-Nr. 1138 u. 1141.

*50 Zu einem Viertel erhaltene Drag. 33, ostgallisch. Auf der Wand nahe Bodenknick Graffito: *IV* od. *N* (lesbar bei umgestülptem Gefäß). Abgekürztes Cognomen *Iulius o. ä.* oder Zahl. – Aus einer späten Grube im Bereich des Kopfbaus von Baracke VIII (Bef. 1553). Phase 3. Fb.-Nr. 2333.

*51 BS Drag. 36, südgallisch. Unter dem Boden Graffito: *IV[LI?]* oder *LV[C?]*. *Iulius* oder abgekürztes Cognomen *Iu-* oder *Lu-*. – Aus einer Abfallgrube nördlich des Kastells (Bef. 1053/55). Phase 1–3. Fb.-Nr. 1053(sic).

*52 Gedrehte Zierscheibe aus Bronzeblech mit durchgezogener Riemenzwinge und Befestigungsring, wahrscheinlich zum Griff eines Kästchens oder Behälters, z. B. einer *capsa*, gehörig. Halbrund verlaufende Punzinschrift: *LVCANI SIG(niferi)*. Der lateinische Name *Lucanus* könnte natürlich – wörtlich genommen – auf die Herkunft seines Trägers aus Süditalien schließen lassen, doch scheint er in den gallisch geprägten Provinzen aus anderen Gründen (vielleicht sprachlicher Anklang an keltische Namen?) auf große Resonanz gestoßen zu sein.⁵⁰⁷ – Aus einem Abfallgrubenkomplex nördlich des Kastells (Bef. 1012). Phase 1–3. Fb.-Nr. 1087 (Scholz 2001/02, 115 Nr. 2).

*53 WS eines Zweihenkel-(?)Kruges mit Graffitorest im Schulterbereich: *MARCII[---]* (Scholz 2001/02, 116 Nr. 4). Lateinische Cognomina *Marcellus* oder *Marcellinus*. – Aus einem Grubenkomplex vor der nördlichen Umwehrung des Kastells (Bef. 1053/55). Phase 1–3. Fb.-Nr. 1049.

*54 WS eines Kruges mit Graffito: *MAR[---]*. Wahrscheinlich lateinisches Cognomen *Mar[cus, -cellus, -inus, -tinus o. ä.]*. – Aus der Verfüllung des nördlichen Kastellgrabens (Bef. 1002). Phase 3. Fb.-Nr. 1037.

*55 RS einer „rätischen" Reibschüssel. Auf dem Kragen Graffito: *[---?] PAVLI*. Teilweise verrieben. – Cognomen *Paulus*. – Aus einer späten Grube im Bereich des Kopfbaus von Baracke II (Bef. 1231). Phase 3. Fb.-Nr. 2218.

*56 WS Drag. 18/31, mittelgallisch. Auf der Unterseite der Wand Graffito: *[---?] QVIN[---]*. – Cognomen *Qunitus, Quintilianus o. ä.* – Vom *campus* nördlich des Kastells (Ausgrabung „Gleisharfe" 2004, Bef. 4). Phase 2–3 Fb.-Nr. 5.

*57 RS eines gr. Tellers/einer Platte Drag. 18/31, ostgallisch. Auf dem Rand fein eingeritzter Graffito: *RIPANI*. *Ripanus* („am Ufer [eines großen Flusses] Geborener"), an Rhein und Donau verbreitetes lateinisches Cognomen.⁵⁰⁸ Die bewusst langgezogene zweite Vertikalhaste des N könnte für eine NI-Ligatur sprechen. – Vom *campus* nördlich des Kastells (Ausgrabung „Gleisharfe" 2004, Bef. 4). Phase 2–3. Fb.-Nr. 44.

*58 Kl. BS eines gr. Tellers Drag. 18/31 mit Rest des Kerbenrings, ostgallisch. Auf der Bodenunterseite Graffito: *[R?]IP[ANI?]*. Die Merkmale des Gefäßrestes sowie die Nähe der Fundstellen sprechen dafür, dass es sich um ein Fragment eines gleichen oder sogar desselben Tellers handeln könnte wie Nr. 57. – Vom *campus* nördlich des Kastells (Ausgrabung „Gleisharfe" 2004). Phase 2–3. Fb.-Nr. 40.

*59 Bodenstück einer gr. Platte Drag. 18/31, Bdm. 11 cm, südgallisch. Innerhalb des Standrings Graffito: *ROMANI* (Scholz 2001/02, 116 Nr. 5). Die letzten vier Buchstaben erscheinen ligiert, die Lesung *Roxani* ist weniger wahrscheinlich. Unter den Trägern des lateinischen Cognomens *Romanus* finden sich in den Rheinprovinzen überdurchschnittlich viele Militärs.⁵⁰⁹ – Aus einer Jaucherinne in Baracke IV (Bef. 451). Phase 3. Fb.-Nr. 541.

*60 Unterteil eines Einhenkel-(?)Kruges. Graffito auf der Unterseite der Wandung: *SAEDAVO* (Scholz 2001/02, 116 Nr. 6). Die bislang einzige Parallele für diesen Namen bietet ein Reitergrabstein aus Mainz, der in die zweite Hälfte des 1. Jh. datiert:⁵¹⁰ – Aus einem Grubenkomplex im nördlichen Vorfeld des Kastells (Bef. 1053/55). Phase 1–3. Fb.-Nr. 1131.

*61 WS eines Kruges mit Graffito im Schulterbereich: *SEC* (Scholz 2001/02, 116 Nr. 7). – Abkürzung wahrscheinlich für *Secundus, Secundinus, Securus o. ä.* – Gefunden beim Abziehen von Pl. 1 im Bereich von Baracke III. Phase 3. Fb.-Nr. 22.

*62 BS eines gr. Tellers Drag. 18/31, ostgallisch. Auf der Unterseite der Wand Graffito: *SECV*, weniger wahrscheinlich *FELIX* od. *FELL[---]*. Nach Maßgabe der recht engen Buchstabenabstände und des bis zur Bruchkante rechts verbleibenden Platzes ist die Einritzung wahrscheinlich vollständig überliefert. Unter dem Boden Graffito *X*. Abgekürztes lateinisches Cognomen *Secundus, Secundinus, Securus o. ä.* – Aus einer Grube im erweiterten Kopfbau von Baracke II (Bef. 1238). Phase 2b. Fb.-Nr. 2158.

*63 Bis auf den Standring erhaltene Tasse Drag. 33, ostgallisch. Unterhalb des Randes Graffito: *SIINNOI* (Scholz 2001/02, 116 Nr. 9). Das Cognomen *Senno/Sennous* ist gallisch.⁵¹¹ – Aus dem Abbruchschutt des Kastells im Bereich einer Herdstelle in Baracke VI (Bef. 708). Phase 3. Fb.-Nr. 882.

*64 BS eines Tellers Drag. 18/31, südgallisch (Stempel Nr. 25 C.Iul. Prim). Unter dem Boden Graffito: *SE[---]* oder *SI[---]*, daneben *X*-förmiges Zeichen (Scholz 2001/02, 116 Nr. 7). – Aus einem Grubenkomplex vor der nördlichen Umwehrung des Kastells (Bef. 1053/55). Phase 1–3. Fb.-Nr. 1142.

*65 BS Drag. 31, ostgallisch (Stempel Nr. 28 völlig verrieben). Zwischen Standring und Wandknick Graffito: *TER*. Unter dem Boden Graffito: 8-strahliger Stern. Lateinisches Cognomen *Ter(tius o. ä.)* oder *t(urma) E(---) R(---)*, weniger wahrscheinlich abgekürzte Tria Nomina. – Vom *campus* nördlich des Kastells (Ausgrabung „Gleisharfe" 2004, Bef. 1). Phase 2–3. Fb.-Nr. 33.

*66 Ca. zu einem Viertel erhaltener Einhenkelkrug, aus Scherben zusammengesetzt, Hals u. Boden fehlen. Höhe des Gefäßkörpers von Hals- bis Bodenansatz ca. 20 cm, max. Bauchumfang ca. 24 cm. Ware 8 (Ton außen orange, innen grau). Auf der Schulter Rest eines Graffitos: *VA[---]*. Scharfe Brüche. Die Scherben des Gefäßes verteilen sich auf den gesamten Bef. – Aus einer spät verfüllten Vorratsgrube in einem *contubernium* von Baracke VI (Bef. 815). Phase 2b–3. Fb.-Nr. 1243 u. 1301.

*67 Stark zerscherbtes Bodenstück eines Trinkbechers rätischer Glanztonware (Drexel 1) mit Graffito nahe des Bodens: *VIIRI*. Lateinisches Cognomen *Verus*. – Aus einer zusätzlichen Jaucherinne od. Grube in Baracke III (Bef. 1142). Phase 2b. Fb.-Nr. 1970.

*68 RS eines Tellers Drag. 18/31, ostgallisch. Auf dem Rand

---

506 Vgl. Lörincz/Redö 2004 u. Lörincz 1999–2000; zu *Elvisso* Scholz 1999, 154 mit Anm. 393.
507 Lörincz 2000, 33; Scholz 1999, 165f. zu Nr. 196.
508 Lörincz 2002, 29f.: *Ripanus* (Pseudogentiliz) BEG 1 NOR 2; *Ripanus* ITA 1 HIS 2 BEG 7 NOR 2 BRI 0;1.
509 Scholz 1999, 177 Nr. 270.
510 CIL XIII 7025 = Lörincz 2002, 62; W. Selzer, Römische Steindenkmäler. Mainz in Römischer Zeit (Mainz 1988) 156 Nr. 86.
511 Lörincz 2002, 67; Scholz 1999, 182 Nr. 295. Weiterer Beleg: RIB II 2501, 501.

Graffito [V]ICT[ORIS]. Wahrscheinlich lateinisches Cognomen Victor. – Vom campus nördlich des Kastells (Ausgrabung „Gleisharfe" 2004). Phase 2–3. Fb.-Nr. 47.

*69 WS eines Kruges mit längs durchgebrochenem Graffito: VITA[---]. Der obere Ansatz des A ist noch erhalten. Wahrscheinlich Cognomen Vitalis. – Aus einer Grube in einem contubernium von Baracke VI (Bef. 1390). Phase 2b–3. Fb.-Nr. 2205.

*70 Oberteil eines Zweihenkelkruges. Auf der Schulter zwischen den Henkeln Rest eines längs durchgebrochenen Graffitos: SVCVS [-]? Lesung unsicher. Sucus („Saft") kann den Inhalt des Kruges bezeichnet haben, ist aber auch als Personenname belegt.[512] – Aus einer Grube innerhalb der porticus einer Doppelbaracke in der rechten retentura des Kastells (ZOH-Bef. 72). Phase 2a. Fb.-Nr. 1619.

*71 WS eines Kruges (Ware 8) mit Graffitorest: [---]FI, evtl. Cognomen Rufus, od. [---?]IT[---?] od. [---]LT[---]. – Aus einer Jaucherinne in Baracke III (Bef. 1137). Phase 2b. Fb.-Nr. 1695.

72. WS von der Schulter eines Kruges (Ware 6) mit Graffitorest: [---]II. Endung eines Cognomen. – Aus der finalen Verfüllung einer Jaucherinne in Baracke VI. Phase 3. Fb.-Nr. 867.

*73 WS von der Schulter eines Kruges (Ware 8) mit Graffitorest: [---]LI. Endung eines Cognomen. – Aus dem Schutt einer zerstörten Herdstelle in Baracke VI (Bef. 746). Phase 3. Fb.-Nr. 907.

*74 BS eines Tellers Drag. 18/31, ostgallisch (Stempel Nr. 22 [NASS]O I.S.F). Unter dem Boden Graffito: [---]AVLIS? oder [---]MVLIS? oder [---]NVS? Darunter X. Endung eines Cognomen, Lesung unsicher. – Vom campus nördlich des Kastells (Ausgrabung „Gleisharfe" 2004, Bef. 3). Phase 2–3. Fb.-Nr. 39.

*75 2 RS Drag. 18/31, Randdm. 20 cm. Ostgallisch, wahrscheinlich Chémery. Graffito [---N]ALIS. Ausläufer der Diagonalhaste des N sind noch erkennbar. Endung eines Cognomen. Fb.-Nr. 2352. – Aus der Kiesschicht über dem Versturz der Kastellmauer nördlich der porta principalis sinistra (Bef. 1527). Phase 1–3. Fb.-Nr. 2352.

*76 WS eines Kruges mit Graffitorest im Schulterbereich: [---]VI. Maßangabe [modii] VI oder – wahrscheinlicher – Genitivendung eines Personennamens. – Aus einer Grube innerhalb der porticus von Baracke VI (Bef. 901). Phase 2a. Fb.-Nr. 1354.

*77 RS eines Deckels, schräg zum Rand Graffitorest: [---]VI, weniger wahrscheinlich ist die dazu Kopf stehende Lesung IA[---]. – Aus der zentralen Grube im Bereich des Kopfbaus von Baracke II (Bef. 1228). Phase 3. Fb.-Nr. 2215.

*78 WS eines Kruges (Ware 8) mit Graffitorest: [---]AC[---] oder [---]AQ[---]. – Aus einer späten Grube im Kopfbau von Baracke II (Bef. 1228). Phase 3. Fb.-Nr. 2208.

*79 RS einer tongundigen Reibschüssel (Ware 6) mit Graffitorest: [---]IIVII[---]. Wahrscheinlich Cognomen Severus, Severinus o. ä. – Aus dem Traufgräbchen von Baracke III (Bef. 131). Phase 2b. Fb.-Nr. 75.

*80 WS eines Kruges (Ware 8) mit Graffitorest: [---]EVO/Q[---] oder [---]EVC/G[---] oder [---]EVS[---]. – Aus dem einplanierten Abbruchschutt von Baracke IV. Phase 3. Fb.-Nr. 801.

*81 Kl. WS eines Kruges (Ware 6) mit Graffitorest: [---]MATI[---] oder [---]MATI[I---]. Wahrscheinlich Namensendung im Genitiv -mati, Cognomen Mate[rnus] o. ä. – Aus einer Grube im Stall des westlichen Endcontuberniums von Baracke II (Bef. 1238). Phase 2b. Fb.-Nr. 2161.

*82 Kl. WS eines Kruges (Ware 8) mit Graffitorest: [---?]M[---]. – Aus einer Abfallgrube vor dem Westtor des Kastells (Bef. 1450). Phase 1–3. Fb.-Nr. 2301.

*83 Kl. WS eines Kruges (Ware 6) mit Graffitorest: [---]O[---], danach senkrechte Haste. – Aus einer Abfallgrube vor dem Westtor des Kastells (Bef. 1450). Phase 1–3. Fb.-Nr. 2419.

*84 Kl. WS eines Kruges (Ware 8) mit Graffitorest: [---]O[---] oder [---]Q[---], davor senkrechte Haste. – Aus einer Abfallgrube vor dem Westtor des Kastells (Bef. 1450). Phase 1–3. Fb.-Nr. 2301.

*85 Kl. WS eines Kruges (brauntonig) mit Graffitorest: [---?]PR[---]. Evtl. Cognomen Primus, Aprilis o. ä. – Aus einer Abfallgrube vor der Westumwehrung des Kastells (Bef. 1620). Phase 2–3. Fb.-Nr. 2426.

*86 WS einer Terra-Nigra-Schüssel mit Graffitorest: PV[---] oder [---]RV[---], der zweite Buchstabe könnte auch ein A mit überhöhter rechter Haste sein. – Aus einer Jaucherinne in Baracke III (Bef. 265). Phase 3. Fb.-Nr. 536.

87 WS eines Kruges (Ware 8) mit Graffitorest: [---]VC[---], [---]VG[---] oder [---]VQ[---]. – Aus einer zusätzlichen Jauchegrube in Baracke III (Bef. 87/241/337). Phase 2b–3. Fb.-Nr. 504.

*88 Drag. 37, Heiligenberg, Art des Ianus I. Zwischen Standring und Dekorzone Graffito: [---]VIA (vom Standring aus gelesen) oder VIA/M[---] (von der Wand aus gelesen). – Vom campus nördlich des Kastells (Ausgrabung „Gleisharfe" 2004). Phase 2–3. Fb.-Nr. 33.

89 Kl. Omphalosscherbe eines Tellers Drag. 18/31, Heiligenberg (Stempel Nr. 19 Mas[on]). Unter dem Boden Graffito: V[---?] oder [---?]A oder Einzelbuchstabe V? Aus der frühalamannischen Kulturschicht über der Verfüllung des westlichen Kastellgrabens (Bef. 1443). Zugehörigkeit zum Kastell unsicher, aufgrund der Datierung aber wahrscheinlich. Phase 2–4. Fb.-Nr. 2372.

90 Kl. WS eines Kruges (Ware 6) mit Graffitorest [---]A[---]? Aus einer zusätzlichen Jauchegrube in Baracke III (Bef. 188/334). Fb.-Nr. 392.

*91 Kl. WS eines Kruges (Ware 6) mit Graffitorest: II (Reste zweier senkrechter Hasten). Zahl oder – eher – abgekürzter Name, wohl PI- oder TI-. – Aus einer Abfallgrube vor dem Westtor des Kastells (Bef. 1450). Phase 1–3. Fb.-Nr. 2301.

92 RS Drag. 18/31, mittel- od. ostgallisch. Unterhalb der Randlippe Graffitorest, evtl. T[---]? Aus einer Abfallgrube vor der nördlichen Umwehrung des Kastells (Bef. 1012). Fb.-Nr. 1063.

*93 Bodenstück einer „rätischen" Reibschüssel, unter dem Boden Graffiti: In die Viertel eines zentralen, großen X sind (im Uhrzeigersinn) die Buchstaben I, M, L und P eingeritzt. Wahrscheinlich handelt es sich um eine Art von Spielbrett? – Auf einer Herdstelle in einer papilio von Baracke VI gelegen. Phase 3. Fb.-Nr. 816.

*94 BS einer Reibschüssel, unter dem Boden Graffito: X, in der Verlängerung eines Hastenausläufers am Wandansatz [---?]A. Individuelle Besitzermarkierung oder ebenfalls Spielbrett? Aus einer Abfallgrube vor der nördlichen Umwehrung des Kastells (Bef. 1053/55). Phase 1–3. Fb.-Nr. 1130.

*95 WS einer „rätischen" Reibschüssel, nahe Boden Graffito in Gestalt eines Zweiges. – Aus einer Grube im Stallbereich von Baracke IV (Bef. 664). Phase 3. Fb.-Nr. 1175.

*96 WS eines Kruges (Ware 6) mit Graffito: Rest eines acht-

---
512 Scholz 2000a, 42 f.

strahligen Sterns. – Aus einer Abfallgrube vor dem Westtor des Kastells (Bef. 1450). Phase 1–3. Fb.-Nr. 2271.

*97 BS Drag. 18/31, Heiligenberg. Unter dem Boden Graffito: Rest eines *sechsstrahligen Sterns*. – Vom *campus* nördlich des Kastells (Ausgrabung „Gleisharfe" 2004). Phase 2–3. Fb.-Nr. 37.

*98 BS Drag. 36, südgallisch. Unter dem Boden im Dreieck angeordnete Graffiti: *sechsstrahliger Stern, X, sechsstrahliger Stern*. – Aus einer Abfallgrube vor der nördlichen Umwehrung des Kastells (Bef. 1012). Phase 1–3. Fb.-Nr. 1136.

*99 BS eines Topfes, Ware 5. Unter dem Boden *sternförmige Einritzung*. – Aus einer zusätzlichen Jaucherinne in Baracke III (Bef. 1111). Phase 2b. Fb.-Nr. 1913.

100 BS einer gr. Tasse Drag 33/Ritterling 10, La Graufesenque (Stempel Nr. 48 *of. L. Cos. Viril*). Unter dem Boden Graffito: *I*. – Aus dem der Westumwehrung vorgelagerten Sohlgraben (Bef. 1500). Phase 1–2. Fb.-Nr. 2394a.

101 Ca. zur Hälfte erhaltener Teller Drag. 18/31, Chémery (Stempel Nr. 20 *Meddicus*). Unter dem Boden Graffito: *I*. – Aus einer späten Grube des erweiterten Kopfbaus in Baracke II (Bef. 1249). Phase 3. Fb.-Nr. 2108.

102 Ca. zu einem Viertel erhaltener Teller Curle 15, ostgallisch, ungestempelt. Unter dem Boden nahe Standring Graffito: *I*. – Aus der zentralen Grube im Kopfbau von Baracke II (Bef. 1228). Phase 3. Fb.-Nr. 2210 u. 2221.

103 RS einer „rätischen" Reibschüssel. Auf dem Kragen Graffito: *II*. Zahl? Aus einer Abfallgrube vor der nördlichen Umwehrung des Kastells (Bef. 1012). Fb.-Nr. 1139.

*104 Ca. ¾ erhaltener Teller Drag. 18/31, Heiligenberg (Stempel Nr. 44 *Turtunn fec*). Graffiti: auf dem Rand *I X [---?]*, unter dem Boden *X*. – Aus einer Jaucherinne in Baracke III (Bef. 85). Phase 3. Fb.-Nr. 4; 58/59; 180; 212; 268 (Bef. 200); 286; 497.

*105 WS eines Kruges (Ware 8) mit Graffito: *VIII*. Wahrscheinlich Hohlmaß *[sextarii] VIII*. Vgl. Nr. 48. – Aus einer Abfallgrube vor der Westumwehrung des Kastells (Bef. 1620). Phase 2–3. Fb.-Nr. 2426.

106–107 WS einer gr. Platte Drag. 18/31, südgallisch. Graffito zwischen Standring u. Wandknick: *X* oder *[---?]X[---?]*. – Aus einer Grube in der *via vicenaria* zwischen den Baracken V u. VI (Bef. 711). Phase 1. Fb.-Nr. 951 u. 994.

108 BS Drag. 18/31, ostgallisch (wohl Chémery). Zwischen Standring und Wandknick Graffitorest, wahrscheinlich eines *X*. – Aus der Verfüllung eines Gräbchens der Neubauphase im Kopfbau von Baracke I (Bef. 1655). Fb.-Nr. 2461.

*109 Ca. zu einem Viertel erhaltene Tasse Drag. 33, ostgallisch. Auf der Außenseite Graffito: *X*. – Aus einer Jaucherinne in Baracke VI (Bef. 742). Phase 3. Fb.-Nr. 719.

*110 BS einer Tasse Drag. 27(?), Heiligenberg (Stempel Nr. 1 *Avitus f*). Unter dem Boden Graffito: *X*. – Vom *campus* nördlich des Kastells (Ausgrabung „Gleisharfe" 2004, Bef. 2). Phase 2–3. Fb.-Nr. 35.

*111 WS eines gr. Kruges, Ware 6. Im Schulterbereich Graffito: *(modii?) X[---?]*. – Aus der Verfüllung des nördlichen Kastellgrabens (Bef. 1002). Phase 3. Fb.-Nr. 1025.

112 WS eines Kruges, Ware 6. Graffitorest: *X* oder *V*. – Aus einer Grube im Stall des westlichen Endcontuberniums von Baracke II (Bef. 1238). Phase 2b. Fb.-Nr. 2161.

113 2 BS versch. Teller Drag. 18/31, mittel- bzw. ostgallisch. Unter dem Boden bzw. zwischen Standring u. Wandknick Graffitireste. – Vom *campus* nördlich des Kastells (Ausgrabung „Gleisharfe" 2004, Bef. 5). Phase 2–3. Fb.-Nr. 41.

114 Kl. BS Drag. 18/31, ostgallisch (wohl Chémery). Unter dem Boden Graffitorest. – Aus einer Abfallgrube vor der nördlichen Umwehrung des Kastells (Bef. 1053/55). Fb.-Nr. 1058.

115 BS Drag. 18/31, mittel- od. ostgallisch. Zwischen Standring und Wandknick sowie unter dem Boden Graffitoreste. – Aus der Verfüllung des Kastellgrabenkopfes südlich der *porta principalis sinistra* (Bef. 1634). Fb.-Nr. 2435.

116 BS gr. Teller Drag. 18/31 mit Kerbenring, ostgallisch. Unter dem Boden Graffitoreste. – Aus der Abbruchschicht des Kastells im Bereich von Baracke III (Kulturschicht Bef. 107) Fb.-Nr. 222.

117 5 WS von vier verschiedenen Krügen (Ware 6 u. 8) mit Graffitiresten. – Aus einer Abfallgrube vor dem Westtor des Kastells (Bef. 1450). Phase 1–3. Fb.-Nr. 2271 u. 2301.

118 4 WS eines Kruges mit Graffitorest: durchgehende Linie, deren Anfang und Ende nicht erhalten sind. – Aus dem einplanierten Abbruchschutt von Baracke V, östlich des Gräbchen Bef. 856. Phase 3. Fb.-Nr. 1326.

119 Kl. WS eines Kruges (Ware 8) mit dem Rest eines eingeritzten runden Buchstabens. – Aus der Abbruchschicht über Baracke V, Pl. 0–1. Phase 3. Fb.-Nr. 772.

120 WS eines Kruges (Ware 6) mit Graffitoresten. – Aus dem Bereich der Abfallgruben vor der Nordumwehrung des Kastells. Phase 1–3. Fb.-Nr. 1010.

121 RS eines Topfes mit rotem Farbüberzug. Unterhalb des Randes Graffitorest. – Aus einem Sohlgraben parallel vor der Westumwehrung (Bef. 1465). Phase 1–2. Fb.-Nr. 2414.

122 RS eines Deckels (Ware 5) mit Graffitorest. – Aus einer Abfallgrube vor der westlichen Umwehrung des Kastells (Bef. 1450). Fb.-Nr. 2379.

Alphabetübungen/Alphabetaria

*123 RS eines Topfdeckels, Randdm. ca. 20 cm, mit fünf verschiedenen Graffiti:

1. Außenseite, entlang des Randes: *ABCDIIFGHIK[LMNO PQRSTVX]*.
2. Darunter in größer Schrift, vielleicht von 2. Hand eingeritzt: *[---L?]VPA (Trennstrich) APV[L?---]*. Wohl Vorwärts- und Rückwärtsschreibung desselben Namens (?), vielleicht *Lupa* oder *Apuleius*. Schreibübung.
3. Innenseite, entlang des Randes retrograd laufender Graffito: *ABCD TRIVVIRT*. ABC- sowie Vorwärts- und Rückwärtsschreibübung ähnlich der Vorderseite des Deckels.
4. Darunter große D, in derselben Richtung gelesen wiederum retrograd.
5. Darunter schräg verlaufender Graffito *ante cocturam*: *…SIVS*. Töpfersignatur? Aus einer Abfallgrube vor der Westumwehrung des Kastells (Bef. 1620). Phase 2–3. Fb.-Nr. 2404.

*124 Ca. zu einem Drittel erhaltene rätische Reibschüssel (Ware 4). Auf dem Kragen Graffito: AB. – Aus einer Jaucherinne in Baracke VI (Bef. 710). Fb.-Nr. 893.

Graffito auf Wandverputz

*125 Wandverputz-Fragment mit Graffitorest. – Aus einer Jaucherinne in Baracke IV (Bef. 702). Phase 3. Fb.-Nr. 1176.

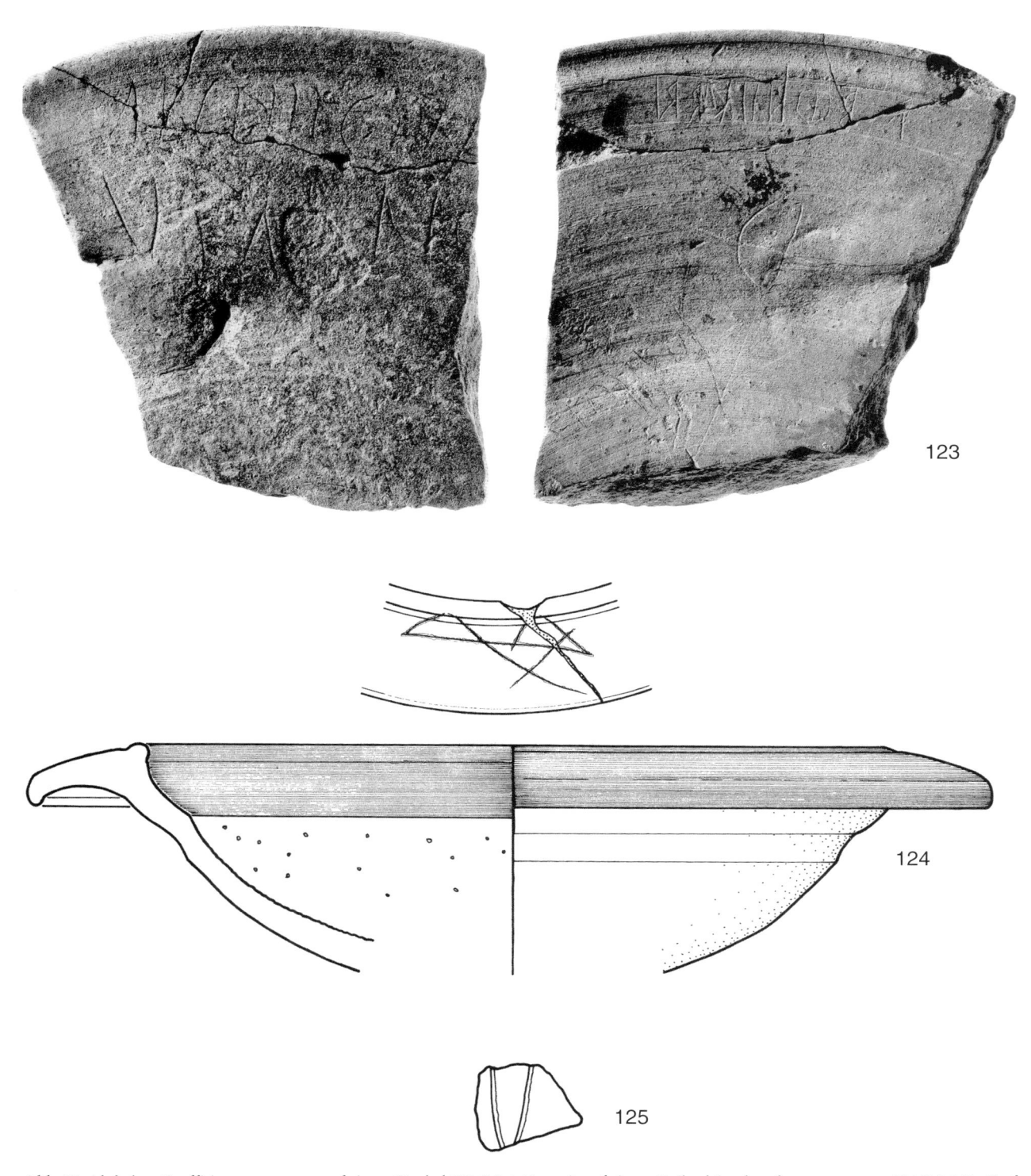

Abb. 82: Alphabet-Graffiti *ante cocturam* auf einem Deckel 123 (M. 1:1) sowie auf einem Reibschüsselrand post cocturam 124 (M. 1:2). Graffito auf Wandverputz 125 (M. 1:2).

IV.1.7 Anhang: Die übrigen Personennamen der *ala II Flavia pia fidelis milliaria*

Kommandeure
(unter Mitarbeit von Marcus Reuter)

Derzeit kennt man zwei Militärdiplome, in denen die Nennung der ritterlichen *praefecti alae II Flaviae piae fidelis milliariae* erhalten ist. Beide Dokumente stammen aus Rätien und datieren in die Heidenheimer Stationierungszeit der Truppe.[513] Die *praefecti alae milliariae* werden unter den Rittern als besonders fähige Eliteoffiziere eingestuft. Sie bekleideten den vierten Militärrang (*militia quarta*) der ritterlichen Laufbahn, den nur etwa 3 % der ritterlichen Offiziere erreichten.[514]

Der im bruchstückhaft erhaltenen Regensburger Diplom von 153 n. Chr. genannte Praefekt ist eventuell identisch mit einem *[---]Ti(berius) Claudius Rufus, proc(urator) Aug(usti) [---]*, den man durch ein Inschriftenfragment aus Poetovio in Pannonia superior (heute Pettau, Slowenien) kennt.[515] Sollte es sich um dieselbe Person handeln, was angesichts der Häufigkeit des Namens nicht feststeht, bekleidete er die Prokuratur (Finanzprokuratur von Oberpannonien?) erst einige Zeit nach seinem Heidenheimer Kommando. Bedauerlicherweise ist im Diplomtext seine Herkunftsangabe nicht erhalten,[516] sodass sich andere Inschriften desselben Namens nicht auf diesen Offizier beziehen lassen. Einer seiner Vorfahren scheint unter den Kaisern Claudius oder Nero das römische Bürgerrecht erhalten zu haben, wie aus dem kaiserlichen Gentiliz *Tib(erius) Claudius* hervorgeht. Dieser Umstand könnte für eine provinziale Herkunft des Mannes sprechen.[517]

Das in Lauingen-Faimingen gefundene Diplom bezeugt *Marcus Ulpius Dignus* als Präfekten der Ala im Jahre 157 n. Chr. Seine Ämterlaufbahn vor und nach dem Heidenheimer Kommando bleibt im Dunkeln. Immerhin erfahren wir, dass er aus *Cibalae* in Niederpannonien, dem heutigen Vinkovci in Kroatien, stammte. Der Schwerpunkt der unter Kaiser *Marcus Ulpius Traianus* mit dem Bürgerrecht ausgezeichneten Reichsbewohner liegt in den Donauprovinzen.[518] Offenbar hatte einer der Vorfahren des Offiziers als Hilfstruppensoldat an Trajans Dakerkriegen teilgenommen und danach die *missio honesta* erhalten. Besondere Verdienste dieses Ahnen könnten den raschen Aufstieg seiner Familie binnen weniger Jahrzehnte begründet haben. Eventuell war *Marcus Ulpius Dignus* der letzte Kommandeur in Heidenheim, unter dessen oder spätestens seines Nachfolgers Regie die Truppe nach Aalen umzog. Diesem oder einem seiner Nachfolger wurde in Henschir Harat/Segermes (50 km südlich von Tunis) eine Ehreninschrift gesetzt, die zwar nicht den Namen, dafür aber den weiteren Werdegang eines Kommandeurs der *ala II Flavia p. f. milliaria* in der zivilen Reichsadministration überliefert:[519] Nach dem Verwaltungsposten als *curator viae Pedanae* (Staatsstraße östlich von Rom) wurden ihm – wie wahrscheinlich schon zuvor *Tiberius Claudius Rufus* – die Finanzen der Provinz Oberpannonien übertragen (*procurator Augustorum provinciae Pannoniae superioris*), bevor er zuletzt als *procurator Augustorum regionis Hadrumetinae* zum Verwalter ausgedehnter kaiserlicher Latifundien in der Provinz *Africa proconsularis* emporstieg. Gerade dieser letzte Posten zur Verwaltung kaiserlichen Privatvermögens dokumentiert das hohe Vertrauen, das die erwähnten *Augusti* in diesen Mann setzten. Sollte es sich bei diesen um die gemeinsame Herrschaft von Marcus Aurelius und Lucius Verus handeln, ist es nicht ausgeschlossen, dass dieser Würdenträger entweder tatsächlich *Marcus Ulpius Dignus* oder einer seiner Nachfolger war, der um 160 n. Chr. auch schon zu den ersten Kommandeuren am späteren Standort Aalen gehört haben könnte. Es besteht aber auch die Möglichkeit, dass die Inschrift später, in die Samtherrschaft der Kaiser Septimius Severus und Caracalla (197–211 n. Chr.), zu datieren ist.

Ebenso unklar ist derzeit die zeitliche Einordnung einer Ehreninschrift aus Ostia, die den aufsteigenden *cursus honorum* (Ämterlaufbahn) eines unbekannten Ritters trägt.[520] Dieser wurde nach seinem Ausschei-

---

513 Vgl. die Zusammenstellung der rätischen Diplome bei Wolff 2000, Beil.
514 Böhme 1977, 22.
515 CIL III 4046.
516 Zwischen 129 und 156 n. Chr. wurde die Herkunft (*origo*) der Kommandeure regelmäßig in den Diplomata vermerkt (Alföldy 1986, 423).
517 Anders E. Birley, Septimius Severus and the Roman Army. Epigr. Stud. 8 (Düsseldorf 1969) 73 Anm. 68 zur Besetzung der Kommandostellen von *alae milliariae* zwischen Hadrian und Commodus. Er hält den Mann für einen Italiker. – Bis in die 160er Jahre bildeten die Angehörigen der Oberschicht Italiens die Mehrheit unter den ritterlichen Offizieren der römischen Armee, doch wuchs der Anteil der Provinzialen allmählich. In der Periode 129–156 n. Chr. beträgt die Relation zwischen Italikern und Provinzialen unter den Hilftruppenkommandeuren gemäß den Militärdiplomen 12:6 (Alföldy 1986, 424). Vgl. dazu auch W. Eck, Aristokraten und Plebs – Die geographische, soziale und kulturelle Herkunft der Angehörigen des römischen Heeres in der Hohen Kaiserzeit. In: H. v. Hesberg (Hrsg.), Das Militär als Kulturträger in römischer Zeit (Köln 1999) 31 f.
518 R. Wiegels, *Ulpius*: Zu den kaiserlichen *nomina gentilia* im Inschriftenbestand des römischen Germanien und angrenzender Gebiete. In: E. Schallmayer (Hrsg.), Traian in Germanien, Traian im Reich. Saalburg-Schr. 5 (Bad Homburg 1999) 83–105 bes. 92.
519 ILS 9012; Böhme 1977, 29 f.
520 CIL XIV 4467 = AE 1914, 274: *[---]QVO[3] / [3 pr]oc(urator)*
Fortsetzung siehe nächste Seite

Tabelle 13: Personennamen von Kommandeuren der *ala II Flavia pia fidelis milliaria*.

Name	Rang	Herkunft	Objekt/Datierung	Literatur
Tiberius Claudius Pollio	*praefectus alae*	?	Weihung in Rom, frühdomitianisch	CIL VI 3720 = Dessau 1418
Tiberius Claudius Rufus	*praefectus alae*	?	Militärdiplom aus Regensburg, 153 n. Chr.	CIL XVI 101 = AE 1985, 701 = M. Roxan, RMD II 132 Nr. 61 = H. Devijver, PME C 179
Marcus Ulpius Dignus	*praefectus alae*	*Cibalae* (heute Vinkovci, Kroatien)	Militärdiplom aus Faimingen, 28.9.157 n. Chr.	Dietz 1995 = AE 1995, 1182
[---]?	*praefectus alae*	?	Inschrift aus Segermes, um 160 n. Chr.	CIL VIII 23068 = AE 1905, 128 = Böhme 1977, 29 f.

den als *[praef(ectus) alae II Fla]viae milliariae in R[aetia]* auf den Posten eines *[pr]oc(urator) Ostiae [ad annonam]* (Chef der Getreideversorgung Roms im Hafen von Ostia) versetzt. Sein weiterer Werdegang ist auf dem Stein nicht erhalten.

Bedenkt man, dass die durchschnittliche Dienstzeit eines ritterlichen Offiziers bei einer Hilfstruppe drei bis vier Jahre dauerte, kann man mit 15–20 Kommandeuren rechnen, die in rund 50–60 Jahren, während derer das Kastell bestand, in Heidenheim dienten. Zu lediglich drei von ihnen, von denen letztlich nur einer sicher auf die Heidenheimer Garnisonszeit entfällt, liegen also Informationen über deren weitere Karrierewege vor. Diese schmale Quellenbasis lässt kaum Rückschlüsse zu. Es fällt aber auf, dass die Eliteoffiziere der *ala II Flavia* bislang nicht in höheren Kommandos, z. B. als Admiräle einer der prätorischen Flotten in Ravenna oder Misenum oder als Prätorianerpräfekten in Rom, bezeugt sind. Sie scheinen, aus den wenigen Dokumenten zu schließen, nach der *militia quarta* vollends in der zivilen Ämterlaufbahn verwendet worden zu sein, insbesondere in der Finanz-, Steuer- und Versorgungsverwaltung. Vielleicht wirft dieses Laufbahnschema – wenn von einem solchen zu sprechen erlaubt ist – auch etwas Licht auf die außermilitärischen Aufgaben, die die Heidenheimer Kommandeure in ihrer Funktion als stellvertretende Statthalter Rätiens wahrzunehmen hatten. Inwieweit ein solcher verwaltungstechnischer Zug auch für die Kommandeure anderer *alae milliariae* typisch war, wäre einmal gesondert zu untersuchen.[521] In dieser Hinsicht unregelmäßig verlief jedenfalls die Karriere eines gewissen *[-] Cominius [--- f.] Claud(ia tribu) Bonus Agricola L[a]elius Aper*, der nach der *secunda militia* zunächst eine Prokuratur innehatte, bevor er (ohne *tertia militia*) den Befehl über die *ala I Nerviana Augusta fidelis milliaria* in der Provinz Mauretania Caesariensis übernahm. Ein Vergleich mit den rätischen Verhältnissen drängt sich auf, denn diese Truppe war ähnlich der Heidenheimer die stärkste ihrer Provinz, ihr Kommandeur vermutlich der Stellvertreter des ritterlichen Provinzprokurators.[522]

Unsicher ist schließlich die Einordnung eines gewissen *Tiberius Claudius Pollio*, der in domitianischer Zeit *praef(ectus) alae Flaviae milliari[ae]* war.[523] Aufgrund der fehlenden Ordnungszahl lässt sich nicht zuverlässig entscheiden, ob er unserer Einheit oder der in Malata (Pannonia inferior) stationierten *ala I Flavia Augusta Britannica milliaria civium Romanorum* vorstand.[524] Da sich deren Chefs in den Inschriften aber meist lapidar als *praefecti alae Britannicae* bezeichneten, darf man ihn mit Zuversicht

---

Fortsetzung Fußnote 520:
  Ostiae [3] / [3 Fla]viae / (milliariae) in R[aetia] / [3]nae in R[aetia? ---]. Der Name des Ritters ist verloren. Vgl. auch E. Birley, Raetien, Britannien und das römische Heer. In: Ders., The Roman Army Papers 1929–1986 (Amsterdam 1988) 259–271 bes. 269.

521 Unter den Kommandeuren anderer *alae milliariae* fanden sich schon im 2. Jh. vergleichsweise viele provinzialer Herkunft, was eher als Bevorzugung militärischer Eignung vor den Privilegien der Italiker ausgelegt wird (Dietz in: Czysz u. a. 1995, 130).

522 Die Inschrift ILS 1432 (Devijver 1989, 587) aus Arles im Wortlaut: *[---] Cominio [--- f.] Claud(ia tribu) Bono Agricola[e La]elio / Apro, praef(ecto) cohor[t(is)] / III Bracaraugustano(rum) / tribun(o) leg(ionis) [I] Adiut(ricis), procur(atori) / Augustanorum ad annonam / provinciae Narbonensis / et Liguriae, praef(ecto) a[lae] milliariae / in Mauretania Caesariensi / navic(ulorum) marin(orum) Arel(atensium) / corp(oris) quinq(uenali), patron(i) / optimo et innocentissimo*.

523 CIL VI 3720 = 31032 (Rom) = Dessau 1418: *Soli Lunae / Apollini / Dianae / Ti. Claudius / Pollio / proc. Aug. / XX hereditatium / proc. Alpium / Graiarum / flamen Carmentalis / praef. gentium in Africa / praef. alae Flaviae millari[ae]*. Datierung nach Devijver PME C 170.

524 Zu dieser Truppe vgl. K. Strobel, Untersuchungen zu den Dakerkriegen Trajans. Antiquitas 33 (Bonn 1984) 107–109; Zs. Visy, Die kryptotopographische Truppenaufzählung in den Auxiliardiplomen von Pannonien. In: W. Eck/H. Wolff, Heer und Integrationspolitik (Köln, Wien 1986) 513 f.; M. Mosser, Fundort Wien 8, 2005, 145 f. – Birley 1966, 57; H. Devijver (PME C 170) *Fortsetzung siehe nächste Seite*

unserer *ala* zurechnen.⁵²⁵ Nach einigen Zwischenstufen erfüllte auch dieser Ritter seine letzten Amtspflichten in der Finanzverwaltung als Leiter der Behörde zur Eintreibung der 5 %igen Erbschaftssteuer in Rom *(procurator Augusti XX hereditatium)*. Er scheint damit durchaus in das mutmaßliche Laufbahnschema der Heidenheimer/Aalener Reiterpräfekten zu passen.

Für die Garnisonszeit in Aalen ist die Präfektur eines *[---]ius Lo[lli]an[us...]* in einer 163/164 n. Chr. datierten Bauinschrift aus den *principia* des dortigen Kastells bezeugt.⁵²⁶ Fragmente weiterer ebendort gefundener Bauinschriften, die in das späte 2. Jh. (?) sowie in das späte 2. bis erste Hälfte des 3. Jh. datieren, übermitteln die Namenreste der Präfekten *[---] Vetus* bzw. *L(ucius) Vi[---]*.⁵²⁷ Diese seien der Vollständigkeit halber wenigstens erwähnt.

Entgegen der Ausgangsthese, dass die *praefecti alae milliariae* besonders begabte Militärs gewesen seien, offenbart die Analyse der – freilich wenigen – Quellen eher das Gegenteil, indem diese Offiziere nach der *militia quartia* in die zivile (Finanz-) Verwaltung wechselten.

Offiziere und Mannschaften

Die nachfolgend aufgelisteten epigraphischen Belege sind außerhalb der Ausgrabungen 2000–2004 gefunden worden. Es handelt sich um ältere Funde aus Heidenheim sowie um solche von anderen Fundorten, insbesondere aus Aalen (alphabetisch nach Cognomina geordnet):

T(itus) Vitalius Adventus

Weiheinschrift aus dem Fundament der St. Johann Kirche beim Kastell Aalen:⁵²⁸ *I(ovi) O(ptimo) M(aximo) D[ol(icheno)] / T(itus) Vitalius [Ad]/ventus de[cur(io)] / al(ae) II Fl(aviae) pro sa[lu]/te sua (sic!) et su[or(um)] / v(otum) s(olvit) l(aetus) l(ibens) m(erito)*.

Die Namensbildung erfolgte nach der sog. „Gallischen Filiation", indem das Cognomen des Vaters zum Gentiliz des Sohnes erweitert wurde unter Vorschaltung eines traditionellen lateinischen Praenomen.

Concessus

Reiter der *ala II Flavia* in Aalen. Bronzene Besitzermarke (s. u. *Firmanus*).

Firmanus

Decurio der *ala II Flavia* in Aalen. Bronzene Besitzermarke, gefunden bei den Ausgrabungen im Kastell Aalen 2004:⁵²⁹ *t(urma) / Firman(i) / Conces(s)i*.

[--- Ge]rmanus

Sieben *decuriones* des rätischen Heeres haben 166 n. Chr. dem rätischen Provinzprokurator T. Desticius Severus im italischen Concordia, vermutlich dessen Heimatort, ein Ehrendenkmal errichten lassen (CIL V 8660). Die Liste der Dedikanten lautet:⁵³⁰ *ala[e ---]rmanus, Martial(ius?) Titianus / Fro[ntini?]an(us), alae I Fl(aviae Gemellae) Iulius Memorinus, / Iuli[us ---]s, Fl(avius) Speratus, alae I sing(ularium) Aelius / Sever[us, Pe?]tron(ius) Iulianus, decurion(es) exerc(iti) Raetici*.

Obwohl der erste Truppenname nicht erhalten ist, dürfte wie bei den Militärdiplomen dieser Zeit die *ala II Flavia p. f. milliaria* an erster Stelle genannt worden sein. Es ist nicht ganz ausgeschlossen, dass die zuerst genannten Offiziere der *ala I Hispanorum Auriana* angehörten. Eine dieser beiden rätischen Alen fehlt in der vorliegenden Quelle auf jeden Fall. Die Fehlstelle in der Inschrift war für einen langen Truppennamen zu eng, es sei denn, man hätte ihn sehr stark abgekürzt und der nachfolgende Germanus hätte als Einziger unter den genannten Dekurionen keinen zweiteiligen Namen besessen.

Iulianus

Graffito auf dem Fragment einer bronzenen Phalera. Kastell Aalen, Ausgrabung 2004, unpubliziert (Bef. 6, Fb.-Nr. 105).

Fortsetzung Fußnote 524:
    und ihnen folgend G. Walser, Römische Inschriftkunst (Stuttgart 1993) 52f. sowie K. Dietz in: Czysz u.a. 1995, 136 erwägen unter Berücksichtigung der Erwähnung einer *ala milliaria* bei Plinius d.J. (ep. VII, 31), dass Tib. Claudius Pollio in Syrien einer *ala Flavia milliaria* vorgestanden haben könne. Das ist höchst unsicher, da Plinius den eigentlichen Truppennamen verschweigt. Die Textstelle und der von Pollio in Rom gesetzte Altar sind nur über die Datierung in domitianische Zeit miteinander verbunden. Selbst wenn die syrische Einheit auch eine *Flavia* gewesen sein sollte, kann derzeit nicht entschieden werden, ob sie mit der rätischen Einheit identisch war und diese folglich kurzzeitig nach Syrien abkommandiert worden war, oder ob es sich um eine gleichnamige „Schwestereinheit" handelt. Im Falle der Identität müsste sie aber vor 86 n. Chr. wieder in Rätien gewesen sein. Spaul (1994, 115) geht von der Identität beider genannter Einheiten aus. Seine Ansicht, die Einheit sei erst unter Trajan aus dem Orient nach Rätien zurückgekehrt, ist durch das neue rätische Diplom von 86 n. Chr. hinfällig (Eck/Pangerl 2007).

525 Vgl. unten den Grabstein des *Titus Flavius Quintinus*, der sich ebenfalls als Reiter *ex ala Flavia* ausgibt.
526 Alföldy 1989, 299f. = AE 1989, 579.
527 Alföldy 1989, 321.323.
528 Kemkes u. a. 2006, 158 Abb. 166; Kemkes/Willburger 2004, 116 zu Abb. 122; Ubi Erat Lupa 10330.
529 Reuter/Scholz 2004, 4; Planck 2005, 17.
530 Die Ergänzung bzw. Auflösung der Personennamen lässt auch Alternativen zu, z. B. *Martial(is)*, doch erscheint mir diese Lösung am plausibelsten.

Iulius

Fragment eines 1902 am Südabhang des Heidenheimer Totenberges im Bereich eines römischen Gräberfeldes gefundenen Grabsteins:[531] *[D(is) M(anibus)] / Iulius[--- eques alae] / II Fl(aviae) m(illiariae) / t[urma? ---] / [---] vix[it annos ---] / Veget[ius oder -us --- faciendum curavit?].* Der dem Truppennamen folgende Buchstabe ist nach den in der Bruchkante erhaltenen Resten zu urteilen eher *t(urma)* als *p(ia fidelis)* zu deuten. Die Angabe der *turma* ist bei im Dienst verstorbenen Soldaten üblich, nicht bei Veteranen, welche Möglichkeit der fragmentarische Text streng genommen übrig lässt. *Vegetius* oder *Vegetus* dürfte Erbe des Verstorbenen gewesen sein, ob als Bruder, Sohn oder – wie bei im Dienste verschiedenen Soldaten oft zu beobachten ist – als Kamerad, bleibt verborgen.

Victorinius Longinus

Altargrabstein, gefunden in Augsburg-Pfersee:[532] *D(is) M(anibus) / Victorini(i) / Longini eq(uitis) al(ae) II / Fl(aviae) sing(ularis), Cl(audius) Latinus / aedituus singula/rium h(eres) f(aciendum) c(uravit).* *Victorinius Longinus* oder – eher – *Victorinus*, Sohn des *Longinus* (beide Lesungen sind möglich), war aus den Reihen der *ala II Flavia (p. f. milliaria)* zum Gardereiter am Statthaltersitz in *Augusta Vindelicum* (Augsburg) bestellt worden. Sein Erbe hatte das Amt eines Tempelwächters eines offenbar von den *singulares* unterhaltenen Heiligtums inne. Die Inschrift lässt sich nicht präzise genug datieren, um entscheiden zu können, ob der Gardist aus Heidenheim oder Aalen nach *Aelia Augusta* entsandt worden war. Für eine tendenzielle Datierung in die Aalener Stationierungszeit könnte sprechen, dass Grabaltäre in den Nordwestprovinzen vorwiegend während der zweiten Hälfte des 2. Jh. und der Severerzeit gesetzt wurden.[533]

Marius Marcellus

Grabbauinschrift in *tabula ansata* aus Augsburg:[534] *D(is) M(anibus) / [.] Mari(i) Marcelli / [ve]t(erani) ex dec(urione) al(ae) II Fl(aviae) m(illiariae) / mil(itavit) an(nos) XXX / [v]ixit an(nos) LXX h(eres) f(aciendum) c(uravit).*
Mit 30 Dienstjahren war dieser Offizier überdurchschnittlich lange aktiver Soldat, möglicherweise zuletzt im Stab des Statthalters in Augsburg, wo er sein Grabmal errichten ließ. Die Inschrift ist nicht sicher in die Stationierungszeit der *ala II Flavia* in Heidenheim oder Aalen zu datieren. Eine Personenidentität mit Graffito Nr. 53 lässt sich nicht erhärten, zumal *Marcellus* und *Marcellinus* häufige Namen waren. Die Formulierung *veteranus ex* begegnet mehrfach bei Grabinschriften von Veteranen der *legio III Italica*, die dem späten 2. und 3. Jh. angehören.[535] In Diktion und Charakter gut vergleichbar ist die Grabbauinschrift von Kirchheim am Ries (s. u. Sextus Aelius Victor) aus demselben Zeitraum. Die Inschrift für Marius Marcellus könnte also auch erst gesetzt worden sein, als die *ala II Flavia p. f. milliaria* bereits in Aalen stationiert war. Die Tatsache, dass der *decurio* die tria nomina ohne kaiserliches Gentiliz trug, könnte dafür sprechen, dass er bereits während seiner Dienstzeit das römische Bürgerrecht besaß.

[t(urma) P?]ontiani(?) Pedica / o[---]

Graffito auf einer Krugscherbe, gefunden 1965 bei den Kastellgrabungen in Heidenheim (Heiligmann 1990, Taf. 152,3). Lesung nach Heiligmann: [---]ONII AVI PIIDICA[---]. Vgl. das Foto bei Cichy 1971, 64. Vermutlich handelte es sich um eine Turmeninschrift, wobei ich den ersten Namen, den des mutmaßlichen Dekurionen, *Pontianus* zu lesen vorschlage. Dieses lateinische Cognomen ist vorwiegend in den lange romanisierten Gebieten des westlichen Mittelmeerraumes verbreitet.[536] *Pedicaeus* oder *Peducaeus* scheinen die plausibelsten Ergänzungen des zweiten Teils zu bieten. Es besteht allerdings auch die Möglichkeit, hier die Reste eines unzüchtigen Spruches oder Fluches zu erkennen, dessen Bestandteil das nicht selten gebrauchte Verbum *p(a)edicare* („mit Knaben Unzucht treiben") war.[537]

Titus Flavius Quintinus

Grabstein, gefunden in Castel Gandolfo bei Rom.[538] Der Mann war offenbar aufgrund besonderer Fähigkeiten oder Verdienste zum kaiserlichen Gardereiter in Rom auserwählt worden: *eq(ues) sing(ularis) Aug(usti) lectus ex exercitu Raetico ex ala (II) Flavia pia fidelis mil(l)iaria.* Eine Verwechslungsmöglichkeit mit einer gleichnamigen Einheit wie im Falle der Inschrift des Präfekten *Tib. Claudius Pollio* ist durch

---

531 Vollmer 1915, Nr. 208; Cichy 1971, 12; Heiligmann 1990, Taf. 152,17; Ubi Erat Lupa 7599.
532 CIL III 5822; Dessau 2526; Vollmer 1915, Nr. 133; Stein 1932, 136; Kemkes/Scheuerbrandt 1997, 103 Abb. 112.
533 P. Noelke, Römische Grabaltäre in der Germania inferior. In: G. Bauchhenß (Hrsg.), Akten des 3. internationalen Kolloquiums über Probleme des provinzialrömischen Kunstschaffens 1993 (Köln, Bonn 1996) 77–104 bes. 81. Diese an niedergermanischen Funden gewonnene zeitliche Einordnung scheint sich auch in Rätien zu bestätigen.
534 AE 1980, 659.
535 CIL III 5948; 5955–5957; 11968; AE 1900, 72.
536 Mócsy 1983, 229.
537 Zu beiden Alternativen vgl. Scholz 1999, 137 Nr. 45.
538 CIL VI 3255 = XIV 2287 = Dessau 2211.

den Verweis auf das rätische Heer ausgeschlossen. Die stadtrömischen Gardereiter pflegte man aus den provinzialen Hilfstruppen einzeln auszuwählen. Ob die vermutlich unter Trajan aufgestellten *equites singulares* wie die Angehörigen der anderen stadtrömischen Verbände das volle Bürgerrecht *(civitas Romana)* innehatten oder evtl. nur latinisches Recht, bleibt umstritten.[539] Im vorliegenden Fall müsste die Bürgerrechtsverleihung gegebenenfalls unter einem flavischen Kaiser, wahrscheinlich unter Domitian, erfolgt sein.

Nun stellt sich die Frage, an welchem Standort der Reiter diente, als er zur Garde berufen wurde. Dass nämlich die *ala* in (spät-?) domitianischer Zeit schon in Heidenheim lag, ist nach den chronologischen Untersuchungen dieser Arbeit eher zu bezweifeln. Als Vorgängerstandort kommt Günzburg in Frage. Eine andere Möglichkeit besteht in der Annahme, *Quintinus* habe bereits zuvor individuell das Bürgerrecht besessen. Er könnte beispielsweise zuvor von einer Legionsreiterei zur auxiliaren *ala* versetzt worden sein, ein Vorgang, der nicht ohne Beispiel dastünde. Damit ließe sich seine Dienstzeit natürlich auch später ansetzen. Falls er je von Heidenheim aus nach Rom abkommandiert wurde, so dürfte er zur Besatzung der Frühzeit des Kastells gehört haben, da der Grabstein selbst in das frühe 2. Jh. datiert wird.[540] *Quintinus* starb in Rom während seines sechsten Dienstjahres.

Quintus

Empfänger des am 28.9.157 n. Chr. ausgestellten Militärdiploms.[541] Die Textpassage lautet: *ex gregale Quinto Luci f(ilio) Afro* = „aus dem Rang eines Gemeinen, (ausgestellt für) Quintus, Sohn des Lucius, Afrikaner". Nach seiner Dienstzeit in Heidenheim hatte sich der Afrikaner im benachbarten Kultzentrum des Apollon *Phoebiana*/Faimingen niedergelassen und sich dort vermutlich als angesehener Bürger eine zivile Existenz aufgebaut.[542]

Secundus

Empfänger des 153 n. Chr. ausgestellten Militärdiploms. Die Textpassage lautet: *ex gregal[e] Secundo Sabini f(ilio) [---] et Secundae Bori fil(iae) uxo[ri ei(us) ---]*. Der Heimatort des *Secundus*, Sohn des *Sabinus*,[543] ist nicht erhalten. Die Bürgerrechtsurkunde begünstigte zugleich seine Frau *Secunda*, Tochter des *Borus*. Die Verbreitung der Namen mit Anfang *Bor-* beschränkt sich auf die gallischen und germanischen Provinzen,[544] sodass *Secunda* wahrscheinlich einer einheimisch-gallischen Familie entstammte. Das Diplom des Veterans stammt aus Regensburg, in dessen heutigem Stadtgebiet um 153 n. Chr. (Datum der Entlassung) zwei Auxiliarkastelle und deren *vici* bestanden.[545] Vielleicht lockte aber auch erst das 179 n. Chr. errichtete Legionslager und dessen Zivilsiedlung *(canabae)* einen seiner Erben in die neu gegründete rätische Metropole *Castra Regina*.

Secundi

Graffito auf einer 1965 gefundenen Krugscherbe.[546]

X / [t(urma)?] Sullani No[---]

Graffito auf dem Rand eines Deckels, gefunden 1965 (Heiligmann 1990, Taf. 152,4; vgl. das Foto bei Cichy 1971, 64). Heiligmann las fälschlich X/[---]ONAT[---]. Die Schrift ist vom Zentrum des Deckels her zu lesen. Vermutlich Rest einer Turmeninschrift. Da bisher lediglich das nomen gentile *Sullanius* bezeugt ist,[547] könnte der mutmaßliche *decurio* einen zweiteiligen Namen *(duo nomina)* besessen haben. Dies könnte auf einen bereits mit Bürgerrecht ausgestatteten Hilfstruppenoffizier hinweisen (als *evocatus?*). Das oberhalb des Schriftzugs verzeichnete Kreuz ist als Zusatzmarkierung unbekannter Funktion einzustufen. Für den Namensanfang *No[---]* finden sich zahlreiche Lösungsmöglichkeiten, z. B. *Nonius, Nonnus, Norbanus, Novanus* und *Novellus*.[548]

Martial(ius) Titianus Fro[ntini]an(us)

Die Ergänzung dieses Personennamens in der Dekurionen-Stiftung von Concordia (CIL V 8660, s. o.

---

539 B. Pferdehirt, Die Rolle des Militärs für den sozialen Aufstieg in der römischen Kaiserzeit. RGZM Monogr. 49 (Mainz 2002) 175–177.

540 M. P. Speidel, Die Denkmäler der Kaiserreiter – Equites Singulares Augusti. Beih. Bonner Jahrb. 50 (Köln, Bonn 1994) 672: Wichtigstes Argument war bisher neben dem kaiserlichen Gentiliz des Reiters der vermeintlich der *damnatio memoriae* zum Opfer gefallene Volltitel *pia fidelis (Domitiana)*; vgl. Kap. IV.1.8. – Ein Status als *evocatus* (Reservist) kommt aufgrund der Angabe *stipendiorum sex* (sechs Dienstjahre) nicht in Frage. Die Ausschreibung des üblicherweise abgekürzten Ehrentitels der Einheit *pia fidelis* würde man gerne als Indiz für eine relativ frühe Datierung werten, doch dürfte hier die ausführliche Fassung eher auf den geringen Bekanntheitsgrad der Truppe in Rom zurückzuführen sein.

541 Dietz 1995.

542 Zur Bevorzugung urbaner Zentren im Grenzgebiet als Veteranensitze vgl. K. H. Lenz, Veteranen der römischen Armee im Siedlungsbild einer früh- und mittelkaiserzeitlichen Koloniestadt und deren Hinterland. Germania 84.1, 2006, 61–91.

543 CIL XVI 101 liest *Sasiri*, IBR 515 liest *Sasii*. Ich folge der revidierten Lesung AE 1985, 701 *Sabini*.

544 Lörincz/Redö 1994, 312f.

545 Das zweite Auxiliarkastell, das dem Legionslager zeitlich vorangeht, wurde im September 2000 entdeckt (vgl. Wolff 2000, 172).

546 Lesung nach Heiligmann 1990, 220 Nr. 95 (Taf. 152,2) fälschlich „Jecundi".

547 Solin/Salomies 1994, 178. *Sullanius Albucius* nannte sich ein Regensburger Legionsveteran (Vollmer 1915, Nr. 359).

548 Mócsy 1983, 203; Solin/Salomies 1994, 369f.

Germanus) ist nicht sicher. Es ist auch möglich, dass hier die cognomina vier verschiedener Personen – *Germanus*, *Martial(is)*, *Titianus* und *Fro[ntini]an(us)* – aufgelistet wurden. Die Vertreter der anderen rätischen Alen tragen jedoch einen zweiteiligen Namen, bestehend aus nomen gentile und cognomen. Möglich wären ferner *Martial(ius) Titianus* und *Fro[ntin(ius) ---]an(us)*, vorausgesetzt, das letzte cognomen wäre kurz. *Martialius* – falls richtig ergänzt – ist ein sog. „Pseudogentiliz" aus dem Vatersnamen *Martialis* und eignet sich daher nicht zum Nachweis des Bürgerrechts.

Fl(avius) Valentinus

Weihealtar aus dem Bereich des Stabgebäudes des Kastells Aalen:[549] *In h(onorem) d(omus) d(ivinae) / Minervae / sacrum / Fl(avius) Valen/tin[us vo]/tu[m solvit ---]*.

Veget[us oder -ius]

Siehe oben die Ausführungen zu *Iulius*.

Verni oder [---]verni

Graffito auf der Schulter eines Vorratstopfes (*dolium*), gefunden 1965 (Heiligmann 1990, Taf. 139,10; 152,1). Es bleibt unsicher, ob der Graffito vollständig erhalten ist. Der Name *Vernus* weist einen Verbreitungsschwerpunkt in Hispanien auf, verwandte Namen (z.B. *Verna*, *Vernaculus*) waren im gesamten westlichen Mediterraneum geläufig.[550] Übersetzt bedeutet er „im Frühling Geborener".[551] Alternativ ließe sich an einen Namen wie *[Ar]vernus* denken, der die Herkunft seines Trägers aus der heutigen Auvergne bezeichnet.[552] Die statistische Häufigkeit der Belege spricht jedoch klar für *Vernus*.

[---]nini

Graffito auf einer 1965 gefundenen Krugscherbe (Heiligmann 1990, Taf. 142,11 = 152,6 Abb. kopfstehend). Das Stück soll aus dem Spitzgraben von „Kastell II" stammen (vgl. Einführung). An der Stratifizierung dort und erst recht am Bezug auf das Alenkastell bestehen jedoch Zweifel.[553] Namen mit dieser Endung kommen in den Rheinprovinzen besonders oft vor,[554] es lässt sich aber auch der überall geläufige Name *Saturninus* ergänzen.

S(extus) Ael(ius) Victor

Inschriftenplatte eines Grabmals, in der „Gottesackerkirche" von Kirchheim am Ries vermauert aufgefunden:[555] *D(is) M(anibus) / [-] Marcius / [C]erialis ex >(centurione) / [l(egionis)] III I(talicae?] et Amma Fir/[mi]onis (filia) S(extus) Ael(ius) Victor / [d(ecurio) al]ae II (milliariae) et Aplo Paterni*.

Aufgrund des Fundortes am äußeren rätischen Limes fällt diese Inschrift in die Zeit, als die *ala II Flavia p. f. milliaria* in Aalen stationiert war.

IV.1.8 Zur Geschichte der *ala II Flavia pia fidelis milliaria*

Zuletzt hat W. Czysz den Kenntnisstand zur Frühgeschichte der bedeutendsten rätischen Auxiliareinheit dargelegt, der inzwischen in einigen Punkten modifiziert und um ein paar Überlegungen erweitert werden kann.[556] Obwohl die Stationierung dieser Reitereinheit in Heidenheim und später in Aalen sowohl durch epigraphische als auch durch archäologische Quellen so gut abgesichert ist wie für kaum eine andere Hilfstruppe, liegen die Anfänge ihrer Truppengeschichte noch weitgehend im Dunkeln. Die Grabungen in Heidenheim haben zwar neue Erkenntnisse zur Frühgeschichte ihres dortigen Lagers gebracht, damit aber nicht zugleich Quellen aus der Gründungszeit der Truppe selbst. Diesbezügliche Hoffnungen ruhen auf einer weitergehenden Erforschung des Günzburger Kastellareals – soweit dies erhaltungsbedingt noch möglich ist – und selbstverständlich auf neuen Inschriftenfunden.

Ein solch glücklicher Fall trat im Jahre 2008 ein, als das bisher älteste Militärdiplom für die Provinz Raetia publiziert wurde. Die vollständig erhaltene Doppelurkunde geht auf eine Konstitution Kaiser Domitians vom 13. Mai 86 n.Chr. zurück.[557] Bis dahin galt das Weißenburger Militärdiplom von 107 n.Chr. als die älteste rätische Urkunde dieser Art und zugleich als erste urkundliche Erwähnung der Einheit.[558] In der neuen Konstitution von 86 n.Chr. wird sie als *(ala) II Flavia pia fidelis milliaria* an vierte Stelle der Truppenliste aufgeführt. Der Beiname *Fla-*

---

549 Kemkes u.a. 2006, 146 Abb. 153; Kemkes/Willburger 2004, 111 zu Abb. 72.
550 Mócsy 1983, 307; Harl 2002, 159: ITA 1 HIS 6 BEG 1 NAR 1 AQV 1.
551 I. Kajanto, The Latin Cognomina (Helsinki 1965, ²Rom 1982) 218.
552 Vgl. die rückläufigen Verzeichnisse bei Mócsy 1983, 388 und Solin/Salomies 1994, 296.469.
553 Sölch 2001, 21.
554 Scholz 1999, 55.
555 Vollmer 1915 Nr. 304. Verbesserte Lesung von H. U. Nuber in: Ph. Filtzinger, Limesmuseum Aalen (Stuttgart 1981, 4. Auflage 1991) 220 Nr. 75.
556 Czysz 2002, 58–60.
557 Eck/Pangerl 2007. – Das Diplom stammt aus dem Kunsthandel, Fundort unbekannt. An der Echtheit der beiden *tabellae* wird von den Herausgebern kein Zweifel erhoben.
558 CIL XVI 55; Vollmer 1915 Nr. 510; N. Lambert/J. Scheuerbrandt, Das Militärdiplom. Quelle zur römischen Armee und zum Urkundenwesen. Schr. Limesmus. Aalen 55 (Stuttgart 2002) 20–25.

via verweist eindeutig auf die Formierung der Einheit unter den Kaisern Vespasian, Titus oder Domitian. Ein anderer vermeintlicher chronologischer Eckpfeiler ist nun jedoch überraschend eingestürzt: Bisher galt als communis opinio, dass die Einheit ihren Ehrentitel aufgrund ihres loyalen Verhaltens gegenüber Kaiser Domitian beim Putsch des obergermanischen Statthalters Lucius Antonius Saturninus in Mainz im Winter 88/89 n. Chr. erworben habe. Schließlich verdankte sie ja ihre Schöpfung einem Mitglied des flavischen Kaiserhauses, was sie in ihrer Treue gegenüber dem Herrscher gewiss bestärkt haben wird. Zunächst ist nun zur Kenntnis zu nehmen, dass der ehrenvolle Beiname *pia fidelis* eben nicht erst 89 n. Chr. errungen wurde, sondern dass ihn die Einheit bereits vor dem 13. Mai 86 n. Chr. führte. Darauf wird weiter unten noch zurückzukommen sein.

Wo aber war die Einheit im Jahre 86 n. Chr. und davor stationiert? Es gibt keinen stichfesten Anhaltspunkt dafür, dass ihr Standlager zuvor in einer anderen Provinz lag. Wie oben dargelegt, kommt Günzburg als wahrscheinliches Vorgängerlager von Heidenheim in Frage. Demnach ist die *ala II Flavia pia fidelis milliaria* fester Bestandteil aller Ausbaustufen der weströtischen Provinzgrenze gewesen, zuerst in Günzburg (ca. 70/80 bis 100/110 n. Chr.), später in Heidenheim (ca. 100/110–155/160 n. Chr.) und schließlich in Aalen (ca. 155/160 n. Chr. – ca. 250/260 n. Chr). Eine derart mustergültig-lineare Dislokation ist bisher für keine andere Besatzung des früheren Donaulimes[559] nachvollziehbar und nicht einmal für die gesamte obergermanische und rätische Außengrenze. Auf Basis der Fundkartierung von Sigillataschüsseln Drag. 29 und einschlägiger „Militaria" vermochte W. Czysz das Günzburger Lager zu lokalisieren und seine Ausdehnung annähernd zu rekonstruieren. Danach konnte dort durchaus eine 1000 Mann starke Reitertruppe unterkommen oder aber zwei quingenare Auxiliareinheiten, z. B. eine *ala* und eine *cohors*, wie dies etwa für die ungefähr gleich großen Lager Heddernheim, Okarben und Echzell in der Wetterau angenommen wird. Mit gemischten Verbänden ist auch in den rätischen Donaukastellen des 1. Jh. zu rechnen.[560] Sicher ist vorerst nur, dass in *Gontia*/Günzburg Reiterei stationiert war. Ob unsere Einheit von Anfang an die Hausgarnison stellte, bleibt zu klären.

Bisher herrscht stillschweigender Konsens darüber, dass die *ala II Flavia pia fidelis milliaria* unter Kaiser Vespasian im Zuge der Reorganisation des Rheinheeres 70/71 n. Chr. aus Resten älterer, im Bataveraufstand und Bürgerkrieg aufgeriebener Alen aufgestellt worden sei,[561] was sehr wahrscheinlich auf die obergermanischen *alae I et II Flaviae geminae* zutrifft. Die ursprünglich ebenfalls obergermanische *ala I Flavia singularium c. R. p. f.*, war zwar bereits von 69 n. Chr. von Vitellius aufgestellt worden, lief dann jedoch zu Vespasian über, wofür sie mit dem kaiserlichen Beinamen *Flavia* belohnt wurde.[562] Sollte wie diese Einheiten tatsächlich auch die *ala II Flavia pia fidelis milliaria* unter Vespasian aufgestellt worden sein, wäre sie nach bisherigem Forschungsstand eine der, wenn nicht sogar die älteste unter allen bekannten *alae milliariae*, die ansonsten erst unter Domitian, Trajan oder späteren Herrschern ins Leben gerufen worden sind.[563]

Alternativ ließe sich – freilich ohne gewichtigere Argumente – Domitian als Gründungsvater erwägen. Wie die in Bonn stationierte *legio I Flavia Minervia* könnte auch diese schlagkräftige Kavallerieeinheit erst anlässlich der Chattenkriege 83–85 n. Chr. aufgestellt worden sein.[564] Nach Beendigung der Kämpfe und im Zuge der Verlagerung des Kriegsschauplatzes an die mittlere Donau[565] könnte sie dann vor 86 n. Chr. ins rätische Günzburg verlegt worden sein.

In den obergermanischen Militärdiplomen von 74 und 82 n. Chr. wird die bereits angesprochene – allerdings quingenare (500 Mann starke) – *ala II Flavia gemina* aufgeführt, die bereits vor 90 n. Chr. die Provinz verlassen haben muss, da sie im Diplom dieses Jahres nicht mehr genannt wird. Bis heute erwähnt sie auch keine jüngere Quelle mehr.[566] Das „Verschwinden" der einen Truppe aus den Quellen und

---

559 Heiligmann 1990, 197.
560 Kemkes 1996, 15 f.; ders. in: Planck 2005, 67.
561 Zuletzt z. B. Czysz u. a. 1995, 103 (sie soll bereits 77/78 n. Chr. die Garnison von Günzburg gebildet haben); Czysz 2002, 59. Vorsichtig Birley 1966, 55. – Dass die Reiter der Gründungszeit aus Niedergermanien stammen sollen, wie H.-J. Schalles (Germanische Schildfesseln und die *cohortes Batavorum*. Xantener Berichte 14 [Mainz 2006] 223) meint, ist zwar überlegenswert, aber derzeit unbewiesen.
562 Jae 2003/04, 11.
563 Birley 1966, 55 f.; vgl die Indices von CIL XVI und RMD I–V. – P. Holder, Alae in Pannonia and Moesia in the Flavian period. In: Z. Visy (ed.), Limes XIX. Proceedings of the XIXth International Congress of Roman Frontier Studies (Pécs 2005) 79–83 zu den vorflavischen und flavischen *alae* an Donau und Rhein.
564 Zur 1. Legion vgl. Cassius Dio 55, 24, 3; K. Strobel, Der Chattenkrieg Domitians. Germania 65, 1987, 423; G. Walser, Der Kaiser Domitian in Mainz. Chiron 19, 1989, 449–456.
565 K. Strobel, Die Eroberung Dakiens – ein Resümee zum Forschungsstand der Dakerkriege Domitians und Traians. Dacia 50, 2006, 105–114.
566 Jae 2003/04, 11. Die nächst jüngeren Entlassungsurkunden stammen aus den Jahren 117, 125, 129/130 und 134 n. Chr. Inzwischen kennt man auch ein zweites Fragment der Konstitution von 90 n. Chr., dessen Truppenliste allerdings nach *ala I Flavia Gemina* abbricht: W. Eck/A. Pangerl, Neue Diplome für die Heere von Germania Superior und Germania Inferior. ZPE 148, 2004, 259–268 bes. 261.

das „Auftauchen" der anderen 86 n. Chr. (bisher 107 n. Chr.: Weißenburger Diplom) hat kontroverse Diskussionen über die etwaige Identität beider Einheiten ausgelöst. Die Argumente für und wider diese Gleichsetzung ergeben derzeit keine endgültige Lösung des Problems. Zuletzt haben sich K. Dietz und W. Czysz gegen die Identität ausgesprochen, während M. Jae und P. A. Holder sie weiterhin für möglich halten.[567] Zwischen 86 und 107 n. Chr. (Weißenburger Diplom) musste das obergermanische Heer noch einen weiteren Kavallerieverband, nämlich die *ala I Flavia singularium c. R. p. f.* an das rätische Heer „abtreten". Eine Wiederholung dieses Vorgangs wäre also nicht unvorstellbar. Man könnte nun annehmen, dass die vormalige quingenare (vespasianische) *ala II Flavia gemina* unter Kaiser Domitian zu einer *ala milliaria* aufgestockt und daraufhin ins rätische Heer versetzt worden sei. Derartige Aufstockungen vormaliger *alae quingenariae* zu *alae milliariae* sind gerade für die Regierungszeiten Domitians und Trajans wiederholt belegt.[568] Dann bleibt allerdings der Verlust des Beinamens *gemina* zu erklären. *Gemina* (von *geminus* = Zwilling) enthält keinen Hinweis auf die Truppenstärke im Sinne von „doppelt so stark", sondern entweder auf die Entstehung durch die Verschmelzung (von Resten) zweier älterer Einheiten und/oder durch die parallele Aushebung zweier Einheiten gleichen Namens.[569] Diese Schwestereinheit dürfte die ebenfalls obergermanische *ala I Flavia gemina* gewesen sein, die in flavischer Zeit in Heddernheim, später vielleicht in Echzell stationiert war.[570] Die Aufgabe eines Truppennamens ist zwar eher ungewöhnlich, jedoch nicht völlig beispiellos.[571] Sollte die These richtig sein, dass die 500 Mann starke *ala II Flavia gemina* unter Domitian auf 1000 Mann aufgestockt wurde, wäre die Aufgabe der Bezeichnung *gemina* durchaus verständlich, da die Einheit dadurch ihren Zwillingscharakter in Bezug auf die *ala I Flavia gemina* verloren hätte und fort an eben *milliaria* war. Wenn diese Lösung zutrifft, kann die *ala II Flavia pia fidelis milliaria* nicht die erste in Günzburg stationierte Einheit gewesen sein. Fest steht bislang nur, dass dort von Anfang an (ab ca. 70–77 n. Chr.) Reiterei zur Garnison gehörte.[572] In den Kastellen frühflavischer Zeit ist, wie gesagt, durchaus mit gemischten Verbänden (z. B. eine *ala* und eine *cohors*) zu rechnen. Über den zufällig für beide Truppen bezeugten sehr seltenen Personennamen *Saedavo* (Nr. 60) wurde oben bereits alles Nötige gesagt; er bringt für die Identitätsfrage leider keine Entscheidung, sondern höchstens ein Indiz für die rheinische Herkunft einiger Reiter der *ala II Flavia pia fidelis milliaria*.

Besteht man darauf, dass die *ala II Flavia pia fidelis milliaria* und die *ala II Flavia gemina* verschiedene Truppen waren, so bliebe wiederum der Verbleib der zuletzt genannten nach 82 n. Chr. aufzuklären. Natürlich könnte sie in den Waffengängen der 80er Jahre (Chattenkrieg, Dakerkriege) aufgerieben worden sein. Dass unterschiedliche Auxiliareinheiten in unterschiedlichen Provinzen denselben Namen (hier *ala II Flavia*) trugen, ist nicht ungewöhnlich, auch wenn dieses Phänomen bisher nicht in allen Fällen zufriedenstellend erklärt werden konnte.[573] In der Regel liegt es nur daran, dass gerade die privaten Grab- und Votivinschriften nicht immer den vollständigen Truppennamen wiedergeben. Gerade die Auxiliartruppen mit dem kaiserlichen Gentiliz *Flavia* führen jedoch vor Augen, dass der Beiname das wichtigste Unterscheidungskriterium war[574]:

ala I Flavia Agrippiana (Syria),
ala I Flavia (Augusta) Britannica milliaria (Pannonia inf., Dacia[575]),
ala I Flavia Gaetulorum (Pannonia inf., Moesia inf.),
ala I Flavia Gemelliana (Raetia),
alae I et II Flaviae geminae (Germania sup.),
ala II Flavia Hispanorum c. R. (Hispania),
ala I Flavia singularium civium Romanorum (Domitiana) p(ia) f(idelis) (Germania sup., Germania inf., Germania sup., Raetia),
cohortes I et II Flaviae Afrorum (Africa),
cohors II Flavia Bessorum (Moesia inf., Dacia inf.[576]),

---

567 Czysz 2002, 59; K. Dietz in: W. Czysz u. a., Die Römer in Bayern (Stuttgart 1995) 136 f. Für die Gleichsetzung votierten H.-J. Kellner, Exercitus Raeticus. Bayer. Vorgeschbl. 36, 1971, 207–215 bes. 212 (*ala II Flavia gemina milliaria pia fidelis*); M. Jae 2003/04, 12 u. 33; P. A. Holder, Auxiliary deployment in the reign of Trajan. Dacia 50, 2006, 141–174 bes. 146; M. Scholz, Zwei Kastelle – eine starke Truppe. Arch. Deutschland 1/2006, 36–38 bes. 36.
568 Die in vorflavischer Zeit ausgehobene *ala Britannica* wurde unter Domitian zur *ala I Flavia Britannica milliaria c. R.* aufgestockt, unter Trajan die *ala Gallorum Petriana* (Birley 1966, 56); K. Strobel, Untersuchungen zu den Dakerkriegen Trajans. Antiquitas Reihe 1, Bd. 33 (Bonn 1984) 107 u. 115; M. G. Jarrett, Britannia 25, 1994, 38. – Die in Niedergermanien unter Domitian belegte *ala Batavorum (quingenaria?) c. R.* ist 112 n. Chr. in Pannonia als *ala I Batavorum milliaria c. R. p. f.* belegt, vgl. Holder 2006 (Anm. 567) 148.
569 E. Birley, A note on the title *gemina*. JRS 18, 1928, 56–60.
570 Jae 2003/04, 10.
571 So führte die Bonner *legio I Flavia Minervia* ihren „Geburtsnamen" *Flavia* nur in ihren frühesten Inschriften.
572 F. Tränkle, Bemerkungen zur sog. „Günzburger Kastell-Bauinschrift" (Vollmer Nr. 196). In: J. Schmid, GONTIA. Studien zum römischen Günzburg (München 2000) 57–64.
573 Vgl. beispielsweise die *cohortes primae Hispanorum p. f.* und *veterana equitata* (Strobel 1984, 132).
574 Aufgelistet nach dem Truppen-Indices von RMD I–V.
575 I. Piso, L´ala Flavia en Dacie. Acta Musei Napocensis 36, 1999, 81–89.
576 C. C. Petolescu, Die Auxiliareinheiten im römischen Dakien. Acta Musei Napocensis 34, 1997, 67–141 bes. 83 f.

cohors II Flavia Brittonum (Moesia inf.),
cohors I Flavia Canathenorum milliaria sagittaria (Raetia),
cohors I Flavia Cilicum (Aegyptus),
cohors I Flavia Commagenorum sagittaria (Moesia inf., Dacia inf.[577]*)*,
cohors II Flavia Commagenorum (Moesia sup., Dacia sup.),
cohors I Flavia Damascenorum milliaria (Germania sup.),
cohors I Flavia (Hispanorum?) equitata p. f. (Germania inf.),
cohors I Flavia Hispanorum (Germania inf.),[578]
cohors I Flavia (Ulpia) Hispanorum milliaria (Moesia sup., Dacia Porolissensis)
cohors I Flavia Musulamiorum (Syria),
cohors I Flavia (Musulamiorum?) civium Romanorum (Syria Palestina),[579]
cohors I Flavia Numidarum (Moesia inf., Lycia et Pamphylia),
*cohors II Flavia Numidarum (Dacia inf.) und
classis Flavia Moesiaca*.

Im Heeresverband der hispanischen *legio VII gemina* gab es zu allem Überfluss noch eine weitere quingenare *ala II Flavia*, die kaum mit einer der beiden hier zur Debatte stehenden Einheiten identisch sein kann. Sie unterschied sich von den *alae II Flaviae gemina* bzw. *pia fidelis milliaria* ebenfalls durch ihren Beinamen: *ala II Flavia Hispanorum c. R.*[580]
Führt man all diese Argumente und Vergleiche zusammen, so kommt man über ein „Patt" zwischen den Argumenten für die Identität oder Alterität der beiden *alae II Flaviae* derzeit nicht hinaus; man muss auf weitere Quellenfunde hoffen.

Nun ist noch einmal der ehrenvolle Beiname *pia fidelis* zu beleuchten. Da er nicht mehr auf den Saturninus-Putsch im Jahre 89 n. Chr. zurückgeführt werden kann, vermutet W. Eck, dass ein einstweilen unbekanntes militärisches Ereignis vor dem Mai 86 n. Chr. Anlass zu dieser Auszeichnung gab.[581] Das ist natürlich gut möglich, denn der Krieg gegen die Chatten 83 n. Chr. bot gewiss Gelegenheiten für vorbildliche militärische Leistungen. Eventuell enthält die Ausschreibung *pia fidelis* statt der gebräuchlichen Abkürzung *p(ia) f(idelis)* einen Hinweis darauf, dass das fragliche Ereignis, das zu seiner Verleihung an die *ala* führte, wenig vor 86 n. Chr. stattgefunden haben mochte, und der Titel noch „frisch" war. Dem steht jedoch einschränkend entgegen, dass die Militärdiplome der flavischen Kaiser grundsätzlich weniger Abkürzungen enthalten als jüngere Urkunden.[582] Zwei andere Auffälligkeiten sind jedoch bemerkenswert:

1. Soweit ich sehe, ist das Militärdiplom von 86 n. Chr. bis jetzt das älteste Zeugnis dafür, dass eine Hilfstruppe die Auszeichnung *pia fidelis* trägt. Bisher war sie erst für die niedergermanischen *auxilia* belegt, die 89 n. Chr. an der Niederwerfung des Saturninus-Putsches beteiligt waren, sowie für Einheiten, die sich in den Dakerkriegen Trajans verdient gemacht hatten. Besonders bewährt hatten sich offenbar die Soldaten der *cohors I Bittonum milliaria Ulpia torquata pia fidelis* civium Romanorum, was in deren Entlassungsurkunden ausdrücklich gewürdigt wird: *pie et fideliter expeditione Dacia functis*.[583] Zuvor lässt sich der Ehrentitel lediglich für einige Legionen nachweisen. So erwarben die *legiones VII et XI Claudia pia fidelis* ihren Beinamen 42 n. Chr. in Dalmatien, als mit ihrer Hilfe der Aufstandsversuch des dortigen Statthalters L. Arruntius Camillus Scribonianus gegen Kaiser Claudius vereitelt werden konnte.[584] Die von Vespasian aus zu ihm übergelaufenen Flottensoldaten neu formierte *legio II adiutrix* durfte *pia fidelis* von Anfang an (ab 70 n. Chr.) im Namen führen.[585] In diesen Fällen wie auch 89 n. Chr. bot die loyale Parteinahme zugunsten des (siegrei-

---

577 O. Țentea, Auxilia Commagenorum in Dacia. Acta Musei Napocensis 41/42, 2004/05, 142–160.
578 Diese Truppe dürfte mit der zuvor genannten identisch sein. Dies wäre gegebenenfalls ein Beispiel für die Auslassung wichtiger Namensbestandteile in den Truppenlisten der Diplome.
579 Auch in diesem Fall ist fraglich, ob die Truppe mit der zuvor genannten identisch ist.
580 A. Morillo/J. Aurrecoechea (eds.), The Roman Army in Hispania. An Archaeological Guide (Léon 2006) 347–356 bes. 351. In flavischer Zeit lag sie im Kastell Rosinos de Vidriales (ebd. 103).
581 Eck/Pangerl 2007, 247. – Für anregende Diskussionen über Militärdiplome danke ich Frau Dr. B. Pferdehirt (Mainz).
582 Freundlicher Hinweis Frau Dr. Pferdehirt (Mainz), vgl. beispielsweise RMD I 3; RMD V 329–331 (88 n. Chr.; für Syria); RMD I 4 (91 n. Chr.; Syria): *ala Gallorum et Thracum constantium*. – RMD I 6 (91 n. Chr. MS): *civium Romanorum*. – CIL XVI 31 (85 n. Chr., Pannonia); CIL XVI 35 (88 n. Chr. Syria) CIL XVI 36 (90 n. Chr. GS); CIL XVI 39 (93 n. Chr. MS); RMD I 4 (91 n. Chr. Syria); RMD I 6 (96 n. Chr. MS); RMD V 332 (90 n. Chr. Iudaea); RMD V 333 (90 n. Chr. GS); RMD V 335 (94 n. Chr. MS): *milliaria* ist ausgeschrieben statt mit (M) („liegende acht") abgekürzt.
583 Die 110 n. Chr. für das Jahr 106 n. Chr. rückwirkend und nur für diese Einheit erlassene Konstitution (bezeugt durch zwei Militärdiplome: CIL XVI 160 = IDR I, 1 und AE 2002, 1741) zeigt, dass diese außerdem noch das Appellativum *Ulpia* errang und dass diesen Soldaten einmalig das Bürgerrecht verliehen wurde: D. Benea, Cohors I Brittonum milliaria Ulpia torquata pia fidelis civium Romanorum. Acta Musei Napocensis 34, 1997, 45–52 bes. 46. D. Benea vermutet aufgrund der Fülle der Auszeichnungen und der Sonderkonstitution, dass diese Kohorte während des Krieges „eine Sonderstellung einnahm und sich stets in der Nähe des Kaisers befand" (ebd. 50). Die Auszeichnung *pia fidelis* hatten mindestens 6 weitere Auxiliareinheiten erhalten, *civium Romanorum* wurden sogar 15 weitere Einheiten (ebd. 50).
584 E. Ritterling s. v. legio in RE XII.2, 1617 u. 1691.
585 E. Ritterling s. v. legio in RE XII.1, 1267 u. XII.2, 1438; CIL XVI 10–11; RMD V 232.

chen) Kaisers in einem innenpolitischen Konflikt Anlass zur Auszeichnung.

Seit den severischen Kaisers büßte *pia fidelis* seinen exklusiven, auszeichnenden Charakter allmählich ein, indem dieser Beiname während des 3. Jh. schließlich geradezu inflationär in Verbindung mit dem nachgestellten – und nicht wie hier mit dem vorangehenden – Kaisernamen von fast allen Truppen getragen wurde in der Art des Beispiels *legio I Minervia p(ia) f(idelis) Severiana Alexandriana* (CIL XIII 8017). Nach einem Herrscherwechsel, insbesondere infolge einer *damnatio memoriae*, pflegte man den Kaisernamen schlichtweg anzupassen.[586] Die vormalige Auszeichnung war infolge der zahlreichen Bürgerkriege zum namentlichen Loyalitätsbekenntnis degeneriert.

2. Die Stellung von *pia fidelis* innerhalb des vollen Truppennamens. Im Diplom von 86 n. Chr. geht *pia fidelis* der Stärkebezeichnung *milliaria* voran. Demselben Wortlaut folgt die in Castel Gandolfo bei Rom gefundene Inschrift eines *eq(ues) sing(ularis) Aug(usti) lectus ex exercitu Raetico* aus den Reihen dieser Einheit: *ex ala (II) Flavia pia fidelis mil(l)iaria*.[587] Diese Inschrift datiert in das frühe 2. Jh. n. Chr.[588] Auch das Weißenburger Diplom von 107 n. Chr. wiederholt dieselbe Reihenfolge. Die frühesten Belege für den Namen der Einheit stimmen also konsequent überein. Diese Reihenfolge ist für militärische (Hilfstruppen-) Auszeichnungen wie *torquata, armillata, c(ivium) R(omanorum), constans, victrix*[589] oder eben *pia fidelis* sonst jedoch unüblich. Diese richten sich vielmehr nach der chronologischen Abfolge ihres Erwerbs und pflegen am Ende des vollen Truppennamens zu stehen,[590] und nicht wie hier vor der Stärkebezeichnung *milliaria*.

Später (ab 116 n. Chr.) wurde die Reihenfolge der Namensbestandteile allerdings auch im Falle der ala II Flavia *pia fidelis* milliaria – wohl dank der Gewohnheit der Militärdiplomschreiber – gemäß der üblichen Praxis abgeändert bzw. wie ich vermute unwillkürlich „korrigiert" (Tabelle 14).

Obwohl bei der Abfassung von Militärdiplomen gelegentlich Ungenauigkeiten und Fehler unterliefen, sind dabei jedoch Vertauschungen von Namensbestandteilen deutlich seltener zu beobachten als deren versehentliche Auslassung.[591] Daher fällt es schwer zu glauben, dass die abnorme Reihenfolge der Bestandteile im Truppennamen lediglich zufälliger Natur war. Schließlich stimmen hierin nicht nur drei Diplome – darunter die beiden ältesten für die Einheit – überein, sondern unabhängig von diesen auch die Grabinschrift von Castel Gandolfo. Außerdem ist die Reihenfolge zwar unüblich, aber nicht ohne Parallele: Anzuführen ist das Namensformular einer gleich-

rangigen Einheit, nämlich der *ala I Nerviana Aug(usta) f(idelis)* milliaria, die in der Provinz Mauretania Caesariensis stationiert war.[592] Wie die rätische ala II Flavia *pia fidelis* milliaria war sie die ranghöchste Einheit eines sonst nur aus Hilfstruppen bestehenden Heeres einer prokuratorischen Grenzprovinz. Auch der Name der *cohors I fida Vardullorum milliaria* in Britannia kann hier vielleicht eingereiht werden.[593] Verbirgt sich hinter der abweichenden Namensreihenfolge dieser milliaria-Einheiten eventuell mehr als „nur" eine errungene militärische Auszeichnung? Ohne neue Quellen wird man das nicht entscheiden können und gerät in die Gefahr, die Interpretation zu überdehnen. Dennoch soll hier zur künftigen Verifizierung oder Falsifizierung eine alternative These zur Diskussion gestellt werden: Die zwischen 70/71 und 86 n. Chr. neu geschaffene 1000 Mann starke Reiterformation könnte von Anfang an *pia fidelis* geheißen haben – im Sinne eines zur Loyalität verpflichtenden Namens (anstelle des früheren *gemina*?). Die Einheit sollte eben nicht

---

586 Vgl. dazu J. Fitz, Honorific Titles of Roman Military Units in the 3rd Century (Budapest, Bonn 1983).

587 CIL VI 3255 = XIV 2287 = Dessau 2211.

588 M. P. Speidel, Die Denkmäler der Kaiserreiter – Equites Singulares Augusti. Beih. Bonner Jahrb. 50 (Köln, Bonn 1994) 672. Für die Datierung in die Zeit ab Nerva war auch das vermeintlich infolge der *damnatio memoriae* fehlende *Domitiana* ausschlaggebend. Dieses Argument ist nun hinfällig. Es bleibt die von M. P. Speidel erschlossene Aufstellung der *equites singulares* unter Trajan als terminus post quem.

589 P. Weiß, Zwei vollständige Konstitutionen für die Truppen in Noricum (8. Sept. 79) und Pannonia inferior (27. Sept. 154). ZPE 146, 2004, 239–254 bes. 245 (79 n. Chr.).

590 Eine Durchsicht der Truppennamen-Indices in CIL XVI sowie in den Bänden RMD I–V bestätigt dies. Stellvertretend sei hier auf das trajanische Diplom für die Provinz Dacia CIL XVI 46 = Dessau 9054 hingewiesen, das verschiedene milliare Truppen mit nachfolgenden Ehrentiteln umfasst. – Vgl. auch die Truppennamen bei G. Alföldy, Die Hilfstruppen der römischen Provinz Germania inferior. Epigraphische Stud. 6 (Düsseldorf 1968). In den niedergermanischen Militärdiplomen ging man aber bald der Einfachheit halber dazu über, den Truppenlisten summarisch *equitibus et peditibus exercitus pii fidelis* voranzustellen, um die Auszeichnung nicht für jede Truppe einzeln wiederholen zu müssen: RMD V 336 = AE 2003, 2055 (95 n. Chr.); RMD IV 216 (98 n. Chr.); B. Pferdehirt, Römische Militärdiplome und Entlassungsurkunden in der Sammlung des Römisch-Germanischen Zentralmuseums (Mainz 2004) Nr. 9 (101 n. Chr.); RMD IV 239 (107 n. Chr.); RMD IV 216 mit Anm. 2.

591 Zu Fehlern in Militärdiplomen vgl. Kapitel IV.1.1 mit Anm. 429. – Ein handfester Namen-Fehler hat sich in RMD IV 229 eingeschlichen, wo *Flavia* versehentlich ausgelassen wurde. Häufiger fehlen z. B. *sagittariorum* und eben *pia fidelis*. – Vertauschung: z. B. *cohors I m(illiaria) Brittonum*, vgl. die Indices von RMD I–V.

592 CIL XVI 56 aus dem Jahre 107 n. Chr.

593 RMD III 184 (178 n. Chr.); RMD IV 293–294 (178 n. Chr.). Der Name der Einheit ist auch ohne *fida* bezeugt, z. B. in RMD V 420 (158 n. Chr.): *cohors I Vardul[lo]r(um) m(illiaria)*.

Tabelle 14: Wortlaut des Truppennamens in den rätischen Militärdiplomen.

Militärdiplom	Datum	p. f. an Position 2	p. f. an Position 3	ohne p. f.
ZEP 163, 2007	86	II Flavia *pia fidelis* milliaria		
CIL XVI 55	107	II Flavia p. f. m.		
RMD III 155	116		II Flavia m. [p. f.]	
RMD IV 229	116		II (Flavia) millia[ria p. f.]	
RMD I 32	125/28		[II Fl.] m. p. f.	
BVbl. 70, 2005, II	129/36		II Fl. m. p. f.	
RMD II 94	138/40		II Fl. m. p. f.	
RMD V 386	139	II Fl. p. f. m.		
CIL XVI 101	153		II Fl. m. p. f.	
RMD III 170	157		II Flav. m. p. f.	
RMD IV 275	157		II Flavia m. p. f.	
RGZM 38	157		II Fl. m. p. f.	
RMD I 51	153/57		II Flav. m. p. f.	
RMD III 175	154/61		II Flav. m. p. f.	
RMD II 51/104	156/57		II Flav. m. p. f.	
CIL XVI 183	156/57			[I]I Fl. m.
CIL XVI 118	162			II Fl. m.

nur *Domitiana pia fidelis*, sondern grundsätzlich *Flavia pia fidelis* sein, d. h. dem flavischen Kaiserhaus an und für sich treu ergeben. Spricht man sich für eine vespasianische Gründung der Einheit aus, lässt sich das Szenario vorstellen, dass Truppenteile, aus denen sie formiert wurde, sich durch ihr proflavisches Verhalten im Bürgerkrieg 70/71 n. Chr. empfohlen hatten, ähnlich wie es 70 n. Chr. bei der bereits oben angesprochenen *legio II adiutrix pia fidelis* der Fall war. Als Einheitsnamen ohne *pia fidelis* würde man *ala II Flavia milliaria* erwarten, wie er in den späten und insbesondere privaten Inschriften auch vorkommt.[594] Dass die Stärkebezeichnung milliaria zum Eigennamen werden kann, lässt sich immerhin anhand der beiden *cohortes I et II milliariae (sagittariorum)* belegen.[595] Unabhängig davon, seit wann die Formation *pia fidelis* hieß, unterscheidet sie sich von den meisten oben aufgelisteten Hilfstruppen mit dem Kaisergentiliz Flavia durch das fehlende Ethnikum. Zwei andere Einheiten, die rätische *ala I Flavia Gemelliana* oder die syrische *ala I Flavia Agrippiana*, trugen den Namen ihres ersten Kommandeurs. Die *classis Flavia Moesiaca* war nach ihrem Einsatzraum benannt. Die ebenfalls rätische *ala I Flavia singularium civium Romanorum (Domitiana) p(ia) f(idelis)* bezeichnet sich als eine aus einzelnen (ausgewählten) Männern zusammengesetzte Einheit (Garde).[596] Mit dieser Truppe und den beiden obergermanischen „Schwestereinheiten" *alae I et II Flaviae geminae* bildet unsere *ala II Flavia pia fidelis* milliaria eine kleine „nomenklatorische" Untergruppe unter den Flavia-Einheiten. Ihr ist gemeinsam, dass anstelle des Ethnikums ein eher „technischer" Begriff gesetzt wird.[597] Offenbar waren die Mannschaften bei der Gründung dieser Einheiten bezüglich ihrer *origo* zu heterogen zusammengesetzt, als dass sich ein namengebendes Ethnikum angeboten hätte – möglicherweise weil besondere Anforderungen an diese Reiterbrigaden einen weiteren Rekrutierungskreis erforderten?

Nach diesem nomenklatorischen Exkurs soll es abschließend noch um die Wahl des Stationierungsortes für die *ala II Flavia pia fidelis milliaria* und, damit zusammenhängend, ihren militärischen Auftrag in der Provinz Raetia gehen.

Schon in früheren Darstellungen ist zu Recht nachzulesen, dass die ineinander übergehenden Täler von Brenz und Kocher die direkteste und unbeschwer-

---

[594] Kemkes u. a. 2006, 158 Abb. 166 = Ubi Erat Lupa 10330 (Aalen): *al(ae) II Fl(aviae)* – Vollmer 1915, Nr. 208 = Cichy 1971, 12 = Heiligmann 1990, Taf. 152, 17 = Ubi Erat Lupa 7599 (Heidenheim): *[alae] II Fl(aviae) m(illiariae)* – CIL III 5822 = Dessau 2526 = Vollmer 1915, Nr. 133 = Stein 1932, 136 = Kemkes/Scheuerbrandt 1997, 103 Abb. 112 (Augsburg-Pfersee): *al(ae) II Fl(aviae)* – AE 1980, 659 (Augsburg): *al(ae) II Fl(aviae) m(illiariae)* – Ph. Filtzinger, Limesmuseum Aalen (Stuttgart 1981, 4. Auflage 1991) 220 Nr. 75 (Kirchheim am Ries): *[al]ae II (milliariae)*. Vgl. das vorangehende Kapitel IV.1.7.

[595] RMD V 332 (90 n. Chr.; für Iudaea): *cohors I milliaria sagittariorum*; CIL XVI 35 (88 n. Chr.; für Syria): *cohors I milliaria*. Wahrscheinlich handelt es sich um dieselbe Einheit wie RMD V 332. CIL XVI 159 (88 n. Chr. Mauretania Tingitana): *cohors II milliaria sagittariorum*. – Im Falle der in Moesia inferior stationierten *cohors I milliaria Brittonum* (RMD IV 222; 111 n. Chr.) ist die Reihenfolge einmal wohl versehentlich vertauscht.

[596] *Civium Romanorum* muss ein Ehrentitel mit einmaliger Verleihung des Bürgerrechts an die zu diesem Zeitpunkt in der Truppe dienenden Reiter gewesen sein, da die Truppe unter allen folgenden Militärdiplomen Rätiens genannt wird.

[597] Das gilt ferner für die pannonische *ala I Ulpia contariorum milliaria*, die nach einer speziellen Waffengattung (zweihändig geführte Stoßlanzen) benannt ist.

lichste Nord-Süd-Passage durch die Schwäbische Alb darstellen.⁵⁹⁸ Diese geostrategische Lage bedurfte zweifellos der militärischen Deckung, die sich prinzipiell sowohl von Günzburg (und Faimingen) als auch von Heidenheim und Aalen aus realisieren ließ. Wer die Alb und auch die Donau als Feind hier einmal überquert hatte, ließ sich auf seinem Weg zu den Alpenpässen schwer aufhalten, wenn nicht durch eine mobile, schlagkräftige Truppe. Hier öffnete sich z. B. für die Chatten und andere westgermanische Gegner Roms im 1. Jh. eine potentielle Einfallsschneise – letztlich nach Italien. In dieser geostrategischen Schlüsselposition als zu sichernde Einfallsroute ist *Aquileia*/Heidenheim aus der Sicht Italiens ansatzweise mit dem großen *Aquileia* in Norditalien vergleichbar. Begründet sich daher gar die Wahl des Ortsnamens? Umgekehrt öffnete sich für Rom hier ein offensiver Ausgangspunkt nach Norden.

Im Falle Günzburgs kam der wichtige Donauübergang, der in der Spätantike unter der Bezeichnung *Transitus Guntiensis* belegt ist,⁵⁹⁹ als strategischer Faktor hinzu. Über ihn führte die bedeutende West-Ost-Verbindung von *Argentorate*/Straßburg nach *Augusta Vindelicum*/Augsburg, jener unter Vespasian eröffnete *iter de[rectum ab Arge]ntorate / in R[aetiam]* des Offenburger Meilensteins (Dessau 5832). Heidenheim wiederum nahm die engste Stelle im Brenztal ein, das sich hier zwischen dem Ottilienberg im Westen und dem Schmittenberg im Osten auf rund 200 m verengt – die Nordfront des Alenkastells sperrte die Talpassage beinahe wie eine Staumauer. Außerdem erstreckte sich das rückwärtige Lager (*retentura*) in die natürliche Kreuzung des Brenz- und Stubentales hinein. Ferner wurde hier die „Lücke" zwischen den Standorten am Neckar (bzw. zuvor der Region um Rottweil) und den Stützpunkten auf der Westalb einerseits sowie denen des Nördlinger Rieses andererseits geschlossen.⁶⁰⁰ Einen günstigeren Ort für eine Militärbasis auf der Ostalb hätte man wohl kaum finden können. Die für Routineabläufe des Nachrichten- und Patrouillenwesens üblichen Abstände zwischen den Reiterkastellen treffen auch auf Heidenheim zu.⁶⁰¹ Wären nur diese Komponenten zu berücksichtigen gewesen, hätte aber vielleicht sogar eine *ala quingenaria* genügt.⁶⁰²

Warum also wurde die schlagkräftigste Truppe des Provinzheeres, ihre Führungstruppe zugleich, ausgerechnet am äußersten Westrand des Provinzterritoriums stationiert? Hätte man die Hauptstadt Augsburg, die Siedlungskammern südlich der Donau und zumal die Alpenpässe vor feindlichen Invasoren nicht noch wirksamer schützen können, indem man die Kavallerie besser in der Nähe der Hauptstadt oder doch wenigstens zentraler innerhalb der Provinz positioniert hätte? Schließlich gab es auch im Bereich des Nördlinger Rieses von Natur aus durchlässige Passagen. Haben nicht die Markomannenkriege bewiesen, dass die von außen stärker gefährdeten Frontabschnitte der rätischen Grenze kaum im Westen, sondern im Osten lagen? Mit der Stationierung der *legio III Italica concors* wurde dieser Bedrohung schließlich auch Rechnung getragen.

Die Abwehr einer potentiellen äußeren Bedrohung Rätiens durch Germanen war gewiss ein wesentlicher Grund für die Stationierung der *ala II Flavia pia fidelis milliaria* an der westlichen Provinzgrenze, aber vielleicht nicht der einzige. Zu diesem Zwecke erscheint das rätische *Auxilia*rheer nämlich gerade im unmittelbaren Vorfeld Italiens als auffällig schwach und kaum in der Lage, eine entschlossen vorgetragene Invasion germanischer Stämme zu stoppen. Nicht nur hier dürfte die Diplomatie also mehr zur Grenzsicherung beigetragen haben als das rein militärische Abschreckungspotenzial. Tacitus (Germania 41) bestätigt das für das 1. Jh., indem er die romfreundliche Gesinnung der elbgermanischen Hermunduren betont, die sogar über das römische *commercium* verfügten und auf den römischen Märkten diesseits der Donau frei Handel treiben durften.⁶⁰³ Über die Beziehungen der römischen Provinz *Raetia* zu den Germanen im frühen 2. Jh. schweigen die Quellen. Doch weder die Vorverlegung des Limes um 155–160 n. Chr. und in diesem Zusammenhang eventuell von Obergermanien aus gegen die Chatten durchgeführte Militäroperationen⁶⁰⁴ noch die Markomannenkriege haben zu einer erkennbaren Veränderung der Kräfteverhältnisse am westrätischen Limes geführt. Erst 213 n. Chr. wurde die Westgrenze Rätiens durch den Germanenfeldzug Caracallas Ausgangspunkt einer militärischen Operation. Zwar vermag der derzeitige Forschungsstand das wahre Ausmaß germanischer Siedlungsdichte im Vorfeld des rätischen Limes gewiss nur äußerst lückenhaft nachzuzeichnen, doch ist unverkennbar, dass die Stoßrichtung des Germanenfeldzugs Caracallas *prope Moenum* mit den auch archäologisch fassbaren ger-

---

598 Zum Beispiel Heiligmann 1990, 102; Sölch 2001, 11; Scholz 2005, 847.
599 Schmid 2000, 35–39; Czysz 2002, 180f.
600 Heiligmann 1990, 196.
601 Scheuerbrandt 1999, 17 u. 19 Abb. 1.
602 Weitere Entfernungen als die zwischen Heidenheim und Bad Cannstatt bzw. Aalen und Welzheim bzw. Weißenburg wurden von *alae quingenariae* abgedeckt, z. B. Ladenburg-Bad Cannstatt (ebd. 19).
603 Vgl. auch Schaub 2001, 40.
604 Alföldy 2004, 13 u. 17.

manischen Siedlungsgebieten im Taubertal und in Mainfranken übereinstimmt.[605] Sollte sich der Negativbefund germanischer Siedlungen in den unmittelbar an die Provinz nördlich angrenzenden Gebieten auch künftig bestätigen, so wäre ein potentieller Gegner tatsächlich am ehesten aus der Mainregion zu erwarten gewesen. Die dazwischen liegenden, weitgehend oder teilweise unbewohnten (?) Landstriche konnte Rom nur mit einem an Reiterei relativ starken Heer, wie es das rätische war, kontrollieren.[606] Allerdings ist über etwaige germanische Siedlungen nördlich des rätischen Limes noch kaum geforscht worden. *Die ala II Flavia pia fidelis milliaria* war freilich auch günstig positioniert, um potentiellen germanischen Aggressoren, die sich nach Westen gegen Obergermanien wandten, in den Rücken fallen zu können. Im Gegenzug hätte sie bei günstigen Bedingungen sogar binnen eines Tages die Siedlungen der Eindringlinge von Süden her angreifen und ihnen so den Rückzug verlegen können.[607] Betrachtet man die Heidenheimer/Aalener Reiterei also zugleich als eine gewisse Flankendeckung Obergermaniens, war ihre Position wiederum gut gewählt.

Ihre Nähe zur obergermanischen Provinzgrenze könnte zugleich aber auch eine innenpolitische Komponente widerspiegeln. Wie oben bereits angedeutet, ist ein gewisser westlicher Kräfteschwerpunkt des rätischen Provinzheeres bereits in der Aufstellung der Truppen – soweit diese heute zu benennen sind bzw. die Kastellforschung hier vorangeschritten ist – am flavischen „Donaulimes" abzulesen. Neben Günzburg ist auch das westlich benachbarte Lager Illerkirchberg-Unterkirchberg zu nennen, das mit seinen geschätzten 4,2 ha Größe ebenfalls eine vergleichsweise stattliche Besatzung beherbergt haben muss. Der seltene Befund eines baulich eingefassten, runden Reiterübungsplatzes *(gyros)* deutet darauf hin, dass Kavalleristen zu seiner Garnison gehörten.[608] Über die spätere Dislokation seiner Besatzung ist kaum etwas bekannt. Vielleicht wurde eine hier (zusammen mit einer *ala* oder Legionsvexillation?) stationierte Kohorte später in das „Alb-Limes"-Kastell Urspring verlegt, doch ist dies derzeit spekulativ. Solange *Cambodunum*/Kempten während der frühen Kaiserzeit wahrscheinlich noch der Hauptsitz des rätischen Provinzprokurators war,[609] lässt sich eine gewisse militärische Kräfteanreicherung an der westlichen Provinzgrenze noch nachvollziehen, doch ist es fraglich, ob sich der administrative Schwerpunkt in flavischer Zeit nicht bereits nach Augsburg verschoben hatte oder zu verschieben begann.[610]

Neben der potentiellen Germanengefahr könnte vielleicht auch der *pia fidelis*-Titel ein Indiz für die Positionierung der *ala II Flavia pia fidelis milliaria* bereitstellen, auch wenn eine Verknüpfung mit den Ereignissen des Jahres 89 n. Chr. nun ausgeschlossen ist. Es bleibt auffällig, dass unter den rätischen Verbänden nur sie den Titel (oder Truppennamen?) trug.[611] Bereits der Ablauf des Bürgerkrieges 69/70 n. Chr. hatte gezeigt, dass zwischen den Provinzen gefährliche politische Nahtstellen entstehen konnten. In diesem Fall hatten die *Auxilia*rheere Rätiens und Noricums gegnerische Seiten bezogen.[612] Dass *Raetia* mit seinen Alpenpässen auf der Seite des Vitellius stand, beschleunigte dessen Vormarsch nach Oberitalien (14. April 69 n. Chr. Schlacht bei *Bedriacum*) und trug zur Durchsetzung seiner Machtansprüche bei. Dieses Ereignis demonstrierte, dass es im Falle eines innenpolitischen Machtkampfes darauf ankam, die Legionen eines abtrünnigen

---

605 Aurelius Victor 21, 2. Nach A. Hensen, Zu Caracallas *Germanica Expeditio*. Fundber. Baden-Württemberg 19/1, 1994, 219–254 bes. 230 ff. sollen die Landstriche nördlich des Limestores bei Dalkingen eher urwaldartigen Charakter gehabt haben. Die Richtigkeit dieses Bildes werden künftige Forschungen erweisen müssen. – Zum aktuellen Forschungsstand über die germanischen Siedlungen nördlich des rätischen und östlich des obergermanischen Limes vgl. B. Steidl, Die Siedlungen von Gerolzhofen und Gaukönigshofen und die germanische Besiedlung am mittleren Main vom 1. Jahrhundert v. Chr. bis zum 4. Jahrhundert n. Chr. In: A. Haffner/S. v. Schnurbein (Hrsg.), Kelten, Germanen, Römer im Mittelgebirgsraum zwischen Luxemburg und Thüringen (Bonn 2000) 95–113; ders., Ausgewählte rhein-weser-germanische Fundkomplexe der mittleren Kaiserzeit am Maindreieck. In: S. Biegert u. a. (Hrsg.), Beiträge zur germanischen Keramik zwischen Donau und Teutoburger Wald (Bonn 2000) 151–170. Die archäologischen Zeugnisse der im Taubertal ansässigen Germanen deuten während der Limeszeit eher auf eine friedliche Koexistenz hin, das vielleicht sogar ein *foedus* bekräftigte: K. Frank, Bedrohliche Gegner? Wankelmütige Nachbarn im Norden. In: Imerpium Romanum. Roms Provinzen an Neckar, Rhein und Donau. Ausstellungskat. Stuttgart 2005, 142–146 bes. 143 f.

606 Wie in Rätien verfügte auch das Auxiliarheer der prokuratorischen Provinz Mauretania Tingitana über fünf *alae quingenariae*, vgl. T. Derks, Ein Fragment eines neuen Militärdiploms für Mauretania Tingitana. Arch. Korrbl. 37/2, 2007, 257–269. Hier dürfte die Kontrolle nomadischer Stämme die Kavalleriestärke bestimmt haben.

607 Vgl. Scheuerbrandt 1999, 18 f.

608 Zuletzt: M. G. Meyer in: Planck 2005, 134. – Die Erwägung von M. Klee, dass die Besatzung von Unterkirchberg nach Heidenheim verlegt worden sein könnte, hat m. W. bisher mangels positiver Anhaltspunkte keine weitere Beachtung gefunden. Dies liegt wohl auch daran, dass sie die Größe des Kastells Unterkirchberg mit „5,4 ha" überschätzt: M. Klee, Das frührömische Kastell Unterkirchberg. In: Ulmer Museum (Hrsg.), Römer an Donau und Iller. Neue Forschungen und Funde (Sigmaringen 1996) 31–41 bes. 40.

609 Weber 2000a, 43 f.

610 Schaub 2001, 39 f.

611 Zwar führte ihn auch die *ala I Flavia singularium c. R. p. f.*, doch hat sie am Kampf gegen Saturninus 89 n. Chr. noch als Teil des niedergermanischen Heeres teilgenommen und wurde erst später (zwischen 86 und 107 n. Chr.) zuerst nach Obergermanien und dann nach Rätien versetzt (Jae 2003/04, 11).

612 Zusammenfassend Czysz u. a. 1995, 94–99.

Statthalters an einem raschen Vorstoß nach Rom zu hindern. Das seit den Flaviern nur aus Hilfstruppen bestehende rätische (und norische) Heer war zu schwach, um selbst Mittel solcher politischen Ambitionen werden zu können. Es war auch sicher nicht in der Lage, Legionen zur Entscheidungsschlacht zu stellen, doch war es mit seinem hohen Reiteranteil – neben vier Alen, davon eben eine *ala milliaria*, verfügte es noch über zahlreiche *cohortes equitatae* – außerordentlich mobil und gewiss dazu in der Lage, im Ernstfall die Logistik einer marschierenden Infanteriearmee zu stören und dadurch deren Vormarsch zu bremsen – im Zweifelsfall auch durch eine „verbrannte Erde-Taktik". Falls die *ala II Flavia pia fidelis milliaria* spätestens 86 n. Chr. in Günzburg stationiert war, hätte sich dieses Konzept bereits einmal bewährt. Jedenfalls scheint der rätische *procurator* Titus Flavius Norbanus – aller Wahrscheinlichkeit nach übrigens ein Verwandter Domitians[613] – erfolgreich genug in die Niederringung des Saturninus-Putsches eingegriffen zu haben, dass seine diesbezüglichen Taten sogar von Martialis (9, 84) verewigt wurden und einer steilen Beamtenkarriere im Dienste Domitians fürderhin nichts mehr im Wege stand.[614] Möglicherweise war er den Streitkräften des Saturninus mit der *ala II Flavia pia fidelis milliaria* an der Spitze in den Rücken gefallen.

Die Standortwahl der Führungstruppe des rätischen Heeres bot also nicht nur (außenpolitisch) eine Art Flankenschutz für die westliche Nachbarprovinz gegen Germaneneinfälle, sondern stellte zugleich auch innenpolitisch eine Art „warnende Spitze" gegen illoyale Absichten eines obergermanischen Statthalters dar. In dieser Hinsicht drängen sich Vergleiche mit dem obergermanischen Kastell Niederbieber auf, das in den 190er Jahren ebenfalls nahe einer Provinzgrenze (Obergermaniens zu Niedergermanien) errichtet und mit einer 1000 Mann starken berittenen Eliteeinheit besetzt wurde.[615]

Soweit der Quellenstand überhaupt Rückschlüsse gestattet, scheint sich die rätische Sondertruppe im Gegensatz zu anderen *alae milliariae* an keinem der lodernden Kriegsschauplätze des 2. und 3. Jh. ausgezeichnet zu haben.[616] Es fehlt jeder Hinweis, dass sie als ganze oder nur eine Vexillation von ihr überhaupt jemals ihre Heimatprovinz *Raetia* verlassen hat. Natürlich kann ein neuer Inschriftenfund dieses Bild jederzeit verändern, doch sieht es derzeit so aus, als habe sie nicht wie z. B. die pannonische *ala Ulpia contariorum milliaria c. R.* zu den mobilen „Krisenreaktionskräften" gezählt.[617] Wenn das nicht gegen ihre militärische Schlagkraft spricht, so doch für ihren klar definierten, auf den rätisch-obergermanischen Grenzraum bezogenen Auftrag.

Es kommt hinzu, dass sich die Heidenheimer Truppe als „Ersatzlegion" an der Verwaltung der Provinz zu beteiligen hatte. Die Analyse der epigraphischen Quellen deutet zumindest in diese Richtung (s. o.). Schließlich mögen auch wirtschaftliche Überlegungen bei der Standortwahl in Anschlag gekommen sein. Die verhältnismäßig gut besoldeten 1000 Reiter stellten gewiss eine geeignete „Subventionsmaßnahme" dar, um den Aufbau eines Verwaltungszentrums in den Provinzgebieten nördlich der Donau zu begünstigen, das aus eigener Wirtschaftskraft wohl kaum entwicklungsfähig gewesen wäre. Der über 70 m lange „Monumentalbau" östlich des Kastells, mit dessen Errichtung noch während der Garnisonszeit begonnen wurde, könnte entsprechende Planungen bezeugen. Dass es sich bei dieser Anlage kaum um Thermen handelt, wie zuletzt vorgeschlagen wurde,[618] wird durch das weitgehende Fehlen wassertechnischer Installationen (Becken, Leitungen, Kanäle) ebenso angezeigt wie durch die Konstruktion der Fußbodenheizungen aus Kalksteinkanälen, die zumindest für den Wärmebedarf von *caldaria* ungeeignet waren.[619] Da der Kommandeur

---

613 Eck/Pangerl 2007, 249 f.
614 Czysz u. a. 1995, 106 f.
615 M. Reuter/B. Steidl, Eine neue Statuenbasis für Septimius Severus aus dem Kastell Niederbieber. Neue Aspekte zum Gründungsdatum des Lagers. In: H.-H. Wegner (Hrsg.), Ber. Arch. Mittelrhein u. Mosel 5 = Trierer Zeitschr. Beih. 23 (Trier 1997).
616 In den Dakerkriegen Trajans beispielsweise kamen nicht weniger als fünf *alae milliariae* zum Einsatz, was deren mobile Schlagkraft eindrucksvoll unterstreicht: die *ala I Batavorum milliaria*, die *ala I Bosporanorum milliaria*, die *ala I Flavia Augusta Britannica milliaria c. R. bis torquata ob virtutem*, die sich nach Ausweis ihrer Titel wohl besonders bewährt hatte, die *ala I Augusta Gallorum Petriana milliaria c. R.* sowie die *ala I Ulpia Contariorum milliaria c. R.* (Strobel 1984, 106–110 u. 115 f.). Die *ala I Augusta Gallorum Petriana milliaria c. R.* war aus Britannien an den Kriegsschauplatz abkommandiert worden. Die *ala I Flavia Augusta Britannica milliaria c. R. bis torquata ob virtutem* stand in Pannonien und kämpfte unter Trajan nicht nur gegen die Daker, sondern auch im Partherkrieg (ebd. 108 f.). Später beteiligte sie sich ebenso wie die *ala I Nerviana Augusta fidelis milliaria* (stationiert in der Mauretania Caesariensis) am Maurenkrieg des Antoninus Pius (Devijver 1989, 250–252). – Auch die *ala I Bosporanorum milliaria* wurde im 1. u. 2. Jh. an verschiedenen Grenzen eingesetzt, und zwar am Rhein, in Mösien, im Orient, in Pannonien und Dakien (Strobel 1984, 107).
617 Diese sowie die ebenfalls in Pannonien stationierte *ala I Flavia Augusta Britannica milliaria c. R. bis torquata ob virtutem* waren am Perserkrieg des Severus Alexander beteiligt, wo sie offensichtlich Verluste erlitten, wie mehrere Militärgrabsteine aus Apamea erahnen lassen: J. C. Balty/W. Van Rengen, Apamée de Syrie. Quartiers d'hiver de la IIe Légion parthique. Monuments funéraires de la nécropole militaire (Brüssel 1993) 46–53.
618 Sölch 2001, 89–95.
619 Für die Beheizung von Warmbaderäumen bei derartigen Raumgrößen hätte man eher Ziegelhypokausten erwartet. – Neben dem mutmaßlich südlich benachbarten Kastellbad und dem weiter nördlich 1991/92 entdeckten Thermenkomplex gelang *Fortsetzung siehe nächste Seite*

der *ala milliaria* kraft seines Ranges wahrscheinlich zugleich Aufgaben eines stellvertretenden Statthalters wahrzunehmen hatte, erscheint es nicht übertrieben, diesen Baukomplex in eine Reihe mit Residenz- und Verwaltungsbauten *(praetoria)* zu stellen.[620] Bezüglich Größe, Lage zum Kastell und Grundriss vergleichbar ist eventuell ein stattlicher Baukomplex beim Reiterkastell Ruffenhofen.[621] Da dieser bisher allerdings nur aus Luftbildern und dem Magnetogramm beurteilbar ist, steht die Klärung seiner Funktion noch genauso aus wie im Falle Heidenheims. Sind solche Bauten nun auch bei anderen Alenlagern zu suchen?

Ein Bündel von Gründen dürfte also die römischen Strategen dazu bewogen haben, die schlagkräftigste Einheit Rätiens am Westrand der Provinz zu stationieren. Dort scheint sie bis zur Mitte des 3. Jh. geblieben zu sein, erst dann verliert sich ihre Spur.[622]

IV.1.9 Graffiti auf Bleiobjekten

Gewichte

Die vier Gewichte sind klar als Untereinheiten des römischen Pfundes zu identifizieren. Von ihren Normmaßen 1 *dodrans* (Nr. 126), 1 *sicilicus* (Nr. 127), 3 *sicilici* (Nr. 128) und 4 *sextulae* (Nr. 129) weichen Nr. 127–129 nur sehr geringfügig ab. Im Falle von Nr. 128 kann der Gewichtsverlust von 0,266 g durch die sekundäre Lochung erklärt werden, im Falle von Nr. 127 und 129 das minimal höhere Gewicht durch festkorrodierte Bodenbestandteile.[623] Nr. 127–129 könnten aufgrund ihrer Fundstellennähe ursprünglich zu einem Set gehört haben.[624]

Drastischer erscheint die Gewichtsdifferenz zum *dodrans* von über 10 g bei Nr. 126, die allerdings noch immer im Toleranzrahmen der bei Serienuntersuchungen von Gewichten registrierten Abweichungen liegt: Die recht häufig festzustellenden Divergenzen zwischen Norm- und Realgewichten, die nicht allein der Korrosion angelastet werden können, lassen auch an die Existenz regionaler Gewichte denken, deren Standardfüße nicht überliefert sind.[625] Als weitere Fehlerquelle für untergewichtige Maße kommt neben Betrugsabsicht und Verschleiß auch die offenbar unzureichende Verfügbarkeit offizieller Eichgewichte und daraus resultierende ungenaue Kopien in Betracht.[626] Im Falle von Nr. 126 versuchte man offenkundig, die Gewichtsdifferenz bei einer späteren Eichung kenntlich zu machen, indem man drei Kerben einfeilte. Die Gewichtsdifferenz von 10,45 g lässt sich jedenfalls ziemlich exakt in drei *drachmae* umrechnen.

*126 Trapezoides bis tropfenförmiges Bleigewicht mit mitgegossener Aufhängungsöse. Gut erhalten, Gewicht 235 g. Auf der Vorderseite schräger Einhieb: /(dodrans). Ein *dodrans* (9 *unciae*) entspricht 245,45 g.[627] Die offizielle Signatur für *dodrans* war S= –, doch stößt man häufiger auch auf abweichende, individuelle (oder regionale?) Zeichen.[628]

Die knappen 10 g Gewichtsverlust gegenüber dem *dodrans* könnte man zunächst durch Korrosion zu erklären versuchen, was angesichts der gut erhaltenen Oberfläche aber nicht völlig befriedigen würde. Es öffnet sich allerdings noch eine alternative Sichtweise: Am rechten Rand sind deutlich erkennbar drei Kerben eingeschlagen, die in ihrer Parallelität kaum zufällige Beschädigungen sein dürften. Möglicherweise sind sie bei einer späteren Eichung des Gewichtes angebracht worden, nachdem antike Gebrauchsabreibungen bereits einen Gewichtsverlust verursacht haben mochten. Die Differenz zum Nenngewicht könnte nun mittels dieser drei Kerben angegeben worden sein. Da keiner der üblichen Teiler der römischen *libra* den Differenzbetrag von 10,45 g entweder alleine

---

Fortsetzung Fußnote 619:
    C. Dreier 2006 der Nachweis eines dritten vicuszeitlichen Bades nahe der Südwestecke des Kastells (Kreuzung Bahnhof- und Brenzstraße).

620 Rabold 1993/94. Vgl. beispielsweise H. U. Nuber/G. Seitz, Frankfurts römischer Ursprung – Kastell oder Praetorium? In: S. Hansen/V. Pingel (Hrsg.), Archäologie in Hessen. Neue Funde und Befunde. Festschr. F.-R. Herrmann (Rahden/Westf. 2001) 187–197.

621 Sommer 2004, 352f.; ders. 2006, 24.

622 Scholz 2007, 118f.

623 Dass Bleikorrosion durch Kristallbildung durchaus eine leichte Gewichtszunahme bewirken kann, wurde bereits früher beobachtet: RIB II.2, 4; H. Chantraine/H.-J. Schulzki, Bemerkungen zur kritischen Neuaufnahme antiker Masse und Gewichte. Saalburg-Jahrb. 48, 1995, 129–138 bes. 130 mit Anm. 7. Vgl. ferner Schaeff 2000, 79 (*sicilicus*-Bleigewicht von 0,3 g Übergewicht).

624 Vgl. das Set von Unzengewichten aus Heidelberg (Nuber 1981).

625 RIB II.2, 2–4, vgl. auch W. Binsfeld, Römische Gewichte in Trier. Trierer Zeitschr. 53, 1990, 281–290 bes. 283ff. – Eine bleierne *libra* aus Eschweiler (Kreis Aachen) liegt sogar 37,45 g unter dem Nenngewicht: J. Morlot-Passadakis/M. Perse, Arch. Im Rheinland 1999, 109f. Als Beispiel für die Interpretationsschwierigkeiten, die sich aus den Gewichtsschwankungen ergeben, vgl. ferner S. F. Pfahl, Funde u. Ausgr. im Bezirk Trier 31, 1999, 64.

626 Ebd. Zur behördlichen Kontrolle von Maßen und Gewichten vgl. R. Wiegels, Bronzener Gefäß-Standring mit Punzinschrift aus dem römischen Ladenburg, Rhein-Neckar-Kreis. Fundber. Baden-Württemberg 22/1, 1998, 453–458. Demnach (S. 457) konnten auch (behördlich zugelassene?) Privatleute Eichungen vornehmen. Andererseits stimmen die auf Edelmetallgefäßen eingepunzten Gewichtsangaben in der Regel recht genau, vgl. B. Steidl, Erfasstes Vermögen. In: Reuter/Scholz 2005, 67 und H. Lieb/M. A. Speidel, Die Inschriften. In: M. A. Guggisberg, Der spätrömische Silberschatz von Kaiseraugst. Die neuen Funde. Forsch. in Augst (Augst 2003) 182f. Dieser Befund scheint nun wieder für Korrosionsverluste der aus unedlem Material hergestellten Gewichte zu sprechen. Andererseits darf man erwarten, dass die Besitzer reicher Luxusgüter leichteren Zugang zu offiziellen, präzisen Waagen hatten, was im Falle des Kaiseraugster Silberschatzes ja auch durch den mitgefundenen Silberbarren zum Ausdruck kommt.

627 RIB II.2, 1. Laut Hultsch 1862, 308 sind für einen *dodrans* 245,59 g zu veranschlagen.

628 Vgl. die Beispiele in RIB II.2, 2412.

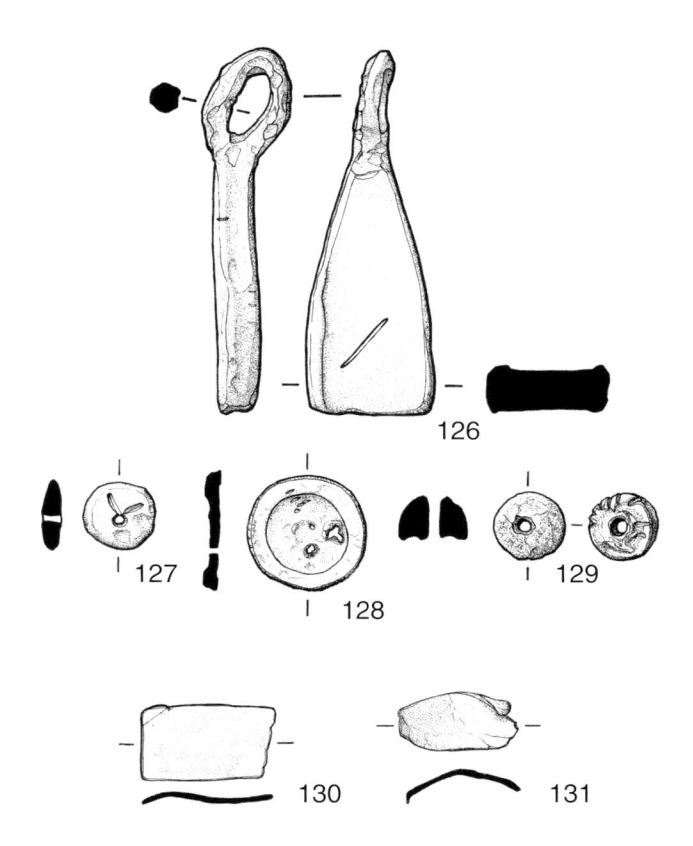

Abb. 83: Blei als Schriftträger: 126–129 Gewichte. 130–131 Unbeschriftete Etiketten. M. 1:2.

oder durch Multiplikation aufwiegt, bleibt rechnerisch nur die Option, die Kerben mit *drachmae* zu identifizieren. Eine *drachma* entspricht 3,411 g (3 *scripula*), drei *drachmae* 10,23 g (9 *scripula*). Damit wäre die Differenz bis auf 0,22 g ausgeglichen, die nun tatsächlich als Korrosions- oder Benutzungseinbußen gelten könnten. – Bleigewichte ähnlicher Form, die als Webgewichte gedeutet wurden, kennt man aus Vienne.[629] – Aus einer späten Grube im Bereich eines Pferdestalls von Baracke IV (Bef. 691c). Phase 3. Fb.-Nr. 883.

*127 Dicke Bleischeibe mit Mittelbohrung und zwei V-förmig angeordneten Kerben. Dm. 2,0 cm, Stärke 0,2 bis 0,5 cm. Das reale Gewicht von 7,1 g liegt um 0,278 g nur knapp über der Norm für einen *sicilicus* = 6,822 g = ¼ *uncia*. Vermutlich haben in der Bohrung mit der Korrosion festgebackene Sandkörnchen diese Gewichtsdifferenz verschuldet, da ansonsten die Oberfläche relativ gut erhalten ist und mit einer deckenden weißen Oxidschicht überzogen. Die Markierung „>" ist für den *sicilicus* verbürgt.[630] – Ausgrabung „Gleisharfe" 2004 *(campus)*, Osthälfte des südlichen Suchschnitts, aus schwarzem Auelehm. Fb.-Nr. 32.

*128 Bleischeibe, Vorder- u. Rückseite mit erhabenem Rand; an dezentraler Stelle ist in unprofessioneller Weise ein Loch durchgeschlagen (für eine Sekundärverwendung?). Dm. 3,1 bis 3,3 cm, Gewicht 20,2 g. Wahrscheinlich Gewicht: In Frage kommen drei *sicilici* (1 *sicilicus* = ¼ *uncia* = 6 *scripula* = 6,822 g),[631] was 20,466 g entspricht. Folglich hätte man einen geringen Gewichtsverlust gegenüber dem Nennwert von 0,266 g zu beklagen. Das Markierungszeichen für den *sicilicus* lautet C (gespiegelt), doch hat die schlechte Oberflächenerhaltung mit kristallinen Korrosionsprodukten die Überlieferung etwaiger feiner Einritzungen verhindert. Ausgrabung

„Gleisharfe" 2004 *(campus)*, südlicher Suchschnitt, aus Aufschüttung östlich der römischen Straße (Bef. 4). Fb.-Nr. 3.

*129 Halbkugeliges, stark bestoßenes Bleigewicht mit zentralem Loch und Kerben/Einhieben am Rand der konkaven Unterseite. Dm. 1,9 cm. Das reale Gewicht von 18,4 g übersteigt den nächstliegenden, anhand von Normgewichten errechenbaren Wert von vier *sextulae* = 16 *scripula* = 18,19 g nur geringfügig.[632] – Ausgrabung „Gleisharfe" 2004 *(campus)*, südlicher Suchschnitt, knapp unter der Oberfläche des römischen Straßenkörpers (Bef. 2). Fb.-Nr. 40.

Etiketten

*130 Unbeschriftete Bleietikette, Ende mit Loch abgebrochen, auf der Oberfläche Hämmerspuren u. Meißeldellen. Länge noch 3,0 cm, Höhe 2,0 cm. – Aus dem Grubenkomplex im Kopfbaubereich einer Baracke in der rechten *retentura* (Bef. ZOH-48). Phase 3. Fb.-Nr. 1577.

*131 Bleietikett mit ausgerissenem Loch, verbogen. Schriftreste sind aufgrund der miserablen Oberflächenerhaltung bis auf wenige unleserliche Spuren verloren. – Östlicher Bereich des mittleren Suchschnittes, Aufschüttung aus Kies und Keramik (Bef. 5). Fb.-Nr. 50.

132 Bronze-Nr. 144. Griffblech mit Endstück in Gestalt ei-

---

629 A. Cochet/J. Hansen, Conduites et objets de plomb gallo-romains de Vienne (Isère). Gallia suppl. 46 (Paris 1986) 210 f.
630 RIB II.2, 2.
631 RIB II.2, 2; Hultsch 1862, 308.
632 Vgl. ein formgleiches, ebenfalls deutlich übergewichtiges *sicilicus*-Gewicht: RIB II.2, 2412.22.

Leicht korrodiert (K2), 12,05 g, 28,2 mm. RIC 704a; BMC 1379.
Fundstelle wie Nr. 3 (Bef. 1697, Grabung 1965). Phase 3.
FMRD II.4, Nachtrag 1, 4183 E1 Nr. 14 (WLM MK, M 2); Heiligmann 1990, 203 Liste 2 Nr. 6; Foto WLM MK: A 822/20+21 [2].

28. Dp/As Antoninus Pius
Rom, 145 n. Chr. Abgegriffen.
RIC 1260; Heiligmann 1990, 203 Liste 2 Nr. 13.
Aus der untersten Einfüllung des sö Kastellgrabens (Ausgrabung 1966). Phase 3. AO unbek.

29. D Marc Aurel
Rom, 170/171 n. Chr. Kaum abgegriffen (A1).
Vs.: IMPMANTONINVS – AVGTRPXXV. Kopf m. Lorbeerkranz r.
Rs.: VOTASVSCEP – DECENNII, i. A.: COS III. Verschleierter Kaiser n. l. opfert über Dreifuß.
Kaum korrodiert (K1), 11°, 3,52 g. RIC 251; BMC 553.
Aus einem nachkastellzeitlichen Brunnen des römischen *vicus* im Bereich einer Baracke in der rechten *retentura* des Kastells (ZOH-Bef. 102d). Phase 4. Fb.-Nr. 1581.
Arch. Ausgr. Baden-Württemberg 2002, 253 Abb. 220c; Foto WLM MK: A 468/12+13.

29

30. Follis minimus
4. Jh. n. Chr.
Kombination der Typen „gloria exercitus" und „Constantinopolis". 0,28 g.
Bef. 88 (Fl. 127D, Pl. 2). Fb.-Nr. 202.
Arch. Ausgr. Baden-Württemberg 2000, 246 Abb. 220o; Foto WLM MK: A 248/16+17 [4]/A 250/18+19 [2].

31. Follis minimus
4. Jh. n. Chr.
Kombination der Typen „Constantinopolis" und „Urbs Roma". 1,07 g.
Bef. 255, Pl. 2. Fb.-Nr. 237.
Arch. Ausgr. Baden-Württemberg 2000, 246 Abb. 220n; Foto WLM MK: A 248/16+17 [1], A 250/28+29 [1].

32. Follis minimus
4. Jh. n. Chr.
„Constantinopolis"-Typ
Fl. 106B, Pl. 0–1. Fb.-Nr. 2260.
Arch. Ausgr. Baden-Württemberg 2001, 254 Abb. 228h.

33. Follis minimus
4. Jh. n. Chr.
„Constantinopolis"-Typ
Bef. 1207f, gehört sehr wahrscheinlich zum Schatzfund von 1965. Fb.-Nr. 1973.

34–53. Sammelfund von 20 folles minimi
Bislang erst zwei Stück restauriert (ein Constantinopolistyp, ein gloria-exercitus-Typ)
4. Jh. n. Chr.
Bef. 1184 (Pfostengrube). Fb.-Nr. 1777.

Liste der Fundmünzen aus der Grabung Heidenheim „Gleisharfe" 2004

54. Antike Fälschung eines Denars des Domitian.
Original: Rom, 90/91 n. Chr. Leicht abgegriffen (A2).
Vs.: [I]M[P]C[A]ESDOM[ITAVG – G]ERMPM [TRPVIII?/X?/XI?]. Kopf m. Lorbeerkranz n. r.
Rs.: [IM]PXXICOSXVCENSPP[P]. Minerva m. Helm, drapiert, steht n. l., hält m. d. R. Blitzbündel, m. d. L. senkrechte Lanze; r. hinter ihr Rundschild.
Zinn, leicht korrodiert (K2), 6°, 2,2 g. RIC 149/154/158; BMC 167/181/184; Giard 159/169/178.
Anm.: Antiker Guss mit Hilfe zweier halbseitiger Gussformen. Rand ist abgefeilt und an zwei Stellen geringfügig modern ausgebrochen.
Bereich des mutmaßlichen *campus*, südlicher Suchschnitt, aus Aufschüttung westlich der römischen Straße (Bef. 1). Fd.-Nr. 13.

54

Metallzusammensetzung Nr. 54:[659]

Elemente	Vs. (Messpunkt 1)	Vs. (Messpunkt 2)	Rs. (Messpunkt 3)
Zinn	92,57	89,96	94,48
Eisen	5,65	8,75	4,51
Kupfer	1,58	0,70	1,27
Blei	–	–	–
Silber	0,22	0,58	–

55. D Trajan
Rom, 103–111 n. Chr. Kaum abgegriffen (A1).
Vs.: IMPTRAIANOAVGGERDACPMTRP. Büste m. Lorbeerkranz n. r., drapiert l.
Rs.: COSVPPSPQROPTIMOPRINC. Victoria in langem Gewand steht v. v., Kopf l., hält i. d. erhobenen R. Lorbeerkranz, m. d. L. Palmzweig u. Gewandbausch.
Kaum korrodiert (K1), 7°, 2,98 g. RIC 128; BMC 328–336.
Aus einem Kiesplacken am Ostende des südlichen Suchschnittes (Fl. 17). Vgl. die Fundstellen der Nr. 58, 61 und 62. Fd.-Nr. 16-1.
Arch. Ausgr. Baden-Württemberg 2004, 280 Abb. 258b; Foto WLM MK: A 631/18+19 [4].

---

659 Die Zusammensetzung des Metalls wurde nach dem REM und EDX-Verfahren analysiert (Rasterelektronenmikroskop mit energiedispersiver Röntgenanalyse). Alle Angaben in Gewichtsprozent.

55

56. Antike Fälschung eines Denars des Trajan.
Original: Rom, 112–115 n. Chr. Leicht abgegriffen bis abgegriffen (A2–3).
Vs.: IMPT[RA]IANOAVGGE[RDACPM]TRPCOS VIPP. Büste m. Lorbeerkranz n. r., drapiert l.
Rs.: [SPQR OPTIMO PR]IN[CIPI]. (Statue des) Trajan auf Pferd n. l., r. Vorderhuf erhoben, hält langen, umgedrehten Speer i. d. r. Hand und gezücktes Schwert i. d. L.
Zinn, korrodiert (K3), 8°, 2,1 g. RIC 291; BMC 445–448.
Anm.: Antiker Guss mit Hilfe zweier halbseitiger Gussformen. Rand ist abgefeilt und an mehreren Stellen ausgebrochen.
Bereich des *campus*, nördlich Suchschnitt, aus dem nordost-südwestlich verlaufenden Graben (Bef. 9). Fd.-Nr. 7.

56

Metallzusammensetzung Nr. 56 nach REM und EDX–Verfahren (Rasterelektronenmikroskop mit energiedispersiver Röntgenanalyse):

Elemente	Vs. (Messpunkt 1)	Vs. (Messpunkt2)	Rs. (Messpunkt 3)
Zinn	91,84	93,73	89,61
Eisen	5,35	2,84	5,21
Kupfer	1,57	2,07	4,12
Blei	1,26	1,36	1,07
Silber	–	–	–

57. D Trajan
Rom, nach RIC 112–114, nach BMC 112–117 n. Chr. Leicht abgegriffen (A2).
Vs.: IMPTRAIANOAVGGERDACPMTRPCOSVIPP. Büste m. Lorbeerkranz n. r., drapiert.
Rs.: SPQROPTIMOPRINCIPI. Legionsadler zwischen zwei Standarten.
Leicht korrodiert (K2), 7°, 3,17 g. RIC 294; vgl. BMC 461 f.
Ö Flügel des mittleren Suchschnittes, aus der kiesigen Oberflächenbefestigung (Bef. 5), Pl. 0–1. Fd.-Nr. 31.
Arch. Ausgr. Baden-Württemberg 2004, 280 Abb. 258c; Foto WLM MK: A 632/20+21 [5].
Metallzusammensetzung: 96–98 % Silber, ca. 1 % Blei, ca. 1–2 % Kupfer.

57

58. Antike Fälschung eines Denars, Prägeherr ungesichert, vielleicht Trajan.
Original: ?
Vs.: IMP [N(erva) ?].
Rs.: Stehende Göttin n. l. beim Opfer?
Zinn, korrodiert (K3), 2,1 g.
Anm.: Antiker Guss mit Hilfe zweier halbseitiger Gussformen. Ca. 40 % der Münze sind weggebrochen. Durch Schlag deformiert. Rs mit Hiebspur.
Aus einem Kiesplacken am Ostende des südlichen Suchschnittes (Fl. 18) nahe Nr. 55, unter Pl. 0–1. Fd.-Nr. 19.

58

Metallzusammensetzung Nr. 58:

Elemente	Vs. (Messpunkt 1)	Vs. (Messpunkt2)	Rs. (Messpunkt 3)
Zinn	87,22	91,60	91,27
Eisen	6,62	2,78	4,19
Kupfer	0,84	0,87	0,42
Blei	4,45	4,68	3,97
Silber	0,36	0,07	0,10

59. S Hadrian
Rom, 119 n. Chr. Stark abgegriffen (A4).
Vs.: [IMPCAESARTR]AIANVSH–ADRIA[NVSAVG]. Büste m. Lorbeerkranz n. r.
Rs.: [PONTMAXTRPOTCOSIII]. Felicitas in langem Gewand steht n. l., hält m. d. R. *caduceus*, m. d. L. Füllhorn und Gewandbausch; i. F.: S – C.
Korrodiert (K3), 5°, 19,26 g. RIC 563(a); BMC 1152-57.
Aus dem Aushub des Westteils des südlichen Suchschnittes (Fl. 8–9, Bef. 4) bis Pl. 1. Fd.-Nr. 5/1.
Arch. Ausgr. Baden-Württemberg 2004, 280 Abb. 258g; Foto WLM MK: A 639/28+29 [2].

59

60. S Hadrian
Rom, nach RIC 125–128, nach BMC 119–138 n. Chr. Leicht abgegriffen (A2).
Vs.: [HADR]IANVSA–VGVSTVS. Büste m. Lorbeerkranz n. r., drapiert l.
Rs.: COS–III. Roma m. Helm und in Militärtracht sitzt auf einem Panzer n. l., r. Fuß auf Helm, hält Victoria n. r. auf ausgestreckter r. Hand und Füllhorn i. d. L.; hinter Panzer Rundschild; i. A.: S C.
Leicht korrodiert (K2), 5°, 27,52 g. RIC 636(d); BMC 1297f.

S Suchschnitt, aus der kiesigen Oberflächenbefestigung (Bef. 4), Fl. 8, Pl. 1. Fd.-Nr. 6.
Arch. Ausgr. Baden-Württemberg 2004, 280 Abb. 258k; Foto WLM MK: A 639/24+25 [2].

60

61. As Hadrian
Rom, 117–138 n. Chr.
Vs.: Kopf r.
7,56 g.
Aus einem Kiesplacken am Ostende des südlichen Suchschnittes (Fl. 17), unter Pl. 1. Fd.-Nr. 16-2.

62. Antike Fälschung eines Denars, Prägeherr unbestimmt
Vs.: [...]PP. Büste m. Lorbeerkranz n. r.
Zinn, 1,8 g.
Anm.: Antiker Guss mit Hilfe zweier halbseitiger Gussformen. Ca. 50 % der Münze sind weggebrochen. Angeschmolzen.
Aus einem Kiesplacken am Ostende des südlichen Suchschnittes (Fl. 18) nahe Nr. 55, unter Pl. 1. Fd.-Nr. 18.

62

63. S, 1.–3. Jh., unbestimmt
Vollständig korrodiert.
18,29 g.
N Suchschnitt, aus kiesiger Oberflächenbefestigung (Bef. 8), beim Schneiden unter Pl. 1. Fd.-Nr. 8.

64. S (?), 1.–3. Jh., unbestimmt
Vollständig korrodiert.
17,39 g.
S Suchschnitt, aus dem Graben der verlängerten *via praetoria* (Bef. 3). Fd.-Nr. 39.

65. As, 1.–3. Jh., unbestimmt
Vollständig korrodiert.
6,95 g.
Aus dem Aushub des Westteils des südlichen Suchschnittes (Fl. 8–9, Bef. 4) bis Pl. 1. Fd.-Nr. 5/2.

66. As, 1.–3. Jh., unbestimmt
Vollständig korrodiert.
4,69 g.
S Suchschnitt, aus der kiesigen Oberflächenbefestigung westlich der verlängerten *via praetoria* (Bef. 1), unter Pl. 1. Fd.-Nr. 36.

67. As, 1.–3. Jh., unbestimmt
Vollständig korrodiert.
5,91 g.
W Flügel des mittleren Suchschnittes, aus kiesiger Oberflächenbefestigung (Bef. 5), unter Pl. 1. Fd.-Nr. 50.

Verzeichnis der Abkürzungen

D	Denar
Dp	Dupondius
i. A.	im Abschnitt
i. F.	im Feld
Leg.	Legende
m. d. L.	mit der Linken
m. d. R.	mit der Rechten
n. l.	nach links
n. r.	nach rechts
Rs	Rückseite
S	Sesterz
v. v.	von vorn
Vs	Vorderseite
WLM MK	Württembergisches Landesmuseum Stuttgart, Münzkabinett

Nr. 62: Metallzusammensetzung nach REM und EDX–Verfahren (Rasterelektronenmikroskop mit energiedispersiver Röntgenanalyse):

Elemente	Vs. (Messpunkt 1)	Vs. (Messpunkt 2)	Rs. (Messpunkt 3)	Rs. (Messpunkt 4)	Rs. (Messpunkt 5)
Zinn	94,31	94,02	89,13	83,00	90,88
Eisen	3,80	3,35	8,32	1,26	2,24
Kupfer	1,25	1,78	0,65	2,35	4,84
Blei	0,64	0,85	0,77	0,67	0,32
Silber	–	–	1,12	12,71	1,72

Literatur

Die Ansprache des Abgegriffenheits- (A) und Korrosionsgrades (K) der Münzen richtet sich nach Bull. IFS, ITMS, IRMS 2, 1995, Suppl. bes. 8–12 18f.

BMC   H. Mattingly u. a., Coins of the Roman Empire in the British Museum. 6 Bde. (London 1923–1963).
Giard   J.-B. Giard, Catalogue des monnaies de l'Empire Romain 3. Du soulèvement de 68 après J.-C. à Nerva (Paris 1998).
RIC   H. Mattingly/E. A. Sydenham u. a., The Roman Imperial Coinage. 10 Bde. (London 1923–1994; Bd. I ²London 1984).

IV.3 Objekte aus Buntmetall und Blei

Abb. 84–98

Die Ausgrabungen 2000–2004 haben das bisher bekannte Spektrum an Waffenteilen, Funktions- und Zierbeschlägen, Anhängern und sonstigem Zubehör der militärischen Ausrüstung aus Bronze, Messing oder Kupfer erheblich erweitert.[660] In einigen geschlossenen Befunden waren sogar mehrere „Militaria" miteinander vergesellschaftet: Bef. 883 (Phase 1), 195, 1111 (Phase 2b) sowie 691, 815, 1228 und 1550 (Phase 3).

Die Fibeln (Nr. 1–6, 159–161) bieten keine Überraschungen, lassen sie sich doch sowohl typologisch als auch chronologisch recht gut in das jüngst von K. Kortüm anhand des ungleich üppigeren Walheimer Bestandes erarbeitete Gerüst einpassen.[661] Neben dem langlebigen Typ der Omegafibel (Nr. 4, 159) vertritt nur die kräftig profilierte Fibel Nr. 1 eine bereits im 1. Jh. entwickelte Form. Die hier vorliegende Variante repräsentiert die späteste Entwicklungsstufe des Typs Almgren 67/68 (Cambodunum Gruppe 4), die im späten 1. Jh. aufkam und noch bis weit in das 2. Jh. hinein getragen wurde.[662] Nr. 1 ist der einzige Fibelfund aus Phase 1. Als charakteristisch für die erste Hälfte des 2. Jh. scheinen sich auch hier die Kniefibeln mit gravierter Kopfplatte und Weißmetallüberzug (Nr. 2–3, 160) herauszuschälen.[663] Diese Variante des Typs Almgren 247 mit eingravierter Bogenzier war vor allem in Obergermanien und Rätien verbreitet.[664] Die Emailfibeln Nr. 5–6 gerieten in Phase 3 in den Boden, wurden also während der Spätzeit des Kastells getragen. Die mit millefioriartigen Emailfeldern geschmückte Scheibenfibel Nr. 161 vom Areal des *campus* ist innerhalb der Bestandszeit des Lagers an sich nicht schärfer zu datieren, doch empfehlen Parallelen auch hier einen späten Zeitansatz ab der Mitte des 2. Jh.[665] Möglicherweise gehörte sie zur Frauentracht, da die seitliche Öse für ein Verbindungskettchen auf eine paarige Trageweise hindeutet.[666]

Die relativ kurze Belegungszeit des Kastells und die daraus resultierende recht engmaschige Datierbarkeit des Fundmaterials machen den wesentlichen Quellenwert der fast 200 sog. „Militaria" aus. Während das Buntmetallzubehör der militärischen Ausrüstung des 1. Jh. einerseits und der „Limeszeit" (zweite Hälfte 2.–3. Jh.) andererseits vergleichsweise gut erschlossen ist,[667] fehlt es bisher an diesbezüglichen Fundensembles, die unvermischt der ersten Hälfte und Mitte des 2. Jh. zugewiesen werden können,[668] da nur wenige Kastellplätze wie Heidenheim weder zuvor noch nachher nennenswert überbaut worden sind und zugleich in einigem Umfang ausgegraben wurden.

Zur Schließung dieser Lücke kann hier trotzdem nur ein bescheidener Beitrag geleistet werden, weil die Überlieferungsfilter eines unter Friedensbedingungen planmäßig geräumten Lagers die Fundauswahl weitgehend auf zufällig verlorene (Klein-) Teile, Bruch- und Verschleißstücke beschränkt haben. Niemals hat eine Brand- oder andere Katastrophe das Kastell heimgesucht, in deren Verlauf vollständiges oder umfangreicheres Material hätte in den Boden gelangen können. So nehmen Akkzessoirs von Rüstungen einen verschwindend geringen Anteil am Gesamtfundmaterial ein – ganz im Gegensatz zur erwartungsgemäß einst gewaltigen Metallmenge, die hier in Gebrauch gewesen sein mochte. Helmen oder den eindrucksvollen, vorwiegend aus Horten des 3. Jh. bekannten „Paraderüstungen" lassen sich lediglich die kümmerlichen Einzelteile Nr. 15–18 und 81 zuweisen, die wohl entweder zufällig verloren gingen bzw. abgerissen sind (Nr. 16–18, 81) oder aber bereits in den Altmetall-„Recyclingprozess"

---

660 Heiligmann 1990, Taf. 146–148.
661 Kortüm/Lauber 2004, 267–293.
662 M. Schleiermacher, Die römischen Fibeln von Kempten-Cambodunum. Cambodunumforsch. V (Kallmünz/Opf. 1993) 20; R. Ambs/A. Faber, Ber. RGK 79, 1998, 424; Kortüm/Lauber 2004, 268; W. Czysz/A. Faber, Der römische Gutshof von Nördlingen-Holheim, Landkreis Donau-Ries. Ber. Bayer. Bodendenkmalpfl. 45/46, 2005/06, 45–172 bes. 72. Ein Vertreter dieses Typs ging noch in den 170er Jahren im Lager Eining-Unterfeld verloren (Jütting 1995, 192 Abb. 5, 1).
663 Kortüm/Lauber 2004, 268.
664 M. Buora, Fibule a ginocchio dal Friuli Venezia Giulia. Aquileia Nostra 74, 2003, 502 mit Kartierung.
665 Kortüm/Lauber 2004, 270 u. 289 Nr. 110.
666 E. Riha, Die römischen Fibeln aus Augst und Kaiseraugst. Forsch. in Augst 3 (Augst 1979) 42.
667 Zum Beispiel Ulbert 1959; Ulbert 1969; Müller 2002; Unz-Deschler Erb 1997; Deschler-Erb 1999; Schaeff 2000. – Oldenstein 1976; Gschwind 1998, James 2004.
668 Im Falle zahlreicher, auf älteren Grabungen beruhender Standardeditionen (z. B. ORL, Bände der Limesforschungen) ist eine chronologische Trennung des Fundmaterials zwischen 1./2. bzw. 2./3. Jh. oft nicht oder kaum möglich.

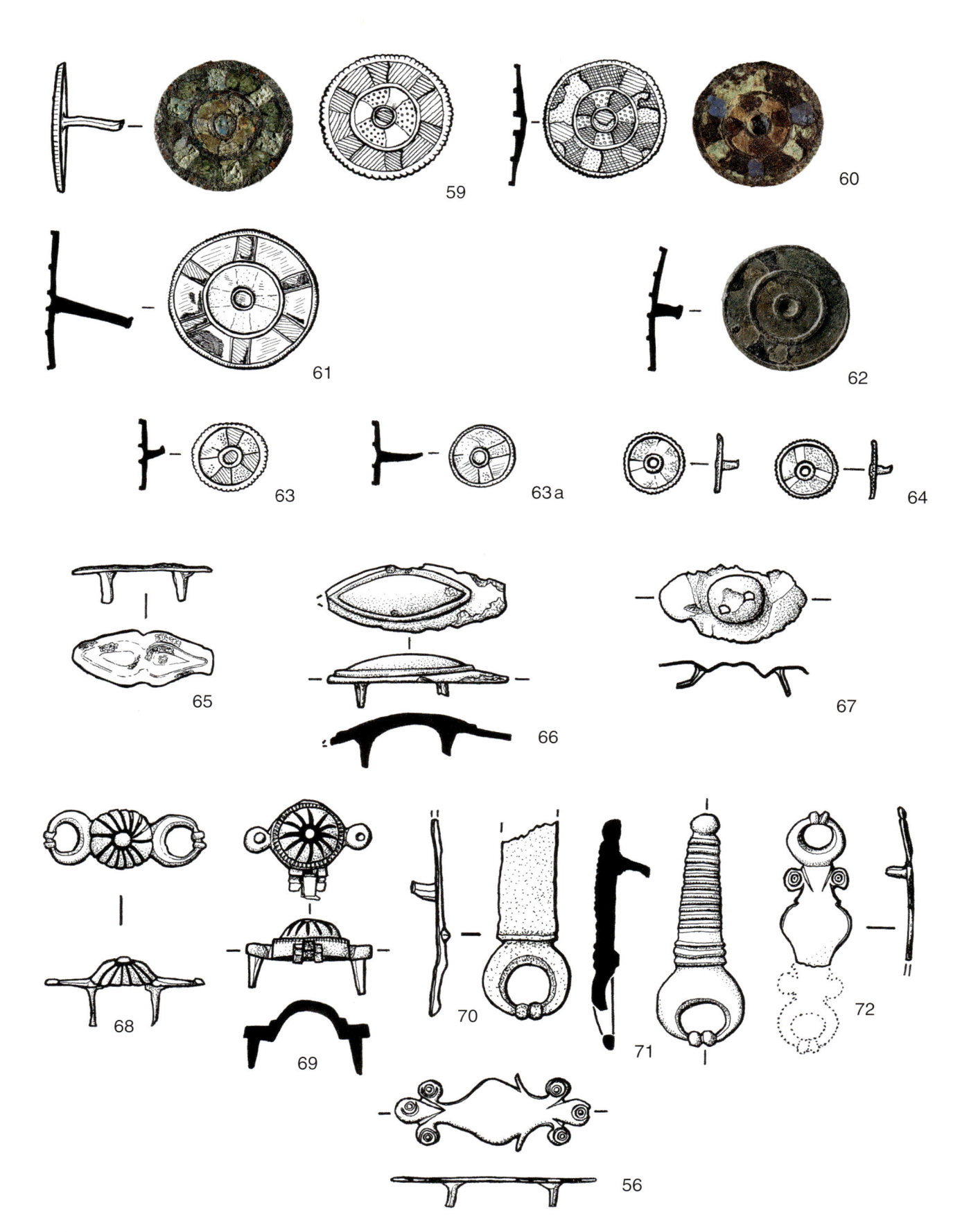

Abb. 88: Buntmetall. 59–73 Zierbeschläge vom Pferdegeschirr, 59–64 mit Emaileinlagen. M. 1:1.

184

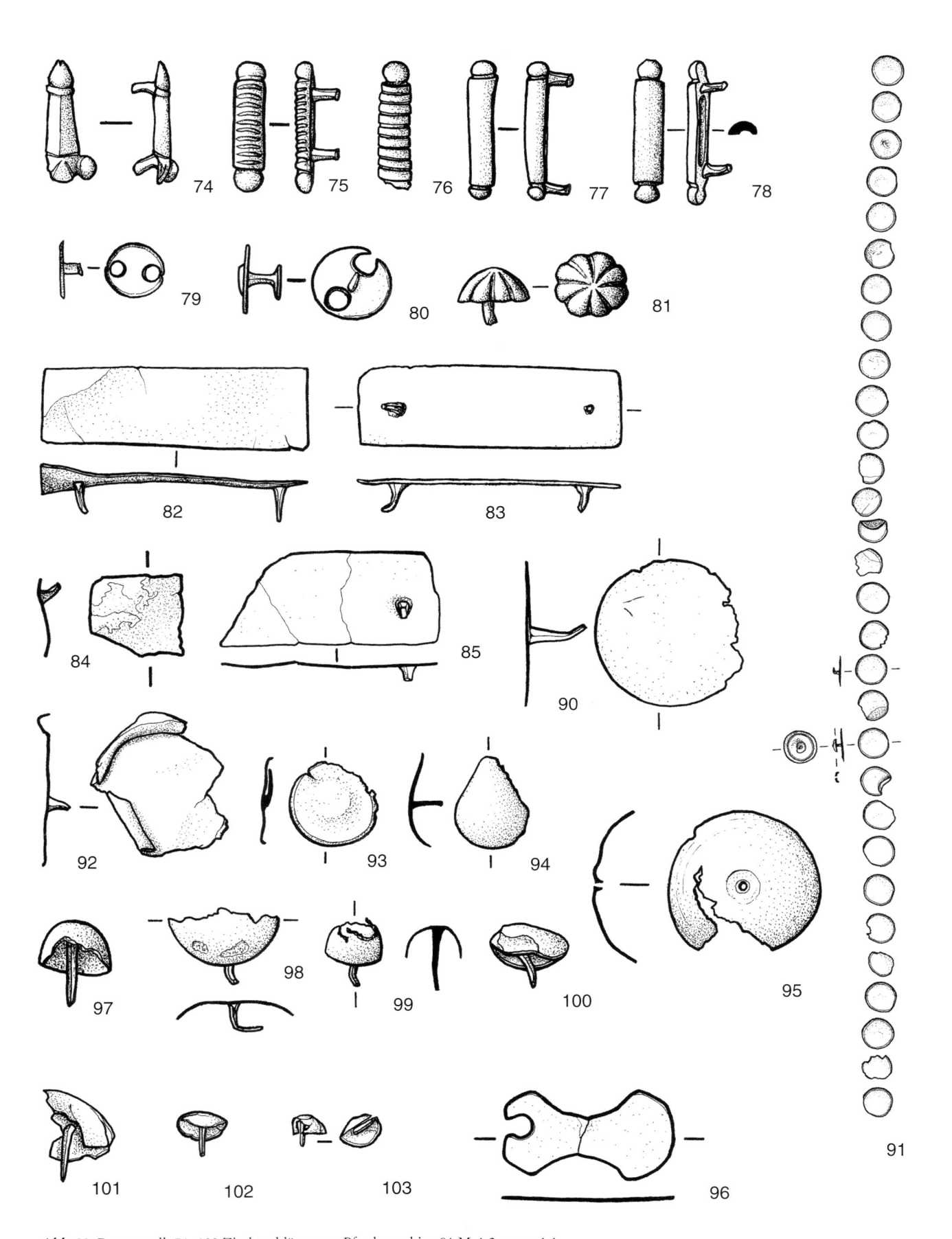

Abb. 89: Buntmetall. 74–103 Zierbeschläge vom Pferdegeschirr. 91 M. 1:2, sonst 1:1.

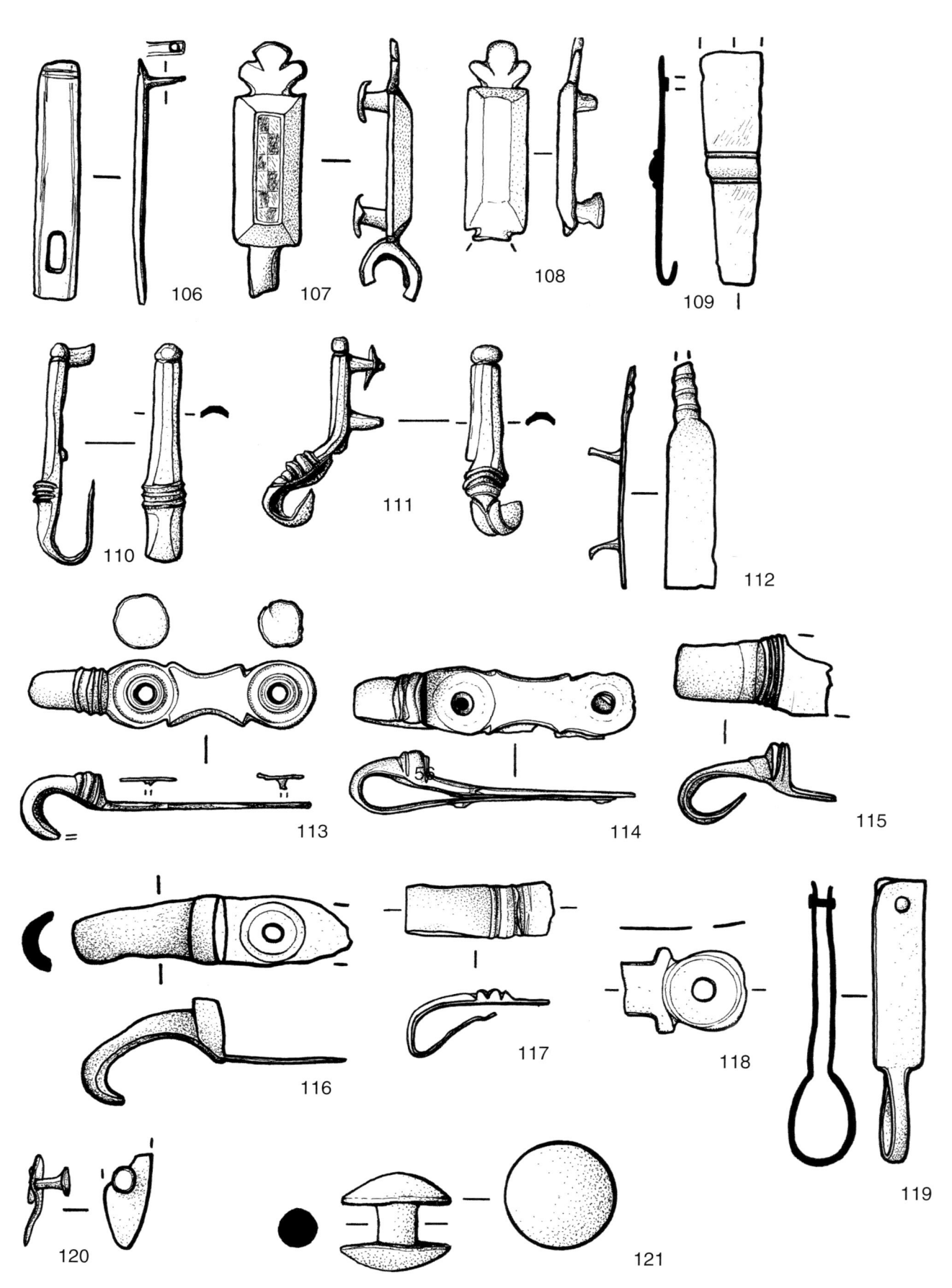

Abb. 90: Buntmetall. 106–120 Funktionsbeschläge vom Pferdegeschirr. 121 Knopf. M. 1:1.

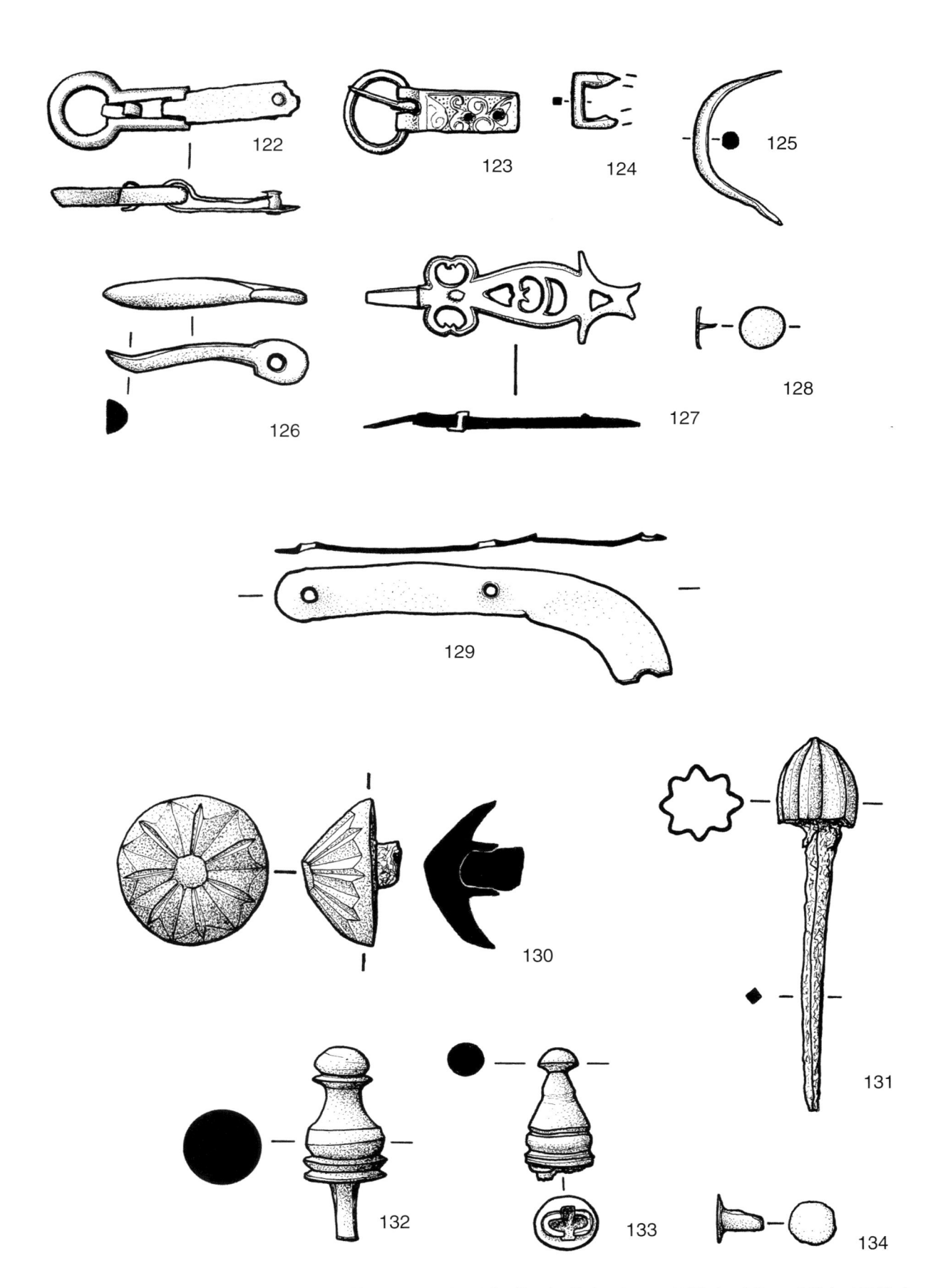

Abb. 91: Buntmetall. 122–127 Schnallen. 128 Beschlagniete von einer Schnalle oder Zwinge? 129–133 Zierbeschläge auf Holz. 134 Zierbeschlag auf Holz oder Leder (Sattel?). M. 1:1.

188

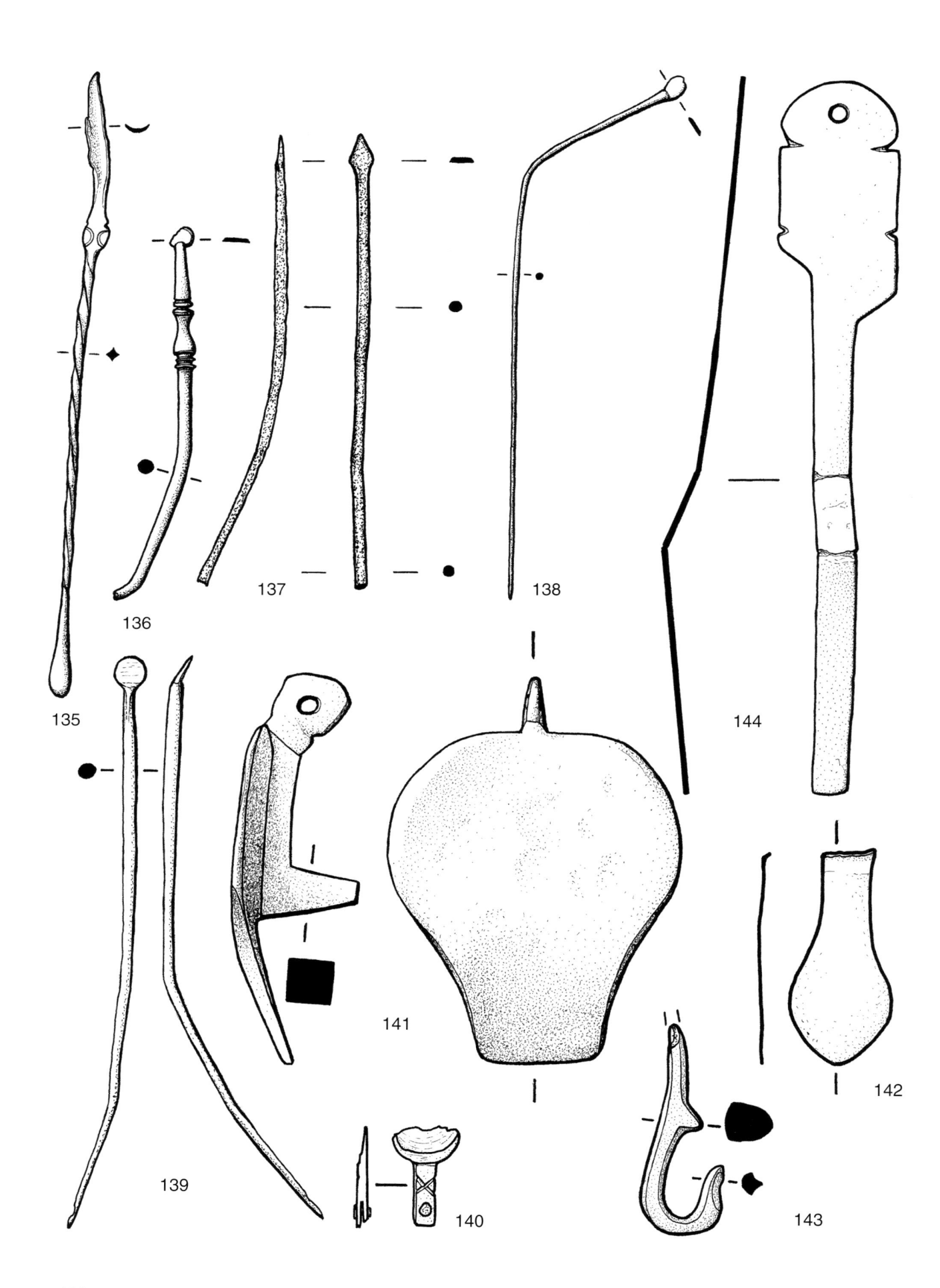

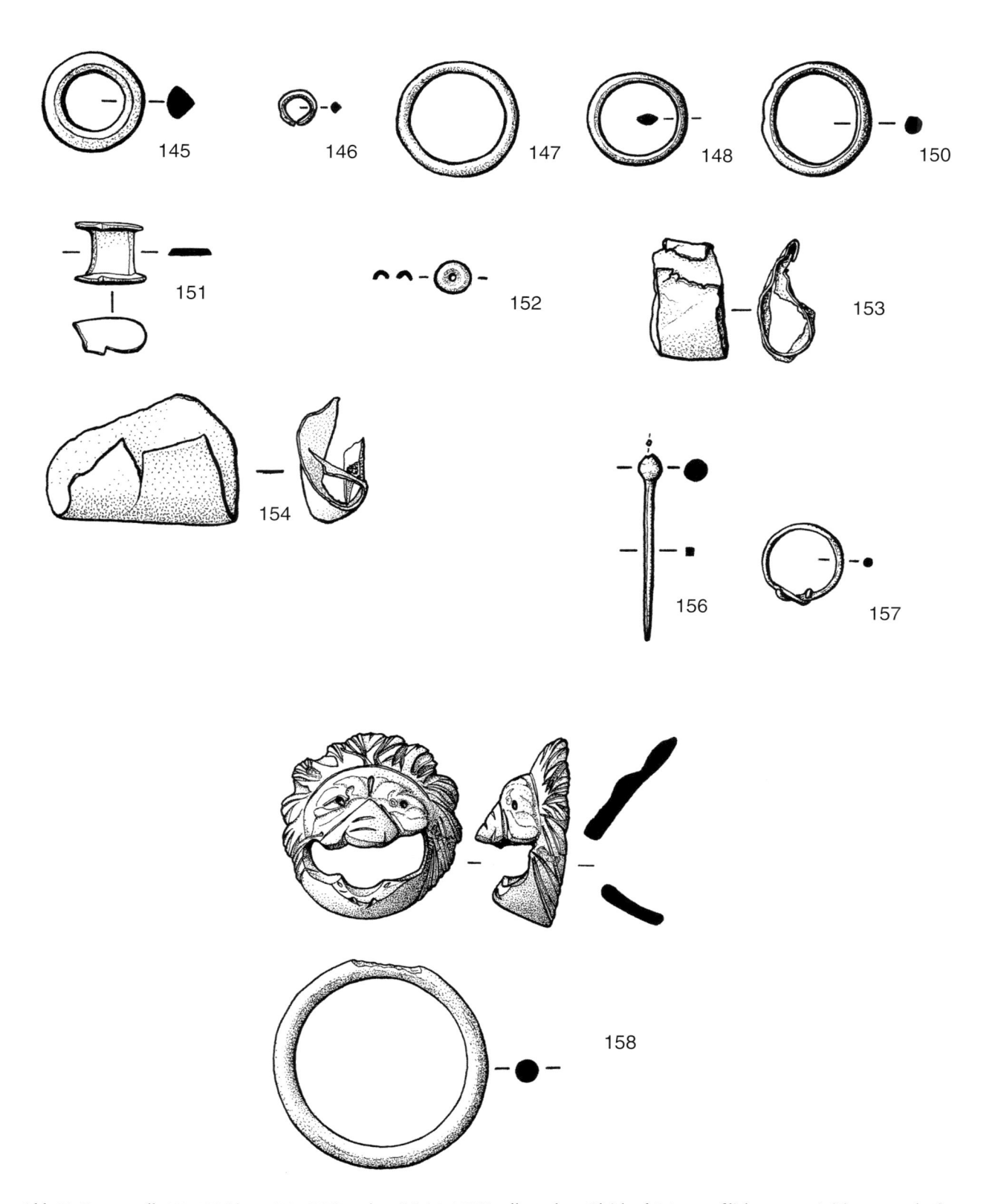

Abb. 93: Buntmetall. 145–150 Ringe. 151–157 Sonstiges. M. 1:1. 158 Fundkomplex „Gleisharfe" (mutmaßlicher *campus*): Zierprotom in Gestalt eines Löwenkopfes M. 1:1.

◁ **Abb. 92:** Buntmetall. 135–140 Medizinische Instrumente bzw. Toilettebesteck. 141–143 Teile von Metallgefäßen. 144 *ansa* unbekannter Funktion. M. 1:1.

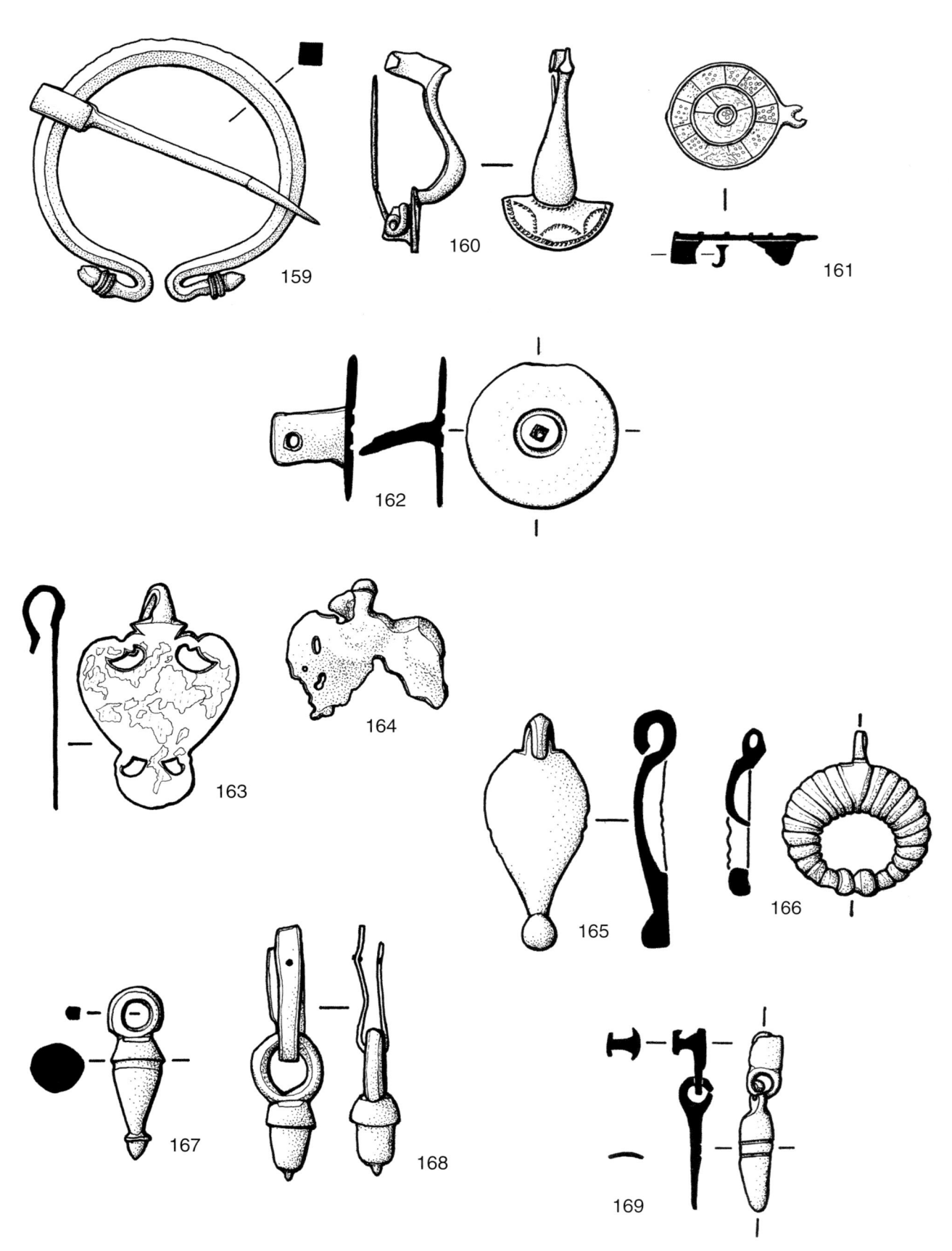

Abb. 94: Buntmetall. Fundkomplex „Gleisharfe" (mutmaßlicher *campus*): 159–161 Fibeln. 162 Schildnagel. 163–169 Zieranhänger vom Pferdegeschirr. M. 1:1.

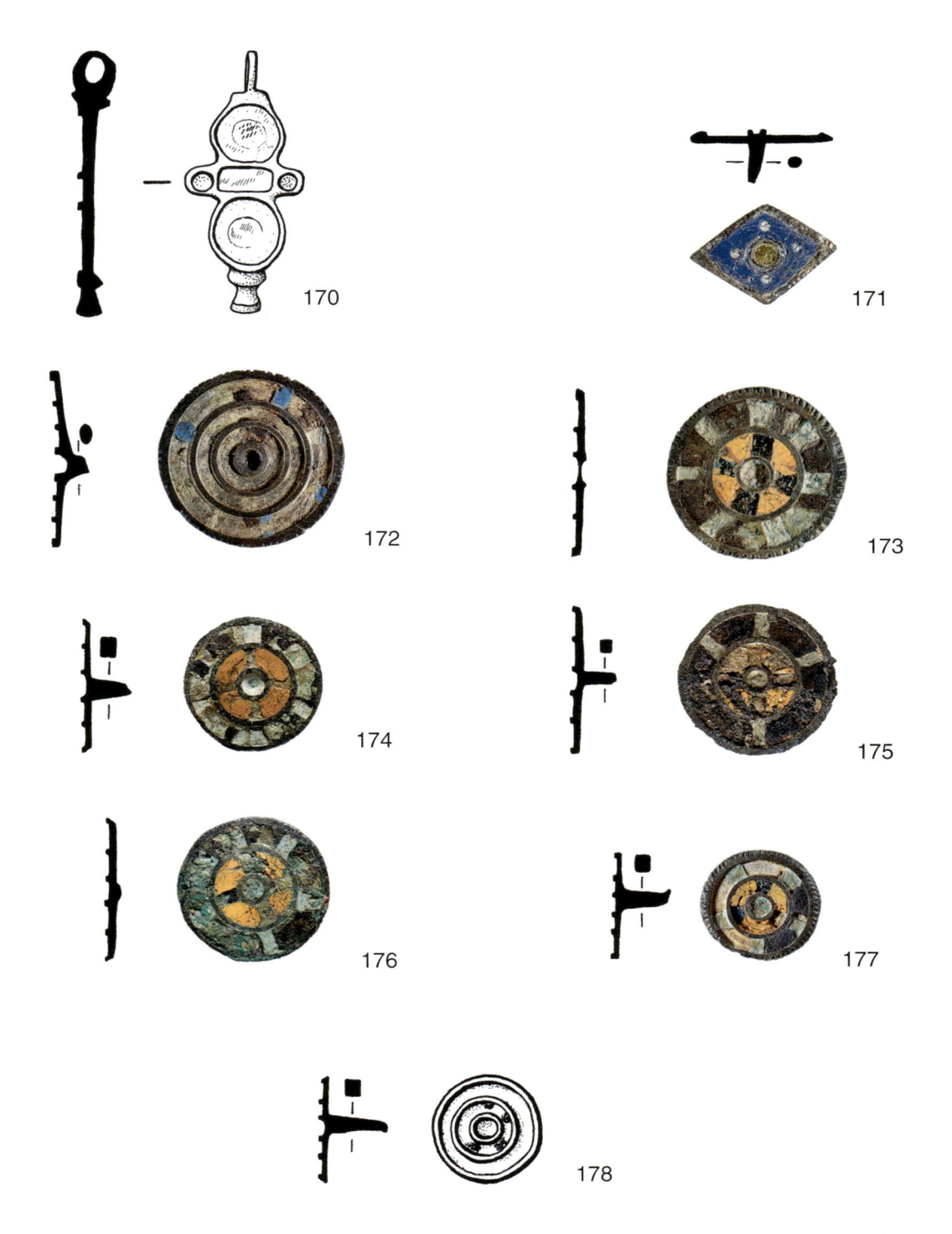

Abb. 95: Buntmetall. Fundkomplex „Gleisharfe" (mutmaßlicher *campus*): 170–178 Anhänger und Zierbeschläge mit Emaileinlagen. M. 1:1.

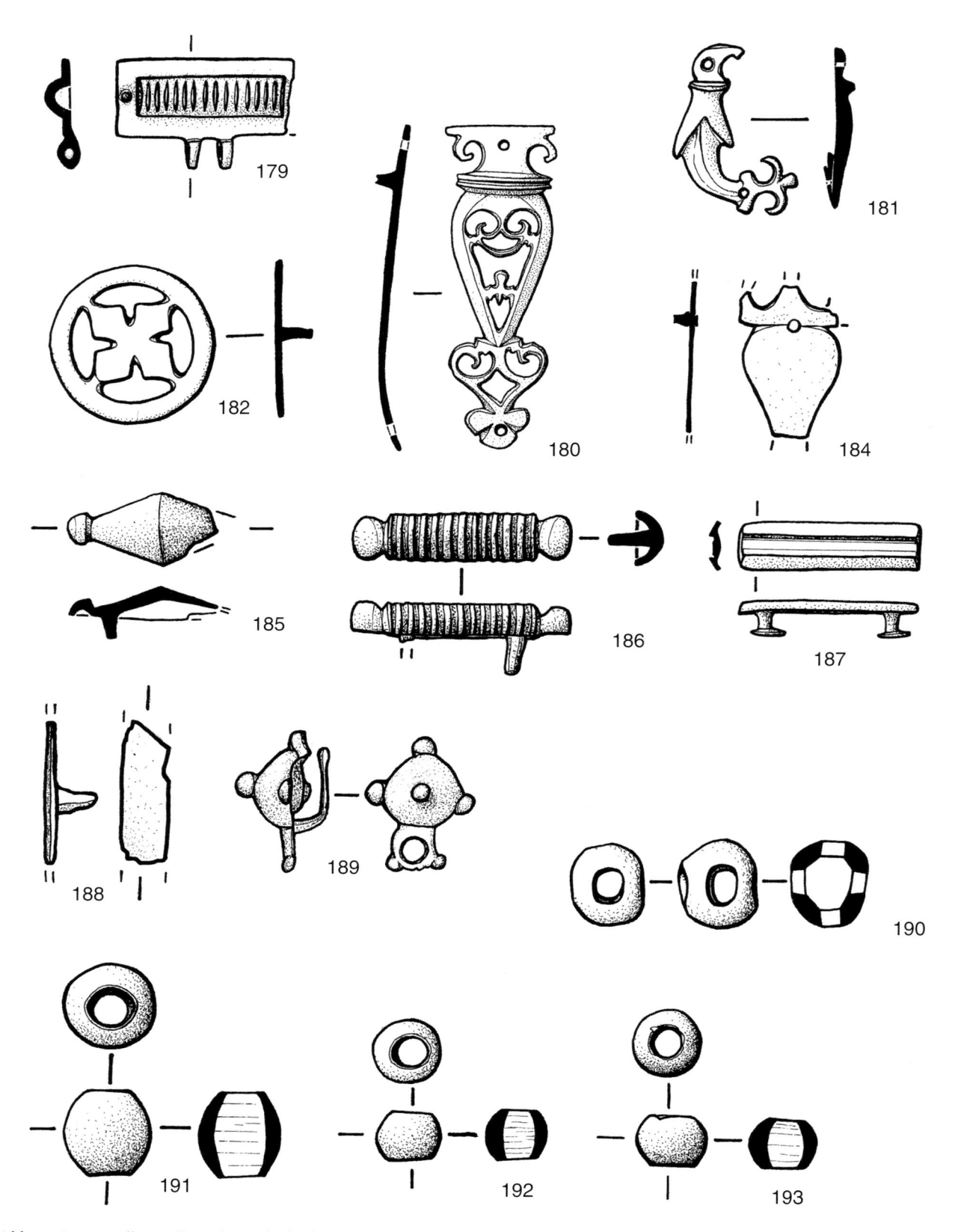

Abb. 96: Buntmetall. Fundkomplex „Gleisharfe" (mutmaßlicher *campus*): 179–189 Zierbeschläge vom Pferdegeschirr. 190–193 Bronzeperlen. M. 1:1.

Abb. 97: Buntmetall. Fundkomplex „Gleisharfe" (mutmaßlicher *campus*): 194–203 Zum Pferdegeschirr oder zur Rüstung gehörige Objekte. ▷ 205–206 Endbommeln von Scharnierstiften zur Befestigung von Pferdegeschirranhängern? 207–213 Nicht explizit militärische Bronzeobjekte. M. 1:1.

193

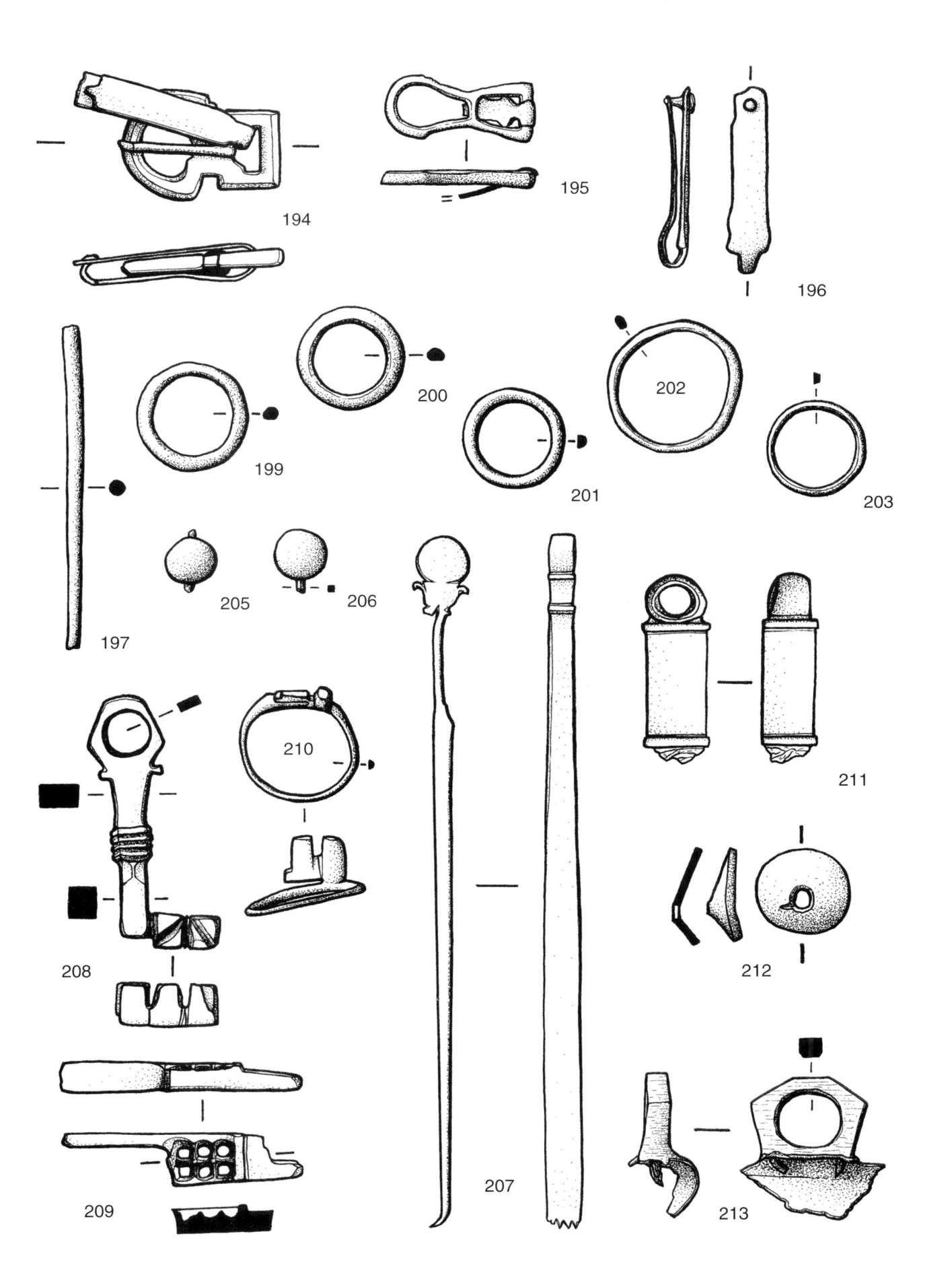

eingegangen waren (Nr. 15). Freilich könnte auch der eine oder andere der vergleichsweise zahlreichen Haken bzw. Riemenendbeschläge mit Schlaufe (Nr. 107–118) zur Halterung bzw. Verbindung von Teilen von Rossstirnen gehört haben oder kleine, flache Blechnieten (Nr. 91, 93) zum Schmuckbeschlag lederner Pferderüstungen,⁶⁶⁹ doch sind diese Metallreste als Einzelfunde eben unspezifisch. Mit einiger Zuversicht kann lediglich der blütenartige Ziernagel Nr. 81 einer ledernen Paraderüstung zugerechnet werden. Multifunktional sind ferner die zahlreichen Bronzeringe (in abgebildeter Auswahl Nr. 145–150, 199–203), von denen mehrheitlich Bruchstücke erhalten blieben. Sie fanden bei der Aufhängung von Schwertscheiden ebenso Verwendung wie an Befestigungsriemen von Rüstungen, z. B. Rossstirnen oder Beinschienen.⁶⁷⁰ Als „Standardmaß" für ihren Außendurchmesser kristallisieren sich 1,9 bis 2,1, meist 2,0 cm heraus.⁶⁷¹

Häufiger blieben die anscheinend öfter reparaturbedürftigen oder ausgetauschten Blechschuppen gleichnamiger Körper- (oder auch Pferde-?) Panzer übrig, die nicht selten in den Stuben gefunden wurden.⁶⁷² Man kann sich leicht vorstellen, dass solche Einzelteile bei der Wartung und Pflege der persönlichen Ausrüstung verloren gingen und, vielleicht einmal durch eine Fuge im Bretterboden gerutscht, des Bergungsaufwandes kaum für wert erachtet wurden. Erstaunlicher muten die Verluste der ziemlich metallreichen und robusten „Schildnägel" (Nr. 19–26) an, von denen nur einzelne (Nr. 20, 22) Abnutzungen oder Beschädigungen aufweisen, die ihre bewusste Verwerfung gerechtfertigt hätten. Es muss sie jedenfalls in Massen gegeben haben, wenn wie üblich jeder Schildbuckel mit vier bis fünf dieser massiven Nieten befestigt war.⁶⁷³ Einschränkend muss jedoch angemerkt werden, dass die Befestigungsspanne mancher „Schildnägel" (Nr. 19, 22–23) als zu schmal erscheint, um das Schildholz und Schildbuckelmetall durchdringen zu können. Rühren sie von spezifischen Reiterschilden her, die vielleicht dünner und leichter waren als solche der Infanterie? In diesen Fällen sollte jedoch auch eine alternative Verwendungsmöglichkeit erwogen werden, z. B. als Befestigungen von Schlossblechen an Holzkisten. Typologisch zerfallen die Schildnägel in zwei Gruppen, nämlich in flachere mit konzentrischen Drehrillen (Nr. 19–23) und in massivere mit gekerbtem Rand (Nr. 24–26). Chronologisch laufen beide Typen offenbar nebeneinander her, gemeinsam ist ihnen eine ebene Kopfplatte. Massive pilzkopfförmige Schildnägel scheinen erst später aufgekommen zu sein; sie fehlen im Heidenheimer Bestand (noch).⁶⁷⁴

Einen konstanten Faktor im Metallfundbestand bilden Bruchstücke dünner Blechschienen, von denen hier nur ausgewählte Beispiele katalogisiert (Nr. 28–34), aber noch rund zehn weitere, meist kleinteilige Reste geborgen wurden. Schadanfälligkeit durch Verbiegen und geringer Materialwert haben den vergleichsweise hohen Fundniederschlag gewiss begünstigt. Diese in der Literatur üblicherweise entweder als Schwertscheidenschienen (Nr. 28 wäre als Ortband entschieden zu zierlich geraten)⁶⁷⁵ oder als Rahmenfassungen von Signumspitzen oder „Kultlanzen"⁶⁷⁶ angesprochenen Schienen scheinen im Kastell Heidenheim regelmäßig verwendet worden zu sein. Hier sei vorgeschlagen, diese Stücke als einfache Schneidenschoner für die geschärften Flanken von Lanzenspitzen zu interpretieren, die ähnlich einer Schwertscheide funktionierten.⁶⁷⁷ Damit dürften diese Schienen Bestandteil der Standardbewaffnung der Heidenheimer Reiter gewesen sein. Es gibt jedenfalls keine zwingende Veranlassung, sie mit Standarten o. ä. in Verbindung zu bringen.

Die Zieranhänger heben sich nicht nur anhand veränderter Grundformen, sondern auch hinsichtlich ihrer durchweg bescheidenen Kleinheit von entsprechendem Pferdeschmuck ab, wie er bis in flavische Zeit hinein in Gebrauch war. Es ist jedenfalls zu

---

669 Garbsch 1978, Taf. 47,1 u. Taf. 46,1.
670 Stüben 1995, 30 Abb. 57 (Krefeld-Gellep); Müller 2002, 67 mit Lit.
671 Vgl. auch Grönke/Weinlich 1991, Taf. 15 (Weißenburg).
672 Schuppenpanzer verbanden zwei wichtige Eigenschaften, die sich für die Kavallerie als wahrhaft tragfähiger Kompromiss eigneten: Beweglichkeit und relativ geringes Gewicht. Zwar waren sie grundsätzlich etwas starrer als Kettenhemden, jedoch deutlich leichter als diese. Die Verwendung größerer Schuppen im weniger bewegungssensiblen Rumpfbereich trug zur weiteren Gewichtsreduzierung bei. Die Heidenheimer Funde lassen sich prinzipiell zwei Größentypen zuordnen (Nr. 8 und 13: lange Schuppen; Nr. 7, 10–12: kurze Schuppen). Die kurzen Schuppen dürften wegen ihrer höheren Bewegungsflexibilität am ehesten Schultern und Arme bedeckt haben. Vgl. J. Alfs, Der bewegliche Metallpanzer im römischen Heer. Die Geschichte seiner Herkunft und Entwicklung (Berlin 1941) 82–105 bes. 95–97.
673 Runde römische Schildbuckel pflegten mehrheitlich mit fünf Nägeln am Holz befestigt zu sein, vgl. Bishop/Coulston 1993, 81f. u. 149f.; B. Steidl, Schild eines Gardereiters. In: Reuter/Scholz 2005, 40f.
674 Oldenstein 1976, Taf. 50,574–581: Alle diese unstratifizierten Stücke stammen aus Kastellen, die noch im 3. Jh. bestanden, u. a. aus Weißenburg und Straubing.
675 Vgl. Müller 2002, Taf. 38,419–420; Dolenz 1998, Taf. 1 M1–M2; G. Wieland, Das Donaukastell Emerkingen und sein Umland. In: Ulmer Museum (Hrsg.), Römer an Donau und Iller. Neue Forschungen und Funde (Sigmaringen 1996) 23–30 bes. 24 Abb. 18.
676 Diese Deutung geht von einigen Lanzenspitzen mit noch vollständig erhaltener Rahmung aus, z. B. Dietz u. a. 1979, 301 Abb. 82; Faber 1994, 310 Abb. 29, 4; Czysz 2002, 168 (Deutung als *signum*-Spitzen); Lenz 2006, Taf. 21,155 (Deutung als Schildrandbeschlag).
677 Im Falle kleinerer Bruchstücke ist natürlich auch eine Zuweisung
Fortsetzung siehe nächste Seite

konstatieren, dass der metallene Zierrat aus Heidenheim grundsätzlich kleiner und zurückhaltender ausfällt als solcher von Kastellplätzen des 1. Jh.[678] So fehlen vor allem die metallreichen, flächigen Blattanhänger,[679] aber auch die variantenreichen Blechnieten und blechernen Lederbeschläge und -knöpfe des 1. Jh., die oft als Pressbleche oder in feiner Durchbruchstechnik *(opus interasile)* hergestellt oder mit Niello und Gravuren verziert sind.[680] Die kleinen Blattanhänger Nr. 163–164 – ein mit Nr. 163 identisches, wenn auch nicht gussgleiches Exemplar fand sich im Areal des Kastells Günzburg[681] – sowie die mit Kaiserköpfen geschmückten Pressblechnieten (Nr. 57–58) gehören somit typologisch zu den älteren Stücken. Allerdings pflegen sie in der Regel dem Lendenschurz der Legionäre *(apron)* zugeordnet zu werden,[682] eine Interpretation, die für die Heidenheimer Exemplare nicht sehr wahrscheinlich ist. Eher möchte ich sie unter die Ziernieten des Zaumzeugs (vgl. Nr. 90–103) einreihen. Nielloartige Dekorationen,[683] wie sie bereits in Fundkontexten des 1. Jh. vorkommen, zieren „noch" die Beschläge Nr. 45, 68, 69 und 186 (Phase 1–2b). Mit echtem Niello sind die Buchstaben der bronzenen Besitzermarke Nr. 89 (Kap. IV.1; epigraphische Quellen Nr. 18) eingelegt. An die Stelle streifenförmiger Nielloeinlagen traten in der ersten Hälfte des 2. Jh. offenbar zusehends rippenartige Zieroberflächen, z.B. bei Nr. 71 (Phase 3), 75 (Phase 2–3), 76 (Phase 2b), 166, 179 und Nr. 186. Gravuren könnten tendenziell durch Punzverzierungen ersetzt worden sein (z.B. Nr. 72, 73), sofern die wenigen Stücke überhaupt die Formulierung solcher Entwicklungstendenzen gestatten.

Nun könnte man zunächst die Überlieferungsbedingungen für diesen gegenüber claudischen bis flavischen Fundplätzen kontrastreichen Fundniederschlag verantwortlich machen, indem verlorener Metallzierrat umso eher liegen blieb je kleiner er war, während die größeren Exemplare stets wieder gefunden und aufgehoben wurden. Die Fundplätze des 1. Jh. zeigen jedoch deutlich, dass auch die größeren Objekte in teilweise stattlicher Anzahl in den Boden geraten sind, auch wenn sicherlich mancher Katastrophenniederschlag dafür verantwortlich ist. Das konsequent „kleinteilige" Heidenheimer Spektrum lässt daher durchaus den Rückschluss zu, dass am Beginn des 2. Jh. ein Wandel in der metallischen Ausrüstungszier stattgefunden hat. Anzeichen eines solchen Wandels zugunsten der Funktionalität und zulasten der (wohl in der Regel privat finanzierten) Dekoration in trajanisch-hadrianischer Zeit lassen sich auch bei der Infanterieausrüstung nachvollziehen, z.B. anhand der Dolchbewaffnung.[684] Es hat sogar den Anschein, als sei diese „neue Bescheidenheit" im militärischen Imponiergehabe bzw. Funktionalität das Ergebnis zentraler Maßnahmen oder (disziplinarischer?) Anordnungen.[685]

Zugleich weisen die Zieranhänger und -beschläge aus Heidenheim nicht nur hinsichtlich ihrer Größe, die gerade bei den Beschlägen durch funktionale Bedürfnisse vorgegeben ist, eine gewisse Gleichförmigkeit auf, sondern auch bezüglich der gewählten Ziermotive, indem bestimmte Grundmotive wiederholt vorkommen: Tropfenform (Nr. 41–43, 165); *lunulae* (oder *torques*? Nr. 44–48, 166), Astragale (Nr. 45, 74–78, 186);[686] Eicheln (Nr. 28, 52, 159, 167, 168); Augen (Nr. 65–67) sowie blüten- oder melonenartige Motive (Nr. 81, 68, 69). Öfter wurden diese

---

Fortsetzung Fußnote 677:
    an Kantenschutzschienen anderer Werkzeuge nicht auszuschließen, vgl. beispielsweise ein Pionier-Beilmesser mit vollständig erhaltenem Schneiden-/Kantenschutz aus Trebur-Geinsheim: T. Maurer, Pioniere lichten das Unterholz. Arch. Deutschland 4/2006, 44.

678 Bishop/Coulston 1993, 106. Vgl. auch Czysz 2002, 55 (Günzburg); Planck 1975, Taf. 73 (Rottweil).

679 Vgl. pars pro toto Unz/Deschler-Erb 1997, Taf. 48–57; Nicolay 2005, 438–442 (Periode 2, ca. 12 v. Chr. – 120 n. Chr.). Im 1. Jh. gab es neben diesen längst schon kleinere Exemplare wie im Heidenheimer Bestand, doch fehlen eben diesem die größeren Zieranhänger konsequent. An typischen Leitformen des 1. Jh. fehlen in Heidenheim u.a. die „geflügelten" Anhänger (ebd. Taf. 49f.; E. Deschler-Erb, „Geflügelte" Pferdegeschirranhänger. In: Mille Fiori, Festschr. L. Berger [Augst 1998] 115–122), die dreizipfligen, meist ziselierten Anhänger (ebd. Taf. 51f.) sowie große Phallus- (ebd. Taf. 58f.; Lenz 2006, Taf. 36f.) und Scheibenanhänger (ebd. Taf. 53) bzw. Phaleren (ebd. Taf. 65f.). Vgl. ferner das Spektrum des 1. Jh. aus Xanten bei Lenz 2006, Taf. 26–31. Der Bronzestift Nr. 56 könnte zwar von der Aufhängung eines größeren Zieranhängers stammen (z.B. ebd. Taf. 48,1318), doch bleibt die Ansprache des Objekts unsicher.

680 (Press-) Blechnieten wie Nr. 57–58 vgl. z.B. Unz/Deschler-Erb 1997, Taf. 73 u. 84 (Phaleren); Niello z.B. ebd. Taf. 69.

681 Czysz 2002, 56 Abb. 41, 5.

682 Ulbert 1971; Deschler-Erb 1999, 47; I. Bajusz/N. Gudea, Acta Mus. Porolissensis 20, 1996, 97–113.

683 Im Falle von Nr. 45 und 186 haben Röntgenuntersuchungen (FEM Schwäbisch Gmünd) kein Silber nachweisen können, sodass es sich nicht um echtes Niello handelt, sondern um ein Substitut.

684 M. Reuter, Späte Militärdolche vom Typ Künzing. Anmerkungen zur Datierung und Verbreitung. In: Journal of Roman Military Equipment Stud. 10, 1999 121–124 bes. 123 mit Diskussion um mögliche Tendenzen staatlicher Zentralisierung der Waffenproduktion in flavisch-trajanischer Zeit. – Bishop/Coulston 1993, 109–121 („the Antonine Revolution") setzen den Beginn dieser Veränderungen in hadrianischer Zeit an. Das Heidenheimer Spektrum widerspricht dem nicht.

685 Möglicherweise hängt damit auch der auffällige Abbruch der Militärgrabsteine im Rheinland um 100 n. Chr. zusammen.

686 Bei den gerippten Astragalen deutet sich ein Verbreitungsschwerpunkt in Rätien an. Alle Vergleichsstücke bei Oldenstein 1976, Taf. 58,727–729 stammen aus Weißenburg. Dies spricht eher dafür, dass es sich um reiterspezifische Ausrüstungsstücke handelt (gegenüber Obergermanien hatte Rätien einen höheren Anteil an Reitern) als für einen wirklichen geographischen Schwerpunkt, vgl. z.B. auch Nicolay 2005, 420 (Batavergebiet); Chapman 2005, Sr50–52 (Loughor, Wales).

Motive miteinander kombiniert.⁶⁸⁷ Auch bezüglich der Verarbeitungsweise – z. B. Hohlguss der Rückseiten (45–49, 71, 74–78, 165–166, 185–186), Facettierung der Innenkanten der *lunulae* sowie deren zusammenhängende Petschaftenden, häufige Weißmetallauflagen sowie hinsichtlich der Befestigungstechniken⁶⁸⁸ machen sich gewisse einheitliche Standards bemerkbar. Wie Vergleiche mit auswärtigen Fundorten zeigen, sind diese nicht regionaler, sondern chronologischer Natur.⁶⁸⁹ In der Zusammenschau lassen sich all diese Beobachtungen vielleicht als Resultat einer bereits zentralen Produktion der „Militaria" deuten. Ob zusätzlich auch in den *fabricae* des Lagers produziert wurde, lässt sich einstweilen nicht entscheiden, da Rückstände von Buntmetallverarbeitung im Kastellkontext zwar entdeckt wurden (s. u.), diese aber weder qualitative noch quantitative Rückschlüsse gestatten.

Die augenfälligste und auch zahlenstärkste Gruppe an zierendem Lederzubehör stellen die aus farbigen Feldern komponierten Emailbeschläge dar, bei denen es sich mehrheitlich um Zierscheiben handelt (Nr. 59–65, 170–178, zuzüglich der Emailfibeln 5, 6, 161). In den Befundkontexten treten diese Stücke gesichert erst ab Phase 2a auf (Nr. 59) und häufen sich in Phase 2b–3. Der Email-Beschlag Nr. 63a aus der Grube Bef. 826 kann der Phase 1 nämlich nicht sicher zugewiesen werden, da es sich um ein oberflächennahes Fundstück handelt. Möglicherweise darf man angesichts ihrer weitgehenden Standardisierung von einer regelrechten „Ziermode" hadrianischer Zeit bis zur Mitte des 2. Jh. sprechen.⁶⁹⁰ Die mitgegossenen Befestigungsstifte, die wahrscheinlich zugleich als Gusskanäle dienten, sind nur in ihrer Minderzahl als Lederstifte mit flachgeklopften (nie aber umgeschlagenen) Enden zu identifizieren. Diese Art der Befestigung erforderte höchste Sorgfalt, um Beschädigungen der Glaseinlagen zu vermeiden. Oft sind die Stifte jedoch länger als anderer Beschläge und erreichen maximal 1,5 cm im Falle von Nr. 61. Offenbar waren sie also seltener auf Lederriemen und -gurten befestigt, sondern auf dickerem Trägermaterial, z. B. auf Holz oder dickem Leder mit vorgebohrten Löchern, von dem sie sich aufgrund ihrer als eher unausgereift zu bezeichnenden Befestigungstechnik öfter gelöst zu haben scheinen. In Frage kämen die Hörnchen oder Säume von Sätteln, Schilde, lederne Paradamasken für die Pferde oder vielleicht auch am Sattel befestigte Köcher für Wurfwaffen.⁶⁹¹ Jedenfalls möchte man eine Anbringungsstelle erwarten, an der diese kunstvollen Objekte optisch zur Geltung kommen konnten. Erstaunlich gut haften die in Grubenschmelztechnik realisierten Glaseinlagen, da diese in der Regel nur bei mechanisch verbogenen Metallfassungen in größerem Umfange verloren sind. Diese Haftung könnte durch Aufrauen der metallenen Kontaktfläche verbessert worden sein und/oder durch ein säurehaltiges Beizmittel (Essig o. ä.), das die Oberflächenkorrosion, die zur Ablösung der Glasmasse hätte führen können, unterband.⁶⁹² Zu Material und Herstellungstechnik s. u. den Beitrag von Manfred Baumgärtner.

Im Falle der Beschläge ist natürlich nicht immer klar zwischen solchen zu trennen, die am Pferdegeschirr angebracht waren oder an der Ausrüstung der Reiter, z. B. am Schwertgurt. Viele Stücke kämen prinzipiell für beides in Frage, doch ist zu betonen, dass kein einziger Beschlag definitiv einem Gürtel oder Schwertgurt zugewiesen werden kann – mit Ausnahme vielleicht des „durchbrochenen" Riemenendstücks Nr. 180, das sich durch eine Parallele aus einem Grab in Neuburg an der Donau am ehesten mit einem Gürtel in Verbindung bringen lässt.⁶⁹³ Solche und ähnliche Gürtel- bzw. Riemenverzierungen sind in die zweite Hälfte des 2. Jh. zu datieren.⁶⁹⁴ Üppiger metallener Gürtelschmuck scheint bei den Reitern keine allzu große Rolle gespielt zu haben bzw. wäre beim Reiten vielleicht sogar eher hinderlich gewesen.⁶⁹⁵ Dem Pferdeschmuck sind die bron-

---

687 Nr. 45, 49: *lunula* und Astragal-Motiv; 74: Astragal und Phallus; 68: melonenartiges Kernstück mit *lunulae*; 70: einfacher Rechteckbeschlag (wie 82–85) mit *lunula*; 71: Astragal-Motiv mit *lunula*; 72: Blattmotiv mit *lunula*; 166: *lunula* mit Rippenform der Astragale.

688 Zumeist handelt es sich um mitgegossene, dünne und bis zu 5 mm lange Befestigungsstifte, die auf der Innenseite des Leders entweder über einer kleinen Unterlegscheibe flachgeklopft oder schlicht umgeschlagen wurden. Letztere fanden sich wegen ihrer geringen Größe nur ausnahmsweise (Nr. 152). Die massiven Befestigungsstifte mit Gegenknöpfen, die für Pferdegeschirrbeschläge des 3. Jh. charakteristisch sind, fehlen in Heidenheim noch; vgl. Gschwind 1998; M. Reuter, Die römisch-frühvölkerwanderungszeitliche Siedlung von Wurmlingen, Kreis Tuttlingen. Materialh. Vor- u. Frühgesch. Baden-Württemberg 71 (Stuttgart 2003) 83–85.

689 Vgl. die Parallelenauswahl bei den jeweiligen Katalognummern.

690 Die Farbkombination rot-blau-weiß-(türkis) scheint bei Fibeln wie Nr. 161 bevorzugt worden zu sein. Vgl. auch den Neufund G. Wieland, Ausgrabungen im *Vicus Senotensis*, Remchingen-Wilferdingen, Enzkreis. Arch. Ausgr. Baden-Württemberg 2001, 114f. – Zum Variantenreichtum vgl. D. Benea u.a., Arta şi tehnica emailului in Dacia Romana (Timişoara 2006); N. Gudea/ D. Tamba, Acta Mus. Porolissensis 16, 1992, 305–320.

691 Kleine Emailknöpfe dienten beispielsweise der Befestigung eines Paradepanzers aus Ritopek: M. Mirković, Moesia Superior. Eine Provinz an der mittleren Donau. Orbis Provinciarum (Mainz 2007) 50 Abb. 42.

692 Zur Herstellungstechnik von Email vgl. J. McGrath, Die Kunst des Emaillierens (Köln 1997).

693 W. Hübener, Ein römisches Gräberfeld in Neuburg an der Donau. Bayer. Vorgeschichtsbl. 22, 1957, 71–96 bes. 77 u. 87 Nr. 151–157 (Grab 10). Freundl. Hinweis H. U. Nuber (Freiburg).

694 Gschwind 2004, 159f.

695 Dr. St. Hoss (Nijmegen) wiederum rechnet mit metallenen Beschlägen am Reitergürtel, wozu sie auch Nr. 107 zählt (freundl. Mitteilung).

zenen Perlen Nr. 190–193 zuzurechnen, die wahrscheinlich als Ergänzung oder eher als „Nachfolger" der gläsernen „Melonenperlen" eingestuft werden können, die im Heidenheimer Material kaum (mehr) vorkommen.[696] Der Fundbestand des Lagers Eining-Unterfeld aus den 170er Jahren scheint diese Tendenz auf den ersten Blick zu bestätigen.[697]

Sog. „durchbrochene" Zierbeschläge bilden eine weitere, wenn auch kleine Gruppe (Nr. 39, 127, 181–184). Bedauerlicherweise sind alle Stücke außerhalb des Kastells zutage gekommen und bei Anlage strenger Maßstäbe nicht einmal sicher in dessen Bestandszeit zu datieren: Nr. 39 und 127 fanden sich als Altstücke in einer völkerwanderungszeitlichen Kulturschicht, die Vertreter Nr. 181–184 stammen als Einzelfunde vom mutmaßlichen *campus* nördlich des Lagers. Ihr wiederholtes Vorkommen im direkten Umfeld des Kastells macht ihre einstige Verwendung durch Mitglieder der Garnison dennoch wahrscheinlich. Sie lassen sich vor allem mit Funden von Militärplätzen des vorderen Limes parallelisieren.[698] Auch die *pelta*-Beschläge Nr. 79–80 lassen sich hier einreihen.[699] Es scheint daher begründet, die Verwendung dieser Stücke vor allem in die späte Kastellzeit Heidenheims zu datieren (antoninisch). Diese Tendenz wird beispielsweise dadurch bestätigt, dass der Anteil der „durchbrochenen Militaria" im Fundspektrum des Lagers Eining-Unterfeld, das in die 170er Jahre datiert wird, bereits merklich gestiegen ist.[700] Gleiches könnte auf den Rechteckbeschlag Nr. 187 zutreffen, der bereits die jüngere Befestigungstechnik mit Gegenknöpfen aufweist und für den Parallelen noch im 3. Jh. benannt werden können.[701] Der kleine tropfenförmige Hohlblechbeschlag Nr. 94 könnte eventuell als typologischer Vorläufer muschelförmiger Beschläge des 3. Jh. gelten.[702]

Fibeln (Abb. 84)

*1 Kräftig profilierte Fibel mit oberer Sehne (Almgren 68), zweiteilig, Spirale mit zehn Windungen. Länge 4,3 cm, Gewicht 11,7 g. Vgl. Planck 1975, Taf. 66,7.11 (Rottweil); Kortüm/Lauber 2004, 288 Nr. 79 (Walheim); Knierriem/Löhnig 1998, 438 Nr. 2 (Baden-Baden); Arch. Jahr Bayern 2004, 83 Abb. 86, 3 (Poing); Jütting 1995, 192 Abb. 5, 1 (Eining-Unterfeld). – Aus einer Grube im Bereich der *porticus* von Baracke VI (Bef. 583c). Phase 2a. Fb.-Nr. 776.

*2 Kniefibel mit halbrunder Kopfplatte und Weißmetallüberzug. Die Kopfplatte ist mit eingepunzten Zahnmustern verziert. Nadel fehlt. Länge 3,5 cm, Gewicht 5,9 g. Vgl. Jütting 1995, 102 Abb. 5, 4–10 (Eining-Unterfeld). – Aus dem Abbruchschutt von Baracke IV im Bereich des östlichen Endcontuberniums, Pl. 0–1. Phase 3. Fb.-Nr. 1147.

*3 Kniefibel wie Nr. 2, jedoch kleiner. Länge 2,9 cm, Gewicht 4,9 g. – Aus einer späten Jaucherinne im Endbau von Baracke XXI (Bef. ZOH-105). Phase 3. Fb.-Nr. 1620.

*4 Omegafibel mit eingefeilter Verzierung oder Markierung[703] auf dem Bügel, Dm. 4,1 cm, Gewicht 16,0 g. – Aus dem Abbruchschutt von Baracke I, Pl. 0–1. Phase 3. Fb.-Nr. 2447.

*5 Emaillierte Scheibenfibel in Gestalt einer Rosette mit 15 durchbrochenen „Blüten". In den Zwickeln ihrer Ansätze befindet sich jeweils ein eingepunztes Kreisauge. Die runde Fassung mit geriffeltem Rand enthält (noch teilweise erhaltenen) blauen Glasfluss mit ehemals sechs weißen Punkten; im Zentrum weißes Email. Nadel fehlt. Dm. 3,1 cm, Gewicht 9,9 g. Vgl. ein bis die Emailfarben identisches Stück bei J.-D. Demarez, Répertoire archéologique du canton du Jura (Porrentruy 2001) 111 Fig. 100. – Aus einer Pfostenverfüllung in einem Trennwandgräbchen zweier Ställe in Baracke VII (Bef. 1444). Phase 3. Fb.-Nr. 2267.

*6 „Schildkrötenfibel" mit verbogenem, rautenförmigem Schild, dessen Emaileinlagen bis auf ganz geringe blaugrüne Reste verloren sind. Nadel fehlt. Länge 4,6 cm, Gewicht 6,6 g. Vgl. Schmidts 2004, 24. – Aus dem Abfallgrubenkomplex vor der Westumwehrung (Bef. 1450). Phase 2–3. Fb.-Nr. 2266.

*6a Nadel einer Fibel mit Spanndorn. Gewicht noch 2,0 g. – Aus einer Grube in einer *papilio* von Baracke III (Bef. 188/334). Phase 2b. Fb.-Nr. 442.

Rüstungsteile (Abb. 85)

*7 2 mit Bronzedraht zusammengehefteten Panzerschuppen mit je fünf Befestigungslöchern. Länge 2,8 und 3,0 cm, Stärke des Bronzeblechs 0,5 mm. Da am unteren Ende Heftlöcher fehlen, dürfte es sich um Saumschuppen handeln. – Aus dem Abbruchschutt von Baracke V im Bereich einer *papilio*, Pl. 0–1. Phase 3. Fb.-Nr. 1559 (Scholz 2001/02, 100 Abb. 5, 3).

*8 Panzerschuppe vom Saum mit fünf Befestigungslöchern. Länge 4,8 cm, Gewicht 1,5 g. – Aus einer zusätzlichen Jaucherinne in Baracke III (Bef. 195). Phase 2b. Fb.-Nr. 423 (Scholz 2001/02, 100 Abb. 5, 4b).

*9 Panzerschuppe mit acht Heftlöchern. Länge 3,3 cm, Gewicht 1,0 g. – Aus einer zusätzlichen Jaucherinne in Bara-

---

696 Vgl. Kap. III.3.1, Glas. Eine nicht unwesentliche Einschränkung dieser Aussage besteht jedoch in den erschwerten Auffindungschancen für Melonenperlen im Heidenheimer Kiesboden. Dennoch sind insbesondere größere und dunkelblaue Melonenperlen (Letztere fehlen in Heidenheim völlig) vor allem für Fundplätze der zweiten Hälfte des 1. Jh. typisch, vgl. z. B. den Fund mehrerer kompletter Pferdegeschirre aus Ladenburg: B. Rabold/C. S. Sommer, LOPODVNVM 98. Vom Kastell zur Stadt (Ladenburg, Stuttgart 1998) 17 f.; Czysz 2002, 56 Abb. 41, 8 (Günzburg). – Sechs- bis achtseitige Röhrenperlen aus Bronzeblech (z. B. Walke 1965, Taf. 131,8; Kastell Aalen, unpubliziert) sowie rechteckige, profilierte Blechzwingen (z. B. Gschwind 1998, 114 Nr. 6–10), wie sie für Reiterstandorte am vorderen Limes typisch sind, fehlen in Heidenheim noch.

697 Jütting 1995, 178 u. 208 Abb. 17 Nr. 232–248. Die Sammlung besteht allerdings vorwiegend aus Sondengängerfunden, weshalb die gläsernen „Melonenperlen" vielleicht unterrepräsentiert sind.

698 Oldenstein 1976, Taf. 12–13; 19; 31–33; 41; 65 f. und 69 f. Vgl. ferner James 2004, 81.

699 Oldenstein 1976, Taf. 51,597–601. All diese Vergleichsstücke stammen aus Kastellen, die noch im 3. Jh. besetzt waren. – Das Exemplar Nr. 80 weist zudem die spätere Befestigungstechnik mit Gegenknopf auf.

700 Jütting 1995.

701 Gschwind 1998, 114 Nr. 11–12.

702 Gschwind 1998, 114 Nr. 18–21; Massart 2000, 517 Fig. 9.

703 Vgl. zu solchen Markierungen P. M. Cracknell, A Group of Marked Brooches from Gloucester. Britannia 21, 1990, 197–206.

cke III (Bef. 188/334c). Phase 2b. Fb.-Nr. 443 (Scholz 2001/02, 100 Abb. 5, 4a).

*10 Panzerschuppe mit acht Heftlöchern. Ränder leicht beschädigt, Länge 2,8 cm, Gewicht 0,6 g. – Aus dem Kanal der westlichen *via sagularis* (Bef. 1550a). Phase 3. Fb.-Nr. 2347.

*11 Panzerschuppe mit acht Heftlöchern, Oberkante beschädigt. Länge 3,2 cm, Gewicht 1,7 g. – Aus einer zusätzlichen Jaucherinne in einem Stall von Baracke III (Bef. 195a). Phase 2b. Fb.-Nr. 2059.

*12 3 Fragmente bronzener Panzerschuppen, eine davon ist mit einer (ebenfalls fragmentierten) eisernen Schuppe mit Bronzedraht zusammengeheftet. – Aus einer zusätzlichen Jaucherinne in einem Stall von Baracke III (Bef. 195a). Phase 2b. Fb.-Nr. 2059.

*13 2 Bruchstücke bronzener Panzerschuppen, eine davon mit nicht gelungener Lochung einer verworfenen Reparaturbemühung. Loses Haftdrähtchen. – Aus einer Vorratsgrube in einer *papilio* von Baracke VI (Bef. 815). Phase 3. Fb.-Nr. 1304.

*14 Verschlussstift eines Schuppenpanzers (?). Das stumpfe Stiftende ist original, die ovale Griffläche beschädigt. Länge noch 7,8 cm. – Aus einem Abfallgrubenkomplex vor der Nordumwehrung des Kastells (Bef. 1053/55). Phase 1–3. Fb.-Nr. 1106.

*15 Dreigliedrig profilierte Leiste aus dickem Bronzeblech. Ein Ende ist abgeschnitten, das andere durch Hin- und Herbiegen abgebrochen. Evtl. vom Zierband eines Helmes (vgl. Unz/Deschler-Erb 1997, Taf. 28,577–578; Schönberger 1978, Taf. 19 B70–72; Planck 1975, Taf. 35,12; Ulbert 1970, Taf. 2,20–24; Lenz 2006, Taf. 14,80–81; Nicolay 2005, 360 D1) oder von der Zwinge einer Schwertscheide (vgl. Unz/Deschler-Erb 1997, Taf. 7). Auch eine Deutung als Zierbeschlag eines Kästchens o. ä. ist nicht ausgeschlossen (vgl. Schmidts 2004, Taf. 21 E34). – Aus einer Grube in einer *papilio* von Baracke III (Bef. 1125). Phase 2b. Fb.-Nr. 1914.

*16 Kl. Bronzesplint aus Vierkantdraht. Möglicherweise zur Befestigung des Zubehörs eines Helmes (vgl. Schönberger 1978, Taf. 19,B76–77) oder aber einer Truhe, eines Fensterladens o. ä (vgl. Ulbert 1959, Taf. 24,19–20 zusammen mit bronzenen Winkelbeschlägen. Länge 3,7 cm. Befestigungsspanne 1,8 bis 2,0 cm. Gewicht noch 3,1 g. – Aus einem Abfallgrubenkomplex vor der Nordumwehrung des Kastells (Bef. 1053). Phase 1–3. Fb.-Nr. 1070.

*17 Schlaufenartiger Riemenendbeschlag aus Bronzeblech mit grob gestanzten Nietlöchern. In ihm steckt ein massiver Bronzering, Dm. 2,5 cm, Gewicht 8,2 g. Die Halterung wirkt provisorisch: Offenbar ist sie bei einer Belastungsprobe abgerissen und ging verloren. Befestigung eines Helms oder – eher – einer Paraderüstung? Bezüglich Technik und Größe identisch sind die Halterungsringe der berühmten Kopfschutzplatte eines Pferdes aus Eining.[704] Vgl. ferner Unz/Deschler-Erb 1997, Taf. 27,572 (Vindonissa, Helm); Schönberger 1978, Taf. 19 B75 (Oberstimm); Müller 1979, Taf. 78,38 (Dormagen); T. Fischer, Kölner Jahrb. 37, 2004, 63 (Helm aus dem Po bei Cremona); Jütting 1995, 199 Abb. 10, 115 (Eining-Unterfeld). – Aus der Verfüllung des Kanals der westlichen *via sagularis* (Bef. 1550a). Phase 3. Fb.-Nr. 2351.

*18 Riemenzwinge aus Bronzeblech mit einem Nietloch wie Nr. 17. Länge noch 2,3 cm, Breite 1,0 cm. – Aus einer Grube in der *porticus* von Baracke VI (Bef. 802). Phase 2a. Fb.-Nr. 1508.

*19 Schildnagel mit zwei konzentrischen Drehrillen, Dm. 3,0 cm. Befestigungsspanne des Stiftes 0,9 cm. – Aus einer frühen Grube in der *via vicenaria* zwischen Baracke V und VI (Bef. 823e). Phase 1. Fb.-Nr. 1520 (Scholz 2001/02, 100 Abb. 5, 2).

*20 Schildnagel mit zwei konzentrischen Drehrillen, Dm. 2,9 cm, Befestigungsspanne des Stiftes 1,2 cm. Gewicht noch 12,5 g. – Aus einer Grube in einer *papilio* von Baracke III (Bef. 1166). Phase 2b. Fb.-Nr. 2046.

*21 Schildnagel mit zwei konzentrischen Drehrillen, Dm. 2,8 cm. Befestigungsspanne des Stiftes 1,0 cm. Gewicht 9,5 g. – Aus einer späten Stallgrube in Baracke IV (Bef. 691). Phase 3. Fb.-Nr. 940.

*22 Schildnagel mit Drehrille, Dm. 2,3 cm. Die Befestigungsspanne des Stiftes betrug ursprünglich 1,1 cm, bevor der Stift auf Lochhöhe abbrach. Es wurde zwar ein neues Loch gebohrt, doch dürfte das Stück bei einer Befestigungsspanne von nur noch 0,6 cm kaum mehr als Schildnagel verwendet worden sein, sondern eher z. B. als Kästchenbeschlag. Gewicht noch 7,1 g. – Aus einer Grube in der *via vicenaria* zwischen Baracke V und VI (Bef. 883). Phase 1. Fb.-Nr. 1526.

*23 Schildnagel, Dm. 2,6 bis 2,7 cm. Die Befestigungsspanne des Stiftes betrug 0,8 cm. Gewicht 7,3 g. – Aus einer Grube in der *porticus* von Baracke VI (Bef. 804). Phase 2a. Fb.-Nr. 1382.

*24 Massiver Schildnagel mit gekerbtem Rand, Dm. 2,3 cm, Befestigungsspanne des Stiftes 1,2 cm. Gewicht 14,0 g. – Aus einer frühen Grube in der *via vicenaria* zwischen Baracke V und VI (Bef. 755a). Phase 1. Fb.-Nr. 851.

*25 Massiver Schildnagel mit gekerbtem Rand, Dm. 2,3 bis 2,4 cm, Befestigungsspanne des Stiftes 1,3 cm. Gewicht 10,5 g. – Aus einer Abfallgrube vor der Westumwehrung des Kastells (Bef. 1620). Phase 2–3. Fb.-Nr. 2426.

*26 Massiver Schildnagel mit gekerbtem Rand, Dm. 2,5 cm, Befestigungsspanne des exzentrischen Stiftes 1,0 cm. Gewicht 9,9 g. – Aus einer Grube in der *via vicenaria* zwischen Baracke V und VI (Bef. 883). Phase 1. Fb.-Nr. 1526.

27 Fragment eines Schildrandbeschlags? Länge noch 3,0 cm, Gewicht noch 1,5 g. – Aus einer zusätzlichen Jaucherinne in Baracke III (Bef. 1111a). Phase 2b. Fb.-Nr. 1794.

Waffenteile (Abb. 86)

*28 Schneidenschutz-Schiene (2 Fragmente) einer Lanzenspitze mit eichelförmiger Bekrönung. Länge 13,3 cm. – Aus einer frühen Grube in der *via vicenaria* zwischen Baracke V und VI (Bef. 826g). Phase 1. Fb.-Nr. 1521 (Scholz 2001/02, 100 Abb. 5, 1).

*29 Schenkel eines Schneidenschutzes einer Lanzenspitze mit aufgerollter Basis. Oberes Ende mit Bekrönung abgebrochen, Länge noch 18,3 cm, Gewicht noch 9,9 g. – Aus dem Abbruchschutt von Baracke VI, Pl. 0–1. Phase 3. Fb.-Nr. 729.

30 Kl. Fragment eines Schneidenschutzes für eine Lanzenspitze. Gewicht noch 1,3 g. Fb.-Nr. 442.

*31 Unterer Abschluss eines Schneidenschutzes für eine Lanzenspitze, das Blechende ist aufgerissen. Länge 7,1 cm. Gewicht noch 2,5 g. – Aus einer Grube in der *via vicenaria* zwischen Baracke V und VI (Bef. 883). Phase 1. Fb.-Nr. 1526.

*32 Fragment einer Schneidenschutz-Schiene für eine Lanzenspitze. Länge noch 7,9 cm, Gewicht noch 3,2 g. – Aus

---

704 H.-J. Kellner, Der römische Verwahrfund von Eining. Münchner Beitr. Vor- u. Frühgesch. 29 (München 1978) Taf. 27 u. 33–35; Abb. bei Reuter/Scholz 2004/05, 35 Abb. 58. Vgl. auch Garbsch 1978, Taf. 6 (Straubing).

dem Abfallgrubenkomplex vor der Nordumwehrung (Bef. 1012). Phase 2–3. Fb.-Nr. 1111.

*33 Fragment einer Schneidenschutz-Schiene für eine Lanzenspitze, verbogen. Länge noch 4,6 cm, Gewicht noch 1,6 g. – Aus einer späten Großgrube im Kopfbaubereich von Baracke XXII (Bef. ZOH-48). Fb.-Nr. 1601.

*34 Schneidenschutz mit Riemenhäkchen, Länge noch 9,5 cm. Der geschwungenen Form nach umfasste die Schiene aus Bronzeblech die Schneide einer Lanzenspitze. Gewicht noch 4,9 g. – Aus der Verfüllung eines gezogenen Pfostens in einem Wandgräbchen zwischen zwei Ställen in Baracke IV (Bef. 700). Phase 3. Fb.-Nr. 948.

Werkzeuge/Geräte (Abb. 86-87)

*35 Seitenschiene vom Schneidenschutz einer Pionieraxt (dolabra), normalen Axt o. ä. mit Öse und Scharnierachse eines ursprünglich dreiteiligen Futterals aus Bronzeblech, Mittelstück verdrückt. Länge 8,2 cm. Vgl. ein vollständiges Exemplar aus Gerulata: V. Varsik, Jahrb. RGZM 43/2, 1996, 552 Abb. 12, 9; Schaeff 2000, 108f. u. Taf. 26; Lenz 2006, Taf. 59. – Aus einer Pfostenstandspur im Stallbereich von Baracke IV (Bef. 429a). Phase 3. Fb.-Nr. 593 (Scholz 2001/02, 100 Abb. 5, 5).

*36 Endstück eines Schneidenschutzes (einer Lanzenspitze oder einer Axt?) mit Riemenhaken und Scharnieröse, Länge noch 3,9 cm. Gewicht noch 1,2 g. – Aus einer frühen Grube in der via vicenaria zwischen Baracke V und VI (Bef. 826). Phase 1. Fb.-Nr. 1528.

*37 Zwinge/Heftblech eines Messers, geknickt, ursprüngliche Länge 3,0 cm. – Aus einer späten Grube im Bereich des Kopfbaus von Baracke II (Bef. 1231). Phase 3. Fb.-Nr. 2218.

*38 Rundovale Messerzwinge/Heftblech eines Messers oder Unterlegscheibe für einen Ziernagel? 1,9 cm × 1,7 cm. – Aus einer späten Jaucherinne im Kopfbau einer Baracke in der östlichen retentura (Bef. ZOH-105). Phase 3. Fb.-Nr. 1620.

*39 Zierschild eines Schwertriemenhalters in Durchbruchstechnik. Höhe noch 2,1 cm, Gewicht noch 1,6 g. Vgl. Chapman 2005, 19 Be12 (Caerleon). Danach ist diese Form ab der ersten Hälfte des 2. Jh. zu erwarten. – Aus der frühalamannischen Kulturschicht über der Westumwehrung des Kastells (Bef. 1443). Phase 2–4. Fb.-Nr. 2302.

*40 Eckbruchstück von einer vierkantigen Viehglocke mit Eckbommeln. Das starke Blech ist mit einem meißelartigen Werkzeug zerschrotet worden. Vgl. Franke 2003, Taf. 24,339 (Rottweil); Schönberger 1978, Taf. 30,B439 (Oberstimm); Unz/Deschler-Erb 1997, Taf. 76,2359–2360 (Vindonissa); Müller 2002, Taf. 56–62 (Haltern); R. Zwahlen, Vicus Petinesca – Vorderberg. Die Holzbauphasen (2. Teil) (Bern 2002) Taf. 75,4; C. Reichmann, Arch. Rheinland 2004, 85 Abb. 56 (Gellep). – Aus einem Abfallgrubenkomplex vor der Nordumwehrung des Kastells (Bef. 1012). Phase 1–3. Fb.-Nr. 1098.

Zieranhänger (Abb. 87)

*41 Tropfenförmiger Blattanhänger mit Endbommel. Umgebogener Haken in Gestalt eines stark stilisierten Schlangenköpfchens (?). Länge 5,5 cm, Breite 2,6 cm, Gewicht 5,6 g. Vgl. Heiligmann 1990, Taf. 42,15 („Häsenbühl"); Unz/Deschler-Erb 1997, Taf. 54f. (Vindonissa); Franke 2003, Taf. 77,1298 u. Planck 1975, Taf. 73,8 (Rottweil); Ulbert 1959, Taf. 51,12 (Burghöfe). – Aus einem Abfallgrubenkomplex vor dem Westtor des Kastells (Bef. 1450). Phase 2–3. Fb.-Nr. 2268.

*42 Bruchstück eines Anhängers wie Nr. 41. Wie mehrere Schnittkanten zeigen, wurde das ursprüngliche Objekt in schmelztiegelgerechte Stückchen zerkleinert. Gewicht noch 2,8 g. – Aus einem Abfallgrubenkomplex vor dem Westtor des Kastells (Bef. 1450). Phase 2–3. Fb.-Nr. 2300.

*43 Tropfenförmiger Anhänger mit Endbommel, Hohlblech. Länge 4,5 cm, Gewicht 2,5 g. – Aus einer zusätzlichen Jaucherinne in Baracke III (Bef. 1111b). Phase 2b. Fb.-Nr. 1797 (Scholz 2002, 100 Abb. 74, 2).

*44 Eiserner Blattanhänger ähnlich einer lunula mit spitzer Mittelzunge. Drei kleine eiserne Nietstifte fixierten evtl. eine nicht erhaltene organische Auflage, z. B. aus gefärbtem Leder, Holz oder Bein. Höhe 3,7 cm, Breite 2,4 cm, Gewicht 4,4 g. – Aus einem Abfallgrubenkomplex vor der Nordumwehrung (Bef. 1012). Phase 1–3. Fb.-Nr. 1067 (Scholz 2001/02, 100 Abb. 5, 15).

*45 Lunula/torques-Anhänger mit radialen „Niello"-Einlagen, durch Scharnier mit einem astragalförmigen Riemenbeschlag verbunden, der seinerseits „Niello"-Einlagen in den Querrippen trägt. Länge insgesamt 3,1 cm, Breite des Astragalbeschlags 2,4 cm. Vgl. ORL B 68a (Munningen) Taf. 5,67 = Oldenstein 1976, Taf. 45,450; Grönke/Weinlich 1991, Taf. 14,30 (Weißenburg); Schmidt 2000, Taf. 6,83 (Burghöfe); Müller 1979, Taf. 80,2–3 (Dormagen); Stüben 1995, 16 Abb. 13 (Krefeld-Gellep); Nicolay 2005, 263 Nr. 4–6 u. 420 Nr. 291.50 (Batavergebiet). – Aus einer frühen Grube in der via vicenaria zwischen Baracke V und VI (Bef. 767e). Phase 1. Fb.-Nr. 1525 (Scholz 2001/02, 100 Abb. 5, 13: Im unrestaurierten Zustand waren die Niellostreifen noch unerkannt).

*46 Lunula/torques-Anhänger im Scharnierverband mit zugehörigem Rechteckbeschlag, stark korrodiert. Höhe des Anhängers 3,0 cm. Gewicht 6,9 g. – Aus einer Grube in der via vicenaria zwischen Baracke V und VI (Bef. 883). Phase 1. Fb.-Nr. 1526.

*47 Lunula/torques-Anhänger mit abgebrochenem Befestigungsscharnier eines vermutlich rechteckigen Riemenbeschlags. Höhe 2,9 cm, Breite 2,8 cm, Gewicht noch 5,2 g. – Aus einem Abfallgrubenkomplex vor der Nordumwehrung (Bef. 1012). Phase 1–3. Fb.-Nr. 1071 (Scholz 2001/02, 100 Abb. 5, 14).

*48 Lunula/torques-Anhänger, Befestigungsöse beschädigt. Höhe 2,8 cm, Breite 2,5 cm, Gewicht 3,2 g. – Aus einer frühen Grube in der via vicenaria zwischen Baracke V und VI (Bef. 891). Phase 1. Fb.-Nr. 1387 (Scholz 2002, 100 Abb. 74, 4).

*49 Anhänger in lunula/torques-Form mit Astragal-Element, Befestigungsöse abgebrochen. Länge noch 3,4 cm, Gewicht noch 4,3 g. – Aus einer späten Jauchegrube im erweiterten Endcontubernium von Baracke II (Bef. 1249c). Phase 3. Fb.-Nr. 2074 (Scholz 2002, 100 Abb. 74, 3).

*50 Doppelphallus-Anhänger. Länge 3,4 cm, Gewicht 5,1 g. Die Öse weist starke Reibespuren einer langen Gebrauchszeit auf. Vgl. Heiligmann 1990, Taf. 159,14 (Oberdorf); Schmidt 2000, Taf. 7,87.92 (Burghöfe); Walke 1965, Taf. 98,31–32 (Straubing); Oldenstein 1976, Taf. 42,403–408. – Aus einem Abfallgrubenkomplex vor der Nordumwehrung (Bef. 1012). Phase 1–3. Fb.-Nr. 1105 (Scholz 2001/02, 100 Abb. 5, 16).

*51 Schlanker Zieranhänger in Form eines Blütenkelches, Haken mit tordiertem Schaft, Hakenende abgebrochen. In der Mitte senkrecht angebrachte Befestigungsniete in Gestalt eines gedrechselten Kegels. Länge 4,1 cm. – Aus einer zusätzlichen Jauchegrube im westlichen Endcontubernium von Baracke II (Bef. 1238b). Phase 2b. Fb.-Nr. 2128 (Scholz 2002, 100 Abb. 74, 6).

*52 Zieranhänger in Gestalt einer Eichel, Länge 3,4 cm. Vgl.

Czysz 2002, 157 Abb. 182, 2 (Günzburg); Fundber. Baden-Württemberg 8, 1983, Taf. 139,A7 (Aalen); Oldenstein 1976, Taf. 42,414–418. – Aus einer Grube im westlichen Endbau von Baracke V (Bef. 976). Phase 3. Fb.-Nr. 1646 (Scholz 2002, 100 Abb. 74, 8).

*53 Fragment eines Anhängers wie Nr. 170. Dm. 1,9 cm, mit Emaileinlagen: hellblaue „Augen" in kreuzförmiger Anordnung, dazwischen hellgrünes Email, im Zentrum Rest von orangefarbenem bis hellrotem Email. Dm. 1,3 cm, Gewicht noch 1,9 g. – Aus einer Vorratsgrube in einer *papilio* von Baracke III, oberste Schicht (Bef. 1125a). Phase 2b. Fb.-Nr. 1788.

*54 Kl. Fragment eines bronzenen Zieranhängers mit Drahtwicklung. Länge noch 2,0 cm. Gewicht noch 0,9 g. Vgl. Planck 1975, Taf. 72,2 (Rottweil); Chapman 2005, Wf02–04 (Caerleon). – Aus einer Vorratsgrube in einer *papilio* in Baracke III (Bef. 1219e). Phase 3. Fb.-Nr. 2136.

*55 Tülle aus Bronzeblech, wahrscheinlich Fassung eines Tierzahn-Anhängers. Länge 2,7 cm, Gewicht 2,1 g. – Aus einer späten Stallgrube in Baracke IV (Bef. 691). Fb.-Nr. 940.

*56 Bronzestift mit Kugelkopf, Ende abgebrochen. Wahrscheinlich Scharnierstift zur Befestigung eines Zieranhängers, vgl. Ulbert 1970, Taf. 12,211–212 (Risstissen) u. Junkelmann 1992, 83 Abb. 91. Länge noch 1,4 cm, Gewicht noch 2,7 g. – Aus einer Grube in der *via vicenaria* zwischen Baracke V und VI (Bef. 726). Phase 1. Fb.-Nr. 946.

Zieranhänger einer Standarte (?) (Abb. 87)

*56a Anhänger in Form eines Efeublattes (*hedera*) mit Nagelloch. Länge 2,1 cm, Breite 1,8 cm, Gewicht 1,2 g. Vermutlich Zieranhänger eines Feldzeichens (*signum*). Ein identisches Vergleichsstück, das noch an einem *signum*-Stangenaufsatz hängt, stammt aus dem Hortfund von Neupotz: Hist. Mus. Pfalz Speyer (Hrsg.), Der Barabarenschatz. Geraubt und im Rhein versunken (Ausstellungskatalog Speyer 2006) 153 Abb. 183. – Aus einer späten Grube im Kopfbaubereich von Baracke II (Bef. 1228). Phase 3. Fb.-Nr. 2109.

Zierbeschläge auf Leder (Abb. 87–89)

*57 Runder Pressblechbeschlag mit stilisierter Darstellung eines Kaiserportraits mit Lorbeerkranz n. r. Rest von Weißmetallüberzug, am rechten Rand beschädigt, Dm. 2,5 cm. Vgl. Heiligmann 1990, Taf. 146,38 (Heidenheim); Taf. 116,20 (Urspring); Czysz 2002, 74 Abb. 60, 2 (Günzburg); Kortüm/Lauber 2004, 243 Abb. 123 (Walheim); Planck 1975, Taf. 74,4 (Rottweil); Walke 1965, Taf. 98,4 (Straubing); Nuber 1981, 517 Abb. 12 (Heidelberg). – Aus einer zusätzlichen Jaucherinne in Baracke III (Bef. 1111b). Phase 2b. Fb.-Nr. 1791 (Scholz 2002, 100 Abb. 74, 5).

*58 Fragment eines runden Pressblechbeschlags mit stilisierter Darstellung eines Kaiserportraits mit Lorbeerkranz, jedoch aus anderer Patrize als Nr. 57. Die als Rippen angedeuteten Gewandfalten über der Schulter sind noch erhalten. Frei ergänzt nach Schönberger 1978, Taf. 43 B174. Dm. 2,3 bis 2,4 cm. – Aus dem Stallbereich von Baracke IV, Pl. 0–1. Phase 3? Fb.-Nr. 1150.

*59 Runder Beschlag mit zwei Zonen Emaileinlagen: Außen blaue und grüne Felder, innen rotorange und weiße/gelbe Felder im Wechsel, Zentrum blau. Dm. 2,5 cm. Länge des Befestigungsstiftes 1,2 cm. – Aus einer Grube im Bereich der *porticus* von Baracke III (Bef. 168/296b/c). Phase 2a. Fb.-Nr. 391 (Scholz 2001/02, 100 Abb. 5, 6).

*60 Runder Beschlag mit zwei Zonen Emaileinlagen: Außen blaue und rote Felder, innen rote und orange oder gelbe Felder im Wechsel, Zentrum blau. Befestigungsstift abgebrochen. Dm. 2,4 cm, Gewicht 7,1 g. – Aus einem Grubenkomplex vor der Nordumwehrung des Kastells (Bef. 1053/55). Phase 1–3. Fb.-Nr. 1096 (Scholz 2001/02, 100 Abb. 5, 7).

*61 Runder Beschlag mit zwei Zonen von Emaileinlagen, Dm. 2,8 cm. Email vollständig herausgebrochen. Rest eines dünnen, schwarzen Haftgrundes (Blei?) erhalten. Gewicht noch 6,3 g. – Aus einer Vorratsgrube in einer *papilio* von Baracke VI (Bef. 815). Phase 3. Fb.-Nr. 1304.

*62 Runder Beschlag mit drei Zonen von Emaileinlagen, Dm. 2,5 cm. Email vollständig herausgebrochen. Rest eines dünnen, schwarzen Haftgrundes (Blei?) erhalten. Gewicht noch 6,6 g. – Aus einer (Pfosten-?) Grube an der Trennwand zweier *papiliones* in Baracke V (Bef. 841). Phase 3. Fb.-Nr. 1325.

*63 Kl. runder Beschlag mit kreuzförmigen Segmenteinlagen aus orangefarbenem und hellgrünem Email. Mitgegossener Nietstift. Dm. 1,4 cm, Gewicht 1,4 g. – Aus einer Vorratsgrube in einer *papilio* von Baracke VI (Bef. 815). Fb.-Nr. 1304.

*63a Kl. runder Beschlag wie Nr. 63 mit blauem und hellgrünem Email. – Von der Oberfläche über einer Grube innerhalb in der *via vicenaria* zwischen Baracke V und VI (Bef. 826). Phase 1? Fb.-Nr. 1524.

*64 Zwei kl. runde Beschläge mit je drei Einlagen aus grünem Email, das in Resten erhalten blieb. Die je drei schmaleren Zwischenzonen hatten offenbar keine Glaseinlage oder diese ging vollständig verloren. Die beiden Beschläge mit mitgegossenem Befestigungsstift sind „zwillingsartig" nebeneinander liegend gefunden worden. Dm. 1,2 cm, Gewicht 0,7–0,8 g. – Aus der Verfüllung der Grabenspitze des westlichen Kastellgrabens, ca. 30 m nördlich des Westtores (unter der Baugrubenkante der „Schloss-Arkaden" in der Heinrich-Völter-Str., Bef. 1520). Phase 3. Fb.-Nr. 2427.

*65 „Augenbeschlag" mit spärlichen Resten roter und grüner Emaileinlagen. Länge 2,7 cm, Gewicht 1,6 g. Vgl. Gschwind 2004, Taf. 54 C566 (Eining, jedoch mit Bügelhalterung). – Aus einer späten Jauchegrube im erweiterten Endcontubernium von Baracke II (Bef. 1249e). Phase 3. Fb.-Nr. 2126 (Scholz 2002, 100 Abb. 74, 10).

*66 „Augenbeschlag" mit zwei mitgegossenen Nieten, Länge 3,5 cm. Gewicht 5,2 g. Vgl. Oldenstein 1976, Taf. 35,287 (Weißenburg). – Aus einer Grube in der *via vicenaria* zwischen Baracke V und VI (Bef. 576). Fb.-Nr. 1305.

*67 „Augenbeschlag" mit Mittelbuckel aus getriebenem Blech, stark verbogen. Länge 2,8 cm, Gewicht 1,0 g. Vgl. Fischer 1973, 103 Abb. 24, 3 (Heddernheim); Nicolay 2005, 429 Nr. 134.2 u. 242.88 (Batavergebiet). – Aus dem Kanal der westlichen *via sagularis* (Bef. 1550). Phase 3. Fb.-Nr. 2437.

*68 Zierbeschlag mit zwei *lunula/torques*-Enden, in der Mitte halber, stilisierter Granatapfel mit „Niello"-Einlagen in den Rippen. Die mitgegossenen, 0,8 cm langen Befestigungsnieten enden spitz: Der Beschlag ist wahrscheinlich noch unbenutzt in den Boden gekommen. – Aus einer zusätzlichen Jaucherinne in Baracke III (Bef. 1111b). Phase 2b. Fb.-Nr. 1795 (Scholz 2002, 100 Abb. 74, 11).

*69 Zierbeschlag mit zwei knopfartigen Enden, in denen 1,0 cm lange Befestigungsstifte stecken. Das hohl gegossene, runde Mittelstück mit strahlenförmigen „Niello"-Einlagen („Granatapfel") geht in ein Scharnier für einen Zieranhänger über. Breite 2,4 cm, Höhe 1,8 cm, Gewicht 5,2 g. Die noch spitzen Befestigungsstifte deuten darauf hin, dass der Beschlag vielleicht nie verwendet wurde. – Aus einer zusätzlichen Jauchegrube in Baracke III (Bef. 195). Phase 2b. Fb.-Nr. 426.

*70 Fragment eines rechteckigen Blechbeschlags (Breite 1,0 cm) mit lunula/torques-Ende und mitgegossenem Nietstift. Länge noch 4,0 cm. Gewicht noch 3,0 g. Vgl. Heiligmann 1990, Taf. 116,3 (Urspring); Müller 1979, Taf. 79,24 (Dormagen). – Aus einem Abfallgrubenkomplex vor dem Westtor des Kastells (Bef. 1450). Phase 2–3. Fb.-Nr. 2284.

*71 Endbeschlag eines Lederriemens mit gerripptem Schaft und lunula/torques. Länge 4,6 cm. Vgl. Müller 1979, Taf. 79,25 (Dormagen); Jütting 1995, 204 Abb. 14, 185 (Eining-Unterfeld). – Aus einer Grube in einer papilio von Baracke VI (Bef. 812a). Phase 3. Fb.-Nr. 1519 (Scholz 2001/02, 100 Abb. 5, 12).

*72 Fragment eines Riemenbeschlags in Gestalt eines Blütenkelches mit Voluten und abschließender lunula/torques. Das gegenüberliegende, ursprünglich wahrscheinlich symmetrische Ende ist abgebrochen. In die Voluten sind Kreisaugen eingepunzt. Rest von Weißmetallüberzug auf der Schauseite. Auf der Rückseite mitgegossener, flachgehämmerter Nietstift. Länge noch 3,0 cm, Gewicht noch 1,9 g. – Aus einer Grube in einer papilio von Baracke III (Bef. 1220a). Phase 2b–3. Fb.-Nr. 2121 (Scholz 2002, 100 Abb. 74, 12).

*73 Riemenbeschlag in symmetrischer Blütenkelchform mit dreiteiliger Endblüte. In jede Blüte ist ein Kreisauge eingepunzt. Länge 3,8 cm, Gewicht 2,8 g. Vgl. ORL B 72 (Weißenburg) Taf. 6,50 = Oldenstein 1976, Taf. 35,282; Jütting 1995, 203 Abb. 13, 175–176 (Eining-Unterfeld; vgl. Endblüten); Nicolay 2005, 421 A14 (Batavergebiet). – Aus einem Abfallgrubenkomplex vor der Nordumwehrung (Bef. 1012). Phase 1–3. Fb.-Nr. 1068 (Scholz 2001/02, 100 Abb. 5, 9).

*74 Kl. Beschlag in Form eines Phallus. Länge 2,4 cm. Die mitgegossenen Nietstifte sind flachgeklopft. Vgl. Oldenstein 1976, Taf. 42,410–411 (Zugmantel bzw. Saalburg); Stüben 1995, 37 f. Abb. 76; 81 f. (Krefeld-Gellep); Nicolay 2005, 420 A13 (Batavergebiet). – Aus einer Vorratsgrube in einer papilio in Baracke III (Bef. 1207). Phase 3. Fb.-Nr. 2041 (Scholz 2002, 100 Abb. 74, 7).

*75 Astragalförmiger Beschlag, hohl gegossen, geripptes Mittelteil mit schwarzen, nielloartigen Einlagen und massiven mitgegossenen Nieten. Länge 2,7 cm, Gewicht 3,4 g. Vgl. Müller 1979, Taf. 79,26 (Dormagen); Jütting 1995, 204 Abb. 14, 186 (Eining-Unterfeld); Lenz 2006, Taf. 73 Nr. 712 (in Xanten mittlere Kaiserzeit); Nicolay 2005, 420 A12 (Batavergebiet). – Aus dem Abfallgrubenkomplex vor der Nordumwehrung (Bef. 1053/55). Phase 2–3. Fb.-Nr. 1089.

*76 Astragalförmiger Beschlag wie Nr. 75, linkes Endstück abgebrochen. Gewicht noch 2,9 g. Vom Röntgenfoto gezeichnet. – Aus einer zusätzlichen Jaucherinne in Baracke III (Bef. 1137). Phase 2b. Fb.-Nr. 2014.

*77 Astragalförmiger Beschlag wie Nr. 76, jedoch schmaler und ohne Rippen; sehr stark korrodiert. Länge 2,8 cm, Gewicht 2,8 g. – Aus dem Abfallgrubenkomplex vor der Nordumwehrung (Bef. 1012). Phase 2–3. Fb.-Nr. 1112

*78 Astragalförmiger Beschlag wie Nr. 77 ohne Rippen. Länge 2,9 cm, Gewicht 3,3 g. – Aus einer späten Stallgrube in Baracke IV (Bef. 691). Phase 3. Fb.-Nr. 940.

*79 Kl. Beschlag in Gestalt einer doppelten pelta, Dm. 1,2 cm. Auf der Schauseite Weißmetallüberzug, auf der Rückseite mitgegossener, flachgehämmerter Nietstift. Vgl. Heiligmann 1990, Taf. 116,14 (Urspring); Krause/Gram 2005, 134 Abb. 122, 6 (Welzheim); Gschwind 2004, Taf. 55,C584–591 (Eining); Bayer. Vorgeschbl. Beih. 17, 2005, 249 Abb. 128, 18 (Gnotzheim); Goguey/Reddé 1995, 334 Nr. 70 (Mirebeau); Nicolay 2005, 428 B9 (Batavergebiet). – Aus einer Jaucherinne in Baracke VII (Bef. 1395). Phase 3. Fb.-Nr. 2201.

*80 Kl. Beschlag in Gestalt einer doppelten pelta wie Nr. 79 mit Mittelrippe, Dm. 1,5 bis 1,6 cm. Vgl. Nicolay 2005, 428 Nr. 242.82 (Tiel NL, Periode 3); Chapman 2005 Sr32 (Caerleon). – Aus dem Abfallgrubenkomplex vor der Nordumwehrung (Bef. 1012). Phase 2–3. Fb.-Nr. 1111.

*81 Kl. Zierbeschlag in Gestalt einer halbierten Melone oder eines Granatapfels. Dm. 1,4 cm. Mitgegossener Nietstift flachgeklopft. Evtl. Zierbeschlag einer ledernen Rossstirn, vgl. Garbsch 1978, Taf. 46,1; Fundber. Baden-Württemberg 29, 2007, 861 Abb. 37, 5 (Schorndorf); Jütting 1995, 200 Abb. 11, 130 (Eining-Unterfeld); Fischer 1973, 95 Abb. 20, 13 (Heddernheim); Nicolay 2005, 425 B3 (Batavergebiet); James 2004, 92 Nr. 288 (Dura Europos). Vgl. ferner ähnliche Zierstücke aus Bein: Ulbert 1969, Taf. 60,5–7 (Rheingönheim); Oldenstein 1976, Taf. 57,704–708. – Aus einer Grube im Bereich der porticus von Baracke V (Bef. 394). Phase 2a. Fb.-Nr. 685 (Scholz 2001/02, 100 Abb. 5, 8).

*82 Rechteckiger Riemenbeschlag aus Bronzeblech mit zwei mitgegossenen Nietstiften auf der Rückseite, leicht verbogen. Länge 5,2 cm, Gewicht 2,7 cm. Vgl. Jütting 1995, 203 Abb. 13, 172–173 (Eining-Unterfeld). – Aus einer Grube in der via vicenaria zwischen Baracke V und VI (Bef. 883). Phase 1. Fb.-Nr. 1526.

*83 Rechteckiger Riemenbeschlag aus Bronzeblech mit Resten eines Weißmetallüberzugs auf der Vorderseite und zwei mitgegossenen Nietstiften auf der Rückseite. Länge 5,1 cm, Breite 1,7 cm. – Aus einer späten Grube im Stallbereich von Baracke IV (Bef. 691a). Phase 3. Fb.-Nr. 768 (Scholz 2001/02, 100 Abb. 5, 11).

*84 Bruchstück eines rechteckigen Riemenbeschlags aus Bronze mit mitgegossenem, flachgehämmertem Nietstift. Breite 1,8 cm, Gewicht noch 1,3 g. – Aus einer zusätzlichen Jaucherinne in einem Stall von Baracke III (Bef. 195a). Phase 2b. Fb.-Nr. 2059.

*85 Bruchstück eines rechteckigen Riemenbeschlags wie Nr. 84. Gewicht noch 2,7 g. – Aus einer Jaucherinne in Baracke III (Bef. 1111 oder 1113). Phase 2b–3. Fb.-Nr. 1698.

86 Rechteckiger Riemenbeschlag mit Scharnier zur Befestigung eines Zieranhängers, auf der Schauseite mit Punzinschrift (Kap. IV.1 Nr. 23 mit Abb.). – Aus einer frühen Grube in der via vicenaria zwischen Baracke V und VI (Bef. 576). Phase 1. Fb.-Nr. 1303.

87 Bronzene Besitzermarke (eines Sattels?) mit Punzinschrift (vgl. Kap. IV.1 Nr. 17 mit Abb.) Aus der Verfüllung des nördlichen Kastellgrabens (Bef. 1002). Phase 3. Fb.-Nr. 1022.

88 Bronzene Besitzermarke mit Punzinschrift (vgl. Kap. IV.1 Nr. 25 mit Abb.). – Aus einer Abfallgrube vor der nördlichen Umwehrung des Kastells (Bef. 1053/55). Phase 1–3. Fb.-Nr. 1097.

89 Bronzene Besitzermarke (Anhänger) mit gepunzter und mit Niello eingelegter Besitzerinschrift (vgl. Kap. IV.1 Nr. 18 mit Abb.). – Aus der Verfüllung einer Pfostenstandspur in einem Trennwandgräbchen in Baracke III (Bef. 1199). Phase 3. Fb.-Nr. 1792.

*90 Runder Blechbeschlag, zu dünn für eine „Besitzermarke", daher ohne Inschrift. Dm. 3,0 cm, Gewicht 2,9 g. – Aus einer großen Abfallgrube vor der Nordumwehrung (Bef. 1012). Phase 1–3. Fb.-Nr. 1109.

*91 30 runde, gleichförmige Blechbeschläge mit mitgegossenen Nietstiften. Dm. 1,2 cm, Gewicht pro Niete 0,2–0,4 g. Die Beschläge wurden in situ in ihrer ursprünglichen Reihenanordnung liegend gefunden. Sie müssen also zusammen mit dem Lederstück, auf dem sie befestigt waren, in den Boden gelangt sein. Der Mittelabstand zwischen den Nieten (d. h. zugleich Abstand der Nietlöcher) betrug einheitlich 1,5 cm. Die Rückseitenbefestigung der umgebogenen oder flachgehämmerten Stifte erfolgte mittels kleiner kappenförmiger Unterlegscheibchen von max. 0,5 cm Dm. Diese sind noch vereinzelt in situ erhalten und bestehen erkennbar aus einem anderen Metall (wahrscheinlich Messing) als die Nieten selbst. Der nietenbeschlagene Riemen könnte zum Halsschmuck eines Pferdes gehört haben: James 2004, 68 f. mit Abb. 33; vgl. auch Massart 2000, 517 Fig. 9. Nach Reliefdarstellungen wurden bis zu 20 solcher eng mit Metallnieten besetzten Riemen nebeneinander um den Pferdehals gelegt.[705] – Aus einer späten Grube im Bereich des Kopfbaus von Baracke II (Bef. 1228). Phase 3. Fb.-Nr. 2177.

*92 Runder Pressblechbeschlag mit profiliertem, halbrund gewölbtem Rand; zerrissen und verbogen. Auf der Rückseite kurzer, kräftiger Nietdorn. Dm. einst ca. 3 cm, Gewicht noch 1,8 g. – Aus einer frühen Grube, die im Bereich des Zusammenflusses des westlichen *via sagularis*-Kanals mit dem südlichen Kanal der *via principalis* von diesen geschnitten wird (Bef. 1593). Phase 1–2. Fb.-Nr. 2362.

*93 Runde Blechniete wie Nr. 91. Dm. 1,7 cm, Gewicht 0,5 g. – Aus einer Vorratsgrube in einer *papilio* von Baracke VI (Bef. 815). Phase 3. Fb.-Nr. 1304.

*94 Tropfenförmiger Pressblechbeschlag, zusammen mit Nr. 93 gefunden. Länge 1,9 cm, Gewicht 0,6 g. Die Beschläge dienten zur Reihenverzierung von Lederriemen wie Nr. 91. Einen Eindruck davon vermittelt eine vollständig erhaltene Riemengarnitur aus Celles-lez-Waremme, deren muschelförmige Beschläge allerdings bereits in das 3. Jh. datieren (Nicolay 2005, 262 Fig. 6.11). – Aus einer Vorratsgrube in einer *papilio* von Baracke VI (Bef. 815). Phase 3. Fb.-Nr. 1304.

*95 Zierbuckel (Kugelsegment) aus 1 mm starkem Blech mit zentralem, abgeflachtem Nietloch. Oberfläche außen glatt (Schauseite), innen mit feinen Drehrillen, beschädigt. Dm. 3,1 cm, Gewicht noch 4,7 g. Zu einem Ösenknopf gehörig, vgl. Unz/Deschler-Erb 1997, Taf. 72 (Vindonissa); Fischer 1973, 101 Abb. 23, 14 (Heddernheim). – Aus einer Grube in der *via vicenaria* zwischen Baracke V und VI (Bef. 726). Phase 1. Fb.-Nr. 941.

*96 Beschlag unbekannter Funktion. Das ausgerissene Nagelloch bezeugt evtl. den Versuch einer sekundären Verwendung. Ursprünglich evtl. Griff einer kl. Kasserolle? Länge noch 3,3 cm. Verwendung unklar. – Aus einer späten Grube im Bereich des erweiterten Endcontuberniums von Baracke V (Bef. 554). Phase 3. Fb.-Nr. 592.

*97 Pilzkopfnagel, Länge 1,7 cm, Dm. 1,4 cm. – Aus einem Sohlgraben, der ca. 20 m westliche der Westumwehrung parallel zu dieser verläuft (Bef. 1633). Phase 1–2. Fb.-Nr. 2429.

*98 Pilzkopfnagel, zerdrückt. Dm. 2,2 cm, Gewicht 0,7 g. – Aus einer späten Stallgrube in Baracke IV (Bef. 664). Phase 3. Fb.-Nr. 858.

*99 Pilzkopfnagel, beschädigt. Dm. 1,1 cm, Gewicht 0,4 g. – Aus einer Grube in der *via vicenaria* zwischen Baracke V und VI (Bef. 883). Phase 1. Fb.-Nr. 1542.

*100 Pilzkopfnagel, zerdrückt. Dm. ca. 1,3 bis 1,5 cm. – Aus einer frühen Grube in der *via vicenaria* zwischen Baracke V und VI (Bef. 766). Phase 1. Fb.-Nr. 1158.

*101 Pilzkopfnagel, zerdrückt. Dm. ca. 1,5 bis 2 cm. Gewicht noch 1,0 g. – Aus einer Grube in der *porticus* von Baracke III (Bef. 1107). Phase 2a. Fb.-Nr. 1715.

*102 Kl. zerdrückter Pilzkopfnagel, Dm. ca. 1 cm, Länge ca. 1 cm. – Aus einer späten Grube im Stallbereich von Baracke IV (Bef. 691). Phase 3. Fb.-Nr. 938.

*103 Kl. zerdrückter Pilzkopfnagel, Dm. 0,8 cm. – Aus der Verfüllung einer Pfostenstandspur in einem Trennwandgräbchen zweier Ställe in Baracke VI (Bef. 352). Phase 3. Fb.-Nr. 850.

Funktionsbeschläge und Verbindungsstücke für Leder, meist zum Pferdegeschirr gehörig (Abb. 90–91)

104 Riemenzwinge mit Befestigungsring und Zierscheibe mit Punzinschrift, wohl zu einer capsa gehörig (vgl. Kap. IV.1 Nr. 52 mit Abb.). – Aus einem Abfallgrubenkomplex nördlich des Kastells (Bef. 1012). Phase 1–3. Fb.-Nr. 1087 (Scholz 2001/02, 115 Nr. 2).

105 Massiver langrechteckiger Riemenendbeschlag mit Verschlusshaken und Punzinschrift (vgl. Kap. IV.1 Nr. 24a mit Abb.). Gewicht 6,2 g. – Aus dem Kanal der nordwestlichen *via sagularis* zwischen Baracke VIII und dem Westtor (Bef. 1550). Phase 3. Fb.-Nr. 2376.

*106 Fragment eines langrechteckigen, massiven Riemenendbeschlages mit rechteckigem Loch. Auf der Schauseite befinden sich parallel zu den Rändern zierende Gravurrillen und Reste von Weißmetallüberzug, auf der Rückseite ein mitgegossener Befestigungsstift mit Nagelloch. Dessen Befestigungsspanne beträgt 0,3 cm. Länge noch 4,6 cm, Breite 0,8 cm, Gewicht noch 4,4 g. Vgl. Schönberger 1978, Taf. 30,B440 (Oberstimm). – Aus einem Abfallgrubenkomplex vor dem Westtor des Kastells (Bef. 1450d). Phase 2–3. Fb.-Nr. 2300.

*107 Endbeschlag eines Lederriemens oder Gürtels mit ausgebrochener Schlaufe, rechteckigen Emailfeldern und Endstück in Form einer dreiteiligen Blüte. Gut erhaltener Weißmetallüberzug. Zwei massive mitgegossene, flachgeklopfte Nietstifte. Länge noch 5,1 cm. – Aus dem Bereich des westlichen Endcontuberniums von Baracke IV, Pl. 0–1. Phase 2–3. Fb.-Nr. 1627 (Scholz 2002, 100 Abb. 74, 9).

*108 Endbeschlag wie Nr. 107, jedoch ohne Emaileinlagen. Schlaufe abgebrochen. Länge noch 4,8 cm, Gewicht noch 3,9 g. – Aus einer zusätzlichen Jaucherinne in Baracke III (Bef. 188/334b). Phase 2b. Fb.-Nr. 432 (Scholz 2001/02, 100 Abb. 5, 10).

*109 Endbeschlag mit Haken eines ca. 1 cm breiten Lederriemens, abgebrochen, Länge noch 4,4 cm. Auf der Außenseite Reste von Weißmetallüberzug, mitgegossener Nietstift abgebrochen. – Aus einer Vorratsgrube in einer *papilio* von Baracke VI (Bef. 812). Phase 3. Fb.-Nr. 2203.

*110 Endbeschlag eines Riemens mit Schlaufe. Das untere Gegenblech ist abgebrochen. Zwei kräftige Nietstifte wurden mitgegossen, einer davon ist abgebrochen. Die profilierte Schauseite trägt Weißmetallüberzug. Länge 4,1 cm, Gewicht noch 5,3 g. – Aus einem Abfallgrubenkomplex vor dem Westtor des Kastells (Bef. 1450). Phase 2–3. Fb.-Nr. 2276.

*111 Endbeschlag eines Riemens mit Schlaufe wie Nr. 110. Das Funktionselement wurde gewaltsam aufgebogen, wobei das untere Gegenblech abriss. Kein Weißmetallüberzug. Mit Nr. 111 zusammen gefunden. Länge 3,6 cm, Gewicht noch

---
705 Zum Beispiel M. P. Speidel, Die Denkmäler der Kaiserreiter *equites singulares Augusti*. Beih. Bonner Jahrb. 50 (Köln, Bonn 1994) 290 Nr. 531 (3. Jh.) = James 2004, 63 Abb. 32c.

4,1 g. – Aus einem Abfallgrubenkomplex vor dem Westtor des Kastells (Bef. 1450). Phase 2–3. Fb.-Nr. 2276.

*112 Rechteckiger Endbeschlag eines Riemens mit abgebrochenem Ende (Haken?), Länge noch 4,8 cm. – Aus einem Abfallgrubenkomplex vor der Nordumwehrung des Kastells (Bef. 1012). Phase 1–3. Fb.-Nr. 1107.

*113 Zügelhaken (2 Fragmente) mit profiliertem Nietblech, das untere Federblech ist abgerissen. Die beiden Nieten steckten noch in situ, eine davon mit Weißmetallüberzug. Länge 5,3 cm, Gewicht noch 6,4 g. Identisch: Planck 1975, Taf. 72,10 (Rottweil). Vgl. auch Schönberger 1978, Taf. 23,B179, B186–187 (Oberstimm). – Aus einer zusätzlichen Jaucherinne in Baracke III (Bef. 1111a). Phase 2b. Fb.-Nr. 1794 (Scholz 2002, 100 Abb. 74, 13).

*114 Zügelhaken wie Nr. 113. Länge 5,2 cm, Gewicht 7,8 g. – Aus einer Grube in der *via vicenaria* zwischen Baracke V und VI (Bef. 883). Phase 1. Fb.-Nr. 1526.

*115 Fragment eines Zügelhakens, verbogen. Rechteckiger Blechbeschlag abgebrochen. Gewicht noch 5,9 g. – Aus einer Pfostengrube in einem Stall von Baracke III (Bef. 1114b). Phase 3. Fb.-Nr. 1919.

*116 Fragment eines Zügelhakens, Teil des Nietbleches mit zweitem Nietloch abgebrochen. Länge noch 4,9 cm. – Aus einem Abfallgrubenkomplex vor der Nordumwehrung des Kastells (Bef. 1053/55). Phase 1–3. Fb.-Nr. 1095.

*117 Fragment eines Zügelhakens (Hakenende), Länge noch 2,6 cm. Gewicht noch 3,8 g. – Aus einer Vorratsgrube in einer *papilio* von Baracke VI (Bef. 815). Phase 3. Fb.-Nr. 1304.

*118 Fragment eines Zügelhakens (Ende des Nietbleches), Länge noch 2,3 cm, Gewicht noch 1,9 g. – Aus einer Grube in der *via vicenaria* zwischen Baracke V und VI (Bef. 726). Phase 1. Fb.-Nr. 946.

*119 Riemenzwinge mit Schlaufenende und einfacher Befestigung mit durchgestecktem, bronzenem Nietstift, der beidseitig flachgehämmert ist. Länge 5,4 cm, Breite 1,0 cm, Gewicht 4,1 g. Wahrscheinlich zu einem Riemenverteiler (mit drei Riemen?) gehörig, vgl. Czysz 2002, 75 Abb. 61, 4 (Günzburg). – Aus einem Abfallgrubenkomplex vor dem Westtor des Kastells (Bef. 1450). Phase 2–3. Fb.-Nr. 2268.

*120 Kl. Bruchstück einer Riemenzwinge. Länge noch 1,9 cm. – Aus einer Grube im Bereich der *porticus* von Baracke III (Bef. 76b). Phase 2b. Fb.-Nr. 476.

*121 Massiver Doppelknopf aus Bronze zur Verbindung der sich kreuzenden Riemen des Zaumzeugs. Dm. der Knopfscheiben 2,0 cm. Gewicht 19,1 g. Demselben Prinzip folgen die jüngeren Ring- oder Rahmenschnallen-*cingula*, die jedoch im Gegensatz zu diesem ein halbkugelförmiges Kopfstück aufweisen. Dadurch lassen sie sich von den Doppelknöpfen des Pferdegeschirrs unterscheiden. Vgl. Walke 1965, Taf. 98,8; Gschwind 2004, 175 C 713–720; James 2004, 92 (Dura Europos) und H. Koch, Arch. Jahr Bayern 2001, 89 (Niedererlbach, vollständiger Gürtel aus einem „Soldatengrab" der Zeit um 200 n. Chr.). – Aus der Verfüllung einer Pfostengrube im Stallbereich von Baracke III (Bef. 290). Phase 3. Fb.-Nr. 194.

*122 Riemenzwinge mit einer durchgestoßenen und flachgehämmerten Niete und kl. Schnalle, Dorn und Zwingenende sind abgebrochen. Länge noch 4,7 cm, Gewicht noch 5,2 g. Vgl. Gschwind 2004, Taf. 59,C700 (Eining). – Aus dem einplanierten Fachwerkschutt im Bereich des Kopfbaus von Baracke IV, Pl. 0–1. Phase 3. Fb.-Nr. 1674.

*123 Schnalle und Riemenzwinge mit Pressblechverzierung und zwei Nietlöchern. Länge 3,3 cm, Gewicht 1,8 g. – Auf der Oberkante der Verfüllung des Sohlgrabens, der 20 m westlich der Westumwehrung parallel zu dieser verläuft, Pl. 1 (über Bef. 1465). Die Zeitstellung (römisch oder neuzeitlich?) bleibt fraglich, vgl. jedoch die Riemenzwingen mit eingepunzter Linienzier Heiligmann 1990, Taf. 146,15 (Heidenheim). Fb.-Nr. 2304.

*124 Abgebrochener Bügel einer kl. Schnalle. Breite 1,1 cm. – Aus einer zusätzlichen Jaucherinne in Baracke III (Bef. 195). Phase 2b. Fb.-Nr. 424.

*125 Bügel einer Schnalle, Enden abgebrochen. Höhe 3,0 cm, Gewicht 1,5 g. – Aus einer späten Stallgrube in Baracke IV (Bef. 691). Fb.-Nr. 940.

*126 Dorn einer Schnalle, Länge 3,8 cm. – Aus einer Abfallgrube vor der Nordumwehrung des Kastells (Bef. 1012). Phase 1–3. Fb.-Nr. 1111.

*127 Fragment eines Schnallendorns in Durchbruchstechnik, der offenbar für eine Sekundärverwendung zum Zierbeschlag umgearbeitet wurde, wie ein primitiver Nietstift zeigt, der noch in einem späteren Bohrloch steckt. Länge noch 5,1 cm. Gewicht noch 4,9 g. – Aus der frühalamannischen Kulturschicht über der Westumwehrung des Kastells (Bef. 1443). Das Stück ist zweifelsfrei römischer Provenienz, möglicherweise aber erst nachkastellzeitlich (Phase 2–4). Fb.-Nr. 2372.

*128 Kl. Befestigungsniete, Dm. 0,85 cm, wahrscheinlich für eine Riemenzwinge. Gewicht 0,2 g. – Aus einer Vorratsgrube in einer *papilio* von Baracke III, oberste Schicht (Bef. 1125e). Phase 2b. Fb.-Nr. 1914.

Zier- und Funktionsbeschläge auf Holz (Abb. 91)

*129 Gerundetes Beschlagblech mit drei Nietlöchern, abgebrochen. Länge noch 7,2 cm, Breite 1,0 cm. Vielleicht Zierbeschlag eines Schildes, eines Kästchens oder Holzgefäßes. – Aus der Abbruchschicht des Kastells über dem Kopfbau von Baracke V, Pl. 0–1. Phase 3. Fb.-Nr. 1675.

*130 Massiver, kegelstumpfförmiger Nagelkopf aus Bronze mit Radialrillen nach Art der Melonenperlen. Der Stumpf des eisernen Nagels/Stiftes steckt noch in der tüllenartigen Fassung der Rückseite. Dm. 2,8 cm, Gewicht 23,8 g. Wohl Zierbeschlag eines Tores, einer Tür oder eines Möbels. Die flachgehämmerte Kopfspitze spricht dafür, dass der Nagel zusammen mit dem Zierkopf in das Holz eingeschlagen wurde. Fundber. Baden-Württemberg 9, 1984, Taf. 56,C1 (Köngen). – Aus dem Abfallgrubenkomplex vor der Nordumwehrung (Bef. 1053/55). Phase 2–3. Fb.-Nr. 1088.

*131 Massiver, melonenkopfförmiger Nagelkopf aus Bronze ähnlich Nr. 130. Der in die Rückseite eingezapfte 5,5 cm lange Eisennagel ist vollständig erhalten. Länge insgesamt 7,3 cm, Gewicht 18,1 g. – Aus einer späten Grube im Bereich des Endbaus von Baracke III (Bef. 1302). Phase 3. Fb.-Nr. 2115.

*132 Kegelförmiger, profiliert gedrehter Zieraufsatz mit massivem Kern und 1,1 cm langem, mitgegossenem Befestigungsstift. Länge 3,8 cm, Gewicht 20,6 g. Der Zieraufsatz diente wahrscheinlich zur Befestigung eines Schloss- oder Zierbleches eines Kästchens, vgl. Riha 2001, 100 u. Taf. 47,604–610; Schaeff 2000, Taf. 22 H 73 (Hofheim); Goguey/Reddé 1995, 337 Nr. 86 (Mirebeau). – Aus einer Grube in der *via vicenaria* zwischen Baracke V und VI (Bef. 580). Phase 1. Fb.-Nr. 849.

*133 Kegelförmiger, profiliert gedrehter Zieraufsatz wie Nr. 132 mit massivem Kern gegossen. Länge 2,3 cm, Dm. unten max. 1,3 cm, Gewicht 10,0 g. Zieraufsatz oder Griff z.B. einer Schublade. Aufgrund der abgebrochenen Fassung für einen Metallstift mit rechteckigem Querschnitt von 0,9 cm × 0,3 cm könnte es sich auch um den Knauf eines Messer- oder Werkzeuggriffes handeln. – Aus dem Abfallgrubenkomplex vor der Nordumwehrung (Bef. 1053/55). Phase 2–3. Fb.-Nr. 1100.

*134 Kl. Ziernagel mit gezacktem Rand und kurzem, massivem Stift, Dm. 0,9 cm, Gewicht 1,0 g. Zierbeschlag für Sattel, Schild oder Möbel? Aus dem Kanal der westlichen *via sagularis* (Bef. 1550). Phase 3. Fb.-Nr. 2437.

Medizinische Instrumente und Toiletteutensilien (Abb. 92)

*135 Spatelsonde mit punzverziertem Spatelansatz und tordiertem Griff, dessen Ende keulenförmig verdickt ist. Länge 12,9 cm. Gewicht 2,1 g. Vgl. Hirt 2000, 118 Nr. 42 (Avenches); Franke 2003, Taf. 63,1049 (Rottweil); Knierriem/Löhnig 1998, 447 Nr. 9 (Baden-Baden). – Aus einer Grube in einer *papilio* von Baracke III (Bef. 1125a). Phase 2b. Fb.-Nr. 1778.

*136 Spatelsonde mit gedrechselter Fingerauflage, Ende abgebrochen, verbogen. Länge noch 7,8 cm, Gewicht noch 3,4 g. – Aus einem Abfallgrubenkomplex vor der Nordumwehrung (Bef. 1053/55). Phase 1–3. Fb.-Nr. 1092.

*137 Sonde mit dreieckigem, spitzem Ende. Das andere Ende ist abgebrochen. Dieses bestand vermutlich in einem keulenartig verdickten Griffabschluss, vgl. z.B. Walke 1965, Taf. 109,13. Länge noch 9,5 cm. Gewicht noch 2,4 g. – Aus einer Jaucherinne in Baracke III (Bef. 272). Phase 3. Fb.-Nr. 235.

*138 „Ohrenlöffelchen" mit spitzem Stielende, verbogen. Länge 12,2 cm. – Aus einer späten Jaucherinne im Kopfbau einer Baracke in der östlichen *retentura* (Bef. ZOH-105). Phase 3. Fb.-Nr. 1620.

*139 „Ohrenlöffelchen" mit spitzem Stielende, verbogen. Länge 12,0 cm, Gewicht 4,8 g. – Aus der Kiesschicht über dem Schutt der umgestürzten westlichen Kastellmauer (Bef. 1527). Phase 1–3. Fb.-Nr. 2341.

*140 Fragment einer bronzenen Griffplatte mit Einschubspalte für eine eiserne Klinge, evtl. Griff eines Rasiermessers oder Skalpells. Ein noch vorhandener Eisenstift diente der Fixierung des ansonsten verlorenen Eiseneinsatzes. Auf dem Schaft kreuzförmige Ziergravur. Gewicht noch 1,2 g. – Aus einer Vorratsgrube in einer *papilio* von Baracke III, oberste Schicht (Bef. 1125a). Phase 2b. Fb.-Nr. 1788.

Gefäße (Abb. 92)

*141 Massiver Klappdeckel einer Bronzekanne mit kleeblattförmigem Ausguss (Heißwasserkanne), Länge 7,9 cm, Breite 5,8 cm, Gewicht 86,8 g. Vgl. Schönberger 1978, Taf. 29,B420 (Oberstimm). – Aus dem Kanal der westlichen *via sagularis* (Bef. 1550a). Phase 3. Fb.-Nr. 2348.

*142 Griff einer Kasserolle (*trulla*)? Durch Verbiegen abgebrochen. Länge noch 4,4 cm. Gewicht noch 3,2 g. – Aus einem Schwellbalkengräbchen der Umbauphase des Kopfbaus von Baracke IV (Bef. 1028). Phase 3. Fb.-Nr. 1968.

*143 Henkelfragment, vermutlich eines Eimers. Länge noch 4,3 cm. Vgl. H. Sedlmayer, Die römischen Bronzegefäße in Noricum (Montagnac 1999) Taf. 45,1. – Aus der Abbruchschicht des Kastells über dem Kopfbau von Baracke V, Pl. 0–1. Phase 3. Fb.-Nr. 1675.

*144 Griffblech mit Endstück in Gestalt einer asymmetrischen *tabula ansata* mit Öse. Länge 14,8 cm, Gewicht 16,5 g. Der verbogene, 9,9 cm lange Schaft scheint nicht abgebrochen zu sein, sondern sein originales Ende bewahrt zu haben. Möglicherweise handelt es sich um eine unbeschriftet gebliebene Etikette, die z.B. in eine zusammengerollte Lederbahn oder in den Bund eines Sackes eingesteckt werden konnte. Ein mit Punzbuchstaben beschriftetes Parallelstück ist aus Augst bekannt (Deschler-Erb 1999, 70 Abb. 78). Ähnlicher Gestalt sind aus Bein geschnitzte Sacketiketten (Carnap-Bornheim 1994, 350f.; Gostenčnik 2005, 522–525). Alternativ könnte es sich auch um den Griff eines Schreibtäfelchens (?) mit Einsteckschiene handeln. – Aus einer Grube in der *porticus* von Baracke VI (Bef. 723). Phase 2a. Fb.-Nr. 943.

Ringe (Abb. 93)

*145 Massiver Bronzering mit rautenförmigem Querschnitt, Dm. 1,8 cm. Gewicht 4,2 g. Vgl. Krause/Gram 2005, 134 Abb. 122, 7 (Welzheim). – Aus einer Grube innerhalb der *porticus* von Baracke I (Bef. 1688). Phase 2a. Fb.-Nr. 2459.

*146 Kl. Ringzwinge mit rautenförmigem Querschnitt, Dm. 0,7 cm. Gewicht 0,3 g. – Aus einer Grube innerhalb der *porticus* von Baracke I (Bef. 1688). Phase 2a. Fb.-Nr. 2459.

*147 Kl. Bronzering, Dm. 2,0 cm. Vom Röntgenfoto gezeichnet. – Aus einer zusätzlichen Stallgrube in Baracke II (Bef. 1238). Phase 2b. Fb.-Nr. 2150.

*148 Kl. Bronzering, Dm. 1,8 cm, Gewicht 2,0 g. – Aus einer Abfallgrube vor der Westumwehrung des Kastells (Bef. 1620). Phase 2–3. Fb.-Nr. 2426.

149 Aufgebogener Bronzering mit rautenförmigem Querschnitt, Höhe 2,5 cm, Gewicht 1,4 g. – Aus einer Abfallgrube vor der Westumwehrung des Kastells (Bef. 1620). Phase 2–3. Fb.-Nr. 2426.

*150 Nicht ganz runder Ring, 2,1 cm × 1,9 cm, Gewicht 2,9 cm. – Aus der Kiesschicht über dem Schutt der umgestürzten westlichen Kastellmauer (Bef. 1527). Phase 1–3. Fb.-Nr. 2352.

Sonstiges (Abb. 93)

*151 Abgebrochenes Endstück eines Fußmaßschenkels oder eines vergleichbaren Instrumentes. Vgl. W. Heinz, Der Vindonissa-Fuss. Zu den römischen Fussmassen des Vindonissa-Museums. Jahresber. Ges. Pro Vindonissa 1991, 65–79. Vgl. ferner die beinernen Enden von Fußmaßstäben vom Magdalensberg bei Gostencnik 2005, 524f. Nr. 60/9–10. Weniger wahrscheinlich Abschluss einer Griffzunge (Ende zweier paralleler Schienen mit verbindendem Zwischensteg)? Gewicht noch 2,2 g. – Aus einem Sohlgraben, der ca. 20 m westlich der Westumwehrung parallel zu dieser verläuft (Bef. 1465). Phase 1–2. Fb.-Nr. 2289.

*152 Kl. Unterlegscheibe (?), Dm. 0,7 cm. – Aus einer zusätzlichen Jaucherinne in Baracke III (Bef. 195). Phase 2b. Fb.-Nr. 424.

*153 Verbogener Bronzeblechstreifen. Breite 1,2 cm. Gewicht 1,5 g. – Aus einer Grube innerhalb der *porticus* von Baracke I (Bef. 1688). Phase 2a. Fb.-Nr. 2459.

*154 Verbogenes Blechstück mit Schnittspuren einer Blechschere. Länge noch 3,4 cm. – Aus dem einplanierten Fachwerkschutt im Bereich des westlichen Kopfbaus von Baracke III, Pl. 1. Phase 3. Fb.-Nr. 2069.

155 Trapezoides Blechstück mit Schnittspuren einer Blechschere. Länge noch 2,6 cm, Gewicht noch 0,7 g. – Aus einer Abfallgrube vor der Westumwehrung (Bef. 1620). Fb.-Nr. 2426.

*156 Kl. Bronzenadel mit vierkantigem Schaft und rundem Kopf. Länge 3,5 cm, Gewicht 1,1 g. Es könnte sich um einen umgelagerten römischen Sattelnagel handeln, vgl. Stüben 1995, 30 Abb. 58 (Krefeld-Gellep). – Aus der frühalamannischen Kulturschicht über der Westumwehrung des Kastells (Bef. 1443). Die Zeitstellung des Stücks (römisch oder völkerwanderungszeitlich) bleibt fraglich. Fb.-Nr. 2327.

*157 Kl. Drahtschlaufe, Dm. 1,4 bis 1,5 cm. Gewicht 0,5 g. – Aus der frühalamannischen Kulturschicht über der Westumwehrung des Kastells (Bef. 1443). Evtl. völkerwanderungszeitliches Schmuckzubehör. Fb.-Nr. 2372.

IV.3.1 Buntmetallfunde vom mutmaßlichen *campus* des Kastells (Ausgrabung „Gleisharfe" 2004)

Die zahlreichen (insgesamt 67) Buntmetallfunde sind für die Beurteilung der Nutzung des großen Areals nördlich der *castra* während der Kastellzeit von zentraler Bedeutung (vgl. Kap. III.3). Die meisten von ihnen können als Ausrüstungsstücke der Kavallerie interpretiert werden („Militaria"). Daher erscheint es angebracht, diese Funde nicht wie im Falle der Keramik oder des Glases in den Materialgruppenbestand des Kastells einzureihen, sondern diesem als geschlossenes Fundensemble zum Vergleich gegenüberzustellen.

Einige Funde passen allerdings nicht zur Funktion des mutmaßlichen *campus*. Dabei handelt es sich um eine Ansammlung von kleinteiligem Buntmetallschrott (Bronze- und Bleiobjekte), der sich an einer Stelle konzentrierte (Nr. 164, 185, 209, 210–211, 214–215, 219–224). Dazu gehört auch das Bruchstück eines Militärdiploms (vgl. Kap. IV.1 Nr. 1). Die Objekte lagen im Bereich des mittleren Suchschnittes (östlich des römischen Straßenkörpers) innerhalb eines Radius von ca. 10 m verstreut (Bef. 5). Von den dort ebenfalls entdeckten „Militaria" ließen sich diese Funde jedoch weitgehend trennen, da sie nur an der Oberkante der antiken Fundschicht zum Vorschein kamen, während die „Militaria" erst nach einem zweiten maschinellen Schichtabtrag 5 bis 10 cm tiefer im schwarzen Auelehm mit der Metallsonde georten werden konnten. Da sich im schmalen Sichtfenster des Suchschnittes lediglich Produktionsabfälle, jedoch keine Werkstatteinrichtungen (Öfen o. ä.) und nur wenige, kleinteilige Schlacken fanden, ist nicht sicher, ob die metallhandwerklichen Aktivitäten am Fundplatz selbst stattfanden. Darüber vermögen nur weitere Ausgrabungen Gewissheit zu schaffen. Die unterschiedlichen Fundniveaus der Metallgegenstände unterstützen eine nachkastellzeitliche Datierung der Produktionsrückstände. Der ortsgleiche Betrieb des *campus* und von Werkstätten würde sich ohnehin wechselseitig ausschließen.

Ein zweites auffälliges Ensemble bilden drei bleierne Gewichte, die über eine Distanz von ca. 30 m im südlichen Suchschnitt entdeckt wurden (Nr. 216–218). Mit ihren Normmaßen von 1 *sicilicus*, 3 *sicilici* und 4 *sextulae* könnten sie ursprünglich zu einem Set gehört haben. Hier sei auf die ausführliche Besprechung der einzelnen Gewichte im Kapitel IV.1 (Nr. 127–129) verwiesen. Die nachträgliche Lochung des 3 *sicilici*-Gewichtes (Nr. 217) sowie die auffällig starke Bestoßung der drei Objekte scheint allerdings für eine Sekundärverwendung zu sprechen. Man könnte dabei etwa an Beschwerer von Wurfnetzen denken,[706] die vielleicht bei Übungen (oder Gladiatorenkämpfen?) auf dem *campus* zum Einsatz gekommen sein könnten.

Eisenobjekte wurden im Bereich der „Gleisharfe" übrigens kaum gefunden, abgesehen von zwei kleinen Schlüsseln und einer abgebrochenen Lanzenspitze. Dieser Sachverhalt verwundert nicht, da herumliegendes Eisen den Hufen der Pferde leicht hätte schaden können. Waffen wiederum dürfte man erst recht sorgfältig wieder aufgesammelt haben – im Gegensatz zu den kleinteiligen bronzenen Zierbeschlägen, deren zufälligen Verlust der Reiter in der Regel kaum sogleich bemerkt haben dürfte und die sich leicht im weichen Boden festtreten ließen.

Militärische Buntmetallobjekte (Abb. 93–97)

*158 Zierprotom in Gestalt eines Löwenkopfes. Dm. 3,5 cm, Gewicht mit Ring 31,5 g. Der bronzene Ring (Dm. 3,8 cm), der in das aufgerissene Löwenmaul passt und vermutlich zum Protom gehört, wurde wenige cm neben diesem gefunden. Es handelt sich um eine Ringschnalle für zwei in entgegengesetzte Richtungen abgehende Ledergurte, wobei ein Gurt hinter dem Protom, der andere vorne verlief. Dadurch gegen eine Unterlage gepresst, hielt das Zierprotom auf dem umspannten Objekt fest. Dieses könnte ein Sattel oder zusammengerolltes Gepäck, z.B. eine Decke, gewesen sein. Es könnte allerdings auch zu einer Gurthalterung für *phalerae* gehört haben, die über der Körperpanzerung getragen wurde. Dies könnte etwa für ein Vergleichsstück aus Eining zutreffen, das in der hohl gegossenen Rückseite mit einem horizontalen Steg zum Durchzug eines Lederriemens ausgestattet war (Gschwind 2004, Taf. 53 C545, ohne Ring). – Andere Vergleichsstücke zeigen jedoch, dass der Ring in des Löwen Maul vermutlich mittels gegossener Stege („Zähne") fest montiert war, z.B. Bayer. Vorgeschbl. Beih. 17, 2005, 249 Abb. 128, 20 (Gnotzheim). Das ist bei dem vorliegenden Stück nicht der Fall, auch lassen sich keine frischen Bruchstellen erkennen. Möglicherweise aber wurden sie sekundär glattgefeilt. Außerdem ist das Dormagener Protom durch einen Nagelstift als Holz-, vermutlich als Möbelbeschlag ausgewiesen (Müller 1979, Taf. 76,1). Ein anderes, vermutlich ebenfalls rheinländisches Exemplar war mittels Weichlot auf einer Bronzescheibe

---

706 Vgl. beispielsweise M. Gechter, Arch. Rheinland 1997, 91 Abb. 70.

fixiert und fällt daher wohl wiederum unter die Zierbeschläge von Möbeln o. ä.: N. Franken, Ein römischer „Türzieher" mit Löwenkopf. Bonner Jahrb. 196, 1996, 41–50 bes. 42. – Funktion als Wasserspeier eines Gefäßes: Ulbert 1969, Taf. 41,20 (Rheingönheim). – Östliches Ende des mittleren Suchschnittes, Aufschüttung aus Kies und Keramik (Bef. 5). Fb.-Nr. 50.

*159 Omegafibel mit rautenförmigem Querschnitt und Eichel-Enden. Nadel gebrochen. Dm. 5,0 cm, Gewicht 18,9 g. – Östliches Ende des südlichen Suchschnittes, aus dem dunklen Auelehm. Fb.-Nr. 16.

*160 Kniefibel mit halbrundem, gravurverziertem Kopfschild und Weißmetallüberzug. Länge 3,8 cm, Gewicht 5,6 g. Vgl. Heiligmann 1990, Taf. 146,3 (Heidenheim) u. ebd. Taf. 115,8 (Ursprung); Walke 1965, Taf. 93,12 (Straubing). – Östliches Ende des mittleren Suchschnittes, Aufschüttung aus Kies und Keramik (Bef. 5). Fb.-Nr. 50.

*161 Kl. Scheibenfibel mit Kettchenöse und zwei Zonen Emaileinlagen: Außen in Millefioritechnik weiß und blau mit roter Umrahmung, innen ausgefallen, im Zentrum weiß und blau mit rotem Punkt. Vgl. Kortüm/Lauber 2004, 289 Nr. 110. – Südlicher Suchschnitt, aus der mit schwarzem Auelehm verfüllten Senke parallel östlich des römischen Straßenkörpers (Bef. 3). Fb.-Nr. 28.

*162 Schildnagel mit gedrehter Rille im Zentrum, Dm. 2,8 cm, Gewicht 5,7 g. Befestigungsspanne des Stiftes 0,9 cm. – Nördlicher Suchschnitt, aus einem (Entwässerungs-?) Gräbchen (Bef. 10). Fb.-Nr. 9.

*163 Blattanhänger mit Weißmetallüberzug. Länge 4,2 cm, Gewicht 4,6 g. Wahrscheinlich zur Einhängung in einen großen *lunula*-Anhänger bestimmt, vgl. Czysz 2002, 56 Abb. 41, 5 (Günzburg); Unz/Deschler-Erb 1997, Taf. 57,1590. – Südlicher Suchschnitt, aus einer Aufschüttung aus Kies und Keramik westlich der römischen Straße (Bef. 1). Fb.-Nr. 21.

*164 Verschmolzener Rest eines Blattanhängers (?). Gewicht 7,7 g. Werkstattabfall. – Östlicher Bereich des mittleren Suchschnittes, Aufschüttung aus Kies und Keramik (Bef. 5). Fb.-Nr. 50.

*165 Tropfenförmiger Anhänger, hohl gegossen. Länge 4,5 cm, Gewicht 6,1 g. – Südlicher Suchschnitt, aus Aufschüttung westlich der römischen Straße (Bef. 1). Fb.-Nr. 29.

*166 Gerippter *lunula/torques*-Anhänger, hohl gegossen. Höhe 3,1 cm, Breite 2,7 cm, Gewicht 5,3 g. Vgl. Stüben 1995, 38 Abb. 84 (Krefeld-Gellep). – Aus dem Straßenkörper im südlichen Suchschnitt (Bef. 2). Fb.-Nr. 40.

*167 Anhänger in Gestalt einer stilisierten Eichel. Länge 3,3 cm, Gewicht 6,9 g. – Mittlerer Suchschnitt, aus dem nordost-südwestlich verlaufenden Graben (Bef. 9). Fb.-Nr. 10.

*168 Kl. Eichel-Anhänger mit Riemenzwinge. Länge 4,8 cm, Gewicht 6,7 g. – Südlicher Suchschnitt, aus einer Aufschüttung aus Kies und Keramik östlich der römischen Straße (Bef. 4). Fb.-Nr. 27.

*169 Kl. lanzettförmiger Zieranhänger mit Befestigungsniete. Länge insgesamt 3,9 cm, Gewicht 1,8 g. Vgl. Unz/Deschler-Erb 1997, Taf. 47,1300 (Vindonissa); Deschler-Erb u. a. 1991, 69 Abb. 45, 65 (Kaiseraugst). – Östliches Ende des mittleren Suchschnittes, Aufschüttung aus Kies und Keramik (Bef. 5). Fb.-Nr. 50.

*170 Anhänger mit Emaileinlagen: In den runden Flächen Felder von blauem und weißem Email, in den Zentren „Augen" von weißem Email, auf dem Zwischensteg Felder weißen und schwarzen Emails. Länge 4,3 cm, Gewicht 4,9 g. – Südlicher Suchschnitt, aus einer Aufschüttung aus Kies und Keramik östlich der römischen Straße (Bef. 4). Fb.-Nr. 27.

*171 Rautenförmiger Zierbeschlag mit mitgegossenem Nietstift. Blaues Email mit vier „Augen" von weißem Email, im Zentrum braunes Email. Länge 2,2 cm, Gewicht 2,1 g. Vgl. Heiligmann 1990, Taf. 147,18–19 (Anhänger und Fibel aus dem Kastell Heidenheim); Kortüm/Lauber 2004, Taf. 244, Bef. 10001, 4 (gleichartige und -große Fibel mit blauem Email aus der Verfüllung des Kastellgrabens von Walheim II). – Südlicher Suchschnitt, aus einer Aufschüttung aus Kies und Keramik östlich der römischen Straße (Bef. 4). Fb.-Nr. 27.

*172 Runder Beschlag mit mitgegossenem Nietstift und drei Zonen Emaileinlagen: Außen sind noch vereinzelte blaue Felder erhalten, alle übrigen Einlagen fehlen. Dm. 2,8 cm, Gewicht noch 4,0 g. – Mittlerer Suchschnitt (westlicher Teil), aus Aufschüttung mit Kies und Keramik (Bef. 5). Pl. 1. Fb.-Nr. 25.

*173 Runder Beschlag mit mitgegossenem Nietstift und zwei Zonen Emaileinlagen: Außen hellblau/türkis und rot (? braunschwarz oxidiert), innen orange und dunkelblau/schwarz, im Zentrum hellblau. Dm. 2,65 cm, Gewicht 6,7 g. – Südlicher Suchschnitt, aus einer Aufschüttung aus Kies und Keramik östlich der römischen Straße (Bef. 4). Fb.-Nr. 26.

*174 Runder Beschlag mit mitgegossenem Nietstift und zwei Zonen von Emaileinlagen: Außen hellblau/türkis und rot (schwarz oxidiert), innen orange und rot (? weitgehend ausgefallene Felder), im Zentrum weiß mit türkis/hellblauem Mittelpunkt. Dm. 2,2 cm, Gewicht 4,5 g. – Südlicher Suchschnitt, aus Aufschüttung westlich der römischen Straße (Bef. 1). Fb.-Nr. 20.

*175 Wie Nr. 174. Dm. 2,3 cm, Gwicht 4,9 g. – Mittlerer Suchschnitt, Aufschüttung aus Kies und Keramik (Bef. 5). Fb.-Nr. 30.

*176 Wie Nr. 174. Dm. 2,3 cm, Gewicht 3,8 g. – Südlicher Suchschnitt, aus einer Aufschüttung aus Kies und Keramik östlich der römischen Straße (Bef. 4). Fb.-Nr. 3.

*177 Runder Beschlag mit mitgegossenem Nietstift und zwei Zonen von Emaileinlagen: Außen hellblau/türkis und rubinrot (? schwarz oxidiert), innen orange und dunkelblau bis schwarz, im Zentrum türkis/hellblau. Dm. 1,8 cm, Gewicht 2,4 g. – Nördlicher Suchschnitt, aus dem nordost-südwestlich verlaufenden Graben (Bef. 9). Fb.-Nr. 11.

*178 Runder Beschlag mit mitgegossenem Nietstift und drei Zonen von Emaileinlagen. Bis auf geringe Reste roten (? schwarz oxidierten) Emails in der mittleren Zone sind die Einlagen ausgefallen. Dm. 1,8 cm, Gewicht 2,5 g. – Mittlerer Suchschnitt, Aufschüttung aus Kies und Keramik (Bef. 5). Fb.-Nr. 50.

*179 Rechteckiger Riemenbeschlag mit Scharnier für einen Anhänger und erhabenem, gerippten Mittelsteg. Rechter Rand abgebrochen, am linken Rand Spuren eines missglückten Durchlochungsversuchs. Länge noch 3,1 cm, Gewicht noch 7,1 g. – Mittlerer Suchschnitt (westlicher Teil), aus Aufschüttung mit Kies und Keramik (Bef. 5). Fb.-Nr. 24.

*180 Beschlag in Durchbruchtechnik. Hellbraune Wasserpatina. Länge 6,0 cm, Gewicht 6,7 g. Ein bis auf Details fast identisches Stück wurde in Straubing gefunden (Walke 1965, Taf. 151,1); vgl. ferner James 2004 (Dura Europos) 81 Nr. 80; Pfahl 1999, Taf. 56,12 (Langenau-Göttingen); ORL B 73 Taf. 13,35 (Pfünz); Oldenstein 1976, Taf. 32,242 (Schirenhof); Jütting 1995, 204 Ab. 14, 182 (Eining-Unterfeld). – Östliches Ende des südlichen Suchschnittes, aus dem dunklen Auelehm. Fb.-Nr. 16.

*181 Beschlag in Gestalt eines fabelhaften Mischwesens aus

Zikade und Delphin. Technisch gehört das Stück zur Gruppe der durchbrochen gearbeiteten Beschläge. Länge 3,3 cm, Gewicht 3,3 g. Zur mittelkaiserzeitlichen Datierung und möglicherweise pannonischen Herkunft des Zikadenmotivs vgl. U. Ibler, Eine römische Zikadenfibel aus Heldenbergen. In: Czysz 2003, 210–213. Zum Endstück vgl. Walke 1965, Taf. 99,18 (Straubing); Jütting 1995, 204 Abb. 14, 184 (Eining-Unterfeld); Chapman 2005 Sr24 (Caerleon). – Mittlerer Suchschnitt (westlicher Teil), aus Aufschüttung mit Kies und Keramik (Bef. 5). Fb.-Nr. 45.

*182 Runder, durchbrochener Beschlag mit Kreuzblüte. Dm. 3,0 cm, Gewicht 4,7 g. Vgl. Heiligmann 1990, Taf. 116,15 (Urspring); Kortüm/Lauber 2004, 246 Abb. 124, 2054,1 (Walheim); Walke 1965, Taf. 98,24 (Straubing). – Mittlerer Suchschnitt, Pl. 1 (Bef. 5). Fb.-Nr. 23.

183 Propellerförmiger Blechbeschlag exakt wie Heiligmann 1990, Taf. 147,5 (Heidenheim) u. ebd. Taf. 116,5 (Urspring), vgl. auch Gschwind 2004, Taf. 57 C618 (Eining). – Südlicher Suchschnitt, tief im Kieskörper der römischen Straße (Bef. 2). Fb.-Nr. 40.

*184 Beschlag mit abgebrochenem Volutenende (?) und durchgesteckter Niete. Länge noch 2,8 cm, Gewicht noch 2,6 g. – Südlicher Suchschnitt, Aufschüttung aus Kies und Keramik (Bef. 4). Fb.-Nr. 3.

*185 Doppelkonischer Beschlag, hohl, mitgegossene Nietstifte, ein Ende abgebrochen. Länge noch 2,7 cm, Gewicht noch 2,3 g. – Östliches Ende des mittleren Suchschnittes, Aufschüttung aus Kies und Keramik (Bef. 5). Fb.-Nr. 50.

*186 Astragalförmiger Beschlag, hohl gegossen, geripptes Mittelteil mit schwarzen, nielloartigen Einlagen und massiven mitgegossenen Nieten. Länge 3,9 cm, Gewicht 6,8 g. Vgl. Müller 1979, Taf. 79,26 (Dormagen). – Südlicher Suchschnitt, aus dem Kieskörper der römischen Straße (Bef. 2). Fb.-Nr. 40.

*187 Beschlag in Gestalt einer profilierten Leiste, mögliche organische (?) Ziereinlage fehlt. Die beiden massiven Nietstifte sind mitgegossen und flachgehämmert. Länge 3,3 cm, Breite 0,9 cm, Gewicht 3,0 g. Vgl. Lenz 2006, Taf. 73 Nr. 713 (in Xanten mittlere Kaiserzeit). – Südlicher Suchschnitt, Aufschüttung aus Kies und Keramik östlich der römischen Straße (Bef. 4). Fb.-Nr. 3.

*188 Rest eines langrechteckigen Beschlags mit massiver, mitgegossener Niete. Länge noch 2,6 cm, Gewicht noch 1,4 g. – Östliches Ende des mittleren Suchschnittes, Aufschüttung aus Kies und Keramik (Bef. 5). Fb.-Nr. 50.

*189 Kl. Beschlag in Form einer halbkugeligen Schale mit vier „Bommeln" in rechtwinkliger Anordnung zueinander und Aufhängungsöse mit zwei kleinen Eck-„Bommeln". Der Befestigungsmechanismus besteht aus einem umgebogenen Steg, einer Art Klemme. Höhe 2,5 cm, Breite 1,9 cm, Gewicht 3,1 g. Vgl. Walke 1965, Taf. 99,19 (Straubing) u. Gschwind 2004, Taf. 54, C559–563 (Eining); Grönke/Weinlich 1991, Taf. 14,43 (Weißenburg); Nicolay 2005, 419 A10 u. 435A (Batavergebiet); H. Jandrasits, Fundber. Österreich 36, 1997, 883 Abb. 632 (Loretto). – Südlicher Suchschnitt, aus Aufschüttung westlich der römischen Straße (Bef. 1). Fb.-Nr. 14.

*190 Bronzeperle mit 4 Öffnungen für eine Riemenkreuzung. Länge 1,5 cm, Breite 1,3 cm, Gewicht 5,4 g. – Östliches Ende des mittleren Suchschnittes, Aufschüttung aus Kies und Keramik (Bef. 5). Fb.-Nr. 50.

*191 Olivenförmige Bronzeperle mit asymmetrischen Langseiten ähnlich den Melonenperlen. Länge 1,6 cm, Dm. 1,5 cm, Gewicht 5,9 g. Vgl. Jütting 1995, 208 Abb. 17, 234–244 (Eining-Unterfeld). – Südlicher Suchschnitt, aus einer Aufschüttung aus Kies und Keramik östlich der römischen Straße (Bef. 4). Fb.-Nr. 3.

*192 Kl. Bronzeperle. Länge 0,9 cm, Dm. 1,2 cm, Gewicht 4,4 g. – Südlicher Suchschnitt, aus einer Aufschüttung aus Kies und Keramik östlich der römischen Straße (Bef. 4). Fb.-Nr. 27.

*193 Kl. Bronzeperle. Länge 1,0 cm, Dm. 1,2 cm, Gewicht 2,6 g. – Östlicher Bereich des mittleren Suchschnittes, Aufschüttung aus Kies und Keramik (Bef. 5). Fb.-Nr. 50.

*194 Schnalle mit Riemenzwinge. Länge 4,4 cm, Gewicht 10,8 cm. Vgl. Gschwind 2004, Taf. 59, C701 (Eining). – Mittlerer Suchschnitt, aus oberster römischer Schicht (Auelehm, Bef. 6). Fb.-Nr. 49.

*195 Kl. Schnalle mit Rest der Riemenzwinge. Länge 3,0 cm, Gewicht 2,9 g. – Mittlerer Suchschnitt (westlicher Teil), aus Aufschüttung mit Kies und Keramik (Bef. 5). Fb.-Nr. 45.

*196 Riemenzwinge mit Schlaufe. Länge 3,7 cm, Breite 0,6 bis 0,7 cm, Gewicht 2,2 g. – Südlicher Suchschnitt, aus einer Aufschüttung aus Kies und Keramik östlich der römischen Straße (Bef. 4). Fb.-Nr. 34.

*197 Bronzestift, evtl. Verschlussstift eines Panzers/Rüstung. Hellbraune Wasserpatina. Länge noch 6,6 cm, Gewicht 3,8 g. – Mittlerer Suchschnitt (westlicher Teil), aus Aufschüttung mit Kies und Keramik (Bef. 5). Fb.-Nr. 45.

198 Verbogener Bronzestift wie Nr. 197, Ende sichtbar durch Hin- und Herbiegen abgebrochen. Mit hellbrauner Wasserpatina. Länge 6,4 cm. Gewicht 4,3 g. – Südlicher Suchschnitt, aus Aufschüttung westlich der römischen Straße (Bef. 1). Fb.-Nr. 14.

*199 Ring mit polygonalem Querschnitt. Dm. 2,1 bis 2,2 cm. Gewicht 4,9 g. – Östliches Ende des südlichen Suchschnitts, aus schwarzem Auelehm. Fb.-Nr. 32.

*200 Ring mit ca. halbrundem Querschnitt. Dm. 2,1 cm, Gewicht 4,8 g. – Südlicher Suchschnitt, aus der mit schwarzem Auelehm verfüllten Senke parallel östlich des römischen Straßenkörpers (Bef. 3). Fb.-Nr. 39.

*201 Ring mit halbrundem bis rundem Querschnitt, Dm. 2,0 cm, Gewicht 2,4 g. – Südlicher Suchschnitt, aus einer Aufschüttung aus Kies und Keramik östlich der römischen Straße (Bef. 4). Fb.-Nr. 3.

*202 Unförmiger Ring mit flachovalem Querschnitt. Dm. 2,6 bis 2,8 cm, Gewicht 2,5 g. – Südlicher Suchschnitt, aus Aufschüttung westlich der römischen Straße (Bef. 1). Fb.-Nr. 14.

*203 Kl. Ring mit trapezoidem Querschnitt. Dm. 2,0 cm, Gewicht 1,2 g. – Mittlerer Suchschnitt, aus oberster römischer Schicht (Auelehm, Bef. 6). Fb.-Nr. 49.

204 2 kl. Ringe, stark korrodiert. Dm. 1,9 und 2,0 cm, Gewicht noch 1,3 g und 1,2 g. 2 Fragmente zwei weiterer Ringe Dm cm. 2,5 bis 3,0 cm. – Östliches Ende des mittleren Suchschnittes, Aufschüttung aus Kies und Keramik (Bef. 5). Fb.-Nr. 50.

*205 Kugelförmiger Bronzeknopf mit Rest eines Eisenstiftes, Dm. 1,0 cm, Gewicht 3,5 g. Wohl Scharnierstift einer Zieranhänger-Befestigung. – Südlicher Suchschnitt, aus Aufschüttung westlich der römischen Straße (Bef. 1). Fb.-Nr. 14.

*206 Kugelförmiger Bronzeknopf mit Ansatz des abgebrochenen, vierkantigen Stiftes wie Nr. 205. Dm. 1,0 cm, Gewicht 3,8 g. – Südlicher Suchschnitt, aus einem rinnenartigen Befund in dessen östlichem Bereich. Fb.-Nr. 47.

Nicht explizit militärische Buntmetallobjekte (Abb. 97)

*207 Pinzette mit Greifzähnchen (medizinisches Instrument), ein Arm abgebrochen. Hellbraune Wasserpatina. Länge

14,1 cm, Gewicht 19,5 g. – Südlicher Suchschnitt, aus der mit schwarzem Auelehm verfüllten Senke parallel östlich des römischen Straßenkörpers (Bef. 3). Fb.-Nr. 39.

*208 Kl. Bronzeschlüssel. Länge 5,2 cm, Gewicht 18,4 g. – Südlicher Suchschnitt, aus einem Kiesplacken an dessen östlichem Ende. Fb.-Nr. 16.

*209 Abgebrochener Schlossriegel, Länge noch 4,7 cm, Gewicht noch 8,0 g. – Nördlicher Suchschnitt, aus dem nordost-südwestlich verlaufenden Graben (Bef. 9). Fb.-Nr. 9.

*210 Schlüsselring für ein Drehschloss, Dm. 2,2 bis 2,4 cm, Gewicht 2,6 g. Vgl. H. Guiraud, Bagues et anneaux à l'époque Romaine en Gaule. Gallia 46, 1989, 173–211 bes. 191 f.; Jütting 1995, 208 Abb. 17, 219–220 (Eining-Unterfeld). – Östlicher Bereich des mittleren Suchschnittes, Aufschüttung aus Kies und Keramik (Bef. 5). Fb.-Nr. 50.

*211 Griff eines Eisenschlüssels mit Tragering. Querschnitt quadratisch, Länge noch 3,9 cm, Gewicht 21,6 g. Vgl. Pfahl 1999, Taf. 5,39, 2 (Giengen-Hohenmemmingen). – Östlicher Bereich des mittleren Suchschnittes, Aufschüttung aus Kies und Keramik (Bef. 5). Fb.-Nr. 50.

*212 Unterlegscheibe oder Heftblech eines Werkzeuggriffes, verbogen, Dm. 1,9 cm. – Östlicher Bereich des mittleren Suchschnittes, Aufschüttung aus Kies und Keramik (Bef. 5). Fb.-Nr. 50.

*213 Abgerissener Tragering einer (Vieh-) Glocke. Innen sind noch die eisernen Stummel der Klöppelaufhängung erhalten. Breite 2,3 cm, Gewicht noch 9,5 g. Vgl. Planck 1975, Taf. 36,11 (Rottweil); Unz/Deschler-Erb 1997, Taf. 76,2357-2358 (Vindonissa). – Südlicher Suchschnitt, aus einer Aufschüttung aus Kies und Keramik östlich der römischen Straße (Bef. 4). Fb.-Nr. 27.

214 Kl. Fragment von Bronze- od. Messingblech, Länge 2,8, Breite 2,0 cm, Stärke 2,2 mm (kein Diplomfragment!), Gewicht 5,7 g. – Mittlerer Suchschnitt, aus Aufschüttung östlich der römischen Straße (Bef. 5). Fb.-Nr. 41.

Bleifunde

215 Dicke Bleischeibe mit Mittelbohrung und zwei V-förmig angeordneten Kerben. Dm. 2,0 cm, Stärke 0,2 bis 0,5 cm. Das reale Gewicht von 7,1 g liegt um 0,278 g nur knapp über der Norm für einen *sicilicus*. Vgl. Kap. epigraphische Quellen Nr. 127 mit Abb. – Osthälfte des südlichen Suchschnitts, aus schwarzem Auelehm. Fb.-Nr. 32.

216 Bleischeibe, Vorder- u. Rückseite mit erhabenem Rand, nicht ganz zentriert ist in unprofessioneller Weise ein Loch durchgeschlagen (für eine Sekundärverwendung?). Dm. 3,1 bis 3,3 cm, Gewicht 20,2 g. Gewicht für drei *sicilici*. Vgl. Kap. epigraphische Quellen Nr. 128 mit Abb. – Südlicher Suchschnitt, aus Aufschüttung östlich der römischen Straße (Bef. 4). Fb.-Nr. 3.

217 Halbkugeliges, stark bestoßenes Bleigewicht mit zentralem Loch und Kerben/Einhieben am Rand der konkaven Unterseite. Dm. 1,9 cm. Das reale Gewicht von 18,4 g übersteigt den Wert von vier *sextulae* = 16 *scripula* = 18,19 g nur geringfügig. Vgl. Kap. epigraphische Quellen Nr. 129 mit Abb. – Südlicher Suchschnitt, knapp unter der Oberfläche des römischen Straßenkörpers (Bef. 2). Fb.-Nr. 40.

218 Bleietikett mit ausgerissenem Loch, verbogen. Etwaige Schriftreste sind aufgrund der miserablen Oberflächenerhaltung verloren. – Östliches Ende des mittleren Suchschnittes, Aufschüttung aus Kies und Keramik (Bef. 5). Fb.-Nr. 50.

219 Einfach zusammengefaltetes Bleiblech mit noch erkennbaren drei Nagellöchern. Dazwischen ist ein kleineres, längliches Bleiblech eingeklemmt. Die stark ausgefransten Kanten des Hauptbleches sind durch Abreißen und nachträglich durch Korrosion entstanden. An einem ausgefransten Ende befindet sich die Einritzung X. Da dieses Objekt zusammen mit anderen beschädigten Bleiblechen und Bronzeschrott entdeckt wurde, erscheint eine Interpretation als *defixio* eher unglaubwürdig. Das X könnte auch die Stelle eines vorgesehenen, jedoch nicht mehr ausgeführten Nagelloches markiert haben. Länge 6,4 cm, Gewicht noch 32,3 g. – Mittlerer Suchschnitt (westlicher Teil), aus Aufschüttung mit Kies und Keramik (Bef. 5). Fb.-Nr. 45.

220 Verbogenes Bleiblech. Länge 4,9 cm, Gewicht 23,9 g. – Südlicher Suchschnitt, aus der mit schwarzem Auelehm verfüllten Senke parallel östlich des römischen Straßenkörpers (Bef. 3). Fb.-Nr. 39.

221 Bleiblech. Länge 4,8 cm, Gewicht 10,5 g. – Mittlerer Suchschnitt (westlicher Teil), aus Aufschüttung mit Kies und Keramik (Bef. 5). Fb.-Nr. 45.

222 Bleiblech. Länge 4,8 cm, Gewicht 10,4 g. – Östliches Ende des mittleren Suchschnittes, Aufschüttung aus Kies und Keramik (Bef. 5). Fb.-Nr. 50.

223 3 kl. Verschnittstücke von Blei, eines mit kreuzförmigen Hiebspuren. – Mittlerer Suchschnitt (westlicher Teil), aus Aufschüttung mit Kies und Keramik (Bef. 5). Fb.-Nr. 45.

Hinweise auf Metallverarbeitung (Abb. 98)

Mit Ausnahme eines Schmelztiegelbruchstücks aus einer Stallgrube in der *porticus* von Baracke V (Bef. 921, Phase 2a; Anlage 8) sind im gesamten Bereich der ausgegrabenen Baracken keine weiteren Hinweise auf Metallverhüttung oder Schmieden gefunden worden.[707] Anders stellt sich die Fundsituation im Abfallgrubenkomplex vor dem Westtor (Bef. 1450) dar, wo ein vollständiger (Nr. 224) Schmelztiegel und Bruchstücke von mindestens vier weiteren sowie mehrere kupfer- und eisenhaltige Schlacken zutage kamen. Da den Tiegel keine makroskopischen Schlackenreste mehr anhafteten, die Rückschlüsse auf das in ihnen geschmolzene Metall erlaubt hätten, wurden die Tiegeloberflächen am Forschungsinstitut für Edelmetalle und Metallchemie (FEM) in Schwäbisch Gmünd mit dem REM und EDX–Verfahren (Rasterelektronenmikroskop mit energiedispersiver Röntgenanalyse) untersucht (vgl. Anhang von M. Baumgärtner). Lediglich die Innenseite des vollständigen Tiegels Nr. 224 enthielt noch Reste von Silber. Leider ließ sich der Verwendungszweck des vor Ort eingeschmolzenen Edelmetalls nicht mehr bestimmen. Vielleicht besteht ein Zusammenhang mit der Produktion von emaillierten Bronzeanhängern und -beschlägen, die im Kastellkontext relativ zahlreich gefunden wurden (Bronze Nr. 59–64, 170–

---

[707] Die stellenweise im oberen Schichtbereich (Pl. 0–1) angetroffenen Eisenschlacken hängen vermutlich sämtliche mit der völkerwanderungszeitlichen Besiedlung des Kastellareals zusammen.

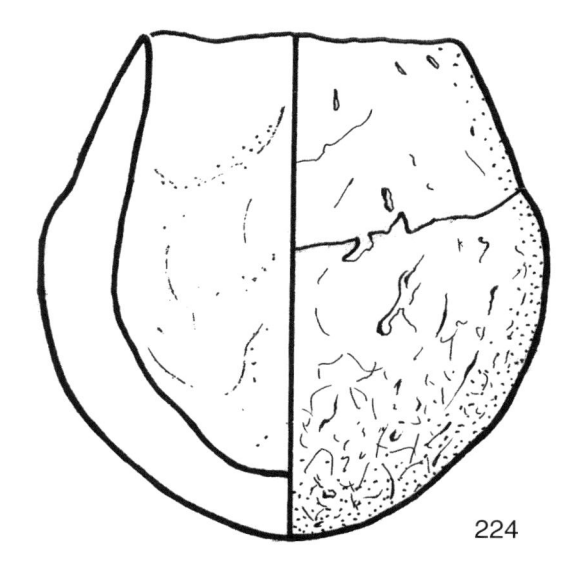

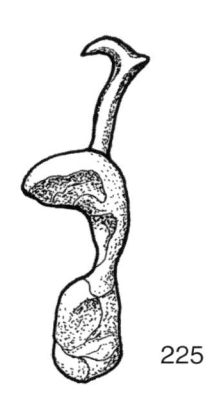

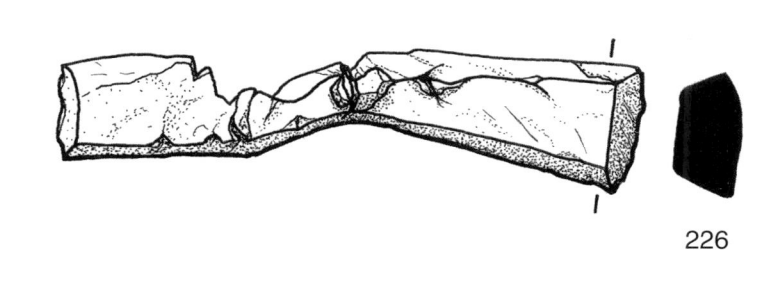

Abb. 98: Rückstände von Buntmetallverarbeitung. 224 Schmelztiegel für Silber (s. Analyse) aus Ton. 225 Fehlguss mit Gusszapfen aus Kupferlegierung. 226 Barren oder Befestigungsklammer aus Blei. M. 1:1.

178) und die in gewisser Weise charakteristisch für die zeitgenössische Zier militärischer Pferdegeschirre gewesen zu sein scheinen. Zur Trennung der einzelnen verschiedenfarbigen Emailfelder verwendete man nämlich bisweilen sehr dünnes Silber- oder Kupferblech. Im Falle der beiden röntgenanalytisch beprobten Heidenheimer Emailbeschläge (s. u. Beitrag M. Baumgärtner) ist jedoch Blei verwendet worden. Damit bringe ich hier lediglich eine vage Vermutung zum Ausdruck, denn die Herstellung dieser Emailobjekte im Bereich des Kastells ist nicht bewiesen. Sollte sich die *fabrica* wie im Nachfolgekastell Aalen links der *principia* befunden haben, so wäre der Entsorgungsweg für dort anfallende Produktionsrückstände bis zur Abfallgrube Bef. 1450 vor dem Westtor mithin der kürzeste, sodass man vielleicht vermuten darf, dass die beschriebenen Überreste von Metallverarbeitung tatsächlich in der Lagerwerkstatt anfielen.[708]

Buntmetallverarbeitung konnte im Bereich des mutmaßlichen *campus* nördlich des Lagers anhand einschlägiger Rückstände (hier pars pro toto der Gusszapfen Nr. 225) nachgewiesen werden, obwohl keine Öfen oder sonstige diesbezügliche stationäre Einrichtungen entdeckt wurden (s. o.). Besonders hervorzuheben sind die teilweise wohl fehlgeschlagenen Versuche, Silberdenare durch Zinnabgüsse zu fälschen.[709] Die dortigen Werkstatttätigkeiten sind jedoch nachkastellzeitlich zu datieren bzw. in die Zeit nach der Aufgabe des *campus*. Neben Bronze- fanden sich dort auch mehrere Bleiobjekte, insbesondere

---

[708] Zur Buntmetallverarbeitung in Militärlagern vgl. auch H.-D. Nielen, Zink oder Messing? Ein Beitrag zu den metallurgischen Tätigkeiten im Legionslager Neuss. Metalla 13.1 (Bochum 2006).

[709] Vgl. Kap. IV.2 Nr. 54, 56, 58 und 62.

Blechreste (Nr. 215–223). Innerhalb des Kastells wiederum sind trotz konsequenten Einsatzes der Metallsonde kaum Bleigegenstände gefunden worden, abgesehen von dem Bleibarren (?) Nr. 226, einem Bleigewicht (Kap. IV.1 epigraphische Quellen Nr. 126) sowie der Auflistung kaum lohnender, kleinteiliger Bleiblechschnipsel.

*224 Fast vollständig erhaltener Schmelztiegel (5 anpassende Bruchstücke). Höhe 7,0 cm, Gewicht 82,9 g. – Aus dem Abfallgrubenkomplex vor dem Westtor (Bef. 1450). Schicht C. Phase 2–3. Fb.-Nr. 2288.
*225 Fehlguss mit Gusszapfen. Länge 4,8 cm, Gewicht 8,5 g. Ausgrabung „Gleisharfe" *(campus)*, östliches Ende des mittleren Suchschnittes, Aufschüttung aus Kies und Keramik (Bef. 5). Fb.-Nr. 50.
*226 Kl. Bleibarren oder Befestigungsklammer *(ansa)*? Querschnitt pyramidenstumpfförmig. Durch Einhiebe/Hackspuren deformiert. Länge 7,8 cm, Gewicht 54,2 g. Vgl. einen nach Form und Größe identischen Kupferbarren aus Haltern (Müller 2002, Taf. 120 Nr. 1489). Bleibarren pflegten in der Regel deutlich größer zu sein, doch ist die Pyramidenstumpfform für sie seit der frühen Kaiserzeit geläufig, vgl. zuletzt N. Hanel/P. Rothenhöfer, Germanisches Blei für Rom. Zur Rolle des römischen Bergbaus im rechtsrheinischen Germanien im frühen Prinzipat. Germania 83.1, 2005, 53–65. – Aus einer späten Jaucherinne im Endbau von Baracke XXI (Bef. ZOH-105). Phase 3. Fb.-Nr. 1620.

IV.3.2 Chemische Untersuchungen an emaillierten Zierbeschlägen aus Heidenheim

M. BAUMGÄRTNER UND CH. J. RAUB[710]

Zierbeschläge, Anhänger und Fibeln mit bunten Emaileinlagen scheinen zeittypisch für Ziergeschmack und -technik während der Bestandszeit des römischen Kastells Heidenheim gewesen zu sein. Daher gilt der Aufklärung ihrer Herstellung ein erweitertes Interesse. Durch zerstörungsfreie Messverfahren sollten Zusammensetzung und Erzeugung des römischen Emails geklärt und die Art der farbgebenden Substanzen ermittelt werden.
Hierfür wurden zwei der am besten erhaltenen Zierbeschläge (Nr. 60, 173) sowohl optisch bei Vergrößerungen bis zu 500-fach als auch mittels rasterelektronenmikroskopischer (REM) und energiedispersiver Röntgenanalyse (EDX) untersucht. Eine weitere Frage betraf die Haftung der Emailleschichten.
Die mikroskopische Untersuchung der mehr oder weniger stark korrodierten Emaileinlagen in vorgefertigten Kästchen nach der „Cloisonnetechnik" zeigte, dass das Glas gleichmäßig eng an den Kästchenwänden anliegt und deren Windungen folgt. Dies kann nur beim Einschmelzen einer Glasfritte und nicht beim Einsetzen oder Einkleben vorgeschnittener Glasplättchen beobachtet werden (Gruben- oder Zellenschmelzemail).[711] Bronze als Unterlage bedingt aber gleichzeitig, dass der Schmelzpunkt des Emails deutlich unter dem der Bronze, d. h. unter 1000 °C liegen muss. Möglicherweise wurde hierfür dem Silikatgemisch noch Bleioxid zugemischt. Die Zellenwände selbst bestanden aus sehr dünnen Metallstreifen (unter 50 Mikron dick). Diese sind alle stark dunkel korrodiert und in ihrer Zusammensetzung von dem Grundmetall nicht zu unterscheiden (Kupfer oder vielleicht Silber).
Die gesamte Metalloberfläche war von einer hellgrünen Korrosionsschicht aus Malachit und Zinnoxiden bedeckt. Aus verschiedenen Beobachtungen ist zu schließen, dass der Zinngehalt der bleireichen Bronze bei etwa 5 % lag.

Die Herstellung des Emails

Die Grubenschmelztechnik mit Email und die Erzeugung farbigen Emailglases bzw. seiner Vorstufe als pulverförmige „Fritte" sind ein in der Antike wohlbekanntes und verbreitetes Verfahren der Goldschmiedetechnik. Sie wird praktisch unverändert auch noch heute praktiziert.[712] Dementsprechend enthalten auch die antiken Rezeptbücher, von Plinius[713] über die Mappae Clavicula[714] bis zu Theophilus[715] mehr oder weniger ausführliche, zutreffende Beschreibungen. Man geht im Allgemeinen von pulverisiertem farbigem Glas aus, das in die Kästen (Cloisons) gefüllt und sukzessive aufgeschmolzen wird. Nach Füllen und Einschmelzen der Kästen wird dann das ganze Objekt plan abgeschliffen. Die Grundstoffe des Glases sind von der Antike bis heute Sand, Kalk, Asche, Pottasche und manchmal Natron und/oder Kochsalz. Dieses Gemenge wird in Tontöpfen aufgeschmolzen. Neben den Ausgangsstoffen und deren Konzentration können dabei die Schmelzbedingungen (oxidierend, reduzierend) und kleinste Verunreinigungen (deutlich unter 0,1 %), die z.B. in den Ausgangsstoffen oder im Schmelztiegel

---

710 Forschungsinstitut für Edelmetalle und Metallchemie (FEM), Schwäbisch Gmünd.
711 Zu eingeklebten Millefiorifeldern vgl. C. Flügel/E. Blumenau/E. Deschler-Erb/S. Hartmann/E. Lehmann, Römische Cingulum-Beschläge mit Millefiorieinlagen. Arch. Korrbl. 3, 2004, 531–545; R. Wirtz, Email- und nielloverzierte Fibeln aus Jülich und Umgebung. Arch. Rheinland 1990, 86–88.
712 J. M. McGrath, Die Kunst des Emaillierens (Köln 1997).
713 Plinius Secundus d. Ä. über Glas und Metalle, Projektgruppe Plinius. Herausgegeben von Rolf C. A. Rottländer (St. Katharinen 2000) S. 16 ff.
714 Mappae Clavicula, C. S. Smith und J. G. Hawthorne, The American Philosophical Society Independence Square (Philadelphia 1974) 50 ff.
715 Theophilus, On Divers Arts, übers. von J. C. Hawthorne und C. S. Smith (New York 1979) 53 ff.

enthalten sind, die Farbe des erstarrten Glases bestimmen.

Bereits die antike Literatur enthält viele Rezepte in dieser Hinsicht, welche die moderne Glaschemie bestätigt. So kann Cu(II)-oxid Glas grün, Cu(I)-oxid rot und unter bestimmten Bedingungen auch blau färben. Der Gehalt an Manganoxid in der Buchenasche ist z. B. hoch genug, um im Glas, vor allem im Wechselspiel mit dem Eisenanteil, ein ganzes Farbspektrum von farblos über grün bis gelb zu erzeugen. Bekannt ist auch die Blaufärbung von Glas durch Kobaltsalze, die gemeinsam mit Nickel in Erzen auftreten. Die Färbung von Borax-(Natriumetraborat)Glas durch Metallsalze wurde früher analytisch in Schnelltests ausgenutzt, um erste qualitative analytische Hinweise, z. B. bei Lagerstättenerkundung, zu erhalten.

Da die bei vorliegenden Untersuchungen angewandten zerstörungsfreien Methoden im Bereich der farbgebenden Gehalte an Verunreinigungen zu unempfindlich sind, wurde versucht, durch Verwendung von Eichgläsern (moderne gefärbte Gläser und Scherben von römischem Glasgeschirr) Hinweise auf die Zusammensetzung des Emails zu erhalten. Zu beachten ist bei den Ergebnissen außerdem, dass Elemente geringer Ordnungszahl, welche die Hauptbestandteile des Glases darstellen, nicht angezeigt werden.

Eine weitere Komplikation bei der Deutung der Ergebnisse der Oberflächenanalysen stellen die Konzentrationsverschiebungen aufgrund starker Korrosion der Oberfläche dar.

Ergebnisse und Diskussion

Die Tabelle zeigt die qualitativen Ergebnisse. Nicht angegeben sind die Hauptbestandteile Silizium, Natrium und Kalium. Aufgeführt sind die Zählraten in cps (counts per second) für die maßgebenden Elemente, die wenigstens eine vergleichende Abschätzung der Ergebnisse ermöglichen.

Im Email ist an allen Stellen Phosphat zu finden. Dieses liegt möglicherweise als Bodenbestandteil (Zersetzungsprodukt von Exkrementen) vor. Es kann aber auch als Bestandteil des Tiegelmaterials beim Schmelzen in das Glas gelangen, da es bei römischem Glas häufiger gefunden wird (aus Knochenasche stammen). Eisen und Mangan sind mindestens teilweise Bodenbestandteile. Der türkise Scherben des römischen Glasgefäßes hat etwa die gleiche Eisenkonzentration wie modernes Flaschenglas, aber deutlich weniger Eisen als das Email. Mit Ausnahme des modernen blauen Glases, das neben Nickel das Begleitelement Kobalt enthält, sind in modernen Gläsern keine Schwermetalle zu finden.

Die Kalziumgehalte des Emails sind, verglichen mit modernem Glas, deutlich geringer und entsprechen dem des römischen Glasgefäßes. Wegen des höheren Alkaligehalts liegt damit der Schmelzpunkt deutlich unter dem von modernem Glas. Gleichzeitig ist aber die Korrosionsbeständigkeit geringer. Interessant ist ein deutlicher Strontiumgehalt des Emails und des römischen Gefäßglases, was auf den Ursprung des Glases deuten könnte. Strontium als Begleiter des Kalziums findet sich auch in den Analysen von Millefiorieinlagen.[716]

Das hellbraunrote Email hat dabei den höchsten Eisen- und Bleigehalt. Dies deutet auf Eisen als farbgebendes Element hin. Schwierig ist eine sichere Deutung der Konzentration an Kupfer, Zinn und Blei im Email, da nicht ausgeschlossen werden kann, dass diese Elemente vom Grundmetall stammen. Andererseits färbt Kupfer (aber auch bleihaltige Zinnbronze) eine Glasschmelze je nach Herstellbedingungen in den verschiedensten Farben. Der ungewöhnliche hohe Kupfergehalt des grünen Emails deutet auf Kupfer als farbgebende Substanz. Zinn in Glas ergibt eine weißliche Trübung. Blei im Glas senkt zugleich dessen Schmelzpunkt, was bei der Verwendung als Glasfritte sicher erwünscht war. Mangan findet sich in den Emailfritten nur im blauen Bereich des Beschlags Bronze-Nr. 60 (Fb.-Nr. 1096). Die Haftung des Emails auf der Metallbasis dürfte bei bleihaltiger Kupfer-Zinnbronze auch ohne mechanische Aufrauung zur Oberflächenvergrößerung, vor allem bei leichter Voroxidation, gut sein. Beim Aufschmelzen entstehen Oxide, die sich sowohl im Basismetall als auch in der aufschmelzenden Silikatschicht verankern. Dabei bildet sich eine ternäre Oxidschicht, z. B. aus Perovskiten. Der eigentliche „Druckknopfeffekt" der Verankerung zwischen Metall und Email verbessert die Haftung noch zusätzlich.

Zusammenfassung

Das Basismetall besteht aus einer stark bleihaltigen Bronze mit ca. 5 % Zinnanteil. Bei den Zierscheiben wurden die konzentrischen, etwa 1 mm hohen Stege mitgegossen. Jedenfalls ergeben sich keine Hinweise auf etwaige spätere Bearbeitung z. B. durch mechanischen Metallabtrag oder Auflöten. Im Kreisring wurden mit schmalen und dünnen Stegen aus Bronzeblech Zellen abgetrennt, in der klassischen Art mit gefärbten Glasfritten gefüllt und diese in die Zellen im Ofen oder mit dem Lötrohr eingeschmolzen. Abschließend wurde das fertige Objekt glattgeschliffen. Trotz starker Korrosionserscheinungen beim Grund-

---

716 Vgl. Anm. 714.

Tabelle 18: Chemische Elemente in den Emaileinlagen römischer Zieranhänger im Vergleich mit antikem und modernem Gefäßglas. Wert = cps counts per seconds, Hochspannung 50 kV.

	Kalzium Ca	Eisen Fe	Nickel Ni	Kobalt Co	Chrom Cr	Kupfer Cu	Blei Pb	Zinn Sn	Silber Ag	Antimon Sb	Arsen As	Strontium Sr	Mangan Mn
Modernes Glas													
Braunes Glas (geschliffen)	6,5	4	–	–	–	–	–	–	1	–	–	–	–
Grünes Glas (geschliffen)	6,5	4	–	–	4	–	3	–	1	–	–	< 1	–
Weißes Glas (geschliffen)	7,5	–	–	–	–	–	–	< 1	1	–	–	–	–
Blaues Glas (modern)	7,5	–	4,5	4,5	–	–	–	–	–	–	–	–	–
Grünes Glas (modern)	8,5	5	–	–	5	–	–	–	–	–	–	–	–
Antikes Glas bzw. Email													
Römisches von einem Gefäß	4	4	–	–	–	–	–	–	–	2	2,5	2,5	–
Katalog-Nr. 173													
Grundmaterial	4	15	–	–	–	85	50	8	–	–	–	–	–
Emailfläche schwarz	4	10	–	–	–	6	2	2	–	–	–	2	–
Emailfläche grün	4	10	–	–	–	260	10	ja	–	ja	–	–	–
Emailfläche orange	4	12	–	–	–	55	65	2	–	< 1	–	< 1	–
Emailfläche rotbraun	4	12	–	–	–	50	60	2	–	–	–	–	–
Katalog-Nr. 60													
Emailfläche hellbraunrot, Messung 1	4	40	–	–	–	28	44	< 1	–	–	–	–	–
Emailfläche hellbraunrot, Messung 2	4	14	–	–	–	55	65	1	–	< 1	–	5	–
Emailfläche grün	4	10	–	–	–	280	10	ja	–	ja	–	–	–
Emailfläche blau	4	12	–	–	–	7	18	1	–	5	–	< 1	2

werkstoff und beim Emaille konnten durch zerstörungsfreie Untersuchung mittels EDX-Analyse Hinweise auf die Zusammensetzung des Emails erhalten werden. Die Glasfritte entspricht gepulvertem römischem Gebrauchsglas mit verschiedenen farbgebenden Substanzen, wie Kupfer und Eisen. Aufbau und Zusammensetzung entsprechen den bei Plinius d. Ä., in der Mappae Clavicula und bei Theophilus gemachten Angaben zu Email.

IV.4 Objekte aus Eisen

Abb. 99–108

Im Gegensatz zu den Bronzefunden können die eisernen hier aufgrund restauratorischer Kapazitäten lediglich in Auswahl vorgelegt werden. In der Regel wurden die Eisenobjekte in einem derart schlechten Erhaltungszustand gefunden, dass durch Korrosion und Verkrustungen – häufig unter Einschluss von Kalkkieseln – die ursprüngliche Form im fundfrischen Zustand nur noch zu erahnen war. Die Auswahl stützte sich daher in erster Linie auf Röntgenfotos.⁷¹⁷ Auf dieser Basis wurde versucht, zumindest einige Funktionsgruppen vollständig vorzulegen, nämlich Rüstungs- und Waffenteile, Reitzubehör, Werkzeuge und Schlüssel. Als schwieriger erwies sich die Diagnose von Schreibgriffeln *(stili)* anhand der Röntgenfotos, da sie bei ungünstigem Aufnahmewinkel und in fragmentiertem Zustand oft nicht sicher von Nagelbruchstücken zu unterscheiden sind. Auch Baueisen sind gewiss unvollständig erfasst, da insbesondere die zahlreichen Eisenblechfragmente keine sichere Funktionsansprache mehr erlauben. Ihre Katalogisierung oder gar Abbildung erschien daher müssig.

Die Rüstungs- und Waffenfunde (Nr. 1–29) halten an sich keine Überraschungen bereit, da sie durchaus die für eine Reitereinheit zu erwartende Ausstattung repräsentieren.⁷¹⁸ Neben die Schuppenpanzer *(lorica squamata)* mit eisernen (Nr. 4) und bronzenen Schuppen (vgl. Bronzefunde Nr. 7–13) treten Kettenhemden *(lorica hamata,* Nr. 1–3), wobei keine Gründe für die Präferenz der einen oder anderen Panzerungsart auszumachen sind. Die eisernen Ringchen sind in der üblichen Art geschlossen, indem die beiden Enden des Eisendrahtes plattgeklopft und miteinander vernietet wurden. Die in benachbarten Gruben zutage gekommenen Kettenhemdteile Nr. 1–2 könnten zu einer Rüstung gehört haben. Sie stellen durch die Kombination von eisernen und bronzenen Ringchen eine Besonderheit dar. Die aus dünnem Bronzedraht gebogenen Ringchen sind im Gegensatz zu den eisernen nicht vernietet, sondern ihre Enden überlappen einander in der Art heutiger Schlüsselbundspiralen. Zwar konnte im Zuge der Restaurierung geklärt werden, dass die Bronzeringchen als Saum entlang einer Außenkante verlaufen,⁷¹⁹ doch lässt sich die ursprüngliche Position am Kettenhemd nicht mehr ermitteln. Es könnte sich dabei z. B. um einen Ziersaum an den Ärmeln oder im Hüftbereich handeln. Die Analyse eines zusammengerollten „Paradekettenhemdes" aus Bertoldsheim (Lkr. Neuburg/Donau) führt jedoch noch zu einer weitergehenden Erklärung.⁷²⁰ Dieses Kettenhemd war regelmäßig mit horizontalen und vertikalen Streifen von Bronzeringchen durchwirkt. Durch den Farbkontrast zwischen silbriggrauen Eisen- und golden schimmernden Bronzeringchen – zumal in Kombination mit bronzenen Verschlussblechen (Kap. IV.3 Nr. 14) – sollte nicht nur eine ästhetische Wirkung erzeugt, sondern auch die Herstellung rationalisiert werden. Auf diese Weise nämlich vermochte man unterschiedlich große Kettenhemden aus gleich großen Einzelbauteilen „patchwork"-artig zusammenzusetzen. Die Bronzeringchen könnten also als „Nähte" fungiert haben. Dadurch ließen sich die Größe des Kettenhemdes außerdem flexibler ändern und Schadstellen durch den Austausch einzelner Felder von Eisenringchen einfacher flicken. Bei solchen Arbeiten könnten die Teile Nr. 1–3 verloren oder entsorgt worden sein. Wenn diese Deutung zutrifft, sollten sie eher als Austausch- denn als Bruchstücke angesprochen werden.

Von eisernen Helmbuschhaltern könnten die beiden Drahtstücke mit aufgerollten Enden Nr. 5 abgebrochen sein. Sie datieren in Phase 1 und finden zahlreiche Parallelen an Militärplätzen des 1. Jh. Allerdings bleibt die Ansprache mit Unsicherheiten behaftet.

Teile von Schwertern sind unter den Eisenfunden nicht vertreten. Dennoch dürften *spathae* zur Standardbewaffnung der *ala II Flavia p. f. milliaria* gehört haben. Immerhin ist ein bronzener Schwertriemenhalter durch das Bruchstück Nr. 39 (Kap. IV.3) im Materialbestand belegt.

Die Blattlanzenspitzen mit betontem Mittelgrat (Nr. 8, 9, 11) sind Vertreter eines bereits aus dem 1. Jh. bekannten Typus,⁷²¹ der spätestens im 3. Jh. nicht mehr oder kaum noch unter den Armeewaffen zu finden ist. Auch die Speerspitze Nr. 11 scheint ursprünglich eine Lanzenspitze dieses Typs gewesen zu sein, die man offensichtlich nach einer Beschädigung sekundär zu einer Wurfgeschossspitze umgearbeitet hat. Darauf deuten jedenfalls die unsymmetrischen Blattkanten dieses vergleichsweise gut erhaltenen Stückes hin. Im Gesamtspektrum einschließlich der vier 1965/66 gefundenen Stücke überwiegen jedoch die einfachen Blattspitzen wie Nr. 10.⁷²² Die gestreckte, einst vierkantige (?) Lanzenspitze Nr. 12

---

717 Die Mehrheit der hier abgebildeten Eisengegenstände wurde 2005/06 im Regierungspräsidium Stuttgart, Landesamt für Denkmalpflege unter der Leitung von Frau N. Ebinger-Rist (Esslingen) restauriert und von Frau A. Gram M.A. (Augsburg) gezeichnet. Eine Minderzahl der Stücke habe ich vom Röntgenfoto umgezeichnet (Nr. 5, 7, 22, 31–37, 48, 52, 54, 71–73, 76). – U. v. Freeden, Ber. RGK 84, 2003, 31–43 stellt eine Computertechnik vor, mittels derer die Röntgenaufnahmen von Eisengegenständen geschärft und kontrastiert werden können. Bei zweidimensionalen Objekten, die aus verschiedenen Materialien bestehen, z. B. damaszierte oder tauschierte Klingen und Beschläge, lassen sich hiermit beachtliche Erfolge erzielen. Im Falle dreidimensionaler Gegenstände jedoch, die fragmentiert oder derart verkrustet sind, dass eine Funktionsansprache zunächst nicht möglich ist, brachte die digitale Bearbeitung der Röntgenaufnahmen keine Verbesserung der Erkenntnismöglichkeiten. Hier wird man vorerst um eine konventionelle Restaurierung nicht herumkommen.
718 Junkelmann 1992, 130–173.
719 Vgl. auch Lenz 2006, 19.
720 Garbsch 1984, 245 f.
721 Unz/Deschler-Erb 1997, Taf. 16, 247–249, 253, 255 u. 256; Junkelmann 1992, 137 Abb. 20.
722 Heiligmann 1990, Taf. 148, 11–14.

stellt vielleicht eine Ausnahmebewaffnung (gegen gepanzerte Gegner) dar, findet aber Vergleiche vom 1. bis zum 3. Jh.[723] Leider ist die Spitze selbst abgebrochen, sodass das Stück gerade hinsichtlich seiner möglichen „barbarischen" Provenienz nicht mehr genügend beuteilungsfähig ist, doch hat man bei den Kastellgrabungen 1965 eine vergleichbare, vollständige Lanzenspitze entdeckt, die in einer kleinen dreieckigen Widerhakenspitze endet.[724] Derartige Spitzenformen sind für die germanische Bewaffnung nicht untypisch.

Zur Bewaffnung gehörten ferner Geschosse, deren polygonale oder vierkantige Spitzen vergleichsweise zahlreich vorkommen (Nr. 14–24).[725] Chronologisch erstrecken sich diese Waffenfunde über die gesamte Kastellzeit (Periode 1–3). Die größeren unter ihnen (Nr. 14, 15, 17) könnten kurze Wurfspieße *(iacula)* bekrönt haben, die vermutlich in einem Köcher am Sattel mitgeführt wurden und als durchschlagsstarke Wurfgeschosse gegen gepanzerte Gegner konzipiert waren.[726] Die zugehörigen, mit Knäufen versehenen Speerschuhe fanden sich allerdings nicht.[727] Noch im 3. Jh. scheinen diese Waffen von der *ala II Flavia* geführt worden zu sein, wie über ein Dutzend solcher Spitzen anzeigen, die im Bereich der *fabrica* des Aalener Nachfolgekastells entdeckt wurden.[728] Von diesen unsorgfältig bis hastig mit grob umgeschlagener Tülle und unterschiedlichen Abmessungen gefertigten Vierkantspitzen, die typisch für das 3. Jh. sind,[729] unterscheiden sich die Heidenheimer Äquivalente deutlich: Ihre Spitzen sind von den Tüllen scharf abgesetzt und sorgfältig ausgeschmiedet.[730] Die etwas kleineren typgleichen Spitzen (Nr. 16, 20–24) unterliegen einer einheitlichen Richtlänge von 5,5 bis 6,0 cm. Hier bereitet die Identifikation der Geschossart größere Schwierigkeiten, da sie bei einem Gewicht von (nur noch) deutlich unter 20 g gerade noch als Pfeilspitzen in Frage kämen.[731] Die bis auf Nr. 21–22 recht präzise gezogenen, engen Tüllen erfordern eine Schäftungstechnik (gleichmäßige Verjüngung der Schaftspitze), die von Ballistengeschossen her bekannt ist. Möglicherweise ist die eine oder andere Geschossspitze einer mechanischen Fernwaffe zuzuweisen, z.B. leichten, mobilen *carroballista* oder Armbrüsten *(cheiroballista)*. Diese Waffen sind zwar für den Kampf vom Pferd aus ungeeignet, konnten aber bei der Verteidigung der Lagerumwehrung eingesetzt werden. Die Fundstellen dieser Spitzen erzeugen wegen der zu geringen Anzahl leider kein signifikantes Verteilungsmuster.

Wenig günstiger sieht es diesbezüglich bei den sicheren Pfeilspitzen (Nr. 27–29 zuzüglich Heiligmann 1990, Taf. 148,17) aus, von denen zwei in der Abfallgrube Bef. 1450 vor dem Westtor gefunden wurden (Nr. 27–28), wohin sie vielleicht als Ausschuss aus der *fabrica* gelangt sind (Kap. III.1). Die anderen beiden Stücke kamen im Bereich der Baracken I–II zum Vorschein und stellen damit vorerst die einzigen sicheren Pfeilspitzenfunde innerhalb des Lagers dar. War hier in der nördlichen *praetentura* ein Zug (oder zwei Züge?) berittener Bogenschützen kaserniert?[732] Das bleibt bloße Vermutung. Auch sonst gelingt es nicht, den einzelnen Baracken etwa Reiter unterschiedlicher oder wechselnder Waffengattungen zuzuordnen. In der Zusammenschau aber sei eine künftig zu überprüfende These vorgeschlagen: Die *ala milliaria* ist aufgrund ihrer Mannschaftsstärke und ihrer offenbar verschiedenen Waffengattungen als ein hochmobiler Heeresverband im Kleinen einzustufen, der in jeder Situation selbständig zu agieren in der Lage war.

Die Schlüssel lassen sich im Wesentlichen in zwei verschiedene Größengruppen einteilen, nämlich in große Schiebeschlüssel (Nr. 56–57) von über 15 cm Länge und deutlich kleinere von 6 bis 7 cm Länge (Nr. 58–66). Gerade die ziemlich einheitliche Größe der Letzteren lässt auf eine bestimmte, offenbar standardisierte Schlossgröße „rückschließen", die wohl zu einer verbindlichen Ausstattung der Baracken gehörte. Wenn man aufgrund praktischer Erschwernisse im Alltagsbetrieb vielleicht von verschließbaren Stubentüren absehen möchte, so könnte man gleichwohl an eine Art Wertsachentruhe oder -stauraum denken, die/der pro *contubernium* zur Verfügung

---

723 Unz/Deschler-Erb 1997, Taf. 18,287 (Vindonissa); Walke 1965, Taf. 107,12–14 (Straubing, 3. Jh.).
724 Heiligmann 1990, Taf. 148,18.
725 Anzufügen sind die Geschossspitzen Heiligmann 1990, Taf. 148,15–16, die über eine Dorn- statt Tüllenschäftung verfügen.
726 Junkelmann 1992, 136–138. Die Bewaffnung mit drei oder mehr Wurfspeeren, die in einem Seitenköcher steckten, beschreibt Flavius Josephus, Bellum Judaicum 3, 93–97. Allerdings bezieht sich diese Stelle auf *equites legionis* und *equites singulares*, vgl. M. P. Speidel, Legionary horsemen on campaigns. Saalburg-Jahrb. 47, 1994, 36–39 bes. 39; ders., The prefect's horse-guards and the supply of weapons to the Roman army. In: Ders. Roman Army Studies 1 (Amsterdam 1984) 329–332 bes. 330f.
727 Junkelmann 1992, 137f.
728 Erwähnt in Scholz 2004b, 129. Die Funde selbst verharren unpubliziert. Vgl. auch Junkelmann 1992, 137 Abb. 121; James 2004, 217.
729 Vgl. James 2004, 216–218.
730 Geschossspitzen beider Entwicklungsstufen sind aufgrund der längeren Bestandszeit z.B. im Kastell Weißenburg vertreten (Grönke/Weinlich 1991, Taf. 12–13).
731 Junkelmann 1992, 136.
732 Dreiflügelige Pfeilspitzen lassen keinen Rückschluss auf die Anwesenheit von Personal bestimmter Herkunft (z.B. Orientalen) zu: E. Erdmann, Dreiflügelige Pfeilspitzen aus Eisen von der Saalburg. Saalburg-Jahrb. 33, 1976, 5–10.

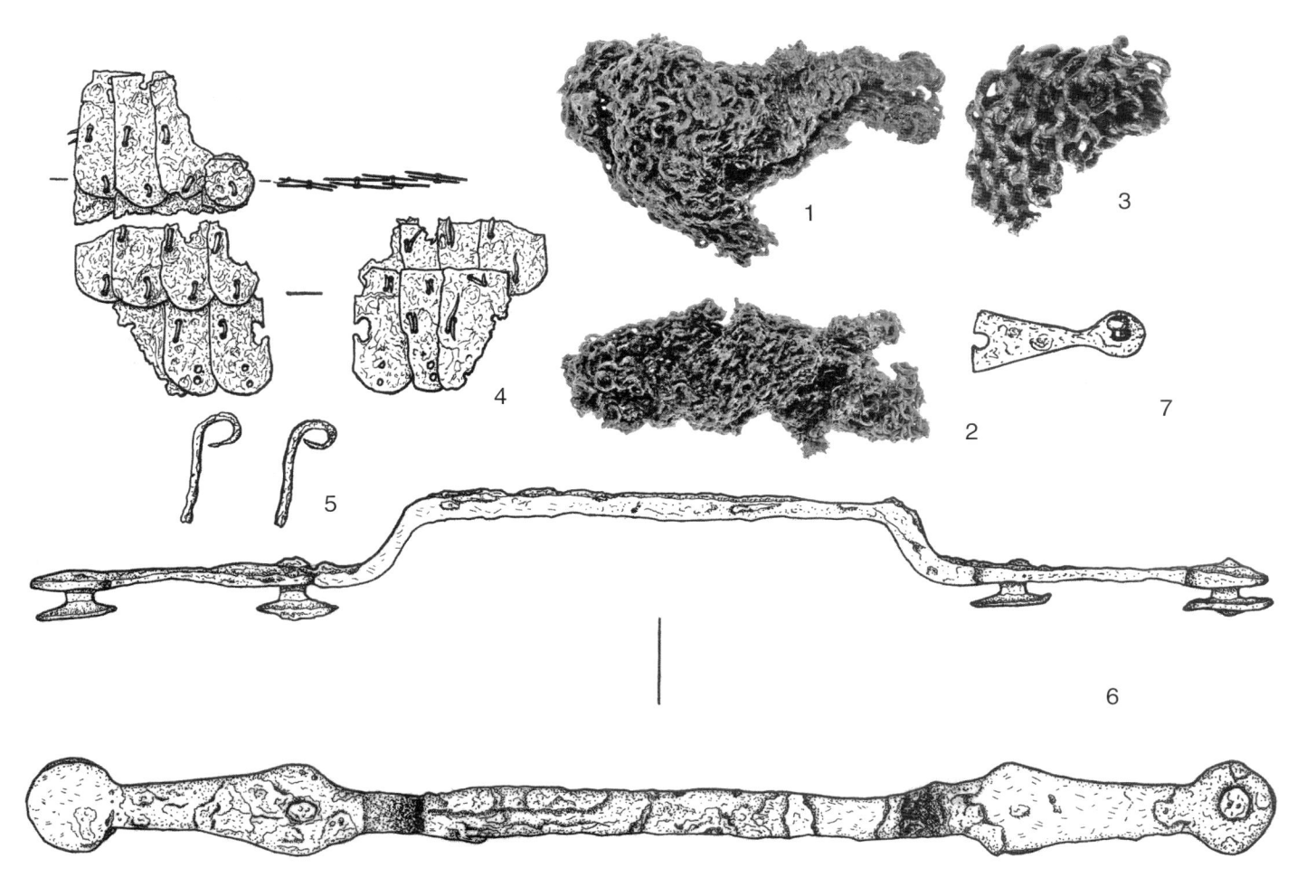

Abb. 99: Eisenfunde. Teile von Schutzwaffen. 1–3 Teile von Kettenhemden, 4 eines Schuppenpanzers, 5 eines Helmbuschs? 6–7 Schildfesseln. 1.2 M. 1:2, Rest M. 2:3.

gestanden haben mochte.[733] Die kleinsten Schlüssel (Nr. 62, 65, 67) möchte man vollends Truhen- oder Kistenschlössern zuweisen.

Auffällig ist die Verteilung von Resten 8-förmiger Ketten und deren oft fragmentierten Gliedern, denn fast alle wurden im Bereich von Pferdeställen entdeckt (Tab. 19). Das gilt ferner für Eisenringe, deren Durchmesser zwischen 3 und 5 cm liegen; Nr. 36–37 vertreten hier den Gesamtbestand von fast einem Dutzend solcher Ringe. Es liegt folglich nahe, ihre einstige Funktion im Rahmen der Pferdehaltung zu suchen. Die Ringe könnten sowohl von Trensen als auch von der Befestigung von Ketten stammen. Letztere dienten möglicherweise dazu, die Pferde zeitweise anzubinden, etwa im Falle vollständiger Auslastung der Ställe. Nötig wurde dies sicherlich, wenn es sich einmal nicht vermeiden ließ, rivalisierende Stuten oder Hengste und Stuten gemeinsam unterzubringen. Freilich hätte es dazu eigentlich keiner Ketten, sondern lediglich bloßer Stricke bedurft. Es fällt aber auf, dass die allermeisten Kettenfunde in die Spätzeit des Kastells datieren und folglich mit der Umorganisation zumindest eines Teils der Pferdeställe in Anbindeställe zusammenfallen, die offensichtlich nur noch teilweise durch stehen gebliebene ältere Zwischenwände unterteilt waren (vgl. Kap. II.3.1; Phase 3). Selbstverständlich sind auch andere Verwendungen der Ketten vorstellbar, z.B. als Halterungen herunterklappbarer Futtertische.

Die aus Eisenblech gefaltete Viehschelle Nr. 79 dürfte kaum an Kavalleriepferden gehangen haben, sondern eher an anderen Nutztieren, wohl Rindern oder Mauleseln. Es handelt sich um ein Einzelstück, dessen potentieller Quellenwert sich aus der Fundstelle speist, denn sie kam in einer Grube (Bef. 1330, Anlage 8; Phase 2b) des Endbaus von Baracke V zum

---

733 Vgl. beispielsweise die nach Originalfunden rekonstruierte, eisenbeschlagene Truhe, die 1972 im Kastellareal (Olgastraße) gefunden wurde. Möglicherweise datiert sie jedoch in die jüngere Vicuszeit: R. Rabold in: Planck 2005, 119.

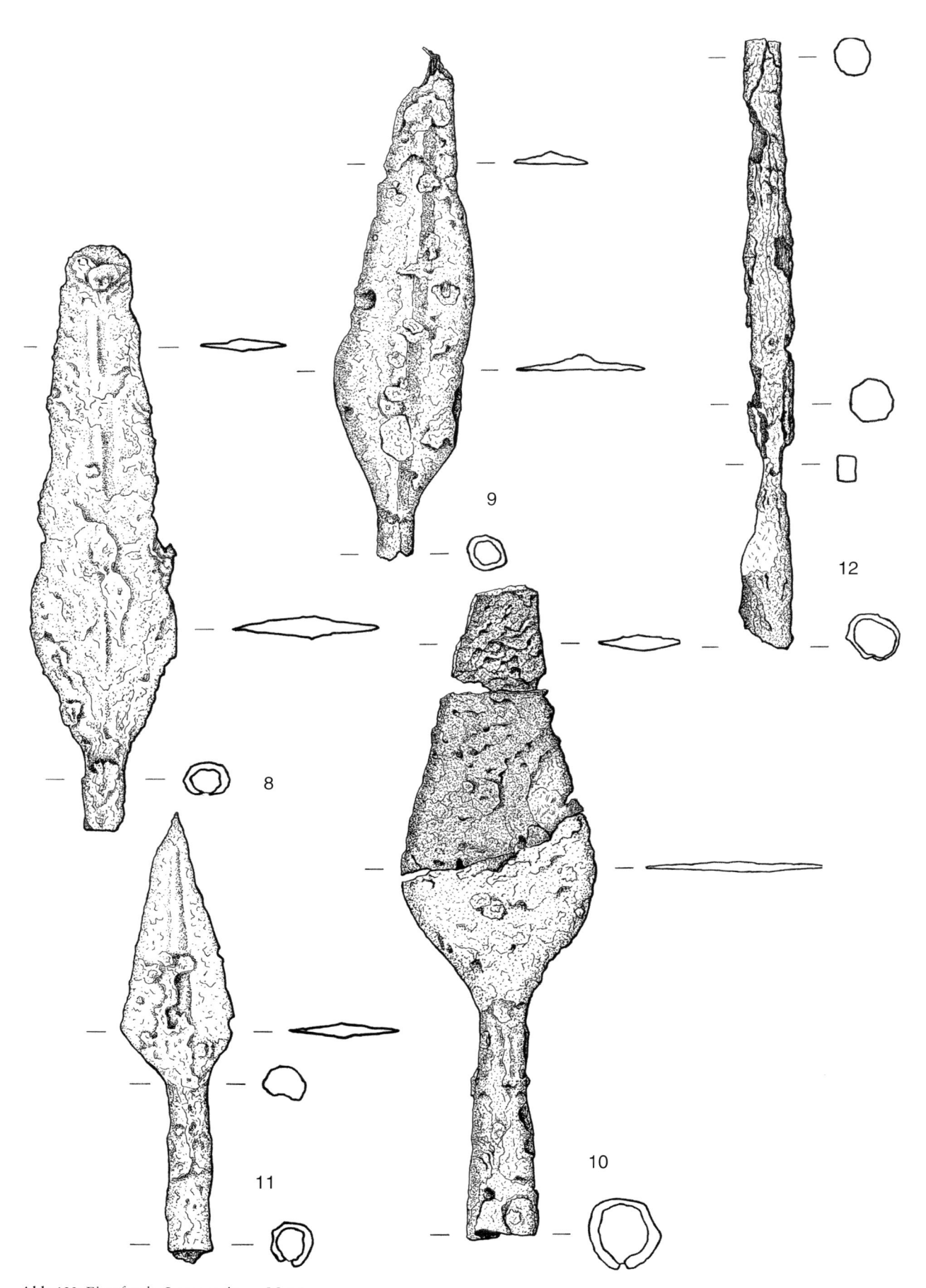

Abb. 100: Eisenfunde. Lanzenspitzen. M. 2:3.

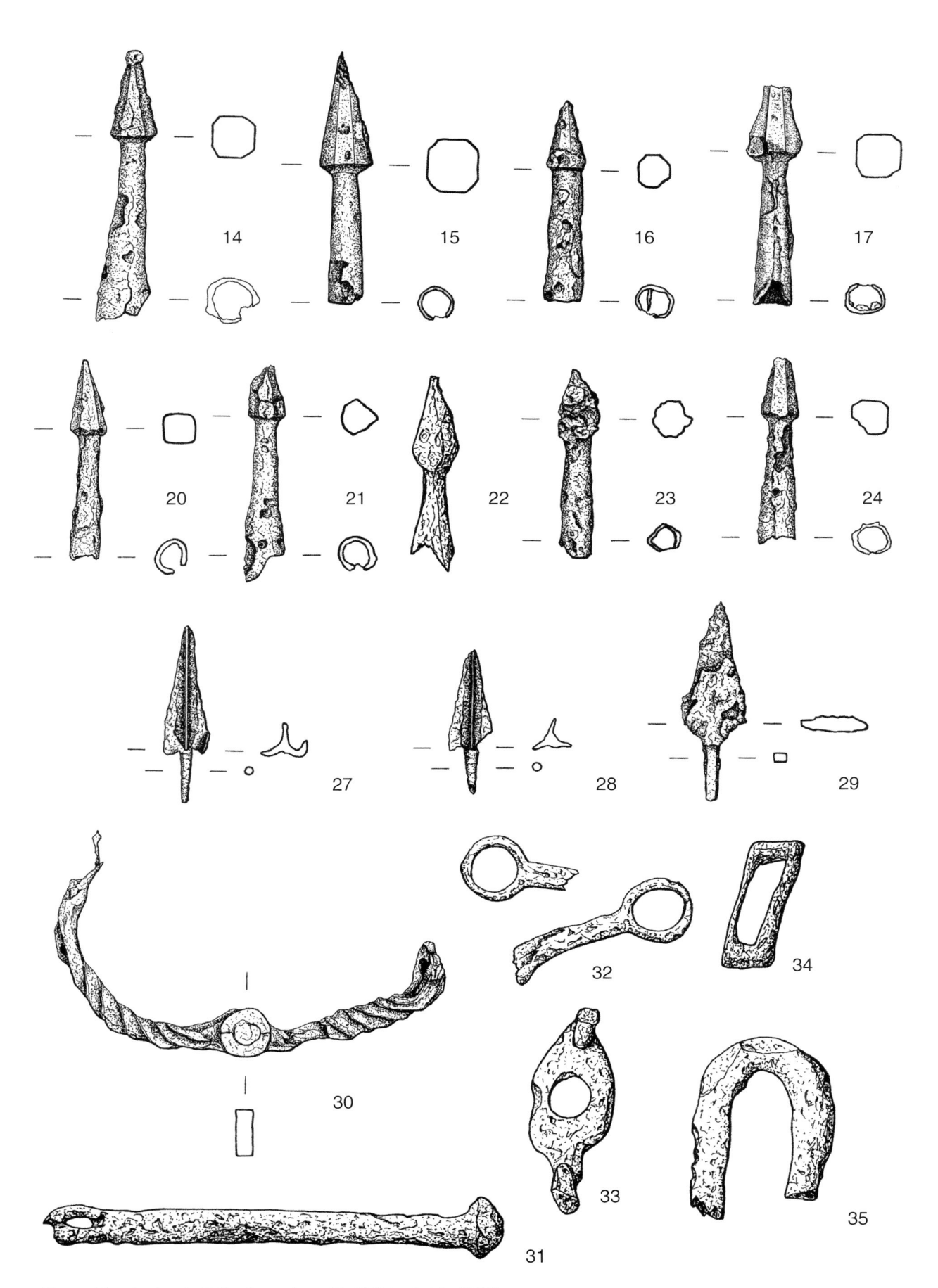

Abb. 101: Eisenfunde. 14–29 Geschossspitzen. 30–35 Reitzubehör. M. 2:3.

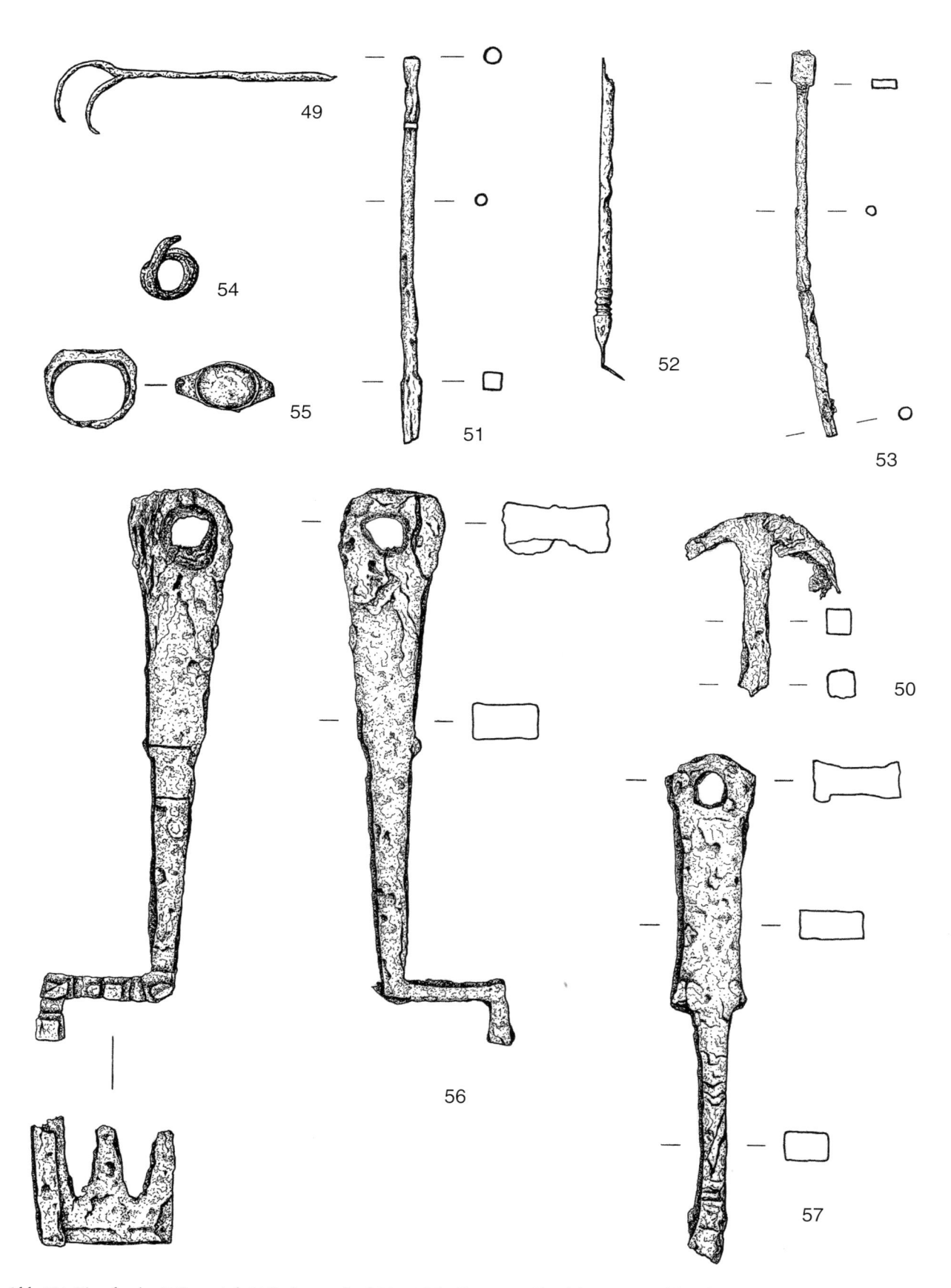

Abb. 104: Eisenfunde. 48 Bratspieß. 50 Radvorstecker? 51–54 Schreibgerät. 55 Siegelring. 56–57 Schlüssel. M. 2:3.

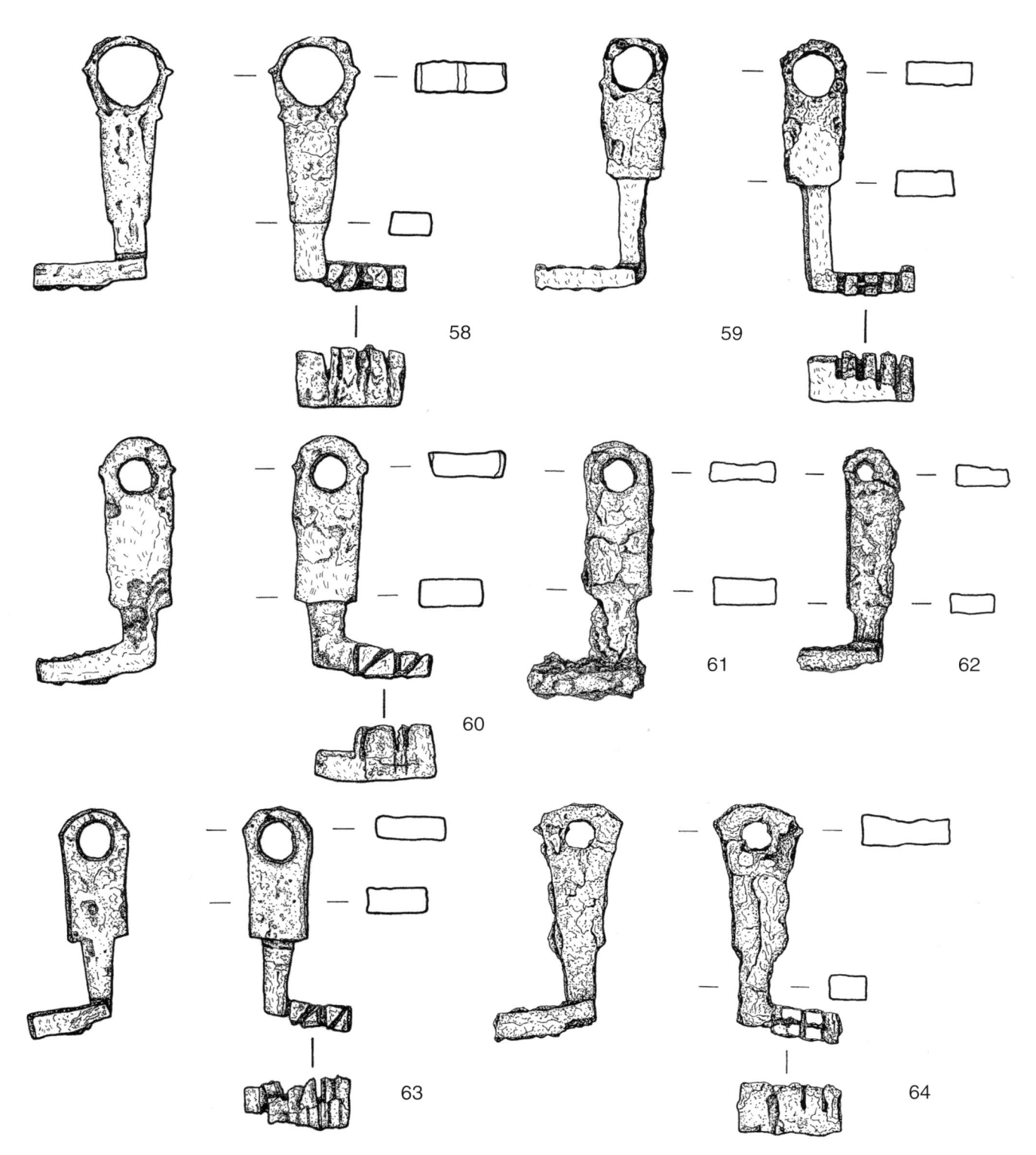

Abb. 105: Eisenfunde. Schlüssel. M. 2:3.

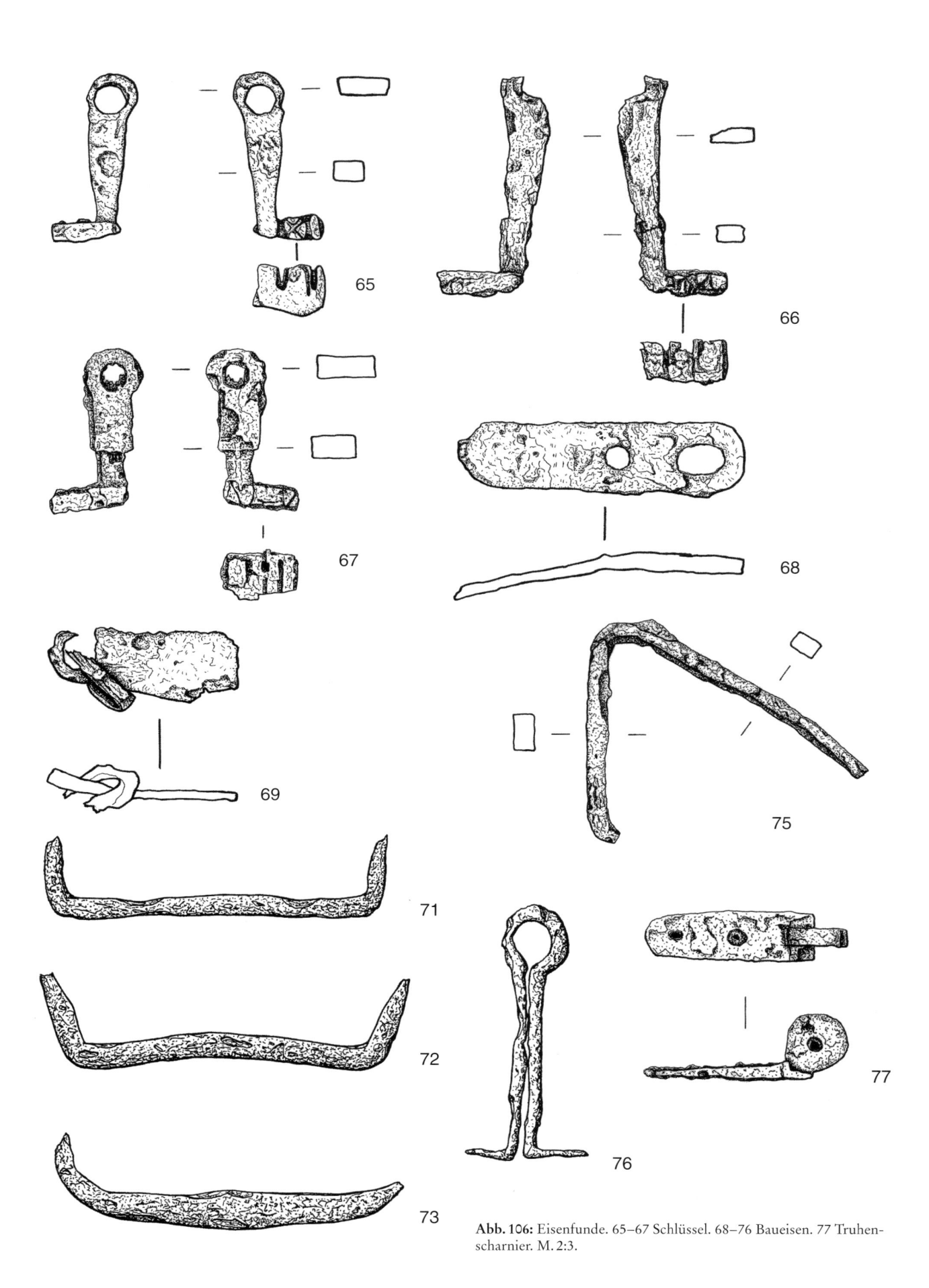

Abb. 106: Eisenfunde. 65–67 Schlüssel. 68–76 Baueisen. 77 Truhenscharnier. M. 2:3.

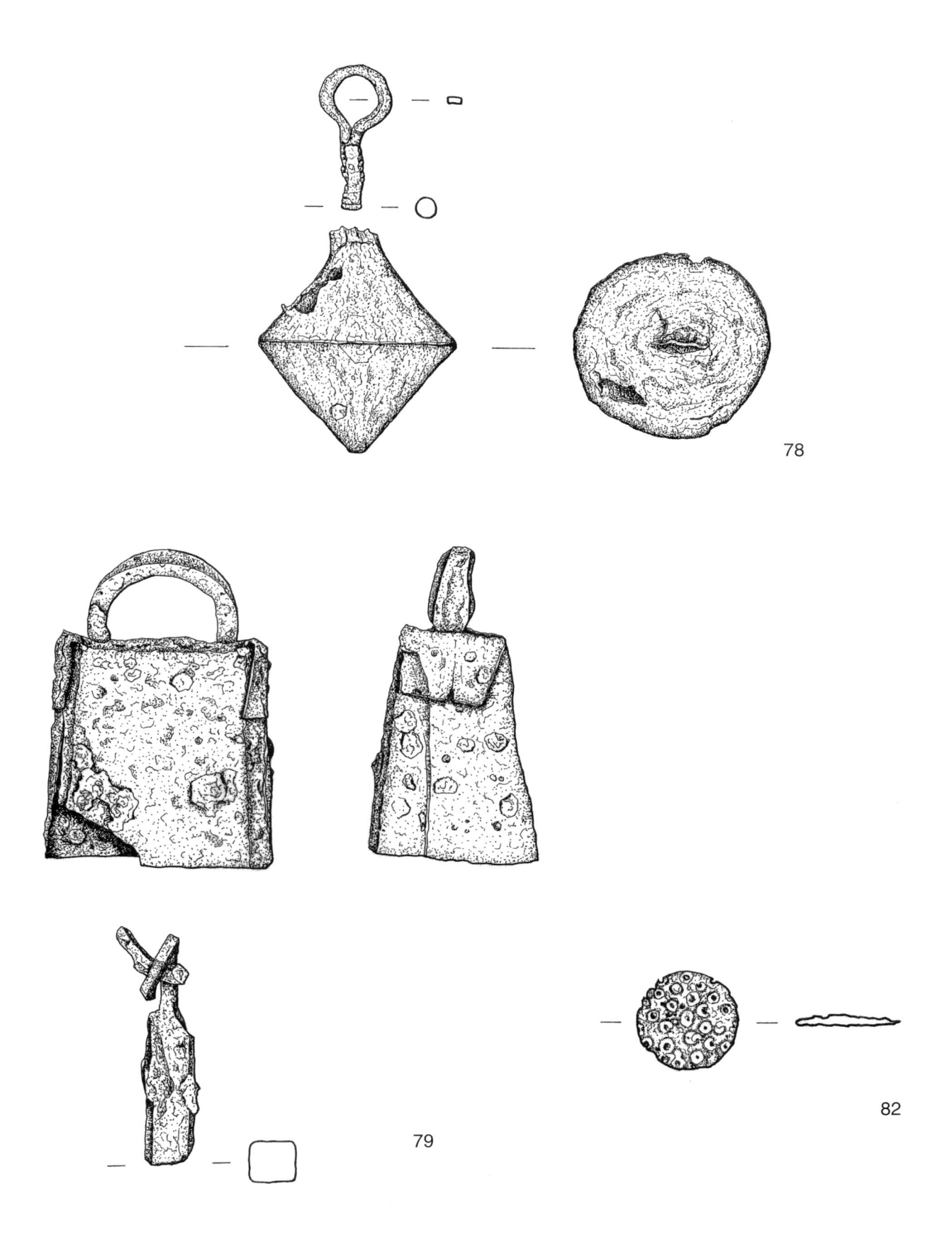

Abb. 107: Eisenfunde. 78 Gewicht. 79 Viehschelle. 82 Sieb. M. 2:3.

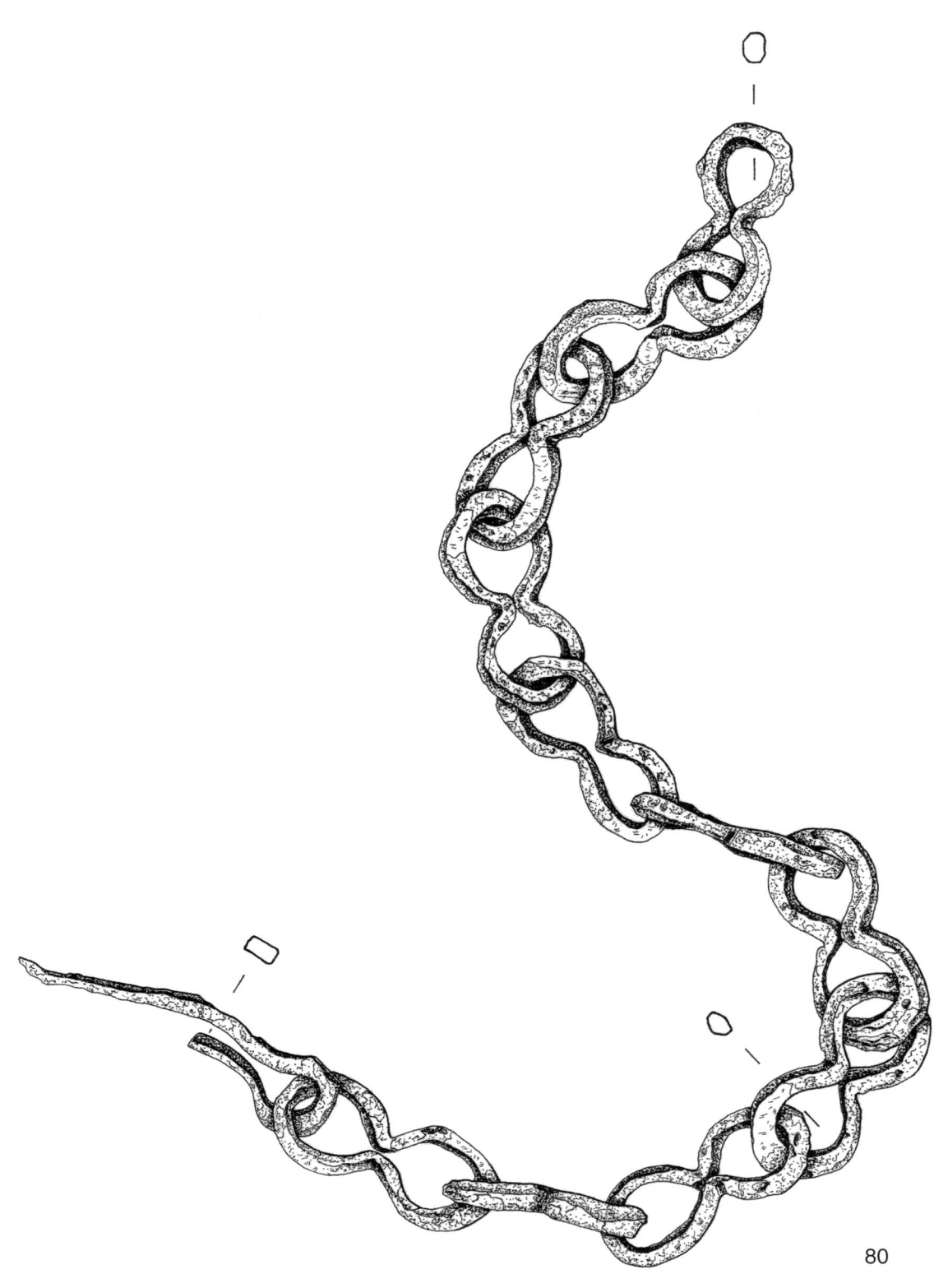

Abb. 108: Eisenfunde. Kette. M. 2:3.

Aus dem Traufgräbchen der *porticus* von Baracke III (Bef. 234). Phase 2b. Fb.-Nr. 370.

*12 Lanzenspitze mit vierkantiger, lang gezogener Spitze, größter Teil der Tülle u. Spitze abgebrochen. Die Tülle ist einfach umgeschlagen, ihre Naht nicht sorgfältig verschmiedet. Schlechte Erhaltung. Länge noch 17,5 cm, Gewicht noch 74,8 g. Vgl. Unz/Deschler-Erb 1997, Taf. 24,537 (Vindonissa). – Aus einer Abfallgrube vor der Nordumwehrung des Kastells (Bef. 1053/55), Phase 1–3. Fb.-Nr. 1078.

13 Speerspitze mit Befestigungsloch am Ende der Tülle, Länge 16,23 cm. – Aus der frühalamannischen Kulturschicht über der Verfüllung des westlichen Kastellgrabens (Bef. 1443). Fb.-Nr. 2374.

*14 Polygonale, fast kegelförmige Geschossspitze (von *iaculum*). Tülle beschädigt, Länge noch 7,6 cm, Gewicht noch 17,9 g. – Aus dem Schutt einer abgetragenen Herdstelle in einer *papilio* von Baracke IV (Bef. 656). Phase 3. Fb.-Nr. 945.

*15 Achtkantige Geschossspitze, Länge 7,2 cm, Gewicht 34,2 g. – Aus dem Bereich der Abfallgruben vor der Nordumwehrung, Pl. 1. Phase 1–3. Fb.-Nr. 1039.

*16 Sechskantige, fast kegelförmige Geschossspitze, Länge 5,8 cm. – Aus einer Abfallgrube vor der Nordumwehrung des Kastells, Streufund, Phase 1–3. Fb.-Nr. 1005.

*17 Sechskantige Geschossspitze, oben abgebrochen. Die Tülle ist vollständige erhaltene Länge noch 6,3 cm (ursprünglich 7 cm), Gewicht noch 20,1 g. – Aus einer Jaucherinne in Baracke VI (Bef. 796). Phase 3. Fb.-Nr. 980.

18 Vierkantige Geschossspitze, Länge 6,6 cm. – Aus einer Abfallgrube vor dem Westtor des Kastells (Bef. 1450). Phase 2–3. Fb.-Nr. 2303.

19 Vierkantige Geschossspitze, Länge 7,22 cm. – Aus der frühalamannischen Kulturschicht über der Verfüllung des westlichen Kastellgrabens (Bef. 1443). Fb.-Nr. 2314.

*20 Vierkantige Geschossspitze, Länge 5,8 cm. Gewicht 12,2 g. – Aus einer Grube in der *via vicenaria* zwischen Baracke V und VI (Bef. 580), Pl. 1. Phase 1. Fb.-Nr. 958.

*21 Vierkantige Geschossspitze. Äußerste Spitze und Teil der Tülle abgebrochen, Länge noch 6,2 cm, Gewicht noch 11,7 g. – Aus dem Abbruchschutt von Baracke IV im Bereich der vier westlichen *contubernia*, Pl. 0–1. Phase 3. Fb.-Nr. 772.

*22 Vierkantige Geschossspitze, Tülle größtenteils abgebrochen, Länge noch 5,8 cm. Vom Röntgenfoto gezeichnet. – Aus einer Vorratsgrube in einer *papilio* von Baracke III (Bef. 1125). Phase 2b. Fb.-Nr. 1940.

*23 Vierkantige Geschossspitze, Tülle teilweise abgebrochen. Länge noch 5,5 cm. – Aus dem Abfallgrubenkomplex vor der Nordumwehrung (Bef. 1053/55). Phase 1–3. Fb.-Nr. 1085.

*24 Pyramidale Geschossspitze (eines Pfeiles oder eines *iaculum*?), Länge 5,4 cm, Gewicht noch 11,4 g. – Aus dem Abraum von Fl. 94A/B = Bereich des westlichen Kopfbaus von Baracke V. Phase 2–3. Fb.-Nr. 2102.

25 Pyramidale Geschossspitze, Länge 6,78 cm. – Aus einer Abfallgrube vor dem Westtor des Kastells (Bef. 1450). Fb.-Nr. 2303.

26 Pyramidale Geschossspitze, Länge noch 5,5 cm, Gewicht noch 7,4 g. – Aus einer Abfallgrube vor der Nordumwehrung des Kastells (Bef. 1053). Phase 1–3. Fb.-Nr. 1058.

*27 Dreiflügelige Pfeilspitze mit Dornschaft, ein Widerhaken verbogen. Vermutlich fehlt ein zweiter, verjüngter Dornfortsatz, wie er z.B. im Falle des Exemplars Lenz 2006, Taf. 69 Nr. 659 noch erhalten ist. Länge (noch) 5,1 cm, Gewicht noch 3,9 g. – Aus einem Abfallgrubenkomplex vor der Westumwehrung des Kastells (Bef. 1450). Fb.-Nr. 2272.

*28 Dreiflügelige Pfeilspitze mit Dornschaft, zwei Widerhaken abgebrochen. Länge 4,1 cm, Gewicht noch 2,4 g. – Aus einem Abfallgrubenkomplex vor der Westumwehrung des Kastells (Bef. 1450). Zusammen mit Nr. 27 gefunden. Fb.-Nr. 2272.

*29 Blattpfeilspitze mit Dornschaft, vollständig erhalten, Länge 5,7 cm, Gewicht noch 5,1 g. – Aus dem späten Grubenkomplex im Bereich des Kopfbaus von Baracke II (Bef. 1163). Phase 3. Fb.-Nr. 2236.

Reitbedarf (Abb. 101–102)

*30 Tordierte Trense mit Scharnier und seitlichen Befestigungsösen, vgl. Junkelmann 1992, 25 Abb. 15 u. Unz/Deschler-Erb 1997, Taf. 67,1940 (Vindonissa), oder Kinnbügel einer Hebeltrense, vgl. Czysz 2002, 52 Abb. 37,3 (Nasenbügel). Dm. 11,0 cm. Gewicht noch 35,1 g. – Aus dem Bereich des Kopfbaus von Baracke II, Pl. 1. Phase 3? Fb.-Nr. 2063.

*31 Mundstücke einer Trense, Länge 13,0 cm. Vgl. Dolenz 1998, Taf. 21. Vom Röntgenfoto gezeichnet. – Aus einer Vorratsgrube in einer *papilio* von Baracke III (Bef. 1219). Phase 3. Fb.-Nr. 2165.

*32 2 Bruchstücke einer Ringtrense. Längen noch 5,5 u. 3,5 cm. Vgl. Junkelmann 1992, 25 Abb. 14; Kemkes/Scheuerbrandt 1997, 41 Abb. 39. Vom Röntgenfoto gezeichnet. – Aus einer Grube innerhalb der *porticus* von Baracke VI (Bef. 804). Phase 2a. Fb.-Nr. 1396.

*33 Seitenteil einer Trense, fragmentiert. Länge 6,1 cm. Vgl. Junkelmann 1992, 13 Abb. 2. Vom Röntgenfoto gezeichnet. – Aus einer Grube innerhalb der *porticus* von Baracke III (Bef. 76). Phase 2a. Fb.-Nr. 461.

*34 Rechteckiges Kettenglied oder Öse, evtl. von einer Trense, vgl. Unz/Deschler-Erb 1997, Taf. 67,1929–1930. Möglicherweise ist das längliche Seitenstück abgebrochen, ohne dass man die Bruchstelle im Röntgenfoto erkennen kann. Vom Röntgenfoto gezeichnet. – Aus dem westlichen Stallbereich von Baracke VI, Pl. 0–1. Phase 2–3. Fb.-Nr. 1267.

*35 U-förmig gebogener Eisenstab, Dm. 1,0 cm, beidseitig abgebrochen, Länge noch 5,0 cm. Evtl. Sattel- oder Jochversteifung? Vom Röntgenfoto gezeichnet. – Aus einer zusätzlichen Jaucherinne in Baracke III (Bef. 1137). Phase 2b. Fb.-Nr. 2012.

*36 Eisenring, von einer Trense? Dm. 4,0 cm. Vgl. Kemkes/Scheuerbrandt 1997, 41 Abb. 39. Vom Röntgenfoto gezeichnet. – Aus einer Grube innerhalb der *porticus* von Baracke V (Bef. 358). Phase 2a. Fb.-Nr. 764.

*37 Eisenring, Dm. 8,2 cm, evtl. vom Zaumzeug oder zum Anbinden von Pferden an der Stallwand. Vom Röntgenfoto gezeichnet. – Aus einer Abfallgrube vor der Nordumwehrung des Kastells, Streufund, Phase 1–3. Fb.-Nr. 1005.

Werkzeuge (Abb. 102–104)

*38 Axt mit hammerartigem Nackenstück, Höhe 11,0 cm, Gewicht 413,7 g. Ovales Schaftloch 3 cm × 2 cm mit seitlichen Stabilisierungsflügeln. Im Schaftloch stecken erhaltene Stielreste. – Aus einer Jaucherinne in Baracke IV (Bef. 4/484). Phase 3. Fb.-Nr. 1.

*39 Gabel mit zwei Zinken. Vermutlich handelt es sich nicht um eine Heu- oder Mistgabel, da hierfür die beiden Zinken insuffizient wären. Vgl. aber Koller/Doswald 1996, 417 Nr. 1876 (Aquae Helveticae) sowie eine zweizinkige Hacke, deren Zinken jedoch zum Stiel senkrecht stehen: L. Bakker/S. Wirth,

Eine frührömische Siedlung auf der Hochterrasse in Göggingen. Arch. Jahr Bayern 2003, 69–72 bes. 72 Abb. 75. Eher halte ich das Werkzeug für den Aufsatz einer spezifischen Halte- oder Öffnungsstange, z. B. für einen Laden oder eine Klappluke evtl. im Stallbereich. Länge noch 19,5 cm, Länge Tülle 8,2 cm, Dm. Tülle innen 2,4 cm, Gewicht 181,9 g. – Aus einer Jaucherinne in Baracke IV (Bef. 702). Phase 3. Fb.-Nr. 722.

*40 Massiver Eisenzylinder mit flacher, an den Rändern geringfügig aufgewölbter Oberseite, die vermutlich durch Schläge etwas deformiert wurde. Das untere Ende verjüngt sich kegelstumpfartig mit knapper, flacher Auflagefläche. Eisenkeil (evtl. zur Steinbearbeitung) oder Meißel, weniger wahrscheinlich Steckamboss. Sehr stark korrodiert. Länge 9,0 cm, Gewicht 379,2 g. Vgl. beispielsweise die Schaftform eines Schrotmeißels bei Koller/Doswald 1996, 423 Nr. 1971 u. 429 Nr. 2124; ferner Dolenz 1998, Taf. 53 u. 61–65 (vielfältige Meißelformen). – Aus einer zusätzlichen Jauchegrube im westlichen Endcontubernium von Baracke II (Bef. 1238). Phase 2b. Fb.-Nr. 2160.

*41 Einschneidiges Messer, nur äußerste Spitze abgebrochen, sonst vollständig erhaltenen, Länge noch 15,8 cm, Gewicht noch 35,1 g. Zweischaliger Griff aus geschnitzten u. polierten Hornplatten, die mit Rillen, Rauteneinritzungen u. Kreisaugen verziert sind. Befestigung an der Griffzunge durch drei eiserne Nieten. Vgl. zu derartigen Griffschalen Martin-Kilcher 1991, 67; Walke 1965, Taf. 119,1–10 (Straubing); Obmann 1997, 242 (Heddernheim); Goguey/Reddé 1995, 343 Nr. 99 (Mirebeau). – Aus einer Abfallgrube vor der Nordumwehrung des Kastells (Bef. 1012). Phase 1–3. Fb.-Nr. 1084.

*42 Vollständiges Messer mit Horngriff, Länge insgesamt 16,9 cm, Länge der einschneidigen Klinge 7,7 cm, Länge des aus Splittern zusammengeklebten Griffes 9,2 cm, Gewicht 63,6 g. – Aus einer Vorratsgrube in einer *papilio* von Baracke VI (Bef. 595), Schicht B. Phase 2b. Fb.-Nr. 944.

*43 Messerklinge, Teil der Griffangel abgebrochen. Länge noch 15,1 cm, Gewicht noch 55,4 g. – Aus einer späten Grube im Kopfbaubereich einer Baracke in der östlichen *retentura* des Kastells (Bef. ZOH-48). Phase 3. Fb.-Nr. 1576.

*44 Klinge eines einschneidigen Ziehmessers mit geschwungenem Klingenrücken und quer stehendem Griffanker. Äußerste Spitze abgebrochen. Länge noch 15,5 cm, Gewicht noch 41,2 g. – Aus einer Grube in der *porticus* von Baracke VI (Bef. 584), Schicht B. Phase 2a. Fb.-Nr. 854.

45 Klingenfragment u. Griffangel (Länge 3,8 cm) eines kleinen Messers. – Aus der Verfüllung einer Pfostengrube, Reparatur des Trennwandgräbchens Bef. 816 im Stallbereich von Baracke VI. Phase 3. Fb.-Nr. 1380.

*46 Schwere Aale, Länge 17,2 cm, Gewicht 91,2 g. – Aus der Abbruchschicht von Baracke IV im Bereich einer *papilio*. Phase 3. Fb.-Nr. 1258.

*47 Werkzeugstumpf von vierkantig geschmiedetem Querschnitt, die eigentliche Werkzeugspitze ist abgebrochen. Die Zugehörigkeit des mitgefundenen, verbogenen Stiftes ist fraglich. Geschnitzter Griff von 4,3 cm Länge aus einem Geweihstück ist noch erhalten. Länge mit Griff noch 10,3 cm, Gewicht noch 56,0 g. Die Funktion ist unklar, evtl. handelt es sich um eine Feile oder um einen Hufkratzer. – Aus einer Grube in der *via vicenaria* nördlich vor dem westlichen Kopfbau von Baracke IV (Bef. 1301). Phase 2a. Fb.-Nr. 2185.

48 Fragment eines feinen, leicht gebogenen Sägeblattes, Länge noch 4,38 cm. – Aus einer Abfallgrube vor dem Westtor des Kastells (Bef. 1450). Phase 2–3. Fb.-Nr. 2303.

*49 Bruchstück eines Bratspießes mit zwei krallenartig gebogenen Zinken. Länge noch 7,6 cm. Vom Röntgenfoto gezeichnet. – Aus dem Abfallgrubenkomplex vor der Nordumwehrung (Bef. 1053/55), Pl. 0–1. Phase 1–3. Fb.-Nr. 1007.

*50 Radvorstecker (vgl. Walke 1965, Taf. 132,20) oder T-Nagel mit gerundetem Bügel und abgebrochener Spitze? Länge noch 5,0 cm. Gewicht 19,2 g. Ein identisches Stück wird bei Keller/Doswald 1996, 421 Nr. 1930 als „Wagenbeschläg" angesprochen. – Aus einer Grube in der *via vicenaria* zwischen Baracke V und VI (Bef. 580). Pl. 1. Phase 1. Fb.-Nr. 958.

Schreibgerät (Abb. 104)

*51 *Stilus* mit Zierzwinge aus Messing im Bereich der Fingerauflage, abgesetzte Schreibspitze abgebrochen, spitz zulaufendes, im Querschnitt quadratisches „Radierende". Länge noch 10,7 cm, Gewicht noch 8,8 cm. – Aus einer Grube im Bereich der *porticus* von Baracke III (Bef. 75). Phase 2a. Fb.-Nr. 8.

*52 *Stilus* mit abgesetzter Spitze (geknickt) und geriffelter Fingerauflage. Flaches Radierende abgebrochen. Länge noch 9,2 cm. Vom Röntgenfoto gezeichnet. – Aus einer Grube innerhalb der *porticus* von Baracke V (Bef. 533). Phase 2a. Fb.-Nr. 704.

*53 *Stilus* mit rechteckigem Radierende, Länge 10,7 cm. – Aus einer Abfallgrube vor dem Westtor des Kastells (Bef. 1450). Phase 2–3. Fb.-Nr. 2291.

*54 Schreibfeder, sog. „Ochsenstachel", Länge 3,18 cm. Vom Röntgenfoto gezeichnet. – Aus einer Abfallgrube vor dem Westtor des Kastells (Bef. 1450). Phase 2–3. Fb.-Nr. 2303.

*55 Siegelring, Länge 2,5 cm, Höhe 2,1 cm, Gewicht 4,4 g. Ovale Gemme fehlt. – Aus einem Sohlgraben, der ca. 20 m westlich der Westumwehrung parallel zu dieser verläuft, jüngere Phase (Bef. 1500). Phase 1–2. Fb.-Nr. 2375.

Schlüssel (Abb. 104–106)

*56 Schlüssel, vollständig erhalten, Länge 15,6 cm, Gewicht noch 140,9 g. Abgesetzter Griff mit Gliederungsriefen. – Aus der großen, späten Grube im Zentrum des westlichen Kopfbaus von Baracke II (Bef. 1228). Fb.-Nr. 2143.

*57 Schlüsselgriff, Bart abgebrochen. Der Schaft ist durch eingeschlagene Kerben verziert. Länge noch 14,0 cm, Gewicht noch 95,7 g. – Aus einer späten Grube im Bereich des westlichen Endcontuberniums von Baracke II (Bef. 1249). Phase 3. Fb.-Nr. 2126.

*58 Schlüssel mit Zierrippen auf der Außenseite der Öse, Länge 6,8 cm, Gewicht 40,3 g. – Aus einer Grube im Bereich der *porticus* von Baracke V (Bef. 394). Phase 2a. Fb.-Nr. 654.

*59 Schlüssel, Länge 6,8 cm, Gewicht 26,1 g. – Aus einer Abfallgrube vor der Nordumwehrung des Kastells (Bef. 1054). Phase 1–3. Fb.-Nr. 1079.

*60 Schlüssel, Länge 6,5 cm. Gewicht 51,8 g. – Aus einer Grube im Bereich der *porticus* von Baracke III (Bef. 75). Phase 2a. Fb.-Nr. 13.

*61 Schlüssel, Länge 6,5 cm. Gewicht 35,4 g. – Aus dem nachkastellzeitlichen Brunnen im Bereich des Kopfbaus von Baracke IV (Bef. 1300e). Phase 4. Fb.-Nr. 2225.

*62 Schlüssel, Länge 6,0 cm, Gewicht 23,0 g. – Aus einer späten Grube im Bereich eines Kopfbaus in der östlichen *retentura* des Kastells (Bef. ZOH-48). Phase 3. Fb.-Nr. 1593.

*63 Schlüssel, Länge 5,9 cm, Gewicht 35,3 g. – Aus einer Vorratsgrube in Baracke V (Bef. 377). Phase 3. Fb.-Nr. 657.

*64 Schlüssel, Länge 6,6 cm, Gewicht 33,7 g. – Aus einer Vorratsgrube in einer *papilio* von Baracke III (Bef. 1220). Phase 2b–3. Fb.-Nr. 2110.
*65 Kl. Schlüssel, Länge 5,0 cm, Gewicht 16,8 g. – Aus der Verfüllung des Kastellgrabens im Norden (Bef. 1002). Phase 3. Fb.-Nr. 1037.
*66 Schlüssel, Griffende mit Öse abgebrochen, Länge noch 6,5 cm, Gewicht noch 18,2 g. – Aus einer Abfallgrube vor der Nordumwehrung des Kastells (Bef. 1012). Phase 1–3. Fb.-Nr. 1080.
*67 Kl. Schlüssel, vollständig erhalten, Länge 4,9 cm, Gewicht noch 24,4 g. – Aus einer späten Grube im Bereich des westlichen Endcontuberniums von Baracke II (Bef. 1249). Phase 3. Fb.-Nr. 2123.

Baueisen (Abb. 106)

*68 Rest eines Bandbeschlags od. Scharniers mit Nagelloch u. Öse, abgebrochen u. verbogen. Länge noch 8,4 cm, Stärke noch 6 mm, Gewicht noch 29,8 g. – Aus einer mit Fachwerkschutt verfüllten Pfostengrube einer Umbauphase von Baracke III (Bef. 268). Phase 3. Fb.-Nr. 236.
*69 Fragment eines Bandbeschlags mit Rest eines Kettengliedes (oder eines Scharnierbandes?). Länge noch 5,6 cm, Gewicht noch 16,4 g. – Aus einer Grube im Bereich der *porticus* von Baracke III (Bef. 166). Phase 2a. Fb.-Nr. 450.
70 Fragment eines Scharnierbandes mit aufgebogener Ringöse. Länge noch 4,81 cm. – Aus dem Bereich des westlichen Endes von Baracke VIII, Pl. 0–1.
*71 Eisenklammer, Länge 10,0 cm. Vom Röntgenfoto gezeichnet. Vgl. Haalebos 1977, 235 Abb. 24, 155 (Zwammerdam); Koller/Doswald 1996, 431 Nr. 2139 (Aquae Helveticae). – Aus dem westlichen Stallbereich von Baracke VI, Pl. 0–1. Phase 2–3. Fb.-Nr. 1267.
*72 Aufgebogene Eisenklammer, Länge 10,8 cm. Vom Röntgenfoto gezeichnet. – Aus dem Abbruchschutt der Osthälfte von Doppelbaracke IV/V, Pl. 0–1. Phase 3. Fb.-Nr. 531.
*73 Eisenklammer mit abgebrochenen Zinken, Länge noch 10,2 cm. Vom Röntgenfoto gezeichnet. – Aus dem Abbruchschutt der Osthälfte von Doppelbaracke IV/V, Pl. 0–1. Phase 3. Ohne Fb.-Nr.
74 Aufgebogene Eisenklammer wie Nr. 71–73, Länge 10,52 cm, ursprüngliche Funktionslänge 7,6 cm, Breite der Klammer 4,72 cm. – Aus dem Bereich des westlichen Endes von Baracke VIII, Pl. 0–1.
*75 Verbogenes Klammereisen od. Balkenzwinge, Länge noch 15,7 cm, ursprüngliche Funktionslänge (mutmaßlich Kantenlänge einer Balkenseite 5,8 cm), Gewicht noch 47,0 g. Vgl. z. B. T. Fischer, Ein römischer Hortfund aus Affecking, Stadt Kelheim. In: W. Czysz u. a. (Hrsg.), Provinzialrömische Forschungen. Festschr. Günter Ulbert (Espelkamp 1995) 341, Abb. 1, 11; Koller/Doswald 1996, 415 Nr. 1826–1827 (Aquae Helveticae). – Aus einer Jaucherinne in Baracke VI (Bef. 794). Phase 3. Fb.-Nr. 1294.
*76 Vollständiger Splint, Länge 7,7 cm. Vom Röntgenfoto gezeichnet. – Aus einer Grube im Stallbereich des Endbaus von Baracke V (Bef. 1330). Phase 2b. Fb.-Nr. 2222.

Möbelzubehör (Abb. 106)

*77 Scharnierflügel eines Kastens od. einer Truhe mit zwei Nagellöchern, Länge 6,0 cm, Gewicht noch 20,4 g. Vgl. Riha 2001, Taf. 12–23; W. Gaitzsch, Römische Scharniere und andere Gelenkverbindungen. Arch. Rheinland 1993, 90–92. – Aus dem Abbruchschutt von Baracke IV im Bereich der vier westlichen *contubernia*, Pl. 0–1. Phase 3. Fb.-Nr. 772.

Sonstiges (Abb. 107–108)

*78 Gewicht in Form eines Doppelkegels, die abgebrochene Aufhängungsöse ist aus Eisendraht gebogen und um den Stil gewickelt. Das Gewicht von 412,2 g plus 4,3 g Öse entspricht etwa 1 röm. Pfund plus 4 *unciae*. – Aus einer Jaucherinne in Baracke VI (Bef. 794), über Pl. 1. Phase 3. Fb.-Nr. 1264.
*79 Viehschelle, aus Eisenblech in trapezoide Form gefaltet und an einer Schmalseite vernietet. Innen- und Außenfläche wurden mit einem dünnen Messingüberzug versehen. Eine Ecke ist herausgebrochen. Der Halterungsbügel wurde separat angefertigt, durch das Blech hindurchgesteckt und auf der Innenseite umgeschlagen, wobei das längere Ende zugleich als Aufhängung des Klöppels diente (abgebrochen). Gewicht des Gehäuses noch 150,9 g, des Klöppels 46,0 g. – Aus einer Grube im westlichsten Stall von Baracke V (Bef. 1330, Bereich des Endbaus). Phase 2b. Fb.-Nr. 2184.
*80 Kette aus noch elf achtförmigen Gliedern und einem abgebrochenen Befestigungssplint. Länge insgesamt noch 53,7 cm, Gewicht noch 277,0 g. Die Länge der Kettenglieder schwankt zwischen 4,5 u. 6 cm. – Aus dem Abbruchschutt der Baracke VI, Pl. 1–2. Fb.-Nr. 1537.
81 Kette aus noch fünf achtförmigen Gliedern, zwei davon aufgebrochen. Gesamtlänge noch 8,88 cm. Länge pro Glied 2,4 bis 2,6 cm. – Aus der frühalamannischen Kulturschicht über der Verfüllung des Kastellgrabens (Bef. 1443), ursprüngliche Herkunft aus dem Kastell fraglich. Fb.-Nr. 2372.
*82 Siebscheibe, Dm. 2,8 cm, Gewicht 3,2 g. – Aus einer Jaucherinne in Baracke III (Bef. 265). Phase 3. Fb.-Nr. 193.

Nägel

83 Eisennagel, Länge 5,51 cm. Bef. 1053/55. Fb.-Nr. 1075.
84 Eisennagel, Länge 4,11 cm. Bef. 1053/55. Fb.-Nr. 1075.
85 Eisennagel, Länge 5,53 cm. Bef. 1053/55. Fb.-Nr. 1075.
86 Eisennagel, Länge 4,15 cm. Bef. 1053/55. Fb.-Nr. 1075.
87 8 Eisennägel, Längen 5,4; 5,4; 5,7; 6,09; 6,52; 6,78; 9,5 u. 9,5 cm. Bef. 1450. Fb.-Nr. 2303 u. 2355.
88 Eisennagel, Länge 7,5 cm. Bef. 1219. Fb.-Nr. 2148.
89 Eisennagel, Länge 5,5 cm. Spitze umgeschlagen: Holzdicke 4,0 cm. Bef. 1301. Fb.-Nr. 2209.
90 Eisennagel, Länge 6,0 cm. Bef. 1228. Fb.-Nr. 2210.
91 Eisennagel, Länge 5,3 cm. Abbruchschutt Baracke III. Fb.-Nr. 1710.
92 3 Eisennägel, Längen 11,5; 6,5 u. 5,5 cm. Bef. ZOH-105. Fb.-Nr. 1620.
93 3 Eisennägel, Längen 6,0; 6,5 und 5,5 cm. Abbruchschutt Baracke IV. Fb.-Nr. 1722.
94 Eisennagel, Länge 5,7 cm. Abbruchschutt Baracke XXI. Fb.-Nr. 1617.
95 Eisennagel, Länge 7,1 cm. Bef. 1164. Fb.-Nr. 2095.
96 Eisennagel, Länge 5,5 cm. Bef. 1019. Fb.-Nr. 2088.
97 3 Eisennägel, Längen 5,5 u. 6,0 cm. Bef. 1301. Fb.-Nr. 2127.
98 4 Eisennägel, Längen 5,5; 6,0; 6,3; 6,7 cm. Bef. 1450. Fb.-Nr. 2303.
99 2 Eisennägel, Längen 5,3; 5,8 cm. Bef. 1450. Fb.-Nr. 2316.
100 2 Eisennägel, Längen 5,3; 5,8 cm. Bef. 1450. Fb.-Nr. 2320.
101 4 Eisennägel, Längen 9,8; 8,8; 6,7; 5,2 cm. Bef. 1450. Fb.-Nr. 2355.
102 3 Eisennägel, Längen 7,3; 6,3; 5,2 cm. Bef. 1450. Fb.-Nr. 2321.

103 Eisennagel, Länge 8,5 cm. Bef. 377. Fb.-Nr. 766.
104 Eisennagel, Länge 7,7 cm. Bef. 438a. Fb.-Nr. 767.
105 Eisennagel, Länge 6,9 cm. Bef. 358. Fb.-Nr. 764.
106 2 Eisennägel, Längen 6,0 u. 6,5 cm. Bef. 802. Fb.-Nr. 1506.
107 2 Eisennägel, Längen 6,8 u. 6,0 cm. Bef. 804. Fb.-Nr. 1382.
108 Eisennagel, Länge 6,7 cm. Bef. 824. Fb.-Nr. 1375.
109 2 Eisennägel, Längen ca. 6 cm. Bef. 726. Fb.-Nr. 1220.
110 Eisennagel, Länge 6,3 cm. Bef. 664. Fb.-Nr. 917.
111 Eisennagel, Länge 5,5 cm. Schicht D. Fb.-Nr. 831.

IV.5 Objekte aus Bein und Knochen

Bis auf den Werkzeuggriff Nr. 5, das Halbfabrikat Nr. 17 sowie vielleicht die Nadeln Nr. 15–16, die aus Langknochen geschnitzt sind, bestehen alle übrigen Beinfunde aus Horn bzw. Geweih oder im Falle von Nr. 1 und evtl. Nr. 3 sogar aus Elfenbein (Abb. 109). Unter allen Beinfunden lassen sich lediglich das Hirschrosen-Amulett[741] (Nr. 2) sowie vielleicht das Halbfabrikat Nr. 17 mit der militärischen Ausrüstung in Verbindung bringen. Bei Letzterem könnte es sich um einen Riemenendbeschlag o. ä. gehandelt haben, dessen Schlitz zum Verschluss mit einem Haken oder Ring vorgesehen war. Ein vergleichbarer, jedoch kleinerer Funktionsbeschlag liegt auch aus Bronze vor.[742] Die Fundstelle lässt darauf schließen, dass dieses Werkstück innerhalb des Kastells hergestellt wurde und entweder wegen Insuffizienz oder wegen vorzeitigen Bruchs verworfen wurde.
Von Möbeln stammen die Scharnierzapfen Nr. 3–4. Der Zapfen Nr. 4 könnte, wie nachträgliche Schnitzspuren zu vermuten nahe legen, einer Sekundärverwendung zugeführt worden sein, z. B. als Gefäßverschluss.[743] Als Zierprotom einer Stuhl- oder Klinenlehne könnte das Bruchstück eines Adlerköpfchens aus Elfenbein (Nr. 1) anzusprechen sein, sofern es nicht zum Knauf eines Schwertes oder Messers gehörte.[744] Die Fundstelle des Elfenbeinartefaktes innerhalb des Endbaus von Baracke XXI spricht für ein gehobenes Ausstattungsniveau dieser Chargenunterkunft.[745] Vermutlich nach der Absplitterung der Unterseite der figürlichen Schnitzerei (die schiefrige natürliche Schichtung des Materials verläuft horizontal) wurde das vorliegende Oberteil vorne und hinten senkrecht abgesägt, um es einer unbekannten bzw. wahrscheinlich nicht mehr ausgeführten Sekundärverwendung zuzuführen. Als Möbelzubehör z. B. in Gestalt einer Schlossschlempe eines Kästchens ließe sich auch das Halbfabrikat Nr. 17 alternativ deuten.
Die insgesamt neun Spielsteine sind durchweg aus Geweihstöcken gesägt worden. Zahlenmäßig sind beinerne Spielsteine sicherlich unterrepräsentiert, da ihre Auffindung durch die Konsistenz des Heidenheimer Kalkkieses, dessen durchschnittliche Kornfraktion und auch Färbtönung ihnen sehr ähnlich ist, beeinträchtigt wird.
Die Haarnadeln[746] Nr. 15–16 stellen die einzigen Fundstücke aus Fundzusammenhängen des Kastells dar, die eine Diskussionsgrundlage bezüglich der möglichen Anwesenheit von Frauen bieten. Ansonsten gibt es kein Fundstück, das explizit oder auch nur wahrscheinlich auf die Gegenwart von Frauen oder Kindern im Lager hinweisen könnte.[747] Beinerne Nadeln könnten aber auch im Militäralltag verwendet worden sein, z. B. als medizinische In-

---

741 Evtl. als Amulett am Pferd; diese Anhänger sind grundsätzlich keineswegs auf Militärplätze beschränkt: S. Greep, Antler Roundel Pendants from Britain and the North-Western Roman Provinces. Britannia 25, 1994, 79–97.
742 Vgl. Kap. IV.3 (Bronze) Nr. 106.
743 Vgl. beispielsweise Kortüm/Lauber 2004, Taf. 138, Grube 1767, 15.
744 Ausschlaggebend für die Ansprache als Adler- und nicht etwa als Schlangenkopf sind die nach vorne gerichteten Augen; vgl. beispielsweise die bronzenen Adler aus Heidenheim und Aalen: H. U. Nuber, Antike Bronzen aus Baden-Württemberg. Schr. Limesmus. Aalen 40 (Stuttgart 1988) 53 Abb. 38; Sölch 2001, 114 f. Vgl. auch einen als Aufsatz eines Messerknaufs gedeuteten bronzenen Adlerkopfaufsatz aus Heddernheim bei Fischer 1973, 104 Nr. 8 sowie Künzl 2008, 90 f.
745 Vgl. zu ähnlichen Beobachtungen anhand der Qualität des Fundmaterials auch O. Harl, Die zweite Weihung an den Genius einer Zenturie aus dem Legionslager Vindobona. Fundort Wien 2/1999, 6–14 bes. 6.
746 Aufgrund ihrer Größen scheidet die Ansprache als Spinnrocken aus, vgl. Martin-Kilcher 1991, 64 u. Taf. 26.
747 Die Frage, wie viele „Zivilisten", insbesondere Familienangehörige von Soldaten, in den Lagern zu erwarten sind, wird anhaltend diskutiert, vgl. M. A. Speidel, Frauen und Kinder beim römischen Heer. Jahresber. Ges. Pro Vindonissa 1997, 53 f.; ders. Stadt- und Lagerleben. In: H. v. Hesberg (Hrsg.), Das Militär als Kulturträger in römischer Zeit (Köln 1999) 75–85 bes. 75–78. – Zu Interpretationsmöglichkeiten von Fundmaterial, das auf die Anwesenheit von Frauen und Kindern in Militärlagern hinweisen könnte, vgl. z. B. C. van Driel-Murray, Die römischen Lederfunde. In: Dies./Hartmann 1999, 35 f.; dies., A question of gender in a military context. Helinium 34/2, 1994, 342–363; dies., Women in forts? Jahresber. Ges. Pro Vindonissa 1997, 55–61; dies., Vindolanda and the Dating of Roman Footwear. Britannia 32, 2001, 185–197; P. M. Allison, Mapping artefacts and activities within Roman military forts. In: Z. Visy (ed.), LIMES XIX (Pécs 2005) 833–846 (Kartierung „ziviler" Aktivitäten in Legionslagern des 1. Jh.). – Anlässlich seines Besuchs in Rätien und am Rhein hat Hadrian 121 n. Chr. Maßnahmen zur Aufrechterhaltung der Truppendisziplin getroffen (SHA Hadr. 10, 4), wobei unklar bleibt, ob er dabei den Aufenthalt von „Zivilisten" in den Lagern beschränkte (Speidel 1996, 79). Es ist jedoch grundsätzlich zu hinterfragen, inwieweit archäologisches Fundmaterial wie Fibeln oder Haarnadeln überhaupt zum Nachweis bestimmter Personengruppen taugen (vgl. Schaeff 2000, 132 f.). Es könnte sich im Einzelfall z. B. auch um private Andenken von Soldaten handeln. Umgekehrt sind Funde von Waffen und „Militaria" in „zivilen" Siedlungen auch nicht zwangsläufig mit der Präsenz aktiver Soldaten oder regulärer Truppen zu erklären, vgl. dazu Deschler-Erb 1999, 80–98; die Beiträge im Jahresber. Ges. Pro Vindonissa 2001 sowie Nicolay 2005.

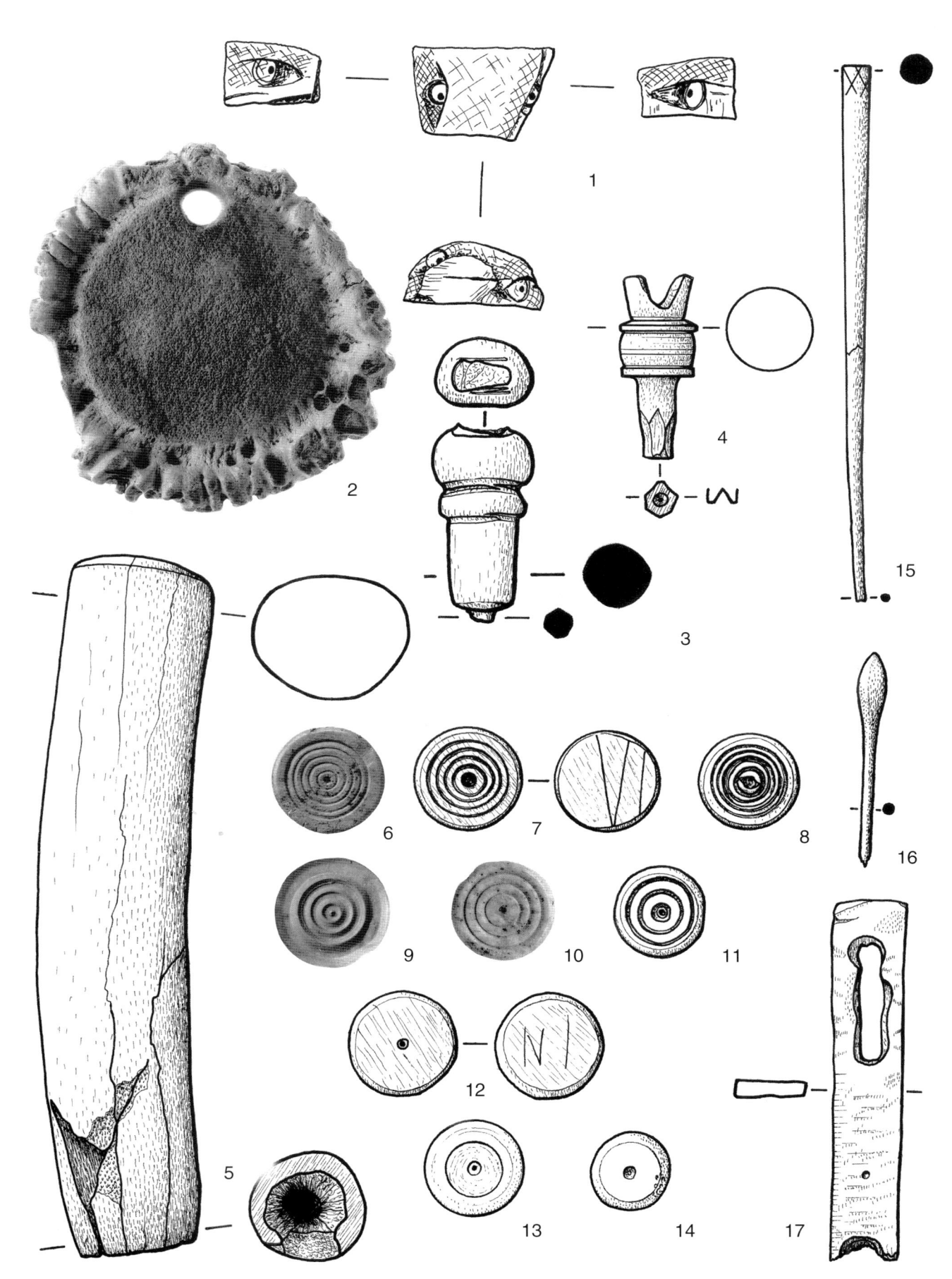

Abb. 109: Beinartefakte. M. 1:1.

strumente oder als einfache Gewandschließen.⁷⁴⁸ Einige Reitergrabsteine führen vor Augen, dass vereinzelt auch die Mähnen von Kavalleriepferden frisiert zu werden pflegten, z. B. in Gestalt von Zöpfen oder Haarbüscheln.⁷⁴⁹ Ob Haarnadeln auch hierfür nützlich sein konnten, scheint bisher noch nicht erwogen worden zu sein. Andererseits dokumentiert die geringe Fundzahl von nur zwei Exemplaren, dass man von ihnen gegebenenfalls wohl kaum regelmäßig Gebrauch machte.

Neben dem Werkzeuggriff Nr. 5 sind noch drei weitere Horngriffe zu nennen, die noch im Verbund mit den in ihnen geschäfteten Eisenwerkzeugen gefunden wurden (vgl. Eisenfunde Nr. 41, 42, 47).⁷⁵⁰

*1 Bruchstück eines Adlerköpfchens, aus Elfenbein geschnitzt (schiefrige Struktur). An beiden Enden ist das Zierstück für eine offenkundig nicht mehr erfolgte Sekundärbearbeitung abgesägt worden, unten längs gesplittert. Länge noch 1,8 cm, Breite noch 2,6 cm. Zieraufsatz eines Möbels oder Ende eines Griffes? Zu Schwertern mit Adler-Schlangen-Griff vgl. Künzl 2008, 90f. Aus einer späten Jaucherinne im Endbau von Baracke XXI (Bef. ZOH-105). Phase 3. Fb.-Nr. 1620.

*2 Zieranhänger aus der Rose eines Hirschgeweihs mit Bohrloch. Der einst aus der Mitte der Vorderseite herausgeschnittene Phallus ist stark verrieben und daher kaum noch erkennbar. Auf der Rückseite befinden sich grobe Sägespuren. Es handelt sich um eine geläufige Amulettform für Reittiere mit gedachter apotropäischer Wirkung, vgl. z. B. Czysz 2002, 117 Abb. 119; Heiligmann 1990, Taf. 47,1 („Häsenbühl"); S. Frey, Bad Wimpfen I. Osteologische Untersuchungen an Schlacht- und Siedlungsabfällen aus dem römischen Vicus von Bad Wimpfen. Forsch. Vor- u. Frühgesch. Baden-Württemberg 39 (Stuttgart 1991) 189 Abb. 88; Ber. RGK 70, 1989, 292 Abb. 18 G2 (Oberstimm); Unz/Deschler-Erb 1997, Taf. 60 (Vindonissa); Ulbert 1969, Taf. 60,3–4 (Rheingönheim); Kemkes/Scheuerbrandt 1997, 43 Abb. 46 (Rottweil); Obmann 1997, 241 (Heddernheim); Deschler-Erb u. a. 1991, 69 Abb. 45, 64 (Kaiseraugst); Deschler-Erb 1998, Taf. 37,3963–3967; Martin-Kilcher 1991, 69 (Oberwinterthur); Gostencnik 2005, 526f. (Magdalensberg); Nicolay 2005, 259 Abb. 6.9, 1–3 (Vechten und Nijmegen); Lenz 2006, Taf. 38 Nr. 353–356 (Xanten); E. Alonso, Travail et décor des médaillons en bois de cerf. Analyse et essai typologique. In: I. Bertrand (ed.), Le travail de l´os, du bois de cerf et de la corne à l´époque romaine: un artisant en marge? Monogr. Instrumentum 34 (Montagnac 2008) 275–281. – Vom *campus* nördlich des Kastells (Grabung „Gleisharfe" 2004), mittlerer Suchschnitt (Bef. 5). Fb.-Nr. 22.

*3 Beinerner Zapfen eines Scharniers, aus Elfenbein gedrechselt, erkennbar an der schiefrigen Struktur des Beinmaterials. Länge 3,7 cm. Vgl. Obmann 1997, 59; Deschler-Erb 1998, 182; F. Naumann-Steckner, Kölner Jahrb. 37, 2004, 116f. (Scharnier eines Schränkchens oder Kästchens); Kortüm/Lauber 2004, Taf. 138, Bef. 1767, 15. – Beim Abziehen von Pl. 1 zwischen den Baracken III und IV. Fb.-Nr. 15.

*4 Zapfen eines Scharniers, aus Bein gedrechselt. Länge 3,6 cm, Dm. maximal 1,5 cm. Der Kopf besteht aus einem eingekerbten Kegelstumpf. Das Zapfstück ist wohl für eine Sekundärverwendung nachträglich grob zugeschnitten worden. Auch das axiale Bohrloch scheint auf eine spätere Bearbeitung zurückzugehen. – Aus einer kastellzeitlichen Abfallgrube vor der Westumwehrung (Bef. 1620). Phase 2–3. Fb.-Nr. 2426.

*5 Griff eines Werkzeugs, aus Horn geschnitzt. Beschädigt, aber vollständig erhalten, leicht gekrümmt, Länge 14,0 cm, Gewicht 83,6 g. Das eiserne (geringe Rostspuren) Werkzeug ist mindestens 6,5 cm tief geschäftet worden. Im oberen Drittel befindet sich eine Sägespur, die von einem abgebrochenen Kürzungsversuch zeugt. Wahrscheinlich führte eine Splitterung bzw. ein Riss im Schäftungsbereich zur Entsorgung des Objektes. – Aus dem Abfallgrubenkomplex westlich der *porta principalis sinistra* (Bef. 1450). Phase 2–3. Fb.-Nr. 2297.

*6 Spielstein aus Horn mit fünf konzentrischen Rillen und drei Randkerben. Dm. 2,1 cm, Stärke 0,3 cm. – Aus dem Abfallgrubenkomplex vor der Nordumwehrung (Bef. 1053). Phase 2–3. Fb.-Nr. 1073.

*7 Spielstein aus Horn mit vier konzentrischen Rillen und Graffito *VI* auf der glatt polierten Rückseite. Dm. 2,1 cm, Stärke 0,2 bis 0,3 cm. – Aus dem Steinbrunnen im Bereich des Kopfbaus von Baracke IV (Bef. 1300). Phase 4, es könnte sich um einen verlagerten kastellzeitlichen Fund handeln. Fb.-Nr. 2156.

*8 Spielstein aus Horn mit vier konzentrischen Rillen, Dm. 1,9 cm, Stärke 0,25 cm. Die Rückseite ist glatt poliert. – Aus der oberen Schicht des zweiphasigen Sohlgrabens, der 20 m vor der Westumwehrung parallel zu dieser verläuft (Bef. 1465). Fb.-Nr. 2433.

*9 Spielstein aus Horn mit 3 breiten, konzentrischen Rillen. Dm. 2,1 cm, Stärke 0,35 cm. – Aus dem Abfallgrubenkomplex vor der Nordumwehrung (Bef. 1053/55). Phase 2–3. Fb.-Nr. 1072.

*10 Spielstein aus Horn mit drei konzentrischen Rillen. Dm. 1,9 cm, Stärke 0,3 cm. – Aus einer kleinen Mulde innerhalb einer *papilio* von Baracke V (Bef. 468). Phase 2–3. Fb.-Nr. 839.

*11 Spielstein aus Horn mit drei konzentrischen Rillen, Dm. 1,8 cm, Stärke 0,3 cm. Die Rückseite ist glatt poliert. Grünfärbung durch Lage neben einem Bronzeobjekt. – Aus einer Vorratsgrube in einer *papilio* von Baracke III (Bef. 1220). Phase 3. Fb.-Nr. 2135.

*12 Einfacher Spielstein aus Horn ohne Rillen, jedoch mit zentralem Drehpunkt. Dm. 2,1 cm, Stärke 0,3 cm. Auf der glatt polierten Rückseite Graffito *NI*. – Aus einer kastellzeitlichen Abfallgrube vor der Westumwehrung (Bef. 1620). Phase 2–3. Fb.-Nr. 2426.

*13 Einfacher Spielstein aus Horn mit schüsselartiger Vertiefung. Dm. 1,8 cm, Stärke 0,25 cm, auf der Rückseite feine Sägerillen. – Aus einer zusätzlichen Jaucherinne in Baracke III (Bef. 337). Phase 2b. Fb.-Nr. 504.

*14 Kl., einfacher Spielstein aus Horn. Dm. 1,5 cm, Stärke 0,2 bis 0,3 cm, auf der Rückseite Sägerillen. – Aus einer Vorratsgrube in einer *papilio* von Baracke III (Bef. 1219). Phase 3. Fb.-Nr. 2119.

*15 Stachelförmige Beinnadel, in zwei Teile zerbrochen, äu-

---

748 Die mindestens 250 Nadeln aus dem Kastell Niederbieber verlangen nach alternativen Erklärungen zur Verbindung mit der Frauentracht: Carnap-Bornheim 1994, 368.
749 Vgl. beispielsweise Kemkes/Scheuerbrandt 1997, 47 Abb. 52 (Grabstein des *Flavinus* aus Corbridge); Dixon/Southern 1992, Taf. 15 (Grabstein des *M. Sacrius Primigenius* aus Köln).
750 Zu den verschiedenen Grifftypen vgl. Gostencnik 2005, 203–216.

ßerste Spitze fehlt. Das kegelstumpfartige Kopfende ist mit rautenförmigen Einritzungen verziert. Länge noch 10,5 cm. Vgl. Walke 1965, Taf. 101,5 (Straubing). – Aus einer späten Stallgrube im *porticus*-Bereich von Baracke II (Bef. 1249). Phase 3. Fb.-Nr. 2113.

*16 Bruchstück einer Beinnadel mit keulenförmigem Kopf, poliert. Länge noch 4,2 cm. Vgl. Walke 1965, Taf. 101,7 (Straubing). – Aus einer Grube im Bereich der *porticus* von Baracke III (Bef. 1107). Phase 2a. Fb.-Nr. 1702.

*17 Langrechteckiges Halbfabrikat aus Bein mit 2,3 cm langem Schlitz zum Durchziehen eines Riemens oder Knopfes (?), in der Bruchstelle ist der Ansatz einer Öse oder eines weiteren Schlitzes vorhanden. Zwischen diesen beiden Durchbrüchen befindet sich der Ansatz eines verworfenen Bohrloches. Die Oberseite weist quer verlaufende Feil- und Schabspuren auf, ist aber ziemlich eben. Die Unterseite blieb im nur roh geschnitzten Zustand und ungeglättet. Anhand der sponginösen Struktur der Unterseite ist ein Langknochen als Ausgangsmaterial zu erkennen. Das Werkstück ist offenbar während der Bearbeitung durchgebrochen und wurde daher verworfen. – Aus einer Grube im Bereich der *porticus* von Baracke III (Bef. 296). Phase 2a. Fb.-Nr. 400.

IV.6 Glas

Abb. 110–111

Insgesamt lassen sich 178 Bruchstücke von Gefäß- oder Fensterglas sowie Glasperlen Befunden des Kastells zuordnen, von denen die wichtigsten 111 katalogisiert wurden. Mit wenigen Ausnahmen handelt es sich dabei um kleinteilige Bruchstücke, die nur noch selten eine exakte Formbestimmung erlauben. Aufgrund der starken Fragmentierung auch bei Rand- und Bodenscherben kann bei den Gefäßen keine Mindestindividuenzahl angegeben werden, die als weiterführende Auswertungsgrundlage dienen könnte.

Die Dominanz kleiner und kleinster Scherben ist vor allem darauf zurückzuführen, dass Glasbruch während der gesamten Kastellzeit offenbar recht sorgfältig zwecks Recycling gesammelt wurde. Kaum zufällig stammt die stark überwiegende Mehrheit der Glasfunde aus den jüngsten Befunden (Phase 3), die im Zuge der Schleifung des Kastells geschlossen wurden. Fast nur bei dieser Gelegenheit kamen auch einzelne größere Fragmente in den Boden, z. B. Nr. 13. Demgegenüber fällt die Anzahl von Glasfragmenten im Fundbestand der großen Abfallgruben vor der Kastellumwehrung ziemlich niedrig aus (Bef. 1012–1053/55; 1450 u. 1620), was den Verdacht der Rohstoffwiederverwertung erhärtet.[751]

Gefäßglas

Bezüglich der Farbgebung zerfällt das Gefäßglasspektrum in gelbliche bis fast farblose, gelblich schimmernde Stücke (insgesamt 37 Fragmente) einerseits sowie in blaugrüne bis türkis- oder aquamarinfarbene andererseits (naturfarbene Gläser, insgesamt 49 Fragmente). Das Übergewicht der zuletzt genannten, monochromen Gruppe ist – soweit aufgrund der Zersplitterung im Einzelfall noch bestimmbar – auf die mit Abstand häufigste Gefäßart zurückzuführen, nämlich die einhenkligen Glasflaschen (s. u.). Bei den Becher- und Tellerformen überwiegt das fast farblose oder gelblich schimmernde Glas. Dieses ist mehrheitlich deutlich dünnwandiger als das blaugrüne Glas und somit in der Regel kleinteiliger zersplittert. Berücksichtigt man außerdem den Umstand, dass die Auffindungschancen blaugrüner Glasscherben im gelblichen Kiesboden Heidenheims höher sind, so dürfte das antike Verhältnis der beiden hauptsächlichen Glasfarben beinahe ausgeglichen gewesen sein. Beide Farbgruppen sind bereits ab Phase 1 belegt (z. B. Nr. 75). Lediglich drei Gefäßreste bestehen aus völlig farblosem und fast blasenfreiem Glas (Nr. 12, 28, 58). Sie kommen erst in Phase 3 vor. Eine einzige Wandscherbe fast farblosen Gefäßglases ist mit einer Einlage in Gestalt eines braunroten Auges verziert (Nr. 61). Als ein weiteres Einzelstück nimmt sich die Bodenscherbe mit dem Rest einer Herstellermarke Nr. 33 durch ihre hellgrüne Farbe aus. Da sie in der frühalamannischen Kulturschicht gefunden wurde, die die Verfüllung des Kastellgrabens bedeckte (Bef. 1443), ist ihre Datierung in die Kastellzeit fraglich.

Insgesamt betrachtet, ließen sich 16 verschiedene Gefäßformen einigermaßen zuverlässig bestimmen. Als typologisch ältestes Stück ist das kleine Fragment einer formgepressten Rippenschale (Nr. 25) zu erachten. Es ist bisher das einzige seiner Art aus gesichertem Kastellkontext und steht damit fünf weiteren Rippenschalenbruchstücken gegenüber, die im Bereich des Vicus an der Brenzstraße sowie im Umfeld des „Monumentalbaus" (Grabung Friedrichstraßen) zutage kamen.[752] Rippenschalen wurden mindestens bis zum Ende des 1. Jh. produziert und kommen vereinzelt noch in Fundkontexten der zwei-

Tabelle 20: Chronologische Verteilung aller Glasfunde.

Phase 1	2
Phase 1–2	2
Phase 2a	12
Phase 2b	13
Phase 2–3	15
Phase 3	57
Phase 1–3	9

---

751 Insgesamt neun Glasbruchstücke: Nr. 2, 16, 34, 56, 63, 71, 81, 100 und 111.
752 Sölch 2001, Taf. 23,1–2; Hoffmann 2002, 429 H4–H6.

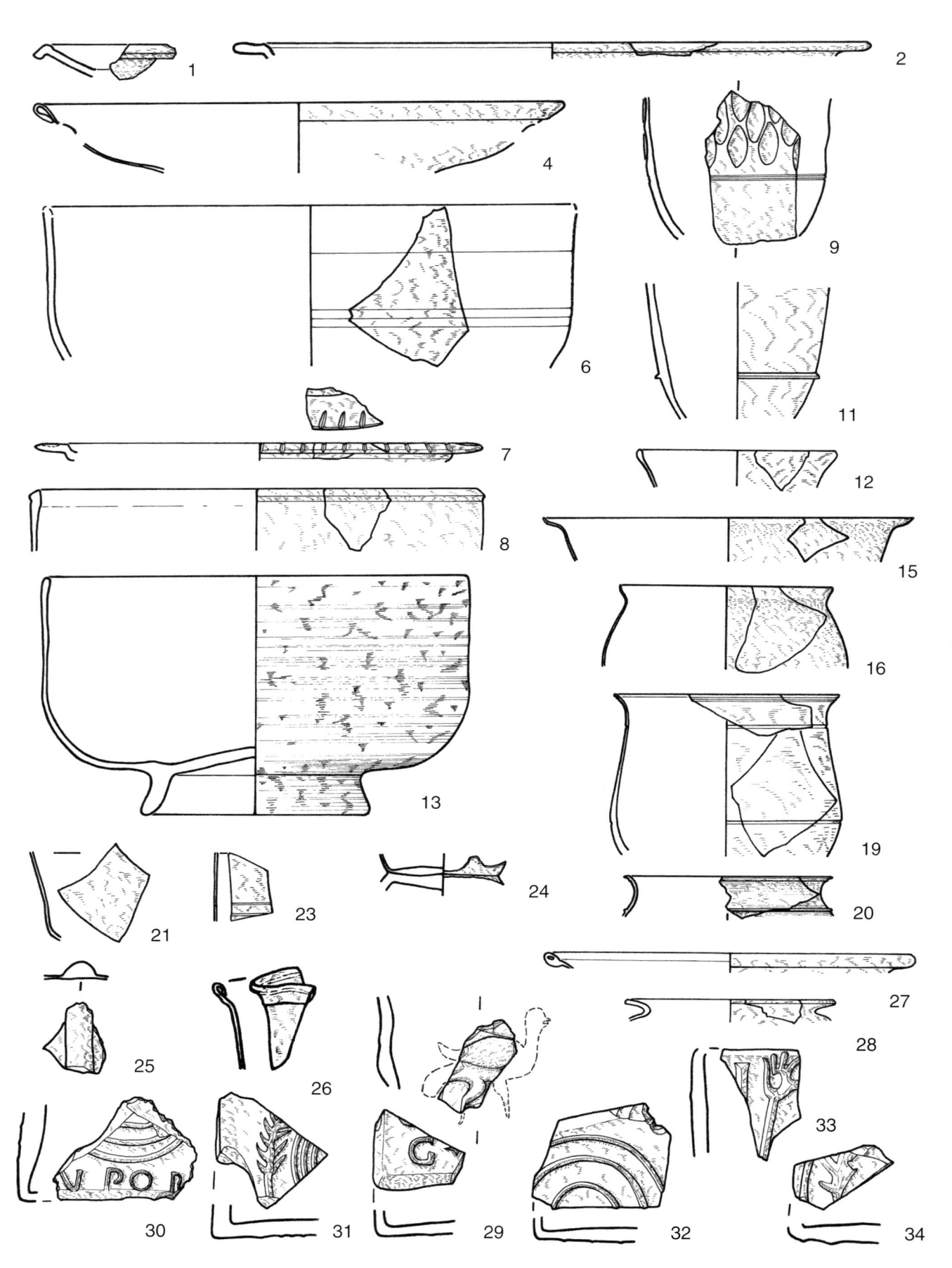

Abb. 110: Glasgefäße. 26 M. 1:1, sonst M. 1:2. Bodenmarken vierkantiger Glasflaschen 29–34 M. 1:2.

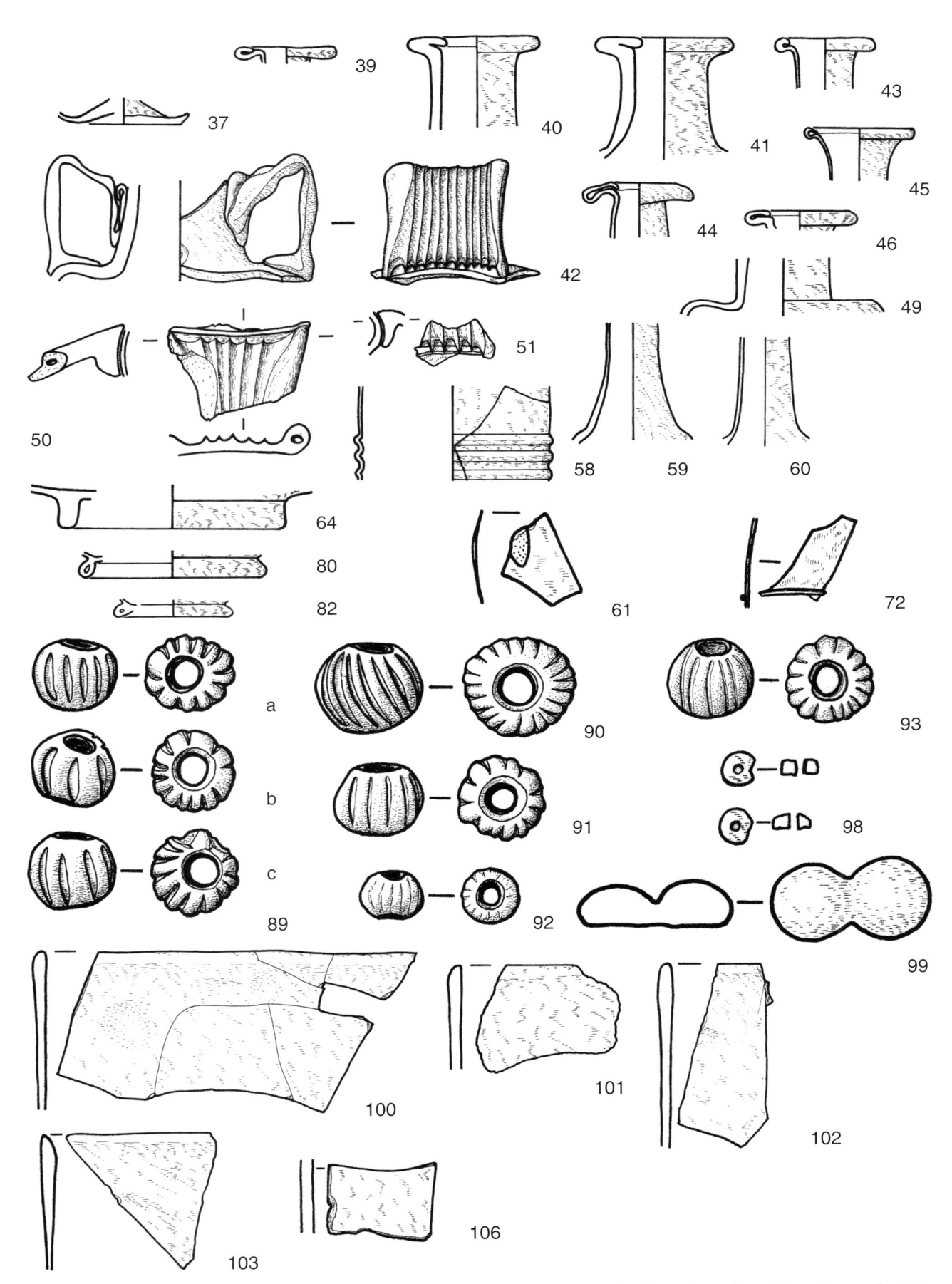

Abb. 111: Glasgefäße 37–82, davon 61.72 M. 1:1, sonst M. 1:2. Glasperlen 89–98 M. 1:1. Spiel- oder Rechensteine 99 M. 1:1. Fensterglas 100–106 M. 1:2.

235

ten Hälfte des 2. Jh. n. Chr. vor, so z. B. in den Kastellen Lorch und Kapersburg.⁷⁵³

Die häufigste Gefäßform stellen die bereits erwähnten rechteckigen, quadratischen oder zylindrischen Flaschen/Krügen aus naturfarbenem Glas dar. Da sich die Außenseiten durch das Blasen in eine steinerne Form manchmal rauer anfühlen als die Innenseiten, lassen sich auch Wandscherben zumindest diesem Container-Grundtypus (Isings 50/51) zuordnen. Sofern anhand der Scherben noch nachvollziehbar, handelt es sich um Behälter mit einem breiten, durch mehrere Grate gegliederten Bandhenkel (sog. „Selleriehenkel"), während die größeren und selteneren Zweihenkelflaschen aufgrund der starken Fragmentierung nicht identifizierbar sind. Immerhin haben sich sechs Bodenscherben mit Herstellermarken erhalten (Nr. 29–34), darunter zwei Textmarken (Nr. 29, 30). Eine davon lässt sich leicht der bekannten (Augsburger Filiale der?) Werkstatt des *Caius Salvius Gratus* zuweisen (Nr. 29),⁷⁵⁴ während der Herstellername *[---?]N POR[---]* der anderen Bodenscherbe derzeit mangels Vergleiche nicht aufgelöst werden kann (Nr. 30).⁷⁵⁵ Ein Flaschenfragment mit Bodenmarke *N. PO[---]* vermutlich desselben Produzenten wurde in Kempten entdeckt.⁷⁵⁶ Dieses entstammt jedoch einem anderen Model, da N und P von einem kreuzförmigen Worttrenner separiert werden. Beim Kemptener Exemplar ist jedoch N als erster Buchstabe des Schriftzuges gesichert. Die noch erhaltene senkrechte Haste nach O las P. Fasold als N (*Pontus, Pontius* o. ä.). Das vorliegende Stück aus Heidenheim offenbart indes ein R. Wie hier gehören zur Kemptener Marke drei konzentrische Kreise im Zentrum des Flaschenbodens, daneben ein gebogener Palmzweig. Ein solcher ziert neben drei konzentrischen Ringen ferner die Bodenmarke Nr. 31, die wahrscheinlich aus demselben Model geblasen wurde wie das Kemptener Vergleichsstück und somit ebenfalls der Werkstatt jenes *Por(...)* entstammt. Sein voller Herstellername scheint bislang unbekannt zu sein.⁷⁵⁷ Die Gemeinsamkeit der „Schlüsselbuchstaben" N und P sowie wiederum ein Palmzweig spricht dafür, dass auch ein Flaschenboden mit der Herstellersignatur *CCNP*, der bei den Ausgrabungen 1965 im Bereich der Baracken I–III entdeckt wurde, auf denselben Urheber zurückgeht.⁷⁵⁸ Schließlich sind dem kleinen Bestand noch zwei unpublizierte Fragmente aus dem Heidenheimer „Monumentalbau" anzuschließen, von denen einer noch den Schriftrest *[---]PO[---]* trägt, der andere eine gebogene Palme.⁷⁵⁹ Dabei ist freilich anzumerken, dass das Motiv der Palme bzw. des Zweiges alleine zur Bestimmung des Herstellers nicht ausreicht, da es z. B. auch von *C. Salvius Gratus* und anderen Produzenten benutzt wurde.⁷⁶⁰ Der Produktionsort dieser Glasflaschen – falls es sich tatsächlich um denselben Hersteller handeln sollte – ist unbekannt. Die sich bisher auf Westrätien (Heidenheim und Kempten) konzentrierenden Fundstellen könnten hypothetisch auf ein regionales, rätisches Produkt (mit Bier als Inhalt?) oder auf ein oberitalisches (mit Wein als Inhalt?) schließen lassen. In den einschlägigen Fundbeständen Obergermaniens (z. B. *Augusta Rauricorum* u. *Nida*-Heddernheim) sucht man derzeit jedenfalls vergeblich nach Vergleichen.

Über den ursprünglichen Inhalt der Flaschen lässt sich nur spekulieren. Sie scheinen jedoch als Verpackungsmaterial geliefert worden zu sein, und nicht als Leergefäße. Mahlszenen auf Grabsteinen zeigen nicht selten viereckige, einhenklige Glasflaschen als Bestandteil des Tafelgeschirrs. Die Annahme, dass in ihnen Wein verhandelt wurde, liegt nahe, ist aber für Heidenheim nicht beweisbar. Wahrscheinlich wurden die Vierkantflaschen oft sekundär als Serviergeschirr weiter verwendet.⁷⁶¹

Neben den blaugrünen Flaschen kommen zylindrische, steilwandige Becher bzw. kleine Schüsseln mit Standring des Typs Rütti 1991, AR 98 aus farblosem bis gelblichem Glas mindestens dreimal vor (Nr. 6, 13, 14). Alle sicheren und möglichen Vertreter dieser Form datieren in Phase 3, was ältere Beobachtungen stützt, wonach sie erst ab ca. 150 n. Chr. in größeren Mengen auf den Markt gelangten.⁷⁶² Drei Belege gibt es auch für die Becherform Rütti 1991, AR 38 (Nr. 19–22) sowie ferner zwei für Krüge oder Flaschen gelblichen Glases (Nr. 59–60). Auf Phase 3 beschränkt sich das Vorkommen von farblosen bis gelblich schimmernden Gläsern mit Facettenschliff-Dekor (Nr. 7, 9, 10). Allerdings kann der geringen Zahl an Funden kein allzu starkes chronologisches Gewicht beigemessen werden. Alle übrigen Formen sind (soweit erkennbar) jeweils nur einmal belegt. Bei ihnen handelt es sich wiederum um Tafel- und Trink-

---

753 Rütti 1991, 80; Kortüm 1995, 194 mit Anm. 885. – Nuber 1990, 33 Nr. 2 (Lorch). Kapersburg: freundl. Mitteilung E. Löhnig (zur Ausgrabung vgl. dies., Hessen Arch. 2004, 89–92).
754 Hoffmann 2002, 224 f. u. 259 f. Die Tätigkeit des *C. Salvius Gratus* wird zwischen hadrianischer Zeit und dem Ende des 2. Jh. angesetzt (ebd.).
755 Auch die Sammlung von Foy/Nenna 2006 bietet kein Faksimile.
756 Fasold 1985, 222 Abb. 15, 1.
757 A. Rottlof, Bodenmarken auf halbformgeblasenen Gläsern aus Raetien. In: Foy/Nenna 2006, 145–185 stellt eine bisher unpublizierte Bodenmarke *CNP[ompei / Cassian]* aus Künzing vor. Der Flaschenboden stammt aus einer anderen Form als das Heidenheimer Exemplar, die Ergänzung des Namens bleibt fraglich.
758 Heiligmann 1990, 220 Nr. 91 u. Taf. 151,60.
759 Erwähnt bei Hoffmann 2002, 224 Anm. 1223.
760 Rottloff 1999, 189–192 u. 187 Nr. 5170 u. 5180.
761 Rütti 1991, 263.
762 Rütti 1991, 80 u. 85.

geschirr.[763] Andere Funktionsgruppen, wie z.B. reine Vorratsbehälter (z.B. oft als Urnen sekundär verwendete Töpfe) oder Toilettegeschirr lassen sich im Bestand nicht nachweisen.

Die verschiedenen Teller- und Becherformen des farblos-gelblichen Glases ergänzten das Tafelgeschirr-Angebot der Terra Sigillata und der „rätischen" Glanztonkeramik durch davon abweichende Gefäßgrößen – soweit sich Randdurchmesser u.ä. an den kleinteiligen Bruchstücken noch bemessen lassen. Hierbei fällt auf, dass es sich vielfach um ziemlich kleine und äußerst dünnwandige (und dementsprechend wiederum kleinteilig zersplitterte) Gefäße gehandelt haben muss, die ich als „Eierschalenware" beschreiben möchte. Lediglich zwei kleine Randscherben geben einen Eindruck vom Aussehen dieser hochfragilen Becherchen oder Schälchen wieder (Nr. 15–16).

Teller oder Schalen (Abb. 110)

*1 Kl. RS (erhalten 5°) eines Tellers od. einer Schale mit Kragenrand, Randdm. über 15 cm. Typ Rütti 1991, AR 16 (ebd. 81, in Augusta Raurica flavisch/trajanisch bis Mitte 3. Jh.). Farblos-gelbliches, überschliffenes Glas. – Aus dem späten Grubenkomplex im Bereich des Kopfbaus von Baracke II (Bef. 1163/64). Phase 3. Fb.-Nr. 2236.

*2 RS eines Tellers/Platte od. einer flachen Schale, Randdm. ca. 24 cm. Variante des Typs Rütti 1991, AR 24.1 od. AR 82 (in Augusta Raurica Mitte 2. bis Mitte 3. Jh.). Farblos-gelbliches, überschliffenes Glas. Schliffverzierung ist nicht vorhanden, jedoch aufgrund der Kleinheit des Bruchstücks nicht gänzlich auszuschließen. – Aus einer Abfallgrube vor der Westumwehrung des Kastells (Bef. 1620). Phase 2–3. Fb.-Nr. 2426.

3 Kl. WS eines Tellers od. einer Schale. Dünnes, farblos-gelbliches Glas. – Aus einer zusätzlichen Jaucherinne in Baracke III (Bef. 241/337). Phase 2b. Fb.-Nr. 760.

*4 2 anpass. RS u. 2 WS einer Schale oder eines Tellers, Randdm. 20 cm. Typ Rütti 1991, AR 109.2 = Isings 19/46, vgl. Welker 1974, 44–46. Aquamarinfarbenes, frei geblasenes Glas. – Grube in einer *papilio* von Baracke III (Bef. 1219). Phase 2b–3. Fb.-Nr. 2119 u. 2199.

5 WS einer Schale od. eines Tellers aus blaugrünem Glas. Wahrscheinlich formgeblasen wegen rauer Außenseite, die zudem Kratzspuren aufweist. – Aus einer zusätzlichen Jaucherinne im Stallbereich von Baracke III (Bef. 188/334). Phase 2b. Fb.-Nr. 392.

Schalen und Schüsseln (Abb. 110)

*6 RS einer Schüssel, Randdm. ca. 20 cm. Evtl. Variante des Typs Rütti 1991, AR 98. Farbloses, leicht gelblich schimmerndes, frei geblasenes Glas. – Aus einer späten Grube im Stallbereich von Baracke IV (Bef. 664). Phase 3. Fb.-Nr. 847.

*7 Kl. RS (erhalten 5–10°) einer Schale mit gestauchtem Horizontalrand, darauf radial eingeschliffene Kerben, Randdm. 16 bis 18 cm. Farblos-gelbliches Glas. Form Rütti 1991, AR 83. In Augusta Raurica war dieser Gefäßtyp vorwiegend während des zweiten Drittels des 2. Jh. in Gebrauch (ebd. 48). – Aus einer Grube im Bereich des Kopfbaus von Baracke III (Bef. 1231). Phase 3. Fb.-Nr. 2218.

*8 Kl. RS einer Schüssel(?) farblos-gelblichen, frei geblasenen Glases. – Aus einer Vorratsgrube in einer *papilio* von Baracke VI (Bef. 712). Phase 3. Fb.-Nr. 1511.

Becher und Näpfe (Abb. 110)

*9 WS eines konischen Bechers mit Facettenschliff Typ Rütti 1991, AR 45, vgl. Welker 1974, 55–62. Gelblich-farbloses, geschliffenes Glas (Rohling frei- oder formgeblasen?). In Augusta Raurica ist dieser Bechertyp ab dem Ende des 1. Jh. belegt (Rütti 1991, 71). – Aus einer späten Grube im Stallbereich von Baracke IV (Bef. 664). Phase 3. Fb.-Nr. 815.

10 WS vom Unterteil eines Trinkbechers wie Nr. 9. Farblos-gelbliches, milchiges Glas. – Aus einer Vorratsgrube in einer *papilio* von Baracke V (Bef. 377). Phase 3. Fb.-Nr. 581.

*11 WS eines konischen Bechers mit Leistendekor wie Rütti 1991, 71f. u. 84 AR 44 (in Augst flavisch-hadrianisch). Milchiges, farbloses Glas, Außenseite vollständig überschliffen. Dm. innen ca. 5 cm. – Aus der Vorratsgrube in einer *papilio* von Baracke VI (Bef. 815). Phase 3. Fb.-Nr. 1306.

*12 Kl. RS eines Bechers od. Napfes mit ausladendem Rand, Randdm. 7 bis 8 cm. Völlig farbloses, frei geblasenes Glas. Form nicht exakt bestimmbar, ähnlich Schönberger 1978, Taf. 109 E 36; u. Rütti 1991, Taf. 73. – Aus einer späten Jaucherinne im Kopfbau einer Baracke in der östlichen *retentura* des Kastells (Bef. ZOH-105). Phase 3. Fb.-Nr. 1620.

*13 Ca. zur Hälfte erhaltener steilwandiger Becher, Randdm. 16 cm. Form Rütti 1991, AR 98 (Isings 85b), Randform wie ebd. Taf. 77,1712. Farblos-gelbliches, frei geblasenes Glas, Außenseite überschliffen. In Augusta Raurica ist der Typ ab dem 2. Viertel des 2. Jh. belegt. – Aus einer späten Grube im Bereich des Kopfbaus von Baracke VIII (Bef. 1553). Phase 3. Fb.-Nr. 2342.

14 Kl. RS eines steilwandigen Bechers des Typs Rütti 1991, AR 98, Randdm. 16 bis 18 cm. Farbloses, frei geblasenes Glas, Außenseite überschliffen. – Aus einer Vorratsgrube in einer *papilio* von Baracke VI (Bef. 712). Phase 3. Fb.-Nr. 1511.

*15 Kl. WS eines Bechers od. Napfes mit ausgelegtem und umgebogenem Rand (ähnlich Drag. 46) wie Heiligmann 1990, Taf. 141,17. Randdm. ca. 14 cm. Vgl. auch folgende Typalternativen: Hoffmann 2002, Taf. 60 L131 u. ebd. Taf. 84, W 67. Dünnes, gelbliches, frei geblasenes Glas. Der Rand ist bestoßen. – Aus einer späten Grube im erweiterten östlichen Endcontubernium von Baracke V (Bef. 554). Phase 3. Fb.-Nr. 594.

*16 RS eines kugeligen Bechers(?) mit Ansatz einer Wanddelle, Randdm. ca. 8 cm. Die Form ist nicht exakt bestimmbar, am ehesten kugeliger Becher wie Hoffmann 2002, Taf. 84 W 67 bzw. Variante des Typs Rütti 1991, AR 37 (Taf. 49,1133) oder früher Vorläufer des Typs Rütti 1991, AR 53. Nicht auszuschließen ist ferner, dass das Bruchstück von einem Trichter des Typs Rütti 1991, AR 105 (Taf. 89,2015) = Hoffmann 2002, Taf. 31 R 474; Taf. 60 L 131 stammen könnte. Sehr dünnes, farbloses u. frei geblasenes „Eierschalenglas". – Aus dem Abfallgrubenkomplex westlich der Westumwehrung des Kastells (Bef. 1450). Phase 2–3. Fb.-Nr. 2320.

---

763 Damit entspricht die funktionale Zusammensetzung aller Glasfunde mit einem etwa gleich hohen Anteil von Vorrats- bzw. Transportgefäßen für Flüssigkeiten (blaugrüne Flaschen) und Tafel-/Trinkgeschirr dem Verhältnis der Funktionsgruppen in Augusta Rauricorum während des 2. Jh. (Rütti 1991, 254–257).

17 2 kl. Wandsplitter eines Bechers oder Schälchens von sehr dünnem „Eierschalenglas". Farbloses, milchiges, frei geblasenes Glas, Außenseite überschliffen. – Aus einer großen Grube im Bereich des Kopfbaus von Baracke II (Bef. 1228). Phase 3. Fb.-Nr. 2164.

18 Kl. WS eines Bechers od. Schälchens von sehr dünnem, farblosem, frei geblasenem „Eierschalenglas". – Aus einer Grube im Kopfbau von Baracke III (Bef. 1231). Phase 3. Fb.-Nr. 2189.

*19 1 RS u. 3 WS eines Bechers der Form Rütti 1991, AR 38, Randdm. 8,5 cm. Farbloses, frei geblasenes Glas, Außenseite überschliffen. – Aus einer großen Grube im Bereich des Kopfbaus von Baracke II (Bef. 1228). Phase 3. Fb.-Nr. 2164.

*20 RS eines Bechers der Form Rütti 1991, AR 38, Randdm. 7,5 cm. Dünnes, gelbliches, frei geformtes Glas, Außenseite überschliffen. – Aus dem (gestörten) Schutt einer Herdstelle in einer *papilio* von Baracke V (Bef. 523). Phase 2–3. Fb.-Nr. 756.

*21 WS eines hohen Bechers mit Standplatte wie Rütti 1991, AR 38 (in Augst neronisch/flavisch – 3. Viertel 3. Jh.)? Aquamarinfarbenes Glas. – Aus einer Jaucherinne in Baracke IV (Bef. 1069). Phase 3. Fb.-Nr. 2001.

22 Kl. WS dünnen, hellgelbgrünen „Eierschalenglases". – Aus einem Schwellbalkengräbchen der jüngeren Phase des Kopfbaus von Baracke IV (Bef. 1028). Phase 3. Fb.-Nr. 1995.

*23 Kl., dünne WS eines Bechers od. einer Schale (?) von farblos-gelblichem, frei geblasenem Glas. – Aus einer Grube innerhalb der *porticus* von Baracke I (Bef. 1688). Phase 2a. Fb.-Nr. 2459.

Pokal oder Becher (?) (Abb. 110)

*24 BS eines Pokals od. Bechers, Bdm. 4,2 cm. Die Becherschale und der kelchförmige Standring sind aufeinander geschmolzen. Zu möglichen Typen vgl. Rütti 1991, Taf. 50,1178 (AR 38) u. Taf. 87,1952–1956; Hoffmann 2002, Taf. 83 W42 („Drag. 33"). Vgl. ferner Grönke/Weinlich 1991, Taf. 47,16 und Kortüm 1995, 195 u. Taf. 45,3. Farblos-gelbliches, frei geblasenes Glas. – Aus dem Abbruchschutt von Baracke VI, Pl. 0–1. Phase 3. Fb.-Nr. 1227.

Rippenschale (Abb. 110)

*25 Kl. WS einer Rippenschale. Aquamarinfarbenes Glas. – Vorratsgrube an einer *papilio*-Trennwand in Baracke III (Bef. 1166). Phase 2b. Fb.-Nr. 2073.

Kannen (Abb. 110)

*26 Ausgussfragment einer kleinen Kanne mit rundgeschmolzenem Rand Typ Rütti 1991, AR 169 = Welker 1974, 102–105 = Isings 88 aus sehr dünnem, fast farblosem Glas mit grünlichem Schimmer. – Aus einer zusätzlichen Jaucherinne von Baracke III (Bef. 1142). Phase 2b. Fb.-Nr. 1993.

*27 Kl. RS einer Kanne od. einer kleinen Schale? Randdm. ca. 14 cm. Sehr dünnes, aquamarinfarbenes Glas. – Aus einer Grube innerhalb der *porticus* von Baracke III (Bef. 1107). Phase 2a. Fb.-Nr. 1734.

Töpfchen (Abb. 110)

*28 RS eines Topfes mit umgeschlagenem Rand, Randdm. 8 cm. Form Rütti 1991, AR 104.1 (ebd. Taf. 89,1994 u. 2011). Völlig farbloses Glas. – Aus einer Jaucherinne in Baracke III (Bef. 1113 Süd). Phase 3. Fb.-Nr. 1920.

Flaschen (Abb. 110–111)

*29 2 BS einer (?) viereckigen Flasche mit Herstellermarke des *[P(ublius) Salvius] GR[atus]*, die im Bodenzentrum die Darstellung eines Vogels n. r. zeigt (vgl. Fasold 1985, 222 Abb. 15, 3; Rottloff 1999, 187 Nr. 5204–5205). Blaugrünes Glas. – Aus einer Abfallgrube vor der Nordumwehrung des Kastells (Bef. 1053/55). Phase 1–3. Fb.-Nr. 1140.

*30 BS einer viereckigen Flasche mit Herstellermarke *[---?]N POR[---]* entlang des Bodenrandes, im Bodenzentrum drei konzentrische Kreise. Aquamarinfarbenes Glas. – Aus dem Bereich des *campus* nördlich des Kastells, Grabung „Gleisharfe" 2004. Phase 1–3. Fb.-Nr. 42.

*31 BS einer viereckigen Flasche mit Herstellermarke in Gestalt dreier konzentrischer Kreise u. eines Zweiges. Aquamarinfarbenes Glas. – Aus einer Jaucherinne in Baracke I (Bef. 1693). Phase 3. Fb.-Nr. 2453.

*32 BS einer viereckigen Flasche mit Herstellermarke in Gestalt dreier konzentrischer Kreise, vgl. Franke 2003, Taf. 38,585. Aquamarinfarbenes Glas. – Aus einem Sohlgraben, der ca. 20 m vor der Westumwehrung des Kastells zu dieser parallel verläuft (Bef. 1465). Phase 2–3. Fb.-Nr. 2431.

*33 BS einer viereckigen Flasche mit Herstellermarke in Gestalt einer ausgestreckten Hand. Hellgrünes Glas mit hellbläulichem Schimmer. – Aus der frühalamannischen Kulturschicht über der westlichen Kastellgrabenverfüllung (Bef. 1443), Zugehörigkeit zum Kastell unsicher, Phase 3–4. Fb.-Nr. 2325.

*34 Kl. BS einer viereckigen Flasche mit Herstellermarke in Gestalt eines Zweiges. Aquamarinfarbenes Glas. – Aus einer Abfallgrube vor der Nordumwehrung des Kastells, Teilpl. 1. Phase 1–3. Fb.-Nr. 1018.

35 Kl. BS einer viereckigen Flasche u. 2 WS. Blaugrünes, formgeblasenes Glas. – Aus einer zusätzlichen Jaucherinne in Baracke III (Bef. 1137). Phase 2b. Fb.-Nr. 1938.

36 BS einer runden Flasche. Blaugrünes, formgeblasenes Glas. – Aus der Verfüllung eines Pfostens im südlichen Außengräbchen von Baracke III (Bef. 300). Phase 3. Fb.-Nr. 449.

*37 BS eines Fläschchens, kleinen Kruges oder Bechers mit rundem Gefäßkörper, Bdm. 4,5 cm. In Frage kommende Typen: Rütti 1991, AR 34, AR 114 oder AR 135/136. Aquamarinfarbenes Glas. – Aus einer Grube im Bereich des erweiterten Kopfbaus von Baracke II (Bef. 1249). Phase 3. Fb.-Nr. 2123.

38 Omphalos einer formgeblasenen Flasche aus hellblaugrünem Glas. – Aus einer Grube im Kopfbau von Baracke III (Bef. 1231). Phase 3. Fb.-Nr. 2189.

*39 RS einer Flasche od. eines Kruges, Randdm. 4 cm. Blaugrünes Glas. – Grube im Bereich der *via vicenaria* zwischen Baracke III und IV (Bef. 100). Phase 1. Fb.-Nr. 511.

*40 Mündungsstück einer Flasche, Randdm. 5,0 cm. Aquamarinfarbenes Glas. – Aus einer Jaucherinne in Baracke VI (Bef. 710). Phase 3. Fb.-Nr. 1207.

*41 Halsstück einer Flasche, Randdm. 5,2 cm. Aquamarinfarbenes Glas. – Aus einer Grube innerhalb der *porticus* von Baracke III (Bef. 75). Phase 2a. Fb.-Nr. 14.

*42 Halsstück mit Henkel einer Flasche. Hellblaues Glas. – Aus einer Grube innerhalb der *porticus* von Baracke III (Bef. 166). Phase 2a. Fb.-Nr. 460.

*43 Randstück (2 Fragmente) eines Flaschenhalses, Randdm. 3,8 cm. Aquamarinfarbenes Glas. – Grube innerhalb der *porticus* einer Doppelbaracke in der rechten *retentura* des Kastells (Bef. ZOH-72). Phase 2a. Fb.-Nr. 1619.

*44 Hälfte eines Flaschenhalses aus aquamarinfarbenem Glas, Randdm. 4,0 cm. – Aus einer Vorratsgrube in einer *papilio* von Baracke VI (Bef. 812). Phase 3. Fb.-Nr. 1553.

*45 RS einer Flasche oder eines Kruges, Randdm. 4,0 cm. Frei geblasenes blaugrünes Glas mit Schlieren und Blasen. – Aus dem Schutt einer Feuerstelle in einer *papilio* von Baracke V (Bef. 524/525). Phase 3. Fb.-Nr. 698.

*46 Randlippe (erhalten 120°) einer Flasche (?). Aquamarinfarbenes Glas. Schicht A. – Aus dem späten Grubenkomplex im Kopfbau von Baracke II (Bef. 1217). Phase 3. Fb.-Nr. 2168.

47 Randlippe (erhalten 45°) einer großen Flasche, Randdm. 6,5 bis 7 cm. Türkises Glas. – Aus dem Bereich der Abfallgruben vor der Nordumwehrung des Kastells. Phase 1–3. Fb.-Nr. 1005.

48 WS vom Hals einer Flasche, Halsdm. ca. 2 cm. Aquamarinfarbenes Glas. – Aus einer Grube innerhalb der *porticus* von Baracke V (Bef. 563). Phase 2a. Fb.-Nr. 563 (sic!).

*49 Schulterfragment mit Halsansatz einer Flasche. Aquamarinfarbenes Glas. – Grube innerhalb der *porticus* von Baracke III (Bef. 75). Phase 2a. Fb.-Nr. 171.

*50 Henkelansatz eines aquamarinfarbenen Glasgefäßes, wohl einer Flasche Isings 50/90. Mindestens 5,1 cm breiter Bandhenkel mit dreiviertelrunden Seitenstäben (innen hohl) u. 5 schmalen Graten in Längsrichtung des Henkels auf dessen Oberseite. Der Henkel wurde nachträglich an den Gefäßkörper angesetzt. Pl. 2. – Aus einer späten Jaucherinne im Bereich des östlichen Endcontuberniums von Baracke III (Bef. 200). Phase 3. Fb.-Nr. 268.

*51 Henkelansatz einer Flasche od. Kanne, 5 Rippen erhalten. Aquamarinfarbenes Glas. – Aus einer Vorratsgrube in einer *papilio* von Baracke VI (Bef. 815). Phase 3. Fb.-Nr. 1374.

52 WS einer vierkantigen Flasche. Blaugrünes, formgeblasenes Glas. – Aus einer zusätzlichen Jaucherinne in Baracke III (Bef. 337). Phase 2b. Fb.-Nr. 504.

53 4 kl. WS von rechteckigen Glasflaschen. Aquamarinfarbenes Glas. Beim Schneiden des Bef. – Aus einer Grube im Bereich des erweiterten Kopfbaus von Baracke II (Bef. 1249). Phase 3. Fb.-Nr. 2155.

54 2 kl. WS aquamarinfarbenen Glases, wahrscheinlich von vierkantiger Flasche. – Aus einer Grube im Kopfbau von Baracke III (Bef. 1231). Phase 3. Fb.-Nr. 2189.

55 WS eines formgeblasenen Gefäßes, wahrscheinlich einer vierkantigen Flasche. Aquamarinfarbenes Glas. – Aus einer Vorratsgrube in einer *papilio* von Baracke VI (Bef. 595). Phase 2b. Fb.-Nr. 828.

56 2 kl. WS von rechteckigen, formgeblasenen Flaschen, türkises Glas. – Aus einer Abfallgrube vor der Westumwehrung des Kastells (Bef. 1450). Phase 2–3. Fb.-Nr. 2346.

57 WS einer rechteckigen, formgeblasenen Flasche, türkises Glas. – Aus einem Sohlgraben, der ca. 20 m westlich der Westumwehrung parallel zu dieser verläuft (Bef. 1465). Phase 1–2. Fb.-Nr. 2390.

*58 WS einer runden Flasche mit quer geripptem Körper, Dm. 7 cm. Wie Typ Rütti 1991, AR 161, jedoch aus farblosem, formgeblasenem Glas fast ohne Blasen. – Aus einem Gräbchen der Umbauphase von Baracke I (Bef. 1656). Phase 3. Fb.-Nr. 2460.

*59 Fragment vom Hals einer runden (?) Flasche eines nicht exakt bestimmbaren Typs, Dm. oben 1,8 cm. Farblos-gelbliches, frei geblasenes Glas. – Aus dem Schutt einer Herdstelle in einer *papilio* in Baracke VI (Bef. 746). Phase 3. Fb.-Nr. 907.

*60 Fragment vom Hals einer Flasche wie Nr. 59, Halsdm. ca. 2,0 bis 2,3 cm. Leicht gelblich schimmerndes, fast farbloses, frei geblasenes Glas. – Grube innerhalb der *porticus* von Baracke III (Bef. 1107). Phase 2a. Fb.-Nr. 1715.

Unbestimmtes Gefäßglas (Abb. 111)

*61 Kl. WS eines unbest. Gefäßes, wahrscheinlich eines Bechers oder einer Schale von hauchdünnem, fast farblosem Glas mit leichtem blaugrünen Schimmer, frei geblasen. Eingemärbeltes braunrot-opakes Auge. Vgl. dazu Rütti 1991 Bd. 2, 44 B. – Aus einem Gräbchen der Umbauphase von Baracke I (Bef. 1656). Phase 3. Fb.-Nr. 2451.

62 2 anpass. Standringfragmente, Dm. 10 bis 11 cm, gelblich-farblosen Glases, Außen- und Innenseite überschliffen. – Aus dem Abbruchschutt von Baracke VI, Pl. 0–1. Phase 3. Fb.-Nr. 1227 u. 1267.

63 Kl. Standringfragment gelblichen Glases, Dm. 8,0 cm, Außen- und Innenseite überschliffen. – Aus dem Bereich der Abfallgruben vor der Nordumwehrung des Kastells. Phase 1–3. Fb.-Nr. 1013.

*64 Standringfragment eines Tellers, einer Schale od. einer Schüssel, Standringdm. 8,5 cm. Gelbliches-grünlichgelbes Glas. – Aus einer Vorratsgrube in einer *papilio* von Baracke V (Bef. 377). Phase 3. Fb.-Nr. 728.

65 3 kl. WS eines (?) unbestimmten, dünnwandigen Gefäßes, evtl. zu Nr. 64 gehörig. Farblos-gelbliches Glas. – Aus einer Vorratsgrube in einer *papilio* von Baracke V (Bef. 377). Phase 3. Fb.-Nr. 679 u. 766.

66 BS eines Gefäßes mit Omphalos. Farblos-gelbliches Glas. – Aus einer Grube im Stall des Endcontuberniums von Baracke II (Bef. 1238) Phase 2b. Fb.-Nr. 2158.

67 Kl. WS eines Tellers od. einer Schale dünnen, farblosgelblichen Glases. – Aus einer zusätzlichen Jaucherinne in Baracke III (Bef. 241). Phase 2b. Fb.-Nr. 760.

68 2 kl. WS einer Schale od. eines Tellers von dünnem, farblos-gelblichem Glas. – Spätes Gräbchen des östlichen Kopfbauansatzes von Baracke V (Bef. 553). Phase 3. Fb.-Nr. 738.

69 Kl. WS eines farblos-gelblichen, sehr dünnwandigen Gefäßes. – Aus einer späten Grube im Stallbereich von Baracke IV (Bef. 691). Phase 3. Fb.-Nr. 908.

70 2 kl. WS sog. „Eierschalenware", farblos-gelbliches Glas. – Grube in einer *papilio* von Baracke III (Bef. 1220). Phase 2b–3. Fb.-Nr. 2171.

71 Kl. WS sog. „Eierschalenware", farblos-gelbliches Glas. – Aus einer Abfallgrube vor der Westumwehrung (Bef. 1620). Phase 2–3. Fb.-Nr. 2426.

*72 Kl. WS eines hauchdünnen Gefäßes mit Fadenauflage aus farblos-gelblichem Glas, sog. „Eierschalenware". – Aus einer zusätzlichen Jaucherinne im Stallbereich von Baracke III (Bef. 1142). Phase 2b. Fb.-Nr. 1993.

73 2 kl. WS eines sehr dünnwandigen (Stärke 0,85 mm) aquamarinfarbenen Glasgefäßes. – Aus der Vorratsgrube in einer *papilio* von Baracke VI (Bef. 815). Phase 3. Fb.-Nr. 1306.

74 Kl. WS eines sehr dünnwandigen (Stärke 0,75 mm) milchigen, farblos-gelblichen Glasgefäßes. – Aus der Vorratsgrube in einer *papilio* von Baracke VI (Bef. 815). Phase 3. Fb.-Nr. 1306.

75 Kl. WS farblos-gelblichen Glases. – Grube im Bereich der *via vicenaria* zwischen Baracke V und VI (Bef. 883). Phase 1. Fb.-Nr. 1551.

76 2 Wandsplitter eines milchig-farblosen Glases. Gefäßform? Aus einer Jaucherinne in Baracke IV (Bef. 389). Phase 3. Fb.-Nr. 565.

77 2 kl. WS von türkisfarbenem u. 1 kl. WS von farblos-gelblichem Gefäßglas. – Über einer Herdstelle in Baracke VI (Bef. 708). Phase 3. Fb.-Nr. 954.

78 6 kl. WS farblosen, milchigen u. türkisfarbenen Glases. Schichten A u. C. – Aus einer rechteckigen Grube im westlichen Kopfbaubereich von Baracke V (Bef. 976). Phase 2b–3. Fb.-Nr. 1978, 2012 u. 2014.
79 5 kl. WS versch. Gefäße von aquamarinfarbenem Glas. – Aus einer großen Grube im Bereich des Kopfbaus von Baracke II (Bef. 1228). Phase 3. Fb.-Nr. 2149 u. 2210.
*80 Fast ein Viertel eines röhrchenförmigen Standrings, Dm. 7 cm. Aquamarinfarbenes Glas. – Aus einer späten Grube im Stallbereich von Baracke IV (Bef. 664). Phase 3. Fb.-Nr. 919.
81 Fragment eines röhrchenförmigen Standrings, Dm. 7,0 cm. Türkises Glas. – Aus dem Abfallgrubenkomplex westlich der Westumwehrung des Kastells (Bef. 1450). Phase 2–3. Fb.-Nr. 2320.
*82 Ca. ein Viertel eines kl. Gefäß-Standrings, Dm. 4,5 cm. Aquamarinfarbenes Glas. – Aus einer zusätzlichen Jaucherinne im Stallbereich von Baracke III (Bef. 1111). Phase 2b. Fb.-Nr. 1916.
83 2 kl. WS von milchig-weißem Glas, 3 kl. WS von türkisem Glas. Gefäßformen sind nicht mehr bestimmbar. Schichten A u. C. – Aus einer zusätzlichen Jaucherinne im Stallbereich von Baracke III (Bef. 1137). Phase 2b. Fb.-Nr. 2012 u. 2014.
84 2 kl. WS unbestimmter Gefäße aus aquamarinfarbenem Glas. – Aus einer zusätzlichen Jaucherinne im Stallbereich von Baracke III (Bef. 1142). Phase 2b. Fb.-Nr. 1993.
85 Kl. WS einer Flasche (?) mit rundem Gefäßkörper, sehr dünnes aquamarinfarbenes Glas. – Aus einer Grube innerhalb der *porticus* von Baracke V (Bef. 394). Phase 2a. Fb.-Nr. 713.
86 Kl. WS eines bauchigen Gefäßes von leicht gelblich schimmerndem, fast farblosem u. extrem dünnem Glas. – Aus einer Grube innerhalb der *porticus* von Baracke V (Bef. 394). Phase 2a. Fb.-Nr. 721.
87 Kl. WS eines unbest. Gefäßes von blaugrünem Glas. – Aus einer Grube innerhalb der *porticus* von Baracke V (Bef. 394). Phase 2a. Fb.-Nr. 721.
88 Kl. WS blaugrünen Glases. Gefäßtyp unbest., evtl. Flaschenhals. – Aus einer Grube innerhalb der *porticus* von Baracke VI (Bef. 724). Phase 2a. Fb.-Nr. 1297.

Perlen

Der Gesamtbestand umfasst elf sog. „Melonenperlen" (davon sieben ganze und vier fragmentierte) aus türkiser Quarzkeramik, zuzüglich zweier Altfunde aus den Kastellgrabungen 1965/66.[764] Fast die Hälfte von ihnen wurde in den Abfallgruben vor der Kastellumwehrung entdeckt, sodass sie also offenbar häufiger in den Müll bzw. Stallmist oder Stubenkehricht gerieten. Aufgrund von Reliefdarstellungen und einschlägiger Fundzusammenhänge besteht in der Forschung kein Zweifel darüber, dass Melonenperlen Bestandteil des Schmucks von Kavalleriepferden waren, wenngleich sie auch anderweitig Verwendung fanden.[765] Der chronologische Höhepunkt der „Melonenperlen-Mode" liegt in der zweiten Hälfte des 1. Jh. Während der ersten Hälfte des 2. Jh. kamen sie aus der Mode, obwohl ihre Herstellung im Flottenlager Köln-Alteburg noch für das erste Drittel des 2. Jh. belegt ist.[766] Angesichts der Größe der Heidenheimer Truppe und des Umfangs der Kastellgrabungen erscheinen elf Exemplare als sehr wenig, zumindest im Vergleich mit militärischen Fundplätzen des 1. Jh. n. Chr.[767] Für diesen geringen Fundniederschlag darf man einerseits gegenüber dem 1. Jh. veränderte „Vorlieben" bezüglich des militärischen Zierrats, die sich ebenfalls in den metallenen „Militaria" nachvollziehen lassen, verantwortlich machen, andererseits aber auch die Heidenheimer Bodenverhältnisse, da verschmutzte Melonenperlen im Kiesboden nur schwer zu erkennen sind. So fehlen die in militärischen Fundkontexten des 1. Jh. noch geläufigen größeren Melonenperlen aus dunkelblauem Glas bereits konsequent, obwohl deren Auffindungschancen auch im Heidenheimer Kiesboden gewahrt wären. Stattdessen treten bronzene Perlen hinzu (Kap. IV.3.1), die im 3. Jh. schließlich die gläsernen Zierperlen vollständig verdrängten.[768]

Melonenperlen (Abb. 111)
*89 3 türkise Melonenperlen. – Aus einer späten Grube im Stallbereich von Baracke IV (Bef. 664). Phase 3. Fb.-Nr. 856.
*90 Türkise Melonenperle. – Aus einem Sohlgraben, der ca. 20 m westlich der Westumwehrung parallel zu dieser verläuft (Bef. 1465). Phase 1–2. Fb.-Nr. 2433.
*91 Türkise Melonenperle, schlecht erhalten. – Aus einer Abfallgrube vor der Westumwehrung des Kastells (Bef. 1450). Phase 2–3. Fb.-Nr. 2265.
*92 Kl. türkise Melonenperle, schlecht erhalten. – Aus dem Grubenkomplex vor der Nordumwehrung des Kastells (Bef. 1053/55). Phase 1–3. Fb.-Nr. 1050.
*93 Türkise Melonenperle. – Aus dem Bereich des *campus* nördlich des Kastells (Grabung „Gleisharfe" 2004). Phase 1–3. Fb.-Nr. 36.
94 Halbe türkise Melonenperle. – Aus einer Abfallgrube vor der Nordumwehrung des Kastells (Bef. 1015). Phase 1–3. Fb.-Nr. 1055.
95 Halbe türkise Melonenperle. – Aus dem Grubenkomplex vor der Nordumwehrung des Kastells (Bef. 1053/55). Phase 1–3. Fb.-Nr. 1054.
96 Zerborstene Melonenperle, schlecht erhalten. – Aus dem Bereich von Baracke V, Pl. 1. Phase 2–3. Fb.-Nr. 1253.
97 Kl. Fragment türkisen einer Melonenperle. – Aus einer Abfallgrube vor der Westumwehrung des Kastells (Bef. 1450). Phase 2–3. Fb.-Nr. 2320.

---

764 Heiligmann 1990, Taf. 147,36–37.
765 Allerdings war die militärische Verwendung (abgesehen von ziviler u. a. als Frauenschmuck) von Melonenperlen offenbar nicht überall auf die Kavallerie beschränkt (Höpken 2003a). – Zu den verschiedenen Vorkommen bzw. Verwendungsarten von Melonenperlen und ihrer Datierung vorwiegend in das 1. Jh. vgl. ferner B. Hoffmann, Melonenperlen und das Militär in Grossbritannien, am Rhein und an der oberen Donau. In: G. Seitz (Hrsg.), Im Dienste Roms. Festschr. H. U. Nuber (Remshalden 2006) 227–229.
766 Höpken 2003a.
767 Vgl. beispielsweise Schönberger 1978 (Oberstimm), Taf. 113 (27 Melonenperlen).
768 Vgl. hierzu beispielsweise den (noch unpublizierten) Fundbestand aus einer *fabrica* des Kastells Aalen (Scholz 2007).

*98 2 kl. blaue Glasperlen, Dm. 0,7 cm. – Aus dem Entwässerungskanal der westlichen *via sagularis* (Bef. 1550). Phase 3. Fb.-Nr. 2437.

Spielsteine (Abb. 111)
*99 2 herstellungsbedingt aneinander hängende Spiel- oder Rechensteine aus opaker, braunschwarzer Glaspaste. Dm. 1,4 u. 1,6 cm. – Grube in einer *papilio* von Baracke III (Bef. 1220). Phase 2b–3. Fb.-Nr. 2112.

Fensterglas (Abb. 111)

Das Vorkommen von Fensterglas ist auf Phase 3, d.h. auf den Abbruchschutt des Kastells beschränkt. Die horizontalstratigraphische Verteilung der Fundstellen umfasst den gesamten Bereich der Baracken I–VIII. Dabei lassen sich keine Schwerpunkte – beispielsweise in der Nähe benachbarter Steingebäude oder im Bereich von Kopfbauten – erkennen. Daraus könnte man den vorsichtigen Schluss ableiten, dass es in den Baracken tatsächlich an verschiedenen Stellen verglaste Fenster gegeben habe und es sich nicht etwa nur um verlagerten Abbruchschutt von Steingebäuden handle. Es kommt ausschließlich blaugrün-türkises (naturfarbenes), in Holzrähmchen gezogenes Fensterglas vor, für das eine glatte, unebene Außenseite sowie eine ebene, sandig-raue Unterseite charakteristisch ist. Die ursprünglichen Scheibengrößen lassen sich anhand der meist kleinen Fragmente nicht mehr erschließen.

*100 Mehrere Bruchstücke eines Fensterglases. Blaugrünes Glas. – Aus einer Abfallgrube vor der Westumwehrung des Kastells (Bef. 1620). Phase 2–3. Fb.-Nr. 2426.
*101 RS 5,1 cm × 4,1 cm u. kl. WS eines (?) aquamarinfarbenen Fensterglases, Stärke 4 bis 5 mm. – Aus der Vorratsgrube in einer *papilio* von Baracke VI (Bef. 815). Phase 3. Fb.-Nr. 1306.
*102 RS von aquamarinfarbenem Fensterglas. – Aus einer späten Grube im Kopfbau von Baracke VIII (Bef. 1553). Phase 3. Fb.-Nr. 2370.
*103 RS aquamarinfarbenen Fensterglases. – Aus dem Bereich von Baracke VI, Pl. 0–1. Phase 3. Fb.-Nr. 718.
104 Kl. Fragment aquamarinfarbenen Fensterglases. – Aus einer späten Grube im Stallbereich von Baracke IV, Schicht A (Bef. 691). Phase 3. Fb.-Nr. 928.
105 Kl. Fragment von türkisfarbenem Fensterglas. – Über einer Herdstelle in Baracke VI (Bef. 708). Phase 3. Fb.-Nr. 882.
*106 Kl. Fragment aquamarinfarbenen Fensterglases. – Aus dem Abbruchschutt von Baracke V im Bereich einer Herdstelle (Bef. 524/525). Phase 3. Fb.-Nr. 708.
107 Fragment von Fensterglas. – Aus einem späten Grubenkomplex im Bereich des westlichen Kopfbaus von Baracke II (Bef. 1163/64). Phase 3. Fb.-Nr. 2054.
108 3 kl. WS von Fensterglas. – Aus einer großen Grube im Bereich des Kopfbaus von Baracke II (Bef. 1228). Phase 3. Fb.-Nr. 2149 u. 2210.
109 Kl. WS von blaugrünem Fensterglas. – Aus dem Abbruchschutt im Stallbereich von Baracke IV, Pl. 0–1. Phase 3. Fb.-Nr. 875.
110 Kl. WS von blaugrünem Fensterglas. – Aus einem späten Grubenkomplex im westlichen Kopfbau einer Baracke in der rechten *retentura* (Bef. ZOH-48). Phase 3. Fb.-Nr. 1618.
111 Kl. WS von blaugrünem Fensterglas. – Aus dem Abfallgrubenkomplex westlich der Westumwehrung (Bef. 1450). Phase 2–3. Fb.-Nr. 2280.

IV.7 Reliefsigillata

Fundbestand und Gefäßformen

Abb. 112–120

Aus den Kastellgrabungen 2000–2003 sowie der Ausgrabung „Gleisharfe" 2004 liegen insgesamt Bruchstücke von 120–130 Gefäßen vor. Eine genaue Zahl von Gefäßindividuen zu benennen, ist aufgrund der mehrheitlich kleinen Fragmente unmöglich. Als Grundlage des Katalogs wurden 127 Positionen unterschieden, wobei in vier Fällen die Zugehörigkeit weiterer Positionen zu demselben Gefäß nicht ausgeschlossen werden kann.[769] Die Mindestindividuenzahl könnte also noch etwas niedriger ausfallen. Den Strukturen des Kastells ließen sich 110 Positionen zuweisen (Tab. 21, Phase 1–3).[770] Grundsätzlich wurden glatte Randscherben und Bodenstücke ohne erhaltene Verzierung von der Untersuchung ausgeschlossen, selbst wenn die Tonbeschaffenheit im Einzelfall eine Töpfereizuweisung nahe legt.

Fast alle Gefäßreste gehören der Form Drag. 37 an. Keine einzige Scherbe – auch nicht unter den Bodenscherben südgallischer Reliefschüsseln – ließ sich der Form Drag. 29 zuweisen, obwohl in Einzelfällen sehr kleiner Bruchstücke eine verlässliche Unterscheidung zwischen beiden Formen nicht gelingt, so bei Nr. 11 und 57. Auch aus allen älteren Grabungen sowohl im Kastell als auch im Vicus von Heidenheim ist bisher nur ein einziges Fragment Drag. 29 bekannt geworden.[771] Bei sehr kleinen Wandscherben kann auch die Herkunft von einer Drag. 30 nicht immer ausgeschlossen werden, doch ist nur ein solcher zylindrischer Becher mit Sicherheit auf uns gekommen (Nr. 36). Singulär nimmt sich außerdem eine Randscherbe der Form Knorr 78 oder Hermet 9 aus (Nr. 83). Mangels erhaltener Reliefverzierung fällt ihre Zuweisung an ein Töpferzentrum schwer.

---

[769] Nr. 38 u. 39, 60 u. 63, 79 u. 80, 103 u. 104.
[770] Bei der statistischen Auswertung blieben Nr. 11, 38, 66, 74, 79, 80, 82, 83, 109 u. 120–127 unberücksichtigt, da sie dem Kastell nicht sicher zugeordnet werden können. Die Scherben stammen z.B. aus der frühalamannischen Kulturschicht des 4. Jh. oder sind sicher in die nachkastellzeitliche Phase 4 datiert.
[771] Heiligmann 1990, Taf. 118,2; Negativbefund bei Sölch 2001, 117.

Aufgrund der Profilform ist ein südgallisches Produkt nicht ausgeschlossen,[772] doch weisen die qualitativen Merkmale eher auf ein mittel- oder ostgallisches Gefäß hin, wo diese Form bis mindestens in trajanische Zeit produziert wurde, z. B. in Luxeuil.[773]

Fundumstände und Datierungsmöglichkeiten

Als Winterlager der bedeutendsten Truppe der Provinz Rätien besetzt das Kastell Heidenheim die Schlüsselposition am Alb-Limes. Deshalb und wegen seiner befristeten Bestandszeit kommt ihm grundsätzlich der Rang eines „dated site" zu. Aufgrund des Anfangsmaximums der Fundmünzen ist der Beginn des Kastells zwischen 105 und 115 n. Chr. zu suchen, und nicht bereits um 90 n. Chr. wie in der älteren Literatur angenommen wird.[774] Die Terra Sigillata braucht in diesem Fall also nicht die Funktion eines Hilfsmittels zur Anfangs- und Enddatierung des militärischen Standortes erfüllen, man darf vielmehr umgekehrt versuchen, Datierungsvorschläge für hier erhobenes Fundmaterial anzubieten. Durch die modernen und gründlichen Flächengrabungen besteht keine Gefahr, dass tiefere Schichten und damit älteres Fundmaterial in ungenügender Menge erfasst worden wären. Es ist hier also nicht unterrepräsentiert, was bisweilen die Vergleichbarkeit anderer Fundorte einschränkt, deren Materialbestand vorwiegend aus Altgrabungen stammt.[775]

Tabelle 21 zeigt, welche Produktionszentren in den einzelnen Kastellphasen vertreten sind. Dabei besteht die Schwierigkeit, dass nur ein Teil des Materials sicher einer Phase zugeordnet werden kann. Das liegt vor allem daran, dass die Befunde innerhalb des Kastells zwar mehrheitlich chronologisch beurteilt werden können, jedoch oft nur wenige und/oder kleinteilige Funde enthielten. Die relative (gemessen am Umfang der zusammenhängend ausgegrabenen Flächen) Fundarmut im Bereich der Baracken deutet darauf hin, dass das Kastell während seiner Blütezeit (Phase 1–2) offenbar sauber gehalten wurde. Müll gelangte am Standort der Baracken also nur ausnahmsweise oder zufällig in den Boden. Den Phasen 1–2 klar zuweisbare Funde sind durch diesen Filter unterrepräsentiert. Das gilt allerdings nicht für die Gesamtmasse früher Funde, wenn man das Material aus den Abfalldeponien vor dem Kastell (s. u.) hinzuzählt. Die Berücksichtigung dieser Befunde ist daher unerlässlich. Erst die spätesten Verfüllungen innerhalb des Kastells, die sehr wahrscheinlich im Zuge der Auflassung des Lagers um 160 n. Chr. zustande kamen, liefern wieder vermehrt stratifizierte Funde, deren größeren Teil man als „Umzugsmüll" ansprechen darf (Phase 3).

Die Masse der Reliefsigillaten wie auch der übrigen Keramik stammt aus den großen, teilweise ausgegrabenen Abfallgruben vor der Nord- und Westumwehrung des Kastells sowie vom Areal des mutmaßlichen *campus* (Ausgrabung „Gleisharfe" 2004). Diese Fundkontexte lassen sich jedoch aus drei Gründen kaum chronologisch untergliedern und tragen somit zur feineren Datierung der Sigillaten nichts bei. Erstens weil diese Grabungen unter großem Zeitdruck stattfanden, sodass die Gruben überwiegend maschinell ausgehoben werden mussten. Zweitens lassen sich die dort beobachteten Verfüllschichten nicht mit den Phasen des Kastells korrelieren. Damit ist die Deponierung dort grundsätzlich während der gesamten Kastellzeit (Phase 1–3) möglich, auch wenn es Anzeichen dafür gibt, dass die nördlichen Abfallgruben vor allem während der Früh- und Blütezeit des Kastells aufgefüllt wurden (s. u.) – damit wird methodisch aber wieder der umgekehrte Weg beschritten, indem die Sigillata zur Datierung dieser Befunde herangezogen wird! Drittens handelt es sich um mehrere aneinander grenzende bzw. teilweise ineinander übergehende Grubenkomplexe, deren relative Abfolgen nur partiell nachvollziehbar waren. So wird z. B. der Grubenkomplex Bef. 1012/1053/1055 von Grube Bef. 1015 geschnitten, während Bef. 1016 jünger ist als die Großgrube Bef. 1007/1008/1009. Aussagekräftig ist jedoch die Tatsache, dass in Phase 1 ausschließlich südgallische Terra Sigillata vorkommt. Das gilt auch für die glatte Sigillata aus den betreffenden Befunden. Dabei ist Reliefware aus La Graufesenque und Banassac jeweils durch einen Fund vertreten (Nr. 15 bzw. 35). Deutlich abgrenzbar ist auch das Fundmaterial von Phase 2a, während der mittelgallische Erzeugnisse hinzukommen. Die stratifizierten Reliefgefäße aus dem Töpferzentrum Heiligenberg im Elsass – es handelt sich vor allem um Waren des *Ianus* und in geringen Mengen auch des *Reginus* – beschränken sich auf die späte Kastellzeit (Phase 3), ohne dass der Anfang der Belieferung Heidenheims exakt bestimmbar wäre (vgl. aber die un-

---

772 P. Webster, Some smaller moulded Samian forms from La Graufesenque. The Antiquaries Journal 86, 2006, 14–35 bes. 27 u. 30 (freundl. Hinweis A. Mees, Mainz).

773 L. Lerat/Y. Jeannin, La Céramique Sigillée de Luxeuil (Paris 1960) 18; L. Helmer, La céramique sigillée. 30 ans de recherches archéologiques sur le site d'Ehl-Benfeld (Haguenau 1991) 76, 1–2 (vermutlich Lezoux); J.-R. Terrisse, Les Céramiques Sigillées Gallo-Romaines des Martres-de-Veyre (Puy-de-Dôme). 19. Gallia suppl. (Paris 1972) 32.

774 Kortüm 1998, 44. – Heiligmann 1990, 178.

775 Zu den methodischen Konsequenzen vgl. Scholz 2006, 27f.; M. Jae, Terra Sigillata aus dem Kastell und Lagerdorfbereich von Hammersbach-Marköbel, Main-Kinzig-Kreis, Hessen (ungedr. Magisterarbeit Freiburg 1996).

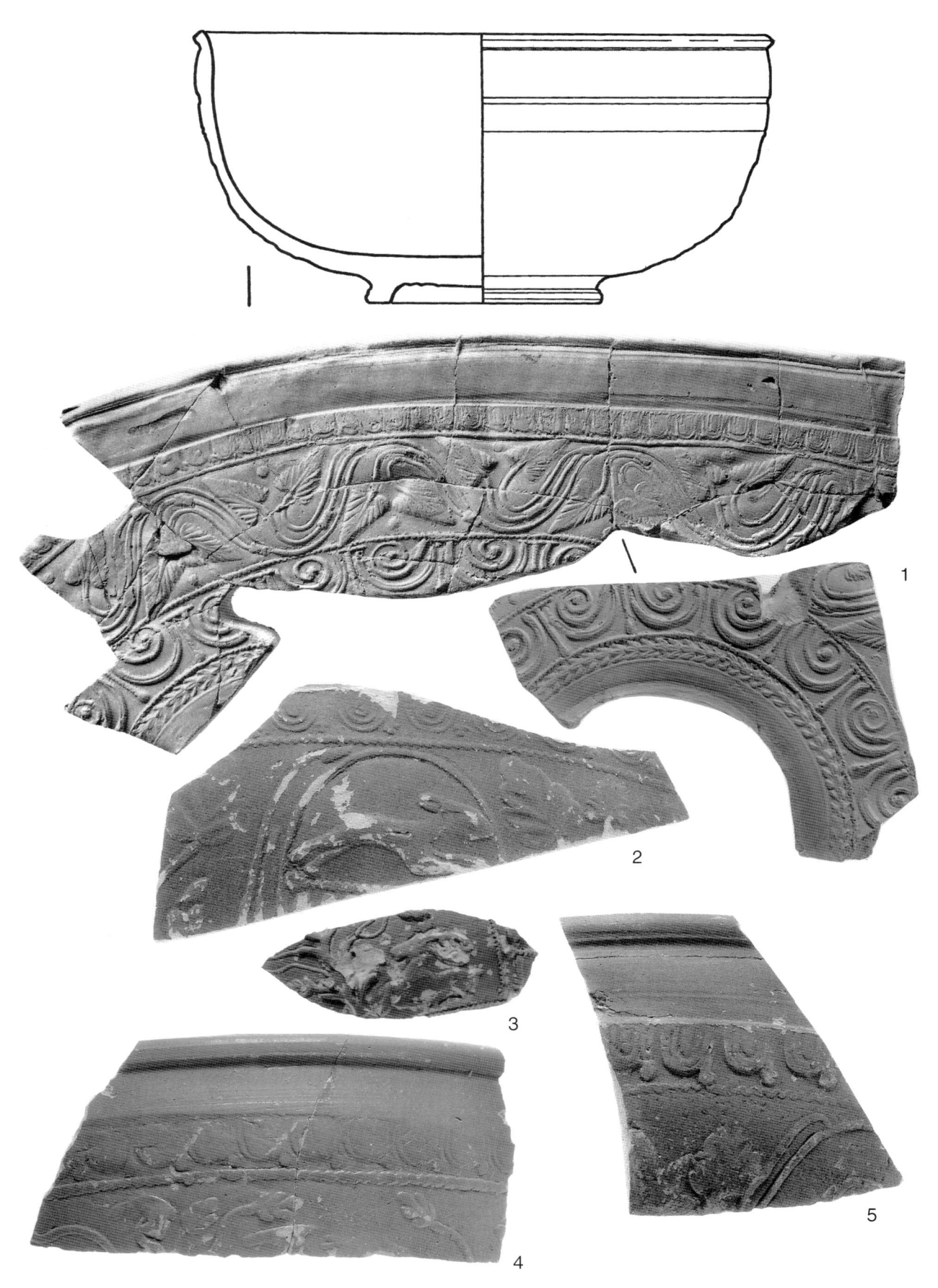

Abb. 112: Reliefsigillata. 2.4.5 M. 1:1; 1.3 M. 1:2.

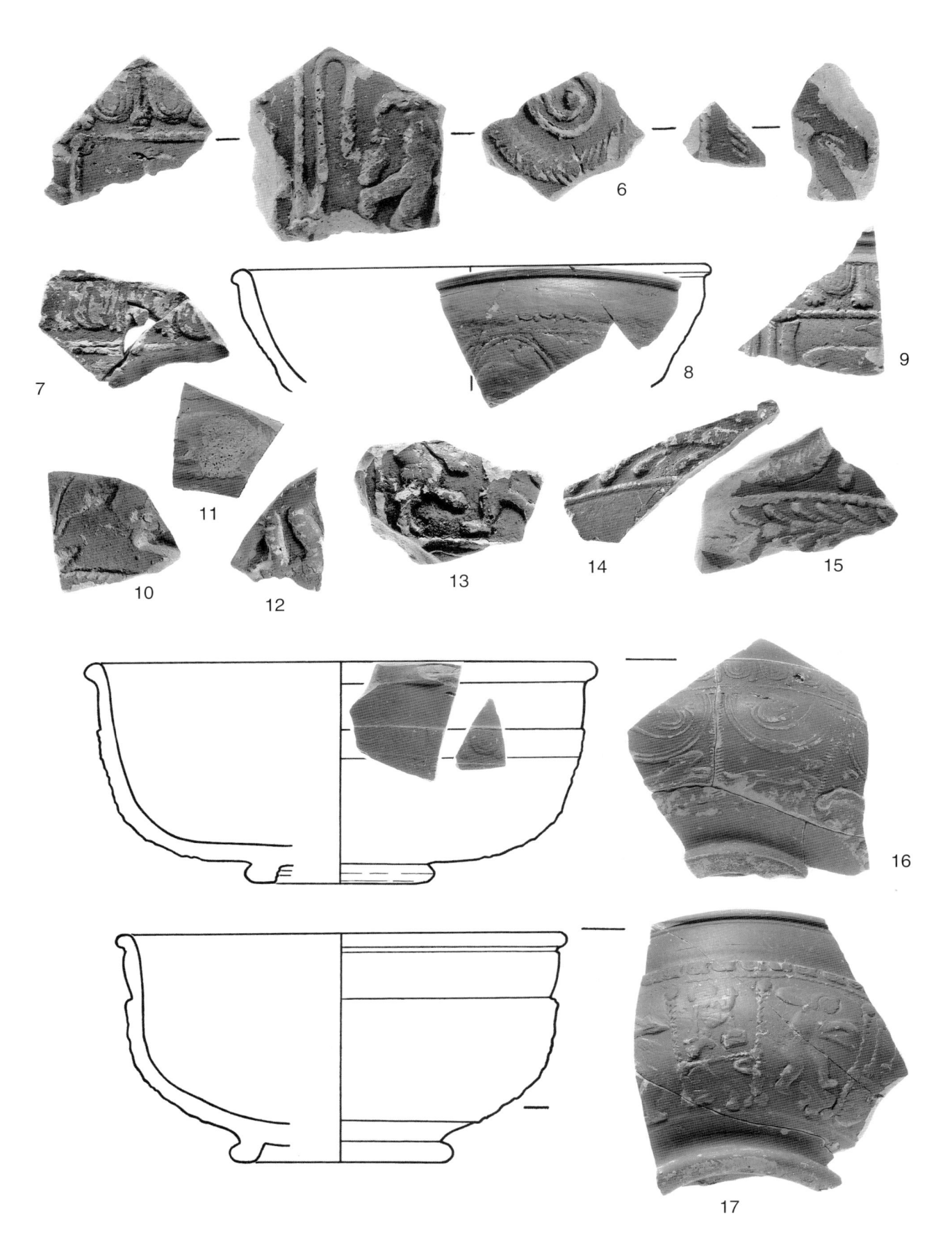

Abb. 113: Reliefsigillata. 6.7.9–15 M. 1:1; 8.16.17 M. 1:2.

Abb. 114: Reliefsigillata. 20–23.25–28.31 M. 1:1; 18–19.24.29–30 M. 1:2.

245

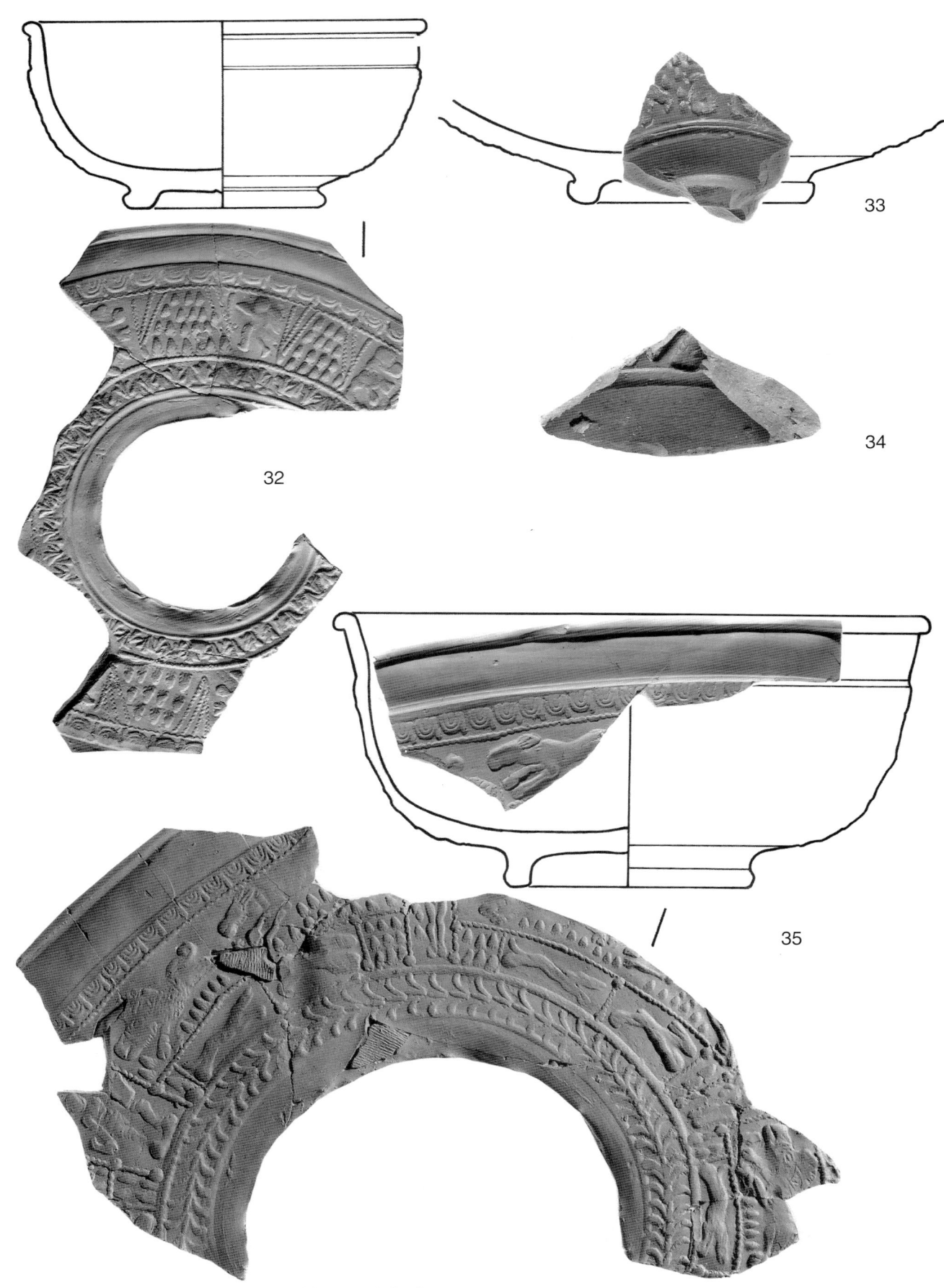

Abb. 115: Reliefsigillata. 34 M. 1:1; 32–33.35 M. 1:2.

Abb. 116: Reliefsigillata. 42–45.47–51 M. 1:1; 36–41.46 M. 1:2

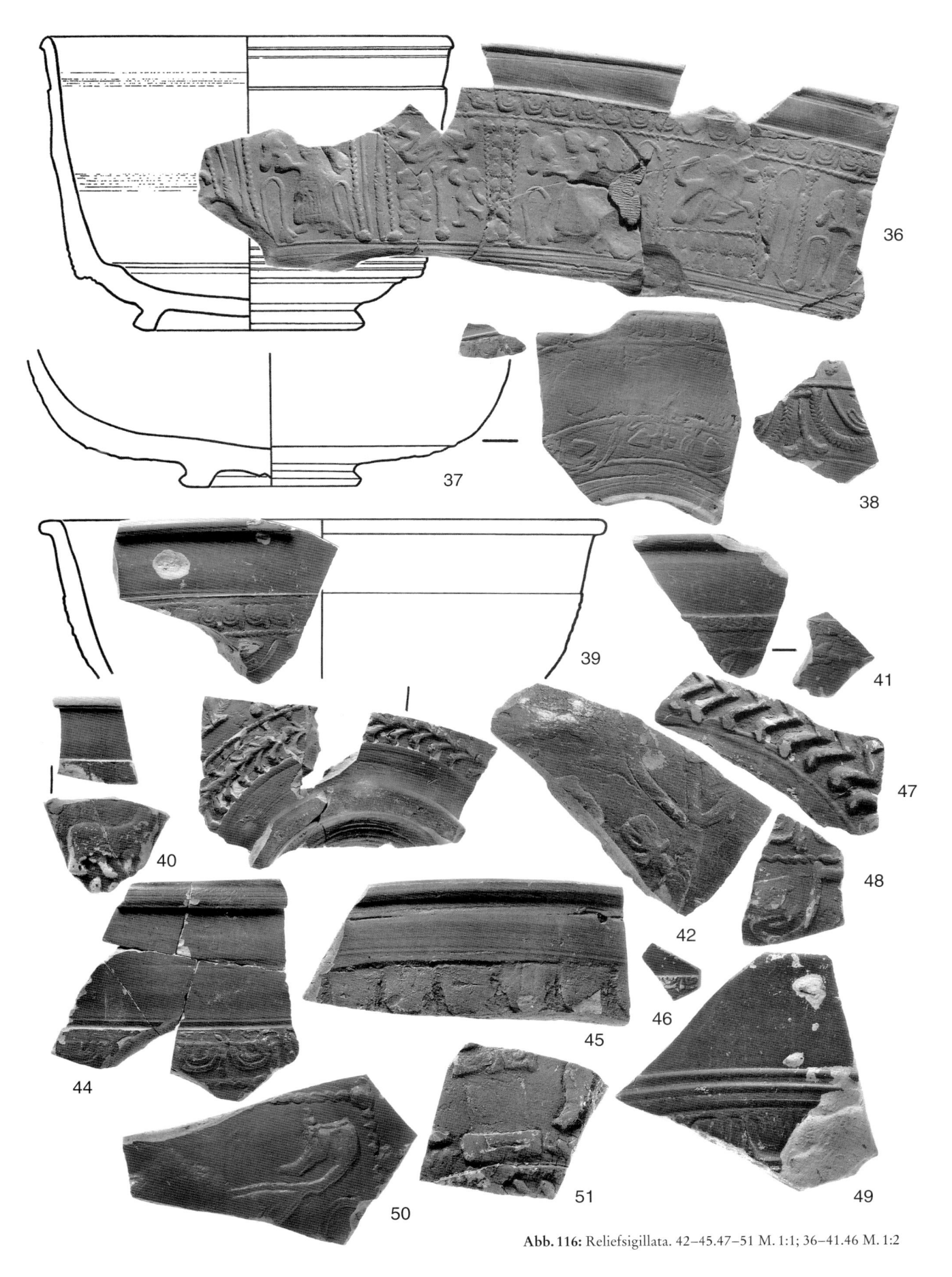

247

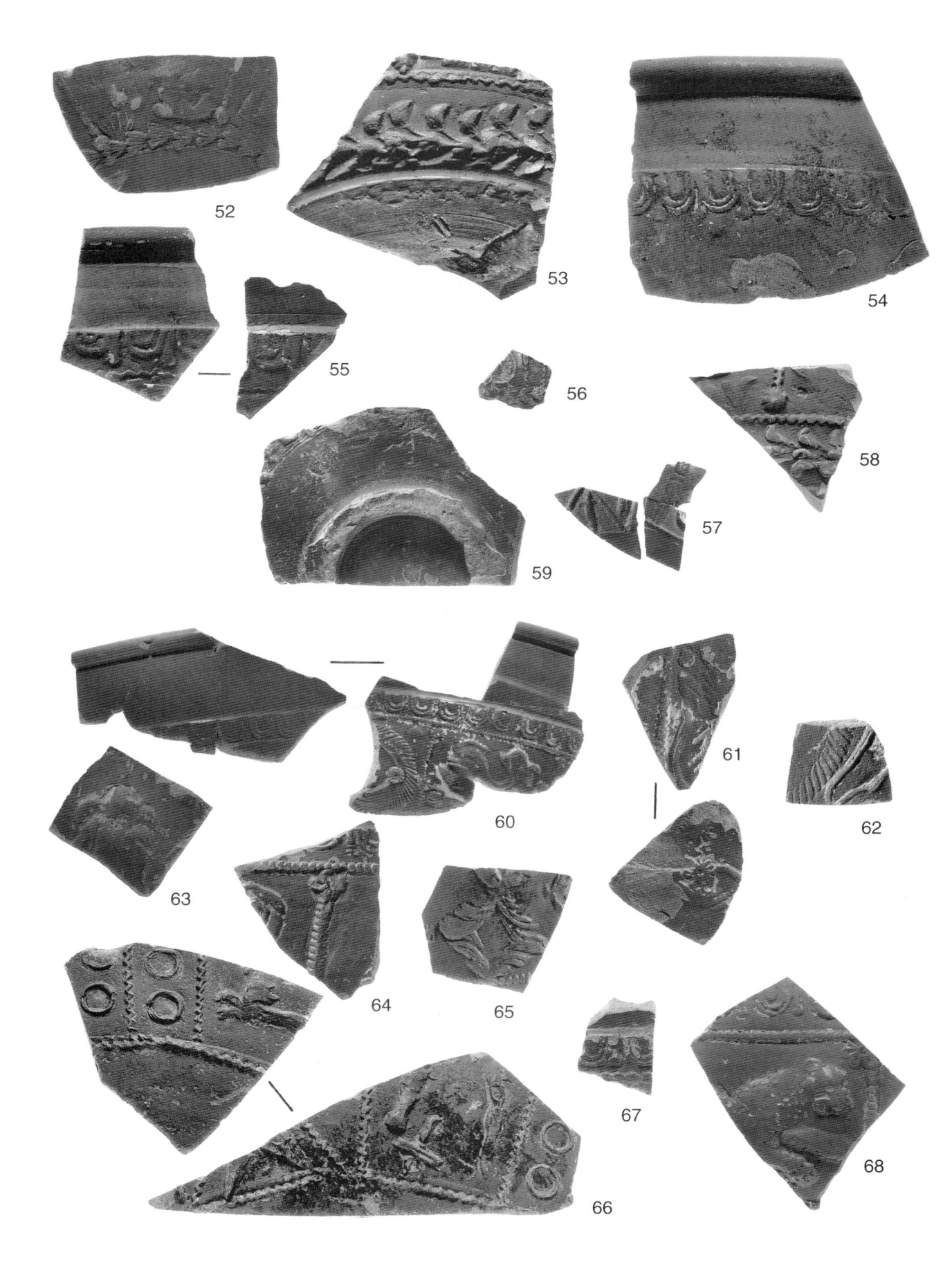

Abb. 117: Reliefsigillata. 53–55.58.61–68 M. 1:1; 52.56–57.59–60 M. 1:2.

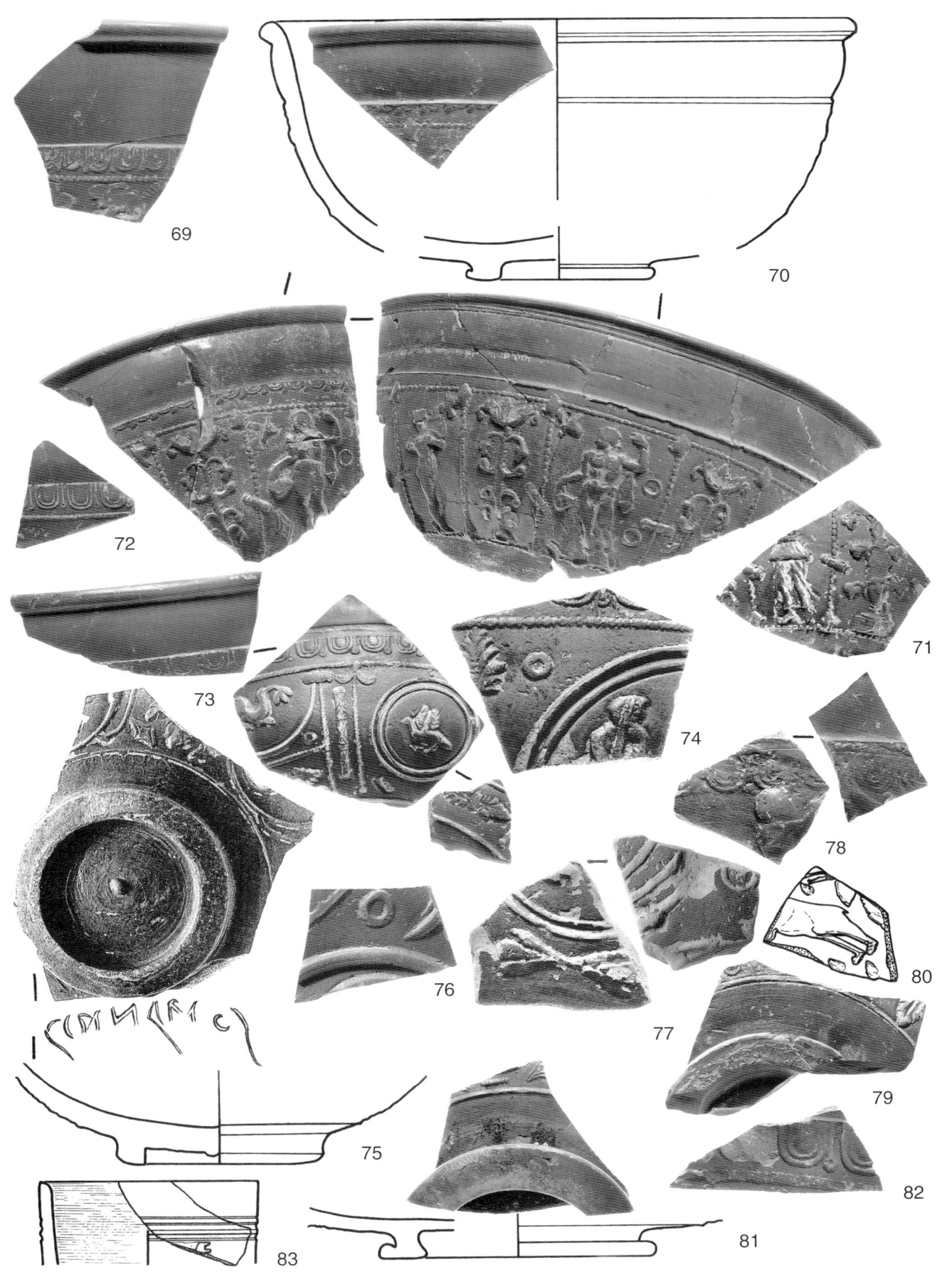

Abb. 118: Reliefsigillata. 74; Graffito 75.76–78.82 M. 1:1; 69–73.75.80–81.83 M. 1:2.

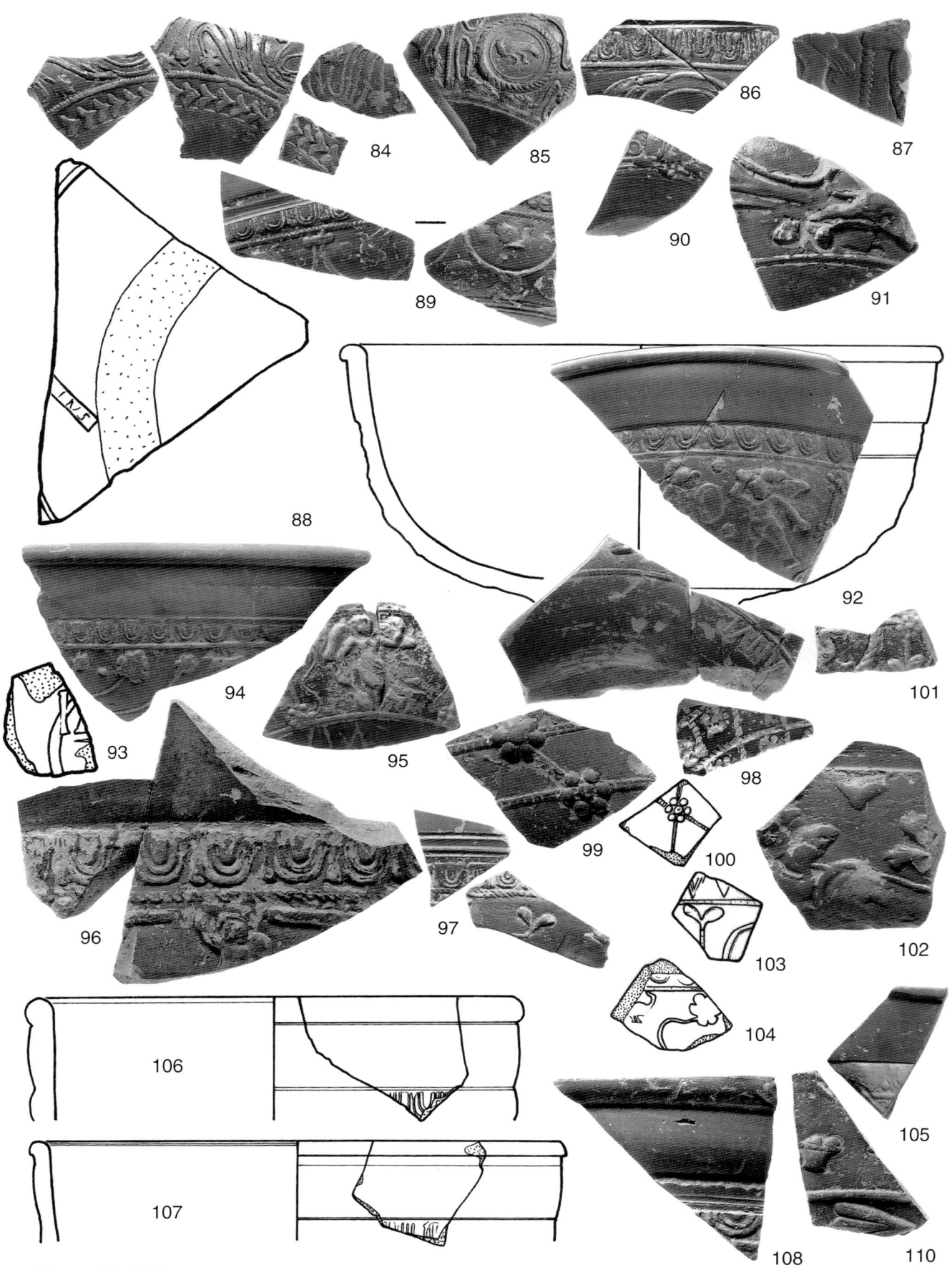

Abb. 119: Reliefsigillata. 87.88.91.96.99.108.110 M. 1:1; 84–86.89.90.92.94.95.97.98.100.101.103–107 M. 1:2.

Abb. 120: Reliefsigillata. 111–118.120.122–126 M. 1:1; 121.127 M. 1:2.

ten geäußerte Vermutung). Die Randscherbe Nr. 107 ist zwar durch zwei fast prägefrische Münzen des Hadrian post quem 119–122 n. Chr. datiert, doch besteht der Verdacht, dass die oberste Schicht mit beträchtlichem zeitlichem Abstand zur restlichen Grubenverfüllung zustande kam. Daher wurden die nur vage datierbaren Stücke aus den Abfallgruben vor dem Kastell sowie vom mutmaßlichen *campus* vorsichtig unter Phase 2–3 subsumiert. Das gilt ferner für die Sigillaten aus Chémery/Mittelbronn und aus Blickweiler.

Rheinzaberner Sigillaten sind nur aus dem Abbruchschutt des Kastells mit insgesamt drei Einzelstücken belegt (Phase 3).[776] Bei einer Scherbe handelt es sich um den glatten, oberhalb des Eierstabes abgebrochenen Rand einer Drag. 37 aus der späten Latrine Bef. 1553 im Kopfbau von Baracke VIII (Nr. 119), bei den beiden anderen um Scherben zweier Teller Drag. 18/31.[777] Die anhand makroskopischer Verdachtsmerkmale zur Beprobung ausgewählten Fragmente lassen sich durch geochemische ICP-MS-Keramikanalysen tatsächlich eindeutig Rheinzabern zuweisen (Kap. IV.12.4). Diese Funde aus der spätesten Kastellzeit bezeugen, dass der Export Rheinzaberner Manufakturen nach Rätien bereits kurz vor der Auflassung des Kastells Heidenheim um 160 n. Chr. einsetzte.

Dagegen fehlt Waiblinger Sigillata (sog. „Schwäbische Ware") in sicher dem Kastell zugehörigen Befunden. Ein Fragment (Nr. 127) wurde zwar im Bereich einer Abfallgrube vor der Nordumwehrung (Bef. 1053/55) aufgelesen, doch lag es dort an der Oberkante von Schicht A (entdeckt beim Putzen von Planum 1) und somit bereits über der kastellzeitlichen Einplanierung des Grubenkomplexes. Ohnehin ist der Produktionsbeginn der Waiblinger Töpfereien erst nach der Errichtung des äußeren Limes, also nach 160 n. Chr. vorstellbar.[778] Die zweite Scherbe (Nr. 126) kam zwar innerhalb des Kastells zutage, jedoch in einer frühalamannischen Grube des 4. Jh. Es gibt Anzeichen dafür, dass frühe Alamannen bisweilen römische Reliefsigillaten sammelten,[779] sodass das Stück auch außerhalb des Lagers aufgelesen worden sein könnte. Aus diesem Grunde wurden auch alle weiteren Stücke aus völkerwanderungszeitlichen Kontexten von den Untersuchungen ausgeschlossen, selbst wenn sie wie südgallische Sigillata gewiss während der Kastellzeit nach Heidenheim gelangt waren. Dies betrifft insgesamt acht Fragmente.[780]

Ein Großteil der Reliefsigillaten, vor allem der südgallischen, kam in den ausgedehnten Abfallgruben sowie in den der Kastellumwehrung vorgelagerten Sohlgräben zutage (s. o.). Dort gefunden, können sie in der Regel zwar keiner Kastellphase mehr sicher zugeordnet werden (Tab. 21, „Phase 1–3"), doch lohnt ein kurzer Blick auf die Verteilung nach Töpfereien (Tab. 22). So spiegeln sich auch im geringen Fundmaterial die beiden stratigraphischen Phasen des dem Kastell im Westen vorgelegten Sohlgrabens wider (Bef. 1616/1633 wurde von Bef. 1465/1500 abgelöst). Schwerer fallen Aussagen über die Deponierungsdauer in den großen Grubenkomplexen vor der Nord- bzw. Westumwehrung. Es hat jedoch den Anschein, als sei der Grubenkomplex Bef. 1012/1053/1055 bereits frühzeitig in Betrieb genommen worden (wahrscheinlich schon in Phase 1), wohingegen für die Spätzeit nur eine räumlich begrenzte Abfalldeponierung im Bereich des Teilbefundes 1055 anhand dort gefundener Fragmente aus Blickweiler und Heiligenberg nachvollziehbar ist. Die kleineren Gruben Bef. 1015 und 1016 sind aufgrund der Stratigraphie als die am spätesten geschlossenen Deponierungsplätze vor der Nordumwehrung in Anspruch zu nehmen. Leider haben sie nur wenige Funde geliefert. Die vor dem Westtor gelegene Abfallgrube Bef. 1450 wiederum scheint erst vergleichsweise spät in Betrieb genommen worden zu sein, wie aus dem Fund eines Gefäßbruchstücks aus der Werkstatt des *Cinnamus*, Stil A (Nr. 78), zu schließen ist, das aus der untersten Schicht dieser Großgrube gehoben wurde. Das Fehlen von Heiligenberger Reliefsigillata, die typisch für die Spätzeit des Kastells ist, dürfte hier auf Zufall beruhen, da von dort Gefäßbruchstücke glatter Formen mit Heiligenberger Stempeln vorliegen (s. u.). Die insgesamt verhältnismäßig geringe Menge an Heiligenberger Ware in den Abfallgruben außerhalb der Umwehrung nährt aber den Verdacht, dass diese Elsässische Töpferei das Kastell überhaupt erst in seinen letzten Bestandsjahren belieferte. Innerhalb des Kastells kamen Heiligenberger Stücke ausschließlich in Befunden zutage, die bei Auflassung des Kastells geschlossen wurden.

---

776 Die nach dem Grabungsjahr 2001 getroffene Negativaussage (Scholz 2001/02, 107) ist damit hinfällig.

777 Vgl. Kap. IV.8 Nr. 43 mit Stempel des *Tribocus* aus demselben Bef. 1553 sowie eine Randscherbe Drag. 18/31 aus dem Abbruchschutt der Doppelbaracke IV/V (Fb.-Nr. 505).

778 H. Kaiser, Zum Beispiel Waiblingen: Römische Töpfereien in Baden-Württemberg. In: Imperium Romanum. Ausstellungskatalog Stuttgart 2005, 403–408 bes. 406.

779 Auffällig ist das gegenüber anderem römischen Altmaterial gehäufte Vorkommen mittelkaiserzeitlicher Sigillaten, vor allem Scherben reliefverzierter Drag. 37, in frühalamannischen Kontexten, was diese Vermutung provoziert. Vgl. ferner die Funde römischer Altkeramik in einer frühalamannischen Siedlung außerhalb des römischen Kastells/Vicus von Aalen: R. Krause, Frühe Alamannen am Sauerbach – neue Siedler nach Abzug des römischen Militärs in Alen, Ostalbkreis. Arch. Ausgr. Baden-Württemberg 1997, 135–139 bes. 139.

780 Nr. 11, 74, 82, 109, 120–122 und 126.

Tabelle 21: Produktionszentren reliefverzierter Terra Sigillata (Drag. 37): chronologische Verteilung nach Kastellphasen (◆ = Gefäßindividuum). Funde aus dem Kastell einschließlich Spitzgraben.

	Phase 1	Phase 1–2	Phase 2a	Phase 2b	Phase 2–3	Phase 3	Phase 1–3	Phase 4	Phase 1–3 (n)	Phase 1–3 (%)
La Graufesenque	◆	◆◆◆	◆◆◆			◆◆	◆◆◆◆◆		14	12,7
Banassac	◆		◆◆◆		◆◆◆◆◆	◆◆◆◆◆◆	◆◆◆◆◆◆◆◆◆◆◆◆◆◆◆◆	◆	32	29,1
La Graufesenque oder Banassac		◆			◆	◆◆◆	◆◆◆◆◆◆		11	10,0
Mittelgallien		◆◆◆	◆		◆◆◆◆◆◆◆◆	◆◆◆◆◆◆		◆◆	18	16,4
Chémery/Mittelbronn					◆◆◆◆	◆			5	4,5
Blickweiler					◆◆◆				3	2,7
Heiligenberg				◆?	◆◆◆◆◆◆◆◆◆◆◆◆◆◆	◆◆◆◆◆◆◆◆◆◆			25	22,7
Heiligenberg oder Rheinzabern						◆			1	0,9
Rheinzabern						◆		◆◆◆	1	0,9
Schwäbische Ware								◆		

Tabelle 22: Produktionszentren reliefverzierter Terra Sigillata (Drag. 37): chronologische Verteilung im Bereich der Befunde außerhalb der Umwehrung des Kastells.

	Sohlgraben Bef. 1616/1633	Sohlgraben Bef. 1465/1500	Abfallgrube Bef. 1012; 1053/55	Abfallgrube Bef. 1015/16	Abfallgrube Bef. 1450	*campus* nördlich des Kastells
La Graufesenque	◆◆ (Nr. 4; 9)		◆◆◆ (Nr. 2; 5; 10)		◆ (Nr. 8)	
Banassac		◆ (Nr. 59)	◆◆◆◆◆◆◆ (Nr. 29; 37; 47; 48; 52; 55; 58)	◆◆ (Nr. 39; 49)	◆◆◆ (Nr. 30; 51; 57)	◆◆ (Nr. 24; 46)
La Graufesenque oder Banassac	◆ (Nr. 23)		◆ (Nr. 21)			
Mittelgallien	◆ (Nr. 65)				◆◆◆ (Nr. 70; 71; 78)	◆◆◆◆ (Nr. 72; 73; 79; 80)
Chèmery/M.		◆ (Nr. 88)			◆ (Nr. 85)	◆ (Nr. 86)
Blickweiler			◆◆◆ (Nr. 89–91)			
Heiligenberg			◆◆ (Nr. 112; 117)			◆◆◆◆◆◆◆◆◆ (Nr. 94–95; 97–98; 101; 103–105; 111; 115)
Rheinzabern						
Schwäbische Ware						

In diesem Zusammenhang lohnt sich ein Blick auf einen weiteren Fundkomplex außerhalb der Umwehrung, der zwar nicht geschlossen ist, aber mit Sicherheit mit dem Kastell in Zusammenhang steht. Es handelt sich um die ausgedehnte Freifläche, die sich jenseits der Grubenkomplexe vor der Nordfront des Kastells erstreckte und die aufgrund üppiger, verstreut in einer dünnen Kulturschicht liegender „Militaria"-Funde als *campus* angesprochen werden kann (Kap. III.3; IV.3.1). Stellenweise wurden dort plackenartige, oberflächliche Aufschüttungen von Kies und Siedlungsabfall, vor allem von Tonscherben, beobachtet, die an zugeschüttete Pfützen erinnern. Dabei war auffällig, dass die „Militaria"-Funde viel öfter im Auelehm unterhalb, seltener inmitten dieser Placken lagen. In Letzteren dominiert Heiligenberger Ware das Sigillataspektrum. Vielleicht nicht zufällig stammt von hier auch das relativchronologisch jüngste mittelgallische Gefäßbruchstück (Nr. 79, Art des *Cinnamus*, Stil C). Damit deutet sich ein horizontalstratigraphisches Gefälle an: Die späten Abfallgruben des Kastells hat man wohl weiter nördlich zu suchen als die früheren. Möglicherweise herrschte auf dem *campus* während der letzten Kastelljahre nur noch eingeschränkter Betrieb, sodass man hier Abfälle entsorgte.

La Graufesenque

Die grundlegend revidierte Anfangsdatierung der Kastelle der älteren Limeslinien Odenwald-Neckar-Alb durch K. Kortüm um 100/110 n. Chr. hat für die Chronologie der südgallischen Sigillata Konsequenzen, da diese über die Bestandszeiten dieser Militäranlagen datiert wird. Entgegen der traditionellen, auf historischen Erwägungen beruhenden Forschungsmeinung wurde die lineare Grenzüberwachung also nicht infolge der Chattenkriege nach 83 n. Chr. eingerichtet, sondern erst gut 20 Jahre später. Damit ist die Diskussion älterer Datierungsvorschläge hinfällig geworden.

Die Zuweisung reliefverzierter Gefäßscherben an einzelne Dekorateure oder Töpfer bleibt die größte Schwierigkeit im Umgang mit südgallischer Sigillata, da bis heute nicht geklärt ist, welcher Töpfer oder Töpferkreis über welchen Punzenschatz verfügte. Ein brauchbarer Punzenkatalog, der originale Bildstempel von ihren verschiedenen Abformungen bzw. abstrahierten Nachbildungen unterscheiden müsste, ist ein Desiderat. Eine besondere Herausforderung stellen dabei die üppig verwendeten, zahl- und variantenreichen Dekormotive (Eierstäbe, Zickzack- und Perlstäbe, Blüten etc.) dar, die oftmals – zumal angesichts schlechter, verpresster Ausformungen – kaum voneinander unterscheidbar sind. Hinzu kommen die Seltenheit signierter Dekorationen bzw. Schwierigkeiten bei der Identifikation von Signaturen. Unter den Heidenheimer Scherben war kein Signaturenrest erhalten.

Vorläufig bleibt der einzige Ausweg, anhand der von Mees 1995 publizierten Dekorationen mit Herstellersignaturen Zuweisungen zu versuchen, was bei zeitintensiver und beharrlicher Vergleichsarbeit manchmal durchaus gelingen kann. Voraussetzung dafür ist eine weitgehende Ähnlichkeit mit einem signierten Beispiel aufgrund gleicher Punzen und deren „künstlerischer" Komposition („Stil").

Auch wenn die Identifikation einzelner Töpfer eher die Ausnahme bleibt, so kommt es vor allem auf die Unterscheidung zwischen Produkten aus La Graufesenque und solchen aus Banassac an.[781] Die ersten

---

781 Erzeugnisse anderer südgallischer Manufakturen (Montans, Le Rozier, Espalion, Rodez und Carrade) ließen sich in Heidenheim
Fortsetzung siehe nächste Seite

Tabelle 23: Reliefsigillaten, deren Deponierung durch Münzen datiert ist.

	Bef. 1301 (Phase 2a)	Bef. 1111 (Phase 2b)	Bef. 1166 (Phase 3)	Bef. 1550 (Phase 3)	Bef. 1012 (Phase 1–3)	Bef. 1053/55 (Phase 1–3)
terminus post quem	125–128	119–122	125–134	119–121	98–117	134–138
Erhaltung	fast prägefrisch	fast prägefrisch	abgegriffen	abgegriffen	abgegriffen	kaum abgegriffen
La Graufesenque	Nr. 6				Nr. 12	Nr. 5; 10
La Graufesenque oder Banassac					Nr. 17; 18	Nr. 16; 21
Banassac					Nr. 27; 32	Nr. 37; 47; 48; 52; 55; 58
Mittelgallien			Nr. 61		Nr. 77	
Chémery						
Blickweiler						Nr. 89; 90; 91
Heiligenberg		Nr. 107		Nr. 114		Nr. 112; 117

Tabelle 24: Datierung der im Heidenheimer Material identifizierten Formschüsseldekorateure, die in La Graufesenque (und Banassac) lokalisiert werden.

Töpfer nach Mees 1995	Phase 1	Phase 1–2	Phase 3	Phase 1–3	Datierung nach Mees 1995
Biragillus oder *L. Cosius Virilis*	◆				90–120
L. Cosius oder *Biragillus*				◆	90–130
L. Cosius		◆	◆		100–130
M. Crestio				◆	80–110
Germanus III				◆	75–100/110
Germanus IV			◆		80–120
Germanus unbest.			◆ ◆		ca. 60/70–120
Mercator		◆			90–100+
Masculus oder *Biragillus*				◆	80–120
L. Cosius Virilis (?)		◆	◆		90–110

nach Heidenheim gelieferten Sigillatagefäße stammen aus La Graufesenque. Daher kann in der Höhe des Anteils dieser Ware am Gesamtbestand der Reliefsigillata ein Indiz für die Anfangsdatierung verborgen liegen. Es fällt nämlich auf, dass der Anteil von 12,7 % (14 Gefäßindividuen) deutlich niedriger ausfällt als in Faimingen (27 % = 53 Gefäßindividuen) und in der Siedlung Sontheim/Brenz „Braike" (29,7 % = 107 Gefäßindividuen).[782] Da für diese Fundplätze dieselben antiken Distributionsstrukturen vorauszusetzen sind wie für Heidenheim und in modernen Grabungen auch dort tiefere Schichten erfasst wurden, möchte man diesen Unterschied nicht als Zufall abtun, sondern chronologisch interpretieren: Möglicherweise wurden diese donaunahen Siedlungen tatsächlich früher gegründet als Heidenheim.

Einschränkend ist allerdings zu berücksichtigen, dass die Sigillataforschung zunehmend komplexere Verbindungen zwischen La Graufesenque und Banassac aufdeckt. Beide Produktionszentren haben eine große Schnittmenge gemeinsamer Punzen (z. B. bei Nr. 17, 18, 36, 52). Die Zuweisung an den einen oder anderen Produktionsort ist derzeit oft nicht oder nur mit einem unterschiedlich hohen Maß an Wahrscheinlichkeit möglich.[783] Die oft auf subjektiven Einschätzungen beruhende Einteilung in „Stilgruppen" (s. u.) hat sich als unzulängliches Unterscheidungskriterium (Stilgruppen 1–5 = La Graufesenque, 6–7 = Banassac, s. u.) erwiesen. Entsprechende Vorsicht ist bei der Bestimmung der Sigillaten geboten. Vor diesem Hintergrund verringert sich der Anteil an Stücken, die beim derzeitigen Kenntnisstand mit einiger Wahrscheinlichkeit La Graufesenque zugewiesen werden können (Nr. 1–15), weiter. Die Bearbeitung der Sigillaten von Sontheim/Brenz wurde aber nach den gleichen Maßstäben wie hier durchgeführt, sodass zumindest in diesem Falle die Vergleichbarkeit gewährleistet ist.[784]

Das Ende des Exports von Produkten aus La Graufesenque setzt die Forschung um 120 n. Chr. an.[785] Die meisten Gefäßbruchstücke aus diesem Töpferzentrum sind erwartungsgemäß während der Phasen 1 und 2 in den Boden gekommen, drei jedoch mit Sicherheit erst bei der Auflassung des Kastells um 160 n. Chr. (Nr. 1, 20, 22). In allen drei Fällen sind die Bruchkanten noch scharf, sodass man sie kaum als umgelagerte Altstücke anzusprechen berechtigt ist. Besonders auffällig ist diesbezüglich die zerscherbte, aber vollständig überlieferte Reliefschüssel im Stil des *L. Cosius Virilis* aus der Verfüllung des nördlichen Kastellgrabens (Nr. 1). Demnach ist mit der Verwendung von Gefäßen aus La Graufesenque bis um 160 n. Chr. zu rechnen.[786]

Banassac

Bei der Bestimmung erwies sich „The Internet Index of Banassac Figure Types" als nützlich, der die anhand geochemischer Keramikanalysen sicher in Banassac verwendeten Punzen vereint.[787] Leider fehlen

---

Fortsetzung Fußnote 781:
nicht identifizieren, was nicht überrascht, da diese Waren geographisch entfernten Absatzmärkten (Gallien und Britannien) zuflossen. Die Unterscheidung von Produkten aus La Graufesenque ist allerdings nicht immer einwandfrei möglich (Mees 1995, 112–121).

782 Naumann 2005, Tab. 7.

783 A. Mees (Mainz) danke ich für tatkräftige Hilfe bei der Beurteilung der südgallischen Reliefsigillaten anhand der maßstäblichen Fotografien.

784 Selbst wenn man die elf unsicheren Gefäße (La Graufesenque oder Banassac) einseitig La Graufesenque zuschlüge, läge der Anteil dieses Produktionsortes mit rund 20 % noch signifikant unter den für Faimingen und Sontheim/Brenz ermittelten Werten.

785 Mees 1995, 59.

786 Beispiele zur Lebensdauer von Terra Sigillata gibt C. Wallace, Long-lived Samian? Britannia 37, 2006, 259–272.

787 www.rgzm.de/anadecom/punzenka.htm.

Tabelle 25: Datierung der im Heidenheimer Material identifizierten Formschüsseldekorateure, die in Banassac lokalisiert werden.

	Phase 1	Phase 2a	Phase 3	Phase 1–3
Lentinus			♦	♦
Natalis	♦ ?	♦♦	♦♦♦♦	♦♦♦♦
Marinus			♦ ?	♦♦
Germanus V–II			♦	
Germanus oder *SER*			♦	♦♦

noch die Maßstäbe, sodass eventuelle Abformungen schwer identifizierbar sind. Die Indizierung ist noch nicht bis zu einer Verknüpfung mit Herstellersignaturen vorangeschritten, doch kann von dem System künftig eine bessere Unterscheidbarkeit der südgallischen Töpferzentren erwartet werden.

Im vorliegenden Material stehen Reliefgefäße aus La Graufesenque solchen aus Banassac im Verhältnis 1:2 (14:32) gegenüber. Damit wird die Relation der publizierten Sigillatabestände aus dem Vicus von Heidenheim grundsätzlich bestätigt (31:53),[788] für die Altfunde aus dem Kastell zeichnet sie sich trotz geringer und vor allem aus sehr kleinteiligen Fragmenten bestehender Materialbasis ebenfalls ab.[789] Annähernd ähnliche Verhältnisse treffen auch auf Köngen (Kastell und Vicus 75:112) und Kösching (16:37) zu. Das abweichende Verteilungsbild des Heidenheimer Nachbarkastells Ursprung (20:16) warnt zunächst vor weit reichenden chronologischen Rückschlüssen, zumal sich dessen Fundbestand aus Altgrabungen zusammensetzt, die tiefere Strukturen vielleicht nicht immer konsequent erfasst haben, sodass sich das wahre Verhältnis sogar noch zugunsten von La Graufesenque verschieben könnte.[790] Im zivil besiedelten Hinterland zwischen Donau, Brenz und Nau herrscht ein beinahe ausgeglichenes Verhältnis (25:28).[791] Ausgeglichen ist übrigens auch das Gleichgewicht der südgallischen Töpferstempel auf glatter Ware aus dem Kastell Heidenheim, allerdings vorbehaltlich der geringen Fundzahlen (s. u. Tab. 29). Andererseits gerät man in Versuchung, den deutlichen Überhang von Reliefware aus La Graufesenque in Faimingen (52:21) sowie in der Siedlung von Sontheim/Brenz „Braike" (101:44) durchaus im Sinne einer früheren Anfangsdatierung auszudeuten.[792] Auch das numismatische Anfangsmaximum von Sontheim/Brenz um 100 n. Chr. setzt etwas früher ein als das von Heidenheim um 110 n. Chr.[793] Als alternative Interpretationsmöglichkeit böte sich eine unterschiedliche Belieferung von militärischen und zivilen Siedlungsplätzen an, doch sind besondere Konditionen für Banassac bei der Heeresversorgung derzeit nicht beweisbar. Demgegenüber dürfte das Übergewicht an La Graufesenque-Ware in den weiter nördlich am Neckar gelegenen Standorten Cannstatt (32:13), Heilbronn-Böckingen (31:16) und Bad Wimpfen (21:2)[794] eher mit einer frühzeitigen Verdrängung von Banassac durch konkurrierende ostgallische Produkte erklärbar sein, was sich umso deutlicher abzeichnet, je weiter man nach Norden schaut. Spätestens am Unterlauf des Neckar beginnt eine andere „Keramikprovinz".[795] Im Heidenheimer Bestand ist Banassacware spätestens ab Phase 2a präsent – die Zugehörigkeit von Nr. 35 zu Phase 1 ist zwar nicht sicher, doch demonstrieren Banassacfunde z. B. in Oberstimm und Unterkirchberg, dass dieses Töpferzentrum um 110–120 n. Chr. bereits nach Rätien exportierte.[796] Wahrnehmbar ist jedoch die Schwerpunktverschiebung zuungunsten von La Graufesenque in den Phasen 2–3 (Tab. 21). Die Tatsache, dass eine vollständige Drag. 30 (Nr. 36) in die Verfüllung des nördlichen Kastellgrabens gelangte, dokumentiert, dass Reliefgefäße aus Banassac zumindest vereinzelt bis zum Ende des Kastells um 160 n. Chr. in Benutzung blieben.[797] Bei dem während

---

788 Sölch 2001, 117.
789 Heiligmann 1990, Taf. 118,1–18. La Graufesenque: Taf. 118,1–4, Banassac Taf. 118,7.11–13.15–18 (= 4:9), südgallisch unbest. Taf. 118,5–6.8–9.14.
790 Naumann 2005, Tab. 8. M. Naumann hat dabei die publizierten Fragmente der angeführten Fundplätze einer revidierenden Neubestimmung nach den von Mees 1995 erarbeiteten Kriterien unterzogen. – Die Anfangsmaxima der Fundmünzen aus Kösching und Ursprung liegen übereinstimmend „kurz nach 100 n. Chr." bzw. „um 105 n. Chr." (Kortüm 1998, 42).
791 Pfahl 1999, 69 Tab. 2.
792 Naumann 2005, Tab. 8.
793 Kortüm 1998, 43 f.
794 Naumann 2005, Tab. 8.
795 Zu den Absatzgebieten von Banassac vgl. Mees 1995, 104 u. 106.
796 Mees 1995, 102.
797 Zum Ende der Belieferung Rätiens mit Banassacware spätestens in den 140er Jahren vgl. Meyer 2003, 591. Eine formgleiche (nicht dekorgleiche) Drag. 30 aus Banassac fand sich in Grab 93–65 des Südfriedhofs von Vindonissa und wird dort 120–130 n. Chr. (Zeitstufe D) datiert: D. Hintermann, Der Südfriedhof von Vindonissa. Veröff. Ges. Pro Vindonissa 17 (Brugg 2000) 269 u. Taf. 32,1.

Phase 4 in den Boden geratenen Bruchstück dürfte es sich um ein umgelagertes Altstück der Kastellzeit handeln (Nr. 38).

Charakteristisch für Banassac sind ein höherer Anteil anonymer Serien als in La Graufesenque sowie Erzeugnisse der Dekorateure um *Lentinus* und *Natalis*, die von D. Planck u. J. Heiligmann in der Stilgruppe 6–7 subsummiert wurden.[798] Neben diesen Modelschöpfern sind noch *Germani f(ecit)* – nach Mees *Germanus V–VII* – bzw. *(Germani) SER(vi?)* und *Marinus* im Heidenheimer Material zu benennen.[799] Das Vorkommen der identifizierten Dekorateure von Banassac in den Kastellphasen Heidenheims scheint auf den ersten Blick die Ansicht zu bestätigen, dass die Serien des *Germanus* jünger seien als die von *Lentinus* und *Natalis*,[800] doch darf aus der statistisch irrelevant niedrigen Zahl keine verbindliche Aussage abgeleitet werden.

Einige Banassacscherben fallen makroskopisch durch ihre mittelrote, glänzende Oberfläche auf, die sich bei den fast durchweg stumpfen u. oft etwas dunkleren Scherben aus La Graufesenque nicht beobachten ließ. Oft platzt der Glanztonüberzug entlang der Dekorkanten ab. Diese Merkmale zeigen Nr. 17, 26, 31, 33, 34, 35, 39, 44, 50, 51, 53 und 54. Die von A. W. Mees beschriebenen „schweren Drehrillen" zwischen dem Standring und der Dekorzone konnten als charakteristisches Merkmal von Banassac bei folgenden Stücken beobachtet werden:[801] Nr. 29, 33, 37, 39, 52 und 59.

„Stilgruppen" südgallischer Reliefsigillata

Aufgrund der leidigen Schwierigkeiten bei der Unterscheidung von Dekorationen aus La Graufesenque und Banassac sowie insbesondere bei der Zuweisung an Formschüsselschöpfer wurde versucht, Gruppen anhand verschiedener Dekorationsstile zu bilden.[802] Diese Klassifizierungsmethode, die der Unterscheidung zwischen den beiden großen südgallischen Töpferzentren (ursprünglich Stilgruppe 1–5 La Graufesenque, Stilgruppe 6–7 Banassac) sowie der Erstellung einer relativchronologischen Abfolge dienen soll, ist – zumindest bei größeren Fragmenten[803] – leicht anwendbar, sodass sie sich in der Forschung etabliert hat. Sie birgt jedoch eine entscheidende Schwäche: Während die Stilgruppen 1–4 recht klaren Definitionskriterien unterliegen, wird für die Stilgruppe 5 ein in der Praxis oft subjektives Beurteilungskriterium eingeführt, indem die Dekorationen nach der handwerklichen Qualität bzw. Sorgfalt ihrer Ausführung als „verwildert" bezeichnet werden. Oft bleibt dabei undurchsichtig, ob verschiedene Bearbeiter das Definitionskriterium „verwildert" auf die ästhetische Komposition der Punzen bezogen haben oder nur auf eine schlampige Ausformung des Gefäßes.

Methodisch problematisch ist die Definition der Stilgruppen 6 und 7, da hierfür nicht nur subjektive Stilbeobachtungen ausschlaggebend sind (Stilgruppe 6: „verwilderter Tierfriesstil", d.h. im Wesentlichen „schlampigere" oder einfachere Varianten der Stilgruppe 3), sondern auch die Verwendung bestimmter Punzen, die dem in Banassac tätigen Formschüsselproduzenten *Natalis* zugewiesen werden (Stilgruppe 7). Damit aber wird das Definitionskriterium erneut gewechselt und einer Vergleichbarkeit die Basis entzogen. Klassifiziert man lediglich den Stil, so müsste beispielsweise die Banassacscherbe Nr. 42 der Stilgruppe 3b und Nr. 39 der Stilgruppe 4b, und nicht den Stilgruppen 6–7 zugeschlagen werden. Überhaupt sind die Unterschiede der Gruppen 5–7 derart fließend, dass diese oft nur als Gesamtmasse behandelt werden können. Sinnvolle Vergleiche werden damit in Frage gestellt. Hinzu kommt, dass durch neuere Forschungen insbesondere die Stilgruppe 5 in die Schnittmenge beider Großtöpfereien geraten ist und somit kaum zur Differenzierung der „grauen Masse" schwer zuweisbarer Sigillaten beiträgt.[804]

Die Anwendung der Stilgruppen auf das Heidenheimer Material erzeugt denn auch ein diffuses Bild (Tab. 26). Als einzige Auffälligkeit lässt sich der bis auf ein Beispiel vollständige Ausfall der Stilgruppe 1 festhalten, was aber kaum verwundert, da es sich dabei um frühe Schüsseln Drag. 37 handelt, deren Dekoration sich noch an der Form Drag. 29 orientiert, die im Kastell Heidenheim bis auf ein Stück fehlt (s. o). Eine gewisse Häufung der Stilgruppen 5–7 während der späten Kastellzeit (Phase 3) bestätigt nur die insgesamt betrachtet spätere Zeitstellung von Banassac-Erzeugnissen, vermag das anhand von Punzenzuweisungen gewonnene Verteilungsmuster (Tab. 25) jedoch nicht zu präzisieren. Für die Stilgruppen 2–4 lässt sich jedenfalls im Kastell Heidenheim keine chronologische Abfolge erkennen.

---

798 Planck 1975, 143; Heiligmann 1990, 147. – Die Lesung *Lentinus* (Mees 1995, 110 f.) beruht auf einem Stück aus Günzburg und korrigiert die ältere Lesart *Lentulus* (Heiligmann 1990, 147). – Zu *Natalis* vgl. Mees 1995, 111.
799 Mees 1995, 111.
800 Mees 1995, 104.
801 Mees 1995, 106.
802 Planck 1975, 139–143; Heiligmann 1990, 145–147.
803 Keine Gruppenzugehörigkeit konnte z. B. für die Fragmente Nr. 9, 15 oder 11 entschieden werden (Stilgruppe 1 od. 4).
804 Die Gruppe 5 soll in erster Linie Waren von *Germani SER* und *L. Cosius* umfassen (Heiligmann 1990, 147). Zur Zuweisung dieser Töpfer an Banassac bzw. La Graufesenque vgl. Mees 1995, 74 u. 110.

Tabelle 26: Stilgruppen südgallischer Reliefsigillata und ihre Verteilung auf die Kastellphasen.

Stilgruppe	Phase 1	Phase 1–2	Phase 2a	Phase 2b	Phase 2–3	Phase 3	Phase 1–3
1							Nr. 18 (1b)
1 oder 4	Nr. 15	Nr. 9					
2		Nr. 8				Nr. 1	Nr. 2; 5; 24
3		Nr. 4 (3b)		Nr. 26 (3b)		Nr. 3 (3b)?; 22	Nr. 32 (3a)
4			Nr. 6				Nr. 10; 12; 17 (4b)
5		Nr. 23				Nr. 20; 28	Nr. 16; 21; 29; 51; 52
6–7	Nr. 35?		Nr. 42; 44		Nr. 54	Nr. 3?; 36; 43 41;	Nr. 30; 33; 37; 39; 40; 47; 48
5–7		Nr. 59			Nr. 50; 53; 56	Nr. 34	Nr. 55; 57; 58

Die Einteilung nach Stilgruppen bleibt ein provisorisches Hilfsmittel bzw. ist durch die Arbeit von Mees 1995 bezüglich der Stilgruppen 5–7 auch teilweise überholt. Es führt künftig kein Weg an der Erstellung von Punzenkatalogen auf der Basis signierter Dekorationen vorbei.

Mittelgallische Reliefsigillata

Eine präzise Zuweisung der einzelnen Stücke an eine bestimmte Töpferei kommt beim derzeitigen Forschungsstand nicht ohne chemische Keramikanalysen aus. Neben dem Zentrum Lezoux sind Martres-de-Veyre sowie (von geringerer Bedeutung) Vichy, Lubié, Terre-Franche, Toulon-sur-Allier und Courpière bekannt, zwischen denen offenbar Punzen und Formschüsseln ausgetauscht oder weitergegeben wurden.[805] Daher wird hier pauschal von mittelgallischer Ware gesprochen.

Die bekannten Modeldekorateure sind in fünf Gruppen eingeteilt worden, die einer chronologischen Abfolge entsprechen sollen.[806] Dies scheint sich am Heidenheimer Material ansatzweise zu bestätigen. Mittelgallische Ware – das gilt auch für die glatte Sigillata – setzt erst in Phase 2a ein. Auffällig ist das Fehlen von Produkten der Gruppe I. Diese sind in Rätien eher selten, da sie sich hier offenbar nicht gegen die Konkurrenz aus Banassac durchzusetzen vermochten. Immerhin erreichen sie, wenn auch in geringer Zahl, um 110 n. Chr. das nördliche obergermanische Limesgebiet, das sonst weitgehend außerhalb der Verbreitungszone mittelgallischer Sigillata liegt.[807] Bezüglich des Vorkommens von Gruppe I zeigt sich erneut ein markanter Unterschied zur Siedlung Sontheim/Brenz „Braike", wo unter 21 mittelgallischen Reliefgefäßen vier dieser ältesten Gruppe zuweisbar sind.[808]

Gefäße der Gruppe III beschränken sich weitgehend

Tabelle 27: Übersicht der mittelgallischen Formschüsseldekorateure.

Gruppe II	Kat.-Nr./Lit.
Acaunissa	Nr. 60; 61; 62; 63?
Acaunissa oder *Attianus*	Heiligmann 1990, 298 Nr. 19
Attianus	Nr. 64
Austrus	Heiligmann 1990, 298 Nr. 20
Docilis	Heiligmann 1990, 298 Nr. 21
Docilis?	Nr. 65
Attianus I oder *Quintilianus I*	Nr. 66
Arcanus oder *Geminus*	Nr. 67
Geminus	Nr. 68
Quintilianus I	Nr. 69
Rentus	Nr. 70; 71
Gruppe III	
Albucius	Nr. 72
Albucius oder *Baturio*	Nr. 73
Carantinus I	Nr. 74
Cinnamus	Nr. 75–80, Heiligmann 1990, 298 Nr. 25–28
Cintusmus	Heiligmann 1990, 298 Nr. 23
Criciro	Heiligmann 1990, 298 Nr. 22
Divixtus	Heiligmann 1990, 298 Nr. 24

auf die jüngste Kastellzeit (Phase 3), solche der Gruppe IV fehlen (bereits). Die beiden relativchronologisch jüngsten Stücke stammen aus der Werkstatt des *Cinnamus*, dessen ungewöhnlich lange Produktionszeit in drei Stilphasen unterteilt wird. Nr. 79

---

805 Faber 1994, 181f.
806 Heiligmann 1990, 155f.; Rogers 1999.
807 Jae 1996, 126f. Aus den jüngsten Schichten der Kastelle Hofheim und Frankfurt-Heddernheim stammen bereits mittelgallische Sigillaten.
808 Naumann 2005, Tab. 9.

Tabelle 28: Datierung der mittelgallischen Formschüsseldekorateure.

Gruppe	II	III
Phase 1		
Phase 1–2		
Phase 2a	Nr. 60; 63; 64?; 65	
Phase 2b	Nr. 62	
Phase 2–3	Nr. 67; 70; 71	Nr. 72; 73; 77; 78
Phase 3	Nr. 61; 68; 69	Nr. 75; 76; 79; 80; 81

und 80 gehören der späten Stilphase C an, die anhand von Befunden aus der Zeit der Markomannenkriege sowie aus Britannien in die Jahre 160–180 n. Chr. datiert wird.[809]

Satto/Saturninus

Beide Dekorateure haben in mehreren, in einem Umkreis von 80–100 km beieinander liegenden Produktionsstätten gewirkt, die zumindest teilweise gleichzeitig oder kurz nacheinander eingerichtet wurden. Belegt sind bis heute Boucheporn, Chémery-Faulquemont, Mittelbronn, Blickweiler, Haute-Yutz und Metz.[810] Zu den gleichzeitig betriebenen Standorten scheinen Chémery und Mittelbronn gehört zu haben. Eine sichere Zuweisung zu einer der genannten Töpfereien scheint beim derzeitigen Forschungsstand kaum möglich.[811] Es ist jedoch wahrscheinlich, dass die Mehrheit der Heidenheimer Exemplare (Nr. 84–85 u. 87–88) aus dem größten Betrieb, aus Faulquemont/Chémery stammt.[812] Das ergab der makroskopische Tonvergleich mit vor Ort gefundenen Brennstützen. Auffällig ist dabei der lachsrote Ton mit geringem Glimmergehalt. Anhand der von M. Lutz erarbeiteten Punzenkataloge sei die Scherbe Nr. 86 mit Vorbehalt Mittelbronn zugewiesen. Ware aus Boucheporn[813] und den anderen o. g. Orten ließ sich nicht identifizieren. Auch im Falle der glatten Sigillata scheint eine Unterscheidung ihrer Produkte derzeit nur anhand qualitativer Merkmale (schlechtere Engobe der Produkte aus Boucheporn) möglich zu sein.[814]

Das Vorkommen von *Satto/Saturninus*-Waren ist auf die Kastellphasen 2–3 beschränkt. Das bestätigt bisherige Chronologievorstellungen, die insbesondere an das Vorkommen in dem zwischen 135 und 139 n. Chr. verfüllten Graben des Erdkastells der Saalburg geknüpft sind.[815] Am vorderen Limes fehlt sie fast gänzlich,[816] obwohl insbesondere das südlichere obergermanische Limesgebiet zuvor flächendeckend von *Saturninus-Satto* beliefert worden war.

Blickweiler/Eschweiler Hof

Diesen benachbarten Töpfereien lassen sich Scherben von drei Reliefschüsseln zuordnen. Sie können nicht präziser als Phase 2–3 datiert werden. Diese Ware wurde nur in geringen Mengen nach Rätien exportiert. Aus Heidenheim (Vicus) ist ansonsten nur ein einziges Fragment bekannt geworden, dessen Zuweisung an Blickweiler oder an eine mittelgallische Werkstatt fraglich bleibt.[817]

Der *Töpfer mit der Kennmarke* ⊂ ⊃ (Nr. 89–90) wird allgemein in das zweite Drittel des 2. Jh. datiert. Er fehlt im Holzkastell der Saalburg, kommt aber mit einem Exemplar in Hesselbach vor.[818] Gefäße dieses Töpfers sind rechts des Rheins ohnehin selten anzutreffen.[819]

Es fällt auf, dass der Glanztonüberzug entlang der Reliefkanten abplatzt. Der Ton enthält geringe Mengen an Goldglimmer.

---

809 Rogers 1999, 100 f.
810 M. Lutz/G. Stiller, Ateliers de la Moselle. In: Bèmont/Jacob 1986: C. Bèmont/J. P. Jacob (Hrsg.), La terre sigillée gallo-romaine. Documents d´archéologie française 6 (Paris 1986) 209 ff. – Die in der älteren Literatur als weitere Töpferei gehandelte Fundstelle Eincheville-le-Tenig, die nur rund 1 km von Chémery entfernt liegt, wird inzwischen als bloßes Warenlager von Chémery an der Römerstraße Metz-Grostenquin-Sarre-Union angesehen: Hoerner 2000, 132 f. u. 138.
811 Das gilt auch für (bisher wenige, an glatter Sigillata vorgenommene) chemische Tonproben, die sich untereinander sowie von Blickweiler nur marginal unterscheiden (Kortüm/Lauber 2004, 294).
812 B. Hoener/M. Scholz, „Töpferrechnungen" aus der Sigillata-Töpferei von Chémery-Faulquemont (Lothringen, Dép. Moselle). Germania 78/1, 2000, 39–75.
813 Auch von dort lagen mir vor Ort gefundene Brennstützen zum Vergleich vor.
814 Hoerner 2000, 119 u. 130.
815 Die Produktion glatter Sigillata reicht in Chémery zwar in das 1. Jh. zurück (Hoerner 2000, 104–114), doch wurden diese frühen Erzeugnisse kaum an den Rhein oder weiter nach Osten exportiert. Die Reliefsigillata von *Satto/Saturninus* ist erst zwischen ca. 130–150/60 n. Chr. hergestellt worden.
816 I. Huld-Zetsche, Germania 51, 1973, 259; Heiligmann 1990, 156 Tabelle 11. – Diese Feststellung gilt allerdings nicht für glatte Waren anderer Töpfer aus Chémery- Faulquemont, vgl. S. Biegert/J. Lauber, Zur Sigillata-Belieferung am vorderen Limes. In: W. Groenman-van Waateringe/B. L. van Beek/W. J. H. Willems/S. L. Wynia (edd.), Roman Frontier Stud. 1995 (Oxford 1997) 295–299 bes. 296 f.
817 Sölch 2001, Taf. 40 Nr. 2. Negativbefund bei Heiligmann 1990, 154 Tabelle 9.
818 H.-G. Simon in: Baatz 1973, 92. – Jae 1996, 149 datiert diesen Töpfer sowie die *Avitus*-Gruppe insgesamt in das zweite Drittel des 2. Jh.
819 Heiligmann 1990, 157; allgemein zu Blickweiler Kortüm 1995, 212.

Heiligenberg

Streng genommen ist Reliefsigillata aus Heiligenberg erst in Phase 3 nachgewiesen,[820] da zahlreiche Funde nur unscharf in Phase 2–3 datiert werden können. Auch ein Fund aus der obersten Verfüllung der Grube Bef. 1111 (Nr. 107, Phase 2b) ist für einen früheren Belieferungsbeginn Heidenheims nicht beweiskräftig, da diese Schicht möglicherweise eine spätere Nachplanierung darstellt (s. o.).

Im vorliegenden Material ließen sich nur *Ianus* (Nr. 92–112) und einmal *Reginus* (Nr. 114) als Dekorateure namhaft machen. Letzterer stammt aus einem der zwangsläufig am spätesten (um 160 n. Chr.) verfüllten Befunde des Kastells, nämlich aus dem Kanal der westlichen *via sagularis*. Zwei weitere Stücke bleiben bezüglich der Zuweisung an einen der beiden Formschüsselhersteller unentschieden (Nr. 115–116). Waren des *Verecundus* oder des *Ciriuna* fanden sich nicht,[821] doch ist ein von *Verecundus* gestempeltes Gefäßbruchstück während der Kastellgrabungen 1961/62 im Bereich des Fahnenheiligtums (oder der *porta decumana*?) zum Vorschein gekommen.[822] Auch unter den Stempeln auf Tellern Drag. 18/31 ist *Verecundus* vertreten (s. u.). Im vorliegenden Bestand fehlen – wahrscheinlich nur zufällig – auch Gefäße des „F-Meisters", der in trajanisch-hadrianische Zeit datiert wird. Sie sind jedoch aus früheren Grabungen für das Kastell Heidenheim belegt.[823]

Sämtlichen Gefäßresten ist ein lachsfarbener bis rosaroter Ton gemeinsam, der mehr oder weniger dicht mit weißen Kalksprengseln als Magerungsmittel durchsetzt ist. Er unterscheidet sich makroskopisch von den meisten Rheinzaberner Produkten. Keineswegs so einheitlich sind übrigens die Qualitäten und Erscheinungsformen der glatten Sigillaten aus Heiligenberg ausgefallen. Mehrere Scherben sind in ihrer Substanz angegriffen und mehlig, sofern sie in saurer, humoser oder lehmiger Erde gelagert waren. Das betrifft insbesondere die im Bereich des *campus* gefundenen Stücke.

Rheinzabern

Wie oben sowie in Kapitel IV.12.4 ausgeführt, lassen sich Scherben von drei verschiedenen Sigillatagefäßen der Phase 3 durch geochemische ICP-MS-Analysen zweifelsfrei Rheinzabern zuweisen. Damit ist nachgewiesen, dass das Kastell Heidenheim um oder kurz vor 160 n. Chr. bereits Lieferungen aus Rheinzabern bezogen hat.

Katalog der Reliefsigillaten (Abb. 112–120)

Die südgallischen Reliefsigillaten sind – sofern bekannt bzw. ermittelt – nach den Cognomina der Töpfernamen sortiert wie bei Mees 1995, die mittelgallischen zuerst nach den von Heiligmann 1990, 156 definierten Töpfergruppen und in zweiter Linie ebenfalls nach den Cognomina der Töpfer.

Südgallien, La Graufesenque

*1 Fast vollständig erhaltene, aus Scherben zusammengesetzte Drag. 37. Der Eierstab wurde nach Mees 1995 von zahlreichen Töpfern verwendet: *Biragillus*, *M. Crestio*, *Crucuro*, *Masculus*, *Mercator*, *Pontius*, *Senilis*, *Sulpicius* u. *Vitalis*. Obere Dekorzone Ranken mit gr. Spitzblättern wie Mees 1995, Taf. 196,1 *(L. Cosius Virilis)*. Girlanden als untere Dekorzone: doppelter Bogen u. Spiralranke wie ebd. Taf. 8,5 *(T. Iulius Aplastus)* u. Planck 1975, Taf. 104,3 *(L. Cosius Virilis)*, dazwischen tordiertes Stäbchen. Stilgruppe 2. Wahrscheinlich Art des *L. Cosius Virilis*. – Aus der Verfüllung des nördlichen Kastellgrabens (Bef. 1002). Phase 3. Scharfe Bruchkanten. Fb.-Nr. 1037.

*2 RS Drag. 37, ca. 22 bis 23 cm. Eierstab Hofmann 1988, 45 ove D1 u. Mees 1995, Taf. 38 *(M. Crestio*, La Graufesenque). Ranken enden in 7-teiligen Blättern wie Mees 1995, Taf. 5,1 *(Albinus)* u. ebd. Taf. 119,1–2 *(Masculus)* sowie in Blättern wie ebd. Taf. 16,5 *(Calvus)* u. ebd. Taf. 44 *(M. Crestio)*. Unter einer Ranke Hase n. r. wie Mees 1995, Taf. 38,3 *(M. Crestio)*. Darunter Zickzackstab mit kl. Endblüte, unterhalb davon Feld mit Pfeilspitzenmotiven wie ebd. Taf. 38,2. Rankenstil mit Metopenfeldern unter den Rankenbögen wie Mees 1995, Taf. 45,1 *(M. Crestio)*. Alle Punzen wie Fundber. Baden-Württemberg 22/2, 1998, Taf. 61,17 u. Taf. 64,3 (Waldmössingen): möglicherweise Produkt aus derselben Formschüssel. Stilgruppe 2. Art des *M. Crestio*. Nach Mees 1995, 75 soll *Crestio* bereits um 110 n. Chr. aufgehört haben zu produzieren. – Aus dem Bereich der Abfallgruben vor der Nordumwehrung des Kastells, Pl. 1. Etwas verrollte Bruchkanten. Phase 1–3. Fb.-Nr. 1002.

*3 WS Drag. 37. Liegender Hirsch Hofmann 1988, 219 neben Baum ebd. 328, daran Blätter ebd. 358. Metopengliederung durch Zickzackstäbe mit Endblüten. Schmale Metope mit Stützenmotiv wie Mees 1995, Taf. 227,2. Stil wie Hofmann

---

820 Eine gezielte Ansprache möglicher Erzeugnisse aus Ittenweiler scheint derzeit nicht möglich zu sein, da vergleichende Tonanalysen noch nicht in ausreichender Zahl vorliegen (Biegert 2003, 12). Es stellen sich inzwischen sogar Zweifel ein, ob es sich bei der Fundstelle in Ittenweiler überhaupt um Überreste einer Sigillata-Manufaktur handelt (ebd.). Zahlreiche bisher Ittenweiler zugeschriebene glatte Waren mit Stempeln haben sich nach chemischen Tonanalysen entweder Heiligenberg oder Rheinzabern anschließen lassen (ebd. 11).

821 Die Schaffenszeit des *Ciriuna* wird 140–180 datiert, wobei datierende Befunde für eine tendenziell spätere Einordnung innerhalb dieser Zeitspanne sprechen (Heiligmann 1990, 160; Zanier 1992, 12). Ein als *Ciriuna* bestimmtes Fragment der Ausgrabung 1966 in der östlichen *retentura* stammt wahrscheinlich aus einem nachkastellzeitlichen Kontext (Phase 4; Heiligmann 1990, Taf. 119,2).

822 Heiligmann 1990, Taf. 118,29.

823 Heiligmann 1990, 298 Nr. 3–4; Sölch 2001, Taf. 40,10–22 (Vicus).

1988 Taf. 37,249 (dort mit Eierstab des *Germanus*) sowie Mees 1995, Taf. 231,1 *(Germanus VI)* u. 232, 4 *(SER)*. Art des *Germanus*. Zur Identifikation beider durch zahlreiche Stempelkombinationen vergesellschafteter Töpfer vgl. Mees 1995, 110. Stilgruppe 6–7 mit Element der Stilgruppe 3b. Eher La Graufesenque als Banassac. – Aus einer Jaucherinne in Baracke VI (Bef. 714/I). Phase 3. Scharfe Bruchkanten. Fb.-Nr. 1186.

*4 RS Drag. 37, Randdm. 20 cm. Eierstab mit Zickzackstab, Wildtiere im Wechsel mit Baummotiv wie Schönberger 1978, Taf. 49,C129. Rest von sitzendem Hirsch n. r. wie Mees 1995, Taf. 90,1 *(Germanus IV)* zwischen Bäumchen. Auf einem Zweig kl. pickender Vogel n. l. wie Mees 1995, Taf. 14,3 *(Biragillus)*, ebd. Taf. 87,4 *(Germanus III)*, Taf. 132,4 u. Taf. 133,3 *(Mercator)*, ebd. Taf. 161,1 *(Pas-)*. Derselbe Stil auch bei Luik 1996, Taf. 51,9 (Kreis um *Mascuus* zugewiesen) u. Kortüm 1995, Taf. 52,2a („Germanustradition"). Stilgruppe 3b. Art/Tradition des *Germanus*. – Aus einem Sohlgraben, der ca. 20 m westlich des Kastells zu dessen Umwehrung parallel verläuft (Bef. 1633). Phase 1–2. Scharfe Bruchkanten. Fb.-Nr. 2429.

*5 RS Drag. 37 mit Rille entlang der Innenseite des Randes, Randdm. ca. 20 bis 22 cm. Eierstab wie Mees 1995, Taf. 22 *(Censor)*, ebd. Taf. 93,1 *(Sex. Iulius Iucundus)* oder ebd. Taf. 161,1 *(Pas-, La Graufesenque)* mit Zickzackstab. Rankendekoration mit 7-teiligen Blättern wie ebd. Taf. 92,2; dieses Blatt ist aber auch von zahlreichen anderen Töpfern in La Graufesenque verwendet worden, nicht jedoch in Banassac. Rest von verpresstem 5-teiligem Blatt: Dieses wurde in La Graufesenque u. a. von *Germanus* u. *Biragillus* verwendet, z. B. Mees 1995, Taf. 85,3 bzw. Taf. 11,2, kommt aber (als Abformung?) auch in Banassac vor (Hofmann 1988, 320). Eher La Graufesenque als Banassac, keinem bestimmten Töpfer zuweisbar. Stilgruppe 2. – Aus einer Abfallgrube vor der Nordumwehrung des Kastells (Bef. 1053/55), Schicht B. Phase 1–3. Scharfe Bruchkanten. Fb.-Nr. 1140.

*6 1 kl. RS, 5 kl. WS Drag. 37, nicht anpassend, jedoch sehr wahrscheinlich Fragmente desselben Gefäßes. Eierstab wie Mees 1995, Taf. 11,1 *(Biragillus)*, ebd. Taf. 121,1 *(Masculus)*, ebd. Taf. 132,4 *(Mercator)* u. ebd. Taf. 182,5–7 *(Senilis)*. Metopenstil, Einteilung durch Zickzackstab. Amor mit Weintrauben wie ebd. Taf. 8,1 *(T. Iulius Aplastus)*, ebd. Taf. 18,1 *(Calvinus)*, ebd. Taf. 135,5 *(Mercator)*, ebd. Taf. 182,7 *(Senilis)* oder (wie hier mit begleitender Ranke) ebd. Taf. 195,1 *(L. Cosius Virilis)*. Daneben Ranke mit gerippter Knospe wie ebd. Taf. 76–77 *(Germanus III)* u. ebd. Taf. 120,1–2 *(Masculus)*. In der Nachbarmetope links Rest von Diana mit Hund: nach Mees 1995 von zahlreichen Töpfern verwendet, z. B. von *Biragillus*, *Crucuro I*, *Masculus*, *Mercator* u. *Senilis*. Rest von Victoria wie ebd. Taf. 8,1 *(T. Iulius Aplastus)*, ebd. Taf. 11,1 u. 3 *(Biragillus)*, ebd. Taf. 121,1 *(Masculus)*, ebd. Taf. 132,11 *(Mercator)* u. ebd. Taf. 182,5 *(Senilis)*. Unterer Dekorabschluss: Girlanden mit darin aufgerollten Ranken wie ebd. Taf. 8,1 *(T. Iulius Aplastus)*, ebd. Taf. 13,4 u. 14, 1 *(Biragillus)*, ebd. Taf. 120,5 *(Masculus)*, ebd. Taf. 137,9 *(Mercator)* u. ebd. Taf. 182,6 *(Senilis)*. Stilgruppe 4. Art des *Biragillus*, *Masculus*, *Mercator* oder *Senilis*. – Aus einer Grube vor dem Kopfbau von Baracke IV (Bef. 1301). Phase 2a. Verrollte Bruchkanten. Fb.-Nr. 2192 u. 2196.

*7 Kl. RS Drag. 37, aus mehreren Splittern zusammengesetzt. Eierstab wie Mees 1995, Taf. 11–14 *(Biragillus)*, ebd. Taf. 18,4 *(Calvinus)*, ebd. Taf. 119–121 *(Masculus)*, ebd. Taf. 166 *(Pontius)* u. ebd. Taf. 193 f. *(Sulpicius)*. – Aus einer Grube südlich des westlichen Kopfbaus von Baracke I, oberste Schicht (Bef. 1270). Phase 2a od. später. Verrollte Bruchkanten. Fb.-Nr. 2132.

*8 3 anpass. RS Drag. 37, Randdm. 17,5 cm. Eierstab überdreht und unkenntlich, flaue Ausformung, Größe wie Mees 1995, Taf. 195 f. *(L. Cosius Virilis)*. Rankenanordnung mit siebengliedrigem Blatt wie Heiligmann 1990, Taf. 6,11.15 („Häsenbühl"), 62, 3 (Burladingen-Hausen), nach Mees 1995 bezeugt für *Biragillus* (Taf. 11,2), *M. Crestio* (Taf. 45,1), *Masculus* (Taf. 120,5), *Memor* (Taf. 125,3), *Mercator* (Taf. 136,6), *Sulpicius* (Taf. 194,2) u. *L. Cosius Virilis* (Taf. 196,1). Hase n. r. wie Mees 1995, Taf. 14,1 *(Biragillus)*; ebd. Taf. 36,4 *(M. Crestio)*, Taf. 78,11 *(Germanus III)*, Taf. 119,1 *(Masculus)*, Taf. 183,2 *(Senilis)* u. Taf. 196,3 *(L. Cosius Virilis)*. Stilgruppe 2. Mehrere Töpfer möglich: *Biragillus*, *M. Crestio*, *Masculus* oder – am wahrscheinlichsten – *L. Cosius Virilis*. – Aus einer Abfallgrube vor dem Westtor des Kastells, tiefste Schicht (Bef. 1450), Schicht D. Phase 1–2. Scharfe Bruchkanten. Fb.-Nr. 2321.

*9 Kl. RS Drag. 37 (aufgrund der Krümmung keine Drag. 30). Feiner Eierstab mit Perlstab, darunter hängender Halbkreis mit n. l. rückblickendem Vogel: alle Punzen wie Mees 1995, Taf. 137,13 *(Mercator)*. Auch die Schablonenprofilierung des Ansatzes des glatten Randes ist für diesen Töpfer belegt ebd. Taf. 136,2. Stilgruppe 1b od. 4. Art des (Kreises um) *Mercator*. – Aus einem Sohlgraben, der ca. 20 m westlich des Kastells zu dessen Umwehrung parallel verläuft (Bef. 1633). Phase 1–2. Scharfe Bruchkanten. Fb.-Nr. 2429.

*10 Kl. WS Drag. 37. Rankenstaude mit 7-teiligen Blättchen wie Mees 1995, Taf. 11,2 u. Taf. 14,2 *(Biragillus)*, ebd. Taf. 119,3 *(Masculus)*, daneben Hinterteil von Hase n. r. ebd. Taf. 14,1 *(Biragillus)*, ebd. Taf. 119,1–2 *(Masculus)*, ebd. Taf. 183,2 *(Senilis)* u. ebd. Taf. 196,3 *(L. Cosius Virilis)*, darunter Zickzackstab. Wahrscheinlich Stilgruppe 4. Wahrscheinlich Art des *Masculus* od. *Biragillus*. – Aus einer Abfallgrube vor der Nordumwehrung des Kastells (Bef. 1053/55), Schicht A. Verrollte Bruchkanten, kreidig. Phase 1–3. Fb.-Nr. 1141.

*11 Kl. WS (Splitter) Drag. 29 od. 37. Kl. Vogel n. l., durch Zickzackstäbe eingerahmt wie Mees 1995, Taf. 55,1 *(Crucuro II)* od. ebd. Taf. 121,1 *(Masculus)*. Der Ton ist mit zahlreichen Kalksprengseln durchsetzt. Stilgruppe 1 od. 4. – Aus der frühalamannischen Kulturschicht über der umgestürzten westlichen Kastellmauer (Bef. 1443), Zugehörigkeit zum Kastell nicht sicher. Scharfe Bruchkanten. Fb.-Nr. 2283.

*12 Kl. WS Drag. 37. Beine von Victoria n. l. wie Mees Taf. 120,2 *(Masculus)*. Wahrscheinlich Stilgruppe 4. – Aus einer Abfallgrube vor der Nordumwehrung des Kastells (Bef. 1012), Schicht B. Phase 1–3. Etwas verrollte Bruchkanten. Fb.-Nr. 1139.

*13 Kl. WS Drag. 37. Satyr u. Erot als Tanzpaar genau wie Mees 1995, Taf. 121,2 *(Masculus)* u. ebd. Taf. 229,4 u. Taf. 230,1 *(Germanus V–VI, Banassac)*. Perlstab als Metopentrenner. Eher La Graufesenque als Banassac. Stilgruppe 4, 5 od. 7. – Aus einer Abfallgrube vor dem Westtor des Kastells (Bef. 1450). Phase 1–3. Bestoßene Bruchkanten. Fb.-Nr. 2419.

*14 Kl. WS Drag. 37. Rest von Blütenkranz als untere Dekorzone. – Aus einer Grube innerhalb der *porticus* von Baracke I (Bef. 1688). Phase 2a. Scharfe Bruchkanten. Fb.-Nr. 2459.

*15 Kl. WS Drag. 37. Unterer Dekorabschluss: Blütenkranz mit Zickzackstab wie Mees 1995, Taf. 12,3 *(Biragillus)*, ebd. Taf. 18,2 *(Calvinus)* u. ebd. Taf. 195,1 *(L. Cosius Virilis)*. Girlande wie ebd. Taf. 13,4 u. 14, 1 *(Biragillus)*, ebd. Taf. 119,1–2 *(Masculus)* u. ebd. Taf. 196,1–2 *(L. Cosius Virilis)*. Stilgruppe 1 od. 4. Art des *Biragillus* od. *L. Cosius Virilis*. Datierung der

Produktionszeit des *Biragillus* nach Mees 1995, 72 ca. 90–120 n. Chr. – Aus einer Grube zwischen den Baracken V u. VI, Phase 1 (Bef. 581). Verrollte Bruchkanten. Fb.-Nr. 899.

Südgallien, La Graufesenque oder Banassac

*16 WS Drag. 37 (2 anpass. Frag.), Randdm. ca. 20 cm. Eierstab mit feinem Zickzackstab wie Mees 1995, Taf. 25,2–3 *(L. Cosius)*, Hund n. r. wie ebd. Taf. 37 *(M. Crestio)*, dreifacher Bogen wie ebd. Taf. 31,14 *(L. Cosius)*. Dekoration wie Hofmann 1988, Taf. 15,115 = Mees 1995, Taf. 12,1 *(Biragillus)*. Stilgruppe 5. Art des *L. Cosius* oder *Biragillus*. Eher La Graufesenque als Banassac. – Aus einer Abfallgrube nördlich des Kastells (Bef. 1053/55), Schichten A–B. Phase 1–3. Etwas verrollte Bruchkanten, kreidig. Fb.-Nr. 1130, 1137 u. 1140.

*17 Ca. ein Fünftel einer Schüssel Drag. 37 erhalten, Randdm. 18 cm. Verpresster u. teilweise überdrehter Eierstab Hofmann 1988, 45 oves F 1–2 mit Zickzackstab. Zickzackstab mit Endblüten als Metopentrenner, teilweise doppelt eingedrückt. Am rechten Bruchrand verläuft senkrecht zum kleinen Zickzackstab in der oberen Metope evtl. ein kleiner, verpresster Stempel (?) SIINI?[824] Vulkan n. r. mit Schwert vor Kranz = A. W. Mees, The Internet Index of Banassac Figure Types „Gods to the right" Nr. 1 (die ursprüngliche Punze Oswald 1937, 70 A aus La Graufesenque ist größer: Mees 1995, Taf. 69,6 *Germanus II* u. ebd. Taf. 103,4 *Martialis*) u. Erot n. r. Oswald 1937, 389 A als große Figuren. Letztere ist bei Mees 1995 für La Graufesenque nicht belegt. Unterhalb des Eroten Vogel Oswald 1937, 2248 = Hofmann 1988, 290. Zwischen den großen Figuren zweiteilige Metopenfelder, darin jeweils Gladiator Oswald 1937, 1029 (Hofmann 1988, 112) u. Löwe ebd. 1445 (Hofmann 1988, 190) bzw. Löwe Hofmann 1988, 192. Die zuletzt genannten Punzen sind, soweit ich sehe, bisher nur aus Banassac bekannt. Vgl. auch Heiligmann 1990, Taf. 121,8 (Heidenheim). Der verwendete Metopenstil kommt sowohl in La Graufesenque als auch in Banassac vor, z. B. Mees 1995, Taf. 121 *(Masculus)*, Luik 1996, Taf. 52,1 (Art von *Mercator* od. *Masculus*) bzw. Mees 1995, Taf. 230 u. Hofmann 1988, Taf. 21. Stilgruppe 4b. – Aus einer Abfallgrube vor der Nordumwehrung des Kastells (Bef. 1012), beim Schneiden des Bef. Phase 1–3. Fb.-Nr. 1064.

*18 WS Drag. 37. Feldeinteilung durch feinen Zickzackstab, an dem stellenweise 6-teilige Blättchen hängen wie Karnitsch 1959, Taf. 20,5 (dort *Mascuus* zugewiesen). Oberer Tierfries: Hirschkuh n. l. größer als Oswald 1937, 1755 *(Germanus, Cornutus, Frontinus)* = Mees 1995, Taf. 83,8 *(Germanus III)* neben Löwe n. l. Oswald 1937, 1419 *(Germanus II, Crestio, Sabinus* u. *Crucuro)*. Links davon Rest von angreifendem Stier Mees 1995, Taf. 80,11 u. ebd. 84, 1 (wohl = Oswald 1937, 1884, *Germanus III)*. Unterer Tierfries: Eber n. r. Mees 1995, Taf. 75,4 *(Germanus III*; die ursprüngliche, größere Punze Oswald 1937, 1636 ist für *Germanus II* belegt bei Planck 1975, Taf. 99,1 u. Mees 1995, Taf. 72,9). Blattfries wie Mees 1995, Taf. 71,2 als waagrechtes Zierelement in einer Metope *(Germanus II)*. Blattfries wie Mees 1995, Taf. 84,3 als senkrechtes Zierelement in einer Metope *(Germanus III)*. Variante der Stilgruppe 1b. Art des *Germanus III*. – Die Produktion der 3. Serie wurde möglicherweise nach 80 n. Chr. fortgesetzt (Mees 1995, 79). Während die Punzen auf La Graufesenque verweisen (aus Banassac sind meist deutlich kleinere Abformungen derselben bekannt), entspricht der Stil viel eher *Germanus V* (Banassac, Stilgruppe 6), vgl. Mees 1995, Taf. 226. – Aus einer Abfallgrube nördlich des Kastells (Bef. 1012), Schicht B. Phase 1–3. Scharfe Bruchkanten. Fb.-Nr. 1139.

*19 Bodenstück Drag. 37. Hinterläufe eines springenden Tieres als letzter erhaltener Rest der Dekoration. Unterer Abschluss der Dekorzone durch einfache Leiste. – Aus einem spätkastellzeitlichen Grubenkomplex im Bereich des Kopfbaus von Baracke II (Bef. 1164). Phase 3. Scharfe Bruchkanten. Fb.-Nr. 2095.

*20 WS Drag. 37. Flaue Ausformung. Eierstab mit feinem Zickzackstab und Metopengliederung wie Mees 1995, Taf. 27 f. *(L. Cosius)*. Rückblickende Hirschkuh n. l. (verpresst) wie ebd. Taf. 56,8 *(Crucuro II)* u. Taf. 90,4 *(Germanus IV)*. Stilgruppe 5. Art des *L. Cosius*. *L. Cosius* ist durch seine Dekorationen mit Bezug auf den Tod des Dakerkönigs *Decebalus* in trajanische Zeit datiert (Mees 1995, Taf. 34 f.). – Aus einer Grube im Bereich des Kopfbaus von Baracke V (Bef. 1330). Phase 3. Scharfe Bruchkanten. Fb.-Nr. 2192 u. 2222.

*21 WS Drag. 37. Mann mit abgestütztem Phallus Mees 1995, Taf. 28,3 neben erotischer Szene Oswald 1937, Taf. 90 F. Perlstab mit Endblüte als senkrechter Metopentrenner. Stilgruppe 5. Die Vergesellschaftung beider Motive wie hier findet sich bei *L. Cosius* (Mees 1995, Taf. 28,3), vgl. auch die Dopplung erotischer Szenen ebd. Taf. 27,3. – Aus einer Abfallgrube vor der Nordumwehrung des Kastells (Bef. 1053/55), beim Schneiden des Befundes. Phase 1–3. Etwas verrollte Bruchkanten. Fb.-Nr. 1058.

*22 14 Splitter von WS u. BS Drag. 37. Unterer Dekorabschluss durch Blattfries wie Mees 1995, Taf. 88,3 u. Heiligmann 1990, Taf. 109,3 (Ursprung). Stilgruppe 3. Art des *Germanus IV*. Datierung nach Mees 1995, 80 wegen der Kontinuität in Banassac ca. 80–120 n. Chr. – Aus einer gr. Grube der Spätzeit des Kastells (Bef. 1228). Phase 3. Fb.-Nr. 2149. Eine anpassende WS stammt aus der benachbarten, wahrscheinlich gleichzeitig verfüllten Grube Bef. 1231a (Fb.-Nr. 2202). Scharfe Bruchkanten.

*23 Kl. WS Drag. 37. 5-teilige Staude/Grasbüschel über Zickzackstab wie Mees 1995, Taf. 30,6. Diese Punze wurde sehr oft von *L. Cosius* verwendet (ebd. Taf. 24–30). Darüber Rest von springendem Löwen wie ebd. z. B. Taf. 29,1, ebenfalls häufig von *L. Cosius* verwendete Punze. Darunter Rest von Ranke mit Spitzblatt? Stilgruppe 5. Wahrscheinlich Art des *L. Cosius*. – Aus einem flachen Sohlgraben, der ca. 20 m vor der Westumwehrung parallel zu dieser verläuft (Bef. 1633). Phase 1–2. Scharfe Bruchkanten. Fb.-Nr. 2429.

*24 RS Drag. 37. Eierstab Hofmann 1988, 45 ove A mit Zickzackstab. Rest von Rankendekoration. Stilgruppe 2. – Aus dem Bereich des *campus* nördlich des Kastells (Ausgrabung „Gleisharfe" 2004). Phase 1–3. Verrollte Bruchkanten, kreidig. Fb.-Nr. 43.

*25 Kl. RS Drag. 37. Verpresster Eierstab mit Zickzackstab, Rest von verpresstem Girlandenansatz? Aus einer Abfallgrube vor dem Westtor des Kastells (Bef. 1450). Phase 1–3. Scharfe Bruchkanten. Fb.-Nr. 2355.

*26 WS Drag. 37. Reh n. r. unbest., darüber Ranken mit 5-teiligem Spitzblatt. Unterer Dekorabschluss: Kranz aus kl. dreiteiligen Blüten Hofmann 1988, 333 mit Zickzackstab, vgl. auch Mees 1995, Taf. 214,1 (La Graufesenque, anonym). Stilgruppe 3b. La Graufesenque oder Banassac. – Aus einer zu-

---

[824] *Senilis* und *C. Cingius Senovir* aus La Graufesenque scheiden aufgrund ihrer andersartigen und anders positionierten Signaturen aus (Mees 1995, Taf. 182–188).

sätzlichen Jaucherinne in Baracke III (Bef. 195). Phase 2b. Scharfe Bruchkanten. Fb.-Nr. 445.

Südgallien, wahrscheinlich Banassac

*27 Kl. RS Drag. 37, Randdm. ca. 16 cm. Eierstab Hofmann 1988, 45 oves R, darunter Zickzacklinie. Der Eierstab wurde verwendet von *Germanus V* u. *(Germani?) SER(vi?)* (Mees 1995, Taf. 229 u. 233). Stilgruppe 5? Aus einer Abfallgrube nördlich des Kastells (Bef. 1012). Phase 1–3. Etwas verrollte Bruchkanten. Fb.-Nr. 1139.

*28 Kl. RS Drag. 37. Eierstab Hofmann 1988, 45 ove D mit Zickzackstab. Senkrechter Zickzackstab als Metopentrenner mit Endblüte, daran 5-teiliges Blatt ebd. 358. Zum Stil vgl. Mees 1995, Taf. 228,2 (Vergleichsstück aus Heidenheim mit ove A, *Germanus V*) u. Luik 1996, Taf. 53,14. Stilgruppe 5. Vermutlich Art des *Germanus*. – Aus einem spätkastellzeitlichen Grubenkomplex im Bereich des Kopfbaus von Baracke II (Bef. 1164). Phase 3. Scharfe Bruchkanten. Fb.-Nr. 2147.

*29 RS, WS u. BS Drag. 37, Randdm. 26,5 cm. Eierstab Hofmann 1988, 45 ove A mit Zickzackstab. Metopeneinteilung ebenfalls durch Zickzackstab mit Endblüten. Andreaskreuz mit dem Blatt ebd. 347, Lanzettblatt ebd. 382 u. frei gezogener Ranke neben Krieger mit Rundschild, Schwer u. Mantel ebd. 79 sowie Victoria ebd. 123. Stilgruppe 5. Art des *Germanus V–VII* bzw. *(Germani) SER(vi)*. Aus verschiedenen benachbarten Abfallgruben vor der Nordumwehrung des Kastells (Bef. 1008 u. 1012, Schicht A). Phase 1–3. Etwas verrollte Bruchkanten. Fb.-Nr. 1107, 1126 u. 1135.

*30 WS Drag. 37 (3 anpass. Frag.). Relativ scharfe Ausprägung. Eierstab wie Mees 1995, Taf. 235 *(Lentinus)*. Spitzblättchen zwischen tordierten Stäben als senkr. Metopentrenner wie ebd. Taf. 234,3 *(Lentinus)*. Hirsch n. l. A. W. Mees, The Internet Index of Banassac Figure Types „deers to the left" Nr. 3, verfolgt von Hund n. l. wie Hofmann 1988, 146 Nr. 162. Unter den Tieren Winkelreihen wie Hofmann 1988, 58 G (dort *Natalis* zugewiesen). Untere Dekorzone: eng gesetzter Kranz aus Blüten wie Hofmann 1988, 58 A. Stilgruppe 6. Art des *Lentinus*. – Aus einer Abfallgrube vor der Westumwehrung des Kastells (Bef. 1450), Schicht C. Phase 1–3. Scharfe Bruchkanten. Fb.-Nr. 2290 u. 2322.

*31 Kl. WS Drag. 37. Herkules(?) n. l. Hofmann 1988, 154 Nr. 408. Vgl. Mees 1995, Taf. 233,2 *(SER)* u. ebd. Taf. 235,3 *(Lentinus)*. – Aus einer Grube innerhalb der *porticus* von Baracke I (Bef. 1688). Phase 2a. Scharfe Bruchkanten. Fb.-Nr. 2459.

*32 Ca. zur Hälfte erhaltene Drag. 37, Randdm. 14 bis 15 cm. Eierstab mit großzügiger Zickzacklinie wie Mees 1995, Taf. 237 (Hoffmann 1988, 45 E). Erot n. l. u. Satyr n. r. kleiner als Hoffmann 1988, 141 Nr. 63 u. 66, dazwischen trapezoide, von je drei Zickzackstäben begrenzte Felder mit je vier Reihen von Spitzblättchen wie Planck 1975, Taf. 106,1 *(Natalis)*. Untere Dekorzone: Pfeilspitzenmotiv Hofmann 1988, 58 L in Wechselstellung wie Grönke/Weinlich 1991, Taf. 28,78 (dort *Natalis* zugewiesen). Wahrscheinlich aus derselben Formschüssel stammt die Dekoration Heiligmann 1990, Taf. 110,13 (Ursprung). Stilgruppe 3a. Art des *Marinus*. – Aus einer Abfallgrube nördlich des Kastells (Bef. 1012), Schicht B. Phase 1–3. Frische Bruchkanten. Fb.-Nr. 1136.

*33 BS Drag. 37. Hirsch n. r. Hofmann 1988, 212 (verpresst) u. Bär n. l. ebd. 189 (verpresst) in Feld von kleinen Spitzblättern wie Mees 1995, Taf. 237,2 *(Marinus)*. Stilgruppe 6. – Aus dem Bereich der Abfallgruben vor der Nordumwehrung des Kastells. Phase 1–3. Scharfe Bruchkanten. Fb.-Nr. 1005.

*34 Kl. WS Drag. 37. Unteres Ende der Dekorzone: pfeilspitzenförmige Blättchen Hofmann 1988, 58 L in Wechselstellung, Stiel durch Abschlussleiste der Dekorzone abgeschnitten. Vgl. auch Mees 1995, Taf. 237,2 *(Marinus)*. Stilgruppe 5 od. 7. – Aus der Verfüllung des Kopfes des Kastellgrabens südlich der *porta principalis sinistra* (Bef. 1634). Phase 3. Scharfe Bruchkanten. Fb.-Nr. 2435.

*35 Ca. zur Hälfte erhaltene Drag. 37, aus Scherben zusammengesetzt, Randdm. 21,8 cm. Eierstab Hofmann 1988, 45 ove E1 mit Zickzackstab. Zickzackstäbe gliedern die Metopen bzw. Friese. Oberer Fries: gr. springender Hund n. l. wie A. W. Mees, The Internet Index of Banassac Figure Types „animals to the left" Nr. 6 = Mees 1995, Taf. 226,6 *(Germanus V)* = ebd. Taf. 179,1 *(Sabinus III, La Graufesenque)* = Heiligmann 1990, Taf. 110,8 (mit E1 wie hier, Ursprung) jagt Wildschwein Hofmann 1988, 237. Darunter Spitzblätter wie A. W. Mees, The Internet Index of Banassac Figure Types „small leafs" Nr. 13. Unterer Fries: springender Hund n. r. Hofmann 1988, 173 jagt Hase n. r. ebd. 247. Die Friese werden von Metopenfeldern unterbrochen: kl. Metopenfelder mit Spitzblättchen (s. o.) neben vier hochrechteckigen Metopenfeldern mit je zweimal Venus Hofmann 1988, 401 u. Gladiator (Thrax). Unterer Dekorabschluss durch Blütenfries Mees 1995, Taf. 241,2 (Töpfer mit der Signatur *OV*). Stilgruppe 7. Art des (Kreises um) *Natalis*. – Aus einer Grube in der *via vicenaria* zwischen den Baracken V u. VI (Bef. 713). Scherben dieser Schüssel stammen aus fast allen Verfüllschichten der Grube. Phase 1. Scharfe Bruchkanten. Eine wahrscheinlich ebenfalls von diesem Gefäß stammende Scherbe wurde im Barackengräbchen Bef. 338 (Phase 2) entdeckt. Fb.-Nr. 505, 715, 879, 988, 1182 u. 1250.

*36 Ca. ¾ erhaltene Drag. 30, aus Scherben zusammengesetzt. Eierstab Hofmann 1988, 45 ove E, Seitenquaste endet in feiner Blüte! Zickzackstab begleitet Eierstab u. gliedert Metopen. Folgende Figurenpunzen sind verkleinerte Abformungen von Vorbildern aus La Graufesenque: Victoria n. l. mit dampfender Kaffeetasse Hofmann 1988, 129 = Mees 1995, Taf. 234,2 *(Lentinus*, Vorbild: ebd. Taf. 1,8: *Albanus)* u. Löwe n. r. schlägt Gazelle wie Karnitsch 1959, Taf. 30,6 (Banassac). Dessen ursprüngliche Punze wurde in La Graufesenque verwendet von *Albinus* (Mees 1995, Taf. 4,1), *Martialis* (ebd. Taf. 103,1) u. *Masclus* (ebd. Taf. 108,1; 109, 12; 112, 2). Unter der Löwe/Gazelle-Punze Metopenfeld mit doppelreihig angeordneten Spitzblättern. Tanzender Satyr n. r. (Hofmann 1988, 63) u. tanzender Silen n. l. (ebd. 154), die wie hier oft als Paar wiedergegeben werden, sind bereits aus La Graufesenque als verkleinerte Abformungen belegt für *Gra-* u. *Masculus* (Mees 1995, Taf. 91,4; 120, 2 u. 121, 1). Zwischen den Tänzern kl. tordierter Stab mit Blüte u. Pfeilspitzenmotiv Hofmann 1988, 360. Darüber Menschen fressender Wolf ebd. 160. Beiderseits der Victoria (s. o.) Ranken mit Pfeilspitzenmotiv ebd. 360. Zwischen senkr. Zickzackstäben paarige Spitzblättchen wie Walke 1965, Taf. 7,4 od. Ranke mit langer, gerippter Knospe kleiner als Mees 1995, Taf. 88,1–2 *(Germanus IV)*. Ein offensichtlich in derselben Formschüssel hergestelltes Gefäß wurde im Vicus des Kastells Weißenburg gefunden.[825] Stilgruppe 7. Art des (Kreises um) *Natalis*. – Aus

---

[825] J. Strobl, Die Terra Sigillata der Ausgrabung an der Kohlstraße 1994 im Weißenburger Vicus. In: H.-H. Häffner/C.-M. Hüssen (Hrsg.), „In plurimis locis …". Gedenkschr. Wilhelm Kohl zum 100. Todestag (Rahden/Westf. 1998) 53 Nr. 13.

der Verfüllung des nördlichen Kastellgrabens (Bef. 1002). Phase 3. Scharfe Bruchkanten. Fb.-Nr. 1019, 1021, 1034 u. 1037.

*37 Ca. ein Fünftel einer Drag. 37, Randdm. ca. 20 cm. Eierstab Mees 1995, Taf. 245,1 (Töpfer mit Signatur *A*), von tordiertem (?) Stab begleitet. Im Fries verpresster Amor n. r. Hofmann 1988, 62 u. völlig verpresste Tierpunze. Senkr. Metopentrenner durch doppelten groben Perlstab, dazwischen Pfeilspitzenmotiv wie Hofmann 1988, 58 L? Untere Dekorzone: Rankenfries mit Spitzblättern Hofmann 1988, 323–324. Stilgruppe 7. Art des (Kreises um) *Natalis*. – Aus einer Abfallgrube nördlich des Kastells (Bef. 1053/55), Schicht B. Phase 1–3. Etwas verrollte Bruchkanten. Fb.-Nr. 1138.

*38 WS Drag. 37. Senkr. Feldeinteilung durch Zickzackstab mit Abschlussrosette. Untere Dekorzone: an Astragalen hängende Bögen, dazwischen dreiteilige Blüte an Schnurstab genau wie Gaubatz-Sattler 1999, Taf. 9,8: wahrscheinlich formschüsselgleiches Stück. Stilgruppe 7. Art des (Kreises um) *Natalis*. Aus dünner Kiesschicht über der umgestürzten Westmauer des Kastells (Bef. 1527). Phase 4. Teilweise scharfe Bruchkanten. Fb.-Nr. 2352.

*39 RS u. 3 anpass. BS wahrscheinlich derselben Schüssel Drag. 37, Randdm. 21,5 cm. Eierstab Hofmann 1988, 45 ove E1 mit Zickzackstab. Darunter Spitzblattranke ebd. 324 in Girlanden wie Heiligmann 1990, Taf. 11,12a („Häsenbühl"). Rest von Metopengliederung durch Zickzackstab mit Endblüten am Bodenstück erkennbar. Rest von Vulkan mit Schwert n. r. vor Kranz: A. W. Mees, The Internet Index of Banassac Figure Types „Gods to the right" Nr. 1 (kleiner als Oswald 1937, 70 A). Unterer Dekorabschluss: Blütenfries Hofmann 1988, 58 A *(Natalis)*. Vgl. die Dekoration Heiligmann 1990, Taf. 121,8 (Heidenheim). Stilgruppe 7 (eigentlich 4b). Art des (Kreises um) *Natalis*. – Aus einer Abfallgrube vor der Nordumwehrung des Kastells (Bef. 1016), beim Schneiden des Befundes. Phase 1–3. Scharfe Bruchkanten. Fb.-Nr. 1005 u. 1046.

*40 RS u. WS Drag. 37, nicht anpassend, Randdm. 18 bis 19 cm. Eierstab Hofmann 1988, E 1 (verpresst) mit Zickzackstab. Senkrechte Metopeneinteilung durch groben Zickzackstab mit Endblüten, verpresst. Opferstier Hofmann 1988, 235; vgl. auch Mees 1995, Taf. 162 (*G.At- Pas-*, La Graufesenque) u. ebd. Taf. 181,1 (*T. Flavius Secundus*, La Graufesenque). Darunter Reihe verpresster Pfeilspitzen- od. Dreiecksmotive wie ebd. Taf. 22,171. Stilgruppe 6. Art des (Kreises um) *Natalis*. – Aus dem Bereich der Abfallgruben vor der Nordumwehrung des Kastells, Pl. 1. Phase 1–3. Verrollte Bruchkanten. Fb.-Nr. 1001 u. 1002.

*41 2 RS Drag. 37, Randdm. ca. 20 cm. Eierstab Hofmann 1988, 45 ove E mit Zickzackstab (verpresst), direkt darunter kl. Hund ebd. 164 u. kl. Hund n. r. Rest zweier weiterer Punzen unbest. Stilgruppe 6–7. Art des (Kreises um) *Natalis*. – Aus der Verfüllung des nördlichen Kastellgrabens (Bef. 1002). Phase 3. Etwas verrollte Bruchkanten. Fb.-Nr. 1037.

*42 Kl. WS Drag. 37. Reh n. l. Hofmann 1988, 149 Nr. 228; Blatt ebd. 1988, 58 B. Baum ebd. 28. Stilgruppe 3b/6. Art des (Kreises um) *Natalis*. – Aus einer Grube innerhalb der *porticus* von Baracke III (Bef. 1107). Phase 2a. Etwas verrollte Bruchkanten. Fb.-Nr. 1735.

43 Kl. WS Drag. 37. Blättchen mit Stiel wie Heiligmann 1990, Taf. 11,16. Stilgruppe 6–7. Art des (Kreises um) *Natalis*. – Aus einer jüngeren Jaucherinne in Baracke IV (Bef. 664). Phase 3. Scharfe Bruchkanten. Fb.-Nr. 896.

*44 RS Drag. 37, aus mehreren Fragmenten zusammengesetzt. Eierstab Hofmann 1988, E 1 mit Zickzackstab, Randdm. 21 bis 24 cm. Stilgruppe 6–7. Art des (Kreises um) *Natalis*. – Aus einer Grube innerhalb der *porticus* von Baracke I (Bef. 1688). Phase 2a. Bestoßene Bruchkanten. Fb.-Nr. 2459.

*45 RS Drag. 37, Randdm. 18,5 cm. Eierstab Hofmann 1988, 45 ove E. Art des (Kreises um) *Natalis*. – Aus der Verfüllung der Standspur eines *porticus*-Pfostens von Baracke III (Bef. 101). Phase 3. Scharfe Bruchkanten. Fb.-Nr. 215.

*46 Kl. RS Drag. 37. Eierstab Hofmann 1988, 45 ove E1. Art des (Kreises um) *Natalis*. – Vom *campus* nördlich des Kastells (Grabung „Gleisharfe" 2004). Phase 1–3. Verrollte Bruchkanten. Fb.-Nr. 43.

*47 Kl. WS Drag. 37. Winkelkranz Hofmann 1988, 370 als unterer Abschluss der Dekorzone. Stilgruppe 6–7. Art des (Kreises um) *Lentinus* und *Natalis*. – Aus einer Abfallgrube vor der Nordumwehrung (Bef. 1053/55), Schicht B. Phase 1–3. Verrollte Bruchkanten. Fb.-Nr. 1140.

*48 Kl. RS Drag. 37. Eierstab Hofmann 1988, 45 ove H mit Zickzackstab. Girlande mit Spitzblattranke ebd. 399, dazwischen verpresster Rest von 5-teiligem Blatt ebd. 358? Stilgruppe 7. Art des (Kreises um) *Lentinus* und *Natalis*. – Aus einer Abfallgrube vor der Nordumwehrung des Kastells (Bef. 1053/55). Phase 1–3. Etwas verrollte Bruchkanten. Fb.-Nr. 1130.

*49 RS Drag. 37 mit drei Schablonenrillen über dem Eierstab Hoffmann 1988, 45 E. – Aus einer Abfallgrube vor der Nordumwehrung des Kastells (Bef. 1015). Phase 1–3. Verrollte Bruchkanten. Fb.-Nr. 1042.

*50 WS Drag. 37. Springender Eber n. r. Oswald 1937, 1647 od. Hofmann 1988, 148 Nr. 240. Senkr. u. waagrechte Bildfeldeinteilung durch Zickzackstäbe, verbunden mit Rosette wie ebd. Taf. 5,39. Im Zwickel unbest. Blatt an gebogenem Stiel. Stilgruppe 5 od. 7. – Aus dem Bereich der *porticus* von Baracke III, Pl. 1 (Bef. 95). Phase 2–3. Etwas verrollte Bruchkanten. Fb.-Nr. 37.

*51 Kl. WS Drag. 37. Altar Hofmann 1988, 375, daneben Grasbüschel ebd. 391. Fuß von Figur (Merkur?) n. l. ebd. 20. Unterhalb von Zickzackstab Rest von Blütenkranz (ebd. 367?) als unterer Dekorabschluss. Stilgruppe 5 od. 7. – Aus einer Abfallgrube vor dem Westtor des Kastells (Bef. 1450). Phase 1–3. Scharfe Bruchkanten. Fb.-Nr. 2323.

*52 WS Drag. 37. Rechts Beine von Flötenspieler Hofmann 1988, 143/144 (stark verpresst)? In der Mitte stark verpresste Punze Oswald 1937, 501: kniender Putto mit Vogel(?), vor dem ein Fläschchen steht, in La Graufesenque verwendet z. B. von *Frontinus I* (Mees 1995, Taf. 63,1 u. 3) und *Pas-* (ebd. Taf. 160,1). Figurenrest links davon bis zur Unkenntlichkeit verpresst, vermutlich Merkur Hofmann 1988, 17/18. Senkrechte u. diagonale (wie z. B. Hofmann 1988, Taf. 3,23 u. 25) Metopeneinteilung durch Perlstäbe mit verpressten Endblüten. Einzelne 3-teilige Blüte Hofmann 1988, 335 erhebt sich über den unteren Abschluss des Dekorfeldes: Blütenkranz aus 3-teiligen Blüten kleiner als ebd. 335. Aufgrund der Punzen ist das Fragment eher Banassac zuzuweisen, der Stil findet sich jedoch auch bei *L. Cosius* aus La Graufesenque bei Mees 1995, Taf. 28,6 u. Taf. 30–32. Stilgruppe 5 (eher als 6–7). – Aus einer Abfallgrube vor der Nordumwehrung des Kastells (Bef. 1053/55), beim Schneiden des Bef. Phase 1–3. Scharfe Bruchkanten. Fb.-Nr. 1058.

*53 WS Drag. 37. Unterer Dekorabschluss: Blütenkranz wie Mees 1995, Taf. 245,13 mit Zickzackstab. Ansatz von Metopengliederung u. von Bildfeld mit Pfeilspitzenmotiven A. W. Mees, The Internet Index of Banassac Figure Types

„ornaments" Nr. 6. Stilgruppe 5–7. – Aus dem Bereich von Baracke I, Pl. 0–1. Phase 2–3. Scharfe Bruchkanten mit anhaftendem Mörtel. Fb.-Nr. 2449.

*54 RS Drag. 37, Randdm. ca. 18 cm. Eierstab Hofmann 1988, F 2 = A. W. Mees, The Internet Index of Banassac Figure Types „ovolos" Nr. 10; in vergleichbar enger Anordnung auch bei Luik 1996, Taf. 54,10. Reh n. l. Oswald 1937, 1822 DD. Rechts daneben 5-teiliges Blättchen A. W. Mees, The Internet Index of Banassac Figure Types „small leafs" Nr. 6. Stilgruppe 6. – Aus einer Abfallgrube vor der Westumwehrung des Kastells (Bef. 1620). Phase 2–3. Scharfe Bruchkanten. Fb.-Nr. 2426.

*55 2 kl. RS Drag. 30 od. 37. Eierstab Hofmann 1988, 45 ove F1. Stilgruppe 5 od. 7. – Aus einer Abfallgrube vor der Nordumwehrung des Kastells (Bef. 1053/55), beim Schneiden des Bef. Phase 1–3. Etwas verrollte Bruchkanten. Fb.-Nr. 1058.

*56 Kl. WS Drag. 37. Untere Dekorzone: Rest von Blütenkranz Hofmann 1988, 366. Rest von senkrecht stehender Ranke kleiner als ebd. 324. Senkrechte Bildfeldgliederung durch Zickzackstab u. parallelen tordierten Stab. Stilgruppe 5 od. 7. – Streufund aus dem Bereich von Baracke 1, Pl. 0–1. Phase 2–3. Verrollte Bruchkanten. Fb.-Nr. 3.

*57 WS Drag. 29 od. 37, aus vier Fragmenten zusammengesetzt. Metopenstil: Andreaskreuz aus tordierten Stäben u. Zickzackstab, der in Lilienblüte endet: kleiner als Mees 1995, Taf. 68,1 (*Germanus I*) = A. W. Mees, The Internet Index of Banassac Figure Types „ornamental plants" Nr. 1. Es handelt sich hier jedoch um eine bereits beschädigte Punze, da die unteren Seitenblätter fehlen! Stützenmotiv wie Walke 1965, Taf. 7,7 (Banassac-Dekoration) sowie tordierter Stab mit gerippter Knospe A. W. Mees, The Internet Index of Banassac Figure Types „small leafs" Nr. 8, als Metopentrenner. Stilgruppe 5 od. 7. Wahrscheinlich Banassac. – Aus einer Abfallgrube vor dem Westtor des Kastells (Bef. 1450), beim Schneiden des Bef. Phase 1–3. Scharfe Bruchkanten. Fb.-Nr. 2306.

*58 Kl. WS Drag. 37. Blütenkranz als unterer Dekorabschluss mit Zickzackstab, als Büschel stehender Blütenkelch (dieselbe Punze wie für den Blütenkranz) u. Ansatz von Metopengliederung genau wie Mees 1995, Taf. 240,7. Vgl. auch ebd. Taf. 227,2–3. Stilgruppe 5 od. 7. – Aus einer Abfallgrube vor der Nordumwehrung des Kastells (Bef. 1053/55), beim Schneiden des Bef. Phase 1–3. Scharfe Bruchkanten. Fb.-Nr. 1058.

*59 BS Drag. 37. Erhaltener Rest der unteren Dekorzone: drei 6-teilige Blüten als Enden senkrechter Stäbe der Metopeneinteilung. Füße einer tanzenden Mänade (?) u. Metopeneinteilung wie Planck 1975, Taf. 106,8 (dort mit Blütenkranz als unterer Dekorabschluss). Vgl. auch die Dekoration Heiligmann 1990, Taf. 122,11 (Heidenheim). Stilgruppe 5 od. 7. – Aus einem Sohlgraben, der ca. 20 m vor der Westumwehrung des Kastells zu dieser parallel verläuft (Bef. 1500). Phase 2–3. Bestoßene Bruchkanten, die Außenseite des Standrings ist für eine sekundäre Verwendung (wahrscheinlich als Deckel) durch Abzwicken überstehender Teile retuschiert worden. Fb.-Nr. 2425.

Mittelgallien

*60 15 kleinteilig gebrochene, teilw. anpass. RS u. WS Drag. 37 (erhalten ca. ein Fünftel des Gefäßes), Randdm. ca. 21 cm. Eierstab Rogers 1974, B 22 mit Perlstab ebd. A 2. Kreis ebd. E 27, darin Ranke M 14 im Wechsel mit Figuren: Victoria Oswald 1937, 809 und Delphin n. l. ebd. 2394. A 2 als senkr. Metopentrenner, endet oben u. unten in Blüte C 249. Art des *Acaunissa* (Gruppe II). Aus zwei Gruben innerhalb der *porticus* von Baracke VI, Bef. 800 (14 Fragmente) u. Bef. 724 (1 Fragment). Phase 2a. Teilweise scharfe, teilweise verrollte Bruchkanten. Fb.-Nr. 1309, 1341 u. 1205.

*61 2 kl. WS Drag. 37. Blattmotiv Rogers 1974, L 7 (*Igocatus* oder *Acaunissa*). Unbest Ranke u. 2 Blüten ebd. C 249 (*Acaunissa* oder *Valenus I*). Senkrechte Zonengliederung durch Perlstab ebd. A 2 (versch. Töpfer, u. a. *Acaunissa*). Unterer Abschluss der Dekorzone mit liegendem, teilweise überdrehtem Blatt ebd. J 137. Art des *Acaunissa* (Gruppe II). – Aus einer Grube in einer *papilio* von Baracke III, oberste Schicht, Pl. 1 (Bef. 1166). Phase 3. Etwas verrollte Bruchkanten. Fb.-Nr. 2072.

*62 Kl. WS Drag. 37. Rest von Girlande Rogers 1974, F 20 oder F 23, daneben Rest von Blattranke wie Rogers 1999, 34 Nr. 2. Wahrscheinlich Art des *Acaunissa* (Gruppe II). – Aus einer zusätzlichen Jaucherinne in Baracke III (Bef. 188/334). Phase 2b. Scharfe Bruchkanten. Fb.-Nr. 457.

*63 Kl. WS Drag. 37. Victoria mit Palmzweig Oswald 1937, 809 (nach Rogers 1999 *Acaunissa, Advocisus, Cinnamus, Divixtus, Doeccus I, Iullinus, Martio II, Pugnus, Silvio II/X-5* od. *X-2*). Daneben Ansatz von Rosette Rogers 1974, C 249 (? *Acaunissa*). Evtl. Art des *Acaunissa* (Gruppe II). Möglicherweise gehört die Scherbe zu demselben Gefäß wie Nr. 60, ist jedoch von etwas hellerer Tonfarbe. – Aus einer Grube innerhalb der *porticus* von Baracke VI (Bef. 724). Phase 2a. Scharfe Bruchkanten. Fb.-Nr. 1236.

*64 RS Drag. 37. Eierstab unbest. (ähnl. Rogers 1974, B 203) mit Perlstab ebd. A 2. Kreuzblüte Rogers 1974, C 22 od. C 23 (*Vegetus I* oder *Attianus*) am Ende des senkr. Perlstabs A 2. Links Rest von Caryatide wie Rogers 1999, Taf. 1,7 (*Advocisus*), rechts Ansatz von gekerbtem Kreis Rogers 1974, E 31 (*Attianus*). Art des *Attianus* (Gruppe II)? Aus einer Grube im Bereich der *porticus* von Baracke III (Bef. 282). Phase 2a. Scharfe Bruchkanten. Fb.-Nr. 453.

*65 Kl. WS Drag. 37. Blattkelche Rogers 1974, K 16 achsensymmetrisch als Rautenreihe angeordnet. Perlstab ebd. A 2. Beide Punzen sind nach bisheriger Publikationslage nur bei *Docilis* (Gruppe II) vergesellschaftet, Bestimmung unsicher. – Aus einem kastellzeitlichen Sohlraben vor der Westumwehrung, zu dieser parallel verlaufend (Bef. 1616). Phase 2. Scharfe Bruchkanten. Fb.-Nr. 2439.

*66 3 nicht anpass. WS Drag. 37. Zickzackstab Rogers 1974, A 24 als senkr. u. diagonaler Bildfeldtrenner und unterer Abschluss der Dekorzone. Nackter Athlet Oswald 1937, 651, unter der Figur Zierelement Q 89 (X-6). Springendes Reh Oswald 1937, 1814A. Unbest. Pfeilspitzenmotiv unter diagonalen A 24. Dazwischen übereinander angeordnete Kringel zwischen A 24 wie Rogers 1999, Taf. 6,5 (*Attianus*), vgl. auch den Stil des *Quintilianus* ebd. Taf. 95,58 u. Taf. 96,67 u. 70. Art des *Attianus I* oder *Quintilianus I* (Gruppe II). – Aus einer dünnen Kiesschicht über der umgestürzten Kastellmauer nördlich der *porta principalis sinistra* (Bef. 1527, Fb.-Nr. 2332), 2 Scherben desselben Gefäßes stammen aus der nachkastellzeitlichen Pflasterung, Bef. 1528. Phase 4. Scharfe Bruchkanten. Fb.-Nr. 2352.

*67 Kl. RS Drag. 37. Eierstab Rogers 1974, B 76 mit Perlstab ebd. A 23. Wahrscheinlich Art des *Arcanus* oder *Geminus* (Gruppe II). – Aus dem Bereich der *porticus* von Baracke IV, beim Putzen von Pl. 2. Phase 2–3. Bestoßene Bruchkanten. Fb.-Nr. 204.

*68 RS Drag. 37. Eierstab Rogers 1974, B 76 (*Arcanus* und *Geminus*). Panther n. r. Oswald 1937, 1520 (u. a. *Sissus I* nach Rogers 1999, Taf. 113,10). Rosette Rogers 1974, C 28 (*Acaunissa* und *Geminus*) am Ende von Perstab ebd. A 2. Lezoux, Art des *Geminus* (Gruppe II), zum Stil vgl. Rogers 1999, Taf. 44. – Aus einer Jaucherinne in Baracke III (Bef. 438a). Phase 3. Scharfe Bruchkanten. Fb.-Nr. 813.

*69 RS (2 anpass. Fragmente) Drag. 37, Randdm. 26 cm. Eierstab Rogers 1974, B 228, von Zickzackstab ebd. A 23 begleitet. Hase Oswald 1937, 2116 überlagert teilweise Ranke Rogers 1974, U 255. Links Rest von liegendem Bäumchen ebd. N 14. Art des *Quintilianus I* (Gruppe II). – Aus einer Grube in einer *papilio* von Baracke VI (Bef. 815). Phase 3. Scharfe Bruchkanten. Fb.-Nr. 1554.

*70 Ca. zur Hälfte erhaltene Form Drag. 37, aus mehreren Scherben zusammengesetzt, Randdm. 22,5 cm. Eierstab Rogers 1974, B 82 begleitet von Perlstab ebd. A 13. Das Bildfeld besteht aus senkr. Metopen: Venus kleiner als Oswald 1937, 331 u. Bacchus wie Oswald 1937, 566 (für *Rentus* bei Rogers 1999, 214 nicht belegt) im Wechsel mit Zierglied Rogers 1974, Q 40, bekrönt von Blattkelch ebd. K 11. An senkr. Metopentrenner ebd. A 13 hängen Astragale ebd. R 7, an den Enden Blätter wie Rogers 1999, Taf. 98. In den Zwickeln neben den Figuren Zierelemente Rogers 1974, U 31 (*Iustus*), ebd. Q 89 (*X-6*) u. einfache Kringel wie Rogers 1999, Taf. 98. Lezoux, wahrscheinlich Art des *Rentus* oder *Secundinus*. Die Töpfer *Rentus/Secundinus V* nach Rogers 1999, 213 waren Stanfield und Simpson noch nicht bekannt, sodass die auf diesem Werk fußende Gruppenbildung nach Heiligmann 1990, 156 *Rentus* noch nicht berücksichtigen konnte. Da jedoch die engsten Verbindungen zu *X-6* und dem „Töpfer mit dem großen S" bestehen, spricht auch für *Rentus* nichts gegen eine Einordnung in Gruppe II. Die Punzen Rogers 1974, K 11, Q 89 u. U 31 sind für *Rentus* nicht belegt. – Aus einer Abfallgrube vor dem Westtor des Kastells (Bef. 1450), beim Schneiden des Bef. Phase 2–3. Scharfe Bruchkanten. Fb.-Nr. 2306.

*71 WS Drag. 37. Tänzerin wie Oswald 1937, 210. Links davon Zierglied Rogers 1974, Q 40 (*Arcanus*, *Drusus II*, *Quintilianus*, *Rentus*, *Secundinus V*), rechts Zierglied ebd. Q 5 (*Cettus*, *Docilis*, *Geminus*, *Rentus*). Senkr. Metopentrenner u. unterer Abschluss der Dekorzone durch Perlstab ebd. A 13, daran hängen Astragale ebd. R 7. An den Enden von A 13 Blatt wie Rogers 1999, Taf. 98. Lezoux, Art des *Rentus* (wahrscheinlich Gruppe II). – Aus einer Abfallgrube vor dem Westtor des Kastells (Bef. 1450), Schicht B–D. Phase 2–3. Scharfe Bruchkanten. Fb.-Nr. 2316.

*72 Kl. RS Drag. 37. Eierstab Rogers 1974, B 111 mit Perlstab ebd. A 9. Evtl. Rest der Mähne von Löwe Oswald 1937, 1467? Wahrscheinlich Art des *Albucius* (Gruppe III). – Vom *campus* nördlich des Kastells (Grabung „Gleisharfe" 2004). Phase 2–3. Etwas verrollte Bruchkanten. Fb.-Nr. 35.

*73 2 RS u. 1 kl. WS wahrscheinlich derselben Drag. 37, Randdm. 20 cm. Eierstab Rogers 1974, B 111 mit Perlstab ebd. A 2, der auch als senkr. Zonentrenner fungiert, bekrönt durch Doppelblatt ebd. K 31 bzw. durch Astragal ebd. R 8? (verpresst). Dazwischen Stützenmotiv Rogers 1974, P 3. Hängender Halbkreis ebd. F 59 mit Delphin Oswald 1937, 2395 (*Baturio*). Untere Metope: 2 Blätter Rogers 1974, P 149 liegen einander spiegelbildlich gegenüber, die Spiegelachse bildet ein verpresster Astragal wie Karnitsch 1959, Taf. 60,3 (dort *Albucius* zugewiesen). Vgl. auch Schönberger 1978, Taf. 52,236 (Oberstimm). Doppelkreis wie Karnitsch 1959, Taf. 61,8–9, darin Gans Oswald 1937, 2324 (*Albucius*, *Baturio*). Wahrscheinlich Art des *Albucius* (Gruppe III) oder *Baturio*. – Vom *campus* nördlich des Kastells (Grabung „Gleisharfe" 2004). Phase 2–3. Die Nähe der Fundstellen spricht für die Zusammengehörigkeit der drei Fragmente. Scharfe Bruchkanten. Fb.-Nr. 17, 33 u. 47.

*74 WS Drag. 37. Eierstab Rogers 1974, B 104 (*Carantinus I*, *Iullicus II*, *Quintilianus*), begleitet von Perlstab ebd. A 12. Im Doppelkreis Pudicitia Oswald 1937, 926: Diese Punze ist im Bereich des Schleiers sichtlich nachgearbeitet. Zwickelornamte: Blatt ebd. J 149 u. kleiner Kringel wie Rogers 1999, Taf. 21,1 u. 3a. Lezoux, Art des *Carantinus I* (Gruppe III). – Aus der frühalamannischen Kulturschicht über dem Kastellgraben (Bef. 1443). Der Fund kann somit dem Kastell nicht sicher zugeordnet werden. Scharfe Bruchkanten. Fb.-Nr. 2317.

*75 BS Drag. Drag. 37. Rankendekoration mit 6-teiligem Blatt Rogers 1974, H 13 wie Rogers 1999, Taf. 29,1. Schräg unterhalb des Blattes Rautenmotive ebd. U 33. Formschüsselgraffito *CINNAMVS* (Gruppe III). – Aus der Verfüllung des nördlichen Kastellgrabens (Bef. 1002). Phase 3. Scharfe Bruchkanten. Fb.-Nr. 1037.

*76 Kl. WS Drag. 37. Rest von Rankendekoration u. Kringel Rogers 1974, E 70. Art des *Cinnamus* (Gruppe III). Evtl. zu demselben Gefäß wie Nr. 75 gehörig. – Aus der Verfüllung einer Pfostenstandspur im zentralen westöstlich verlaufenden Gräbchen von Baracke VI (Bef. 1370). Phase 3. Scharfe Bruchkanten. Fb.-Nr. 2176.

*77 2 kl. WS (Splitter) Drag. 37. Im Ton auffallend hoher Glimmeranteil. Doppelkreis über spiegelbildlich angeordneten 3-teiligen Blüten wie Karnitsch 1959, Taf. 74,2 (*Cinnamus*). Rest von Rankendekor mit Astragal wie ebd. Taf. 72f. (*Cinnamus*), Ansatz von Doppelkreis u. im Zwickel kl. Kringel. Art des *Cinnamus*. – Aus einer Abfallgrube vor der Nordumwehrung des Kastells (Bef. 1012), beim Schneiden des Bef. Phase 2–3. Verrollte Bruchkanten, kreidig. Fb.-Nr. 1060.

*78 2 kl. RS Drag. 37. Eierstab Rogers 1974, B 48, verpresst. Darunter stark verpresster Figurenrest, evtl. Oswald 1937, 456A. Vermutlich Art des *Cinnamus* (Gruppe III), Stil A nach Rogers 1999, 98. – Aus einer Abfallgrube vor der Westumwehrung des Kastells (Bef. 1450), Schicht D. Phase 2–3. Scharfe Bruchkanten. Fb.-Nr. 2323.

*79 BS Drag. 37 mit Dekorresten: gr. Blatt Rogers 1974, H 22 (*Sacer* oder *Cinnamus*), Kringel E 70 (?). Art des *Cinnamus*, Stil C nach Rogers 1999, 100f., dort datiert ca. 160–180 n. Chr. (Gruppe III–IV). Evtl. zu demselben Gefäß gehörig wie Nr. 80, da auch Ton, Verarbeitungsmerkmale u. Erhaltung identisch sind. – Vom *campus* nördlich des Kastells (Grabung „Gleisharfe" 2004). Phase 3–4. Etwas verrollte Bruchkanten, kreidig. Fb.-Nr. 46.

*80 WS Drag. 37. Gr. Springender Bär n. l. wie Karnitsch 1959, Taf. 78,3. Darüber Vorderläufe von kl. springendem Bär n. l. wie ebd. Taf. 79,4. Zwischen den Tierpunzen stark verpresste Blätter, darunter Rest von gr. Blatt Rogers 1974, H 22. Art des *Cinnamus*, Stil C nach Rogers 1999, 100 f. Evtl. zu demselben Gefäß gehörig wie Nr. 79. – Vom *campus* nördlich des Kastells (Grabung „Gleisharfe" 2004). Phase 3–4. Fb.-Nr. 47.

*81 BS Drag. 37. Ranken- od. Medaillondekoration. Im Zwickel schräg liegende Rautenmotive Rogers 1974, U 31 (*Iustus*), dazwischen Astragal ebd. R 20 (*Ica* od. *Laxtucissa*). Wahrscheinlich Töpfer der Gruppe III. – Aus der Verfüllung des Kastellgrabens nördlich der *porta principalis sinistra* (Bef. 1520). Phase 3. Scharfe Bruchkanten. Fb.-Nr. 2337.

*82 Kl. RS Drag. 37. Eierstab Rogers 1974, B 105, begleitender Perlstab verpresst. Lezoux, versch. Töpfer Gruppe I–III möglich. – Aus der frühalamannischen Kulturschicht über dem Kastellgraben (Bef. 1443). Der Fund kann dem Kastell somit nicht sicher zugeordnet werden. Scharfe Bruchkanten. Fb.-Nr. 2324.

*83 RS Knorr 78, Variante. 3 Schablonenrillen, unbestimmter Punzenrest. Die Innenwand des Gefäßes ist nicht geglättet. Möglicherweise stammt das Gefäß aus einer mittel- od. ostgallischen Töpferei. – Aus einer der nachkastellzeitlichen Pflasterung über der umgestürzten Kastellmauer nahe der *porta principalis sinistra* (Bef. 1528). Phase 4. Fb.-Nr. 2332.

Ware von Satto/Saturninus

*84 4 nicht anpass. WS derselben Drag. 37. Ranken, durch Astragal ebd. G 5 verbunden, enden in 5-teiligen Spitzblättern größer als ebd. V 25 (?) u. 6-teiligen kl. Siebenpunktrosetten Lutz 1970, G 23. Kranz von kl. Doppelblättchen ebd. V 20, begleitet von Perlstab ebd. G 2, bildet den unteren Abschluss der Dekorzone. Dieser Stil ist auch für die Produktion von *Satto/Saturninus* in Boucheporn belegt.[826] – Aus einer Materialentnahmegrube vor der Westumwehrung, die mit kastellzeitlichem Abfall verfüllt wurde (Bef. 1620). Phase 2–3. Teilweise verrollte Bruchkanten. Fb.-Nr. 2404 u. 2426.

*85 2 WS Drag. 37, wahrscheinlich derselben Schüssel. Senkr. Metopeneinteilung durch Perlstäbe Lutz 1970, G 2, die in kl. Rosetten ebd. G 21 enden. In zentralen Medaillons ebd. G 12 abwechselnd zurückblickende Vögel n.l. bzw. n.r. ebd. A 5–6. Blätter ebd. V 22 an Ranken in den vier Zwickeln neben den Medaillons. Vgl. die Dekorationen bei Grönke/Weinlich 1991, Taf. 32,158 (Weißenburg), Saalburg-Jahrb. 25, 1968, 36 Abb. 38 (Butzbach-Degerfeld) u. Planck 1975, Taf. 109,4 (mit anderem Medaillon). Häufige Dekoration von *Satto/Saturninus*. – Aus einer Abfallgrube vor dem Westtor des Kastells (Bef. 1450/1474), Schicht B. Phase 2–3. Fb.-Nr. 2305 u. 2392.

*86 2 anpass. RS Drag. 37, Randdm. 18 bis 19 cm. Eierstab Lutz 1970, O 1 mit begleitendem feinen Perlstab ebd. G 2. Darunter Reste von Ranken, durch Astragal ebd. G 5 verbunden. Der Ton ist dunkler u. enthält fast keine Glimmerpartikel, wodurch er sich von dem der übrigen im Kastell gefundenen Stücke des *Satto/Saturninus* unterscheidet. Mittelbronn? – Vom *campus* nördlich des Kastells (Grabung „Gleisharfe" 2004). Phase 2–3. Verrollte Bruchkanten, kreidig. Fb.-Nr. 34.

*87 Kl. WS Drag. 37. Senkr. Perlstab Lutz 1970, G 2. Rechts davon hängt an verpresstem Astragal ebd. G 5 (?) ein Girlandenbogen ebd. G 35, links kl. Amor n.l. ebd. P 4. – Aus einer jüngeren Jaucherinne in Baracke IV (Bef. 664). Phase 3. Fb.-Nr. 917.

*88 BS Drag. 37, Standring abgeplatzt. Der dunkelachsrote Ton enthält etwas Glimmer. Zwischen Standring u. (nicht erhaltener) Dekorzone Rest von verpresstem Rechteckstempel, vielleicht *SATV[RNINVS]*? Aus einer frühalamannischen Pfostengrube (Bef. 1466), die teilweise in einen kastellzeitlichen Sohlgraben eingetieft war, der ca. 20 m vor der Westumwehrung des Kastells zu dieser parallel verläuft (Bef. 1465). Phase 2–3. Fb.-Nr. 2279.

Blickweiler/Eschweiler Hof

*89 2 RS Drag. 37, nicht anpass., jedoch sicher zu demselben Gefäß gehörig. Eierstab Knorr/Sprater 1927, Taf. 82,31 mit begleitendem Perlstab ebd. Taf. 82,38. Daran hängen Girlandenbögen ebd. Taf. 82,13, darin immer abwechselnd Vogelpaar n.l. bzw. n.r. ebd. Taf. 80,7–8. Jeder Vogel wird beiderseits von kl. Fruchtkorb ebd. Taf. 81,65 flankiert. Die Girlandenbögen sind durch Astragal ebd. Taf. 81,57 miteinander verbunden. Unterhalb der Girlanden 8-teilige Rosetten wie ebd. Taf. 83,8–11 im Wechsel mit kl. Hirsch (nicht in Knorr/Sprater 1927). Über dem Eierstab Schablonenrillen. Art des Meisters mit der Kennmarke DD. – Aus einer Abfallgrube vor der Nordumwehrung des Kastells (Bef. 1053/55). Phase 2–3. Etwas verrollte Bruchkanten. Fb.-Nr. 1130 u. 1058.

*90 WS Drag. 37 von unterer Dekorzone. Senkrechte Metopengliederung durch Zickzackstab Knorr/Sprater 1927, Taf. 82,37, die im „eponymen" Astragal ebd. Taf. 81,53 enden. Venus ebd. Taf. 72,13, im Zwickel Ringchen ebd. Taf. 82,6. Art des Meisters mit der Kennmarke DD (anderes Gefäß als Nr. 89). – Aus einer Abfallgrube vor der Nordumwehrung des Kastells (Bef. 1053/55). Phase 2–3. Etwas verrollte Bruchkanten. Fb.-Nr. 1130.

*91 WS Drag. 37 von unterer Dekorzone. Löwin n.l. Knorr/Sprater 1927, Taf. 78,7 und Punze kleiner als Löwin n.r. ebd. Taf. 78,9. – Aus dem Stilrepertoire verschiedener Töpfer von Blickweiler/Eschweiler Hof, z.B. des *Cambo* oder des „Meisters der springenden Tiere". – Aus einer Abfallgrube vor der Nordumwehrung des Kastells (Bef. 1053/55), Schicht B. Phase 2–3. Etwas verrollte Bruchkanten. Fb.-Nr. 1138.

Heiligenberg

*92 Ca. ein Fünftel Drag. 37, 4 anpass. Fragmente, Randdm. ca. 21 cm. Eierstab R-F 70a. Senkrechte Metopeneinteilung durch Doppelrechteckstab R-F O 246, auf dem drei verschiedene Rosetten liegen (von o. nach u.): R-F O 41, Forrer 1911, Taf. 27,16 u. R-F O 42a. Amor mit Fruchtkorb n.l. R-F M 115 gegenüber Minerva mit Lanze u. Schild R-F M 30. Zum Boden hin wird die Dekorzone vom Doppelrechteckstab R-F O 246 abgeschlossen, unterhalb davon Stempel *IANV[S]* Forrer 1911, Taf. 16,29. Art des *Ianus*. – Aus der Verfüllung einer Jaucherinne in Baracke III, Phase 3 (Bef. 38, Fb.-Nr. 158) u. anpass. Scherbe aus der Verfüllung eines frühalamannischen Grubenhauses, das diese Jaucherinne schneidet (Bef. 39, Fb.-Nr. 280). Scharfe Bruchkanten.

*93 Kl. WS (Splitter) Drag. 37. Rest des interdekorativen Stempels *IA[NVS]* od. *IA[NVF]* Forrer 1911, Taf. 16,29 od. 29a. Dieser überlagert randlich eine Ranke od. einen Kreis. – Aus einer nachträglichen Planierschicht über einer Grube innerhalb der *porticus* von Baracke III (Bef. 1107). Phase 2–3. Bestoßene Bruchkanten. Fb.-Nr. 1734.

*94 RS Drag. 37, Randdm. 20,5 cm. Eierstab R-F E 69, begleitet von Schnurstab R-F O 242. Ranken mit Blättchen R-F P 83 u. P 100. Auf einer weiteren Ranke sitzt ein Vogel n.l. R-F P 248. Art des *Ianus*. – Vom *campus* nördlich des Kastells (Grabung „Gleisharfe" 2004). Phase 2–3. Scharfe Bruchkanten, kreidig. Fb.-Nr. 44.

*95 WS Drag. 37. Geringer Rest von Eierstab mit begleitendem Zierstab (R-F 70a?). Fliegender Amor n.l. mit Grußgestus u. Fackel größer als R-F M 123 zwischen senkrechten Ranken u. Schnurstäben R-F O 242 (?), die in Blüten R-F O 41 enden. Unterhalb der Dekorzone Graffito –*VIA* od. *VIA*-. Art des *Ianus*. – Vom *campus* nördlich des Kastells (Grabung „Gleisharfe" 2004). Phase 2–3. Verrollte Bruchkanten, kreidig. Fb.-Nr. 33.

*96 4 teilweise anpass. RS Drag. 37, zwei davon schwarzgrau

---

[826] Lutz 1977, 154, 42.

verbrannt. Eierstab mit begleitendem Schnurstab R-F E 19a, darunter Astragale O 204 (? verpresst). Dazwischen kl. Amor n. l. größer als R-F M 133. Art des *Ianus*. – Aus einer späten Jaucherinne im Bereich des Kopfbaus der nördlichen Doppelbaracke in der rechten *retentura* (Bef. ZOH-105). Phase 3. Scharfe Bruchkanten, 2 Scherben sekundär verbrannt. Fb.-Nr. 1620.

*97 RS Drag. 37 mit drei Schablonenrillen über dem Eierstab u. nicht anpass., jedoch sicher zu demselben Gefäß gehörige WS. Eierstab mit begleitendem Schnurstab R-F E 19a. Ranke mit Doppelblatt R-F P 142. Art des *Ianus*. – Vom *campus* nördlich des Kastells (Grabung „Gleisharfe" 2004). Phase 2–3. Etwas verrollte Bruchkanten, kreidig. Fb.-Nr. 41.

*98 WS Drag. 37. Tordierte Stäbe R-F O 242 in Gitteranordnung. In den dadurch entstandenen Rautenfeldern 6-teilige Rosetten R-F O 41. Art des *Ianus*. – Vom *campus* nördlich des Kastells (Grabung „Gleisharfe" 2004). Phase 2–3. Verrollte Bruchkanten, kreidig. Fb.-Nr. 45.

*99 Kl. WS einer Drag. 37, Heiligenberg. Doppelrechteckstäbe R-F O 246 kreuzen einander, über den Kreuzungsstellen Rosetten R-F O 42. Zum Stil vgl. Forrer 1911, Taf. 25,1. Art des *Ianus*. – Aus einer Grube im Bereich des Kopfbaus von Baracke II (Bef. 1228). Phase 3. Fb.-Nr. 2149.

*100 Kl. WS Drag. 37. Doppelrechteckstab R-F O 246 (*Ianus*) u. feiner Perlstab R-F O 265 (*Reginus I*) kreuzen einander, über den Kreuzungsstellen Rosetten R-F O 42 (*Ianus* od. *Reginus I*). Stil wie Nr. 99. Art des *Ianus*. – Aus einer Abfallgrube vor der Westumwehrung des Kastells (Bef. 1620). Phase 2–3. Scharfe Bruchkanten. Fb.-Nr. 2426.

*101 2 kl. anpass. WS Drag. 37. Girlandendekoration: an Astragal O 204 (?) hängende Bögen R-F KB 115, darin Kranich n. r. R-F T 217. Zwischen den Bögen 6-teilige Rosette O 41, daran hängt senkrechter Astragal O 204, dieser endet in Doppelblatt R-F P 142. Zum Stil vgl. Forrer 1911, Taf. 26,7. Art des *Ianus*. – Vom *campus* nördlich des Kastells (Grabung „Gleisharfe" 2004). Phase 2–3. Verrollte Bruchkanten, kreidig. Fb.-Nr. 33.

*102 Kl. WS Drag. 37. Statt Eierstab einzelne Doppelblättchen R-F P 140. Rest von Minerva mit Speer u. Schild R-F M 30. Rechts daneben Vorderpfoten von springendem Löwen n. l. R-F T 5. Art des *Ianus*. – Aus der Verfüllung des nördlichen Kastellgrabens (Bef. 1002). Phase 3. Etwas verrollte Bruchkanten. Fb.-Nr. 1037.

*103 Kl. RS (Splitter) Drag. 37. Statt Eierstab Fries R-F R 5 (3-teilige Blüte R-F P 135, begleitet von Schnurstab O 242). Doppelblatt R-F 142 als oberer Abschluss eines senkrechten Schnurstabs (O 242?). Rechts daneben Ranke. Verrieben u. verrollt. Art des *Ianus*. Evtl. zu Nr. 104 gehörig, wofür die gleiche Fundstelle, gleicher Erhaltungszustand u. Ton sprechen. – Vom *campus* nördlich des Kastells (Grabung „Gleisharfe" 2004). Phase 2–3. Verrollte Bruchkanten, kreidig. Fb.-Nr. 46.

*104 Kl. WS Drag. 37. Rest von R-F E 69. Vogel n. r. T 258, rechts daneben Ranke mit Blättchen R-F P 83. Art des *Ianus*. Verrieben u. verrollt. Evtl. zu Nr. 103 gehörig. – Vom *campus* nördlich des Kastells (Grabung „Gleisharfe" 2004). Phase 3. Verrollte Bruchkanten, kreidig. Fb.-Nr. 45.

*105 RS Drag. 37. Eierstab R-F E 39a, begleitet von Doppelrechteckstab O 246. Verrieben u. verrollt. Art des *Ianus*. – Vom *campus* nördlich des Kastells (Grabung „Gleisharfe" 2004). Phase 2–3. Verrollte Bruchkanten, kreidig. Fb.-Nr. 46.

*106 RS Drag. 37, Randdm. ca. 20 cm. Rest von Eierstab R-F E 39. Scharfkantige Bruchstellen. Art des *Ianus*. – Aus der Verfüllung einer Jaucherinne in Baracke VI (Bef. 714/II). Phase 3. Etwas verrollte Bruchkanten. Fb.-Nr. 933.

*107 RS Drag. 37, Randdm. ca. 20 cm. Rest von Eierstab R-F E 39. Scharfkantige Bruchstellen. Art des *Ianus*. – Aus der Verfüllung einer zusätzlichen Jaucherinne in Baracke III (Bef. 1111), oberste Schicht, Pl. 0–1. Phase 2b–3. Scharfe Bruchkanten. Fb.-Nr. 1713.

*108 Kl. RS Drag. 37, Randdm. ca. 20 cm. Überdrehter Eierstab mit begleitendem Schnurstab R-F E 19a. Art des *Ianus*. – Aus einer Jaucherinne in Baracke VI, Pl. 0–1. Phase 3. Scharfe Bruchkanten. Fb.-Nr. 763.

109 Kl. RS Drag. 37. Rest eines Eierstabs R-F E 19 od. E 39. Darüber Schablonenrillen. Scharfkantige Bruchstellen. Wahrscheinlich Art des *Ianus*. – Aus der frühalamannischen Kulturschicht über der umgestürzten westlichen Kastellmauer (Bef. 1443). Die Provenienz der Scherbe aus dem Kastell ist daher nicht gesichert. Scharfe Bruchkanten. Fb.-Nr. 2394.

*110 Kl. WS Drag. 37. Rest eines Frieses aus liegenden 3-teiligen Blüten R-F P 135, begleitet von Doppelrechteckstab R-F O 246 als unterer Dekorabschluss. Darüber kleiner Fruchtkorb wie Forrer 1911, Taf. 25,9. Art des *Ianus*. – Aus einer nachträglichen Planierschicht über einer Grube innerhalb der *porticus* von Baracke I (Bef. 1688). Phase 2–3. Scharfe Bruchkanten. Fb.-Nr. 2459.

*111 Kl. WS (Splitter) Drag. 37. Rest eines Frieses aus liegenden 3-teiligen Blüten R-F P 135 als unterer Dekorabschluss mit einfacher Leiste. Art des *Ianus*. – Vom *campus* nördlich des Kastells (Grabung „Gleisharfe" 2004). Phase 2–3. Verrollte Bruchkanten, kreidig. Fb.-Nr. 41.

*112 Kl. WS Drag. 37. Unterer Dekorabschluss durch zwei einfache Rillen, darüber Hinterläufe des springenden Löwen n. l. R-F T 26a. Art des *Ianus*. – Aus einer Abfallgrube vor der Nordumwehrung des Kastells (Bef. 1053/55), beim Schneiden des Bef. Phase 2–3. Verrollte Bruchkanten. Fb.-Nr. 1058.

*113 Kl. WS (Splitter) Drag. 37. Rest von Perlkreis R-F K 42. Art des *Ianus*. – Aus einer jüngeren Jaucherinne in Baracke IV (Bef. 664). Phase 3. Scharfe Bruchkanten. Fb.-Nr. 919.

*114 3 nicht anpass. WS Drag. 37. Gerippter Stab (unter Eierstab?) R-F O 252 (*Reginus*). Schreitender Amor R-F M 118 (bezeugt für Heiligenberg), daneben Mercur mit caduceus R-F M 78 (*Reginus*). Rechts Faun R-F M 94 (*Ianus I*, Heiligenberg u. Rheinzabern), links Sirene R-F M 103 (*Reginus*). Senkrechte Bildfeldeinteilung durch Schnurstab R-F O 243 (*Reginus*), daran je drei Blätter R-F P 154 (*Reginus I*, Heiligenberg u. Rheinzabern). Auf anderer Scherbe Ringer R-F M 193b (*Reginus*). Füllmotive: Blüte mit Fuß R-F P 129 (*Ianus* u. *Reginus*), Blüte R-F P 128 (*Reginus*), Vögelchen R-F T 249 (*Reginus*) und Kringel. Art des *Reginus*, aufgrund des Tons Heiligenberg. – Aus der oberen Verfüllschicht des Kanals der *via sagularis* (Bef. 1550). Phase 3. Scharfe Bruchkanten. Fb.-Nr. 2338 u. 2407.

*115 Kl. WS Drag. 37. Rest der unteren Dekorzone: Beine von Pfau n. r. R-F 230 (*Ianus*) od. Hahn n. r. R-F 240 (*Ianus* od. *Reginus*) in Bogen KB 49 (*Ianus* od. *Reginus*) od. Kreis KB 106 (*Reginus*). Die Dekorzone wird durch zwei Schablonenrillen nach unten abgeschlossen. Art des *Ianus* od. *Reginus*. – Vom *campus* nördlich des Kastells (Grabung „Gleisharfe" 2004). Phase 2–3. Etwas verrollte Bruchkanten, kreidig. Fb.-Nr. 46.

116 Kl. WS Drag. 37. 6-teilige Blattrosette R-F O 34. Art des *Ianus* od. *Reginus*. – Aus einer jüngeren Jaucherinne in Baracke IV (Bef. 664). Phase 3. Etwas verrollte Bruchkanten. Fb.-Nr. 1175.

*117 Kl. WS (Splitter) Drag. 37. Völlig verpresste kl. Rosette od. Blättchen über Ranke? Unbestimmt. Aufgrund des Tons wahrscheinlich Heiligenberg. – Aus einer Abfallgrube vor der Nordumwehrung des Kastells (Bef. 1053/55). Phase 2–3. Scharfe Bruchkanten. Fb.-Nr. 1130.

Heiligenberg oder Rheinzabern

*118 RS Drag. 37, Randdm. ca. 24 cm. Eierstab R-F E 39b, begleitet von Schnurstab R-F O 242. Scharfkantige Bruchstellen. Art des *Ianus (I)*. – Über den Resten einer Feuerstelle in Baracke IV, Pl. 1 (Bef. 663). Phase 3. Scharfe Bruchkanten. Fb.-Nr. 978.

Rheinzabern

119 Glatte RS Drag. 37, oberhalb des Eierstabs abgebrochen, Randdm. ca. 21 bis 22 cm. Lachsroter Ton, scharfe Bruchstellen. Aufgrund geochemischer ICP-MS-Keramikanalyse Rheinzabern. – Aus der Verfüllung einer späten Latrine im westlichen Kopfbau von Baracke VIII (Bef. 1553). Phase 3. Scharfe Bruchkanten. Fb.-Nr. 2370.

*120 2 kl. WS Drag. 37 vermutlich derselben Schüssel. Statt Eierstab Fries aus Doppelblättchen R-F R 33 (*Reginus I*). Senkrecht stehende Lanzettblätter R-F P 17 (*Reginus I*) neben Kringeln wie Ricken 1948, Taf. 13,14 u. Rest von Blattkelch R-F P 112a. Rest einer nicht identifizierten Punze. Art des *Reginus I*. – Aus der Verfüllung einer späten Latrine im westlichen Kopfbau von Baracke VIII (Bef. 1553, Fb.-Nr. 2370) bzw. aus der frühalamannischen Kulturschicht über der umgestürzten westlichen Kastellmauer (Bef. 1443, Fb.-Nr. 2382). Eine Scherbe mit scharfen, eine mit verrollten Bruchkanten.

*121 WS Drag. 37. Amor R-F M 174 in Kreis R-F K 19. Spitzblatt R-F P 38 an Wellenranke, begleitet von Perstab R-F O 262. Stil wie Ricken 1948, Taf. 99,7. Art des *Comitialis V*. – Aus der frühalamannischen Kulturschicht über dem Kastellgraben (Bef. 1443). Post quem Phase 4. Etwas verrollte Bruchkanten. Fb.-Nr. 2324.

*122 WS Drag. 37. Kreise R-F K 5, dazwischen Perlstab R-F O 261 mit Spitzblatt R-F P 145. Ware mit Eierstab E 25.26. – Aus der frühalamannischen Kulturschicht über dem Kastellgraben (Bef. 1443). Post quem Phase 4. Scharfe Bruchkanten. Fb.-Nr. 2324.

*123 WS Drag. 37. Amazone R-F M 238b u. Kreis R-F K 19a, dazwischen Perlstab R-F O 260. Doppelblattfries R-F R 39 als unterer Dekorabschluss. Art des *Verecundus I*. – Aus einer der nachkastellzeitlichen Pflasterung über der umgestürzten Kastellmauer nahe der *porta principalis sinistra* (Bef. 1528). Phase 4. Scharfe Bruchkanten. Fb.-Nr. 2326.

124 Kl. RS Drag. 37. Eierstab R-F E 41. Art des *Primitivus IV*. – Aus der obersten Verfüllung (Brandschicht) eines nachkastellzeitlichen Brunnens im Bereich der *retentura* (ZOH-Bef. 102). Phase 4. Fb.-Nr. 1615.

*125 Kl. RS Drag. 37. Eierstab R-F E 23. Ansatz von Doppelkreis R-F K 19. Mehrere Töpfer möglich: *Comitialis V*, *Florentinus*, *Mammilianus* od. *Marcellus I* (Bernhard-Gruppe II). – Aus der frühalamannischen Kulturschicht über dem Kastellgraben (Bef. 1443). Post quem Phase 4. Scharfe Bruchkanten. Fb.-Nr. 2294.

Waiblingen, „Schwäbische Ware"

*126 Kl. RS Drag. 37. Eierstab C u. begleitendem Perlstab nach Simon 1984, 483 u. 534f. Über dem Eierstab Schablonenrillen. Rest von Doppelblättchen wie ebd. 483, 65–66? Aus der Verfüllung einer frühalamannischen Fassgrube/-brunnen (Bef. 821). Das Stück kann dem Kastell somit nicht sicher zugeordnet werden. Scharfe Bruchkanten. Fb.-Nr. 1300.

*127 RS Drag. 37, Randdm. 18 bis 19 cm. Eierstab E nach Simon 1984, 536f., begleitet von Perlstab wie ebd. 487, 91–95. Hauptdekoration durch schräge Schnurstäbe wie ebd. 493, 125. Unterer Dekorabschluss durch Fries aus Doppelblättchen wie ebd. 486f. Nr. 86–90. Ware des *Reginus* oder der Haupttöpfergruppe. – Aus dem Bereich einer Abfallgrube vor der Nordumwehrung des Kastells (Bef. 1053/55), Schicht A. Phase 3–4. Etwas verrollte Bruchkanten. Fb.-Nr. 1137.

IV.8 Töpferstempel auf glatter Terra Sigillata

Abb. 121–124

Träger der insgesamt 56 Stempel sind Teller Drag. 18/31 (38) und Drag. 31 (4) sowie Näpfe Drag. 27 (8–9) und frühe Drag. 33 (1–2) bzw. Ritterling 10 (2). Nur in einem Fall liegt der Boden eines Tellers der typologisch tendenziell älteren Form Drag. 15/17 vor, signiert von *Natalis* (Nr. 23). Die Reliefsigillata (vermutlich desselben) *Natalis* datiert jedoch eher in die Blüte- als in die Frühzeit des Kastells, sodass diesem Einzelstück keine besondere chronologische Bedeutung zufällt. Im gesamten Materialbestand der glatten Terra Sigillata gibt es noch zwei weitere Fragmente von Tellern Drag. 15/17, nämlich zwei Wandsplitter eines Tellers aus dem Grubenkomplex Bef. 1053/55 vor der Nordumwehrung sowie die Randscherben Bef. 1550-15 (s. Katalog), die allerdings keinen klassischen Vertreter dieser Form repräsentieren. Das Stück könnte aufgrund seiner äußerlichen Merkmale ebenfalls in Banassac produziert worden sein, doch bleibt diese Zuordnung ungewiss. Es wurde in der Verfüllung des Kanals der *via sagularis* (Phase 3) entdeckt, könnte aufgrund der leichten Bestoßung seiner Bruchkanten aber bereits früher in den Boden gekommen und umgelagert worden sein. Teller der Form Drag. 15/17 sind aufgrund ihrer Minderzahl gegenüber Drag. 18/31 offenbar nicht mehr nach Heidenheim geliefert worden, sondern nur noch als Altstücke dorthin gelangt.

Die Tellerform Drag. 18 ist im gesamten Materialbestand nicht mehr nachweisbar, jedoch frühe Übergangsvarianten der Drag. 18/31 mit gerundetem Außenrand und etwa gleichem Längenverhältnis der Gefäßpartien beiderseits des Wandknicks, z.B. Bef. 764-3 (Phase 1), Bef. 825-7 (Phase 1), Bef. 1107-13 (Phase 2a) und Bef. 723-5 (Phase 2a). Die Gefäßreste von Tellern Drag. 31 mit spitzen Omphaloi stammen aus Mittelgallien, Heiligenberg und Rhein-

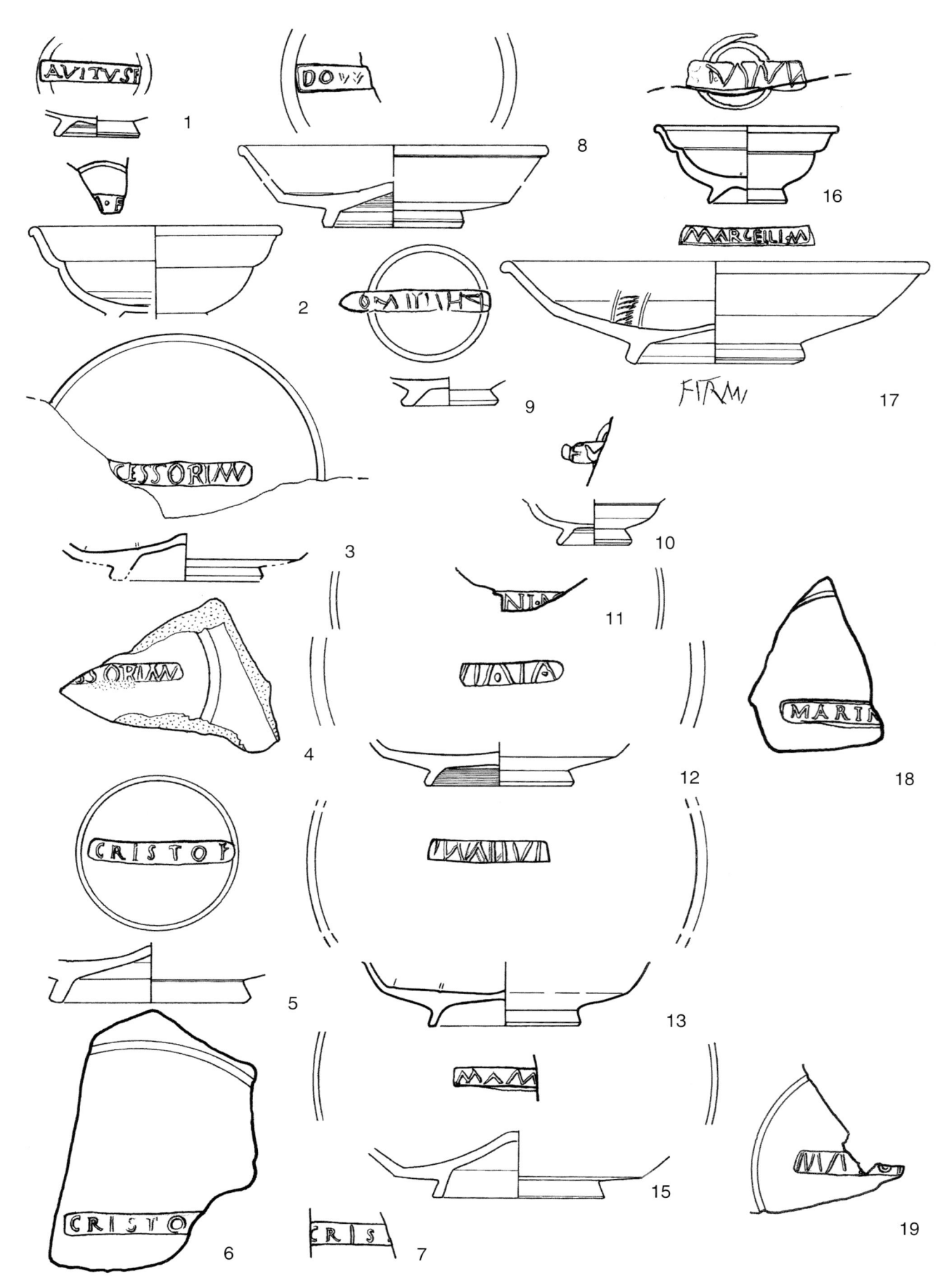

Abb. 121: Töpferstempel auf glatter Sigillata. Stempel M. 1:1, Gefäßprofile M. 1:3.

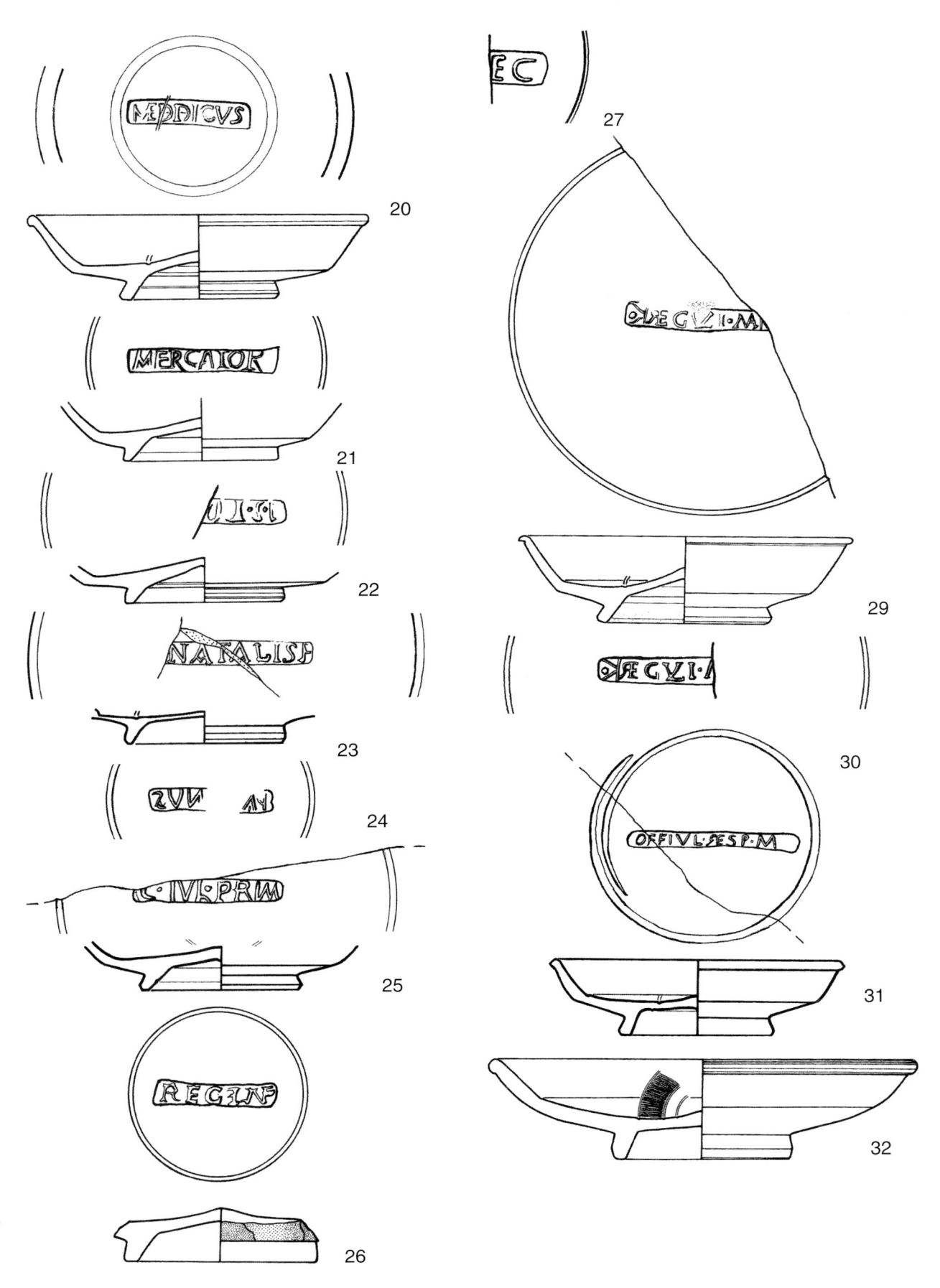

Abb. 122: Töpferstempel auf glatter Sigillata. Stempel M. 1:1, Gefäßprofile M. 1:3.

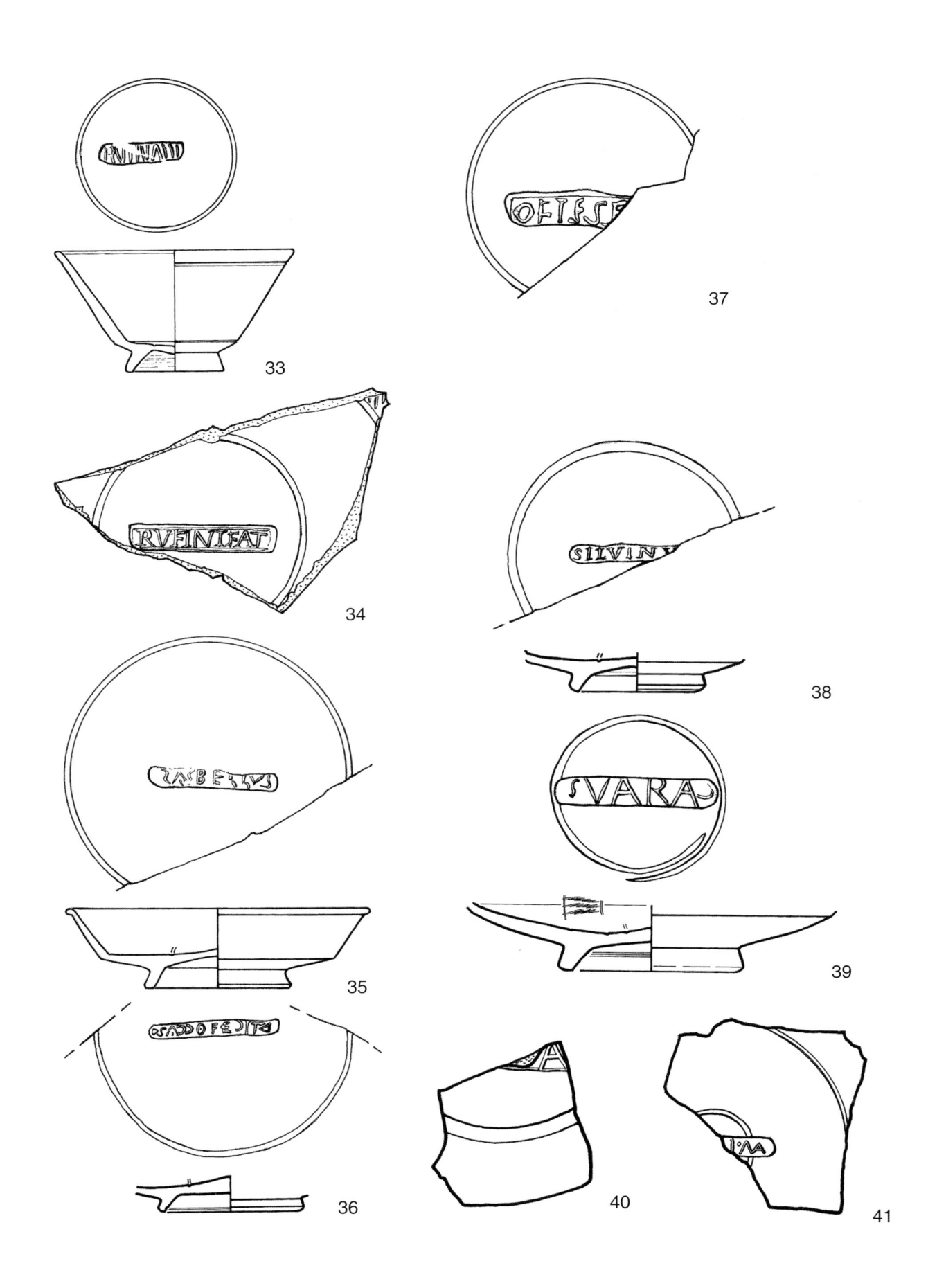

Abb. 123: Töpferstempel auf glatter Sigillata. Stempel M. 1:1, Gefäßprofile M. 1:3.

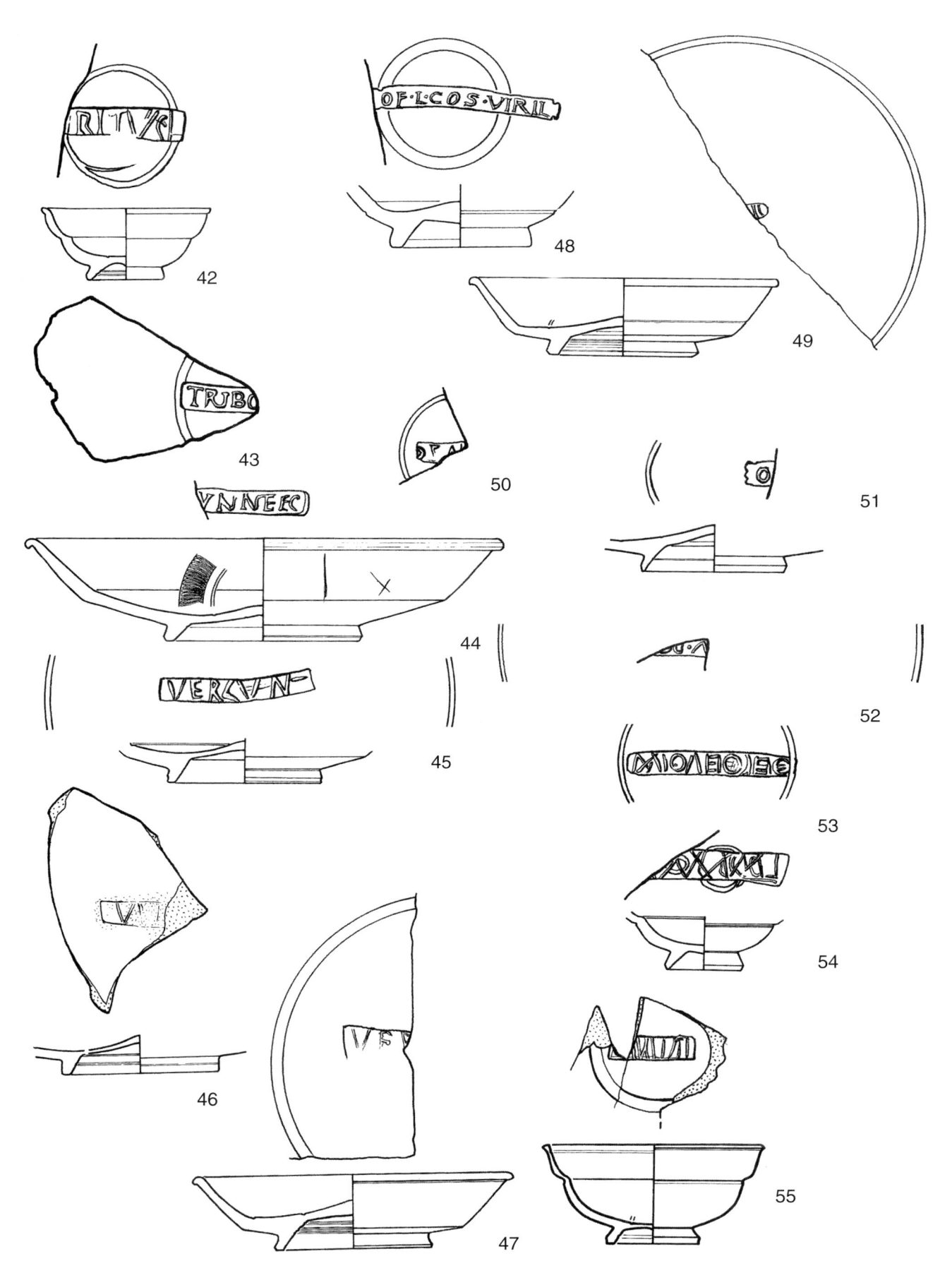

Abb. 124: Töpferstempel auf glatter Sigillata. Stempel M. 1:1, Gefäßprofile M. 1:3.

Tabelle 29: Chronologische Verteilung der Töpferstempel auf glatter Sigillata und Anteile der Produktionszentren.

	n	%	Phase 1	Phase 1–2	Phase 2a–2	Phase 2b	Phase 2–3	Phase 3	Phase 1–3
La Graufesenque	5	8,9	♦				♦	♦	♦♦
Banassac	5	8,9						♦♦	♦♦
Südgallien unbest.	6	10,7			♦♦			♦	♦♦♦
Mittelgallien	11	19,6			♦♦	♦	♦♦♦♦ ♦♦♦		
Chémery/ Mittelbronn	4	7,1					♦♦♦♦		
Argonnen	1	1,8						♦	
Heiligenberg	22	39,3				♦	♦♦♦♦ ♦♦♦♦ ♦♦♦	♦♦♦♦♦ ♦♦♦♦♦	
Rheinzabern	1	1,8						♦	

zabern.[827] Ihr Vorkommen ist auf die Phase 3 beschränkt, ebenso wie die Napfform Drag. 33. Lediglich deren größerer Vorläufertyp Ritterling 10(var.) findet sich vereinzelt bereits ab Phase 1, z.B. in Bef. 100 und 1301.

Die chronologische Verteilung auf die Kastellphasen (Tab. 29) spiegelt – erwartungsgemäß – im Wesentlichen das Verteilungsmuster der Reliefsigillata (Tab. 21) wider. Der ohnehin geringen Fundmenge aus Phase 1 ließ sich kein gestempeltes Stück sicher zuweisen, was wohl auf zufälliger Ungunst der Überlieferung beruht. Wiederum wird bestätigt, dass einzelne südgallische Erzeugnisse bis zur Aufgabe des Kastells um 160 n. Chr. in Gebrauch waren.

Wie in Tabelle 21 zeigt sich auch hier eine Häufung von Heiligenberger Geschirren während der Spätzeit (Phase 3). Etwa die Hälfte von ihnen wurde im Bereich des *campus* gefunden, darunter auch drei Tellerböden mit Stempeln des *Cristo* (Nr. 5–7). Möglicherweise, so lässt sich allerdings nur spekulieren, trug ein Missgeschick zur Heiligenberger Fundhäufung in diesem Bereich bei, vielleicht die hier entsorgte Havarie einer frischen Geschirrlieferung aus Heiligenberg.

Der von *Reginus* gestempelte Teller Nr. 26 könnte das früheste nachweisbare Zeugnis für Waren aus Heiligenberg darstellen. Es ist in diesem Fall jedoch nicht klar, ob die in Phase 2b eingerichtete Jaucherinne, in der der Tellerboden gefunden wurde, nicht vielleicht doch erst bei der Aufgabe des Kastells (Phase 3) geschlossen wurde. Die meisten Gefäßbruchstücke aus Heiligenberg weisen den typischen lachsroten Ton mit einigen weißen Kalkmagerungspartikeln auf. Es kommen vereinzelt aber auch deutlich abweichende Qualitäten vor, wie z.B. der Teller Nr. 8: Dieser konnte erst durch eine ICP-MS-Keramikanalyse Heiligenberg zugewiesen und daraufhin der Stempelrest als *Domitianus* identifiziert werden. Der orange Tonkern mit heller, blassorangefarbener Glanztonoberfläche weicht nämlich makroskopisch signifikant von den übrigen Heiligenberger Stücken ab. Im Gesamtbestand konnten einzelne weitere Sigillatascherben dieser auffälligen Warenart sichergestellt werden, deren Vorkommen sich – soweit zuweisbar – auf die späteste Kastellzeit (Phase 3) beschränkt.

Rheinzaberner Ware ist durch zwei Einzelstücke, den *Tribocus* gestempelten Boden Nr. 43 sowie durch eine Randscherbe Drag. 18/31 für Phase 3 sicher belegt. Beide Fragmente wurden einer chemischen ICP-MS-Keramikanalyse unterzogen, deren Ergebnis eindeutig zugunsten Rheinzaberns ausgefallen ist (Kap. IV.12.4).

Ein Tellerboden mit Stempel des *Nasso* darf als „Sonderling" gelten, da Argonnenware in Rätien normalerweise nicht vorkommt. Seine Verbringung nach Heidenheim dürfte eine individuelle Ursache haben, z.B. die Versetzung eines Soldaten.

Katalog der Töpferstempel (Abb. 121–124)

*1 BS einer Drag. 27(?). Stempel: AVITVS F. Heiligenberg (vgl. Biegert 2003, 21, bisher Ittenweiler zugewiesen). Faksimilia: Forrer 1911, 741 Nr. 214b; Heiligmann 1990, 100 Nr. 1 (Ursprung); Schmid 2000, 102 Nr. 30 (Günzburg). Graffito Nr. 110 (Kap. IV.1): X. – Vom *campus* nördlich des Kastells (Ausgrabung „Gleisharfe" 2004, Bef. 2). Phase 2–3. Fb.-Nr. 35.

*2 Ca. zu einem Viertel erhaltene Drag. 27. Stempel: [BIG]A.F[EC]. Mittelgallisch. Faksimilia: Kortüm/Lauber 2004, 311 Nr. 29 (Walheim); ORL B 59 (Cannstatt) Taf. 4,197; Luik 1996, Taf. 143,94 (Köngen); Walke 1965, Taf. 40 Nr. 88 (Straubing); Fischer 1973, 221 Nr. 2 (Heddernheim); Schönberger 1970, 26 Nr. 11 (Erdkastell Saalburg). – Aus einer Ab-

---

827 Nr. 15, 28, 29 und 43.

fallgrube nördlich des Kastells (Bef. 1012). Phase 2–3. Fb.-Nr. 1139.

*3 BS Drag. 18/31. Stempel: CESSORINV. Heiligenberg. Faksimilia: Biegert 2003, 13 Nr. 8; Eingartner/Eschbaumer/Weber 1993, 201 Nr. 20 (Faimingen); Gaubatz-Sattler 1999, Taf. 27,22 (Rottenburg). – Pl. 0–1 aus dem Abbruchschutt des Kastells im Bereich der Pferdeställe von Baracke IV. Phase 3. Fb.-Nr. 507 (Scholz 2001/02, 103 Nr. 18).

*4 Kl. BS Drag. 18/31. Stempel: [CE]SSORINV. Wie Nr. 3. – Aus einer Abfallgrube nördlich des Kastells (Bef. 1053/55). Phase 2–3. Fb.-Nr. 1057 (Scholz 2001/02, 103 Nr. 19).

*5 BS gr. Drag. 18/31. Stempel: CRISTO F.Heiligenberg. Faksimilia: Biegert 2003, 21 Nr. 17 (Heiligenberg); Walke 1965, Taf. 41,147 (Straubing). Graffito Nr. 28 (Kap. IV.1): LI-IDA [I?]MA. – Vom campus nördlich des Kastells (Ausgrabung „Gleisharfe" 2004, Bef. 5). Phase 2–3. Fb.-Nr. 2.

*6 Kl. BS Drag. 18/31. Stempel: CRISTO [F]. Heiligenberg. Faksimile: Biegert 2003, 13 Nr. 12 (Heiligenberg). – Vom campus nördlich des Kastells (Ausgrabung „Gleisharfe" 2004, Bef. 4). Phase 2–3. Fb.-Nr. 34.

*7 BS Drag. 18/31. Stempel: CRIS[TO F]. Heiligenberg. Faksimile: Biegert 2003, 13 Nr. 12 (Heiligenberg). – Vom campus nördlich des Kastells (Ausgrabung „Gleisharfe" 2004, Bef. 11). Phase 2–3. Fb.-Nr. 48.

*8 Ca. 2/3 erhaltener Teller Drag. 18/31 mit auffällig hellorangefarbenem Glanztonüberzug. Stempel: DOM[ITIANVS F] retrograd. Nach chemischer Tonanalyse dieses Tellers Heiligenberg, vgl. Kapitel IV.12.4. Faksimilia: Biegert 2003, 13 Nr. 17; Forrer 1911, Taf. 15,18a; Sölch 2001, Taf. 58,17; Luik 1996, Taf. 145,174 (Köngen). Derselbe Töpfer hat später vermutlich in Rheinzabern produziert.[828] – Aus der oberen Verfüllung des Kanals der via sagularis (Bef. 1550). Phase 3. Fb.-Nr. 2350.

*9 BS Drag. 33. Stempel: [D]OMITIAN F, verpresst. Heiligenberg. Faksimilia: Heiligmann 1990, Taf. 151,49 (Heidenheim); Sölch 2001, Taf. 58,20 (Heidenheim); Walke 1965, Taf. 45,424–425 (Straubing). – Aus einer Abfallgrube vor dem Westtor des Kastells (Bef. 1450). Phase 3. Fb.-Nr. 2270.

*10 BS Drag. 27. Stempel: FV[SCI], verpresst. La Graufesenque. Faksimilia: Jae 1996, Taf. 16,35 (Marköbel); ORL B 33 (Stockstadt) Taf. 19,51; ORL B 53 (Neckarburken) 25, 5. Vgl. auch Fischer 1973, 222 Nr. 20. – Aus einer Abfallgrube vor dem Westtor des Kastells (Bef. 1450). Phase 1–3. Fb.-Nr. 2270.

*11 BS Drag. 18/31. Stempel: [GEMI]NI.M. Mittelgallisch. Faksimile: ORL B 59 (Cannstatt) Taf. 4,66. – Aus einer Grube im Bereich der porticus von Baracke III (Bef. 75). Phase 2a. Fb.-Nr. 317.

*12 BS Drag. 18/31. Stempel: IAIA. Iaia aus Banassac. Der ursprüngliche Stempel (Planck 1975, 259 Nr. 436) war länger. Faksimilia des links abgebrochenen Exemplars wie hier: ORL B 73 (Pfünz) Taf. 8B, 172; Walke 1965, Taf. 45,428 (Straubing); A. Faber, Das römische Gräberfeld auf der Keckwiese in Kempten (Kallmünz/Opf. 1998) 101, 521; Ebner 1997, 42 Nr. 19 (Schwabmünchen). – Aus einer Abfallgrube westlich des Kastells (Bef. 1620). Phase 2–3. Fb.-Nr. 2426.

*13 BS Drag. 18/31. Stempel: IVLIANI retrograd? Südgallisch. Faksimilia: Schmid 2000, 140 Nr. 381 (Günzburg); Planck 1975, 259 Nr. 416 (Rottweil); ORL B 59 (Cannstatt) Taf. 4,70. Graffito Nr. 33 (Kap. IV.1): AES. – Aus der Sohlenschicht einer Grube im Bereich der porticus von Baracke V (Bef. 563). Phase 2a. Fb.-Nr. 576 (Scholz 2001/02, 103 Nr. 23).

14 Kl. BS Drag. 18/31. Stempel: IVL[IANI] retrograd? Wie Nr. 13. – Aus einer Grube im Bereich der porticus von Baracke VI (Phase 2a, Bef. 723). Phase 2a. Fb.-Nr. 1272.

*15 BS Drag. 31. Stempel: MAM[MI]. Lezoux. Faksimile: Walke 1965, Taf. 42,224 (Straubing). – Vom campus nördlich des Kastells (Ausgrabung „Gleisharfe" 2004, Bef. 4). Phase 2–3. Fb.-Nr. 37.

*16 Ca. ¾ erhaltene Drag. 27 (2 Fragmente). Stempel: MAN oder kopfstehend dazu MAM, evtl. Maianus oder Man(...) aus Banassac. Ähnlich Schmid 2000, 119 Nr. 180–181. – Aus einer Abfallgrube nördlich des Kastells (Bef. 1012). Phase 1–3. Fb.-Nr. 1113 (Scholz 2001/02, 103 Nr. 31).

*17 Ungefähr zu einem Drittel erhaltener gr. Teller Drag. 18/31. Stempel im Kerbenring: MARCELLI.M. Mittelgallisch, Martres-de-Veyre. Gleicher Duktus, jedoch kleiner: Terrisse 1972, Taf. 53. Graffito Nr. 43 (Kap. IV.1): FIRMI. – Vom campus nördlich des Kastells (Ausgrabung „Gleisharfe" 2004). Phase 2–3. Fb.-Nr. 47.

*18 Kl. BS Drag. 18/31. Stempel: MARIN[VS.F]. Heiligenberg, ähnlich Forrer 1911, Taf. 16,38. Faksimilia: Sölch 2001, Taf. 58,29 (Heidenheim); Eingartner/Eschbaumer/Weber 1993, 201 Nr. 12 (Faimingen). Dieser Stempeltyp fehlt bisher an Fundplätzen des vorderen Limes (Biegert/Lauber 1995) und weicht im Duktus von den zahlreichen Marinus-Stempeln der Schwäbischen Ware sowie aus Rheinzabern deutlich ab. Graffitorest V. – Aus den Resten einer Feuerstelle in einer papilio in Baracke VI (Bef. 746). Phase 3. Fb.-Nr. 907.

*19 Kl. BS Drag. 18/31. Stempel: MA[S]O[N]. Heiligenberg. Faksimile: Forrer 1911, Taf. 16,40. Graffito Nr. 89 V[---] oder A[---]. – Aus der frühalamannischen Kulturschicht über der Verfüllung des westlichen Kastellgrabens (Bef. 1443). Zugehörigkeit zum Kastell unsicher, aufgrund der Objektdatierung aber wahrscheinlich (Phase 3?). Fb.-Nr. 2372.

*20 Ca. zur Hälfte erhaltener Teller Drag. 18/31. Stempel: MEDDICVS mit gallischem D, verpresst. Chémery. Faksimile: Luik 1996, Taf. 148,353 (Köngen). Graffito Nr. 101 (Kap. IV.1): I. – Späte Grube des erweiterten Kopfbaus in Baracke II (Bef. 1249). Phase 2–3. Fb.-Nr. 2108 u. 2151.

*21 Ca. 2/3 erhaltener Teller Drag. 18/31. Stempel: MERCATOR. Heiligenberg. Faksimile: Biegert 2003, 15 Nr. 50. Häufiger sind zwei andere, im Duktus sehr ähnliche Stempelvarianten dieses Töpfers. Graffito Nr. 19 (Kap. IV.1): T IVLI. – Vom campus nördlich des Kastells (Ausgrabung „Gleisharfe" 2004, Bef. 4). Phase 3. Fb.-Nr. 47.

*22 BS Drag. 18/31. Stempel: [NASS]O I.S.F, stark verrieben. Argonnenware. Ähnlich: ORL B 73 (Pfünz) Taf. 8A, 99; Schönberger 1970, 26 Nr. 45; Fischer 1973, 221 Nr. 34 (Heddernheim). Graffito Nr. 74 (Kap. IV.1): –NVS(?) X. – Vom campus nördlich des Kastells (Ausgrabung „Gleisharfe" 2004, Bef. 3). Phase 2–3. Fb.-Nr. 39.

*23 BS Drag. 15/17. Stempel: NATALIS F.Banassac. Faksimilia: Hofmann 1988, 37 Fig. 16, Planck 1975, 256 Nr. 272 (Rottweil); Faber 1994; Beil. 5, 62 (Regensburg-Kumpfmühl); Walke 1965, Taf. 43,265 (Straubing). – Aus dem Unterbau einer Herdstelle in einer papilio von Baracke IV (Bef. 656). Phase 2. Fb.-Nr. 690 (Scholz 2001/02, 103 Nr. 25).

*24 Kl. BS Drag. 18/31. Stempel: PA[VLLI]NVS retrograd, teilweise verpresst. Heiligenberg. Faksimilia: Biegert 2003, 15 Nr. 66; Kortüm 1995, Taf. 72,280 (Pforzheim); ORL B 73 (Pfünz) Taf. 8A, 108; Walke 1965, Taf. 43,290 (Straubing). –

---

828 Biegert/Lauber 1995, 656.

Aus einer Abfallgrube vor dem Westtor des Kastells (Bef. 1450). Phase 3. Fb.-Nr. 2295.

*25 Ca. zu einem Viertel erhaltener Teller Drag. 18/31. Stempel: *C.IVL.PRIM*. La Graufesenque. Faksimilia: Schmid 2000, 128 Nr. 258 (Günzburg); Heiligmann 1990, Taf. 49,16 („Häsenbühl"); Planck 1975, 257 Nr. 287–288 (Rottweil). Graffito Nr. 64 (Kap. IV.1): *SE[---] und X*. – Aus einer Abfallgrube nördlich des Kastells (Bef. 1053/55). Phase 1–3. Fb.-Nr. 1142 (Scholz 2001/02, 103 Nr. 20).

*26 BS gr. Teller Drag. 18/31. Stempel im Kerbenring: *REGINF*. Nicht in Biegert 2003, Forrer 1911 und Ludowici Kat. V (1927) aufgeführt, aufgrund des Tons wahrscheinlich Heiligenberg. Faksimilia: ORL B 66c (Faimingen) Taf. 7,105; ORL B 59 (Cannstatt) Taf. 4,143; Kortüm/Lauber 2004, 314 Nr. 175 (Walheim); Knopf 2000, Taf. 27,6 (Sindelfingen). Graffito Nr. 45 (Kap. IV.1): *HASTI*. – Aus einer zusätzlichen Jaucherinne in Baracke III (Bef. 1137). Phase 2b. Fb.-Nr. 1904.

*27 Kl. BS Drag. 18/31. Stempel: *[REGINVS? F]EC*. Trotz der auffallend großen Endbuchstaben, die typisch für den Töpfer *Reginus* sind,[829] ließ sich kein vollständiges Faksimile finden, sondern lediglich das ebenfalls abgebrochene -*]S FEC* bei Ebner 1997, 42 Nr. 13. Eher Heiligenberg als Rheinzabern. – Aus einer Abfallgrube nördlich des Kastells (Bef. 1053/55). Phase 2–3. Fb.-Nr. 1130.

28 Bodenhälfte Drag. 31. Stempel bis auf letzte Reste verrieben: *[---]IN[---](?)*. Möglicherweise Werk des *Reginus* aus Heiligenberg aufgrund des lachsfarbenen Tons. Graffiti Nr. 65 (Kap. IV.1): *TER* und *Stern*. – Vom *campus* nördlich des Kastells (Ausgrabung „Gleisharfe" 2004). Phase 2–3. Fb.-Nr. 33.

*29 Ca. zu einem Viertel erhaltener Teller Drag. 31. Stempel: *REGVLI.MA* in tabula ansata. Mittelgallisch. Faksimile: Planck 1975, 257 Nr. 297 (Rottweil); Luik 1996, Taf. 151,484 (Köngen). Aus zentraler Grube im westlichen Kopfbau von Baracke II (Bef. 1228). Phase 3. Fb.-Nr. 2215.

*30 BS Drag. 18/31. Stempel: *REGVLI.[MA]* in tabula ansata wie Nr. 29. – Aus einer Abfallgrube westlich des Kastells (Bef. 1620). Phase 2–3. Fb.-Nr. 2426.

*31 Ca. zur Hälfte erhaltene Drag. 18/31. Stempel: *OFFIVL.RESP.M* (R retrograd). Heiligenberg. Faksimilia: Biegert 2003, 17 Nr. 68 (Heiligenberg); Schönberger 1970, 26 Nr. 27 (Erdkastell Saalburg); Kortüm 1995, Taf. 72,290 (Pforzheim); ORL B 59 (Cannstatt) Taf. 4,71; Luik 1996, Taf. 146,225 (Köngen); ORL B 73 (Pfünz) Taf. 8A, 124. – Aus einer Jaucherinne in Baracke III (Bef. 334). Phase 3. Fb.-Nr. 444 (Scholz 2001/02, 103 Nr. 21).

32 Ca. zur Hälfte erhaltener gr. Teller Drag. 18/31. Stempel im Kerbenring: *OFFIVL.RESP.M* (R retrograd). Heiligenberg. Wie Nr. 31. – Aus einer Abfallgrube nördlich des Kastells (Bef. 1053/55). Phase 3. Fb.-Nr. 1099 u. 1138 (Scholz 2001/02, 103 Nr. 22).

*33 Ca. zu einem Viertel erhaltene Drag. 33/Ritterling 10. Stempel: *RVFINI F* oder Analphabet? Südgallisch. Faksimilia: Schmid 2000, 139 Nr. 375 (Günzburg); Faber 1994; Beil. 5, 43 (Regensburg-Kumpfmühl). In den Standring sind drei Kerben eingefeilt. – Aus der Verfüllung des nördlichen Kastellgrabens (Bef. 1002). Phase 3. Fb.-Nr. 1037.

*34 Kl. BS gr. Teller Drag. 18/31. Stempel im Kerbenkranz: *RVFINIFAT*. Heiligenberg. Faksimile: Biegert 2003, 17 Nr. 53; Sölch 2001, Taf. 59 Nr. 29; Heiligmann 1990, Taf. 151,35 (Heidenheim); ebd. 132 Nr. 6 (Oberdorf); Kortüm/Lauber 2004, 314f. Nr. 196–197 (Walheim); Luik 1996, Taf. 151,492 (Köngen); Grönke/Weinlich 1991, Taf. 35,228–229 (Weißenburg); ORL B 73 (Pfünz) Taf. 8A, 128; Walke 1965, Taf. 44,326–327 (Straubing). – Aus dem Abbruchschutt von Baracke III (Bef. 52). Phase 3. Fb.-Nr. 281 (Scholz 2001/02, 103 Nr. 26).

*35 Ungefähr zu einem Drittel erhaltener Teller Drag. 18/31. Stempel: *SABELLVS* mit retrogradem S. Mittelgallisch oder La Madeleine. Ähnlich: ORL B 8 (Zugmantel) 194, 306a; Walke 1965, Taf. 40,87 (Straubing, dort nur -*]BELLVS* erhalten); Haalebos 1977, Taf. 24,230 (Zwammerdam); A. Schuler, Kölner Jahrb. 37, 2004, 527 Nr. 3a (Köln). – Aus einer zusätzlichen Jaucherinne in Baracke III (Bef. 1142). Phase 2b. Fb.-Nr. 1908.

*36 BS Drag. 18/31. Stempel: *SACCO FECIT* in tabula ansata, alle C retrograd. Heiligenberg. Faksimile: Biegert 2003, 17 Nr. 77 (Heiligenberg); Eingartner/Eschbaumer/Weber 1993, 201 Nr. 17 (Faimingen); Gaubatz-Sattler 1999, Taf. 30,125 (Rottenburg); Luik 1996, Taf. 151,498 (Köngen); ORL B 24 (Hanau-Kesselstadt) 7, 25. Etwas größer: Schönberger 1970, 27 Nr. 60 (Erdkastell Saalburg). Graffito Nr. 37 (Kap. IV.1): *SE / CELS[I]*. – Aus einer Abfallgrube nördlich des Kastells (Bef. 1055). Phase 2–3. Fb.-Nr. 1114 (Scholz 2001/02, 103 Nr. 27).

*37 BS Drag. 18/31. Stempel: *OFT.FSE*. *T.Flavius Secundus* aus La Graufesenque. Ähnlich Heiligmann 1990, Taf. 151,38; Sölch 2001, Taf. 59 12 (Heidenheim); Müller 1999, 45 Nr. 33 (Faimingen). – Aus den Resten einer Feuerstelle in Baracke II (Bef. 1239). Phase 2–3. Fb.-Nr. 2140.

*38 BS Drag. 18/31. Stempel: *SILVINV[S F]*. Chémery. Faksimilia: Schönberger 1970, 27 Nr. 68a (Erdkastell Saalburg); Biegert/Lauber 1995, 595 Nr. 256 (Osterburken); Zanier 1992, Taf. 60 E I S 32 (Ellingen); ORL B 73 (Pfünz) Taf. 8B, 138; Walke 1965, Taf. 44,352a (Straubing). – Aus einer Abfallgrube nördlich des Kastells (Bef. 1012), Pl. 1. Phase 2–3. Fb.-Nr. 1005 (Scholz 2001/02, 103 Nr. 28).

*39 BS eines gr. Tellers Drag. 18/31. Stempel im Kerbenkranz: *SVARAD*. Banassac. Erschöpfende Abhandlung zu diesem Töpfer: Meyer 2003, 590f. – Aus einer Jaucherinne in Baracke IV (Bef. 451). Phase 3. Fb.-Nr. 541 (Scholz 2001/02, 103 Nr. 29).

*40 Kl. BS eines gr. Tellers Drag. 18/31. Stempel *[SVAR]A[D]* wie Nr. 39. – Aus der Verfüllung des Kanals der *via sagularis* (Bef. 1550). Phase 3. Fb.-Nr. 2395.

*41 Kl. BS Drag. 18/31? Stempel: *[TERT]I.MA*. Mittelgallisch. Aufgrund der Endung kommen mehrere mittelgallische Töpfer in Frage, z. B. *Attillus*, *Macrinus* und *Reginus*. Anhand von Buchstabengröße und -duktus ist jedoch Planck 1975, 258 Nr. 349 (*Tertius*, Rottweil) das wahrscheinliche Faksimile. Möglich auch D. Baatz, Saalburg-Jahrb. 22, 1965, 155 Nr. 2 (-*]ALI MA*, Kastell Echzell). – Streufund im Bereich der Abfallgruben nördlich des Kastells (Kurt-Bittel-Straße 12, Grabung 2000). Phase 2–3. Fb.-Nr. 1005.

*42 Ca. zur Hälfte erhaltene Drag. 27. Stempel: *TRITVS F.Chémery*. Ähnlich: Biegert/Lauber 1995, 573 Nr. 73 (Miltenberg); Kortüm/Lauber 2004, 315 Nr. 234–235 (Walheim). Von Plätzen des vorderen Limes sind zwei andere Stempelvarianten dieses (?) Töpfers bekannte (Biegert/Lauber 1995, Nr. 73 u. 148). Graffito Nr. 47 (Kap. IV.1): *I[V]STI*. – Vom *campus* nördlich des Kastells (Ausgrabung „Gleisharfe" 2004). Phase 2–3. Fb.-Nr. 44.

*43 Kl. BS Drag. 31. Stempel: *TRIBO[CVSF]*. Rheinzabern.

---

829 Vgl. z. B. Biegert/Lauber 1995, Nr. 245 (gefunden in Osterburken, Variante wahrscheinlich aus Rheinzabern).

Faksimilia: Ludowici V 231a; Luik 1996, Taf. 153,587 (Köngen); Gaubatz-Sattler 1999, Taf. 30,134 (Rottenburg); Biegert/Lauber 1995, 645 Nr. 766–767 (Böbingen); ORL B 73 (Pfünz) Taf. 8B, 144. Die Zuweisung dieses Stempels an Rheinzabern wurde am vorliegenden Stück durch eine ICP-MS-Keramikanalyse bestätigt. – Späte Grube im Bereich des Kopfbaus von Baracke VIII (Bef. 1553). Phase 3. Fb.-Nr. 2333.

*44 Ca. ¾ erhaltener gr. Teller Drag. 18/31. Stempel im Kerbenring: [TVRT]VNN FEC, Heiligenberg, ähnlich Forrer 1911, Taf. 16,32. Faksimile: ORL B 33 (Stockstadt) Taf. 19,134, wahrscheinlich auch Schmid 2000, 136 Nr. 332. Graffiti Nr. 104 (Kap. IV.1): auf dem Rand I X [---?], unter dem Boden X. – Aus einer Jaucherinne in Baracke III (Bef. 85). Phase 3. Fb.-Nr. 4; 58/59; 180; 212; 268 (Bef. 200); 286; 497.

*45 BS Drag. 18/31. Stempel: VER(E)CVNF. Heiligenberg. Faksimilia: Biegert 2003, 19 Nr. 105; Walke 1965, Taf. 45,393 (Straubing); ORL B 73 (Pfünz) Taf. 8B, 149. – Aus dem westlichen Kastellgraben (Bef. 1520). Phase 3. Fb.-Nr. 2388.

*46 Kl. BS Drag. 18/31. Stempel: VE[---], stark verrieben. Wie Nr. 45. – Aus einer Jaucherinne in Baracke IV (Bef. 702). Phase 3. Fb.-Nr. 921 u. 1176.

*47 Ca. zu einem Viertel erhaltener Teller Drag. 18/31. Stempel: VER[---]. Verecundus von Heiligenberg, Duktus wie Nr. 44, jedoch größer. Faksimile: -. Graffito Nr. 40 (Kap. IV.1): CRIICSNS. – Aus einer Jaucherinne in Baracke VII (Bef. 1398). Phase 3. Fb.-Nr. 2145.

*48 BS Drag. 46 oder Ritterling 10. Stempel: OF.L.COS.VIRIL in tabula ansata. La Graufesenque. Faksimile: Hofmann 1985, Taf. 4,181.13; Czysz 2003, 226 F 634 (Heldenbergen). Graffito Nr. 100 (Kap. IV.1): I. – Aus dem der Westumwehrung vorgelagerten Sohlgraben (Bef. 1500). Phase 1–2. Fb.-Nr. 2394a.

*49 Ungefähr zu einem Drittel erhaltener Teller Drag. 18/31. Stempel: [OF VIR]IL. La Graufesenque. Wahrscheinliches Faksimile: Planck 1975, 258 Nr. 376 (Rottweil). Aus zentraler Grube im westlichen Kopfbau von Baracke II (Bef. 1228). Phase 3. Fb.-Nr. 2215.

*50 BS Drag. 27. Stempel: OF A / M / N[---], verpresst. Südgallisch. Mögliche Faksimilia: Czysz 2003, Taf. 226 F 676 (OF NIGR, Heldenbergen); Heiligmann 1990, 47 Nr. 19 (nicht gelesen, Ebingen-Lautlingen); Fischer 1973, 221 Nr. 32 (OF MERC, Heddernheim). – Aus einer Abfallgrube nördlich des Kastells (Bef. 1053/55). Phase 1–3. Fb.-Nr. 1137.

*51 BS Drag. 18/31. Stempel: O[F? ---], Stempelkartusche mit dreigliedrigem Ende. Südgallisch. Faksimile: -. – Vom campus nördlich des Kastells (Ausgrabung „Gleisharfe" 2004, Bef. 1). Phase 1–3. Fb.-Nr. 42.

*52 BS Drag. 18/31. Stempel: [---]OCI.M[AN?] oder [BELINI]CCI.M ähnlich ORL B 53 (Neckarburken) 25, 2. Mittelgallisch. Faksimile: -. – Vom campus nördlich des Kastells (Ausgrabung „Gleisharfe" 2004, Bef. 2). Phase 2–3. Fb.-Nr. 35.

*53 BS Drag. 18/31. Analphabetenstempel. Mittelgallisch. Faksimilia: Pfahl 1999, Taf. 85,138, 14 (Sontheim/Brenz); Walke 1965, Taf. 42,185 (Straubing, „OF IVCVN", dort jedoch vorne abgebrochen!). – Aus einer Abfallgrube vor dem Westtor des Kastells (Bef. 1450). Phase 2–3. Fb.-Nr. 2273.

*54 BS Drag. 27. Stempel: MMMI (Analphabet) über älterem Schriftzug COC[I]LLO? in die Stempelpatrize geritzt. Mittelgallisch. Ähnlich Schmid 2000, 139 Nr. 377. – Aus dem jüngeren Sohlgraben vor der Westumwehrung des Kastells (Bef. 1466). Phase 2. Fb.-Nr. 2279.

*55 Ca. 2/3 erhaltene Tasse Drag. 27. Stempel: Analphabet. Südgallisch. Faksimile: -. – Rest einer röm. Kulturschicht zwischen Baracke III u. IV (Bef. 121). Phase 1–3. Fb.-Nr. 38 (Scholz 2001/02, 103 Nr. 30).

56 BS Drag. 27 od. 33. Oberfläche stark verrieben, Ton sehr kreidig. Rundstempel (Dm. 1,8 cm) völlig verrieben, aufgrund des Tons wahrscheinlich Chémery. – Aus einer Abfallgrube nördlich des Kastells (Bef. 1012). Phase 2–3. Fb.-Nr. 1060.

IV.9 Keramik. Die wichtigsten Warenarten (Phase 1–3)

Abb. 125–144

Die Gefäßkeramik außer Terra Sigillata ließ sich nach makroskopischen Kriterien (oxidierender oder reduzierender Brand, Toneinschlüsse, Magerungsbestandteile, Überzüge) in zehn verschiedene Warengattungen einteilen, wobei es im Falle der Kochgeschirrwaren 5 und 7 sowie der Krugwaren 6 und 8 bisweilen zu Überschneidungen kommt.

1. Terra Sigillata, vgl. Kapitel IV.7–8.
2. Terra Nigra. Vertreten sind Schüsseln, Becher, Teller und Töpfe, Letztere teilweise mit Rollrädchendekor. Sämtliche Nigrawaren weisen den für die westrätische Keramik typischen Biotitglimmer auf und dürften daher im Bereich der Donau oder südlich davon produziert worden sein. Die Tone sind sehr unterschiedlich fein geschlämmt, oft mit feinem Sand gemagert und meist reduzierend gebrannt, seltener oxidierend (brauner Scherben). Die schwarzen, geschmauchten Oberflächen haften meist schlecht und sind daher oft verrieben. Nur in Einzelfällen blieb ein polierter, schwarzer Glanz erhalten.
3. Feintonige Keramik mit seidenmattem oder schwach glänzendem, nur in Einzelfällen metallischem Glanztonüberzug und Griesbewurf. Soweit die dünnwandigen, meist ziemlich kleinen Bruchstücke bzw. Splitter Gefäßtypen zugeordnet werden können, handelt es sich um Trinkbecher mit – meist bereits degenerierten – Karniesrändern. Der Scherben ist in der Regel oxidierend gebrannt, die Engobe mehrheitlich reduzierend. Bei den Griesbechern kommen aber auch hellorange bis rotbraune Engoben vor.

Bezüglich ihrer Tonmatrix (weniger wegen ihrer Engoben) kann grundsätzlich auch die sog. Rätische Ware der Warenart 3 zugeordnet werden. Wegen ihrer signifikanten äußeren Merkmale und da mehrere Arbeiten diese feinkeramischen Gefäße bereits definiert haben (s. u. Typ 28), bleibe ich bei der herkömmlichen Bezeichnung „rätische Ware" im Unterschied zu anderen oben benannten Trinkbecherformen.

Fahren wir mit diesen fort. Anhand der Überzüge (weniger anhand der Tonmatrix) ließen sich unter-

Tabelle 30: Varianten der Ware 3 bei Griesbechern mit Karniesrand. * Biotitglimmer in der Tonmatrix und/oder im Glanztonüberzug.

Variante Ware 3	Tonmatrix	Glanztonüberzug	Phase 1	Phase 2a	Phase 2b	Phase 3	Phase 1–3
A*	orange	innen und außen stahl- bis braungrau, oft schlecht deckend	1	5	1	8	7
B*	rotorange und grau	innen und außen orange bis braunorange	1	3	–	2	4
C*	orange	außen hellorange, innen rot oder grau	1	1	–	–	2
D	braun und grau	schwarz	2	1	–	2	2
E	hellorange bis ziegelrot, vereinzelt hellgrau	braun, bronzierend (mit schwachem Glanz) oder braunlila, innen oft glänzend dunkellila	2	5	2	3	10
F	rot	außen braunlila, innen rot (Variante von E)	–	–	–	–	1
G	beige	innen und außen orange bis braunorange	–	1	–	–	7
H	ziegelrot	hellrot bis blassrot	–	–	–	2	2

schiedliche Gruppen herausarbeiten (Tab. 30). Bemerkenswert ist, dass einige Varianten der „Ware 3" stets Biotitglimmer aufweisen, der für rätische Herstellungsorte an der Donau oder südlich davon typisch ist. Anderen wiederum fehlt Biotitglimmer konsequent. An sie knüpft sich die Frage, ob sie evtl. vor Ort auf der Schwäbischen Alb hergestellt oder gar aus dem benachbarten Obergermanien importiert wurden. Diese Frage kann ohne Referenzmaterial etwaiger, bisher unentdeckter lokaler Töpfereien nicht beantwortet werden. Das stichprobenartig geochemisch analysierte Exemplar des Griesbechers Bef. 1301-15 (Ware 3B, Phase 2a) setzt sich in der Korrespondenzanalyse von den übrigen beprobten Keramikarten ab. Möglicherweise handelt es sich um ein Importstück aus Schwabmünchen.

Chronologische Schwerpunkte zeichnen sich bei den Warenarten nicht ab, vielleicht mit Ausnahme der „roten" Variante 3H, die relativ spät zu sein scheint, d. h. um die Mitte des 2. Jh. Die beiden nur vorsichtig unter „Phase 1–3" eingeordneten Zeugen stammen aus der relativ späten Abfallgrube Bef. 1450 vor der Westumwehrung des Kastells (Kap. III.1). Als bemerkenswert nimmt sich das Verteilungsmuster der Variante 3G aus: Sieben von acht Gefäßindividuen,[830] die jeweils zu 20–40 % erhalten sind, wurden nahe beieinander im Grenzbereich der großen Abfallgrubenkomplexe Bef. 1012 u. 1053/55 vor der Nordumwehrung des Kastells gefunden. Man gewinnt daher den Eindruck, dass diese sieben Gefäße bei ein und demselben Ereignis zu Bruch gegangen sein könnten, z. B. bei einem Regalsturz oder bei einer verunglückten Anlieferung aus der Töpferei.

4. Feintonige Ware von orangerotem bis hellbraunem Ton mit Kalkmagerung und geglätteter Oberfläche, durchweg oxidierend gebrannt. Darüber hellorangefarbener bis braunroter Farbüberzug bzw. Bemalung, der/die in der Regel schlecht haftet und meist verrieben ist. Einzelne Gefäße weisen eine ebenfalls schlecht haftende, meist völlig verriebene weiße Farbgrundierung auf. Auffällig sind feine Drehrillen auf den Gefäßinnenseiten. Ware 4 wird durch Schüsseln wie Bef. 883-19, die Knickwandschüsseln Bef. 823-5 und Bef. 828-4, den Becher Bef. 723-7 und den Krug/Flasche Bef. 580-9 repräsentiert.

Sog. „rätische" Reibschüsseln mit rot gestrichenem Rand und Kragen lassen sich ebenfalls dieser Warengruppe zuordnen, obwohl deren Tone bisweilen eher Ware 5 entsprechen und unter ihren Überzügen keine weiße Grundierung aufgetragen wurde. Ferner lassen sich orange, rot oder braun überfärbte Backteller unter Ware 4 subsumieren, auch wenn ihre Tone wegen der Sandmagerung in der Regel gröber sind. In der Töpferei am Aschberg östlich von Günzburg wurden solche Backteller produziert.[831]

---

830 Die Mindestindividuenzahl sieben wurde anhand der Bodenstücke ermittelt. Leider liegen nur vier Randscherben vor. In keinem Fall gelang es trotz der zahlreich vorhandenen Wandstücke einen Anschluss zu einem Bodenstück herzustellen, weswegen auf eine zeichnerische Dokumentation verzichtet wird.
831 Czysz 2004, 189–191.

5. Tongrundige Keramik. Ockerfarbener, hellbrauner bis orangebrauner, durchweg oxidierend gebrannter Ton mit rotbraunen (Eisenoxid) und/oder schwarzen (Manganoxid) Partikeln, Biotitglimmer, oft grauem Kern, meist feiner Sand- oder – bei einigen Deckeln und Reibschüsseln – manchmal mit Kalkmagerung. Die Oberflächenfarbe ist meistens einheitlich. Diese Ware dominiert den Keramikbestand der Phasen 1–3 quantitativ. Aus ihr bestehen vor allem Kochtöpfe mit Knickwand und Horizontalrand (z. B. Bef. 580-10, 533–7 und Bef. 755-9), die zu diesen Töpfen gehörigen Deckel (z. B. Bef. 530-8, Bef. 394-13, 713–16–17 und Bef. 580-14), Becher oder Vorratstöpfe mit (degeneriertem) Karniesrand (z. B. Bef. 724-11–12) oder Horizontalrand sowie Reibschüsseln (z. B. Bef. 575-6, Bef. 709-5 und Bef. 530-4).

6. Tongrundige, oxidierend gebrannte Keramik. Meist rotbrauner, recht feiner Ton mit denselben Einschlüssen wie Ware 5, geringer Kalkmagerung und oft mit grauem Reduktionskern. Die Oberflächen sind manchmal geglättet, ihre Farben changieren auf den Gefäßaußenseiten öfter zu blassorangerot und hellocker, während die Oberflächenfarben der Gefäßinnenseiten mehrfach von der Außenseite abweichen, z. B. grau. Durchweg handelt es sich um Krüge (z. B. Bef. 755-5, Bef. 563-12–13, Bef. 723-8, Bef. 802-10, Bef. 583-7-8 und Bef. 709-6) und um wenige Töpfe mit Horizontal- oder Karniesrand (z. B. Bef. 802-14).

7. Hellorangefarbener Ton, stellenweise blassrötlich changierend mit Einschlüssen wie Ware 5/6 und feiner Sandmagerung, oxidierend gebrannt. (Orange-)ockerfarbene Engobe mit Anreicherung von Biotitglimmer, dessen Partikel deutlich größer sind als die des Tons („Goldglimmerengobe").[832] Oft haftet diese Engobe so schlecht, dass Ware 5 (tongrundig) und Ware 7 nicht sicher voneinander zu unterscheiden sind. Belegt sind für diese Ware Backteller (Bef. 530-5, Bef. 800-7 und Bef. 394-12) sowie (Koch-) Töpfe (z. B. Bef. 180-3).

8. Tongrundige, oxidierend, bisweilen zuvor reduzierend, gebrannte Keramik. Orangefarbener, manchmal grober Ton mit Einschlüssen wie Ware 6, teils mit teils ohne grauen Reduktionskern, Sandmagerung. Die Oberflächen sind oft ungeglättet, außen immer orange, innen orange oder grau. In vielen Fällen changiert die Oberflächenfarbe innen von rot im Rand- und Halsbereich zu grau im Bereich des restlichen inneren Gefäßkörpers. Dieser Ware gehören vorwiegend Krüge (z. B. Bef. 755-4 und Bef. 828-5) und wenige (Koch-?) Töpfe an (z. B. Bef. 724-13).

9. Tongrundige, reduzierend grau gebrannte Ware. Fast ausschließlich handelt es sich dabei um (Koch-) Töpfe mit horizontalem Kammstrich. Dabei sind im Wesentlichen zwei Untergruppen zu unterscheiden, nämlich

a) hellgrauer Ton mit schwarzen Partikeln, Biotitglimmer, Kalk- und manchmal (geringer) Sandmagerung, ungeglätteter bis pickelartig-unebener Oberfläche. Diese Töpfe weisen grobe wie auch feine Kammstriche auf (z. B. Bef. 822-8, Bef. 825-12–13, Bef. 802-15 und Bef. 724-14). In der Regel handelt es sich wohl um Vorratsgefäße, einige weisen aber auch Hitzespuren auf oder es haftet ihnen Ruß an.

b) Hellgrauer bis dunkelgrauer/anthrazitfarbener Ton mit Biotitglimmer und üppiger Sandmagerung, im Bruch schiefrig. Die Oberfläche fühlt sich rau an (z. B. Bef. 394-14, Bef. 804-12, Bef. 584-4, Bef. 713-13 und Bef. 530-7). Durchweg handelt es sich um Kochtöpfe.

10. Tongrundige, erst oxidierend, dann reduzierend gebrannte Nigra-Variante. Mattschwarze bis mattbraunschwarze, ungeglättete/unebene Oberfläche innen und außen (keine Engobe) bei rotbraunem Tonkern mit braunroten und schwarzen Partikeln, Biotitglimmer und Sandmagerung. Dieser Ware gehören zylindrische Töpfe und Schüsseln mit Horizontalrand und Deckel an (z. B. Bef. 804-11, Bef. 828-6 und Bef. 584-5) – ausnahmslos Küchenkeramik.

Als singuläre „Ausreißer", die sich keiner der vorgenannten Warengruppen zuweisen lassen, haben zwei Scherben aus Bef. 883 zu gelten: Die kleine lachsfarbene Randscherbe Bef. 883-18 sowie die grobe dunkelgraue Randscherbe Bef. 883-25. Hierbei könnte es sich um individuelle „Mitbringsel" einzelner Soldaten gehandelt haben.

IV.9.1 Produktionsorte

Angesichts des engen historischen Zeitfensters, in dem das Kastell Heidenheim bestand, begehrt man natürlich zu wissen, welche Töpfereien den Standort beliefert haben. Über das Fernhandelsprodukt Terra Sigillata hinaus erstreckt sich dieser Bedarf auch auf die Masse des übrigen fein- und grobkeramischen Geschirrs. In Frage kommen vor allem die Töpfereistandorte Faimingen,[833] der Vicus an der Donau-

---

832 Zu Herstellungstechnik, gefundenen Produktionsrückständen und zur Definition von „Biotit" vgl. Sorge 2001, 49–51. Zu den feinen Glimmerpartikeln, die der Ausschlämmprozess der Tone hinterließ vgl. auch Czysz 2004, 189. Sie sind typisch für die Molassetone im Alpenvorland. Ihr Vorhandensein ist daher allen in Frage kommenden rätischen Töpfereien an oder südlich der Donau gemein und an sich kein Unterscheidungskriterium.

833 Die Faiminger Töpfereierzeugnisse verharren noch weitgehend unpubliziert. Nach Hinweisen von Czysz 2002, 107 und ders. 2004, 168 u. 183 wurden dort v. a. die jüngeren Becher der Stilgruppe Drexel 3 getöpfert.

südstraße am Aschberg bei Aislingen,[834] Schwabmünchen und vielleicht auch Günzburg.[835] Dank des Forschungsstandes ist das Töpfereizentrum Schwabmünchen südlich von Augsburg derzeit am leichtesten zu überschauen: Viele Non-Sigillata-Formen finden hier ihre Entsprechungen.[836] Das gilt besonders für die Typen der Terra Nigra sowie der etwas jüngeren rot engobierten Ware, die sich teilweise als Sigillata-Imitationen klassifizieren lassen. Auch wenigstens ein Teil der „rätischen" Reibschüsseln könnte von dort geliefert worden sein, fraglos jedenfalls das mit einem Mehrspurpinsel streifenbemalte Kragenstück Typ 41p aus der späten Kastellzeit.[837] Grundsätzlich aber gilt, dass sich die weströtischen Produktionsorte derzeit nur schwer anhand der Gefäßtypen und ebenso wenig anhand ihrer Molassetone mit Biotitglimmer unterscheiden lassen. Jüngst veröffentlichte Zeugnisse der bisher kaum fassbaren Töpfereien in Günzburg und am Aschberg bei Aislingen[838] mahnen zur Vorsicht: Noch vor wenigen Jahren hätte man die dort produzierten Waren aufgrund des Forschungsstandes vielleicht Schwabmünchen zugeschrieben.

Im Spektrum von Schwabmünchen fehlen die Griesbecher mit Karniesrand (Typ 27).[839] Diese wurden möglicherweise auch aus einer oder mehreren obergermanischen Töpfereien geliefert, z. B. aus Köngen oder Cannstatt. Dieser Verdacht erstreckt sich besonders auf die Waren 3D–H ohne Biotitglimmer.[840] Soweit es sich um Funde der Phase 1 handelt, ist hierbei auch mit Gefäßen zu rechnen, die von den Soldaten mitgebracht wurden. Die insbesondere in Schwabmünchen, aber auch in Günzburg sowie am Aschberg bei Aislingen hergestellten Reibschüsseln mit gestempeltem Kragen sind im Kastell Heidenheim bislang nicht gefunden worden.[841]

Die verzierte „rätische" Glanztonkeramik zählte nach augenblicklichem Kenntnisstand nicht zu den Produktionsschwerpunkten von Schwabmünchen, doch kennt man derzeit vielleicht noch nicht das vollständige dort produzierte Warenspektrum, da die Werkstätten der Glanztonbecher immer noch außerhalb der ergrabenen Bereiche der Töpfersiedlung liegen könnten.[842] Es spricht aber nichts dagegen, Schwabmünchen als möglichen Herstellungsort der wenigen Becherexemplare der Stilgruppe Drexel 3a im Gespräch zu belassen.[843] Diese wurden aber auch am Aschberg hergestellt.[844] Aus Schwabmünchen könnten die seltenen Henkeldellenbecher Typ 28, Variante c–d, stammen. Für die Masse der den Stilgruppen 1 und 2 angehörenden Funde lassen sich sowohl anhand technischer Details (meist deckende, reduzierend schwarze Glanztonengobe von seidenmattem Glanz, rahm-/ocker-/orangefarbener oder rötlicher Ton oxidierend gebrannter Feinware) als auch anhand von Verzierungsmerkmalen (*lunulae/torques* mit abschließenden Barbotinepunkten bzw. „Petschaftenden", die in Schwabmünchen offenbar fehlen,[845] Andreaskreuze mit drei oder vier Reißlinien) größere Affinitäten zu der näher gelegenen Töpfersiedlung am Aschberg bei Aislingen beobachten.[846]

Örtlichen Heidenheimer Töpfereien ließ sich keine einzige Scherbe zuweisen. Das liegt vor allem am Forschungsstand, da vor Ort bisher zwar vereinzelt stehende Töpferöfen ausgegraben wurden, zu denen es jedoch keine Fehlbrände gibt.[847]

IV.9.2 Gefäßtypen

Angesichts des Umstandes, dass das Kastell Heidenheim in Friedenszeiten aufgelassen wurde, sind funktional zusammenhängende Fundensembles, die etwa Einblick in die kontemporäre Gefäß- oder Werkzeugausstattung eines *contubernium* gegeben hätten, nicht in situ konserviert worden. Auch eine Brandkatastrophe, die einen solchen Fundniederschlag hätte verursachen können, hat es nie gegeben.[848]

---

834 Czysz 2004, 176–196. Dieser Standort ist derzeit nur durch Luftbilder und – allerdings zahlreiche – Lesefunde einschließlich Fehlbrände und Töpferwerkzeug erschlossen. Im Herbst 2005 konnte ich dort selbst im gepflügten Acker einiges Referenzmaterial auflesen (Verbleib: Museum Günzburg).

835 Günzburg: Czysz 2002, 106 f.

836 Sorge 2001. Neben Schwabmünchen u. Schwabegg gibt es nun auch den Töpfervicus Bobingen: M. Peter-Patzelt, Das Baugebiet „Unterfeldstraße" in Bobingen. Ein Siedlungsplatz im Wandel der Zeit. Arch. Jahr Bayern 2004, 103–105 bes. 105. Ihm lassen sich jedoch vorerst keine Funde aus Heidenheim zuweisen.

837 Sorge 2001, Taf. 23–24.

838 Czysz 2002 u. ders. 2004.

839 Dort wurden Griesbecher mit einfach umgebogenem Sichelrand hergestellt (Sorge 2001, Taf. 100–101).

840 In Köngen wurde ein Ofen für derartige Griesbecher entdeckt (Luik 1996, 74), deren Tone jedoch Glimmerpartikel enthielten.

841 Sorge 2001, Taf. 13 bzw. Taf. 55–86; Czysz 2002, 108 f.; Czysz 2004, 193 Abb. 16, 6.

842 Sorge 2001, 47–49.

843 Sorge 2001, Taf. 108–109.

844 Czysz 2004, 179 u. 188.

845 Sorge 2001, Taf. 13 B69–72.

846 Czysz 2004, 182–189. – Die jüngst entdeckten Töpfereien „rätischer Ware" in Straubing dürften aufgrund der Entfernung als Bezugsquelle für Heidenheim kaum in Betracht kommen: J. Prammer, Jagdszenen aus Sorviodurum – Zwei römische Töpferbetriebe in Straubing. Arch. Jahr Bayern 2006, 83–86.

847 Rabold 1993/94, 63 f.; Sölch 2001, 122. Auch eine Datierung der einzelnen Produktionseinheiten steht noch aus. Deren Ausstoß dürfte das Niveau von „Hinterhaustöpfern" (Kortüm/Lauber 2004, 227) kaum überstiegen haben. – Während der Neuzeit gab es in Heidenheim-Schnaitheim ein entwickeltes Töpferhandwerk.

848 Derartige in situ angetroffene Ausstattungen von Stubengemeinschaften hat man z. B. im Flottenlager Köln-Alteburg sowie *Fortsetzung siehe nächste Seite*

Während das Fundmaterial der Frühphase (Phase 1) für Analysen hinsichtlich etwaiger Ausstattungsstandards insgesamt zu gering ist und – in die „Straßengruben" verfüllt – auch nicht immer am ursprünglichen Platz seiner Verwendung gefunden wurde, ist das Material aus Phase 2, d. h. fast der gesamten Bestandszeit des Kastells, innerhalb der Baracken fast gar nicht präsent, da diese konsequent sauber gehalten wurden. Die Masse der Funde stammt daher aus den großen Abfallgrubenkomplexen vor der West- und Nordumwehrung, wo es ohne Rückschlussmöglichkeiten auf seinen ehemaligen Verwendungsplatz deponiert wurde (Bef. 1007–1053; 1450; 1620).

Einen bedeutenden Fundhorizont bildet allerdings das Material, das im Zuge des Abbruchs der Baracken und der Einplanierung des Fachwerkschutts (Phase 3) in den Boden gelangte. Dabei besteht zwar der Vorteil eines zeitlich recht exakt bestimmbaren, punktuellen Ereignisses um 160 n. Chr., doch ist es im Einzelfall wiederum alles andere als sicher, dass die Fundstelle eines Objekts im einplanierten Barackenschutt auch mit dem Platz seiner ursprünglichen Verwendung identisch ist. Kartierungsversuche erübrigen sich vor diesem Hintergrund. Eine gewisse Ausnahme besteht vielleicht für einige fundreiche Vorratsgruben in den *papiliones*, die wahrscheinlich im Zuge der Auflassung des Kastells verfüllt wurden (Bef. 377, 812, 815, 976, 1207, 1219, 1220). Allein hier liegt die Vermutung nahe, dass das z. T. in großen Partien erhaltene Geschirr in demselben Raum gebraucht worden war.

Möglich bleibt immerhin die nachfolgende Vorstellung des Gesamtspektrums an Keramikgeschirr, wobei die Phasengliederung teilweise sogar eine recht engmaschige chronologische Einstufung erlaubt.

Glatte Terra Sigillata (Abb. 125–127)

1. Teller mit Viertelrundstab und profiliertem Rand (Drag. 15/17)

Phase 1	–
Phase 2a	–
Phase 2b	–
Phase 3	1
Abfallgruben vor der Umwehrung	1 (Bef. 1053/55)

Obwohl es sich typologisch um die älteste Tellerform handelt, liegen keine sicheren Belege aus der Frühzeit vor. Allerdings wurden die beiden Wandsplitter einer Drag. 15/17 in einer tieferen Schicht des Grubenkomplexes Bef. 1053/55 (Schicht Bef. 1054, Fb.-Nr. 1133) entdeckt, von wo auch anderes tendenziell früh zu datierendes Material stammt. Der Boden mit *Natalis*-Stempel (Phase 3) gehört gewiss nicht zu den ältesten Gefäßen des Kastells (Kap. IV.8 Töpferstempel Nr. 23).

Das abgebildete Exemplar aus Bef. 1550 ist quasi als „Hybridform" von Drag. 15/17 und der jüngeren Curle 15 ein individuelles Einzelstück. Der Teller ist durch drei Scherben mit frischen Bruchkanten belegt, sodass es sich kaum um einen umgelagerten Altfund handeln kann. Leider lässt sich nicht mehr aufklären, ob die Scherben aus der unteren oder oberen Kanalverfüllung der *via sagularis* stammen (vgl. Bef. 1550). Daher lassen sie sich auch nicht sicher Phase 3 zuordnen. Anhand der qualitativen Merkmale scheint ein Produkt aus Süd- oder (eher) Mittelgallien vorzuliegen.

Teller Drag. 15/17 sind offenbar nur (noch) als Einzelstücke nach Heidenheim gelangt; die Blütezeit ihrer Produktion war bereits vorüber.[849]

Abgebildetes Beispiel aus Bef. 1550.

2. Großer Teller mit Omphalos und Kerbenring (Drag. 18/31, *catinus*)

Phase 1	4
Phase 2a	3
Phase 2b	–
Phase 3	9
Abfallgruben vor der Umwehrung	10

Die Form unterliegt während der Bestandszeit des Kastells den bekannten (eher marginalen) typologischen Veränderungen; die Produktionsorte wechseln. Die Randdm. der Teller liegen zwischen 26 und 29 cm, wobei die frühen Vertreter (Phase 1) mit 26 cm kleiner, die jüngeren (Phase 3) mit 28 bis 29 cm größer ausfallen. Lediglich der „hängende Hakenrand" (vgl. abgebildetes Beispiel) ist ein auf Phase 3 bzw. auf die Heiligenberger Manufaktur beschränktes Merkmal. Während in Phase 1–2a die Randaußenseiten noch leicht gerundet sind, sind sie in Phase 3 meistens straff. In Phase 1 kommen nur südgallische Exemplare vor.

Abgebildetes Beispiel aus Bef. 85.

3. Kleiner Teller mit Omphalos (Drag. 18/31, *catillus*)

Phase 1	12
Phase 2a	10
Phase 2b	13

Fortsetzung Fußnote 848:
im Kastell Mautern (Österreich) entdeckt, vgl. Höpken 2003 u. St. Groh/H. Sedlmayer, Die Forschungen im Kastell Mautern-Favianis. Die Grabungen der Jahre 1996 und 1997. Der röm. Limes in Österreich 32 (Wien 2002) 84f.

849 Aus Heidenheim ist noch ein Altfund Drag. 15/17 bekannt (Sölch 2001, Taf. 46,22).

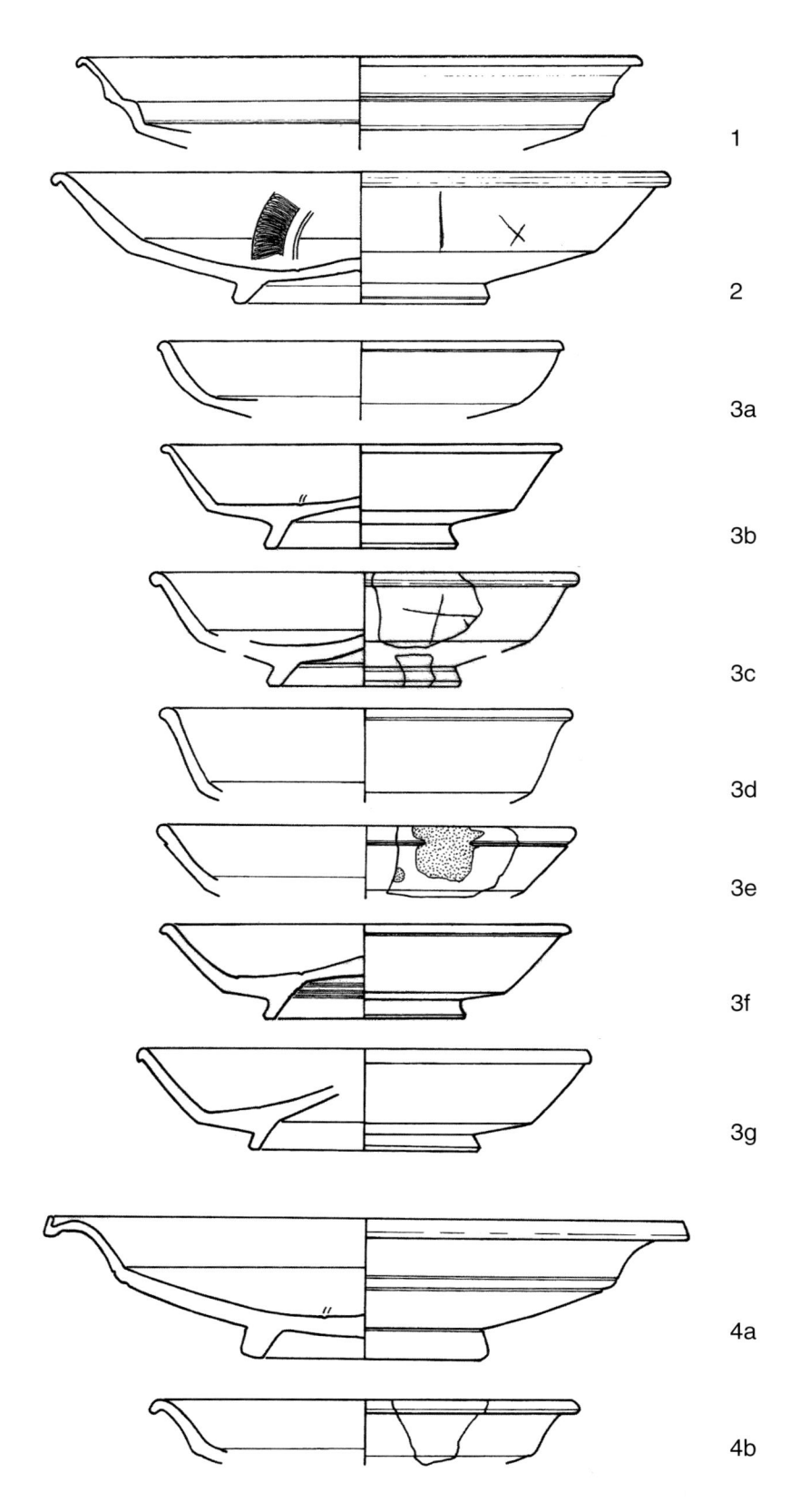

Abb. 125: Gefäßtypen der glatten Sigillata. M. 1:3.

282

5a

5b

5c

5d

5e

5f

6

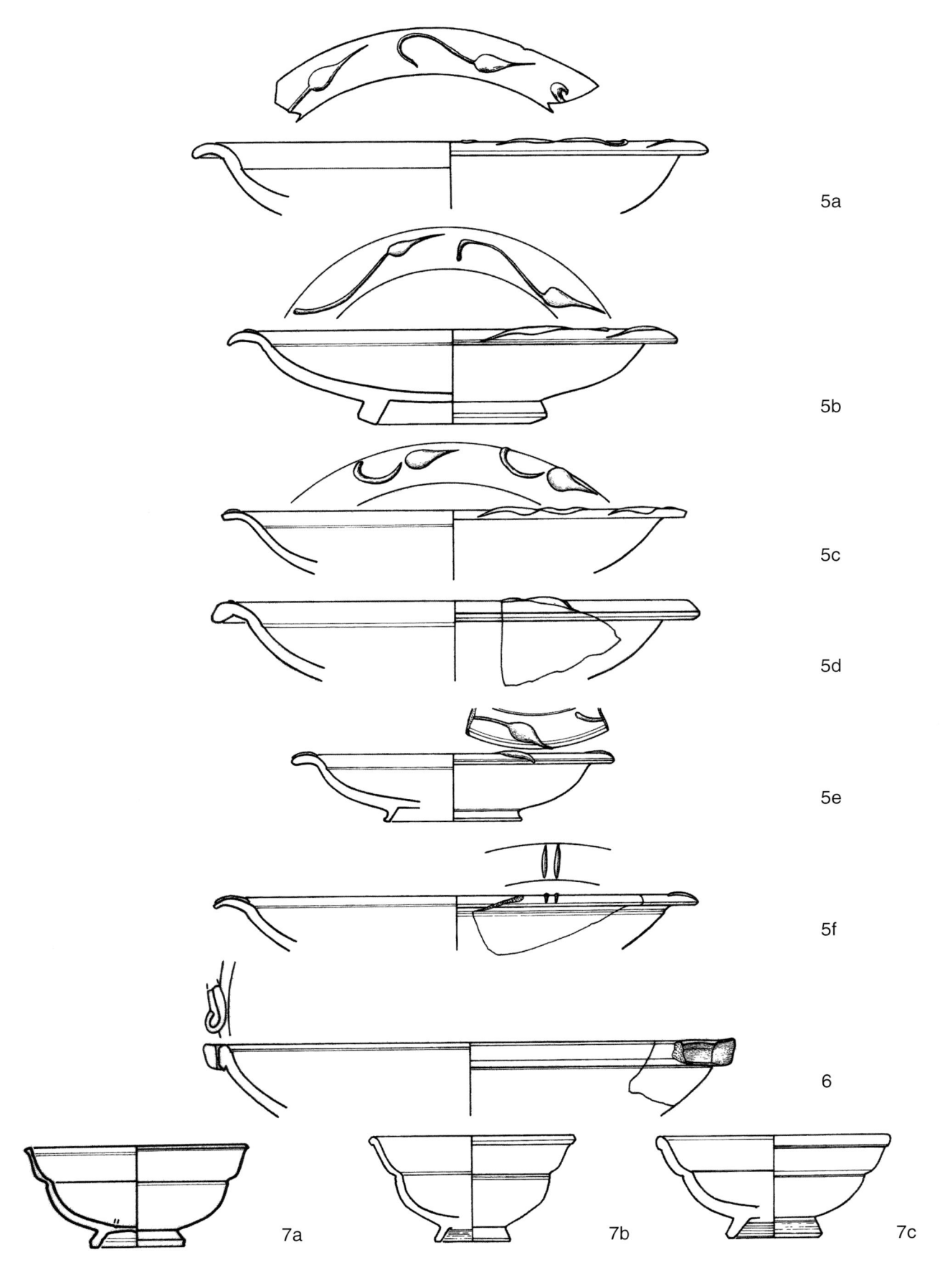

7a 7b 7c

Abb. 126: Gefäßtypen der glatten Sigillata. M. 1:3.

283

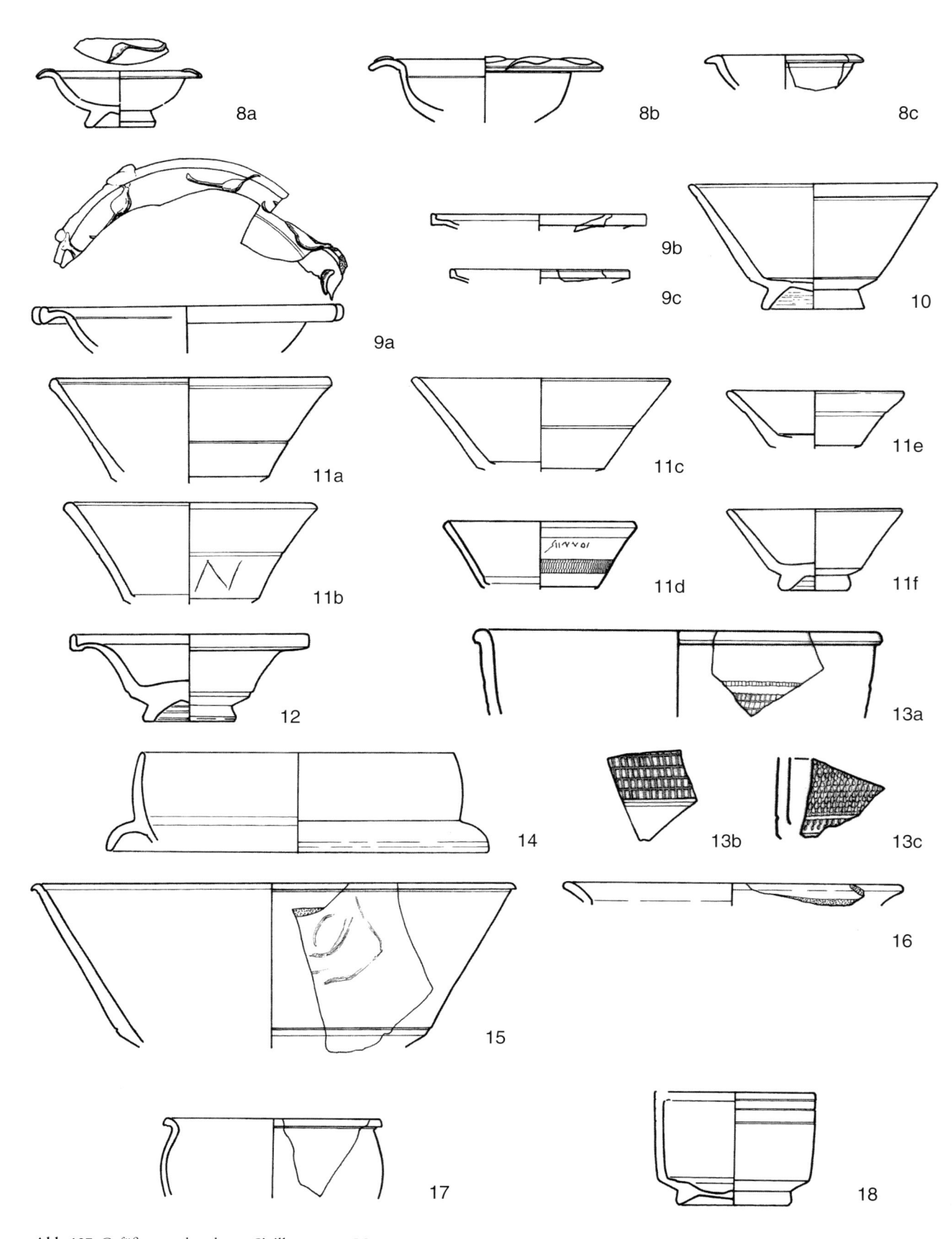

Abb. 127: Gefäßtypen der glatten Sigillata. 13a–c M. 1:2, sonst M. 1:3.

Phase 3	74
Abfallgruben vor der Umwehrung	58 (Bef. 1012: 9; 1016: 2; 1053/54: 38; 1450: 7; 1620: 2)

In Phase 1 kommen nur südgallische Exemplare vor, die Außenseiten der Ränder sind noch durchweg gerundet, der Wandknick ist (noch) wenig ausgeprägt. Ein solches Stück wurde auch in der Verfüllung des nördlichen Außengräbchens von Baracke VI gefunden (Bef. 586, Fb.-Nr. 862). Leider liegen aus Phase 1 lediglich Wandscherben und klein gebrochene Randscherben vor, sodass keine repräsentative Profilzeichnung wiedergegeben werden kann. Bei dem Tellerfragment aus Bef. 1670 (Variante a) dürfte es sich mithin um das typologisch älteste Stück handeln. Erst in Phase 3 erscheinen vereinzelte Vertreter der Drag. 31 mit hohem Omphalos und im Verhältnis zum straffen Rand kürzerer Wandung (zwischen Wandknick und Standring), Varianten f–g. Am häufigsten sind runde, spitz oder horizontal unterschnittene Randlippen.
Abgebildete Beispiele aus Bef. 1670 (a); 1142 (b); 1520 (c); 815 (d); 1163/64 (e); 1398 (f) u. 1656 (g).

4. Großer Teller mit umgebogenem Rand (Curle 15, *catinus*)

Phase 1	–
Phase 2a	–
Phase 2b	–
Phase 3	11–12
Abfallgruben vor der Umwehrung	3 (1012: 1; 1053/55: 1; 1450: 1)

Anhand der Ton- und Verarbeitungsmerkmale dürfte es sich vorwiegend um mittelgallische Produkte handeln. Diese Form ist nur in Befunden der späten Kastellzeit belegt. Scherben solcher Teller gelangten offenbar kaum noch in die Abfallgruben vor der Umwehrung, sondern blieben im „Umzugsmüll" des Kastellschutts liegen – ein weiteres Indiz für ihre relativ späte Zeitstellung.
Abgebildete Exemplare aus Bef. 1228 (a) u. 1520 (b).

5. Teller mit barbotineverziertem Rand (Drag. 36, *catinus* und *catillus*)

Phase 1	3
Phase 2a	3
Phase 2b	1
Phase 3	9
Abfallgruben vor der Umwehrung	19 (Bef. 1012: 3; 1053/55: 11; 1450: 5)

Im Gesamtbestand sind süd-, mittel- und ostgallische Erzeugnisse vertreten, in Phase 1 allerdings ausschließlich südgallische. Die Varianten b und f dürften mittelgallisch sein, Variante c aus Chémery und d südgallisch (Banassac?). Mehrheitlich liegen große Teller/Platten von 25 bis 28 cm Randdurchmesser vor.
Abgebildete Exemplare aus Bef. 553 (d); 764 (a); 1053/55 (e); 1450, aus tiefster Schicht (b); 1450 (f) u. 1500 (c).

6. Teller mit Randleiste und Volutenappliken (Drag. 42)

Phase 1	–
Phase 2a	–
Phase 2b	–
Phase 3	1
Abfallgruben vor der Umwehrung	2 (Bef. 1053/55)

Soweit anhand der Warenmerkmale erkennbar, wurden alle drei Exemplare dieser exklusiven Tellerform in Südgallien (Banassac?) produziert.
Abgebildetes Beispiel aus Bef. 1550.

7. Napf mit eingeschnürter Wand (Drag. 27)

Phase 1	3
Phase 2a	5
Phase 2b	2
Phase 3	8
Abfallgruben vor der Umwehrung	16 (Bef. 1012: 5; 1053/55: 6; 1450: 5)

In Phase 1–2a sind nur südgallische Gefäßreste belegt, in Phase 3 vorwiegend mittel- und ostgallische. In Phase 3 beginnt die Verdrängung dieses Typs durch die Drag. 33.
Abgebildete Exemplare aus Bef. 1163/64 (c) u. Abbruchschutt der Baracken, Planum 0–1 (a, b).

8. Napf mit umgeschlagenem, oft mit Barbotine verziertem Rand (Drag. 35)

Phase 1	3
Phase 2a	1–2
Phase 2b	–
Phase 3	2
Abfallgruben vor der Umwehrung	2 (Bef. 1450)

Eines der in Phase 3 in den Boden gekommenen Stücke (Variante c) ist eine Sigillata-Imitation, die ohne Barbotinedekoration blieb.
Abgebildete Exemplare aus Bef. 186 (a); 361 (b, aus frühalamannischer Pfostengrube, verlagerter Fund) u. 1228 (c).

9. Napf mit ausgelegtem, mit Barbotine verziertem Rand und Volutenappliken (Drag. 35/42)

Phase 1	–
Phase 2a	1
Phase 2b	–

Phase 3 3
Abfallgruben vor
der Umwehrung 4 (Bef. 1012: 1; 1053/55: 3)

Diese „Hybridform" wird in der Literatur uneinheitlich entweder als Drag. 35 oder als Drag. 42 angesprochen, da sie Merkmale beider Typen vereint. Soweit anhand der Qualitätsmerkmale erkennbar, handelt es sich um südgallische Erzeugnisse. Die Variante c aus Bef. 664 blieb ohne Barbotineschmuck. Abgebildete Exemplare aus Bef. 530 (a); 691 (b) u. 664 (c).

10. Großer konischer Napf mit leicht gerundeter Wand (Hofheim 10)

Phase 1 2
Phase 2a 1
Phase 2b 1
Phase 3 1
Abfallgruben vor
der Umwehrung 4 (Bef. 1012: 1; 1053/55: 3)

Der frühe Typ Hofheim 10 unterscheidet sich von der jüngeren Drag. 33 vor allem durch seine Größe und südgallische Provenienz.
Abgebildetes Exemplar aus Bef. 1002.

11. Konischer Napf (Drag. 33)

Phase 1 –
Phase 2a –
Phase 2b –
Phase 3 12
Abfallgruben vor
der Umwehrung 7 (Bef. 1012: 1; 1053/55: 5; 1450: 1)

Der „klassische" Napf Drag. 33 fehlt in den Phasen 1–2 noch bzw. kommt nur in jüngeren Planierschichten über den älteren Grubenverfüllungen (Schichten A) vor. Gut belegt ist die Drag. 33 erst in der späten Kastellzeit in Gestalt ostgallischer Produkte. Etliche Stücke zeigen die „frühen Merkmale" der Drag. 33: Randrille oder -lippe oder Ratterdekor im unteren Drittel der Wand (Variante d).
Abgebildete Exemplare aus Bef. 554 (c, e); 708 (d); 1113 (f); 1553 (b) sowie aus dem einplanierten Abbruchschutt der Baracken im Planum 0–1 (a).

12. Napf mit umgebogenem Rand (Drag. 46)

Phase 1 –
Phase 2a –
Phase 2b –
Phase 3 –
Abfallgruben vor
der Umwehrung 1

Der einzige, fast vollständig erhaltene Vertreter des Typs scheint in die spätere Kastellzeit zu datieren, gefunden in der oberen Schicht der großen Abfallgrube Bef. 1053/55 (Fb.-Nr. 1058) vor der Nordumwehrung. Nach den Tonparametern handelt es sich wahrscheinlich um ein mittelgallisches Produkt. Der Boden blieb ungestempelt.

13. Varianten Drag. 30 und 37 mit Ratter- oder Rollrädchendekor

Phase 1 –
Phase 2a –
Phase 2b –
Phase 3 1
Abfallgruben vor
der Umwehrung 2 (Bef. 1053/55; 1450)

Bei der Randscherbe aus Bef. 1207 (a) handelt es sich um eine ostgallische Drag. 37, bei den übrigen beiden Belegstücken um ostgallische Drag. 30 (b, c).[850] Variante b trägt Rollrädchendekor.

14. Kragenschüssel (Drag. 38)

Phase 1 –
Phase 2a 3
Phase 2b 1
Phase 3 8–9
Abfallgruben vor
der Umwehrung 3 (Bef. 1012: 1; 1053/55: 1; 1450: 1)

Die Belegstücke aus Phase 2a sind in zwei Fällen sehr wahrscheinlich südgallischer Provenienz, das dritte dürfte wegen seines glimmerhaltigen Tons vermutlich aus Chémery angeliefert worden sein. In Phase 3 (Bef. 691) dominieren mittel- oder ostgallische Erzeugnisse. Mehrere kleine Randsplitter mit Barbotinedekor sind nicht sicher von Drag. 36 zu unterscheiden und wurden daher nicht berücksichtigt.
Abgebildetes Exemplar aus Bef. 691.

15. Konische Schüssel

Phase 1 –
Phase 2a –
Phase 2b –
Phase 3 –
Abfallgruben vor
der Umwehrung 1 (Bef. 1450)

Dieser Schüsseltyp, gewissermaßen eine vergrößerte Variante des Napfes Hofheim 10, ist selten und konnte im Gesamtbestand nur einmal identifiziert werden. Es handelt sich sehr wahrscheinlich um ein südgallisches Produkt. Das Belegexemplar wurde in einer mittleren Schicht des Grubenkomplexes

---

850 Vgl. auch Sölch 2001, Taf. 57,4–9.

Bef. 1450 gefunden. Auf der Außenwand ist der Rest eines kopfstehend zu lesenden Dipintos *CO[R---]* erhalten.

16. Sigillataschüssel mit Trichterrand

Phase 1	–
Phase 2a	1
Phase 2b	–
Phase 3	–
Abfallgruben vor der Umwehrung	1 (Bef. 1450)

Die kleine Randscherbe aus Bef. 1450 war vermutlich Rand einer Schüssel unidentifizierten Typs mittel- oder ostgallischer Provenienz.

17. Sigillatabecher

Phase 1	–
Phase 2a	1
Phase 2b	–
Phase 3	–
Abfallgruben vor der Umwehrung	–

Das Einzelexemplar aus Bef. 1688 (Phase 2a) ist süd- oder mittelgallischer Herkunft. Der Typus konnte nicht exakt bestimmt werden.

18. Tintenfass, Sigillata

Phase 1	–
Phase 2a	–
Phase 2b	–
Phase 3	–
Abfallgruben vor der Umwehrung	1 (Bef. 1053/55)

Bei dem einzigen Belegstück handelt es sich um ein südgallisches Fabrikat, gefunden im Abfallgrubenkomplex Bef. 1053/55 vor der Nordumwehrung des Kastells (Fb.-Nr. 1130, 1139 u. 1143).

Sonstige Feinkeramik (Abb. 128–130)

19. Schüssel, rot gestrichene Ware, „Sigillataimitation"

Phase 1	–
Phase 2a	–
Phase 2b	–
Phase 3	1
Abfallgruben vor der Umwehrung	2 (Bef. 1053/55: 2)

Das Gefäß imitiert die Form Drag. 37, blieb jedoch unverziert.[851] Es ist von hellem Ton mit braunorangegefarbenem schlecht haftendem Überzug (Ware 4). Abgebildetes Exemplar aus Bef. 691.

20. Schüssel mit Ratterdekor, „Sigillataimitation"

Phase 1	–
Phase 2a	1
Phase 2b	–
Phase 3	–
Abfallgruben vor der Umwehrung	–

Der einzige Vertreter dieser regionalen Imitation von Drag. 37 mit Ratterdekor stammt aus Bef. 1301 (Fb.-Nr. 2127) und gehört der glimmerreichen Warenart 7 an. Von einem ehemals evtl. vorhandenen roten Farbüberzug blieb jedenfalls nichts übrig.[852]

21. Drag. 36-Imitation

Phase 1	–
Phase 2a	–
Phase 2b	–
Phase 3	–
Abfallgruben vor der Umwehrung	2 (Bef. 1053/55: 2)

Bei dieser nur zweimal belegten Imitation des Sigillata-Tellers Drag. 36 wurde nur die Innenseite orangerot überfärbt, Barbotine-Verzierung fehlt. Der orange Ton ist mit Sand gemagert und enthält Biotitglimmer. Das Randstück Fb.-Nr. 1130 weist am Rand Hitzespuren auf.
Abgebildetes Exemplar aus Bef. 1053/55 (Fb.-Nr. 1130/40).

22. Knickwandschüssel mit profiliertem Rand, rot engobierte Ware, „Sigillataimitation"

Phase 1	1
Phase 2a	1
Phase 2b	–
Phase 3	1
Abfallgruben vor der Umwehrung	–

Dieser Schüsseltyp orientiert sich an der Reliefsigillataform Drag. 29 und gehört der Warengruppe 4 an. In Heidenheim bleibt das Vorkommen dieses Typs auf zwei Einzelstücke aus der Frühzeit des Kastells beschränkt.
Diese Gefäßart mit ihrer markanten Randprofilierung kommt auch in anderen Kastellen des Alb-Limes vor, allerdings handelt es sich bei den Vergleichsgefäßen um solche aus Terra Nigra. Neben der Knickwandschüssel gab es auch einen steilwandigen Bechertyp der Vorbildform Drag. 30.[853] Die Wand-

---

851 Vgl. auch Sölch 2001, Taf. 63,1.
852 Vgl. derartige „Sigillataimitationen" bei Sölch 2001, Taf. 63,1 u. Walke 1965, Taf. 52,1 u. Taf. 53,8–10.
853 Heiligmann 1990, Taf. 53,1–7 (Ebingen) u. Taf. 85,3 (Gomadingen). Vgl. auch Müller 1999, Taf. 81,43 (Bechertyp).

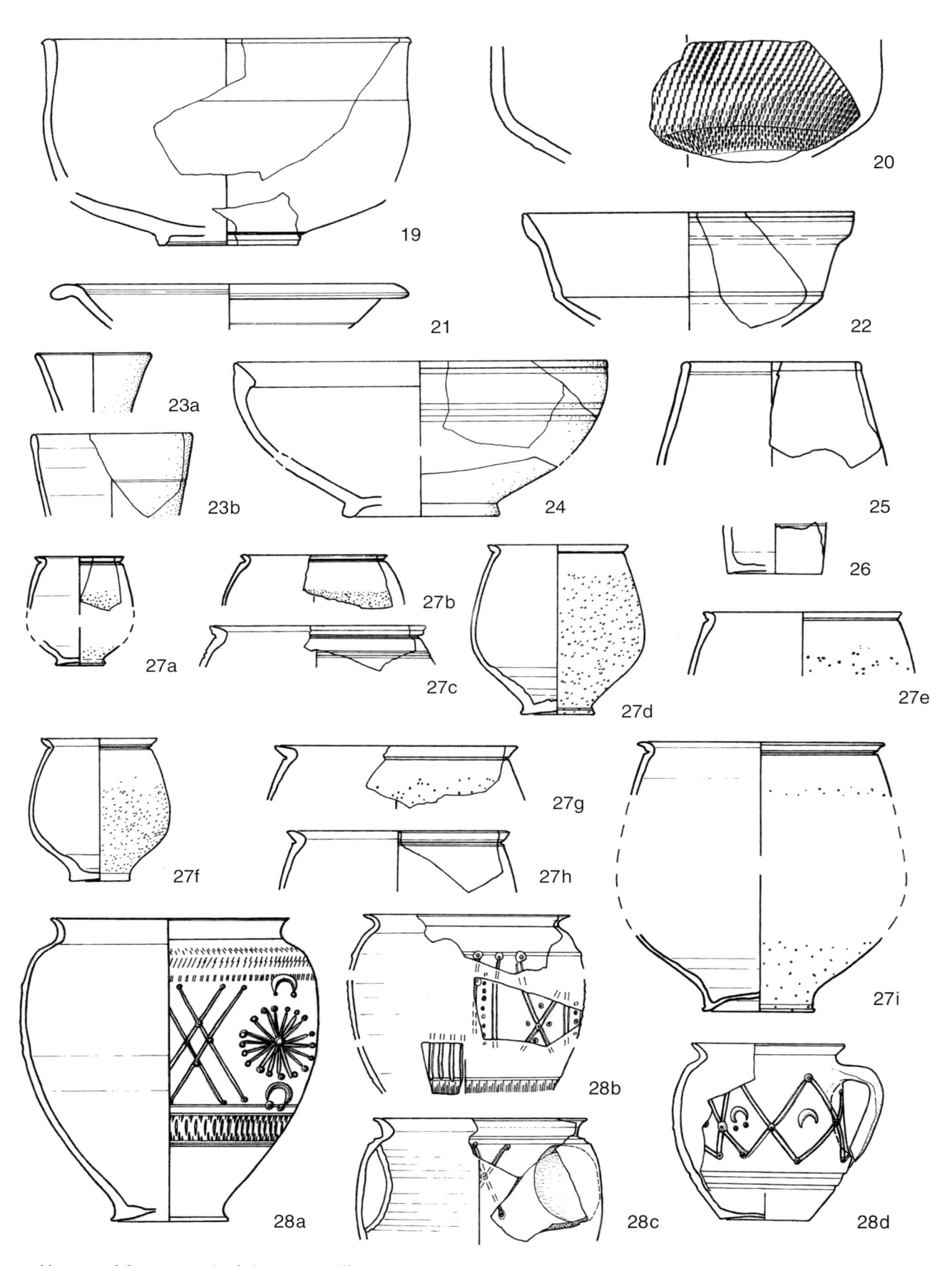

Abb. 128: Gefäßtypen. Rot überfärbte Ware (Sigillata-Imitation) 19–22.24–25. Tongrundige Ware 23. Engobierte Griesbecher 27. Glanztonbecher „Rätische Ware" 28. M. 1:3.

scherbe einer Terra-Nigra-Variante stammt aus Bef. 812, Phase 3. Die rot engobierten Exemplare könnten aus Schwabmünchen zu stammen.⁸⁵⁴ Abgebildetes Exemplar aus Bef. 823.

23. Konischer, tongrundiger Napf oder Becher, „Sigillataimitation"

Phase 1	–
Phase 2a	–
Phase 2b	1
Phase 3	1
Abfallgruben vor der Umwehrung	–

Die Reste von nur zwei Gefäßindividuen bezeugen diese einfache, tongrundige Imitation von Drag. 33, doch fällt die Erkennung der dünnwandigen und daher oft kleinteilig gebrochenen Scherben nicht leicht. Ein Exemplar ist ziegelrot (Variante a, Bef. 1111, Phase 2b), eines hellbraun-ocker (Variante b, Bef. ZOH-48, Phase 3).

24. Schüssel mit dreieckig verdicktem Rand, rot engobierte Ware

Phase 1	1
Phase 2a	–
Phase 2b	–
Phase 3	–
Abfallgruben vor der Umwehrung	2 (Bef. 1450)

Dieser Schüsseltyp imitiert zwar keine Sigillataform, dürfte aufgrund seiner Zugehörigkeit zu Ware 4 jedoch zum Tafelgeschirr zu zählen sein. Chronologisch ergibt sich ein diffuses Bild, da er sowohl in Phase 1 als auch im tendenziell spätkastellzeitlichen Grubenkomplex Bef. 1450 vertreten ist. Ähnliche Schüsseln und Becken wurden in Schwabmünchen produziert, von denen manche mit Tonhenkeln ausgestattet sind.⁸⁵⁵
Abgebildetes Exemplar aus Bef. 883.

25. Tonnenförmiger Becher, rot engobierte Ware

Phase 1	–
Phase 2a	–
Phase 2b	–
Phase 3	1
Abfallgruben vor der Umwehrung	–

Der rotorange Überzug des abgebildeten Belegexemplars aus Bef. 812 ist fast völlig verrieben (Ware 4). Eigentlich handelt es sich um eine Terra-Nigra-Form.⁸⁵⁶

26. Zylindrischer Becher, rot engobierte Ware

Phase 1	–
Phase 2a	–
Phase 2b	–
Phase 3	1
Abfallgruben vor der Umwehrung	–

Das Bodenstück mit leicht konisch ansetzender Wandung stammt aus Bef. ZOH-105 (Fb.-Nr. 1620, Ware 4).

27. Griesbecher mit Karniesrand

Phase 1	7
Phase 2a	16
Phase 2b	3
Phase 3	17
Abfallgruben vor der Umwehrung	35

Aufgrund der meist kleinteiligen Fragmentierung dieser dünnwandigen Trinkbecher gestaltete sich die Suche nach zusammengehörigen Stücken schwierig. Insgesamt können mindestens 78 Gefäßindividuen unterschieden werden, würde man lediglich Randscherben berücksichtigen jedoch nur 21.
Die überwiegende Mehrheit der Karniesränder lädt trichterförmig aus, ihr Profil ist mehr oder weniger stark verschliffen (Variante f). Nur wenige Ränder sind scharf unterschnitten und kurz (Variante a–b).⁸⁵⁷ Immer ist die Außenwand durch Griesbewurf rau. Die Randdurchmesser liegen zwischen 10 und 14 cm (2 cm × 10 cm, 7 cm × 11,5 bis 12 cm u. 2 cm × 14 cm), nur drei Becher waren mit 4 bis 5, 5,5 bzw. 8 cm deutlich kleiner. Unter den mindestens 78 Gefäßindividuen ließen sich wenigstens acht Dellenbecher (Waren 3A, 3C, 3E u. 3G) erkennen.
Chronologisch liegt der Schwerpunkt dieses Bechertyps auf der Frühzeit des Kastells. Spätestens ab ca. 150 n. Chr. wurde er durch die neu entwickelten Becher der „Rätischen Ware" verdrängt, wenn auch bis zum Kastellende nicht vollständig. Auch in Phase 3 waren noch einzelne Griesbecher in Gebrauch, doch fällt der tendenziell stärkere Fragmentierungsgrad in den späten Befunden auf. Es dürfte sich bei diesen Scherben bereits öfter um umgelagertes Altmaterial handeln.
Diese Glanztonkeramik mit matten oder seidenmatten, nur ausnahmsweise etwas metallisch glänzenden Oberflächen wird unter „Ware 3" subsumiert.

---

854 Sorge 2001, Taf. 19 B121–126.
855 Sorge 2001, Taf. 16 B94–98.
856 Vgl. Sölch 2001, Taf. 64,18 u. 20.
857 Zur Typologie von Karniesrändern ausführlich: Kortüm 1995, 258–264; Kortüm 2004, 332–334.

Abgebildete Exemplare: a) Bef. 1053/55 (Ware 3E); b) Bef. 1012 (Ware 3G); c) Bef. 1520, Ware 7; d) Bef. 1301, Ware 3B; e) Bef. 1002 u. 1015, Ware 3E; f) Bef. 1645, Ware 3H; g) Bef. 1450, Ware 3A; h) Bef. 1107, Ware 3D; i) Bef. 1053/55 (Ware 3G).

28. Glanztonbecher der „rätischen Ware"

Nach bewährter Typologie werden die Dekorationstypen Drexel 1, 2a, 2b, 3a und 3b unterschieden, von denen im Kastell Heidenheim folgende nachweisbar sind:

Stilgruppe Drexel 1
Phase 1 –
Phase 2a –
Phase 2b 9–10
Phase 3 39
Abfallgruben vor
der Umwehrung 36

Zur Ermittlung der Mindestindividuenzahl 82–83 wurden ausschließlich Randscherben ausgezählt, da die unüberschaubar große Zahl der oft kleinteilig zersplitterten Wandscherben diesbezüglich kaum auswertbar ist.

Die frühesten Exemplare begegnen in Befunden der Phase 2b, die Hauptmasse des Materials gehört jedoch der spätesten Kastellzeit an. Die Stilgruppe Drexel 1 begegnet auf fünf verschiedenen Gefäßformen, nämlich auf den Varianten a–b (Hauptmasse der Funde), c–d (Dellenbecher mit und ohne Henkel, von denen insgesamt nur fünf verschiedene Exemplare nachweisbar sind)[858] sowie e (Fass- oder Tonnenform, insgesamt nur vier Exemplare nachweisbar). Die Variante f repräsentiert einen Einzelfall (mit rotbraunem Glanztonüberzug). Anhand der Randdurchmesser lassen sich prinzipiell drei Bechergrößen unterscheiden: 9, 12 und 14 cm.[859]

Die Glanztonüberzüge sind fast immer schwarz, in Bodennähe oft rotbraun. Sie sind stumpf oder glänzen seidenmatt; leicht metallisierender Glanz kommt nur ausnahmsweise und nur in den jüngsten Befunden vor. In wenigen Ausnahmefällen wurden rote, rotbraune, hellbraune oder braun-bronzierende Glanztonüberzüge registriert. Letztere decken eine beige Tonmatrix.

Das leichte Übergewicht von Funden aus Phase 3 gegenüber solchen aus den Abfallgruben vor der Kastellumwehrung lässt sich mit dem „Umzugsmüll" erklären, der zuletzt im Kastell liegen blieb und nicht mehr abgefahren wurde.

Abgebildete Exemplare aus Bef. 377 (a); 1163/64 (b–c); 1228 (d); ZOH-105 (e) u. 1125 (f).

Stilgruppe Drexel 2a
Phase 1 –
Phase 2a –
Phase 2b –
Phase 3 2
Abfallgruben vor
der Umwehrung 4 (Bef. 1012 u. 1053/55)

Dieser Dekorvariante ließen sich nur Wandscherben von vier Gefäßindividuen zuweisen, gefunden in der Verfüllung einer späten Grube und Jaucherinne im Kopfbaubereich einer Baracke in der *retentura* (Bef. ZOH-48 u. ZOH-105) sowie im Grubenkomplex Bef. 1053/55 vor der Nordumwehrung (Fb.-Nr. 1130). Hinzu kommt ein Fragment aus der Verfüllung des Kellers des Fahnenheiligtums im Stabsgebäude.[860] Die Glanztonüberzüge sind zweimal rotbraun bzw. bronzierend-braun und zweimal glänzend schwarz. Die ursprünglichen Gefäßgrößen lassen sich nicht mehr ermitteln.

Stilgruppe Drexel 2b
Phase 1 –
Phase 2a –
Phase 2b –
Phase 3 2
Abfallgruben vor
der Umwehrung 1–2 (Bef. 1450)

Aus Befunden der späten Kastellzeit konnten überraschenderweise bereits vereinzelte Fragmente von 3–4 Bechern der Stilgruppe Drexel 2b erhoben werden. Es handelt sich dabei um die Grubenbef. 1163/64 (Variante h) und 1249 (Variante i) im Bereich des umgebauten und erweiterten Kopfbaus von Baracke II. In beiden Fällen stammen die Scherben aus tieferen Einfüllschichten dieser Gruben, sodass eine versehentliche Vermengung mit etwaigem Oberflächenmaterial ausgeschlossen werden kann. Eine Wandscherbe kam in der spätkastellzeitlichen Abfallgrube Bef. 1450 vor der Westumwehrung zum Vorschein (Variante j). Ein weiteres Randstück von dort (Fb.-Nr. 2379) zeichnet sich durch das charakteristische Merkmal von Variante h, nämlich durch einen senkrecht aufgestellten Trichterrand, aus. Die Dekorzone blieb jedoch nicht erhalten.

---

858 Vgl. beispielsweise Müller 1999, Taf. 44 Grab 255, 2 u. Taf. 48 Grab 276, 5. Diese Variante wurde in verschiedenen Dekorvarianten v.a. in Schwabmünchen getöpfert, darunter auch als Becher mit Griesbewurf (Sorge 2001, Taf. 13 B67–68). Zu alpinem Ursprung, Typologie und Variantenreichtum der Form vgl. Leitner 2004/05, 183–185. Danach scheint sich eine Typologie, die chronologisch oder für Töpfereizuweisungen verwertbar wäre, nicht abzuzeichnen.

859 Gemessen wurden 10 cm × 9 cm bis 10 cm; 7 cm × 12 cm; 18 × 13 bis 14 cm und 2 × 14,5 bis 15 cm. Die Schwankungsangaben beruhen auf erhaltungsbedingt ungenauen Messwerten.

860 Heiligmann 1990, Taf. 142,17.

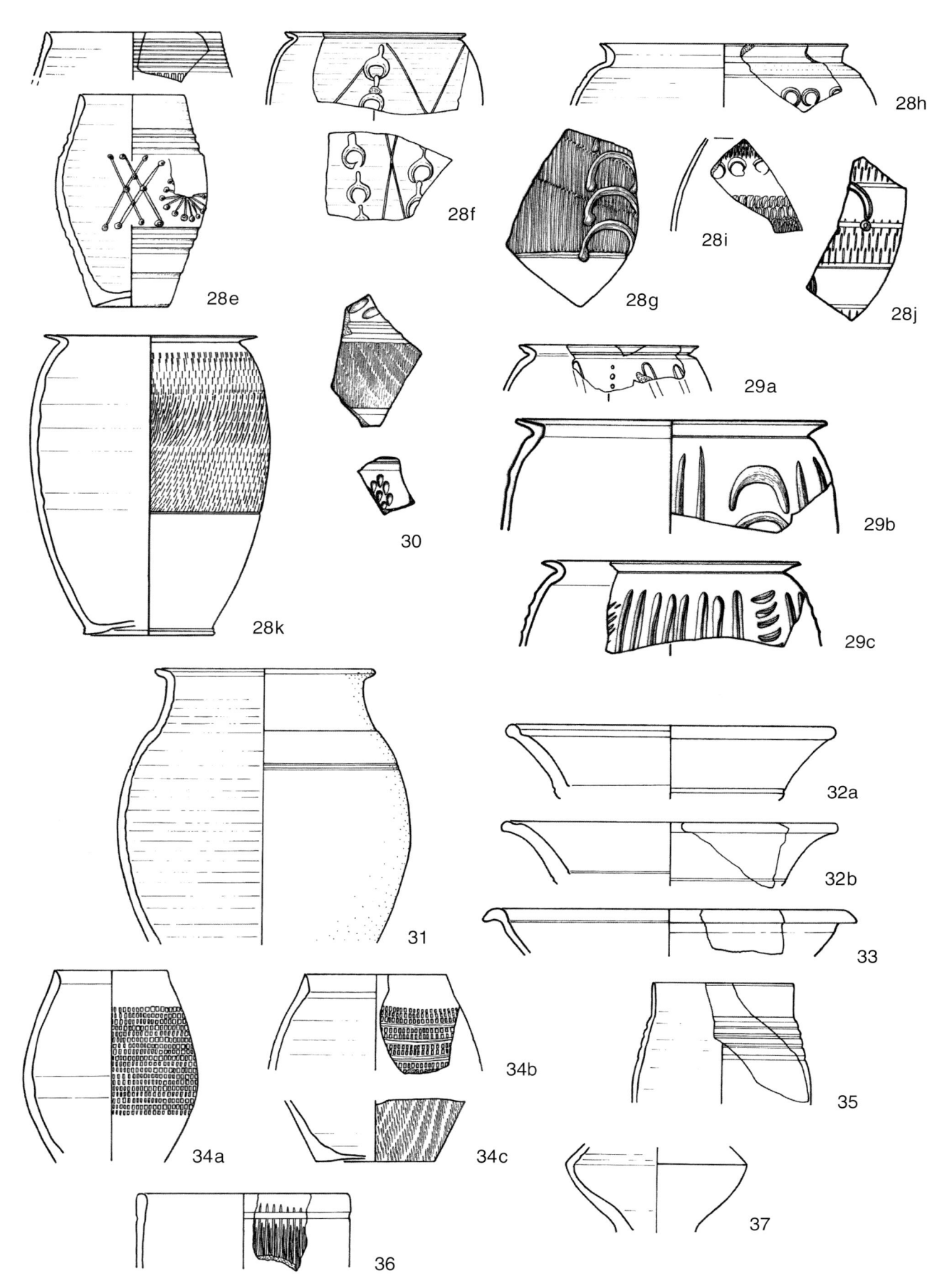

Abb. 129: Gefäßtypen. Glanztonbecher „Rätische Ware" 28–31. Terra Nigra 32–37. Scherben 28 g; 28j; 29b–c; 30 M. 1:2, sonst M. 1:3.

Nach bisherigen Chronologievorstellungen, die allerdings anhand oströtischer Fundplätze im Raum Regensburg erarbeitet wurden, wird die Stilgruppe Drexel 2b bisher ca. 180–260 n. Chr. datiert.[861] Ein derart später Zeitansatz kommt für die Verfüllung der hier behandelten Befunde aufgrund des restlichen, in großen Mengen mitgefundenen Materials keinesfalls in Frage. Eher möchte ich die vorsichtige Vermutung äußern, dass Gefäße der Stilgruppe Drexel 2b bereits um 160 n. Chr. auf den Markt kamen, jedenfalls im Bereich von Heidenheim.
Abgebildete Exemplare aus Bef. 1163/64 (bronzierender Glanztonüberzug), Bef. 1249 u. 1450 (schwarze Glanztonüberzüge).

Stilgruppe Drexel 3a
Phase 1	–
Phase 2a	–
Phase 2b	–
Phase 3	6
Abfallgruben vor der Umwehrung	3–4

Drei der sechs Phase 3 zugeordneten Vertreter des Dekorationstyps Drexel 3a stammen aus der Abbruchschicht des Kastells (Variante k; Fb.-Nr. 722, 755 u. 772), die restlichen aus den späten Befunden 664; 691 u. 1228. Zwei Exemplare fanden sich in der relativ späten Abfallgrube Bef. 1450 vor der Westumwehrung. Die matten Glanztonüberzüge changieren von hell- bis braunorange, in zwei Fällen (Bef. 1125 u. Fb.-Nr. 755) ist er braun-bronzierend ausgefallen. Das Vorkommen dieser Form beschränkt sich auf die späteste Kastellzeit.
Abgebildetes Exemplar aus Bef. 691 (Überzug braunorange).

29. Glanztonbecher „Rätischer Ware" mit Trichterrand und Rippendekor

Phase 1	–
Phase 2a	–
Phase 2b	0–1
Phase 3	2–3
Abfallgruben vor der Umwehrung	4–5 (Bef. 1012 u. 1053/55)

Hierbei handelt es sich um eine seltenere Variante der Stilgruppe Drexel 1 der „Rätischen Ware". Die datierbaren Stücke gehören in Phase 3, ein Belegstück stammt aus der relativ späten Abfallgrube Bef. 1450 vor der Westumwehrung. Ein Fragment aus Bef. 1125 (Variante a, Phase 2b–3) lässt noch eine Reminiszenz eines verschliffenen Karniesrandes erkennen. Die Glanztonüberzüge der Vertreter dieses Typs sind innen und außen schokoladenbraun, die Tonmatrix orange bis rotorange. Der Ton enthält in allen Fällen Biotitglimmer, sodass es sich ebenfalls um Produkte aus dem Bereich der Donau oder südlich davon handeln dürfte. Für Schwabmünchen ist die Produktion derartiger Becher bezeugt.[862]
Abgebildete Exemplare aus Bef. 1053/55 (b); 1125 (a) u. 1450 (c).

30. Glanztonbecher „Rätischer Ware" mit eingekerbtem Dekor

Phase 1	–
Phase 2a	–
Phase 2b	1
Phase 3	–
Abfallgruben vor der Umwehrung	1

Dieser seltenen Variante der „Rätischen Ware" lassen sich nur zwei kleinteilige Wandscherben zuweisen, deren Gefäßformen nicht mehr sicher ermittelt werden können. Neben den üblichen Gefäßtypen der „Rätischen Ware" sind auch ausgefallenere Formen mit Kerbendekor bezeugt, so z. B. Becher mit Knickwand.[863]
Ein Fragment stammt aus dem Graben, der ca. 20 m vor der Westumwehrung parallel zu dieser verläuft (Bef. 1465), eines aus dem Bereich der Abfallgruben nördlich des Kastells (Fb.-Nr. 1015). Jenes weist einen braunroten Glanztonüberzug auf, dieses einen schwarzen.

31. Becher oder Topf mit abgesetztem Steilrand

Phase 1	–
Phase 2a	1
Phase 2b	–
Phase 3	–
Abfallgruben vor der Umwehrung	–

Dieser Typ liegt nur in einem Exemplar aus Bef. 1301 vor und war bisher in Heidenheim unbekannt. Die Oberfläche des glimmerreichen Tons ist zu schlecht erhalten (kreidig und stark verrieben), um die einstige Existenz eines Überzugs gänzlich ausschließen zu können. Die Funktion des Gefäßes ist nicht sicher beurteilbar, doch scheint es sich am ehesten um eine

---

861 T. Fischer, Das Umland des römischen Regensburg. Münchner Beitr. Vor- u. Frühgesch. 42 (München 1990) 57. Diese Chronologie wurde mangels näher liegender, datierter Fundplätze auf weströtische Fundplätze übertragen: Müller 1999, 51; Pfahl 1999, 76.
862 G. Sorge, Römisches Töpferhandwerk in RAPIS bei Schwabmünchen. In: L. Wamser/B. Steidl, Neue Forschungen zur römischen Besiedlung zwischen Oberrhein und Enns. Kolloquium Rosenheim 14.–16. Juni 2000 (Remshalden 2002) 67–73 bes. 72.
863 Vgl. beispielsweise Heiligmann 1990, Taf. 97,13 (Donnstetten) u. Sölch 2001, Taf. 65,16–17.

vergrößerte Variante der Trinkbecher der „Rätischen Ware" zu handeln.

32. Teller mit ausladendem Rand und flachem Boden, Terra Nigra

Phase 1	–
Phase 2a	–
Phase 2b	–
Phase 3	2
Abfallgruben vor der Umwehrung	2–3 (Bef. 1450: 1–2; 1465: 1)

Nur auf ihrer Innenwand weisen diese Teller Reste einer einst polierten, schwarz glänzenden Engobe auf (Ware 2).[864] Eine Wandscherbe mit beiderseits schwarzer, polierter Engobe blieb wahrscheinlich eher von einer Knickwandschüssel übrig (Fb.-Nr. 1163, Bef. 767).[865] Solche Teller wurden in Schwabmünchen hergestellt.[866]
Abgebildete Exemplare aus Bef. 691 (b) u. 815 (a).

33. Teller oder Schale mit umgebogenem Rand, Terra Nigra

Phase 1	–
Phase 2a	–
Phase 2b	–
Phase 3	–
Abfallgruben vor der Umwehrung	1 (Bef. 1450: 1)

Bei diesem singulären Randstück lässt sich nicht aufklären, ob es von einem Teller oder von einer Schüssel mit flachem Boden stammt, vgl. Sölch 2001, Taf. 64,4. Beide Gefäßvarianten gehörten zum Formenrepertoire des Töpferzentrums von Schwabmünchen.[867] Es handelt sich eindeutig um Terra Nigra (Ware 2) mit schwarzer Glanztonoberfläche innen, nicht um sekundär verbrannte Terra Sigillata.

34. Tonnenförmiger Becher, Terra Nigra

Phase 1	–
Phase 2a	2
Phase 2b	1
Phase 3	2
Abfallgruben vor der Umwehrung	1

Zumindest die obere Hälfte dieser Becher pflegt mit Rollrädchendekor in Gestalt kleiner Quadrate oder mit Ratterdekor verziert zu sein. Die schwarze Außenfläche hat sich nur teilweise erhalten (Ware 2). Das bis zur Standfläche hin mit Ratterdekor versehene Bodenstück Variante c (Fb.-Nr. 1936) lässt sich nach einem Vergleichsexemplar aus Straubing wahrscheinlich diesem Bechertyp anschließen.[868]
Abgebildete Exemplare aus Bef. 815 (b); 1301 (a) u. 1207 (c).

35. Tonnenförmiger Becher mit gerippter Schulter, Terra Nigra

Phase 1	–
Phase 2a	–
Phase 2b	–
Phase 3	1
Abfallgruben vor der Umwehrung	–

Dieses Einzelstück fällt durch seine hohe Qualität auf, die sich von Ware 2 unterscheidet. Der Becher aus Bef. 1301 ist dünnwandig und hat eine tiefschwarze, polierte Außenfläche. Vermutlich handelt es sich um ein individuelles Mitbringsel.

36. Zylindrischer Becher mit Ratterdekor, Terra Nigra

Phase 1	–
Phase 2a	–
Phase 2b	–
Phase 3	1
Abfallgruben vor der Umwehrung	1 (Bef. 1053/55: 1)

Nur eine Randscherbe aus Bef. 1550 lässt sich diesem Bechertyp zuordnen (Fb.-Nr. 2413). Ihr fehlt eine schwarz glänzende Oberfläche, sie entspricht sonst aber Ware 2. Diese Gefäßform – freilich ohne Ratterdekor – ist auch aus entfärbtem Glas hergestellt worden.

37. Doppelkonischer Becher oder Töpfchen (?), Terra Nigra

Phase 1	–
Phase 2a	1
Phase 2b	–
Phase 3	–
Abfallgruben vor der Umwehrung	–

Die Wandscherbe aus Bef. 1301 dürfte am ehesten dem Grundtyp Hofheim 113 anzuschließen sein.[869] Reste einer schwarz glänzenden Außenfläche sind nicht erhalten, sonst wie Ware 2.

38. Topf mit Steilrand, Terra Nigra

Phase 1	4
Phase 2a	1
Phase 2b	1
Phase 3	7–8

---

864 Zum Typ vgl. auch Sölch 2001, Taf. 63,7–9 u. Schönberger 1978 (Oberstimm) Taf. 69.
865 Vgl. beispielsweise Walke 1965, Taf. 53,3.
866 Sorge 2001, Taf. 7 B1–7.
867 Sorge 2001, Taf. 8 B17–23.
868 Walke 1965, Taf. 79,10.
869 Vgl. auch ein Gefäß aus Straubing: Walke 1965, Taf. 51,2.

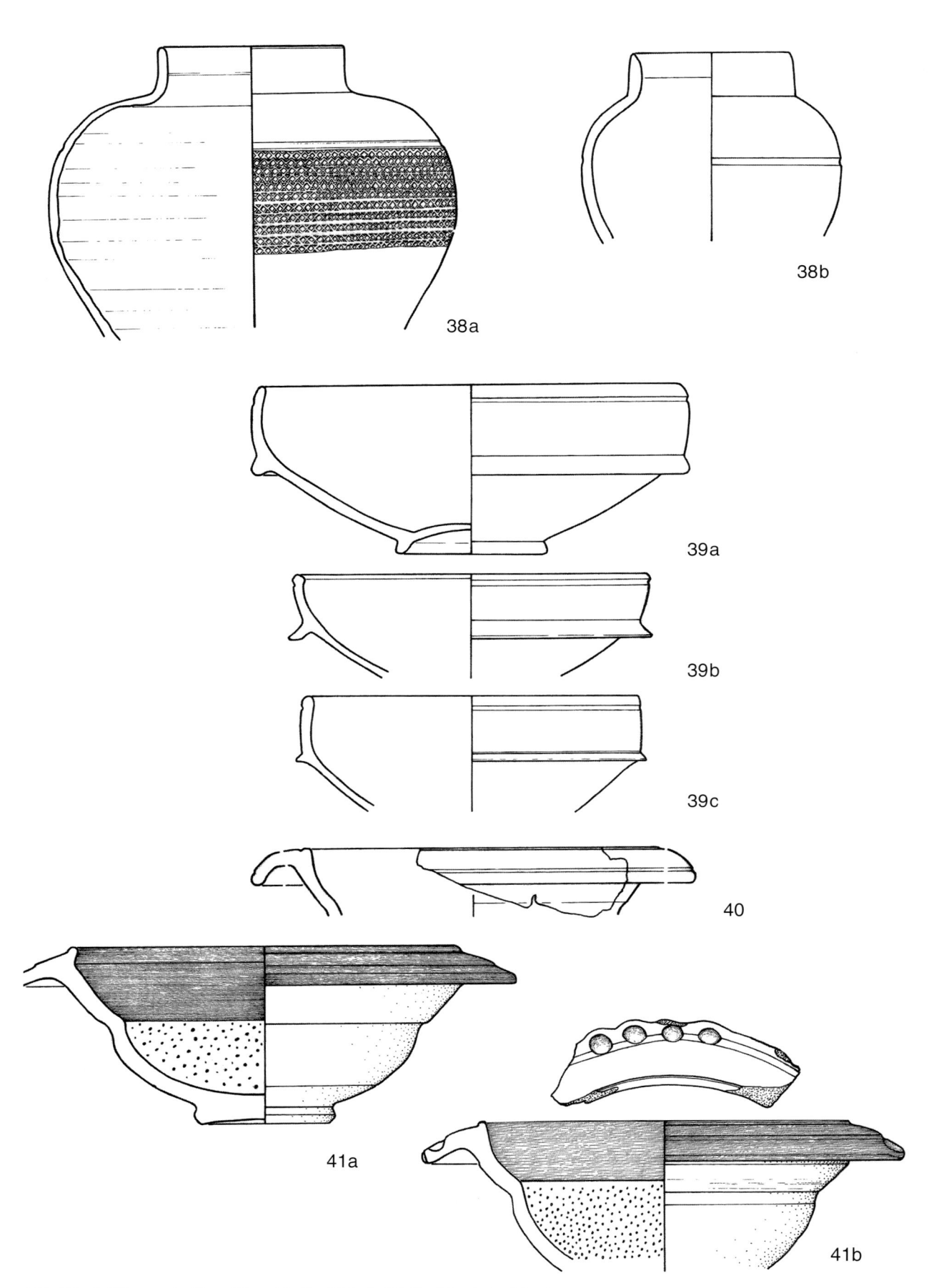

Abb. 130: Gefäßtypen der Terra Nigra 38–40. „Rätische" Reibschüsseln 41. M. 1:3.

| Abfallgruben vor der Umwehrung | 7–10 (Bef. 1012: 1; 1053/55: 2–3; 1450: 3–6; 1465: 1) |

Im Bereich des weitesten Bauchumfangs pflegen diese Töpfe mit einer Zone von Rollrädchendekor in Gestalt von Rauten oder Quadraten mit Diagonalriefen verziert zu sein. Da diese Rollrädchenmuster auch auf anderen Gefäßformen der Terra Nigra begegnen, besteht im Erhaltungszustand kleiner verzierter Wandscherben keine Möglichkeit, verlässlich auf den Gefäßtyp rückzuschließen. Nur in einem Fall blieb das Gefäß unverziert (Variante b). Die Außenflächen waren ursprünglich glänzend schwarz, doch hat sich die geschmauchte Oberfläche oft schlecht erhalten; innen sind die Töpfe tongrundig (Ware 2). Dieser Gefäßtyp blieb die ganze Kastellzeit über in Gebrauch.

Abgebildete Exemplare aus Bef. 883 (b) u. 1231 (a).

39. Kragenschüssel mit Steilrand, Terra Nigra

Phase 1	2
Phase 2a	1
Phase 2b	–
Phase 3	3
Abfallgruben vor der Umwehrung	6 (Bef. 1012: 1; 1053/55: 3; 1450: 1; 1620: 1)

Diese Schüsseln waren offenbar die gesamte Kastellzeit über in Gebrauch, ohne dass sich die Form merklich verändert hätte. Stets weisen diese Gefäße innen und außen eine tiefschwarze, polierte Glanzoberfläche auf (Ware 2). Zwei Vertreter dieser Form wurden nicht in Nigratechnik hergestellt, sondern oxidierend gebrannt und mit einem (weitgehend verriebenen) roten Farbüberzug versehen (Fb.-Nr. 1136, Bef. 1053/55 sowie Fb.-Nr. 2237, Bef. 1218).

Abgebildete Exemplare aus Bef. 299 (b); 824/580 (a) u. 1002 (c).

40. Kragenschüssel mit eingeschnürter Wand, Terra Nigra

Phase 1	–
Phase 2a	–
Phase 2b	–
Phase 3	–
Abfallgruben vor der Umwehrung	1 (Bef. 1450: 1)

Bezüglich seiner äußeren Form entspricht dieser singuläre Gefäßtyp den „Rätischen" Reibschüsseln, auf die Steinung einer eventuell vorhandenen Reibefläche liegen erhaltungsbedingt jedoch keine Hinweise vor. Bei der Ware handelt es sich eindeutig um Terra Nigra (Ware 2, nicht um eine sekundär verbrannte Reibschüssel!) mit schwarzem, glänzend poliertem Innenüberzug (Fb.-Nr. 2316/18).

Küchenkeramik (Abb. 130–144)

41. „Rätische" Reibschüsseln

Phase 1	6
Phase 2a	9
Phase 2b	1
Phase 3	40
Abfallgruben vor der Umwehrung	20–23 (Bef. 1012: 6; 1053/55: 7–10; 1450: 7)

Bereits aus der Frühzeit des Kastells sind einzelne Exemplare belegt,[870] doch überwiegen in Phase 1 noch die tongrundigen Reibschüsseln. Das ändert sich ab Phase 2a, während in Phase 3 die „Rätischen" Reibschüsseln (Ware 4) gegenüber ihrer tongrundigen „Konkurrenz" überwiegen. In Phase 1 sind – allerdings bei geringer Gesamtzahl (6) – nur gerade Krägen nachweisbar. Der Kragen des fast vollständig erhaltenen Gefäßes aus Bef. 1100 weist zackenförmig eingeschnittene Grifflappen und einen eingeschnittenen Ausguss auf. Letztere Ausgussform überwiegt gegenüber solchen mit aufgelegten Rinnenrändern, ohne dass daraus chronologische oder typologische Schwerpunkte ableitbar wären. Das gilt auch für den Rand und Kragen bedeckenden, orangen bis braunroten Farbüberzug. In der Frühzeit könnten Orange-Nuancen vorgeherrscht haben.

In Phase 3 begegnet ein großer Variantenreichtum hinsichtlich der Kragengestaltung. Es überwiegen nun die gebogenen Krägen. Erstmals kommen auch Krägen ohne umlaufende Rille auf dem Kragenrand (Variante–i–m) vor sowie solche mit hakenförmigem (Variante n) oder außen verdicktem (Variante j–k) Profil. Durch seine relative Kleinheit und scharfe Profilierung fällt Variante o auf, deren Reibefläche nicht aus Sand, sondern aus Steinsplitterchen besteht (Fb.-Nr. 1134, Bef. 1053/55).

Singulär ist das Randstück mit orangeroter Streifenbemalung mittels Mehrspurpinsel, das im Abbruchschutt von Baracke VI entdeckt wurde (Variante p, Fb.-Nr. 916). Derartige Reibschüsseln wurden während der zweiten Hälfte des 2. Jh. z. B. in Schwabmünchen hergestellt.[871] Dieses Stück dürfte damit zu den ältesten seiner Art zählen.

Abgebildete Exemplare aus Bef. ZOH-48 (j); 530 (f); 691 (g); 815 (i); 1002 (k u. n); 1053/55 (o); 1100 (a); 1107 (d); 1166 (c); 1228 (h u. l); 1231 (e); 1249 (m) u. 1550 (b).

---

[870] Es handelt sich dabei – soweit anhand der Reste überhaupt noch beurteilbar – um den Reibschüsseltyp Sorge 2001, 59 EW-Reibschüssel 1 mit Grifflappen. Reibschüsseln mit dreifach ausgeschnittenen Grifflappen wurden aber auch am Aschberg bei Aislingen hergestellt (Czysz 2004, 190).

[871] Sorge 2001, Taf. 23–24.

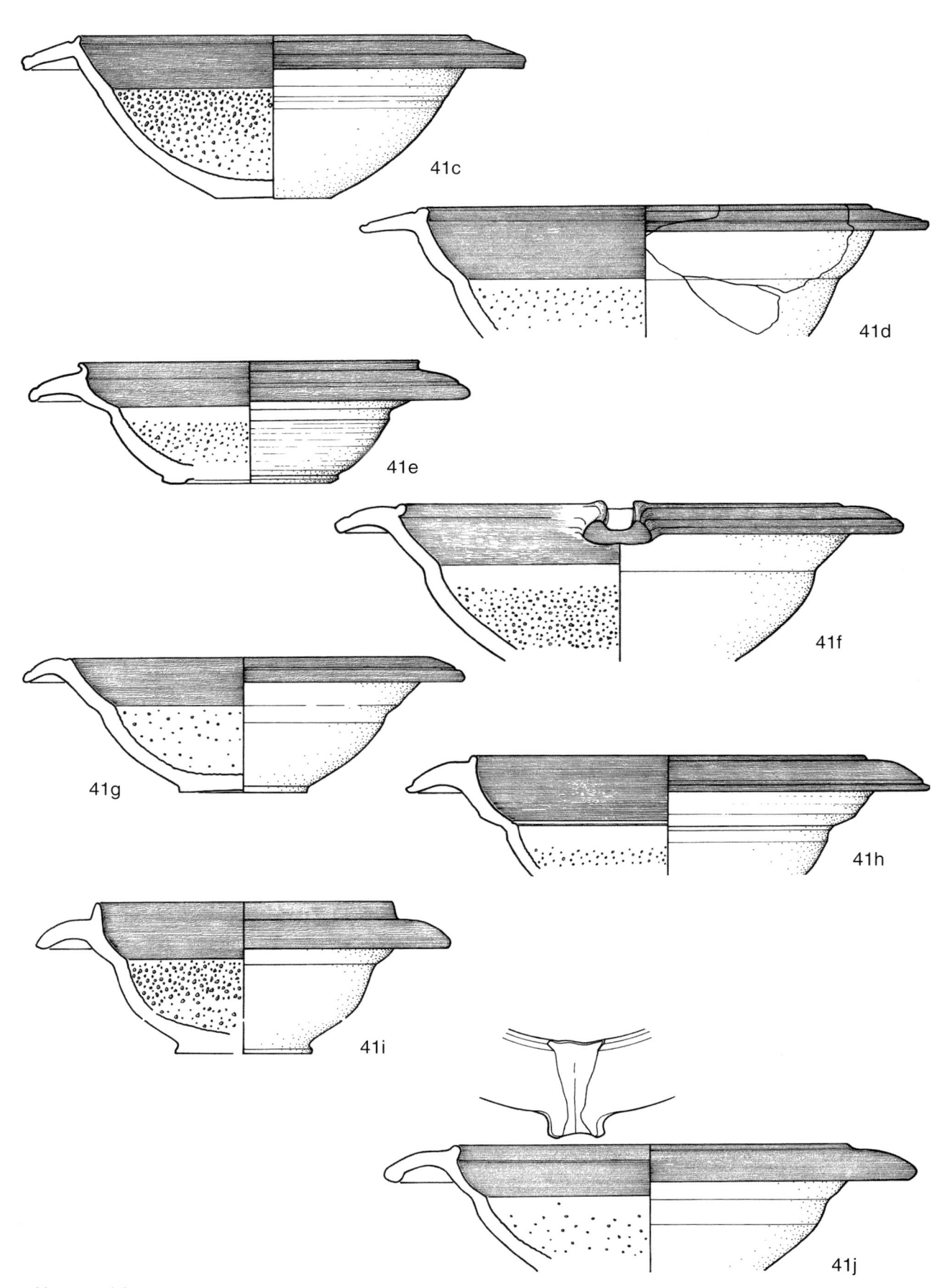

Abb. 131: Gefäßtypen „Rätischer" Reibschüsseln 41. M. 1:3.

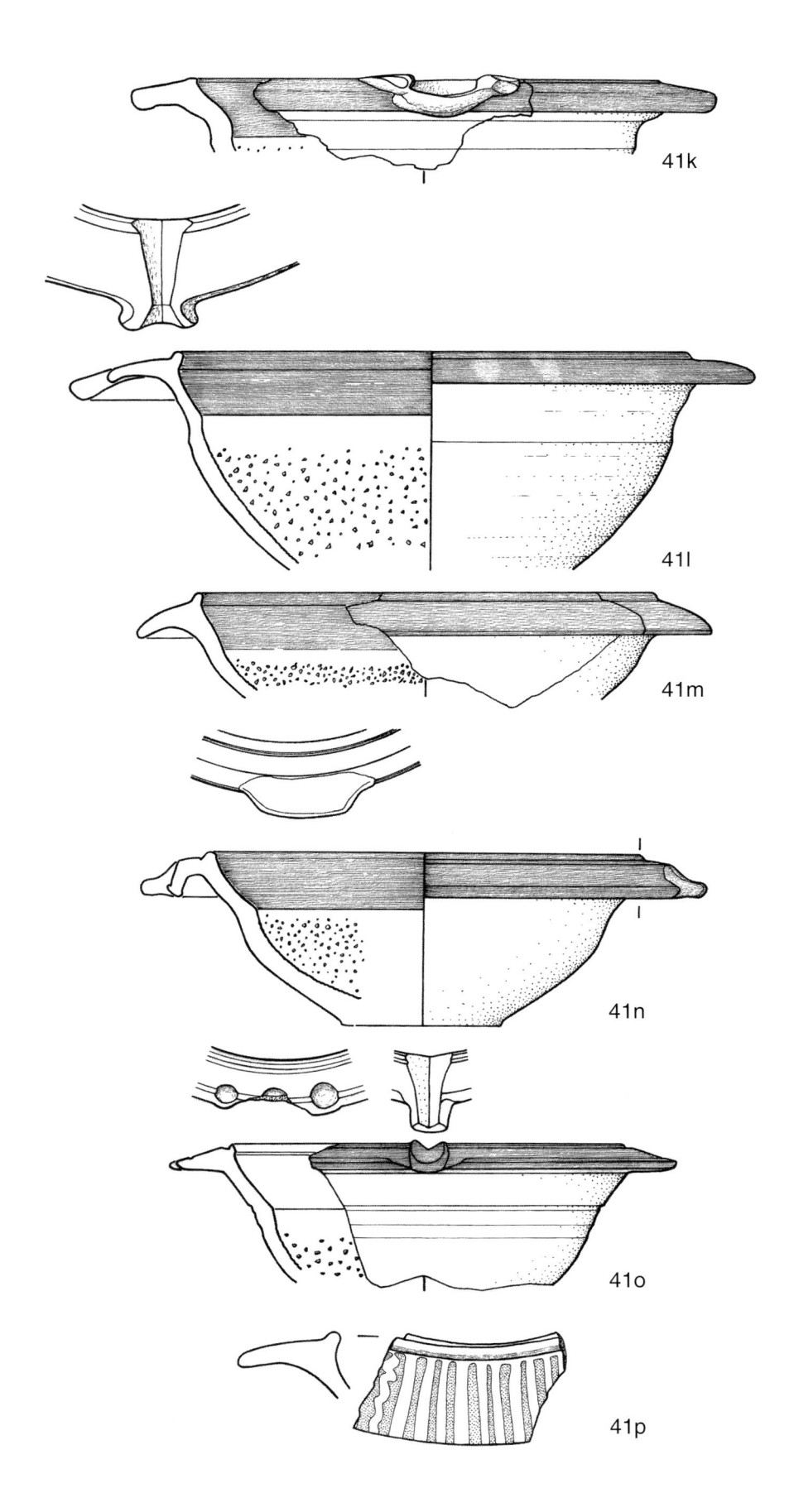

Abb. 132: Gefäßtypen „Rätischer" Reibschüsseln 41. M. 1:3.

42. Tongrundige Reibschüsseln

Phase 1	19
Phase 2a	9
Phase 2b	3
Phase 3	13
Abfallgruben vor der Umwehrung	25–30 (Bef. 1012: 3–4; 1053/55: 18–22; 1450: 4)

Die Auszählung der tongrundigen (Waren 5 u. 6) Reibschüsseln bestätigt die gegenläufige Entwicklung zu den „Rätischen" Reibschüsseln. Damit könnte das Verhältnis beider Reibschüsselarten für das 2. Jh. zumindest in der Region Heidenheim als grober chronologischer Indikator dienen.
Rand- und Kragenformen zeigen nur unspezifische „Varianten", aus deren Vorkommen keine Schlussfolgerungen zu ziehen sind. Lediglich Variante d fällt etwas aus der gleichförmigen Masse heraus; es handelt sich um ein frühes Stück (Phase 1). Das hakenförmige Profil Variante e gehört in Phase 3. In dem durch Feinkeramik spätkastellzeitlich datierten Grubenkomplex Bef. 1450 weisen drei von vier tongrundigen Reibschüsseln dieses Merkmal auf; ansonsten überwiegen dort bereits die „Rätischen" Reibschüsseln.
Singulären Status dürfen die Varianten f und g aufgrund ihrer außergewöhnlichen Warenarten beanspruchen: Variante f besteht aus ziegelartigem, rotem Ton mit intensiver Sandmagerung, der ferner Bruchstückchen von Molluskenschalen enthält; die Oberfläche fühlt sich sehr rau an. Variante g ist aus gelblich-weißem bis hellbeigefarbenem, feinem Ton geformt, der Biotitglimmer und feine Sandmagerung enthält.
Abgebildete Exemplare aus Bef. 195 (g); 314 (d); 575 (a); 691 (c); 812 (e); 1002 (b) u. 1053/55 (f).

43. Zweihenkelkrüge

Phase 1	5
Phase 2a	3
Phase 2b	1
Phase 3	16
Abfallgruben vor der Umwehrung	28–32 (Bef. 1012: 6; 1053/55: 13; 1450: 5; 1465: 4–8)

Zweihenkelkrüge waren vor allem wohl zwecks Trinkwasserbevorratung während der gesamten Kastellzeit in Gebrauch (die Auszählung berücksichtigte nur Rand- und sicher zuweisbare Schulterstücke!). Der starke Fundanfall in Phase 3 ist am ehesten als „Umzugsmüll" zu interpretieren. Dreihenkelkrüge konnten im Gesamtmaterial übrigens nicht identifiziert werden.
Aufgrund der Zweckmäßigkeit dieser Gefäße sind nur ansatzweise Formentwicklungen zu beobachten. Es scheinen jedoch die schmalen, „1"-förmigen Profile (Variante a) eher in die Frühzeit zu gehören, dreieckige (Varianten b u. d) und wulstförmige (Variante g–i) Profile eher in die spätere Kastellzeit. Zweihenkelkrüge mit Ratterdekor und eingestochenen Verzierungen (Augen, Gesichter, Swastikae) im Schulterbereich gab es von Beginn an. Die Belege verteilen sich auf die Warenarten 6 und 8.
Abgebildete Exemplare aus Bef. 41 (b); ZOH-48 (d); ZOH-72 (g); 100 (a); 976 (h); 1002 (c, e); 1125 (j); 1228 (i, k) u. 1550 (f).

44. Einhenkelkrüge

Phase 1	9
Phase 2a	5
Phase 2b	1
Phase 3	22
Abfallgruben vor der Umwehrung	29–37 (Bef. 1012: 6; 1053/55: 16; 1450: 6–8; 1465: 5–7)

Die Verteilung der Randstücke von Einhenkelkrügen zeigt erwartungsgemäß kein abweichendes Muster von der der Zweihenkelkrüge.
Eine chronologische Fixierung bestimmter Randformen gelingt kaum, doch scheinen auch hier die dreieckigen (Variante j–k) und wulstförmigen (Variante m) Randprofile vorwiegend in Phase 3 zu datieren. In der Frühzeit (Phase 1) belegt sind die Varianten a–c, e und g. Insgesamt nimmt in der Spätzeit der Variantenreichtum zu, was aber vor allem an der größeren Fundmenge liegt. Lediglich der mit Horizontalrillen abgestufte, trichterförmige Krugrand Variante d kommt nur einmal in Phase 2a vor.
Bei der Tonqualität lässt sich beobachten, dass die Warenart 6 tendenziell von der meist härter gebrannten, qualitätvolleren orangetonigen Warenart 8 verdrängt wurde. Da beide Warenarten jedoch Biotitglimmer enthalten, lässt sich daraus nicht unbedingt ein Wechsel der Bezugsquelle ableiten.
Abgebildete Exemplare aus Bef. 14 (g); ZOH-48 (n); 1053/55 (a); ZOH-105 (j); 664 (l); 691 (e); 711 (c); 797 (b); 921 (d); 1002 (f, k); 1164 (h, i) u. 1249 (m).

45. Einhenkelkrug mit randständigem Henkel

Phase 1	–
Phase 2a	–
Phase 2b	1
Phase 3	1?
Abfallgruben vor der Umwehrung	2 (Bef. 1053/55: 1; 1450: 1)

Das Gefäß aus Bef. 1238 (a) ist vollständig erhalten (Ware 6), ein Randstück aus Bef. 1550 (b) kann vielleicht hinzugerechnet werden.

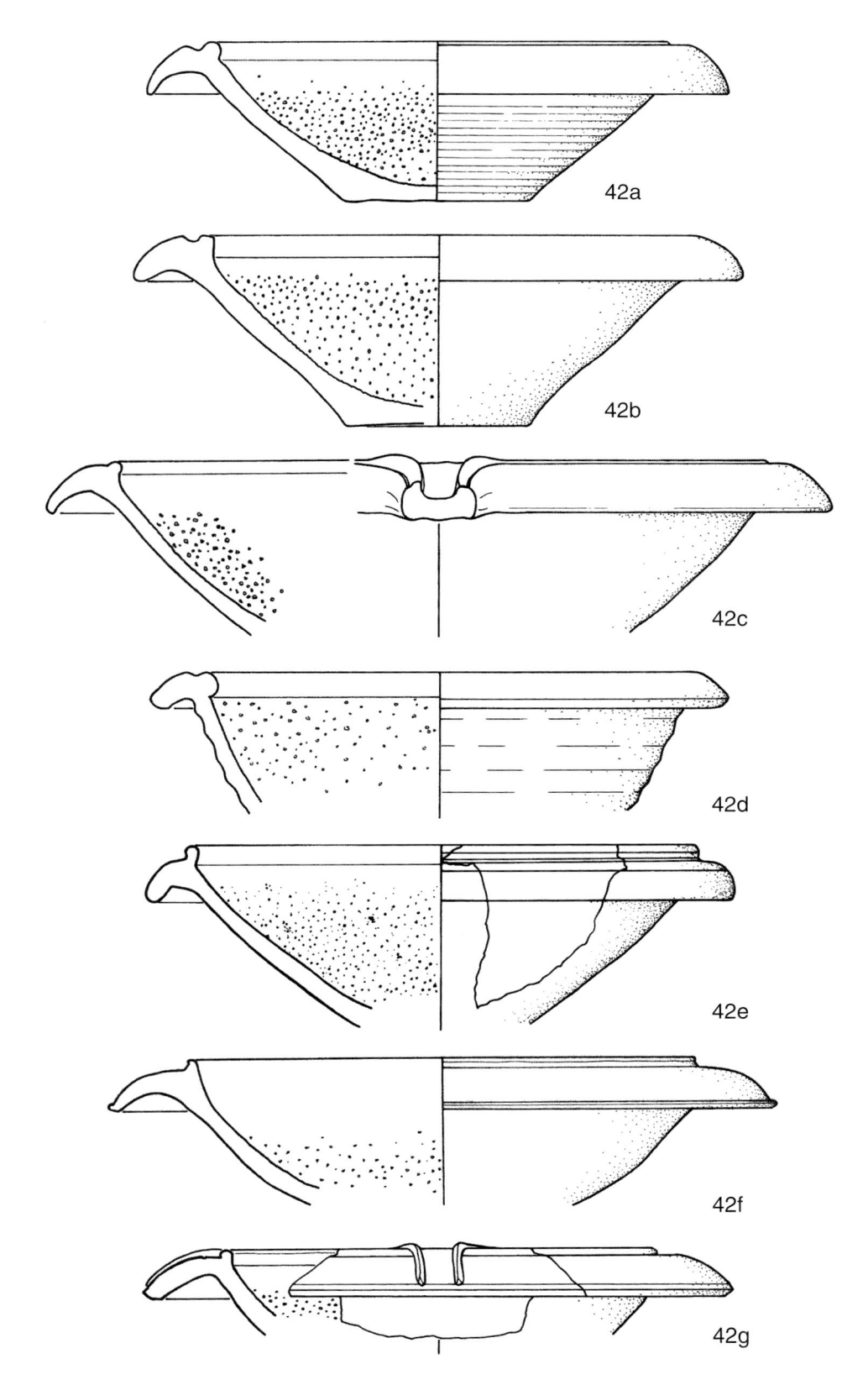

Abb. 133: Gefäßtypen tongrundiger Reibschüsseln 42. M. 1:3.

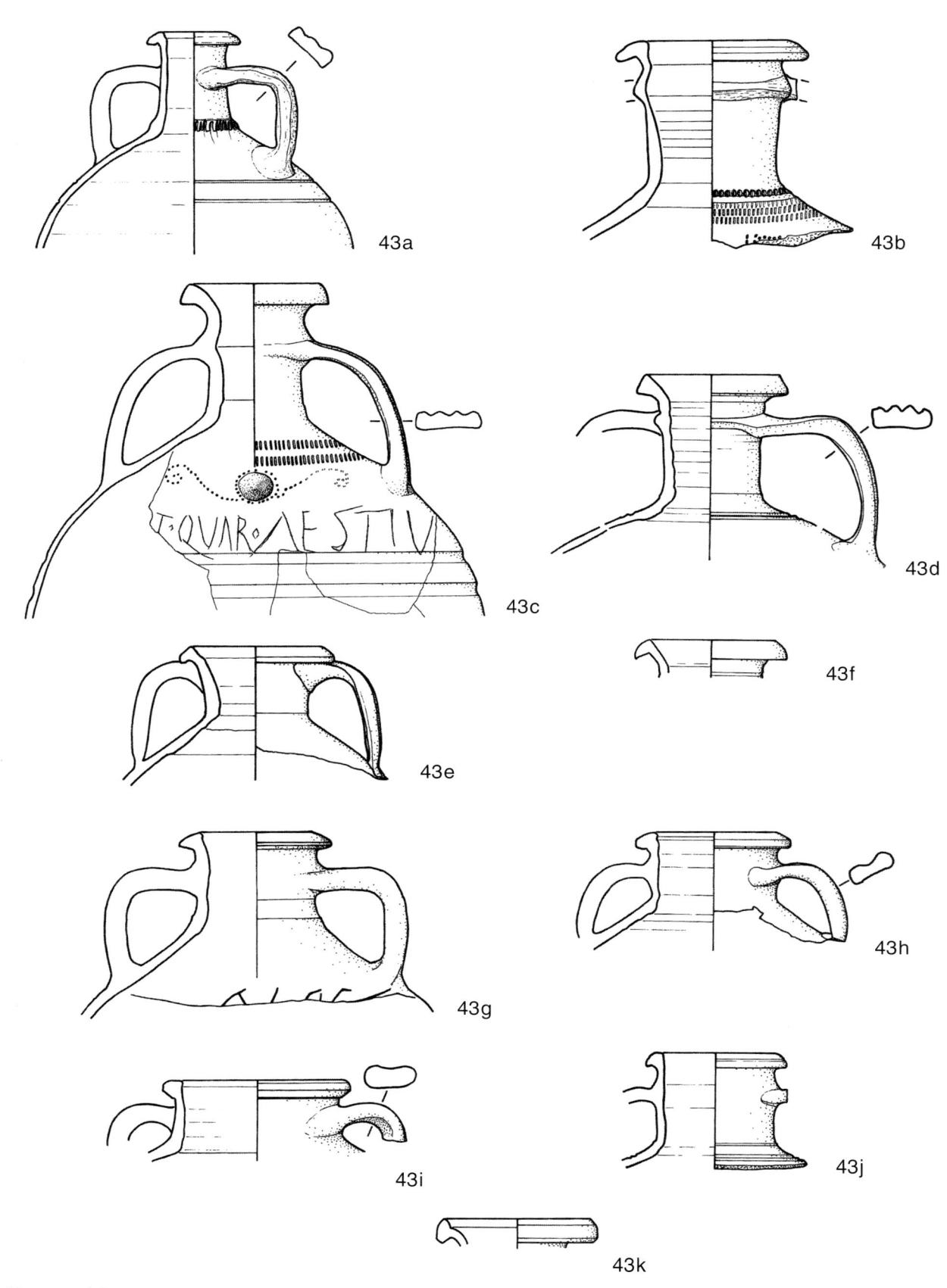

Abb. 134: Gefäßtypen tongrundiger Zweihenkelkrüge 43. M. 1:3.

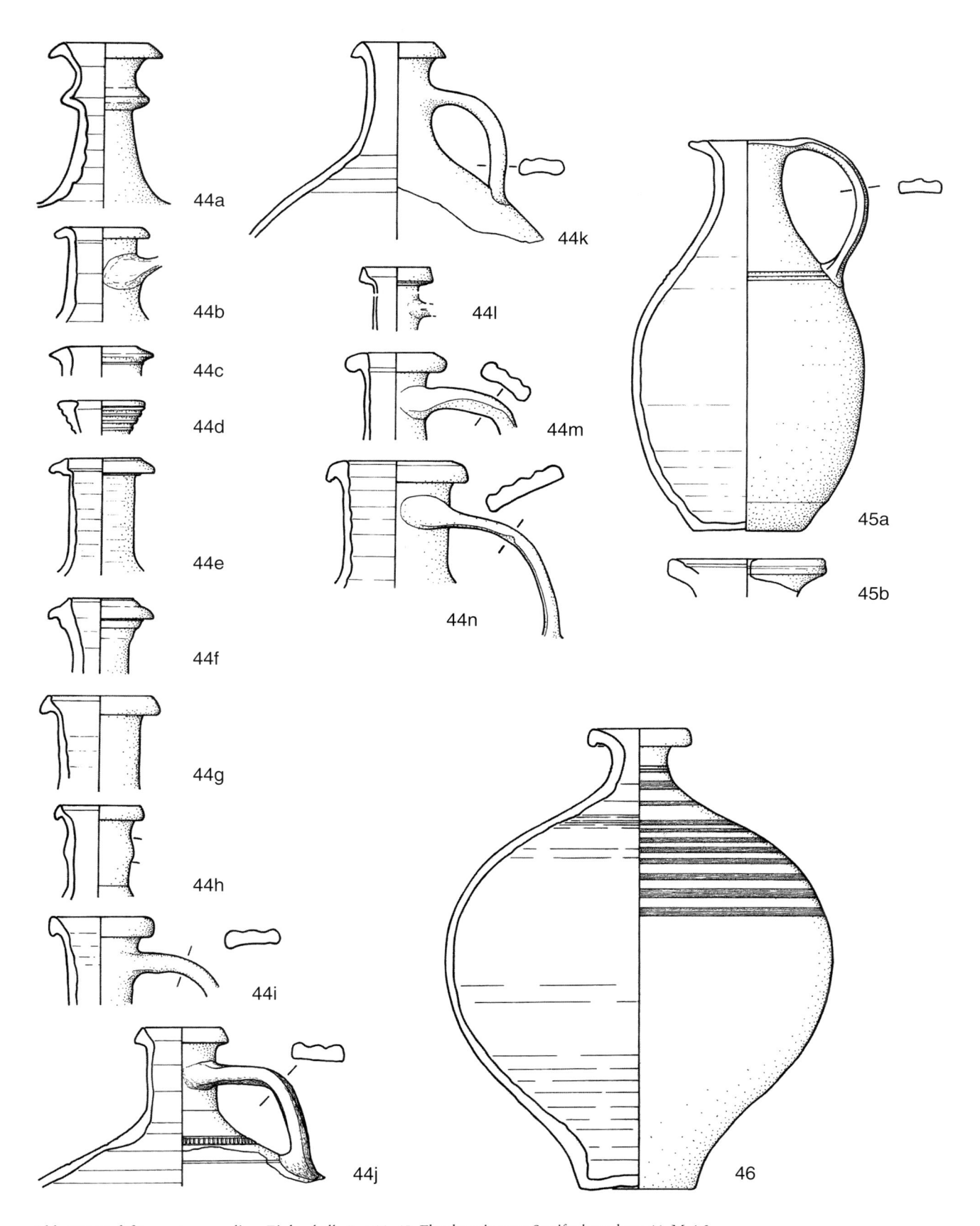

Abb. 135: Gefäßtypen tongrundiger Einhenkelkrüge 44–45. Flasche mit roter Streifenbemalung 46. M. 1:3.

301

46. Henkellose Flasche mit roter Streifenbemalung

Phase 1	1
Phase 2a	1
Phase 2b	–
Phase 3	–
Abfallgruben vor der Umwehrung	1 (Bef. 1053/55: 1)

Das Vorkommen dieser in Latène-Tradition stehenden Form beschränkt sich einstweilen auf die Frühzeit des Kastells.[872] Ihr Produktionsort könnte Schwabmünchen gewesen sein, wo derartige Flaschen mit roter und weißer Streifenbemalung zum Warenangebot gehörten (Ware 4).[873]

47. Backteller und -platten

Phase 1	6
Phase 2a	7
Phase 2b	6
Phase 3	36
Abfallgruben vor der Umwehrung	47–48 (Bef. 1012: 9; 1053/55: 23–24; 1450: 13; 1465: 2)

Prinzipiell sind zwei Grundformen zu unterscheiden: Teller mit flachen Böden und niedriger, schräger Wand sowie fast schon schüsselartige Formen mit hoher, nur leicht schräger oder sogar steiler Wand; einen Extremfall stellt Variante w dar (Fb.-Nr. 1138). Beiden Grundformen gemeinsam ist ihre Verwendung als Backgefäße, worauf die fast immer vorhandenen Hitzeverfärbungen bzw. Rußanhaftungen auf den Außen- und Unterseiten hinweisen.[874] Die flachen Innenböden tragen oft radiale Schnittspuren, die sich bis zum Innenrand erstrecken. Sie zeigen, dass die Speisen tortenstückartig portioniert wurden.

Insgesamt ist ein starker quantitativer Anstieg dieser Küchenkeramik in Phase 3 zu verzeichnen, der sicherlich teilweise mit zurückgelassenem „Umzugsmüll" erklärt werden kann. Wahrscheinlich hat aber auch ein ansteigender Bedarf zu diesem höheren Fundniederschlag beigetragen. Auch anhand der Tellergrößen zeichnen sich Veränderungen ab: Während die frühen (Phase 1–2a) Exemplare 20 cm Randdurchmesser kaum je überschreiten, beschränken sich solche von 24 und mehr cm Randdurchmesser auf Phase 3.

Backteller mit rot überfärbter Innenfläche und rot überfärbtem Rand (Variante c–h) konzentrieren sich auf Phase 2b–3. Lediglich ein innen hellorange überfärbter Backteller stammt bereits aus Phase 2a (Bef. 1107-30). Die Vielfalt der Randformen nimmt in der Spätzeit (Phase 3) angesichts der Materialfülle zu; typisch sind – wie schon bei den Krügen – Ränder mit dreieckigem Randprofil (Variante e–g). Variante j imitiert eine Lavezform. Singulär nimmt sich die frühe Variante a (Phase 1) aus, deren Profilgestaltung eine Entsprechung zum Schüsseltyp 22 darstellt, jedoch ohne Überfärbung blieb. Die vorherrschenden Warenarten sind 5 und 7 mit Sandmagerung, später wie oben bereits formuliert auch Ware 4. In zwei Fällen handelt es sich um frei geformte Ware (Variante x–y, Fb.-Nr. 1138 bzw. 2316/18), wobei Variante y auf der Töpferscheibe überdreht und mit Kammstrich verziert wurde.[875]

Als singulär nimmt sich die Markierung des Innenbodens mit einem Kerbenkranz aus (Variante z). Abgebildete Exemplare aus Bef. 42 (p); ZOH-105 (e); 280 (a); 389 (t); 394 (u); 530 (r); 728 (s); 815 (f); 825 (b); 1002 (i, j, o, v); 1053/55 (c, n, w, x, z); 1142 (g); 1228 (l); 1238 (d); 1249 (q); 1450 (y); 1550 (h, k) u. 1553 (m).

48. Backplatte mit einziehendem Rand und Grifflappen

Phase 1	–
Phase 2a	–
Phase 2b	–
Phase 3	–
Abfallgruben vor der Umwehrung	2 (Bef. 1053/55: 1; 1450: 1)

Das Einzelexemplar aus Bef. 1053/55 (Fb.-Nr. 1138, Variante a) teilt mit den übrigen Backtellern die Warenart 7 und ist durch Hitzeeinwirkung stellenweise rot verfärbt. Die originale Oberfläche dieses durch Lagerung in saurem Erdmilieu kreidig aufgeweichten Gefäßes ist vollständig abgerieben. Dem Gefäßtyp ist wahrscheinlich auch ein Randfragment aus Bef. 1450 (Fb.-Nr. 2316, Variante b) anzuschließen, das jedoch in der Warenart 9B mit Kammstrich angefertigt wurde. Nach schärfer datierbaren Vergleichsfunden aus Walheim und Pforzheim ist mit diesem Tellertyp erst in der zweiten Hälfte des 2. Jh. zu rechnen, was ihn in die Spätzeit des Kastells Heidenheim rückt und damit seine Seltenheit im Fundspektrum erklären könnte.[876]

---

872 Vgl. auch (spätere) engobierte Varianten mit Ratterdekor und Bemalung in Form von Schlangenlinien z.B. bei Sölch 2001, Taf. 69.
873 Sorge 2001, Taf. 28 B179–180.
874 Die wenigen Bruchstücke ohne merkliche Hitzepatina wurden ebenfalls hier unter „Backteller" subsumiert, obwohl natürlich auch andere Verwendungen in Frage kommen, vgl. M. Reuter, Römisches Küchengeschirr im Wandel – Veränderungen im Gebrauchskeramik-Spektrum der römischen Siedlung von Wurmlingen, Kreis Tuttlingen. In: L. Wamser/B. Steidl, Neue Forschungen zur römischen Besiedlung zwischen Oberrhein und Enns. Kolloquium Rosenheim 14.–16. Juni 2000 (Remshalden 2002) 179–187 bes. 181f.
875 Bogenkammstrich dieser Gestaltung lässt sich im südlichen obergermanischen und rätischen Limesgebiet an frei geformten Gefäßen verschiedener Typen während des ganzen 1. und 2. Jh. verfolgen: Flügel 1996, 327f. mit Abb. 4a und 381–382.
876 Kortüm/Lauber 2004, 346 Pf. R15a u. 349 Abb. 156.

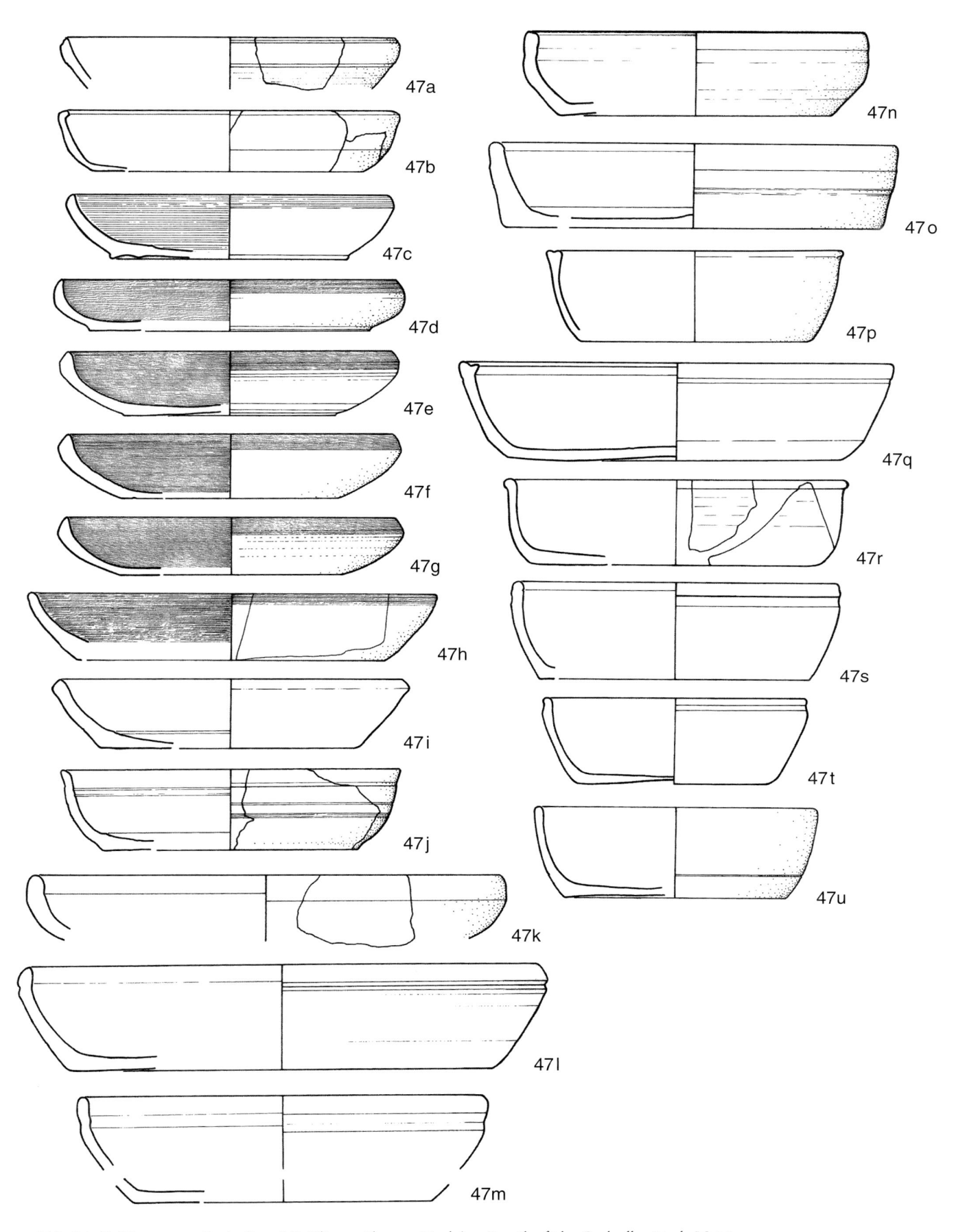

Abb. 136: Gefäßtypen von Backtellern. Mit Glimmerüberzug 47a–b.i–u. Rot überfärbte Backteller 47c–h. M. 1:3.

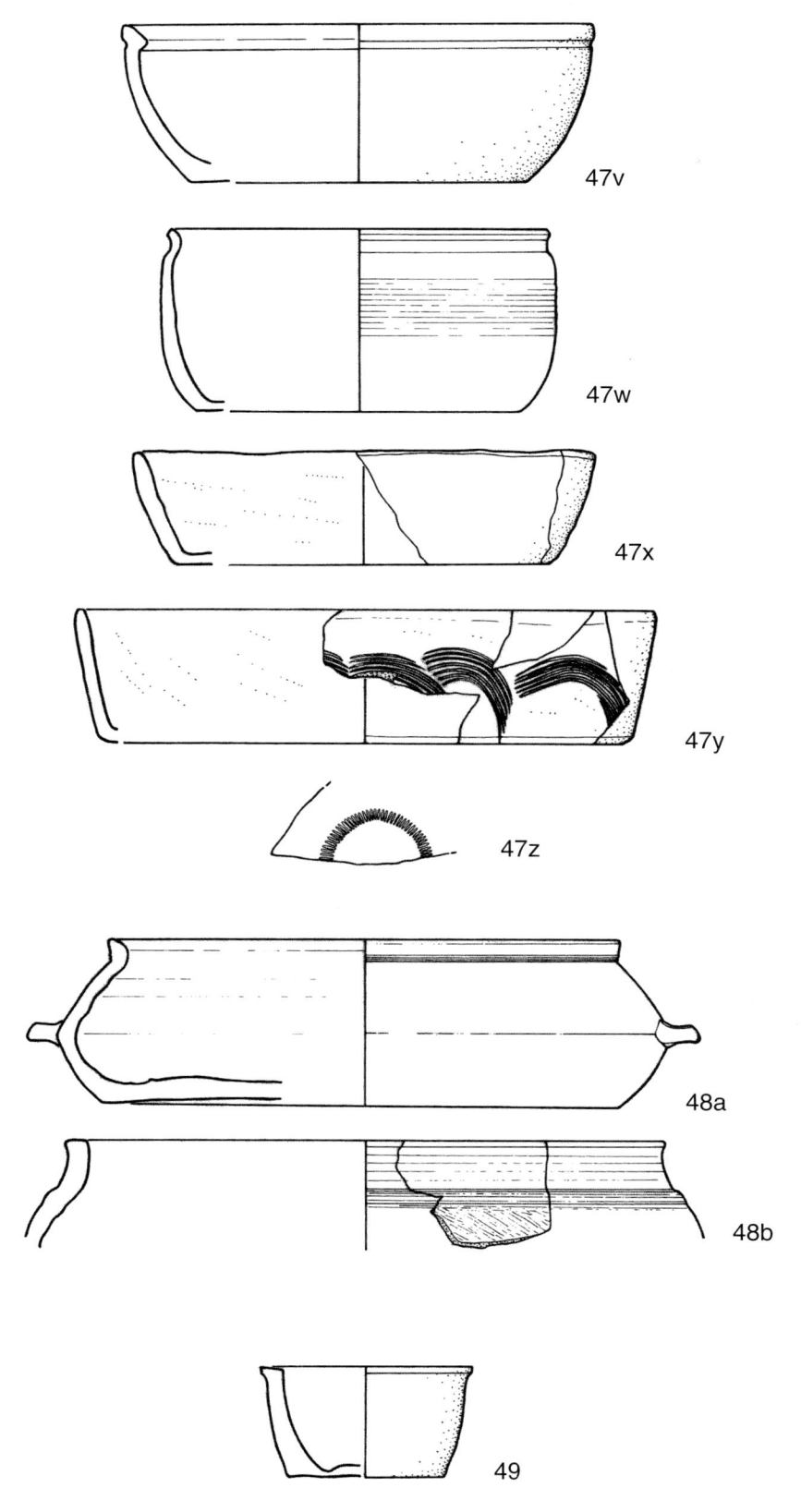

Abb. 137: Gefäßtypen von Backtellern. Frei geformte Backteller 47x–y. Backteller mit Kerbenring 47z. Backplatten 48. „Backnapf" 49. M. 1:3.

49. „Backnapf"

Phase 1	–
Phase 2a	–
Phase 2b	–
Phase 3	–
Abfallgruben vor der Umwehrung	1 (Bef. 1053/55: 1)

Diese Sonderform ist im Prinzip eine ungewöhnlich kleine Variante der Backteller. Das Gefäß ist auf der Töpferscheibe geformt worden, findet aber bezüglich Größe und Profil Vergleiche bei frei geformten Näpfen aus Rottweil, die dort in spätdomitianische bis hadrianische Zeit datiert werden.[877] Hitze- und Rußpatina sprechen auch hier für ein Küchengefäß (Fb.-Nr. 1139, Ware 5).

50. Kochtopf/-schüssel mit Knickwand und Horizontalrand

Phase 1	10
Phase 2a	5
Phase 2b	2
Phase 3	24
Abfallgruben vor der Umwehrung	42–46 (Bef. 1012: 3; 1053/55: 22–26; 1450: 17)

Die meist kleinen Kochgefäße erreichen selten Größenordnungen von über 20 cm Randdurchmesser. Chronologische Schwerpunkte lassen sich bei den Gefäßgrößen – im Gegensatz zu den Backtellern – jedoch nicht nachvollziehen. Das gilt weitgehend auch für die Randformen: Lediglich die Varianten g, i und m sind als Einzelstücke auf Phase 3 beschränkt. Nicht sicher ist, ob die Randstück-Varianten n und o wirklich zu diesem Gefäßtyp gehören. Variante o ist durch eine Frühform eines Randes mit Deckelfalz charakterisiert; diese lösten ab der zweiten Hälfte des 2. Jh. zunehmend (gerillte) Horizontalränder bei Kochgefäßen ab. Ausschließliche Warengattungen sind 5 und 7.
Knickwandschüsseln mit Horizontalrand wurden mehrheitlich als Kochgefäße benutzt, worauf verbrannte bzw. verrußte Außenseiten und Ränder hinweisen. Für die nicht mit sekundären Brandspuren behafteten Exemplare kommt eine Verwendung als Vorratsgefäße in Frage, wie dies im Falle einer Schüssel aus dem Vicus von Köngen nachweisbar war, die mit verkohlten Sämereien gefüllt war.[878]
Abgebildete Exemplare aus Bef. ZOH-48 (m); 664 (l); 712 (e); 815 (n); 1002 (g); 1125 (o); 1166 (c); 1228 (b); 1301 (a); 1550 (d, f, g u. h) u. 1553 (k).

51. Töpfe mit Buckeldekor („Trauben-Töpfe/Urnen")

Phase 1	–
Phase 2a	–
Phase 2b	–
Phase 3	–
Abfallgruben vor der Umwehrung	2 (Bef. 1465: 2)

Die Funktion dieses Typs ist anhand der wenigen Beispiele nicht sicher zu entscheiden. Die Warengattung 7 könnte für ein Kochgefäß sprechen ähnlich Typ 52, doch fehlt aussagekräftige Patina. Einige Scherben des abgebildeten Exemplars aus Bef. 1465 (Fb.-Nr. 2431) sind erst nachträglich verbrannt. Das zweite Exemplar weist rings um die Buckel herum radial eingestochene Strahlen auf. Vergleichbare Gefäße wurden in Schwabmünchen hergestellt.[879] Diese Topfform wurde in Rätien vorwiegend in der zweiten Hälfte des 2. Jh. hergestellt und bis in das 3. Jh. hinein benutzt.[880]

52. Kochtopf mit Trichter- oder Sichelrand und schulterständigem Griff mit Griffdelle

Phase 1	2–5
Phase 2a	–
Phase 2b	–
Phase 3	6–21
Abfallgruben vor der Umwehrung	17–32 (Bef. 1012: 4; 1053/55: 9–22; 1450: 3–8; 1465: 1–2)

Die unsicheren Zahlenangaben rühren daher, dass Fragmente nur im Falle der Erhaltung der Griffpartie von einfachen Töpfen ohne Griff und Wanddelle (s. u. Typ 53) unterschieden werden können, was bei den dünnwandigen und daher oft klein gebrochenen Scherben meist nicht der Fall ist. Aus diesem Grunde sind – eher zufällig – für Phase 2 keine sicheren Belege zu verzeichnen. In den Faiminger Gräbern gehört dieser „Henkeldellentopf" zu den häufigsten Keramikformen,[881] was für eine gewisse Nähe zum Herstellungsort sprechen könnte (Faimingen selbst oder Aschberg), doch findet er sich auch im Formenprogramm von Schwabmünchen.[882]
Die Randgestaltung variiert zwischen degenerierten Derivaten von Karniesrändern und Trichter- bzw.

---

[877] Flügel 1996, 321 f. und 392 Abb. 39, 357–359.
[878] J. Baas, Ein bedeutsamer Fund von *Vicia faba* L.VAR. *minor* (Peterm. Em. Harz) Beck in Köngen, Kreis Esslingen. Fundber. Baden-Württemberg 12, 1987, 365–370.
[879] Sorge 2001, Taf. 15 B 89–90.
[880] M. Struck, Römische Grabfunde und Siedlungen im Isartal bei Ergolding, Landkreis Landshut (Kallmünz/Opf. 1996) 67; Leitner 2004/05, 183–185.
[881] Müller 1999, Taf. 14 Grab 81 u. 84, Taf. 16 Grab 97, Taf. 19 Grab 114, Taf. 20 Grab 120–121, Taf. 21 Grab 133, Taf. 28 Grab 174, Taf. 31 Gräber 184 u. 186, Taf. 34, Grab 199, Taf. 36 Grab 212, Taf. 37 Gräber 219 u. 221, Taf. 43 Grab 251, Taf. 49 Grab 281, Taf. 55 Grab 314, Taf. 66 Grab 382 u. Taf. 67 Grab 389.
[882] Sorge 2001, Taf. 15 B 84–87.

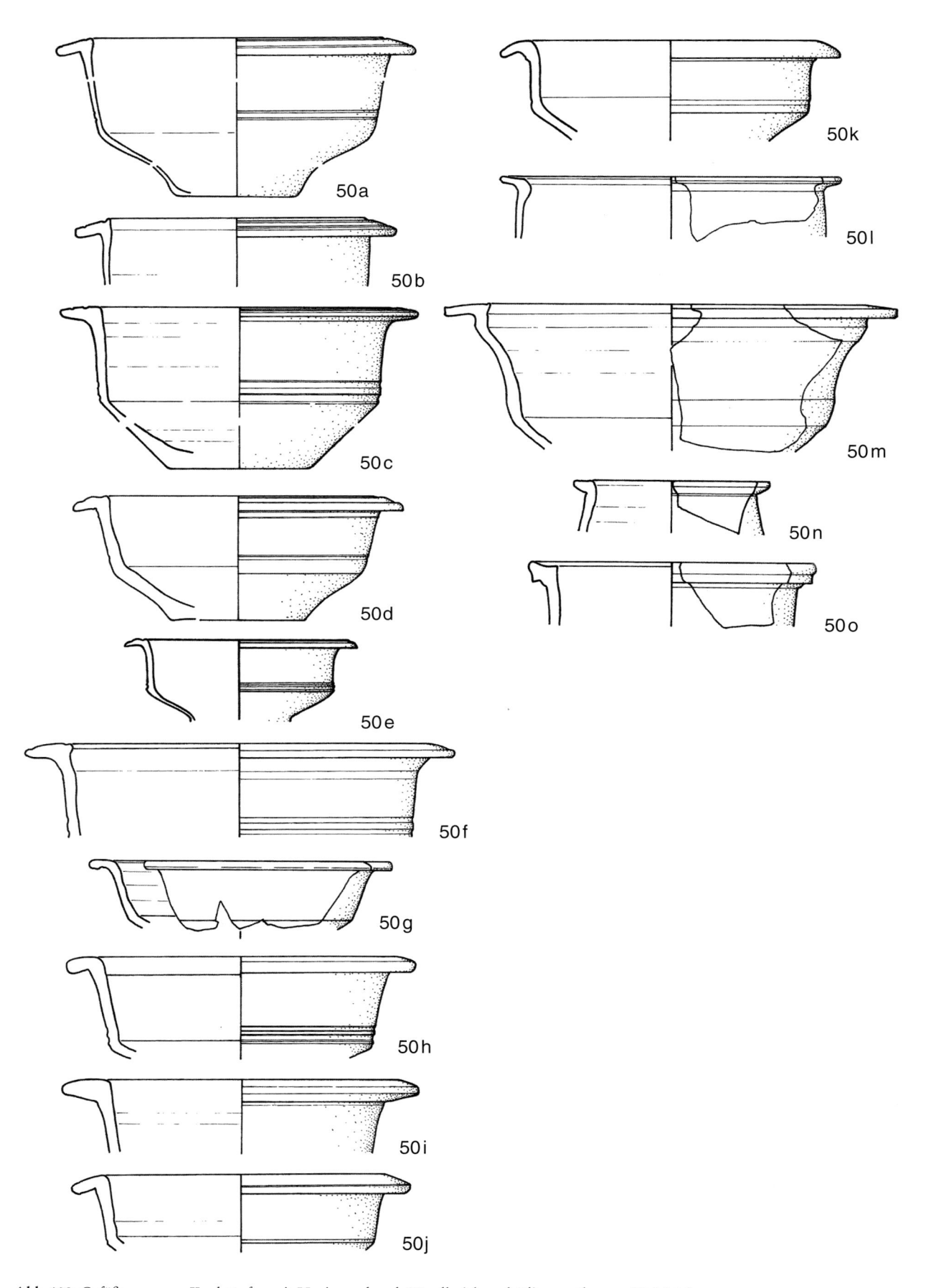

Abb. 138: Gefäßtypen von Kochtöpfen mit Horizontalrand, Wandknick und Glimmerüberzug 50. M. 1:3.

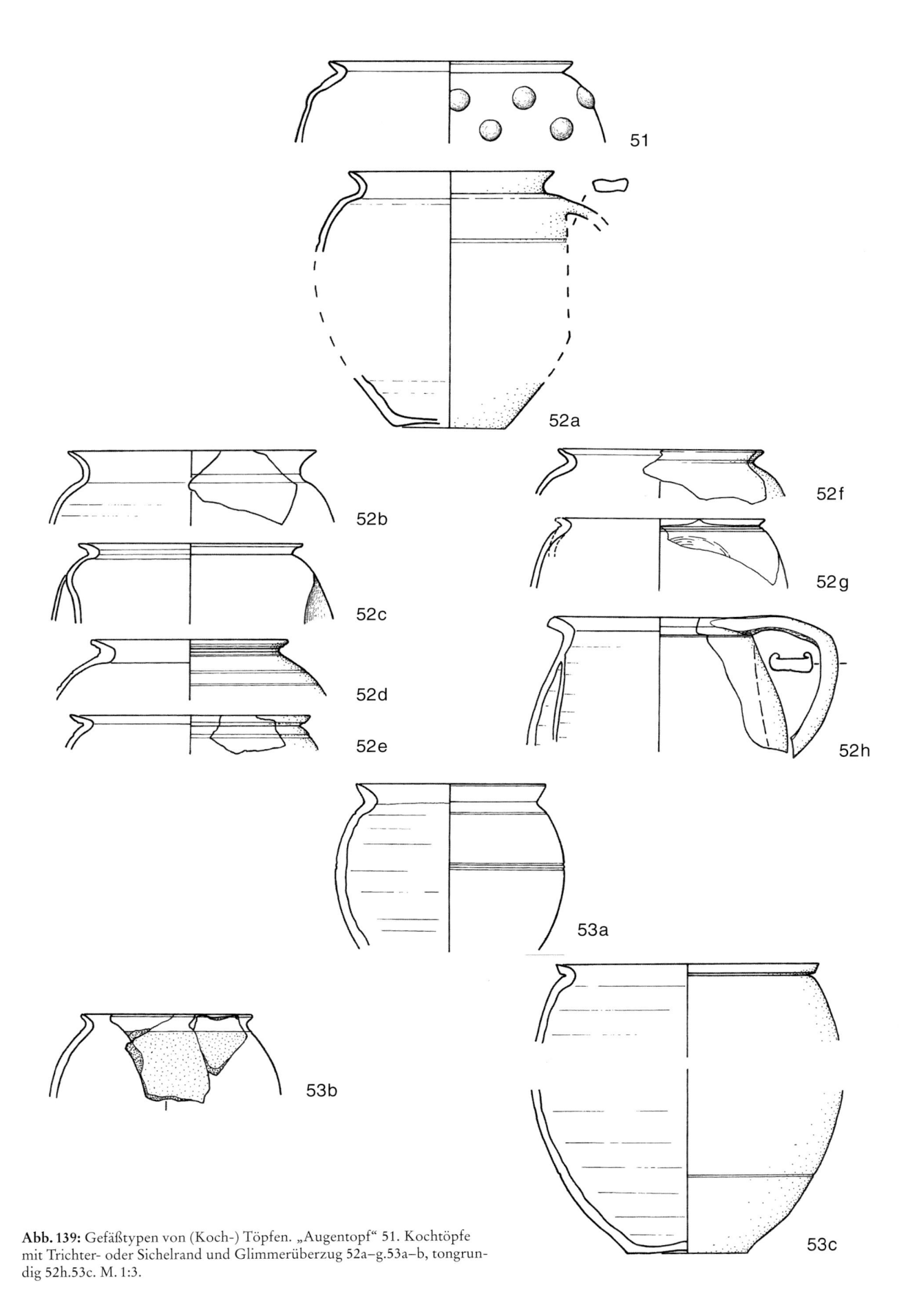

Abb. 139: Gefäßtypen von (Koch-) Töpfen. „Augentopf" 51. Kochtöpfe mit Trichter- oder Sichelrand und Glimmerüberzug 52a–g.53a–b, tongrundig 52h.53c. M. 1:3.

Sichelrändern; die Henkel sind zweistabig. Durchweg gehören die Gefäße der Ware 7 mit feiner Sandmagerung und erhöhtem Glimmergehalt an. Einen Sonderfall stellt die Variante dar, die der nigraartigen Ware 9A zuzurechnen ist. Etwa ein Drittel der Vertreter dieses Typs ist außen durch Spuren von Hitzeeinwirkung als Kochkeramik erkennbar. In ihnen dürften Flüssigkeiten, vor allem Wasser oder Milch, erhitzt worden sein.
Abgebildete Exemplare aus Bef. 180 (g); 377 (a); 815 (b, h); 883 (e); 1249 (f) u. 1550 (c–d).

53. Kochtopf mit Trichter- oder Sichelrand

Phase 1	max. 4
Phase 2a	–
Phase 2b	–
Phase 3	max. 15
Abfallgruben vor der Umwehrung	max. 20 (Bef. 1053/55: max. 13; 1450: max. 5; 1465: 1–2)

Hierbei handelt es sich um die grifflose Variante des vorangehend beschriebenen Typs.
Abgebildete Exemplare aus Bef. 815 (a–c).

54. Kochtopf mit horizontalem Kammstrich und Trichterrand

Phase 1	4
Phase 2a	7
Phase 2b	2
Phase 3	17
Abfallgruben vor der Umwehrung	27–28 (Bef. 1012: 3; 1053/55: 7; 1450: 12; 1465: 2–3; 1620: 3)

Diese Kochtopfform hat während der gesamten Kastellzeit kaum Veränderung erfahren. Lediglich der karniesartige Rand der Variante a kommt nur einmal in der Frühzeit (Phase 1) vor, das dreieckige Profil von Variante h nur einmal in der Spätzeit (Phase 3). Spät ist ferner das schon ansatzweise mit Deckelfalz ausgebildete Profil der Variante k. Die Warenarten verteilen sich bevorzugt auf Ware 9B und 10, seltener auch auf Ware 9A. Eine Minderheit von Vertretern dieses Typs ist oxidierend gebrannt (blassroter bis ockerfarbener, sandgemagerter Ton = Ware 5, z. B. Fb.-Nr. 2426, Bef. 1620).
Abgebildete Exemplare aus Bef. 91 (l); 296 (o); 297 (f); 394 (g); 664 (h, m); 713 (a); 804 (n); 825 (j); 1163/64 (b); 815 (i); 1228 (e); 1301 (c); 1520 (d) u. 1550 (k).

55. Kochtopf mit Trichterrand und glatter Wand

Phase 1	10
Phase 2a	8
Phase 2b	5
Phase 3	9
Abfallgruben vor der Umwehrung	10–11 (Bef. 1012: 3; 1053/55: 3; 1450: 4–5)

Bezüglich ihrer Form unterscheiden sich diese Töpfe nicht von denen des vorangehend beschriebenen Typs, sie entbehren jedoch des Kammstrichs. Die kleine Randscherbe Variante G könnte auch von einem zylindrischen Kochtopf stammen, vgl. Typ 61c und Sorge 2001, Taf. 15,B93. Die meisten von ihnen sind in der Warenart 5 gefertigt, vereinzelt auch in Ware 9B (Variante c).
Abgebildete Exemplare aus Bef. 188/334 (g); 280 (a); 1002 (e, f); 1125 (b, c); 1163/64 (d) u. 1228 (h).

56. Topf mit Trichterrand

Phase 1	–
Phase 2a	–
Phase 2b	–
Phase 3	–
Abfallgruben vor der Umwehrung	3 (Bef. 1053/55: 1; 1450: 1; 1465: 1)

Die drei Einzelstücke bilden formell keinen eigenständigen Typ, können jedoch aufgrund ihres hellbeigen bis ockerfarbenen, feinen Tons nicht als Kochgefäße angesprochen werden. Die Exemplare aus Bef. 1053/55 und 1465 (Fb.-Nr. 2414 mit Graffitorest) weisen Reste einer roten Überfärbung der Außenseite auf.
Abgebildetes Exemplar aus Bef. 1450 (Fb.-Nr. 2318).

57. Topf mit Deckelfalz und Ratterdekor

Phase 1	–
Phase 2a	–
Phase 2b	–
Phase 3	–
Abfallgruben vor der Umwehrung	1 (Bef. 1053/55: 1)

Der einzige Vertreter dieses Typs (Fb.-Nr. 1138) ist in grautoniger, nigraartiger Ware mit Sandmagerung, aber ohne Überzug ausgeführt (Ware 10). Dass es sich um einen Kochtopf handeln könnte, ist Vermutung, da Gebrauchspatina auf der schlecht erhaltenen Oberfläche fehlt. Wegen des Deckelfalz-Vorläufers bin ich geneigt, das Gefäß in die späte Kastellzeit zu datieren,[883] doch fehlt ein aussagekräftiger Befundkontext.

58. Kochtopf mit einziehendem, spitzem Rand

Phase 1	2
Phase 2a	–
Phase 2b	1
Phase 3	8
Abfallgruben vor der Umwehrung	4 (Bef. 1012: 1; 1053/55: 1; 1450: 3)

---

883 Vgl. beispielsweise Seitz 1999, Taf. 32 D 245.

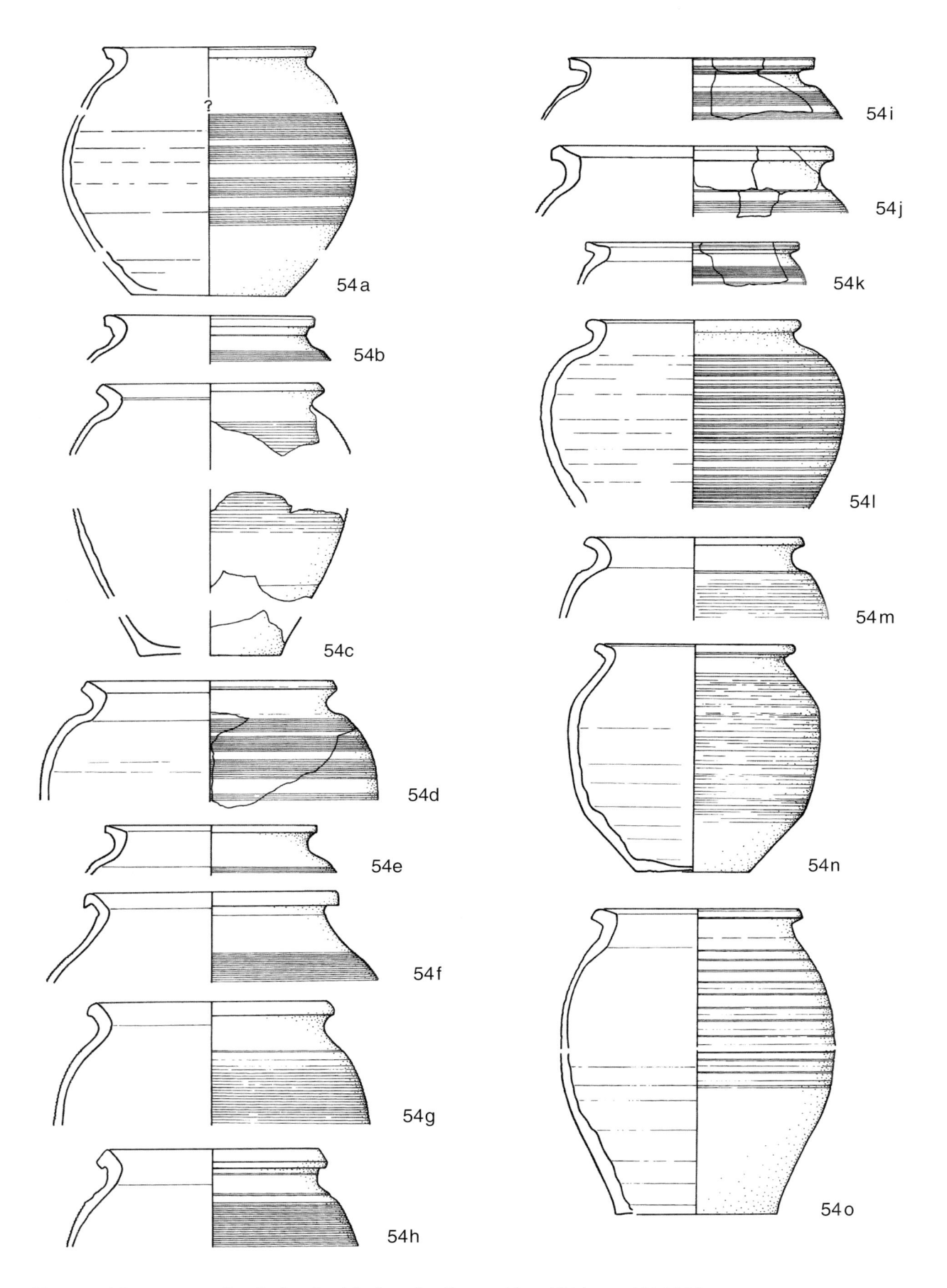

Abb. 140: Gefäßtypen tongrundiger Kochtöpfe mit horizontalem Kammstrich und Trichterrand 54. M. 1:3.

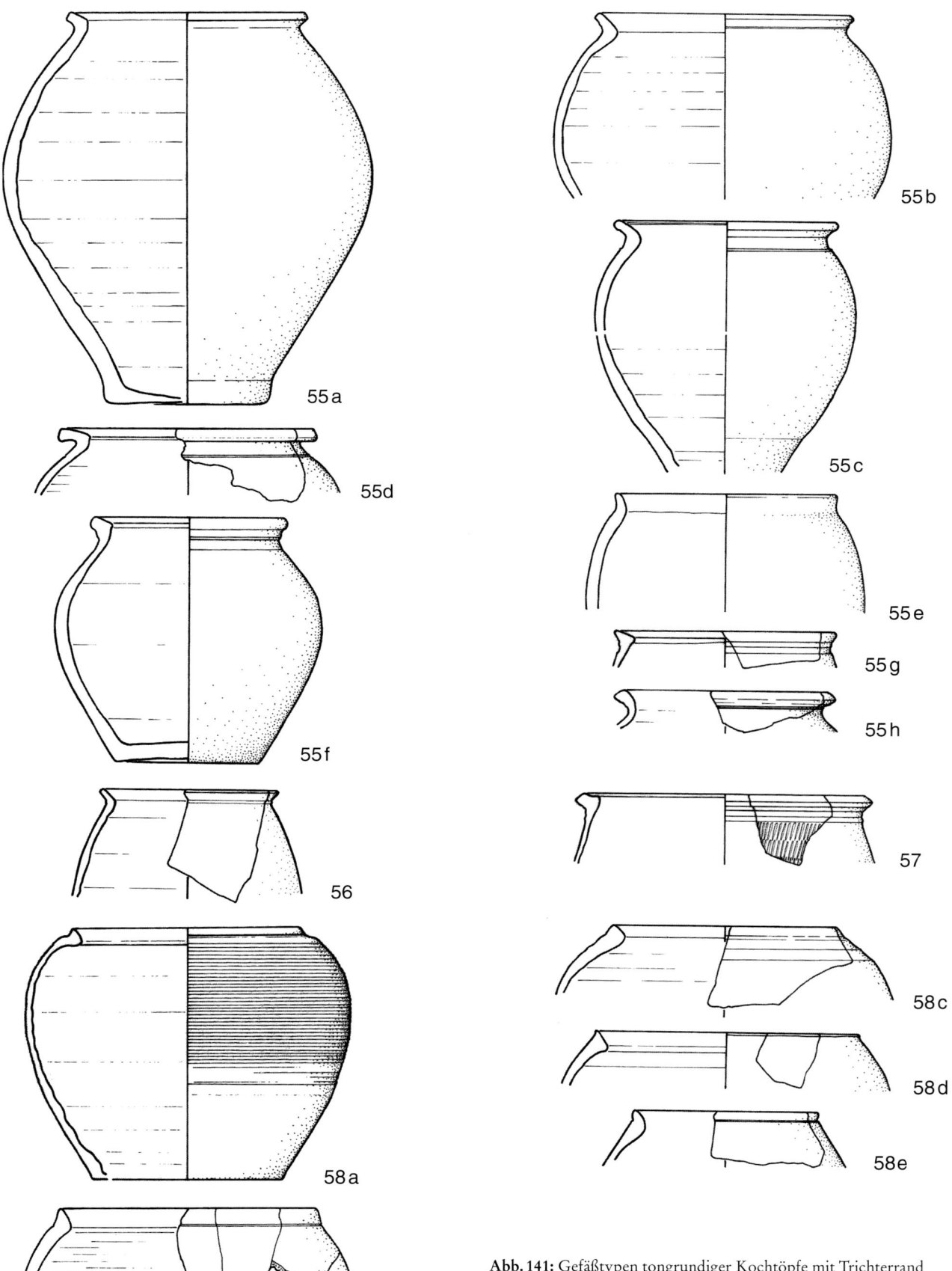

Abb. 141: Gefäßtypen tongrundiger Kochtöpfe mit Trichterrand 55. Rot überfärbte Kochtöpfe mit Trichterrand 56. Tongrundiger Kochtopf mit Ratterdekor 57. Tongrundige Kochtöpfe mit einziehendem Rand 58. M. 1:3.

Diese Kochtöpfe sind in den Warenarten 5, 7, 9 und 10 gefertigt. Wie bei den Töpfen mit Trichter- bzw. Sichelrand kommen auch mit Kammstrich versehene Formen vor. Die Typvarianten zwischen diesem und dem nachfolgend besprochenen Typ sind fließend und daher oft schwer trennbar.
Abgebildete Exemplare aus Bef. ZOH-48 (d); 815 (b); 825 (a); 1002 (c); 1111 (e).

59. Kochtopf mit einziehendem, verdicktem Rand

Phase 1	3
Phase 2a	2
Phase 2b	1
Phase 3	4
Abfallgruben vor der Umwehrung	8–11 (Bef. 1053/55: 5–6; 1450: 2–4; 1465: 1)

Möglicherweise ist dieser Gefäßtyp (im Vergleich mit dem vorangehend besprochenen Typ) als die tendenziell frühere Ausprägung der Kochtöpfe mit einziehendem Rand anzusprechen. Bezüglich der Warenarten gilt das dort Gesagte. Bei den Funden aus Phase 3 handelt es sich bis auf das fast vollständig mit Deckel erhaltene Exemplar aus Bef. 595 um kleinteilig zerbrochene Fragmente, die umgelagert worden sein könnten.
Abgebildete Exemplare aus Bef. 92 (c); 595 (d); 724 (b) u. 826 (a).

60. Topf mit einziehendem, pilzförmig gerundetem Rand

Phase 1	2
Phase 2a	–
Phase 2b	–
Phase 3	–
Abfallgruben vor der Umwehrung	–

Beide frühen Exemplare gehören der Warenart 9A an. Es scheint sich eher um ein Vorrats- als um ein Kochgefäß gehandelt zu haben. Die Randform wäre für einen Verschluss durch Verschnüren geeignet.
Das abgebildete Exemplar stammt aus Bef. 883.

61. Zylindrischer Kochtopf mit Grifflappen

Phase 1	5
Phase 2a	2
Phase 2b	1
Phase 3	14
Abfallgruben vor der Umwehrung	17 (Bef. 1012: 4; 1053/55: 7; 1450: 6)

Diese Kochgefäße sind Imitationen von Lavezkochtöpfen; sie liegen in den Warenarten 5 und 9B vor. Singulär ist die nigraartige (Ware 9A) Wandscherbe Variante d, die mittels Ratterdekor vielleicht die durch Hitze rissige Oberflächenstruktur eines Lavezgefäßes imitiert oder – dafür könnte der profilierten Reifen sprechen – eine Holztonne (?).
Abgebildete Exemplare aus Bef. 377 (b); 728 (a); 976 (c) u. 1520 (d).

62. Konischer Behälter

Phase 1	–
Phase 2a	–
Phase 2b	–
Phase 3	1
Abfallgruben vor der Umwehrung	–

Dieses Gefäß aus der spätkastellzeitlichen Grube ZOH-48 ist im Bestand einmalig. Sein sandgemagerter, roter Ton würde eine Verwendung als Kochgefäß gewiss erlauben. Wiederum könnte man an eine imitierte Lavezform denken, doch fehlt jede Hitzepatina. Daher käme auch eine Verwendung als Vorratsbehälter in Frage.

63. Konische und tonnenförmige Kochtöpfe frei geformter Ware

Phase 1	3
Phase 2a	3
Phase 2b	1
Phase 3	10
Abfallgruben vor der Umwehrung	15–16 (Bef. 1012: 4; 1053/55: 9; 1450: 2–3)

Frei geformte Kochgefäße waren während der gesamten Bestandszeit des Kastells in Gebrauch.[884] Zwei Grundformen sind zu differenzieren: Zylindrische oder tonnenförmige Gefäße (teilweise mit einziehendem Rand, Variante a–c) sowie mehr oder weniger konische Behälter mit einziehendem Rand (Variante d–f).[885] Der grobe, sandgemagerte Ton (mit Biotitglimmer, Waren 5 und 9B) pflegt zwischen rotbraun und graubraun zu changieren. Die Außenseiten waren stets der Herdstellenhitze ausgesetzt. Die Ränder wurden mehrheitlich auf der Töpferscheibe überdreht (nicht bei Variante d).
Abgebildete Exemplare aus Bef. ZOH-105 (a–b); 724 (e); 812 (f); 1002 (d) u. 1301 (c).

64. Schüssel od. Wanne frei geformter Ware

Phase 1	–
Phase 2a	–
Phase 2b	–
Phase 3	1
Abfallgruben vor der Umwehrung	–

---

884 Es handelt sich letztlich auch hierbei um Lavezimitationen, vgl. Flügel 1996, 322 und 398.
885 Vgl. auch das Typenspektrum bei Sölch 2001, Taf. 82f.

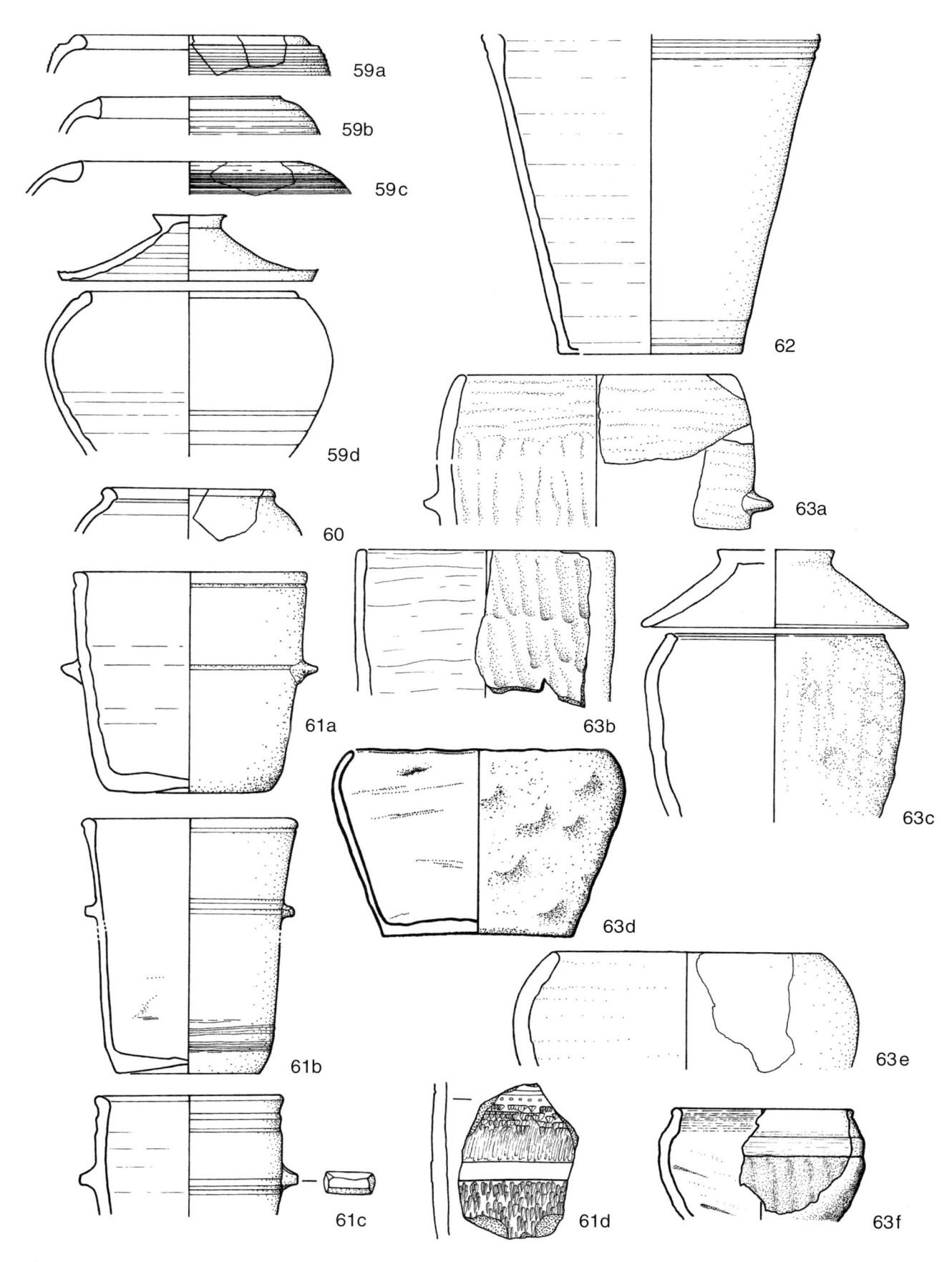

Abb. 142: Gefäßtypen tongrundiger Kochtöpfe mit einziehendem Rand 59–60. Tongrundige, zylindrische Kochtöpfe 61. Tongrundiger, konischer Behälter 62. Frei geformte Kochtöpfe 63. M. 1:3.

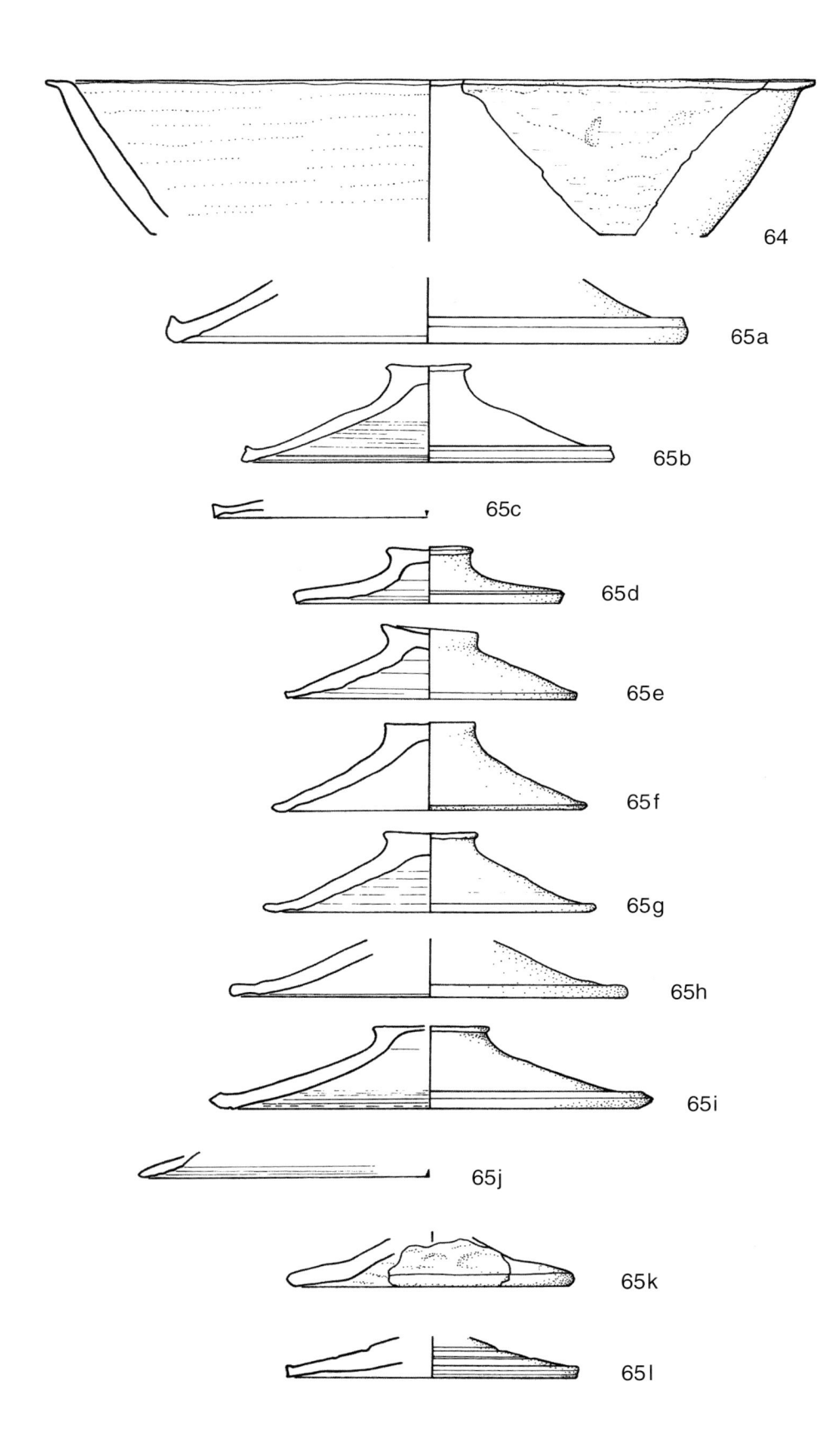

Abb. 143: Gefäßtypen. Tongrundige Schale 64. Tongrundige Deckel 65. M. 1:3.

Auch dieses Gefäß aus Bef. 1550 war dem Herdfeuer ausgesetzt (Ware 5). Ein Vergleichsexemplar wurde bei den Ausgrabungen 1965/66 gefunden.[886]

65. Deckel

Phase 1	14
Phase 2a	9
Phase 2b	6
Phase 3	30
Abfallgruben vor der Umwehrung	58–60 (Bef. 1012: 14; 1053/55: 27; 1450: 17–19)

Ausgezählt wurden nur Randscherben. Grundsätzlich lassen sich zwei Deckeltypen unterscheiden: solche mit spitzer „Punktauflage" (Variante a–f) und solche mit flächiger Auflage (Variante g–k). Der zuerst genannte Typ scheint vorwiegend für die Kochtöpfe mit gerilltem Horizontalrand hergestellt worden zu sein, während sich bei den übrigen Deckeln keine spezifischen Gefäßzuordnungen vornehmen lassen. Möglicherweise war Variante l für einen zylindrischen Kochtopf (Typ 61) vorgesehen, da der Deckel mit diesen die Warenart teilt und ebenfalls eine Lavezimitation darstellt. Die Warengattungen fallen so vielfältig aus wie bei den Töpfen. Variante k wurde ohne Töpferscheibe frei geformt; ihre Vertreter begegnen ohne erkennbaren chronologischen Schwerpunkt von Phase 1–3. Die große Mehrheit diente der Abdeckung von Kochgefäßen wie die Hitze- und Rußspuren an den Außen- und Unterseiten der Ränder verraten.
Abgebildete Exemplare aus Bef. 252 (j); 314 (f); 394 (g); 563 (a); 425 (b); 595 (d); 691 (h); 804 (i); 828 (e); 976 (k); 1053/55 (l) u. 1228 (c).

66. Dolia

Phase 1	2
Phase 2a	1
Phase 2b	1
Phase 3	8
Abfallgruben vor der Umwehrung	7–8 (Bef. 1012: 1; 1053/55: 2–3; 1450: 2; 1465: 2)

Die Dolienformen entsprechen den bereits aus Heidenheim bekannten Typen.[887] In zwei Fällen ist Wellenbandverzierung nachgewiesen, einmal der Rest eines Herstellergraffitos ante cocturam *[---?]CI[---?]*. Der Ton ist durchweg orange bis rot und oxidierend gebrannt (Ware 6). Die Häufung in Phase 3 beruht auf konzentrierten Funden in den späten Gruben im Bereich des Kopfbaus von Baracke II. Dieser scheint in der Spätzeit in gewisser Weise als Lagerraum umfunktioniert worden zu sein.
Abgebildete Exemplare aus Bef. 195 (d); 1002 (e); 1012/1053/55 (a); 1163/64 (b–c) u. 1228 (f).

67. Amphoren

Phase 1	–
Phase 2a	2
Phase 2b	1
Phase 3	3
Abfallgruben vor der Umwehrung	15 (Bef. 1012: 2; 1053/55: 5; 1450: 3; 1465: 4; 1500: 1)

Bruchstücke baetischer Ölamphoren Dressel 20 sind innerhalb des Kastells auffällig selten gefunden worden, insgesamt nur fünfmal. Daher wurden alle Gefäßbelege ausgezählt, auch Wandscherben. Zwei davon lagen in der Verfüllung des Kanals der *via sagularis* (Bef. 1550, Phase 3) knapp südlich des Westtores, in dessen Nähe im Analogieschluss zum Nachfolgekastell Aalen Magazinbauten angenommen werden können. Hinzu kommen zwei rottonige Exemplare Dressel 20 (für Bier oder Leinöl?) aus einer spätkastellzeitlichen Grube im Kopfbau von Baracke II (Bef. 1163/64) sowie aus dem Sohlgraben vor der Westumwehrung (Bef. 1465). Letzteres trägt außen einen weißen Farbanstrich, enthält aber keinen Biotitglimmer.
Auch in den bekannten Abfallgruben des Kastells vor der Nord- und Westumwehrung ist der Fundbestand an Amphorenteilen sehr gering. Diese Beobachtung steht in einem gewissen Kontrast zum durchgängigen (wenn auch zahlenmäßig ebenfalls geringen) Vorkommen von Öllampen. Möglicherweise wurden die sicherlich in größerer Zahl importierten Ölamphoren an anderer Stelle deponiert oder Sekundärverwendungen außerhalb des Kastells zugeführt.
Im Gesamtbestand konnte anhand des Tons nur ein einziges Fragment (Henkelbruchstück) einer südgallischen Weinamphore identifiziert werden (Bef. 1238, Phase 2b).
Abgebildete Exemplare aus Bef. 664 (a) u. 1163/64 (b).

68. Tonfläschchen

Phase 1	–
Phase 2a	–
Phase 2b	–
Phase 3	2
Abfallgruben vor der Umwehrung	–

Wahrscheinlich handelt es sich um ein Gefäß für Parfüm oder andere ausgefallene Essenzen, und nicht um einen sog. „Amphorenstöpsel", da in einem Fall der Ansatz eines abgebrochenen Henkels erhalten ist (aus Bef. 1166). Außerdem weist der Ton im Gegensatz zu dem südspanischer Ölamphoren den typi-

---
886 Heiligmann 1990, Taf. 145,15.
887 Heiligmann 1990, Taf. 139,9–11; Sölch 2001, Taf. 93 f.

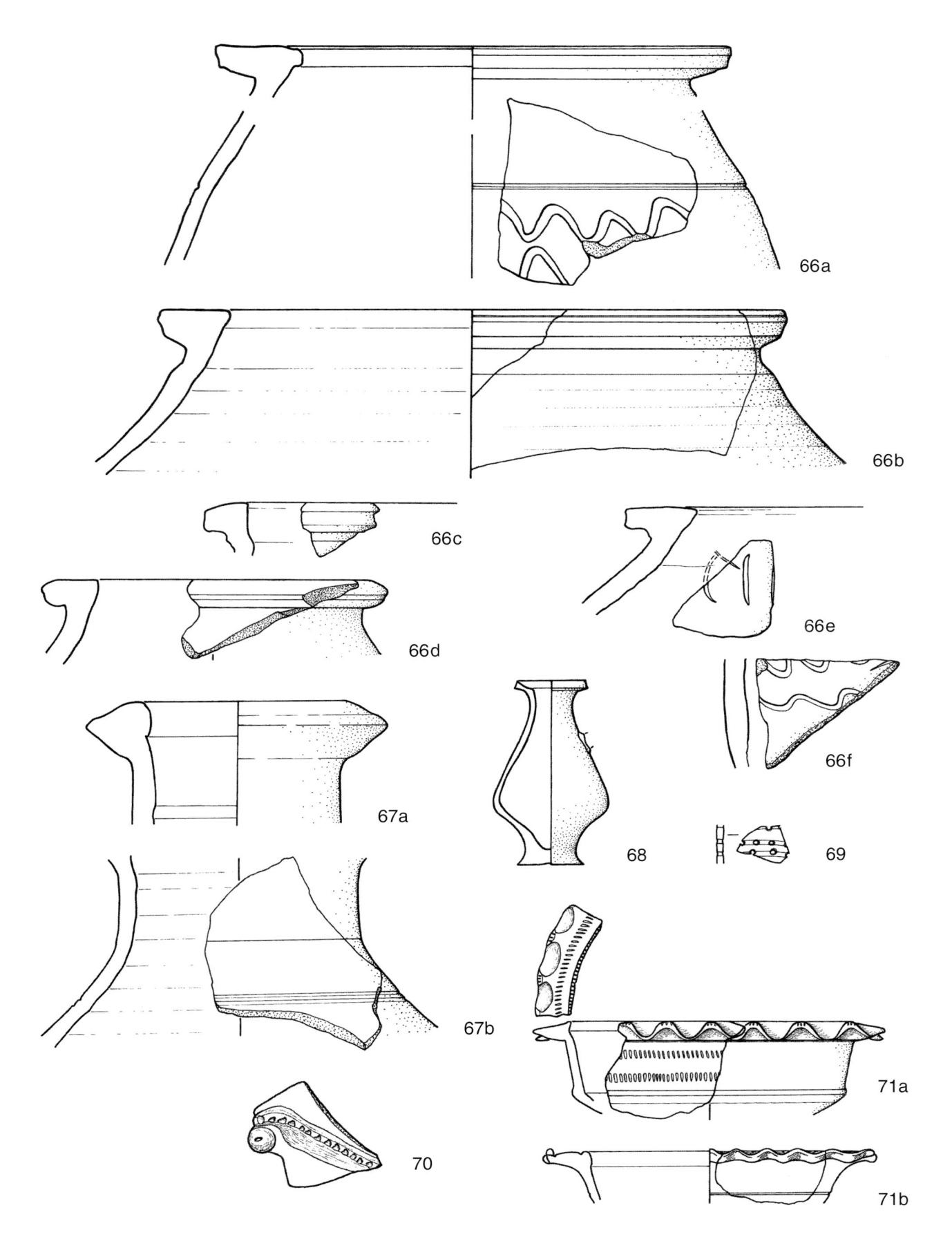

Abb. 144: Gefäßtypen. Tongrundige dolia 66. Amphoren 67. Tongrundige Sonderformen 68–71. Scherbe 70 M. 1:2, sonst M. 1:3.

schen Biotitglimmer rätischer Produkte auf (Ware 5/7).

69. Tonsieb oder Siebgefäß

Phase 1	–
Phase 2a	–
Phase 2b	–
Phase 3	1
Abfallgruben vor der Umwehrung	–

Das kleine Fragment aus einer späten Jaucherinne im Kopfbaubereich der in der *retentura* ausgegrabenen Baracke (ZOH-105) lässt sich nicht mehr sicher rekonstruieren. Wahrscheinlich darf man ein Siebgefäß annehmen, das für den Genuss gewürzten Weins benötigt wurde.[888] Der Ton entspricht am ehesten Warenart 3.

70. Gesichtsgefäß

Phase 1	–
Phase 2a	–
Phase 2b	–
Phase 3	1
Abfallgruben vor der Umwehrung	–

Der einzige Vertreter dieser Verzierungsart von Töpfen mit aufgelegter, plastischer Tonmodellierung stammt aus einer Grube in einer *papilio* von Baracke V (Bef. 377) und gehört zur Warengattung 7. Häufiger sind Zweihenkelkrüge mit eingestochenen Gesichtszügen.

71. Räucherkelch

Phase 1	–
Phase 2a	–
Phase 2b	–
Phase 3	3
Abfallgruben vor der Umwehrung	1 (Bef. 1465: 1)

Ein Räucherkelch stammt aus einer späten Grube im erweiterten Kopfbau von Baracke II (Bef. 1249, Phase 3). Auch die beiden übrigen Vertreter lassen sich vielleicht mit einer Verwendung im Kopfbaubereich in Verbindung bringen: Sie wurden zwar in der Verfüllung des Kanals der *via sagularis* entdeckt, jedoch jeweils vor den Kopfbauten der Baracken IV bzw. VII. Die Stücke gehören den Warenarten 5 und 7 an.
Abgebildete Exemplare aus Bef. 1550 (a) u. 1316/20 (b).

IV.10 Öllampen aus Ton

Insgesamt sind 17 verschiedene Tonöllampen durch Bruchstücke, zwei sogar vollständig überliefert (Abb. 145).[889] Die auf den ersten Blick ausgewogene chronologische Verteilung neigt sich etwas zugunsten der frühen Kastellzeit (Perioden 1 u. 2a), wenn man berücksichtigt, dass aus Phase 1 prinzipiell viel weniger Fundmaterial vorhanden ist als aus Phase 3. Gleichwohl lässt sich kaum leugnen, dass Öllampen während der ganzen Kastellzeit zur Beleuchtung der Soldatenquartiere benötigt wurden.[890] Die Fundstellenverteilung lässt keine signifikanten Konzentrationen erkennen. Sechs Exemplare sind in oder in unmittelbarer Nähe von Kopfbauten oder den Endcontubernien in den Boden gekommen (Nr. 6–8, 13, 15, 17), wo sie vielleicht hauptsächlich als Büroutensilien Verwendung fanden.[891]
Die Bildlampen gehören, wie nicht anders zu erwarten, durchweg dem Typ Loeschcke IC mit breiter Volutenschnauze an.[892] Nicht mehr als drei Bildmotive sind erhalten: Die vollständige Lampe Nr. 6 bildet einen angreifenden Widder ab. Dieses Motiv kommt unter den Faiminger Grablampen mindestens fünfmal vor.[893] All diese Exemplare könnten aus demselben Model stammen, wobei angesichts unterschiedlicher Ausformungsqualitäten Detailunterschiede von individueller Nachbearbeitung (Nachritzung der Fellstruktur) zeugen. Wie Nr. 6 sind auch die Faiminger Vergleichstücke mit unterschiedlich vielen Kringeln/Kreisaugen unter dem Boden signiert.[894] Das Thema des Fragmentes Nr. 16, ein Altar zwischen „Zypressen", lässt sich wiederum anhand von Parallelen aus Faimingen und Günzburg ergänzen.[895] Seine Erhaltung erlaubt indes keine Aussagen über etwaige Modelgleichheit. Der dritte Bildspiegel zeigt einen Bacchuskopf mit umgebenden Weinranken, für den einstweilen keine Parallele vorliegt. Die Affinitäten zu Faiminger Funden sowie der Umstand, dass ihre Tone trotz feiner Ausschlämmung durchweg den für voralpine Keramik charakteristi-

---

888 Vgl. Sölch 2001, Taf. 96,9.
889 Vgl. die Individualbeschreibung beim jeweiligen Fundkomplex.
890 Nach auswärtigen Befunden darf für jedes *contubernium* mindestens eine Öllampe erwartet werden: Höpken 2003, 727 u. 732.
891 Zur Grundsatzdiskussion über Lampenfunde als Indikatoren römischen Militärs vgl. Hagendorn 2003, 448f.
892 Zur Definition des Typs vgl. Müller 1999, 31 f.; Czysz 2002, 108.
893 Müller 1999, Taf. 22 Grab 141, 1; Taf. 58 Grab 329, 3; Taf. 69 Grab 440, 1 und Taf. 77,8–9.
894 Die beiden Herstellermarken von Nr. 6 sind nach der Ausformung eingestempelt worden, stammen also nicht aus dem Model.
895 Müller 1999, Taf. 12 Grab 69, 3 und Taf. 145 Grab, 145, 1; Czysz 2002, 108 Abb. 103.

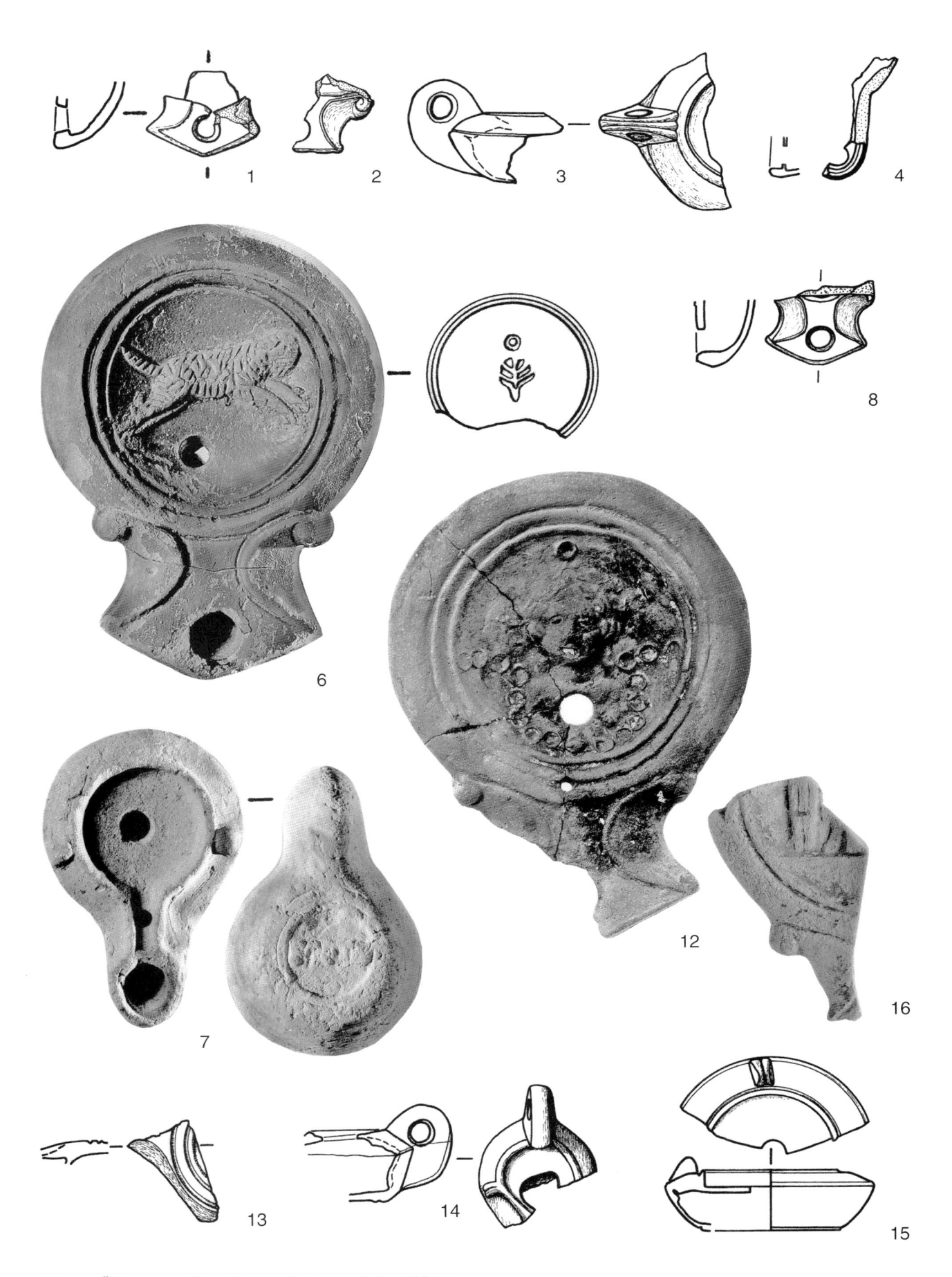

Abb. 145: Öllampen aus Ton. 6.7; 12.16 M. 1:1; 1–4.8; 13–15 M. 1:2.

Tabelle 31: Tonöllampen und ihre Fundstellen. * Fund ist abgebildet.

Art der Lampe/Erhaltung	Fb.-Nr.	Bef.-Nr.	Art des Befundes	Phase
* 1 Schnauze einer Bildlampe	1542	883c	Grube in der *via vicenaria* vor Baracke V	1
* 2 Schnauzenfragment einer Bildlampe	1555	883d	Grube in der *via vicenaria* vor Baracke V	1
* 3 Hinterteil mit Henkel und Schnauzenfragment einer Firmalampe, Spiegel fehlt	220; 443	118	Grube in der *via vicenaria* vor Baracke IV	1
* 4 Schnauzenfragment einer Firmalampe	1353; 1216	576; 728	Grube in der *via vicenaria* vor Baracke VI	1
5 Spiegelfragment einer Firmalampe	328	120	Grube in der *via vicenaria* vor Baracke IV	1
* 6 Vollständige Bildlampe mit angreifendem Widder und Herstellersignaturen	942	723	Grube in der *porticus* von Baracke VI	2a
* 7 Vollständige Firmalampe mit Signatur *Fortis*	653	533	Grube in der *porticus* von Baracke V	2a
* 8 Schnauze einer Bildlampe	2130	1238	Jauchegrube in Baracke II	2b
9 Schnauzenfragment einer Bildlampe	2321	1450	Abfallgrubenkomplex vor der Westumwehrung	2–3
10 Fragment einer Bildlampe	2355	1450	Abfallgrubenkomplex vor der Westumwehrung	2–3
11 Fragment einer Firmalampe	2306	1450	Abfallgrubenkomplex vor der Westumwehrung	2–3
*12 Spiegel einer Bildlampe mit Bacchuskopf und Reben	1969	1207	Grube in einer *papilio* von Baracke III	2b–3
*13 Fragment einer Bildlampe	2227	1217	späte Grube im Kopfbau von Baracke III	3
*14 Hinterteil einer Firmalampe	1628	840	Pfostengrube in einem Stall von Baracke V	3
*15 Bruchstück einer Firmalampe	2003	1069	Jaucherinne in Baracke IV	3
*16 Bruchstück einer Bildlampe	1132	1053/55	Abfallgrubenkomplex vor der Nordumwehrung	1–3
17 Schnauze einer Firmalampe	2022	39	verlagert in einem frühalamannischen Grubenhaus	1–3

schen Biotitglimmer enthalten und mit einer schlecht haftenden Engobe überzogen sind, lässt ihre Herstellung in der Region an oder südlich der Donau vermuten; als Töpfereistandort für Bildlampen ist Günzburg im Gespräch.[896] Bildlampen stehen Firmalampen im Verhältnis 9:8 gegenüber, wobei sich keine chronologische Schwerpunktverschiebung nachvollziehen lässt. Der im Vergleich zu den Rheinprovinzen hohe Anteil an Bildlampen im Lampenspektrum des 2. Jh. ist für weströtische Fundplätze bezeichnend.[897]

Auch die Firmalampen wurden aus voralpinen Molassetonen mit Biotitglimmer gefertigt. Importe von außerhalb Rätiens lassen sich nicht benennen. Anhand erhaltener Schnauzenreste herrscht der Firmalampentyp Loeschcke X vor, lediglich Nr. 3 und 14 gehören sehr wahrscheinlich Typ Loeschcke IXb an. Sie unterscheiden sich von den übrigen Firmalampen auch durch ihre schlecht haftenden, rotbraunen Glanztonüberzüge, die sie mit den Bildlampen teilen. Die Firmalampen Nr. 4, 5, 11, 15 und 17 des Typs Loeschcke X verbindet derselbe fein geschlämmte, ziegelrote Ton, dessen tongrundige Außenseite geglättet wurde. Sie dürften derselben Werkstatt entstammen. Auf der Unterseite der mit 5,9 cm Länge außergewöhnlich kleinen Firmalampe Nr. 7 ist trotz starker Verreibung noch der im Model (flau) ausge-

formte Herstellername *FORTIS* zu lesen. Da originale Produkte des oberitalischen Lampentöpfers *Fortis* sonst glimmerfrei sind, kann es sich hier wiederum nur um ein regionales Plagiat handeln.[898] Ein nahezu identisches, wenn auch nicht modelgleiches Lämpchen wurde in einem Brandgrab in Oberpeiching bei Donauwörth gefunden.[899] Eventuell stammen beide Stücke aus derselben Töpferei.

Alternative Beleuchtungskörper, wie z. B. offene Talglampen, ließen sich nicht identifizieren, dürfen aber prinzipiell erwartet werden. Nicht selten setzte man hierfür in sekundärer Verwendung Bodenstücke zerbrochener Gefäße ein, die nicht immer eindeutig

---

896 Czysz 2002, 108.
897 Zur Bezeichnung „rätische Lampen" für Bildlampen Typ Loeschcke IC vgl. Müller 1999, 30.
898 Zur Langlebigkeit dieser Nachahmungen vgl. Müller 1999, 35. – Der originale Stempel der Vorlage lässt sich nicht mehr mit Sicherheit bestimmen, vgl. die vielfältigen Varianten der *Fortis*-Stempel bei T. Hartmann, Die Firmalampen von Vindonissa. Jahresber. Ges. Pro Vindonissa 1991, 50–64 bes. 54f.
899 W. Czysz, Der Tod im Topf. Ausgrabungen im römischen Gräberfeld von Oberpeiching bei Rain am Lech (Friedberg/Schwaben 1999) 38 Abb. 19. Mehrere Versuche mit einer originalgetreuen Kopie dieser „Miniatur-Öllampe" zeigten, dass die einfüllbare Olivenölmenge eine Flamme von 2 bis 3 cm Höhe knapp 20 Minuten lang nährt.

als „Lampenersatz" erkennbar sind. Eiserne Kienspanhalter kommen ebenfalls nicht vor. Andererseits lassen sich – was bei der Kleinheit der meisten Fragmente auch schwer möglich ist – keine eingeschlagenen Lampenspiegel nachweisen, wodurch man bei veränderter Brennstoffversorgung oft Öl- in Talglampen umfunktionierte.[900]

IV.11 Kochgeschirr aus Lavez

Lavez (Speckstein) ist für Koch- und Backgefäße ideal geeignet, da es einerseits hitzebeständig ist, sodass die Gefäße direkt ins Feuer gestellt werden können, und andererseits die Wärme deutlich länger speichert als Keramik. Der Rohstoff steht in den Graubündener Alpen an, wo er bis heute abgebaut wird. In der Antike wurde Rätien vom 1. bis zum 4. Jh. n. Chr. mit Lavezgefäßen beliefert, wobei ein deutlicher Anstieg der Importe in der zweiten Hälfte des 1. Jh. n. Chr. zu verzeichnen ist, während die Blüte des Lavezhandels insgesamt erst im 4. Jh. erreicht wurde.[901]

Das Formenrepertoire ist beschränkt, was sowohl durch die Funktionalität der Gefäße als auch durch die Möglichkeiten der Bearbeitung von Speckstein begründet ist. Im Grunde genommen lassen sich die Funde aus dem Kastell Heidenheim den Varianten zweier verschiedener Formen zuweisen (Abb. 146): Backschüsseln bzw. -tellern (Nr. 1–3) und zylindrischen Kochtöpfen (Nr. 4–11) mit den zugehörigen Deckeln (Nr. 12–15).[902] Tafelgeschirr aus Lavez (Becher oder flache Teller) fehlt im Bestand. Die aus dem Kastell Heidenheim vorliegenden Gefäßreste von Backschüsseln/-tellern und Deckeln wurden auf der Drehbank gedrechselt, worauf die noch erkennbaren Bearbeitungsspuren hinweisen (u. a. Ansatzpunkt der Pinolen-Spitze bei Nr. 14). Die zylindrischen Töpfe zeigen innen teilweise senkrecht verlaufende Werkzeugriefen (Schnitzspuren), insbesondere bei Nr. 4–5. Trotz der vorliegenden Kleinheit der Bruchstücke lassen sich die tiefen Backteller/-schüsseln Nr. 1–3 einigermaßen zuverlässig identifizieren: Es handelt sich um die Formen Günzburg 27 (Nr. 1) und 28 (Nr. 2–3).[903] Die vermutlich auch hier einst vorhandenen Griffleisten sind nicht erhalten.

Da Lavezgefäße als vergleichsweise teure Importartikel gelten können – aus Günzburg ist durch einen Graffito wahrscheinlich eine Preisangabe für eine Backschüssel in Höhe von 1 Denar überliefert[904] – überrascht es nicht, dass häufiger Imitationen charakteristischer Lavezformen aus Keramik gefunden werden (Keramiktypen Nr. 47j, 48a und 61–63). Sämtliche Lavezscherben offenbaren in Gestalt von anhaftendem Ruß oder von Hitzerissen teilweise recht intensive Gebrauchsspuren, was den einstigen Wert der Geschirre unterstreicht. Die horizontalen Sägespuren der Kochtopf-Wandscherbe Nr. 7 spiegeln offenbar den Versuch wider, durch die Verkleinerung des zuvor wohl beschädigten Gefäßkörpers die Verwendbarkeit des Topfes zu erhalten.[905]

Chronologisch liegt der Schwerpunkt wie auch bei der Masse des anderen Fundmaterials auf Phase 3, während die ältesten sicher zuweisbaren Stücke in Phase 2a datieren (Nr. 1, 4). Der Negativbefund in Phase 1 ist aufgrund der insgesamt geringen Fundmasse aus der Anfangszeit des Kastells als eher zufällig zu bewerten.

*1 RS u. kl. BS eines Backschüssel mit flachem Boden, Randdm. 22 bis 24 cm, mit Hitzerissen und -spuren. – Grube innerhalb der *porticus* einer Doppelbaracke in der östlichen *retentura* des Kastells (Bef. ZOH-72). Phase 2a. Fb.-Nr. 1619.
*2 Kl. profilierte RS eines Backtellers od. -schüssel, Rdm ca. 15 bis 20 cm. – Straßengraben bzw. Entwässerungskanal der *via sagularis* im Bereich von Baracke VIII (Bef. 1550). Phase 3. Fb.-Nr. 2437.
*3 Kl. profilierte RS eines Backtellers od. -schüssel, Randdm. ca. 16 bis 20 cm. Möglicherweise Scherbe desselben Gefäßes wie Nr. 2, da alle Parameter übereinstimmen und beide Fundstellen benachbart sind. – Aus einer kleinen Pfostengrube (?) im Winkel zwischen dem südlichen Entwässerungskanal der *via principalis sinistra* und dem der *via sagularis* (Bef. 1610). Phase 3? Fb.-Nr. 2446.
*4 1 BS u. 3 WS eines zylindrischen Kochtopfes, Bodendm. ca. 15 bis 16 cm, sekundär verbrannt u. instabil. – Grube innerhalb der *porticus* von Baracke VI (Bef. 348a). Phase 2a. Fb.-Nr. 1183.
*5 RS (65°) u. BS eines zylindrischen Kochtopfes mit Griffleiste, Randdm. 14 cm. Außen verkrusteter Ruß. – Aus der Verfüllung des Kastellgrabens vor der Nordumwehrung, westlich der *porta praetoria* (Bef. 1002). Phase 3. Fb.-Nr. 1037.
*6 RS (40°) eines zylindrischen Kochtopfes, Randdm. 13 cm. Im Randbereich Rußanhaftungen. – Aus einer späten Grube im Bereich des Kopfbaus von Baracke II (Bef. 1228). Phase 3. Fb.-Nr. 2164.
*7 1 kl. RS u. 2 WS von zwei verschiedenen zylindrischen Kochtöpfen. Eine WS trägt Sägespuren für eine sekundäre

---

900 Wenn der Talg mit Schweinefett aufbereitet war und der Lampenkörper erwärmt wurde, ließ sich der Talg auch direkt verbrennen und wurde „zum Strecken" teurer Öle verwendet. Vgl. hierzu und zu weiteren Lampenbrennstoffen R. C. A. Rottländer, Der Brennstoff römischer Beleuchtungskörper. Zu einem Neufund einer Bildlampe aus dem Gräberfeld Kaiseraugst-Im Sager. Jahresber. Augst u. Kaiseraugst 13, 1992, 225–229.
901 Becker 2000, 160 f.
902 Auf die Zusammengehörigkeit von zylindrischen Töpfen und Deckeln weisen die noch nachvollziehbaren Durchmesser hin. Vgl. ferner Becker 2000, 160.
903 Becker 2000, 170 Taf. 4,27–28.
904 Scholz 2000, 180.
905 Zur Häufigkeit sekundärer Bearbeitungsspuren an Lavezgefäßen vgl. Becker 2000, 162.

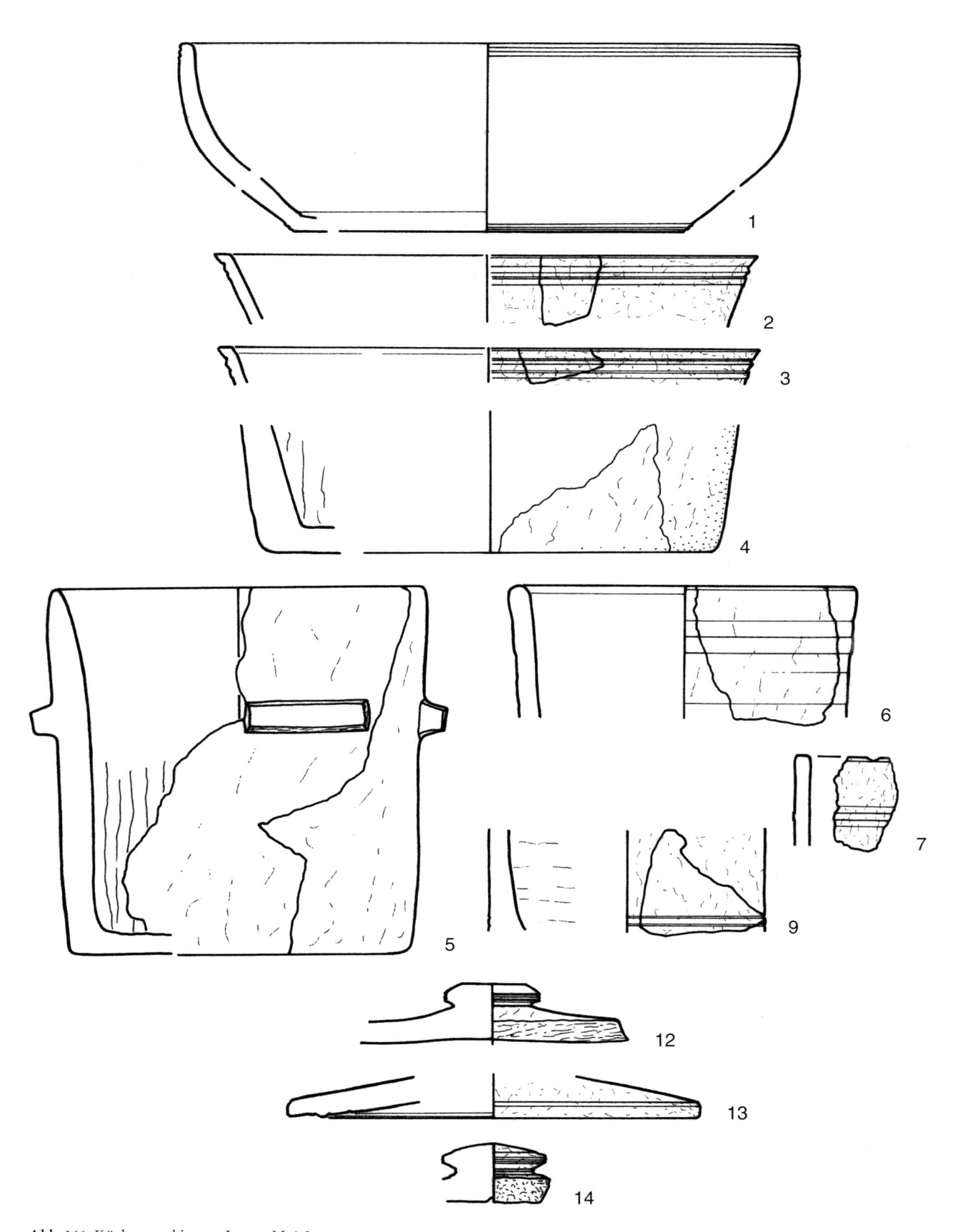

Abb. 146: Küchengeschirr aus Lavez. M. 1:2.

320

Verwendung. – Aus einem späten Grubenkomplex im Kopfbaubereich von Baracke II (Bef. 1163/1217/1164). Phase 3. Fb.-Nr. 2217, 2227 u. 2236.

8 BS eines zylindrischen Kochtopfes. – Aus einer Pflasterung über dem Schutt der westlichen Kastellmauer (Bef. 1528). Phase 4. Fb.-Nr. 2332.

*9 WS mit Bodenansatz eines zylindrischen Kochtopfes, Dm. 10 cm. – Aus einer späten Grube im Bereich des Kopfbaus von Baracke II (Bef. 1231). Phase 3. Fb.-Nr. 2224.

10 2 WS eines (?) zylindrischen Topfes mit profilierter Horizontalleiste. – Aus einer Abfallgrube vor der Westumwehrung des Kastells (Bef. 1620). Phase 2–3. Fb.-Nr. 2426.

11 Kl. WS eines Gefäßes, wahrscheinlich eines Kochtopfes. – Aus dem Abbruchschutt von Baracke VI, Pl. 1. Phase 3. Fb.-Nr. 895.

*12 Knauf eines Deckels. – Aus einer späten Grube im Bereich des Kopfbaus von Baracke II (Bef. 1228). Phase 3. Fb.-Nr. 2210.

*13 RS eines Deckels mit Fixierungsring, Randdm. 15 cm. – Aus einem Sohlgraben, der ca. 20 m westliche der Westumwehrung parallel zu dieser verläuft (Bef. 1465). Phase 1–2. Fb.-Nr. 2329.

*14 Knauf eines Deckels. – Aus einer Grube (Annäherungshindernis?) zwischen dem westlichen Kastellgraben und der Kastellmauer (Bef. 1580). Phase 3? Fb.-Nr. 2444.

15 WS eines Deckels mit Fixierungsring. Dessen Dm. beträgt 12 cm. Bruchkanten verrollt. – Verfüllung des Kastellgrabens nördlich der *porta principalis sinistra* (Bef. 1520). Phase 3. Fb.-Nr. 2388.

IV.12 Baumaterial der Baracken

IV.12.1 Fachwerklehm und Verputz

Abb. 150–153

Aus dem einplanierten Abbruchschutt lassen sich Rückschlüsse auf den Aufbau der Gebäude ziehen. Die Wohnstuben dürften von verputzten Fachwerkwänden umgeben gewesen sein, da zumindest im Bereich der Herde verziegelter Hüttenlehm mit Flechtwerkabdrücken nachgewiesen ist, und innerhalb der Stuben vermehrt einplanierter Fachwerkschutt anfiel. Die Stärke der Fachwerkwände lässt sich entsprechend der Pfostenbreiten mit durchschnittlich 15 bis 20 cm angeben. B. Cichy beschreibt einen erhaltenen Wandfuß in Baracke II, der mit 20 bis 21 cm außergewöhnlich mächtig gewesen sein soll (Bef. 1701; Phase 2; Anlage 5).[906] Sein daraus gezogener Rückschluss, es handle sich um eine „bauliche Zäsur", mittels derer die Contubernien zweier Turmen getrennt werden sollten, ist nicht nur übertrieben, sondern irreführend. Seine aus diesem marginalen Baudetail abgeleitete, für die Belegung und Einteilung des gesamten Kastells verhängnisvolle Interpretation ist nach der Erkenntnis des Stallbarackentyps nun endgültig obsolet. Seit über dem Langgräbchen Bef. ZOH-43 (Phase 2; Abb. 153) von Baracke XXI bei ähnlich guter Erhaltung sogar eine Wandstärke von 23 cm gemessen werden konnte (im Westprofil der ZOH-Grabung), steht der Befund von 1965 auch nicht mehr isoliert da.[907]

Einige der wenigen verziegelten Fachwerklehmbrocken weisen an ihrer Außenseite fischgrätenartig eingedrückte Haftrillenmuster auf (Abb. 150; Nr. 1). Ihre Ebenmäßigkeit lässt darauf schließen, dass sie mittels eines Flächenstempels oder eines Rollrades aus Holz in den feuchten Lehm gepresst wurden.[908] Die Tatsache, dass die Rückseiten zahlreicher Wandverputzstücke dieselbe Rillenstruktur aufweisen, beweist, dass diese wirklich der Haftung und nicht etwa der Oberflächenverzierung von Lehmwänden dienten.[909] Es könnte allerdings auch sein, dass die so behandelten Wandflächen nicht von vornherein, sondern erst nachträglich überputzt wurden.

Verglichen mit der überbauten Grundfläche fällt die vorgefundene Menge an Fachwerklehm eher bescheiden aus, sodass die Vermutung nahe liegt, dass nicht alle Wände mit Flechtwerk und Lehm ausgefacht waren. Dazu passt die Beobachtung, dass die Rückseiten zahlreicher Bruchstücke weiß getünchten Wandverputzes Abdrücke von Holzoberflächen aufweisen. Das gilt ferner für einzelne Hüttenlehmbruchstücke (Abb. 150; Nr. 2–3): Die Rückseite von Nr. 2 haftete offensichtlich über einer Bretterfuge, Nr. 3 zeigt Abdrücke von Holzfasern. Die Mehrheit

---

906 Cichy 1971, 22.
907 Sockel von Fachwerkwänden mit noch erhaltenem Verputz bestätigen auch andernorts Fachwerkwandstärken von 20 bis 30 cm, z. B. C. Meyer-Freuler, Das Praetorium und die Basilika von Vindonissa. Veröff. Ges. Pro Vindonissa 9 (Baden/CH 1989) 27 mit Abb. 13; Kandler 1997, 21; Sommer 1999, 175 (Wandstärke von 25 bis 28 cm). Mit 12 cm deutlich dünner waren Wände aus gestampftem Lehm im Lager der 13. Legion von Vindonissa, die ebenfalls beidseitig mit weißem Kalkmörtel verputzt waren: Hagendorn 2003, 131 u. 149.
908 Vgl. auch Kaiser/Sommer 1994, 329. Die Art der Eindrücke spricht jedenfalls dagegen, dass sie mit einer Kelle o. ä. erzeugt wurden, vgl. beispielsweise Adam 1994, 218 Abb. 513; M. Schleiermacher, Saalburg-Jahrb. 46, 1991, 113 (mit Kelle oder Zahneisen) sowie H. Fehr, Roemervilla. Führer durch die Ausgrabung am Silberberg Bad Neuenahr-Ahrweiler (Koblenz 1993) 38 Abb. 9. Dies könnte hier allerdings bei Nr. 5–6 der Fall gewesen sein.
909 Zur Interpretation als Wandverzierung neigen Kaiser/Sommer 1994, 329 angesichts analoger Funde in Ladenburg. Vgl. aber auch ebd. 330 Abb. 249. – Wandlehmstücke mit verschiedenem Rollstempel- und Kammdekor aus dem Vicus von Faimingen waren weiß getüncht. Daher sind die Muster wahrscheinlich als Wandverzierung anzusprechen: W. Czysz/W. Schmidt, Ausgrabungen im römischen Vicus Phoebiana-Faimingen. Arch. Jahr Bayern 1995, 109–112 bes. 111. – Mit den Heidenheimer Funden gut vergleichbare Haftrillen auf den Wandverputzrückseiten fand man in der CVT: B. Jansen, Wandmalereien im Kontext römischer Wohnhäuser in der Colonia Ulpia Traiana: Fragen zur Bau- und Maltechnik. In: Gogräfe/Kell 2002, 225–234 bes. 226.

der erkennbaren Verputzrückseiten bedeckte jedoch Lehmwände, was auch hier an den oben beschriebenen Haftrillen ablesbar ist (Abb. 150; Nr. 4–7). Den auf Holzflächen aufgetragenen Verputz wird man zunächst an den Pfosten und Riegeln der Fachwerkwände lokalisieren wollen. Das bestätigt beispielsweise ein Fragment aus einer Stube in Baracke III (Bef. 1219, Phase 3), wo die charakteristischen Fischgräten-Haftrillen an einen Balkenwinkel grenzen (Nr. 4). An diesem Stück erkennt man zugleich auch den Ansatz des Stempelgerätes, bei dem es sich nach Ausweis der profilierten Kante wohl doch eher um einen Flächenstempel als um ein Rollrad gehandelt haben dürfte.

Daneben kommen auch Verputzstücke mit Rückseitenabdrücken von Bretterfugen vor (Abb. 151 Nr. 8–11). Gab es also aus unterschiedlichem Material gebaute (Innen-) Wände? Ein Kartierungsversuch nach der Rückseitenbeschaffenheit von (soweit erhalten) Fachwerklehm und Wandverputz ist weitgehend gescheitert, da die überlieferten Fragmentgrößen in der Regel zu klein sind oder die Rückseiten durch Absplitterungen zu schlecht erhalten, um eine sichere Beurteilung zu gewährleisten. Die beurteilbaren Fragmente erzeugen im Falle der Holzabdrücke ein heterogenes Verteilungsmuster, im Falle der Lehmflächen überwiegen Funde aus den *papiliones*, was aber nur die insgesamt größere Fundmenge aus diesem Bereich ausdrückt. Mehrere Stücke mit Holzabdrücken fanden sich in der Jaucherinne Bef. 1069 (Abb. 151; Nr. 8–11). Meine früher geäußerte Hypothese,[910] dass die Pferdeställe vielleicht (teilweise) durch Bretterwände (statt Fachwerk) voneinander getrennt waren, kann also nur um ein Indiz bereichert, nicht aber bewiesen werden. Solche Holzwände mochte man zumindest partiell verputzt haben, um Zugluft zu unterbinden.

Ich halte es übrigens für wahrscheinlich, dass die Bauhölzer in ihrer Mehrheit gesägt und nicht gebeilt waren. Die zwar kleinflächigen, stets aber glatten Abdrücke von Holzflächen könnten darauf hindeuten. Durch den Einsatz großer Rahmensägen, vielleicht sogar durch Wasser angetriebener, mechanischer Sägeanlagen, ließ sich zum ersten die Produktivität bei der Holzbearbeitung steigern, indem auch nicht zimmermannstechnisch geschultes Personal eingesetzt werden konnte.[911] Zum zweiten kam es bei dem oben erschlossenen Modulbausystem (Kap. II.2.9) auf eine gewisse Standardisierung bei der Vorfertigung der Wandelemente an, die sich mit der Säge wohl leichter realisieren ließ als mit dem Beil (vgl. auch Kap. II.4).

Der Kalkmörtel des Wandverputzes wurde mit grobem, vor Ort gewonnenem Sand gemagert, wie einschlägige Kleinfossilien, z. B. Bruchstücke jurazeitlicher Seeigelstacheln und Seelilienstängel, zu erkennen geben (Abb. 151; Nr. 5). Vor allem im Abbruchschutt (Phase 3) der Doppelbaracke II–III, aber auch im Bereich des Kopfbauansatzes von Baracke V wurden zwei bis drei Phasen von Wandverputz sichergestellt. Die meisten Funde dieser Art kamen in den Gruben Bef. 1164 und 1207 zum Vorschein. Dabei haftete weißer Verputzmörtel als jüngerer auf älterem gelbem. Die Oberflächen waren in allen Phasen weiß getüncht. Als dritte Art von Haftuntergrund tritt also älterer Verputz hinzu, meist an ebenen Rückseiten erkennbar. In Einzelfällen hat man unregelmäßige Haftfurchen in die zu überputzende Wandfläche geritzt. Bei der Behandlung der Oberflächen zeigen sich teilweise markante Unterschiede. Neben sorgfältig geglätteten treten unebene, nur grob geglättete Oberflächen. Auch hier ergab ein Kartierungsversuch kein eindeutiges Bild. Eine klare Unterscheidbarkeit etwa zwischen Stuben- und Stallverputz ließ sich damit leider nicht erzielen. Möglicherweise fasst man hier lediglich die unterschiedliche Gewissenhaftigkeit verschiedener Arbeitstrupps oder *contubernia*. Stets ist der Verputz – ob geglättet oder nicht – weiß getüncht. Lediglich im Bereich des jüngeren, erweiterten Kopfbaus von Baracke II sind auch Bruchstücke rot gestrichenen Wandverputzes gefunden worden.[912] Hinzu kommt ein einzelnes Fragment mit Resten gelber Farbe über weißem Untergrund.[913] Insgesamt sechs weitere, über weißem Grund rot bemalte Verputzstücke fanden sich in der Verfüllung des Brunnens Bef. 1300 (Phase 4), bei denen es sich um umgelagertes Material aus dem Kopfbau von Baracke IV handeln könnte.[914] Im Bereich des Kopfbaus von Baracke IV und des angrenzenden Endbaus von Baracke V kamen zahlreiche Fragmente roh belassenen Verputzes zum Vorschein, die zwar eine recht sorgfältige Glättung erfahren haben, jedoch ungetüncht blieben.[915] Ver-

---

910 Scholz 2003/04, 104.
911 Adam 1994, 94–96. Ein Nachweis eines kaiserzeitlichen Sägewerkes steht noch aus, entsprechende Darstellungen liegen erst aus dem Mittelalter vor (ebd. 95). Aufgrund der Anwendung mechanischer Prinzipien für andere technische Belange (Kräne, Mühlen, Olivenpressen, Rammen und Wassertechnik) erscheint die Erfindung von Sägewerken bereits in der Antike nicht ausgeschlossen.
912 Fb.-Nr. 2161 (Bef. 1238, Phase 2b) und 2155 (Bef. 1249, Phase 3).
913 Fb.-Nr. 2210 (Bef. 1228, Phase 3).
914 Fb.-Nr. 2153, 2225 und 2254.
915 Baracke IV: Fb.-Nr. 1985 (Bef. 1020); 1986 (Bef. 1021); 1987 (Bef. 1024); 1989 (Bef. 1018); 1998 (Bef. 1056); 1988; 2039 (Bef. 1019); 2038; 2087 (Bef. 1017); 2090 (Bef. 1022); 2017 (Bef. 1022, getünchter und ungetünchter Verputz). Wohl sekundär verlagert auch in Bef. 1300 (Fb.-Nr. 2253). Baracke V: Fb.-Nr. 1978 und 2027 (Bef. 976).

einzelt fanden sich solche Stücke auch in den Stuben von Baracke III.[916] Sie nähren den Verdacht, dass manche Barackenteile gerade im Um- oder Neubau begriffen waren, als sie endgültig abgerissen werden mussten (Phase 3).

Rätsel gibt das 22 cm lange und 9 cm hohe Bruchstück eines aus Stuck geformten Pyramidenstumpfes auf, das in einer *papilio* von Baracke III (Bef. 1220, Phase 2b–3) entdeckt wurde (Abb. 152; Nr. 14). Da es sich im Barackenschutt um ein singuläres Fundstück handelt, neige ich zu der Vermutung, dass es aus einem Steingebäude des Kastells während des Abrisses verschleppt worden sein könnte. Aufgrund der Weichheit seiner Substanz taugte es jedenfalls kaum als Sockel eines Holzpfostens, sondern eher als Zierelement einer Raumdekoration (Stuck).

Ausgewählte Beispiele an Fachwerklehm- und Verputz der Baracken

1 Verziegelter Hüttenlehm mit rautenförmigem Stempelmuster. – Aus einer späteren Planierschicht über einer Grube von Phase 1 (Bef. 575A). Nach Phase 1. Fb.-Nr. 820.

2 Verziegelter Fachwerklehm mit Abdruck einer Bretterfuge. – Aus einem spätkastellzeitlichen Grubenkomplex im Bereich des Kopfbaus von Baracke II (Bef. 1164). Phase 3. Scharfe Bruchkanten. Fb.-Nr. 2095.

3 Verziegelter Fachwerklehm mit Abdruck einer Holzoberfläche. – Aus einer späteren Planierschicht über einer Grube von Phase 1 (Bef. 575A). Nach Phase 1. Fb.-Nr. 820.

4 Kalkmörtelverputz mit Haftriefen und aufgewölbter Randwulst der ungestempelten Lehmoberfläche, daneben Holzkante. – Aus einer Grube in einer *papilio* von Baracke III (Bef. 1219). Phase 3. Fb.-Nr. 2165

5 Grob geglätteter und weiß getünchter Wandverputz mit Mikrofossil (Seeigelstachel), auf der Rückseite (mit der Kelle eingedrückte?) Haftrillenabdrücke. – Aus einer Grube im Bereich des östlichen Endcontuberniums von Baracke V (Bef. 554). Phase 3. Fb.-Nr. 647.

6 Verputz mit weiß getünchter Oberfläche und (mit der Kelle eingedrückte?) Haftrillen auf der Rückseite. – Aus einem spätkastellzeitlichen Grubenkomplex im Bereich des Kopfbaus von Baracke II (Bef. 1164). Phase 3. Scharfe Bruchkanten. Fb.-Nr. 2095.

7 Verputz mit weiß getünchter Oberfläche und (gestempelten?) Haftrillen auf der Rückseite. – Aus einer Jaucherinne in Baracke IV (Bef. 1069). Phase 3. Fb.-Nr. 1928.

8–11 4 Verputzstücke mit weiß getünchter Oberfläche, auf den Rückseiten Abdrücke von Bretterfugen. – Aus einer Jaucherinne in Baracke IV (Bef. 1069). Phase 3. Fb.-Nr. 2001.

12 Wandverputz mit glattgestrichener, weiß getünchter Oberfläche. Der weiße Kalkmörtel ist mit grobem Sand gemagert. Dahinter haftet eine ältere Verputzschicht aus gelblichem Kalkmörtel an, der ebenfalls mit grobem Sand bzw. feinen Kieseln gemagert ist. Seine Außenfläche war ebenfalls weiß getüncht. – Aus einer Grube im Bereich des östlichen Endcontuberniums von Baracke V (Bef. 554). Phase 3. Fb.-Nr. 666.

13 Dreiphasiger, weiß getünchter Wandverputz. – Aus dem Abbruchschutt der Doppelbaracke II–III, Pl. 0–1. Phase 3. Ohne Fb.-Nr.

14 Fragment eines Stucksockels mit abgeschrägten Seiten in Form eines Pyramidenstumpfes. Länge u. Breite noch 22 cm × 22 cm, Höhe 9 cm. Wahrscheinlich Bestandteil einer Innenarchitektur, im Bereich der Baracken jedoch ohne Parallele. – Aus einer Grube in einer *papilio* von Baracke III (Bef. 1220). Phase 2b–3. Fb.-Nr. 2138.

IV.12.2 Ziegel

Abb. 147–149

Mit welcher Dachbedeckung sind die Baracken zu rekonstruieren? Gehörten Ziegel zu ihrer Bausubstanz? Während der Grabungen wurden über 300 Ziegelbruchstücke ab ca. Handgröße registriert und auf mögliche Abdrücke (Stempel, Graffiti, Tierspuren u. ä.) hin überprüft. Dabei ist vorauszuschicken, dass die Mehrheit der Ziegel im Abbruchschutt der Baracken, d. h. in den jüngsten Fundzusammenhängen entdeckt wurde. Da dieser mehr oder weniger flächig einplaniert war, ist nicht völlig auszuschließen, dass im Einzelfall auch Bruch von der Dachbedeckung des Stabsgebäudes oder anderer Steinbauten an seinen späteren Fundort im Bereich der Baracken gelangt sein könnte (s. u.). Nur die am vollständigsten erhaltenen Exemplare wurden aufbewahrt. Sie sind unten tabellarisch aufgelistet. In den Befundbeschreibungen wird jedoch erwähnt, ob Ziegel bzw. welche Typen zum Vorschein kamen. Das gilt insbesondere für die zahlreich gefundenen kleinteiligen und meist sekundär verbrannten Fragmente.

Das Formenspektrum der Phasen 1–3 umfasst fünf Typen, die unterschiedlich häufig vorkommen:

40 *tegulae*
8 *imbrices*
27 *tubuli*
17 *lateres/laterculi* und Verblendziegel mit einseitig angebrachten Haftrillen
13 *suspensura/bipedales*-Platten, *lateres/laterculi* und „Herdstellenziegel" ohne Haftrillen
1 Gewölbeziegel (Fragment)

Das Ziegelmaterial ist insgesamt stark fragmentiert, vollständige Exemplare fehlen. Die Dicke kann fast immer angegeben werden, nur ausnahmsweise jedoch ein ursprüngliches Längen- oder Breitenmaß. Eine differenzierte Typologie der rechteckigen und quadratischen Platten mit und ohne Haftrillen ist unmöglich, da die Kantenlängen hierfür das wesentliche Kriterium sind. So lässt sich nur vermuten, dass Plattenfragmente von 5 bis 6 cm Dicke von *suspensurae/bipedales* stammen, doch können auch Kapitell-

---

916 Fb.-Nr. 1977 (Bef. 1207, Phase 2b–3) und 2124 (Bef. 1220, Phase 2b–3).

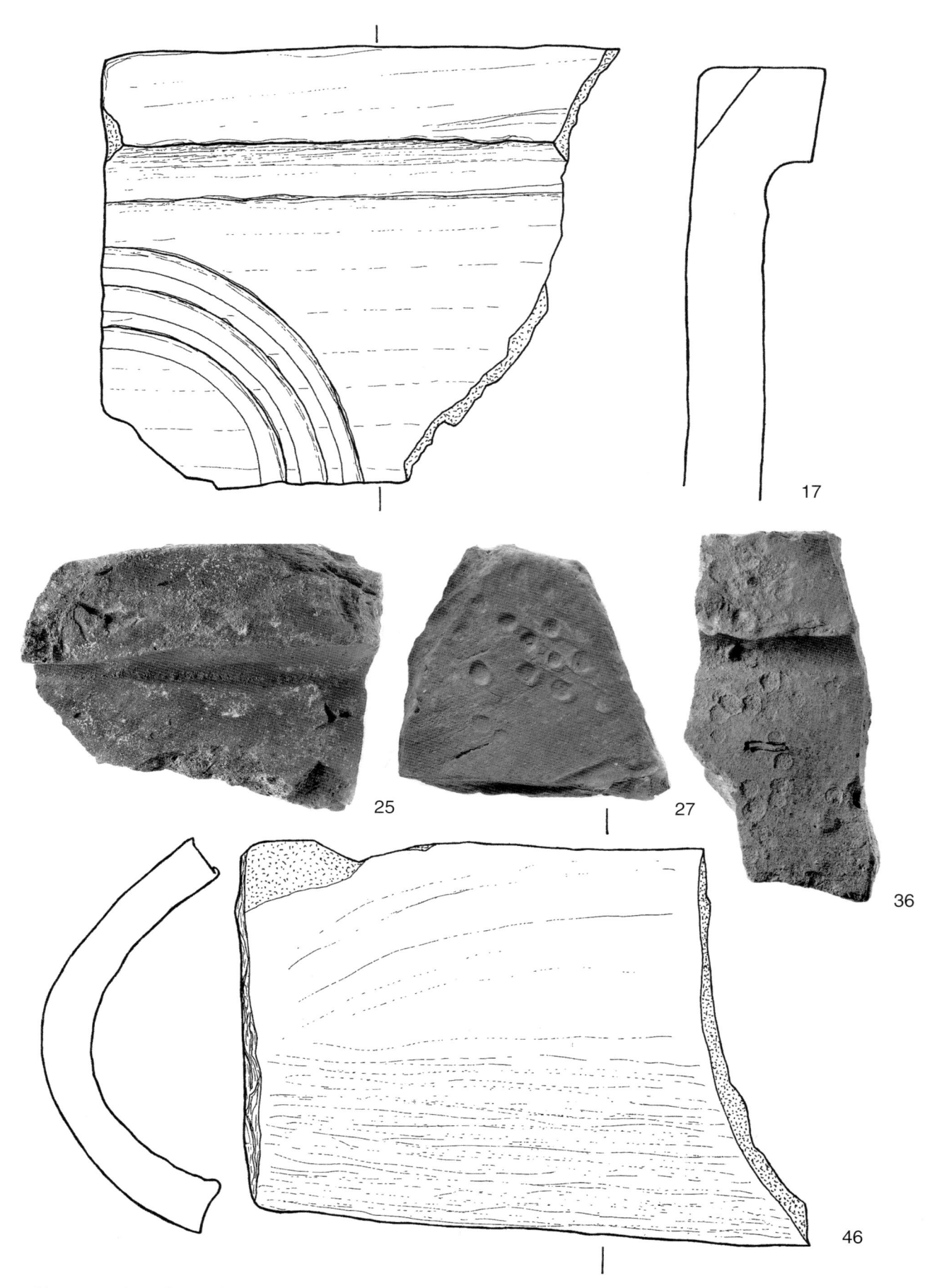

Abb. 147: Ziegel: *tegulae et imbrices*, 25 verschmort, 27 mit Schuhsohlenabdruck, 36 mit Regentropfen. M. 1:2.

Abb. 148: Ziegel: *tubuli* und *lateres* mit Hafrillen. M. 1:2.

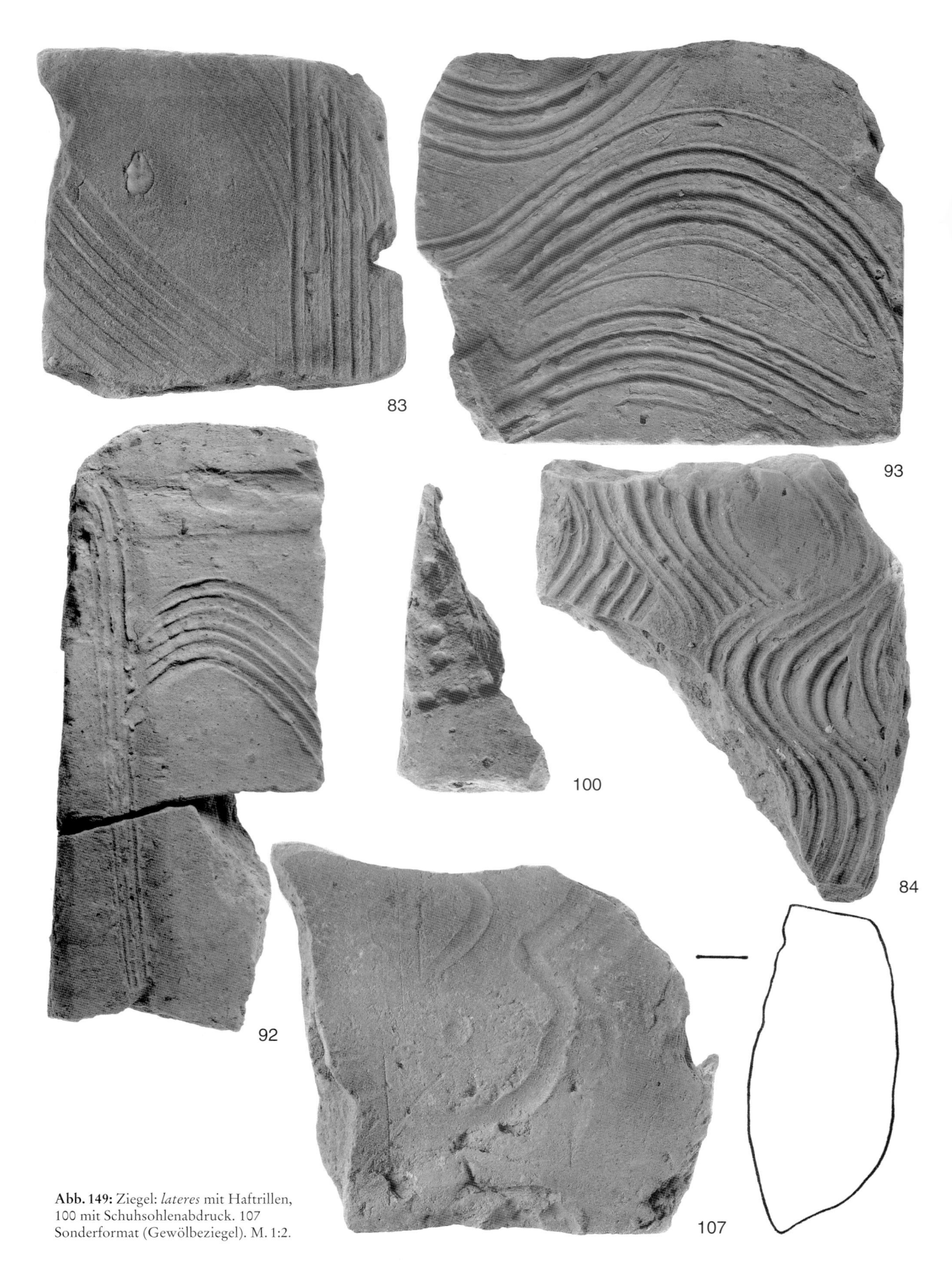

Abb. 149: Ziegel: *lateres* mit Haftrillen, 100 mit Schuhsohlenabdruck. 107 Sonderformat (Gewölbeziegel). M. 1:2.

ziegel *(capitulares)*, seltener sogar die quadratischen Pfeilerziegel *(bessales)* solche Stärken erreichen.[917] Plattenbruchstücke von mehr als 6 cm Dicke stammen wahrscheinlich von *suspensurae/bipedales* oder von „Herdstellenplatten", die sich durch ihren gröberen Ton und nachlässigere Verarbeitung unterscheiden. Lediglich die ursprüngliche Breite einiger *tubuli* und *imbrices* kann mit 15 bis 16 cm (halber römischer Fuß) angegeben werden, die Tiefe einiger *tubuli* mit ca. 9 cm. Damit ist die seltenere *tubulus*-Variante mit rechteckigem statt quadratischem Querschnitt im Barackenschutt auf jeden Fall vertreten.[918] Originalhöhen von Hohlziegeln liegen nicht vor, doch lassen sich Anhaltspunkte anhand vollständiger Exemplare aus dem mutmaßlichen Kastellbad gewinnen, die im Museum im Römerbad aufbewahrt werden.

Betrachtet man die Dachziegel, so fällt das starke Ungleichgewicht zwischen *tegulae* und *imbrices* auf, das als Indiz gegen eine Ziegelbedeckung der Baracken gedeutet werden kann. Bei der offensichtlich systematisch erfolgten Demontage der Holzbauten um 160 n. Chr. hätte man eine annähernd ausgeglichene Bruchrate beider Ziegeltypen erwarten dürfen, da sie auch zu etwa gleichen Anteilen verbaut zu werden pflegten. Fast die Hälfte aller *tegulae* weist einseitige Brandspuren auf, einige frühe Exemplare sind sogar gänzlich verschmort (insbesondere aus Grube Bef. 728, Phase 1). Auch die nicht nur zufällig abgesplitterten, sondern häufig gezielt abgeschlagenen Leisten deuten auf eine Sekundärverwendung bzw. Zweckentfremdung der meisten Dachplatten als Herdstellenbelag hin.

Im Gegensatz dazu weisen *imbrices* nur ausnahmsweise Brandspuren auf. Ihre Form ist für Herdstellen eher ungeeignet. Zwei *imbrices* sind auf ihren Innenseiten mit Mörtelspuren behaftet, doch fehlen im Barackenschutt bis auf wenige Stück die halbrunden Mörtelkerne, mit denen die Traufreihen von *imbrices* über den Leistenziegeln üblicherweise fixiert waren. Ein solcher Mörtelkern fand sich im Schutt der Doppelbaracke XXI (Bef. ZOH-40, Phase 3). Aufgrund der Nähe zum Stabsgebäude muss eine Verlagerung aus dessen Abbruchschutt erwogen werden. Vier weitere Mörtelkerne kamen im gleichzeitig einplanierten Schutt des (jüngeren) Kopfbaus von Baracke IV zutage (Phase 3).[919] Auch an diese Fundstelle könnte Material eines Steinbaus verstreut worden sein, und zwar des unweit benachbarten Zwischenturmes. Typischer, mit kleinen Kieseln gemagerter Mauermörtel, der immer wieder in der obersten Schicht im Bereich der westlichen Barackenenden zum Vorschein kam, unterstreicht diesen möglichen Bezug. Durchweg frei von Brandspuren sind die wenigen *tegula*- und *imbrex*-Trümmer aus den Verfüllungen des Kanals der *via sagularis* (Bef. 1550, Phase 3) sowie des Kastellgrabens (Bef. 1520, Phase 3) geblieben. Vielleicht darf man diese für die Bedeckung der Türme der *porta principalis sinistra* in Anspruch nehmen.

Zusammenfassend lassen sowohl das Zahlenverhältnis der Dachziegel als auch ihre Gebrauchsspuren an einer – zumindest regelhaften – Ziegelbedeckung der Baracken zweifeln. Eher sollte man hier Holzschindeln erwarten. Es ließe sich allenfalls behaupten, dass *imbrices* vielleicht entlang des Firstes angebracht gewesen seien, doch wäre dann nach der Art der Haftverbindung mit dem Schindelholz zu fragen (die benannten Mörtelkerne hafteten jedenfalls nicht auf Holzuntergrund). Falls eine zusätzliche wasserdichte Ummantelung des Firstes überhaupt gebraucht wurde, hätten sich hierfür Bleibleche wohl besser geeignet. Kleinteilige, verbogene Reste von solchen mit Nagellöchern wurden tatsächlich gefunden, doch lässt sich ihre Anbringungsstelle im Einzelfall natürlich nicht mehr ermitteln.

Zu den Ziegeltypen mit meist einseitiger Brandpatina gehören auch *lateres/laterculi* und *tubuli*. Bei Letzteren fällt auf, dass es kaum größere Bruchstücke gibt und überhaupt nur zwei Fragmente, bei denen ein Winkel erhalten ist. Bei sämtlichen anderen handelt es sich um die flachen Lang- oder Breitseiten, bei denen – noch mehr als bei den *tegulae* – das bewusste Abbrechen „störender" Kanten und winklig umbiegender Wandfortsätze zu beobachten ist. Scheinbar hatte man eine gute Verwendung für die flachen, stets mit kreuzförmigen Haftrillen versehenen Außenseiten von Hohlziegeln. Man kann sich leicht vorstellen, dass solche Bruchstücke noch immer zur Konstruktion oder Ausbesserung von Herdstellenbelägen taugten. Denkbar erscheint ferner, dass diese relativ dünnen Platten als eine Art hitzeresistente Wandkachelung die Wandseiten der Feuerstellen schützten.[920] Mittels ihrer Haftrillen ließen sie sich gut in den Fachwerklehm drücken oder mit T-Nägeln an den Pfosten befestigen. Einige T-Nägel wurden jedenfalls im Inneren der Baracken gefunden. Für diese Interpretation spricht ferner, dass die meisten dieser Ziegel – stark verschmort und in kleine Teile zersprungen – in einem Zustand im Abbruch-

---

917 Spitzlberger 1968, 105 f.
918 Spitzlberger 1968, 105.
919 Fb.-Nr. 2091 (Bef. 1022).
920 Vgl. eine ähnliche Konstruktion aus sekundär verwendeten Leistenziegeln in Dormagen (Müller 1979, 28). Zur Kachelung von Fachwerkwänden mit Ziegelplatten vgl. den Rekonstruktionsvorschlag von J. Dolata, Technisch versiertes Handwerk aus dem römischen Mainz. Arch. Rheinland-Pfalz 2003, 47 f. Zur Diskussion um Kamine vgl. ferner Bidwell/Hodgson 2004, 140.

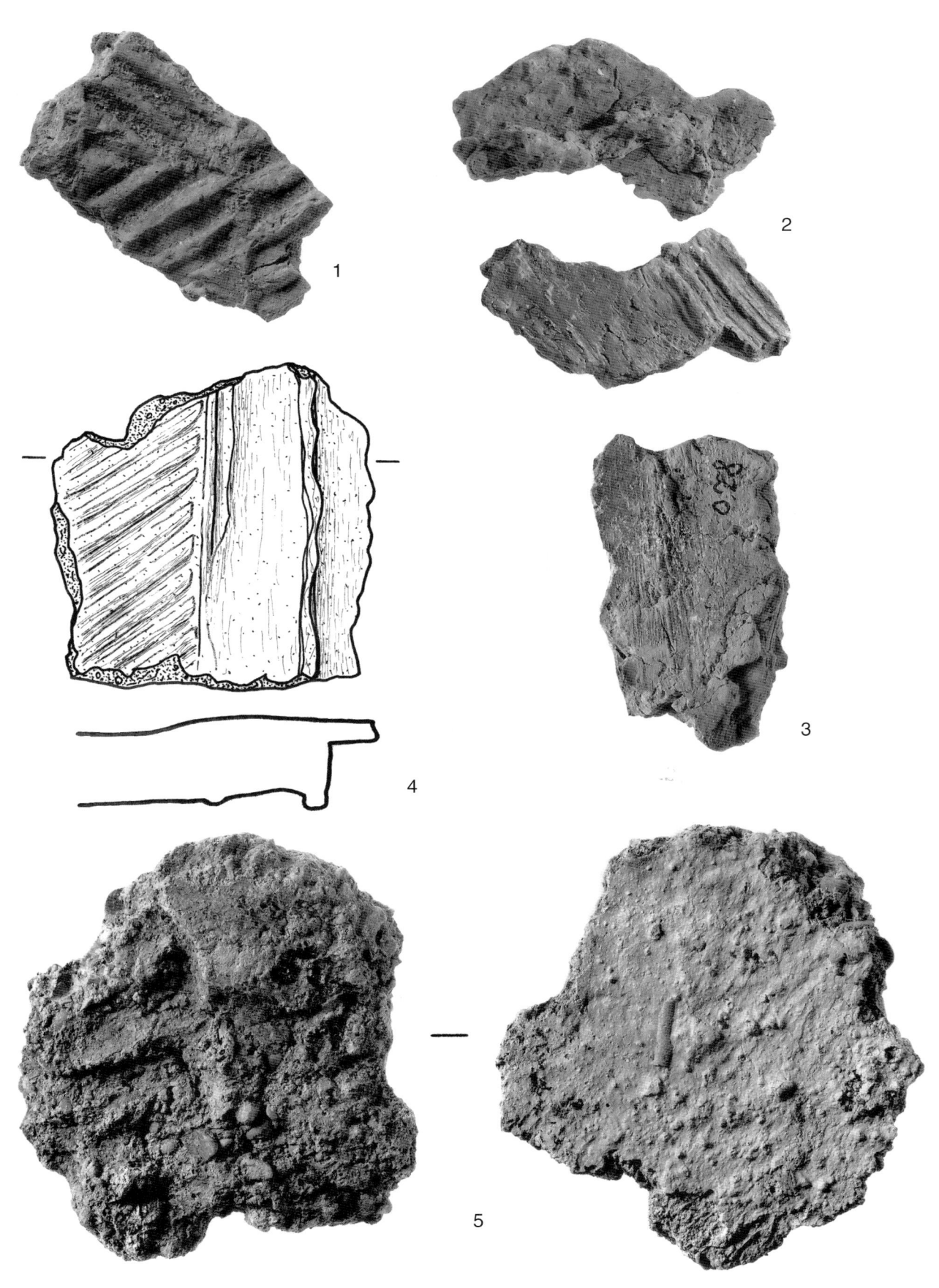

Abb. 150: 1–3 Beispiele für Fachwerklehm, 1 aus dem Barackenschutt (Phase 3) M. 1:1, 2–3 aus Grube Bef. 575 (Phase 1). 4–5 Kalkmörtelverputz mit Haftrillen, 4 aus Grube Bef. 1219 (Phase 3), 5 aus Grube Bef. 554 (Phase 3). M. 1:1.

Abb. 151: 6–13 Auswahl an Kalkmörtelverputz: Rückseiten mit Fachwerk-Haftrillen (6–7) bzw. Bretterfugen (9–11). 12–13 Zwei- bzw. dreiphasiger Kalkmörtelverputz mit weiß getünchter Oberfläche im Profil. M. 1:1.

Abb. 152: Bruchstück eines Stucksockels aus Grube Bef. 1220 (Phase 3). M. 1:2.

schutt aufgefunden wurden, der die Mitnahme der unzähligen Kleinteile als wenig sinnvoll erscheinen ließ. Mitgenommen wurden hingegen die größer erhaltenen Fragmente, die vermutlich am weitesten von der Hitzequelle entfernt montiert waren, wie ihre geringeren Brandspuren zeigen. Dasselbe lässt sich von den im Durchschnitt nur wenig dickeren *lateres/laterculi* behaupten, wobei allerdings an keinem einzigen Beispiel klar wird, ob es sich einst um quadratische oder rechteckige Platten handelte. In Einzelfällen sind vor dem Brand eingeschnittene Kerben für T-Nägel erhalten.

Tabelle 32: *Tegulae.* D.m.L./D.o.L. – Dicke mit/ohne Leiste. * Fund ist abgebildet.

Nr.	Fb.-Nr.	Bef.-Nr./ Fundstelle (Bereich Baracke)	Phase	Originale Maße (cm)	Noch erhaltene Fragmentgröße (cm)	Sekundär verbrannt	Besonderheiten
1	771	Pl. 0–1 (IV)	3	D.o.L. 2,8	18,0 × 11,0	–	Stempel IIF, darüber zwei konzentrische Wischmarken
2	2060	1164 (II)	3	D.o.L. 3,3	6,4 × 5,5	Oberseite	Stempel IIF
3	589	417 (IV)	3	D.m.L. 4,8; D.o.L. 2,5	15,5 × 11,5	–	
4	560	über 573 (V)	3	D.m.L. 3,9; D.o.L. 2,5–2,6	22 × 8,5	–	
5	560	über 573 (V)	3	D.o.L. 2,7	20 × 13,5	–	Rest von halbrunder Wischmarke, keine originale Kante erhalten
6	648	563 (vor V)	2a	D.m.L. 4,9; D.o.L. 3,0	5 × 4 (Leiste)	–	
7	683	530 (vor V)	2a	–	–	Oberseite	Rest von drei konzentrischen Wischmarken, Schräge für Latte
8	682a	358 (vor V)	2a	D.m.L. 5,4; D.o.L. 2,8	7,2 × 6,3	–	
9	666	554 (V)	3	D.o.L. 2,3	9,2 × 6	Unterseite	
10	286	85 (III)	3	D.m.L. 4,4; D.o.L. 2,6	9,3 × 7,5	Unterseite	Mörtelreste über der Leiste
11	2389	1520	3	D.o.L. 2,2–2,6	22,5 × 16,6	–	Mörtel haftet am Leistenrest, evtl. von Turmbedachung?
12	2095	1164 (II)	3	D.o.L. 1,9–2,1	14,7 × 10,2	–	Eckstück
13	2239	1316 (V)	3	D.m.L. 4,8; D.o.L. 2,6	15 × 4,8	–	Leistenstück mit Fingereindrücken
14	2072	1166 (III)	3	D.m.L. 4,7; D.o.L. 3,1–3,3	18,4 × 10,5	Unterseite	zwei konzentrische Wischmarken, Schräge für Latte
15	714	514 (V)	3	D.o.L. 3,1–3,3	11 × 15,1	–	
16	721	394 (vor V)	2a	D.o.L. 2,4–2,7	19 × 13	–	Unterseite mit Abdrücken von Trockenregal, beidseitig Mörtelreste
*17	842	735 (VI)	3	D.m.L. 4,8; D.o.L. 2,7–3,2	19 × 17	Unterseite	drei konzentrische Wischmarken, Schräge für Latte
18	1295	Pl. 0–1 (VI)	3	D.m.L. 5,5; D.o.L. 2,5	12,3 × 8,5	–	Leistenstück mit Lattenschräge
19	1402	881 – frühalamanischer Pfosten (V/VI)	3–4	D.m.L. 4,7–4,9; D.o.L. 2,3–2,7	25,5 × 17,5	–	drei konzentrische Wischmarken, Schräge für Latte
20	2095	1164 (II)	3	D. 2,7–2,8	8,8 × 7,3	–	auf Unterseite Abdrücke von Trockenregal, Vorderseite Graffitorest, keine originale Kante erhalten: [---]IDI[bus]
21	1593	ZOH-48 (XXI)	3	D.m.L. 6,0; D.o.L. 3,0–3,5	12,6 × 6,5	–	
22	1620	ZOH-105	3	D.o.L. 2,9–3,2	19,8 × 16	Oberseite	runde Wischmarke, Leiste abgeschlagen
23	1600	ZOH-12	3	D.m.L. 5,0	12,7 × 4,7	–	Schräge für Latte
24	1212	728 (VI)	1	D.m.L. ca. 6; D.o.L. 3,5	12,6 × 9,5	verschmort und verformt	
*25	1179	728	1	D.m.L. ca. 6; D.o.L. 3,5	12,8 × 6,3	verschmort und verformt	

Tabelle 32: Fortsetzung

Nr.	Fb.-Nr.	Bef.-Nr./ Fundstelle (Bereich Baracke)	Phase	Originale Maße (cm)	Noch erhaltene Fragmentgröße (cm)	Sekundär verbrannt	Besonderheiten
*27	2369	1550	3	D.o.L. 2,6	11,4 × 9	–	Rest von Wischmarke und Abdruck einer genagelten Schuhsohle
28	538	554 (III)	3	D.o.L. 3,0–3,2	24 × 15	–	zwei konzentrische Wischmarken, Leiste abgeschlagen
29	518	291 (III)	3	D.m.L. 4,7; D.o.L. 3,1–3,3	20 × 13	–	auf Leiste Mörtelreste
30	544	550 (V)	3	D.o.L. 2,4–2,6	10 × 7,8	–	Eckstück
31	544	550 (V)	3	D.m.L. 5,3; D.o.L. 2,6–2,9	15,2 × 11	–	Pfotenabdruck eines Paarhufers, Schräge für Latte
32	1784	1113 (III)	3	D.o.L. 2,5–2,6	17 × 11	Unterseite	
33	1784	1113 (III)	3	D.o.L. 2,3–2,4	18 × 11,5	–	
34	2029	979 (V)	2b	D.m.L. 4,8–5,2; D.o.L. 2,6–3,1	18 × 14	–	
35	1987	1024 (IV)	2	D.m.L. 5,6; D.o.L. 3,1–3,7	12,2 × 10,2	Unterseite	Schräge für Latte
*36	1966	1019 (IV)	3	D.m.L. 4,7; D.o.L. 2,9–3,0	13,5 × 6,5	Unterseite	auf Oberseite Abdrücke von Regentropfen
37	2039	1019 (IV)	3	D.m.L. 6,3–6,4; D.o.L. 3,6–4,0	21 × 10,5	Unterseite	
38	1988	1019 (IV)	3	D.m.L. 6,0; D.o.L. 2,8–3,3	14,5 × 10	Unterseite	Mörtelreste auf Leiste
39	1639	828 (vor V)	2a	D.o.L. 2,5	15,5 × 6,5	–	Mörtel haftet an drei Seiten, auch an einer Bruchkante, Sekundärverwendung wahrscheinlich; Schräge für Latte
40	555	Pl. 0–1 (IV)	3	D.m.L. 5,1–5,2; D.o.L. 2,5	15 × 7	–	Leistenfragment mit Mörtelresten

Tabelle 33: Imbrices. * Fund ist abgebildet.

Nr.	Fb.-Nr.	Bef.-Nr./ Fundstelle (Bereich Baracke)	Phase	Originale Maße (cm)	Noch erhaltene Fragmentgröße (cm)	Sekundär verbrannt	Besonderheiten
41	648	563 (V)	2a	D. 1,7–1,9	14,3 × 8,6	außen	
42	1616	ZOH-102 (XXII)	4	D. 2,0–2,4	–	beidseitig	
43	1620	ZOH-105 (XXI)	3	B. ca. 15; D. 1,9–2,1	4 Fragm., max. 12,8 × 10,3	–	
44	2390	1465	1–2	D. 1,5	12 × 8,2	verschmort	
45	2369	1550	3	B. 15; D. 1,7–1,8	16 × 14	–	innen Mörtelreste
*46	2216	1302 (III)	3	B. 14,8; D. 1,9–2,2	20,8 × 14,8	–	innen Mörtelreste
47	527	Pl. 0–1 (VI)	3	D. 1,5–1,7	2 Fragm.: 12,2 × 10,5; 11 × 8	–	
48	549	273 (III)	3?	D. 2,2	15,5 × 8,3	–	
49	560	über 573 (V)	3	D. 1,6–1,7	9,2 × 7,1	–	

Tabelle 34: *Tubulusbruchstücke.* D.m.L./D.o.L. – Dicke mit/ohne Leiste. * Fund ist abgebildet.

Nr.	Fb.-Nr.	Bef.-Nr./ Fundstelle (Bereich Baracke)	Phase	Originale Maße (cm)	Noch erhaltene Fragmentgröße (cm)	Sekundär verbrannt	Besonderheiten
50	762	Pl. 0–1 (IV)	3	D.m.L. 3,0 D.o.L. 1,9–2,1	15,8 × 8,2	Außenseite	kreuzförmige Haftrillen
51	835	595 (VI)	2b	D. 2,5–2,7	11 × 9,5	Außenseite	kreuzförmige, tiefe Haftrillen
52	1227	Pl. 0–1 (V)	3	B. 15–16 D. 2,7 cm	14 × 10,2	–	kaum Biotitglimmer, tiefroter Ton
53	418	53 frühalam. Pfosten (III)	3–4	D. 2,7 cm	9,3 × 8,5	–	breite kreuzförmige Haftrillen, darauf haften Mörtelreste, keine originale Kante erhalten
54	436	178 (III)	3	D. 2,1 cm	9,8 × 4,9	verschmort	kreuzförmige Haftrillen
55	475	75 (vor III)	2a	D. 2,2	13,8 × 9,2	–	Schmalseite mit Lochrest, wahrscheinlich sekundär verwendet
56	1714	1107 (vor III)	2a	D.m.L. 3,0–3,3 D.o.L. 2,3	11,5 × 7	–	kein Biotitglimmer, Ton tiefrot mit Sandmagerung, kreuzförmige Haftrillen mit Mörtelresten
57	1714	1107 (vor III)	2a	D. 1,9	10,2 × 7,3	Innenseite	tiefe, kreuzförmige Haftrillen
58	648	563 (vor V)	2a	D. 1,7	8,7 × 8,6	beide Seiten	kreuzförmige Haftrillen
59	684	563 (vor V)	2a	–	4 Fragm., max. 14 × 10	Innenseite	kreuzförmige Haftrillen
60	714	514 (V)	3	B. 15,8; D.m.L. 3,1; D.o.L. 2,4	15,8 × 15	Außenseite	kreuzförmige Haftrillen
*61	724	714 oder 718 (VI)	3	B. 16,2 D.m.L. 3,0–3,1 D.o.L. 2,2–2,3	2 Fragm., 11,6 × 9; 10,4 × 9,2	Außenseite	kreuzförmige Haftrillen
62	1613	ZOH (XXII)	3	D. 2,2	6,5 × 3,5	–	Schmalseite mit Lochrest
63	1619	ZOH-72 (vor XXII)	2a	D. 2,1–2,2	7 × 6	Außenseite	Winkelbruchstück, kreuzförmige Haftrillen mit Mörtelrest
64	2321	1450	2–3	D. 2,2–2,7	16,3 × 10,4	–	Schmalseite mit Lochrest, wahrscheinlich sekundär verwendet
65	2072	1166 (III)	2b	D. 1,9–2,0	18 × 9,4	–	Schmalseite mit Lochrest, wahrscheinlich sekundär verwendet
66	2073	1166 (III)	2b	D. 2,5	14,3 × 9,1	–	Schmalseite mit Lochrest, wahrscheinlich sekundär verwendet
67	2209	1301 (vor IV)	2a	D. 2,2–2,3	10,4 × 7,2	–	Winkelbruchstück, rot-violetter Ton, tiefe, kreuzförmige Haftrillen
*68	1389	ZOH, Pl. 0–1	3–4	B. 15,2; D. 2,5	15,2 × 13	–	tiefe, kreuzförmige Haftrillen mit Mörtelresten
69	2155	1249 (II)	3	D.o.L. 2,5	16,5 × 11,3	innen Rußspuren	eingeschnittene Aussparung für T-Nagel am Rand, Rillenabdrücke von Trockenregal
70	2158	1238 (II)	2b	D. 2,4–2,7	7,4 × 5,8	Außenseite	kreuzförmige Haftrillen
71	544	550 (V)	3	– (Splitter)	11,5 × 8,5	–	tiefe, kreuzförmige Haftrillen

Tabelle 34: Fortsetzung

Nr.	Fb.-Nr.	Bef.-Nr./ Fundstelle (Bereich Baracke)	Phase	Originale Maße (cm)	Noch erhaltene Fragmentgröße (cm)	Sekundär verbrannt	Besonderheiten
72	530	290 (III)	3	D. 2,7	10,5 × 9	Innenseite	tiefe, kreuzförmige Haftrillen, kaum Biotitglimmer, Ton hellorange
73	1602	ZOH-40	3	B. 15; D. 2,5–2,8	–	–	kreuzförmige Haftrillen
*74	475	75 (vor III)	2a	D.m.L. 3,5 D.o.L. 2,4–2,5	14,4 × 9	–	kreuzförmige Haftrillen, darin ziegelgemagerter Mörtel
75	2321	1450	2–3	D. 2,2–2,5	17,6 × 13,8	–	kreuzförmige Haftrillen
76	2362	1520	3	D.m.L. 4,6 D.o.L. 2,6	7,1 × 7,1	–	kreuzförmige Haftrillen

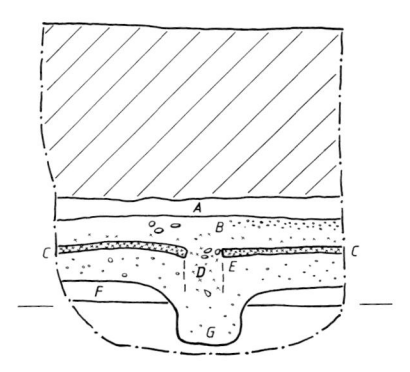

Abb. 153: Detailprofil aus dem Endbau von Baracke XXI in der *retentura*. Nordsüdlich gerichtetes Flächenprofil durch das westöstlich verlaufende Langgräbchen Bef. ZOH-43 mit Pfostenstandspur (D). A Neuzeitliche Kulturschicht (Gartenhumus). B Vicuszeitliche bis frühneuzeitliche Ablagerungen. C Abbruchschutt des Kastells mit Verputzmörtel. E Kastellzeitliche Kulturschicht. F Vorrömischer B-Horizont. G Gräbchen Bef. ZOH-43. Höhenlinie = 488,90 m ü. NN. M. 1:50. Zeichnung M. Scholz.

Zweifellos den Herdstellen lassen sich die durchschnittlich 6 bis 7 cm starken Platten (*lateres* im weiteren Sinne) zuweisen, von denen fast alle Brandspuren aufweisen. Für sie gilt dasselbe wie für die sekundär verwendeten *tubulus*-Fragmente: Meist stark verschmort und zersplittert wurden nur die größeren, intakteren Belegstücke geborgen. Als eigentliche *suspensura*-Platte ist lediglich Nr. 103 anzusprechen. Die meisten übrigen sind sehr einfach, teilweise auffällig grob geformte „dicke Platten", die vermutlich für keinen anderen Zweck denn als Herdstellenbelag geschaffen wurden.

Sonderformate[921] fehlen mit einer Ausnahme: Bemerkenswert ist das Bruchstück eines dicken, halbtonnenförmigen Rundziegels (Nr. 107), der wie ein übergroß geratener *imbrex* erscheint und auf seiner Außenseite wellenförmige Putzhaftrillen trägt. Ein vollständiges Exemplar dieser Art wurde bei den Ausgrabungen des mutmaßlichen Kastellbades entdeckt und ist im Museum im Römerbad ausgestellt. Wahrscheinlich handelt es sich um Spezialanfertigungen zur Überwölbung von Schürkanälen (*praefurnia*). Das Fragment Fb.-Nr. 2139 war im Steinkranz eines bereits nachkastellzeitlichen Brunnens (Bef. 1300, Phase 4) im Bereich des Kopfbaus von Baracke IV verbaut, worin sich noch weitere Spolien befanden. Überhaupt weist das in den Barackenherdstellen sekundär verwendete Ziegelmaterial eine in jeder Hinsicht große Übereinstimmung mit den Ziegeltypen des Kastellbades auf. Es sieht so aus, als sei nach einem Teilabbruch bzw. einer Erneuerung des Bades dessen Ziegelmaterial zur Sekundärverwendung in den Baracken (insbesondere in den *papiliones*) freigegeben worden. Möglicherweise steht dieser „Schub" an Sekundärmaterial im Zusammenhang mit der Errichtung des sog. „Monumentalbaus" östlich des Kastells (Abb. 2), für den vermutlich Teile des Kastellbades nach 150 n. Chr. fielen.[922] Da die

---

921 G. Weber, Baukeramik aus der Römerstadt Cambodunum – Kempten im Allgäu. In: W. Endres/W. Czysz/G. Sorge, Forschungen zur Geschichte der Keramik in Schwaben (München 1993) 73–90 bes. 83.

922 Zumindest ein *praefurnium* wurde durch eine mächtige Kalkgrube zerstört, die anhand überlieferter Holzabdrücke ihrer Bretterverschalung dendrochronologisch in die Zeit nach 150 n. Chr. datierbar ist. Sie wurde wahrscheinlich bei der Errichtung des „Monumentalbaus" angelegt (Sölch 2001, 67). Die Aufgabe eines Heizkanals oder eines Gebäudeteils muss jedoch keineswegs gleichbedeutend mit der Aufgabe des gesamten mutmaßlichen Kastellbades sein, das nur teilweise ausgegraben worden ist. Möglicherweise wurden die abgerissenen Partien an einer anderen Gebäudeseite (z.B. im Süden oder Osten) neu angebaut. – Vgl. ferner B. A. Greiner, Neue Erkenntnisse zum römischen Kastellbad in Heidenheim. In: C. Bücker u.a. (Hrsg.), Regio Archaeologica. Festschr. G. Fingerlin (Rahden/Westf. 2002) 75–82: Die hier angebotene Rekonstruktion ist für das Bad einer 1000 Mann starken Truppe m.E. zu klein ausgefallen.

Tabelle 35: Verblendziegel *(tegulae sine marginibus)*, quadratische oder rechteckige Platten *(lateres, laterculi)* mit Haftrillen. * Fund ist abgebildet.

Nr.	Fb.-Nr.	Bef.-Nr./ Fundstelle (Bereich Baracke)	Phase	Originale Maße (cm)	Noch erhaltene Fragmentgröße (cm)	Sekundär erbrannt	Besonderheiten
*77	206/I	Pl. 2 (III)	3	D. 2,3	10,8 × 9; 11 × 9	–	zwei Fragmente verschiedener Ziegel mit über Kreuz gezogenem Haftrillenkammstrich, keine Originalkante erhalten
78	1139	1053/55	1–3	D. 2,3–2,5	16,8 × 11	Vorderseite	wellenförmige Haftrillen, Tierpfotenabdruck
*79	555	Pl. 0–1 (IV)	3	D. 2,6–3,0	19,5 × 11,5	–	wellenförmige Haftrillen
*80	959	591 (VI)	3	D. 2,9–3,4	9,4 × 7,3	–	Haftrillen wellenförmig und in Kerbenreihen, Rückseite Liegespuren von Trockenregal?
*81	430	252 (vor III)	1	D. 3,4–3,5	12 × 11,8	–	Haftrillenkammstrich in schmalen Reihen
82	631	377 (V)	3	D. 3,4–3,6	12,8 × 11	Vorderseite	Kammstrichhaftrillen, über Kreuz gefurcht
*83	715	Pl. 1 (VI)	3	D. 2,5	14 × 13,5	Rückseite	wellenförmige und entlang des Randes gerade Haftrillen, Aussparung für T-Nagel
*84	762	Pl. 0–1 (VI)	3	D. 3,5	17,5 × 14	Rückseite	wellenförmige, einander flechtbandartig überlagernde Haftrillen
85	766	377 (V)	3	D. 3,3	14,5 × 13	Rückseite	wellenförmige Haftrillen
86	2378	1450	2–3	D. 2,8	5,5 × 5	–	Eckstück mit wellenförmigen Haftrillen
87	2381	1443 frühalam. Kulturschicht	3–4	D. 3,1	14,6 × 11,6	–	Eckstück mit wellenförmigen Haftrillen und Mörtelresten
88	2076	39 (III) frühalam. Grubenhaus	3–4	D. 3,2–3,4	10,5 × 8,6	–	tiefe wellenförmige Haftrillen, keine originale Kante
89	2022	39 (III)	3–4	D. 3,1	11,5 × 10	–	tiefe, wellenförmige Haftrillen
90	538	554 (V)	3	D. 3,1–3,3	17,1 × 11,4	Rückseite	wellenförmige Haftrillen mit Mörtelresten, auf Rückseite Abdrücke von Trockenregal
91	650	563 (vor V)	2a	D. 3,0–3,1	12 × 9,5	Rückseite	wellenförmige Haftrillen
*92	1926; 1993	1142 (III)	2b	D. 2,5–3,0	15,5 × 9,5; 10 × 8	–	wellenförmige, entlang des Randes gerade Haftrillen
*93	2281	1443 frühalam. Kulturschicht	3–4	D. 2,0–2,7	18,5 × 16	Rückseite	wellenförmige Haftrillen, Rückseite mit Abdrücken von Trockenregal

meisten Ziegelfunde aus spätkastellzeitlichen Zusammenhängen stammen, erscheint diese Überlegung durchaus plausibel.

Ohne signifikante Ausnahme zeigen alle Ziegel bis in die jüngste Kastellzeit hinein wie die Gefäßkeramik (außer Terra Sigillata) einen mehr oder weniger hohen Anteil an Biotitglimmer im Ton, der die Ziegel als Importe aus Manufakturen ausweist, die an der Donau oder südlich davon lagen (vgl. Kap. IV.1.2).

Tabelle 36: Dicke Platten ohne Haftrillen (*laterculi* und *suspensura*-Platten).

Nr.	Fb.-Nr.	Bef.-Nr./ Fundstelle (Bereich Baracke)	Phase	Originale Maße in cm	noch erhaltene Fragmentgröße in cm	sekundär verbrannt	Besonderheiten
94	51	44 (IV) frühalam. Pfosten	3–4	D. 7,7	14 × 13,5	verschmort	kein Biotitglimmer
95	469	320 (vor III)	2a	D. 7,4	11,7 × 7,5	Rückseite	„Herdstellenziegel", keine originale Kante erhalten
96	555	Pl. 0–1 (IV)	3	D. 5,0–7,4	ca. 10 × 9	Vorderseite	„Herdstellenziegel", sehr grob, keine originale Kante erhalten
97	577	374 (V)	2b	D. 6,0–6,5	23 × 10	–	Rest von halbrunder Wischmarke, keine originale Kante erhalten
98	582	Pl. 0–1 (VI)	3	D. mindestens 6,0	8 × 6,5	Vorderseite	keine originale Kante erhalten
99	1507	580 (vor VI)	1	D. 6,6–6,8	14,5 × 12	Rückseite	Eckstück mit Randfuge
*100	1620	ZOH-105 (XXI)	3	D. 6,3	11,5 × 5,3	Vorderseite	Eckstück mit Abdruck einer genagelten Schuhsohle
101	1212	728 (V–VI)	1	D. 6,5–6,6	7,3 × 8,5	verschmort	zwei konzentrische Wischmarken, Randstück
102	1216	728 (V–VI)	1	D. 6,4	19,1 × 6	–	–
103	737	Pl. 0–1 (VI)	3	D. 5,3–5,8	27 × 33	Rückseite	Fragmente von *suspensura*-Platte
104	1179	728 (V–VI)	1	D. 5,5–6,0	10,3 × 11,0	verschmort	Vorderseite mit Abdruck von genagelter Sohle, keine Originalkante erhalten
105	650	563 (vor V)	2a	D. 7,5	14 × 10,2	Vorderseite	Rest von Wischmarke
106	544	550 (V)	3	D. 4,9–5,5	10,3 × 8,2	Vorderseite	

Tabelle 37: Sonderformat Gewölbeziegel. * Fund ist abgebildet (Abb. 149).

Nr.	Fb.-Nr.	Bef.-Nr./ Fundstelle (Bereich Baracke)	Phase	Originale Maße in cm	noch erhaltenes Fragmentgröße in cm	sekundär verbrannt	Besonderheiten
*107	2139	1300 Brunnen	4	D. ca. 5,5 cm	14,7 × 14,2	–	wellenförmige Haftrillen

IV.12.3 Trittsiegel auf Ziegeln

VON THOMAS BECKER

Abb. 154

Bei der Beschäftigung mit römischen Ziegeln finden sich immer wieder Spuren, die Tiere und Menschen beim Laufen über ungebrannte Rohziegel hinterlassen haben. Diese Spuren werden schon früh in archäologischen Publikationen erwähnt.[923] Eine systematische Beschäftigung mit dieser „Fundgruppe" geschah bisher nur in Fundvorlagen zu einzelnen Plätzen und Regionen,[924] übergreifende Gesamtuntersuchun-

---

[923] Spitzlberger 1968, 87 bespricht ausführlich die frühe Erforschung dieser Spuren.

[924] Spitzlberger 1968. – L. Cram/M. Fulford, Silchester tile making – The faunal environment. In: A. McWhirr (Hrsg.), Roman brick and tile. BAR Int. Ser. 68 (Oxford 1979) 201–209. – G. Müller, Ausgrabungen in Dormagen 1963–1977. Rheinische Ausgrabungen 20 (Bonn 1979) 13. – F. Michel, Die Tierspuren auf gebrannten Tonplatten. In: H.-M. von Kaenel/M. Pfanner
Fortsetzung siehe Seite 338

Abb. 154: Ziegel mit Trittsiegeln. M. 1:2.

gen stehen dagegen bisher noch aus.⁹²⁵ Die Schwierigkeit liegt wohl vor allem in der Position des Materials in einem Grenzbereich, bei dem zur Auswertung sowohl archäologische wie auch archäozoologische Methoden herangezogen werden müssen.

Die großflächigen Ausgrabungen im römischen Kastell von Heidenheim in den Jahren 2000 bis 2003 haben – wie für römische Fundstellen zu erwarten – ebenfalls Ziegelfunde mit Trittsiegeln erbracht (Abb. 154). Insgesamt konnten auf fünf Exemplaren solche Spuren nachgewiesen werden – zusammen mit einem bisher publizierten Stück aus Heidenheim liegen damit sechs Funde vor.⁹²⁶ Diese geringe Anzahl ist nicht leicht zu bewerten. Die Gesamtzahl von über 300 Ziegelbruchstücken, die während der Grabungen 2001–2003 gefunden und auf Marken hin überprüft wurden, stellt wegen der Überlieferungsbedingungen (systematische Mitnahme intakter Ziegel beim Rückbau des Kastells) eine zufällige, kaum statistisch relevante Grundmenge dar, anhand derer der Anteil der von Ziegeln mit Trittsiegeln ermittelt werden könnte.

Für das römische Silchester/Großbritannien wird ein Anteil von 2% an der Gesamtmenge der Ziegelfragmente angegeben,⁹²⁷ jedoch bleibt die Aussagekraft dieser Information eingeschränkt, so lange die vollständige Bergung aller Ziegelfragmente und eine auf dieser Basis vorgenommene Bestimmung der ursprünglichen Ziegelzahl ausbleibt.

Die im Heidenheimer Material nachgewiesenen Trittsiegel finden sich auf *tegulae* und *lateres*. Dies sind auch die Ziegelformate, die an anderen Fundorten für Trittsiegel nachgewiesen sind.⁹²⁸ Um der gängigen Überlegung zum Entstehen der Spuren vorweg zu greifen, kommt ein Überqueren der Ziegel durch Tiere während des Trocknungsprozesses nur bei flachen Formaten in Frage. *Imbrices* und andere abweichende Formate liegen beim Trocknen nicht flach auf dem Boden und sind damit schlechter für die Tiere zum Überqueren geeignet.

Die Bestimmung der Tierarten erfolgt im Vergleich mit Trittsiegeln, bei denen die Tierart bekannt ist und die der entsprechenden Literatur entnommen werden.⁹²⁹ Neben der anatomischen Zuweisung muss auch eine metrische Aufnahme des Trittsiegels stehen, die sich an fest definierten Messstrecken definiert und neben der Bestimmung der Tierart auch Aussagen zur Wuchsform der jeweiligen Tierart ermöglicht.⁹³⁰ Neben diesen wird auch – soweit ermittelbar – die Eindringtiefe gemessen, um anhand dieser Angaben den Zeitpunkt der Entstehung zu diskutieren.

Die Heidenheimer Trittsiegel setzen sich aus einer Hunde-, einer Katzen-⁹³¹ und drei Paarhuferabdrücken zusammen. Die Bestimmung der Letztgenannten bleibt aufgrund der Unvollständigkeit der Trittsiegel unsicher, doch handelt es sich wahrscheinlich um ein Schaf, Reh und ein Schwein. Die nachgewiesenen Tierarten und ihre Anzahl passen recht gut zu den Belegen von anderen Fundorten (Tab. 33). Lediglich das Schwein konnte bei keinem der oben aufgeführten Fundorte belegt werden, scheint aber andernorts durchaus auf Ziegeln belegt zu sein.⁹³²

Der Zeitpunkt des Entstehens der Trittsiegel liegt innerhalb des Trocknungszeitraums der Ziegel. Nach dem Formen im Rahmen werden sie aus diesen herausgelöst und wahrscheinlich an gleicher Stelle liegend bis zur lederharten Trocknung belassen, wonach sie dann zum Brand in den Ofen gebracht werden. Die verschiedenen Eindringtiefen der Tritt-

---

Fortsetzung Fußnote 924:
(Hrsg.), Tschugg – Römischer Gutshof – Grabung 1977 (Bern 1980) 105–108. – F. Laubenheimer, Les empreintes. In: F. Laubenheimer, Sallèles d'Aude. Un complexe de potiers gallo-romain: le quartier artisanal. Documents d'Archéologie Francaise 26 (Paris 1990) 150–152. – Pfahl 1999, 68. – Ch. Fleer, Gestempelte Ziegel aus Asberg. Funde aus Asciburgium 13 (Duisburg 2003) 22. – D. Schmitz, Die gestempelten Ziegel des römischen Köln. Kölner Jahrbuch 37, 2004, 303–307.

925 Erste Ansätze, vor allem methodischer Art, gibt hier L. Cram (Footprints in the Sand of Time. In: C. Crigson/J. Clutton-Brock [Hrsg.], Animals and Archaeology 4: Husbandry in Europe. BAR Int. Series 227 [Oxford 1984] 229–235. – Dies., Empreintes sur des tuiles romaines. Histoire et Archéologie, Les Dossiers 90, 1985, 88–96.).

926 Cichy 1971, 66. Das Stück findet im Rahmen der wissenschaftlichen Bearbeitung der Vicusgrabung keine Beachtung, wobei nicht zu klären ist, ob dieses nicht geborgen oder bei der Auswertung nicht berücksichtigt wurde (Sölch 2001, 24–32). Auch die früheren Grabungen im Kastellareal scheinen keine derartigen Funde erbracht zu haben (Heiligmann 1990, 297–315).

927 Cram (Anm. 925) 229–235. In Dormagen stehen 16 Ziegel mit Trittsiegeln 97 geborgenen Ziegelfragmenten gegenüber (G. Müller [Anm. 924] 13–16), wobei nicht abschließend geklärt werden kann, ob sämtliche Fragmente geborgen wurden. Der Anteil läge hieraus folgernd bei 16,5% und damit wesentlich höher als bei den Ziegeln aus Silchester.

928 Spitzelberger 1968, 87. In Silchester fand sich lediglich ein Trittsiegel auf einem *imbrex*, die übrigen fanden sich auf *tegulae* und *lateres*.

929 Vgl. beispielsweise P. Bang, P. Dahlstrom, Animal Tracks and Signs (London 1974); M. J. Lawrence/R. W. Brown, Mammals of Britain, their Tracks, Trails and Signs (London 1974); M. Bouchner, Der Kosmos-Spurenführer (Stuttgart 1982). Zu berücksichtigen ist dabei, daß der Ziegel und damit die Größe des Trittsiegels durch Trocknung und Brennen um ca. 10% schrumpft (L. Cram [Anm. 925] 233).

930 Die hier verwendeten Messstrecken wurden von P. Bang und P. Dahlstrom (ebd. 19) definiert.

931 D. Schmitz gibt jüngst zu bedenken, dass bei fortgeschrittenem Trocknungsprozess Hundepfoten nur flach eingedrückt sein können, ohne dass sich Spuren der Krallen eingedrückt hätten. Eine Verwechselung mit Katzenspuren wäre dadurch gegeben: Schmitz (Anm. 924) 307 Anm. 717.

932 L. Cram (Anm. 925) 231 listet zumindest das Schwein in seinem Vorkommen nach Hund, Katze, Schaf, Ziege, Vögel (meist Haushuhn) und Rind noch vor dem Pferd auf.

siegel zeigen deutlich, dass ihre Entstehung in den Zeitraum des Trocknens fällt.

Die Position der Spuren auf den Ziegeln des Heidenheimer Materials wie auch anderer Fundorte zeigt deutlich eine Verteilung über die verschiedenen Bereiche der Ziegel mit deutlichem Schwerpunkt im mittleren Bereich. Diese mittlere Positionierung wurde gelegentlich in der Forschung mit einer intentionellen Aufbringung des Abdrucks als kultische Symbolik in Zusammenhang gebracht.[933] Dabei dachte man sowohl an einen bewussten Eindruck einer abgetrennten Tierpfote durch den Menschen wie auch an ein gezieltes Treiben einzelner Tiere über die ausliegenden Ziegel. Alle Heidenheimer Stücke lassen den eindeutigen Schluss zu, dass die Tiere über die trocknenden Ziegel gelaufen sind. Dies ist vor allem durch die tieferen Eindrücke im vorderen Teil der Trittsiegel belegt, die auf eine Bewegung hindeuten. Ein Treiben der Tiere kann im Einzelfall nicht ausgeschlossen werden, doch scheint dies bei dem Reh als Wildtier eher unwahrscheinlich. Außerdem finden sich – wo Anzeichen für die Geschwindigkeit der Tiere erhoben werden können – keine Hinweise auf eine erhöhtes Lauftempo, was beim Treiben zu erwarten wäre. Schließlich sprechen auch die unterschiedlichen Tierarten, die sowohl in Heidenheim wie auch an anderen Fundorten auf einzelnen Ziegeln nachzuweisen sind,[934] und verschiedene Laufrichtungen auf einem Ziegel[935] gegen diese angeführten Annahmen.

Eine Erklärung der verstärkt zentralen Positionierung der Trittsiegel kann in der Trocknungsposition der Ziegel gesucht werden. Geht man von einer noch in der neuzeitlichen Ziegelproduktion üblichen, Platz sparenden Auslegung der Ziegel in (möglicherweise mehreren) Reihen aus,[936] entsteht eine ebene Fläche mit schmalen Zwischenräumen, da die Ziegel sicherlich nicht auf Stoß ausgelegt wurden. Diese Zwischenräume dienten der Luftzirkulation zur Trocknung und der besseren Handhabbarkeit. Überquere ein Tier diese Auslagefläche, so hat es instinktiv auf die glatten Ziegelflächen für den besseren Halt getreten und nicht in die Zwischenräume, um ein Stürzen oder Straucheln zu vermeiden.

Die erhaltenen Tierspuren belegen in jedem Fall eine Lagerung der Ziegel auf dem Boden, da von den nachgewiesenen Tierarten (Tab. 33) bis auf Gemse, Katze, Luchs und Ziege sowie möglicherweise die Vogelarten alle anderen Tierarten nicht klettern können. Zudem würde sich bei einer stapelnden Trocknung auf Regalböden, die man für die zum Teil an Ziegeleien nachgewiesenen Trockenhallen[937] annehmen könnte, lediglich die Katze als kletterndes Tier in einem solchen Gebäude aufhalten.

Offensichtlich hatten die genannten Tierarten freien Zugang zu den Bereichen der Ziegelei, wo die Ziegel zum Trocknen ausgelegt waren. Hieraus erklären sich auch die Anteile der nachgewiesenen Tierarten, die deutlich von den gängigen Haustieranteilen abweicht, wie archäozoologische Untersuchungen zeigen.[938] Bei einem Vergleich fällt der hohe Anteil von Hunden-, Katzen- und Schaf- bzw. Ziegenspuren gegenüber einem geringen Nachweis von Rinder- und dem fast vollständigen Ausbleiben von Schweinespuren auf. Betrachtet man sich dazu die in römischer Zeit üblichen Haltungsgewohnheiten der genannten Tierarten,[939] so erklärt sich der beobachtete Unterschied.

Hunde und Katzen wurden oft außerhalb einer Einpferchung im Umfeld des Hauses oder der Siedlungsstelle gehalten. Außerdem ist von einer gewissen Zahl streunender Tiere dieser Arten im Siedlungsumfeld auszugehen. Schafe und Ziegen lassen sich relativ frei im Siedlungsumfeld halten, da sie bei entsprechendem Nahrungsangebot standorttreu bleiben und ihre Position durch umgehängte Glöckchen – wie bis zur heutigen Zeit üblich – gut ermittelbar ist. Bei Schweinen liegt eine deutlich andere Situation vor, da sie auf Nahrungssuche ständig wühlen und damit beträchtlichen Schaden anrichten können. Außerdem sind sie nicht standorttreu, sodass sich eine freie Haltung generell verbietet und eine gesicherte Haltung – sei es beispielsweise im Pferch oder in einem umzäunten Waldstück – notwendig ist. Auch Rinder und Pferde werden aus ähnlichen Gründen kaum außerhalb einer Umzäunung gehalten worden sein. Ihre Spuren auf Ziegeln könnten daher auch mit Tieren in Verbindung gebracht werden, die für Transportaufgaben im Ziegeleibetrieb eingesetzt waren. Die Existenz von Wildtierspuren deckt sich sehr gut mit der oft beobachteten Lage von Zie-

---

933 Zuletzt Fleer (Anm. 924) 22. Kritisch dazu Schmitz (Anm. 926) 303 Anm. 711.

934 Beispielsweise fanden sich in Silchester 16 Ziegel mit verschiedenen Tierarten (Cram/Fulford [Anm. 924] 208).

935 Als Beispiel sei hier nur die vollständige *tegula* aus Niederstotzingen, Flur Kleinfeld, genannt, auf der sich mindestens drei Fährten von Hunden in verschiedene Richtungen finden (vgl. Pfahl 1999 Taf. 82 Nr. 124.6).

936 Sehr schön wurde dieser Prozess von P. Fasold und I. Huld-Zetsche rekonstruiert (Römerzeit, Wirtschaft und Alltag. Bilder und Texte zur Dauerausstellung [Frankfurt 1990] 14). Zum Ablauf bei der Ziegelproduktion zuletzt Fleer (Anm. 926) 6–10.

937 Ein solcher Bau ist beispielsweise für die Militärziegelei von Dormagen belegt: Müller (Anm. 924) 10.

938 J. Peters, Römische Tierhaltung und Tierzucht. Passauer Universitätsschriften zur Archäologie Band 5 (Rahden 1998) 237–248.

939 Ebd. 33–35; 77–80; 112–114.

Tabelle 38: Nachweise der verschiedenen durch Trittsiegel nachgewiesenen Tierarten (angeführt sind die Ziegelindividuen). Die Referenzen zu den angegebenen Fundorten finden sich in Anm. 924.

	Rind	Schwein	Schaf/Ziege	Pferd	Hund	Katze	Sonstiges
Heidenheim		1			1 (+1)	1	1 Reh
Heidenheim (Umland)					7		
Rätien allgemein					16	1	4 Paarzeher; 1 Nager; 1 Rothirsch; 3 Rehe
Dormagen			1		7	5	1 Wildkatze; 1 Luchs/Gepard; 1 Reh
Tschugg (CH)	1		2		4		3 Gemsen
Sallèles d'Aude (F)			6		38	2	
Silchester (GB)	6		22	1	35	8	12 Hunde/Katzen; 7 Vögel

geleibetrieben am Randbereich von Siedlungen, impliziert aber auch, dass der Trocknungsbereich der Betriebe abseits lag oder zeitweise nicht begangen wurde. Ansonsten würden scheue Wildtierarten wie der Rothirsch oder das Reh solche Bereiche nicht aufsuchen bzw. queren.

Anhand des Materials von Silchester versuchen L. Cram und M. Fulford, die Ziegelproduktion als Nebenerwerb ländlicher Betriebe zu rekonstruieren.[940] Als Grundlage hierfür werden die Existenz und der relativ hohe Anteil von Nutztierabdrücken auf dem Ziegelmaterial der Stadt angeführt. Aus dieser Überlegung ließe sich folglich ableiten, dass Ziegel mit Nutztierabdrücken in zivilen Kontext entstanden sind. Dies wäre selbstverständlich vor allem für Ziegelmaterial aus militärischem Kontext interessant, da hier bisher von einer rein militärischen Versorgung mit Baumaterial ausgegangen wird. Nach dem Ansatz des englischen Materials müssten mindestens die Ziegel mit Schaf- und mit Schweinetrittsiegel in zivilem ländlichem Kontext produziert worden sein. Obwohl eine chemische Reihenuntersuchung der Heidenheimer Ziegel aussteht, zeigt die makroskopische Beurteilung der Magerungsbestandteile eine relative Einheitlichkeit vor allem im Bezug auf den Beischlag von Glimmer. Diese sind ebenfalls charakteristisch für die gestempelten Ziegel der *ala II Flavia*, wo die Analyse eine Entstehung im Umfeld des Garnisonsortes Günzburg anzeigt. Eine Produktion der hier vorgestellten Ziegel aus Ton der gleichen Lagerstätte liegt folglich nahe. Dabei bleibt die Zuweisung zur selben Ziegelei dagegen unsicher. Die Betrachtung gesicherter militärischer Komplexe – sei es Material aus Ziegeleien wie gestempelter Ziegel – zeigt, dass auch hier Nutztierarten Trittsiegel auf Ziegeln hinterlassen haben.[941] Ein auf zivile Ziegel aus ländlicher Produktion beschränktes Vorkommen dieser Tierarten scheint daher ausgeschlossen, wobei beim Vergleich mit den militärischen Plätzen zumindest ein erhöhter Anteil möglich erscheint. Das Spektrum der am Heidenheimer Material nachgewiesenen Trittsiegel passt sich gut in die an anderen Fundorten belegten Spektren und Tiergrößen ein. Der makroskopische Vergleich der Magerungsbestandteile der Ziegel legt einen gleichen Produktionsraum wie die gestempelten Heidenheimer Ziegel nahe. Anhand dieser Funde konnte gezeigt werden, dass sich die Verteilung der Tierarten bei militärischen und zivilen Plätzen grundsätzlich unterscheidet. Ein singuläres Vorkommen einzelner Arten bei der einen oder anderen Gruppe lässt sich jedoch nicht belegen.

Katalog

*1 Zwei Teiltrittsiegel eines Huftieres, wahrscheinlich eines Schafes. Trittsiegellänge 4,4 cm (geschätzt), Trittsiegelbreite 3,7 cm, Trittsiegeltiefe 0,8 cm. Das rechte Trittsiegel überlagert das linke. Vor allem das rechte Trittsiegel ist im vorderen Bereich stark eingedrückt, was auf einen wenig fortgeschrittenen Trocknungsprozess schließen lässt. Die Überlagerung der Trittsiegel legt als Gangart des Tieres den Schritt nahe.
Ziegelart: Wandverkleidungsziegel. Ziegelstärke: 3,2 cm oder mehr. Als Magerungsbestandteile sind ein starker Glimmeranteil, mäßig Sand und Schamottbröckchen sowie vereinzelt Kalkstein- und Eisenoxidbröckchen zu beobachten.
Fundumstände: Grubenkomplex vor der Nordmauer des Kastells. Phase 1–3. Fb.-Nr. 1139.

*2 Zwei vollständige Trittsiegel eines Huftieres, wahrscheinlich Reh. Trittsiegellänge 3,7 cm, Trittsiegelbreite 3,2 cm, Trittsiegeltiefe unbestimmt. Das weite Aufklaffen der Schalenspitzen entsteht aufgrund eines (noch) weichen Untergrundes.

---

940 Cram/Fulford (Anm. 924) 208.
941 Spitzelberger 1968, 177. Müller (Anm. 924) 14–16. N. Hanel, Vetera I. Die Funde aus den römischen Lagern auf dem Fürstenberg bei Xanten. Rheinische Ausgrabungen 35.1 (Köln, Bonn 1995) 278, Anm. 1774. Schmitz (Anm. 926) 307. In allen Vorlagen finden sich Ziegel mit Paarhuferabdrücken zum Teil mit Ziegelstempeln vergesellschaftet, zum größeren Teil aber wohl ohne.

Das rechte Trittsiegel überlagert leicht den linken, woraus sich ein Ablauf der Tritte ermitteln lässt. Aufgrund der unterschiedlichen Form an der Innenseite der Schalenspitzen kann ein Vorderlauf (links) und ein Hinterlauf (rechts) unterschieden werden. Da weitere Abdrücke auf diesem Ziegelfragment fehlen, ist nicht mehr zu entscheiden, ob sich das Tier im Schritt oder leichten Trab fortbewegte.
Ziegelart, Ziegelstärke und Magerungsart nicht mehr bestimmbar.
Fundumstände: Aus dem Grubenkomplex vor der Nordmauer des Kastells. Phase 1–3. Fb.-Nr. 1058 (nicht mehr vorhanden).

*3 Trittsiegel eines Huftieres, wahrscheinlich eines Schweins. Trittsiegellänge 4,1 cm (geschätzt), Trittsiegelbreite 3,5 cm, Trittsiegeltiefe 0,65 bis 1,35 cm. Die Bestimmung lässt sich nicht mit letzter Sicherheit durchführen, da der hintere Teil des Trittsiegels und damit der für Schweine charakteristische Abdruck der Afterklauen fehlt. Für die Bestimmung als Schwein sprechen aber die Größe des Abdrucks, die leichte Bogenform an der Innenseite der Schalen und der Abstand an der Schalenspitze. Es lässt sich aufgrund der Größe kein Rückschluss auf die Wild- oder die domestizierte Art schließen, doch handelt es sich wahrscheinlich um ein weibliches oder ein Jungtier. Die große Tiefe des Trittsiegels vor allem im Bereich der Schalenspitze deutet einen geringen Trocknungsgrad des Ziegels an.
Ziegelart: Leistenziegel (*tegula*). Ziegelstärke: 2,8 bis 3,0 cm. Als Magerungsbestandteile sind ein mäßiger Glimmeranteil, wenig Sand und Schamottbröckchen sowie vereinzelte Quarzbröckchen zu beobachten.
Fundumstände: Aus der Verfüllung der Jaucherinne Bef. 550 des Endcontuberniums von Baracke V. Phase 3. Fb.-Nr. 544.

*4 Zwei Teiltrittsiegel eines Carniden, wahrscheinlich eines Hundes. Trittsiegellänge nicht mehr ermittelbar, Trittsiegelbreite ca. 4,1 cm (geschätzt), Trittsiegeltiefe unbestimmt. Beide Trittsiegel sind fast deckungsgleich, der jüngere Eindruck lediglich etwas nach unten verschoben. Die gleiche Größe scheint für eine Fährte eines Tieres zu sprechen, wobei die Überdeckung der Trittsiegel von Vorder- und Hinterpfote beim Hund eigentlich untypisch ist und eher für den Wolf erwartet wird. Die Breite des Trittsiegels lässt allerdings einen Wolf eindeutig ausschließen. Eine abschließende Beurteilung muss allerdings aufgrund des Ausschnitts ausbleiben. Bemerkenswert ist die visuell hervorstechende flache Ausprägung des Trittsiegels, vor allem der Kralleneindrücke, was für einen fortgeschrittenen Trocknungsprozess des Ziegels spricht.
Ziegelart, Ziegelstärke und Magerungsart nicht mehr bestimmbar.
Fundumstände: Aus dem Abbruchschutt der Doppelbaracke IV/V (Pl. 0–1). Phase 3. Ohne Fb.-Nr. (nicht mehr vorhanden).

*5 Ein Trittsiegel eines Hundes und ein Teiltrittsiegel einer Katze. Abdruck 1 (rechts) Trittsiegellänge 6,2 cm, Trittsiegelbreite 5,6 cm, Trittsiegeltiefe 0,1 bis 0,5 cm. Abdruck 2 (links) Trittsiegellänge 3,5 cm, Trittsiegelbreite 4,3 cm (geschätzt), Trittsiegeltiefe 0,1 bis 0,2 cm. Der vollständige Abdruck 1 überlagert den anderen. Beide Abdrücke unterscheiden sich in Größe, Eindrucktiefe und Ausprägung (Abdruck 2 zeigt keine Krallenspuren) deutlich von einander, sodass es sich um zwei Tiere handeln muss. Die geringere Tiefe des Trittsiegels unterstreicht die Deutung als Katzenspur, da diese deutlich geringer ist als bei Abdruck 1. Aufgrund der relativen Abfolge der Abdrücke müsste der Ton mindestens gleich hart bzw. weicher gewesen sein, woraus auf ein deutlich leichteres Tier zu schließen ist.
Ziegelart: Leistenziegel (*tegula*). Ziegelstärke: 2,7 bis 3,2 cm. Als Magerungsbestandteile sind ein starker Glimmeranteil sowie wenig Sand und vereinzelt Quarz- und Schamottbröckchen zu beobachten.
Fundumstände: Aus dem Steinkranz des Brunnens (Bef. 1300) im Bereich des Kopfbaus von Baracke IV. Verbaut in Phase 4, evtl. als Schutt des Kastells. Fb.-Nr. 2139.

IV.12.4 Chemische Keramikanalysen

VON MARKUS HELFERT

Begleitend zur Aufnahme makroskopisch sichtbarer Keramikmerkmale wurden zur besseren Charakterisierung der im Heidenheimer Fundmaterial nachgewiesenen Waren sowie zur Herkunftsbestimmung von Terra-Sigillata-Gefäßen zusätzlich geochemische Analysen durchgeführt.[942] Da für eine umfangreiche Probenserie nicht die notwendigen Mittel zur Verfügung standen, begrenzte sich die Auswahl auf insgesamt 20 Proben. Diese umfassen unterschiedliche Fein-, Grob- und Baukeramik vom Ende des 1. bis zur Mitte des 2. Jh. n. Chr.
Die Analysen der ausgewählten Keramikproben wurden am Institut für Geowissenschaften, Facheinheit Mineralogie der Johann Wolfgang Goethe-Universität Frankfurt/Main durchgeführt.[943] Hierbei erfolgte die Bestimmung der Hauptelemente mittels einer Elektronenstrahlmikrosonde,[944] die der Spurenelemente über die LaserAblation-(MultiCollector-) InductivelyCoupledPlasma-MassSpectrometry (LA-(MC-) ICP-MS).[945] Ermittelt wurden bis zu 47 Elemente (zehn Haupt- und 37 Spurenelemente). Die Auswertung des Datenmaterials geschah durch Faktoren- und Diskriminanzanalysen.[946] Die

---

942 Vgl. Kap. IV.9.
943 Wir danken Herrn Prof. Dr. G. Brey und seinen Mitarbeitern für die Durchführung der Elementmessungen dieser Probenserie. Von den beprobten Gefäßen wurden rund 5 bis 8 g Scherbenmaterial entnommen. Nach dem Entfernen der Scherbenoberflächen durch Sandstrahlen mittels Korund gelangten ca. 2 bis 3 g der Probe zur Pulverisierung in eine Retsch Mikro-Schnellmühle mit Wolframcarbideinsatz. Die weitere Aufbereitung für Mikrosonde und LA-ICP-MS geschah nach dem Standard der Facheinheit Mineralogie der Johann Wolfgang Goethe-Universität Frankfurt/Main.
944 Elektronenstrahlmikrosonde Superprobe JXA-8900 der Firma Jeol.
945 Finnigan Neptune LA-(MC-) ICP-MS.
946 Vgl. Analyseergebnisse Tabelle 39. Über internationale Referenzproben ist die Vergleichbarkeit der vorliegenden Messungen und den mittels Röntgenfluoreszenz erstellten Analysedaten abgesichert. Die Angabe der Hauptelemente geschieht in Gewichtsprozenten ihrer Oxide (Gew. %), die der Spurenelemente *Fortsetzung siehe nächste Seite*

beprobte Terra Sigillata konnte darüber hinaus mit publizierten Referenzdaten verschiedener Produktionsorte in Frankreich und Deutschland verglichen werden (s. u.).

Eine zentrale Frage der Keramikuntersuchung war, ob aus den Befunden der Phase III des Kastells Heidenheim Terra-Sigillata-Gefäße des Produktonsorts Rheinzabern stammen.[947] Sollten sich Exemplare dieser Provenienz sicher im Bestand geschlossener Fundkomplexe nachweisen lassen, so würde dies den Beginn des Handels Rheinzaberner Sigillata in die Provinz Rätien mit einem Terminus ante quem fixieren, der sich aus der Dislokation der *ala II Flavia p. f. milliaria* nach Aalen ergibt.[948] Deshalb wurden vier Terra-Sigillata-Fragmente aus den stratigraphisch jüngsten Befunden der Phase III ausgewählt, die aufgrund der Scherbenbeschaffenheit bzw. anhand eines Stempels des Töpfers *Tribocus* auf eine Herstellung in Rheinzabern hindeuteten. Es handelt sich hierbei um folgende Funde:

1. Bodenstück Drag. 18/31 mit auffällig hellorangefarbenem Glanztonüberzug. Stempel Nr. 8 (Kap. IV.8): *DOM[ITIANVS F]* retrograd. Aus der Kanalverfüllung Bef. 1550-16.
2. Drag. 37; erhalten ist nur der glatte Rand, oberhalb des Reliefansatzes abgebrochen. Gefunden in der Verfüllung einer Jaucherinne in Baracke VI (Bef. 829). Fb.-Nr. 1513.
3. Bodenscherbe Drag. 18/31, Stempel fehlt. Gefunden in der Abbruchschicht der Doppelbaracke IV/V. Fb.-Nr. 505.
4. Randscherbe Drag. 37; erhalten ist nur der glatte Rand, oberhalb des Reliefansatzes abgebrochen. Gefunden in der Latrine Bef. 1553–4.
5. Omphalos-Fragment Drag. 31 mit Stempel Nr. 43 (Kap. IV.8): *TRIBO[CVS F]*. Gefunden in der Latrine Bef. 1553–5.

Für die Provenienzbestimmung der vier beprobten Exemplare wurden Analysedaten der bislang zu den verschiedenen Terra-Sigillata-Produktionsorten veröffentlichten Referenzgruppen herangezogen.[949] Unter der Voraussetzung, dass etwa durch die lange Bodenlagerung oder andere äußere Faktoren bis zur Messung der Proben keine Kontaminationen an der Keramik verursacht wurden, kann durch ein Vergleich mit den orts- bzw. regionalspezifischen geochemischen Elementmustern eine Zuweisung zu einem der nachgewiesenen Produktionsorte erfolgen. Die zur Bestimmung herangezogenen Daten stammen von Terra-Sigillata-Gefäßen sowie Gebrauchskeramik der Töpfereibetriebe in Blickweiler (n = 6), Chémery-Faulquemont (n = 6), Heiligenberg (n =

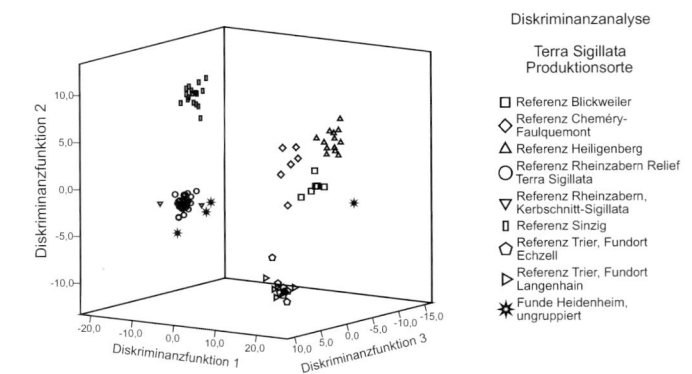

Abb. 155: Diskriminanzanalyse ausgewählter Terra-Sigillata-Referenzgruppen im Vergleich mit den Proben aus dem Kastell Heidenheim.

14), Rheinzabern (n = 50), Sinzig (n = 24) und Trier (n = 20).[950] Trotz der teilweise kleinen Referenzprobenanzahlen pro Herstellungsort erlauben sie aufgrund der Verschiedenartigkeit ihrer Elementkonzentrationen eine sichere Zuweisung der analysierten Keramik aus dem Kastell Heidenheim.[951]

Zunächst wurde mit Hilfe einer Diskriminanzanalyse, unter Verwendung von Haupt- und Spurenele-

---

Fortsetzung Fußnote 946:

in ppm (*parts per million*). Eisenoxid ist als Gesamteisen (Fe_2O_3) vorgelegt. Die Hauptelemente aller Proben (ebenso die zum Vergleich herangezogenen Analysen anderer Produktionsorte) wurden in ihrer Summe auf 100 % normiert und sind entsprechend in den Tabellen wiedergegeben. Die Normierung und Auswertung der Daten erfolgten mit Microsoft Excel 2003 und SPSS 12.0.

947 Vgl. Kap. IV.7–8; Heiligmann 1990, 183.
948 Vgl. Einleitung und Forschungsstand sowie Kap. IV.2 u. II.3.
949 Zur Methode der Herkunftsbestimmung mit Hilfe geochemischer Daten vgl. Schneider 1978; Schneider et al., Naturwissenschaftliche Kriterien und Verfahren zur Beschreibung von Keramik. Diskussionsergebnisse der Projektgruppe Archäometrie in der Fachgruppe Analytische Chemie der Gesellschaft Deutscher Chemiker. Acta Praehist. et Arch. 21, 1989, 28 f.; S. Biegert, Römische Töpfereien in der Wetterau. Schr. Frankfurter Mus. Vor. u. Frühgesch. 15 (Frankfurt 1999) 78 f.
950 Blickweiler, Chémery-Faulquemont und Heiligenberg: Schneider/Daszkiewicz (2004) 692 Tab. 5.; – Rheinzabern: Daszkiewicz/Schneider/Bobryk (2001) 65 (ohne Orangerot überzogene Ware u. Tonprobe); Schneider/Daszkiewicz (2004) 692 Tab. 5. – Sinzig: M. Daszkiewicz/B. Liesen/G. Schneider, Chemische und technische Analysen an Terra Sigillata aus Sinzig. In: B. Liesen/U. Brandl (Hrsg.), Römische Keramik. Herstellung und Handel. Koll. Xanten, 15.–17.6.2000. Xantener Ber. 13 (Mainz 2003) 32 Tab. 1,1–24. – Trier: G. Schneider, Chemische Analysen Trierer Sigillata aus den Depotfunden in Langenhain und Echzell. In: I. Huld-Zetsche, Trierer Reliefsigillata – Werkstatt II. Mat. Röm.-Germ. Keramik 12 (Bonn 1993) Tab. 9.
951 Für die Herkunftsbestimmung wurden die zehn Hauptelemente und elf Spurenelemente verwendet (SiO_2, TiO_2, Al_2O_3, Fe_2O_3, MnO, MgO, CaO, Na_2O, K_2O, P_2O_5, V, Cr, Ni, Zn, Rb, Sr, Y, Zr, Nb, Ba, Ce).

menten, auf multivariatem, statistischem Wege der mögliche Herstellungsort der vier Terra-Sigillata-Proben aus Heidenheim ermittelt (Abb. 155). Das Ergebnis weist ein Stück (Nr. 1) als Ware aus Heiligenberg aus und drei Stücke als Produkte aus Rheinzabern, nämlich Nr. 3–5 (Fb.-Nr. 505, Bef. 1553-4, 1553-5). Das Exemplar Nr. 2 (Fb.-Nr. 1513) ist nicht eindeutig zuzuordnen. Für diese Probe ist nach dem Analyseresultat eine Provenienz aus Blickweiler, Heiligenberg oder einem bislang nicht bekannten oder nicht geochemisch untersuchten Terra-Sigillata-Produktionsort in Betracht zu ziehen. Ein Vergleich zwischen den Elementkonzentrationen der Referenzgruppen und Probe Fb.-Nr. 1513 zeigt jedoch eine große Übereinstimmung zur Terra Sigillata aus Heiligenberg. So sind beispielsweise Kaliumoxidgehalte um bzw. über sechs Gewichtsprozenten charakteristisch für Produkte von diesem Ort (Abb. 156). Eine exakte Herkunftsbestimmung ist jedoch aufgrund der Überschneidungen mit der Referenzgruppe Blickweiler und dem nur eingeschränkt nutzbaren Elementspektrum nicht möglich.[952] Die Elementkonzentrationen der Proben Fb.-Nr. 505, Bef. 1553-4 und Bef. 1553-5 zeigen das spezifische geochemische Muster der Keramik, die in den Terra-Sigillata-Manufakturen von Rheinzabern hergestellt wurde. Kennzeichnend sind gegenüber anderen Terra-Sigillata-Produktionsorten die niedrigen Elementkonzentrationen von TiO_2, K_2O, MnO und MgO (Abb. 156–158). Die Gruppenzuweisung der drei Gefäße fällt somit auch in der Überprüfung der Analyseresultate durch bivariate Diagramme deutlich aus.

Mit diesem Ergebnis ist nunmehr sicher das Vorkommen von Terra Sigillata aus Rheinzabern für die letzte Nutzungsphase des Heidenheimer Kastells nachgewiesen. Hieraus ergibt sich der zuvor erwogene Terminus ante quem um das Jahr 160 n. Chr. für den Belieferungsbeginn Rheinzaberner Terra-Sigillata-Manufakturen in die Provinz Rätien. Die Belieferung mit früher Rheinzaberner Terra Sigillata könnte in Folge dessen noch in den letzten 50er Jahren des 2. Jh. n. Chr. eingesetzt haben. Als zusätzliches Ergebnis der geochemischen Untersuchung ist es jetzt möglich, den bislang nicht sicher lokalisierten Produktionsort des Töpfers *Tribocus* mit Rheinzabern nachzuweisen.[953]

An die Analysen ausgewählter Exemplare einfacher „Gebrauchskeramik" war das Ziel geknüpft, eine chemische Charakterisierung der Warengruppen 2–10 (Kap. IV.9) und eine erste Einschätzung zur Provenienz der beprobten Exemplare aus Phase 1 und 2a zu erhalten. Die Serie umfasst folgende Funde (nach Warenarten geordnet):

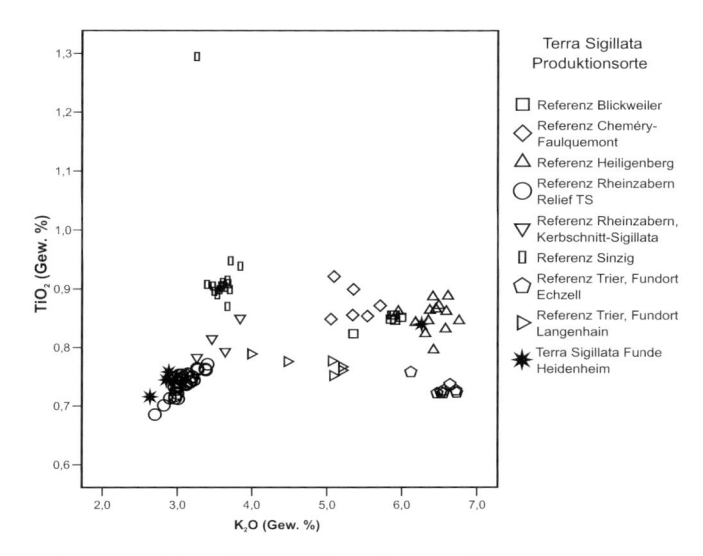

Abb. 156: Variationsdiagramm TiO_2 (in Gewichtsprozenten) und K_2O (in Gewichtsprozenten) ausgewählter Terra-Sigillata-Referenzgruppen im Vergleich mit den Proben aus dem Kastell Heidenheim.

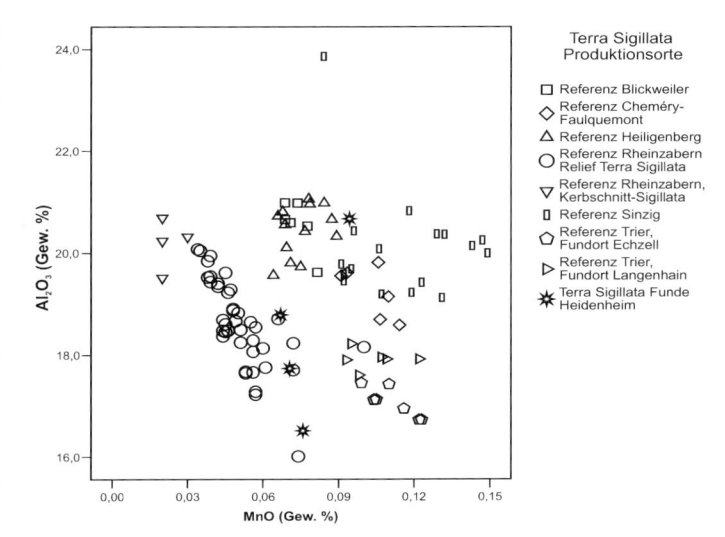

Abb. 157: Variationsdiagramm Al_2O_3 (in Gewichtsprozenten) und MnO (in Gewichtsprozenten) ausgewählter Terra-Sigillata-Referenzgruppen im Vergleich mit den Proben aus dem Kastell Heidenheim.

6. Nigraschüssel, Ware 2, Bef. 824-4 (Phase 1)
7. Engobierter Becher, Ware 3B, Bef. 1301-15 (Phase 2a)
8. Tonflasche mit roter Streifenbemalung, Ware 4, Bef. 580-9 (Phase 1)
9. „Rätische" Reibschüssel, Ware 4, Bef. 802-9 (Phase 2a)

---

952 Lediglich 12 von 37 Spurenelementen sind zum Vergleich heranzuziehen. Eine Erweiterung des Spurenelementspektrums für die jeweiligen Terra-Sigillata-Referenzgruppen sollte bei zukünftigen Messungen angestrebt werden.
953 Bef. 1553-5, vgl. Kap. IV.8.

Tabelle 39: Einzelanalysen der beprobten Terra Sigillata sowie Bau- und „Gebrauchskeramik" aus Heidenheim und Günzburg.

Probe	Kat.-Nr. 394-14	Kat.-Nr. 580-9	Kat.-Nr. 580-10	Kat.-Nr. 580-15	Kat.-Nr. 728-9	Kat.-Nr. 755-4	Kat.-Nr. 761-6	Kat.-Nr. 764-7	Kat.-Nr. 802-9	Kat.-Nr. 824-4
SiO_2	74,829	72,558	59,199	62,590	61,471	63,693	62,701	63,514	71,085	68,577
TiO_2	0,566	0,862	0,866	0,880	0,885	0,875	0,876	0,885	0,811	0,693
Al_2O_3	13,025	14,511	21,652	20,294	21,204	20,200	20,621	19,865	14,431	14,241
Fe_2O_3	5,047	5,026	9,105	7,814	7,743	7,939	8,184	7,964	5,778	4,058
MnO	1,515	1,328	2,630	2,681	2,372	2,289	2,504	2,114	1,522	2,790
MgO	1,408	1,745	1,610	1,686	1,862	0,884	0,921	1,569	2,974	6,607
CaO	0,090	0,101	0,157	0,128	0,088	0,101	0,135	0,092	0,068	0,037
Na_2O	0,828	0,732	0,432	0,402	0,281	0,369	0,274	0,254	0,732	0,590
K_2O	2,485	2,238	3,581	3,312	3,276	3,510	3,577	3,283	2,296	1,756
P_2O_5	0,207	0,900	0,769	0,213	0,818	0,140	0,207	0,459	0,302	0,650
Li	27,37	38,74	72,96	65,15	58,56	58,99	63,96	43,03	44,95	43,85
Be	2,40	2,87	3,91	4,40	4,23	4,11	3,53	3,79	2,50	2,70
B	51,69	57,93	47,81	27,06	57,26	44,67	49,63	38,95	55,62	43,33
Sc	13,76	16,74	19,54	20,31	18,84	18,13	17,56	16,10	16,10	15,49
V	68,31	85,03	143,56	92,48	140,07	113,30	123,77	105,84	91,25	95,77
Cr	77,96	85,45	103,99	27,40	95,76	60,96	72,63	58,68	84,72	82,76
Co	9,51	19,41	24,76	19,72	20,86	21,27	23,55	18,22	14,43	13,88
Ni	39,41	53,73	75,35	57,76	72,36	61,04	68,66	61,20	50,88	72,49
Cu	13,50	14,80	38,95	9,34	64,46	18,59	22,94	18,65	84,21	27,32
Zn	43,36	85,06	103,17	12,59	101,69	33,77	51,20	25,36	57,86	36,91
Ga	22,00	30,20	94,87	37,31	46,58	39,58	43,76	42,71	27,41	30,40
Rb	111,38	112,71	188,88	147,19	180,49	170,74	169,70	154,96	116,08	77,23
Sr	70,81	99,48	104,76	94,18	103,00	70,08	70,16	89,17	95,42	136,21
Y	27,72	32,42	40,41	45,86	35,72	31,08	36,41	31,55	34,05	28,57
Zr	115,44	270,01	132,20	176,05	140,55	150,55	137,61	135,57	249,68	189,62
Nb	11,05	18,35	18,99	19,12	19,19	19,15	18,91	18,73	17,71	15,81
Cs	6,10	6,84	14,68	9,33	11,83	12,62	12,76	9,04	7,86	5,94
Ba	276,29	427,89	683,85	611,98	656,81	533,18	534,82	649,70	386,39	469,70
La	37,14	41,17	683,85	51,96	43,42	39,29	42,50	39,18	39,90	34,45
Ce	59,44	82,77	82,07	90,29	86,92	95,74	88,71	76,31	77,63	64,77
Pr	7,14	9,17	9,73	11,37	9,44	8,80	9,73	8,54	8,55	7,51
Nd	27,05	34,56	37,75	44,08	35,17	31,94	36,48	31,41	32,17	28,07
Sm	5,34	6,95	7,66	9,04	7,03	6,53	7,36	6,28	6,30	5,56
Eu	1,07	1,34	1,67	1,88	1,54	1,39	1,62	1,34	1,26	1,15
Gd	5,29	6,39	7,22	9,00	6,93	6,43	7,07	6,03	6,08	5,35
Tb	0,74	0,91	1,11	1,29	1,00	0,90	1,04	0,90	0,89	0,78
Dy	4,28	5,47	6,78	7,55	6,00	5,35	6,16	5,20	5,31	4,73
Ho	0,83	1,03	1,33	1,50	1,16	1,02	1,21	1,01	1,07	0,91
Er	2,29	2,97	3,71	4,07	3,33	2,90	3,37	2,83	3,04	2,53
Tm	0,32	0,44	0,51	0,58	0,45	0,42	0,48	0,41	0,47	0,38
Yb	2,12	2,97	3,39	3,73	2,99	2,72	3,16	2,69	3,06	2,44
Lu	0,31	0,43	0,49	0,55	0,42	0,39	0,47	0,37	0,44	0,34
Hf	3,06	7,09	3,54	4,55	3,66	3,97	3,94	3,49	6,43	4,73
Ta	0,73	1,20	1,30	1,26	1,28	1,29	1,35	1,34	1,07	0,94
Pb	7,18	19,75	15,12	1,02	17,52	7,43	11,82	5,19	12,38	5,33
Th	9,05	11,76	15,14	13,91	13,66	12,78	13,90	11,60	11,09	9,65
U	1,10	2,27	1,91	0,65	2,04	1,43	2,00	1,23	1,99	1,85

10. Kochtopf mit Horizontalrand, Ware 5, Bef. 580-10 (Phase 1)
11. Krug, Ware 6, Bef. 764-7 (Phase 1)
12. Backteller, Ware 7, Bef. 580-15 (Phase 1)
13. Krug, Ware 8, Bef. 755-4 (Phase 1)
14. Topf, Ware 9A, Bef. 761-6 (Phase 1)
15. Kochtopf, Ware 9B, Bef. 394-14 (Phase 2a)
16. Kochtopf, Ware 10, Bef. 728-9 (Phase 1)

Ferner wurden zwei Ziegel aus Heidenheim und Günzburg mit dem Stempelabdruck *IIF* analysiert.[954] Da bislang keine geochemischen Referenzdaten zu Keramikprodukten aus Günzburg vorliegen, wurden

---

954 Vgl. Kap. IV.1.2. Es handelt sich um Bef. ZOH-48–29 (Heidenheim) sowie um das *tegula*-Bruchstück Inv.-Nr. GZ-1919 (Museum Günzburg).

Kat.-Nr. 1301-15	Kat.-Nr. 1553-4	Kat.-Nr. 1553-5	Fb.-Nr. 505	Fb.-Nr. 829	ZOH-48-29	GZ-1919	GZ-598	GZ-1907
69,646	58,915	58,609	58,885	55,421	63,813	67,903	59,566	65,480
0,896	0,745	0,758	0,716	0,840	0,849	0,832	1,049	0,926
16,698	18,788	17,738	16,515	20,672	19,607	17,949	19,763	17,262
6,211	5,923	5,589	5,306	7,190	7,569	6,585	6,410	5,540
1,863	2,634	2,855	2,679	3,082	2,461	2,031	3,601	3,276
1,136	9,130	10,225	12,227	5,694	1,464	1,090	5,675	3,860
0,084	0,067	0,071	0,076	0,094	0,100	0,076	0,114	0,077
0,625	0,738	0,982	0,811	0,357	0,263	0,435	0,382	0,515
2,644	2,853	2,886	2,636	6,264	3,782	2,963	3,069	2,887
0,197	0,208	0,286	0,149	0,385	0,093	0,136	0,371	0,177
59,85	79,57	70,47	66,40	77,58	60,78	56,42	56,60	48,73
3,49	3,78	3,16	3,32	4,91	4,11	3,07	3,55	3,03
51,91	97,50	78,80	69,65	44,88	40,49	14,25	15,24	11,22
16,51	15,06	13,27	13,42	12,92	20,91	21,09	21,91	20,99
100,16	122,89	111,44	101,75	96,11	98,77	88,52	109,01	78,11
88,69	139,86	99,75	99,08	36,62	58,82	69,51	71,15	66,73
16,65	13,10	14,94	16,13	16,65	19,45	12,50	18,91	14,69
53,99	78,27	59,66	61,70	55,55	59,48	61,24	62,65	46,08
25,77	34,80	21,82	24,43	19,47	43,55	9,28	17,01	20,63
64,39	152,76	125,99	98,97	42,67	31,81	48,70	56,92	69,90
29,97	60,30	51,08	55,31	77,65	37,49	-	-	-
123,25	166,15	148,94	148,80	231,85	169,46	115,09	107,35	95,49
74,22	252,62	267,51	316,73	213,74	80,16	77,42	146,14	113,53
33,55	26,38	22,19	27,96	20,30	37,94	35,56	34,59	33,32
222,80	93,32	161,68	154,06	95,48	172,23	215,58	230,00	223,90
19,28	18,68	15,44	16,96	17,17	18,96	16,16	19,36	17,16
8,85	14,49	11,62	11,36	39,79	10,95	8,24	6,56	5,94
405,88	475,23	417,98	459,45	634,67	545,91	495,80	643,02	492,70
39,36	475,23	417,98	459,45	634,67	45,20	42,74	50,73	46,13
81,96	70,18	58,44	92,12	76,03	83,71	73,52	89,44	79,91
8,71	8,07	6,53	10,41	8,11	9,85	9,64	11,31	9,99
31,87	30,03	24,03	39,36	29,96	37,64	38,45	44,75	40,01
6,28	5,77	4,67	7,42	5,63	7,71	8,05	8,87	8,05
1,31	1,27	1,04	1,36	1,18	1,59	1,56	1,80	1,56
6,20	4,82	3,90	5,60	4,39	7,43	7,24	7,74	7,20
0,89	0,70	0,59	0,80	0,63	1,09	1,05	1,11	1,04
5,36	4,18	3,55	4,54	3,60	6,20	6,74	6,99	6,61
1,08	0,81	0,69	0,89	0,68	1,21	1,29	1,32	1,26
3,11	2,29	1,99	2,49	1,95	3,39	3,65	3,69	3,53
0,46	0,33	0,29	0,36	0,28	0,50	0,53	0,53	0,52
2,90	2,29	2,07	2,55	1,93	3,18	3,69	3,71	3,53
0,44	0,32	0,29	0,35	0,27	0,45	0,53	0,53	0,51
5,92	2,38	4,37	4,00	2,51	4,51	6,07	6,36	6,19
1,23	1,09	0,91	1,10	1,02	1,32	1,48	1,56	1,50
14,30	23,01	14,54	13,75	2,96	6,70	9,58	5,54	4,69
11,69	11,28	9,46	11,91	10,35	13,93	14,93	15,62	15,27
1,97	2,74	2,81	2,47	1,40	1,39	1,64	1,39	1,00

zusätzlich zwei mit *Iulius Carantus* gestempelte Reibschüsseln beprobt. Für diesen Töpfer kann indirekt über das lokale Absatzgebiet ein Produktionsnachweis in *Gontia* geführt werden. Aus diesem Grund sind seine Keramiken für die Herkunftsdiskussion zurzeit am besten geeignet.[955]
Grundlage für die Auswertung der „Gebrauchs-" und Baukeramik ist eine Hauptkomponentenanalyse, die alle 47 Haupt- und Spurenelemente umfasst (Abb. 159). Hierdurch können zum einen Linearkombinationen zwischen den einzelnen Elementen aufgezeigt und zum anderen geprüft werden, ob sich

---
[955] Czysz 2002, 108f. Es handelt sich um folgende Funde: Inv.-Nr. GZ-1907 und GZ-598 (Museum Günzburg).

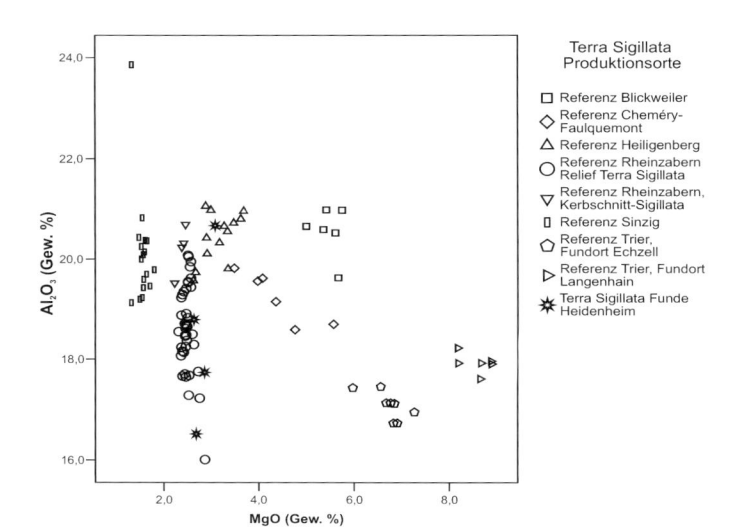

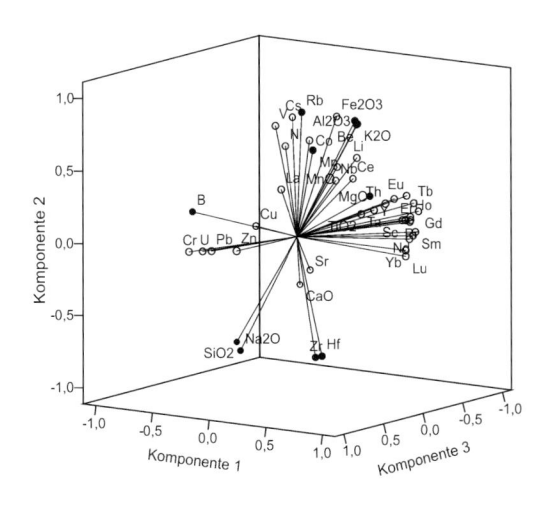

Abb. 158: Variationsdiagramm Al₂O₃ (in Gewichtsprozenten) und MgO (in Gewichtsprozenten) ausgewählter Terra-Sigillata-Referenzgruppen im Vergleich mit den Proben aus dem Kastell Heidenheim.

Abb. 159: Hauptkomponentendiagramm im rotierten Raum mit Darstellung aller chemischen Elemente der aus Heidenheim und Günzburg beprobten Bau- und „Gebrauchskeramik".

die Proben untereinander geochemisch gleichen. Das Variationsdiagramm der ersten drei Hauptkomponenten zeigt, dass verschiedene Proben eine sehr ähnliche chemische Zusammensetzung aufweisen und dass sich Gruppen abzeichnen (Abb. 160). Eine Überprüfung der Gruppenbildungen anhand der Elementkonzentrationen in Variationsdiagrammen zeigte, dass nur mit den Spurenelementen der „seltenen Erden" diese feine Differenzierung möglich ist. Am deutlichsten sind die Proben mit den Elementen Bor, Rubidium und Hafnium unterscheidbar (Abb. 161).

Zunächst könnte abgesehen von den separat auftretenden Proben Nr. 15 (Bef. 394-14), Nr. 12 (Bef. 580-15) und Nr. 6 (Bef. 824-4) die „Gruppierung" des Firnisbechers Nr. 7 (Bef. 1301-15), der mit Streifen bemalten Flasche Nr. 8 (Bef. 580-9) und der „rätischen Reibschüssel" Nr. 9 (Bef. 802-9) auf eine gemeinsame Provenienz schließen lassen. Der aufgrund sehr ähnlich hergestellter Waren in die Herkunftsüberlegungen einzubeziehende Produktionsraum Schwabegg/Schwabmünchen (Ldkr. Augsburg) scheidet jedoch für die drei Exemplare, sowie für alle anderen analysierten Scherben der Serie aus, da aus geochemischer Sicht deutliche Unterschiede bei den Elementkonzentrationen bestehen.[956] Aus Mangel an Referenzgruppen von Töpferwerkstätten der Provinz Rätien ist für die sechs zuvor genannten Proben eine detailliertere Diskussion um die Provenienzfrage zurzeit nicht möglich.

Die Scherben GZ-598, GZ-1907 und GZ-1919 sind aufgrund ihrer spezifischen Elementkonzentrationen eindeutig von den übrigen Proben trennbar. Es handelt sich bei den Exemplaren um die beiden gestempelten Reibschüsseln aus Günzburg und die ebenfalls dort gefundene *tegula* mit dem Stempel der *ala II Flavia p. f. milliaria*. Trotz fehlender bzw. nicht abgesicherter Referenzgruppen und zu geringer Vergleichsprobenzahl ist es aufgrund der vorliegenden klaren Gruppenbildung wahrscheinlich, dass alle drei Stücke aus Tonen/Lehmen des Raums Günzburg gefertigt wurden. Falls sich dieser Befund auch zukünftig durch umfangreichere Analyseserien bestätigen sollte, bestünde ein wichtiges Argument, nicht nur von einer Ziegelei der *ala II Flavia p. f. milliaria* bei Günzburg, sondern auch von deren Stationierung im dortigen Kastell auszugehen.

Eine andere geochemische Signatur weist hingegen der im Kastell Heidenheim gefundene, stempelgleiche Ziegel der *ala II Flavia p. f. milliaria* auf (Bef. ZOH-48–29). Dieser ist Bestandteil einer Gruppe, bestehend aus fünf Proben (Bef. 580-10, 728-9, 755–4, 761–6 u. 764-7), die „Küchenkeramik" aus der Phase 1 mit Töpfen, einer Schüssel und Krügen enthält. Es ist hier ebenfalls die Wahrscheinlichkeit gegeben, dass ein gemeinsamer Produktionsort vorliegt, nämlich derjenige, von dem die Kavallerieeinheit während ihrer Anwesenheit in Heidenheim nicht nur ihre Ziegel, sondern auch ihre „Gebrauchskeramik" bezog. Die Frage, welcher Ort oder Kleinraum dies war, muss vorerst unbeantwortet bleiben. Das für die Donau- und die Voralpenzone charakteristische Vorkom-

---

956 Maggetti 1993. So sind für die Schwabegger Sigillaten bspw. Rubidium-Konzentrationen über 160 ppm und Zirkonium-Konzentrationen unter 220 ppm charakteristisch.

Abb. 160: Ergebnis der Hauptkomponentenanalyse. Darstellung der aus Heidenheim und Günzburg beprobten Bau- und „Gebrauchskeramik" im Raum der ersten drei Faktoren.

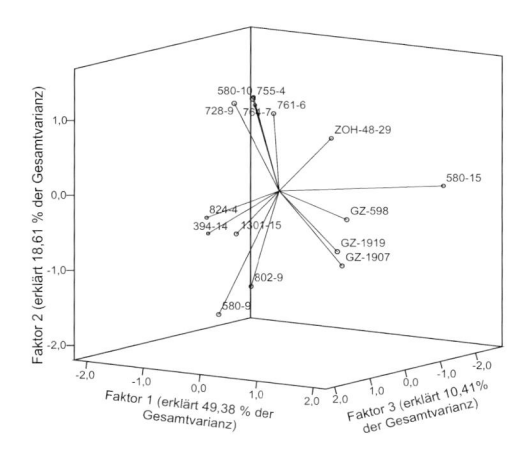

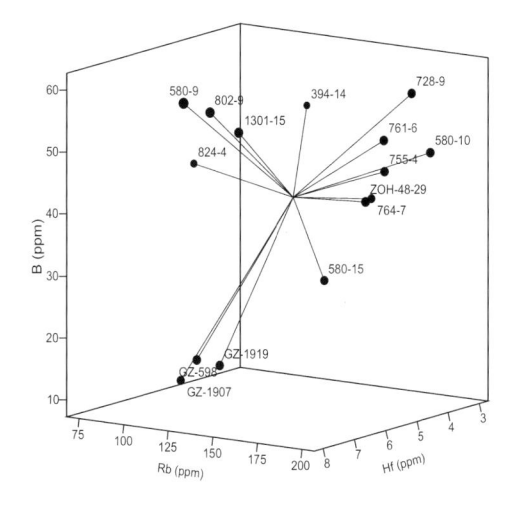

Abb. 161: Variationsdiagramm Bor (B), Rubidium (Rb) und Hafnium (Hf) der aus Heidenheim und Günzburg beprobten Bau- und „Gebrauchskeramik". Gemessen in ppm.

men von Biotitglimmer, der sich sowohl im Ziegel als auch in den beprobten Waren 5 bis 10 findet, spricht nicht für eine Herstellung im Raum Heidenheim.[957] Aufgrund ihrer günstigen verkehrsgeographischen Lagen zum Alenkastell Heidenheim sind der Töpfervicus beim Aschberg (Aislingen) und Faimingen in engeren Betracht zu ziehen.[958] Referenzgruppen der römischen Keramik liegen jedoch von beiden Orten bislang nicht vor. Eine exakte Bestimmung bleibt somit zukünftigen geochemischen Untersuchungen vorbehalten.

Wie das Beispiel der Untersuchung von 17 Proben aus Heidenheim und drei Proben aus Günzburg zeigt, können auch mit Hilfe kleinerer geochemischer Analyseserien im Bereich der verschiedenen Keramikgattungen und -waren nicht nur tonspezifische, sondern auch historische Erkenntnisse erzielt werden. Gleichwohl ließen sich noch nicht alle Provenienzfragen, insbesondere zur „Gebrauchskeramik" aufklären. Dies wird künftig möglich sein, wenn in Süddeutschland für die entsprechenden römischen Töpfereien einmal Referenzgruppen erarbeitet worden sein werden.

Literaturabkürzungen

Daszkiewicz/Schneider/Bobryk 2001: M. Daszkiewicz/G. Schneider/E. Bobryk, Technologische Untersuchungen zur Keramik von Rheinzabern. In: M. Frey/N. Hanel (Hrsg.), Archäologie – Naturwissenschaften – Umwelt. Beitr. Arbeitsgemeinschaft „Römische Archäologie" 3. Dt. Archäologenkongr. Heidelberg 1999. BAR Int. Ser. 929 (Oxford 2001) 59–71.

Maggetti 1993: M. Maggetti/G. Galetti, Naturwissenschaftliche Untersuchungen an der Terra Sigillata von Schwabegg. Forschungen zur Geschichte der Keramik in Schwaben, Arbeitshefte des Bayerischen Landesamtes für Denkmalpflege 58, 1993, 101–118.

Schneider 1978: G. Schneider, Anwendung quantitativer Materialanalysen auf Herkunftsbestimmungen antiker Keramik. Berliner Beitr. Archäometrie 3, 1978, 63–122.

Schneider/Daszkiewicz 2004: G. Schneider/M. Daszkiewicz, Untersuchungen von Keramikproben aus Walheim. In: K. Kortüm/J. Lauber, Walheim I. Das Kastell II und die nachfolgende Besiedlung. Forsch. u. Ber. Vor- u. Frühgesch. Baden-Württemberg 95 Bd. 1 (Stuttgart 2004) 671–695.

---

957 Vgl. Kap. IV.1.2.
958 Czysz 2004, 168 ff. bes. Abb. 1.

V Katalog der Befunde

Vorbemerkungen zum Katalog

Der numerisch nach Befundnummern geordnete Katalog umfasst die Befunde und die in ihnen gefundenen Objekte der Phasen 1, 2a, 2b, 3 und 4 vollständig. Bei den Baubefunden der Barackenhauptphase (Phase 2) wird wegen ihres seriellen Charakters auf eine Einzelbeschreibung hingegen verzichtet. Diese Befunde werden zusammenfassend in Kapitel II.2 (Phase 2) behandelt. Das gilt ferner für die Jaucherinnen, von denen hier nur eine Auswahl der markantesten und fundreichsten Vertreter vorgestellt wird. Die große Mehrheit der Jaucherinnen scheint bis zum Ende des Kastells, d. h. während der gesamten Dauer der Phasen 2 und 3 in Benutzung geblieben zu sein, da sie in der Regel einheitlich mit dem Fachwerkschutt der Baracken eingeebnet wurden. Präziser formuliert: Die Inbetriebnahme ist gleichzeitig mit der Vollendung der Baracken (Anfang Phase 2) zu erwarten, das Fundmaterial aus den Jaucherinnen kam – mit zu vernachlässigenden Ausnahmen – hingegen erst beim Abbruch des Kastells in den Boden (Phase 3). Nur vereinzelt hat man die ursprünglichen Sickergräbchen durch zusätzliche Jaucherinnen oder -gruben ergänzt oder ersetzt; wenige wurden vorzeitig aufgegeben (vgl. Phase 2b bzw. 3).

Im Fundmaterial der Phase 3 steigt naturgemäß der Anteil älterer, umgelagerter und mehr oder weniger verwitterter bzw. abgerollter Gefäßbruchstücke. Um eine bessere Unterscheidbarkeit zwischen solchen Altfunden und jüngeren, datierungsrelevanten Stücken zu fördern, wurde versucht, den Erhaltungszustand der Keramikfunde kurz zu beschreiben.

Folgende Abkürzungen werden im Katalog verwendet:

*   mit Abbildung im Tafelteil
anpass.   anpassend
Bef.-Nr.   Befund-Nr.
Bdm.   Bodendurchmesser
BS   Bodenscherbe
Fb.-Nr.   Fundbuch-Nr.
HK   Holzkohle
Randdm.   Randdurchmesser. Wenn nicht anders beschrieben, wurde am Außenrand gemessen.
RS   Randscherbe
WS   Wandscherbe
Kl.   Klein. Definition: Die Fragmentgröße liegt allseits unter 5 cm Kantenlänge.

Gefäßreste aus den Befundkatalogen werden nach dem Schema Bef.-Nr. – Objekt-Nr. zitiert, z. B. Nr. 883-7. Ansonsten wird die Katalog-Nr. des jeweiligen Materialkapitels verwendet.

Der Tafelteil ist – abweichend vom Katalog – zuerst nach Phasen, dann innerhalb der Phasen nach Befundnummern numerisch aufgebaut. Dadurch soll ein leichterer Überblick über alle relevanten Funde einer Phase ermöglicht werden.

Unterbrechungen der horizontalen Profillinien bedeuten, dass es keine Anpassungen zwischen den überlieferten Fragmenten gibt und die Größe der zwischen ihnen bestehenden Lücke nur annähernd ermittelt werden konnte. Tongrundige Waren sind mit Punkten schattiert, Waren mit Überzügen sind nicht schattiert.

Die Maßstäbe für Metall, Bein und Reliefsigillata sind entweder 1:1 oder 1:2 sowie für Keramik und Glas 1:3, sofern nichts anderes angegeben ist.

Befund 4/484

Befund Phase 2, Verfüllung und Fund Phase 3; Anlage 6. – Jaucherinne in Baracke IV, Fl. 108A. Sie gehört zu den flachsten Befunden ihrer Art mit horizontaler Sohle 8 cm unter Pl. 1, d. h. ca. 20 cm unter römischer Oberfläche. Lediglich das Nordende der Rinne weist eine muldenförmige Vertiefung bis 24 cm unter Pl. 1 auf. Im Süden steigt das Niveau des Befundes an. Die Verfüllung besteht aus hellbraunem u. graubraunem Lehm mit wenigen HK- u. Mörtelstückchen. Unterhalb des Befundes gibt es rostrote Ausfällungen im gewachsenen Kies.

Interpretation: Die Mulde im Norden könnte durch regelmäßige Ausputzarbeiten entstanden sein. Die Verfüllung besteht aus finalem Fachwerkschutt.

Metall

*1 Pionieraxt *(dolabra)* mit hammerartigem Nackenstück, Höhe 11,0 cm. Ovales Schaftloch 3 cm × 2 cm mit seitlichen Stabilisierungsflügeln, im Schaftloch stecken erhaltene Stielreste. Vgl. Kap. IV.4 (Eisen) Nr. 38. – Aus der nördlichen Mulde (Bef. 4). Fb.-Nr. 1.

Befund 6

Phase 3; Anlage 10. – Kl. Grube im Verlauf des Außengräbchens von Baracke IV (Bef. 5) im Bereich des östlichen End-

contuberniums (Fl. 118C). Die flache Mulde von 8 bis 10 cm Tiefe unter Pl. 1 ist einheitlich mit Fachwerkschutt verfüllt.
Interpretation: Grube zwecks Bergung eines Pfostens im Langgräbchen Bef. 5, entstanden beim Abbruch des Kastells.
Stratigraphie: Schneidet Bef. 5.
Keine Funde.

Befund 13

Phase 1; Anlage 3. – Grube im Bereich der *via vicenaria* zwischen Baracke III und IV (Fl. 117D). Parabelförmiges Profil mit fast ebener Sohle ca. 1 m unter Pl. 2, d.h. ca. 1,15 m unter der röm. Oberfläche. Die Verfüllung besteht aus fünf Schichten u. dunkelbraunem Grubenrand:
A–C Unterschiedlich stark mit Lehm verschmutzte, teilw. schwer trennbare Kiesschichten; A jüngere Nachplanierung.
D Kies, partiell durch Eisenausfällungen (?) rostrot verfärbt, mittelbrauner Lehm.
E Dunkelbrauner Lehm, mit HK u. Brandlehm durchsetzt (insbes. im Grenzbereich zu D), randlich ein Kalkbruchstein.
Stratigraphie: Isolierter Befund.
Anpassungen/Scherben derselben Gefäße: Bef. 14?

Keramik

1 1 kl. RS, 5 WS vorgeschichtliche Keramik, verrollt. Schicht A. Fb.-Nr. 321.
*2 3 anpass. WS eines Topfes od. Flasche mit Rollrädchendekor, Terra Nigra. Ton hellgrau, außen dunkelgrau, mittel, schwarze Partikel, Biotitglimmer. Kein Glanztonüberzug. Fb.-Nr. 164.
3 Kl. WS eines Topfes. Ware 5, außen Hitzespuren. Evtl. zu Nr. 14-5 gehörig. Fb.-Nr. 331.
*4 Kl. RS (aus vier Scherben zusammengesetzt) eines Deckels, Randdm. 19 bis 20 cm. Ware 5. Fb.-Nr. 331.

Befund 14

Phase 1; Anlage 3. – Grube im Bereich der *via vicenaria* zwischen Baracke III und IV (Fl. 118C). In Längsrichtung wannenförmiges, in nordsüdlicher Richtung rechteckiges Profil mit annähernd ebener Sohle 0,64 m unter Pl. 2, d.h. ca. 80 cm unter der röm. Oberfläche. Die Verfüllung besteht aus sechs dünnen Schichten u. dunkelbraunem Grubenrand:
A–B Verschmutzter Kies, A Nachplanierung.
C Graubraune Lehmschicht, mit Kies durchsetzt.
D Hellbrauner Lehm, mit Kies durchsetzt.
E Partiell vorhandene dünne, schwarzbraune Schicht (ehem. organisches Material?).
F Dunkelbrauner Lehm, etwas Kies, HK, Konzentration mehrerer Plattenkalksteine.
Stratigraphie: Isolierter Befund.
Anpassungen/Scherben derselben Gefäße: Bef. 13? 42? 91? 92?

Münze

1 Denar des Traianus. Rom, 101/102 n. Chr. RIC 60, Cohen 242, BMC 121–124 u. Taf. 11,7. Kaum gebraucht, aber nicht ganz prägefrisch. Vgl. Kap. IV.2 Nr. 12. Beim Abziehen von Pl. 1 bei 489,11 ü. NN gefunden, Schicht A. Fb.-Nr. 2.

Metall

2 2 eiserne Schuh- oder Ziernägel. Beim Schneiden des Bef. Fb.-Nr. 161.
3 Bruchstücke eines Eisennagels. Fb.-Nr. 322.

Keramik

4 8 kl. vorgeschichtliche WS, verrollt. Fb.-Nr. 135, 156 u. 161.
*5 6 kl. RS, 5 WS eines dünnwandigen Topfes od. Bechers mit Karniesrand, Randdm. 12 cm. Ware 5/7, Oberfläche innen u. außen mit viel Biotitglimmer (mehr als im Tonkern). Außen Hitzespuren. Schicht F. Fb.-Nr. 161 u. 2 Scherben Fb.-Nr. 322. Evtl. zugehörig: Nr. 91-6.
6 Kl. WS eines unbest. Gefäßes (rätische Reibschüssel?), verrollt. Ware 4, Reste von rotbraunem Überzug erhalten. Auf Pl. 1. Fb.-Nr. 97.
*7 1 RS u. 17 WS eines (?) Kruges, Randdm. 6,8 cm. Ware 6. Evtl. zugehörig: 1 BS Nr. 42-3, 1 kl. WS Nr. 91-3 u. 1 WS aus 92-3. Schichten A u. F. Fb.-Nr. 275, 285 u. 322.
8 1 WS eines Kruges. Ware 6, im Gegensatz zu Nr. 7 Innenseite grau. Schicht F. Fb.-Nr. 322.
9 3 Brocken verziegelten Hüttenlehms mit Häckselabdrücken. Fb.-Nr. 97, 275 u. 285.

Befund 20

Phase 2a; Anlage 8. – Grube innerhalb der *porticus* von Baracke III (Fl. 118A/128C) mit fast kastenförmigem nordsüdlichem Profil und ebener Sohle ca. 90 cm unter der römischen Oberfläche. Neben dem dunkelbraunen Grubenrand (B) sind im Wesentlichen vier Einfüllschichten zu unterscheiden:
A Brauner Lehm mit Kies vermischt, darin kleine Verputz- und Brandlehmstückchen, HK und ein größerer Kalktuffbrocken.
B Dunkelbrauner Grubenrand (Interpretation: Rückstand einer organischen Randbefestigung).
C Ocker- bis rotbrauner Lehm mit Verputzstückchen und wenigen Kieseln.
D Wie C, jedoch mit Einlagerungen von Aschebändern und HK.
Dunkel- bis graubrauner Lehm, Kiesel, etwas HK und Brandlehm.
Stratigraphie: Schneidet am Rand das südliche Langgräbchen von Baracke III (Bef. 26) sowie einen vorgeschichtlichen Pfosten (Bef. 18).

Metall

1 1 unbest. Eisenobjekt. Beim Abbau des Bef. Fb.-Nr. 336.

Glas

2 Kl. Splitter türkisen Glases. Beim Abbau des Bef. Fb.-Nr. 336.

Keramik

3 WS eines Griesbechers. Ware 3. Beim Abbau des Bef. Fb.-Nr. 336.
4 Kl. Splitter von Grob- und Baukeramik. Fb.-Nr. 123 u. 336.

Befund 22

Phase 3; Anlage 10. – Kurzes Gräbchen im östlichen *porticus*-Bereich von Baracke III (Fl. 118A). Das 1,6 m lange, 0,55 m breite und 32 bis 35 cm unter Pl. 2 (d.h. ca. 40 cm unter römischer Oberfläche) tiefe Gräbchen liegt in der nordsüdlich gerichteten Flucht der Trennwandgräbchen Bef. 211 und 1167. Die Sohle des Befundes verläuft eben. Seine Verfüllung besteht hauptsächlich aus dunkelbraunen und etwas hellbraunem

Lehm mit Kieseln, darin etwas HK, Brandlehmstückchen und zwei Konzentrationen von Kalkbruchsteinen und Kieselgeröllen im Abstand von 0,6 m.
Interpretation: Gräbchen einer späten Umbauphase von Baracke III, als die östliche *porticus* mit in den Stallbereich einbezogen wurde. Die Steinkonzentrationen könnten ehemalige Pfostenstandspuren anzeigen. Dieser Verdacht erhärtet sich durch Flecken hellbraunen Lehms an denselben Stellen.
Stratigraphie: Isolierter Bef., jedoch in der Flucht von Bef. 211 und 1167. Bei der Anlage von Bef. 22 dürfte ein älterer *porticus*-Pfosten an dieser Stelle restlos zerstört worden sein.
Unbedeutende Funde (2 vorgeschichtliche und zwei röm. Keramikscherben).

Befund 23/67/98/128/131/256

Phase 2b; Anlage 8; Abb. 30. – Gräbchen vor der *porticus* von Baracke III, zu dieser parallel verlaufend (Fl. 116A–117B). Der Befund lässt sich über eine Distanz von rund 25 m vor dem östlichen Abschnitt der Baracke III verfolgen. Er kontrastierte im Pl. 1 stellenweise nur schwach, sodass die erkennbaren Abschnitte in verschiedene Befundnummern unterteilt wurden. Im Pl. 2 war das Gräbchen nur noch östlich des *porticus*-Pfostens Bef. 279 vorhanden. Die mit fast unmerklichem ostwestlichem Gefälle verlaufende Gräbchensohle reicht 10 bis 20 cm unter Pl. 1 hinab, das in diesem Bereich aufgrund günstiger Oberflächenerhaltung etwa identisch mit der römischen Oberfläche ist. Östlich des *porticus*-Pfostens Bef. 101 sowie westlich davon im Bereich der frühen Grube Bef. 252 fanden sich punktuelle Vertiefungen von 30 bis 50 cm unter Pl. 1. Diese und überhaupt der ganze Gräbchenverlauf waren heterogen verfüllt, v. a. mit verschmutztem Kies, aber auch mit hell- und dunkelbraunem Lehm.
Interpretation: Aufgrund der Stratigraphie kann dieser Befund einer Zwischenphase der Baracke III zugewiesen werden. Ob es gleichzeitig zu den *porticus*-Gruben in Funktion war, bleibt allerdings mangels Überschneidung ungewiss. Das leichte Gefälle, das Fehlen von Pfostenstandspuren sowie der Umstand, dass dieser Befund trotz gleichartiger Erhaltungschancen bei den anderen Baracken keine Parallele findet, sprechen gegen einen Baubefund (Schwellbalkengräbchen). Die beiden o. g. vertieften Stellen haben eher den Charakter von Sickergruben. Als nahe liegende Deutung bietet sich ein vorübergehend benutztes Traufgräbchen der *porticus* an. Der Tatsache, dass die *porticus*-Pfosten die Gräbchenverfüllung schneiden, verrät zweierlei: Erstens müssen diese einmal erneuert worden sein und zweitens kann das Gräbchen nur für eine relativ kurze Zeit in Betrieb gewesen sein. Möglicherweise wurde es anlässlich einer drohenden Überschwemmung aufgrund heftiger Regenfälle gezogen. Allerdings scheint ggf. nur der die *turma* in Baracke III kommandierende *decurio* diese Anordnung getroffen zu haben. Ein vergleichbares Traufgräbchen befindet sich sonst nur noch vor Baracke I (Bef. 1660).
Stratigraphie: Schneidet die bereits verfüllten Gruben Bef. 64, 100, 252, 253, 280 und 281 (Phase 1), wird von den *porticus*-Pfosten Bef. 101, 233 und 279 geschnitten.

Keramik

1 RS einer tongrundigen Reibschüssel, Randdm. innen ca. 22 cm. Ware 6, teilweise verrollte Bruchkanten. Graffito Nr. 79 (Kap. IV.1): [---]IIVII[---]. Auf Pl. 1. Fb.-Nr. 75.

Befund 24/200

Phase 3; Anlage 10. – Jaucherinne im östlichen Bereich der *porticus* von Baracke III (Fl. 118A) mit ebener Sohle 20 cm unter Pl. 2, d. h. ca. 10 cm unter der römischen Oberfläche. Unterhalb des Befundes in der Verfüllung der älteren Grube Bef. 201 sowie im gewachsenen Kies nördlich davon zeichnen sich rostrote Ausfällungen eingesickerter Jauche ab. Die Verfüllung setzt sich aus ockerfarbenem bis hellgrauem Lehm u. Verputzstückchen zusammen (Barackenschutt).
Interpretation: Späte Jaucherinne, entstanden im Zuge der Erweiterung des Kopfbaus von Baracke III.
Stratigraphie: Schneidet die ältere Grube Bef. 201 (Phase 2a) sowie am Rande auch die Pfostengrube Bef. 199 (Phase 3). Bef. 200 ist in seiner Umgebung folglich der jüngste Befund. Vgl. bezüglich seiner Position auch Bef. 1241 (Baracke II) und 1288 (Baracke III).
Anpassungen/Scherben derselben Gefäße: Bef. 85.

Glas

1 Henkelansatz eines aquamarinfarbenen Glasgefäßes, wohl einer Flasche Isings 50/90. Vgl. Kap. IV.6 (Glas) Nr. 50. Mindestens 5,1 cm breiter Bandhenkel mit dreiviertelrunden Seitenstäben (innen hohl) u. 5 schmalen Graten in Längsrichtung des Henkels auf dessen Oberseite. Der Henkel wurde nachträglich an den Gefäßkörper angesetzt. Pl. 2. Fb.-Nr. 268.

Befund ZOH-36

Phase 2b; Anlage 9. – Jaucherinne des Endcontuberniums von Baracke XXI in der *retentura*. Die durchschnittliche Tiefe von 12 bis 15 cm unter Pl. 1 wird nur an einer Stelle durch eine 30 cm tiefe Mulde unterlaufen. Ihr entspricht im Planum eine rechteckige Ausbuchtung an der Westseite, die von zwei Kalkbruchsteinen flankiert wird. Hier und weiter südlich wurden später zwei Pfosten eingegraben (Phase 3). Die üblichen Eisenhydroxidausfällungen unterhalb der Rinne konzentrieren sich auf deren Südabschnitt. Die tiefschwarze, lehmige Verfüllung wird von hellgrauen, lehmigen Schlieren durchzogen.
Interpretation: Die jüngeren Pfosten sowie die hier nicht erfolgte Einplanierung mit Fachwerkschutt sprechen für eine vorzeitige Aufgabe der Jaucherinne. Statt ihrer wurde offenbar eine Trennwand eingezogen. Wie in Baracke I scheint also auch hier später das Endcontubernium teilweise in den Endbau einbezogen worden zu sein oder war zumindest wie dieser einer Strukturveränderung unterworfen. Weitere Hydroxidausfällungen im gewachsenen Kiesboden westlich des Sondagenaufschlusses deuten an, dass man dort vielleicht eine jüngere Ersatzrinne postulieren darf.
Stratigraphie: Grenzt an Bef. ZOH-35.
Keine Funde.

Befund 41

Phase 1; Anlage 3; Abb. 24. – Grube im Bereich der *via vicenaria* zwischen Baracke III und IV (Fl. 117D). Quadratisches Profil mit senkrechten Wänden und leicht muldenförmiger Sohle 1,05 m unter Pl. 2, d. h. ca. 1,2 m unter der röm. Oberfläche. Die Verfüllung besteht aus fünf Schichten u. dunkelbraunem Grubenrand:
A Frühalamannische Pfostenstandspur.
B Graubrauner Lehm, Kies, HK, etwas Brandlehm.
C Mit Lehm verschmutzter Kies, Ziegel, Kalktuffstein.

D Verschmutzter Kies.
E Dunkelbrauner Lehm, HK, etwas Brandlehm.
Stratigraphie: Isolierter Befund.

Keramik

1 1 RS, 4 kl. WS vorgeschichtliche Keramik, verrollt. Fb.-Nr. 196 (Pl. 1–2) u. 472.
2 Kl. WS Drag. 18/31, südgallisch. Schicht C. Fb.-Nr. 452.
3 1 kl. RS, 1 kl. WS zweier verschiedener „rätischer" Reibschüsseln, beide verrollt. Ware 4. Pl. 1–2 (Schichten A–C). Fb.-Nr. 196.
4 BS u. kl. WS einer (?) tongrundigen Reibschüssel. Ware 5, Bruchkanten verrollt. Schichten C–D. Fb.-Nr. 452 u. 454.
*5 Hals- u. Schulterbruchstücke eines Zweihenkelkruges mit Rollrädchendekor am Schulteransatz, aus mehreren Scherben zusammengesetzt, Randdm. 9,5 cm. Ansatz von Stichverzierung auf der Schulter. Zu diesem Gefäß gehören zehn WS u. ein Fragm. eines vierstabigen Henkels. Ware 6. Abbau des Bef. unterhalb von Pl. 2. Fb.-Nr. 491.
*6 RS eines Zweihenkelkruges, Randdm. ca. 10 cm. Ware 6. Wahrscheinlich zugehörig, jedoch nicht anpassend ein vierstabiger Henkel, Ware 6. Beide Scherben sind durch Bodenlagerung teilw. schwarz verfärbt (Manganausfällungen). Schicht E. Fb.-Nr. 456.
*7 BS eines Kruges, Bdm. 6,5 bis 7 cm. Ware 8. Schicht E. Fb.-Nr. 456.
8 8 WS u. Fragment von zweistabigem Henkel eines Kochtopfes mit Trichterrand und schulterständigem Griff mit Griffdelle wie Sölch 2001, Taf. 96,7. Ware 7, außen stellenweise Hitzeschwärzung. Schicht D. Fb.-Nr. 454.
9 Griffleiste eines zylindrischen Kochtopfes. Ware 5, außen Hitzespuren. Beim Abbau des Bef. unterhalb von Pl. 2. Fb.-Nr. 470.
10 Kl. Bodenscherbe eines Topfes, Bdm. ca. 10 cm. Ware 9A. Beim Abbau des Bef. unterhalb von Pl. 2. Fb.-Nr. 472.

Befund 42

Phase 1; Anlage 3; Abb. 25. – Grube im Bereich der *via vicenaria* zwischen Baracke III und IV (Fl. 117D). Rechteckiges Längsprofil mit senkrechten Wänden und fast ebener Sohle 1,10 m unter Pl. 2, d. h. ca. 1,25 m unter der röm. Oberfläche. Die Verfüllung besteht aus drei Schichten u. dunkelbraunem Grubenrand:
A Bis zu 65 cm starke Einfüllung lehmverschmutzten Kieses, Einschlüsse: Ziegel, einzelne Kalkbruchsteine, Kalkmörtellinse.
B Kies, geschwärzt durch Manganausfällungen, Einschlüsse: etwas HK u. Brandlehm.
C Dunkelbrauner Lehm, Einschlüsse wie B.
Stratigraphie: Isolierter Befund.
Anpassungen/Scherben derselben Gefäße: Bef. 14? 299; 190/314?

Keramik

1 Kl. WS Drag. 33, ostgallisch. Schicht A. Fb.-Nr. 490.
*2 RS mit Kragen u. WS einer tongrundigen Reibschüssel, Randdm. innen 21 cm. Ware 5, außen sekundäre Manganausfällungen. Schicht B. Fb.-Nr. 438.
*3 BS eines Kruges, Bdm. 8,5 cm. Ware 6. Evtl. zu Nr. 14-7 gehörig. Schicht A. Fb.-Nr. 490.
4 Kl. Fragment eines dreistabigen Krughenkels. Ware 8. Schicht A (Nachplanie). Fb.-Nr. 490.

*5 RS eines flachen Tellers, Randdm. 17 bis 18 cm. Ware 7. Keine Hitzespuren. Schicht C. Fb.-Nr. 437.
6 2 kl. WS unbest. Gefäße. Ware 5–6. Fb.-Nr. 490.

Befund ZOH-48

Phase 3; Anlage 11; Abb. 42. – Großer Grubenkomplex von mindestens 5 m × 5 m im Bereich des Kopfbaus von Baracke XXII an der *via decumana*. Der Befund konnte nur unvollständig ausgegraben werden. Das unförmige Erscheinungsbild im Planum sowie die wannenförmige Kontur der Grube im Profil bei maximaler Tiefe bis 85 cm Tiefe unter Pl. 1 könnte für eine Materialentnahmegrube sprechen, die anschließend mit Siedlungsabfall in zwei heterogen zusammengesetzten Schichten verfüllt wurde. Die obere Schicht beinhaltet Fachwerkbau-Abbruchschutt (hellbrauner Lehm, weiß getünchter Verputzmörtel, Ziegel) ähnlich wie in den meisten Jaucherinnen. Der Befund schneidet alle in diesem Bereich entdeckten kastellzeitlichen Baubefunde, sodass eine Datierung in die Zeit während oder nach der Auflassung des Kastells nahe liegt. Die datierenden Funde, es handelt sich ausschließlich um Keramikmaterial, weisen in das mittlere 2. Jahrhundert. Daher kann nicht ausgeschlossen werden, dass der Befund noch aus der allerletzten Kastellzeit stammt, vorausgesetzt, dass zu diesem Zeitpunkt der Barackenkopfbau bereits mindestens teilweise abgebrochen war. Bezüglich seiner Lage, Gestalt, Größe, Verfüllung und chronologischer Einordnung gut vergleichbar ist der Grubenkomplex Bef. 1163/1164 im Bereich des Kopfbaus von Baracke II. Die Datierung in die späteste Kastellzeit wird dadurch unterstützt, dass sich die Zusammensetzung des Fundmaterials von anderen spätkastellzeitlichen Befundvergesellschaftungen der Phase 3 nicht unterscheidet. Die stratigraphische Lage widerspricht dieser Einschätzung nicht.
Interpretation: Materialentnahmegrube für Kies, die im Zuge des Abbruchs der Doppelbaracke XXI/XXII angelegt wurde. Hierbei dürfte nicht der Platz eines ehemaligen Kopfbaus entscheidend gewesen sein, sondern die Nähe zur *via decumana*, die einen leichten Abtransport des gewonnenen Aushubs ermöglichte. Die entstandene Grube wurde mit Abfall und Fachwerkschutt der Baracke aufgefüllt.
Stratigraphie: Schneidet das Barackengräbchen ZOH-Bef. 100. Der Grubenkomplex wird von zwei kleinen, aus Kalksteinen und Ziegelbruchstücken gesetzten Backöfen überlagert, die zum nachkastellzeitlichen Vicus gehören (ZOH-Bef. 47 u. 103).

Metall

*1 Fragment einer Schneidenschutz-Schiene für eine Lanzenspitze, verbogen. Länge noch 4,6 cm, Gewicht noch 1,6 g. Vgl. Kap. IV.3 (Bronze) Nr. 33. – Aus der obersten Schicht. Fb.-Nr. 1601.
*2 Unbeschriftete Bleietikette, Ende mit Loch abgebrochen, auf der Oberfläche Hämmerspuren u. Meißeldellen. Graffito Nr. 130 (Kap. IV.1). Länge noch 3,0 cm, Höhe 2,0 cm. Pl. 1–2. Fb.-Nr. 1577.
*3 Eiserne Messerklinge, Teil der Griffangel abgebrochen. Länge noch 15,1 cm. Vgl. Kap. IV.4 (Eisen) Nr. 43. Fb.-Nr. 1576.
*4 Schlüssel, Länge 6,0 cm, Gewicht 23,0 g. Vgl. Kap. IV.4 (Eisen) Nr. 62. Auf Pl. 1. Fb.-Nr. 1593.
5 Eiserner, ovaler Ring, Dm. 3,0 bis 3,7 cm. Fb.-Nr. 1593.
6 2 eiserne Schuhnägel. Pl. 1–2. Fb.-Nr. 1577.
7 12 Bruchstücke von Eisennägeln. Fb.-Nr. 1593.

Glas

8 Kl. WS von blaugrünem Fensterglas, vgl. Kap. IV.6 (Glas) Nr. 110. Fb.-Nr. 1618.

Keramik

9 Kl. RS u. 5 kl. WS eines (?) Bechers mit Karniesrand u. Griesbewurf, Randdm. 12 cm. Ware 3A, Glanztonüberzug stahlgrau, matt. Fb.-Nr. 1618.
10 Fragmente von mindestens fünf versch. Trinkbechern „rätischer" Glanztonware der Stilgruppe Drexel 1, davon einer mit rotbraunem, einer mit silbrig glänzendem Überzug (*). Fb.-Nr. 1577 u. 1618.
*11 Kl. WS eines Bechers „rätischer" Glanztonware der Stilgruppe Drexel 2A (*torques* über Ratterdekor), Oberfläche glänzend schwarz. Fb.-Nr. 1618.
*12 Kl. RS eines fassförmigen Trinkbechers „rätischer" Glanztonware, Randdm. 8 cm. Sek. verbrannt. Fb.-Nr. 1618.
*13 RS (erhalten 80°) eines konischen Bechers, Randdm. 9 cm. Ware 5/7, fein, keine Sandmagerung, tongrundig, Außenseite mit feinen Drehrillen. Fb.-Nr. 1593.
14 Kl. RS einer Terra-Nigra-Schüssel, Randdm. 18 bis 22 cm. Ware 2, schwarz glänzender Überzug innen u. außen weitgehend abgerieben, Brüche etwas verrollt. Fb.-Nr. 1618.
*15 Zu einem Viertel erhaltene „rätische" Reibschüssel mit Ausguss, Randdm. innen 21 cm. Ware 4, Überzug braunrot, stellenweise sekundär verbrannt, scharfe Brüche. Beim Schneiden des Bef. Fb.-Nr. 1618.
16 3 kl. Fragmente einer (?) weiteren „rätischen" Reibschüssel mit dunkelrotem Überzug. Fb.-Nr. 1593 u. 1618.
*. Halsstück eines Zweihenkelkruges mit vierstabigen Henkeln, Randdm. 7,8 cm. Ware 8, scharfe Bruchkanten. Fb.-Nr. 1618.
*17 Zur Hälfte erhaltenes Halsstück eines Zweihenkelkruges mit Rollrädchendekor am Schulteransatz, Randlippe abgebrochen, Randdm. 9,8 cm. Fragmente vierstabiger Henkel u. mehrere WS gehören wahrscheinlich zu demselben Gefäß, passen aber nicht an. Ware 8, scharfe Bruchkanten. Pl. 1–2. Fb.-Nr. 1577.
*18 Halsstück eines Zweihenkelkruges, Randdm. 7,0 cm. Ware 8. Fb.-Nr. 1618.
*19 Halsstück eines Einhenkelkruges mit fünfstabigem Henkel, Randdm. 7,8 cm. Ware 8, scharfe Bruchkanten. Auf Pl. 1. Fb.-Nr. 1593.
20 Zahlreiche WS, BS u. Henkelfragmente von mindestens vier weiteren Krügen. Waren 6 u. 8, meist scharfe Bruchkanten.
*21 RS (erhalten 30°) eines flachen Tellers/Backplatte, Randdm. 18 cm. Ware 7, außen Brandpatina, scharfe Brüche. Fb.-Nr. 1577.
*22 RS (erhalten ca. 10°) einer Schüssel mit geschwungener Wand u. Horizontalrand, Randdm. innen 20 cm. Ware 7, scharfe Bruchkanten. Fb.-Nr. 1618.
*23 RS (erhalten 30°) eines Topfes mit gerilltem Horizontalrand, Randdm. 20 cm. Ware 8, scharfe Brüche. Fb.-Nr. 1618.
*24 Kl. RS (erhalten 10–15°) u. WS eines Topfes mit einziehendem Rand. Ware 7, scharfe Brüche. Fb.-Nr. 1577.
*25 RS (erhalten 20°) u. WS eines dünnwandigen Topfes od. Bechers mit Trichterrand, Randdm. 12 cm. Ware 7, außen Brandpatina, schwarze Bruchkanten. Fb.-Nr. 1618.
*26 Ca. ein Fünftel erhaltenes (90° erhalten) eines konischen Topfes mit verdicktem Steilrand, Randdm. 19 cm. Hellroter Ton mit Sandmagerung, Biotitglimmer, scharfe Bruchkanten. Fb.-Nr. 1593 u. 1618.

27 Zahlreiche WS weiterer Töpfe, Waren 5, 7 u. 9, meist scharfe Bruchkanten.
*28 RS (erhalten 30°) eines Deckels, Randdm. 20 cm. Ware 5, am Rand Brandpatina, scharfe Bruchkanten. Fb.-Nr. 1618.

Ziegel

*29 Fragment eines *later* mit Stempel IIF. Fb.-Nr. 1593.

Befund ZOH-61

Phase 3; Anlage 11. – Wannenförmige Grube in einer *papilio* von Baracke XXII in der *retentura* mit ebener Sohle 0,7 m unter der römischen Oberfläche. Es konnte nur die Südhälfte der Grube untersucht werden, die nördliche blieb im Schutz des Erdreiches zurück. Die Verfüllung setzt sich aus fünf Schichten zusammen, die vorwiegend aus Barackenschutt und dunklem organischem Erdmaterial bestehen. Alle Schichten enthalten kleinere Kalkbruchsteine und etwas Ziegelbruch, wohl von Herdstellen. Eine Randbefestigung ist nicht erkennbar.
Interpretation: Die vielleicht noch intakte Randbefestigung wurde zuletzt demontiert, sodass die ursprünglich wahrscheinlich steilen Grubenwände einfielen und die wannenförmige Profilkontur erzeugten.
Stratigraphie: Isolierter Befund.
Keine nennenswerten Funde.

Befund 64

Phase 1; Anlage 3. – Grube im Bereich der *via vicenaria* zwischen Baracke III und IV (Fl. 117B). Wannenförmiges bis annähernd rechteckiges Längsprofil mit ebener Sohle 0,5 m unter Pl. 2, d. h. ca. 0,65 m unter der röm. Oberfläche. Die Verfüllung besteht aus zwei Schichten u. dunkelbraunem Grubenrand:
A Verschmutzter Kies, Einschlüsse: etwas HK u. Brandlehm.
B Dunkelbrauner Lehm, Einschlüsse: HK u. Brandlehm.
Stratigraphie: Isolierter Befund.

Keramik

1 Kl. WS einer Schüssel mit Horizontalrand u. Knickwand, Randdm. ca. 20 cm. Ware 5, außen Hitzespuren. Unter Pl. 2 beim Abbau des Bef. Fb.-Nr. 480.

Befund ZOH-65

Phase 3; Anlage 11. – Südliches Pfostengräbchen in westöstlicher Richtung der Baracke XXII in der *retentura*. Seine Struktur und Tiefe unterscheiden sich unwesentlich von den Gräbchen der Phase 2, doch fällt der Anteil an Kulturrückständen (HK, Brandlehm) in der Verfüllung höher aus.
Interpretation: Bei der Erweiterung des Kopfbaus in der Flucht der vormaligen Portikuspfosten eingezogene Wand.
Stratigraphie: Isolierter Befund.
Keine Funde.

Befund ZOH-66

Phase 3; Anlage 11. – Schachtartige Grube in einer *papilio* der Baracke XXII in der *retentura*, deren leicht muldenförmige Sohle fast 1,5 m tief unter die römische Oberfläche hinabreichte. Nur die Westhälfte konnte ausgegraben werden, die Osthälfte steckt weiterhin im Boden. Entlang des steilen Grubenrandes zeichnet sich die dunkle Spur einer einstigen Randbefestigung ab. Die Einfüllung untergliedert sich in eine feine

Stratigraphie von sieben dünnen Schichten und zwei stärkeren Packungen aus dunkler Lehmerde und Kies im unteren Drittel:
A Kiesel, max. 3 bis 5 cm starke Schicht.
B Brandschutt, wohl Herdstellenkehricht, max. 6 bis 7 cm starke Schicht.
C Ca. 30 cm starkes Paket aus hell- bis graubraunem und rötlichem Lehm.
D Verputzstückchen, max. 3 bis 4 cm starke Zwischenschicht.
E Kalk, grober Sand und Kiesel.
F Sand mit dünner, dunkler, aber scharf begrenzter Zwischenschicht. Interpretation: Vergangenes Holzbrett?
G Verschmutzter Kalk.
H–I Kies, mit graubraunem bis grauem Lehm durchsetzt.
Interpretation: Ursprünglich annähernd quadratischer Erdkeller, der vermutlich mittels einer Leiter zu besteigen war. Möglicherweise wurde der Schacht zuletzt als Latrine zweckentfremdet, worauf die Kalkeinstreuungen hinweisen könnten, bevor er schließlich mit Barackenschutt aufgefüllt und mit diesem einplaniert wurde. Die Schichten C–D könnten von einem Stück verputzter Fachwerkwand stammen.
Stratigraphie: Isolierter Befund, vom finalen Barackenschutt bedeckt, der teilweise eingesunken ist.
Keine nennenswerten Funde.

Befund ZOH-71

Phase 1; Anlage 4. – Grube inmitten der *via vicenaria* zwischen Baracke XXII und XXIII in der rechten *retentura* des Kastells. Die Ausgrabung erfolgte mittels Baggerschnitt, wobei die westliche Grubenhälfte im Boden erhalten werden konnte. Langrechteckige Grube mit fast ebener Sohle 1,2 m unter der kastellzeitlichen Oberfläche, von der nur die Sohlenschicht dokumentiert und untersucht werden konnte. Diese bestand aus dunkelbraunem Lehm, Brandlehmbröckchen, einzelnen Ziegelsplittern, HK sowie Einschlüssen graugrünen, zähen Tonlehms. Reste einer Grubenrandbefestigung deuteten sich als dunklerer Randsaum an.

Befund ZOH-72

Phase 2a; Anlage 9. – Innerhalb der *porticus* von Baracke XXII in der östlichen *retentura* des Kastells. Die Ausgrabung erfolgte mittels Baggerschnitt, wobei die nördliche Grubenhälfte im Boden erhalten werden konnte. Im Profil ca. kastenförmige Kontur mit fast ebener Sohle 1,2 m unter der kastellzeitlichen Oberfläche. Reste einer Grubenrandbefestigung ließen sich nicht erkennen. Die Verfüllung besteht aus drei Schichten, doch nur aus der Sohlenschicht (C) konnten Funde geborgen werden:
A Verschmutzter Kies, darin einzelne Kiesgerölle.
B Wie A, jedoch höherer Lehmanteil.
C Dunkelbrauner, sandiger Lehm mit HK, Brandlehm, stellenweise Konzentrationen gelöschten Kalks.
Stratigraphie: Isolierter Befund.

Glas

*1 Randstück (2 Fragmente) eines Flaschenhalses (Glas-Nr. 43), Randdm. 3,8 cm. Aquamarinfarbenes Glas. Fb.-Nr. 1619.

Keramik

*2 RS Drag. 18/31, Randdm. 24 bis 26 cm. Wahrscheinlich mittelgallisch. Fb.-Nr. 1595.

*3 Oberteil eines Zweihenkelkruges, Randdm. 8,0 cm. Henkel zweistabig. Ware 5/6. Auf der Schulter zwischen den Henkeln Rest eines längs durchgebrochenen Graffitos (Kap. IV.1 Nr. 70) *SVCVS [-]*? Fb.-Nr. 1619.
*4 2 RS, 3 BS eines Backtellers mit flachem Boden, Randdm. 22 bis 24 cm. Ware 7, durch sekundären Brand rotviolett verfärbt. Fb.-Nr. 1619.
*5 Kl. RS eines weiteren Backtellers mit flachem Boden, Randdm. 19 bis 22 cm. Ware 5 mit Sandmagerung. Fb.-Nr. 1619.
6 WS einer baetischen Ölamphore. Zugehörigkeit zu Bef. 71 od. 72 nicht mehr zu klären. Fb.-Nr. 1595.

Stein

*7 RS u. kl. BS eines Backtellers mit flachem Boden, Randdm. 22 bis 24 cm. Lavez-Nr. 1 mit Hitzespuren. Fb.-Nr. 1619.

Befund 75

Phase 2a; Anlage 8. – Grube innerhalb der *porticus* von Baracke III (Fl. 117B) von rechteckigem Profil in nordsüdlicher sowie in westöstlicher Richtung mit leicht muldenförmiger Sohle bis zu 1,05 m unter Pl. 2, d. h. bis zu ca. 1,2 m unter der kastellzeitlichen Oberfläche. Der dunkelbraune Grubenrand umfasst 14 horizontal gelagerte Verfüllschichten. Die oberen Schichten A–L sind durchweg recht dünn und unterscheiden sich in ihrem Charakter sowie bezüglich ihrer Konsistenz kaum von den als „Schichtpaket" bezeichneten oberen Einfüllungen der Bef. 282 und 296/297 (Phase 2a), allerdings gelang hier eine bessere Trennung der einzelnen Teilschichten A–L:
A Verunreinigter Kies mit Lehm, wenig Brandlehm, Mörtel u. Holzkohleflittern. Interpretation: Spätere Nachplanierung.
B Mittelbrauner Lehm (von organischem Material stammend).
C Wie A.
D Linse von Kalkmörtel in der Grubenmitte. Der Mörtel ist mit feinen Kalksteinsplittern (nicht mit Kieseln!) gemagert.
E Wie B.
F Kalkmörtel, stellenweise mit Kies durchsetzt.
G Wie F, jedoch mit Lehmanteil.
H Kleine Linse von Sand.
I/J Mit hellbraunem Lehm durchsetzter Kies.
K Schwarzbrauner Lehm, Holzkohlekonzentration.
L Graubrauner, sandiger Lehm.
M Bis zu 30 cm starke Schicht dunkelbraunen Lehms, mit Kies, HK, etwas Brandlehm u. einzelnen kleinen Kalkbruchsteinen durchsetzt. Im Randbereich ist diese Schicht nur anhand ihrer Einschlüsse vom dunkelbraunen Grubenrand zu trennen.
N Braungrauer Lehm mit zahlreichen Placken hellbraunen Lehms, wenig Kies, HK u. Ziegelbruch (teilw. mit anhaftendem Mörtel). Unterhalb des Befundes ist der gewachsene Kies rostrot verfärbt.
Stratigraphie: Wird vom *porticus*-Pfosten Bef. 68 sowie von der noch kastellzeitlichen Pfostengrube Bef. 236/237 am Ostrand geschnitten. Der Südrand der Grube wurde in Pl. 1 vom *porticus*-Traufgräbchen Bef. 97 überlagert.

Metall

*1 Eiserner Schlüssel, Länge 6,5 cm. Vgl. Kap. IV.4 (Eisen) Nr. 60. Beim Abziehen auf Pl. 1. Fb.-Nr. 13.
*2 Eiserner *stilus* mit Zierzwinge aus Messing im Bereich

der Fingerauflage, abgesetzte Schreibspitze abgebrochen. Länge noch 10,7 cm. Pl. 1. Vgl. Kap. IV.4 (Eisen) Nr. 51. Fb.-Nr. 8.

3 5 Bruchstücke von Eisennägeln. Fb.-Nr. 8.

4 2 kl. Eisenblechfragmente. Fb.-Nr. 8.

Bein

*****5** Beinerner Zapfen eines Scharniers, aus Elfenbein geschnitzt, erkennbar an der schiefrigen Struktur des Beinmaterials. Vgl. Kap. IV.5 (Bein) Nr. 3. Vgl. Obmann 1997, 59; Deschler-Erb 1998, 182; F. Naumann-Steckner, Kölner Jahrb. 37, 2004, 116f. (Scharnier eines Schränkchens oder Kästchens); Kortüm/Lauber 2004, Taf. 138, Bef. 1767, 15. Beim Abziehen von Pl. 1. Fb.-Nr. 15.

Glas

*****6** Halsstück einer Flasche (Glas-Nr. 41), Randdm. 5,2 cm. Aquamarinfarbenes Glas. Schicht A. Fb.-Nr. 14.

*****7** Schulterfragment mit Halsansatz einer Flasche (Glas-Nr. 49). Aquamarinfarbenes Glas. Pl. 1–2. Fb.-Nr. 171.

Keramik

8 2 kl. RS, 2 kl. WS vorgeschichtliche Keramik, verrollt. Beim Abziehen von Pl. 1. Fb.-Nr. 8.

9 Kl. Terra-Sigillata-RS mit Barbotinerest, wahrscheinlich Drag. 35/36. Südgallisch? Schicht N. Fb.-Nr. 475.

*****10** BS Drag. 31, Stempel über Omphalos [Gemi]NI.M, mittelgallisch (Stempel-Nr. 11). Niveau Pl. 2. Fb.-Nr. 317.

11 2 kl. WS Terra Nigra eines oder zweier (?) Gefäße unbest. Form. Ware 2, schwarzer Glanztonüberzug nur außen, Bruchkanten teilw. verrollt. Pl. 1–2. Fb.-Nr. 8 u. 171.

*****12** RS eines Bechers mit Karniesrand u. Griesbewurf, Randdm. 11,5 cm. Ware 3, blauschwarzer Glanztonüberzug mit wenig Biotitglimmer innen u. außen (Ware 3A). Schicht M. Fb.-Nr. 482.

13 Kl. WS eines Bechers mit Griesbewurf. Ware 3, braunschwarzer bis grauschwarzer Glanztonüberzug innen u. außen, kein Biotitglimmer. Schicht M. Fb.-Nr. 459.

14 2 kl. WS vermutlich desselben Bechers mit Griesbewurf. Ware 3, Glanztonüberzug innen hellrot, außen braunorange, kein Biotitglimmer. Griesbewurf teilweise sehr fein. Schicht M. Fb.-Nr. 459.

15 9 kl. WS verschiedener Becher „rätischer" Glanztonware, Stilgruppen Drexel 1 u. 3a. Pl. 1–2, aus jüngerer Nachplanierung, Schicht A. Fb.-Nr. 171.

*****16** Bodenstück eines Bechers mit Griesbewurf, Bdm. 6,7 cm. Ware 3B, Glanztonüberzug mit Biotitglimmer außen orange, innen rot, flächig verrieben. Schicht N. Fb.-Nr. 475.

*****17** BS eines Bechers od. Topfes, aus sechs Scherben zusammengesetzt, Bdm. 6,1 cm. Ware 3, Ton lachs, stumpfe Engobe innen u. außen bronzierend mit Biotitglimmer. Auf Pl. 2, Schicht A–C. Fb.-Nr. 290.

*****18** RS einer tongrundigen Reibschüssel mit Ausgussansatz, Randdm. 22,5 cm. Ware 5, wellenförmiger Ritzdekor im Ausgussbett. Steinung zeigt kaum Gebrauchsspuren. Zwischen den Schichten M u. J. Fb.-Nr. 481.

19 BS eines Kruges, aus drei Scherben zusammengesetzt, Bdm. ca. 8 cm. Ware 6. Schicht A. Fb.-Nr. 484.

20 BS eines anderen Kruges, aus drei Scherben zusammengesetzt, Bdm. 6,9 cm. Ware 6, stark verrollt. Pl. 1–2, Schicht A? Fb.-Nr. 171. Insges. 11 kl. WS verschiedener (?) Krüge wurden zwischen Pl. 1 u. 2 gefunden u. könnten zu diesem Gefäße oder zu Nr. 19 gehören. Fb.-Nr. 171 u. 447.

21 3 kl. WS eines Kruges. Ware 6, innen mit stumpfer, rotvioletter Engobe. Schicht N. Fb.-Nr. 475.

22 3 WS eines (?) grauen Topfes. Ware 9A. Beim Abziehen von Pl. 1. Fb.-Nr. 8.

*****23** 3 *tubulus*-Bruchstücke mit Haftrillen u. noch teilw. anhaftendem Kalkmörtel, der wiederum mit Ziegelgrus gemagert wurde.

Befund 76

Phase 2a; Anlage 8. – Grube innerhalb der *porticus* von Baracke III (Fl. 117A/B) von rechteckiger Profilkontur mit muldenförmiger Sohle bis zu 0,74 m unter Pl. 2, d.h. bis zu ca. 0,9 m unter der kastellzeitlichen Oberfläche. Dunkelbrauner Grubenrand umfasst drei Verfüllschichten:
Kies, mit Lehm durchsetzt.
Dunkelbraune Zwischenschicht von organischem Material, vom Grubenrand nur durch Einschlüsse zu trennen: etwas Brandlehm, HK, Mörtelbröckchen.
Hellbrauner bis ockerfarbener Lehm, mit etwas HK u. wenigen Kieseln durchsetzt. Diese tiefste Schicht ist bis zu 45 cm mächtig. Unterhalb des Befundes ist der gewachsene Kies partiell rostrot verfärbt.
Stratigraphie: Isolierter Bef.

Metall

*****1** Kl. Bruchstück einer bronzenen Riemenzwinge. Länge noch 1,9 cm. Vgl. Kap. IV.3 (Bronze) Nr. 120. Schicht B. Fb.-Nr. 476.

*****2** Seitenteil einer Trense, fragmentiert. Vgl. Junkelmann 1992, 13 Abb. 2. Länge 6,1 cm. Vgl. Kap. IV.4 (Eisen) Nr. 33. Schicht C. Fb.-Nr. 461.

3 Bruchstücke eines eisernen Bandbeschlages mit Nagelloch. Länge noch 5,9 cm. Schicht C. Fb.-Nr. 461.

4 3 Bruchstücke von Eisennägeln. Fb.-Nr. 461.

Keramik

5 3 RS, 6 kl. WS vorgeschichtliche Keramik, teilweise verrollt. Schicht B u. Pl. 1–2. Fb.-Nr. 182, 461 (Schicht C, 1 Scherbe) u. (2 Stücke) 478.

*****6** RS Drag. 18/31, Randdm. 24 bis 25 cm. Südgallisch. Schicht C. Fb.-Nr. 461.

7 Kl. RS Drag. 18/31, südgallisch, evtl. zu Nr. 6 gehörig. Fb.-Nr. 461.

8 Kl. WS „rätischer" Glanztonware, Stilgruppe Drexel 1. Auf Pl. 1, spätere Nachplanierung. Fb.-Nr. 91.

*****9** 2 anpass. BS eines Kruges mit standringartiger Leiste, Bdm. ca. 9 cm. Ware 6, innen weiße Kalkschicht. Schicht C. Fb.-Nr. 461.

*****10** 2 Kl. BS eines Kruges, Bdm. unter 9 cm. Ware 6. Schicht C. Fb.-Nr. 461.

*****11** 4 kl. RS (2 anpass. Fragmente) eines Topfes mit Horizontalrand (u. Knickwand, nicht erhalten), Randdm. 23 bis 26 cm. Ware 7, Glimmerengobe auf dem Rand u. außen teilw. verrieben. Auf der Außenseite des Randes oben u. unten Rußspuren. Schicht C. Fb.-Nr. 461.

12 Kl. RS u. kl. WS eines Topfes. Ware 10. Schicht C. Fb.-Nr. 461.

13 17 kl. WS verschiedener Krüge u. Töpfe. Waren 5/6. Schicht C. Fb.-Nr. 461.

14 Brandlehmfragment mit glatter Außenseite (Fachwerklehm?). Schicht C. Fb.-Nr. 461.

Befund ZOH-79

Phase 3; Anlage 11. – Kastengrube in einer *papilio* von Baracke XXII in der *retentura* mit beinahe rechteckigem Profil und annähernd flacher Sohle ca. 0,9 m unter der römischen Oberfläche. Im Planum und stellenweise auch im Profil zeichnet sich die dunkle Randverfärbung einer organischen, wahrscheinlich hölzernen Randbefestigung ab, ebenso ein dunkler Erdstreifen entlang der Sohle. Die Verfüllung besteht aus sechs Schichten:
A Brocken von mit Ziegelsplitt gemagertem Mörtelestrich, die eine Stückgröße von bis zu 20 cm erreichen. Der Estrich war einst ca. 6 cm dick und möglicherweise einmal ein (jüngerer?) Bodenbelag der Stube, obwohl weitere Anhaltspunkte dafür fehlen. Die Estrichstücke sind mit hellbraunem (Fachwerk-) Lehm vermengt.
B Rotbrauner, zäher Tonlehm mit wenigen Mörtelstückchen und Kieseln.
C Mit Kalk vermischte Kiesel.
D Am Westrand dunkelbrauner Lehm mit Kieseln und HK, sonst verschmutzter Kies.
E Kies.
F Dunkelbrauner Lehm, Kiesel, Asche und viel HK.
Interpretation: Vorratsgrube.
Stratigraphie: Isolierter Befund.

Befund 83

Phase 3; Anlage 10. – Pfostengrube, die sich von Osten her an das Trennwandgräbchen Bef. 82 im Stallbereich von Baracke III anlehnt (Fl. 127D). Im Pl. 1 zeichnete sich, wenn auch teilweise unscharf, die fast quadratische Grundform mit 1,0 m × 1,1 m Kantenlänge ab. Die einstige Pfostenstandspur von ca. 30 cm Dm. wird durch Kalkbruchsteine angezeigt, die zur Stabilisierung des Pfostens eingestellt wurden. Der Pfosten lehnte sich folglich eng an die Trennwand Bef. 82 an. Nur dort, im Zentrum des Befundes gehören Verputzstückchen und Brandlehmbröckchen zur Verfüllung, ansonsten besteht diese aus dicht mit Kieseln durchsetztem dunkelbraunen Lehm. Ursprünglich gründete der flache Pfostenstumpf ca. 20 cm unter der römischen Oberfläche im gewachsenen Kies.
Interpretation: Späterer oder zusätzlicher Stützpfosten der Trennwand Bef. 82.
Stratigraphie: In Pl. 1 war deutlich zu erkennen, dass Bef. 83 das Gräbchen Bef. 82 schneidet.
Keine nennenswerten Funde.

Befund ZOH-83

Phase 2a; Anlage 9. – Grube innerhalb der *porticus* von Baracke XXI. Aus Zeitgründen konnte nur das Planum aufgenommen werden. Auf die Ausgrabung des nur randlich angeschnittenen Befundes wurde auch deswegen verzichtet, weil er unter dem Pfeilerfundament der ZOH konserviert werden konnte. Die oberste Verfüllung bestand aus verschmutztem Kies, ein dunkelbrauner Grubenrand ließ sich erkennen.
Keine Funde.

Befund 85

Befund Phase 2, Verfüllung und Funde Phase 3; Anlage 6. – Jaucherinne in Baracke III (Fl. 127D). Flache, zum Nord- und Südende hin ansteigende Mulde bis max. 35 cm tief unter Pl. 2. Zweischichtige Verfüllung:
A Barackenschutt, darunter Verputzmörtel mit weiß getünchten Außenflächen. Alle Funde stammen dieser Schicht.
B Graubrauner Lehm mit Kalk.
Stratigraphie: Schicht A überdeckt randlich das Längsgräbchen zwischen den Ställen u. Stuben von Baracke III (Bef. 1120). An den Sigillata-Teller aus Schicht A passt eine Scherbe aus Bef. 200 (schmale Jaucherinne im später erweiterten Kopfbau von Baracke III). Beide Befunde dürften also gleichzeitig verfüllt worden sein.

Keramik

1 BS u. 2 kl. WS vorgeschichtliche Keramik, verrollte Brüche. Pl. 2. Fb.-Nr. 251.
2 ¾ erhaltener Teller Drag. 18/31, aus zahlreichen Scherben zusammengesetzt, Randdm. 27,3 cm. Stempel Nr. 44 (Kap. IV.8) über Omphalos: [IVRI]VNN FEC, Heiligenberg. Graffiti Nr. 104 (Kap. IV.1): auf dem Rand I X [---?], unter dem Boden X. Die Scherben des Tellers lagen ganz oben in der Verfüllung, da einige bereits beim Putzen von Pl. 1 gefunden wurden (Schicht A). Fb.-Nr. 4; 58/59; 180; 212; 268 (Bef. 200); 286 u. 497.
3 7 teilw. anpass. WS eines Kruges. Ware 7 (außen orange, innen grau), frische Brüche. Pl. 2. Fb.-Nr. 251 u. 497.
4 Kl. Bruchstück einer *tegula* mit Randleiste. Höhe der Leiste: 4,4 cm, Stärke des Ziegels: 2,5 cm. An Randleiste haften Mörtelreste, Unterseite sek. grau verbrannt. Fb.-Nr. 286.

Befund 87/241/337

Phase 2b; Anlage 8. – Grube in einem Stall von Baracke III (Fl. 127D/128C). Etwa ovale Kontur parallel zur östlichen Außenkante des Trennwandgräbchens Bef. 242. Die Sohle lag knapp 80 cm unter Pl. 2, d. h. ca. 90 cm unter der römischen Oberfläche. Der Befund wurde im Herbst 2000 im Planum dokumentiert, aber erst im Mai 2001 ausgegraben (untere Verfüllung = Bef. 337). Leider versäumte man dabei, den Profilschnitt zu zeichnen. Die Verfüllung besteht aus finalem Abbruchschutt der Baracke mit kleinen und größeren Brocken von weiß getünchtem Kalkmörtelverputz sowie einigen Bruchstücken von hydraulischem Estrich (mit Ziegelsplittmagerung).
Interpretation: Möglicherweise zusätzliche Jaucherinne.
Stratigraphie: Keine Überschneidung mit dem Gräbchen Bef. 242, nur der in die Grube eingefüllte Abbruchschutt überlagert auch dieses. Die vorgeschlagene Datierung in Phase 2a beruht ausschließlich auf der Verfüllung und Einplanierung der Grube mit Barackenschutt.

Glas

1 Kl. WS eines Tellers od. einer Schale. Dünnes, farblos-gelbliches Glas (Glas-Nr. 3). Fb.-Nr. 760.
2 WS einer vierkantigen Flasche (Glas-Nr. 52). Blaugrünes, formgeblasenes Glas. Fb.-Nr. 504.

Bein

3 Einfacher, aus Horn geschnitzter Spielstein, Dm. 1,8 cm. Beinfunde-Nr. 13. Fb.-Nr. 504.

Keramik

4 1 WS vorgeschichtlicher Keramik. Fb.-Nr. 195.
5 WS Drag. 18/31. Aufgrund des im Ton enthaltenen Glimmers wahrscheinlich aus Chémery. Fb.-Nr. 155.
6 RS Drag. 33, Randdm. ca. 12 bis 13 cm. Ostgallisch. Fb.-Nr. 155.

7 1 RS eines tonnenförmigen Trinkbechers von „rätischer" Glanztonware. Stilgruppe Drexel 1. Fb.-Nr. 760.
8 3 kl. WS verschiedener Becher „rätischer" Glanztonware. Stilgruppe Drexel 1. Fb.-Nr. 760.
9 2 BS, 30 WS u. ein dreistabiger Henkel von mindestens drei verschiedenen Krügen. Ware 6 u. 8. Fb.-Nr. 504.
10 Kl. RS eines Kochtopfes mit horizontalem Kammstrich (Keramiktyp 54), Randdm. 14 cm. Ware 9B. Fb.-Nr. 504.
11 Kl. BS eines Topfes, Ware 9A. Fb.-Nr. 504.

Befund 91

Phase 1; Anlage 3. – Grube im Bereich der *via vicenaria* zwischen Baracke III und IV (Fl. 117C). Rechteckiges Längsprofil mit senkrechten Grubenwänden und leicht muldenförmiger Sohle 0,85 m unter Pl. 2, d.h. ca. 1 m unter der röm. Oberfläche. Die Verfüllung besteht aus zwei Schichten u. dunkelbraunem Grubenrand wie Bef. 64.
Stratigraphie: Isolierter Befund.
Anpassungen/Scherben derselben Gefäße: Bef. 14?

Keramik

1 3 kl. WS vorgeschichtliche Keramik, verrollt. Schicht B u. beim Schneiden des Bef. Fb.-Nr. 386 u. 421.
2 Kl. WS u. Fragment eines zweistabigen Henkels eines (?) Kruges. Ware 8. Fb.-Nr. 386.
3 BS (aus vier Fragmenten) u. 4 WS eines (?) Kruges, Bdm. 6,5 bis 7 cm. Ware 6. Schicht B u. beim Schneiden des Bef. Fb.-Nr. 386 u. 421. Evtl. zu Nr. 14-7 gehörig.
*****4** Ca. ein Fünftel eines Topfes mit horizontalem Kammstrich, Randdm. ca. 12 bis 13 cm. Ware 9A. Schicht B u. beim Schneiden des Bef. Fb.-Nr. 386 u. 421.
*****5** Kl. RS eines Topfes od. einer Schüssel, Randdm. mindestens 12 cm. Ware 9A. Schicht B. Fb.-Nr. 421.
6 Kl. WS eines Topfes. Ware 5/7, außen Rußspuren. Evtl. zu Nr. 14-5 gehörig. Schicht B. Fb.-Nr. 421.
*****7** Kl. RS eines Deckels, Randdm. ca. 17 cm. Ware 5, sek. verbrannt. Schicht B. Fb.-Nr. 421.

Befund 92

Phase 1; Anlage 3. – Grube im Bereich der *via vicenaria* zwischen Baracke III und IV (Fl. 117C). Fast rechteckiges Längsprofil mit stufenartiger Erweiterung am Westrand und fast ebener Sohle 0,7 m unter Pl. 2, d.h. ca. 0,85 m unter der kastellzeitlichen Oberfläche. Die Verfüllung besteht aus zwei Schichten u. dunkelbraunem Grubenrand:
A Nur oberflächliche, max. 12 cm starke Kieslinse (jüngere Nachplanie).
B Mächtige, sehr heterogene Einfüllung vor allem aus dunkelbraunem Lehm, Einschlüsse: HK, Brandlehm, Placken ockerfarbenen Lehms (Hüttenlehm?), einzelne im Randbereich teilweise senkrecht stehende Kalkbruchsteine.
Stratigraphie: Isolierter Befund.
Anpassungen/Scherben derselben Gefäße: Bef. 14? 280?

Keramik

1 1 kl. RS, 3 WS vorgeschichtliche Keramik, verrollt. Schicht B u. beim Schneiden des Bef. Fb.-Nr. 109, 408 u. 428.
2 3 kl. WS Drag. 27, südgallisch. Wahrscheinlich zu demselben Gefäß gehörig wie Nr. 124/126/280–2. Schicht B. Fb.-Nr. 428.
3 2 kl. WS zweier verschiedener Krüge. Ware 6. Fb.-Nr. 408 evtl. zu Nr. 14-7 gehörig. Auf Pl. 1 u. beim Schneiden des Bef. Fb.-Nr. 109 u. 408.
*****4** RS u. 7 teilw. anpass. WS eines Topfes mit horizontalem Kammstrich, Randdm. ca. 12 cm. Ware 9B. Schicht B u. beim Schneiden des Bef. Fb.-Nr. 408 u. 428.
*****5** BS u. kl. WS eines Topfes, Bdm. 7,5 cm. Ware 5, außen Hitzeschwärzung. Schicht B u. beim Schneiden des Bef. Fb.-Nr. 408 u. 428.
6 2 kl. Bröckchen verziegelten Lehms von Herdstellen. Schicht B. Fb.-Nr. 428.

Befund 100

Phase 1; Anlage 3. – Grube im Bereich der *via vicenaria* zwischen Baracke III und IV (Fl. 115A/B). Beinahe rechteckiges Längsprofil mit ebener Sohle 0,65 m unter Pl. 2, d.h. ca. 0,8 m unter der kastellzeitlichen Oberfläche. Die Verfüllung besteht aus drei Schichten:
A Verschmutzter Kies, teilweise schwarz verfärbt (Manganausfällungen), wie er in ca. 1 Meter Tiefe ansteht, Einschlüsse: HK, wenige Ziegelsplitter.
B Hauptverfüllung aus dunkelbraunem Lehm, mit Kies durchsetzt (Grubenrand), 3 quaderförmige Kalkbruchsteine.
C Sandig-lehmige, dünne Schicht ohne Kies, mit Asche u. Holzkohleflittern auf der Grubensohle. Eher als Einlagerung von Kehricht in Schicht B zu interpretieren denn als eigentliche Schicht.
Stratigraphie: Isolierter Befund.

Glas

*****1** RS einer Flasche od. eines Kruges (Glas-Nr. 39), Randdm. 4 cm. Blaugrünes Glas. Schicht C. Fb.-Nr. 511.

Keramik

*****2** Kl. RS u. kl. WS eines Napfes Hofheim 10, Randdm. ca. 14 cm. Fb.-Nr. 515.
*****3** Halsstück eines Zweihenkelkruges mit dreistabigen Henkeln, 7 WS vom Schulterbereich teilweise anpassend, Randdm. 4,7 cm. Der Halsansatz ist mit einer Kerbenleiste verziert. Die Kerben sind, wie auslaufende Schnittspuren zeigen, mit einem Messer o. ä. eingedrückt worden, nicht mit einem Rollrädchen. Ton außen (im Halsbereich auch innen) hellorange, innen bläulichgrau, feiner Ton mit Kalkmagerung (Ware 6). Pl. 2 beim Abziehen. Fb.-Nr. 216.
*****4** Kl. WS eines Topfes mit Rollrädchendekor. Ware 9B. Fb.-Nr. 216.

Befund ZOH-102

Phase 4; Anlage 13; Abb. 67. – Steinschacht im Bereich der vormaligen südlichen porticus von Baracke XXII in der östlichen retentura (Fl. -74A/C). Der Befund wurde im April 2002 entdeckt, als die Fläche des Pfeilerfundamentes 21 nach Norden erweitert wurde, um das südliche Außengräbchen von Baracke XXII (ZOH-Bef. 104) nachweisen zu können. Dabei kam auch die rechteckige Verfärbung zum Vorschein, deren östliches Ende aus technischen wie zeitlichen Gründen nicht mehr aufgedeckt werden konnte. In ihr deutete sich bereits eine rechteckige Mauerführung mit einer nordsüdlichen Ausdehnung von ca. 2,1 m und westöstlich mindestens 1,5 m an. An der nachkastellzeitlichen Zeitstellung besteht wegen der Überschneidung des Barackengräbchens ZOH-Bef. 104 kein Zweifel.

Zunächst hielt man die Struktur für einen kleinen quadratischen Steinkeller. Diese Interpretation musste aber bald aufgrund der sich im nordsüdlich angelegten Profilschnitt abzeichnenden Tiefe verworfen werden. Die an drei Seiten freigelegte Randeinfassung bestand aus sorgfältig ohne Mörtelbindung aufgeschichteten Plattenkalksteinen, die man mauerartig gegen den gewachsenen Boden gesetzt hatte. In den Fugen befand sich jedoch Lehm (zur Abdichtung?). Nur im oberen Bereich, bis ca. 70 cm unter der vicuszeitlichen Oberfläche, weitete sich die Verfärbung der Schachtgrube trichterartig bis zu 3,6 m nordsüdliche Ausdehnung. Im Gegensatz dazu verengten sich die nördliche und südliche Einfassungsmauer mit jeder höheren Steinlage, sodass sie gleichmäßig – scheinbar in der Art eines Gewölbes – einander entgegenstrebten. Die westliche Schalmauer war nicht ganz bis zu dieser Höhe erhalten. Unterhalb dieses Krümmungsansatzes durchmisst der Innenraum eine lichte nordsüdlichen Weite von 2,3 m, wohingegen die westöstliche Ausdehnung leider nicht bestimmt werden konnte. Dasselbe gilt auch für die Tiefe des Schachtes, bis zu dessen Sohle vorzudringen uns verwehrt blieb. Aufgrund fehlender technischer, zeitlicher wie finanzieller Ressourcen sowie zunehmender Einsturzgefahr mussten die Arbeiten vorzeitig eingestellt werden. Als bei ca. 486,05 m ü. NN, d.h. rund 3,5 m unter der gegenwärtigen und ca. 3 m unter der vicuszeitlichen Oberfläche der Grundwasserspiegel (im trockenen Frühjahr 2002) erreicht wurde, war auch bei einer punktuellen tieferen Sondage (bis ca. 485,70 m ü. NN) noch kein Ende der Steinlagen absehbar. Mit der Tiefe nahm auch tendenziell die Größe der Schalsteine zu. Nach der Dokumentation des Profils wurde der Grabungsschnitt an allen vier Seiten mit dicker Plastikfolie abgedeckt und aus statischen Gründen mit Beton aufgefüllt. Die östliche Hälfte (?) sowie die Sohle des Befundes sind aber für etwaige künftige Nachuntersuchungen unter dem fünften (von Westen) Pfeiler der südlichen Stahlträgerreihe der Bedachung des heutigen Zentralen Omnibusbahnhofes (ZOH) konserviert.

Die Verfüllung bestand aus mindestens sieben Schichten:

A Kulturschicht mit römischem Material, aber auch vereinzelten frühalamannischen Scherben. Die folglich nachrömische Schicht wird nach oben von einem ca. 10 cm starken Horizont mit einem erhöhtem Anteil an Kieseln abgeschlossen. Möglicherweise handelt es sich um eine mittelalterliche oder neuzeitliche Oberflächenbefestigung.

B Bis zu 20 cm mächtiger Brandschutt, der aufgrund der Menge an HK, kompaktem Brandlehm und zahlreichen hitzegeröteten Kalkbruchsteinen wohl von einem niedergebrannten Gebäude herrührt. Der Brandschutt scheint in teilweise noch heißem Zustand eingefüllt oder eingesunken zu sein, da die obersten Lagen der Verschalmauern in diesem Bereich durch Hitzeeinwirkung rosa verfärbt sind. Zwischen dem Brandlehm findet sich auch hellbrauner, unverbrannter Fachwerklehm, nirgendwo jedoch Mörtel. Ein gesägter, vollständig erhaltener Kalktuffquader von 20 cm × 15 cm × 16 cm sowie zwei Fragmente von solchen weisen ebenfalls Brandspuren auf. Ein weiterer gleichartiger Kalktuffquader von 20 cm × 15 cm × 15 cm kam im unweit entfernten Fundament 8 zum Vorschein, ging jedoch in der Betriebsamkeit der Baustelle verloren. Die Brandschicht sinkt von Osten nach Westen um ca. 30 cm ab.

C Verschmutzter Kies mit zahlreichen Holzkohleflittern, Plattenkalksteinen und vor allem Tierknochen. Im nördlichen Bereich erstreckt sich eine Einlagerung fast reinen Brenzkieses. Die Schicht wurde wohl von Norden her eingefüllt und nimmt nach Süden an Mächtigkeit zu.

D Verlehmter Kies mit HK-, Ziegel- und Brandlehmbröckchen sowie einzelnen kleineren Plattenkalksteinen.

E Brandmaterial, das im Gegensatz zu Schicht B jedoch nur kleine HK- und Brandlehmstückchen beinhaltet und v.a. aus Asche besteht. Interpretation: Evtl. eingefüllter Herdstellen-Kehricht. Möglicherweise steht die Einfüllung aber auch mit einem Brand in Zusammenhang, der die Holzbauphase des ca. 17 m weiter östlich gelegenen großen Streifenhauses im späten 2. Jh. vernichtet haben soll.[959]

F Kompakte Massierung großer Plattenkalksteine von meist 20 bis 40 cm Kantenlänge und 6,8 cm Stärke. Die meisten Platten waren grob in einer annähernd rechteckigen Form zurechtgeschlagen. Zwischen ihnen fanden sich eingesickerter Lehm und Kleinkiesel, aber auch mehrere Hohlräume mit Schneckenhäusern. Mörtel fehlt ganz. Auffällig ist die teilweise geschichtete Lage der Platten.

G Verschmutzter Kies mit sporadischen anthropogenen Einschlüssen.

Interpretation: Unter den prinzipiell in Frage kommenden Deutungsmöglichkeiten – Latrine, Brunnen, Zisterne – erachte ich aufgrund von Parallelen die zuerst genannte als die wahrscheinlichste. Der Schacht lag wohl auf dem Grundstück des großen Streifenhauses.

Aufmerksamkeit erregen die vorkragenden Oberkanten der nördlichen und südlichen Schalmauer, die angesichts ihrer Regelmäßigkeit schwerlich nur durch sekundäre Einflüsse (Erddruck o. ä.) zustande gekommen sein können. Da hier zunehmend dünnere Kalkplatten verwendet wurden, ist man eher geneigt, an eine gewölbeartige Verjüngung zu denken, die den Schacht bedeckte. Zu dieser Deutung passen die Kalkplatten aus Schicht F. Freilich wären im Falle der Latrinennutzung noch hölzerne Überbauten zu erwarten, von denen jedoch keine Spur erhalten blieb.

Die Geschichte des Schachtes lässt sich folgendermaßen rekonstruieren: Ab einem nicht näher erschließbaren Zeitpunkt wohl im letzten Drittel des 2. Jh. wurde der Schacht nicht mehr regelmäßig ausgehoben (Schicht G), bevor das mutmaßliche Gewölbe einstürzte (Schicht F). Danach wurde auch der obere Schacht mit Kehricht, Haushaltsabfällen und Bauschutt nach und nach aufgefüllt (Schichten C–E). Möglicherweise fällt die Einfüllung der Brandschicht E mit dem Ende der Phase IIa des östlich benachbarten, großen Streifenhauses durch Brand zusammen. Schicht D kam ausweislich des in ihr entdeckten Denars nach 171 n. Chr. zustande. Der Brandschutt B ist die jüngste römische Schicht, die eine in ihr gefundene Scherbe Drag. 37 des Rheinzaberner Töpfers *Primitivus IV* (Kap. IV.7 Nr. 124) bereits in das 3. Jh. verweist. Dass das abgebrannte Gebäude in der Nähe stand oder inzwischen vielleicht sogar über dem Befund errichtet worden war, lassen die Hitzespuren an den obersten Schalsteinen vermuten. Weitere Hinweise auf einen Siedlungsbrand im 3. Jh. wurden in keiner der übrigen ZOH-Sondagen angetroffen.

Stratigraphie: Schneidet das südliche Außengräbchen der Baracke XXII (Bef. ZOH-104).

Münze

*1 Denar des Marcus Aurelius, Rom, 171 n. Chr., kaum ab-

---

959 Heiligmann 1990, 116 u. 184 f.; Sölch 2001, 26: Ende der Phase IIa durch Brand im dritten Viertel des 2. Jh.

gegriffen. RIC 251. Vgl. Kap. IV.2 Nr. 29. Schicht D. Fb.-Nr. 1581.

Keramik

2 Kl. RS Drag. 37. Eierstab R-F E 41. Art des *Primitivus IV*. Vgl. Kap. IV.7 Nr. 124. Fb.-Nr. 1615.
3 Bodenstück eines Trinkbechers „rätischer" Glanztonware, sekundär verbrannt. Schicht E. Fb.-Nr. 1615.
4 Kl. RS u. Kragenbruchstück einer(?) „rätischen" Reibschüssel. Ware 4 mit rotorangefarbenem Farbüberzug. Schichten C–D. Fb.-Nr. 1615.
*5 Ausguss eines Topfes od. Mehrhenkelkruges. Graubrauner, glimmerhaltiger Ton. Dieser Gefäßtyp ist aus den Phasen 1–3 nicht belegt. Schicht B. Fb.-Nr. 1617.
6 Mehrere WS u. 1 BS mindestens zwei verschiedener, großer (2-Henkel-?) Krüge, zwei WS mit Rollrädchendekor. Ware 8. Schichten C–D. Fb.-Nr. 1615.
*7 RS eines Kochtopfes, Randdm. 14 cm. Grauer, reduzierend gebrannter Ton mit starker Sandmagerung u. etwas Glimmer, Oberfläche durch Hitze geschwärzt, Ruß haftet an. Schicht B. Fb.-Nr. 1617.
*8 RS eines Kochtopfes, Randdm. ca. 18 cm. Glimmerhaltiger, sandgemagerter Ton, sekundäre Brandspuren. Schicht B. Fb.-Nr. 1617.
*9 RS eines Topfes mit einziehendem Rand, Randdm. 14,5 cm. Glimmerreicher, mit Sand gemagerter Ton, sekundär verbrannt. Schichten C–D. Fb.-Nr. 1615.
10 1 WS u. 1 BS verschiedener Schwerkrüge od. *dolia*. Glimmerhaltiger, erst reduzierend, dann oxidierend gebrannter Ton. BS mit sekundären Brandspuren (Schicht E?). Schichten C–E. Fb.-Nr. 1617.
11 Zahlreiche kl. WS verschiedener Küchengefäße. Fb.-Nr. 1617.

Befund ZOH-105

Phase 3; Anlage 11. – Jaucherinne eines Pferdestalls im Bereich des Endbaus von Baracke XXI an der *via decumana*. Die obere Verfüllung besteht aus grauschwarzem bis graubraunem Lehm, die alle unter Bef. 105 erfassten Funde barg (Fb.-Nr. 1620), darunter relativ viele Bruchstücke rätischer Glanztonware, ein Dutzend *tegulae et imbrices* von ca. Handflächengröße und teilweise mit den für Herdstellenmaterial typischen einseitigen Brandspuren versehen, kleine, grau verbrannte Kalkbruchsteine, Brandlehmbröckchen, HK, stellenweise dünne Aschebänder, Fragmente weiß getünchten Verputzes, Placken hellbraunen Lehms sowie ein Estrichbrocken mit Ziegelgrusmagerung (evtl. aus den benachbarten *principia* stammend?). Rostrote bis graugrüne Verfärbung und Verhärtung des umgebenden, anstehenden Kieses bekräftigen die Interpretation als Jaucherinne.
Die Tatsache, dass Bef. 105 das nördliche Außengräbchen der Baracke schneidet, aber noch an deren Baufluchten ausgerichtet ist, beweist, dass diese Jaucherinne zu einer späten Umbauphase des Endbaus gehört. Sie kann daher erst während der jüngsten Kastellzeit verfüllt worden sein. Die stratigraphische Situation entspricht der der Jaucherinne Bef. 1315 im Kopfbau von Baracke IV.
Am nördlichen Ende des Befundes ist ein ca. 60 cm breiter Abschnitt bei der Anlage eines Streifenfundaments zerstört worden. Über Bef. 105 erstreckte sich eine ca. 10 cm starke, braunschwarze Lehmschicht mit Kieseln, einzelnen Ziegelsplittern und reichlich HK. Diese nachkastellzeitliche Schicht datiert nach Ausweis ihres Fundmaterials in die Völkerwanderungszeit.

Metall

*1 Kl. Kniefibel mit Weißmetallüberzug u. Zahnschnittmuster auf dem halbrunden Schild, vgl. Kap. IV.3 (Bronze) Nr. 3.
*2 Bronzenes „Ohrenlöffelchen" mit spitzem Stielende (medizinisches Instrument), verbogen. Vgl. Kap. IV.3 (Bronze) Nr. 138. Länge 12,2 cm.
*3 Bronzene, rundovale Messerzwinge/Heftblech eines Messers oder Unterlegscheibe für einen Ziernagel? 1,9 cm × 1,7 cm. Vgl. Kap. IV.3 (Bronze) Nr. 38.
*4 Kl. Bleibarren oder Befestigungsklammer *(ansa)*? Querschnitt trapezoid. Durch Einhiebe/Hackspuren deformiert. Länge 7,8 cm, Gewicht 54,2 g.
5 Eiserner Befestigungssplint für Kette, Länge 4,5 cm, und fragmentiertes Kettenglied.
6 2 Bruchstücke eiserner Beschlagbleche.
7 3 vollständige Eisennägel, Längen 11,5; 6,5 u. 5,5 cm.
8 21 Bruchstücke von Eisennägeln.

Bein

*9 Bruchstück eines Adlerköpfchens, aus Elfenbein geschnitzt (schiefrige Struktur). An beiden Enden ist das Zierstück für eine offenkundig nicht mehr erfolgte Sekundärbearbeitung abgesägt worden, unten längs gesplittert. Zieraufsatz eines Möbels oder Ende eines Griffes? Vgl. Kap. IV.5 (Bein) Nr. 1. Fb.-Nr. 1620.

Glas

*10 Kl. RS eines Bechers od. Napfes mit ausladendem Rand, Randdm. 7 bis 8 cm. Vgl. Kap. IV.6 (Glas) Nr. 12. Farbloses, frei geblasenes Glas. Form nicht exakt bestimmbar, ähnlich Schönberger 1978, Taf. 109 E 36; u. Rütti 1991, Taf. 73.

Keramik

11 2 kl. RS, 3 kl. WS vorgeschichtliche Keramik, stark verrollt.
*12 4 RS Drag. 37, Randdm. ca. 20 cm. Art des *Ianus I*, Heiligenberg. Vgl. Kap. IV.7 (Reliefsigillata) Nr. 96. 2 Scherben sek. schwarzgrau verbrannt.
*13 BS u. kl. WS eines zylindrischen Bechers od. Tintenfasses(?), Bdm. 5,5 cm. Sigillata-Imitation, rotbraune Engobe nur außen. Scharfe Brüche.
*14 Ca. Hälfte eines fassförmigen Trinkbechers rätischer Glanztonware Drexel 1, aus Scherben mit scharfen Bruchkanten zusammengesetzt, Randdm. 7 cm. Bronze imitierender Überzug von seidigem Glanze, 2 WS u. BS sek. verbrannt.
*15 3 kl. RS u. 2 WS eines Bechers wie Nr. 14, jedoch mit Ratterdekor, Randdm. 10 cm. Schwarzer Überzug glänzt seidig.
*16 Fragmente drei verschiedener Trinkbecher rätischer Glanztonware Drexel 1, stark zerschert mit scharfen Brüchen, max. jeweils zu einem Viertel erhalten. RS u. BS lassen sich den Gefäßindividuen nicht sicher zuordnen. Diese unterscheiden sich lediglich durch ihr Ratterdekor in Bodennähe. Überzüge schwarz bis schwarzbraun, seidig glänzend.
17 Zahlreiche kleinteilige Fragmente von mindestens sechs weiteren Bechern rätischer Glanztonware Drexel 1, Randdm. 12 bis 13 cm u. 13 bis 14 cm. Einzelne Scherben sind sekundär verbrannt, stets scharfe Brüche.
*18 2 kl. WS eines Bechers rätischer Glanztonware Drexel 2a. Glänzender Überzug innen rot u. braun gestreift, außen schwarz.

*19 Kl. WS eines Terra-Nigra-Topfes (?) mit Rollrädchendekor. Ware 2 ohne schwarzen Überzug, außen Rußspuren. Bruchkanten leicht verrollt.

*20 Ca. zu einem Viertel erhaltener Rand, 2 Kragenfragm. u. 4 WS einer rätischen Reibschüssel mit braunrot gestrichenem Rand, Randdm. innen 26,5 bis 27 cm. Am Kragen sekundäre (?) Schmauchspuren, scharfe Brüche.

21 Kl. Kragenfragm. einer rätischen Reibschüssel mit streifenförmiger, orangefarbener Kragenbemalung, scharfe Brüche.

*22 Oberteil eines Kruges mit dreistabigem Henkel, um den Hals Rollrädchendekor. Ware 8, frische Brüche.

*23 Ca. Bodenhälfte eines Kruges, Bdm. 9 cm. Ton braunorange, schwarze Partikel, Biotitglimmer, Oberfläche innen u. außen bronzefarben-braun. Die Wandansätze sind zwecks Sekundärverwendung des Bodenstücks rings herum abgezwickt.

24 62 meist kl. WS von mindestens drei weiteren (Einhenkel-)Krügen, 1 zweistabiger Henkel. Waren 6 u. 8. Durchweg frische Brüche.

*25 Ca. ein Viertel einer innen u. am Außenrand orangerot gestrichenen Backplatte (Ware 4) mit abgesetzter Standfläche, aus Scherben zusammengesetzt, Randdm. 20 cm. Außen Hitzespuren, scharfe Brüche.

*26 3 kl. RS einer Backplatte, Randdm. ca. 20 cm. Ware 7, Ton mit Keramiksplitt gemagert. Eine anpass. Scherbe sek. verbrannt, scharfe Brüche.

*27 2 RS, 3 WS eines (?) Topfes, Randdm. 11,5 cm, evtl. zugehörige BS. Ware 9A, scharfe Brüche.

*28 Kl. RS, 2 kl. WS eines (?) tonnenförmigen Kochtopfes mit dreieckig verdicktem Rand, Randdm. 16 bis 20 cm. Ware 10, Brüche verrollt.

*29 2 RS, 3 WS eines zylindrischen, frei geformten Kochtopfes, Randdm. 14 bis 15 cm. Ton rotbraun, feine Sandmagerung, Biotitglimmer, Oberfläche innen u. außen grauocker. Außen anhaftender Ruß, scharfe Brüche.

*30 5 RS eines beinahe fassförmigen, frei geformten Kochtopfes mit Griffleisten (Lavezimitation wie Sölch 2001, Taf. 82,9), Randdm. 15,4 bis 15 cm. 2 BS gehören wahrscheinlich zu diesem Gefäß. Grob mit Sand gemagerter hellbrauner Ton, Biotitglimmer. Am Rand innen u. außen Brandspuren, innen haftet Ruß an, scharfe Brüche.

31 29 WS eines (?) dolium-artigen Vorratsgefäßes. Ton orange bis hellbraun, grauer Kern, Biotitglimmer. Teilweise sek. verbrannt, scharfe Brüche.

*32 Kl. Bruchstück eines Siebgefäßes. Feiner, orangefarbener Ton mit Biotitglimmer, keine Magerung erkennbar.

33 Zahlreiche kl. Scherben verschiedener, unbest., teils auch frei geformter Gefäße.

34 Kl. Fragment eines Schmelztiegels.

Befund ZOH-108

Phase 3; Anlage 11. – Nördliches Außengräbchen von Baracke XXI in der retentura. Der Befund konnte nur anlässlich einer hastigen Nachuntersuchung in den Fundamentgräben des ZOH-Betriebsgebäudes im Mai 2002 registriert und eingemessen werden. Eine ordnungsgemäße Profildokumentation blieb verwehrt, doch erwies sich die in der Baustelle schräg geschnittene Struktur als Pfostengräbchen. Seine Abmessungen unterscheiden sich nicht wesentlich von den Pfostengräbchen der Phase 2, wohl aber seine Verfüllung, die mehr Kulturmaterial enthielt.

Interpretation: Vorbau im Bereich der porticus, im Zuge der Erweiterung des Endbaus entstanden.
Stratigraphie: Keine Überschneidungen beobachtet.
Keine Funde.

Befund 118

Phase 1; Anlage 3. – Grube im Bereich der via vicenaria zwischen Baracke III und IV (Fl. 116D). Im Längsprofil rechteckige Kontur mit senkrechten Grubenwänden und ebener Sohle 0,7 m unter Pl. 2, d.h. ca. 0,85 unter der kastellzeitlichen Oberfläche. Dunkelbrauner Grubenrand u. Verfüllung mit vier Schichten:

A Verschmutzter Kies.
B Wie A, jedoch höherer Anteil mittelbraunen Lehms.
C Hauptverfüllung aus dunkelbraunem Lehm, durchsetzt mit Kies, HK u. etwas Brandlehm.
D Wie A, Einschluss am nördlichen Grubenrand innerhalb von C), wohl eingebrochene Grubenwand.
Stratigraphie: Isolierter Bef.
Anpassungen/Scherben derselben Gefäße: Bef. 42; 189; 299 u. 315?

Keramik

1 6 kl. vorgeschichtliche WS, verrollt. – Aus dem gesamten Bef. Fb.-Nr. 252, 378 u. 409.

*2 Hinterteil einer Bildlampe mit Henkel und anpass. Bruchstück mit Schnauzenansatz, Spiegel fehlt. Ton weißlich-beige, fein mit Kalkmagerung und wenig Biotitglimmer, Glanztonüberzug rotbraun und teilweise verrieben. Schicht C. Fb.-Nr. 220 u. 433.

3 8 WS eines (?) Kruges, eine mit Henkelansatz. Ware 6, stellenweise sek. Schwarzfärbung durch Manganausfällung (durch Bodenlagerung). – Aus dem gesamten Bef. Fb.-Nr. 378, 379 u. 409.

4 4 WS zweier versch. Krüge. Ware 8, Oberfläche innen orange bzw. hellgrau, Oberfläche in beiden Fällen geglättet. Beim Abziehen auf Pl. 2 bzw. Schicht C. Fb.-Nr. 252 u. 409.

5 Kl. WS eines Kochtopfes mit Trichterrand und schulterständigem Griff mit Griffdelle. Ware 7. Schicht C. Fb.-Nr. 409.

6 BS eines Topfes, Bdm. 9 bis 10 cm. Ware 10. Schicht C. Fb.-Nr. 409.

7 WS eines Kochtopfes. Ware 9B. Schicht C. Fb.-Nr. 409.

8 BS eines frei geformten Kochtopfes. Grauer, grob mit Sand u. Quarzkörnern gemagerter Ton, Biotitglimmer, Oberfläche außen hellbraun. Beim Schneiden des Bef. Fb.-Nr. 378.

*9 3 RS eines Deckels, Randdm. 20 cm. Ware 7. Schicht C. Fb.-Nr. 409.

*10 4 anpass. RS u. WS eines Deckels, Randdm. 17,5 cm. Ware 5, im Randbereich oben u. unten Hitzeschwärzung. Schicht C. Fb.-Nr. 378 u. 409.

11 Kl. Bröckchen verziegelten Fachwerklehms mit Häckselabdrücken. Schicht C. Fb.-Nr. 409.

Befund 120

Phase 1; Anlage 3. – Grube im Bereich der via vicenaria zwischen Baracke III und IV (Fl. 116C). Streng rechteckiges Profil in Längs- wie in nordsüdlicher Richtung mit ebener Sohle 1,10 m unter Pl. 2, d.h. ca. 1,25 unter der kastellzeitlichen Oberfläche. Innerhalb des dunkelbraunen Grubenrandes lassen sich drei Schichten unterscheiden:

A Verschmutzter Kies, umgelagerter gewachsener Boden.

B Mittelbrauner Lehm, mit Kies durchsetzt, Einschlüsse: HK, etwas Brandlehm, Plattenkalkstein.
C Haupteinfüllung aus dunkelbraunem Lehm, Einschlüsse: wie B, Kiesband, Kalkbruchsteine.
Stratigraphie: Isolierter Bef.
Anpassungen/Scherben derselben Gefäße: Bef. 42; 299 u. 315?

Metall

1 Verbogener Eisenstab, Länge 10,0 cm, Dm. 1,0 cm. Sattelversteifung? Pl. 2. Fb.-Nr. 394.
2 Vollständiger Eisennagel, Länge 10,6 cm. Pl. 2 beim Abziehen. Fb.-Nr. 211.

Keramik

3 Spiegelfragment einer Firmalampe mit Einfüllloch. Fein geschlämmter, eisenhaltiger, ziegelroter Ton (keine Magerung erkennbar) mit feinem Biotitglimmer, oxidierend und hart gebrannt. Geglättete Außenfläche (kein Überzug). Beim Schneiden des Bef. Fb.-Nr. 328.
*4 2 kl. RS, 8 teilw. kl. WS eines (?) Kruges, Randdm. 7,5 cm. Ware 8, Oberfläche innen u. außen orange bis orangeocker. Schicht C. Fb.-Nr. 417.
*5 Bodenstück u. 5 teilw. kl. WS eines Kruges, Bdm. 7,4 cm. Ware 6, Oberfläche außen ocker-orange, innen grauocker. 7 kl. WS Nr. 190/315–1 gehören wahrscheinlich ebenfalls zu diesem Gefäß. Schicht C. Fb.-Nr. 328 (1 WS) u. 417.
*6 Kl. RS eines Backtellers, Randdm. 21 bis 23 cm. Ware 4, grauer Reduktionskern, rotbrauner Überzug innen u. außen weitgehend verrieben od. sek. schwarz verbrannt. Pl. 2 beim Abziehen. Fb.-Nr. 211.
*7 Kl. RS u. kl. WS eines (?) Topfes mit horizontalem Kammstrich, Randdm. ca. 12 cm. Ware 9B, Tonkern u. Oberfläche hellgrau. Pl. 2 beim Abziehen. Fb.-Nr. 211 u. 328.
8 Kl. WS eines *dolium* od. großen Kruges? Tonkern u. Oberfläche außen ocker bis hellbraun, Oberfläche innen dunkelgrau, grobe Magerung mit Quarzkörnchen (Sand), Biotitglimmer. Pl. 2 beim Abziehen. Fb.-Nr. 211.
9 Fragment von verziegeltem Lehm (von Herdstelle). Schicht C. Fb.-Nr. 417.

Befund 123/281

Phase 1; Anlage 3. – Grube im Bereich der *via vicenaria* zwischen Baracke III und IV (Fl. 116A/B). Bef. 123 beschreibt das anfängliche Erscheinungsbild des Bef. im Pl. 1. Im Längsprofil wannenförmige, im nordsüdlichen Profil rechteckige Kontur mit ebener Sohle 0,6 m unter Pl. 2, d. h. ca. 0,75 unter röm. Oberfläche. Dunkelbrauner Grubenrand (B) und Verfüllung aus vier Schichten:
A Verschmutzter Kies, Einschlüsse: etwas HK u. Brandlehm. Darunter Zwischenschicht von gelöschtem Kalk.
C Kies, mit braunem bis rotbraunem Lehm durchsetzt.
D–E Dunkelbrauner bis brauner Lehm, Einschlüsse: Kies u. Brandlehm u. HK.
Stratigraphie: Schneidet Bef. 264 (vorgeschichtliches Gräbchen).

Keramik

*1 RS einer Schüssel mit Horizontalrand u. Knickwand, Randdm. 24 cm. Schicht D/E. Ware 7. Fb.-Nr. 410.
2 Kl. Fragment einer „rätischen" Reibschüssel, verrollt. Ton orange, Überzug hellorange (Ware 4). Fb.-Nr. 410.

Befund 124-26/280

Phase 1; Anlage 3. – Grube im Bereich der *via vicenaria* zwischen Baracke III und IV (Fl. 116B). Bef. 124-26 beschreibt das Erscheinungsbild des Bef. im Pl. 1. Im Längsprofil senkrechte Grubenwände, stufenartiger Einstieg am Westende und muldenförmige Sohle von max. 0,8 m Tiefe unter Pl. 2 (ca. 0,95 m unter röm. Oberfläche). Der dunkelbraune Grubenrand umschließt fünf Schichten:
A Umgelagerter, leicht sandiger, gewachsener Kies.
B Kies, mit dunkelbraunem Lehm durchsetzt.
C Verschmutzter Kies, darunter Zwischenschicht von gelöschtem Kalk.
D Dunkelbrauner Lehm, wenig Kies, etwas HK.
E Sohlenschicht wie D, Einschlüsse: HK, verziegelter Lehm (von Feuerstelle), Placken ockerfarbenen Lehms (Hüttenlehm?).
Stratigraphie: Schneidet Bef. 263/264 (vorgeschichtliches Gräbchen).
Anpassungen/Scherben derselben Gefäße: Bef. 92? 190/315.

Keramik

1 2 vorgeschichtliche WS, abgerollt. Schicht D/E. Fb.-Nr. 384 u. 407. Evtl. zugehörig: Nr. 92-2.
2 WS Drag. 27. Südgallisch. Schicht D/E. Fb.-Nr. 407.
*3 Ca. ein Viertel eines Topfes, Randdm. 13 cm. Terra Nigra. Oberfläche innen schwarzgrau, stumpf, schwarzer Glanztonüberzug nur außen bis zur Gefäßmitte, weitgehend verrieben. Tonkern hellbraun, fein-mittel mit etwas Kalkmagerung, rotbraunen u. schwarzen Partikeln, Biotitglimmer. Fb.-Nr. 384.
4 Kl. WS eines unbest. Terra-Nigra-Gefäßes, jedoch nicht zu Nr. 3 gehörig. Tonkern ocker, Oberfläche innen hellgrau, schwarzer Glanztonüberzug nur außen. Schicht E/F. Fb.-Nr. 407.
*5 Kl. RS u. WS eines Kruges, Randdm. ca. 9 cm. Ware 8. Fb.-Nr. 384.
5a Fragment eines dreistabigen Krughenkels. Ware 8. Fb.-Nr. 384.
*6 RS eines Backtellers, Randdm. 20 cm. Hellrotbrauner Ton, mit Sandmagerung, rotbraunen u. schwarzen Partikel. Viel Biotitglimmer auf der Oberfläche (Ware 7). Schicht E/F. Fb.-Nr. 407.
7 WS eines Topfes (nahe Boden). Ware 9A. Schicht E/F. Fb.-Nr. 407.
8 Kl. WS eines Kruges. Ware 5. Fb.-Nr. 384.
9 Ca. faustgroßes Fragment verziegelten Hüttenlehms mit Staketenabdrücken von 2,3 cm Dm. Schicht E/F. Fb.-Nr. 407.

Befund 136/282

Phase 2a; Anlage 8. – Grube innerhalb der *porticus* von Baracke III (Fl. 116B). Bef. 136 bezeichnet das Erscheinungsbild des Bef. im Pl. 1. Im Längsprofil wannenförmige Kontur, im nordsüdlichen Profil rechteckige mit leicht muldenartiger Sohle 0,73 m unter Pl. 2, d. h. ca. 0,9 m unter der röm. Oberfläche. Ein dunkelbrauner Grubenrand (D) und drei Verfüllschichten sind zu unterscheiden:
A Paket von mehreren feinen Kiesschichten mit unterschiedlicher Lehmdurchsetzung; die oberste Teilschicht ist eine spätere Nachplanierung.
B Ockerbrauner Lehm u. Brandlehm (vorwiegend vom Herdstellenbelag) vermischt, dazwischen HK u. Kalkmörtel, darunter Verputzstücke mit Außenflächen.

C Braungrauer, sandiger Lehm mit HK. Unterhalb des Befundes ist der gewachsene Kies rostrot verfärbt.
Stratigraphie: Die Grube schneidet das vorgeschichtliche Gräbchen Bef. 264 sowie das Außengräbchen der Baracke III (Bef. 106). Jünger sind ferner zwei kl. Pfostenstandspuren, möglicherweise frühalamannischer Zeitstellung (Bef. 284 u. 285).
Sämtliche Funde stammen aus dem Schichtpaket A, jedoch nicht aus der oberen Nachplanierung (Fb.-Nr. 458).
Anpassungen/Scherben derselben Gefäße: Bef. 1301.

Keramik

*1 RS Drag. 37. Art des *Attianus* (Gruppe II)? Mittelgallien, vgl. Kap. IV.7 (Reliefsigillata) Nr. 64. Scharfe Bruchkanten. Fb.-Nr. 453.
2 WS einer unverzierten Terra-Sigillata-Schüssel, evtl. Drag. 38. Wohl südgallisch. Schicht A. Fb.-Nr. 458.
3 Kl. Kragenfragment einer orange gestrichenen „rätischen" Reibschüssel. Ware 4, Überzug rotorange. Fb.-Nr. 458.
4 20 WS, 1 kl. BS mindestens zwei versch. Krüge. 2 kl. WS mit Graffitiresten (Kap. IV.1 Nr. 29): [---]MI . A/M[---] und [---]RII? Ware 6. Fb.-Nr. 453 u. 458.
*5 Fast vollständig aus Scherben zusammengesetzter Backteller, Randdm. 18,2 cm. Ware 7. Fb.-Nr. 458.
6 1 BS, 1 WS eines Topfes vermutlich mit Horizontalrand u. Knickwand. Ware 5, außen Hitzespuren. Fb.-Nr. 458.
7 13 teilw. anpass. WS eines Topfes mit feinem, horizontalem Kammstrich. Ware 10. Fb.-Nr. 458.
8 BS eines Topfes mit horizontalem Kammstrich, Bdm. 9 cm. Ware 9B. Fb.-Nr. 458.

Befund 155

Phase 2a; Anlage 8. – Grube innerhalb der *porticus* von Baracke IV (Fl. 116C). Der kleinste unter den Grubenbefunden der Phase 2a weist ein parabelförmiges Profil mit Tiefpunkt bei 0,60 m unter Pl. 2 und vier Verfüllschichten auf, aber keine erkennbaren Reste einer Befestigung des Grubenrandes:
A Verunreinigter Kies, darin etwas Brandlehm.
B Dunkelbrauner Lehm, Brandlehm, Kies, HK.
C Sandiger, gräulicher Lehm.
D Dunkelbrauner Lehm, Kies. Die Sohle greift in eine natürliche Schicht durch Manganausfällungen schwarz verfärbten Kieses ein.
Stratigraphie: Isolierter Befund.

Keramik

*1 Kl. RS einer großen Drag. 33, Randdm. über 14 cm. Mittelod. ostgallisch. Beim Schneiden des Bef. Fb.-Nr. 356.
*2 Kl. RS eines Terra-Sigillata-Gefäßes mit Steilrand, evtl. Drag. 38 wie Heiligmann 1990, Taf. 126,16–17. Südgallisch. Kl. WS vermutlich desselben Gefäßes. Fb.-Nr. 345.
*3 Kl. WS eines Topfes mit Rollrädchendekor. Ware 9B, Ton innen graubraun, außen schwarz mit anhaftendem Ruß.

Befund 157

Phase 1; Anlage 3. – Grube im Bereich der *via vicenaria* zwischen Baracke III und IV (Fl. 116C). Im Längs- wie nordsüdlichen Profil rechteckige Profilkontur mit ebener Sohle 0,82 m unter Pl. 2, d.h. ca. 1 m unter der kastellzeitlichen Oberfläche. Der dunkelbraune Grubenrand umfängt drei Schichten:
A Verschmutzter, umgelagerter Kies.

B Schmale Schicht mittelbraunen Lehms, mit Kies durchsetzt, 1 Kalkbruchstein.
C Haupteinfüllung von dunkelbraunem Lehm, mit Kies, HK u. Placken hellbraunen (Fachwerk-) Lehms durchsetzt.
D–E Kieskonzentrationen innerhalb von C nahe Grubenrand, wohl in die offene Grube eingebrochenes, anstehendes Material.
Stratigraphie: Schneidet Bef. 263 (vorgeschichtliches Gräbchen).
Anpassungen/Scherben derselben Gefäße: Bef. 299.

Keramik

1 3 kl. vorgeschichtliche WS, verrollt. Schicht C. Fb.-Nr. 377.
*2 Bodenstück, Bdm. 4,0 cm. Ware 8. Schicht C. Fb.-Nr. 402.
3 Kl. BS (2 anpass. Fragm.) eines Topfes, Bdm. 7 cm. Ware 5, außen Hitzespuren. Schicht C. Fb.-Nr. 402.
4 Kl. WS eines Kochtopfes. Ware 5. Schicht C. Fb.-Nr. 377.
5 Bruchstück verziegelten Fachwerklehms mit Häckselabdrücken. Schicht C. Fb.-Nr. 377.

Befund 161/299

Phase 1; Anlage 3; Abb. 26. – Grube im Bereich der *via vicenaria* zwischen Baracke III und IV (Fl. 116A). Bef. 161 beschreibt das Erscheinungsbild des Bef. im Pl. 1. Im Längsschnitt wannenförmiges, im nordsüdlichen Schnitt etwa rechteckiges Profil mit ebener Sohle 0,7 m unter Pl. 2, d.h. ca. 0,95 m unter der röm. Oberfläche. Die Verfüllung der Grube besteht aus zwei Schichten u. Grubenrand B):
A Verschmutzter Kies mit sandigen Einschlüssen.
C Schwarz verfärbter Kies (Manganausfällungen), hellbrauner Lehm (Hüttenlehm?), Kalkmörtel, wenige kl. Stücke Putzmörtel mit Außenflächen, etwas HK.
Stratigraphie: Wird von Bef. 162 (frühalamannischer Hauspfosten) geschnitten.
Anpassungen/Scherben derselben Gefäße: Bef. 42; 120; 157; 190/314?

Keramik

*1 Kl. RS Drag. 27, Randdm. 12 bis 14 cm. Südgallisch. Fb.-Nr. 415.
2 Kl. WS eines Bechers mit Griesbewurf. Ton orange, Überzug innen u. außen braunorange, stumpf, ohne Biotitglimmer (Ware 3). Fb.-Nr. 374.
*3 2 RS, 13 meist kl. WS eines Bechers mit Trichterrand, Randdm. ca. 12 cm. Ware 7. Zwischen Schicht A u. B. Fb.-Nr. 390.
*4 Ca. ein Viertel einer Kragenschüssel (aus sechs Scherben zusammengesetzt), Randdm. 20 cm. Terra Nigra. Ton grau mit feiner Sandmagerung, rotbraunen u. schwarzen Partikeln, Biotitglimmer. Schwarzer Glanztonüberzug innen u. außen, weitgehend verrieben. Zugehörige Scherben aus Bef. 42 (Fb.-Nr. 437) u. Bef. 120 (Fb.-Nr. 328). Schicht C. Fb.-Nr. 399.
5 Kl. Kragenfragment einer tongrundigen Reibschüssel, Kragendm. ca. 30 cm. Ware 8. Zwischen Schicht A u. B. Fb.-Nr. 390.
6 Kl. Kragenfragment einer tongrundigen Reibschüssel, verrollt. Ware 6. Fb.-Nr. 365.
*7 Ca. ¾ erhaltener Krug mit zweistabigem Henkel, Mündung fehlt. Ware 8. Zwischen Schicht A u. B. Fb.-Nr. 390.
*8 Rand eines Kruges (3 Scherben), Randdm. 5,8 cm. Ware 8; weil dunkler als Nr. 7, wahrscheinlich von anderem Gefäß. Zwischen Schicht A u. B. Fb.-Nr. 390.

*9 2 RS, 1 WS eines Topfes mit gerilltem Horizontalrand u. Knickwand, Randdm. 16 cm. Ware 5. Außen Hitze- u. Rußspuren. Zugehörige RS aus Bef. 157 (Fb.-Nr. 377, Schicht C). Schicht C. Fb.-Nr. 399 u. 415.
*10 RS eines zylindrischen Kochtopfes mit Giffleisten, Randdm. 14 cm. Ware 5, Oberfläche innen u. außen mit viel Biotitglimmer, außen Hitze- u. Rußspuren. Schicht C. Fb.-Nr. 399.
11 BS eines frei geformten Kochtopfes. Ton grau, grob (starke Sandmagerung), schwarze Partikel, außen anthrazit. Fb.-Nr. 374.
12 9 meist kl. WS versch. Krüge u. Töpfe. Waren 5 u. 6. Fb.-Nr. 365, 374, 390 u. 399.

Befund 166

Phase 2a; Anlage 8. – Grube innerhalb der *porticus* von Baracke III (Fl. 115B/116A) von annähernd rechteckigem Profil in beiden Kreuzschnittsegmenten. Die ebene Sohle verläuft 0,64 m unter Pl. 2, d. h. ca. 0,8 m unter der röm. Oberfläche. Dunkelbrauner Grubenrand begrenzt drei Verfüllschichten:
A Verunreinigter Kies.
B Mittelbrauner Lehm, mit Kies dicht durchsetzt. Im zentralen Bereich Linse von gelöschtem Kalk mit Holzabdrücken.
C Dunkelbrauner Lehm, etwas Kies, etwas Brandlehm, HK.
Stratigraphie: Isolierter Bef.

Metall

*1 Fragment eines eisernen Scharnierbandes. Länge noch 5,6 cm. Vgl. Kap. IV.4 (Eisen) Nr. 69. Beim Schneiden des Bef. Fb.-Nr. 450.

Glas

*2 Halsstück mit Henkel einer Flasche, vgl. Kap. IV.6 (Glas) Nr. 42. Blaugrünes Glas. Schichten A/B. Fb.-Nr. 460.

Keramik

3 7 teilw. anpass. WS eines Kruges mit Rollrädchendekor auf der Schulter. Ware 6. Schichten A/B. Fb.-Nr. 460.
4 Deckelfragment mit Knauf. Ware 5. Schichten A/B. Fb.-Nr. 460.

Befund 168/296/297

Phase 2a; Anlage 8. – „Doppelgrube" innerhalb der *porticus* von Baracke III (Fl. 116A), die aus einer älteren (Bef. 296) und einer jüngeren (Bef. 297) Grube besteht, vgl. Bef. 349/584. Beide Teilbefunde weisen ein annähernd rechteckiges Profil auf sowie eine fast ebene Sohle 0,87 m unter Pl. 2. In Bef. 297 gibt es eine muldenförmige Vertiefung bis 1,0 m unter Pl. 2, d. h. bis ca. 1,15 m unter der kastellzeitlichen Oberfläche. Von einem dunkelbraunen Grubenrand (B) umfangen, weist Teilbef. 296 drei Verfüllschichten A–C auf, 297 vier (D–G):
A Schichtpaket kaum trennbarer Teilschichten aus verunreinigtem Kies und Lehm, darin einzelne Plattenkalksteine.
B Dunkelbrauner Lehm, mit Kies, Brandlehm u. HK durchsetzt.
C Graubrauner Lehm mit HK, Placken hellbraunen Lehms u. wenig Kies.
D Mittelbrauner Lehm, mit Kies durchsetzt, gemeinsame Schicht beider Teilbef.
E Schichtpaket mehrerer horizontal gelagerter Kiesstraten unterschiedlichen Verunreinigungsgrades bzw. Lehmanteils.
F Mörtelschicht (gemagerter Kalkmörtel), locker-sandig.
G Wie C, jedoch dunkler u. mit Brandlehm. Unterhalb des Befundes ist der gewachsene Kies rostrot verfärbt.
Stratigraphie: Teilbef. 297 schneidet Teilbef. 296.

Metall

*1 Runder Beschlag mit zwei Zonen Emaileinlagen: außen blaue und grüne Felder, innen rotorange und weiße/gelbe Felder im Wechsel, Zentrum blau. Dm. 2,5 cm. Länge des Befestigungsstiftes 1,2 cm. Vgl. Kap. IV.3 (Bronze) Nr. 59. Schicht B an der Oberfläche des Bef. Fb.-Nr. 391 (Scholz 2001/02, 100 Abb. 5, 6).

Bein

*2 Längliches Halbfabrikat mit länglichem Durchzug (für einen Riemen?), Ansatz einer zweiten Öse vorhanden. Oberseite eben und geglättet, Unterseite roh geschnitzt u. ungeglättet. Schicht B/C. Beinfunde-Nr. 17. Fb.-Nr. 400.

Keramik

3 2 kl. WS vorgeschichtliche Keramik, verrollt. Schichten B/C. Fb.-Nr. 404.
4 Kl. WS eines Bechers mit Griesbewurf. Ware 3A–C, Ton mit feiner Kalkmagerung, Glanztonüberzug glimmerhaltig. Beim Schneiden von Bef. 297. Fb.-Nr. 381.
*5 Bodenhälfte eines Kruges, Bdm. 8,8 cm. Ware 8, Innenseite hellgrau. Schicht G. Fb.-Nr. 405.
*6 RS einer „rätischen" Reibschüssel, Randdm. innen ca. 22 cm. Ware 4, Überzug hellrot. Auf dem Kragenrand befinden sich drei Griffdellen. Schichten B/C. Fb.-Nr. 401.
7 Kl. RS einer „rätischen" Reibschüssel, eines anderen Gefäßes als Nr. 6 aufgrund des Ansatzes der Steinung unterhalb des Randes, Randdm. innen 22 cm. Ware 4, Überzug mittel-hellrot. Schichten B/C. Fb.-Nr. 404.
8 WS einer „rätischen" Reibschüssel, die keinem der vorher genannten Gefäßreste zuzuordnen ist, Ware 4. Schicht G. Fb.-Nr. 405.
*9 RS einer tongrundigen Reibschüssel, Randdm. innen 22 cm, Kragendm. 30 cm. Ware 5, Ton hellorange. Schichten B/C. Fb.-Nr. 404.
10 RS einer tongrundigen Reibschüssel, Randdm. innen ca. 28 cm. Ware 5, auf Kragenstumpf Spuren sek. Brandes. Schicht G. Fb.-Nr. 405.
*11 2 RS, 2 anpass. WS u. (nicht anpass.) BS eines Kochtopfes mit breitem horizontalem Kammstrich, Randdm. 12 cm. Ware 9B. Schichten B/C. Fb.-Nr. 383 u. 404.
*13 2 RS u. 3 anpass. WS eines Kochtopfes mit feinem horizontalem Kammstrich, Randdm. ca. 12 cm. Ware 10. Außen Rußspuren. Beim Schneiden von Bef. 297. Fb.-Nr. 381; Schichten B/C. Fb.-Nr. 404.
14 Kl. WS eines Kochtopfes mit feinem, horizontalem Kammstrich. Ware 9B, Innenseite hellgrau. Außen haftet Ruß an. Schichten B/C. Fb.-Nr. 404.
15 Kl. RS eines Deckels, Randdm. 18 bis 19 cm. Ware 10, Sandmagerung. Schichten B/C. Fb.-Nr. 404.
16 Deckelknauf, Ware 5. Schichten B/C. Fb.-Nr. 404.
17 9 kl. WS versch. Töpfe u. Krüge, Waren 5/6 u. 8. Fb.-Nr. 383 u. 404.
18 Brandlehm, Brocken von Kinderfaustgröße. Aufgrund von Häckselabdrücken handelt es sich um Fachwerklehm. Schicht A. Fb.-Nr. 420.

Befund 180

Phase 1; Anlage 3. – Grube im Bereich der *via vicenaria* zwischen Baracke III und IV (Fl. 115D). Im Längsprofil fast rechteckige, im nordsüdlichen Profil exakt rechteckige Kontur mit ebener Sohle 0,76 m unter Pl. 2, d. h. ca. 0,9 m unter der kastellzeitlichen Oberfläche. Der dunkelbraune Grubenrand (B) umschließt vier Schichten:
A Umgelagerter, verschmutzter Kies, darin mehrere Kalkbruchsteine.
B Graubrauner Lehm, mit Kies durchsetzt.
C Kies, mit hellbraunem Lehm (Fachwerklehm?) durchsetzt.
D Sohlenschicht/Haupteinfüllung von dunkelbraunem Lehm, durchsetzt mit Sand, Kies u. viel HK.
E Linse ockerfarbenen Lehms (Fachwerklehm) zwischen C u. D.
Stratigraphie: Schneidet Bef. 264 (vorgeschichtliches Gräbchen).
Anpassungen/Scherben derselben Gefäße: Bef. 182.

Keramik

1 2 kl. BS eines Topfes mit flachem Boden, Bdm. ca. 14 cm. Terra Nigra, Tonkern hellgrau, Oberfläche dunkelgrau ohne schwarzen Glanzton. Schicht D. Fb.-Nr. 341 u. 380.
*2 Hals u. Rand eines Einhenkelkruges mit dreistabigem Henkel, Randdm. 5,3 cm. Ware 8. Schicht D. Fb.-Nr. 380.
*3 3 RS, 2 WS, teilweise verrollt, eines Topfes mit eingedellter Wand u. Karniesrand, Randdm. 12 bis 13 cm. Ware 7, außen Hitzeschwärzung. Schicht D. Fb.-Nr. 341 u. 380.
*4 RS u. 3 kl. WS eines Kochtopfes mit Trichterrand, Randdm. 11 cm. Ware 5, außen u. auf dem Rand stark Rußverkrustungen mit Deckelrandabdruck u. Hitzeschwärzung.
5 4 WS (3 anpass.) mit Griffleiste eines zylindrischen Kochtopfes. Ware 9B, außen Hitzespuren. Schichten A–C. Fb.-Nr. 379.
6 2 kl. Brandlehmfragmente mit Häckselspuren. Beim Schneiden des Bef. Fb.-Nr. 341.

Befund 182

Phase 2a; Anlage 8. – Grube innerhalb der *porticus* von Baracke IV (Fl. 115D), im Profil von annähernd rechteckiger Kontur mit ebener Sohle 0,8 m unter Pl. 2, d. h. knapp 1 m unter der kastellzeitlichen Oberfläche. Der dunkelbraune Grubenrand ist nicht durchgängig vorhanden; die Verfüllung setzt sich aus fünf Schichten zusammen:
A Verschmutzter, umgelagerter Kies.
B Dunkelbrauner Lehm, viel HK, etwas ockerfarbener Lehm.
C Ockerfarbener bis gräulicher Lehm, HK.
D Dunkelbrauner u. ockerfarbener Lehm, Asche, Kies. Sehr heterogene Schicht.
E Sohlenschicht dunkelbraunen Lehms. Einschlüsse: Kies, kl. Kalkbruchsteine, HK, Placken ockerfarbenen Lehms (Fachwerklehm?).
Stratigraphie: Isolierter Bef.
Anpassungen/Scherben derselben Gefäße: Bef. 180.

Keramik

1 3 kl. vorgeschichtliche WS, verrollt. Fb.-Nr. 337 u. 347.
*2 2 kl. RS, 17 teilw. anpass. WS eines Topfes mit Horizontalrand, Randdm. 13 cm. Ware 5, Oberfläche innen von orange (Randbereich) zu grau changierend. Zugehörige Scherbe aus Bef. 180 (Fb.-Nr. 341). Schichten A–E. Fb.-Nr. 337 u. 347.

Befund 186

Phase 1; Anlage 3. – Grube im Bereich der *via vicenaria* zwischen Baracke III und IV (Fl. 115A/B), die im Längsschnitt ein wannenförmiges Profil, im nordsüdlichen Schnitt ein rechteckiges aufweist. Die Sohle verläuft stellenweise eben, am Ostende unregelmäßig bei 0,7 bis 0,8 m unter Pl. 2, d. h. ca. 0,85 bis 1,0 m unter der kastellzeitlichen Oberfläche. Zwei Verfüllschichten sind zu unterscheiden:
A Verschmutzter Kies, etwas HK u. Kalkbruchsteine, die im Randbereich teilweise senkrecht stehen, etwas Brandlehm.
B Dunkelbrauner Lehm, Kies, Einschlüsse: etwas HK, Brandlehm, ockerfarbener Lehm (Hüttenlehm?), Ascheschlieren. Heterogenes Erscheinungsbild, keine Trennung zwischen dunkelbraunem Grubenrand und unterer Verfüllschicht.
Stratigraphie: Isolierter Bef.
Anpassungen/Scherben derselben Gefäße: Bef. 118.

Keramik

1 6 WS vorgeschichtliche Keramik, teilweise verrollt. Fb.-Nr. 376.
*2 Kl. RS Drag. 35, Randdm. 9,5 cm. Südgallisch. Anpassende WS u. zugehöriges Bodenstück aus Bef. 118 (Fb.-Nr. 409). Fb.-Nr. 376.
3 Kl. Fragment eines zweistabigen Krughenkels. Ware 8. Schicht B. Fb.-Nr. 375.
*4 Vollständig aus Scherben zusammengesetzte Flasche, Randdm. 5,8 cm. Feiner Ton mit Kalkmagerung, vielen rotbraunen Partikeln u. Biotitglimmer (Ware 4). Braunrote Streifenbemalung im Schulterbereich fast verrieben. Schicht B, auf der Grubensohle gelegen. Fb.-Nr. 375.

Befund 188/334

Phase 2b; Anlage 8. – Grube an einer Trennwand zweier Ställe von Baracke III (Fl. 115A/125C). Im Profil akkurat rechteckige Kontur mit ebener Sohle 75 cm unter Pl. 1, d. h. ca. 90 cm unter römischer Oberfläche. Die Sohle der Grube berührt eine natürliche, ca. 10 cm mächtige Schicht durch Manganausfällungen schwarz verfärbten Kieses. Dunkelbraune Erde entlang der Grubenränder deutet auf eine ehemals vorhandene Holzverschalung hin. Verfüllung in drei Schichten:
A Hellbrauner Lehm, mit Verputzstücken, wenigen Kieseln, etwas HK u. Brandlehm vermischt.
B Mittelbrauner Lehm, Kiesel, HK, etwas Brandlehm u. Kalkpartikel.
C Dunkelbrauner Lehm, Kiesel, Brandlehm, Kalkmörtel (teilweise mit Ziegelsplitt gemagert).
Interpretation: Neben der „regulären" Jaucherinne Bef. 194/324 jüngere oder zusätzliche Jauchegrube, die wahrscheinlich nur kurze Zeit in Betrieb war, da die typischen Verfärbungen durch eingesickerten Urin am Rand des Befundes fehlen.
Stratigraphie: Schneidet das Trennwandgräbchen (bei der Ausgrabung nicht erkannt und fälschlich Schicht B zugeschlagen) am Rand. Der Zeitpunkt der Aufgabe der Grube ist nicht zu fixieren, in Analogie zu Bef. 195 u. 1111 darf die Verfüllung jedoch noch vor dem Ende des Kastells angenommen werden.

Metall

*1 Bronzene Panzerschuppe mit acht Heftlöchern. Länge 3,3 cm. Vgl. Kap. IV.3 (Bronze) Nr. 9. Schicht C. Fb.-Nr. 443 (Scholz 2001/02, 100 Abb. 5, 4a).

2 Kl. Fragment eines Schneidenschutzes für eine Lanzenspitze. Vgl. Kap. IV.3 (Bronze) Nr. 30. Fb.-Nr. 442.
*3 Bronzener Riemenendbeschlag mit dreiteiliger Blüte, Schlaufe abgebrochen. Länge noch 4,8 cm. Vgl. Kap. IV.3 (Bronze) Nr. 108. Schicht B. Fb.-Nr. 432 (Scholz 2001/02, 100 Abb. 5, 10).
*4 Nadel einer Fibel mit Spanndorn. Gewicht noch 2,0 g. Schicht C. Fb.-Nr. 442.
5 6 Schuhnägel. Pl. 2 u. beim Abbau des Bef. Fb.-Nr. 392 u. 457.
6 Bruchstück von Kettenglied. Fb.-Nr. 457.
7 16 Bruchstücke von Eisennägeln. Pl. 2 u. beim Abbau des Bef. Fb.-Nr. 392 u. 457.

Glas

8 WS einer Schale od. eines Tellers aus aquamarinfarbenem Glas (Glas-Nr. 5). Auf der Außenseite Kratzspuren. Pl. 2, beim Abziehen (Schicht A). Fb.-Nr. 392.

Keramik

*9 Kl. WS Drag. 37. Wahrscheinlich Art des *Acaunissa* (Gruppe II), Mittelgallien, vgl. Kap. IV.7 (Reliefsigillata) Nr. 62. Scharfe Bruchkanten. Fb.-Nr. 457.
*10 RS (ca. 90° erhalten) Drag. 18/31, Randdm. 16,5 cm. Aufgrund des harten, homogenen, lachsfarbenen Tons wahrscheinlich Produkt aus Heiligenberg. Aus Schicht A od. C. Fb.-Nr. 434.
*11 Ca. zur Hälfte erhaltene Form Drag. 18/31 mit Stempel: OFFIVL.RESP.M (R retrograd), Heiligenberg (Stempel-Nr. 31). Fb.-Nr. 444.
*12 RS (ca. 10°) Drag. 18/31, Randdm. 19 bis 20 cm. Südgallisch. Scharfe Bruchkanten. Fb.-Nr. 392.
*13 RS (ca. 15°) Drag. 18/31, Randdm. 18 cm. Ostgallisch (Heiligenberg?). Scharfe Bruchkanten. Fb.-Nr. 392.
*14 RS (45° erhalten) eines tongrundigen Bechers mit verschliffenem Karniesrand, Randdm. 10 cm. Ware 6, scharfe Bruchkanten. Schicht A. Fb.-Nr. 229.
15 BS einer tongrundigen Reibschüssel. Ware 8, verrollt. Beim Schneiden. Fb.-Nr. 392.
*16 RS (30° erhalten) eines Topfes mit kurzem Trichterrand, Randdm. 12 cm. Ware 5, auf der Randaußenseite Hitzeschwärzung. Fast scharfe Bruchkanten. Fb.-Nr. 392.
*17 RS (ca. 20° erhalten) eines Deckels, Randdm. 14 bis 15 cm. Ware 5 mit Hitzeschwärzung entlang des Randes. Scharfe Bruchkanten. Fb.-Nr. 392.
*18 Kl. WS eines Kruges, Ware 6, mit Rest eines Graffitos -]A[-? Verrollte Brüche. Fb.-Nr. 392.
19 Einzelscherben von mindestens drei verschiedenen Krügen (Waren 6 u. 8) u. 2 Kochtöpfen (Ware 5). Fb.-Nr. 392.

Befund 190/314

Phase 1; Anlage 3. – Grube im Bereich der *via vicenaria* zwischen Baracke III und IV (Fl. 115A/B). Wannenförmiges Längsprofil mit ebener Sohle 0,8 m unter Pl. 2, d. h. ca. 0,95 m unter der röm. Oberfläche. Im nordsüdlichen Profil erscheint der Befund fast rechteckig. Die Verfüllung der Grube besteht aus zwei Schichten (A–B). Eine Trennung zwischen dem dunkelbraunen Grubenrand u. der Sohlenschicht war nicht möglich.
A Kies, durch sandigen Lehm verschmutzt, Einschlüsse: wenig HK, wenig Brandlehm, 1 flach liegende Kalksteinplatte, hellbraune Lehmlinse im Grenzbereich zu B).
B Die mächtige Sohlenschicht füllt 2/3 der Grube, Einschlüsse: HK (Holzkohlekonzentration im Grenzbereich zu Schicht A), wenig Brandlehm, Einlagerungen hellbraunen Lehms (Hüttenlehm?).
Stratigraphie: Auf Pl. 1 erschienen die Gruben Bef. 314 u. 315 zunächst als ein Befund (Bef. 190). Bef. 314 schneidet jedoch Bef. 315.
Anpassungen/Scherben derselben Gefäße: Bef. 190/315 u. 299?

Keramik

1 2 Kl. vorgeschichtliche WS. Fb.-Nr. 324.
*2 Kl. RS Drag. 37, nur glatter Rand erhalten, Randdm. 18 bis 22 cm. Süd- od. mittelgallisch. Bef. 190/Pl. 2 (Schicht A). Fb.-Nr. 217.
3 Kl. WS Terra Nigra. Gefäßtyp unbestimmt, schwarze Glanztonoberfläche nur einseitig, evtl. zu Fb.-Nr. 399 (Bef. 299) gehörig. Fb.-Nr. 363.
*4 RS einer tongrundigen Reibschüssel, Randdm. 21 cm. Ware 5 mit Sandmagerung. Schicht B. Fb.-Nr. 323.
*5 5 kl. RS, 1 WS eines Backtellers, Randdm. 16 cm. Ware 7. Anpassung an Nr. 190/315-2. Fb.-Nr. 324.
6 2 WS eines (?) Kochtopfes mit horizontalem Kammstrich. Ware 9b. Fb.-Nr. 324.
*7 Ca. 2/3 erhaltener Deckel, Randdm. 16 cm. Ware 9b. Schicht B. Fb.-Nr. 323.
*8 Kl. RS eines Deckels, Randdm. ca. 12 cm. Ware 5. Bef. 190/Pl. 2 (Schicht A). Fb.-Nr. 217.
9 7 kl. WS nicht identifizierbarer Gefäßtypen. Waren 5–9. Fb.-Nr. 217, 323 u. 324.

Befund 190/315

Phase 1; Anlage 3. – Grube im Bereich der *via vicenaria* zwischen Baracke III und IV (Fl. 115B). Rechteckige Grube in beiden Kreuzschnittsegmenten, lediglich die Ostwand verläuft schräg und zeigt an, dass die Holzverbauung wahrscheinlich von dieser Seite her – vermutlich im Zuge der Anlage von Bef. 314 – entfernt wurde. Die ebene Sohle liegt 0,55 m unter Pl. 2, d. h. ca. 0,7 m unter der röm. Oberfläche. Die Verfüllung der Grube besteht aus sechs schwer voneinander trennbaren Schichten A–G u. Grubenrand B:
A/C Verschmutzter Kies.
D Dunkelbrauner Lehm, Einschlüsse: Kies, wenig HK u. Brandlehm.
E Verschmutzter Kies, Einschlüsse: etwas HK.
F Ockerfarbener Lehm, Einschlüsse: HK, Brandlehm.
G Wie E, zusätzlich: Kalkmörtel.
Stratigraphie: Vgl. Bef. 190/314.
Anpassungen/Scherben derselben Gefäße: Bef. 120? 190/314 u. 280.

Keramik

1 7 WS eines (?) Kruges od. Topfes. Ware 6, wahrscheinlich zu Nr. 120-5 gehörig. Fb.-Nr. 310 u. 371.
2 WS eines Backtellers, Randdm. 16 cm. Ware 7. Anpassung an Nr. 190/314-5. Fb.-Nr. 371.

Befund 195

Phase 2b; Anlage 8; Abb. 57. – Jüngere oder zusätzliche Jauchegrube in einem Stall von Baracke III (Fl. 124D). Im Längsprofil rechteckige, kastenförmige Grube mit ebener Sohle 1 m unter Pl. 2, d. h. ca. 115 cm unter der römischen Oberflä-

che. Der Nordteil der Grube weist eine glatte, senkrechte Grubenwand auf. Eine ca. 75 cm tiefe u. fast 60 cm breite Pfostengrube (F) durchstößt die Verfüllung (Schichten A–D). Drei an deren Rand schräg liegende Juraplatten könnten von einer (verrutschten) Pfostenverkeilung stammen. Ihrerseits ist die Pfostengrube mit Barackenschutt verfüllt, sodass daraus die Vermutung abgeleitet werden kann, dass der Pfosten herausgezogen wurde. Die Verfüllung der Grube selbst besteht aus fünf Schichten, die in der unteren Grubenhälfte weitgehend aus schwarzbraunem Lehm mit HK bestehen (Schichten D–E). Eine dünne Kalkmörtelschicht (C) ca. in der Mitte der Verfüllung könnte von einer Umbauphase herrühren. Die obere Verfüllung (Schichten A–B) enthält etwas Bauschutt (hellbraunen Lehm, Ziegel- und Brandlehmbröckchen). Der anstehende Kies unterhalb des Befundes war bis 30 bis 40 cm Tiefe auffallend fest verbacken und durch Eisenhydroxidausfällungen rostrot verfärbt.
Interpretation: Zusätzliche Jaucherinne, die jedoch nur zeitweise und nicht bis zum Ende des Kastells in Funktion war. Die unteren Verfüllschichten bestehen weitgehend aus ehemals organischem Material, die oberen enthalten auch Schutt eines Umbaus. Die Pfostengrube gehört zu einer späteren Reparaturphase der Baracke.
Stratigraphie: von spätkastellzeitlicher Pfostengrube (F) geschnitten.
Anpassungen/Scherben derselben Gefäße: Bef. 1166 (Fb.-Nr. 2072), 1 Fragment.

Metall

*1 Bronzene Panzerschuppe vom Saum mit fünf Befestigungslöchern. Länge 4,8 cm. Vgl. Kap. IV.3 (Bronze) Nr. 8. Fb.-Nr. 423 (Scholz 2001/02, 100 Abb. 5, 4b).
*2 1 bronzene Panzerschuppe mit acht Heftlöchern, Oberkante beschädigt. Länge 3,2 cm, Gewicht 1,7 g. Vgl. Kap. IV.3 (Bronze) Nr. 11. Schicht A. Fb.-Nr. 2059.
*3 3 Fragmente bronzener Panzerschuppen, eine davon ist mit einer (ebenfalls fragmentierten) eisernen Schuppe mit Bronzedraht zusammengeheftet. Vgl. Kap. IV.3 (Bronze) Nr. 12. Schicht A. Fb.-Nr. 2059.
*4 Bronzener Zierbeschlag mit zwei knopfartigen Enden, in denen 1,0 cm lange Befestigungsstifte stecken. Das hohl gegossene, runde Mittelstück mit strahlenförmigen Nielloeinlagen („Granatapfel") geht in ein Scharnier für einen Zieranhänger über. Breite 2,4 cm, Höhe 1,8 cm, Gewicht 5,2 g. Vgl. Kap. IV.3 (Bronze) Nr. 69. Schicht D. Fb.-Nr. 426.
*5 Bruchstück eines rechteckigen Riemenbeschlags aus Bronze mit mitgegossenem Nietstift. Breite 1,8 cm, Gewicht noch 1,3 g. Vgl. Kap. IV.3 (Bronze) Nr. 84. Schicht A. Fb.-Nr. 2059.
*6 Abgebrochener Bügel einer kl. bronzenen Schnalle. Breite 1,1 cm. Vgl. Kap. IV.3 (Bronze) Nr. 124. Beim Schneiden des Bef. Fb.-Nr. 424.
*7 Kl. bronzene Unterlegscheibe (?), Dm. 0,7 cm. Vgl. Kap. IV.3 (Bronze) Nr. 152. Beim Schneiden des Bef. Fb.-Nr. 424.
8 3 Bruchstücke eines (?) eisernen Beschlagblechs. Schicht B. Fb.-Nr. 2070.
9 13 Bruchstücke von Eisennägeln. Pl. 2 u. beim Abbau des Bef. Fb.-Nr. 406 u. 445.

Keramik

10 1 WS vorgeschichtliche Keramik mit Fingertupfenleiste. Beim Schneiden des Bef. Fb.-Nr. 2024.
*11 WS Drag. 37, La Graufesenque oder Banassac, vgl. Kap. IV.7 Nr. 26. Scharfe Bruchkanten. Fb.-Nr. 445.
12 Kl. RS (erhalten 5–10°) Drag. 18/31, südgallisch. Schicht D. Fb.-Nr. 2071.
13 Kl. RS (erhalten 20°) Drag. 27, Randdm. ca. 14 cm. Südgallisch. Fb.-Nr. 445.
14 1 RS, 1 BS u. 2 kl. WS „rätischer" Glanztonware, Stilgruppe nicht mehr zuweisbar. Fb.-Nr. 253 (auf Pl. 2, Schicht A) u. 2024.
*15 RS (ca. 60°) einer tongrundigen Reibschüssel, Randdm. innen 20 cm. Gelblich-weißer bis hellbeiger, feiner Ton mit Biotitglimmer und feiner Sandmagerung. Beim Abbau des Bef. Fb.-Nr. 445.
16 WS einer Reibschüssel, Ware 5, verrollt. Fb.-Nr. 2071.
*17 Mündungsstück eines Einhenkelkruges, Rand abgebrochen, Henkelansatz erhalten. Ware 8, verrollte Bruchkanten. Schicht B. Fb.-Nr. 2070.
18 2 WS, 1 BS verschiedener Krüge. Waren 6 u. 8. Schicht A. Fb.-Nr. 253 u. 340.
*19 2 anpass. RS (erhalten 70–80°) eines Topfes mit Horizontalwand und Knickwand, Randdm. 19,5 cm. Ware 5, durch Hitze geschwärzt. Auf u. unterhalb des Randes Rußanhaftungen. Scharfe Bruchstellen. Auf Pl. 2, Schicht A. Fb.-Nr. 253.
*20 Kl. RS (erhalten 20°) eines Kochtopfes, Randdm. 14 cm. Ware 9B, teilweise verrollte Bruchkanten. Schicht A. Fb.-Nr. 2077.
*21 Kl. RS (erhalten 20–30°) eines Kochtopfes mit Trichterrand, Randdm. 12 cm. Ware 5, außen durch Hitze geschwärzt. Schicht C. Fb.-Nr. 2154.
*22 3 anpass. RS (erhalten 180°) eines Topfes mit einziehendem Rand, Randdm. 11 cm. Nigraartige Ware mit Sandmagerung (Ware 9B). Schicht D. Fb.-Nr. 2071.
23 11 WS u. 1 BS verschiedener Töpfe. Waren 5, 9B u. 10. Alle Fb.-Nr.
24 BS u. kl. RS (erhalten 5°) eines flachen Tellers/Backplatte, Bdm. ca. 16 cm. Profil wie Bef. 1111-26. Schicht A. Fb.-Nr. 253 u. 2077.
*25 Kl. RS eines Deckels (erhalten ca. 25°), Randdm. 20 bis 22 cm. Ware 5, der Rand ist unten u. oben schwarz verfärbt. Fb.-Nr. 2024.
*26 RS (erhalten 45°) eines *dolium*, Randdm. 20 cm. Ware 5/6, Ton hellorange mit Sandmagerung. Schicht A. Fb.-Nr. 253.
27 18 max. faustgroße Brocken orangerot verziegelten, teilweise auch schwarz bis grau verschmorten Hüttenlehms mit Staketenabdrücken von 2,5 bis 3,0 cm Dm. u. Steinchenmagerung. 6 Fragmente mit Abdrücken flachen Holzes, 1 Fragment mit fischgrätenartig eingestempelten Haftrillen. Vermutlich vom Bereich einer Herdstelle in der Baracke stammend. Alle Fb.-Nr., vorwiegend jedoch aus der oberen Hälfte der Verfüllung.

Befund 199

Phase 3; Anlage 10. – Pfostengrube im östlichen Bereich der *porticus* von Baracke III (Fl. 118A). Der runde, im Dm. ca. 60 bis 70 cm messende Befund ist mit mittel- bis dunkelbraunem Lehm und Kies verfüllt. Im Ostteil des Befundes ist etwas hellbrauner Lehm zugesetzt sowie ein Kalktuffstein (Abfall von Baumaterial). Die im Profil flach-muldenförmige Kontur reicht max. 22 cm tief unter Pl. 2 hinab, d. h. etwa 30 cm unter die römische Oberfläche. Unterhalb des Befundes erstreckten sich rostrot verfärbter Kies (Ausfällungen durch die späte Jaucherinne Bef. 200).

Interpretation: Wahrscheinlich römische Pfostengrube; die Standspur des Pfostens dürfte sich aufgrund der abweichenden Einschlüsse am Ostende der Struktur befunden haben. Die Datierung in Phase 3 bleibt hypothetisch und beruht auf der Tatsache, dass der Befund in einer Linie mit den *porticus*-Pfosten Bef. 68 und 202 liegt, von denen er im Achsmaß jeweils exakt gleich weit entfernt ist, nämlich jeweils 3,3 m = 11 Fuß.
Stratigraphie: Wird am Rand von Bef. 200 tangiert. Das chronologische Verhältnis zum Gräbchen Bef. 22 bleibt ungeklärt.
Keine Funde.

Befund 201

Phase 2a; Anlage 8. – Grube innerhalb der *porticus* von Baracke III (Fl. 117B/118A/128C). Die ursprüngliche kastenförmige Kontur der Grube ist im Profil noch stellenweise erhalten. Die ebene Sohle verläuft 0,75 m unter Pl. 2, d. h. ca. 0,9 m unter der röm. Oberfläche. Reste einer ehemaligen Befestigung des Grubenrandes sind nicht erkennbar. Die Verfüllung wird durch eine einzige, heterogene Schicht von dunkelbraunem bis graubraunem Lehm gebildet, durchsetzt mit Kies, etwas Brandlehm und HK. Unterhalb des Befundes ist der gewachsene Kies rostrot verfärbt.
Stratigraphie: Von Gräbchen Bef. 200 (Phase 3) geschnitten.

Keramik

1 3 kl. WS vorgeschichtliche Keramik, stark verrollt. Fb.-Nr. 486 u. 487.
2 Kl. WS „rätischer" Glanztonware, Stilgruppe Drexel 1. Aus dünner, späterer Nachplanierung, beim Abgraben auf Pl. 2 gefunden. Fb.-Nr. 174.
3 Kl. WS eines Kruges. Ware 6. Fb.-Nr. 174.
*4 Kl. RS einer rätischen Reibschüssel, Randdm. innen ca. 20 bis 25 cm. Ware 4, Überzug orangebraun-glänzend. Steinung fast vollständig ausgerieben. Fb.-Nr. 174.
5 Kl. WS eines Topfes. Ware 9B. Fb.-Nr. 486.
*6 WS eines frei geformten Topfes mit einzelnen, etwa horizontal verlaufenden Rillen. Tonkern grau, grob (Steinsplitt- u. Quarzmagerung), mit Biotitglimmer, außen anthrazit, ungeglättet. Beim Schneiden des Bef. Fb.-Nr. 362.

Befund 202

Phase 3; Anlage 10. – Annähernd quadratische Pfostengrube in der Flucht der *porticus*-Pfosten von Baracke III (Fl. 118A). Im Profil beinahe kastenförmige Kontur mit schräg ansteigender Grubenwand im Süden und ebener Sohle 38 cm unter Pl. 2, d. h. ca. 40 bis 45 cm unter der römischen Oberfläche. Der Pfosten dürfte sich einst an den Südrand der Grube angelehnt haben, doch kontrastiert die Standspur kaum. Die Verfüllung besteht aus graubraunem Lehm, Kieseln, etwas HK und Brandlehm.
Interpretation: Die Zuweisung zu Phase 3 stützt sich ausschließlich auf die Position des Befundes, die das übliche Schema der *porticus*-Pfosten von Phase 2 durchbricht. Ein Zusammenhang mit den Umbaumaßnahmen, die sich in den Befunden 22; 199, 200 und 236/237 niedergeschlagen haben, liegt nahe. Das Erdsubstrat deutet allerdings nicht auf eine Verfüllung mit Barackenschutt (wie in Phase 3 charakteristisch) hin.
Stratigraphie: Isolierter Bef., zur Horizontalstratigraphie s. o. Unbedeutende Funde (einzelne römische Keramikscherben, Fb.-Nr. 312).

Befund 206

Phase 2b; Anlage 8. – Einst rechteckige Grube (Erscheinungsbild im Planum: mit verrundeten Ecken) in einem Pferdestall von Baracke III (Fl. 128C). Die im Profil fast kastenförmige Grube war wahrscheinlich mit einer Holzverschalung befestigt (Schicht B). Die Verfüllung besteht aus fünf nicht durchgängig voneinander trennbaren Schichten:
A Mit Kalkmörtel vermengte Kiesel, darunter Placken hellbraunen Lehms.
B Dunkelbrauner Lehm entlang des Randes, wahrscheinlich Rest von organischer Verschalung.
C Grauer, schluffiger Lehm (Asche).
D Hellbrauner Lehm mit Kieseln.
E 20 bis 30 cm starke Sohlenschicht von dunkelbraunem Lehm (Reste organischen Abfalls) mit etwas HK und Brandlehm. Unterhalb des Befundes ist der gewachsene Kies rostrot verfärbt.
Interpretation: Möglicherweise zusätzliche, nur zeitweise benötigte Jauchegrube.
Stratigraphie: Schneidet das vorgeschichtliche Zaungräbchen Bef. 15, Schicht A wird von finalem Barackenschutt überdeckt. Die Tatsache, dass die zahlreichen Scherben desselben Einhenkelkruges in allen Schichten (außer B) gefunden wurden, beweist, dass die Grube in einem Zuge verfüllt wurde.

Münze

*1 As des Hadrianus. Rom, 125–128 n. Chr. RIC 669(d), BMC 1341 u. Taf. 82,13. Vgl. Kap. IV.2 Nr. 23. Auf Pl. 2, beim Abziehen gefunden. Fb.-Nr. 198.

Keramik

*2 Zerscherbter, aber vollständig erhaltener Einhenkelkrug, Randdm. 4,3 cm. Ware 8. Schichten A–E. Fb.-Nr. 300, 462 u. 477.

Befund 217

Phase 3; Anlage 10. – Kl. Grube im Außengräbchen von Baracke IV westlich von Bef. 6 (Fl. 117D).
Interpretation/Stratigraphie: Wie Bef. 6.
Keine Funde.

Befund 219

Phase 3. – Flache, mit Barackenschutt verfüllte Grube, die das Langgräbchen Bef. 5 völlig überdeckt (Fl. 117D).
Interpretation/Stratigraphie: Wie Bef. 6.
Keine Funde.

Befund 236/237

Phase 3; Anlage 10. – Grube (Bef. 237) und Pfostenstandspur (Bef. 236) im östlichen Bereich der *porticus* von Baracke III (Fl. 117B). Die Standspur ist am Südrand des Gesamtbefundes lokalisiert, hat einen Dm. von 25 bis 30 cm und reicht bis zu 26 cm tief unter Pl. 2 (d. h. ca. 35 unter der römischen Oberfläche) hinab. Die Profilkontur der Pfostengrube ist flach-muldenförmig. Bef. 237 besteht aus mittel- bis dunkelbraunem Lehm, Bef. 236 aus dunkelgraubraunem Lehm mit etwas HK und Brandlehm.
Interpretation: Teil einer jüngeren Umbaumaßnahme im Bereich der *porticus*, wahrscheinlich im Kontext mit Bef. 22, 199, 200 und 202. Der Pfosten liegt in der Bauflucht des Trennwandgräbchens Bef. 242 und des *porticus*-Pfostens

Bef. 68. Im Achsmaß beträgt der Abstand zum *porticus*-Pfosten Bef. 68 sowie zum südlichen Außengräbchen der Baracke Bef. 26/106 jeweils genau 1,20 m = 4 röm. Fuß. Damit liegt der Pfosten exakt in der Mitte der *porticus*-Breite.
Stratigraphie: Schneidet die Grube Bef. 75 (Phase 2a).
Keine Funde.

Befund 252/104

Phase 1; Anlage 3. – Grube im Bereich der *via vicenaria* zwischen Baracke III und IV (Fl. 117A). In beiden Kreuzschnittsegmenten fast rechteckige Kontur mit annähernd ebener Sohle 0,72 m unter Pl. 2, was einer ursprünglichen Tiefe von ca. 0,9 m entspricht. Die Verfüllung der Grube besteht aus fünf schwer voneinander trennbaren Schichten B–G und dem dunkelbraunen Grubenrand E. Einschlüsse wie Bef. 314. Nur die Sohlenschicht G grenzt sich deutlich ab.
Stratigraphie: Schneidet Grube Bef. 253 u. wird ihrerseits von der frühalamannischen Pfostengrube Bef. 252A geschnitten sowie vom Traufgräbchen Bef. 23/254/265 (Phase 2b) randlich überlagert.

Keramik

1 1 kl. verzierte RS, 7 kl. WS vorgeschichtliche Keramik, verrollt. Fb.-Nr. 431, eine Scherbe 403.
2 RS eines Deckels, Randdm. 30 bis 31 cm. Dunkelgrauer Ton mit Sandmagerung, schwarzen Partikel u. Biotitglimmer (Ware 9B), Hitzespuren. Schichten B–D. Fb.-Nr. 431.
3 Bruchstück eines *later* od. *pedalis* mit Haftrillen. Stärke 3,3 cm. Fb.-Nr. 430.
4 22 Brocken verziegelten Hüttenlehms von einer (?) Herdstelle. Fb.-Nr. 403.

Befund 253

Phase 1; Anlage 3. – Grube im Bereich der *via vicenaria* zwischen Baracke III und IV (Fl. 117A). Der Befund wurde nach dem Schneiden versehentlich nicht dokumentiert. Die Verfüllung der flachen Grube besteht aus zwei Schichten:
A Verschmutzter Kies.
B Dunkelbrauner Lehm, Einschlüsse: Kies, HK u. etwas Brandlehm.
Stratigraphie: Wird von Bef. 252 und 254/256 geschnitten.

Münze

1 As des Traianus, Rom, 98–117 n. Chr., stark abgegriffen. Vgl. Kap. IV.2 Nr. 14. – Aus einer Kulturschicht über Bef. 253b, im Grenzbereich zum jüngeren Traufgräbchen Bef. 256. Möglicherweise wurde die Münze irgendwann nach der Verfüllung von Bef. 253 in den Boden festgetreten. Aufgrund solcher Zweifel kann sie nicht zur post quem-Datierung für die Grubenverfüllung herangezogen werden. Sie lag bei 489,00 m ü. NN, also ca. 5 cm unter dem Niveau von Pl. 1, das hier ungefähr der römischen Oberfläche gleichkommt. Fb.-Nr. 425.

Befund 265

Phase 3; Anlage 10. – Jaucherinne in Baracke III, Fl. 127C. Max. Tiefe 40 cm unter Pl. 2. Verfüllung mit zwei Schichten:
A Hellbrauner Lehm, darin Verputzstückchen in teilweise waagrechten Lagen, *tegula*-Bruchstücke mit einseitigen Brandspuren, ein Kalkbruchstein, etwas Brandlehm.
B 2 bis 5 cm starke Sohlenschicht dunklen Lehms.
Stratigraphie: isolierter Bef.

Metall

1 Eiserne Siebscheibe, Dm. 2,8 cm. Vgl. Kap. IV.4 (Eisen) Nr. 82. Wohl von einem Metallgefäß. Fb.-Nr. 193.

Keramik

2 BS Drag. 27, ostgallisch, evtl. Chémery. Verrollte Bruchkanten. Fb.-Nr. 536.
3 2 nicht anpass. WS eines gr. Tellers (*catinus*) Drag. 18/31, ostgallisch. Scharfe Bruchkanten. Fb.-Nr. 1630.
4 BS eines Kruges, Bdm. 10 cm. Ware 6. Fb.-Nr. 517.
5 BS u. 5 teilweise anpassende WS eines Topfes, Bdm. 6,9 cm. Ton rotorange, fein, Biotitglimmer, feine Sandmagerung, außen rote, stellenweise schwarzbraun changierende Engobe. Fb.-Nr. 517.
6 Kl. WS eines Topfes mit horizontalem Kammstrich. Außen Rußreste. Ware 10. Fb.-Nr. 517.
7 Kl. RS eines Deckels, ca. 14 cm. Ware 9a. Fb.-Nr. 517.

Befund 268

Phase 3; Anlage 10. – Mulde von 55 cm Dm., die sich von Osten her an das Trennwandgräbchen Bef. 269 zwischen zwei Ställen in Baracke III anlehnt (Fl. 127C). Im Zentrum des Befundes flache Sohle bei einer ursprünglichen Tiefe von ca. 30 cm unter der römischen Oberfläche. Verfüllung mit Barackenschutt (hellbrauner Lehm, Verputzstückchen, geringer Ziegelbruch).
Interpretation: Vermutlich späterer oder zusätzlicher Stützpfosten der Trennwand Bef. 269. Vgl. den benachbarten Bef. 83 sowie analoge Pfostengruben in den anderen Baracken.
Stratigraphie: Schneidet das Trennwandgräbchen Bef. 269 am Rand.

Metall

1 Rest eines Bandbeschlags od. Scharniers mit Nagelloch u. Öse, abgebrochen u. verbogen. Länge noch 8,4 cm, Stärke noch 6 mm. Vgl. Kap. IV.4 (Eisen) Nr. 68. Fb.-Nr. 236.

Befund 273

Phase 3; Anlage 10. – Rechteckige Pfostengrube, die sich von Osten her an das Trennwandgräbchen Bef. 287 zwischen zwei Ställen in Baracke III anlehnt (Fl. 126D/127C). Im Profil ist eine zweiteilige Verfüllung wie bei Bef. 290 erkennbar, wobei die obere ebenfalls aus Barackenschutt besteht. Sohle uneben bis max. 32 cm unter Pl. 2, d. h. ca. 35 bis 40 cm unter der römischen Oberfläche.
Interpretation: S. Bef. 83; 268 u. 290. Vgl. auch analoge Befunde in Baracke IV–VI, z. B. 716.
Stratigraphie: Schneidet das Wandgräbchen Bef. 287 am Rand. Unbedeutende Funde (Keramikscherben Ware 2, 7 u. 9B, ein *imbrex*-Fragment, Fb.-Nr. 287, 548 u. 549).

Befund 290

Phase 3; Anlage 10. – Rechteckige Pfostengrube, die sich von Osten her an das Trennwandgräbchen Bef. 147/289 zwischen zwei Ställen in Baracke III anlehnt (Fl. 126D). Im Profil muldenförmige Kontur, flach, max. bis 20 cm tief unter Pl. 2 eingetieft (d. h. ca. 25 cm unter der römischen Oberfläche). Entlang der Sohle und der Grubenränder dunkelbrauner, kieshaltiger Lehm, mit etwas HK und Brandlehm durchsetzt. Im Zentrum des Befundes hellbrauner Lehm mit Verputzstückchen und Ziegelbruch (von *tegulae et tubuli*). Der Nord-

teil des Befundes lag unter der Grabungsgrenze 2000/2002 und fiel der winterlichen Erosion zum Opfer.
Interpretation: S. Bef. 83; 268 u. 273.
Stratigraphie: Lehnt sich ohne erkennbare Überschneidung an das Wandgräbchen Bef. 147/289 an.

Metall

1 Massiver Doppelknopf aus Bronze, Dm. der Knopfscheiben 2,0 cm. Gewicht 19,1 g. Lederknopf nach Art der Befestigung der jüngeren Ringschnallen-*cingula*. Vgl. Kap. IV.3 (Bronze) Nr. 121. Schicht A. Fb.-Nr. 194.

Keramik

2 Kl. Fragmente röm. Küchenkeramik. Fb.-Nr. 530.

Befund 320

Phase 2a; Anlage 8. – Grube innerhalb der *porticus* von Baracke III (Fl. 115B) von annähernd rechteckigem Profil mit leicht muldenförmiger Sohle bis zu 0,75 m unter Pl. 2, d. h. bis zu ca. 0,9 m unter der kastellzeitlichen Oberfläche. Die Verfüllung besteht aus drei Schichten:
A Kies, mit Lehm verunreinigt, darin Zwischenband von Kalkmörtel u. Ziegelsplitt, 1 Kalktuffstein.
B Heterogene Schicht von dunkel- bis graubraunem Lehm, darin Brandlehm u. HK, wenig Kies. Diese Schicht ist von evtl. dunkelbraunem Grubenrand nicht zu trennen.
C Graubrauner, sandiger Lehm mit viel HK.
Stratigraphie: Isolierter Bef., durch neuzeitliche Mauer gestört.

Keramik

1 2 kl. RS, 1 kl. WS vorgeschichtliche Keramik, verrollt. Schicht B. Fb.-Nr. 469.
2 Kl. WS TS, südgallisch. Beim Putzen Pl. 2 aus Schicht B. Fb.-Nr. 469.
*3 BS u. 3 nicht anpass. WS eines Kruges, Bdm. 8,7 cm. Schicht B. Fb.-Nr. 469.
4 2 anpass. BS, 1 kl. WS eines Topfes. Ware 9B. Schicht C. Fb.-Nr. 451.
5 Fragment von *later*, Stärke 7,2 cm, sekundär rotviolett verbrannt (Herdstellenziegel). Beim Abgraben unter Pl. 2. Fb.-Nr. 469.

Befund 321

Phase 2a; Anlage 8. – Grube innerhalb der *porticus* von Baracke III (Fl. 115B), deren ursprüngliche kastenförmige Profilkontur noch erahnt werden kann. Die muldenförmige Sohle reicht bis zu 0,85 m unter Pl. 2, d. h. bis knapp 1 m unter röm. Oberfläche hinab. Dunkelbrauner Grubenrand begrenzt sechs Verfüllschichten:
A Kies, mit etwas Lehm verunreinigt.
B Mittelbrauner Lehm, Kies, Kalkbruchstein, Ziegelfragment.
C Dunkelbrauner Lehm, Brandlehm, HK u. etwas Kies.
D Von C kaum trennbar, etwas höherer Kiesanteil.
E Ockerfarbener Lehm, etwas HK, wenige Kiesel.
F Dunkelgraubrauner, sandiger Lehm, viel HK.
Stratigraphie: Wie Bef. 320.

Keramik

1 2 kl. WS eines (?) Griesbechers. Ware 3C. Fb.-Nr. 488.
2 2 anpass. BS eines Kochtopfes, Bdm. 6,5 cm. Ware 9B. Schichten A/B u. F. Fb.-Nr. 488 u. 489.
3 7 meist kl. WS u. BS mindestens eines weiteren Kochtopfes. Ware 9B. Schicht F. Fb.-Nr. 488.

Befund 327/1097

Phase 1; Anlage 3. – Grube im Bereich der *via vicenaria* zwischen Baracke III u. IV (Fl. 115C) von kastenförmiger Kontur mit ebener Sohle 45 bis 50 cm unter Pl. 1. Die Verfüllung dieser Grube unterscheidet sich von denen der übrigen aus Phase 1 anhand eines deutlich höheren Erd- und geringeren Kiesanteils:
A Mittel- bis graubrauner Lehm mit wenigen Kieseln, etwas HK und Einlagerungen von Kalk (kein Mörtel).
B Dunkelbrauner Lehm entlang des Randes.
C Schräg verlaufende Einlagerung weißgrauer bis silbriggrauer, krümeliger Erde (Interpretation: Unrat).
D Dunkelbrauner Lehm, wenige Kiesel und fünf Kalkbruchsteine.
Stratigraphie: Schneidet eine vorgeschichtliche Pfostengrube (Bef. 1095), wird von einer völkerwanderungszeitlichen Pfostengrube (Bef. 1096) geschnitten.

Keramik

1 3 kl. WS vorgeschichtlicher Keramik. Beim Abbau des Bef. Fb.-Nr. 1782 u. 1990.
2 Kl. RS Drag. 18/31, südgallisch. Beim Abbau des Bef. Fb.-Nr. 1782.

Befund 343

Phase 1; Anlage 3. – Grube im Bereich der *via vicenaria* zwischen Baracke V und VI (Fl. 86B/D, 87A/C). Wannenförmiges, ursprünglich wahrscheinlich rechteckiges Profil mit muldenförmiger Sohle bis 0,48 m unter Pl. 1, d. h. ca. 0,6 bis 0,7 m unter der kastellzeitlichen Oberfläche. Neben dem dunklen Grubenrand (B) lassen sich drei Verfüllschichten differenzieren:
A Dunkle, zentrale obere Einfüllung: Kies, mit dunkelbraunem bis schwarzbraunem Lehm durchsetzt, dazwischen hellbraune Lehmplacken, HK, hellbrauner Lehm stellenweise mit orange- rötlich angeziegelten Partien.
C Blanker, heller Kies mit Geröllen bis 12 cm Länge. Keine Einschlüsse erkennbar.
D Dunkelbrauner Lehm, nur im Zentrum wenige Kiesel bis 7 cm Länge, kleine Flecken hellbraunen Lehms, Bröckchen verziegelten Hüttenlehms, HK.
Stratigraphische Situation: Wohl gleichzeitig mit Bef. 755 verfüllt.

Keramik

1 13 kl. vorgeschichtliche WS, stark verrollt. Schichten B, D–E. Fb.-Nr. 1201 u. 1223–1224.
2 Kl. BS eines Topfes oder Kruges, verrollt. Ton innen braun, außen braunschwarz, mittel, rotbraune Partikel, Biotitglimmer. Schicht D. Fb.-Nr. 1224.
3 Einige kleinteilige Splitter von Ziegeln u. sek. verbranntem Hüttenlehm. Schichten B u. D. Fb.-Nr. 1201 u. 1223.

Befund 348a

Phase 1; Anlage 3. – Grube unter einem *porticus*-Pfosten von Baracke VI (Fl. 87C). Wannenförmiges bis annähernd rechteckiges Längsprofil mit ebener Sohle 0,45 m unter Pl. 1, d. h. ca. 0,6 bis 0,7 m unter der kastellzeitlichen Oberfläche. Der

dunkelbraune Grubenrand (B) umfängt vier Verfüllschichten:
A Verunreinigter Kies mit Kalkeinlagerungen, etwas HK, Brandlehmkonzentration im Ostbereich, Placken hellbraunen Lehms
B Grubenrand.
C Fast reiner Kies.
D Einfüllung von Brandlehm (von Herdstellen) u. HK, lokale Zwischenschicht.
E Graubrauner, sandiger Lehm, darin wenig Kies, Brandlehm, HK, kleine Placken hellbraunen Lehms, Ziegelfragmente, Kalkbröckchen u. 1 Kalktuffstein.
Stratigraphie: Von *porticus*-Pfosten Bef. 348b am Rand geschnitten, daher wird die Einordnung in Phase 1 der in Phase 2a vorgezogen.

Keramik
1 2 kl. WS vorgeschichtliche Keramik, verrollt. Schicht D. Fb.-Nr. 1239.
2 Kl. RS eines Kruges, Randdm. 5,8 cm. Ware 6. Schicht E. Fb.-Nr. 1274.
3 6 WS eines (?) Kruges. Ton blassorange, Kern grau, mittel, rotbraune u. schwarze Partikel, Biotitglimmer. Evtl. zu Nr. 2 gehörig. Schichten D u. E. Fb.-Nr. 1183, 1239 u. 1274.
4 Kl. WS mit Randansatz eines Kochtopfes mit Horizontalrand. Ware 5, außen Rußspuren. Schicht E. Fb.-Nr. 1183.
5 Kl. WS eines Kochtopfes (?). Ton innen rotbraun, außen schwarz sek. verbrannt, mittel, rotbraune Partikel, Biotitglimmer (Ware 5). Schicht E. Fb.-Nr. 1274.
6 8 Fragm. verziegelten Hüttenlehms mit Abdrücken von Häcksel u. Flechtwerk, eines mit grob geglätteter Oberfläche u. sek. Kalkablagerungen. Schichten B u. D. Fb.-Nr. 1230 u. 1239.

Stein
7 1 BS u. 3 WS eines zylindrischen Kochtopfes, Bodendm. ca. 15 bis 16 cm. Sek. verbrannt u. instabil. Vgl. Kap. IV.11 (Lavez) Nr. 4. Schicht E. Fb.-Nr. 1183.

Befund 349/584

Phase 2a; Anlage 8. – „Doppelgrube" innerhalb der *porticus* von Baracke VI (Fl. 86D) wie Bef. 168. Anders als dort ist hier keine Überschneidung zu erkennen, denn die sieben ebenmäßig abgelagerten Verfüllschichten erstrecken sich durchgängig über beide Teilbefunde. Die ebene Sohle liegt in beiden Teilbefunden 0,65 m unter Pl. 1, d. h. hier etwa 0,8 m unter der kastellzeitlichen Oberfläche. Die fast senkrechten Grubenwände erinnern noch an die ursprüngliche Kastengrube.
A Umgelagerter, verdichteter Kies, darin *tegula*-Fragment u. Kalkbruchstein.
B Dunkelbrauner Grubenrand.
C Hellgrauer, sandiger Lehm mit Kleinkieseln, Brandlehm- u. Holzkohlepartikeln.
D Verschmutzter Kies.
E Hellgrauer, gelöschter Kalk, mit Kies verbacken. Nicht durchgängige Schicht.
F Kies, mit sandigem Lehm durchsetzt, lockere Konsistenz.
G Schwarzbraune, dünne Lehmschicht nur im Westteil der Grube.
H Graubrauner Lehm, mit Sand, Kieseln, HK u. Brandlehmbröckchen durchsetzt.
Stratigraphie: Schneidet am Rand Bef. 586 (Außengräbchen von Baracke VI).
Anpassungen/Scherben derselben Gefäße: Bef. 580?

Metall
1 Klinge eines einschneidigen Ziehmessers mit geschwungenem Klingenrücken und quer stehendem Griffanker. Äußerste Spitze abgebrochen. Länge noch 15,5 cm, Gewicht noch 41,2 g. Vgl. Kap. IV.4 (Eisen) Nr. 44. Schicht B. Fb.-Nr. 854.

Keramik
2 5 kl. WS vorgeschichtliche Keramik. Schicht B. Fb.-Nr. 829, 878 u. 894.
3 Kl. Wandsplitter Terra Sigillata Drag. 18/31? Südgallisch. Fb.-Nr. 894.
4 3 Kl. WS eines (?) Topfes mit horizontalem Kammstrich. Ton anthrazit außen, Kern hellgrau, Ton schiefrig, mittel (Sandmagerung), Oberfläche rau, Biotitglimmer (Ware 9B). Schicht B. Fb.-Nr. 878 u. 829.
5 Kl. WS eines Topfes. Ton außen schwarzgrau, Kern rotbraun. Ton schiefrig, mittel, Biotitglimmer (Ware 10). Fb.-Nr. 894.
6 Kl. RS eines Deckels. Ton hellbeige, mittel, schwarze Partikel, Biotitglimmer (Ware 5). Schicht B. Fb.-Nr. 878.
7 3 kl. Fragm. verziegelten Hüttenlehms, einer mit Holzabdruck. Schichten B–C. Fb.-Nr. 878, 890 u. 894.

Befund 358

Phase 2a; Anlage 8. – Grube innerhalb der *porticus* von Baracke V (Fl. 97C/D) mit kastenförmigem Profil und ebener Sohle 0,90 m unter Pl. 1 (ca. 1,05 m unter röm. Oberfläche). Die Reste einer Befestigung des Grubenrandes lassen sich nicht von der untersten Einfüllschicht (D) unterscheiden; insgesamt vier Verfüllschichten:
A Oberflächliche, linsenartige Einlagerung von hellbraunem Lehm, mit Mörtel u. wenigen Ziegelsplittern durchsetzt. Interpretation als Abbruchschutt der Baracke, der nachträglich über die bereits abgesackte Verfüllung der Grube planiert wurde.
B Schichtpaket aus dünnen Kiesstraten, die unterschiedlich stark mit Lehm durchsetzt sind, darin etwas HK u. Brandlehmpartikel. Im oberen Drittel durchzieht ein dünnes Kalkband die Verfüllung.
C Kies, mit hellbraunem Lehm durchsetzt.
D Dunkelbrauner Lehm, darin HK, einige weiß getünchte Verputzbröckchen u. Placken hellbraunen Lehms.
Stratigraphie: Von frühalamannischem Hauspfosten geschnitten.

Metall
1 Eisenring, von einer Trense? Dm. 4,0 cm. Vgl. Kap. IV.4 (Eisen) Nr. 36. Fb.-Nr. 764.
2 Vollständiger Eisennagel, Länge 6,9 cm. Fb.-Nr. 764.
3 11 Bruchstücke von Eisennägeln. Fb.-Nr. 764.

Befund 359

Phase 2a; Anlage 8. – Flache Grube innerhalb der *porticus* von Baracke V (Fl. 87A/97C) von 20 cm Tiefe unter Pl. 1, d. h. ca. 30 bis 35 cm unter der römischen Oberfläche. Die Einfüllung besteht aus einer einzigen Schicht verunreinigten Kieses.
Stratigraphie: Isolierter Bef.
Keine Funde.

Befund 370

Phase 2b; Anlage 8. – Fast runde Grube in einer *papilio* von Baracke V (Fl. 97A) mit wannenförmigem, am Nordende an-

369

satzweise rechteckigem Profil mit ebener Sohle 70 cm unter Pl. 1, d. h. ca. 80 cm unter der röm. Oberfläche. Die Verfüllung besteht aus fünf Schichten:
A Hellbrauner Lehm, etwas weißer Wandverputz und Brandlehm.
B Verputzstückchen, etwas hellbrauner Lehm und HK.
C Kies.
D Zerkleinerter Wandverputz, wenige Kiesel.
E Kies mit dunkelbraunem Lehm, 1 Kalkbruchstein.
Interpretation: Vorratsgrube eines Contubernium, die von der jüngeren Grube Bef. 377 ersetzt und wohl mit deren Aushub und organischen Abfällen (Schicht E) sowie mit Umbauschutt (Schichten A–D) verfüllt wurde. Eine hölzerne Randverbauung der einst vielleicht ungefähr quadratischen Grube ließ sich nicht erkennen. Vgl. auch die einander ablösenden Gruben Bef. 595 und 1390 in einer Stube von Baracke VI.
Stratigraphie: Isolierter Bef.
Bis auf wenige kleine Grobkeramikscherben leider keine Funde.

Befund 377

Phase 3; Anlage 10. – Grube an der Trennwand in einer *papilio* in Baracke V (Fl. 97A/107C). Kontur im Längsprofil rechteckig bis kastenförmig mit ebener Sohle 40 cm unter Pl. 1. Verfüllung mit hellbraunem Lehm, Verputzstückchen, Brandlehmstückchen, Ziegelbruch *(lateres, imbrex, tegulae)*. Sämtliche Funde stammen aus dieser Hauptverfüllung. Darüber im zentralen Bereich des Befundes Linse von graubraunem Lehm und Kies (nach Absinken der Verfüllung entstandene Schicht ohne Funde). Dünne Sohlschicht von dunkelbraunem Lehm und Kieselchen, ebenfalls ohne Fund.
Interpretation: Vorratsgrube, mit Abbruchschutt der Baracke verfüllt.
Stratigraphische Situation: Schneidet den vorgeschichtlichen Bef. 374, die Verfüllung mit Abbruchschutt überlagert das Trennwandgräbchen Bef. 379. Von frühalamannischer Pfostengrube Bef. 376 geschnitten.

Metall

*1 Eiserner Schlüssel, Länge 5,9 cm. Vgl. Kap. IV.4 (Eisen) Nr. 63. Fb.-Nr. 657.
2 Bruchstück einer Eisenstange, Länge noch 13 cm, Dm. 1,3 cm. Mundstück einer Trense? Fb.-Nr. 581.
3 Vollständiger Eisennagel, Länge 8,6 cm. Fb.-Nr. 766.
4 13 Bruchstücke von Eisennägeln. Fb.-Nr. 657.

Glas

*5 Standringfragment eines Tellers, einer Schale od. einer Schüssel, Standringdm. 8,5 cm. Gelbliches Glas. Vgl. Kap. IV.6 (Glas) Nr. 64. Fb.-Nr. 728.
6 3 kl. WS eines (?) unbestimmten, dünnwandigen Gefäßes. Farblos-gelbliches, frei geblasenes Glas. Vgl. Kap. IV.6 (Glas) Nr. 65, evtl. zu Glas-Nr. 64 gehörig. Fb.-Nr. 679 u. 766.
7 WS vom Unterteil eines Trinkbechers mit Facettenschliff Typ Rütti 1991, AR 45. Vgl. Kap. IV.6 (Glas) Nr. 10. Fb.-Nr. 581.

Keramik

*8 2 RS (erhalten 30°) eines (?) Tellers Drag. 18/31, Randdm. 18 cm. Ostgallisch, aufgrund des Tons wahrscheinlich Heiligenberg. Fb.-Nr. 728.

*9 Ca. zu drei Vierteln erhaltener Trinkbecher „rätischer" Glanztonware, Randdm. 13 cm. Stilgruppe Drexel 1. Ton rotorange, Überzug außen schwarz u. leicht metallisch glänzend, innen rotbraun. Bodenzone graubraun. Fb.-Nr. 542, 572, 766 u. 844.
*10 Ca. zur Hälfte erhaltener Trinkbecher „rätischer" Glanztonware, Randdm. 12 cm. Stilgruppe Drexel 1. Ton rotorange, Überzug außen schwarz u. leicht metallisch glänzend, innen braungrau. Bodenzone beigebraun. Fb.-Nr. 542, 679, 691, 766 u. 844.
*11 Ca. zur Hälfte erhaltener Topf mit Trichterrand u. Griffdelle, Randdm. 12 cm. Ware 7. Fb.-Nr. 728.
*12 Ca. zur Hälfte erhaltener zylindrischer Kochtopf, Randdm. 12 cm. Ware 10 mit Brandpatina. Fb.-Nr. 728.
*13 WS eines Gesichtsgefäßes, linkes Auge mit Braue erhalten. Ware 7. Fb.-Nr. 728.

Befund 387

Phase 3; Anlage 10. – (Pfosten-) Grube westlich an einem Trennwandgräbchen (Bef. 386) zweier Ställe in Baracke V (Fl. 96B/D). Im Planum rechteckiger Befund von 1,4 m nordsüdlicher und 0,65 m westöstlicher Ausdehnung parallel zu Bef. 386. Die Eintiefung hat eine flache Sohle 25 cm unter Pl. 1, d. h. ca. 28 cm unter der römischen Oberfläche und erreicht damit exakt dieselbe Tiefe wie Bef. 386. Die Verfüllung besteht aus Fachwerkschutt, entlang des Randes aus dunklerem Lehm und Kieseln.
Interpretation: Wahrscheinlich Pfostengrube einer Reparaturphase, vgl. Bef. 516 und 841.
Stratigraphie: Schneidet das Gräbchen Bef. 386 am Rand.

Metall

1 4 Bruchstücke von eisernen, achtförmigen Kettengliedern. Längen noch 4,7 bis 5,3 cm. Bef. 386 oder 387. Pl. 1. Fb.-Nr. 720.

Keramik

2 Kl. RS Drag. 27, wahrscheinlich mittelgallisch. Fb.-Nr. 590.

Befund 389

Befund Phase 2, Verfüllung und Funde Phase 3; Anlage 6. – Jaucherinne in Baracke V (Fl. 96B/D), deren Verfüllung aus hellbraunem bis hellgrauem Lehm mit Asche, HK u. Verputzstückchen besteht. Entlang der Ränder des Befundes ist der anstehende Kies durch Ausfällungen organischer Natur rötlich bis grünlich verfärbt bei einer Eindringtiefe von 5 bis 10 cm, unterhalb des Befundes jedoch wesentlich tiefer reichend. Ebene Sohle 6 bis 7 cm unter Pl. 1, d. h. ca. 15 bis 20 cm unter römischer Oberfläche. Nördlich der Mitte des Befundes reicht eine Vertiefung mit flacher Sohle bis 20 cm unter Pl. 1 hinab.
Interpretation: Jaucherinne, mit Abbruchschutt der Baracke u. Herdasche verfüllt. Die vertiefte Mulde entstand vielleicht durch Reinigungsarbeiten, d. h. durch Herausschaufeln des Mistes.
Stratigraphie: Von frühalamannischer Pfostengrube (Bef. 390) geschnitten.

Glas

1 2 Wandsplitter eines milchig-farblosen Glases, vgl. Kap. IV.6 (Glas) Nr. 76. Gefäßform? Fb.-Nr. 565.

Keramik

2 Ca. zu zwei Dritteln erhaltener flacher Teller/Backplatte, Randdm. 15,5 cm. Ware 7, durch Hitzeeinwirkung ist der Ton rötlich verfärbt. Fb.-Nr. 525.

Befund 394

Phase 2a; Anlage 8; Abb. 54. – Grube innerhalb der *porticus* von Baracke V (Fl. 96D/86B). Wannenförmige Profilkontur bei annähernd eben verlaufender Sohle 0,55 m unter Pl. 1 (ca. 0,7 m unter röm. Oberfläche) charakterisieren diesen Befund. Dunkelbrauner Grubenrand (B) begrenzt sechs schmale, horizontale Verfüllschichten, die sich recht scharf voneinander abgrenzen:
A Umgelagerter Kies in zwei Teilschichten, zur Oberfläche hin verhärtet
B Grubenrand, am Ost- u. Westende treppenartiger Absatz, evtl. Spur eines Einbaus zur Befestigung des Grubenrandes?
C Heller, fast reiner Kies.
D Mit sandigem Lehm verunreinigter Kies, darin kleinteilige *imbrex*-Fragmente.
E Verschmutzter, hellgrauer, gelöschter Kalk.
F Kies, mit Lehm, HK, wenigen Mörtelbrocken u. etwas Brandlehm durchsetzt.
G Mittelbrauner Lehm, wenigen Kieselchen, HK, wenige Mörtelbrösel, 2 Ziegelbröckchen.
Stratigraphie: Von Bef. 395 (alamann. Hauspfosten) geschnitten.
Anpassungen/Scherben derselben Gefäße: Bef. 530.

Metall

*1 Kl. bronzener Zierbeschlag in Gestalt einer halbierten Melone oder eines Granatapfels. Dm. 1,4 cm. Vgl. Kap. IV.3 (Bronze) Nr. 81. Fb.-Nr. 685 (Scholz 2001/02, 100 Abb. 5, 8).
*2 Eiserner Schlüssel mit Zierrippen auf der Außenseite der Öse, Länge 6,8 cm. Vgl. Kap. IV.4 (Eisen) Nr. 58. Schicht G. Fb.-Nr. 654.
2 2 eiserne Schuhnägel. Schicht B u. beim Abbau des Bef. Fb.-Nr. 713 u. 730.
4 8 Bruchstücke von Eisennägeln. Schicht B u. beim Schneiden des Bef. Fb.-Nr. 713, 741 u. 745.

Glas

5 Kl. WS einer Flasche (?) mit rundem Gefäßkörper, sehr dünnes aquamarinfarbenes Glas (Glas-Nr. 85). Fb.-Nr. 713.
6 Kl. WS eines bauchigen Gefäßes von leicht gelblich schimmerndem, fast farblosem u. extrem dünnem Glas (Glas-Nr. 86). Fb.-Nr. 721.
7 Kl. WS eines unbest. Gefäßes von blaugrünem Glas (Glas-Nr. 87). Fb.-Nr. 721.

Keramik

8 2 kl. RS, 10 kl. WS vorgeschichtliche Keramik, stark verrollt. Schicht B. Fb.-Nr. 713 (fast alle Scherben) u. 741.
9 Kl. TS-WS Drag. 35/42, Teil desselben Gefäßes wie Nr. 530-3. Südgallisch. Fb.-Nr. 745.
10 2 WS, 1 BS einer (?) tongrundigen Reibschüssel. Ton hellbraunorange, Kern grau, mittel, rotbraune u. schwarze Partikel, Biotitglimmer. Ware 5 wie Bef. 575-7. Schicht E. Fb.-Nr. 711 u. 741.
11 Kl. WS eines Kruges mit Henkelansatz (zwei- o. dreistabig), verrollt. Ton orange, mittel (Sandmagerung), rotbraune Partikel, Biotitglimmer (Ware 8). Fb.-Nr. 741.

*12 Ca. Hälfte eines Backtellers. Ton hellrot bis rotorange, Kern grau, mittel, rotbraune u. schwarze Partikel, Biotitglimmer. Oberfläche außen und innen engobiert mit Anreicherung von Biotitglimmer (Ware 7). Unten innen u. außen Hitzespuren. Fb.-Nr. 741.
*13 2/3 eines Deckels, aus Scherben zusammengesetzt, Randdm. ca. 17 cm. Ton hellbraun-ocker, mittel, rotbraune u. schwarze Partikel, Biotitglimmer (Ware 5). Rand außen u. innen sek. verbrannt bzw. verrußt. Evtl. Deckel von Nr. 12. Fb.-Nr. 713, 721 u. 741.
*14 Ca. 1/3 des Randes eines Topfes mit horizontalem Kammstrich, aus mehreren Scherben zusammengesetzt, Randdm. 14 cm. Ton grau, mittel-grob (Sandmagerung), Oberfläche rau, Biotitglimmer (Ware 9B). Außen Rußspuren. Anpassung an RS Fb.-Nr. 649 (Bef. 530). Fb.-Nr. 741, eine Scherbe 713 (Schicht B) u. eine 730.
15 12 kl. WS wie Nr. 13, teilweise wohl zu diesem Topf, evtl. aber auch zu anderen Gefäßen gehörig. Fb.-Nr. 713, 721 u. 741.
*16 Kl. RS eines Topfes, Randdm. 14 cm. Ware 9B. Fb.-Nr. 730.
17 Kl. WS eines Topfes. Ton innen rotbraun, außen mattschwarz, mittel, rotbraune Partikel, Biotitglimmer (Ware 10). Fb.-Nr. 730.
*18 Ca. zu einem Viertel erhaltener flacher Teller/Backplatte, Randdm. 16,5 cm. Ware 7, innen Hitzespuren. Fb.-Nr. 741.
19 7 kl. WS versch. Gefäße, Ware 5/6. Fb.-Nr. 713, 721, 730 u. 741.
20 *Tegula*-Fragm. mit anhaftenden Mörtelresten, Stärke 2,5 cm. Fb.-Nr. 721.
21 4 Fragm. von Hüttenlehm mit Staketen-, Flechtwerk- u. Häckselabdrücken. Fb.-Nr. 713 (Schicht B), 721 u. 741.

Befund 425

Befund Phase 2, Verfüllung und Funde Phase 3; Anlage 6. – Jaucherinne in Baracke IV (Fl. 106B) mit grubenartiger Vertiefung am südlichen Ende, vgl. Bef. 691. Die Verfüllung besteht aus zwei Schichten:
A Hellbrauner Lehm mit vielen Verputzstückchen (Interpretation als Abbruchschutt). Alle Funde stammen aus dieser Schicht.
B Dünne Sohlenschicht von grauem Lehm (Interpretation als Sediment der Nutzungszeit).
Stratigraphie: Schicht A überdeckt das Langgräbchen Bef. 421 am Rand.

Keramik

1 5 anpass. WS eines Kruges od. einer Tonflasche, Ton hellbraun mit hellgrauem Reduktionskern, Oberfläche stark glimmerhaltig. Fb.-Nr. 716.
2 2 flache BS u. 2 WS mindestens zwei verschiedener frei geformter Kochgefäße. Fb.-Nr. 600, 602 u. 716.
3 Ca. 2/3 erhaltener Deckel, Randdm. 18 cm. Ton ocker bis hellrot, hellgrauer Reduktionskern, mittel, schwarze u. rostrote Partikel, Biotitglimmer, Oberfläche innen u. außen beige. Unterseite des Randes durch Hitze geschwärzt. Fb.-Nr. 716.

Befund 437

Phase 3; Anlage 10. – Rechteckige Pfostengrube von 85 cm (nordsüdlich) × 70 cm (westöstlich) Ausdehnung im Pl. 1 zwischen zwei Ställen in Baracke IV (Fl. 107A). Im Profil offenbart sich eine gleichermaßen „kastenförmige" Kontur mit

ebener Sohle 32 bis 34 cm unter Pl. 1, d. h. ca. 35 bis 40 cm unter der römischen Oberfläche. Die Verfüllung besteht aus verschmutztem, stellenweise fast reinem Kies, und etwas ockerfarbenem Lehm. Nur der zentrale Bereich ist muldenartig bis 10 cm unter Pl. 1 Tiefe mit hellgrauem bis ockergrauem Lehm und einigen weiß getünchten Wandverputzstückchen verfüllt: Hier fand sich auch eine frühalamannische Keramikscherbe.
Interpretation: Massive Pfostengrube möglicherweise für einen quadratischen Steinsockel (aus Kalktuffstein?), der als Pfostenstütze diente und bei der Demontage der Baracke wieder entfernt wurde.
Stratigraphie: Schneidet das ältere Trennwandgräbchen Bef. 436 (Phase 2), wird seinerseits von einem frühalamannischen (Zaun-?) Pfosten geschnitten.

Keramik

1 2 Kl. WS eines Kochtopfes mit horizontalem Kammstrich. Ware 9A. Fb.-Nr. 808.

Stein

2 Fragment eines Mahlsteins aus grobem, eisenrotem Sandstein. Fb.-Nr. 777.

Befund 438

Phase 2b; Anlage 8. – Ältere Jaucherinne im Stallbereich von Baracke IV, die durch eine jüngere Jauchegrube ersetzt wurde (Fl. 107A). Diese weist eine „kastenförmige" Grundform mit ebener Sohle 90 cm unter Pl. 1 (d. h. ca. 95 cm unter der römischen Oberfläche) auf. Der gewachsene Kiesboden darunter zeigt die „klassischen" rostroten und graugrünen Verfärbungen. Die Grubenverfüllung besteht aus vier Schichten, während B vermutlich als Rest einer organischen Randbefestigung gelten kann:
A Graubrauner Lehm mit Ziegelsplittern, Verputzstückchen, etwas HK.
B Dunkelbrauner Lehm mit Kies.
C Hellbrauner Lehm mit etlichen ca. faustgroßen Kalkbruchsteinen und größeren Kieseln (vermutlich vom Unterbau einer abgetragenen Herdstelle), einseitig angebrannten Herdstellenziegeln sowie einzelnen Verputzstücken.
D Heterogene Einfüllung von Barackenschutt und organischen Abfällen. Besonders im unteren Schichtbereich kompakter hellbrauner Lehm, den eine Lage von weiß getünchten Wandverputzstücken bedeckt (Teil einer Fachwerkwand). Neben Herdstellenziegeln wurden einige zerbrochene Kettenglieder und ein Kalktuffbruchstück geborgen.
E Graubrauner, schluffiger Lehm, der etwas HK, wenige Kieselchen und einzelne Ziegelbruchstücke enthält.
Interpretation: S. o. Die Schichten gehen ineinander über, sodass sie wohl mit kurzem Zeitabstand zustande kamen.
Stratigraphische Situation: Zweiphasiger Befund, s. o.

Metall

1 Ovaler Eisenring, Dm. 3,0 bis 4,4 cm. Schicht D. Fb.-Nr. 792.
2 Vollständiger Eisennagel, Länge 7,7 cm. Schicht A. Fb.-Nr. 767.
3 25 Bruchstücke von Eisennägeln. Schichten A, C–D. Fb.-Nr. 767, 784, 789 u. 792.

Keramik

4 RS Drag. 37. Art des *Geminus* (Gruppe II), Mittelgallien. Vgl. Kap. IV.7 (Reliefsigillata) Nr. 68. Scharfe Bruchkanten. Fb.-Nr. 813.
5 1 RS u. 5 kl. WS mindestens zwei verschiedener Becher „rätischer" Glanztonware, Stilgruppe Drexel 1. Fb.-Nr. 778, 790 u. 792.
6 1 kl. WS Terra Nigra (Ware 2), evtl. von einem Topf Keramiktyp 38. Teilweise verrollte Bruchkanten. Schicht A. Fb.-Nr. 767.
7 10 WS von Krügen, Ware 6 u. 8. Teilweise verrollte Bruchkanten. Fb.-Nr. 767, 790 u. 792.
8 3 kl. nicht anpass. RS einer (?) „rätischen" Reibschüssel, Ware 4. Verrollte Bruchkanten. Schichten A–D. Fb.-Nr. 767 u. 792.
9 2 kl. WS eines Kochtopfes mit horizontalem Kammstrich. Ware 10. Scharfe Bruchkanten. Schicht D. Fb.-Nr. 792.

Befund 447

Phase 3; Anlage 10. – Rechteckige Pfostengrube von 80 (nordsüdlich) × 70 cm (westöstlich) Ausdehnung im Pl. 1 zwischen zwei Ställen in Baracke IV (Fl. 107B). Im Profil annähernd rechteckige Kontur mit fast ebener Sohle ca. 20 cm unter Pl. 1 tief (d. h. ca. 25 cm unter der römischen Oberfläche). Die Verfüllung besteht aus umgelagertem Kies und Fachwerkschutt der Baracke.
Interpretation: Wie Bef. 437.
Stratigraphie: Schneidet das ältere Trennwandgräbchen Bef. 446 (Phase 2).

Stein

1 Kl. WS eines zylindrischen Lavezkochtopfes. Fb.-Nr. 686.

Befund 451/452

Befund Phase 2, Verfüllung und Fund Phase 3; Anlage 6. – Jaucherinne in Baracke IV (Fl. 107B). Die unebene Sohle verläuft 2 bis 25 cm unter Pl. 1, d. h. etwa 10 bis 35 cm unter der röm. Oberfläche. Am Nordende, zur *porticus* hin, weist der Befund eine muldenförmige Vertiefung auf, gleichsam als ob man an dieser Stelle den Mist zusammengerecht und herausgeschaufelt hätte. Verfüllung im oberen Bereich mit grauem, aschehaltigem Lehm, darunter mit hell- bis rötlichbraunem Lehm, Kalk, Kieseln und wenigen Mörtelstückchen.
Stratigraphie: Isolierter Bef.

Keramik

1 Bodenstück eines gr. Tellers Drag. 18/31 mit Stempel Nr. 39 (Kap. IV.8): SVAR*AD*. Banassac. Fb.-Nr. 541 (Scholz 2001/02, 103 Nr. 29).

Befund 455

Phase 3; Anlage 10. – Rechteckige Pfostengrube von 95 (nordsüdlich) × 70 cm (westöstlich) Ausdehnung im Pl. 1 zwischen zwei Ställen in Baracke IV (Fl. 107B). Im nordsüdlichen Profil fast rechteckige Kontur mit ebener Sohle 23 cm unter Pl. 1 (d. h. ca. 25 bis 27 cm unter der römischen Oberfläche), mit Fachwerkschutt der Baracke verfüllt.
Interpretation: Wie Bef. 437 und 447. Für die Aufgabe von Bef. 454 zugunsten der neuen Wandstütze Bef. 455 spricht die Beobachtung, dass die Löcher, die vermutlich beim Ausgraben der älteren Pfosten entstanden waren, mit mehreren

Kalkbruchsteinen und Kies zugesetzt wurden, nicht aber mit Fachwerkschutt. Diesen hatte man offenbar bereits vorher abtransportiert. Kalkbruchsteine umstellen zugleich den Westrand von Bef. 455.
Stratigraphie: Schneidet das ältere Trennwandgräbchen Bef. 454 (Phase 2).
Keine Funde.

Befund 478

Phase 2b; Anlage 8; Abb. 58. – Grube parallel zur Trennwand in einer *papilio* von Baracke V (Fl. 97B/107D). Die Form im Planum lässt auf eine ehemals rechteckige Kastengrube schließen. Dunkelbrauner Lehm entlang der Grubenränder verrät die ehemals vorhandene Holzverschalung. Die tiefste Stelle der leicht muldenförmigen Sohle liegt 80 cm unter Pl. 1, d. h. ca. 90 cm unter römischer Oberfläche. Im Norden und Süden weist die Grube je einen treppenstufenartigen Absatz auf. Die Verfüllung besteht aus drei Schichten:
A Mit Kalkmörtel vermengter Kies. Dazwischen kleine Einschlüsse gräulich-lehmiger Erde (Asche?) u. wenige Ziegelsplitter. Harte Konsistenz. Darunter befindet sich eine schmale Zwischenschicht von dunkelbraunem Lehm (Rest von Holzbrettern?).
B Rand von dunkelbraunem Lehm, als Rest von Holzverschalung interpretiert.
C Massive Packung mittlerer bis großer Kalkbruchsteine von 12 cm × 11 cm × 4 cm bis 11 cm × 52 cm × 60 cm Größe, dazwischen grauer Lehm (Asche) mit HK- u. Brandlehmstückchen.
D Dunkelbrauner Lehm (Rest von organischer Verfüllung?), mit Kieseln u. Einschlüssen hellbraunen Lehms durchsetzt.
Interpretation: Vorratsgrube/Erdkeller mit Zugangsstufen von Norden und Süden. Da die Verfüllung dieser Grube nicht bzw. kaum aus dem für Befunde der Phase 3 typischen Fachwerkschutt der Baracken besteht, könnte sie bereits während Phase 2 aufgegeben worden sein. Dafür scheint auch die abschließende u. abdichtende Einplanierung mit Mörtel zu sprechen, die an die nachträglichen Planien über den Gruben der Phasen 1–2a erinnert.
Stratigraphie: Isolierter Befund.

Keramik

1 RS Drag. 18/31, Randdm. 20 cm. Südgallisch mit anhaftendem Mörtel. Schicht A. Fb.-Nr. 627.

Befund 481

Phase 3; Anlage 10. – Standspur eines flachen Pfostens am Nordrand von Langgräbchen Bef. 411 (Fl. 107D), Dm. ca. 25 cm. Der Befund reicht nur wenige Zentimeter tief unter Pl. 1 hinab. Er ist mit Fachwerkschutt verfüllt.
Interpretation: Punktuelle Reparatur der Fachwerkwand.
Stratigraphie: Schneidet Bef. 411.
Keine Funde.

Befund 516

Phase 3; Anlage 10. – Rechteckige Pfostengrube von 1,2 m × 0,85 m Ausdehnung im Pl. 1 als westlicher „Annex" des Trennwandgräbchens Bef. 517 im Stallbereich von Baracke V (Fl. 97D). Leicht abschüssig verlaufende Sohle 20 bis 25 cm tief unter Pl. 1. Untere bzw. äußere Verfüllung aus dunkelbraunem Lehm, mit Kieseln durchsetzt. Nur der Mittelbereich des Befundes ist mit Barackenschutt (hellbraunem Lehm und Verputzstückchen) verfüllt. Im Foto des Planums ist hier eine annähernd runde Struktur von ca. 30 cm Dm. zu erkennen, nicht in gleicher Deutlichkeit jedoch im Profilschnitt.
Interpretation: S. Bef. 387, 546 u. 840.
Stratigraphie: Die jüngere Einfüllung von Barackenschutt überdeckt auch Teile des Gräbchens Bef. 517.
Keine nennenswerten Funde.

Befund 524/525

Phase 2b; Anlage 8. – Reste einer Feuerstelle in der zweiten *papilio* von Osten in Baracke V, unter denen sich eine ältere Grube befindet (Fl. 97B/98A). Die Grube schmiegt sich auf dem Niveau des eigens angelegten Teilplanums mit fast rechteckiger Kontur an das Langgräbchen Bef. 354 an. Sie hat ein wannenförmiges Profil mit ebener Sohle ca. 80 cm unter Pl. 1., d. h. ca. 90 cm unter der römischen Oberfläche. Die Hauptverfüllung der Grube besteht recht einheitlich aus zahlreichen, stellenweise dicht gepackten Kalkbruchsteinen, hell- bis mittelbraunem Lehm und weiß getünchtem Wandverputz (Schicht B). Die Grube war holzverschalt wie dunkelbrauner Lehm entlang der Ränder anzeigt. Die oberen ca. 20 bestehen aus Brandmaterial von einer Herdstelle (Schicht A).
Interpretation: Die Grube wurde entweder bei Umbauarbeiten oder beim finalen Abbruch der Baracke vorwiegend mit dem Schutt einer Herdstelle verfüllt. Die zahlreichen Kalkbruchsteine stammen wohl vom zugehörigen Kamin. Diese bestand offenbar direkt östlich der Grube.
Stratigraphie: Grenzt an Bef. 354.

Glas

1 RS einer Flasche oder eines Kruges, Randdm. 4,0 cm. Vgl. Kap. IV.6 (Glas) Nr. 45. Fb.-Nr. 698.
2 Bruchstück von Fensterglas, vgl. Kap. IV.6 (Glas) Nr. 106. Beim Schneiden des Bef. Fb.-Nr. 708.

Keramik

3 2 RS Drag. 18/31, ostgallisch. Beim Schneiden des Bef. Fb.-Nr. 712.

Befund 530

Phase 2a; Anlage 8. – Grube innerhalb der *porticus* von Baracke V (Fl. 97D) von annähernd rechteckiger Profilkontur im Längsschnitt und ebener Sohle 0,76 m unter Pl. 1 (ca. 0,9 m unter röm. Oberfläche. Unterhalb des Befundes ist der gewachsene Kiesboden bis zu einer Eindringtiefe von ca. 5 cm rostrot verfärbt. Dunkelbrauner Grubenrand (B) begrenzt zwei Verfüllschichten:
A Verschmutzter Kies in mehreren kaum voneinander trennbaren Teilschichten, darin verbrannter Kalkbruchstein, ein Kalkbrocken, viel Mörtel in Oberflächennähe.
B Substrat von Grubenrand u. Sohlenschicht nicht klar trennbar.
C Dunkelbrauner Lehm, mit Kies durchsetzt, sonst kaum Einschlüsse.
Stratigraphie: Isolierter Bef.
Anpassungen/Scherben derselben Gefäße: Bef. 394 u. 724.

Metall

1 2 Bruchstücke von Eisennägeln. Beim Schneiden des Bef. Fb.-Nr. 668.

Keramik

2 5 kl. WS vorgeschichtliche Keramik, stark verrollt. Fb.-Nr. 658, 661 (Schicht A) u. 683.
*****3** Ca. zur Hälfte erhaltener Rand Drag. 35/42, aus mehreren Scherben zusammengesetzt, Randdm. 16,5 cm. Südgallisch. Anpassung an Nr. 394-9. Fb.-Nr. 683.
*****4** Viertel einer „rätischen" Reibschüssel mit Ausgussrille, Randdm. 23 bis 24 cm. Ton rotbraun, Kern grau, mittel, schwarze Partikel, Biotitglimmer. Braunroter Farbüberzug von Rand u. Kragen größtenteils verrieben. Mäßige Gebrauchsspuren. Anpassung an Fb.-Nr. 1297 (Bef. 724). Fb.-Nr. 649.
*****5** RS u. BS eines Backtellers, Randdm. 20 cm. Ware 7. Evtl. dasselbe Gefäß wie Nr. 800-7. Schicht B. Fb.-Nr. 683.
*****6** BS eines Topfes, Bodendm. 6,4 cm. Sek. grau u. violettgrau verbrannt mit Hitzerissen. Fb.-Nr. 649 u. 658 (Schicht A).
7 2 kl. WS eines Topfes mit feinem horizontalem Kammstrich. Ton grau mit Sandmagerung u. Biotitglimmer (Ware 9B). Außen verrußt. Fb.-Nr. 649 u. 658 (Schicht A).
*****8** Knauf u. anpass. WS eines Deckels. Ton hellbraun, mittel, schwarze Partikel, Biotitglimmer (Ware 5). Untere Schicht. Fb.-Nr. 649.
9 3 kl. WS versch. Töpfe od. Krüge, Ware 5/6. Fb.-Nr. 649, 658 u. 661 (Schicht A).
10 Fragm. von *tegula* mit Ansatz dreier konzentrischer Wischmarken, abgeschrägte Rückseite. Fb.-Nr. 683.

Befund 533

Phase 2a; Anlage 8. – Kastengrube innerhalb der *porticus* von Baracke V (Fl. 98C) mit senkrechten Wänden und ebener Sohle 0,82 m unter Pl. 1 (d. h. knapp 1 m unter der zeitgenössischen Oberfläche). Dunkelbrauner Grubenrand und sechs unterschiedlich gelagerte Verfüllschichten wurden erfasst:
A Hellbrauner Lehm mit Verputzbröckchen, Holzkohleflittern, Brandlehmpartikeln, wenig Kies.
B Verschmutzter Kies mit Kalkmörtelbröckchen u. Holzkohleflittern. Zwischen B u. C dünne dunkelbraune Lehmschicht.
C Graubrauner Lehm mit Holzkohleflittern u. hellbraunen Lehmplacken, kaum Kies.
D Einlagerung hellen Kieses.
E Graubrauner Lehm, darin Kies (bis zu 6 cm lange Steine), 1 Kalkbruchstein, 2 verbrannte Kalktuffsteine.
F Dunkelbrauner Lehm mit Kies, HK u. Brandlehmbröckchen durchsetzt.
Stratigraphie: Isolierter Bef.
Anpassungen/Scherben derselben Gefäße: Bef. 802?

Metall

*****1** *Stilus* mit abgesetzter Spitze (verbogen) und geriffelter Fingerauflage. Flaches Radierende abgebrochen. Länge noch 9,2 cm. Vgl. Kap. IV.4 (Eisen) Nr. 52. Beim Schneiden des Bef. Fb.-Nr. 704.
2 3 Bruchstücke von Eisennägeln. Schicht A–D. Fb.-Nr. 692 u. 702.

Keramik

3 2 kl. WS vorgeschichtliche Keramik, stark verrollt. Schichten E–F. Fb.-Nr. 659 u. 660.
*****4** Vollständige Firmalampe ohne Griff mit verwaschener Signatur *Fortis* unter dem Boden. Ockerfarbener Ton mit viel Biotitglimmer. Schicht E. Fb.-Nr. 653.

5 Kl. WS eines Topfes (?) mit Rollrädchendekor, Terra Nigra (Ware 2). Ware identisch mit Nr. 802-8, möglicherweise Scherbe desselben Gefäßes. Schicht F. Fb.-Nr. 659.
6 WS eines gr. Kruges (?), Wandstärke 12 mm. Ton orange, mittel (Sandmagerung), Biotitglimmer (Ware 8). Fb.-Nr. 704.
*****7** Zur Hälfte erhaltener flacher Boden eines Topfes mit Horizontalrand und Knickwand (?), aus Scherben zusammengesetzt. Ton dunkelgrau bis ockergrau changierend, mittel (Sandmagerung), Biotitglimmer (Ware 5). Ursprünglich ockerfarbener Ton, durch Hitzeeinwirkung dunkel. Schichten C/D. Fb.-Nr. 702 u. 704.
8 3 kl. WS verschiedener Krüge od. Töpfe (Ware 5/6). Schichten E–F. Fb.-Nr. 660 u. 704.
9 3 kl. Fragm. verziegelten Hüttenlehms mit Häcksel- u. Staketenabdrücken. Schicht F. Fb.-Nr. 659 u. 704.

Stein

10 2 ca. faustgroße Kalktuffstein-Fragm. Schichten C–F. Fb.-Nr. 660 u. 702.

Befund 546

Phase 3; Anlage 10. – Nahezu quadratische Pfostengrube von ca. 50 bis 60 cm mit flacher Sohle 22 cm unter Pl. 1 an einer Trennwand zweier Pferdeställe (Bef. 547) in Baracke V (Fl. 98A/C). Eine Pfostenstandspur ist innerhalb des dunkelbraunen Erdsubstrats nicht auszumachen, doch dürfte die Holzstütze kaum stärker als 25 bis 30 cm gewesen sein, da die eigentliche Pfostengrube 30 cm vom Wandgräbchen Bef. 547 entfernt angelegt wurde und mit diesem nur durch eine oberflächliche „Erdbrücke" verbunden war.
Interpretation: Nachträglicher Stützpfosten einer Umbauphase. Die späte Zeitstellung wird aufgrund des Analogieschlusses u. a. zu den „Schwesterbefunden" 840 u. 516 (ebenfalls Baracke V) vorgeschlagen, obwohl die Verfüllung nicht den für Phase 3 typischen Abbruchschutt enthielt (abgesägter Pfosten?). Vergleichbare Strukturen gibt es auch in den anderen Baracken.
Stratigraphie: Grenzt nur oberflächlich an Bef. 547.
Keine Funde.

Befund 548

Phase 3; Anlage 10. – Pfostengrube von ca. 30 cm Durchmesser und mit fast ebener Sohle ca. 25 cm unter Pl. 1 (ca. 35 cm unter römischer Oberfläche) im Bereich des östlichen Endcontuberniums von Baracke V (Fl. 98A). Das Erdsubstrat besteht aus dunkelbraunem, mit Kies durchsetztem Lehm, der im zentralen Bereich einige Ziegel- u. Brandlehmstückchen birgt. Die Pfostenstandspur lässt sich von der Pfostengrube nicht unterscheiden.
Interpretation: Vermutlich Pfosten einer Umbauphase, vgl. Bef. 560. Allerdings wurde dieser Befund nicht mit Abbruchschutt verfüllt.
Stratigraphie: Isolierter Befund, stellenweise von frühalamannischer Kulturschicht bedeckt.
Keine Funde.

Befund 553

Phase 3; Anlage 10. – Nordsüdlich verlaufendes Pfostengräbchen (Fl. 98B/D), dessen Verfüllung aus Barackenschutt (hellbrauner Lehm, Kalkmörtelverputz) besteht. Im Profilschnitt konnten zwei Pfostenstandspuren nachgewiesen werden, de-

ren Mulden 45 bzw. 50 cm unter Planum 1, d.h. ca. 55 bis 60 cm unter die römische Oberfläche, hinabreichten. Damit waren sie tiefer als die Sohle des Gräbchens selbst, die einigermaßen eben 30 bis 33 cm unter Planum 1 verlief. Der Abstand der Pfosten betrug 120 bis 130 cm, d.h. vier römische Fuß. Pfostenstandspuren ließen sich innerhalb der recht einheitlichen Verfüllung nicht erkennen. Knapp neben dem nördlichen Pfosten muss (zeitweise) ein zweiter gestanden haben, dessen Standspur durch Auffüllung mit Abbruchschutt (darin ein Bruchstück hydraulischen Estrichs) leicht erkennbar war (Bef. 620; Interpretation: zusätzlicher od. späterer Stützpfosten).
Interpretation: Westliches Abschlussgräbchen des Kopfbaus von Baracke V, jüngste Bauphase. Der ältere *porticus*-Pfosten Bef. 557 könnte weiterhin bestanden haben.
Stratigraphie: Schneidet das südliche Außengräbchen der Baracke (Bef. 338), grenzt an die Pfostengrube Bef. 555, schneidet randlich die Grube des *porticus*-Pfostens Bef. 557. Der nördliche Verlauf von Bef. 553 war durch das Fundament einer modernen Betonstützmauer gestört.

Glas

1 2 kl. WS einer Schale od. eines Tellers von dünnem, entfärbtem Glas. Vgl. Kap. IV.6 (Glas) Nr. 68. Fb.-Nr. 738.

Keramik

*2 RS Drag. 36, Randdm. 27 cm. Ostgallisch, frische Bruchkanten. Fb.-Nr. 597 u. 1159.
3 2 WS von Krügen, eine davon von einem Zweihenkelkrug mit Stichverzierung. Waren 6 u. 8. Verrollte Bruchkanten. Fb.-Nr. 738.

Befund 554

Phase 3; Anlage 10; Abb. 64. – Fast kreisrunde Grube von 1,5 bis 1,7 m Durchmesser im Bereich des östlichen Endcontuberniums von Baracke V (Fl. 98 C/D). Im Profil hat der Befund eine rechteckige Kontur mit ebener Sohle 90 cm unter Pl. 1, d.h. ca. 1 m unter römischer Oberfläche. Die Sohle wird von einer dünnen, lehmigen Lauf- oder Nutzschicht bedeckt. Darin lag das kleine Bronzebeschlag-Fragment (Fb.-Nr. 592). Die Verfüllung besteht aus zwei Schichten:
A Mit wenigen Kieseln vermengter Kalkmörtel. Am Nordrand der Grube waren einige größere Kalkbruchsteine bis zu Kinderkopf-Größe eingelagert. Nahe Pl. 1 fanden sich viele Ziegelbruchstücke (von *tubuli* und Wandkacheln mit Verputzhaftrillen). Insgesamt enthielt diese max. 15 cm starke Schicht kaum Erde und nur wenig hellbraunen Lehm.
B Die bis zu 80 cm mächtige Hauptverfüllung der Grube bestand aus hellbraunem Lehm, der mit zahlreichen weiß getünchten Verputzstücken durchsetzt war.
Interpretation: Am ehesten späte, kaum gebrauchte Jauchegrube, die mit finalem Fachwerkschutt der Doppelbaracke IV/V verfüllt wurde. Bezüglich ihrer Lage in einem erweiterten Kopfbau bzw. ausgebauten Endcontubernium, ihrer Stratigraphie und Verfüllung stellt Bef. 554 einen Parallelfall zu Bef. 1249 (Baracke II) dar. Vergleichbaren Charakter haben auch andere späte Gruben im Pferdestallbereich: Bef. 664 u. 691 (Baracke IV) u. Bef. 1238 (Baracke II).
Stratigraphie: Schneidet das südliche Außengräbchen von Baracke V (Bef. 338).

Metall

*1 Bronzenes Beschlagblech in „Hantelform" mit einem ausgerissenen Nagelloch. Länge noch 3,3 cm. Vgl. Kap. IV.3 (Bronze) Nr. 96. Fb.-Nr. 592.

Glas

*2 Kl. WS eines Bechers od. Napfes mit ausgelegtem und umgebogenem Rand (ähnlich Drag. 46) wie Heiligmann 1990, Taf. 141,17. Randdm. ca. 14 cm. Vgl. Kap. IV.6 (Glas) Nr. 15. Vgl. auch folgende Typalternativen: Hoffmann 2002, Taf. 60 L131 u. ebd. Taf. 84, W67. Dünnes, gelbliches u. frei geblasenes Glas. Der Rand ist bestoßen. Fb.-Nr. 594.

Keramik

*3 RS (11°) Drag. 33, Randdm. ca. 10 cm. Ostgallisch, wahrscheinlich Chémery. Fb.-Nr. 538.
*4 RS (45°) Drag. 33, Randdm. 14 cm. Ostgallisch. Fb.-Nr. 538.
5 2 WS eines tonnenförmigen Bechers rätischer Glanztonware, Stilgruppe Drexel 1. Ton orange, Überzug tiefschwarzglänzend. Fb.-Nr. 538.
6 RS (90°) eines Trinkbechers rätischer Glanztonware, wahrscheinlich Stilgruppe Drexel 1. Ton hellorange, Überzug schwarz, leicht glänzend. Fb.-Nr. 647.
7 RS (45°) eines Backtellers, Randdm. 18 cm. Ware 7, scharfe Bruchkanten. Fb.-Nr. 647.
8 Dreistabiger Henkel eines Kruges, Ware 8. Fb.-Nr. 666.
9 WS eines großen Kruges od. *dolium*. Ware 6. Fb.-Nr. 666.
10 2 WS eines Kochtopfes mit horizontalem Kammstrich. Ware 9A. Fb.-Nr. 666.
11 Kl. RS (ca. 20°) eines Deckels, Randdm. 18 cm. Ware 5, am Rand Feuerpatina. Fb.-Nr. 647.
12 Fragment von Deckelknauf, frei geformte Ware, verrollte Bruchkanten. Fb.-Nr. 647.
13 Fragment von Wandverputz mit glattgestrichener, weiß getünchter Oberfläche. Der weiße Kalkmörtel ist mit grobem Sand gemagert. Dahinter haftet eine ältere Verputzschicht aus gelblichem Kalkmörtel an, der ebenfalls mit grobem Sand bzw. feinen Kieseln gemagert ist. Seine Außenfläche war ebenfalls weiß getüncht. Fb.-Nr. 666.

Befund 559

Phase 3; Anlage 10. – Standspur eines Pfostens, der mit Barackenschutt verfüllt ist. Die zugehörige Pfostengrube (Bef. 558) wird von einem kleinen frühalamannischen (Zaun-) Pfosten geschnitten.
Interpretation: Die spätkastellzeitliche Zeitstellung wird einerseits aus der Verfüllung mit Barackenschutt abgeleitet, andererseits aus der Tatsache, dass die Entfernung im Achsmaß zum Pfosten Bef. 560 sowie zum Gräbchen Bef. 553 jeweils genau 2,4 m = 8 röm. Fuß beträgt. Außerdem liegt die Pfostenstandspur mit einer solchen im Gräbchen Bef. 553 sowie mit Bef. 560 in einer parallelen Baufluchtt zu den übrigen Barackenstrukturen.
Keine Funde. Zur Achse des westöstlich verlaufenden Gräbchens Bef. 354 ebenso wie zur Achse der Pfosten Bef. 565 und 557 beträgt der Abstand genau 3,3 m = 11 röm. Fuß. Damit ist die Pfostenstellung Bef. 559 als Mittelstütze eines späten Umbaus im östlichen Endcontubernium von Baracke V anzusprechen.
Keine Funde.

Befund 560/561

Phase 3; Anlage 10. – Pfostenstandspur (Bef. 560) im Bereich des östlichen Endcontuberniums von Baracke V ähnlich

375

Glas

1 2 kl. WS von türkisfarbenem u. 1 kl. WS von farblos-gelblichem Gefäßglas. Vgl. Kap. IV.6 (Glas) Nr. 77. Fb.-Nr. 954.
2 Kl. Fragment von türkisfarbenem Fensterglas. Vgl. Kap. IV.6 (Glas) Nr. 105. Fb.-Nr. 882.

Keramik

*3 Bis auf den Standring erhaltene Tasse Drag. 33 mit Ratterdekor, Randdm. 10,8 cm. Ostgallisch. Unterhalb des Randes Graffito Nr. 63 (Kap. IV.1): SIINNOI. Fb.-Nr. 882.
4 3 kl. WS rätischer Glanztonkeramik, Drexel 1. Fb.-Nr. 882.
*5 Bodenstück einer „rätischen" Reibschüssel mit Graffito Nr. 93 (Kap. IV.1). Fb.-Nr. 816. Wahrscheinlich zu demselben Gefäß gehört ein kl. Fragment eines rotbraun gestrichenen Kragens mit drei zackenartigen Handhaben. Fb.-Nr. 816.
Folgende Funde lagen unmittelbar auf der Brennplatte:

Keramik

*6 RS Drag. 18/31, Randdm. 18 cm. Mittel- od. ostgallisch. Fb.-Nr. 882.
7 RS eines zylindrischen, frei geformten Kochtopfes mit einziehendem Rand u. Grifflappen. Ware 5, keine Brandspuren. Pl. 1–2. Fb.-Nr. 898.
Folgende Funde stammen aus der dünnen Kulturschicht unterhalb der Herdstelle:

Keramik

8 3 WS vorgeschichtliche Keramik, stark verrollt. Fb.-Nr. 1287.
9 3 Kl. WS eines(?) Kochtopfes mit horizontalem Kammstrich (Ware 9), stark verrollt. Fb.-Nr. 1287.

Befund 709

Phase 1; Anlage 3. – Grube im Bereich der *via vicenaria* zwischen Baracke V und VI (Fl. 87B). Im Längsschnitt wannenförmiges Profil mit leicht muldenartiger Sohle 0,5 m unter Pl. 2, d.h. ca. 0,7 m unter der kastellzeitlichen Oberfläche. Der dunkelbraune Grubenrand (B) umfängt fünf Schichten:
A Kieseinfüllung, keine Einschlüsse.
B Dunkelbrauner Lehm, mit Kies durchsetzt. Einschlüsse: Brandlehmbröckchen.
C Dunkelbrauner bis schwarzbrauner Lehm, Kies, HK, einige Brandlehmsprengsel.
D Verschmutzter Kies, wenige Brandlehmsprengsel.
E Schwarzbrauner Humus, kein Kies, HK.
F Dunkelgraubrauner Lehm mit Asche u. HK (teilweise größere Stücke). Weitere Einschlüsse: Kalkbruchsteine (bis 20 cm Seitenlänge), Brandlehmbröckchen, Placken hellbraunen Lehms.
Stratigraphie: Wird von Bef. 713 geschnitten. Nur die obere Verfüllschicht 709D bzw. 713C erstreckt sich über beide Befunde (wohl spätere Planie).
Anpassungen/Scherben derselben Gefäße: Bef. 713; 761?; 764 u. evtl. 802.

Keramik

1 3 kl. RS, 1 kl. BS, 5 kl. Kl. WS, vorgeschichtlich, stark verrollt. Fb.-Nr. 1189.
*2 Kl. RS Drag. 18/31; Randdm. 22 bis 23 cm. Südgallisch. Fb.-Nr. 1189.
3 Kl. RS Drag. 33. Ostgallisch. Anpassung an Nr. 713-6. Schicht A. Fb.-Nr. 964.

*4 Kl. WS eines Topfes mit Rollrädchenverzierung Terra Nigra (Ware 2). Ton innen grau, außen anthrazit, fein, Biotitglimmer. Außen Rußspuren. Evtl. zu Nr. 802-8 gehörig. Ware u. Rollrädchendekor identisch mit Nr. 100-4. Schicht D. Fb.-Nr. 1282.
*5 RS einer tongrundigen Reibschüssel, Randdm. 27 cm. Ton hellorange, Kern grau, mittel, rotbraune u. schwarze Partikel, Biotitglimmer. Ware 5 wie Nr. 575-6, jedoch anderes Gefäß. Fb.-Nr. 1222.
*6 Ca. 1/3 eines stark zerscherbten Kruges, Randdm. 6,3 cm, Höhe ca. 28 cm. Ton außen hellorange, innen grau, mittel, rotbraune u. schwarze Partikel, Biotitglimmer, Kalk- u. Sandmagerung (Ware 6). Mehrere Scherben v.a. vom Bodenbereich sek. verbrannt. Scherben desselben Gefäßes fanden sich in Bef. 713 (Schicht B. Fb.-Nr. 1252), Bef. 761 (obere Verfüllschicht, Fb.-Nr. 1217) und Bef. 764 (Schicht A, Fb.-Nr. 969, 1172 u. 1214). Schicht F. Fb.-Nr. 1222, 1285 u. 1288.
*7 3 kl. RS, 3 kl. WS u. 1 kl. BS eines Topfes, Randdm. 17 bis 18 cm. Ton orange, Kern grau, fein, wenige schwarze Partikel, Biotitglimmer (Ware 5). Außen Rußspuren. Schichten C u. F. Fb.-Nr. 1222, 1280, 1285 u. 1288.
8 2 kl. WS eines(?) Topfes mit horizontalem Kammstrich. Ton grau, mittel, Biotitglimmer (Ware 9A). Fb.-Nr. 1189.
9 3 kl. Fragm. verziegelten Hüttenlehms mit Abdrücken kantigen Holzes. Fb.-Nr. 1222.

Befund 710

Befund Phase 2, Verfüllung und Funde Phase 3; Anlage 6; Abb. 37. – Kurze Jaucherinne in Baracke VI (Fl. 78A/88C). Verfüllung mit zwei Schichten wie Bef. 425. Den hellbraunen (Fachwerk-) Lehm der oberen Hauptverfüllung durchziehen mehrere Lagen kleinteilig abgeschlagenen, weißen Wandverputzes. Die max. Tiefe beträgt 42 cm unter Pl. 2.
Stratigraphie: Isolierter Bef.

Metall

1 Mindestens sieben Bruchstücke von Eisennägeln. Schicht A. Fb.-Nr. 1283.

Glas

*2 Mündungsstück einer Flasche, Randdm. 5,0 cm. Aquamarinfarbenes Glas. Vgl. Kap. IV.6 (Glas) Nr. 40. Fb.-Nr. 1207.

Keramik

*3 RS Drag. 18/31, Randdm. ca. 22 cm. Ostgallisch, wahrscheinlich Heiligenberg. Fb.-Nr. 710.
*4 Ca. zu einem Drittel erhaltene „rätische" Reibschüssel, Randdm. innen 24 cm. Ware 4, braunroter Überzug. Stark ausgerieben. Auf dem Kragen Graffito Nr. 124 (Kap. IV.1): AB. Fb.-Nr. 893.
5 5 kl. WS versch. unbest. Gefäße, Waren 5/6, 8 u. 9B. Fb.-Nr. 1233.
6 2 Brocken von weißem Wandverputz (5 cm × 3 cm u. 5 cm × 4 cm), Stärke 1,3 cm. Sichtseite geglättet, rau, Rückseite mit Abdrücken von Holzbrettern mit Fuge. Schicht A. Fb.-Nr. 1233.

Befund 711

Phase 1; Anlage 3. – Grube im Bereich der *via vicenaria* zwischen Baracke V und VI (Fl. 88A). Im Längsschnitt wannenförmiges Profil mit muldenförmiger Sohle von max. 0,5 m

Tiefe unter Pl. 2, einst also ca. 0,7 m unter der kastellzeitlichen Oberfläche. Dunkler Grubenrand (B) und vier Schichten zeichnen sich ab:
A Kies, mit Sand u. wenig HK durchsetzt, hellgrau. Einschlüsse: 2 Kalktuffsteinfragmente.
B Dunkelbrauner Lehm mit Kies u. wenig HK durchsetzt.
C Heller Kies, mit vereinzelten Kalkmörtel- u. Kalktuffsteinbröckchen durchsetzt („Steinmetz"-Schutt?).
D Hellbrauner bis hellgraubrauner Lehm, darin wenige Kieselchen (unter 1 cm Größe). Auf der Oberkante der Schicht liegt im Süden eine 1 cm starke HK-Linse mit Brandlehmsprengseln.
E Dunkler, schwarzbrauner, sandiger Lehm mit viel HK, lockere Konsistenz. Einschlüsse: 1 Kalkbruchstein, vereinzelte Kiesel bis max. 5 cm Länge, 1 Mörtelbrocken.
Stratigraphie: Isolierter Bef.
Anpassungen/Scherben derselben Gefäße: Bef. 757 u. 764.

Keramik

1 2 kl. vorgeschichtliche WS, stark verrollt. Schicht E. Fb.-Nr. 1164.
2 2 WS eines gr. Tellers Drag. 18/31. Innen Rest von Kerbenring, außen Graffito Nr. 106 (Kap. IV.1): X oder [---?]X[---?]. Schichten B und D. Südgallisch. Fb.-Nr. 951 u. 994.
3 3 kl. RS eines Topfes mit Horizontalrand. Ton dunkelocker, fein, Biotitglimmer (Ware 5). Auf der Randunterseite Rußspuren. Schicht E. Fb.-Nr. 1164.
*****4** 2 RS, 17 kl. WS, 1 Frag. dreistabigen Henkels eines Kruges. Ton hellorange, im Kern orangerot, fein, braunrote Partikel, Biotitglimmer. Schicht E. Fb.-Nr. 994 u. 1164.
5 WS eines Kruges (?). Ton orange, im Kern grau, braunrote Partikel, fein, Biotitglimmer. Schicht E. Fb.-Nr. 1164. Scherben vermutlich desselben Gefäßes aus Bef. 757 u. 764.

Befund 712

Phase 3; Anlage 10. – Grube parallel zur östlichen Trennwand einer *papilio* in Baracke VI, Fl. 78B. In der Fläche annähernd rechteckige Kontur, im Profil erscheint der Befund fast kastenförmig mit ebener Sohle 45 cm unter römischer Oberfläche, die im südlichen Flächenprofil der Grabung 2001 stellenweise gut zu erkennen ist. Am Westrand der Grube deutet dunkelbrauner Lehm auf das einstige Vorhandensein einer Holzverschalung hin. Die Verfüllung besteht aus vier Schichten, die sich nur unscharf voneinander abgrenzen ließen:
A Hellbrauner u. dunkelbrauner Lehm vermischt, wenige Kiesel (Interpretation: Fachwerklehm mit organischem Abfall vermengt).
B Hellbrauner Lehm, darüber eine knapp 10 cm starke Lage von weiß getünchtem Wandverputz.
C Verschmutzter Kies.
D Hellbrauner Lehm, Asche, HK, etwas Brandlehm, ein Kalkbruchstein.
Interpretation: Vorratsgrube im Endcontubernium von Baracke VI, mit finalem Abbruchschutt verfüllt.
Stratigraphie: Die Grube lehnt sich an das Trennwandgräbchen Bef. 805 an, ist also später als dieses entstanden. Die Verfüllschichten A–B schneiden das Gräbchen am Rand. Einplanierter Abbruchschutt bedecken sowohl die Grubenverfüllung als auch das Gräbchen (Südprofil der Grabung 2001).

Glas

*****1** Kl. RS einer Schüssel? Vgl. Kap. IV.6 (Glas) Nr. 8. Farbloses, frei geblasenes Glas. Fb.-Nr. 1511.
2 Kl. RS eines steilwandigen Bechers des Typs Rütti 1991, AR 98, Randdm. 16 bis 18 cm. Farbloses, frei geblasenes Glas, Außenseite überschliffen. Vgl. Kap. IV.6 (Glas) Nr. 14. Fb.-Nr. 1511.

Keramik

3 BS eines Trinkbechers mit Griesbewurf, Glanztonware 3B, scharfe Bruchkanten. Fb.-Nr. 1511.
*****4** Kleiner Napf mit gerilltem Horizontalrand und Knickwand, Randdm. 12,6 cm. Bis auf den abgebrochenen Boden vollständig erhalten. Ware 7. Fb.-Nr. 1213.
5 8 kl. WS Ware 2, 8 und 9. Teilweise verrollte Bruchkanten. Fb.-Nr. 952, 1218 u. 1511.

Befund 713

Phase 1; Anlage 3. – Grube im Bereich der *via vicenaria* zwischen Baracke V und VI (Fl. 87A). Wannenförmiges Längsprofil, leicht muldenartige Sohle bis zu 0,52 m unter Pl. 2 tief, d.h. einst bis zu 0,7 m unter der röm. Oberfläche. Dunkler Grubenrand (Schicht B) umfängt fünf Schichten:
A Dunkelbrauner Lehm, mit Kies durchsetzt, HK.
B Dunkelbrauner, kiesdurchsetzter Lehm, nur im Norden u. Westen von E–F zu trennen.
C = Bef. 709D, durchgängige Schicht in beiden Befunden.
D Kalk u. Sand. Einschlüsse: wenige HK- Flitter, Brandlehmbröckchen, Flecken hellbraunen Lehms. Schicht reicht in den Westen von Bef. 709 herein u. beweist, dass beide Gruben gleichzeitig verfüllt wurden.
E Dunkelbrauner Lehm, Kies, Flecken hellbraunen Lehms, etwas HK, 1 Kalktuffstein ca. 10x12 cm groß. Insbes. bei Trockenheit schwer von F zu trennen.
F Wie E, jedoch mehr HK, weniger Kiesel. Einschlüsse: Brandlehmbröckchen, 1 Kalktuffstein.
Stratigraphie: Schneidet Bef. 709.
Anpassungen/Scherben derselben Gefäße: Bef. 709; 757; 761 u. 764.

Metall

1 3 Bruchstücke von Eisennägeln. Schichten B–D. Fb.-Nr. 1250, 1252 u. 1284.

Keramik

2 24 kl. WS vorgeschichtliche Keramik, 1 BS, stark verrollt. Eine mit Grübchenverzierung, eine mit Kammstrich. Schichten B, C u. E. Fb.-Nr. 1182, 1250 u. 1252.
*****3** In Scherben ca. 2/3 erhaltene Schüssel Drag. 37, Art des (Kreises um) *Natalis*, Banassac, vgl. Kap. IV.7 Nr. 35, Randdm. 21,8 cm. Schichten A–C u. E. Fb.-Nr. 505, 715, 879, 988, 1182, 1250 u. 1252. Eine wahrscheinlich diesem Gefäß zugehörige Scherbe stammt aus der dunklen Verfüllung des Pfostengräbchens Bef. 338 (Baracke V) nahe dem östlichen Endcontubernium. Fb.-Nr. 1149.
*****4** Kl. RS Drag. 18/31, Randdm. ca. 24 bis 26 cm. Oberfläche an vielen Stellen abgesplittert. Mittel- od. ostgallisch. Schicht A. Fb.-Nr. 758.
5 Kl. RS Drag. 33. Mittel- od. ostgallisch. Schicht A. Fb.-Nr. 758.
*****6** Ca. 1/3 einer gr. Drag. 33, Randdm. mindestens 16 cm. Ostgallisch. Anpassung an Nr. 709-3. Schicht A. Fb.-Nr. 524, 688 u. 845.

7 BS einer Drag. 33, die Wandansätze sind für eine Sekundärverwendung abgezwickt. Schicht A. Fb.-Nr. 758.

*****8** RS einer „rätischen" Reibschüssel, Randdm. 19 bis 20 cm. Ton rotorange, Kern grau, mittel, schwarze Partikel, Biotitglimmer, rotbraun überfärbter Rand (Ware 4). Schicht B. Fb.-Nr. 1252.

9 2 RS, 1 WS einer (?) „rätischen" Reibschüssel. Ware 4, Reste rotbraunen Überzugs, sek. verbrannt. Schichten C u. E. Fb.-Nr. 1250 u. 1278.

10 Zweistabiger Henkel eines Kruges. Ton ocker, Kern grau, fein, wenige schwarze Partikel, Biotitglimmer (Ware 6). Schicht B. Fb.-Nr. 1252. Anpassung an Nr. 709-6.

*****11** 3 RS, 1 BS(?) eines Topfes mit Horizontalrand und Knickwand, Randdm. 19,5 cm. Ton orange, mittel (Sandmagerung), Biotitglimmer (Ware 5). Außen sek. verbrannt u. Rußspuren. Schicht F. Fb.-Nr. 1251.

*****12** Kl. RS eines Topfes mit Horizontalrand, Randdm. 19 bis 20 cm. Ton rotbraun, Kern grau, mittel, Biotitglimmer (Ware 5). Scherben desselben Gefäßes Nr. 761-7. Außen Rußspuren. Fb.-Nr. 988.

*****13** Ca. ein Viertel eines stark zerscherbten Topfes mit feiner Kammstrichverzierung, Zugehörigkeit der RS unsicher. Ton innen braungrau, mittel (Sandmagerung) außen schwarzgrau, Biotitglimmer (Ware 9B). Außen Rußspuren. Schichten B u. F. Fb.-Nr. 758 (Pl. 0–1); 1251 u. 1252.

14 2 WS eines Topfes. Anpassung an Bef. 709F, Fb.-Nr. 1285. Schicht A u. C. Fb.-Nr. 1182 u. 1279.

15 BS eines Topfes (?). Ton braunorange, fein, Biotitglimmer (Ware 5). Schicht B. Fb.-Nr. 1252.

16 RS eines Deckels. Ton rotorange, fein, Biotitglimmer (Ware 5). Am Rande Rußspuren. Schicht B. Fb.-Nr. 1252.

17 RS u. WS eines Deckels. Ton gelblichocker, Kern rötlich, mittel (Kalkmagerung), schwarze Partikel, Biotitglimmer (Ware 5). Schicht B. Fb.-Nr. 1252.

*****18** 2 Kl. RS versch. Deckel mit scharfem, senkrechtem Rand, Randdm. 13 u. 15 cm. Ware 5, sek. verbrannt. Schicht F. Fb.-Nr. 1251.

19 4 kl. WS versch. Krüge oder Töpfe. Schichten B u. E. Fb.-Nr. 1250 u. 1252.

Befund 714/I und 718

Befund Phase 2, Verfüllung und Funde Phase 3; Anlage 6. – Jaucherinne in Baracke VI (Fl. 78A/88C). Die Kulturschicht Bef. 718 – interpretiert als einplanierter Abbruchschutt – schloss sich östlich an die Jaucherinne Bef. 714/I an, von deren Haupteinfüllung sie sich nicht trennen ließ, da sie gleichzeitig entstanden war. Die Bef.-Nr. 714 wurde versehentlich doppelt vergeben, doch lässt sich das Fundmaterial anhand der unterschiedlichen Flächen trennen, in denen die beiden Jauchegruben Bef. 714/I bzw. 714/II lagen. Die Sohle der Rinne verläuft eben 35 bis 36 cm unter Pl. 2, d.h. ursprünglich ca. 50 cm unter der römischen Oberfläche. Die untersten 10 cm füllen kalkhaltiger Lehm und Kiesel.
Stratigraphie: Isolierter Bef.

Metall

1 Mindestens drei Bruchstücke eiserner Nägel. Fb.-Nr. 892 u. 1238.

Keramik

*****2** WS Drag. 37, Art des *Germanus VI* bzw. *(Germani) SER(vi)*, Banassac. Vgl. Kap. IV.7 (Reliefsigillata) Nr. 3. Fb.-Nr. 1186.

*****3** RS u. 2 WS Drag. 18/31, Randdm. mind. 24 bis 25 cm. Mittel- od. ostgallisch. Scharfe Brüche. Fb.-Nr. 892 u. 1238.

4 Standringbruchstück Drag. 18/31, Dm. 9 cm. Zugehörigkeit zu Nr. 2 fraglich. Scharfe Brüche. Pl. 1–2. Fb.-Nr. 892.

*****5** RS Drag. 33, Randdm. 12 bis 13 cm. Hellorangefarbener, schwach deckender Glanztonüberzug, wahrscheinlich Heiligenberg. Scharfe Brüche. Fb.-Nr. 892.

6 3 WS „rätischer" Glanztonware Stilgruppe Drexel 1, von drei versch. Bechern stammend. Glanztonüberzug in einem Fall fettig glänzend, übrige matt. Fb.-Nr. 710, 892 u. 1186.

*****7** RS einer tongrundigen Reibschüssel, Dm. Innenrand 23 cm. Ton rotorange, dunkelgrauer Reduktionskern, schwarz u. rotbraune Partikel, Biotitglimmer (Ware 8). Brüche etwas verrollt. Pl. 0–1. Fb.-Nr. 709.

*****8** BS eines Kruges, Bdm. 6 cm. Ware 6 mit geglätteter Außenfläche. Scharfe Brüche. Fb.-Nr. 892.

*****9** WS eines Kruges mit buckelartigem Aufsatz. Ware 8. Scharfe Brüche. Fb.-Nr. 710.

10 BS eines Backtellers mit standringartiger Rille, Bdm. ca. 12 cm. Ware 4, braunorangefarbener Überzug innen. Brüche etwas verrollt. Fb.-Nr. 892.

*****11** Kl. RS eines Backtellers, Randdm. 22 bis 25 cm. Braunroter Ton, Sandmagerung, bis 1 mm große schwarze Partikel, Biotitglimmer (Ware 5). Oberfläche verrieben, Brüche etwas verrollt. Fb.-Nr. 892.

12 Kl. RS eines Deckel, Randdm. ca. 26 cm. Rotbrauner Ton, schwarze Partikel, Biotitglimmer. Fb.-Nr. 1186.

13 10 WS unbest. Gefäße, Waren 5/6, 7 u. 10. Teils scharfe, teils verrollte Brüche. Fb.-Nr. 710, 892 u. 1186.

14 Kl. *imbrex*-Fragment, kl. *laterculus*-Fragment mit Haftrillen, einseitig sek. verbrannt. Fb.-Nr. 892 u. 710.

Befund 714/II

Befund Phase 2, Verfüllung und Funde Phase 3; Anlage 6. – Jaucherinne in Baracke VI (Fl. 77A/87C), deren Verfüllung aus zwei Schichten besteht:

A Hellbrauner bis graubrauner Lehm, Verputzstückchen, *imbrex*-Fragment.

B Graubrauner, verlehmter Sand mit Kalk. Max. 10 cm starke Schicht.

Auf dem Niveau von Pl. 2 war nur noch Schicht B vorhanden, d.h. die Rinne verlief ursprünglich rund 30 cm tief unter der röm. Oberfläche.
Stratigraphie: Isolierter Bef.

Keramik

1 RS Drag. 37, Randdm. 19 bis 20 cm. Art des *Ianus*, Heiligenberg. Vgl. Kap. IV.7 (Reliefsigillata) Nr. 106. Etwas verrollte Bruchkanten. Fb.-Nr. 933.

2 WS eines Kruges, Ton außen hellorange-ocker, innen grau, Biotitglimmer, rotbraune u. schwarze Partikel, Sandmagerung. Scharfe Brüche. Fb.-Nr. 867.

Befund 716

Phase 3; Anlage 10. – Annähernd quadratische Eintiefung östlich am Trennwandgräbchen Bef. 715 in einem Pferdestall von Baracke VI (Fl. 88C). Im Pl. 1 war die Struktur mit Fachwerkschutt der Baracke einplaniert. Mit flacher Sohle reichte der Befund ursprünglich ca. 20 cm tief unter die römische Oberfläche in den gewachsenen Kies hinab. Bei Anlage von Pl. 2 wurde der Befund vollständig ausgenommen, als sich

überraschend herausstellte, welch geringe Tiefe er hatte. Außer drei *tegula*-Bruchstücken gab es keine Funde.
Interpretation: Späterer Stützpfosten an oder als Ersatz für die Trennwand Bef. 715. Vgl. als analoge Befunde z. B. 516, 546, 840 (Baracke V), 437, 447, 455, 273 und 290 (Baracke III) sowie Bef. 1714–1719 (Baracke II).
Stratigraphie: Grenzt an das Gräbchen Bef. 715, die Verfüllung überlagert dieses am Rand.

Befund 723

Phase 2a; Anlage 8. – Kastengrube innerhalb der *porticus* von Baracke VI (Fl. 88C) mit fast senkrechten Wänden und ebener Sohle 0,80 m unter Pl. 2, d. h. einst ca. 0,95 m unter der röm. Oberfläche. Dunkelbrauner Grubenrand (B) begrenzt zwölf dünne, fast horizontal gelagerte Verfüllschichten:
A Heller, fast reiner, verdichteter Kies, darin 6 cm dicker Ziegelbrocken. Spätere Planie.
B Grubenrand. Am Westrand der Grube zeichnet sich ein Pfosten ab, dort Kalktuffstein von 23×19×16 cm Größe.
C Sandiger, hellgrauer Lehm mit kleinen Kieselchen u. etwas HK. Wohl Laufschicht nach Verfüllung der Grube.
D Lockerer Kalkmörtel im zentralen Grubenbereich.
E–G Kies, unterschiedlich stark mit sandigem Lehm durchsetzt. Einschlüsse: HK, Ziegelbruch etwas Brandlehm.
H Sandiger, hellgrauer Kalk, teilweise mit Kies verbacken.
I u. K Wie E–G, dazwischen dünne, dunkle Lehmschicht mit Kleinkieseln J.
L Verschmutzter Kies, Einlagerung von HK, Brandlehm u. 2 Kalktuffsteinen (12 cm × 16 cm).
M Graubrauner, sandiger Lehm mit wenigen Kieseln u. reichlich HK, Kalkeinlagerung.
Stratigraphie: Isolierter Bef. Unterhalb des Befundes ist der gewachsene Kies rostrot verfärbt.
Anpassungen/Scherben derselben Gefäße: 563? 580/583 u. 584?

Metall

*1 Bronzenes Griffblech mit Endstück in Gestalt einer asymmetrischen *tabula ansata* mit Öse. Länge 14,8 cm, Gewicht 16,5 g. Der verbogene, 9,9 cm lange Schaft scheint nicht abgebrochen zu sein, sondern sein originales Ende bewahrt zu haben. Funktion unklar, evtl. Halterungsgriff eines Schreibtäfelchens? Vgl. Kap. IV.3 (Bronze) Nr. 144. – Aus der Sohlenschicht. Fb.-Nr. 943.
2 Eisennagel, Länge 6,0 cm. Beim Schneiden des Bef. Fb.-Nr. 982.

Keramik

3 3 kl. RS, 11 kl. WS vorgeschichtliche Keramik, meist stark verrollt. Unteres Grubendrittel u. Schicht E. Fb.-Nr. 1180, 1215, 1268 u. 1272.
*4 Bildlampe Typ Loeschcke IC mit angreifendem Widder n. r., fast vollständig aus zwei Fragmenten zusammengeklebt. Unter Boden nach der Ausformung eingestempelte Herstellersignaturen: kleiner Kringel, darunter 6-teiliger Zweig. Ein am Spiegelrand zur Schnauze vorgesehenes Luftloch wurde nach der Ausformung nicht durchgestochen. Ton hellorange, fein mit Biotitglimmer, Überzug braunrot. Boden außen sek. verbrannt, Schnauze mit Rußspuren. Schicht L. Fb.-Nr. 942.
*5 RS Drag. 18/31, Randdm. 17 bis 18 cm. Mittel- od. ostgallisch. Aus unterem Grubendrittel. Fb.-Nr. 1180.
*6 BS Drag. 18/31 mit Stempel IVL[iani] (retrograd)? Stempel-Nr. 14. Südgallisch. Schicht B. Fb.-Nr. 1272.
*7 BS u. WS eines Bechers, Bodendm. 6,0 cm. Ton orange, Kern grau, fein-mittel, Biotitglimmer, Glanztonüberzug braunrot (Ware 4). Fb.-Nr. 689.
8 Kl. WS eines Kruges, Ware 6 wie Nr. 709-6. Schicht H. Fb.-Nr. 1268.
9 WS eines Kruges, Ton braunocker, Kern grau, mittel, schwarze Partikel, Biotitglimmer (Ware 6). Fb.-Nr. 689.
*10 2 RS einer Schüssel mit verdicktem Rand, Randdm. 16 bis 17 cm. Ton orange, mittel, rotbraune u. schwarze Partikel, Biotitglimmer. Schicht E. Fb.-Nr. 982 u. 1206.
11 WS eines Topfes. Ton hellorange, Kern hellgrau, schwarze Partikel, Biotitglimmer (Ware 5). Außen sek. verbrannt. Aus unterem Grubendrittel. Fb.-Nr. 1180.
12 WS eines *dolium* od. großen Kruges, Wandstärke 12 mm. Ton braunrot, Kern hellgrau, mittel (Kalkmagerung), Biotitglimmer (Ware 6). Fb.-Nr. 689.
13 Kl. WS eines Kruges od. Topfes. Ton hellorange bis hellocker, mittel, rotbraune u. schwarze Partikel, Biotitglimmer (Ware 6). Schicht E. Fb.-Nr. 1206.
*14 RS eines Deckels, Randdm. 15,0 cm. Ton braun bis graubraun, mittel, schwarze Partikel u. Biotitglimmer (Ware 5). Innen u. außen sek. verbrannt. Aus unterem Grubendrittel. Fb.-Nr. 1180.
15 32 bis zu handgroße Fragmente verziegelten (Hütten-)Lehms, teilweise grob von Händen geglättet und durch Hitze grau bis grauviolett versintert. Nur zwei Fragm. stammen aufgrund ihrer Staketenabdrücke definitiv vom Fachwerk, die übrigen von Feuerstellen-Lehmbestrich, der sich auch bezüglich des Grades der Verziegelung vom Fachwerklehm unterscheidet. Schichten G–H, unteres Grubendrittel. Fb.-Nr. 689, 1180, 1215 u. 1268.

Befund 724

Phase 2a; Anlage 8. – Kastengrube innerhalb der *porticus* von Baracke VI (Fl. 88A/C) mit muldenförmiger Sohle bis zu 1,10 m unter Pl. 2 Tiefe, d. h. einst bis zu 1,25 m unter der röm. Oberfläche. Dunkler Grubenrand (B) und begrenzt sieben Verfüllschichten:
A Fast reiner Kies mit wenigen Brandlehmbröckchen.
B Dunkelbrauner Grubenrand mit schrägen Kieseinlagerungen: Die mutmaßliche Holzverschalung wurde nach ihrem Verfall zum Grubeninneren eingedrückt.
C Brandlehm-Schicht (von Herdstelle).
D Verunreinigter Kies.
E Dünne Schicht von Sand u. Kalk, Einschlüsse: Kalktuffbröckchen.
F Heller Kies u. Sand.
G Mit sandigem Lehm verunreinigter Kies, HK.
H Sandiger, dunkelgrauer Lehm, wenig Kies, viel HK, Einschlüsse hellbraunen Lehms, Brandlehm von Herdestelle, Kalktuffstein. Unterhalb des Befundes ist der gewachsene Kies partiell rostrot verfärbt.
Stratigraphie: Schneidet Bef. 725 (Grube eines *porticus*-Pfostens) am Rand.
Anpassungen/Scherben derselben Gefäße: Bef. 530.

Metall

1 4 Bruchstücke verschieden großer Eisennägeln. Schicht H. Fb.-Nr. 1297.

2 Vollständiger, verbogener Eisennagel, Länge 4,2 cm. Fb.-Nr. 1517.
3 Bruchstück von Eisennagel. Schicht D. Fb.-Nr. 1390.

Keramik

4 1 kl. RS, 1 kl. WS vorgeschichtliche Keramik, verrollt. Fb.-Nr. 1299.
***5** RS einer Knickwandschüssel, Randdm. ca. 19 cm. Profil wie Heiligmann 1990, Taf. 85,3 (Nigra-Schüssel aus Gomadingen). TS-Imitation, Ton braunorange, fein, Biotitglimmer, orangeroter Glanztonüberzug bis auf Reste abgerieben. 2 evtl. zu demselben Gefäß gehörige RS: Nr. 828-4. Schicht D. Fb.-Nr. 1299 u. 1390.
6 Kl. RS eines Deckels, Randdm. ca. 18 bis 20 cm. Ton ocker, mittel, Biotitglimmer, außen u. innen Rußspuren. Schicht D. Fb.-Nr. 1390.
7 Fragm. von Hüttenlehm mit Häckselabdrücken. In der Magerung Steinchen u. kl. Schneckenhäuschen, sek. verbrannt. Schicht E. Fb.-Nr. 1517.

Befund 824

Phase 1; Anlage 3. – Grube im Bereich der *via vicenaria* zwischen Baracke V und VI (Fl. 86A/C) von wannenförmiger Längskontur. Die muldenförmige Sohle erreicht eine Tiefe von 0,45 m unter Pl. 2, in röm. Zeit also von ca. 0,65 m. Neben dem dunkelbraunen Rand (B) sind drei Verfüllschichten zu unterscheiden:
A Graubrauner Lehm, mit Kies dicht durchsetzt, 1 Kalkbruchstein, etwas Brandlehm.
B Grubenrand, 1 senkrecht stehender Kalkbruchstein.
C Verschmutzter Kies mit wenigen Holzkohleflittern.
D Dunkelbrauner, sandiger Lehm, wenig Kies, viel HK, mehrere Kalkbruch- u. Kalktuffsteine, Brandlehmsprengsel.
Stratigraphie: Grenzt an Bef. 823, am Westrand von frühalamannischem Pfosten geschnitten.
Anpassungen/Scherben derselben Gefäße: Bef. 580 u. 822?

Metall

1 Vollständiger Eisennagel, Länge 6,7 cm. Schicht D. Fb.-Nr. 1375.
2 7 Bruchstücke von Eisennägeln. Fb.-Nr. 1375.

Keramik

3 Kl. WS vorgeschichtliche Keramik, verrollt. Schicht D. Fb.-Nr. 1375.
***4** In Scherben ca. 4/5 erhaltene Terra-Nigra-Schüssel, Randdm. 24 cm. Ton hellgrau, dunkelgrauer Kern, fein, schwarz polierter Überzug teilweise abgerieben, Biotitglimmer. Anpassung an Nr. 580-11. Schicht C. Fb.-Nr. 1364 u. 1379.
5 WS eines Kruges mit Henkelansatz. Ton rotorange, mit Kalkmagerung, rotbraune Partikel, Biotitglimmer. Schicht D. Fb.-Nr. 1375.
***6** RS u. kl. WS eines Topfes mit breitem, horizontalem Kammstrich, Randdm. ca. 12 cm. Ton grau (Sandmagerung, Ware 9B), mittel, schwarze Partikel, Biotitglimmer. Oberfläche uneben u. rau. Außen teilw. sek. verbrannt mit Rußspuren. Evtl. WS desselben Gefäßes Nr. 580-13 u. 822-7. Schicht G. Fb.-Nr. 1364 u. 1379.
7 WS eines Kruges oder – eher – eines Topfes. Ton ockerbraun, Kern dunkelgrau, mittel, Biotitglimmer, Oberfläche geglättet. Außen sek. verbrannt. Schicht C. Fb.-Nr. 1364.

8 WS mit doppelter Drehrille wahrscheinlich eines Topfes mit Horizontalrand u. Knickwand. Ton orange innen, außen grauocker, fein-mittel, Biotitglimmer. Schicht C. Fb.-Nr. 1364.
***9** RS eines Deckels. Ton ocker, mittel, Biotitglimmer. Rand mit Rußspuren. Schicht C. Fb.-Nr. 1364.
10 Fragm. von Hüttenlehm mit Abdruck einer Bretterfuge. Sek. verbrannt. Schicht C. Fb.-Nr. 1364.

Befund 825

Phase 1; Anlage 3. – Grube im Bereich der *via vicenaria* zwischen Baracke V und VI (Fl. 85B) von fast rechteckigem Längs- wie Querprofil und ebener Sohle in einer Tiefe von 1,2 m unter Pl. 2, was einer röm. Tiefe von ca. 1,4 m gleichkommt. Dunkelbrauner Grubenrand begrenzt sechs Verfüllschichten:
A Umgelagerter, heller, verdichteter Kies, darin Gerölle bis 15 cm Länge, 1 Kalkbruchstein.
B Die ehemals aus organischem Material bestehende Grubenbefestigung zeichnet sich entlang der Südwand durch einen 7 bis 10 cm starken, dunklen Lehmstreifen scharf ab.
C Hellgrauer Lehm mit wenigen Kieseln, darin drei Kalkbruchsteine.
D Fast steriler Kies. Zwischen D u. E dunkler Lehmstreifen (ehemals organisches Material?).
E Verschmutzter Kies, darin etwas HK.
F Mächtige Einfüllung verschmutzten Kieses, darin Flecken hellbraunen Tonlehms, etwas HK. Die unteren 20 cm der Schicht bestehen aus grauem, sandigem Kies.
G Schwarzbrauner Lehm, wenig Kies, viel HK.
Stratigraphie: Isolierter Bef., Westrand gestört.

Metall

1 Vollständiger Eisennagel, Länge 4,14 cm. 5 Nagelfragmente. Schicht G. Fb.-Nr. 1535.
2 Vollständiger Eisennagel, Länge 4,9 cm. 5. Schicht E. Fb.-Nr. 1532.
3 2 Nagelfragmente. Beim Schneiden des Bef. u. Schicht E. Fb.-Nr. 1363 u. 1532.
4 4 eiserne Schuhnägel, Länge 2,0 cm. Schicht B. Fb.-Nr. 1531.

Keramik

5 3 kl. vorgeschichtliche WS, verrollt. Schicht B. Fb.-Nr. 1363 u. 1531.
6 Splitter Drag. 37. Rankenrest, südgallisch. Fb.-Nr. 1363.
***7** 2 RS Drag. 18/31, Randdm. 17 cm. Südgallisch. Schicht G. Fb.-Nr. 1535.
8 WS einer tongrundigen Reibschüssel. Ton braunorange, mittel-grob (Steinchen in der Magerung), rotbraune u. schwarze Partikel, Biotitglimmer (Ware 6). Fb.-Nr. 1404.
9 2 kl. dreistabige Henkelfragmente eines Kruges oder Topfes. Breite des Henkels 2,3 cm. Ton orange bis braunorange, mittel (Kalkmagerung), rotbraune Partikel, Biotitglimmer (Ware 6). Fb.-Nr. 1404.
***10** In Scherben ca. zu einem Fünftel erhaltener Backteller, Randdm. ca. 20 cm. Ton rotorange, Kern grau, mittel, rotbraune u. schwarze Partikel, Biotitglimmer (Ware 5). Außen stellenweise Brandspuren, eine Scherbe vollständig verbrannt. Schicht G. Fb.-Nr. 1535 u. 1404.
***11** RS eines Topfes mit Horizontalrand, Randdm. 14,5 bis 15 cm. Ton hellbraunorange, Kern orange, rotbraune u. schwarze Partikel, Biotitglimmer (Ware 5). Außen Rußspuren. Schicht E. Fb.-Nr. 1532.

*12 Ca. Hälfte eines Topfes mit spitzem, einziehendem Rand u. horizontalem Kammstrich, Randdm. 12,5 cm, aus zahlreichen Scherben zusammengesetzt. Ton grau, mittel, schwarze Partikel, Biotitglimmer: Ware 9B genau wie Nr. 824-6. Außen Rußspuren. Schichten B, E, F u. Hauptmasse aus G, Fb.-Nr. 1363, 1531, 1532, 1535 u. 1547.

*13 2 RS, 1 kl. WS eines Topfes mit horizontalem Kammstrich, Randdm. 15,6 cm. Ton dunkelgrau, Kern hellgrau, Sandmagerung, Oberfläche rau, schwarze Partikel, Biotitglimmer (Ware 9B). Schichten D–E. Fb.-Nr. 1404, 1532 u. 1557.

*14 2 kl. WS eines frei geformten Topfes mit horizontalem u. gewelltem Kammstrich, evtl. zu Nr. 13 gehörig. Ton dunkelgrau, Kern hellgrau, Biotitglimmer, Oberfläche rau. Außen Rußspuren. Schicht G. Fb.-Nr. 1535.

15 Flache BS eines Topfes (?). Ton außen braun, innen braunorange, fein, Biotitglimmer (Ware 5). Außen Rußspuren. Fb.-Nr. 1404.

*16 Knauf eines Deckels, Dm. 3,8 cm. Braunorangefarbener Ton mit Steinchen als Magerung, rotbraune u. schwarze Partikel, Biotitglimmer (Ware 5). Fb.-Nr. 1404.

17 Knauf eines Deckels, verrollt, Dm. mind. 4,2 cm. Ton hellbraun, mittel, rotbraune Partikel, Biotitglimmer (Ware 5). Schicht C. Fb.-Nr. 1561.

18 Kl. RS eines Deckels, Randdm. 12 bis 15 cm. Ware 5, sek. verbrannt. Schicht G. Fb.-Nr. 1535.

19 6 kl. WS verschiedener Krüge (?) u. Töpfe. Schichten D–E. Fb.-Nr. 1404, 1532 u. 1557.

Befund 826

Phase 1; Anlage 3. – Einst rechteckige Grube im Bereich der *via vicenaria* zwischen Baracke V und VI (Fl. 85B) mit ebener Sohle 0,85 m unter Pl. 2 (ca. 1 m unter der kastellzeitlichen Oberfläche). Der Schichtaufbau mit sechs Verfüllschichten A–G ist Bef. 825 sehr ähnlich. Die kaum voneinander trennbaren Kieseinfüllungen C–F werden nur durch einen dunklen Lehmstreifen unterbrochen, der wie in Bef. 825 horizontal durch die Mitte der Einfüllungen verläuft (kurzzeitige Abdeckung bzw. Einlagerung von organischem Material?). Die Sohlenschicht G enthält viel Brandlehm von Herdstellen.
Stratigraphie: Schneidet Bef. 891.

Metall

1 Kl. runder Beschlag (Kap. IV.3 Bronze Nr. 63a) mit blauem und hellgrünem Email. Schicht B. Fb.-Nr. 1524.

*2 Bronzener Schneidenschutz (2 Fragmente) einer Lanzenspitze mit eichelförmiger Bekrönung. Länge 13,3 cm. Vgl. Kap. IV.3 (Bronze) Nr. 28. Schicht G. Fb.-Nr. 1521.

*3 Endstück eines bronzenen Schneidenschutzes (einer Lanzenspitze?) mit Riemenhaken und Scharnieröse, Länge noch 3,9 cm. Gewicht noch 1,2 g. Vgl. Kap. IV.3 (Bronze) Nr. 36. Schicht G. Fb.-Nr. 1528.

4 6 vollständige Eisennägel, Längen 5,4; 5,9; 6,0; 6,3; 9,0 u. 9,5 cm. Schicht G. Fb.-Nr. 1528 u. 1529.

5 Vollständiger Eisennagel mit pyramidalem Kopf, Länge 2,0 cm. Schuh- oder Ziernagel. Schicht G. Fb.-Nr. 1528.

Keramik

6 3 RS, 7 WS, vorgeschichtlich, teilweise verrollt. Schichten B u. E. Fb.-Nr. 1529, 1545 u. 1552.

*7 Kl. WS mit Rollrädchendekor. Terra Nigra (Ware 2). Schicht D. Fb.-Nr. 1548.

8 Kl. RS einer tongrundigen Reibschüssel, Kragen abgebrochen. Ton hellbraunorange, mittel, rotbraune u. schwarze Partikel, Biotitglimmer (Ware 5). Schicht D. Fb.-Nr. 1548.

*9 Kl. RS eines Backtellers. Ton rotorange, Sandmagerung, Kern braungrau, außen viel Biotitglimmer (Ware 7). Außen sek. verbrannt. Schicht B. Fb.-Nr. 1552.

*10 Kl. RS u. 7 kl. WS eines (?) Topfes mit horizontalem Kammstrich, Randdm. ca. 13 cm. Ton innen hellgrau, außen anthrazit mit Sandmagerung u. Biotitglimmer (Ware 9B). Außen teilw. Rußspuren. Schichten B, D u. G. Fb.-Nr. 1528 (Hauptmenge); 1548 u. 1552 (je eine Scherbe).

11 14 kl. WS von mind. 3 versch. Krügen od. Töpfen. Ton orange, alle mit Biotitglimmer. Schichten A–B. Fb.-Nr. 1548 u. 1562.

Befund 828

Phase 2a; Anlage 8. – Kastengrube innerhalb der *porticus* von Baracke V (Fl. 96A–D) mit annähernd senkrechten Wänden, aber welliger Sohle ca. 0,65 m unter Pl. 2, d. h. ca. 0,8 m unter der kastellzeitlichen Oberfläche. Der dunkelbraune Grubenrand (B) begrenzt sechs Verfüllschichten:
A Kies, mit verlehmtem Sand durchsetzt, nur im Ostbereich der Grube.
B Grubenrand.
C Fast reiner Kies mit mehreren Brandlehmbröckchen.
D 3 bis 4 cm starke dunkelbraune Lehmschicht mit etwas Brandlehm, verdichtet.
E Kieseinfüllung aus mehreren Teilschichten, etwas HK.
F Kies, mit Kalk durchsetzt.
G Graubrauner Lehm, Einschlüsse: viel HK, 1 Kalktuffstein, sek. verbrannte Ziegelfragmente von Herdstellen, einzelne Brandlehmstückchen, 1 Mörtelbrocken mit Ziegelgrusmagerung, Flecken hellbraunen Lehms. Auf der Sohle liegt ein Plattenkalkstein von 42 cm × 32 cm × 4 cm Größe.
Stratigraphie: Von Bef. 924 (frühalamannischer Hauspfosten) geschnitten.
Anpassungen/Scherben derselben Gefäße: Bef. 823?

Münze

*1 Dupondius des Vespasian, Kommagene, 1.–13. Januar 74 n. Chr., stark abgegriffen (A4). RIC 798b, BMC 888 (-890), Giard 904. Stark abgegriffen (A4)Vgl. Kap. IV.2 Nr. 2. Schicht G. Fb.-Nr. 1673.

Metall

2 3 Bruchstücke von Eisennägeln. Schicht G. Fb.-Nr. 1763.

Keramik

3 3 kl. WS vorgeschichtliche Keramik, stark verrollt. Schicht B. Fb.-Nr. 1639 u. 1764.

*4 2 kl. RS einer Knickwandschüssel wie Bef. 823-5 od. eines zylindrischen Bechers, Randdm. ca. 16 bis 19 cm. Schichten B u. G. Fb.-Nr. 1763/1764.

5 Fragm. eines dreistabigen Krughenkels. Ton orange, mittel, rotbraune u. schwarze Partikel, Biotitglimmer (Ware 8). Schicht G. Fb.-Nr. 1763.

6 Kl. WS eines bauchigen Topfes (?). Ton innen braunrot, außen schwarz, sandig-rau, schwarze Partikel, Biotitglimmer (Ware 10). Schicht B. Fb.-Nr. 1764.

7 3 kl. WS mindestens zweier Kochtöpfe mit horizontalem Kammstrich. Ware 9A u. B. Schicht C. Fb.-Nr. 1639 u. 1687.

*8 Deckel, fast vollständig aus Scherben zusammengesetzt,

Dm. 13,8 bis 14,3 cm (unrund). Ton grau, außen schwarzgrau durch Hitzeeinwirkung, mittel-grob, schwarze Partikel, Biotitglimmer (Ware 5). Am äußersten Rand Rußspuren. Schichten B u. G. Fb.-Nr. 1763 u. 1764.

*9 RS eines Deckels, Randdm. ca. 16,5 cm. Ton hellbraunocker, mittel, schwarze Partikel, Biotitglimmer (Ware 5). Innen u. außen Hitzeschwärzung. Schicht G. Fb.-Nr. 1763.

10 4 kl. WS versch. Gefäße, orange- bis brauntonig. Schichten C u. G. Fb.-Nr. 1639, 1687 u. 1763.

Befund 835

Phase 3; Anlage 10. – „Ausbuchtung" am nördlichen Außengräbchen von Baracke VI (Bef. 586, Fl. 86C). In Pl. 1 rechtwinklig von Süden ansetzender Gräbchenstumpf von 60 cm Länge, im Pl. 2 etwa halbrunde Grube von 90 cm Breite und 27 cm Tiefe unter Pl. 2 (d. h. ca. 33 bis 35 cm unter der römischen Oberfläche). In des Befundes Mitte gibt sich die Pfostenstandspur nur sehr schemenhaft und unscharf zu erkennen (nicht breiter als 30 cm).
Interpretation: Wahrscheinlich nachträglicher Stützpfosten an der Außenwand der Baracke.
Stratigraphie: Grenzt an das Langgräbchen Bef. 586.
Keine Funde.

Befund 840

Phase 3; Anlage 10. – Pfostengrube, die sich an das östliche Trennwandgräbchen eines Pferdestalls in Baracke V anlehnt, Fl. 96 B/C/D. Die in der Fläche ca. rechteckige Pfostengrube von 1,2 m × 0,8 m nahm zentral einen offenbar runden von ca. 30 cm Dm. auf. Die Pfostenstandspur ist mit hellbraunem Lehm (Fachwerklehm) und Kieseln verfüllt. Die Verfüllung der Pfostengrube bestand aus dunkelbraunem Lehm u. Kies. In ihr wurden sämtliche unten aufgeführte Fundstücke entdeckt.
Interpretation: Zusätzliche oder (anstelle der Wandkonstruktion Bef. 935) ersatzweise Wandstütze einer Reparatur- od. Umbauphase.
Stratigraphie: Schneidet randlich das Trennwandgräbchen Bef. 935.

Keramik

1 Kl. RS vorgeschichtliche Keramik, verrollt. Fb.-Nr. 1638.

*2 Hintere Hälfte einer Firmalampe Typ Loeschcke IXb mit Griff, vgl. Kap. IV.10 (Öllampen) Nr. 14. Fein geschlämmter weißlich-beiger „Pfeifenton" mit feinem Biotitglimmer, der stumpfe Glanztonüberzug changiert rotbraun bis braunschwarz. Scharfe Bruchkanten. – Aus der unteren Verfüllung des Bef. Fb.-Nr. 1628.

3 Kl. WS Drag. 27 od. 36, südgallisch. Teilweise verrollte Bruchkanten. Fb.-Nr. 1659.

*4 Kl. RS eines Becherchens mit Karniesrand u. Griesbewurf, Randdm. 5,5 cm. Ware 3D. Scharfe Bruchkanten. Fb.-Nr. 1659.

5 WS eines Terra-Nigra-Tellers mit Schnittspuren. Ware 2, schwarze Glanzoberfläche nur auf der Innenseite. Scharfe Bruchkanten. Fb.-Nr. 1659.

6 Kl. Henkelfragment eines Dellenbechers/-topfes mit Trichterrand, zweistabig. Ware 7. Scharfe Bruchkanten. Fb.-Nr. 1659.

7 5 WS eines (?) Kochtopfes mit horizontalem Kammstrich. Ware 10, außen Hitzespuren. Scharfe Bruchkanten. Fb.-Nr. 1659.

Befund 841

Phase 3; Anlage 10. – Rechteckige Pfostengrube und -standspur an einer Trennwand in einer *papilio* von Baracke V (Fl. 95A). Im Längsprofil rechteckige Kontur mit ebener Sohle 33 cm unter Pl. 2 (d. h. ca. 35 bis 40 cm unter der römischen Oberfläche), in deren Zentrum eine 30 cm × 40 cm breite Pfostenstandspur zu erkennen ist. Ihre Verfüllung besteht wie der Rahmenbefund aus graubraunem Lehm, sie enthält jedoch weniger Kiesel als dieser.
Interpretation: Nachträglicher Stützpfosten, Reparaturphase. Vgl. Bef. 516, 546 und 840 (Baracke V).
Stratigraphie: Grenzt an das Trennwandgräbchen Bef. 940.

Metall

1 Runder Beschlag mit drei Zonen von Emaileinlagen, Dm. 2,5 cm. Email vollständig herausgebrochen. Rest eines dünnen, schwarzen Haftgrundes (Blei, Silber?) erhalten. Gewicht noch 6,6 g. Vgl. Kap. IV.3 (Bronze) Nr. 62. Fb.-Nr. 1325.

Keramik

2 WS „rätischer" Glanztonware, Stilgruppe Drexel 1. Beim Schneiden des Bef. Fb.-Nr. 1566.

Befund 851

Phase 3; Anlage 10. – Rechteckige Grube an einer Trennwand in einer *papilio* von Baracke V (Fl. 95B/96A). Im Profil kastenförmig mit senkrechten Wänden und ebener Sohle 70 cm unter Pl. 1 (d. h. ca. 72 bis 73 cm unter der römischen Oberfläche). Die Verfüllung besteht aus vier Schichten:
A Planie mit viel Brandlehm und ockerfarbenem Lehm.
B Kies.
C Schwarzbrauner Lehm, mit Kies durchsetzt. Ein helles Kiesband durchzieht dieses unterste Substrat.
Interpretation: Es bestehen zwei Deutungsmöglichkeiten, zwischen denen keine endgültige Entscheidung getroffen werden kann. Entweder handelt es sich um eine Vorratsgrube wie z. B. Bef. 377 oder 478 in derselben Baracke oder aber um die mächtige Grube eines nachträglich eingefügten Stützpfostens, wie dies offenkundig bei Bef. 516, 546, 840 und 841 (ebenfalls in Baracke V) der Fall war. Aufgrund der Dimensionen und angesichts einer fehlenden Pfostenstandspur möchte ich der ersten Version den Vorzug einräumen.
Stratigraphie: Schneidet das Trennwandgräbchen Bef. 852 am Rand, wird von der frühalamannischen Pfostengrube Bef. 947 geschnitten.
In der Verfüllung fanden sich v. a. Tierknochen, nur wenige Keramikscherben und zwei Nägel (Fb.-Nr. 1716 u. 1732).

Befund 857

Phase 3; Anlage 10. – Kleine wannenförmige Grube in einer *papilio* von Baracke IV (Fl. 96A). Sie reicht mit ihrer fast ebenen Sohle max. 27 bis 31 cm tief unter Pl. 1, d. h. ca. 40 cm unter die röm. Oberfläche. Ihre Verfüllung scheint in einem Zuge zustande gekommen zu sein und setzt sich aus den heterogenen Bestandteilen zusammen: Graubrauner Lehm, Placken von ockerfarbenem Lehm, Kiesel und ein Kalkbruchstein. Lediglich in Sohlennähe konzentriert sich etwas dunkelbrauner Lehm.
Interpretation: Kleine Vorratsgrube ähnlich Bef. 650 und 1390.
Stratigraphie: Isolierter Befund.
Außer wenigen Grobkeramikscherben keine Funde.

Befund 863

Phase 3; Anlage 10. – Runde Pfostengrube in einem Pferdestall von Baracke VI (Fl. 76A). Der Befund war innerhalb des stellenweise deckenden, einplanierten Fachwerkschuttes in Pl. 1 (römische Oberfläche) noch nicht erkannt worden. Er gründete einst 21 cm tief unter der römischen Oberfläche, sonst kein Strukturunterschied zu Bef. 817 und 819.
Interpretation: Wie Bef. 647, 817 und 819. Hier könnte ein baulicher Kontext mit dem ebenfalls nachträglich aufgestellten Pfosten Bef. 835 sowie mit der Ausbuchtung Bef. 909 am Langgräbchen Bef. 593 bestanden haben. Zutreffendenfalls spräche dies für eine Wandkonstruktion.
Stratigraphie: Isolierter Befund, Standspur gleichzeitig mit der Einplanierung des Barackenschuttes verfüllt.
Keine Funde.

Befund 883

Phase 1; Anlage 3. – Doppelgrube im Bereich der *via vicenaria* zwischen Baracke V und VI (Fl. 86A), deren Altersreihenfolge wegen der undeutlichen Überschneidung nicht mehr zu entscheiden ist. Möglich ist auch, dass von vornherein eine Doppelgrube konzipiert war, worauf die vier gemeinsamen Verfüllschichten hindeuten. Die leicht muldenförmigen Sohlen beider Grubenteile erzielen eine einheitliche Maximaltiefe von 0,65 m unter Pl. 2, was einer kastellzeitlichen Tiefe von ca. 0,8 bis 0,9 m gleichkommt. Der dunkelbraune Grubenrand ist hier nicht konsequent ausgeprägt.
A Verschmutzter, verdichteter u. mit Kalkmörtel vermischter Kies.
B Nur entlang der südlichen Grubenwand dunkelbraune, Lehmschicht, die von C nicht zu trennen ist.
C Verschmutzter Kies, mit Sand vermischt.
D Heterogene Schicht: im Nordteil dunkler, lehmiger, im Südteil heller u. sandreich mit Kleinkieseln. Überall Einschlüsse von HK, hellbraunem Lehm, Mörtel, Brandlehm u. wenige Kalkbruchsteine.
E Fast schwarzer Lehm, darin HK u. Kies.
Stratigraphie: Am Nordrand von Bef. 921 geschnitten, durch neuzeitliche Mauer oberflächlich gestört.
Anpassungen/Scherben derselben Gefäße: Bef. 800 u. 901.

Metall

*1 Massiver bronzener Schildnagel mit gekerbtem Rand, Dm. 2,5 cm, Befestigungsspanne des exzentrischen Stiftes 1,0 cm. Gewicht 9,9 g. Vgl. Kap. IV.3 (Bronze) Nr. 26. Schicht E. Fb.-Nr. 1526.
*2 Schildnagel mit Drehrille, Dm. 2,3 cm. Die Befestigungsspanne des Stiftes betrug ursprünglich 1,1 cm, in Sekundärverwendung nur noch 0,6 cm. Gewicht noch 7,1 g. Vgl. Kap. IV.3 (Bronze) Nr. 22. Schicht E. Fb.-Nr. 1526.
*3 Unterer Abschluss eines Schneidenschutzes für eine Lanzenspitze, das Blechende ist aufgerissen. Länge 7,1 cm. Gewicht noch 2,5 g. Vgl. Kap. IV.3 (Bronze) Nr. 31. Schicht E. Fb.-Nr. 1526.
*4 *Lunula/torques*-Anhänger im Scharnierverband mit zugehörigem Rechteckbeschlag, stark korrodiert. Höhe des Anhängers 3,0 cm. Gewicht 6,9 g. Vgl. Kap. IV.3 (Bronze) Nr. 46. Schicht E. Fb.-Nr. 1526.
*5 Rechteckiger Riemenbeschlag aus Bronzeblech mit zwei mitgegossenen Nietstiften auf der Rückseite, leicht verbogen. Länge 5,2 cm, Gewicht 2,7 cm. Vgl. Kap. IV.3 (Bronze) Nr. 82. Fb.-Nr. 1526.
*6 Bronzener Zügelhaken mit profiliertem Nietblech. Länge 5,2 cm, Gewicht 7,8 g. Vgl. Kap. IV.3 (Bronze) Nr. 114. Schicht E. Fb.-Nr. 1526.
*7 Pilzkopfnagel, beschädigt. Dm. 1,1 cm, Gewicht 0,4 g. Vgl. Kap. IV.3 (Bronze) Nr. 99. Schicht C. Fb.-Nr. 1542.
8 Rechtwinklig abgebogener, hakenförmiger Eisennagel, Länge noch 8,4 cm. Schicht E. Fb.-Nr. 1526.
9 Eiserner *stilus* mit abgesetzter Spitze, Radierseite abgebrochen. Länge noch 6,2 cm. Schicht E. Fb.-Nr. 1526.
10 4 Nagelfragmente. Fb.-Nr. 1526.

Glas

11 Kl. WS farblosen, leicht gelblichen schimmernden Glases (Glas-Nr. 75). Fb.-Nr. 1551.

Keramik

12 6 kl. RS, 12 kl. WS, 1 BS, vorgeschichtliche Keramik, meist verrollte Brüche. Schichten B–D; E (Hauptmenge) u. F. Fb.-Nr. 1526 (Hauptmenge); 1534; 1538; 1540; 1551 u. 1574.
*13 Schnauzenfragment einer Bildlampe Typ Loeschcke Ic. Ton hellorange, fein, fast ohne Biotitglimmer, Glanztonüberzug rotbraun. Außen Rußspuren. Schicht D. Fb.-Nr. 1555.
*14 Schnauzenfragment einer Bildlampe Typ Loeschcke Ic. Ton lachs, fein mit Biotitglimmer, Glanztonüberzug metallisierend rotbraun. Außen Rußspuren. Schicht C. Fb.-Nr. 1542.
*15 Oberteil einer Flasche mit Steilrand, aus Scherben zusammengesetzt. Terra Nigra (Ware 2), Ton hellgrau, fein mit Kalkmagerung u. Biotitglimmer, schwarzbrauner Glanztonüberzug nur außen, teilw. verrieben. Schichten B–F. Fb.-Nr. 1522, 1526, 1538, 1540, 1541 u. 1574.
*16 Kl. WS eines Topfes oder einer Flasche mit rautenförmigem Rollrädchendekor wie Sölch 2001, Taf. 22,B2 (Flasche mit Steilrand). Terra Nigra (Ware 2), Ton außen mausgrau, innen dunkelgrau. Schwarzer Glanztonüberzug völlig abgerieben. Gehört nicht zu Nr. 15. Fb.-Nr. 1534.
17 2 WS eines Topfes oder einer Schüssel. Terra Nigra (Ware 2), Ton braungrau, fein, Biotitglimmer, schwarzer Glanztonüberzug (nur außen) teilw. verrieben. Schichten C u. F. Fb.-Nr. 1540 u. 1574.
*18 Kl. RS eines Bechers, Napfes oder einer Schüssel mit steiler od. konischer Wand, Randdm. ca. 10 cm. Ton lachs, fein, Biotitglimmer. Schicht B. Fb.-Nr. 1551.
*19 Ca. zur Hälfte erhaltene zerscherbte Schüssel mit dreieckig verdicktem Rand wie Heiligmann 1990, Taf. 48,9 („Häsenbühl"), Randdm. 21 cm. Ton orangerot, mittel, rotbraune Partikel, Biotitglimmer. Braunroter Überzug (Ware 4). Aus Bef. 883 stammen eine sek. verbrannte RS u. BS, eine anpassende, ebenfalls sek. verbrannte RS aus Bef. 901 (Fb.-Nr. 1354), weitere anpassende RS u. WS (nicht verbrannt) aus Bef. 800, Schicht K (Fb.-Nr. 1343). Schicht E. Fb.-Nr. 1526.
20 Fragm. vom Kragen einer tongrundigen Reibschüssel. Tonkern schwarz, außen rotorange, mit Sandmagerung, rotbraunen Partikeln u. Biotitglimmer, matter Überzug schwarzbraun (Variante Ware 10). Schicht E. Fb.-Nr. 1526.
21 WS einer tongrundigen Reibschüssel. Ton ockerbraun, mittel (Kalkmagerung), Biotitglimmer (Ware 5/6). Schicht B. Fb.-Nr. 1551.
*22 BS eines Kruges, Bodendm. 7 cm. Ton hellbraun-ocker bis orangeocker, fein-mittel, Biotitglimmer, Oberfläche geglättet (Ware 6). Schicht C. Fb.-Nr. 1542.
23 BS eines Topfes oder Backtellers, verrollt. Ton innen rotbraun, außen sek. verbrannt, grob (Sandmagerung), Biotitglimmer (Ware 10). Schicht E. Fb.-Nr. 1526.

*24 Kl. RS u. kl. WS eines Topfes mit Trichterrand, dünnwandig, Randdm. ca. 13 bis 14 cm. Ware 7. Außen u. auf dem Rand Rußspuren. Schicht E. Fb.-Nr. 1526.

*25 Kl. RS eines Topfes od. einer Schüssel mit Trichterrand. Ton dunkelgrau, grob (Kalkmagerung), kein Biotitglimmer. Schicht C. Fb.-Nr. 1540.

*26 Kl. RS eines Topfes mit einziehendem, pilzförmig verdicktem Rand, Randdm. ca. 12 bis 13 cm. Ton außen mausgrau, innen dunkelgrau, fein-mittel, Biotitglimmer (Ware 9A). Schicht E. Fb.-Nr. 1526.

*27 Kl. WS eines Topfes mit grobem, gerundetem Kammstrich ähnl. Heiligmann 1990, Taf. 134,9–10. Handgeformte Ware. Ton anthrazit mit Sandmagerung u. Biotitglimmer (Ware 9B). Fb.-Nr. 1534.

28 Kl. BS eines Topfes. Ton innen rotbraun, außen schwarzbraun, mittel, Biotitglimmer (Ware 10). Fb.-Nr. 1534.

29 Kl. WS eines Topfes, evtl. zu Nr. 28 gehörig. Außen Rußspuren. Schicht C. Fb.-Nr. 1542.

30 9 kl. WS mind. 3 versch. tongrundiger Gefäße, Ware 5/6. Schichten B–D. Fb.-Nr. 1526, 1534, 1541 u. 1542.

31 3 Fragm. von Hüttenlehm mit Staketen- u. Häckselabdrücken. In der Magerung Steinchen, sek. verbrannt. Schichten B–D. Fb.-Nr. 1538, 1542 u. 1555.

Befund 891

Phase 1; Anlage 3. – Grube im Bereich der *via vicenaria* zwischen Baracke V und VI (Fl. 85B) von annähernd rechteckiger Profilkontur mit fast ebener Sohle 0,6 m unter Pl. 2 (ca. 0,8 m unter röm. Oberfläche). Ein dunkelbrauner Grubenrand, der auf organische Einbauten hinweist, wurde nur stellenweise beobachtet. Vier Verfüllschichten lassen sich trennen:
A Fast reiner Kies, verdichtet.
B Schwarzbrauner Lehm mit Kies, durch Randausbrüche ins Grubeninnere verschoben.
C Mit Sand u. hellbraunem Lehm verschmutzter Kies, etwas HK.
D Dünne Schicht hellbraunen Lehms, nur im Nordostteil der Grube.
E Wie Bef. 883E.
Stratigraphie: Von 826 geschnitten, oberflächlich von neuzeitlicher Mauer gestört.

Metall

*1 *Lunula/torques*-Anhänger, Befestigungsöse beschädigt. Höhe 2,8 cm, Breite 2,5 cm, Gewicht 3,2 g. Vgl. Kap. IV.3 (Bronze) Nr. 48. Schicht E. Fb.-Nr. 1387 (Scholz 2002, 100 Abb. 74, 4).

Keramik

2 2 WS vorgeschichtliche Keramik, verrollt. Sohlenschicht. Fb.-Nr. 1543.

*3 WS eines Topfes mit Rollrädchendekor. Terra Nigra (Ware 2), Überzug nur außen u. fast völlig abgerieben. Sohlenschicht. Fb.-Nr. 1543.

Befund 901

Phase 2a; Anlage 8. – Flache Grube innerhalb der *porticus* von Baracke VI (Fl. 86C) mit einschichtiger Verfüllung dunkelbraunen Lehms mit HK, wenigen Brandlehmstückchen, Placken hellbraunen Lehms und einzelnen Splittern von Kalktuffsteinen. Die Tiefe beträgt nur 0,25 m unter Pl. 2, d. h. einst nicht mehr als 0,4 m unter der kastellzeitlichen Oberfläche.

Stratigraphie: Von Bef. 800 geschnitten.
Interpretation: Vorgänger von Bef. 800 oder Arbeitsgrube während der Bauzeit der Baracken (Anfang von Phase 2). Anpassungen/Scherben derselben Gefäße: Bef. 800? u. 921.

Keramik

1 1 kl. RS, 2 kl. WS vorgeschichtliche Keramik, stark verrollt. Fb.-Nr. 1311.

2 Ca. ein Viertel vom Oberteil eines Kruges, aus WS zusammengesetzt, Hals u. Henkel fehlen. Ton außen hellorange bis rotorange changierend, innen braungrau, mittel, rotbraune u. schwarze Partikel, Biotitglimmer. Oberfläche geglättet (Ware 6). Anpassende WS vom Abziehen Pl. 0–1, zugehörige WS Fb.-Nr. 1527 (Bef. 921). Graffitorest im Schulterbereich (Kap. IV.1 Nr. 76): [---]VI. Fb.-Nr. 1354.

3 2 WS eins Topfes. Ton grau, mittel (Kalkmagerung), schwarze Partikel, Biotitglimmer (Ware 9A). Evtl. zu demselben Gefäße wie Nr. 800-8 gehörig. Fb.-Nr. 1354.

Befund 921

Phase 2a; Anlage 8. – Grube innerhalb der *porticus* von Baracke V (Fl. 96C) von unregelmäßiger Kontur im Profil und muldenförmiger Sohle 0,68 m unter Pl. 2, d. h. einst ca. 0,9 m unter der röm. Oberfläche. Der dunkelbraune Grubenrand (B) ist nur teilweise erkennbar. Verfüllung mit fünf Schichten:
A Mit Lehm vermischter Kies.
B Grubenrand, nur im Süden vorhanden.
C Wie A, nicht sicher zu trennen.
D Verschmutzter Kies mit Kalk u. 2 streifenartigen Einlagerungen dunklen Lehms (Reste organischer Abfälle?).
E Hellbrauner (Fachwerk-)Lehm, wenige Mörtelsprengsel u. HK.
F Dunkelbrauner Lehm, Kies u. viel HK.
Stratigraphie: Schneidet Bef. 883 (Grube Phase 1) am Rand, oberflächliche Störung durch eine neuzeitliche Mauer am Westende.
Anpassungen/Scherben derselben Gefäße: Bef. 901.

Metall

1 Aufgebrochenes 8-förmiges Kettenglied, Eisen. Länge noch 4,03 cm. Schicht F. Fb.-Nr. 1527.

2 Vollständiger Eisennagel, Länge 5,4. Schicht F. Fb.-Nr. 1527.

Keramik

3 4 kl., 1 gr. WS vorgeschichtliche Keramik, stark verrollt. Schicht D u. F. Fb.-Nr. 1527 u. 1558.

*4 Kl. RS einer Flasche(?). Terra Nigra. Ton dunkelgrau, mittel, Biotitglimmer, schwarzer Glanztonüberzug fast völlig abgerieben u. nur außen noch nachweisbar. Schicht D. Fb.-Nr. 1558.

*5 Kl. RS eines Kruges mit abgetreptem Rand, Rdm 5,0 cm. Ton sämisch, Kern grau, kein Biotitglimmer. Schicht E. Fb.-Nr. 1539.

6 2 kl. WS eines(?) Kochtopfes. Ton grau, mittel, Biotitglimmer, teilw. sek. verbrannt. Schicht D. Fb.-Nr. 1558.

7 Kl. WS unbest. Gefäß. Ton außen hellorange, innen grau, fein-mittel, rotbraune Partikel, Biotitglimmer. Schicht D. Fb.-Nr. 1558.

8 Kl. BS eines Topfes od. Kruges(?). Ton hellrot, Kern grau, grob (vereinzelte Kieselchen bis 2 mm Größe als Magerung), rotbraune u. schwarze Partikel, Biotitglimmer. Schicht D. Fb.-Nr. 1558.

9 Bodenstück eines Schmelztiegels (8 kl. Fragm.). Schicht F. Fb.-Nr. 1527.

Befund 976

Phase 3; Anlage 10. – Rechteckige Grube in der mittleren Stube des Endbaus von Baracke V. Spätere Umbauten (Bef. 1007 u. 1012) scheinen auf ihre Existenz Rücksicht zu nehmen bzw. mit ihr gleichzeitig angelegt worden zu sein. Die Grube weist eindeutig Reste einer Randverbretterung auf (Schicht B), von der sich vier einander gegenüber liegende Pfostenstandspuren an den Langseiten u. in den südlichen Ecken erhalten haben. Im Profil senkrechte Wände und muldenförmige Sohle bis. max. 51 cm unter Pl. 1.
Interpretation: Entweder Vorratsgrube oder – aufgrund der Lage und geringen Tiefe nicht unwahrscheinlich – kleines Zierbecken in einem kleinen Innenhof der nur noch teilweise erhaltenen 2. Bauphase des Endbaus.
A Ockerfarbener Lehm mit zahlreichen weiß getünchten Verputzstücken. Im Pl. 1 lagen diese teilweise senkrecht entlang des Schichtrandes. Weitere Einschlüsse: Brandlehmpartikel, *tegula*-Splitter teilw. mit einseitigen Brandspuren, Kalkbruchstein, mehrere Fragmente von Kalktuffsteinen.
B Schwarzbrauner Lehm, mit wenigen Kleinkieseln durchsetzt. Von Schicht D) kaum zu trennen.
Am Nordende 1 flacher, senkrecht stehender Kalkbruchstein.
C Max. 6 cm starke Schicht von Kleinkieseln u. Kieselkörnchen u. dunkelbraunem Lehm, viele Keramikfunde.
D Sohlenschicht von max. 12 bis 13 cm Stärke aus schwarzbraunem Lehm, HK, wenigen Kieseln.
Stratigraphie: von Bef. 1009 (frühalamannische Pfostengrube) geschnitten, grenzt ohne Überschneidung an Bef. 1008 (Pfostenloch unbest. Zeitstellung).

Metall

*1 Bronzener Zieranhänger in Gestalt einer Eichel, Länge 3,4 cm. Vgl. Kap. IV.3 (Bronze) Nr. 52. Fb.-Nr. 1646 (Scholz 2002, 100 Abb. 74, 8).
2 Fragment eines Eisenbandes mit Nagelloch. Fb.-Nr. 2028.
3 Eiserner Schuhnagel. Schicht A. Fb.-Nr. 1978.
4 18 Bruchstücke von Eisennägeln. Schichten A–C. Fb.-Nr. 1646, 1978 u. 2028.

Glas

5 6 kl. WS farblosen, milchigen u. türkisfarbenen Glases, vgl. Kap. IV.6 (Glas) Nr. 78. Schichten A u. C. Fb.-Nr. 1978, 2012 u. 2014.

Keramik

6 Kl. WS süd- od. mittelgallischer TS, verrollt. Form unbest. Schicht C. Fb.-Nr. 2028.
7 2 Splitter „rätischer" Glanztonware, Stilgruppe Drexel 1, verrollt. Schicht C. Fb.-Nr. 2028.
*8 8 teilw. anpass. RS einer Reibschüssel, Randdm. 28 cm. Ware 6, verwittert. Schicht A. Fb.-Nr. 1978.
*9 Oberteil eines Zweihenkelkruges (360°), Randdm. 8,3 cm. Ware 8, teilw. scharfe Bruchkanten. Schicht A. Fb.-Nr. 1978.
*10 RS eines Zweihenkelkruges, aus Scherben zusammengesetzt (ca. 50°), Randdm. 8 cm. Ware 8, scharfe Brüche. Schicht C. Fb.-Nr. 2028.
*11 Einhenkelkrug, bis auf den Hals vollständig aus Scherben zusammengesetzt. Ware 8. Fb.-Nr. 1978 u. 2028.
*12 Ca. zu einem Viertel erhaltener Backteller (zerscherbt, 70°), Randdm. 20 cm. Ware 7, Außenseite durch Hitze geschwärzt u. Rußanhaftung. Schicht A. Fb.-Nr. 1978.
*13 Ca. zu einem Fünftel (ca. 50°) erhaltener Kochtopf mit Horizontalrand u. Knickwand (zerscherbt), Randdm. 20 cm. Ware 5 (rottonig), teilw. scharfe Brüche. Am Rand Hitzeschwärzung. Schicht C. Fb.-Nr. 2028.
*14 2 anpass. RS (180°) eines zylindrischen Kochtopfes mit Griffleisten, Randdm. 10,5 cm. Ware 5, Außenseite teilw. verrußt, scharfe Brüche. Schicht C. Fb.-Nr. 2028.
15 2 BS u. 6 WS mindestens zweier Kochtöpfe, Ware 9B u. 10, Brüche verrollt. Fb.-Nr. 1978 u. 2028.
*16 RS eines frei geformten Deckels, Randdm. 14 cm. Ware 5, scharfe Brüche. Schicht C. Fb.-Nr. 2028.
*17 RS eines Deckels, Randdm. 13 cm. Ware 5, leicht verrollte Brüche. Fb.-Nr. 1978.
18 Knauf eines Deckels, Dm. 4,8 cm. Ware 5, verrollte Brüche. Fb.-Nr. 2028.

Befund 979

Phase 2b; Anlage 8. – Grube in einer *papilio* von Baracke V (Fl. 95A) mit quadratischer Grundstruktur. Die südöstliche Befundecke ist offensichtlich durch den Druck des gewachsenen Kiesbodens gegen die lockerere Verfüllung nachträglich nach innen eingebrochen. In drei der vier Ecken ließen sich noch die dunklen Pfostenstandspuren einer ehemals vorhandenen Holzverschalung erkennen. Eine davon (Bef. 980) hat den ursprünglichen quadratischen Querschnitt bewahrt. Die Grubensohle verläuft fast eben auf der Oberkante einer durch Manganausfällungen schwarz gefärbten Kiesschicht 84 bis 86 cm unter Pl. 1, d. h. ca. 1 m unter der römischen Oberfläche. Die Sohle wurde von einer dünnen, dunklen Erdschicht bedeckt, bei der es sich vielleicht um den Überrest eines Bretterbodens handelt. Die Konsistenz der Grubenverfüllung war durch den hohen Kiesanteil derart locker, dass das angelegte Profil noch vor der Dokumentation einstürzte. Diese Verfüllung besteht aus zwei Schichten:
A Bauschutt: Rohmörtel, grauer Lehm, einzelne Bröckchen von Brandlehm, Ziegelbruchstücke (*tegulae* und *lateres*, teilweise mit Brandspuren), 5 Kalkbruchsteine von max. 20 cm Kantenlänge. Diese Schicht liegt als „Linse" über der zentralen Grubenverfüllung und reicht bis max. 22 cm unter Pl. 1 tief.
B Kies, in der unteren Grubenhälfte mit Rohmörtel sowie mit Kalktuffbrocken vermischt. Sechs davon übersteigen Kopfgröße deutlich (max. Dm. 32 cm).
Interpretation: Vorratsgrube, die noch vor dem Abriss der Baracke verfüllt wurde. Schicht A scheint eine nachträgliche Einplanierung von Barackenschutt über der bereits abgesackten Verfüllung (B) zu sein. Schicht B dürfte in einem Zuge zustande gekommen sein.
Stratigraphische Situation: Schneidet zwei vorgeschichtliche Gräbchen (Bef. 981 u. 985).
Keine sonstigen Funde.

Befund 983

Phase 3; Anlage 10. – Westöstlich verlaufendes Wandgräbchen in einer *papilio* von Baracke V (Fl. 95A). Wie bei Bef. 1007 offenbart auch hier das Längsprofil, dass es sich nicht um ein Gräbchen im eigentlichen Sinne mit ebener, durchlaufender Unterkante handelt, sondern um drei Pfostengruben von 25, 40 und 42 cm Tiefe unter Pl. 1 (d. h. ca. 28 bzw. 45 cm unter der römischen Oberfläche), die mit 30 bis

ter, rudimentärer Aufhängungsöse. Dünner, ziegelroter Ton mit wenig Biotitglimmer. Schicht C. Fb.-Nr. 2003.
6 Zweigliedriger Henkel u. WS eines (?) (Zweihenkel-) Kruges. Ware 6. Schicht A. Fb.-Nr. 1928 u. 2001.
7 RS (erhalten 45°) eines Deckels, Randdm. 13 cm. Ware 5, auf der Randaußenseite Hitzeschwärzung. Schicht A. Fb.-Nr. 2001.
8 6 Bruchstücke (max. 5 cm × 4 cm) weiß getünchten Kalkmörtelverputzes. Auf den Rückseiten Abdrücke von Fachwerklehm-Oberfläche, teilweise mit Haftrillen, sowie von Holz. Schicht A. Fb.-Nr. 1928.

Befund 1077

Phase 3; Anlage 10. – Kleine muldenförmige Grube an der Trennwand eines Stalles in Baracke IV (Fl. 105A), maximal 18 cm unter Pl. 1 tief. Die Verfüllung ist einschichtig und besteht aus Fachwerkschutt und einigen Eierschalen.
Interpretation: Zusätzliche Jaucherinne?
Stratigraphie: Isolierter Befund.

Metall

1 10 eiserne Schuhnägel. Fb.-Nr. 1760.

Befund 1081

Phase 3; Anlage 10. – Nordsüdlich verlaufendes Abschlussgräbchen des erweiterten Endcontuberniums von Baracke IV im Bereich der *porticus* (Fl. 105A/115C). Die Sohle verläuft annähernd eben 14 bis 15 cm unter Pl. 1, d. h. ca. 17 cm unter der römischen Oberfläche. Die Verfüllung besteht hauptsächlich aus graubraunem, mit Kies durchsetztem Lehm.
Interpretation: Mit den Wandgräbchen Bef. 1081 und 1084 wurde das Endcontubernium nachträglich um die Breite der vorgelagerten *porticus* erweitert. Wahrscheinlich wurden zur Schaffung eines größeren Raumes hier auch die älteren Wände Bef. 5 und 421 herausgenommen und stattdessen der Stützpfosten Bef. 1065 eingefügt. Ob dieser Umbau gleichzeitig mit dem des Kopfbaus stattfand oder schon etwas früher, bleibt ungewiss.
Stratigraphie: Gleichzeitig mit Bef. 1084, teilweise gestört.
Keine Funde.

Befund 1084

Phase 3; Anlage 10. – Westöstlich verlaufendes Wandgräbchen als nördlicher Abschluss des erweiterten westlichen Endcontuberniums von Baracke IV (Fl. 114D/115C). Der Baubefund liegt in der Flucht der *porticus*-Pfosten, die gemeinsame Eckkonstruktion mit Bef. 1081 dürfte einen solchen ersetzt haben. Mit absolut ebener Sohle 25 cm unter Pl. 1 (d. h. ca. 27 bis 28 cm unter der römischen Oberfläche) ist dieses Gräbchen tiefer fundamentiert als Bef. 1081. Die Verfüllung besteht hauptsächlich aus graubraunem Lehm, der sich sowohl von den Gräbchen der Phase 2 als auch der Phase 3 farblich abhebt. In ihm zeichnen sich deutlich drei senkrecht bis zur Sohle mit ockerfarbenem Lehm gefüllte Pfostenstandspuren ab. Eine davon war mit drei Kalkbruchsteinen umstellt (zur Verkeilung). Die Achsmaße der Pfosten lassen sich von Osten nach Westen mit 3 + 3 + 4 + 4 rekonstruieren.
Interpretation: S. Bef. 1081. Aufgrund der Pfostenbautechnik, die bessere Vergleiche in Phase 2 als in Phase 3 findet, könnte der Umbau bereits vor dem des angrenzenden Kopfbaus stattgefunden haben.

Stratigraphie: Schneidet den Grubenrest Bef. 1087 (Phase 1) am Rand, wurde gleichzeitig mit Bef. 1081 geschaffen, wird von der frühalamannischen Pfostengrube Bef. 1086 geschnitten.
Keine nennenswerten Funde.

Befund 1087

Phase 1; Anlage 3. – Grube im Bereich der *via vicenaria* zwischen Baracke III u. IV (Fl. 114D). Erhalten waren nur noch der Ostrand der Grube sowie spärliche Reste ihrer Sohlenschicht unter dem neuzeitlichen Keller der Villa Meebold. Soweit erhalten erwies sich die Verfüllung als einschichtig und bestand aus verschmutztem Kies. Den Grubenrand begleitete der typische „Trauerrand" aus schwarzbraunem Lehm.
Stratigraphie: Isolierter Bef., massiv gestört.
Keine Funde.

Befund 1100

Phase 1; Anlage 3. – Grube im Bereich der *via vicenaria* zwischen Baracke III u. IV (Fl. 114B) von annähernd rechteckigem Längsprofil und ebener Sohle 0,75 bis 0,8 m unter Pl. 1 (ca. 0,9 m unter röm. Oberfläche). Dunkelbrauner Grubenrand (B) umfasst vier Einfüllschichten:
A Mächtige Kieseinfüllung, im oberen Bereich verdichtet, darin Ziegelsplitter u. Brandlehmstückchen.
B Dunkelbrauner Lehm entlang des Grubenrandes.
C Dünne Schicht von HK u. Brandlehm.
D Ockerfarbener Lehm, darin wenige Kleinkiesel.
E Dunkelbrauner Lehm, viel HK u. Brandlehmbrocken, Kiesel, Placken ockerfarbenen Lehms. Greift in natürlichen, manganverfärbten Kieshorizont ein.
Stratigraphie: Isolierter Bef., Westrand gestört.
Dieser Befund wurde exemplarisch mit Phosphatproben überzogen: Schicht A 0,2944 %, Schicht D 0,3533 %, Schicht E oben 0,3313 %, Schicht E Mitte 0,6207 %, Schicht E unten 0,5172 %.

Keramik

1 Kl. WS vorgeschichtliche Keramik, verrollt. Sohlenschicht E. Fb.-Nr. 1747.
*2 2 anpass. RS einer Flasche mit Steilrand, Randdm. 10,4 cm. Terra Nigra (Ware 2) mit Sandmagerung u. Biotitglimmer, schwarzer Glanztonüberzug nur außen. Eine Scherbe aus tiefster Schicht, eine aus oberer Verfüllung. Fb.-Nr. 1747 u. 1752.
*3 Vollständig erhaltene „rätische" Reibschüssel, aus Scherben zusammengesetzt, Randdm. innen 20,6 cm. Kragen mit zwei zackenförmig ausgeschnittenen Grifflappen, fast halbrund eingeschnittene Ausgussrille. Ton orange mit grauem Kern, Überzug braunorange, verrieben, Ware 4. Schichten E u. H. Fb.-Nr. 1747 u. 2193.
4 4 WS eines Kruges, Bruchkanten teilweise verrollt. Ware 5. Sohlenschicht E. Fb.-Nr. 1747 u. 1915.
*5 RS eines Deckels, Randdm. ca. 15 cm, verrollt. Sohlenschicht E. Fb.-Nr. 1747.
6 Kl. Fragment von Hüttenlehm mit parallelen Haftrillen. Aus oberer Verfüllung. Fb.-Nr. 1752.

Stein

7 Bruchstück eines Wetzsteins aus hellem Sandstein, Länge noch 5,1 cm, verwittert. Quadratischer Querschnitt mit Seitenlängen von 1,8 bis 1,9 cm. Beim Abbau des Befundes. Fb.-Nr. 2248.

Befund 1107

Phase 2a; Anlage 8. – Kastengrube innerhalb der *porticus* von Baracke III (Fl. 115A) mit senkrechten Wänden und ebener Sohle 1,05 m unter Pl. 1, d. h. hier einst ca. 1,1 m unter der röm. Oberfläche. Der dunkelbraune Grubenrand (B) begrenzt sieben horizontale, sich deutlich voneinander abgrenzende Verfüllschichten:

A Verschmutzter Kies, darin flacher Kalkbruchstein u. Ziegelsplitter.
B Grubenrand, hebt sich teilweise kaum von angrenzenden Schichten ab. Am Ostrand der Grube zeigt sich im Profil eine Abstufung.
C 7 bis 8 cm starke Schicht vermörtelten Kieses, darin 1 Kalkbruchstein von 20 cm Länge.
D Grauer Sand, mit Kleinkieseln vermengt, wenige Holzkohleflitter.
E Max. 8 cm starke Schicht reinen hellen Kieses.
F Schwarzbrauner Lehm, viel HK u. Asche, wenige Mörtelbrösel, einzelne Brandlehmstückchen, Placken ockerfarbenen Lehms.
G Verschmutzter Kies mit HK- u. Brandlehmteilchen.
H Dünne Bänder schwarzbraunen Tonlehms, der auf vergangene organische Substanzen schließen lässt, HK, sek. verbrannte Ziegelstücke, 1 Mörtelbrocken. H greift in einen natürlichen Horizont durch Manganausfällungen schwarz gefärbten Kieses ein. Im Westbereich Einlagerung solchen Kiesmaterials (bei Aufgabe der Grube von oberer schwarzer Kiesschicht herabgerutscht). Unterhalb der Grube ist der natürliche Kies rostrot verfärbt u. hart verbacken wie bei den Jaucherinnen.
Stratigraphie: Schneidet Bef. 1108 (Grube Phase 1) am Rand. Anpassungen/Scherben derselben Gefäße: Bef. 282 u. 1301.

Metall

*1 Zerdrückter Pilzkopfnagel aus Bronze. Dm. ca. 1,5 bis 2 cm. Gewicht noch 1,0 g. Vgl. Kap. IV.3 (Bronze) Nr. 101. Schichten F–H. Fb.-Nr. 1715.
*2 Bruchstück einer Schildfessel oder eines Möbel-Beschlages, Länge noch 3,8 cm. Vgl. Kap. IV.4 (Eisen) Nr. 7. Fb.-Nr. 1734.
3 2 eiserne Schuhnägel. Schicht H. Fb.-Nr. 1733.
4 2 Bruchstücke eiserner Bandbeschläge. Schicht B. Fb.-Nr. 1734.
5 5 Bruchstücke eiserner Nägel. Fb.-Nr. 1734.

Glas

*6 Kl. RS einer Kanne od. einer kleinen Schale (Glas-Nr. 27)? Randdm. ca. 14 cm. Sehr dünnes, aquamarinfarbenes Glas. Schicht B. Fb.-Nr. 1734.
*7 WS vom Hals einer Flasche (Glas-Nr. 60), Halsdm. ca. 2,0 bis 2,3 cm. Leicht gelblich schimmerndes, fast farbloses, frei geblasenes Glas. Schichten F–H. Fb.-Nr. 1715.

Bein

*8 Bruchstück einer Nadel mit keulenförmigem Kopf. Länge noch 4,2 cm. Vgl. Kap. IV.5 (Bein) Nr. 16. Schicht H. Fb.-Nr. 1702.

Keramik

9 1 kl. RS u. 22 kl. WS vorgeschichtliche Keramik, verrollt. – Aus dem gesamten Befund. Fb.-Nr. 1714, 1730 u. 1733–1736.
10 Fragment eines vorgeschichtlichen Spinnwirtels aus Ton. Schicht B. Fb.-Nr. 1734.
*11 Kl. WS Drag. 37, Art des (Kreises um) *Natalis*, Banassac. Vgl. Kap. IV.7 (Reliefsigillata) Nr. 42. Etwas verrollte Bruchkanten. Fb.-Nr. 1735.
*12 Kl. WS (Splitter) Drag. 37, Art des *Ianus*, Heiligenberg. Vgl. Kap. IV.7 Nr. 93. – Aus einer nachträglichen Planierschicht über der Grube (Schicht A). Bestoßene Bruchkanten. Fb.-Nr. 1734.
*13 2 anpass. RS Drag. 18/31, Randdm. 17 cm. Südgallisch. Graffito Nr. 30 (Kap. IV.1) zwischen Rand u. Boden [t(urma)? ---]VPII CA[---]. Schicht F. Fb.-Nr. 1706.
*14 Kl. RS Drag. 18/31, Randdm. 17 bis 20 cm. Ostgallisch. Schicht B. Fb.-Nr. 1334.
15 WS Drag. 27, südgallisch. Schichten F–H. Fb.-Nr. 1715.
*16 BS einer glatten TS-Schüssel, wohl Drag. 44, Standringdm. 8 cm. Eher süd- als mittelgallisch. Schichten F–H. Fb.-Nr. 1715.
*17 RS eines Bechers mit Karniesrand, Randdm. 12,5 cm. Ton braunrot, Überzug außen mattschwarz, innen silbrig (Ware 3D). Schichten F–H. Fb.-Nr. 1715.
18 BS eines Bechers mit Griesbewurf, Bdm. 6,5 bis 7 cm. Ware 3, Scherbe verrollt, Überzug verrieben. Schicht B. Fb.-Nr. 1734.
19 BS eines Bechers mit Griesbewurf, Bdm. 7 cm. Ware 3, Ton orange, Kern grau, Überzug innen rotviolett, außen silbrigrot. Beim Abbau des Befundes. Fb.-Nr. 1780.
20 4 kl. WS versch. Becher mit Griesbewurf, teilw. verrollt. Ware 3. Fb.-Nr. 1714 u. 1715.
*21 RS einer Kragenschüssel, Randdm. ca. 20 cm. Terra Nigra, Ware 2 wie Nr. 161/299-4, jedoch anderes Gefäß. Bruchkanten teilweise verrollt. Schicht B. Fb.-Nr. 1734.
22 Kl. WS eines Terra-Nigra-Gefäßes, verrollt. Schwarzer Überzug nur auf der Außenseite, verrieben. Schicht B. Fb.-Nr. 1734.
23 Kl. Kragenscherbe einer tongrundigen Reibschüssel, Dm. mindestens 25 cm. Ware 5, außen sekundär verbrannt. Schicht H. Fb.-Nr. 1733.
*24 Ca. 30 teilweise anpass. WS eines großen Zweihenkelkruges, 2 davon mit Rollrädchendekor u. Stichverzierung in Gestalt eines Gesichts(?) auf der Gefäßschulter. Rotbrauner Ton, Oberfläche geglättet, Ware 6. Fb.-Nr. 1715 u. 1734.
*25 Vollständig erhaltener Boden eines großen Zweihenkelkruges, Bdm. 11,5 bis 11,9 cm (ovaloid). Die Wand ist 4,0 bis 6,5 cm oberhalb des Bodens abgebrochen, spätere Sekundärverwendung möglich. Ware 6. Fb.-Nr. 1715.
26 BS eines Kruges mit Viertelrundstab, Bdm. ca. 10 cm. Ware 8. Schichten A–E. Fb.-Nr. 1714.
27 Kl. BS eines Kruges mit Viertelrundstab, Bdm. ca. 8 cm. Ware 5. Bruchkanten verrollt. Fb.-Nr. 1734.
28 Bodenhälfte eines Kruges(?), Bdm. 10 cm. Ware 6. Fb.-Nr. 1734.
29 Bruchstück eines dreistabigen Henkels mit Halsansatz eines Kruges. Ware 8. Fb.-Nr. 1715.
*30 ¾ erhaltene Backplatte, aus Scherben zusammengesetzt, Randdm. 19 cm. Ware 4, Reste eines orangebraunen Überzugs innen, außen u. Unterseite sekundär verbrannt bzw. geschwärzt. – Aus dem gesamten Befund. Fb.-Nr. 1714 u. 1715.
*31 1 RS, Randdm. 12 cm, 2 BS u. 11 meist kl. WS von 2–3 verschiedenen grautonigen Kochtöpfen mit horizontalem Kammstrich. Ware 9A. Bruchkanten teilweise verrollt. Fb.-Nr. 1715, 1734 u. 1736.
*32 4 anpass. RS eines etwa zylindrischen Kochtopfes,

Randdm. 12,5 cm. Ware 9A. Außen starke Rußverkrustungen. Schichten A–E. Fb.-Nr. 1714.

*33 Fast 2/3 erhaltener Deckel mit Knauf, Randdm. 18,0 cm. Ware 5, Randbereich sekundär verbrannt mit Rußspuren. Fb.-Nr. 1715. Nicht anpass. RS dieses Deckels Fb.-Nr. 1714.

34 RS eines Deckels, Randdm. ca. 18 cm. Ware 5, sekundär verbrannt, auf der Unterseite Rußverkrustungen. Fb.-Nr. 1715 u. 1734.

35 Knauf u. 2 anpass. WS eines Deckels. Ware 10. Schichten B u. H. Fb.-Nr. 1733 u. 1734.

36 Knauf eines Deckels, Ware 5. Fb.-Nr. 1734.

37 RS eines Deckels wie Nr. 34, jedoch anderer Deckel, Randdm. 18 cm. Ware 5, im Randbereich sekundär verbrannt. Fb.-Nr. 1734.

38 Zahlreiche kleinteilige WS u. Splitter verschiedener Gefäße. Alle Fb.-Nr.

39 Wandverputz, 6,3 cm × 5 cm, Stärke 1,1 cm mit rückseitigem Abdruck eines Holzbrettes, Sichtseite grob geglättet u. weiß getüncht. Schichten F–H. Fb.-Nr. 1715.

40 3 kl. Fragmente von verziegeltem Hüttenlehm (mit Häckselabdrücken). Fb.-Nr. 1715.

Befund 1108

Phase 1; Anlage 3. – Grube im Bereich der *via vicenaria* zwischen Baracke III u. IV (Fl. 115A), im Westen mit wannenförmigem, im Osten noch mit ursprünglich rechteckigem Profil. Die sonst ebene Sohle (0,6 m unter Pl. 1) weist im Westen eine Vertiefung bis 0,8 m unter Pl. 1 auf. Dort war sie zur Nutzungszeit also ca. 0,9 bis 0,95 m tief. Der dunkelbraune Grubenrand (B) umschließt vier noch erhaltene Verfüllschichten:

A Verdichtete Kiesschicht mit wenigen HK- u. Brandlehmpartikeln.
B Grubenrand in Form eines stufenartigen Absatzes nur im Westteil vorhanden.
C Grauer u. ockerfarbener Lehm, mit Kleinkieseln u. HK durchsetzt.
D Schwarzbrauner Lehm, darin viel HK u. Placken hellbraunen Lehms, wenig Kies.
E Ockerfarbener Lehm, Asche, HK u. Brandlehm vermischt, kaum Kies.

Stratigraphie: Von Bef. 1107 (Grube Phase 2a) am Nordrand geschnitten, durch neuzeitlichen Brunnen stark gestört.
Dieser Befund wurde exemplarisch mit Phosphatproben überzogen: Schicht C 0,2581 %, Schicht D 0,4773 %, Schicht E 0,3577 %. Im der Grube benachbarten, gewachsenen Boden wurden 0,1823 % gemessen.

Keramik

1 2 kl. RS, 1 kl. BS, 12 kl. WS vorgeschichtliche Keramik, durchweg verrollt. Vor allem Schicht B, auch C u. E–D. Fb.-Nr. 1944, 1953, 1954 u. 1786.

*2 Kl. WS eines Topfes mit Rollrädchendekor in Rautenform, Terra Nigra. Ton innen hellgrau, außen anthrazit, feinmittel (Sandmagerung), kein Glanztonüberzug (Ware 2). Fb.-Nr. 1786.

3 Kl. WS Terra Nigra (Ware 2), sek. verbrannt. Fb.-Nr. 1786.

4 Kl. RS u. kl. BS eines Backtellers, verrollt. Ton lachsfarben, mittel, viele rotbraune Partikel, viel Biotitglimmer auf teilweise verriebener Oberfläche (Ware 7). Fb.-Nr. 1786.

5 Kl. WS eines (Knickwand-?)Topfes. Ware 5. Fb.-Nr. 1786.

*6 Fast vollständiger, jedoch stark zerscherbter Topf mit horizontalem Kammstrich, Randdm. 13 cm. Grauer Ton mit starker Sandmagerung (Ware 9B). Außen üppige Rußreste. Schicht E. Fb.-Nr. 1786 u. 1955 (1 RS).

Befund 1111

Phase 2b; Anlage 8. – Langrechteckige Grube nahe der Wand eines Pferdestalls in Baracke III (Fl. 115A/125C), parallel zur dortigen Jaucherinne (Bef. 1113). Die muldenförmige Eintiefung reicht max. 70 cm unter Pl. 1, also ca. 80 bis 90 cm unter die röm. Oberfläche. Verfärbungen des natürlichen Bodens durch Einsickerungen wie bei den „klassischen" Jaucherinnen fehlen, doch könnte die Grube vorübergehend als zusätzliche Jauchedrainage gedient haben. Verfüllung mit drei Schichten:

A Hellbrauner Lehm, viel Verputzmörtel, mehrere Kalkbruchsteine, 3 faustgroße Kalktuffsteine, Ziegelsplitter, Brandlehmbröckchen, etwas HK. Schicht A scheint aus zwei Teilschichten zu bestehen, die nicht durchgängig scharf voneinander zu trennen sind. Jedenfalls enthält die obere Teilschicht deutlich mehr Kies als die untere. Interpretation: Evtl. handelt es sich bei der oberen Teilschicht um eine spätere Nachplanierung, nachdem sich die Grubenverfüllung bereits etwas gesetzt hatte.
B Wie A, jedoch grau verfärbt, wahrscheinlich durch aufgesogene Feuchtigkeit aus Schicht C).
C Schwarzgrauer Lehm, mit Kies durchsetzt, darin etwas Brandlehm u. HK.

Die Verfüllung ist durch zwei fast prägefrische Münzen Hadrians aus Schicht C post quem datiert.
Interpretation: Zusätzliche, nur zeitweilig in Betrieb gewesene Jaucherinne. Die im Abschnitt dieses Stalles erhöhte Zahl an Pfostenstellungen im äußeren Langgräbchen deutet auf Umbaumaßnahmen hin, die vermutlich mit der Umstrukturierung des Stalles in Verbindung stehen.
Stratigraphie: Von einplaniertem Abbruchschutt des Kastells (Phase 3) überlagert, der in die bereits leicht abgesackte Grubenfüllung nachgesunken war. Schicht A ist stellenweise durch eine moderne Leitung gestört.

Münzen

*1 Denar des Hadrianus. Rom, 119–122 n. Chr. RIC 120(b: Vs)var, Cohen 600, BMC 264var (Vorder- und Rückseitenkombination nicht bekannt). Kaum abgegriffen (A1), Rs etwas flau ausgeprägt. Vgl. Kap. IV.2 Nr. 20. Aus tiefster Schicht. Fb.-Nr. 1789.

*2 Dupondius des Hadrianus. Rom, 119–121 n. Chr. RIC 601(g) var. (Vorder- und Rückseitenkombination nicht im RIC), Cohen 1043/1044, BMC 1231-34var. Kaum abgegriffen (A1–2). Zusammen mit Nr. 1 gefunden. Vgl. Kap. IV.2 Nr. 17. Aus tiefster Schicht. Fb.-Nr. 1790.

Metall

*3 Runder, bronzener Pressblechbeschlag mit stilisierter Darstellung eines Kaiserportraits mit Lorbeerkranz n. r. Rest von Weißmetallüberzug, Dm. 2,5 cm. Vgl. Heiligmann 1990, Taf. 146,38 (Heidenheim); Taf. 116,20 (Ursprung); Czysz 2002, 74 Abb. 60, 2 (Günzburg). Vgl. Kap. IV.3 (Bronze) Nr. 57. Schicht B. Fb.-Nr. 1791 (Scholz 2002, 100 Abb. 74, 5).

*4 Tropfenförmiger Anhänger mit Endbommel, Hohlblech. Länge 4,5 cm. Vgl. Kap. IV.3 (Bronze) Nr. 43. Schicht B. Fb.-Nr. 1797 (Scholz 2002, 100 Abb. 74, 2).

*5 Bronzener Zierbeschlag mit zwei *lunula/torques*-Enden, in der Mitte halber, stilisierter Granatapfel mit Nielloeinlagen

in den Rippen. Die mitgegossenen, 0,8 cm langen Befestigungsnieten enden spitz: Der Beschlag ist wahrscheinlich noch unbenutzt in den Boden gekommen. Vgl. Kap. IV.3 (Bronze) Nr. 68. Schicht B. Fb.-Nr. 1795 (Scholz 2002, 100 Abb. 74, 11).
*6 Bronzener Zügelhaken (2 Fragmente) mit profiliertem Nietblech, das untere Federblech ist abgerissen. Die beiden Nieten steckten noch in situ, eine davon mit Weißmetallüberzug. Länge 5,3 cm, Gewicht noch 6,4 g. Vgl. Kap. IV.3 Nr. 113. Schicht A. Fb.-Nr. 1794.
7 Kl. bronzenes Fragment eines Schildrandbeschlags? Länge noch 3,0 cm, Gewicht noch 1,5 g. Vgl. Kap. IV.3 Nr. 27. Schicht A. Fb.-Nr. 1794.
8 Halber Bronzering, Dm. 2,3 cm, und drei kl. Bronzeblechbruchstücke evtl. von Panzerschuppen. Fb.-Nr. 1794.
9 Kl. runde Zierniete aus Bronzeblech, Dm. 1,1 cm, mit umgeschlagenem Befestigungsnagel. Fb.-Nr. 1794.
10 11 Bruchstücke von Eisennägeln. Fb.-Nr. 1916 u. 1922.

Glas

*11 Ca. ein Viertel eines kl. Gefäß-Standrings (Glas-Nr. 82), Dm. 4,5 cm. Aquamarinfarbenes Glas. Schicht A. Fb.-Nr. 1916.

Keramik

*12 RS Drag. 37, Randdm. ca. 20 cm. Art des *Ianus*, Heiligenberg, vgl. Kap. IV.7 (Reliefsigillata) Nr. 107. Aus oberster Schicht, Pl. 0–1. Scharfe Bruchkanten. Fb.-Nr. 1713.
*13 RS Drag. 18/31, Randdm. 17,0 cm. Eher mittel- als ostgallisch. Schicht B. Fb.-Nr. 1779.
14 Randlippe eines Tellers Drag. 18/31, Randdm. über 20 cm. Mittel- od. ostgallisch. Beim Schneiden des Bef. Fb.-Nr. 1913.
15 WS Drag. 18/31, eher mittel- als ostgallisch. Schicht A. Fb.-Nr. 1916.
16 Standring-Fragment einer südgallischen Drag. 27, Dm. 5,0 bis 5,5 cm. Fb.-Nr. 1913.
*17 RS (erhalten 20°) eines Terra-Nigra-Topfes mit Steilrand, Randdm. 9 cm. Ware 2, schwarzer Glanztonüberzug nur außen u. weitgehend verrieben. Fb.-Nr. 1913. – Weiter fünf kl. WS verschiedener Terra-Nigra-Gefäße mit durchweg verrollten Brüchen. Fb.-Nr. 1913, 1916 u. 1922.
*18 2 anpass. RS (erhalten 80°) eines kleinen, dünnwandigen Bechers ähnlich Drag. 33, Randdm. 6,5 cm. Ton rosarot, hart gebrannt, mit Biotitglimmer, tongrundige Ware. Fb.-Nr. 1913.
19 WS einer Reibschüssel. Ware 5/6, Bruchkanten verrollt. Beim Schneiden des Bef. Fb.-Nr. 1913.
20 Bodenstück (2 anpass. Scherben) u. 5 WS eines (?) Kruges, Bdm. 8,2 cm. Ware 6. Schichten A–B. Fb.-Nr. 1913, 1916 u. 1922.
21 BS u. WS eines (?) Kruges, Ware 6, teilweise verrollte Brüche. Schicht B. Fb.-Nr. 1913 u. 1922.
22 2 anpass. Fragmente eines zweistabigen Henkels einer tönernen Kanne ähnlich Bef. 1238-13. Ware 6, verrollte Brüche. Schicht B. Fb.-Nr. 1922.
*23 RS (erhalten 60°) eines Topfes mit kurzem Rand, Randdm. 10 cm. Ware 6, auf der Außenseite Reste eines Kalküberzugs, teilweise verrollte Brüche. Schicht B. Fb.-Nr. 1922.
24 5 WS verschiedener Töpfe, Waren 7 u. 9B mit Hitzespuren. Fb.-Nr. 1913, 1916 u. 1922.
*25 3 anpass. BS eines Topfes mit Knickwand (?), Bdm. 6,4 cm. Ware 5 mit Hitzespuren. Auf der Unterseite des Bodens sternförmiger Graffito, vgl. Kap. IV.1 Nr. 99. Fb.-Nr. 1913.
*26 4 anpass RS (erhalten 50°) eines flachen Tellers/Backplatte, Randdm. 18 cm. Ware 7, außen Hitzeschwärzung. Schichten A–B. Fb.-Nr. 1916 u. 1922.
*27 RS (erhalten 15°) eines Deckels, Randdm. ca. 16 cm. Nigraartig Ware ohne Überzug (Ware 2), teilweise verrollte Brüche. Fb.-Nr. 1913.

Befund 1113 Süd

Befund Phase 2, Verfüllung und Funde Phase 3; Anlage 6. – Jaucherinne in Baracke III (Fl. 115A/125C), max. noch 16 cm unter Pl. 1 (d. h. ca. 30 cm unter röm. Oberfläche) tief. Einschichtige Verfüllung mit Abbruchschutt der Baracke, insbes. mit ockerfarbenem Lehm. Darunter tief reichende, rostrote Ausfällungen im gewachsenen Kies, die diesen hart verbacken haben.
Stratigraphie: Am nördlichen Ende wird der Bef. von drei Pfosten(?)-Gruben geschnitten, die in einer Reihe parallel vor dem Längsgräbchen Bef. 1120 liegen und wahrscheinlich als spätere Verstärkung dessen oder als Umbau zu interpretieren sind.

Metall

1 3 Bruchstücke von Eisennägeln. Fb.-Nr. 1917.
2 3 Bruchstücke eines (?) Eisenbeschlages mit Nagelloch. Fb.-Nr. 1917.

Glas

3 RS eines Topfes mit umgeschlagenem Rand, Randdm. 8 cm. Vgl. Kap. IV.6 (Glas) Nr. 28. Form Rütti 1991, AR 104.1 (ebd. Taf. 89, 1994 u. 2011). Farbloses Glas. Fb.-Nr. 1920.

Keramik

4 Ca. zu einem Fünftel erhaltene Drag. 33, Randdm. 10 cm. Ostgallisch. Pl. 0–1. Fb.-Nr. 1712.
5 2 Fragmente verziegelten Hüttenlehms, eines mit Häcksel-, eines mit Holzabdrücken. Fb.-Nr. 1920.

Befund 1114/1113 Nord/1116

Phase 3; Anlage 10. – Drei Gruben, die sich in einer Reihe südlich an das Langgräbchen Bef. 1120 im Stallbereich von Baracke III anlehnen (Fl. 125C). Im Pl. 1 erweckte der Befund zunächst den Eindruck eines Gräbchens, das aber im Profilschnitt klar in drei nebeneinander liegende Eintiefungen gegliedert werden kann. Die Befunde sind unterschiedlich tief und breit, jedoch gleichartig verfüllt und abschließend mit Barackenschutt eingeebnet, sodass von einer gemeinsamen, gleichzeitigen Nutzung ausgegangen werden kann. Die Hauptverfüllung besteht jeweils aus dunkelbraunem Lehm, mit Kieseln und wenigen Ziegelsplittern durchsetzt. Der westliche Bef. 1114 reicht mit seiner muldenförmigen Sohle max. 55 cm tief unter Pl. 1 (d. h. ca. 65 cm unter römischer Oberfläche) hinab. Die südliche Grubenwand verläuft steil, die nördliche schräg.
Die muldenförmige Sohle des mittleren Bef. 1113 Nord liegt 50 cm tief unter Pl. 1. Unter Bef. 1113 Nord und 1114 ist der gewachsene Kies rostrot verfärbt. Die Einsickerungsspuren unter der Jaucherinne Bef. 1113 Süd setzen sich hier nahtlos fort.
Der östliche Bef. 1116 hat eine ovale Form von ca. 1 m in west-östlicher Richtung sowie von ca. 70 cm in nordsüdlicher Richtung (Südende gestört). Im Profil weist er eine wannenförmige Kontur mit nicht ganz ebener Sohle 25 cm unter Pl. 1 auf.

Interpretation: Die Funktion bleibt rätselhaft. Es könnte sich, was wahrscheinlicher ist, um die Gruben von Stützpfosten einer Reparaturphase handeln, die als Gräbchen (d. h. mit Schwellriegeln) miteinander verbunden waren, ähnlich Bef. 983, 1007 oder 1354. Für weniger wahrscheinlich halte ich die Deutungsalternative als Mulden zur Aufnahme von Gefäßen, beispielsweise für Fässer (als Wasservorrat oder zur Sammlung von Pferdeurin?).
Stratigraphie: Das Langgräbchen Bef. 1120 wird von allen drei Teilbefunden am Rand geschnitten.

Metall

1 Zügelhaken, verbogen. Rechteckiger Blechbeschlag abgebrochen. Gewicht noch 5,9 g. Vgl. Kap. IV.3 (Bronze) Nr. 115. Schicht B. Fb.-Nr. 1919.
2 11 eiserne Panzerschuppen, mit Bronzedraht aneinandergeheftet. Länge der Schuppen 2,0 und 3,0 cm. Vgl. Kap. IV.4 (Eisen) Nr. 4. Fb.-Nr. 1927.
3 4 Bruchstücke eiserner Nägel. Fb.-Nr. 1920 u. 1927.
4 Kleinteilige Keramikscherben Ware 2, 5 u. 9A, Glassplitter, Kalktuffsteine, Fb.-Nr. 1911, 1918, 1919 u. 1927.

Befund 1125

Phase 2b oder 3 unsicher; Anlage 8. – Grube in einer *papilio*-Ecke in Baracke III (Fl. 125A). Die Grubenwände sind senkrecht, die Sohle leicht muldenförmig bis max. 65 cm unter Pl. 1, d. h. ca. 80 cm unter römischer Oberfläche, die in diesem Bereich bereits gestört war. Die tiefste Stelle berührt eine natürliche Schicht schwarzen Kieses, der durch Manganausfällungen verfärbt ist (alter Grundwasserhorizont). Entlang des Randes deutet dunkler Lehm auf eine ehemals vorhandene Grubenrandbefestigung (B) hin.
Die Verfüllung besteht aus drei Schichten:
A Ockerfarbener u. hellgrauer Lehm plackenartig vermischt, darin etliche Mörtelbrösel, Brandlehmbröckchen, 2 Kalktufffragmente u. HK.
B Dunkelbrauner Lehm, dicht mit Kiesel durchsetzt.
C Kleinkiesel mit dunkelbraunem Lehm, HK, Brandlehm, Mörtelbrocken, Fragment einer einseitig angebrannten *tegula*, Kalktufffragment.
D Wie A, jedoch dunkler, *tegula*- und *tubulus*-Fragmente.
Interpretation: Vorratsgrube in einer *papilio* wie Bef. 1166; 1207; 1219 u. 1220. Zur möglichen chronologischen Einordnung vgl. Bef. 1166. Es besteht kein Grund, an einer gleichzeitigen Aufgabe u. Verfüllung dieser in Lage u. wahrscheinlich auch Funktion gleichen Gruben zu zweifeln.
Stratigraphie: von frühalamannischem Hauspfosten (Bef. 1124) geschnitten.

Metall

*1 Bronzene Spatelsonde mit punzverziertem Spatelansatz und tordiertem Griff, dessen Ende keulenförmig verdickt ist. Länge 12,9 cm. Gewicht 2,1 g. Vgl. Kap. IV.3 (Bronze) Nr. 135. Schicht A. Fb.-Nr. 1778.
*2 Fragment einer bronzenen Griffplatte mit Einschubspalte für eine eiserne Klinge, evtl. Griff eines Rasiermessers. Ein noch vorhandener Eisenstift diente der Fixierung des ansonsten verlorenen Eiseneinsatzes. Auf dem Schaft kreuzförmige Ziergravur. Gewicht noch 1,2 g. Vgl. Kap. IV.3 (Bronze) Nr. 140. Schicht A. Fb.-Nr. 1788.
*3 Fragment eines Zieranhängers mit Emaileinlagen: Hellblaue „Augen" in kreuzförmiger Anordnung, dazwischen hellgrünes Email, im Zentrum Rest von orangefarbenem bis hellrotem Email. Bronzener Befestigungsfortsatz (Scharnier?) abgebrochen. Dm. 1,9 g; Gewicht noch 1,9 g. Vgl. Kap. IV.3 (Bronze) Nr. 53. Schicht A. Fb.-Nr. 1788.
*4 Dreigliedrig profilierte Leiste aus dickem Bronzeblech. Ein Ende ist abgeschnitten, das andere durch Hin- und Herbiegen abgebrochen. Evtl. vom Zierband eines Helmes, vgl. Schönberger 1978, Taf. 19 B70–72. Vgl. Kap. IV.3 (Bronze) Nr. 15. Schicht E. Fb.-Nr. 1914.
*5 Kl. bronzene Befestigungsniete, Dm. 0,85 cm, wahrscheinlich für eine Riemenzwinge. Gewicht 0,2 g. Vgl. Kap. IV.3 (Bronze) Nr. 128. Schicht E. Fb.-Nr. 1914.
*6 Vierkantige Geschossspitze, Tülle größtenteils abgebrochen. Länge noch 5,8 cm. Vgl. Kap. IV.4 (Eisen) Nr. 22. Schicht C. Fb.-Nr. 1940.
7 Kl. Eisenring, Dm. 2,4 cm. Schicht A. Fb.-Nr. 1933.
8 Eisernes Kettenglied mit Befestigungssplint. Schicht E. Fb.-Nr. 1914.
9 9 Bruchstücke von Eisennägeln. Schicht A u. E. Fb.-Nr. 1914 u. 1933.

Keramik

10 Kl. Randlippen-Fragment Drag. 18/31, aufgrund des Tons wahrscheinlich aus Heiligenberg. Schicht D. Fb.-Nr. 1914.
11 Kl. RS (erhalten ca. 5°) Drag. 18/31 mit unterschnittenem Rand, mittel- od. ostgallisch. Scharfe Bruchkanten. Fb.-Nr. 1914.
*12 RS (erhalten 90°) u. 5 WS eines Trinkbechers „rätischer" Glanztonware, Randdm. 12 cm. Stilgruppe Drexel 3a. Ton orangebraun, Tonkern hellgrau; stumpfer, bronzierender Überzug außen, innen grau. Scharfe Bruchkanten. Sohlenschicht D. Fb.-Nr. 1914 u. 1939.
*13 RS (erhalten 90°) u. WS eines Trinkbechers „rätischer" Glanztonware mit Karniesrand, Randdm. 10 cm. Stilgruppe Drexel 1, Variante. Ton orange, Überzug innen u. außen mattbraun. Scharfe Bruchkanten. Schicht D. Fb.-Nr. 1914 u. 1960.
*14 RS (erhalten 80°) u. 2 WS eines Trinkbechers „rätischer" Glanztonware mit Karniesrand, Randdm. 10 cm. Variante Stilgruppe Drexel 1, Variante. Ton orange, Tonkern grau, stumpfer Überzug außen braunrot, innen grau. Scharfe Bruchkanten. Schichten C–D. Fb.-Nr. 1914 u. 1940.
*15 Kl. RS (erhalten 5°) eines Topfes mit Steilwand, Terra Nigra. Ware 2, schwarzer Glanztonüberzug nur außen, verrieben. Scharfe Bruchkanten. Fb.-Nr. 1914.
16 Kl. RS (erhalten 10–15°) eines Terra-Nigra-Tellers mit ausbiegendem Rand, Randdm. ca. 20 cm. Ware 2, schwarzer Glanztonüberzug nur auf der Innenseite, verrieben. Verrollte Bruchkanten Fb.-Nr. 1914.
*17 2 WS eines Terra-Nigra-Topfes mit Rollrädchendekor wie Bef. 13-2. Teilweise verrollte Bruchkanten. Schicht C. Fb.-Nr. 1940 u. 1960.
18 RS (erhalten 50°) einer „rätischen" Reibschüssel mit Grifflappenansatz (Fingerdelle), Randdm. innen 24 cm. Ware 4, hellorangefarbener Überzug fast völlig abgerieben. Verrollte Brüche. Fb.-Nr. 1914.
*19 Mündungsstück (erhalten 360°) eines Zweihenkelkruges, Randdm. 7,5 cm. Ware 6. Sekundäre Verwendung als Trichter oder Untersetzer aufgrund der sorgsam rund gefeilten Abbruchstellen des Gefäßkörpers. Fb.-Nr. 1960.
20 Zahlreiche BS u. WS mindestens fünf verschiedener Krüge, in zwei Fällen bis zu ein Viertel des Gefäßes erhalten, in einem Fall mit zwei Bohrlöchern für eine Bleiklammerflickung (Fb.-Nr. 1960). Meist scharfe Bruchkanten. Alle Fb.-Nr.

21 WS eines Topfes mit Trichterrand u. Henkeldelle in der Wand wie Bef. 377-11. Ware 7, scharfe Bruchkanten. Schicht D. Fb.-Nr. 1939.

***22** RS (erhalten 45°) eines Topfes mit ausgelegtem Falzrand, Randdm. 16 cm. Ware 9A. Scharfe Bruchkanten. Fb.-Nr. 1914.

***23** Ca. ein Viertel eines Kochtopfes mit umgelegtem Rand, Randdm. 12 cm. Ware 9B. Außen starke Brandpatina u. anhaftender Ruß, scharfe Bruchkanten. Fb.-Nr. 1914 u. 1960.

***24** RS (erhalten 50°) u. 5 teilweise anpassende WS eines Kochtopfes mit Trichterrand, Randdm. 14 cm. Ware 5, außen Brandpatina, scharfe Bruchkanten. Schicht D. Fb.-Nr. 1939 u. 1960.

***25** Ca. ein Viertel eines Deckels, Randdm. 16 cm. Ware 5, am Rand außen Brandpatina, teilweise verrollte Bruchkanten. Fb.-Nr. 1914.

26 Knauf eines frei geformten Deckels. Ware 9B mit Brandpatina, verrollte Bruchkanten. Fb.-Nr. 1914.

27 Mehrere (4 aufgehoben) max. kinderfaustgroße Brocken verziegelten Hüttenlehms mit grober Kieselmagerung u. fast ohne Pflanzenabdrücke, vermutlich Rest von Herdstellenbestrich. Fb.-Nr. 1940 u. 1960.

28 3 Fragmente von grobem Mörtelverputz mit Resten weißer Kalktünche, Rückseiten glatt ohne Haftrillenabdrücke. Fb.-Nr. 1914 u. 1940.

Befund 1134

Phase 3; Anlage 10. – Grube im dritten *contubernium* von Westen in Baracke III (Fl. 124D), die einheitlich mit Fachwerkschutt der Baracke verfüllt ist, darunter viel Kalkmörtelverputz mit einer geglätteten, aber unbemalten Oberfläche. In der Verfüllung fanden sich ferner ein Kalktuffstein-Fragment, ein Kalkbruchstein, Kiesel sowie etwas Brandlehm. Die Unterkante verläuft unregelmäßig und erreicht ihren Tiefpunkt von 32 cm unter Pl. 1 nahe am Nordrand des Langgräbchens Bef. 1120.
Interpretation: Wahrscheinlich im Zuge des Barackenabbruchs entstandene Grube, die der Bergung eines Pfostens in Bef. 1120 und vielleicht eines später hinzugefügten Stützpfostens diente.
Stratigraphie: Schneidet Bef. 1120. Eine frühalamannische Datierung ist wegen des rein kastellzeitlichen Kulturmaterials unwahrscheinlich.

Keramik

1 Kl. WS Terra Nigra mit Rollrädchendekor. Auf Pl. 1. Fb.-Nr. 1705.

2 Kleinteilige, unspezifische, röm. Keramikscherben. Fb.-Nr. 1924.

3 2 anpass. Brandlehmbruchstücke mit Rutenabdrücken. Auf Pl. 1. Fb.-Nr. 1705.

Befund 1137

Phase 2b; Anlage 8. – Jüngere oder zusätzliche Jauchegrube in einem Stall von Baracke III (Fl. 114B/124D). Im Längsprofil rechteckige Kontur mit ebener Sohle 80 cm unter Pl. 1. Darunter rostrot verfärbter u. fest verbackener Kies.
Verfüllung mit vier Schichten:
A Die oberste Einfüllschicht reicht „sackförmig" bis max. 38 cm unter Pl. 1. Hell- bis graubrauner Lehm, darin Mörtel- und Verputzstückchen, HK, wenige Kiesel, mehrere Kalkbruchsteine, ein Kalktuffsteinbruchstück von Faustgröße, mehrere Ziegelfragmente von *pedales* u. *tubuli*. Entlang der Unterkante der Schicht zieht sich ein max. 3 cm starkes Band von Brandlehm.
B Schwarzbrauner, mit Kleinkieseln durchsetzter Lehm entlang des Grubenrandes. Im Sohlenbereich (Interpretation: hölzerne Randbefestigung der Grube).
C Wie A, ebenfalls mit zahlreichen Ziegelbruchstücken von Herdstellen. Zwischen C u. D befindet sich im zentralen Bereich eine bis zu 3 cm dicke Mörtelschicht.
D Sohlenschicht von grauschwarzem Lehm, mit HK u. Kieseln durchsetzt, kleinere Placken hellbraunen Lehms, ein Mörtelbröckchen, Brandlehmpartikel.
Interpretation: Die für eine Jaucherinne – an dieser Interpretation lassen die üblichen rostroten Ausfällungen im Kies keinen Zweifel – ungewöhnlich tiefe Grube scheint die ältere Jaucherinne Bef. 1135 abgelöst zu haben. Die Phosphat-Analyse des gewachsenen Kiesbodens direkt unter der Sohle des Befundes hat einen sehr hohen Belastungswert von 0,9082 % ergeben, der sogar über dem unter Jaucherinne Bef. 1069 (Baracke IV) gemessenen Wert liegt.[962] Zu ihrer Verfüllung gehört vor allem Schutt von Herdstellen. Schicht A enthält vorwiegend kleinteiliges, verrolltes Scherbenmaterial.
Stratigraphie: Isolierter Bef., parallel zum Wandgräbchen Bef. 1129.

Metall

***1** Astragalförmiger Beschlag mit geripptem Mittelstück, linkes Endstück abgebrochen. Gewicht noch 2,9 g. Vgl. Kap. IV.3 (Bronze) Nr. 76. Schicht C. Fb.-Nr. 2014.

***2** U-förmig gebogener Eisenstab, Dm. 1,0 cm, abgebrochen, Länge noch 5,0 cm. Evtl. Sattelversteifung? Vgl. Kap. IV.4 (Eisen) Nr. 35. Fb.-Nr. 2012.

4 Bruchstück eines eisernen Bandbeschlages, Länge noch 5,5 cm. Schicht D. Fb.-Nr. 2015.

5 10–12 Bruchstücke von Eisennägeln. Schicht B. Fb.-Nr. 2012 u. 2013.

Glas

6 2 kl. WS von milchig-weißem Glas (Glas-Nr. 83), 3 kl. WS von türkisem Glas. Gefäßformen sind nicht mehr bestimmbar. Schichten A u. C. Fb.-Nr. 2012 u. 2014.

7 Kl. BS einer viereckigen Flasche u. 2 WS (Glas-Nr. 35). Blaugrünes, formgeblasenes Glas. Fb.-Nr. 1938.

Keramik

8 2 kl. RS vorgeschichtliche Keramik, verrollt. Schicht B. Fb.-Nr. 2013.

***9** 2 anpass. RS (erhalten 60–70°) Drag. 18/31, Randdm. 18 cm. Südgallisch, scharfkantige Brüche. Auf Pl. 1. Fb.-Nr. 1695.

***10** BS eines gr. Tellers Drag. 18/31, Bdm. 10,7 cm. Stempel im Kerbenring: REGI<u>NF</u>, Heiligenberg (Stempel-Nr. 26). Unter dem Boden Graffito Nr. 45 (Kap. IV.1): HASTI. Scharfe Brüche. Schicht A. Fb.-Nr. 1904.

11 Einzelne Sigillata-Splitter von Drag. 18/31 u. 27. Schichten B–D. Fb.-Nr. 2013–2015.

***12** 1 kl. RS (ca. 20°), 1 BS u. 2 kl. WS eines (?) Trinkbechers

---

[962] Die Phosphatanalyse hat Herr Dipl.-Geologe Dr. Richard Vogt (Hemmenhofen) durchgeführt, wofür ihm herzlich gedankt sei. Er hat die Probe vor Ort in meiner Gegenwart selbst genommen.

mit Karniesrand u. Griesbewurf, Randdm. ca. 14 cm. Ware 3A, teilweise verrollte Brüche. Schichten A–B. Fb.-Nr. 2012–2013.
13 3 kl. WS „rätischer" Glanztonbecher Stilgruppe Drexel 1, verrollt. Schichten A u. C. Fb.-Nr. 2012 u. 2014.
14 Zweistabiges Henkelfragment u. 4 WS von mindestens zwei versch. Krügen, eine WS mit Graffitorest (Fb.-Nr. 1695). Schicht A. Fb.-Nr. 2012.
*15 Kl. RS (erhalten 5–10°) eines flachen Tellers, Randdm. ca. 20 cm. Ware 7, sek. verbrannt, stark verrollt. Fb.-Nr. 2012.
*16 RS (erhalten 90°) eines Kochtopfes mit horizontalem Kammstrich, Randdm. 12 cm. Ware 9B, anhaftender Ruß (?) entlang des Randes, frische Brüche. Schicht D. Fb.-Nr. 2015.
17 Kl. RS (erhalten 10°) u. 2 WS eines (?) Kochtopfes, Randdm. 16 bis 18 cm. Ware 9B, Brüche verrollt. Schicht A. Fb.-Nr. 2012.
*18 Kl. RS (erhalten 5°) eines Kochtopfes, Randdm. ca. 14 cm. Ware 10, Brüche verrollt. Fb.-Nr. 2012.
*19 Kl. RS (erhalten 5°) eines Deckels, Randdm. 12 bis 14 cm. Ware 5, sek. verbrannt, verrollt. Fb.-Nr. 2012.
20 3 max. faustgroße Brandlehmbrocken mit Häckselabdrücken, wahrscheinlich aus dem Bereich von Herdstellen. Schichten A u. D. Fb.-Nr. 2012 u. 2015.

Befund 1142

Phase 2b; Anlage 8. – Jüngere oder zusätzliche Jauchegrube in einem Stall von Baracke III (Fl. 124C). Im Nordteil kastenförmige Grube bis 81 cm unter Pl. 1 bei ebener Sohle, im Südteil treppenartiger Absatz (ähnlich Bef. 195) bis 40 cm unter Pl. 1. Lage und Tiefe der Grube entspricht den Bef. 1111, 1137, 188/334 und 195 in den östlich benachbarten Ställen. Einsickerungsspuren unterhalb des Befundes in Gestalt rostroter bis graugrüner Verfärbungen des gewachsenen Kieses wie bei den „klassischen" Jaucherinnen und wie bei Bef. 1137 fehlen hier fast ganz, ebenso bei Bef. 1111.
Verfüllung mit vier Schichten, von denen Schicht C die mit Abstand fundreichste war:
A Hell- bis graubrauner Lehm, darin Brandlehmstückchen, HK, wenige Kiesel, ein antikes Schlackestück, wenige Ziegelsplitter u. Mörtelbrösel. Schichtstärke bis 30 cm.
B Entlang des Randes dunkelbrauner Lehm, mit Kleinkieseln durchsetzt.
C Von A teilweise schwer unterscheidbare Schicht graubraunen Lehms mit HK, Brandlehmstückchen, nur wenigen Kieseln u. einigen *tubulus*-Fragmenten.
D Schwarzbrauner Lehm, Kiesel, HK, etwas Brandlehm, Ziegelbruchstücke.
Interpretation: In der eigentlichen, ursprünglichen Jaucherinne dieses Stalls, Bef. 1147, fehlte nicht nur jegliches Fundmaterial, sondern auch der typische Abbruchschutt der Baracke. Mit solchem war jedoch Bef. 1142 verfüllt (Schichten A u. C). Daher dürfte Bef. 1142 die ältere Jaucherinne Bef. 1147 funktional abgelöst haben, ohne aber wahrscheinlich allzu lange noch in Betrieb gewesen zu sein, worauf die geringen Einsickerungsspuren hinweisen. Vermutlich war die Grube nur während der letzten Jahre des Kastells in Betrieb.
Stratigraphie: parallel zu Bef. 1147 und 1144 (Trennwandgräbchen), isolierter Befund.

Münze

*1 Dupondius des Hadrianus. Rom, 119–121 n. Chr. RIC 601(g) var. (Vorder- und Rückseitenkombination nicht im RIC), Cohen 1043/1044, BMC 1231-34var. Bis zur Unkenntlichkeit abgegriffen (A4). Vgl. Kap. IV.2 Nr. 18. Schicht C. Fb.-Nr. 1967.

Metall

2 6 Bruchstücke von Eisennägeln. Schicht D. Fb.-Nr. 1993.

Glas

*3 Ausgussfragment einer kleinen Kanne mit rundgeschmolzenem Rand, vgl. Kap. IV.6 Nr. 26. Typ Rütti 1991, AR 169 = Welker 1974, 102–105 = Isings 88 aus sehr dünnem, fast farblosem Glas (mit schwachem grünlichem Schimmer). Schicht D. Fb.-Nr. 1993.
*4 Kl. WS eines hauchdünnen Gefäßes mit Fadenauflage aus farblos-gelblichem Glas, sog. „Eierschalenware". Vgl. Kap. IV.6 Nr. 72. Fb.-Nr. 1993.
5 2 kl. WS unbestimmter Gefäße aus aquamarinfarbenem Glas, vgl. Kap. IV.6 Nr. 84. Fb.-Nr. 1993.

Keramik

*6 Ungefähr zu einem Drittel erhaltener Teller Drag. 18/31, Randdm. 18,5 cm. Stempel Nr. 35 (Kap. IV.8) über Omphalos: SABELLVS, mittelgallisch. Schicht C. Fb.-Nr. 1908.
*7 RS (45°) Drag. 18/31, Randdm. 18 cm. Ostgallisch. Beim Schneiden des Bef. Fb.-Nr. 1926.
8 4 kl. WS verschiedener Drag. 18/31, davon zwei südgallisch, 2 aufgrund des Tons Heiligenberg, teilweise verrollt. Fb.-Nr. 1926.
9 Kl. Kragen-Fragment Drag. 38/Curle 11. Aufgrund des Tons Heiligenberg, Bruchkanten verrollt. Fb.-Nr. 1926.
*10 Stark zerscherbtes Unterteil (insgesamt ca. 1/3 des Gefäßes) eines Trinkbechers „rätischer" Glanztonware, Stilgruppe Drexel 1. Ton ziegelrot mit grauem Reduktionskern, Überzug braunschwarz, matt, nahe Boden zu rotbraun changierend, dort Graffito Nr. 67 (Kap. IV.1): VIIRI. Schicht C. Fb.-Nr. 1970.
*11 Kl. RS eines Trinkbechers „rätischer" Glanztonware, evtl. zu Nr. 10 gehörig. Unterhalb des Randknicks Rest eines Graffitos Nr. 13 (Kap. IV.1) ante cocturam V[---]. Schicht C. Fb.-Nr. 1970.
12 2 kl. WS rätischer Ware, Stilgruppe nicht bestimmbar, Bruchkanten verrollt. Fb.-Nr. 1926 u. 1992 (Schicht C).
*13 3 RS (ca. 50°) einer „rätischen" Reibschüssel, Randdm. 22 cm. Ware 4, orangeroter Überzug weitgehend verrieben, Bruchkanten teilweise verrollt. Fb.-Nr. 1926 u. 1992 (Schicht C).
*14 RS (90°), 9 WS u. zweistabiger Henkel eines Zweihenkelkruges, Randdm. 8 cm. Brauntonige Ware. Teilweise verrollte Bruchkanten. Fb.-Nr. 1926 u. 1992 (Schicht C).
15 1 BS u. 4 WS mindestens zwei weiterer Krüge. Waren 6 u. 8. Fb.-Nr. 1926 u. 1992 (Schicht C).
*16 RS (80–85°) eines flachen Tellers/Backplatte, Randdm. 20 cm. Ware 4, sekundär verbrannt, scharfe Bruchkanten. Fb.-Nr. 1926.
*17 Kl. RS (ca. 30°) eines Kochtopfes, Randdm. 12 cm. Ware 10, scharfe Bruchkanten. Fb.-Nr. 1992.
*18 Kl. RS (ca. 30°) eines Kochtopfes, Randdm. 12 cm. Ware 5, auf dem Rand außen Rußspuren, verrollte Brüche. Fb.-Nr. 1992.
*19 Kl. RS (ca. 20°) eines zylindrischen Kochtopfes, Randdm. 13 bis 14 cm. Rest von Ratterdekor, darüber außen Rußanhaftungen, teilweise verrollte Brüche. Ware 9B. Fb.-Nr. 1992.
*20 Kl. RS (ca. 20°) eines Deckels, Randdm. 16 cm. Ware 5, Hitzeschwärzung, teilweise verrollte Brüche. Fb.-Nr. 1992.

*21 Kl. RS (ca. 15°) eines Deckels, Randdm. 16 cm. Ware 5, Hitzeschwärzung, verrollte Brüche. Fb.-Nr. 1992.
22 Kl. RS (20–30°) eines Deckels, Randdm. 14 cm. Ware 5, Hitzeschwärzung, verrollte Brüche. Fb.-Nr. 1926.
*23 RS (ca. 40°) eines frei geformten Deckels, Randdm. 12 bis 13 cm. Grautonige Ware, sekundäre Brandspuren, Bruchkanten verrollt. Fb.-Nr. 1926.
24 2 Fragmente verziegelten Hüttenlehms mit Kalk- bzw. Steinchenmagerung. Fb.-Nr. 1926.

Befund 1152

Phase 3; Anlage 10. – Pfostengrube und -standspur, von Norden an das Langgräbchen Bef. 1120 in Baracke III angelehnt (Fl. 127 A/C). Das Erdsubstrat unterscheidet sich von Bef. 1120 durch einen höheren Anteil an Kulturmaterial und wirkt insgesamt dunkler. Mit seiner ebenen Sohle bei 38 cm Tiefe unter Pl. 1 ist der Pfosten genauso tief wie das Langgräbchen Bef. 1120. Die 20 cm breite Pfostenstandspur lehnte sich an die Fachwerkwand an.
Interpretation: Zusätzlicher, nachträglich angefügter Stützpfosten für die Barackenwand.
Stratigraphie: Grenzt an Bef. 1120.
Keine Funde.

Befund 1163/1217/1164

Phase 3; Anlage 10. – Grubenkomplex im Kopfbaubereich von Baracke II (Fl. 123 B/124 A/B), in westöstlicher Richtung insgesamt 10,5 m lang. In einer Reihe parallel zum westöstlich verlaufenden Hauptgräbchen der Doppelbaracke (Bef. 1126) liegen dicht nebeneinander drei Gruben. Die fast ebenen Sohlen der beiden westlichen Gruben (Bef. 1163 u. 1217) reichen 70 bis 80 cm tief unter Pl. 1 (d. h. ca. 90 bis 110 cm unter röm. Oberfläche), die östliche Grube Bef. 1164 weist eine Mulde auf, die in ca. 1 m Tiefe unter Pl. 1 (bei 488,0 m ü. NN) eine dünne, natürliche Schicht schwarzen Kieses erreicht, der durch Mangan verfärbt wurde (Interpretation: alter Grundwasserhorizont). Die anderen Gruben enden oberhalb dieser Schicht, sodass sie kaum der Wasserversorgung gedient haben dürften. Ihre Funktion ist nicht klar; möglicherweise waren in ihnen Fässer, Bottiche oder Dolien eingegraben. Darauf könnten die Sohlenschicht E (Bef. 1164) sowie eine durch schwarzen Lehm kontrastierende (Gefäß-?) Standspur im Sohlenbereich von Bef. 1163 hinweisen.
Stratigraphie: Bef. 1164 schneidet das Wandgräbchen Bef. 1229 der Hauptbauphase der Baracke, ähnlich wie Bef. 1231 die Gräbchen Bef. 1227 u. 1230 schneidet. Die ursprüngliche Raumeinteilung des Kopfbaus existierte folglich zum Zeitpunkt der Anlage dieser Gruben nicht mehr. Alle fünf Gruben (einschließlich Bef. 1228 u. 1231) sind gleichzeitig verfüllt worden, wie die durchgängigen Schichten A–C und teilweise auch D bekunden. Gleicher Befundcharakter, gleiche stratigraphische Lage sowie einzelne anpassende Scherben aus Bef. 1228 u. 1231 bekräftigen die Gleichzeitigkeit dieser Gruben. Als weitere Parallele kann der Grubenkomplex Bef. ZOH-48 im Bereich des Kopfbaus von Baracke XXII in der *retentura* angeführt werden. In den Verfüllschichten A–C fanden sich etliche Klumpen von Kalkmörtel, der mit bis zu daumennagelgroßen Kieselchen grob gemagert war. Solcher Gussmörtel (*opus caementitium*) ist im Bereich der Baracken ein Fremdkörper, jedoch für die benachbarte Kastellmauer nachgewiesen. Möglicherweise darf dieser Befund als Indiz dafür gewertet werden, dass zum Zeitpunkt der Verfüllung der Gruben auch die Kastellmauer abgerissen wurde, die Verfüllung also in die späteste Kastellzeit zu datieren ist. Ein Sondageschnitt der Ausgrabung von 1965 zeichnete sich im Bereich von Bef. 1164 als Störung ab.
Interpretation: Aufgrund ihres Fundmaterials sowie aufgrund ihrer Rücksichtnahme auf die Außengräbchen des Kopfbaus (Bef. 1126 u. 1232) dürften die Gruben noch in die späte Kastellzeit gehören. Ihrer Anlage ging offenbar eine Neustrukturierung des Kopfbaus voraus, von dem sich jedoch keine weiteren Spuren erhalten haben. Sollten sich hier ähnlich flache Gräbchen einer späteren Bauphase wie im Bereich des Kopfbaus der Baracke IV befunden haben, so dürften diese mit der röm. Oberfläche im direkten Umfeld des ehemaligen Wohnhauses Bittel (Karlstraße 18) verloren gegangen sein. Während der Ausgrabung von 1965 konnte hier keine zweite Bauphase festgestellt werden. Möglicherweise wurde der Kopfbau von Baracke II nicht mehr grundlegend erneuert wie der von Baracke IV, sondern nur seine Inneneinteilung und Nutzung verändert.
Anpassungen/Scherben derselben Gefäße: Bef. 1228 und 1231. Wie bei diesen Befunden fällt der starke Zerscherbungsgrad auf bzw. die Vielzahl von Gefäßindividuen, die nur durch einzelne Scherben belegt sind. Die meisten Bruchkanten erscheinen scharfkantig, doch finden sich auch etliche umgelagerte, verrollte Scherben.
Die Verfüllung der Gruben besteht aus vier Schichten:
A Hellgrauer, sandiger Lehm, stark mit Mörtel- und Verputzstückchen (weißer Mörtel mit weißem Anstrich) durchsetzt sowie mit Placken ockerfarbenen Lehms.
B Max. 35 cm starke Schicht graubraunen Lehms, stark mit HK u. Kleinkieseln durchsetzt, ferner mit kleinen Placken ockerfarbenen Lehms, Brandlehm- und weiß getünchten Verputzstückchen. Fragmente von *tegulae* u. *imbrices*) weisen meist Brandspuren auf (von Herdstellen).
C Größere Placken ockerfarbenen Lehms, mit Verputzstückchen und -bröseln in dichter Konzentration sowie mit wenigen ca. faustgroßen Kiesel vermischt. Dunkle „Zwischenschichten" wie B deuten auf die Einlagerung organischen Materials hin. Diese max. ca. 30 cm mächtige Schicht durchzieht als zusammenhängendes Band alle vier Gruben. Sie dürfte beim Abbruch der Baracke aus deren Schutt entstanden sein.
D Sohlenschicht von schwarzbraunem Lehm, mit Kleinkieseln, etwas HK und Brandlehm durchsetzt. Stellenweise ist eine 3 cm dünne Kieselschicht eingelagert. Auf der Sohle zeichnete sich eine runde Standspur schwarzen Lehms von ca. 25 cm Dm. ab.
E (Nur Bef. 1164) Eine 8 cm starke Sohlenschicht von grauschwarzem, tonigem Lehm fand sich nur in der muldenartig vertieften Grubenmitte (Gefäßstandspur?).

Metall

*1 Eiserne Blattpfeilspitze mit Dornschaft, vollständig erhalten, Länge 5,7 cm. Vgl. Kap. IV.4 (Eisen) Nr. 29. Fb.-Nr. 2236.
2 Halber Eisenring, Dm. 5,0 cm. Fb.-Nr. 2095.
3 25 Bruchstücke von Eisennägeln. 1 vollständiger Nagel, Länge 7,1 cm. Beim Schneiden des Bef. Fb.-Nr. 2095, 2157 u. 2236.

Glas

*4 Randlippe (erhalten 120°) einer Flasche (? Glas-Nr. 46). Aquamarinfarbenes Glas. Schicht A. Fb.-Nr. 2168.

*5 Kl. RS (erhalten 5°) eines Tellers od. einer Schale mit Kragenrand (Glas-Nr. 1), Randdm. über 15 cm. Typ Rütti 1991, AR 16. Farblos-gelbliches, überschliffenes Glas. Schichten C–D. Fb.-Nr. 2236.

6 Fragment von Fensterglas (Glas-Nr. 107). Beim Schneiden des Bef. Fb.-Nr. 2054.

Keramik

7 1 RS (breiter, trichterförmiger Rand, UK), 1 BS u. 2 WS vorgeschichtliche Keramik. Fb.-Nr. 2095, 2157, 2214 u. 2217.

*8 Kl. Fragment vom Spiegelrand einer Bildöllampe. Ziegelroter Ton mit Biotitglimmer. Fb.-Nr. 2217.

*9 Kl. RS Drag. 37. Art des *Germanus V*? Banassac, vgl. Kap. IV.7 (Reliefsigillata) Nr. 28. Fb.-Nr. 2147.

*10 Bodenstück Drag. 37, La Graufesenque od. Banassac, vgl. Kap. IV.7 Nr. 19. Scharfe Bruchkanten. Fb.-Nr. 2095.

*11 RS (45°) eines gr. Tellers Drag. 18/31, Randdm. 29 cm. Wahrscheinlich mittelgallisch. Scharfe Brüche. Pl. 1. Fb.-Nr. 2067.

*12 RS (erhalten 20–30°) eines gr. Tellers Drag. 18/31, Randdm. 24 bis 25 cm. Ostgallisch. Scharfe Brüche. Beim Schneiden des Bef. Fb.-Nr. 2095.

*13 RS (erhalten 30°) Drag. 18/31, Randdm. 18 bis 19 cm. Süd- od. mittelgallisch. Scharfe Brüche. Schicht A. Fb.-Nr. 2217.

*14 Kl. RS eines gr. Tellers Drag. 36, Randdm. 28 bis 30 cm. Wahrscheinlich mittelgallisch. Scharfe Brüche. Schicht A. Fb.-Nr. 2217.

*15 Ca. zu einem Drittel erhaltene Drag. 27, Randdm. 13 bis 14 cm. Ungestempelt. Glanzton blass-orangerot, wahrscheinlich Heiligenberg. Scharfe Brüche. Beim Schneiden des Bef. Fb.-Nr. 2054 u. 2095.

*16 15 teilw. anpass. RS (erhalten 20°) u. WS eines Trinkbechers „rätischer" Glanztonware, Randdm. 12 cm. Drexel 1. Ton hellorange, Glanztonüberzug glänzend schwarz außen, rotbraun-matt innen. Scharfe Brüche. Fb.-Nr. 2095.

*17 RS (erhalten 100°) u. 2 WS eines Trinkbechers „rätischer" Glanztonware, Randdm. 11,5 cm. Drexel 1. Ton grau, außen hellorange. Glantonüberzug außen bronzierend-braun, innen blaugrau-matt. Scharfe Brüche. Beim Schneiden des Bef. Fb.-Nr. 2067 u. 2217.

*18 RS (erhalten 45°) eines Trinkbechers „rätischer" Glanztonware, Randdm. 10 cm. Drexel 1. Ton orangebraun, Glanztonüberzug außen bronzierend-braun, matt, innen braunrotlila changierend. Scharfe Brüche. Schicht C. Fb.-Nr. 2197. Zugehörige WS aus Bef. 1228 (Fb.-Nr. 2210).

*19 RS (erhalten 30°) eines Trinkbechers „rätischer" Glanztonware, Randdm. 14 cm. Drexel 2B? Ton orange, Glanztonüberzug außen rotbraun-bronzierend, seidiger Glanz, innen braunrot, matt. Scharfe Brüche. Schichten C–D. Fb.-Nr. 2236.

*20 RS (50°) u. anpass. WS eines Faltenbechers „rätischer" Glanztonware, Randdm. 12 cm. Ton hellgrau innen, orange außen, Glanztonüberzug stumpf-schwarz außen u. innen, innen jedoch nicht deckend. Scharfe Brüche. Beim Schneiden des Bef. Fb.-Nr. 2067.

21 Zahlreiche, meist kleinteilig gebrochene WS von mindestens 13 versch. Bechern rätischer Glanztonware. Soweit erkennbar stets Drexel 1. Fast alle mit scharfen Brüchen. In einem Fall zugehörige Scherbe aus Bef. 1228 (Fb.-Nr. 2149).

*22 2 anpass. RS (erhalten 45°) einer „rätischer" Reibschüssel, Randdm. innen 22 cm. Rand u. Kragen braunorange überfärbt. Ware 4. Auf dem Kragen Reste von zwei Griffdellen. Steinung mit starken Gebrauchsspuren, scharfe Brüche. Schicht A. Fb.-Nr. 2217.

23 3 kl. WS u. 1 kl. Kragenfragment von mindestens drei versch. rätische Reibschüsseln. Brüche teilw. verrollt. Fb.-Nr. 2095, 2157 u. 2236.

*24 Mündungsstück (erhalten 360°) eines Einhenkelkruges mit dreistabigem Henkel, Randdm. 6,0 cm. Ware 8. Scharfe Brüche. Schicht A. Fb.-Nr. 2217.

*25 RS (180°) u. Hals eines Einhenkelkruges, Randdm. 5,2 cm. Ware 8. Scharfe Brüche. Fb.-Nr. 2095.

*26 RS (erhalten 170°) eines Einhenkelkruges, Randdm. 5,5 cm. Ware 8. Scharfe Brüche. Fb.-Nr. 2095.

*27 RS (erhalten 90°) eines Zweihenkelkruges, Randdm. 8 cm. Ware 6. Scharfe Brüche. Fb.-Nr. 2217.

28 6 BS u. ca. 60 WS von mindestens 16 versch. Krügen. Waren 6 u. – vor allem – 8. Oft verrollte Brüche. Eine WS mit Graffitorest Nr. 27 (Kap. IV.1): [---]CIS VII[---], Fb.-Nr. 2095.

*29 Kl. RS (20°) eines flachen Tellers, Randdm. 20 cm. Ware 7. Scharfe Brüche. Fb.-Nr. 2236.

*30 Kl. RS (10°) eines flachen Backtellers, Randdm. über 20 cm. Ware 5/7. Etwas verrollte Brüche, durch Hitze verfärbt. Beim Schneiden des Bef. Fb.-Nr. 2054.

*32 2 anpass. RS (160°) eines Kochtopfes mit horizontalem Kammstrich, Randdm. 12 cm. Ware 9B. Verrollte Brüche. Fb.-Nr. 2054.

*33 RS (45°) eines Topfes mit horizontal umgelegtem Rand, Randdm. 14 cm. Ware 10. Verrollte Brüche, entlang der Randlippe haftet schwarze organische Materie an (evtl. Pech?). Schichten C–D. Fb.-Nr. 2236.

34 RS (80°) eines Kochtopfes mit horizontal umgelegtem Rand (und Knickwand), Randdm. 20 cm. Ware 5, mit Hitzespuren. Scharfe Brüche. Fb.-Nr. 2095.

*35 RS (40°) eines Kochtopfes mit Trichterrand, Randdm. 12 cm. Ware 9B. Verrollte Brüche, am Rand haftet Ruß an. Beim Schneiden des Bef. Fb.-Nr. 2157.

*36 2 RS (40°) eines (?) zylindrischen Kochtopfes mit Griffleiste, Randdm. 14 cm. Ware 9B. Scharfe Brüche. Fb.-Nr. 2095.

37 13 WS u. BS von mindestens vier versch. Kochtöpfen. Meist Ware 9B, 3 WS Ware 9A.

38 4 WS von Kochtöpfen mit Wandknick. Ware 5, verrollte Brüche. Fb.-Nr. 2157, 2067, 2217 u. 2236.

*39 RS (70°) eines Deckels, Randdm. 16 cm. Ware 5, mit Hitzespuren. Scharfe Brüche. Fb.-Nr. 2217.

*40 RS (10–20°) eines Deckels, Randdm. 14 bis 16 cm. Ware 10. Etwas verrollte Brüche. Fb.-Nr. 2095.

*41 RS (2 anpass. Fragm.) eines rottonigen Doliums, Randdm. 36 cm. Ziegelroter Ton, innen grauer Reduktionskern. Fb.-Nr. 2063.

*42 Kl. RS (5–10°, Randdm. ca. 30 cm) u. 10 WS von mindestens zwei versch. Dolien, Randdm. ca. 30 cm. Rottonig, mit grobem Quarzsand gemagert, Biotitglimmer. Beim Schneiden des Bef. Fb.-Nr. 2067, 2095 u. 2217.

*43 Halsfragment einer rottonigen Amphore, Dm. 14 bis 15 cm. Ziegelroter Ton, innen grauer Reduktionskern. Fb.-Nr. 2095.

*44 2 WS von südspanischen Ölamphoren Dressel 20. Fb.-Nr. 2163 (Pl. 0–1) u. 2168.

*45 WS eines frei geformten Kochtopfes mit Bohrloch für sekundäre Verwendung als Spinnwirtel. Fb.-Nr. 2217.

Stein

*46 1 kl. RS u. 2 WS von zylindrischen Kochtöpfen. Eine WS trägt Sägespuren für eine sekundäre Verwendung. Vgl. Kap. IV.11 (Lavez) Nr. 7. Fb.-Nr. 2217, 2227 u. 2236.

Befund 1166

Phase 2b oder 3 unsicher; Anlage 8. – Langrechteckige Grube an einer *papilio*-Trennwand in Baracke III (Fl. 125A/C). Im Längsprofil schräg absinkender Verlauf der Grubensohle von Norden nach Süden bis max. 50 cm Tiefe unter Pl. 1. Wegen Störung der antiken Oberfläche durch ein ehemaliges Nebengebäude im Garten Bittel (Karlstraße 18) dürfte die ursprüngliche Maximaltiefe der Grube vom römischen Fußboden aus ca. 70 cm betragen haben. Im Süden senkrechte Grubenkante.
Verfüllung mit zwei Schichten:
A Ockerfarbener Lehm, vermischt mit dunkelbraunem Lehm u. Verputzstückchen, HK, Brandlehmbröckchen u. einzelnen Kieselchen (Interpretation: Abbruchschutt).
B Sohlenschicht von max. 18 bis 20 cm Stärke aus dunkel- bis graubraunem Lehm, darin Kleinkiesel, ein Kalktuffbrocken, HK u. Brandlehmbröckchen.
Stellenweise ist um den Befund herum ein schmaler, dunkler Erdstreifen auszumachen, der vermutlich von einer organischen Randbefestigung stammt.
Interpretation: Vorratsgrube in einer *papilio* mit rampenartigem Zugang von Norden her. Aufgrund der Tatsache, dass aus Schicht A ein kleines Tonfläschchen stammt, an das eine RS aus Bef. 195 (untere Verfüllschicht D) anpasst, ist anzunehmen, dass beide Befunde gleichzeitig verfüllt wurden. Der Verlust des Randstücks und mit ihm eines Teils des Halses sowie des Henkelchens schließt eine Weiterverwendung des beschädigten Fläschchens beinahe aus. Demnach dürfte die Grube wie Bef. 195 nicht bis zum Ende des Kastells offen gewesen sein. Durch den 125–134 n. Chr. geprägten, bereits abgegriffenen Dupondius des Hadrian aus Schicht B ist ein Terminus post quem für die Verfüllung gegeben.
Anpassungen/Scherben derselben Gefäße: Bef. 195 (1 Fragment).

Münze

*1 Dupondius des Hadrianus. Rom, 125–134 n. Chr. Abgegriffen (A 2–3) Vgl. Kap. IV.2 Nr. 22. Schicht B. Fb.-Nr. 2061.

Metall

*2 Bronzener Schildnagel mit zwei konzentrischen Drehrillen, Dm. 2,9 cm, Befestigungsspanne des Stiftes 1,2 cm. Gewicht noch 12,5 cm. Vgl. Kap. IV.3 (Bronze) Nr. 20. Schicht A. Fb.-Nr. 2046.
3 3 Bruchstücke von Eisennägeln. Schicht B. Fb.-Nr. 2073.

Glas

*4 Kl. WS einer Rippenschale, vgl. Kap. IV.6 (Glas) Nr. 25. Aquamarinfarbenes Glas. Schicht B. Fb.-Nr. 2073.

Keramik

*5 2 kl. WS Drag. 37. Art des *Acaunissa* (Gruppe II), Mittelgallien, vgl. Kap. IV.7 (Reliefsigillata) Nr. 61. Etwas verrollte Bruchkanten. Fb.-Nr. 2072.
6 Kl. RS (5–10°) Drag. 18/31, Randdm. ca. 24 cm. Südgallisch. Schicht B. Fb.-Nr. 2073.
*7 Ca. zur Hälfte erhaltene „rätische" Reibschüssel, aus Scherben zusammengesetzt, Randdm. 20,8 cm. Ausguss in Gestalt einer eingekerbten Rinne. Ware 4, orangeroter Überzug verrieben. Steinung durch starken Gebrauch vermindert. Schicht A. Fb.-Nr. 2072.
8 RS einer weiteren „rätischen" Reibschüssel, Randdm. 20 cm. Ware 4, Überzug braunorange, Brüche verrollt. Beim Schneiden des Bef. Fb.-Nr. 2055.
9 1 BS u. 11 WS mindestens zwei verschiedener Krüge. Ware 6, teilweise verrollte Brüche. Schichten A–B. Fb.-Nr. 2072 u. 2073.
*10 5 teilweise anpass. RS (50–60°) eines flachen Tellers/Backplatte, Randdm. 20 cm. Ware 7, außen Hitzespuren, scharfe Brüche. Schicht A. Fb.-Nr. 2072.
*11 Ca. 1/3 eines Kochtopfes mit Horizontalrand und Knickwand, aus Scherben teilweise zusammengesetzt, Randdm. 20,0 cm. Ware 5, außen entlang des Randes Hitzeschwärzung, scharfkantige Brüche. Schicht B. Fb.-Nr. 2073.
12 6 WS von 1–2 weiteren Kochtöpfen wie Nr. 11. Fb.-Nr. 2072, 2073 u. 2055.
*13 Kl. RS (erhalten 15°) u. 3 WS eines Topfes mit Horizontalrand, Randdm. 16 bis 18 cm. Ware 8, scharfe Brüche. Schichten A–B. Fb.-Nr. 2072 u. 2073.
*14 Fast vollständig erhaltenes Tonfläschchen, Höhe 11,1 cm, Randdm. 4,3 cm. Wahrscheinlich handelt es sich um ein Gefäß (für Parfüm oder Öl?), nicht um einen sog. „Amphorenstöpsel", da der Ansatz eines abgebrochenen Henkels erhalten ist. Ware 5/7, hellbrauner Ton mit Sandmagerung u. viel Biotitglimmer. Fb.-Nr. 2072. Eine kl. abgesplitterte, anpass. RS stammt aus Bef. 195, Schicht D (Fb.-Nr. 2071).

Befund 1207

Phase 2b oder 3 unsicher; Anlage 10. – Grube in einer *papilio* von Baracke III (Fl. 126 A/B). Die Tiefe der Grube reicht bis 68 cm unter Pl. 1, d.h. ca. 80 cm unter die römische Oberfläche. Die Kontur erscheint im Längsprofil wannenförmig mit ebener Sohle auf der Oberkante einer natürlichen Schicht durch Manganausfällungen schwarz verfärbten Kieses. Verfüllung mit vier Schichten (ohne B):
A Ockerfarbener bis hellgraubrauner Lehm, vor allem in den oberen 10 bis 15 cm dicht mit Mörtel- u. Verputzstücken durchsetzt. Weitere Einschlüsse: HK, Brandlehm, Ziegelsplitter, Kalkbruchsteine mit Brandspuren.
B Dunkelbrauner Lehm entlang des Randes als Rest einer Randverbauung.
C Einfüllschicht aus mehreren Bändern dunklen und hellen Lehms mit etwas HK.
D Max. 5 cm starke Schicht von Kleinkieseln, mit graubraunem Lehm verschmutzt.
E Heterogene, max. 25 cm starke Einfüllschicht aus graubraunem Lehm mit Placken hellbraunen Lehms u. einzelnen Mörtel- und Verputzstückchen.
Interpretation: Vorratsgrube in einer *papilio*. Der Verfüllungszeitpunkt ist nicht sicher zu erschließen. Die Aufgabe der Grube könnte während eines Umbaus in der Baracke oder erst am Ende des Kastells erfolgt sein (Phase 2 oder 3).
Stratigraphie: Bef. 1207 grenzt an das westöstlich verlaufende, zentrale Fundamentgräbchen (Bef. 1126) und wird von dem frühalamannischen Grubenhaus (Bef. 1700) geschnitten, in dem 1965 der Minimus-Hortfund entdeckt wurde. Der Befund war 1965 bereits aufgedeckt, aber nicht ausgegraben worden. Die römische Oberfläche war in diesem Bereich durch ein Nebengebäude des Anwesens Bittel, Karlstraße 18, bereits verloren.

Metall

*1 Kl. bronzener Beschlag in Form eines Phallus. Länge 2,4 cm. Die mitgegossenen Nietstifte sind flach geklopft.

Schicht A. Vgl. Kap. IV.3 (Bronze) Nr. 74. Fb.-Nr. 2041 (Scholz 2002, 100 Abb. 74, 7).
2 4 Brocken eines Kettenhemdes, Gewicht noch 182,2 g, 155,2 g, 86,2 g und 55,1 g. Vgl. Kap. IV.4 (Eisen) Nr. 2. Schicht A. Fb.-Nr. 1975.
3 Eiserner T-Nagel, Länge 6,2 cm. Schicht A. Fb.-Nr. 2041.
4 24 Bruchstücke von Eisennägeln. Schicht A. Fb.-Nr. 1977, 2041, 2042 u. 2197.
5 Fragment eines eisernen Bandbeschlages. Schicht C. Fb.-Nr. 2197.

Keramik

6 Spiegel einer Bildöllampe mit Bacchusbüste u. Traubenranken (Öllampe-Nr. 12). Brauner, fein geschlämmter Ton mit Biotitglimmer, rotbrauner Überzug bis auf wenige Reste abgerieben. Auf dem Spiegel u. auf dessen Unterseite Brandpatina. Der Spiegel ist an der Nahtstelle zum Gefäßkörper abgeplatzt, auf der Unterseite sind deutliche Fingerabdrücke erhalten. Schicht C. Fb.-Nr. 1969.
*****7** RS u. nicht anpass. WS einer kl. Drag. 37 mit Ratterdekor, Randdm. 14 cm. Ostgallisch, scharfe Bruchkanten. Fb.-Nr. 1977.
*****8** Zerscherbtes Bodenstück eines tonnenförmigen Bechers, Bdm. 6,8 cm. Ähnlich Walke 1965, Taf. 79,10. Terra Nigra (Ware 2) ohne Glanztonoberfläche. Auf Pl. 1 (Schicht A). Fb.-Nr. 1936.
*****9** RS (4 anpass. Fragmente, erhalten ca. 50°) einer „rätischen" Reibschüssel, Randdm. innen 24 cm. Ware, auffällig hellorangefarbener Ton, Überzug gelborange, größtenteils verrieben. Scharfe Bruchstellen. Schicht C. Fb.-Nr. 1977.
*****10** RS (erhalten 50°) eines Deckels, Randdm. 16 cm. Ware 5 mit Brandpatina entlang des Randes. Schicht C. Fb.-Nr. 1977.
11 Einzelne WS verschiedener Krüge, Töpfe und einer rätischen Reibschüssel. Waren 5, 6, 8 u. 9.

Befund 1218

Phase 2b oder 3 unsicher; Anlage 10. – Grube im Kopfbaubereich von Baracke IV (Fl. 104B). Unterhalb des Kalkplattenbelags des Kellers der ehemaligen Villa Meebold (erbaut um 1880) hatte sich die tiefste Verfüllungsschicht dieser Grube noch ca. 6 bis 8 cm tief erhalten. Die Grubensohle verlief damit knapp unterhalb einer natürlichen, durch Manganausfällungen schwarz verfärbten Kiesschicht.
Interpretation: Wahrscheinlich Vorratsgrube im Kopfbau.
Stratigraphie: Wegen der Zerstörung der oberen Schichten kann die Grube stratigraphisch nicht mehr eingeordnet werden. Aufgrund der sonst für Phase 3 typischen Verfüllung mit hellbraunem Lehm und Verputzbröckchen kann die Grubenverfüllung nur verdachtsweise in die Endzeit des Kastells datiert werden.

Keramik

1 Mehrere anpass. RS u. WS eines Topfes mit Steilrand (Keramiktyp 38), Randdm. 10 cm. Ware 2, Nigra-Oberfläche stark verrieben. Fb.-Nr. 2237.
2 2 RS u. BS einer Kragenschüssel mit Steilrand (Keramiktyp 39), Randdm. 20 cm. Ware 4 mit Resten eines stark verriebenen, orangen Überzugs – nicht Terra Nigra! Fb.-Nr. 2237.

Befund 1219

Phase 2b oder 3 unsicher; Anlage 10. – Grube in einer *papilio* von Baracke III (Fl. 126 A/B). Im Längsprofil fast rechteckige Kontur mit ebener Sohle 75 cm unter Pl. 1 wie bei Bef. 1207. Spuren einer Befestigung des Grubenrandes ließen sich nicht feststellen.
Die fünf Verfüllschichten sind fast horizontal gelagert und gut voneinander zu trennen:
A Hellbrauner Lehm, viele Verputz u. Mörtelstücke, Ziegelsplitter, HK, Brandlehm.
B Zerkleinerter Kalkmörtel mit Ziegelsplittern, etwas HK u. einzelnen Schlackestücken.
C Hellbrauner bis hellgrauer Lehm mit wenigen Einschlüssen (HK u. Brandlehm). Im unteren Drittel der max. 23 cm mächtigen Einfüllschicht konzentrieren sich Placken von silbriggrauem, tonigem Lehm (Rückstand von Unrat?).
D Verschmutzter Kies.
E Grauer bis schwarzgrauer Lehm, mit viel HK.
Interpretation: Wie Bef. 1207.
Stratigraphie: Die Schichten A–B schneiden das zentrale Barackengräbchen Bef. 1126 am Rand. Der Befund war 1965 bereits aufgedeckt, aber nicht ausgegraben worden. Die römische Oberfläche war daher 2002 bereits verloren.

Metall

*****1** Kl. Fragment eines bronzenen Zieranhängers mit Drahtwicklung. Länge noch 2,0 cm. Gewicht noch 0,9 g. Vgl. Kap. IV.3 (Bronze) Nr. 54. Schicht E. Fb.-Nr. 2136.
*****2** Eisernes Mundstücke einer Trense, Länge 13,0 cm. Vgl. Kap. IV.4 (Eisen) Nr. 31. Schicht E. Fb.-Nr. 2165.
3 Vollständiger Eisennagel, Länge 7,5 cm. Schicht A. Fb.-Nr. 2148.
4 2 Bruchstücke von Eisennägeln. Schicht E. Fb.-Nr. 2165.

Glas

*****5** 2 anpass. RS u. 2 WS einer Schale oder eines Tellers, Randdm. 20 cm. Typ Rütti 1991, AR 109.2 = Isings 19/46, vgl. Welker 1974, 44–46. Aquamarinfarbenes Glas. Vgl. Kap. IV.6 (Glas) Nr. 4 Schicht B. Fb.-Nr. 2119 u. 2199.

Bein

6 Kl. Spielstein aus Horn ohne Rillen, jedoch mit zentralem Drehpunkt. Dm. 1,5 cm. Schicht B. Vgl. Kap. IV.5 (Bein) Nr. 14. Fb.-Nr. 2119.

Keramik

*****7** RS eines Trinkbechers „rätischer" Glanztonware, Randdm. 12 cm. Stilgruppe Drexel 1. Ton ziegelrot, Glanztonüberzug innen u. außen violettschwarz. Beim Schneiden des Bef. Fb.-Nr. 2199.
*****8** Kl. RS eines Bechers oder Topfes, Randdm. 12 bis 14 cm. Ware 7, verrollte Brüche. Schicht E. Fb.-Nr. 2165.
*****9** RS (erhalten ca. 30°) einer „rätischen" Reibschüssel mit Griffleiste am Kragen, Randdm. innen 24 cm. Ware 4, dunkelroter Überzug fast verrieben. Teilweise verrollte Brüche, sek. Brandspuren. Schicht E. Fb.-Nr. 2165.
10 Zahlreiche meist vereinzelte WS verschiedener Krüge u. Töpfe, Waren 5–9.
*****11** Kalkmörtelverputz mit Haftriefen, Daumenstrich und Holzkante. Schicht E. Fb.-Nr. 2165.

Befund 1220

Phase 2b oder 3 unsicher; Anlage 10. – Grube in einer *papilio* von Baracke III (Fl. 126 A). Es ist die kleinste der drei Gruben in benachbarten Stuben (Bef. 1207, 1219 u. 1220), ihr

Charakter ist derselbe: fast rechteckige Kontur mit ebener Sohle 70 cm unter Pl. 1, Verfüllung mit Barackenschutt. Ein dunkler Lehmstreifen (B) entlang des Randes lässt an eine organische Verbauung denken, die drei Verfüllschichten (A, C u. D) umgibt:
A–B Wie Bef. 1219.
C Hellbrauner Lehm, stark mit Sand u. zerstoßenem Mörtel durchsetzt.
D Graubrauner Lehm, viel HK, Brandlehm, ein Kalktuffstein.
Interpretation: Wie Bef. 1207. Die Nachbarschaft, gleichartige Form und Lage der Gruben Bef. 1207, 1219 u. 1220 sowie ihre gleichartige Einplanierung mit Fachwerkschutt lässt auf ein zeitgleiches Bestehen bzw. Ende schließen.
Stratigraphie: Wie Bef. 1219.

Metall

*1 2 faustgroße Bruchstücke eines (?) Kettenhemdes mit vernieteten Ringchen. Das kleinere Fragment besteht aus eisernen und bronzenen Ringchen, wobei Letztere nur an einer Außenkante vorkommen. Möglicherweise bildeten sie eine Zierbordüre o.ä. Gewicht noch 159,8 g und 105,4 g. Vgl. Kap. IV.4 (Eisen) Nr. 1. Schicht A. Fb.-Nr. 2100.
*2 Fragment eines bronzenen Riemenbeschlags in Gestalt eines Blütenkelches mit Voluten und abschließender *lunula/torques*. Das gegenüber liegende, ursprünglich wahrscheinlich symmetrische Ende ist abgebrochen. In die Voluten sind Kreisaugen eingepunzt. Rest von Weißmetallüberzug auf der Schauseite. Auf der Rückseite mitgegossener, flachgehämmerter Nietstift. Länge noch 3,0 cm, Gewicht noch 1,9 g. Vgl. Kap. IV.3 (Bronze) Nr. 72. Schicht A. Fb.-Nr. 2121 (Scholz 2002, 100 Abb. 74, 12).
*3 Eiserner Schlüssel, Länge 6,6 cm, Gewicht 33,7 g. Vgl. Kap. IV.4 (Eisen) Nr. 64. Fb.-Nr. 2110.
4 Eisenstab, Länge noch 15,5 cm, Dm. ca. 1,1 cm. Trensenteil? Schicht A. Fb.-Nr. 2120.
5 8 kl. Bruchstücke eines (?) eisernen Band-/Blechbeschlages. Fb.-Nr. 2120.
6 2 Bruchstücke von Eisennägeln. Fb.-Nr. 2124.

Glas

7 2 kl. WS sog. „Eierschalenware", farblos-gelbliches Glas, vgl. Kap. IV.6 (Glas) Nr. 70. Schicht B. Fb.-Nr. 2171.
*8 2 herstellungsbedingt aneinander hängende Spiel- oder Rechensteine aus opaker, braunschwarzer Glaspaste, Dm. 1,4 u. 1,6 cm. Vgl. Kap. IV.6 (Glas) Nr. 99. Schicht A. Fb.-Nr. 2112.

Bein

*9 Spielstein aus Horn mit drei konzentrischen Rillen, Dm. 1,8 cm. Grünfärbung durch Lage neben dem Beschlag Nr. 2. Schicht B. Vgl. Kap. IV.5 (Bein) Nr. 11. Fb.-Nr. 2135.

Keramik

10 Kl. WS eines tonnenförmigen Bechers „rätischer" Glanztonware mit Ratterdekor wie Walke 1965, Taf. 79,10. Ton rotbraun, Überzug außen bronzierend ohne Glanz, innen schwarz. Scharfe Bruchkanten. Schicht B. Fb.-Nr. 2171.
11 Kl. WS eines Glanztonbechers mit Rippendekor wie Sölch 2001, Taf. 65,14. Ton rot mit grauem Reduktionskern, Überzug außen rot u. verrieben, innen blaugrau. Verrollte Bruchkanten. Beim Schneiden des Bef. Fb.-Nr. 2124.
*12 2 RS u. 7 teilweise anpass. WS eines Terra-Nigra-Topfes mit Steilrand wie Nr. Bef. 1231-16, Randdm. 10 cm. Ware 2, hellgrauer Ton, schiefergraue Glanztonoberfläche nur außen, stellenweise verrieben. Meist scharfe Bruchkanten. Fb.-Nr. 2124.
13 2 RS (erhalten 60°) eines flachen Tellers wie Bef. 1238-15, Randdm. 18 cm. Ware 7 mit Brandpatina, scharfe Bruchkanten. Fb.-Nr. 2124.
14 RS eines Topfes mit Horizontalrand (und Knickwand) mit drei Rillen, Randdm. 20 cm. Ware 5 mit Brandpatina, verrollte Bruchkanten. Schicht B. Fb.-Nr. 2171.
15 Fragment eines Stucksockels mit abgeschrägten Seiten in Form eines Pyramidenstumpfes. Länge u. Breite noch 22 cm × 22 cm, Höhe 9 cm. Wahrscheinlich Bestandteil einer Innenarchitektur, im Bereich der Baracken jedoch ohne Parallele. Schicht A. Fb.-Nr. 2138.

Stein

*16 Bruchstück einer neolithischen Steinaxt aus grauem, glimmerhaltigem Gneis mit Schieferstruktur. Sekundär (wahrscheinlich während der Kastellzeit) an einer Seite als Wetzstein benutzt. Schicht B. Fb.-Nr. 2134.

Befund 1228

Phase 3; Anlage 10. – Große Grube im Bereich des Kopfbaus der Baracke II von 3,5 m Breite nordsüdlich und 5,1 m Länge ostwestlich (Fl. 133D/134C). Die oberen antiken Schichten (ca. 30 cm) sind in diesem Areal durch die spätere Überbauung (Anwesen Bittel, Karlstraße 18) verloren. Die langovale Form mit ausfransenden, unregelmäßigen Befundkanten findet sich auch bei den Nachbargruben Bef. 1163/1164 und 1231. Reste organischer Einbauten (z.B. Befestigung des Grubenrandes) ließen sich nicht nachweisen. Die Sohle des Befundes verläuft uneben 40 bis 60 cm unter Pl. 1, im Mittelbereich gibt es eine muldenförmige Vertiefung von 55 cm Breite und 70 cm Tiefe unter Pl. 1. Hier fand sich eine Konzentration dunkler Lehmerde sowie zwei übereinander liegende bzw. in diese Position verrutschte Plattenkalksteine (ehemalige Keilsteine?). Möglicherweise stand hier einmal der Holzsockel eines tragenden Pfostens. Die Grubenränder steigen schräg an, stellenweise sogar mit Abtreppung. Die Verfüllung der Grube ist inhomogen, Ost- und Westteil des Befundes scheinen von verschiedenen Seiten aus verfüllt worden zu sein. – Ostteil (Fb.-Nr. 2101, 2149 u. 2215): Graubrauner Lehm, darin viele Kleinkiesel, wenige Kalkbruchsteine, 2 Kalktuffsteine, einzelne Placken ockerfarbenen (Fachwerk-) Lehms, HK, Brandlehmflitter, etwas Ziegelbruch, wenige weiß getünchte Verputzstückchen aus gelblichem Mörtel (Schicht B). Diese Einschlüsse konzentrieren sich auf die obere Hälfte der Einfüllung, insbesondere im Mittelbereich der Grube, wo sie aus ocker- bis graubraunem Lehm besteht (Schicht A).
Westteil (Fb.-Nr. 2109, 2131, 2141, 2143, 2164, 2177, 2208 u. 2210): Dunkelgraubrauner Lehm mit Kleinkiesel, HK-Stückchen und vereinzeltem Verputzstück. Diese Verfüllung ist eindeutig jünger als die des Ostteils und dunkler.
Die Mehrheit der Scherben weist scharfe Bruchkanten auf, im folgenden Fundkatalog sind nur die Ausnahmen davon gesondert vermerkt. Es fällt jedoch auf, dass die meisten Gefäße nur durch kleine, vereinzelte Bruchstücke repräsentiert sind.
Stratigraphie: Durch eine oberflächliche Störung ist die Berührung mit Bef. 1163 nicht mehr definierbar, doch deuten Schichtzusammensetzung und Befundcharakter auf eine gleichzeitige Entstehung mit Bef. 1163/1164 hin. Das gilt auch für Bef. 1231, aus dem eine anpassende Scherbe stammt.

Metall

*1 30 runde, gleichförmige Beschläge aus Bronzeblech mit mitgegossenen Nietstiften, in situ in Reihe gefunden. Dm. 1,2 cm, Gewicht pro Niete 0,2–0,4 g. Vgl. Kap. IV.3 (Bronze) Nr. 91. Schicht A, aus dem Südwestquadrant des Befundes. Fb.-Nr. 2177.

*2 Bronzener Anhänger (einer Standarte?) in Form eines Efeublattes (hedera). Länge 2,1 cm, Breite 1,8 cm, Gewicht 1,2 g. Vgl. Kap. IV.3 (Bronze) Nr. 56a. Auf Pl. 1. Fb.-Nr. 2109.

*3 Eiserner Schlüssel, vollständig erhalten, Länge 15,6 cm. Abgesetzter Griff mit Gliederungsriefen. Vgl. Kap. IV.4 (Eisen) Nr. 56. Fb.-Nr. 2143.

4 Vollständiger Eisennagel. Länge 6,0 cm. Fb.-Nr. 2210.

5 21 Bruchstücke von Eisennägeln. Fb.-Nr. 2149, 2208, 2210 u. 2215.

6 3 eiserne Schuhnägel. Fb.-Nr. 2210.

Glas

*7 1 RS u. 3 WS eines Bechers der Form Rütti 1991, AR 38, Randdm. 8,5 cm. Vgl. Kap. IV.6 (Glas) Nr. 19. Farbloses, frei geblasenes Glas, Außenseite überschliffen. Fb.-Nr. 2164.

8 2 kl. Wandsplitter eines Bechers oder Schälchens von sehr dünnem „Eierschalenglas". Farbloses, milchiges, frei geblasenes Glas, Außenseite überschliffen. Vgl. Kap. IV.6 (Glas) Nr. 17. Fb.-Nr. 2164.

9 5 kl. WS versch. Gefäße von aquamarinfarbenem Glas, vgl. Kap. IV.6 (Glas) Nr. 79. Fb.-Nr. 2149 u. 2210.

10 3 kl. WS von Fensterglas, vgl. Kap. IV.6 (Glas) Nr. 108. Fb.-Nr. 2149 u. 2210.

Keramik

11 2 kl. RS, 1 WS vorgeschichtliche Keramik, stark verrollt. Fb.-Nr. 2149 u. 2208.

*12 14 Splitter von WS u. BS Drag. 37, Art des *Germanus IV*, La Graufesenque. Beim Schneiden des Bef. Anpassende WS aus Bef. 1231. Vgl. Kap. IV.7 (Reliefsigillata) Nr. 22. Fb.-Nr. 2149.

*13 Kl. WS einer Drag. 37, Art des *Ianus I*, Heiligenberg. Vgl. Kap. IV.7 (Reliefsigillata) Nr. 99. Fb.-Nr. 2149.

14 Kl. RS (erhalten 5°) einer Drag. 37, ostgallisch, wahrscheinlich Heiligenberg. Sek. verbrannt. Beim Schneiden des Bef. Fb.-Nr. 2210.

*15 Ca. zu einem Viertel (20°) erhaltener Teller Drag. 31, Randdm. 18.7 cm, mit Stempel Nr. 29 (Kap. IV.8): REGVLI.MA, mittelgallisch. – Aus dem Südostviertel des Bef. Fb.-Nr. 2215.

*16 Ca. 1/3 (ca. 160°) erhaltener Teller Drag. 18/31, Randdm. 17,5 cm, mit Stempel-Nr. 49 (Kap. IV.8): [OF VIR]IL, La Graufesenque. Fb.-Nr. 2215.

*17 RS (erhalten 30°) Drag. 18/31, Randdm. 25 cm. Ostgallisch, nach Ton Heiligenberg. Fb.-Nr. 2210.

*18 Kl. RS (erhalten 5°) eines gr. Tellers Drag. 18/31, Randdm. ca. 25 cm, mittel- od. ostgallisch. Schicht A. Fb.-Nr. 2208.

*19 RS (erhalten 45°) Drag. 18/31, Randdm. 22,5 cm, mittel- od. ostgallisch. Pl. 0–1. Fb.-Nr. 2159.

*20 RS (erhalten 70°) Drag. 18/31, Randdm. 18,2 cm. Ostgallisch. Schicht A. Fb.-Nr. 2208 u. 2131.

*21 Kl. RS (erhalten 10°) Drag. 18/31, Randdm. 16 bis 18 cm. Anhand makroskopischer Merkmale (u. a. Glimmer) wahrscheinlich Chémery. Fb.-Nr. 2210.

*22 Kl. RS (erhalten 5–10°) Drag. 18/31, Randdm. 15 bis 20 cm. Ton lachs, Überzug blassrot, wahrscheinlich Heiligenberg. Fb.-Nr. 2210.

*23 Kl. RS (erhalten 5–10°) Drag. 18/31, Randdm. ca. 20 cm. Mittel- od. ostgallisch. Fb.-Nr. 2210.

*24 3 kl. RS Drag. 36 od. Fragmente vom Kragen einer Drag. 38, eines mit Barbotinerest. Beim Schneiden des Bef. Fb.-Nr. 2149 u. 2210. Zugehöriges Kragenfragment aus Bef. 1164 (Fb.-Nr. 2147).

*25 Ca. zur Hälfte erhaltener Teller Curle 15, Randdm. 28,5 cm, wahrscheinlich mittelgallisch, ungestempelt. Auf der Bodenunterseite Graffito Nr. 35 (Kap. IV.1): A S. Die Fragmente des Tellers fanden sich über den gesamten Befund verstreut. Fb.-Nr. 2101, 2210, 2215 u. 2221. Zugehörige Scherbe aus Bef. 1163 (Fb.-Nr. 2217).

*26 Ca. zu einem Viertel (21°) erhaltener Teller Curle 15, Randdm. 27,8 cm, mittel- od. ostgallisch, ungestempelt. Unter dem Boden nahe Standring Graffito I. Schicht B. Fb.-Nr. 2210 u. 2221.

27 4 kl. Splitter einer Drag. 33, Randdm. ca. 14 cm, südgallisch. – Aus dem Südostviertel des Bef. Fb.-Nr. 2210 u. 2215.

*28 RS (45°) eines Schälchen von Terra-Sigillata-Imitation, Randdm. 9 cm. Ware 4, sekundär verbrannt. Fb.-Nr. 2221.

29 3 kl. WS unbest. Gefäße von Terra-Sigillata-Imitationen, eines mit breiten Horizontalriefen. Ware 4, Bruchkanten verrollt, Oberflächen verrieben. Fb.-Nr. 2149 u. 2208.

30 4 WS von drei versch. Trinkbechern, darunter 1 Faltenbecher, mit Griesbewurf u. grauer od. braunroter Glanztonoberfläche. Brüche teilweise verrollt. Fb.-Nr. 2149, 2210 u. 2221.

*31 Ca. zu drei Vierteln (90–100°) erhaltener Trinkbecher „rätischer" Glanztonware, Randdm. 8,8 cm, mit Griffdelle u. Henkel, Stilgruppe Drexel 1. Ein gleichartiges Gefäß wurde in der Villa rustica von Fleinheim gefunden.[963] Tonkern ziegelrot außen, hellgrau innen, Glanztonoberfläche außen glänzend schwarz, innen nicht deckend, rotbraun. Auf Pl. 1. Fb.-Nr. 2131.

*32 Ca. zu einem Viertel (40–50°) erhaltener Trinkbecher rätischer Glanztonware, Randdm. 11,5 cm. Mehrere nicht anpass. Scherben gehören sehr wahrscheinlich zu diesem Gefäß. Tonkern außen ziegelrot, innen hellgrau, Glanztonoberfläche außen schwarz u. leicht glänzend, innen grauschwarz, matt. Fragmente fanden sich über den gesamten Bef. verstreut. Fb.-Nr. 2149, 2208, 2210 u. 2215.

*33 RS u. 6 nicht anpass. WS eines Trinkbechers „rätischer" Glanztonware, Randdm. 12 cm. Ton orangerot, Glantonüberzug braunschwarz u. leicht glänzend außen, innen genauso, jedoch schlechter deckend. Fragmente fanden sich über die gesamte obere Verfüllung des Bef. verstreut. Fb.-Nr. 2149, 2164, 2208, 2210 u. 2215.

*34 3 WS eines Trinkbechers „rätischer" Glanztonware. Ton ziegelrot innen, außen grau. Glanztonüberzug außen tiefschwarz u. fettig glänzend, innen rot. Fb.-Nr. 2208.

*35 WS eines Trinkbechers „rätischer" Glanztonware. Ton ziegelrot außen, innen grau. Glanztonüberzug außen schwarzbraun u. fettig glänzend, innen schwarzgrau u. matt. Schicht A. Fb.-Nr. 2208.

*36 Bodenstück eines gr. Trinkbechers „rätischer" Glanztonware, sekundär als Schälchen od. Deckel verwendet, Randdm. 9 cm. Die Bruchkanten der Wand wurden sorgfäl-

---

963 R. Sölch, Eine Villa rustica bei Fleinheim, Gde. Nattheim, Kreis Heidenheim. Fundber. Baden-Württemberg 18, 1993, 183–233 bes. 232.

tig auf einheitlicher Höhe abgefeilt. Ton grau, Glanztonüberzug außen rotbraun u. schwarz changierend u. matt, innen grau u. stumpf. Fb.-Nr. 2210.

37 Meist kleinteilige Scherben von mindestens 18 weiteren Gefäßen „rätischer" Glanztonware. Soweit erkennbar nur Stilgruppe Drexel 1, zwei Fragmente evtl. Drexel 3A.

*38 RS (ca. 10°) eines Bechers mit Steilrand u. Horizontalriefen im Schulterbereich, Randdm. ca. 8 cm. Terra Nigra (Ware 2). Ton innen dunkelgrau, außen qualitätvolle tiefschwarze u. polierte Glanztonoberfläche. Schicht B. Fb.-Nr. 2221.

*39 RS (20°) einer Flasche mit Steilrand, Randdm. 8,5 cm. Terra Nigra (Ware 2), Tonkern hellgrau, außen dunkelgrau, kein Glanztonüberzug. Brüche teilw. verrollt. Auf Pl. 1. Fb.-Nr. 2131.

40 2 kl. WS einer gr. Flasche mit zwei tiefen Horizontalriefen wie Heiligmann 1990, Taf. 128,9. Terra Nigra (Ware 2), Tonkern rotbraun, Innenseite dunkelgrau. Außen fast völlig verriebener mattschwarzer Glanztonüberzug. Fb.-Nr. 2149 u. 2210.

*41 2 kl. WS von versch. Schüsseln od. Flaschen mit Ratterdekor. Terra Nigra (Ware 2), Tonkern braun bzw. dunkelgrau, mattschwarzer Überzug nur außen, verrieben. Fb.-Nr. 2131 u. 2210.

42 15 WS versch. unbest. Terra-Nigra-Gefäße. Waren 2 u. 10, Brüche teilw. verrollt. Rest mattschwarzer Glanztonüberzüge nur außen. Fb.-Nr. 2149, 2210 u. 2215.

*43 Ca. ein Viertel (80°) einer „rätischen" Reibschüssel mit Ausguss, Randdm. innen 24 cm, aus Scherben zusammengesetzt. Ware 4, Überzug rotbraun, stellenweise sek. verbrannt, innen stark ausgerieben. Fb.-Nr. 2149, 2210 u. 2215.

*44 Ca. ein Viertel (140°) einer „rätischen" Reibschüssel, Randdm. innen 22 cm. Ware 4, Ton ziegelrot, Überzug braunrot. Fb.-Nr. 2131 u. 2210.

45 Ausgussfragment einer „rätischen" Reibschüssel. Ware 4, Überzug rotbraun. Fb.-Nr. 2210.

46 4 BS u. Kragenfragmente von mindestens vier weiteren „rätischen" Reibschüsseln.

*47 RS (40°) eines Zweihenkelkruges, Randdm. 10 cm. Ware 8. Fb.-Nr. 2210 u. 2215.

*48 RS (20°) eines Zweihenkelkruges, Randdm. 10 cm. Ware 8. Fb.-Nr. 2210.

*49 2 anpass. RS (175°) eines Zweihenkelkruges, Randdm. 8,5 cm. Ware 8. Fb.-Nr. 2210.

*50 Randlippe (180°) eines Zweihenkelkruges, Randdm. 8,5 cm. Ware 6. Fb.-Nr. 2215.

*51 Hals (erhalten 360°) eines Einhenkelkruges, Randdm. 4,8 cm. Ware 6. Fb.-Nr. 2210.

*52 RS (90°) eines Einhenkelkruges, Randdm. 6,0 cm. Ware 6. Fb.-Nr. 2215.

*53 RS (95°) eines Einhenkelkruges, Randdm. 6,0 cm. Ware 8. Fb.-Nr. 2149.

54 17 versch. Bodenstücke u. ca. 100 WS von Krügen. Waren 6 u. insbes. 8. Eine WS mit Graffito Nr. 78 (Kap. IV.1): [---]AC/Q[---], Fb.-Nr. 2208.

*55 Ca. zu einem Viertel (90°) erhaltener Teller, Randdm. 29 cm. Ware 7, auf Bodenunterseite Brandpatina. Fb.-Nr. 2210 u. 2215.

56 Kl. RS (ca. 20°) eines Tellers, Randdm. 18 bis 20 cm, Profil wie Nr. 55. Ware 7. Fb.-Nr. 2210.

*57 RS (85°) eines Tellers mit Deckelfalz, Randdm. 22 cm. Ware 7, außen u. innen intensive Brandpatina. Fb.-Nr. 2149.

*58 Kl. RS (ca. 15°) eines rot gestrichenen Tellers, Randdm. ca. 24 cm. Ware 4, außen Brandpatina. Fb.-Nr. 2149. Evtl. zugehörige kl. BS mit abgesetzter Standfläche (Fb.-Nr. 2208).

*59 Kl. RS (ca. 20°) eines Tellers, Randdm. 22 bis 23 cm. Ware 7, außen u. innen Brandpatina. Fb.-Nr. 2210.

*60 Kl. RS (ca. 20–25°) eines Tellers, Randdm. 17 cm. Ware 5, außen u. innen intensive Brandpatina.

61 BS eines Tellers, Bdm. 18 bis 20 cm. Ware 7. Fb.-Nr. 2215.

*62 RS (80°) eines Kochtopfes mit Horizontalrand, Randdm. 26 cm. Ware 5, auf dem Rand Rußspuren. Fb.-Nr. 2131.

*63 RS (100°) eines Kochtopfes mit gerilltem Horizontalrand, Randdm. 18 cm. Ware 5, auf u. unter dem Rand Hitzeschwärzung. Fb.-Nr. 2210.

*64 RS (5–10°) eines Kochtopfes mit gerilltem Horizontalrand, Randdm. ca. 16 cm. Ware 5, auf der Randaußenseite Hitzeschwärzung. Fb.-Nr. 2215.

*65 RS (45°) eines Kochtopfes mit Schrägrand, Randdm. 16 cm. Ware 5, entlang des Randes Hitzeschwärzung. Fb.-Nr. 2210.

*66 RS (15°) eines Koch(?)topfes mit Schrägrand, Randdm. 12 cm. Ware 10. Fb.-Nr. 2208.

*67 RS (25°) eines Kochtopfes mit Schrägrand, Randdm. 13 cm. Ware 7, außen u. am Rand Hitzeschwärzung. Fb.-Nr. 2164.

68 WS eines zylindrischen Kochtopfes mit Griffleiste. Ware 5. Fb.-Nr. 2149.

*69 RS (ca. 10°) u. 5 anpass. WS eines zylindrischen Kochtopfes, Randdm. ca. 12 cm. Ware 9B, außen Ruß- u. Hitzeschwärzung. Fb.-Nr. 2149 u. 2210.

*70 RS (45°) eines zylindrischen Kochtopfes, Randdm. 16 cm. Ware 9B. Fb.-Nr. 2149.

71 1 BS u. 5 WS eines zylindrischen Kochtopfes, Bdm. 9 bis 10 cm. Ware 9B, außen Hitzeschwärzung. Fb.-Nr. 2164, 2208, 2210 u. 2221.

*72 RS (170°) eines Kochtopfes mit horizontalem Kammstrich, Randdm. 12 cm. Ware 9A. Fb.-Nr. 2208.

73 Kl. RS (10°) eines Kochtopfes wie Nr. 72, Randdm. 12 cm. Ware 9B, auf dem Rand Ruß- u. Hitzeschwärzung. Fb.-Nr. 2221.

*74 RS (50°) eines Kochtopfes mit Wulstrand, Randdm. 12 cm. Ware 9B, auf dem Rand Ruß- u. Hitzeschwärzung. Fb.-Nr. 2149.

*75 Kl. RS (5–10°) eines Topfes mit einziehendem Rand und Horizontalrillen, Randdm. 12 bis 20 cm. Ware 9A. Fb.-Nr. 2208.

76 Zahlreiche meist kleinteilige BS u. WS von mindestens acht weiteren (Koch-)Töpfen mit horizontalem Kammstrich, Waren 9A u. 9B.

*77 RS (45°) eines Deckels, Randdm. 28,5 cm. Ware 5. Entlang der Unterseite des Randes Hitzeschwärzung. Auf der Oberseite Graffitorest (Kap. IV.1 Nr. 77): [---]VI od. IA[---]. Fb.-Nr. 2215.

*78 Kl. RS (5–10°) eines Deckels. Ware 5, entlang des Randes Hitzeschwärzung u. Rußanhaftung. Fb.-Nr. 2131.

*79 2 kl. anpass. RS (20–30°) eines Deckels wie Nr. 78, jedoch anderes Gefäß, Randdm. 21 cm. Entlang der Unterseite des Randes Hitzeschwärzung. Fb.-Nr. 2208.

*80 Kl. RS (30°) eines Deckels, Randdm. 20 bis 21 cm. Ware 5, entlang der Unterseite des Randes Hitzeschwärzung, Brüche verrollt. Fb.-Nr. 2149.

*81 Kl. RS (15–20°) eines Deckels, Randdm. 20 bis 22 cm. Ware 5, sek. grauschwarz verbrannt. Fb.-Nr. 2210.

*82 Kl. RS (30°) eines Deckels, Randdm. 14 cm. Ware 9A. Fb.-Nr. 2208.

*83 Kl. RS (15°) eines Deckels, Randdm. 14 bis 15 cm. Ware 5, sek. schwarz verbrannt. Fb.-Nr. 2208.

*84 10 WS mindestens zwei verschiedener großer Vorratsgefäße bzw. *dolia*, eines davon mit eingeritztem Wellenbanddekor (Fb.-Nr. 2149).

*85 Sockelfragment einer Terrakotta-Statuette? Randdm. 5 cm. Ton beige-weiß, feine Sandmagerung, etwas Biotitglimmer. Brüche verrollt. Fb.-Nr. 2164.

Stein

*86 RS (40°) eines zylindrischen Kochtopfes, Randdm. 13 cm. Im Randbereich Rußanhaftungen. Vgl. Kap. IV.11 (Lavez) Nr. 6. Fb.-Nr. 2164.

*87 Knauf eines Deckels, vgl. Kap. IV.11 (Lavez) Nr. 12. Fb.-Nr. 2210.

Befund 1231

Phase 3; Anlage 10. – Grube im Bereich des Kopfbaus von Baracke II (Fl. 134C/D). Im Längsschnitt weist die Grube eine beinahe rechteckige Kontur mit fast flacher Sohle auf, noch 65 bis 70 cm unter Pl. 1 tief. Einbauten aus organischem Material wurden nicht nachgewiesen.

A Obere Einfüllschicht von schwarzbraunem Lehm, max. 28 cm stark. Einschlüsse: wenige Kleinkiesel, 1 kleiner Kalkbruchstein, viel HK, etwas Brandlehm, wenige Mörtel- u. Verputzbrösel.

B Dunkler Lehm wie A, jedoch mit Baracken-Bauschutt vermischt: Besonders im Randbereich Placken ockerfarbenen Lehms, mit Mörtel- und Verputzstückchen, ein Kalkbruchstein u. Brandlehmbröckchen vor allem im unteren Schichtbereich. Im Mittelbereich der Grube ist diese Schicht schwer von A zu trennen.

C Schwarzbrauner Lehm, mit Kleinkieseln u. etwas HK durchsetzt. Von B durch das Fehlen von hellbraunem Lehm und Mörtel zu unterscheiden.

Interpretation: Da die Grube Wandgräbchen des Kopfbaus schneidet, dürfte sie zu einer späten Umbauphase der Baracke gehören, deren Bauspuren aufgrund der gestörten Oberfläche im Bereich des ehemaligen Wohnhauses Bittel nicht erhalten sind. Lage und Stratigraphie sprechen für eine Gleichzeitigkeit mit Bef. 1163/1164 sowie 1228. Die Verfüllung scheint weitgehend aus organischen Abfällen bestanden zu haben, evtl. aus Stallmist. Es fanden sich jedoch keine Einsickerungsspuren im natürlichen Kies unter der Grube.

Stratigraphie: Schneidet die Wandgräbchen Bef. 1227 und 1230; anpassende Scherben fanden sich in den benachbarten Gruben Bef. 1164 und 1228.

Metall

*1 Bronzene Messerzwinge/Heftblech eines Messers, geknickt, ursprüngliche Länge 3,0 cm. Vgl. Kap. IV.3 (Bronze) Nr. 37. Schicht A. Fb.-Nr. 2218.

*2 Lanzenspitze (Blattspitze), Tülle abgebrochen, Spitze beschädigt. Länge noch 14,6 cm. Vgl. Kap. IV.4 (Eisen) Nr. 9. Bef. 1231 od. 1238. Fb.-Nr. 2117.

3 5 Bruchstücke von Eisennägeln. Schicht B. Fb.-Nr. 2224.

Glas

*4 Kl. RS (erhalten 5–10°) einer Schale mit gestauchtem Horizontalrand, darauf radial eingeschliffene Kerben, Randdm. 16 bis 18 cm. Farbloses Glas. Form Rütti 1991, AR 83. Vgl. Kap. IV.6 (Glas) Nr. 7. Schicht A. Fb.-Nr. 2218.

5 Kl. WS eines Bechers od. Schälchens von sehr dünnem, farblosen „Eierschalenglas", vgl. Kap. IV.6 (Glas) Nr. 18. Schicht C. Fb.-Nr. 2189.

6 Omphalos einer formgeblasenen Flasche aus hellblaugrünem Glas, vgl. Kap. IV.6 (Glas) Nr. 38. Fb.-Nr. 2189.

7 2 kl. WS aquamarinfarbenen Glases, wahrscheinlich von rechteckiger Flasche. Vgl. Kap. IV.6 (Glas) Nr. 54. Fb.-Nr. 2189.

Keramik

8 Mehrere Splitter Drag. 37. Art des *Germanus IV*, La Graufesenque. Vgl. Kap. IV.7 (Reliefsigillata) Nr. 22. Anpassung an Bef. 1228, vgl. dort (Fb.-Nr. 2149). Fb.-Nr. 2202.

*9 RS (erhalten 30°) Drag. 18/31, Randdm. 19 cm. Ostgallisch, frische Brüche. Schicht A. Fb.-Nr. 2202.

*10 RS (erhalten 20–30°) Drag. 18/31, Randdm. 17 bis 18 cm, aus Splittern zusammengesetzt, frische Brüche. Ostgallisch, wegen des glimmerhaltigen Tons wahrscheinlich Chémery. Fb.-Nr. 2218.

*11 RS (erhalten 25°) Drag. 18/31, Randdm. 18 bis 19 cm. Mittel- od. ostgallisch, frische Brüche. Fb.-Nr. 2202.

12 8 WS eines fassförmigen Trinkbechers „rätischer" Glanztonware wie Bef. ZOH-105–14, Stilgruppe Drexel 1. Ton hellorange, Glanztonüberzug außen schwarz u. seidenmatt glänzend, in Bodennähe braunrot, innen dunkellila u. matt. Scharfe Brüche. Fb.-Nr. 2202 u. 2218.

13 1 BS u. 10 WS eines Trinkbechers „rätischer" Glanztonware. Ton rotorange, Glanztonüberzug außen braunrot u. matt, innen dunkellila. Schicht A. Fb.-Nr. 2202 u. 2218.

*14 Kl. RS eines Trinkbechers „rätischer" Glanztonware, Randdm. 12 bis 14 cm. Wohl Drexel 1. Beim Schneiden des Bef. Fb.-Nr. 2188.

15 8 WS von mindestens vier weiteren Bechern „rätischer" Glanztonware, Drexel 1. Fb.-Nr. 2202, 2218 u. 2224.

*16 Oberteil eines Topfes mit Steilrand (erhalten 180°), Randdm. 10,5 cm, aus Scherben zusammengesetzt. Um den Gefäßbauch Rollrädchendekor. Terra Nigra (Ware 2), glänzend schwarzer Überzug nur außen, teilw. verrieben, scharfe Brüche. Schichten B–C. Fb.-Nr. 2189 u. 2224. Anpassende WS aus Bef. 1164 (Fb.-Nr. 2095).

*17 Ca. zu einem Fünftel (80°) erhaltene „rätischen" Reibschüssel, Randdm. innen 22 cm. Ware 4, Rand braunrot überfärbt, mäßige Gebrauchsspuren, scharfe Brüche. Schicht B. Fb.-Nr. 2224.

*18 3 anpass. RS (erhalten 85°) einer „rätischen" Reibschüssel, Randdm. innen 19 cm. Ware 4, teilweise sek. verbrannt. Auf dem Kragen Graffito Nr. 55 (Kap. IV.1): PAVLI. Scharfe Brüche. Schicht A. Fb.-Nr. 2202 u. 2218.

*19 RS einer Reibschüssel (erhalten 85°), Randdm. 18 cm. Ware 4, Rand orangebraun überfärbt, teilweise sek. verbrannt. Schicht A. Fb.-Nr. 2202.

20 12 WS u. 1 BS von mindestens drei versch. Krügen. Waren 6 u. 8. Fb.-Nr. 2202, 2188, 2189 u. 2218.

21 BS eines flachen Tellers frei geformter Ware mit starker Sandmagerung. Fb.-Nr. 2218.

*22 RS (erhalten 45°) u. 3 WS eines Kochtopfes mit horizontalem Kammstrich, Randdm. 12 cm. Ware 9A. Schicht A. Fb.-Nr. 2218.

23 BS eines (Koch-)Topfes, Bdm. ca. 10 cm, mit Hitzeschwärzung. Fb.-Nr. 2188.

*24 RS (erhalten 80°) eines Deckels, Randdm. 14 cm. Ware 10, durch Hitze geschwärzt, am Rand Rußverkrustungen. Schicht C. Fb.-Nr. 2189.

Stein

*25 WS mit Bodenansatz eines zylindrischen Kochtopfs, Dm. 10 cm. Vgl. Kap. IV.11 (Lavez) Nr. 9. Schicht B. Fb.-Nr. 2224.

Befund 1236

Phase 2b; Anlage 8. – Jaucherinne im Stall des westlichen Endcontuberniums von Baracke II (Fl. 134B/D). Der Befund ist maximal noch 3 cm tief unter Pl. 1 erhalten, die übrig gebliebene Verfüllung besteht aus hellgrauem Lehm; Fachwerkschutt fehlt.
Interpretation: Ältere Jaucherinne, die zugunsten der jüngeren Bef. 1241 (Phase 3) aufgegeben wurde. Im Zuge des Umbaus des Endcontubernium wurde der Stall in die vormalige *porticus* vorverlegt. Möglicherweise hat man dabei auch hier den Oberboden um einige Zentimeter abgetragen, sodass Bef. 1236 nicht mehr in voller Tiefe erhalten blieb. Vgl. auch Bef. 1250 und 1252 (Baracke II) sowie Bef. 1026 und 1063 (Baracke IV).
Stratigraphie: Das chronologische Verhältnis zum Nachbarbef. 1238 bleibt ungeklärt.
Keine Funde.

Befund 1237

Phase 3; Anlage 10. – Pfostengrube im Bereich des erweiterten Endcontuberniums von Baracke II, südlich an das Gräbchen Bef. 1230 angelehnt (Fl. 134D). Der Befund war bereits 1965 aufgedeckt und im Planum dokumentiert, aber nicht vollständig ausgegraben worden. Im Einklang mit der Befundzeichnung B. Cichys sind 2002 noch die untersten Reste der Pfostenstandspur mit einen Dm. von knapp 40 cm aufgefunden worden. Sie umgab eine fast quadratische Pfostengrube, die bezüglich ihrer Art und Lage anderen Pfosten der Phase 3 ähnelt, z.B. Bef. 83, 269, 273, 290 (Baracke III), 1308, 1311, 1314, 1318, 1321 (Baracke IV) und 840 (Baracke V). Die Konsistenz der Pfostengrube ist von der des Gräbchens Bef. 1230 durch dunklere Erde zu entscheiden, die Pfostenstandspur selbst enthält das für Phase 3 typische Fachwerklehm-Substrat.
Interpretation: Pfosten der Erweiterungsphase des Kopfbaus im Bereich des vormaligen Endcontubernium.
Stratigraphie: Grenzt an das Langgräbchen Bef. 1230, liegt in der Flucht von Bef. 1256.
Keine Funde.

Befund 1238

Phase 2b; Anlage 8. – Grube im Stall des Endcontuberniums neben dem Kopfbau von Baracke II (134B/D; 135A/C). Fast runde Kontur im Planum, im Längsprofil sind die Ansätze einst senkrechter Wände noch teilweise zu erkennen. Die Sohle weist einen vertieften Absatz bis max. 90 cm unter Pl. 1 auf, d. h. bis ca. 1 m unter der römischen Oberfläche.
Verfüllung mit zwei Schichten:
A Graubrauner Lehm, darin einzelne Kleinkiesel, HK, zahlreiche kleinteilig zerbrochene Mörtel- u. Verputzstückchen, etwas Brandlehm, über ein Dutzend Kalkbruchsteine (bis max. 43 cm Länge), ein rechteckig zugeschlagener Kalktuffstein (41 cm × 21 cm × 12 cm) sowie zahlreiche Ziegelbruchstücke (*tegulae*, *imbrices* u. *laterals*, alle verbrannt) von Herdstellen.

B Schwarzbrauner Lehm mit deutlich höherem HK- u. Ascheanteil als in A, zur Sohle hin vermehrt Kiesel. In dieser Schicht lag flach ein noch intakter rottoniger Krug.
Interpretation: Möglicherweise zusätzliche (Jauche-?) Grube, da die ursprüngliche Jaucherinne des Endcontubernium-Stalls (Bef. 1236) bereits von der späteren Jaucherinne Bef. 1241 im Bereich der früheren Porticus abgelöst wurde. Bef. 1236 war nur noch teilweise erhalten und mit hellgrauem, stark kalkhaltigem Lehm verfüllt, nicht jedoch mit Barackenschutt.
Stratigraphie: Bef. 1238 ist jünger als die Jaucherinne Bef. 1236, wird aber seinerseits von der flachen Grube Bef. 1239 am Südrand geschnitten. In Bef. 1239 fanden sich zwei Scherben, die zu Gefäßresten aus Bef. 1249 gehören. Demnach dürften Bef. 1239 und 1249 gleichzeitig verfüllt worden sein und damit beide jünger sein als Bef. 1238.

Metall

*1 Schlanker Zieranhänger in Form eines Blütenkelches, Haken mit tordiertem Schaft, Hakenende abgebrochen. In der Mitte senkrecht angebrachte Befestigungsniete in Gestalt eines gedrechselten Kegels. Länge 4,1 cm. Vgl. Kap. IV.3 (Bronze) Nr. 51. Schicht B. Fb.-Nr. 2128.
*2 Kl. Bronzering, Dm. 2,0 cm. Vgl. Kap. IV.3 (Bronze) Nr. 147. Fb.-Nr. 2150.
*3 Massiver Eisenzylinder mit flacher, an den Rändern geringfügig aufgewölbter Oberseite, die vermutlich durch Schläge etwas deformiert wurde. Das untere Ende verjüngt sich kegelstumpfartig mit knapper, flacher Auflagefläche. Eisenkeil (evtl. zur Steinbearbeitung) oder Meißel, weniger wahrscheinlich Steckamboss. Vgl. Kap. IV.4 (Eisen) Nr. 40. Schicht B. Fb.-Nr. 2160.
4 Eisernes Kettenglied, Länge 5,0 cm, zweites Kettenglied zerbrochen. Fb.-Nr. 2142.
5 28 Bruchstücke von Eisennägeln. Fb.-Nr. 2142 u. 2161.

Glas

6 BS eines Gefäßes mit Omphalos (Glas-Nr. 66). Farbloses Glas. Fb.-Nr. 2158.

Keramik

*7 Schnauze einer Bildöllampe Typ Loeschcke Ic. Ton hellorange mit Biotitglimmer, Überzug orangerot. Beim Schneiden aus oberem Drittel des Bef. Fb.-Nr. 2130.
*8 Ca. zu einem Viertel erhaltener gr. Teller Drag. 18/31, Randdm. 24 bis 26 cm. Nach Ton u. Kerbenring wahrscheinlich Heiligenberg. Graffiti SECV u. X (Kap. IV.1 Nr. 62). Fb.-Nr. 2158.
9 Kl. RS (erhalten 15°) Drag. 18/31, Randdm. ca. 18 cm. Südgallisch. Schicht B. Fb.-Nr. 2160.
*10 Zahlreiche, meist kleinteilig zerbrochene Fragmente von mindestens sieben Trinkbechern „rätischer" Glanztonware, durchweg Stilgruppe Drexel 1. Alle Fb.-Nr.
11 RS (erhalten 170°) eines Bechers „rätischer" Glanztonware, Randdm. 9,5 cm. Ton blassorange, Überzug orangerot, matt. Dekoration nicht erhalten, frische Bruchstellen. Fb.-Nr. 2142.
12 Kl. WS eines Terra-Nigra-Tellers wie Drag. 36. Ware 2, schwarz glänzender Überzug nur auf der Innenseite. Fb.-Nr. 2161.
*13 Vollständig erhaltener Tonkrug mit Ausguss, nur am Rand ist ein Stück abgesplittert, Höhe 23,0 cm. Ware 6. Lag auf der Sohle der Grube. Fb.-Nr. 2114.

*14 Zahlreiche WS, 1 BS u. 2 Henkelfragmente von mindestens zehn verschiedenen Krügen. 2 kl. WS mit Graffitoresten Nr. 81 (Kap. IV.1): [---]MATI[---] u. X (Fb.-Nr. 2161). Waren 6 u. 8. Alle Fb.-Nr.

*15 Ca. zu einem Fünftel erhaltener flacher Teller/Backplatte, aus Scherben zusammengesetzt, Randdm. 17,0 bis 17,5 cm. Ware 7 mit Brandpatina. Schichten A–B. Fb.-Nr. 2142, 2158 u. 2160.

*16 RS (erhalten 45°) u. 3 anpass. BS eines flachen Tellers/Backplatte, Randdm. 20 cm. Ware 4, Innenseite und Rand außen mit orangerotem, stark verriebenem Überzug. Außenseite mit Brandpatina, scharfe Bruchkanten. Schicht A. Fb.-Nr. 2142 u. 2161.

*17 2 RS (erhalten ca. 20°) u. 2 WS eines flachen Tellers, Randdm. 22 bis 24 cm. Ware 4, innen u. am Rand außen orangefarbener Überzug. Teilweise scharfe Bruchkanten. Schicht A. Fb.-Nr. 2142 u. 2161. Zugehöriger Splitter aus Bef. 1249 (Fb.-Nr. 2155).

*18 Kl. RS (erhalten 40°) eines Kochtopfes mit abgeschrägtem Horizontalrand, Randdm. 14 cm. Ware 5, verrollte Brüche. Schicht A. Fb.-Nr. 2142.

*19 Kl. RS (erhalten 35–40°) eines Topfes, Randdm. 14 cm. Ware 9A mit Rußspuren, scharfe Bruchkanten. Fb.-Nr. 2142.

*20 RS (erhalten 75–80°) eines zylindrischen Kochtopfes, Randdm. 14 cm. Ware 5 mit Brandpatina, scharfe Bruchkanten. Beim Schneiden des Bef. Fb.-Nr. 2158.

21 WS mit Griffleiste eines zylindrischen Kochtopfes. Ware 5 mit Brandpatina. Schicht A. Fb.-Nr. 2142.

22 BS eines frei geformten zylindrischen Kochtopfes, Bdm. 11 cm. Ware 9B mit Brandpatina. Fb.-Nr. 2158.

23 Fragment eines dreistabigen Henkels, wahrscheinlich einer südgallischen Weinamphore. Tonkern blassrosa, Oberfläche beige, Glimmer. Diese Warenart ist im Bestand der Ausgrabungen 2000–2003 singulär. Verrollte Bruchkanten. Schicht A. Fb.-Nr. 2142.

Befund 1239

Phase 3; Anlage 10. – Kleine Grube im Bereich des erweiterten Endcontuberniums in Baracke II (Fl. 134D/135C) mit fast ebener Sohle 30 bis 31 cm unter Pl. 1. Die Verfüllung ist einphasig und besteht aus Brandlehmstückchen, vier verbrannten Kalkbruchsteinen, HK und wenigen Ziegelsplittern, die mit Placken hellbraunen Lehms und wenigen Verputzbröckchen vermischt sind.
Interpretation: Kleine Vorratsgrube, wahrscheinlich Nachfolger von Bef. 1238. Die Verfüllung setzt sich aus den Resten einer Feuerstelle zusammen. Dass es sich nicht ihrerseits um eine Ofengrube etc. handelt ergibt sich aus fehlenden Hitzespuren.
Stratigraphie: Schneidet Bef. 1238, grenzt an das westöstlich verlaufende Trennwandgräbchen Bef. 1230.

Keramik

*1 BS Drag. 18/31 mit Stempel-Nr. 37 (Kap. IV.8): OFT.FSE. *T. Flavius Secundus* aus La Graufesenque. Fb.-Nr. 2140.

Befund 1241

Phase 3; Anlage 10. – Jaucherinne im erweiterten westlichen Endcontubernium von Baracke II, im vormaligen Bereich der *porticus* (von Phase 2) eingerichtet. Nach Süden fällt die Sohle des Befundes bis auf max. noch 12 cm unter Pl. 1 erhaltene Tiefe ab. Da hier im Bereich des Hauses Bittel starke Oberflächenverluste zu beklagen sind, dürfte der Befund ursprünglich ca. 30 bis 40 cm tief gewesen sein. Unter der Sohle ist der gewachsene Kies graugrün und rostrot verfärbt und fest verbacken. Die Verfüllung besteht aus dem üblichen Abbruchschutt.
Interpretation: Ersatz für die ältere Jaucherinne Bef. 1236 (Phase 2b).
Stratigraphie: Schneidet das nördliche Außengräbchen der Baracke II am Rande. Die stratigraphische Position entspricht damit den jüngeren Stallgruben Bef. 1249 und 1697. Vgl. außerdem Bef. 200 und 1288 (beide Baracke III).

Metall

1 Bruchstück einer Riemenzwinge aus Bronzeblech mit noch einem Nietstift. Fb.-Nr. 2133.

Befund 1242

Phase 3; Anlage 10. – Doppelpfosten in der Flucht der *porticus*-Pfosten von Baracke II nahe des westlichen Kopfbaus (Fl. 134B). Die östliche der beiden Pfostengruben (Bef. 1242B) ist jünger als die westliche (Bef. 1242A) und mit 48 cm Dm. auch geringfügig größer. Beide haben im Profil eine muldenförmige Kontur mit einer Tiefe von 25 cm unter Pl. 1 (d. h. ca. 35 cm unter der hier stark gestörten römischen Oberfläche).
Interpretation: Nur aus Teilbefund B stammt römisches Kulturmaterial, die Zuweisung zu Phase 3 bleibt aber unsicher. Sie beruht auf der horizontalstratigraphischen Position in der Flucht der *porticus*-Pfosten sowie des späten Gräbchens Bef. 1247. Der Achsabstand von Bef. 1242B zur nordöstlichen Ecke des Kopfbaus sowie zum *porticus*-Pfosten Bef. 1246 beträgt gleichmäßig jeweils 2,4 m = 8 röm. Fuß. Auch dieser symmetrische Bezug spricht für eine Einbindung in die Erweiterungsphase des Endcontuberniums. Möglicherweise sind Bef. 1242B und 1247 die Reste eines Gräbchens mit Pfosten ähnlich Bef. 1290 (Baracke III), das hier nicht mehr erhalten ist. Der ältere Teilbefund A könnte bei Anlage strenger Kriterien auch vorgeschichtlicher Zeitstellung sein.
Stratigraphie: Isolierter Befund.
Keine Funde.

Befund 1244

Phase 3; Anlage 10. – Pfostengrube im Bereich des Kopfbaus von Baracke II (Fl. 134B), im Durchmesser ca. 60 cm, im Profil linsenförmig bis max. 14 cm unter Pl. 1 eingetieft. Dunkelbrauner Lehm, dicht mit Kleinkieseln durchsetzt, darin ein Brandlehm- und ein Ziegelbröckchen.
Interpretation u. Stratigraphie: Vgl. Bef. 1221 u. 1224.
Keine Funde.

Befund 1245

Phase 3; Anlage 10. – Pfostenstandspur im Bereich des Endcontuberniums von Baracke II (Fl. 134B). Der stark gestörte Befund ist nur noch als Restbestand erhalten. Einzelne kleine Stückchen von Kalkmörtelverputz in seiner sonst mittelbraunen Verfüllung weisen auf römische Zeitstellung hin.
Interpretation: Bef. gehört möglicherweise zur Umbauphase des Endcontuberniums.
Stratigraphie: Isolierter Bef.

Befund 1247

Phase 3; Anlage 10. – Kurzes Gräbchen in der Flucht der *porticus*-Pfosten von Baracke II nahe dem westlichen Kopfbau (Fl. 135A). Die ebene Sohle verläuft 10 cm unter Pl. 1, d. h. ca. 20 cm unter der hier stark gestörten römischen Oberfläche. Die Verfüllung besteht aus graubraunem Lehm und Kieseln.
Interpretation: Kurzes Schwellbalkengräbchen (?) der Erweiterungsphase des Endcontuberniums. Pfostenstandspuren ließen sich nicht erkennen.
Stratigraphie: Schneidet ein vorgeschichtliches Gräbchen.
Keine Funde.

Befund 1249

Phase 3; Anlage 10. – Grube im Bereich des erweiterten Kopfbaus von Baracke II (Fl. 135A). Der Befund war bereits 1965 entdeckt und in den Gesamtplan eingetragen worden, blieb jedoch unausgegraben. Senkrechte Grubenwände mit begleitendem dunkelbraunen Lehmband (Schicht B: Rest einer hölzernen Wandbefestigung?) im Norden, Osten und Westen, im Süden verläuft die Grubenwand schräg. Die unebene Sohle liegt max. 70 cm unter Pl. 1, d. h. ca. 80 cm unter der römischen Oberfläche. Die Verfüllung besteht aus sieben Schichten (ohne B):
A Rotbrauner, zäher Tonlehm mit Verputzstückchen, HL- u. Holzkohleflittern.
B Rand dunkelbraunen, stark kieshaltigen Lehms (Rest einer Wandversteifung?).
C Verschmutzter Kies, darin mehrere Kalkbruchsteine.
D Schwarzbrauner Lehm mit vielen HK- und wenigen Mörtelsprengseln. An der Grenze zu E erstreckt sich ein 1 cm dickes Band von Brandlehmstückchen.
E Kalk, Verputzstücke u. zerstoßener Kalkmörtel, dazwischen ein 1 bis 2 cm dünnes Band grauen Lehms.
F Schwarzbraunen Lehm mit Placken hellbraunen Lehms u. HK.
G Grauer, sandiger Lehm mit Mörtelstückchen u. viel HK.
H Graubrauner Lehm, mit HK u. manganschwarzen Kieseln durchsetzt. Diese stammen aus der auf gleicher Höhe vorhandenen natürlichen Schicht schwarz verfärbter Mangankiesel (alter Grundwasserhorizont).
Interpretation: Wahrscheinlich Stall- oder Jauchegrube als funktionaler Nachfolger der älteren Jaucherinne Bef. 1250. Dass keine Einsickerungsverfärbungen im natürlichen Kies unter dem Befund zu erkennen waren, liegt vielleicht an der kurzen Benutzungsdauer. Die Grube wurde im Zuge der Erweiterung des Kopfbaus anstelle der vormaligen Außenwand zwischen Stall und Porticus angelegt und beim Abbruch des Kastells verfüllt. Vgl. auch Bef. 1697.
Stratigraphie: Schneidet das nördliche Außengräbchen von Baracke II (Bef. 1240) sowie die Jaucherinne Bef. 1250. Jünger als Bef. 1238. Das chronologische Verhältnis zu der späten Jaucherinne Bef. 1241, die ebenfalls dem erweiterten Endcontubernium angehört, bleibt ungeklärt, doch können Bef. 1241 u. 1249 durchaus gleichzeitig bestanden haben.
Anpassungen/Scherben derselben Gefäße: Bef. 1239.

Metall

*1 Anhänger in *lunula/torques*-Form mit Astragal-Element, Befestigungsöse abgebrochen. Länge noch 3,4 cm, Gewicht noch 4,3 g. Vgl. Kap. IV.3 (Bronze) Nr. 49. Schicht C. Fb.-Nr. 2074 (Scholz 2002, 100 Abb. 74, 3).
*2 Bronzener „Augenbeschlag" mit spärlichen Resten roter und grüner Emaileinlagen. Gewicht 1,6 g. Vgl. Kap. IV.3 (Bronze) Nr. 65. Schicht E. Fb.-Nr. 2126 (Scholz 2002, 100 Abb. 74, 10).
*3 Kl. eiserner Schlüssel, vollständig erhalten, Länge 4,9 cm. Vgl. Kap. IV.4 (Eisen) Nr. 67. Fb.-Nr. 2123.
*4 Eiserner Schlüsselgriff, Bart abgebrochen. Länge noch 14,0 cm. Vgl. Kap. IV.4 (Eisen) Nr. 57. Fb.-Nr. 2126.
5 Kl. Bruchstück eines eisernen Band-/Blechbeschlages. Schicht G. Fb.-Nr. 2123.
6 13 Bruchstücke von Eisennägeln. Alle Schichten. Fb.-Nr. 2123, 2126, 2144 u. 2155.

Glas

*7 BS eines Fläschchens, kleinen Kruges oder Bechers mit rundem Gefäßkörper, Bdm. 4,5 cm. In Frage kommende Typen: Rütti 1991, AR 34, AR 114 oder AR 135/136. Aquamarinfarbenes Glas. Vgl. Kap. IV.6 (Glas) Nr. 37. Schicht G. Fb.-Nr. 2123.
*8 4 kl. WS von rechteckigen Glasflaschen. Aquamarinfarbenes Glas. Vgl. Kap. IV.6 (Glas) Nr. 53. Beim Schneiden des Bef. Fb.-Nr. 2155.

Bein

*9 Stachelförmige Beinnadel, das Kopfende ist mit rautenförmigen Einritzungen verziert, äußerste Spitze abgebrochen. Länge noch 10,5 cm. Schicht F. Vgl. Kap. IV.5 (Bein) Nr. 15. Fb.-Nr. 2113.

Keramik

*10 Ca. zur Hälfte erhaltener Teller Drag. 18/31, Randdm. 19 cm. Stempel Nr. 20 (Kap. IV.8) über kleinem Omphalos: MEDDICVS. Chémery. Unter dem Boden Graffito: I. Schicht F. Fb.-Nr. 2108 u. 2151.
*11 RS (erhalten 90°) Drag. 38/Curle 11, Randdm. innen 16 cm. Kragen ohne Barbotinedekor. Scharfe Bruchkanten. Aufgrund des Tons Heiligenberger Produkt. Schichten E–F. Fb.-Nr. 2126 u. 2151.
12 Kl. RS (erhalten 5°) Drag. 33, wahrscheinlich ostgallisch. Schicht D. Fb.-Nr. 2144.
13 BS eines Bechers mit Griesbewurf. Ware 3. Ton ziegelrot, Überzug außen mattschwarz. Schicht D. Fb.-Nr. 2144.
14 Kl. WS eines Bechers mit Griesbewurf. Ton orangebraun, Überzug innen u. außen grau u. leicht glänzend (Ware 3A). Schicht G. Fb.-Nr. 2123. Zwei WS desselben Gefäßes stammen aus Bef. 1239 (Fb.-Nr. 2140).
*15 1 RS u. 7 kl. WS von mindestens vier verschiedenen Bechern „rätischer" Glanztonkeramik, Stilgruppe (soweit bestimmbar) Drexel 1. Fb.-Nr. 2126, 2144 u. *2155.
*16 WS eines Bechers „rätischer" Glanztonkeramik, Stilgruppe Drexel 2B. Ton außen orange mit mattschwarzem Überzug, innen hellgrau u. tongrundig. Schicht D. Fb.-Nr. 2144.
*17 RS (erhalten 70°) einer „rätischen" Reibschüssel, Randdm. innen 21,5 cm. Ware 4, Überzug braun. Scharfe Bruchkanten. Fb.-Nr. 2155.
*18 Halsstück eines Einhenkelkruges mit vierstabigem Henkel, Randdm. 5,7 cm. Einige nicht anpassende WS gehören wahrscheinlich zu diesem Gefäß. Ware 6. Schicht E. Fb.-Nr. 2126.
*19 RS (erhalten 180°) eines Kruges, Randdm. 5,8 cm. Ware 6, Bruchkanten verrollt. Schicht D. Fb.-Nr. 2144.
20 14 WS von mindestens drei verschiedenen Krügen. Waren 6 u. 8.

*21 Zu einem Viertel erhaltener flacher Teller/Backplatte, Randdm. 25,5 cm. Ware 7 mit sekundären Brandspuren. Schicht D. Fb.-Nr. 2144 u. 2151.
*22 RS (erhalten 60°) eines Topfes mit Trichterrand, Randdm. 12 cm. Ware 5/6, Bruchkanten verrollt. Schicht D. Fb.-Nr. 2144.
*23 Kl. RS (erhalten 80°) eines Topfes oder Bechers, Randdm. 9 cm. Ware 7, scharfe Bruchkanten. Schicht D. Fb.-Nr. 2144.
*24 Kl. RS (erhalten 20°) eines Topfes mit Steilrand, Randdm. 16 cm. Ware 9A, verrollte Brüche. Schicht G. Fb.-Nr. 2123. Scherbe desselben Gefäßes aus Bef. 1239 (Fb.-Nr. 2140).
*24a Fragment eines Kochtopfdeckels mit Graffito Nr. 46 (Kap. IV.1): [IAN]VARIVS. Fb.-Nr. 2150.
*25 Kl. RS (erhalten ca. 20°) eines Räucherkelches, Randdm. innen 18 cm. Ware 5. Schicht D. Fb.-Nr. 2144.

Befund 1250

Phase 2b; Anlage 8. – Jaucherinne im zweiten Contubernium von Westen in Baracke II (Fl. 135A/C) wie Bef. 1236. Tiefe noch 2 cm unter Pl. 1. Der Befund war bereits 1965 aufgedeckt, jedoch nicht ausgegraben worden.
Stratigraphie: Von Grube Bef. 1249 (Phase 3) geschnitten.
Keine Funde.

Befund 1252

Phase 2b; Anlage 8. – Jaucherinne im dritten Contubernium von Westen in Baracke II (Fl. 135A–D) wie Bef. 1236. Tiefe noch bis zu 12 cm unter Pl. 1. Der Befund war bereits 1965 aufgedeckt, jedoch nicht ausgegraben worden.
Stratigraphie: Von Grube Bef. 1697 (Phase 3) geschnitten.

Befund 1256

Phase 3; Anlage 10. – Gräbchenrest mit Pfosten parallel zum Wandgräbchen Bef. 1230 in Baracke II (Fl. 134D). Der Befunde wurde bereits 1965 freigelegt und im Planum dokumentiert, jedoch nicht vollständig ausgegraben. Übrig blieb bis 2002 wie bei Bef. 1237 der untere Rest einer Pfostenstandspur.
Interpretation: Rest eines flachen Pfostengräbchens, das ursprünglich möglicherweise die westlich davon in einer Reihe liegende Pfosten bis Bef. 1237 zu einer Konstruktion integrierte. Damit dürfte die Struktur zur Erweiterung des Endcontuberniums von Baracke II gehören. Vgl. auch Bef. 1354 in gleicher Position in Baracke V.
Stratigraphie: Schneidet randlich ein vorgeschichtliches Gräbchen, grenzt mit einem Fortsatz an das Langgräbchen Bef. 1230.
Keine Funde.

Befund 1270

Phase 2a; Anlage 8; Abb. 53. – Grube nördlich vor dem Kopfbau von Baracke II in der *via vicenaria* (Fl. 143D) von wannenförmiger Kontur im Profil und wellenartig unebener Sohle ca. 0,55 m unter Pl. 1, d. h. hier einst ca. 0,7 bis 0,8 m unter der röm. Oberfläche. Der dunkelbraune Grubenrand (B) trennt fünf Verfüllschichten:
A Verschmutzter Kies mit sandiger Zwischenschicht.
B Dunkelbrauner Grubenrand.
C Schwarzbrauner Lehm mit Kies und HK.
D Wie A, stellenweise mit hellbraunem Lehm durchsetzt.
E Grauschwarzer Lehm mit viel HK, Brandlehm, einzelnen Placken hellbraunen Lehms und Kieseln.
F Linse hellen Kieses mit Holzkohleflittern im Westteil der Grube.
Die Schichten liegen fast horizontal übereinander und grenzen sich recht scharf voneinander ab. Die Grubensohle reicht in eine natürliche Schicht mangangeschwärzten Kieses hinein.
Stratigraphie: Isolierter Befund. Die Einordnung in Phase 1 oder 2a kann weder aufgrund der Horizontalstratigraphie noch der Funde zuverlässig vorgenommen werden. Den Ausschlag zugunsten von Phase 2a bewirkt die analoge Position von Bef. 1302 vor dem Kopfbau von Baracke IV.

Metall

1 Eisenstab, Länge noch 24,5 cm, Querschnitt ca. rund, geknickt. Werkzeugrest oder langer Nagel. Fb.-Nr. 2206.
2 Eiserner T-Nagel, noch Länge 5,0 cm (Spitze abgebrochen). Fb.-Nr. 2195.
3 Halber Eisenring, Dm. 5,4 cm. Fb.-Nr. 2206.
4 3 Bruchstück von Eisennägeln. Fb.-Nr. 2206.

Keramik

*5 Kl. RS Drag. 37, La Graufesenque, vgl. Kap. IV.7 Nr. 7. Aus oberster Schicht. Fb.-Nr. 2132.
*6 Randstück (2 Fragm.) eines Einhenkel(?)-Kruges, Randdm. 6,4 cm. Ware 6. Fb.-Nr. 2206.
7 Kl. RS einer tongrundigen Reibschüssel, Profil wie Nr. 168/296/297–9, verrollt. Ware 6. Fb.-Nr. 2206.
*8 Kl. RS u. 2 kl. WS eines (?) Kochtopfes mit horizontalem Kammstrich, Randdm. 12 cm. Ware 9B, außen Hitzespuren. Fb.-Nr. 2206.

Befund 1271

Phase 3; Anlage 10. – Grube im Kopfbau von Baracke II (Fl. 133B/134A). Erscheinungsbild im Planum beinahe rund, im Profil muldenförmig mit ebener Sohle 43 cm unter Planum 1 im zentralen Bereich. Spuren einer evtl. einst vorhandenen organischen Randbefestigung fanden sich nicht. Die Verfüllung besteht aus zwei schwer voneinander trennbaren Schichten:
A Graubrauner, an Asche reicher Lehm mit Kieseln, weiß getünchten Verputzstückchen, HK und Placken hellbraunen Lehms.
B Dunkelbrauner Lehm mit höherem HK-Anteil.
Interpretation: Wie Bef. 1163/1164/1217, 1228 u. 1231 dürfte es sich um eine Vorratsgrube handeln, die zur letzten Benutzungsphase des Kopfbaus gehört.
Stratigraphie: Schneidet das nördliche Außengräbchen des Kopfbaus (Bef. 1240) am Rand. Die Grubenverfüllung wird ihrerseits von der schwarzbraunen Standspur eines jüngeren, wahrscheinlich frühalamannischen Pfostens durchstoßen.

Keramik

1 Kl. RS u. WS Drag. 36. Ostgallisch, aufgrund des Tons wahrscheinlich Heiligenberg. Scharfe Bruchkanten. Fb.-Nr. 2219.
2 3 kl. WS eines (?) „rätischen" Glanztonbechers, Stilgruppe Drexel 1. Überzug außen bronzierend-braun, innen braunorange. Fb.-Nr. 2190.
3 BS einer Reibschüssel, Ware 8. Verrollte Bruchkanten. Fb.-Nr. 2190.
4 Fragment einer kleeblattförmigen Schnauze einer Tonkanne. Ware 8. Scharfe Bruchkanten. Fb.-Nr. 2219.

5 Vierstabiger Henkel, 2 BS u. 2 WS mindestens zwei verschiedener Krüge, Ware 6. Teilweise verrollte Bruchkanten. Fb.-Nr. 2190.
6 RS eines Kochtopfes mit gerilltem Horizontalrand, Randdm. 16 cm. Ware 5. Verrollte Bruchkanten. Fb.-Nr. 2219.
7 4 WS von zwei verschiedenen Kochtöpfen, Ware 9B. Bruchkanten teilweise verrollt. Fb.-Nr. 2190.
8 RS eines Deckels, Randdm. ca. 20 cm. Ware 5 mit Hitzeschwärzung im Randbereich. Scharfe Bruchkanten. Fb.-Nr. 2190.
9 WS eines *dolium* mit vor dem Brand eingeritztem Wellenbanddekor. Ware 6, scharfe Bruchkanten. Fb.-Nr. 2190.

Befund 1272

Phase 3; Anlage 10. – Rechteckige Grube im Bereich des Kopfbaus von Baracke II (Fl. 133B), die parallel zur Innenseite des nördlichen Außengräbchens des Kopfbaus (Bef. 1240) mit geringem Abstand zu diesem angelegt wurde. Ihre Konturen sind scharf, entlang des Randes deutet ein dunkelbrauner Lehmstreifen evtl. auf eine ehemalige organische Verschalung hin. Das in westöstlicher Richtung angelegte Querprofil offenbarte die ungewöhnliche Form der Grube, die an einen Spitzgraben mit breiter Mulde erinnert. Vermutlich entstand diese Kontur sekundär und rührt vom Einbruch einer Wand nach ihrer Aufgabe her. Vier Verfüllschichten sind zu unterscheiden:
A Hellbrauner bis hellgraubrauner Lehm mit hellgrauen „Schlieren", etwas dunkelbraunem Lehm und wenigen Stückchen weißen (und weiß getünchten) Wandverputzes.
B Wie A, jedoch mit Verputzbröckchen aus gelblichem Kalkmörtel.
C Dunkelbrauner Lehm mit Kleinkieseln.
D Grauer Lehm mit Kieseln und Einlagerungen von Ablöschkalk.
Interpretation: Grube unbekannter Funktion, die zumindest zuletzt als Latrine genutzt worden zu sein scheint (wegen Konsistenz der Schicht D).
Stratigraphie: Aufgrund der Parallelität zu Bef. 1240 auf jeden Fall noch kastellzeitlich. Wahrscheinlich hat man die Grube in Analogie zu den benachbarten Gruben Bef. 1163/1164/1217 u. 1231 während der spätesten Nutzungsphase des Kopfbaus angelegt. Der Westteil der Grube lag bereits jenseits der Grabungsgrenze unter der Karlstraße, wurde aber „getunnelt". Der Südteil ist durch neuzeitliche Wasserleitungen zur Villa Bittel gestört, sodass das Verhältnis zu der nur teilweise erhaltenen Grube Bef. 1276 nicht mehr geklärt werden konnte.
Keine Funde.

Befund 1279

Phase 3; Anlage 10. – Westöstlich verlaufendes Trennwandgräbchen im Endbau der Baracke III (Fl. 123D). Das Substrat besteht aus dunkler Lehmerde und Kies, das Ostende bezeichnet eine Pfostenstellung von graubraunem Lehm. Aus Zeitgründen konnte der Befund im November/Dezember 2002 nicht mehr ordnungsgemäß geschnitten werden, sodass seine Tiefe unbekannt bleibt.
Interpretation: Spätere Umbauphase im Endcontubernium, evtl. gleichzeitig mit der Latrine (?) Bef. 1281. Die Pfostenwand Bef. 1120 dürfte in diesem Raum zugunsten dieses Gräbchens aufgegeben worden sein.
Stratigraphie: Isolierter Bef., Westende gestört.
Keine Funde.

Befund 1280

Phase 3; Anlage 10. – Westliches Außengräbchen des westlichen Endbaus von Baracke III (Fl. 113B). Der sonst zu Phase 2 gehörende Baubefund weist im Bereich der *porticus* eine zweite Bauphase auf und ist dort möglicherweise überhaupt erst nachträglich eingefügt worden, vgl. Bef. 1290. Wie dort und bei Bef. 1286 (jüngere Phase) waren jedoch nur noch die untersten Reste hellbraunen Lehms erhalten. Unter der Kreuzung der Gräbchen Bef. 1280 und 1290 scheint sich der letzte Rest eines älteren *porticus*-Pfostens zu befinden.
Stratigraphie: Grenzt an Bef. 1286 und 1126.
Keine Funde.

Befund 1281

Phase 3; Anlage 10. – In Pl. 1 annähernd runde Grube nahe der Westwand des Endbaus von Baracke III (Fl. 123D). Im Profil weist der Befund eine kastenförmige Kontur auf mit ebener Sohle 80 cm unter Pl. 1, d. h. ca. 1 m unter der römischen Oberfläche. Die Verfüllung besteht aus vier Schichten:
A Hellbrauner Lehm, weiß getünchter Kalkmörtelverputz, HK, wenige Kiesel, Ziegelsplitter, darunter dünne Kiesschicht. Zu oberst wurden hier die Reste einer Herdstelle (Brandlehm, einseitig angebrannte Ziegel und HK) einplaniert.
B Hellbrauner, teilweise plackenförmig eingelagerter Lehm, mit nur wenigen Kiesel durchsetzt.
C Schwarze, max. 10 cm starke Zwischenschicht aus schwarzbraunem Lehm (Rest organischen Materials).
D Die Sohlenschicht ist besonders mächtig und steigt im Süden auf bis zu 60 cm an. Ihre obere Hälfte besteht aus graubraunem Lehm mit Kieseln als Hauptsubstrat, die untere Hälfte aus schwarzbraunem Lehm mit hellbraunen Lehmplacken, HK und gräulichen Schlieren (Unrat?).
Interpretation: Möglicherweise handelt es sich um eine spätkastellzeitliche Latrine ähnlich Bef. 1553 in Baracke VIII. Dafür könnten neben ihrer Position sowie das Substrat der unteren Einfüllung sprechen.
Stratigraphie: Schneidet das ostwestlich verlaufende Trennwandgräbchen Bef. 1120, die obere Verfüllung überdeckt dieses. Der Befund ist durch neuzeitliche Versorgungsleitungen des ehem. Anwesens Bittel gestört.
Keine nennenswerten Funde.

Befund 1286

Phase 3; Anlage 10. – Südliches Gräbchen des westlichen Endbaus von Baracke III (Fl. 113B/114A), westliche Fortsetzung von Bef. 106. Der Baubefund ist zweiphasig: Zur älteren Bauphase (Phase 2) gehört ein Gräbchen mit unebener Sohle ca. 20 bis 30 cm unter Pl. 1, d. h. ca. 30 bis 40 cm unter der römischen Oberfläche (im Bereich der Karlstraße war die antike Oberfläche durch moderne Leitungen bereits stark gestört). Sein Erdsubstrat besteht aus dunkelbraunem, mit Kies durchsetztem Lehm. Es hat eine Länge von 2,7 m und endet auf Höhe der Jaucherinne Bef. 1288. Im Achsabstand von 1,50 m deutet jeweils hellere Erdfüllung auf zwei Pfostenstandspuren hin. Die jüngere Phase war bereits stark gestört, nach dem Feinputz von Pl. 1 waren nur noch einzelne Flecken hellbraunen Lehms erhalten.
Interpretation: Während die ältere Bauphase die üblichen Merkmale von Phase 2 zeigt, scheint die jüngere (Phase 3) wie in Baracke IV aus nur gering eingetieften Schwellbalken konstruiert gewesen zu sein, deren Abdrücke nach ihrer Herausnahme mit Barackenschutt einplaniert wurden.

Stratigraphie: Grenzt an Bef. 1288, im Osten gestört.
Keine Funde.

Befund 1288

Phase 3; Anlage 10. – Jaucherinne im westlichen Endbau von Baracke III (überbauter Bereich der *porticus*, Fl. 113B). Die Sohle der Rinne verläuft uneben 14 bis 20 cm unter Pl. 1, d.h. ca. 25 bis 30 cm unter der römischen Oberfläche (im Bereich der Karlstraße war die antike Oberfläche bereits gestört), im Mittelabschnitt gibt es eine Mulde bis 28 cm Tiefe unter Pl. 1. Der gewachsene Kiesboden ist unterhalb des Befundes tief rostrot verfärbt. Die Hauptverfüllung besteht aus hell- bis mittelgrauem Lehm (Rückstände von Kalkeinstreu), vermischt mit wenigen Kleinkieseln. Hellbrauner Fachwerklehm mit kleinteiligen Mörtelstückchen bildet übergangslos die oberste Verfüllung sowohl von Bef. 1288 als auch des jüngeren Gräbchens Bef. 1286. Beide Befunde wurden in Phase 3 also gleichzeitig einplaniert.
Interpretation: Damit ist klar, dass die Jaucherinne bis zum Ende des Kastells funktionierte. Unsicher bleibt jedoch die Zeit ihrer Inbetriebnahme. Da der eigentliche, nördlich angrenzende „Stallraum" im Unterschied zum gleichen Raum in Baracke V nie eine Jaucherinne beherbergte, könnte der Stall im *porticus*-Bereich bereits in Phase 2 eingerichtet worden sein (vgl. auch Bef. 1286 u. 1290, Phase 3). Leider konnten die Südecken der anderen Endbauten in den Baracken I, V und VII nicht ausgegraben werden bzw. waren bereits zerstört, sodass keine Vergleiche möglich sind. Ähnliche, jedoch eindeutig späte Stallerweiterungen im Bereich der *porticus* sind für die Ostenden der Baracken III und V belegt.
Stratigraphie: Grenzt an Bef. 1286.
Keine Funde.

Befund 1290

Phase 3; Anlage 10. – Südliches Außengräbchen des westlichen Endbaus von Baracke III (Fl. 113B), Abschluss in der Flucht der *porticus*. Wie das parallele Gräbchen Bef. 1286 scheint auch dieses zweiphasig zu sein. Die ältere Bauphase (Pfostengräbchen) hat eine annähernd eben verlaufende Sohle 25 bis 30 cm unter Pl. 1 (ca. 35 bis 40 cm unter der hier stark gestörten römischen Oberfläche). Eine muldenförmige Vertiefung bis 41 cm unter Pl. 1 mit zwei Plattenkalksteinen scheint auf eine Pfostenstandspur hinzuweisen. Die jüngere Bauphase entspricht der von Bef. 1286.
Interpretation: Da das Erdsubstrat der älteren Bauphase von dem üblichen dunkelbraunen Lehm der Barackengräbchen aus Phase 2 farblich abweicht (hell- bis mittelgraubraun, mit Kies vermischt), könnte man daraus vielleicht folgern, dass hier die ursprüngliche offene *porticus* erst während einer späteren Ausbauphase geschlossen wurde. Leider fehlt es in der *praetentura* an Vergleichsmöglichkeiten, da die westlichen Endbauecken der Baracken V und VII nicht ausgegraben werden konnten, da sie bereits zerstört waren. Eindeutig hingegen ist die Beobachtung im Bereich von Baracke XXI in der östlichen *retentura*, deren westlicher Endbau bereits in Phase 2 ein Pfostengräbchen in der Flucht der sich östlich anschließenden *porticus* nach Süden hin abschloss (ZOH-Bef. 65). Das Gleiche gilt für den zweiphasigen Endbau-Vorsprung von Baracke I (Bef. 1651, 1653 bzw. 1648 u. 1652).
Ein Teil des Befundes ist bei Anlage des Profilschnittes aufgrund des herbstlich-nassen Begleitwetters im November 2002 leider eingestürzt, sodass die Dokumentation unvollständig blieb.

Stratigraphie: Grenzt an Bef. 1280, im Osten gestört.
Keine Funde.

Befund 1294

Phase 2a; Anlage 8. – Grube nördlich vor dem Kopfbau von Baracke IV in der *via vicenaria* (Fl. 113D). Die im Planum 1,4 m × 0,8 m messende, langovale Grube gehört zu den kleinsten der Phase 2a. Im Längsprofil erscheint ihre Kontur wannenförmig, die Sohle erstreckt sich 45 cm unter Pl. 1. Die Verfüllung besteht nur aus zwei Schichten:
A Kaum verunreinigter, heller Brenzkies.
B Schwarzbrauner Lehm mit HK, etwas Sand, 2 Kalkbruchsteinen und Kleinkieseln. Relikte einer einst wahrscheinlich vorhandenen Randverbauung aus organischem Material lassen sich von der unteren Verfüllung optisch nicht unterscheiden.
Stratigraphie: Wird von einem Pfosten wahrscheinlich frühalamannischer Zeitstellung (Bef. 1293) geschnitten.
Keine Funde.

Befund 1300

Phase 4; Anlage 12; Abb. 18–22. – Brunnen (?) im Bereich des Kopfbaus von Baracke IV (Fl. 103B/104A), der eine relativ geringe Tiefe von 2,3 bis 2,4 m unter der römischen Oberfläche erreichte. Der innere Durchmesser des runden Brunnenkranzes weitet sich offenbar aus statischen Erwägungen angesichts des „beweglichen" Kiesbodens von 1,0 m im unteren Drittel kontinuierlich bis knapp 1,3 m auf Niveau von Pl. 1. Dem entsprechen Unterschiede in der Konstruktion des ohne Mörtelbindung gesetzten Steinkranzes: Während die oberen 1,8 m des Schachtes aus Plattenkalksteinen und vereinzelten Ziegelspolien gesetzt wurden, deren Größe mit der Tiefe tendenziell zunimmt, besteht die Brunnenstube nicht aus einer Holzkonstruktion, sondern aus einem dreilagigen Kranz von gesägten, rechteckigen Kalktuffquadern. Die meisten der insgesamt 48 Tuffquader weisen einen trapezoiden Querschnitt auf, der typisch für Kreis- bzw. Bogensegmente ist. Zwei Beobachtungen sprechen allerdings gegen die Annahme, dass die Werksteine eigens für den Brunnenkranz hergestellt worden seien. Zum einen haften an manchen Steinen Mörtelreste. Sie zeigen an, dass zumindest die betreffenden Quader zuvor andernorts verbaut waren. Ferner wirkt die untere Kranzkonstruktion ziemlich behelfsmäßig, sodass sich zwischen den einzelnen Blöcken nicht nur unterschiedliche Fugenbreiten ergaben, sondern eher ein ovaler als ein runder Brunnenquerschnitt entstanden ist. Das aber wäre bei maßgefertigten Kranzsteinen einigermaßen erstaunlich. Legt man die Quader mit ihren trapezoiden Seiten jedoch passgenau auf Stoß aneinander, so beschreiben sie ein Kreissegment von 3,3 bis 3,5 m Innendurchmesser. Dies verdeutlicht klar, dass es sich hier um sekundär verwendete Architekturspolien handelt. Nun stellt sich natürlich die Frage, welchem ursprünglichen Bauwerk sie sich zuordnen lassen. Die sich ergebende Bogenspanne stimmt gut mit der Breite der Durchfahrten der nicht allzu weit entfernten *porta principalis sinistra* überein (vgl. Kap. III.2). Es erscheint also möglich, dass im Rahmen von Ausbesserungsarbeiten am Westtor oder aber dessen finaler Demontage dieses Baumaterial anfiel oder übrig blieb. Zur sich daraus ergebenden Datierung des Brunnens s.u.
Die vergleichsweise geringe Tiefe des Brunnens ergibt sich aus dem in römischer Zeit offenbar höheren Grundwasserspiegel. Bei 487,45–487,75 m ü. NN durchstößt der Brunnenschacht

eine natürliche Schicht schwarz bzw. an ihrer Unterkante rostrot verfärbten Kieses (Schicht G). Die dieser Erscheinung zugrunde liegenden Ausfällungen von Mangan und Eisen entstehen im Schwankungsbereich eines Grundwasserspiegels. Vielleicht ist es daher kein Zufall, dass die Unterkante dieser Schicht mit dem Abschluss der o. g. Brunnenstubenkonstruktion aus Kalktuffquadern übereinstimmt, denn von da an abwärts sind die Tuffquader ebenfalls rostrot verfärbt. Sollte die Identifizierung mit dem kastellzeitlichen Grundwasserspiegel zutreffen, so erstreckte sich dieser hier 1,5 bis 1,7 m unter der römischen Geländeoberfläche. Im feuchten Herbst 2002 lag er rund 0,5 bis 0,6 m tiefer.

Die Verfüllung des Brunnens besteht hauptsächlich aus Kies und scheint in relativ kurzer Zeit, vielleicht sogar in einem Zuge zustande gekommen zu sein. Daher lassen sich nur die drei oberen Schichten A–C aufgrund ihrer abweichenden Konsistenz scharf voneinander trennen:

A Hellbrauner bis ockerfarbener Lehm, Verputzstückchen, HK, Kleinkiesel.
B Abgeschlagener, zerkleinerter Mörtel.
C Hell- bis graubrauner Lehm, mit HK, vielen Kieseln und sporadisch mit Verputzstückchen und Brandlehmbröckchen durchsetzt, etwas HL. Ferner fanden sich ein *imbrex*- und zwei *tubulus*-Fragmente.
D Verschmutzter Kies, stellenweise mit Einlagerungen grauen Lehms und etlichen Kalkbruchsteine vermutlich vom Brunnenkranz.
E Wie D, jedoch mit höherem Anteil grauen Lehms; am unteren Ende der Schicht Konzentration von Plattenkalksteinen. Dazwischen liegen einige *tegula*- u. *imbrex*- Fragmente sowie zwei Stücke rot gestrichenen Wandverputzes.
F Weißlichgrauer Tonlehm, mit Kieseln und einzelnen Kalkbruchsteinen durchsetzt, doch außer etwas HK leider ohne organische Reste.
G Durch Manganausfällungen schwarz verfärbter Kies.

Interpretation: Für die nachkastellzeitliche Datierung sprechen folgende Argumente:
1. Eine Ausbuchtung des Barackengräbchens Bef. 1304 wird geschnitten.
2. Im Brunnenkranz wurden offenbar Spolien aus der Kastellarchitektur verbaut.
3. Brunnen in Kopfbauten finden kaum Parallelen.
4. Die Wasserversorgung aus einem Brunnen wäre bei gleichzeitigem Betrieb der zahlreichen Jaucherinnen angesichts des äußerst durchlässigen Kiesbodens hygienisch bedenklich gewesen, selbst wenn der hauptsächliche Wasserzufluss von Westen, also vom Fuße des Ottilienberges her, erfolgte. Anzumerken bleibt, dass bisher im gesamten Lagerareal überhaupt noch kein kastellzeitlicher Brunnen nachgewiesen werden konnte, wobei aber die unbefriedigende Forschungslage im Mittellager jede Negativaussage einschränkt.[964]

Das Fundgut aus der Brunnenverfüllung lässt allerdings keinen Unterschied zum kastellzeitlichen Material erkennen – im Gegenteil: Aufgrund der vielen Einzelscherben, deren Bruchkanten oft schon mehr oder weniger abgerollt sind, gewinnt man eher den Eindruck, dass der Brunnen mit Aushub aus dem Kastellbereich verfüllt wurde, der entsprechende Altfunde enthielt. Eine sich über einen längeren Zeitraum hinziehende Auffüllung mit Siedlungsabfällen fand nicht statt, viel eher eine planmäßig-rasche Einebnung. Die (insgesamt freilich geringen) Funde bieten jedenfalls keinen Anlass, die Aufgabe und Verfüllung des Brunnens chronologisch allzu weit vom Kastellende entfernen zu wollen.

Stratigraphie: Schneidet eine „Ausbuchtung" des Barackengräbchens Bef. 1304.

Metall

1 Eiserner Schlüssel. Schicht E. Vgl. Kap. IV.4 (Eisen) Nr. 61. Fb.-Nr. 2225.
2 Eisenluppe. Fb.-Nr. 2253.
3 5 Bruchstücke von Eisennägeln. Beim Schneiden des Bef. Fb.-Nr. 2152.

Bein

4 Spielstein mit vier konzentrischen Rillen, Dm. 2,0 cm. Auf der Rückseite Graffito VI. Vgl. Kap. IV.5 (Bein) Nr. 7. Fb.-Nr. 2156.

Keramik

5 Ca. zu einem Viertel erhaltener, jedoch stark zerscherbter Trinkbecher „rätischer" Glanztonware, Randdm. 11,5 cm. Stilgruppe Drexel 1. Hellorangefarbener Ton, außen tiefschwarz glänzende Engobe, im Bodenbereich in schwarzgrau übergehend, innen bronzierend-braun. Schichten C–E. Fb.-Nr. 2170, 2225 u. 2254.
6 Zerscherbtes Bodenstück eines weiteren Trinkbechers „rätischer" Glanztonware. Stilgruppe wahrscheinlich Drexel 1. Hellroter Ton, Engobe außen schwarz u. stumpf, innen braunlila. Schicht A. Fb.-Nr. 2252.
7 3 anpass. RS (ca. 180°) eines Kochtopfes mit Horizontalrand und Knickwand (Keramiktyp 50), Randdm. 20 cm. Ware 7. Schichten E–F. Fb.-Nr. 2153 u. 2225.
8 RS (160°) u. 3 WS eines Topfes mit Sichelrand, Keramiktyp 52. Ware 7 (reduzierend gebrannt) od. 9A. Schicht F. Fb.-Nr. 2153.
9 RS (ca. 40°) eines Kochtopfes mit horizontalem Kammstrich (Keramiktyp 54c), Randdm. 15 cm. Ware 10. Außen haftet Ruß an. Schicht E. Fb.-Nr. 2225.
10 3 WS eines Kochtopfes mit horizontalem Kammstrich, Keramiktyp 54. Ware 9A. Verrollte Bruchkanten. Schichten E–F. Fb.-Nr. 2153 u. 2225.
11 2 BS u. 2 WS mindestens zweier verschiedener rauwandiger Kochtöpfe (Ware 9B). Schichten C–F. Fb.-Nr. 2153 u. 2254.
12 7 kl. WS verschiedener Küchengefäße u. Krüge mit abgerollten Bruchkanten. Waren 5, 6, 9 u. 10. Fb.-Nr. 2213, 2252 u. 2253.
13 Bruchstück einer *tegula* mit Tierpfotenabdruck. – Aus dem oberen Drittel der Verfüllung. Fb.-Nr. 2139.

Befund 1301

Phase 2a; Anlage 8. – Grube nördlich vor dem Kopfbau von Baracke IV in der *via vicenaria* (Fl. 113D/114C). Soweit erhalten, zeichnet sich im Profil eine wannenförmige Kontur mit unebener Sohle ab, die bis zu 0,45 m unter Pl. 1 tief hinabreicht, was an dieser Stelle einer ursprünglichen Tiefe von

---

964 Anders im Kastell Aalen, wo im Stabsgebäude sowie an der *via principalis* direkt hinter der *porta principalis sinistra* Brunnen entdeckt wurden (Krause 1999). Die Hanglage sowie der schwer wasserdurchlässige Opalinuston schufen dort allerdings geeignete Voraussetzungen, um Oberflächenwasser und Jauche abzuleiten, wodurch sich ein Einsickern in das Grundwasser verhindern ließ. Leider gibt es dort keine Aufschlüsse im Bereich der Stallbaracken.

0,6 bis 0,7 m entspricht. Dunkelbrauner Grubenrand begrenzt noch vier erhaltene Verfüllschichten:
A Dichte Packung von faust- bis kopfgroßen Kalkbruchsteinen, Ziegelbruch *(tegulae et pedalis)*, in leicht verschmutztem Kies, 2 Fragmente von Kalktuffstein.
B Grubenrand; 1 *imbrex*-Fragment stak senkrecht an der Grubenwand.
C Fast reiner Kies.
D Sandiger, graubrauner Lehm mit HK, hellbraunem Lehm als kleine Placken, Kleinkiesel und etwas Brandlehm.
E Schwarzbrauner Lehm mit wenig Kies, HK, Brandlehm, kindskopfgroßes Geröll.
Scherben derselben Gefäße fanden sich im Wiederholungsfalle in oberen u. unteren Schichten der Grube. Sie deuten auf ihre rasche Verfüllung hin. Bef. 1301 war beim Bau des Kellers für das Haus Karlstraße 16 um 1880 etwa zur Hälfte zerstört worden. Unter dem neuzeitlichen Kellerboden blieb die Sohlenschicht aber noch weitgehend konserviert.
Stratigraphie: Isolierter Befund, zur Hälfte durch den Keller der ehemaligen Villa Meebold zerstört.
Anpassungen/Scherben derselben Gefäße: Bef. 282.

Münze

*1 Denar des Hadrian. Rom, 125–128 n. Chr. RIC 175. – BMC 402f. Taf. 54,9. Fast prägefrisch bis leicht abgegriffen (A1-A2) Vgl. Kap. IV.2 Nr. 21. Schicht E. Fb.-Nr. 2122.

Metall

*2 Lanzenspitze (Blattspitze) mit Mittelrippe, verbogen und Spitze abgebrochen, Tülle vollständig erhaltene Länge beider Teile zusammen noch 19,3 cm. Vgl. Kap. IV.4 (Eisen) Nr. 10. Fb.-Nr. 2118.
*3 Eiserner Werkzeugstumpf von vierkantig geschmiedetem Querschnitt, die eigentliche Werkzeugspitze ist abgebrochen. Die Zugehörigkeit des mitgefundenen, verbogenen Stiftes ist fraglich. Geschnitzter Griff von 4,3 cm Länge aus einem Geweihstück ist noch erhalten. Länge mit Griff noch 10,3 cm. Die Funktion ist unklar, evtl. handelt es sich um eine Feile oder einen Hufkratzer. Vgl. Kap. IV.4 (Eisen) Nr. 47. Fb.-Nr. 2185.
4 3 vollständige Eisennägel, Längen 5,5; 5,5 und 6,0 cm. Spitze umgeschlagen: Holzdicke 4,0 cm. Schicht D. Fb.-Nr. 2127 u. 2209.
5 Eisenblechfragment mit Nagelloch und zwei Nagelbruchstücke. Schicht D. Fb.-Nr. 2209.
6 4 Bruchstücke von Eisennägeln. Schicht E. Fb.-Nr. 2127.

Keramik

7 2 kl. WS vorgeschichtliche Keramik, stark verrollt. Schichten A u. D. Fb.-Nr. 2127 u. 2209.
8 RS einer vorgeschichtlichen Tonscheibe (wohl Backplatte). Schicht D. Fb.-Nr. 2209.
*9 1 kl. RS, 5 kl. WS Drag. 37, Art des *Biragillus*, *Masculus*, *Mercator* oder *Senilis*, La Graufesenque, vgl. Kap. IV.7 (Reliefsigillata) Nr. 6. Fb.-Nr. 2192 u. 2196.
*10 4 RS Drag. 37, nur glatter Rand erhalten. Südgallisch. Schichten C u. E. Fb.-Nr. 2127 u. 2196.
11 RS Drag. 18/31. Südgallisch. Schicht C. Fb.-Nr. 2196.
12 RS Drag. 35. Südgallisch. Schicht D. Fb.-Nr. 2209.
*13 2 RS eines Napfes Hofheim 10. Südgallisch. Schicht D. Fb.-Nr. 2209.
*14 3 WS einer Schüssel mit Knickwand u. zweizonigem Ratterdekor, Drag. 37-Imitation, Randdm. ca. 21 bis 22 cm. Ton im Bruch schiefrig, rotbraun, Kern hellbraun, mittel, Kalk, rotbraune u. schwarze Partikel, relativ viel Biotitglimmer. Oberfläche außen braunocker (Ware 7), stellenweise sek. verbrannt. Sohlenschicht. Fb.-Nr. 2127. Scherbe desselben Gefäßes aus Bef. 282 (Fb.-Nr. 453).
*15 ¾ eines Bechers mit Karniesrand und Griesbewurf aus Scherben zusammengesetzt, Randdm. 7,8 cm. Ton zur Außenseite rotorange, zur Innenseite hellgrau, fein-mittel, kleine Quarzkörnchen u. etwas Kalk als Magerung (Ware 3B). Glanztonüberzug dunkelorange bis braunorange, außen stellenweise schwarz geschmaucht, stumpf. Schicht D. Fb.-Nr. 2209.
*16 RS eines Bechers mit Karniesrand und Griesbewurf (auch innen!), Randdm. ca. 10 bis 12 cm. Ton grau, fein, Glanztonüberzug braungrau mit lila Schimmer, stumpf (Ware 3E). Fb.-Nr. 2196 u. 2209.
*17 RS u. 2 WS eines Bechers mit Karniesrand und Griesbewurf, nicht anpassend, jedoch wahrscheinlich zu demselben Gefäß gehörig, Randdm. ca. 10 cm. Ton rotorange, fein-mittel, wenige Quarzkörnchen als Verunreinigung, etwas Biotitglimmer. Überzug innen u. außen orangerot bis braunrot, stumpf, unterschiedlich dichte Deckung (Ware 3E). Sohlenschicht. Fb.-Nr. 2127.
*18 Kl. RS u. kl. WS (nicht anpassend) eines Bechers mit Karniesrand und Griesbewurf, Randdm. 11 cm. Ton hellorange, fein, etwas Biotitglimmer u. Kalk. Überzug orange-ocker, stumpf (Ware 3G). Auf Pl. 1 u. Schicht D. Fb.-Nr. 2125 u. 2209.
19 4 kl. WS eines Bechers mit Griesbewurf. Ton rotorange, fein, Magerung mit etwas Kalk u. kl. Quarzkörnchen. Überzug außen orange mit Biotitglimmer, innen rot, stumpf (Ware 3B). Schicht C u. Schicht E. Fb.-Nr. 2127 u. 2209.
20 5 WS eines Bechers mit Griesbewurf. Ton orange, Kern grau, fein, etwas Kalk u. einzelne Sandkörnchen als Magerung. Überzug innen u. außen stahlgrau, stumpf (Ware 3A). Schichten D u. E. Fb.-Nr. 2127, 2125 (auf Pl. 1) u. 2209.
21 Kl. WS eines Bechers mit Griesbewurf. Ton orange, fein. Überzug außen hellorange mit Biotitglimmer, innen blaugrau, stumpf (Ware 3C). Auf Pl. 1. Fb.-Nr. 2125.
22 Kl. WS eines Faltenbechers mit Griesbewurf. Ton hellorange, fein, Überzug innen rotorange, außen schwarzlila, stumpf (Ware 3E). Schicht D. Fb.-Nr. 2209.
*23 RS eines Bechers mit Karniesrand und Ratterdekor, Randdm. 11 cm. Ton rotorange, fein, etwas Kalk u. feiner Sand als Magerung. Überzug innen u. außen braunrot, stumpf mit Biotitglimmer (Ware 3B). Schicht C. Fb.-Nr. 2196.
*24 Ca. 1/3 eines fassförmigen Bechers mit Steilrand u. Rollrädchendekor, Boden fehlt, Randdm. 6,5 cm. Terra Nigra. Ton hellgrau, mittel, schwarze Partikel, feiner Quarzsand, Biotitglimmer. Glänzend schwarzer Überzug nur außen u. fast völlig verrieben (Ware 2). Schicht D. Fb.-Nr. 2162 u. 2209.
*25 RS u. WS eines Bechers mit Steilrand u. Rollrädchendekor wie Nr. 24, jedoch etwas mit Randdm. 7 bis 8 cm etwas größer. Terra Nigra. Ton schiefrig, hellgrau, Kern u. Oberfläche dunkelgrau, mittel, feiner Quarzsand, rotbraune Partikel u. Biotitglimmer. Schwarzer Glanztonüberzug nur außen, bis auf kl. Rest abgerieben (Ware 2). Schicht D. Fb.-Nr. 2162.
*26 WS eines doppelkonischen Bechers od. Töpfchens (?) mit scharfer Knickwand, am ehesten wie Walke 1965, Taf. 51,2. Es könnte sich auch, wenngleich weniger wahrscheinlich, um einen Napf mit zwei Henkeln wie Müller 1999, Taf. 16 (Grab 98), 2 od. um eine „Saugflasche" handeln.

Nigraware ohne Glanztonüberzug, Oberfläche außen geglättet. Ton wie Nr. 25 (Ware 2). Schicht D. Fb.-Nr. 2209.
*27 2 RS u. 2 WS einer „rätischen" Reibschüssel, Randdm. 23 bis 24 cm. Auf dem Kragenrand befinden sich zwei Fingerdellen. Ton braunrot, Kern grau, fein-mittel, Biotitglimmer (Ware 4). Auf Pl. 1. Fb.-Nr. 2125.
*28 2 RS u. 2 anpass. WS einer tongrundigen Reibschüssel, Randdm. 19 cm. Ton rötlich-ocker, mittel (Ware 5). Steinung fast vollständig ausgerieben. Kragen teilw. sek. verbrannt Schicht D. Fb.-Nr. 2209.
*29 Kl. RS eines Kruges, Randdm. ca. 5 cm. Ton ocker mit feiner Sandmagerung (Ware 5/6). Schicht D. Fb.-Nr. 2209.
*30 7 WS von der Schulter u. 2 BS eines größeren Kruges. Evtl. zugehörig 1 Fragm. eines viergliedrigen Henkels, Bdm. 11 cm. Ton orange, mittel (Ware 8). Schichten A u. D. Fb.-Nr. 2125, 2127, 2209 u. 2257.
*31 2 BS, 5 WS (teilw. anpassend) eines Kruges, Bdm. 7,0 cm. Ton außen rotbraun, innen orange-ocker, mittel (Ware 6). Sohlenschicht. Fb.-Nr. 2127.
32 WS eines Backtellers. Ton orange, fein-mittel, Reste eines roten Farbüberzugs innen (Ware 4). Schicht E. Fb.-Nr. 2191.
*33 Kl. RS eines Backtellers. Grauer Ton mit Sandmagerung (Ware 9B), sek. Hitzespuren, wohl Verwendung als Backplatte. Schicht D. Fb.-Nr. 2209.
*34 Ca. ein Viertel eines Topfes mit abgesetztem Steilrand, stark zerscherbt, Randdm. 12 bis 13 cm. Ton hellorange, fein-mittel, rotbraune u. schwarze Partikel, Kalkmagerung, Biotitglimmer (Ware 7). Kreidige Konsistenz, Oberfläche verrieben. Auf Pl. 1 u. aus Sohlenschicht. Fb.-Nr. 2125 u. 2127.
*35 Kl. RS eines Topfes mit horizontaler Deckelfalz, Randdm. 13 bis 15 cm. Ton außen ocker, Kern hellgrau mit Sandmagerung (Ware 5). Schicht C. Fb.-Nr. 2196. Evtl. zugehörig kl. WS aus Schicht E (Fb.-Nr. 2127).
*36 3 RS, 2 BS u. 4 WS eines Topfes mit Knickwand u. Horizontalrand, Randdm. 20 cm. Ton ocker, Kern grau mit Sandmagerung (Ware 5). Schichten D–E. Fb.-Nr. 2127, 2191 u. 2209.
*37 1 RS, 1 BS u. 9 WS eines Topfes mit horizontalem Kammstrich, Randdm. 13 cm. Ton dunkelgrau, innen schwarzgrau, mittel, starke Sandmagerung (Ware 9B). Außen Rußreste. Schichten A u. D–E. Fb.-Nr. 2125, 2127, 2191 u. 2209.
*38 Ca. ein Viertel eines Topfes mit horizontalem Kammstrich, stark zerscherbt, Randdm. 12,5 bis 13 cm. Ton grau, innen hellgrau, mittel, starke Sandmagerung (Ware 9B). Außen Rußreste. Schichten A u. D. Fb.-Nr. 2125, 2127, 2162 u. 2209.
*39 Kl. RS eines Topfes mit horizontalem Kammstrich, Randdm. ca. 13 cm. Ton innen braungrau, außen dunkelgrau, mittel (leichte Sand- u. Kalkmagerung, Ware 9A). Außen Rußreste. Schicht D. Fb.-Nr. 2209. Evtl. zugehörig zwei kl. WS Ware 9 aus Schicht D (Fb.-Nr. 2209).
*40 Ca. ein Viertel eines frei geformten Kochtopfes mit überdrehtem Rand, Randdm. 10 bis 11 cm. Ton dunkelbraun bis graubraun, grob mit bis zu 5 mm großen Steinchen u. Sand gemagert, kein Biotitglimmer, Oberfläche innen u. außen ungeglättet. Außen Rußspuren, die im Randbereich die Verwendung eines Deckels erkennen lassen (wahrscheinlich Nr. 41). Schichten A u. D. Fb.-Nr. 2125 u. 2127.
*41 Ca. 1/3 eines frei geformten Deckels, wahrscheinlich zu Nr. 40 gehörig, Randdm. 15 cm. Ton innen braungrau, außen dunkelgrau, mittel, Sandmagerung, schwarze Partikel, Biotitglimmer. Entlang des Randes innen u. außen Rußreste. Schicht D. Fb.-Nr. 2209.
*42 Ca. ein Viertel eines stark zerscherbten Deckels, Randdm. ca. 15 cm. Ton innen braun, außen anthrazit, mittel (Sandmagerung, Ware 10). Schicht D. Fb.-Nr. 2209.
43 Deckelfragment, Knauf u. Rand fehlen. Ton rotbraun bis ocker, mittel (Sandmagerung, Ware 5). Schicht D. Fb.-Nr. 2209.
44 Fragm. vom Henkel einer baetischen Ölamphore, Dm. 3,8 bis 4,1 cm. Tongruppe 3 nach Martin-Kilcher 1987, 68 u. Farbtaf. A. Auf Pl. 1/Schicht A. Fb.-Nr. 2125.
*45 2 WS eines *dolium* mit Kerbendekor im Schulterbereich. Ton rotbraun, mittel (Sandmagerung, Ware 5/6). Sohlenschicht. Fb.-Nr. 2127. Vier teilw. anpassende Scherben desselben Gefäßes aus Bef. 282 (Fb.-Nr. 453), eine aus Bef. 1107 (Fb.-Nr. 1734).
46 5 WS unbest. Krüge od. Töpfe. Ware 5/6. Fb.-Nr. 2127, 2209 u. 2257.

Befund 1302

Phase 3; Anlage 10. – Ovaler Grubenrest in der Nachbarschaft des Endbaus von Baracke III (Fl. 114A/B). Unter dem Kellerfußboden der neuzeitlichen Villa Meebold waren nur noch die tiefsten 28 bis 32 cm des Befundes erhalten. Ursprünglich dürfte die Grube rund 1m tief gewesen sein. Am Nordwestrand blieb noch eine Pfostenstandspur erhalten, die möglicherweise von einer einstigen Holzverschalung der Grube zeugt. Die unterste Verfüllung bestand aus graubraunem und wenig hellbraunem Lehm mit Kieseln, HL, HK, einem Kalkbruchstein, einem Kalktuffstein, wenig Wandverputz sowie Ziegelbruch mit Hitzespuren (*tegulae*, *imbrices* und *tubuli*). Über der fast ebenen Grubensohle liegt schluffig-lehmiges, graugrünes Erdsubstrat. Darunter ist der gewachsene Kiesboden bis zu einer Eindringtiefe von mindestens 5 cm rostrot verfärbt, bevor sich diese Ausfällungsspuren in einer natürlichen Schicht manganschwarzen Kieses verlieren.
Interpretation: Möglicherweise Latrine oder – eher – Stallgrube des erweiterten (?) Endbaus.
Stratigraphie: Durch die neuzeitliche Störung nicht mehr sicher beurteilbar, doch sprechen die Verfüllung und das Fundmaterial für eine Benutzung bis zur Aufgabe des Kastells und gegen eine Einordnung in Phase 2a.

Metall

1 Eisenstift mit bronzenem Ziergriff (von einem Möbel?)Vgl. Kap. IV.3 (Bronze) Nr. 131. Fb.-Nr. 2115.
2 Eiserner Schlüssel. Fb.-Nr. 2116.
3 14 Bruchstücke von Eisennägeln. Fb.-Nr. 2198 u. 2216.

Keramik

4 Kl. WS Drag. 27, ost- od. mittelgallisch. Fb.-Nr. 2216.
5 Mehrere Fragmente von mindestens zwei verschiedenen Trinkbechern „rätischer" Glanztonware, einer mit Sichelrand (Randdm. 14,0 cm), einer tonnenförmig. Stilgruppe Drexel 1. Schwarzer, stellenweise silbrig glänzender Überzug. Fb.-Nr. 2198 u. 2216.
6 RS einer „rätischen" Reibschüssel, Randdm. innen 22 bis 23 cm. Ware 4, Überzug verrieben. Fb.-Nr. 2194.
7 2 RS eines Backtellers, Keramiktyp 47g, Randdm. 22 bis 24 cm. Ware 4 mit Brandspuren. Fb.-Nr. 2198.
8 RS u. 2 WS eines Kochtopfes mit horizontalem Kammstrich, Keramiktyp 54d/e, Randdm. 11,5 cm. Ware 10 mit Rußspuren. Fb.-Nr. 2198.
9 Kl. Bruchstücke verschiedener Keramikgefäße, Waren 5, 7, 8, 9A u. 10. Fb.-Nr. 2198.

Befund 1308

Phase 3; Anlage 10. – Rechteckige Pfostengrube von 1,0 m × 0,65 m Ausdehnung an der westlichen Außenwand des Kopfbaus von Baracke IV (Fl. 103B). Während der Randbereich des Befundes vor allem aus dunkelbraunem, mit Kieseln durchmischtem Lehm besteht, nimmt im Mittelbereich des Befundes der Anteil an hellbraunem Lehm und kleinen Verputzstückchen ohne weiß getünchte Oberfläche zu. Eine Pfostenstandspur ist jedoch nicht zu umreißen. Aus Zeitgründen konnte der Befund im Spätherbst 2002 nicht mehr näher untersucht werden.
Interpretation: Späterer oder zusätzlicher Stützpfosten am Wandgräbchen Bef. 1310. Nördlichster Teilbefund der Pfostenreihe Bef. 1308, 1311, 1314, 1318 und 1321, die zum jüngsten Ausbaustadium des Kopfbaus von Baracke IV gehört. Im Falle von Bef. 1314, 1318 und 1321 ist jeweils eine tiefer reichende, ca. 40 cm im Dm. große Pfostenstandspur bezeugt. Vergleichbare späte Baubefunde sind z.B. Bef. 83, 273, 290, 1237 (Baracke III), 516, 546, 840, 841 (Baracke V) und Bef. 589 (Baracke VI).
Stratigraphie: Sichtbar nachträglich an Bef. 1310 angefügt.
Keine Funde.

Befund 1311

Phase 3; Anlage 10. – Rechteckige Pfostengrube von 1,4 m × 0,7 m Ausdehnung an der westlichen Außenwand des Kopfbaus von Baracke IV (Fl. 103B, Pl. 1 und Teilplanum). Entlang der drei Außenkanten der Struktur zeichnet sich im Planum ein regelmäßiger dunkler Erdsaum von 0,1 bis 0,2 m Breite ab. Die innere Verfüllung besteht aus hellerem Lehm, Kieseln und vorwiegend im Grenzbereich zu Bef. 1310 aus einzelnen Plattenkalksteinen. Aus Zeitgründen konnte der Befund nicht mehr vollständig untersucht werden.
Interpretation und Stratigraphie: Wie Bef. 1308.
Keine Funde.

Befund 1314

Phase 3; Anlage 10. – Beinahe runde Pfostenstandspur von ca. 45 cm Dm. an der westlichen Außenwand des Kopfbaus von Baracke IV (Fl. 103D, Pl. 1 und Teilplanum). Die muldenförmige Sohle liegt 23 cm unter Teilplanum 1 und somit ursprünglich ca. 35 bis 40 cm unter der römischen Oberfläche, denn im Bereich der Karlstraße waren die antiken Schichten durch moderne Leitungen und Kabel bereits stark gestört. Die Struktur ist damit exakt gleich tief wie das Gräbchen Bef. 1310. Auf Niveau von Pl. 1 war der Befund durch eine Zuleitung zur ehem. Villa Meebold gestört, sodass sich kein rechteckiger „Rahmenbefund" wie bei Bef. 1308 und 1311 erhalten hat.
Interpretation und Stratigraphie: Wie Bef. 1308.
Keine Funde.

Befund 1315

Phase 3; Anlage 10. – Späte Jaucherinne im Kopfbau von Baracke IV (Fl. 103D). Die fast 4 m lange Rinne weist eine fast ebene Sohle 20 bis 25 cm unter Pl. 1, d. h. ca. 30 cm unter der römischen Oberfläche auf. Ihre Größenordnung weicht damit nicht vom „Standard" der Jaucherinnen ab. Der natürliche Kies unterhalb des Befundes ist in der üblichen Weise rostrot verfärbt und verbacken, allerdings nicht mehr als 30 cm tief, was als Hinweis auf eine eher kurze Benutzungsdauer oder geringe Auslastung gewertet werden könnte. Die untere Verfüllung bildet dunkelbrauner, stellenweise auch grauer Lehm, dessen Färbung vermutlich von Kalkeinstreu herrührt. Einplaniert wurde die Vertiefung mit Fachwerkschutt der Baracke.
Interpretation: Die Jaucherinne entstand wahrscheinlich im Zuge des jüngsten Umbaus des Kopfbaus. Der Stall öffnete sich zur *via sagularis*.
Stratigraphie: Schneidet das westöstlich verlaufende Langgräbchen Bef. 421/1323 und den Pfosten Bef. 1317 aus Phase 2. Die stratigraphische Lage entspricht somit Bef. 1288 im Endbau von Baracke III.
Keine Funde.

Befund 1318

Phase 3; Anlage 10. – Wie Bef. 1308, 1311 u. 1314 (Fl. 103D), im Pl. 1 ähnliche rechteckige „Rahmenstruktur" wie bei Bef. 1308 u. 1311. Die fast ebene Sohle der Pfostenstandspur verläuft auf 488,82 m ü. NN und liegt damit 10 cm höher als beim „Schwesterbefund" 1314, d. h. einst ca. 25 bis 30 cm unter der römischen Oberfläche.
Interpretation und Stratigraphie: Wie Bef. 1308.
Keine Funde.

Befund 1321

Phase 3; Anlage 10. – Wie Bef. 1308, 1311, 1314 u. 1318 (Fl. 103D). Die Pfostengrube misst ca. 0,65 m Dm. im Teilpl. 1, ihre leicht muldenförmige Sohle verläuft bei 488,74 m ü. NN und somit etwas tiefer als im Falle von Bef. 1318. Eine rechteckige Außenstruktur wie bei Bef. 1308, 1311 u. 1318 konnte hier nicht nachgewiesen werden, was aber wahrscheinlich den massiven Oberflächenstörungen in diesem Bereich anzulasten ist.
Interpretation und Stratigraphie: Wie Bef. 1308.
Keine Funde.

Befund 1327

Phase 3; Anlage 10. – Trennwandgräbchen im westlichen Endbau von Baracke V (Fl. 94A). „Zwillingsbefund" von Bef. 1012.
Interpretation/Stratigraphie: S. Bef. 1012.
Keine Funde.

Befund 1330

Phase 2b; Anlage 8. – Grube im Bereich des westlichen Endbaus von Baracke V (Fl. 94C). Die im Planum ovoide Grube weist im Längsprofil eine wannenförmige Kontur auf mit maximaler Sohltiefe von 52 cm unter Pl. 1, d. h. ca. 60 cm unter römischer Oberfläche. Die Verfüllung besteht aus sechs dünnen, aber recht gut kontrastierenden Schichten:
A Hell- bis graubrauner Lehm mit Kleinkiesel, Verputz- und Ziegelstückchen (Barackenschutt).
B Dunkelbrauner Lehm entlang des Grubenrandes und zugleich entlang der Sohle, von tiefster Sohlenschicht nicht zu trennen.
C Gelöschter Kalk mit etwas Sand.
D Max. 8 cm starke Schicht graubraunen, tonigen Lehms, wenige kleine Kiesel und etwas HK.
E Brenzkies.
F Schwarzbrauner Lehm, darin Kiesel bis 6 cm Länge, Brandlehmbröckchen und HK im oberen Bereich der Schicht.
Interpretation: Ursprünglich wahrscheinlich zusätzliche Jau-

chegrube, die nur zeitweise in Betrieb war. Zuletzt diente die schon zu ca. zwei Dritteln verfüllte Senke als ephemäre Kalklöschgrube, wahrscheinlich im Zuge der jüngsten Umbauten in Baracke V.
Stratigraphie: Schneidet das westöstlich verlaufende Barackengräbchen Bef. 354 am äußersten Rande. Lediglich die oberste, max. 6 cm starke Einfüllschicht besteht aus Barackenschutt.

Metall

*1 Vollständige eiserne Viehschelle. Vgl. Kap. IV.4 (Eisen) Nr. 79. Schicht A. Fb.-Nr. 2184.
*2 Vollständiger eiserner Splint, Länge 7,7 cm. Vgl. Kap. IV.4 (Eisen) Nr. 76. Schichten C–E. Fb.-Nr. 2222.
3 3 Bruchstücke von Eisennägel. Fb.-Nr. 2222.

Keramik

*4 WS Drag. 37. Art des *L. Cosius*, La Graufesenque, vgl. Kap. IV.7 (Reliefsigillata) Nr. 20. Schichten C–E. Fb.-Nr. 2192 u. 2222.
5 Kleinteilige Scherben von Küchenkeramik. Fb.-Nr. 2222 u. 2243.

Befund 1354

Phase 3; Anlage 10. – Westöstlich verlaufendes Wandgräbchen in einem Pferdestall von Baracke V (Fl. 95C) mit abgewinkelter Verbindung zum Langgräbchen Bef. 354. Die Bautechnik mit drei muldenförmig vertieften Pfostengruben (von Westen nach Osten: 18, 18 und 24 cm unter Pl. 1 = ca. 20 bis 27 cm unter der römischen Oberfläche), die mit deutlich flacheren Gräbchen (8 bis 10 cm unter Pl. 1 tief) verbunden sind, findet Parallelen bei anderen später eingefügten Wandgräbchen derselben Baracke (Bef. 983 u. 1007 sowie Bef. 1114/1113 Nord/1116 in Baracke III). Auch die Erdsubstanz unterscheidet sich von diesen nicht. Die Standspuren des mittleren und östlichen Pfostens lassen sich noch anhand dunklerer Erde erahnen; sie wurden offenbar nicht gezogen, sondern abgesägt. Ihre Achsabstände bis zum Anschluss an das westliche Trennwandgräbchen Bef. 1352 (Phase 2) unterliegen dem Schema (von Westen nach Osten) 3 + 3 + 4 röm. Fuß. Der parallele Abstand zum Langgräbchen Bef. 354 beträgt 3 röm. Fuß.
Interpretation: Unstrittig handelt es sich um einen späteren Einbau wie im Falle des gegenüberliegenden Bef. 983. Vielleicht stützte er einen Treppenaufgang in das mutmaßliche Obergeschoss. Wahrscheinlich führte er zur Aufgabe des Langgräbchens Bef. 354 in der Raumbreite dieses *contubernium*.
Stratigraphie: Schneidet das vorgeschichtliche Gräbchen Bef. 848, grenzt an Bef. 354.
Keine Funde.

Befund 1390

Phase 3; Anlage 10. – Kl. wannenförmige Grube in einer *papilio* von Baracke VI (Fl. 76D) von max. 41 cm Tiefe unter Pl. 1, d. h. ca. 50 cm Tiefe unter der röm. Oberfläche. Ihre Verfüllung besteht aus einer einzigen, heterogen aus hell- und graubraunem Lehm, Kies und Ziegelsplittern zusammengesetzten Schicht.
Interpretation: Kleine Vorratsgrube, vgl. Bef. 650 (Baracke IV) und 857 (Baracke V).
Stratigraphie: Isolierter Befund.

Keramik

1 2 Krugscherben, einer davon mit Graffito VITA[lis?]. Graffito Nr. 69 (Kap. IV.1). Fb.-Nr. 2205.

Befund 1398

Befund Phase 2, Verfüllung und Funde Phase 3; Anlage 6. – Jaucherinne in Baracke VII (Fl. 66B). Der Südteil des Bef. war durch den Kanal in der Heinrich-Voelter-Straße zerstört.

Keramik

*1 Ca. zu einem Viertel erhaltene Form Drag. 18/31, Randdm. 18 cm. Stempel-Nr. 47 über Omphalos: VER[---], wahrscheinlich *Verecundus* von Heiligenberg. Graffito Nr. 40 (Kap. IV.1): CRIICSNS (sic!). Pl. 0–1 aus Barackenschutt. Fb.-Nr. 2145.
*2 Ca. ein Viertel einer „rätischen" Reibschüssel, aus Scherben mit scharfen Brüchen zusammengesetzt, Randdm. 21 bis 22 cm. Ton orange, Kern grau, fein, Biotitglimmer, Überzug braunorange. Fb.-Nr. 2175 u. 2255.
3 9 WS eines (?) Kruges, Ware 6, Brüche teils verrollt, teils scharf. Fb.-Nr. 2175 u. 2255.
4 WS eines Kochtopfes, Ware 5. Scharfe Brüche, außen Hitzeschwärzung. Fb.-Nr. 2175.

Befund 1446

Phase 3; Anlage 10. – Grube an der Trennwand einer *papilio* in Baracke VII (Fl. 64B/65A). Der Befund konnte aus Zeitgründen (bereits laufende Großbaustelle der „Schloss-Arkaden" im April 2003) nicht mehr im Profil dokumentiert und beschrieben werden. Es ergab sich jedoch kein von ähnlichen Befunden (z. B. 712, 812, 815) abweichendes Bild. Der Aushub mit dem Bagger erbrachte kein relevantes Fundmaterial. Die Grube war im Originalzustand 70 bis 80 cm tief unter der römischen Oberfläche und wurde sehr wahrscheinlich durch eine Bretterkonstruktion stabilisiert, worauf dunkle Erde entlang des Randes hinweist. Die Hauptverfüllung bestand aus Fachwerkschutt.
Interpretation: Vorratsgrube in einer Stube. Die ursprünglich vielleicht rechteckige Kontur ist im Laufe der Zeit wohl durch den Außendruck des gewachsenen Kieses „verrundet".
Stratigraphie: Schneidet das westliche Trennwandgräbchen der Stube am Rand, die Verfüllung überdeckt dieses.

Befund 1447

Phase 3; Anlage 10. – Rest eines Schwellbalkengräbchens einer späten Umbauphase des Kopfbaus von Baracke VI. Der Befund konnte aus Zeitgründen (bereits laufende Großbaustelle der „Schloss-Arkaden" im April 2003) nicht mehr im Profil dokumentiert und beschrieben werden. Der Charakter der Struktur entspricht jedoch in jeder Hinsicht Bef. 1018 (Baracke IV).
Interpretation/Stratigraphie: S. Bef. 1018.

Befund 1450

Phase 2–3; Anlage 7; Abb. 69. – Großer Grubenkomplex von 9,5 m × 7 m ergrabener Ausdehnung, vor dem Westtor *(porta principalis sinistra)* an der Ausfallstraße des Kastells gelegen. Die Befundgrenzen im Westen und Süden wurden nicht erreicht. Sie lagen im Süden jenseits der Bebauungsgrenze, im Westen unter der heutigen Schnaitheimer Straße. Der Befund wurde ausschließlich von Hand ausgenommen, wobei man die Sohle „englisch herausschälte", sodass die ursprüngliche Grubenstruktur wieder hergestellt wurde. Die Sohle verläuft sehr uneben (vgl. auch Bef. 1012/1053/1055). Sie zeigt einzelne Vertiefungen und regelrechte Terrassierungen in ostwestlicher Richtung, wobei die tiefste Stelle im Westen bei ca. 1,1 bis 1,2 cm unter der römischen Oberfläche liegt. Die Verfüllung weist eine fast durchgängige Schichtung auf:

A Humose bis lehmige, dunkle Deckschicht, durchsetzt mit kleinteiligem, antikem Bauschutt (Verputz, Mörtel, Ziegelsplitter, HL), wenigen alamann. Scherbenresten bis zu einzelnen neuzeitlichen Scherben u. Hochofenschlacken. Interpretation: gestörte antike Planie, mit der der Grubenkomplex eingeebnet worden ist.

B Dunkler, sandiger Lehm, mit Kleinkieseln und Kulturmaterial durchsetzt: Ziegelsplitter, HL, wenige HK- u. Mörtelsplitter, einzelne größere Kiesel, wenige kleinere Kalkbruchsteine. Sehr fundreiche Schicht.

C Verschmutzter Kies, mit dunkelbraunem Lehm u. HK-Stückchen durchsetzt.

D Hellbrauner bis hellgrauer, teilweise schluffiger Lehm u. Placken fast reinen hellbraunen Lehms, Kiesel in geringerer Anzahl als in den Schichten B–C, viel HK, 1 Brocken Mörtelestrich, weiße Verputzstückchen, Plattenkalk- u. Kalktuffsteine. Im Südprofil ein ca. 3 bis 4 cm starkes HK-Band (verkohltes Brett?), Ziegelbruch von verbrannten *lateres* (Herdstellenziegel) in kleinen Fragmenten. Sehr fundreiche Schicht, aus der auch etliche Buntmetallobjekte stammen.

E Graubrauner, schluffig-sandiger Lehm mit relativ viel HK, Asche, wenigen Kieseln, aber ohne jeglichen Bauschutt. Diese ebenfalls sehr fundreiche Schicht bedeckte – soweit ergraben – nur den tiefsten Bereich der Grube im Westen.

Interpretation: Unförmigkeit und Größe des Grubenkomplexes deuten auf eine sukzessiv erweiterte Materialentnahmegrube für Kies hin, wobei die „Terrassierungen" als Abbaukanten zu verstehen sein dürften.[965] Später wurde die Schürfstelle mit Siedlungsabfällen (und etwas Renovierungsschutt) aus dem Kastell verfüllt. Zu den Abfalllieferanten zählte offenbar mindestens eine metallverarbeitende Werkstatt, was aus Buntmetallschlacken und entsprechenden Produktionsabfällen (kleinteilige Bronzeschnipsel, von denen einzelne angeschmolzen waren) gefolgert werden darf.

Stratigraphie: Schneidet eine ältere Abfallgrube am Rand (Bef. 1474).

Metall

1 „Schildkrötenfibel", vgl. Kap. IV.3 (Bronze) Nr. 6. Nadel fehlt. Länge 4,6 cm, Gewicht 6,6 g. Fb.-Nr. 2266.
2 Tropfenförmiger, bronzener Blattanhänger mit Endbommel. Umgebogene Befestigungsöse in Gestalt eines stark stilisierten Schlangenköpfchens (?). Länge 5,5 cm, Breite 2,6 cm. Vgl. Kap. IV.3 (Bronze) Nr. 41. Schicht D. Fb.-Nr. 2268.
3 Rechteckiger, bronzener Blechbeschlag (Breite 1,0 cm) mit *lunula/torques*-Ende und mitgegossenem Nietstift. Länge noch 4,0 cm. Gewicht noch 3,0 g. Vgl. Kap. IV.3 (Bronze) Nr. 70. Schicht D. Fb.-Nr. 2284.
4 Fragment eines streifenförmigen Halterungsbeschlags aus dickem Bronzeblech mit rechteckigem Loch für einen Haken oder eine andere Aufhängung. Das Loch dürfte ursprünglich die Mitte des Funktionselements gebildet haben. Auf der Schauseite befinden sich parallel zu den Rändern Zierrillen und Reste eines Weißmetallüberzugs, auf der Rückseite ein mitgegossener Stift mit Nagelöse. Deren Befestigungsspanne beträgt 0,3 cm. Länge noch 4,6 cm, Breite 0,8 cm, Gewicht noch 4,4 g. Vgl. Kap. IV.3 (Bronze) Nr. 106. Schicht D. Fb.-Nr. 2300.
5 Bruchstück eines tropfenförmigen Zieranhängers mit Bommelende. Mitgegossener Nietstift auf der Rückseite abgebrochen. Wie mehrere Schnittkanten zeigen, wurde das ursprüngliche Objekt mit einer Blechschere in schmelztiegelgerechte Stückchen zerschnitten. Gewicht noch 2,8 g. Vgl. Kap. IV.3 (Bronze) Nr. 42. Schicht D. Fb.-Nr. 2300.
6 Endbeschlag eines Riemens mit Schlaufe. Das untere Gegenblech ist abgebrochen. Zwei kräftige Nietstifte wurden mitgegossen, einer davon ist abgebrochen. Die profilierte Schauseite trägt Weißmetallüberzug. Länge 4,1 cm, Gewicht noch 5,3 g. Vgl. Kap. IV.3 (Bronze) Nr. 110. Schicht E. Fb.-Nr. 2276.
7 Endbeschlag eines Riemens mit Schlaufe wie Nr. 6. Das Funktionselement wurde gewaltsam aufgebogen, wobei das untere Gegenblech abriss. Kein Weißmetallüberzug. Mit Nr. 6 zusammen gefunden. Länge 3,6 cm, Gewicht noch 4,1 g. Vgl. Kap. IV.3 (Bronze) Nr. 111. Schicht D. Fb.-Nr. 2276.
8 Bronzene Riemenzwinge mit Schlaufenende. Länge 5,4 cm, Breite 1,0 cm. Vgl. Kap. IV.3 (Bronze) Nr. 119. Schicht D. Fb.-Nr. 2268.
9 Eiserne Geschossspitze mit vierkantiger Spitze, Länge 6,6 cm. Vgl. Kap. IV.4 (Eisen) Nr. 18.
10 Eiserne Pfeilspitze mit vierkantiger, pyramidaler Spitze, Länge 6,78 cm. Vgl. Kap. IV.4 (Eisen) Nr. 25. Fb.-Nr. 2303.
11 Eiserne, dreiflügelige Pfeilspitze mit Dornschaft, vollständig erhalten, ein Widerhaken verbogen. Länge 5,1 cm. Vgl. Kap. IV.4 (Eisen) Nr. 27. Fb.-Nr. 2272.
12 Eiserne, dreiflügelige Pfeilspitze mit Dornschaft, fast vollständig erhalten, zwei Widerhaken abgebrochen. Länge 4,1 cm. Vgl. Kap. IV.4 (Eisen) Nr. 28. Zusammen mit Nr. 11 gefunden. Fb.-Nr. 2272.
13 Fragment eines feinen, leicht gebogenen, eisernen Sägeblattes, Länge noch 4,38 cm. Vgl. Kap. IV.4 (Eisen) Nr. 48. Fb.-Nr. 2303.
14 Eiserner *stilus* mit rechteckigem Radierende, Länge 10,7 cm. Vgl. Kap. IV.4 (Eisen) Nr. 53. Fb.-Nr. 2291.
15 Eiserne Schreibfeder, sog. „Ochsenstachel", Länge 3,18 cm. Vgl. Kap. IV.4 (Eisen) Nr. 54.
16 Eisernes Mundstück einer Trense, die beiden Endösen sind ausgebrochen. Länge noch 14,0 cm, Dm. 1,1 cm. Fb.-Nr. 2316.

Glas

17 RS eines kugeligen Bechers(?) mit Ansatz einer Wanddelle, Randdm. ca. 8 cm. Sehr dünnes, farbloses u. frei geblasenes „Eierschalenglas" Vgl. Kap. IV.6 (Glas) Nr. 16. Fb.-Nr. 2320.
18 2 kl. WS von rechteckigen, formgeblasenen Flaschen, türkises Glas. Vgl. Kap. IV.6 (Glas) Nr. 56. Fb.-Nr. 2346.
19 Fragment eines röhrchenförmigen Standrings, Dm. 7,0 cm. Türkises Glas. Vgl. Kap. IV.6 (Glas) Nr. 81. Fb.-Nr. 2320.
20 Türkise Melonenperle, schlecht erhalten, vgl. Kap. IV.6 (Glas) Nr. 91. Fb.-Nr. 2265.
21 Kl. Fragment türkisen einer Melonenperle, vgl. Kap. IV.6 (Glas) Nr. 97. Fb.-Nr. 2320.
22 Kl. WS von blaugrünem Fensterglas, vgl. Kap. IV.6 (Glas) Nr. 111. Fb.-Nr. 2280.

---

965 Vgl. einen ähnlichen Befund bei Zwahlen 1995, 26 f.

Bein

23 Vollständiger Knochengriff eines Werkzeugs, Länge 13,5 cm, Dm. 2,6 bis 2,8 cm. Schäftung durch vierkantige Eisenangel. Schicht D. Vgl. Kap. IV.5 (Bein) Nr. 5. Fb.-Nr. 2297.

Keramik

24 Schnauzenfragment einer Bildlampe, vgl. Kap. IV.10 (Öllampen) Nr. 9. Schicht D. Fb.-Nr. 2321.
25 Fragment einer Bildlampe, vgl. Kap. IV.10 (Öllampen) Nr. 10. Schicht C. Fb.-Nr. 2355.
26 Fragment einer Firmalampe, vgl. Kap. IV.10 (Öllampen) Nr. 11. Fb.-Nr. 2306.
27 3 anpass. RS Drag. 37, Randdm. 17,5 cm. Mehrere Töpfer möglich: *Biragillus*, *M. Crestio*, *Masculus* oder – am wahrscheinlichsten – *L. Cosius Virilis*, La Graufesenque, vgl. Kap. IV.7 (Reliefsigillata) Nr. 8. Tiefste Schicht D. Scharfe Bruchkanten. Fb.-Nr. 2321.
28 WS Drag. 37 (3 anpass. Frag.). Art des *Lentinus*, Banassac, vgl. Kap. IV.7 Nr. 30. Scharfe Bruchkanten. Fb.-Nr. 2290 u. 2322.
29 Kl. WS Drag. 37. Banassac, vgl. Kap. IV.7 Nr. 51. Scharfe Bruchkanten. Fb.-Nr. 2323.
30 WS Drag. 29 od. 37, aus vier Fragmenten zusammengesetzt. Wahrscheinlich Banassac, vgl. Kap. IV.7 Nr. 57. Beim Schneiden des Bef. Scharfe Bruchkanten. Fb.-Nr. 2306.
31 Kl. WS Drag. 37. La Graufesenque, vgl. Kap. IV.7 Nr. 13. Bestoßene Bruchkanten. Fb.-Nr. 2419.
32 Kl. RS Drag. 37. Südgallisch, unbestimmt, vgl. Kap. IV.7 Nr. 25. Scharfe Bruchkanten. Fb.-Nr. 2355.
33 Ca. zur Hälfte erhaltene Form Drag. 37, aus mehreren Scherben zusammengesetzt, Randdm. 22,5 cm. Wahrscheinlich Art des *Rentus*, Mittelgallien, vgl. Kap. IV.7 Nr. 70. Beim Schneiden des Bef. Scharfe Bruchkanten. Fb.-Nr. 2306.
34 WS Drag. 37. Art des *Rentus*, Mittelgallien, vgl. Kap. IV.7 Nr. 71. Schicht B–D. Scharfe Bruchkanten. Fb.-Nr. 2316.
35 2 kl. RS Drag. 37. Vermutlich Art des *Cinnamus* (Gruppe III), Mittelgallien, vgl. Kap. IV.7 Nr. 78. Schicht D. Scharfe Bruchkanten. Fb.-Nr. 2323.
36 2 WS Drag. 37, wahrscheinlich derselben Schüssel. Häufige Dekoration von *Satto/Saturninus*, vgl. Kap. IV.7 Nr. 85. Schicht B. Fb.-Nr. 2305 u. 2392.
37 BS Drag. 33 mit Stempel Nr. 9 (Kap. IV.8): [D]OMITIAN F, verpresst. Heiligenberg. Fb.-Nr. 2270.
38 BS Drag. 27 mit Stempel Nr. 10 (Kap. IV.8): FV[SCI], verpresst. La Graufesenque. Fb.-Nr. 2270.
39 Kl. BS Drag. 18/31 mit Stempel Nr. 24 (Kap. IV.8): PA[VLLI]NVS retrograd, teilweise verpresst. Heiligenberg. Fb.-Nr. 2295.
40 BS Drag. 18/31 mit Analphabetenstempel Nr. 53, mittelgallisch. Fb.-Nr. 2273.
41 Zerbrochener, aber vollständig erhaltener Schmelztiegel aus stark versintertem Ton. Nach einer bei der FEM in Schwäbisch Gmünd durchgeführten Metallspurenanalyse wurde er zum Schmelzen von Silber verwendet. Schicht C. Vgl. Kap. IV.3 Nr. 224. Fb.-Nr. 2288.

Befund 1465/1500

Phase 2–3; Anlage 7; Abb. 69. – Jüngere Phase des flachen Sohlgrabens, der ca. 20 m vor der Westumwehrung parallel zu dieser verläuft. Bef. 1465 bezeichnet den südlichen, Bef. 1500 den nördlichen Abschnitt. Er reichte durchschnittlich kaum mehr als 0,6 bis 0,7 m unter die römische Oberfläche hinab. Die Ostkante des Befundes war bereits beim Bau des Finanzamts um 1770 verloren gegangen, Kanalschächte haben insbesondere den Mittelbereich des Grabens zerstört. Der beide Teilbefunde trennende Steg musste während der gesamten Grabung im Finanzamtsgarten 2003 als Hauptzugang zum Finanzamt erhalten bleiben und konnte daher nicht untersucht werden. Die Verfüllungen von Bef. 1465/1500 wiesen keine klar abgrenzbaren Schichten auf, sondern bildeten eine sehr heterogene Masse, die verschiedene Einlagerungen enthielt, darunter Kies, dunkelbrauner Lehm mit HK-Stückchen, Siedlungsabfälle, einzelne Plattenkalksteine und – im oberen Bereich – geringe Mengen von Bauschutt (Mörtel, hellbrauner Fachwerklehm), jedoch etliche Ziegelbruchstücke durchwegs kastellzeitlicher Formate. Ein kaum benutzter, nur unpräzise 125–138 n. Chr. zu datierender As des Hadrian liefert den Terminus post quem für die Einfüllung der obersten Schicht von Bef. 1465.[966] Die unterste Verfüllung von Bef. 1500 enthielt stellenweise auch graue bis graugrüne Erde, die möglicherweise als Rückstände von Fäkalien anzusprechen ist. Der gewachsene Kiesboden unterhalb des Grabens war mehr oder weniger stark rostrot verfärbt, was auf Einsickerungen organischer Flüssigkeiten hinweist, ähnlich wie bei den Jaucherinnen in den Reiterbaracken.
Stratigraphie: Schneidet Bef. 1616/1633, wird von mehreren frühalamannischen Befunden geschnitten.
Interpretation: Evtl. Abgrenzung des Militärareals. Da das Fundmaterial bis zur obersten Schicht durchweg kastellzeitlich zu datieren ist, dürfte er spätestens bei dessen Auflassung verfüllt worden sein. Die genannten Sickerspuren sprechen eher für ein früheres Ende.

Münze

1 As des Hadrianus. Rom, nach RIC 125–128, nach BMC 119–138 n. Chr. RIC 678 var. (Vs.-Beschr.). – BMC 1349. Vgl. Kap. IV.2 Nr. 25. Leicht abgegriffen (A1–A2). Fb.-Nr. 2377.

Metall

2 Abgebrochenes Endstück eines Waagbalkens oder eines Instruments aus Bronze (Ende zweier paralleler Schienen mit verbindendem Zwischensteg)? Gewicht noch 2,2 g. Knapp unter Pl. 1. Vgl. Kap. IV.3 (Bronze) Nr. 151. Fb.-Nr. 2289.
3 Eiserner Fingerring mit Gemmenfassung (Gemme fehlt). Höhe 2,16 cm, Breite 2,40 cm. Vgl. Kap. IV.4 (Eisen) Nr. 55. Bef. 1500. Fb.-Nr. 2375.
4 Kl. Riemenzwinge mit Pressblechverzierung, zwei Nietlöchern und Schnalle aus Bronze. Länge 3,3 cm, Gewicht 1,8 g. Auf der Oberkante des Bef. 1465, Pl. 1. Die Zeitstellung (römisch oder neuzeitlich?) bleibt fraglich. Vgl. Kap. IV.3 (Bronze) Nr. 123. Fb.-Nr. 2304.
5 Rechteckiger Endbeschlag eines Riemens aus Bronze mit abgebrochenem Ende (Haken?), Länge noch 4,8 cm. Vgl. Kap. IV.3 (Bronze) Nr. 112. Bef. 1012. Fb.-Nr. 1107.

Glas

6 BS einer viereckigen Flasche mit Herstellermarke in Gestalt dreier konzentrischer Kreise, vgl. Kap. IV.6 (Glas) Nr. 32. Aquamarinfarbenes Glas (Bef. 1465). Fb.-Nr. 2431.
7 WS einer rechteckigen, formgeblasenen Flasche, türkises Glas. Vgl. Kap. IV.6 (Glas) Nr. 57. Bef. 1465, Fb.-Nr. 2390.

---

966 Vgl. Kap. IV.2 (Münzen) Nr. 25.

8 Türkise Melonenperle, vgl. Kap. IV.6 (Glas) Nr. 90. Bef. 1465, Fb.-Nr. 2433.

Bein

9 Spielstein aus Horn mit vier konzentrischen Rillen, Dm. 1,9 cm. – Aus der oberen Schicht von Bef. 1465. Vgl. Kap. IV.5 (Bein) Nr. 8. Fb.-Nr. 2433.

Keramik

10 BS Drag. 37. Banassac, vgl. Kap. IV.7 (Reliefsigillata) Nr. 59. Bestoßene Bruchkanten, die Außenseite des Standrings ist für eine sekundäre Verwendung (wahrscheinlich als Deckel) durch Abzwicken überstehender Teile retuschiert worden. Fb.-Nr. 2425.

11 BS Drag. 37, Standring abgeplatzt. Rest von verpresstem Rechteckstempel, vielleicht [SATVRNI]NVS? Vgl. Kap. IV.7 Nr. 88. Bef. 1465. Fb.-Nr. 2279.

12 BS Drag. 46 oder Ritterling 10. Stempel Nr. 48 (Kap. IV.8): OF.L.COS.VIRIL in tabula ansata, La Graufesenque. Graffito I. Bef. 1500. Fb.-Nr. 2394a.

13 BS Drag. 27. Stempel Nr. 54 (Kap. IV.8): MMMI (Analphabet) über älterem Schriftzug COC[I]LLO? Mittelgallisch. Bef. 1466. Fb.-Nr. 2279.

14 RS (90°) Drag. 36, Randdm. 26 cm. Nach Warenmerkmalen wahrscheinlich aus Chémery. Scharfkantige Brüche. Fb.-Nr. 2425.

Stein

15 RS eines Deckels mit Fixierungsring, Randdm. 15 cm. Vgl. Kap. IV.11 (Lavez) Nr. 13. Fb.-Nr. 2329.

Befund 1520

Phase 3; Anlage 10; Abb. 7. – Verfüllung des Kastellgrabens nördlich der *porta principalis sinistra*. Der Befund wurde im Sommer 2003 auf 18 m Länge mit dem Minibagger herausgenommen u. nach Funden durchsucht (Fb.-Nr. 2388 u. 2389 ohne Schichtzuweisung).

Zwischen dem Westtor und dem nächsten Streckenturm nördlich davon liegen die erhaltenen Oberkanten des Spitzgrabens nur knapp 3 m auseinander, die Tiefe unter dem Mauerschutt beträgt hier kaum noch 1,5 m. Betrachtet man jedoch die Schichtenfolge im Bereich der Berme und vergleicht die Lage des (noch erhaltenen) Spitzgrabens mit dem deutlich höheren Niveau des Fundaments der Kastellmauer, so wird augenfällig, dass der Bermenbereich noch vor dem Umstürzen der Mauer um 1,0 bis 1,5 m abgetieft wurde. Somit ließe sich die ursprüngliche obere Breite des Grabens auch hier auf ca. 7 bis 8 m, seine Tiefe auf ca. 2,5 m rekonstruieren.

Das beim Nivellieren der Berme angefallene Erdmaterial dürfte wenigstens teilweise zur Verfüllung des Kastellgrabens benutzt worden sein. Jedenfalls besteht die Verfüllung hauptsächlich aus mehr oder weniger stark mit Lehm verschmutzem, teilweise aber auch sterilem Kies. Dazu passt die – gemessen am Volumen des untersuchten Grabenaushubs – relativ geringe Fundausbeute. Ferner ist unter der Keramik der Anteil kleinteiliger, verrollter Einzelscherben im Vergleich zu anderen am Ende der Kastellzeit geschlossenen Befunden auffällig hoch.

Echte Schichten sind nicht zu unterscheiden, lediglich tendenziell Kiespackungen mit höherem oder geringerem Anteil an Kieselgeröllen von ca. Faust- bis max. Kindskopfgröße u. solchen mit etwas höherem dunklem Lehmanteil. Dieser Umstand deutet auf eine rasche Verfüllung hin. Abfalldeponierungen fehlen weitgehend bis auf ein „Scherbennest" in der unteren Einfüllschicht am Nordende des untersuchten Abschnitts, der z. Z. der Ausgrabung genau unter dem befestigten Baugrubenrand lag (Fb.-Nr. 2427). Bemerkenswert ist, dass die Grabenverfüllung fast keinen Bauschutt (Kalkbruchsteine, Mörtel, Ziegel, Nägel) enthält bis auf einzelne Brocken von Kalktuffsteinen.

Schichtenfolge im Profilschnitt:

A Kiesschicht mit Anteilen dunkelbraunen Lehms erstreckt sich als Planie auch östlich und westlich des eigentlichen Grabenbereichs direkt unter dem Mauerversturz.

B Fast reiner Kies unter Einschluss von Kieselgeröllen (s. o.), Unterkante mit etwas graubraunem Lehm, im Profil ein Kalktuffstein.

C Wie B, jedoch höherer Anteil dunkelbraunen Lehms u. wenige plattig gebrochene Kalkbruchsteine, von B stellenweise schwer trennbar.

D Unterste Einfüllung als hellgraue, sich an den Befundkanten entlang ziehende Schicht von feinen Kieselkörnchen u. sandigem Lehm. Einschlüsse: wenige Kalktuffbröckchen, etwas Keramik.

E Sandige-schluffiges, aus feinen Kieselkörnchen bestehendes Sediment in der Grabenspitze.

Stratigraphie: Vom Schutt der umgestürzten Kastellmauer bedeckt.

Metall

*****1** Zwei kl. runde Zierbeschläge mit je drei Einlagen aus grünem Email, das in Resten erhalten blieb. Die je drei schmaleren Zwischenzonen hatten offenbar keine Glaseinlage oder diese ging vollständig verloren. Die beiden Beschläge mit mitgegossenem Befestigungsstift sind „zwillingsartig" nebeneinander liegend gefunden worden. Dm. 1,2 cm, Gewicht 0,7–0,8 g. Vgl. Kap. IV.3 (Bronze) Nr. 64. Fb.-Nr. 2427.

Keramik

2 2 RS, 5 WS vorgeschichtliche Keramik, verrollt. Fb.-Nr. 2388 u. 2389.

*****3** Kl. WS Drag. 37, Banassac, vgl. Kap. IV.7 (Reliefsigillata) Nr. 34. – Aus der Verfüllung des Kopfes des Kastellgrabens südlich der *porta principalis sinistra* (Bef. 1634). Scharfe Bruchkanten. Fb.-Nr. 2435.

*****4** BS Drag. 37, Bdm. 10 cm. Wahrscheinlich Töpfer der Gruppe III, Mittelgallien. Vgl. Kap. IV.7 (Reliefsigillata) Nr. 81. Scharfe Bruchkanten. Pl. 2, beim Abziehen aus oberer Verfüllung. Fb.-Nr. 2337.

*****5** RS Drag. 18/31, Randdm. 18 cm. Südgallisch. Scharfe Bruchkanten. Aus unterster Verfüllung, Grabenspitze unterhalb der Baugrubenbefestigung der „Schloss-Arkaden". Fb.-Nr. 2427.

*****6** BS Drag. 18/31 mit Stempel Nr. 45 (Kap. IV.8): VER(E)CV<u>NF</u>. Heiligenberg. Fb.-Nr. 2388.

*****7** Kl. RS Drag. 18/31, Randdm. 18 bis 20 cm, u. wahrscheinlich zugehörige BS, ostgallisch. Auf dem Rand Graffito Nr. 31 (Kap. IV.1): TV[rma ---?]. Bruchkanten etwas verrollt. Fb.-Nr. 2389.

8 Kl. RS wahrscheinlich Drag. 18/31, Randdm. ca. 20 cm. Ostgallisch? Scharfe Brüche. Fb.-Nr. 2389.

*****9** Kl. RS Curle 23, Randdm. 18 bis 19 cm. Süd- od. mittelgallisch. Scharfe Brüche. Fb.-Nr. 2337.

10 2 nicht anpass. BS einer Platte Drag. 18/31, Bdm. ca. 12 cm, innen Kerbenring. Ostgallisch (Heiligenberg?). Brüche etwas verrollt. Fb.-Nr. 2364.

11 Kleinteiliges Scherbenmaterial (1 RS, 3 BS, 11 WS) mindestens fünf verschiedener Trinkbecher „rätischer" Glanztonware, Dekorreste stets Stilgruppe Drexel 1. Fb.-Nr. 2388, 2389 u. 2427.

12 Bodenstück eines Trinkbechers „rätischer" Glanztonware, Bdm. 6,0 cm. Sek. verbrannt, Brüche teilw. verrollt. Fb.-Nr. 2427.

13 Kl. RS eines Bechers (?) mit geripptem Steilrand („Gurtbecher"), Randlippe fehlt. Ton grau, Oberfl. innen u. außen blauschwarz, stumpf (Ware 3). Scharfe Brüche. Fb.-Nr. 2389.

*14 RS einer „rätischen" Reibschüssel, Innendm. 18 cm. Ware 4, stark ausgerieben. Brüche teilw. etwas verrollt. Fb.-Nr. 2388.

*15 Lippenring eines Kruges, Randdm. 4,5 cm. Ton braun, fein, Biotitglimmer, rotbraune u. schwarze Partikel. Scharfe Brüche. Fb.-Nr. 2389.

15a 53 Fragmente (BS, WS, 2- u. 3stabige Henkel) von mindestens sechs versch. Krügen. Fb.-Nr. 2362, 2388, 2389 u. 2427.

*16 Kl. RS eines Tellers, Randdm. 18 bis 20 cm. Ware 7, etwas verrollte Brüche. Fb.-Nr. 2389.

*17 Kl. RS eines Tellers, Ware 4, verrollte Brüche. Fb.-Nr. 2388.

*18 Kl. RS eines Tellers bzw. einer flachen Schüssel mit kurzem Steilrand, Randdm. 15 bis 16 cm. Ware 5, außen Hitzespuren. Scharfe Brüche. Fb.-Nr. 2427.

*19 RS eines Topfes mit Karniesrand, Randdm. 12 cm. Ware 7, scharfe Brüche. Fb.-Nr. 2388.

*20 Ca. ein Fünftel eines Topfes mit horizontalem Kammstrich, Randdm. 14,5 cm. Ware 10. Scharfe Bruchkanten. Fb.-Nr. 2427.

21 Ca. ein Fünftel eines Topfes mit horizontalem Kammstrich wie Nr. 20, Randdm. 15,5 cm. Ware 10. Scharfe Brüche. Fb.-Nr. 2427.

*22 RS u. nicht anpass. WS eines Topfes mit horizontalem Kammstrich u. umgebogenem Rand, Randdm. 13 bis 14 cm. Ware 9B. Außen verkrusteter Ruß, scharfe Brüche. Fb.-Nr. 2389.

*23 WS eines Topfes mit Rollrädchendekor. Ware 9B, Brüche verrollt. Fb.-Nr. 2388.

*24 RS eines Topfes, Randdm. 18,5 cm. Ware 5, am Rand Hitzeschwärzung, scharfe Brüche. Fb.-Nr. 2388.

*25 2 anpass. RS eines Topfes, Randdm. 13,5 cm. Ware 7, scharfe Brüche. Fb.-Nr. 2388.

*26 RS eines kl. zylindrischen Topfes, Randdm. 11,5 cm. Ware 9B, am Rand Rußspuren, scharfe Brüche. Fb.-Nr. 2388.

*27 WS eines zylindrischen Topfes mit Ratterdekor u. Bandleiste. Dm. Bauch 14 cm. Ware 9A, Imitation eines Laveztyps. Brüche etwas verrollt. Fb.-Nr. 2389.

*28 RS eines Topfes mit einziehendem Rand, Randdm. mind. 25 cm. Ware 5/6, etwas verrollte Brüche. Fb.-Nr. 2388.

*29 Kl. RS eines Topfes mit einziehendem Rand. Ware 9B, Brüche verrollt. Fb.-Nr. 2427.

30 BS u. 2 WS eines (?) frei geformten Kochtopfes. Ton dunkelgrau mit Biotitglimmer u. Sandmagerung. Fb.-Nr. 2389 u. 2427.

31 Zweistabiger Bandhenkel eines Schwerkruges, Breite 6,5 cm. Ware 8, Bruchstellen etwas verrollt. Aus oberer Verfüllung. Fb.-Nr. 2362.

32 2 WS versch. Vorratsgefäße (Schwerkrug, Dolium?). Ware 6. Brüche etwas verrollt. Fb.-Nr. 2389 u. 2427.

33 2 WS versch. baetischer Ölamphoren. Brüche etwas verrollt. Fb.-Nr. 2389.

Stein

*34 WS eines Deckels, Fixierungsringdm. 12 cm. Brüche verrollt. Vgl. Kap. IV.11 (Lavez) Nr. 15. Fb.-Nr. 2388.

Befund 1527

Phase 4. – Über dem Versturz der Kastellmauer wurde an mehreren Stellen eine unterschiedlich dicke (bis max. 8 bis 10 cm) Schicht aus umgelagertem Brenzkies beobachtet. Sie enthielt vereinzelte, kleinteilig zerbrochene und mehrheitlich verrollte Keramikscherben, die in die Kastellzeit datiert werden können.

Interpretation: Bef. 1527 gehörte zusammen mit Bef. 1528 und 1529 vermutlich zur Anlage eines nachkastellzeitlichen Wege- oder Straßenkörpers.

Stratigraphie: Bedeckt den Versturz der Kastellmauer Bef. 1442, liegt unter Bef. 1528 bzw. 1443.

Metall

*1 Bronzenes „Ohrenlöffelchen" (medizinisches Instrument), verbogen. Vgl. Kap. IV.3 (Bronze) Nr. 139. Länge 12,0 cm. Fb.-Nr. 2341.

*2 Nicht ganz runder Bronzering, Vgl. Kap. IV.3 (Bronze) Nr. 150. 2,1 cm × 1,9 cm, Gewicht 2,9 cm. Fb.-Nr. 2352.

Keramik

*3 WS Drag. 37, Art des (Kreises um) *Natalis*, Banassac, vgl. Kap. IV.7 (Reliefsigillata) Nr. 38. Teilweise scharfe Bruchkanten. Fb.-Nr. 2352.

*4 3 nicht anpass. WS Drag. 37. Art des *Attianus I* oder *Quintilianus I* (Gruppe II), Mittelgallien, vgl. Kap. IV.7 Nr. 66). Fb.-Nr. 2332. 2 Scherben desselben Gefäßes stammen aus der nachkastellzeitlichen Pflasterung, Bef. 1528. Phase 4. Scharfe Bruchkanten. Fb.-Nr. 2352.

*5 2 RS Drag. 18/31, Randdm. 20 cm. Ostgallisch, wahrscheinlich Chémery. Graffito Nr. 75 (Kap. IV.1): [---N]ALIS. Ausläufer der Diagonalhaste des N sind noch erkennbar. Endung eines Cognomens. Fb.-Nr. 2352.

*6 RS Drag. 35, Randdm. 12 cm. Südgallisch. Fb.-Nr. 2352.

7 Kl. RS frühe Drag. 33/Hofheim 10. Südgallisch. Fb.-Nr. 2352.

Befund 1528

Phase 4. – Pflasterung unter mehr oder weniger systematischer Anordnung kleiner, meist plattig gebrochener Kalksteine und durchschnittlich faustgroßer Kiesel ohne Verwendung von Mörtel. Zwischen und über den Steinen befindet sich mittel- bis dunkelbrauner Lehm, der kleinteilige Kultureinschlüsse (Ziegelsplitter, HK und wenige Mörtelpartikel) enthält. Dieses Erdmaterial ist lehmiger und heller als das der darüber liegenden frühalamannischen Kulturschicht Bef. 1443, war beim Freilegen aber nicht durchgängig von dieser zu unterscheiden, was am besten bei trockenen Bodenverhältnissen gelang. Die mutmaßliche Pflasterung war nur über dem westlichen Ausläufer des Kastellmauerversturzes erhalten. Nach Norden dünnt der Befund aus.

Interpretation: Pflasterung eines nachkastellzeitlichen Platzes, Weges oder einer Straße. Das nötige Baumaterial wurde wohl aus dem Kastellmauer-Schutt (Bef. 1442) gewonnen, der zugleich als Unterbau fungierte.

Stratigraphie: Über Bef. 1442 und der diesen stellenweise bedeckenden Kiesschicht Bef. 1527, von der frühalamannischen Kulturschicht Bef. 1443 bedeckt.

Keramik

*1 RS Knorr 78, Variante. Möglicherweise stammt das Gefäß aus einer mittel- od. ostgallischen Töpferei, vgl. Kap. IV.7 Nr. 83. Fb.-Nr. 2332.
2 WS Drag. 37. Art des *Verecundus I*, Rheinzabern, vgl. Kap. IV.7 Nr. 123. Scharfe Bruchkanten. Fb.-Nr. 2326.
*3 RS (80°) Drag. 43 mit Barbotinedekor, Randdm. innen 21,0 cm. Wahrscheinlich Rheinzabern. Scharfe Bruchkanten. Fb.-Nr. 2360.

Stein

4 BS eines zylindrischen Kochtopfes, vgl. Kap. IV.11 (Lavez) Nr. 8. Fb.-Nr. 2332.

Befund 1529

Phase 4; Anlage 13. – Mit leichter Abweichung nordsüdlich verlaufender Sohlgraben von 60 bis 70 cm Breite und ca. 50 cm Tiefe. Seine Verfüllung bestand aus graubraunem Lehm, mit Kieseln und etwas Mörtel vermengt. Der Befund konnte aufgrund des Arbeitsfortschritts in der Großbaustelle der „Schloss-Arkaden" im Sommer 2003 nicht mehr konsequent dokumentiert werden (Profil fehlt), wurde aber ausgenommen und nach Funden durchsucht.
Interpretation: Möglicherweise Straßengraben als westliche Begrenzung von Bef. 1528. Alternative Deutungsmöglichkeit: Grenzgraben eines Grundstücks?
Stratigraphie: Wird von Bef. 1443 überlagert, von einem frühalamannischen Pfosten (Bef. 1519) geschnitten und grenzt an die römische Kiesschicht Bef. 1527.

Keramik

*1 RS eines großen Tellers Drag. 18/31, Randdm. 28 cm. Rheinzabern. Fb.-Nr.
2 RS Drag. 18/31, Randdm. 20 cm. Ostgallisch. Fb.-Nr. 2393.
3 Kl. RS Drag. 18/31. Südgallisch. Verrollte Bruchkanten. Fb.-Nr. 2393.
4 BS Drag. 18/31. Wegen des glimmerhaltigen Tons wohl Chémery. Teilweise verrollte Bruchkanten. Pl. 1–2. Fb.-Nr. 2365.
5 BS eines Tellers mit konkavem Boden, Drag. 32 od. Variante. Standringdm. 10,5 cm. Hellorangefarbener Überzug, Rheinzabern? Pl. 1–2. Fb.-Nr. 2356.
*6 Ca. ¾ erhaltener Napf Drag. 38, Randdm. 12,5 cm. Rheinzabern. – Aus der oberen Verfüllung des Grabens. Fb.-Nr. 2334.
*7 RS eines Bechers Drag. 41 (Variante) mit einfachem Rollrädchendekor, Randdm. 15,5 cm. Rheinzabern. Die Variante ohne Kerbschliffdekor ist im Limesgebiet selten bezeugt und typologisch tendenziell jünger als der übliche Formvertreter mit Kerbschliff. Daher ist das Stück am ehesten in die späte Limeszeit zu datieren.[967] Fb.-Nr. 2430.
8 Ca. 30 meist kleinere Bruchstücke von Küchengeschirr und Krügen. Fb.-Nr. 2356, 2357, 2365 u. 2393.

Befund 1550

Entstehung Phase 1–2, Verfüllung Phase 3; Anlage 10. – Straßengraben bzw. Entwässerungskanal der *via sagularis* im Bereich von Baracke VIII bis südlich der *porta principalis sinistra* (Fl. 13D-43B). Dieser 39 m lange Abschnitt wurde im Sommer 2003 untersucht. Aus Zeitgründen musste etwa die Hälfte der Verfüllung mit dem Minibagger herausgenommen werden.

Der Kanal trennte die *via sagularis* von der angrenzenden Innenbebauung – im Norden von den Baracken I–VIII und im Süden mutmaßlich von einem Steingebäude, evtl. von einem Magazinbau wie im Kastell Aalen an gleicher Stelle bestand (?). Die bei einem unmerklich geringen Gefälle von Norden nach Süden fast eben erscheinende Grabensohle lag rund 90 cm unter der noch stellenweise erhaltenen Oberfläche der *via sagularis*. Die senkrechten Wände des 1,5 bis 1,8 m breiten Kanals waren mit Holzplanken befestigt, von denen sich stellenweise ein knapp 2 cm dicker, grünlich-braun bis grünlich-grau changierender, erdiger Randstreifen erhalten hat. Eine Befestigung der Sohle ließ sich in gleicher Deutlichkeit nicht nachweisen, doch erscheint ein Bretterbelag aufgrund des fast ebenen Verlaufs wahrscheinlich. Da der Befund die *via principalis* kreuzt, ist eine hölzerne Abdeckung zu fordern, wie wahrscheinlich auch in Nachbarschaft der Baracken. Ein durch eine Torgasse abzweigender Entwässerungsgraben war nicht vorhanden und im Übrigen auch nicht zu erwarten, da das Gelände nach Westen, also zum Tor hin, geringfügig ansteigt. Auf mittlerer Höhe der Tortürme münden die deutlich flacheren Begleitgräben der *via principalis* ein. Aufgrund seiner Abmessungen dürfte dem Kanal der *via sagularis* zugleich die Funktion des Hauptabwassersammlers im Westteil des Kastells zugekommen sein. An der am tiefsten gelegenen Stelle des Lagers, im Bereich der Südwestecke könnte sich in Analogie zu anderen mittelkaiserzeitlichen Kastellen eine Mannschaftslatrine befunden haben, in die der Kanal mündete und sie spülte. Ein Nachweis für diese Vermutung steht aber noch aus.
Die Verfüllung des Kanals besteht durchgängig aus zwei Schichten:
A Die obere Einfüllung besteht nördlich der *via principalis* aus den bekannten Bestandteilen des Barackenschutts, im Bereich der Hauptstraße, des Tores und südlich davon aus üppigem Steinbauschutt: Mörtel (kein Verputz), Kalkbruchsteine sowie zahlreiche Fragmente und Splitter von Kalktuffsteinen, die oft gerade Sägekanten erkennen lassen, aber auch hellbrauner Lehm und HK. Interpretation: Der Steinbauschutt, insbesondere die Bruchstücke bearbeiteter Kalktuffquader stammen von der Toranlage, vgl. Bef. 1301.
B Die untere Einfüllung besteht aus umgelagertem Kies, mit graubraunem Lehm und wenigen HK- und Brandlehmpartikeln durchsetzt. – Aus dieser Schicht stammt ein wenig gebrauchter Denar des Domitian (Nr. 1).
Stratigraphie: Schneidet die Grube Bef. 1593, grenzt an die Entwässerungsgräben der *via principalis* (Bef. 1554 u. 1594) sowie an die Kiesoberfläche der *via sagularis* (Bef. 1539) bzw. der *via principalis* (Bef. 1555).
Drei Viertel des Fundmaterials (Fb.-Nr. 2395, 2402 u. 2407) stammt aus der Grabeneinfüllung in direkter Nachbarschaft von Baracke VIII, nur ein Viertel aus dem Bereich des Westtores, der *via principalis* und südlich davon. Die horizontalstratigraphische Verteilung des Fundmaterials scheint die angrenzende Bebauung widerzuspiegeln: vor allem Keramik in Nachbarschaft der Baracken, drei der vier Münzen im Bereich der *via principalis*, einzelne Scherben von Vorratskeramik (Amphoren, Schwerkrug) am Rand des *latus praetorii*.
Die Mehrzahl der Keramikscherben weist eher scharfe, frische Bruchkanten auf, nur eine Minderheit ist verrollt oder verwittert.

---

967 Kortüm 1995, 253f. T 28.

Aus oberer Grabeneinfüllung vor Baracke VIII (Fl. 33B-43B): Fb.-Nr. 2338; 2395; 2402; 2407.

Aus oberer Grabeneinfüllung südlich von Baracke VIII u. im Bereich der via principalis (Fl. 23B-33B): Fb.-Nr. 2369.

Aus der Grabeneinfüllung im Bereich des südl. Torturms der porta principalis sinistra (Fl. 13B): Fb.-Nr. 2418 u. 2437.

Aus der Grabeneinfüllung südlich der porta principalis sinistra (Fl. 13D): Fb.-Nr. 2413.

Aus oberer Grabeneinfüllung westlich von Baracke IV u. V = Bef. 1320 (Fl. 93B, 103B/D): Fb.-Nr. 2211 u. 2239.

Münzen

*1 Denar des Domitian. Rom, 92 n. Chr. RIC 169; BMC 194–198; Giard 179f. Leicht abgegriffen (A2) Vgl. Kap. IV.2 Nr. 8. Aus unterer Schicht. Fb.-Nr. 2339.

*2 Sesterz des Nerva. Rom 97 n. Chr. RIC 83; BMC 107–109; Giard 98. Abgegriffen (A3) Vgl. Kap. IV.2 Nr. 10. Aus oberer Schicht. Fb.-Nr. 2340.

*3 As des Traianus. Rom 99–100 n. Chr. RIC 416; BMC 742+. Abgegriffen/stark abgegriffen (A3–A4) Vgl. Kap. IV.2 Nr. 11. Bei 488,90 m ü. NN (untere Schicht?). Fb.-Nr. 2359.

*4 Dupondius des Hadrianus. Rom 119–121 n. Chr. RIC 604(a). – BMC 1237f. Abgegriffen (A3) Vgl. Kap. IV.2 Nr. 19. Schicht A. Fb.-Nr. 2349.

Metall

*5 Massiver Klappdeckel einer Bronzekanne mit kleeblattförmigem Ausguss, Länge 7,9 cm, Breite 5,8 cm. Vgl. Kap. IV.3 (Bronze) Nr. 141. Fb.-Nr. 2348.

*6 Massiver langrechteckiger Riemenendbeschlag mit Verschlusshaken und Punzinschrift (Kap. IV.1 Nr. 24a mit Abb. sowie Kap. IV.3 Bronze Nr. 105). Fb.-Nr. 2376.

*7 Bronzene Panzerschuppe mit acht Heftlöchern. Ränder leicht beschädigt, Länge 2,8 cm. Vgl. Kap. IV.3 (Bronze) Nr. 10. Schicht A. Fb.-Nr. 2347.

*8 „Augenbeschlag" mit Mittelbuckel aus getriebenem Blech, stark verbogen. Länge 2,8 cm, Gewicht 1,0 g. – Beim Schneiden des Befundes. Vgl. Kap. IV.3 Nr. 67. Fb.-Nr. 2437.

*9 Schlaufenartiger Riemenendbeschlag aus Bronzeblech mit grob gestanzten Nietlöchern. In ihm steckt ein massiver Bronzering, Dm. 2,5 cm. Befestigung eines Helms oder einer Paraderüstung? Vgl. Schönberger 1978, Taf. 19 B75. Die Halterung wirkt improvisiert: Offenbar ist sie bei einer Belastungsprobe abgerissen und ging verloren. Gewicht 8,2 g. Vgl. Kap. IV.3 Nr. 17. Schicht A. Fb.-Nr. 2351.

*10 Kl. Ziernagel mit gezacktem Rand und kurzem, massivem Stift, Dm. 0,9 cm, Gewicht 1,0 g. Zierbeschlag für Schild oder Möbel? Vgl. Kap. IV.3 Nr. 134. Beim Schneiden des Befundes. Fb.-Nr. 2437.

Glas

11 2 kl. blaue Glasperlen, Dm. 0,7 cm. Vgl. Kap. IV.6 (Glas) Nr. 98. Fb.-Nr. 2437.

Keramik

12 2 RS vorgeschichtliche Keramik, verrollt. Fb.-Nr. 2395.

*13 3 nicht anpass. WS Drag. 37. Art des Reginus, aufgrund des Tons Heiligenberg, vgl. Kap. IV.7 (Reliefsigillata) Nr. 114. – Aus der oberen Verfüllschicht des Kanals. Scharfe Bruchkanten. Fb.-Nr. 2338 u. 2407.

*14 RS Drag. 37, nur glatter Rand erhalten, Randdm. 24 bis 25 cm. Wahrscheinlich Heiligenberg. Aus oberer Grabeneinfüllung vor Baracke VIII. Fb.-Nr. 2402.

*15 3 RS einer Platte Curle 15/Drag. 15/17-Hybridform, Randdm. 25 cm. Wahrscheinlich südgallisch. Fb.-Nr. 2402.

*16 Ca. 2/3 erhaltener Teller Drag. 18/31, Randdm. ca. 18 cm (RS passt nicht an, gehört aber zweifelsfrei zu diesem Gefäß). Hellorangefarbener Glanztonüberzug, nach Tonanalyse Heiligenberg. Stempel Nr. 8 (Kap. IV.8 und IV.12.4) über Omphalos: DOM[ITIANVS F], retrograd. Schicht A. Fb.-Nr. 2350 u. 2407.

*17 RS Drag. 18/31, Randdm. 18 cm. Ostgallisch. Pl. 0–1, aus oberer Grabeneinfüllung vor Baracke VIII. Fb.-Nr. 2407.

*18 Kl. Bodensplitter einer Platte Drag. 18/31 mit Stempel Nr. 40 (Kap. IV.8) über Omphalos: [SVAR]A[D]. Südgallisch. Aus Grabeneinfüllung vor Baracke VIII. Fb.-Nr. 2395.

*19 Kl. RS Curle 15, Randdm. 25 bis 28 cm. Ostgallisch. Pl. 0–1, aus oberer Grabeneinfüllung vor Baracke VIII. Fb.-Nr. 2407.

*20 RS Drag. 42 mit Volutenapplike, Randdm. ca. 28 cm. Wahrscheinlich südgallisch. Pl. 0–1, aus oberer Grabeneinfüllung knapp südlich der porta principalis sinistra. Fb.-Nr. 2418.

21 6 kl. WS 2–6 versch. Drag. 18/31, 5 südgallisch, eine ostgallisch. Fb.-Nr. 2395, 2407 u. 2413.

*22(13 BS u. anpass. WS einer Schüssel od. Vase, Bdm. 6 cm. Terra-Sigillata-Imitation. Engobe nur außen. Fb.-Nr. 2418.

23 Bodenstück eines Trinkbechers mit Griesbewurf, Bdm. 3,8 cm. Ware 3, Ton u. engobierte Oberfl. ziegelrot. Wandansätze bis auf Stummel abgebrochen, Sekundärverwendung des Bodens (als Spielstein?) möglich. Pl. 0–1, aus Grabenfüllung knapp südlich der porta principalis sinistra. Fb.-Nr. 2418.

24 WS eines dünnwandigen Dellenbechers mit Griesbewurf, Ware 3. Ton hellorange, Engobe orange. Fb.-Nr. 2402.

25 WS eines Bechers mit Griesbewurf, Ware 3. Ton rot, Engobe mattschwarz. Fb.-Nr. 2418.

*26 2 RS eines Trinkbechers „rätischer" Glanztonware, Randdm. 12 cm. Stilgruppe Drexel 1. Oberfl. außen schokoladenbraun, stumpf. Aus oberer Grabeneinfüllung vor Baracke VIII. Fb.-Nr. 2369 u. 2402.

27 9 teils kl. WS mindestens vier versch. Becher „rätischer" Glanztonware, alle Stilgruppe Drexel 1. Fb.-Nr. 2369, 2395, 2407 u. 2418.

*28 RS eines Steilrandtopfes, Terra Nigra, Randdm. 8,5 cm. Ware 2, stark verriebener schwarzer Glanztonüberzug nur außen. Fb.-Nr. 2402.

29 Kl. RS u. 2 kl. anpass. WS eines Terra-Nigra-Steilrandtopfes wie Nr. 28. Schwarzer Glanztonüberzug recht gut erhalten. Fb.-Nr. 2413.

*30 RS einer Kragenschüssel mit Steilrand, Randdm. 19,5 cm. Terra Nigra (Ware 2), schwarzer Glanztonüberzug innen u. auf der Außenseite von Rand u. Kragen, gut erhalten. Fb.-Nr. 2395.

*31 Kl. WS eines Topfes, Terra Nigra mit winkelförmigem Rollrädchendekor, Ware 2, Ton innen grau, außen mattschwarz, kein Glanztonüberzug. Aus Grabeneinfüllung im Bereich der via principalis. Fb.-Nr. 2369.

*32 Kl. WS eines Topfes, Terra Nigra mit Rollrädchendekor in Form kleiner Rechtecke, Ware 10. Aus Grabeneinfüllung knapp südlich der porta principalis sinistra. Fb.-Nr. 2437.

*33 RS u. WS eines zylindrischen Bechers, Ware 2 mit hellgrauem Tonkern, Oberfl. dunkelgrau-anthrazit, kein Glanztonüberzug. Fb.-Nr. 2413 u. 2437.

*34 BS eines dünnwandigen Bechers od. Topfes mit Ratterdekor, Bdm. 6,5 bis 7 cm. Ware 2, Ton innen hellgrau, außen mittelgrau, kein Glanztonüberzug. Fb.-Nr. 2395.

*35 Ca. ein Viertel einer „rätischen" Reibschüssel mit vier Griffdellen im Kragen, Dm. innen 21 cm. Rote Engobe bis auf geringe Reste abgerieben, Oberseite des Randes mit Brandspuren. Fb.-Nr. 2437.
36 2 RS zwei versch. „rätischer" Reibschüsseln, Dm. innen je ca. 20 cm. Eine RS mit Brandspuren auf dem Kragen. Fb.-Nr. 2369 u. 2402.
*37 BS einer „rätischen„(?) Reibschüssel, profiliert, Bdm. 13,5 cm. Innen stark ausgerieben, Brandspuren auf der Bodenunterseite. Fb.-Nr. 2437.
*38 Flaches, massives Bodenstück einer Reibschüssel, Bdm. 11,0 cm. Innen sehr stark ausgerieben, auf der Unterseite Brandspuren. Fb.-Nr. 2407.
*39 RS einer tongrundigen Reibschüssel, Randdm. 25 cm. Ware 6, innen feine Steinung. Fb.-Nr. 2211.
*40 RS mit Ausgussansatz einer tongrundigen Reibschüssel, Kragendm. ca. 30 cm. Ware 5/6. Fb.-Nr. 2402.
*41 WS eines Zweihenkelkruges mit Einstichdekor in Gestalt eines Auges u. einer Swastika (?) u. Rollrädchendekor im Bereich der Schulter. Ware 6. Fb.-Nr. 2407.
*41a RS eines Zweihenkelkruges, Randdm. 7,0 cm. Ware 8. Fb.-Nr. 2395.
*42 4/5 eines Einhenkelkruges, aus zahlreichen Scherben zusammengesetzt, Randdm. 5,5 cm, Höhe 29,5 cm, Bauchdm. 22 cm, Henkel dreistabig. Ware 6. Fb.-Nr. 2402.
43 Unteres Drittel eines ähnlichen (Einhenkel-?)Kruges, Bdm. 8,4 cm, stark zerscherbt. Ware 6. Fb.-Nr. 2402.
*44 Halsstück eines Einhenkelkruges, Randdm. 6,6 cm, Henkel vierstabig. Ware 8. Aus oberer Grabeneinfüllung vor Baracke VIII. Fb.-Nr. 2369 u. 2407.
*45 Halsstück eines kl. Einhenkelkruges, Randdm. 4,4 cm, Henkel zweistabig. Ware 8. Brüche verrollt, Sekundärverwendung des Halsstückes aufgrund der gleichmäßigen Bruchkanten möglich. Fb.-Nr. 2413.
46 RS eines Kruges, Randdm. 6 cm. Ware 8. Fb.-Nr. 2413.
*47 RS eines Kruges, Randdm. 8 cm. Ware 8. Fb.-Nr. 2395.
*48 BS eines Kruges, Bdm. 5,9 cm. Ware 6, außen baun-ocker. Fb.-Nr. 2395.
*49 BS eines Kruges, Bdm. 6,5 cm. Ware 8. Fb.-Nr. 2437.
*50 BS eines Kruges, Bdm. 7,5 cm. Ware 6, außen ocker. Fb.-Nr. 2395.
*51 BS eines Kruges, Bdm. 9,6 cm. Ware 6. Fb.-Nr. 2395.
*52 BS eines Kruges, Bdm. 9 cm. Ware 8. Fb.-Nr. 2395.
*53 BS eines Kruges, Bdm. 9 cm. Ware 8. Fb.-Nr. 2413.
54 6 Henkelfragmente (4 zweistabig, 2 dreistabig) verschiedener Krüge. Waren 6 u. 8. Fb.-Nr. 2395, 2402, 2407, 2413 u. 2437.
*55 RS eines flachen Tellers, Randdm. 24 cm. Ware 4, orangefarbener Überzug innen u. außen, stellenweise verrieben. Fb.-Nr. 2402.
*56 Kl. RS eines flachen Tellers, Randdm. ca. 24 bis 25 cm. Ware 4, orangefarbener Überzug innen u. außen fast glanztonartig. Fb.-Nr. 2395.
*57 RS eines flachen Tellers, Randdm. 18 cm. Ware 7, außen Hitzespuren. Fb.-Nr. 2407.
*58 RS eines flachen Tellers, Randdm. 26 bis 28 cm. Ware 5 (roter Ton), außen Hitzespuren, Brüche verrollt. Fb.-Nr. 2407.
*59 RS eines flachen Tellers mit steilem Rand, Randdm. 17 cm. Ware 5 (roter Ton), außen Hitzespuren. Fb.-Nr. 2407.
*60 Ca. ein Viertel eines flachen Tellers, Randdm. 23,5 cm. Ton braun, Sandmagerung, Biotitglimmer, braunrote u. schwarze Partikel. Auf der Bodeninnenseite Schnittspuren. Fb.-Nr. 2395.

*61 RS eines flachen Tellers, Randdm. ca. 20 cm. Ware 7, außen Hitzespuren. Fb.-Nr. 2395.
*62 Kl. RS eines Topfes mit Karniesrand, Randdm. 10,5 cm. Ton orange mit schwarzen Partikeln u. Biotitglimmer, Oberfl. außen ocker. Fb.-Nr. 2369.
*63 Kl. RS eines Topfes mit degeneriertem Karniesrand, Randdm. 9 bis 10 cm. Ware 7, außen Hitzespuren. Fb.-Nr. 2413.
*64 RS eines Topfes mit Sichelrand, Randdm. 13,0 cm. Ware 5, außen Hitzespuren. Fb.-Nr. 2395.
*65 3 anpass. RS eines Topfes mit Trichterrand, Randdm. 11,5 cm. Ware 5, außen Hitzespuren. Fb.-Nr. 2413 u. 2437.
*66 Kl. RS eines Topfes mit unterschnittenem, horizontal nach außen umgelegtem Rand, Randdm. 11 bis 12 cm. Ware 7, Engobe verrieben. Fb.-Nr. 2437.
*67 3 anpass. RS, 5 WS eines Topfes mit nach außen umgelegtem Rand u. Wanddellen (2 Dellen im Ansatz erhalten), Randdm. 13 cm. Ware 7. Fb.-Nr. 2395 u. 2402.
*68 Viertel vom Rand (5 RS) eines Topfes mit gerilltem Horizontalrand, Randdm. 24 cm. Ware 6. Fb.-Nr. 2395.
*69 Viertel eines Topfes mit gerilltem Horizontalrand u. Knickwand, Randdm. 18,5 cm. Ware 5, außen u. auf Rand Hitzespuren. Fb.-Nr. 2395 u. 2402.
*70 RS eines Topfes mit gerilltem Horizontalrand u. Knickwand, Randdm. 19 cm. Ware 5, außen Hitzespuren. Fb.-Nr. 2437.
71 RS eines Topfes wie Nr. 70, Randdm. 20 cm. Ware 5. Fb.-Nr. 2402.
*72 Ca. ein Viertel eines Topfes mit glattem Horizontalrand u. Knickwand, Randdm. 19,5 cm. Ware 5, außen u. am Rand Hitzespuren. Fb.-Nr. 2369 u. 2395.
*73 2 anpass. RS eines Topfes mit glattem Horizontalrand u. Knickwand, Randdm. 19 cm. Ware 5. Fb.-Nr. 2369.
*74 RS eines Topfes wie Nr. 73, Randdm. 18,2. Fb.-Nr. 2395.
*75 RS eines Topfes mit horizontalem Kammstrich, Randdm. 12 cm. Ware 9A. Brüche etwas verrollt. Fb.-Nr. 2395.
*76 RS eines Topfes mit horizontalem Kammstrich, Randdm. 12 cm. Ware 9A. Fb.-Nr. 2395.
77 RS eines Topfes wie Nr. 76, Randdm. ca. 14 cm. Ware 9A. Brüche verrollt. Fb.-Nr. 2413.
*78 RS eines Topfes mit horizontalem Kammstrich, Randdm. 11 cm. Ware 9A. Fb.-Nr. 2437.
*79 RS eines Topfes mit horizontalem Kammstrich, Randdm. 13 bis 14 cm. Ware 10. Fb.-Nr. 2418.
*80 RS eines Topfes mit horizontalem Kammstrich, Randdm. 13 cm. Terra Nigra, Ware 2, Oberfl. schwarz, kein Glanztonüberzug. Brüche etwas verrollt. Fb.-Nr. 2437.
*81 2 RS eines Topfes mit dreieckigem Randprofil u. horizontalem Kammstrich, Randdm. 12 cm. Ware 9B. Brüche verrollt. Fb.-Nr. 2369.
*82 Bodenstück (2 Scherben) eines kl. Topfes, Bdm. 6 cm. Ware 5. Fb.-Nr. 2369.
*83 BS eines Topfes, Bdm. 8 cm. Ton rot mit Sandmagerung u. Biotitglimmer, Oberfl. rau mit grauen Flecken. Brüche verrollt. Fb.-Nr. 2402.
*84 Kl. RS eines Deckels, Randdm. 22 bis 24 cm. Ware 5 (roter Ton, Sandmagerung). Fb.-Nr. 2402.
*85 Kl. RS eines Deckels, Randdm. 22 bis 24 cm. Ware 4, orangefarbener Überzug teilw. verrieben. Fb.-Nr. 2407.
*86 Kl. RS eines Deckels, Randdm. ca. 14 cm. Ware 5, sek. verbrannt. Fb.-Nr. 2211.
87 3 Knäufe von Deckeln, Ware 5/6. Fb.-Nr. 2395, 2402 u. 2407.

*88 BS u. 4 WS eines frei geformten Kochtopfes, Bdm. ca. 10 cm. Ton dunkelgrau, Biotitglimmer, feine Sandmagerung, starke Hitzespuren. Fb.-Nr. 2369.

*89 RS einer Schale/Wanne von frei geformter Ware, Randdm. 36 bis 38 cm. Ton grau bis anthrazit, Biotitglimmer, feine Sandmagerung. Fb.-Nr. 2413.

*90 RS eines Räucherkelches, Randdm. 20,5 cm. Auf dem Wellenrand u. auf Steilwand je doppeltes Rollrädchendekor. Ware 6, innen leichte Hitzespuren, Brüche verrollt. Fb.-Nr. 2395.

*91 RS eines Räucherkelches, Randdm. 19,5 cm. Ware 7. Fb.-Nr. 2239.

92 Zweistabiger Henkel eines Schwerkruges, Breite 5,6 cm, Dicke 1,8 cm. Ware 5/6. Fb.-Nr. 2437.

93 2 WS von baetischen Ölamphoren, Dicke 2,1 u. 1,9 cm. Brüche einmal verrollt, einmal scharfkantig. Fb.-Nr. 2413 u. 2418.

Stein

*94 Kl. profilierte RS eines Backtellers od. -schüssel, Rdm ca. 15 bis 20 cm. Vgl. Kap. IV.11 (Lavez) Nr. 2. Fb.-Nr. 2437.

Befund 1553

Phase 3; Anlage 10; Abb. 43. – Schachtartige Grube mit muldenförmiger Sohle im Bereich des Kopfbaus von Baracke VIII. Maximale Tiefe 155 cm unter Pl. 1, d. h. ca. 170 cm unter der römischen Oberfläche, die im Bereich der ehemaligen Fußgängerzone Karlstraße aufgrund zahlreicher Leitungen bereits zerstört war. Die oberen ca. 30 cm der Grube sind trichterartig erweitert.

Die Verfüllung besteht aus vier Schichten:

A Auffüllschicht bis max. ca. 65 cm unter Pl. 1 aus dunkel- u. hellbraunem Lehm, darin Brandlehm- u. Ziegelsplitter, 2 einseitig verbrannte *later*-Fragmente, Mörtel, ein größeres Verputzstück, viele Holzkohleflitter u. hoher Kiesanteil mit Geröllen bis 10 cm Länge.

B Wie A, jedoch nur wenige Kiesel u. höherer Anteil hellbraunen Lehms.

C Verschmutzter hellbrauner Lehm mit HK u. Brandlehm, teilweise in D eingesunken.

D Grauschwarzer Lehm, außer HK nur mit solchen Einschlüssen, die von C erkennbar eingesunken sind. Vor allem im Sohlenbereich Placken silbrig-grauen Lehms. Stellenweise ist der Kies unter der Grubensohle durch organische Einsickerung graugrün verfärbt.

Interpretation: Vermutlich späte, beim Abbruch des Kastells verfüllte Latrine.[968] Ein wahrscheinlich einst vorhandener hölzerner Verbau des Randes ist nicht mehr erkennbar. Die Lage an der Gebäudeaußenwand zur *via sagularis* teilt der Befund mit Latrinen von Kopfbauten im Alenkastell Kösching sowie im Numeruskastell Walheim.[969]

Stratigraphie: Schneidet das westliche Außengräbchen von Baracke VIII (Bef. 1548) sowie die ältere Grube Bef. 1552, die jedoch kein relevantes Fundmaterial enthielt.

Glas

*1 Ca. zur Hälfte erhaltener steilwandiger Becher, Randdm. 16 cm. Form Rütti 1991, AR 98 (Isings 85b), Randform wie ebd. Taf. 77,1712. Farbloses, frei geblasenes Glas, Außenseite überschliffen. In Augusta Raurica ist der Typ ab dem 2. Viertel des 2. Jh. belegt. Vgl. Kap. IV.6 (Glas) Nr. 13. Fb.-Nr. 2342.

*2 RS von aquamarinfarbenem Fensterglas, vgl. Kap. IV.6 (Glas) Nr. 102. Fb.-Nr. 2370.

Keramik

*3 2 kl. WS Drag. 37 vermutlich derselben Schüssel. Art des *Reginus I*. Fb.-Nr. 2370 stammt aus Bef. 1553, das andere Bruchstück aus der frühalamannischen Kulturschicht über der umgestürzten westlichen Kastellmauer (Bef. 1443, Fb.-Nr. 2382).

4 Glatte RS Drag. 37, oberhalb des Eierstabs abgebrochen, Randdm. ca. 21 bis 22 cm. Lachsroter Ton, scharfe Bruchstellen. Nach ICP-MS-Analyse Rheinzabern, vgl. Kap. IV.7 Nr. 119 u. Kap. IV.12.4. Scharfe Bruchkanten. Fb.-Nr. 2370.

*5 Omphalos-Fragment Drag. 31 mit Stempel Nr. 43 (Kap. IV.8): TRIBO[cus f.], laut ICP-MS-Analyse Rheinzabern, vgl. Kap. IV.12.4. Sekundäre Brandspuren. Fb.-Nr. 2333.

*6 Zu einem Viertel erhaltene Drag. 33, Randdm. 14 cm. Ostgallisch. Graffito Nr. 50 (Kap. IV.1): IV. Schicht C. Fb.-Nr. 2333.

7 4 WS u. 2 BS von mindestens vier verschiedenen Trinkbechern „rätischer" Glanztonware. Soweit beurteilbar Stilgruppe Drexel 1, ein Fragment mit silbrig-metallischem Glanztonüberzug. Fast durchweg scharfe Bruchkanten. Fb.-Nr. 2370.

*8 RS (erhalten 30°) einer „rätischen" Reibschüssel, Randdm. innen 24 cm. Ware 4, roter Überzug. Scharfe Brüche, sekundäre Brandspuren. Beim Schneiden des Bef. Fb.-Nr. 2370.

9 Ca. ein Viertel eines zerscherbten Kruges (nur WS), Ware 8, innen mit weißem Überzug, scharfkantige Brüche. Fb.-Nr. 2370.

*10 2 RS (erhalten ca. 20°), 1 BS u. 1 WS eines flachen Tellers/Backplatte, Randdm. 22 bis 24 cm. Ware 7, außen u. unter dem Boden Brandpatina, scharfe Bruchkanten. Fb.-Nr. 2370.

*11 RS (erhalten ca. 10°) eines flachen Tellers/Backplatte, Randdm. 20 bis 25 cm. Ware 7, grau verbrannt, scharfe Brüche. Fb.-Nr. 2370.

*12 2 RS (erhalten 90°) u. 1 WS eines Kochtopfes mit Horizontalwand u. Knickwand, Randdm. 19 cm. Ware 5, entlang des Randes u. auf der Außenseite Brandpatina, scharfkantige Brüche. Fb.-Nr. 2370.

*13 RS (erhalten 40°) eines Topfes mit umgelegtem Rand, Randdm. 11,5 cm. Ware 5, außen Brandpatina, scharfe Brüche. Fb.-Nr. 2370.

*14 RS (erhalten 10–15°) eines Deckels, Randdm. ca. 18 cm. Ware 5/7, entlang des Randes Brandpatina, scharfe Brüche. Fb.-Nr. 2370.

*15 RS (erhalten 180°) eines Tonfläschchens wie Bef. 1166-14, Randdm. 4,2 cm. Ware 5/7, scharfe Bruchkanten. Fb.-Nr. 2370.

16 Zahlreiche WS verschiedener Gefäße, Waren 5–9.

Befund 1562

Phase 3; Anlage 10. – Westliches Abschlussgräbchen des Holzgebäudes XXV an der *via principalis sinistra* (Fl. 33B/D). Die ebene Sohle des Befundes verläuft 49 cm unter Pl. 1, jedoch nur die oberen 20 cm sind mit Fachwerkschutt verfüllt. Im Nordteil dieser Verfüllung gibt es eine Konzentration von Kalkbruch- und Kalktuffsteinen ohne Mörtelanhaftungen. Diese Steine erreichen eine maximale Kantenlänge von 25 cm.

---

968 Zu Schachtlatrinen vgl. Hänggi u. a. 1994, 65.

969 Hüssen/Mehler 2004, 84 mit Abb. 87; Kortüm/Lauber 2004, 93 Bef. 3160.

Der tiefere Befundbereich besteht aus Kies und dunkelbraunem Lehm wie die Pfostengräbchen von Phase 2.
Interpretation: Zweiphasige Außenwand. In Phase 2 wohl als Pfostengräbchen angelegt, in Phase 3 als Schwellbalkengräbchen. Die Konstruktionsabfolge reflektiert die des Kopfbaus von Baracke IV.
Stratigraphie: Schneidet das nördliche Langgräbchen des Baus XXV (Bef. 1563, Phase 2).
Keine Funde.

Befund 1616/1633

Phase 1–2; Anlage 7. – Sohlgraben ca. 20 m vor der Westumwehrung, verläuft parallel zu dieser. Mit 0,7 bis 0,8 m unter der römischen Oberfläche war der ältere Sohlgraben etwas tiefer als sein Nachfolger (Bef. 1465/1500). Dieser schneidet die Ostkante des Befundes. Die Verfüllung besteht aus dunkelbraunem Lehm, Kies und Siedlungsabfall im Sohlenbereich, darüber aus Kies, der fast frei ist von anthropogenen Einschlüssen. Man gewinnt den Eindruck, als habe man mit dem frischen Aushub von Bef. 1465/1500 den vielleicht vor Unrat und Abfällen stinkenden älteren Graben Bef. 1616/1633 bedecken wollen. Möglicherweise ist das der Grund, weswegen der neue Graben nicht deckungsgleich mit dem alten verlief. Die Verfüllung wurde aus Zeitgründen mit dem Minibagger ausgenommen und durchsucht.
Stratigraphie: Von Bef. 1465/1500 geschnitten.
Interpretation: Älterer Sohlgraben, diente evtl. der Abgrenzung des Militärterritoriums.

Metall

1 Bronzener Pilzkopfnagel, Länge 1,7 cm, Dm. 1,4 cm. Vgl. Kap. IV.3 (Bronze) Nr. 97. Fb.-Nr. 2429.

Keramik

2 Kl. WS Drag. 37. Wahrscheinlich Art des *L. Cosius*, La Graufesenque, vgl. Kap. IV.7 (Reliefsigillata) Nr. 23. Bef. 1633, Fb.-Nr. 2429.
3 RS Drag. 37, Randdm. 20 cm. Art/Tradition des *Germanus*, La Graufesenque, vgl. Kap. IV.7 Nr. 4. Bef. 1633, Fb.-Nr. 2429.
4 Kl. RS Drag. 37. Art des (Kreises um) *Mercator*, La Graufesenque, vgl. Kap. IV.7 Nr. 9. Bef. 1633, Fb.-Nr. 2429.
5 Kl. WS Drag. 37. Art des *Docilis* (Gruppe II)? Mittelgallisch, vgl. Kap. IV.7 Nr. 65. Scharfe Bruchkanten. Bef. 1616. Fb.-Nr. 2439.

Befund 1620

Phase 2; Anlage 7. – Abfallgrube vor der Westumwehrung des Kastells, ca. 35 m nordwestlich der *porta principalis sinistra* (Fl. 61D). Die Grube ist durch verschiedene moderne Versorgungsleitungen gestört, hatte aber westöstlich eine Mindestbreite von 3,5 m und eine nordsüdliche Mindestlänge von 3 m. Der Befund setzt sich nördlich der Grabungsgrenze fort. Im westöstlich verlaufenden Profil offenbart die Grube eine unregelmäßige Kontur: Bei unebenem Sohlenverlauf fällt sie von Westen nach Osten von 10 cm unter Pl. 1 bis auf knapp 50 cm unter Pl. 1 ab, d. h. hier ca. 55 cm unter der römischen Oberfläche. Zwei Schichten konstituieren ihre Verfüllung:
A Graubrauner, sandiger Lehm, mit viel Asche, etwas hellbraunem Lehm und wenigen Kieseln durchsetzt. An Einschlüssen fanden sich HK, wenige Mörtelstückchen, Ziegelsplitter, etwas Brandlehm und einzelne grünlichgraue Placken (Unrat?). Fast alle Funde stammen aus dieser Einfüllung.

B Erdsubstrat wie A, jedoch mit vielen Kieseln bis zu Kinderfaustgröße durchsetzt.
Interpretation: Materialentnahmegrube für Kies wie Bef. 1450, später mit Abfällen aus dem Kastell verfüllt. Nach Analyse des Fundmaterials fällt die Abfalldeponierung etwa in die Mitte der Kastellzeit (hadrianisch).
Stratigraphie: Isolierter Befund, stellenweise gestört.

Metall

1 Massiver Schildnagel mit gekerbtem Rand, Dm. 2,3 bis 2,4 cm, Befestigungsspanne des Stiftes 1,3 cm. Gewicht 10,5 g. Vgl. Kap. IV.3 (Bronze) Nr. 25. Fb.-Nr. 2426.
2 K. Bronzering, Dm. 1,8 cm, Gewicht 2,0 g. Vgl. Kap. IV.3 (Bronze) Nr. 148. Fb.-Nr. 2426.
3 Aufgebogener Bronzering mit rautenförmigem Querschnitt, Höhe 2,5 cm, Gewicht 1,4 g. Vgl. Kap. IV.3 (Bronze) Nr. 149. Fb.-Nr. 2426.
4 Trapezoides Blechstück mit Schnittspuren einer Blechschere. Länge noch 2,6 cm, Gewicht noch 0,7 g. Vgl. Kap. IV.3 (Bronze) Nr. 155. Fb.-Nr. 2426.

Glas

5 RS eines Tellers/Platte od. einer flachen Schale, vgl. Kap. IV.6 (Glas) Nr. 2, Randdm. ca. 24 cm. Variante des Typs Rütti 1991, AR 24.1 od. AR 82. Farblos-gelbliches, überschliffenes Glas. Schliffverzierung ist nicht vorhanden, jedoch aufgrund der Kleinheit des Bruchstücks nicht gänzlich auszuschließen. Fb.-Nr. 2426.
6 Kl. WS sog. „Eierschalenware", vgl. Kap. IV.6 (Glas) Nr. 71, farblos-gelbliches Glas. Fb.-Nr. 2426.
7 Mehrere Bruchstücke eines Fensterglases, vgl. Kap. IV.6 (Glas) Nr. 100. Blaugrünes Glas. Fb.-Nr. 2426.

Bein

8 Zapfen eines Scharniers, aus Bein gedrechselt, Länge 3,6 cm. Vgl. Kap. IV.5 (Bein) Nr. 4. Fb.-Nr. 2426.
9 Einfacher Spielstein aus Horn ohne Rillen, jedoch mit zentralem Drehpunkt. Dm. 2,1 cm. Auf der Rückseite Graffito *NI*. Vgl. Kap. IV.5 (Bein) Nr. 12. Fb.-Nr. 2426.

Keramik

10 RS Drag. 37, Randdm. ca. 18 cm. Banassac, vgl. Kap. IV.7 (Reliefsigillata) Nr. 54. Scharfe Bruchkanten. Fb.-Nr. 2426.
11 4 nicht anpass. WS derselben Drag. 37. Ware von *Satto/Saturninus*, vgl. Kap. IV.7 Nr. 84. Teilweise verrollte Bruchkanten. Fb.-Nr. 2404 u. 2426.
12 Kl. WS Drag. 37. Art des *Ianus*, Heiligenberg. Scharfe Bruchkanten. Fb.-Nr. 2426.
13 BS Drag. 18/31 mit Stempel Nr. 12 (Kap. IV.8): IAIA, Banassac. Fb.-Nr. 2426.
14 BS Drag. 18/31 mit Stempel Nr. 30 (Kap. IV.8): REGVLI.[MA], Mittelgallien. Fb.-Nr. 2426.

Stein

15 Kl. profilierte RS eines Backtellers od. -schüssel, Randdm. ca. 16 bis 20 cm. Vgl. Kap. IV.11 (Lavez) Nr. 3. Fb.-Nr. 2446.
16 2 WS eines (?) zylindrischen Topfes mit profilierter Horizontalleiste, vgl. Kap. IV.11 (Lavez) Nr. 10. Fb.-Nr. 2426.

Befund 1645

Phase 3; Anlage 10. – Rechteckige Pfostengrube von 80 cm × 90 cm Ausdehnung an einer Trennwand im westlichen Endbau von Baracke I (Fl. 154C). Der Pfosten selbst ist ca. 30 cm

stark mit flacher Sohle, seine Standspur mit Abbruchschutt verfüllt. Seine Tiefe beträgt ca. 85 cm unter der römischen Oberfläche bei ebener Sohle. Das Substrat der Pfostengrubenverfüllung setzt sich aus dunkelbraunem Lehm, Kies und etwas HK zusammen. Der gewachsene Boden besteht hier aus Kies und hellem Schwemmlehm der Ur-Brenz, gewährt folglich nicht dieselbe statische Belastbarkeit wie im südlicher gelegenen Kastellareal der Baracken II–VIII.
Interpretation: Pfosten eines Umbaus in Baracke I; die Standspur ist mit finalem Abbruchschutt der Baracke verfüllt, d. h. der Pfosten wurde ausgegraben. Auch in den übrigen Baracken hat man wie hier Gräbchen durch massive Pfosten ersetzt oder erneuert, vgl. z. B. Bef. 83, 268, 273, 290 (Baracke III), 455 und 447 (Baracke IV), 516, 546, 840 und 851 (Baracke V) sowie 589 und 716 (Baracke VI).
Stratigraphie: Schneidet am Rand das nordsüdlich verlaufende Wandgräbchen Bef. 1646.

Keramik

1 Fast vollständig erhaltener, aus Scherben zusammengesetzter Trinkbecher mit Karniesrand u. Griesbewurf, Randdm. 6,5 cm. Orangefarbener, fein geschlämmter mit Biotitglimmer, Überzug orangerot, matt (Ware 3). – Aus der Verfüllung der Pfostenstandspur. Fb.-Nr. 2454.

Befund 1648/1652/1653

Phase 3; Anlage 10. – Jüngere Phase des nördlichen Außengräbchens des westlichen Endbaus von Baracke I (Fl. 154C, 154B/D). Es handelt sich dabei nicht um ein durchgängiges Schwellbalkengräbchen, sondern um drei unterschiedlich lange Teilgräbchen (Bef. 1648, 1652, 1653). Die Sohle von Teilbef. 1652 verlief eben bei 38 cm unter Pl. 1. Unter der jüngeren Gräbchenverfüllung von Bef. 1653 verbirgt sich der Rest einer Pfostengrube aus Phase 2, die das ältere Gräbchen Bef. 1651 nach Osten hin abschloss. Diese reicht bei einer rechteckigen Grundform 55 bis 60 cm unter Pl. 1 hinab. Die Verfüllung besteht in allen drei Teilbefunden aus Fachwerkschutt der Baracke. Die Strukturen konnten nicht mehr vollständig ausgegraben werden, doch ließen sich nirgendwo Pfostenstandspuren erkennen. Anders im älteren Gräbchenbef. 1651, wo unter Bef. 1652 Pfostenspuren im Abstand von 4 röm. Fuß (1,2 m) erkannt werden konnten. Der gewachsene Boden besteht hier bis zu 10 cm Tiefe aus schwarzbraunem Auelehm, unter dem sich bis 20 cm Tiefe mittelbrauner Lehm anschließt, bevor zunächst Kies und ab 40 cm unter Pl. 1 Tiefe sandiger, ockerfarbener Schwemmlehm folgen.
Interpretation: Jüngere Konstruktion der Außenwand des Endbaus von Baracke I, wohl in Gestalt von Schwellbalken mit eingezapften Pfosten ähnlich dem jüngeren Endbau von Baracke IV.
Stratigraphie: Liegt über dem älteren Gräbchen Bef. 1651.

Befund 1649

Phase 3; Anlage 10. – Rechteckige Pfostengrube im westlichen Enbau von Baracke I (Fl. 154B/D), im Pl. 1 und 2 von 0,9 m (nordsüdlich) × 0,4 (westöstlich) m Ausdehnung. Die Verfüllung besteht weitgehend aus Fachwerkschutt der Baracke. Der Befund konnte nicht mehr vollständig ausgegraben werden, war aber 20 cm unter Pl. 1 noch vorhanden.
Interpretation: Pfosten einer nordsüdlich verlaufenden Raumtrennwand, zu der es in Phase 2 keinen Vorgänger gab, oder Punktfundament einer Deckenstütze in einem westöstlich ausgerichteten Raumkorridor. Dimension, Charakter und Lage des Befundes verbinden ihn mit Bef. 1645.
Stratigraphie: Schneidet einen vorgeschichtlichen Pfosten, der erst unterhalb einer modernen Leitungsstörung erkannt wurde.
Keine Funde.

Befund 1659

Phase 3; Anlage 10. – Nordsüdlich verlaufendes Trennwandgräbchen im Stall des westlichen Endcontuberniums von Baracke I (Fl. 155A/C). Es ist mit Fachwerkschutt verfüllt und mit 16 bis 17 cm Tiefe unter Pl. 1 (d. h. ca. 20 cm unter der röm. Oberfläche) nicht so tief eingegraben worden wie die meisten Wandgräbchen der Phase 2. Leider konnte aus Zeitgründen kein Profil mehr dokumentiert werden, doch ließ sich ausschließen, dass hier eine zweite (neben Bef. 1657) Jaucherinne verlief.
Interpretation: Position und Verfüllung zeigen einen jüngeren Umbau an. Wahrscheinlich ging er mit der Erweiterung des Endbaus einher, vgl. Bef. 1661–1664.
Stratigraphie: Isolierter Befund.
Keine Funde.

Befund 1650

Phase 3; Anlage 10. – Zweiphasiges nördliches Außengräbchen des Mannschaftstraktes von Baracke I (Fl. 154C, 154B/D, 155A/C, 156B/D). Aufgrund des unterschiedlichen Erdsubstrates – Fachwerkschutt als Verfüllung der jüngeren Phase 3 und dunkelbrauner Lehm mit Kies der älteren Phase 2 – lassen sich beide Phasen voneinander trennen. Die Erdkonsistenz der jüngeren Phase kontrastiert gegenüber dem an der Oberfläche anstehenden schwarzbraunen Auelehm hell und reicht mit 15 bis 20 cm nur wenig tiefer als dieser. Konträr dazu heben sich die Überreste des älteren Gräbchens dunkel vom tiefer anstehenden hellbraunen Schwemmlehm mit Kies ab. Die Unterkante des älteren Gräbchens liegt 43 bis 50 cm unter Pl. 1, d. h. ca. 45 bis 52 cm unter der römischen Oberfläche; es hat einen kastenförmigen Querschnitt bei 29 bis 30 cm Breite. In diesem konnten einzelne Pfostenstandspuren im Abstand von 3 und 4 röm. Fuß lokalisiert werden, nicht jedoch im jüngeren. Die beiden im Endbaubereich im Achsabstand von 12 röm. Fuß kreuzenden Elemente von 0,55 (im Westen) bzw. 0,92 m (im Osten) Länge gehören zur älteren Phase. Bei ihnen handelt es sich wahrscheinlich um Fixierungskonstruktionen für Pfosten aus der Bauzeit der Baracke. Über dem östlichen ergrabenen Abschnitt von Bef. 1650 ließ sich die jüngere Phase nicht nachweisen.
Interpretation: Ähnlich wie im Falle des parallelen Gräbchens Bef. 1648/1652/1653 sowie des Endbaus von Baracke IV scheinen auch hier für die jüngere Konstruktion Schwellbalken mit eingezapften Pfosten verwendet worden zu sein, während die ältere Phase 2 aus in Gräbchen eingestellten Pfosten mit diesen verbindenden Horizontalriegeln bestanden haben dürfte. Etliche unregelmäßige Ausbuchtungen entlang der Nordkante des älteren Gräbchens scheinen darauf hinzudeuten, dass seine Pfosten vor der Erneuerung durch die jüngere Konstruktion gezogen bzw. ausgegraben wurden. Die entstehenden Hohlräume hat man meist mit verschmutztem Kies aufgefüllt.
Stratigraphie: Die jüngere Phase ist gleichzeitig mit dem kreuzenden Gräbchen Bef. 1656.
Keine Funde.

449

Befund 1654

Phase 3; Anlage 10. – Pfostengrube im westlichen Endbau von Baracke I (Fl. 154B/D), die sich im Pl. 1 nur schemenhaft zu erkennen gibt. Lage, Dimension und Substrat entsprechen jedoch Bef. 1649.
Interpretation: Wie Bef. 1649.
Stratigraphie: Isolierter Befund.
Keine Funde.

Befund 1656

Phase 3; Anlage 10. – Nordsüdlich verlaufendes Gräbchen am östlichen Abschluss des westlichen Endbaus von Baracke I (Fl. 154B/D). Dieser mit Fachwerkschutt und etlichen Kalkbruchsteinen (von einer Herdstelle?) verfüllte Baubefund hat keinen Vorgänger in Phase 2. Die Struktur konnte nicht mehr vollständig ausgegraben werden.
Interpretation: Der ältere westliche Endbau von Baracke I nahm eine Breite von nur zwei *papiliones* ein. Seinen östlichen Abschluss bildete die Grube Bef. 1653 (Phase 2). Der jüngere Endbau (Phase 3) wurde nach Osten um die Breite einer weiteren *papilio* erweitert. Zu ihm gehört das Trennwandgräbchen Bef. 1656, das gegenüber Bef. 1653 um 0,8 m nach Osten versetzt ist. Der Abstand zwischen den mutmaßlich gleichzeitigen Pfosten Bef. 1649 und 1654 sowie zwischen Bef. 1654 und 1656 beträgt je 9 oder 10 röm. Fuß.
Stratigraphie: Schneidet das ältere Langgräbchen Bef. 1650 sowie ein vorgeschichtliches Körpergrab (Bef. 1655).
Keine Funde.

Befund 1661–1664

Phase 3; Anlage 10. – Pfostengruben, die den *porticus*-Bereich des westlichen Endcontuberniums von Baracke I umfassen (Fl. 155A/C). Während der massive Eckpfosten Bef. 1662 mindestens 30 cm tief unter Pl. 1 gründet, sind die beiden anderen sowohl im Flächenumfang als auch mit einer Tiefe von nur ca. 20 cm als Zwischenpfosten deutlich schwächer. Aus Zeitgründen musste auf eine Profildokumentation verzichtet werden, doch waren Bef. 1661, 1663 und 1664 nach dem Abbaggern auf Planum 2 nicht mehr vorhanden. Alle drei Befunde sind zumindest in ihrem Mittelbereich mit Fachwerkschutt verfüllt.
Interpretation: Der geringe Tiefgang dokumentiert eine eher leichte Bauweise und spricht für eine späte Zeitstellung. Wahrscheinlich handelt es sich um eine spätere Erweiterung des Endbaus nach Osten. Vgl. auch Bef. 1659. Zuvor bestand hier eine offene *porticus*. Bef. 1662 war der vormalige *porticus*-Pfosten, eine Zweiphasigkeit ließ sich allerdings nicht sichern.
Stratigraphie: Isolierte Befunde; nur Bef. 1662 reicht in den gewachsenen hellen Lehm/Kies hinab. Bef. 1664 schneidet die ältere Phase von Bef. 1650. Bef. 1661 und 1662 liegen in der Flucht von Bef. 1648/1652/1653.

Glas

1 WS einer runden Flasche mit quer gerripptem Körper, Dm. 7 cm. Wie Typ Rütti 1991, AR 161, jedoch aus farblosem, formgeblasenem Glas fast ohne Blasen. Vgl. Kap. IV.6 (Glas) Nr. 58. Fb.-Nr. 2460.
2 Kl. WS eines unbest. Gefäßes (Glas-Nr. 61), wahrscheinlich eines Bechers oder einer Schale von hauchdünnem, fast farblosem Glas mit leichtem blaugrünen Schimmer, frei geblasen. Eingemärbeltes braunrot-opakes Auge. Vgl. dazu Rütti 1991 Bd. 2, 44 B. Fb.-Nr. 2451.

Befund 1669

Phase 2a; Anlage 8. – Grube innerhalb der *porticus* von Baracke I bzw. inmitten des erweiterten Endbaus (Fl. 155C). Die nordsüdliche Breite beträgt 1,25 m mit fast senkrechten Grubenkanten. Die Sohle verläuft unregelmäßig 70 bis 80 cm unter Pl. 2 tief, die tiefste Stelle liegt am Nordende. Die Verfüllung ist heterogen, aber ohne abgrenzbare Schichten. Lediglich die dunkle, ca. 10 cm starke Sohlenschicht hebt sich ab. Die obere Verfüllung enthält viel Brandmaterial, neben Brandlehm und HK Bruchstücke verbrannter Herdstellenziegel *(lateres)* und mehrere verbrannte Kalkbruchsteine. Ein *later*-Fragment steckt senkrecht am Südrand der Grube, das vielleicht auf die Existenz einer ehemals hinterfüllten Holzverschalung schließen lässt.
Interpretation: Aufgrund der Lage sowie des Fehlens von typischem Fachwerkschutt in der Verfüllung Phase 2a zugerechnet. Fundmaterial gibt es nicht.
Stratigraphische Situation: Isolierter Bef.

Befund 1670

Phase 2a; Anlage 8. – Grube innerhalb der *porticus* von Baracke I (Fl. 155A/C) von rund 1 m Tiefe unter Pl. 2. Die mehrschichtige Verfüllung konnte aufgrund Zeitmangels (Rettungsgrabung im September 2003) u. schlechten Wetters nicht mehr dokumentiert werden, entsprach jedoch dem gewohnten Bild der Phase 2a.
Stratigraphie: Isolierter Bef.

Keramik

*1 RS Drag. 18/31, Randdm. 18 bis 19 cm. Südgallisch. Aus tiefster Schicht. Fb.-Nr. 2452.

Befund 1672

Phase 3; Anlage 10. – Zweiphasiges Trennwandgräbchen zweier Ställe im Stallbereich von Baracke I (Fl. 155C/D). Die oberen 10 bis 20 cm des Bef. unter Pl. 1 waren mit Fachwerkschutt der Baracke verfüllt. Der Befund konnte nicht mehr vollständig ausgegraben werden.
Keine Funde.

Befund 1688

Phase 2a; Anlage 8. – Langrechteckige, ca. 80 cm breite und knapp 1 m tiefe Grube innerhalb der *porticus* von Baracke I (Fl. 156D). Sie hat senkrechte Wände im Norden und Süden und eine leicht muldenförmige Sohle, die nicht mehr komplett ausgegraben werden konnte, da im unteren Befunddrittel eine mit Beton ausgegossene Ankerbohrung störte.
Dunkelbrauner Grubenrand (B) u. 3 Verfüllschichten:
A Obere 40 cm unter Pl. 1: Verunreinigter Kies, mit Mörtelplacken durchsetzt.
B Dunkelbrauner Grubenrand von ca. 10 cm Breite.
C Kalkbruchsteine mit Hitzespuren wohl von einer Herdstelle, in schwarzbraunem Lehm gelagert.
D Graubrauner, sandiger Lehm, HK, Kies (ca. 10 cm starke Schicht).
Fast alle Funde stammen aus den Schichten C–D, Fb.-Nr. 2459.
Stratigraphie: Isolierter Bef., Osthälfte nicht ausgegraben.

Metall

*1 Massiver Bronzering mit rautenförmigem Querschnitt,

Dm. 1,8 cm. Gewicht 4,2 g. Vgl. Kap. IV.3 (Bronze) Nr. 145. Fb.-Nr. 2459.

*2 Kl. Ringzwinge mit rautenförmigem Querschnitt, Dm. 0,7 cm. Gewicht 0,3 g. Vgl. Kap. IV.3 (Bronze) Nr. 146. Fb.-Nr. 2459.

*3 Verbogener Bronzeblechstreifen. Breite 1,2 cm. Gewicht 1,5 g. Vgl. Kap. IV.3 (Bronze) Nr. 153. Fb.-Nr. 2459.

Glas

*4 Kl., dünne WS eines Bechers od. einer Schale (?) von farblos-gelblichem, frei geblasenem Glas, vgl. Kap. IV.6 Nr. 23. Fb.-Nr. 2459.

Keramik

5 Kl. WS vorgeschichtliche Keramik.

*6 Kl. WS Drag. 37. Banassac, vgl. Kap. IV.7 (Reliefsigillata) Nr. 31. Scharfe Bruchkanten. Fb.-Nr. 2459.

*7 RS Drag. 37, Randdm. 21 bis 24 cm. Art des (Kreises um) *Natalis*, Banassac, vgl. Kap. IV.7 Nr. 44. Bestoßene Bruchkanten. Fb.-Nr. 2459.

*8 Kl. WS Drag. 37, La Graufesenque od. Banassac, vgl. Kap. IV. 7 Nr. 14. Scharfe Bruchkanten. Fb.-Nr. 2459.

*9 Kl. WS Drag. 37. Art des *Ianus*, Heiligenberg, vgl. Kap. IV.7 Nr. 110. – Aus einer nachträglichen Planierschicht über der Grube. Scharfe Bruchkanten. Fb.-Nr. 2459.

*10 RS (nur glatter Rand erhalten) Drag. 37, Randdm. ca. 20 cm. Wahrscheinlich Heiligenberg.

*11 RS eines glatten Terra-Sigillata-Bechers, Randdm. 12,5 bis 13 cm. Süd- od. mittelgallisch.

*12 Kl. RS von gr. Teller Drag. 18/31, Randdm. ca. 25 cm. Süd- od. mittelgallisch. Evtl. zugehörig zwei kl. Standring-Fragmente.

13 5 kl. WS von 1–2 Bechern „rätischer" Glanztonware, Stilgruppe Drexel 1. Von der Oberfläche, aus späterer Nachplanierung.

14 4 BS zweier versch. Krüge, Profil wie Nr. 320-7. Waren 6 u. 8.

15 Kl. Kragenfragm. einer rot gestrichenen Reibschüssel. Ware 4.

16 WS einer tongrundigen Reibschüssel, Ware 6.

*17 Kl. RS eines Kruges, Randdm. ca. 8 cm. Profil wie Nr. 14-7. Ware 6.

*18 RS u. 2 WS eines Topfes mit horizontalem Kammstrich, Randdm. 12,5 cm. Ware 10, außen haftet Ruß an.

*19 Dickwandige BS eines Topfes, Bdm. ca. 8 cm. Ware 5, außen Hitzeschwärzung.

Befund 1697

Phase 3; Anlage 10. – Große rechteckige Verfärbung wahrscheinlich einer Grube (Ausgrabung 1965). In Ermangelung jeder über die Planumszeichnung hinausgehenden Dokumentation fällt die Beurteilung dieser Struktur besonders schwer, da auch keine „typische" Koloratur eine Phasenzuweisung empfiehlt. Lage und scheinbare stratigraphische Position – der Befund schneidet offenbar das Langgräbchen Bef. 1240 sowie die Jaucherinne Bef. 1252 – lassen eine Parallelisierung mit der benachbarten Grube Bef. 1249 zu. Auch die drei Münzfunde lassen die Waagschale weiter zugunsten eines kastellzeitlichen Befundes neigen. Gegen eine chronologische und funktionale Gleichsetzung mit Bef. 1249 könnte wiederum die scheinbar abweichende Verfüllung sprechen (Koloratur), was allerdings ein schwächeres Argument darstellt. Im Sinne allzeit gebotener Vorsicht bleibt jedoch auf ein gewisses „Restrisiko" hinzuweisen, dass sich hinter dem Befund auch ein frühalamannisches Grubenhaus verbergen könnte, obwohl ein völkerwanderungszeitlicher Pfosten bereits den Ostrand der Grube schneidet. Akzeptiert man die kastellzeitliche Datierung, so birgt die Grube zugleich die Schlussmünze (Münzen-Nr. 27) des Kastells! Vermutlich schneidet die Grube eine ältere Stallgrube der Phase 2a.

Befund 1703

Phase 3; Anlage 10. – Gräbchen in einer *papilio* von Baracke I (Ausgrabung 1965). Mangels Dokumentation lässt sich zwischen den Interpretationsalternativen jüngeres Wandgräbchen oder (ersetzter?) Unterzug eines Bretterfußbodens keine endgültige Entscheidung fällen. Für letztere Deutung erscheint das Gräbchen allerdings als außergewöhnlich breit. Keine Funde.

Befund 1704

Phase 3; Anlage 10. – Nach der Koloratur B. Cichys zu urteilen (Ausgrabung 1965), handelt es sich entweder um Fachwerklehm oder um Verputz/Mörtel. Möglicherweise blieb hier ein Rest der jüngeren Bauphase der Südwand von Baracke I (Bef. 1260) erhalten.
Keine Funde.

Befund 1705

Phase 3; Anlage 10. – Grube eines Pfostens in der Südwand von Baracke I (Bef. 1260, Ausgrabung 1965), die dem Anschein nach mit Fachwerkschutt verfüllt wurde, nachdem der Pfosten wieder ausgegraben worden war. Den Abmessungen der Grube nach zu urteilen, dürfte es sich um einen die übliche Kantbreite von ca. 20 cm (oder deren übliche Tiefe) übersteigenden Pfosten gehandelt haben, der an dieser Stelle sehr wahrscheinlich die südwestliche Ecke (der jüngeren Bauphase?) des Kopfbaus markiert.
Keine Funde.

Befund 1709

Phase 3; Anlage 10. – Grube des östlichsten (freigelegten) *porticus*-Pfostens von Baracke II (Ausgrabung 1965). Aufgrund der Koloratur scheint sie mit Fachwerkschutt und/oder Kies verfüllt worden zu sein. Dies und die etwas extralineare Position spricht für einen jüngeren Ersatz des Pfostens Bef. 1710. Er schneidet ein hallstattzeitliches Grubenhaus.
Keine Funde.

Befund 1711 und 1712

Phase 3; Anlage 10. – Konzentrationen von Fachwerkschutt (?) über den Langgräbchen Bef. 1230 und 1240 von Baracke II (Ausgrabung 1965). Auch dieser Befund kann ausschließlich anhand der Koloratur der Planumszeichnung von B. Cichy zu interpretieren versucht werden. In Analogie zu den Endbauten der Baracken I, III und V könnte es sich hierbei um Zeugnisse einer jüngeren Bauphase des Barackenendbaus II handeln, dessen Westabschluss an eben diesen Stellen zu suchen ist. Unter Bef. 1712 könnte sich allerdings auch eine mit Barackenschutt verfüllte Grube in der Raumecke verbergen.
Keine Funde.

Befund 1713b

Phase 3; Anlage 10. – Jüngerer *porticus*-Pfosten von Baracke II (Ausgrabung 1965). Mangels Dokumentation bleibt die Einordnung in Phase 3 unsicher, dafür spricht lediglich die hellbraune Koloratur in B. Cichys Planumszeichnung.
Keine Funde.

Befund 1714–1719

Phase 3; Anlage 10. – Rechteckige Pfostengruben (?) über den Mitten der Trennwandgräbchen in den östlichen Pferdeställen von Baracke II (Ausgrabung 1965). Der Planumszeichnung nach zu urteilen hatten diese Befunde nur geringen Tiefgang, da die Westgrenzen der (älteren) Gräbchen unter ihnen noch erhalten gewesen zu sein scheinen. In Analogie zu gleichartigen Erscheinungen in den Baracken III–VI (vgl. z.B. Bef. 290; 273; 268; 83; 437; 447; 455; 840; 546; 589; 716) halte ich sie für Punktfundamente (Tuffsockel mit eingezapften Holzpfosten?) anstelle der vormaligen Trennwandgräbchen.
Keine Funde.

Befund 1721

Phase 3; Anlage 10. – Vermutlich zweiphasiges Trennwandgräbchen zweier Ställe in Baracke II (Ausgrabung 1965). Vgl. Bef. 792b.
Keine Funde.

VI Exkurs: Siedlungen der frühen Völkerwanderungszeit (4.–5. Jh.) auf dem vormaligen Kastellgelände

Anlage 14–15

Die frühalamannischen Siedlungsbefunde innerhalb des Heidenheimer Stadtgebiets beschränken sich nach aktueller Kenntnis, wie für diese Epoche charakteristisch, auf geeignete Flächen nahe bei, aber außerhalb der jüngeren römischen Steinbebauung, deren Ruinen im 4. Jh. gewiss noch teilweise aufrecht standen und die Rohstoffsucher anlockte, die es vor allem auf Metalle abgesehen hatten.[970] Die Wahl des ehemaligen Nordwestviertels des Kastells als Siedlungsplatz mag aber auch aus anderen Erwägungen erfolgt sein, z. B. aufgrund leicht erreichbaren Grundwassers. Darüber hinaus bot vielleicht der inzwischen mit Unkraut und Sträuchern überwucherte Schutt der römischen Kastellmauern eine Art „natürliche" Einfriedung, die den Bedürfnissen der Neusiedler entsprochen haben mag. Aus dem archäologischen Befund lässt sich jedenfalls klar ablesen, dass die ersten germanischen Siedler diese durch Schutt (u. a. die umgestürzte Kastellmauer) weder für Holzbauten noch für Landwirtschaft geeigneten Geländestreifen als Müllhalden nutzen (Bef. 1001, 1443) – und stellenweise offenbar auch als Friedhof: Am Rande der aus unzähligen Tierknochen und Keramikscherben bestehenden Abfallschicht über dem Mauerversturz fand sich auch das Einzelgrab eines jungen Mannes, der im Alter von 15–20 Jahren gestorben war (Bef. 1530).[971] Die Körperhaltung des Toten unterstreicht, dass er wohl kaum „verscharrt" worden war, sondern regulär bestattet: Auf dem Rücken mit angewinkelten Beinen liegend, bedeckte die rechte Hand das Gemächt, die linke den rechten Oberarm. Der Schädel war bereits beim Abbaggern aufgedeckt worden und musste vorzeitig geborgen werden. Unter seiner rechten Hand lag eine einfache bronzene Nadel, eine aus Knochen geschnitzte neben seiner rechten Hüfte – war mit ihr das Leichentuch zusammengesteckt? Außerdem fanden sich im Bereich seiner rechten Hand die gut erhaltenen Knochen von sechs Fingern! Handelt es sich um eine Fehlbildung oder um eine makabre „Beigabe"? Dies werden künftige anthropologische oder genetische Analysen erweisen müssen. Während seine vermutliche Großeltern- und Urgroßelterngeneration eingewanderter Elbgermanen noch die traditionelle Verbrennung und Bestattung in Ascheurnen pflegte, setzte sich bei den bereits auf ehemaligem römischen Provinzterritorium geborenen Enkeln allmählich die Körperbestattung durch.[972] Hier wird einer der spärlichen Einflüsse spätrömischer Kultur fassbar (s. u.). Einzelgräber und kleine Grabgruppen in den Randzonen der Siedlungen sind für diese Zeit typisch,[973] wohingegen sich über mehrere Generationen belegte Reihengräberfelder als Ortsfriedhöfe erst im 5. Jh. entwickelten.

Die Siedlungsbefunde werden durch einen eigenartigen Typus von „dreischiffigen" Langhäusern geprägt, wobei sich die Pfosten der „Seitenschiffe" aufgrund ihrer geringen Tiefe dem Nachweis meist entzogen.[974] Entsprechend zurückhaltend ist die statische Tragfähigkeit dieser Außenwandstützen einzuschätzen. Die Hauptlast der Dachkonstruktion ruhte auf zwei Reihen mehr oder weniger starker Pfosten. Bei den größten Häusern weisen diese Kantenlängen von bis zu 30 bis 40 cm auf und sind zu Doppeljochen angeordnet. Etwa in der Gebäudemitte stehen die Joche weiter auseinander, sodass man an eine Art Scheunentor o. ä. zu denken geneigt ist. Dieser Holzbautyp kommt unter den provinzialrömischen Holzhäusern Rätiens nicht vor, hat aber Vorläufer in Norddeutschland, die sich während der Kaiserzeit bis in den germanisch geprägten Norden der Provinz Germania Inferior hinein finden lassen.[975] Möglicherweise handelt es sich

---

970 Vgl. Balle 1997, 146; K. Kortüm/A. Neth, Arch. Ausgr. Baden-Württemberg 2002, 120 (Güglingen); J. Trumm, ebd. 124 (Rohrdorf); Reuter 2003, 67–69.

971 Scholz 2003/04, 119. Vorläufige, anhand des Verwachsungsgrades der Schädelnähte und des Oberkörperskeletts vorgenommene Bestimmung durch Dr. M. Menninger (Tübingen).

972 H. Schach-Dörges, Zu süddeutschen Grabfunden frühalamannischer Zeit. Versuch einer Bestandsaufnahme. Fundber. Baden-Württemberg 22/1, 1998, 627–654 bes. 639–647.

973 Vgl. beispielweise J. Trumm, Bad, Brunnen und germanisches Grab – die römische Siedlung bei Rohrdorf, Gde. Eutingen im Gäu, Kreis Freudenstadt. Arch. Ausgr. Baden-Württemberg 2002, 121–125 bes. 124.

974 Scholz 2001/02, 98f. u. 107 Abb. 10. – Achsmaße der Pfosten des kleineren (älteren) Hauses: 3,6 × 3,6 × 2,1 × 5,7 m × 2,1 m × 2,8 m; Breite: 4,5 m; Achsmaße der Pfosten des größeren (jüngeren) Hauses: 2,1 × 3,2 × 2,1 × 7,1 × 2,1 × 3,2 × 2,1; Breite: 6,3 m.

975 Bloemers 1978, 161–173 u. 179–183: dreischiffige Häuser mit massiver Doppeljochkonstruktion des 2.–3. Jh., ebd. 167 fig. 19.II gleicher Grundriss in Steinbautechnik.

denn in diesem Falle hätte man eine andere Fundverteilung erwarten dürfen. Es kommt hinzu, dass das Geld eine für die benachbarte Provinz Raetia II untypische Zusammensetzung aufweist (s. o.) und daher am ehesten als einmaliges, individuelles Mitbringsel eines Alamannen zu interpretieren ist, der wahrscheinlich im römischen Rheinheer gedient hatte.

Geldleistungen *(subsidia)* pflegten die Römer den Germanen normalerweise in Edelmetallmünzen auszuzahlen, die zu finden wir freilich kaum hoffen dürfen, obwohl es in anderen Gebieten des ehemaligen Limeshinterlandes mittlerweile sogar Hinweise darauf gibt, dass Germanen minderwertige Kupfermünzen nicht nur annahmen, sondern möglicherweise auch selbst nachahmten.[991] Die kulturelle Nähe dieser Germanen zur römischen Provinz scheint aber insgesamt mit dem „Romanisierungsgrad" der Heidenheimer Germanen kaum vergleichbar zu sein: Trotz der insgesamt stattlichen Fundmenge, die im Kastellbereich vor allem aus den Abfallschichten über dem Kastellgraben im Norden und Westen,[992] den Grubenhäusern sowie im Gewann „Fürsamen" gehoben wurde, fehlt es sonst gänzlich an zeitgenössischem römischen Import.[993] Beide Kulturen blieben nach Aussage der materiellen Hinterlassenschaften einander wohl weitgehend fremd.

Andererseits ist es schwer vorstellbar, dass sich eine derart dichte frühalamannische Besiedlung, wie sie sich im Heidenheimer Stadtgebiet abzuzeichnen beginnt, ohne Duldung oder sogar Initiative der spätrömischen Machthaber ungestört entwickeln konnte. Auch im ZOH-Grabungsareal (Anlage 15) wurden Siedlungsspuren dieser Epoche sichergestellt, darunter mehrfach Rückstände von Eisenverarbeitung, u. a. Schlacken und eine ca. 400 g schwere Eisenluppe.[994] Von Alamannen in spätrömischen Diensten könnte eine bronzene Bügelfibel vom sog. Typ „Peukendorf" zeugen, die in einem Grubenhaus im Gewann „Fürsamen" entdeckt wurde. Sie stellt eine germanische Nachahmung von Sonderformen spätrömischer Zwiebelknopffibeln dar, deren zentrales Verbreitungsgebiet sich tatsächlich auf die Grenzzonen der spätantiken Provinzen Germania I und Raetia II beschränkt.[995]

Während die Minimifunde offenkundig eine Art „Momentaufnahme" darstellen, lassen sich verbindliche Aussagen über den Beginn der frühalamannischen Siedlungen im Brenztal (vor oder nach 300 n. Chr.?) ohne gründliche Auswertung des Fundmaterials noch nicht ablesen, doch fehlen signifikant frühe (d. h. in die zweite Hälfte des 3. Jahrhunderts zu datierende) Metallfunde, wie z. B. sog. „Elbefibeln".[996] Vorläufig ist man darauf angewiesen, Indizien für den germanischen Siedlungsbeginn im Rahmen der römischen Grenzpolitik Diocletians und der constantinischen Dynastie zu suchen. Die Anwesen auf dem früheren Kastellareal wurden wahrscheinlich gegen Ende des 5. oder im 6. Jh. in das Umfeld des heutigen Museums im Römerbad verlegt, ähnlich der bereits erwähnten Siedlungsverlagerung vom „Fürsamen" in die „Seewiesen".[997] Weiterführende Erkenntnisse hierzu darf man sich von einer künftigen Auswertung der Grabungen im sog. „Monumentalbau" versprechen, in dessen Umfeld früh- bis hochmittelalterliche Siedlungsspuren erfasst wurden. In diesem Bereich ist der eigentliche vorstaufische Ortskern von Heidenheim zu suchen, dessen Pfarrkirche St. Peter auf dem Totenberg war.

---

991 B. Steidl, Die Wetterau vom 3. bis 5. Jahrhundert n. Chr. Mat. Vor- u. Frühgesch. Hessen 22 (Wiesbaden 2000) 25; G. Balle, Untersuchungen in der frühalamannischen Siedlung von Bietigheim „Weilerlen", Stadt Bietigheim-Bissingen, Kreis Ludwigsburg. Arch. Ausgr. Baden-Württemberg 1997, 142–146 bes. 145.

992 Vgl. eine ähnliche völkerwanderungszeitliche Abfallschicht über dem Wehrgraben des Limeskastells Großkrotzenburg: C. Bergmann, Von der Staatsgrenze zum Müllhaufen. Hessen Arch. 2001, 101 f.

993 Vgl. Planck 1990, 94. – Auffällig ist lediglich das im Gegensatz zu anderen römischen Altstücken gehäufte Vorkommen mittelkaiserzeitlicher Sigillaten, vor allem Scherben reliefverzierter Drag. 37, die geradezu die Frage provozieren, ob die Alamannen diese sammelten. Vgl. ferner die Funde römischer Altkeramik in frühalamannischem Kontext in Aalen (Krause 1997, 139).

994 Zur Bedeutung der Eisenerzverhüttung für die völkerwanderungszeitliche Wirtschaft auf der Ostalb vgl. Kempa 1995, 322–329 bes. 328 f.; G. Gassmann, Zur Eisenerzverhüttung in Heidenheim-Schnaitheim – Naturwissenschaftliche Untersuchungen des Fundmaterials und Rekonstruktion der Ofenanlagen. Arch. Ausgr. Baden-Württemberg 1999, 83–86.

995 Scholz 2003/04, 118 Abb. 21 (Fundbuch-Nr. 1839 „Fürsamen"); M. Schulze-Dörrlamm, Germanische Spiralplattenfibeln oder romanische Bügelfibeln? Zu den Vorbildern elbgermanisch-fränkischer Bügelfibeln der protomerowingischen Zeit. Arch. Korrbl. 30, 2000, 599–613 bes. 599–602 (freundl. Hinweis M. Zagermann M.A., Freiburg).

996 Bisher deuten archäologische Indizien auf eine Besiedlung der Ostalb während der ersten Hälfte des 4. Jahrhunderts hin: Planck 1990, 73–94. Aus Aalen liegen die – noch ungesicherten – Dendrodaten 297 und 303 n. Chr. vor (Krause 1997, 138).

997 Leinthaler 2003, 89.

VII Zusammenfassung

Das Reiterkastell Heidenheim wurde zwischen 105 und 115 n. Chr. als Holz-Erde-Lager gegründet, wahrscheinlich unter Antoninus Pius mit einer steinernen Umwehrung ausgebaut und schließlich um 155–160 n. Chr. zugunsten des Nachfolgelagers Aalen am äußeren rätischen Limes aufgegeben. Wie dieses war es als Winterlager der 1000 Mann starken *ala II Flavia pia fidelis milliaria* konzipiert und wohl ausschließlich von dieser Einheit benutzt worden. Jedenfalls ist sowohl in Heidenheim als auch in Aalen nur die Anwesenheit dieser Truppe inschriftlich bezeugt.

Die Anfangsdatierung beruht auf der chronologischen Auswertung der stratifizierten Funde, insbesondere der Münzen und der Terra Sigillata, sowie auf historischen Erwägungen. Ein unabhängiges absolutchronologisches Anfangsdatum fehlt aber weiterhin. Der Bau der festen Baracken ist durch zwei stark abgegriffene Aesmünzen post quem 82 bzw. 84/85 n. Chr. datiert. Den Baracken ging eine Pionierphase voraus. Der Fundkontext eines 92 n. Chr. geprägten Denars ist zu unsicher, um daraus einen Terminus post quem für den von Anfang an bestehenden Befestigungswall *(vallum)* ableiten zu dürfen. Die südgallischen Töpferzentren La Graufesenque und Banassac haben Heidenheim als Erste mit Terra Sigillata beliefert, beide von Phase 1 an. Das Mengenverhältnis der Gefäße aus beiden Produktionsorten beträgt etwa 1:2 (sowohl bei Töpferstempeln als auch bei Reliefware). An Plätzen, die schon in domitianischer Zeit besetzt waren, ist eher das umgekehrte Verhältnis zu erwarten, so z. B. in der Straßenstation Sontheim/Brenz. Unter Hunderten von Sigillatagefäßen fehlen klassische Formen des 1. Jh., z. B. Drag. 15/17, Knorr 78 und Drag. 29, bis auf zwei Einzelstücke. Auch das übrige Fundmaterial unterstützt die von K. Kortüm (1998) aufgrund des numismatischen Anfangsmaximums vorgeschlagene Anfangsdatierung um 110 n. Chr. So zeigt beispielsweise das Typenspektrum der bronzenen „Militaria" nur wenige Überschneidungen mit Fundplätzen der flavischen Zeit.

Ein älteres Vorgängerkastell fehlt bisher. Die unsicheren Spuren eines sog. „Kastell II" sind von R. Sölch (2001) zu Recht in Zweifel gezogen worden. Der Vergleich der ältesten Funde aus dem Alenkastell mit dem publizierten Bestand aller übrigen Fundstellen Heidenheims ergibt keine verdächtige Konzentration. Der Vicus kann frühestens gleichzeitig mit dem Alenkastell entstanden sein. Eine große Unbekannte stellt allerdings die stratigraphiereiche Ausgrabung Friedrichstraße 1991/92 dar, wo zuunterst barackenähnliche Strukturen zum Vorschein kamen. Deren Charakter und relative Zeitstellung zum Alenkastell müssen künftige Untersuchungen klären – ein Desiderat für die Gesamtbeurteilung des Militärplatzes Heidenheim. Bei der Durchsicht der Grabungsdokumentation und Fundlisten fanden sich auf Anhieb allerdings keine Hinweise auf einen älteren Fundhorizont.

Das bisher gültige Enddatum um 160/61 n. Chr. beruht auf den absolutchronologischen Anfangsdatierungen des Kastells Aalen sowie des Vicus von Rainau-Buch am äußeren rätischen Limes. Es hat grundsätzlich weiterhin Bestand. Einschließlich der Funde vom *campus* sowie aus den Grabungen 1965/66 lassen sich den Kastellstrukturen insgesamt 42 Münzen zuweisen. Darunter befinden sich überraschenderweise nur zwei Gepräge des Antoninus Pius. Sie sind bereits abgegriffen und legen den Terminus post quem für die Aufgabe des Lagers nach 140/44 bzw. 145 n. Chr. fest. Der ungewöhnlich hohe Anteil von Münzen des Hadrian ist nicht historisch deutbar – etwa im Sinne eines Kaiserbesuchs in Rätien 120/21 n. Chr. –, da alle Stücke Massenemissionen angehören. Mit den Funden ist derzeit kein genaueres Enddatum als um 155–160 n. Chr. zu erreichen.

Am Westtor *(porta principalis sinistra)* gelang erstmals der Nachweis einer Holzbauphase der Umwehrung. Den südlichen Torturm trugen sechs starke Pfosten, zwei weitere deuten auf Reparaturen hin. Zwei kleinere Pfosten stützten vermutlich einen rückwärtigen Aufgang. An der Feindseite dürfte eine Rasensodenmauer den Erdwall *(vallum)* stabilisiert haben. Während der gesamten Bestandszeit des Lagers gab es nur einen, nicht wie bisher angenommen zwei Verteidigungsgräben.

Der Steinausbau ist undatiert, doch empfiehlt die Reparatur des hölzernen Torturms ein tendenziell spätes Datum. Eine Übersicht über die bekannten Bauinschriften aus Kastellen am älteren obergermanischen und rätischen Limes legt die Regierungszeit des Antoninus Pius nahe, wahrscheinlich die 140er

Jahre. Vergleiche mit den Bauabfolgen in anderen Kastellen lassen einen Steinausbau nach rund 30–40 Jahren erwarten.

Die Westumwehrung verläuft 4,5 m weiter westlich als bisher angenommen, wodurch die Kastellfläche von den Maueraußenkanten aus gemessen auf 5,58 ha „anwächst" (275,1 m × 201,5 m im Norden bzw. 204,1 m im Süden).

Durch diese Korrektur und durch die digitale Georeferenzierung sämtlicher Kastellbefunde ließ sich die römische Vermessung, die auf einer Kombination zwischen Dezimal- und Duodezimalsystem beruht, entschlüsseln. Als grundlegende Flächenmaße für die Innenbebauung, die eigentlichen castra, wurden 150 hemistrigia (120 × 30 pM) bzw. climata (60 × 60 pM) ermittelt. Für die Umwehrung wurde ringsherum ein weiteres clima (60 × 60 Fuß) Breite inklusive viae sagulares veranschlagt. Nur im Osten geht die Vermessung um das Doppelte darüber hinaus, da man hier wohl noch eine Begleitstraße vor dem Spitzgraben in die militärische Vermessung mit einbeziehen wollte. Solche „Ringstraßen" vor der Lagerumwehrung sind auch von anderen Reiterkastellen bekannt.

Es lassen sich zwei Prinzipien ablesen: 1. Mit den Messlinien wurde nicht jede spätere Bauflucht vorherbestimmt, sondern die Bauplätze für die einzelnen Gebäudetypen (Funktionsbauten, Baracken, Straßen) festgelegt. Die verschiedenen Stein- und Holzgebäude selbst unterlagen Architektenplänen mit spezifischer Vermessung, was sich am Beispiel der Baracken nachvollziehen ließ (s. u.). 2. Umwehrung und Innenbebauung wurden im gleichen System gesondert vermessen. Bei der Umwehrung wurde nur der Gesamtraum (spatium) bis zur äußeren Wehrgrabenkante festgelegt. Die Lage der einzelnen Befestigungsbestandteile (Graben, Wall, Mauer und Türme) kann innerhalb des spatium leicht variieren. Das Kastell ist einschließlich seines einfachen Verteidigungsgrabens in eine Gesamtfläche von 12 (4 × 3) heredia plus 6 hemistrigia (im Norden) eingepasst.

Klare Aussagen lassen sich zur „dritten Dimension" der Kastellmauer und zu ihrer Bautechnik treffen. Die auf mindestens 17,5 m Länge im Verband umgestürzte Westmauer war mit Wehrgang einst 5,5 bis 6,0 m hoch. Die Analyse eines Aufschlusses an der Nordwestumwehrung lässt auch dort auf eine umgestürzte Mauer schließen. Der Mauerkern war in opus spicatum-Technik mit abwechselnden Gussmörtellagen ausgeführt.

Nördlich des Westtores ließ sich durch Befunde im Bermen- und Grabenbereich ein Zwischenturm indirekt nachweisen. Befunde des Jahres 1966 von der Ostumwehrung, die auf eine Bedachung und Regenrinnenausstattung der Türme hindeuten, können hier bestätigt werden.

Der Architektur des Westtores lassen sich wahrscheinlich 48 Bogenquader aus Kalktuff zuweisen, die als Spolien in einem nachkastellzeitlichen Brunnenkranz unweit des Westtores verbaut waren. Passgenau aneinandergefügt ergeben sie einen Bogen von 3,2 m Innendurchmesser, was der Breite einer Tordurchfahrt entspricht. Bruchstücke dieses Baumaterials in tornahen Befunden (Kanal der via sagularis, Kastellgrabenköpfe) bestätigen die Verwendung solcher Kalktuffquader im Torbau. Unklar bleibt, ob der Bogen nur in der Breite der Kastellmauer ausgeführt war oder als Torgewölbe. Der Scheitel lässt sich auf ca. 4,5 bis 4,8 m Höhe rekonstruieren. Die Türme hatten nach Funden aus dem Graben zu schließen wohl Ziegeldächer.

Bei der Vorverlegung des Limes um 155/60 n. Chr. wurden die Kastellbauten gezielt demontiert. Im Falle der umgestürzten westlichen Wehrmauer deuten mehrere Indizien auf eine Abrisstechnik hin. Der schrittweise Rückbau der Wehranlagen lässt sich wie folgt rekonstruieren: Tore und Türme wurden zuerst abgerissen. Der Schutt wurde wohl abgefahren, da kaum etwas davon in die nahe gelegenen Gruben- und Grabenverfüllungen gelangte. Architekturteile barg man und gab sie offensichtlich zur Sekundärverwendung durch Vicusbewohner frei. Es folgte die Verfüllung des Wehrgrabens, wobei man zwecks bequemer Gewinnung von Verfüllmaterial die Berme abtrug. Gleichzeitig unterminierte man den äußeren Mauerfuß, nachdem man zuvor die äußere Mauerschale entmantelt hatte. Der Mauerkern wurde mit Schrägbalken zwischengestützt und schließlich umgekippt. Nun ließen sich auch die obenauf liegenden Quader der inneren Mauerschale als begehrtes Baumaterial mühelos absammeln. Unsicher bleibt das Schicksal des Walles. Da er vor allem aus Kies bestand (Grabenaushub), dürfte auch er als willkommenes Baumaterial während der folgenden ca. 100 Jahre, in denen der Vicus fortbestand, abgetragen worden sein.

Die Baracken wurden sorgfältig demontiert, wobei es wohl vor allem auf die Rückgewinnung des Bauholzes ankam. Dies dokumentieren Standspuren gezogener Pfosten ebenso wie die Masse gezogener und abgebrochener Nägel. Der Neubau zweier Kopfbauten war noch nicht vollendet, als sie bereits abgebrochen wurden. Der Befehl zur Vorverlegung des Limes scheint die Truppe offenkundig überrascht zu haben.

Die Auswertung der Barackenstrukturen führte zu folgender, für das ganze Kastell verbindlicher Periodisierung:

Phase 1 (ca. 110–115/120 n. Chr.): Grubenreihen in den späteren Lagergassen, für die eine Interpretation als Vorratsgruben vorgeschlagen wird, blieben als letzte Spuren der ältesten barackenartigen Unterkünfte *(hibernacula)* erhalten. Durch zahlreiche Anpassungen konnte bewiesen werden, dass fast alle Gruben gleichzeitig in einer Maßnahme verfüllt wurden. Sie repräsentieren daher einen geschlossenen Fundhorizont als Terminus post quem für den Barackenbau. Nur wenige Gruben waren schon zuvor aufgegeben und zugefüllt worden.

Phase 2 (ca. 115/120 bis max. 155/60 n. Chr.) war die Hauptbauphase der Baracken.

Phase 2a (ca. 115/120–130/40 n. Chr.) wird durch Stallgruben innerhalb der Portiken definiert, die bis mindestens 125 n. Chr. offen standen, aber noch vor dem Ende des Kastells aufgegeben wurden. Im Gegensatz zu Phase 1 deutet die komplexere Stratigraphie auf kein schlagartiges Ende hin, sondern auf eine allmähliche Verfüllung.

Phase 2b (ca. 120/30–150/55 n. Chr.) fasst Umbauten und Veränderungen in den Baracken zusammen, die noch vor der Auflassung des Kastells revidiert wurden. Die Befunde sind heterogen und nicht zwangsläufig gleichzeitig entstanden; eine Überlappung mit Phase 2a ist möglich.

Phase 3 (mehrheitlich ca. 140–155/60 n. Chr.) erfasst alle baulichen Veränderungen und Ergänzungen der Baracken, die bis zur Auflassung des Kastells bestanden. Ihnen allen ist gemeinsam, dass sie im Zuge der Auflassung des Kastells um 155/60 n. Chr. verfüllt wurden. Wie Phase 1 kann auch Phase 3 das Prädikat eines „geschlossenen Befundes" beanspruchen.

Die Phasen 4–5 (ca. 150/55–250/60 n. Chr.) bezeichnen Befunde des nachkastellzeitlichen Vicus.

Die Doppelbaracken (Phase 2) wurden versetzt zu den Anfangsunterkünften (Phase 1) errichtet, d. h. im Bereich der ursprünglichen Lagergassen. Diese Standortkorrektur war notwendig, da der Baugrund durch die zahlreichen Gruben der Phase 1 statisch beeinträchtigt war. Umgekehrt entstanden hier die neuen Lagergassen. Dadurch wurde es notwendig, im Norden und Süden der *praetentura* Einzel- statt Doppelbaracken zu errichten. Lediglich die Position der Pferdeställe scheint von Anfang an gleich gewesen zu sein.

In der westlichen *praetentura* standen acht Baracken (I–VIII), von denen sechs baulich zu drei Doppelbaracken (II/III, IV/V und VI/VII) zusammengefasst waren. An der *via principalis* schlossen sich zusätzliche Ställe oder *tabernae* an (XXV). In der östlichen *retentura* wurde eine Doppelbaracke (XXI/XXII) nachgewiesen. Jede Baracke war für eine der insgesamt 24 *turmae* der *ala milliaria* konzipiert und gliedert sich in 13 Mannschaftsstuben und diesen vorgelagerte Pferdeställe mit den charakteristischen Jaucherinnen. Drei, manchmal vier Soldaten teilten sich ein *contubernium*. Das entspricht der Aufstallungskapazität der Ställe. Damit wird die von Pseudo-Hygin überlieferte *ala milliaria*-Turmenstärke von 42 Mann erreicht.

Ein Barackenende nahm der 48 Fuß lange „Kopfbau" des *decurio* ein, das andere der aus den beiden äußeren Stuben-Stall-Einheiten gebildete „Endbau" des Vizeoffiziers. Diese waren anders als die Kopfbauten nicht alle von Anfang an durch einen Vorsprung architektonisch betont. Der zweite Pferdestall der Endbauten dürfte Ersatzpferde, zu isolierende oder Zugtiere beherbergt haben.

Jede Stube verfügte stallseitig über eine Herdstelle, für die verschiedene Konstruktionsweisen nachvollzogen werden konnten. Stuben und Ställe hatten Bretterfußböden, deren Unterzüge vereinzelt Abdrücke hinterlassen haben. Der antike Agrarschriftsteller Columella empfiehlt Böden aus Eichenbohlen für Pferdeställe. Im Gegensatz zu den Offiziersquartieren verfügten die *contubernia* über keine Latrinen. Eine größere Sammellatrine ist im Bereich der Südwestecke, am tiefsten Punkt des Lagers zu erwarten, wohin auch der stattliche Kanal entlang der *via sagularis* führte. Vorratsgruben wie in Phase 1 gab es in den Stuben zunächst nicht mehr, was ein verändertes Versorgungssystem anzeigt. Erst in Phase 3 ist eine erneute Zunahme solcher Erdkeller zu verzeichnen. Gleichzeitig änderte man auch die Einteilung der Pferdeställe: Statt der stubenbezogenen Ställe mit Boxen durchbrach man viele Trennwände und schuf durchgängige Anbindeställe mit Zwischenstützen. Dieses flexiblere System könnte eine veränderte Auftragslage in der Mitte des 2. Jh. anzeigen, vielleicht in Gestalt häufigerer Patrouillen und längerer Abkommandierungen in Außenposten. Es bleibt eine Forschungsfrage, ob hierin ein Reflex auf die vermutlich jüngste Ausbaustufe des „Alb-Limes" mit zusätzlichen Lagern in Holz-Erde-Technik – zu nennen sind Eislingen-Salach (Kastell von Kohorten-Größe) sowie Essingen, Bopfingen und evtl. Neresheim-Ohmenheim (?) (Kastelle von Numerus-Größe) – zum Ausdruck kommt, sofern diese nämlich von den Stammlagern aus zusätzlich zu besetzen waren.

Die Veranden *(porticus)* dienten wegen der hier zeitweise vorhandenen Stallgruben (Phase 2a) offenbar als „Sommerställe". Deren Deutung wird durch Vergleichsbefunde aus South Shields und Wallsend unterstützt. Vor diesem Hintergrund lassen sich außerdem bisher unbeachtete Gruben in den Lagern Ladenburg, Oberstimm und Künzing mit Kavalleriebaracken in Verbindung bringen. Die Stallgruben hat man vermutlich infolge einer Umorganisation der Dungentsorgung aufgegeben.

Obwohl keine Baracke mit beiden Enden vollständig ausgegraben ist, zeigt die Kombination der Kopfbaubefunde, dass die Offizierswohnungen an versetzten Enden punktsymmetrisch errichtet waren. Diese Variante ist selten bzw. ohne Flächengrabungen nur schwer erkennbar. Das Heidenheimer Modell eröffnet aber eine alternative Rekonstruktionsmöglichkeit lückenhaft ergrabener Baracken. Ähnlich unregelmäßige Kopfbauanordnungen gibt es in Moos-Burgstall und Vindonissa. Inwiefern sich hier vielleicht eine planerische Abhängigkeit vom Legionslager Vindonissa andeutet, das zeitweise auch Rätien beeinflusste, bleibt zu klären. Die Kopfbauten der Phase 2 sind im Grundriss nicht größer als die anderer *Auxilia*rlager. Während der Spätzeit des Kastells hat man die Kopfbauten jedoch um ein bis zwei *contubernia* erweitert. Möglicherweise reflektiert die Erweiterung der Offiziersquartiere eine „Rangaufwertung" der Einheit um ca. 140 n.Chr. Darauf deutet auch eine veränderte Truppenreihenfolge in den rätischen Militärdipolomen hin.

Die Kopfbaugrundrisse unterlagen prinzipiell einer Zweiteilung: Einem verbindlichen Dreiraummodul schloss sich eine ca. 100 m² große Raumeinheit an, die offenbar variabel unterteilt werden konnte. Ihre sich anbietende Interpretation als Dienst- bzw. Wohnräume greift im Falle der zweistöckigen Rekonstruktion (s.u.) zu kurz. Die unterschiedliche Positionierung der Pferdeställe in den Kopfbauten zeigt zwar, dass diese offenbar nicht einheitlich aufgeteilt waren, Vergleiche sprechen aber dafür, dass das Erdgeschoss vorwiegend dienstlich genutzt wurde, während die Wohnräume im Obergeschoss zu suchen wären.

Recht detaillierte Ergebnisse ließen sich zur Vermessung und Bautechnik der Baracken erzielen. Die Breite jeder Doppelbaracke beträgt ohne *porticus* 60 Fuß (18,0 bis 18,3 m), die Länge lässt sich auf 276 Fuß (81,6 m) berechnen. Die Breiten der Stuben variieren zwischen 13 und 17 Fuß, wobei 14–15 Fuß überwiegen und 17 Fuß speziell die Endcontubernia auszeichnen. Das Barackenskelett stützte sich auf ein dichtes Netz von ca. 20 cm × 20 cm breiten Wandpfosten, die bis zu 60 cm tief in Pfostengräbchen eingegraben waren. Alle Pfosten weisen dieselben Abmessungen auf, waren also prinzipiell gleichermaßen belastbar. Die Achsabstände der Pfostenspuren belaufen sich konsequent auf drei, vier und fünf Fuß. Hierbei wurden – freilich nie ganz ohne Ausnahme – bestimmte Rhythmen eingehalten. Insgesamt lassen die Abstandsfolgen auf sieben verschiedene Wandmodule mit zwei oder drei Pfosten schließen, mittels derer jede Wandeinheit und Raumgröße kombiniert werden konnte. Manche Module fanden dabei nur in den Ställen, andere fast ausschließlich in den *papiliones* oder nur in den Langgräbchen Verwendung. Am Beispiel der am besten erhaltenen und am gründlichsten ausgegrabenen Doppelbaracke IV/V konnte so ein Fertigbausystem weitgehend nachvollzogen werden. Nicht in das Fertigbausystem eingebunden waren offenbar die *porticus*, deren stärkere Pfosten von den Ideallinien oft abweichen. Sie wurden den Fertigbaubaracken wohl zuletzt vorgeblendet. In Phase 3 hat man die eingegrabenen Holzpfosten wahrscheinlich durch solche auf Tuffquadersockeln ersetzt.

Im Innenausbau von Stuben und Ställen deuten sich Unterschiede an. Die Fachwerkwände der Stuben waren mit Kalkmörtel verputzt und weiß getüncht. In der Doppelbaracke II/III ließen sich Renovierungen mit bis zu drei verschiedenen Verputzlagen übereinander fassen, sowohl im Kopfbau als auch im Mannschaftstrakt. Im Verputz abgedrückte hölzerne Haftflächen sind ziemlich glatt. Die Bauhölzer dürften daher eher gesägt als gebeilt worden sein, was nicht nur präziseres Arbeiten für die Fertigbaumodule ermöglichte, sondern zugleich eine mechanisierte Massenproduktion mit zimmermannstechnisch ungeschultem Personal. Die verputzten Oberflächen sind mehr oder weniger gut geglättet. Hier deuten sich sogar Unterschiede zwischen einzelnen *contubernia* an. Lediglich in den Kopfbauten II und IV kamen wenige Stücke mit rotem und gelbem Wandverputz zutage, jedoch keine Malereireste.

Die Frontwände der Ställe könnten hingegen eher Bretter gebildet haben, z.B. in Form flexibel herausnehmbarer Steckschotten. Im Sommerhalbjahr hätte so die Möglichkeit bestanden, die Ställe um die Veranden zu erweitern. Dadurch ließ sich die Mobilisierung beschleunigen sowie die Belichtung der rückwärtigen Stuben verbessern.

Zur Dachdeckung nahm man wahrscheinlich Schindeln. Die meisten im Barackenbereich aufgefundenen Ziegel unterschiedlicher Formate lassen sich Herdstellen zuweisen. In Phase 3 hat man Ziegelbruch aus einem Badegebäude auf diese Weise wiederverwendet. Vermutlich fiel dieses Sekundärmaterial beim Teilabbruch/Umbau des Kastellbades im Zuge der Errichtung des sog. „Monumentalbaus" an. Darauf deutet auch das Fragment eines großen, eigentümlichen Gewölbeziegels hin, denn dieses Ziegelformat ist bisher nur dort belegt und diente ursprünglich wohl zur Abdeckung von *praefurnium*-Kanälen. Fensterglasbruchstücke kommen überall im Barackenbereich vor. Sie dürften von Oberlichtern stammen.

In Zusammenarbeit zwischen Archäologen und Baufachleuten wurde ein Rekonstruktionsmodell entwickelt, das im Limesmuseum Aalen als Ausschnitt im Maßstab 1:1 nachgebaut werden konnte. Dieses archäologische Experiment und museumspädagogische Maßnahme zugleich wurde auf Grundlage dieser Arbeit und unter Verwendung originalgetreuer Materialien durchgeführt. Natürlich bleiben die Vorstellungen von der dritten Dimension hypothetisch, da kein vollständiger Befund (z. B. konservierte Hölzer, umgestürzte Fachwerkwand o. ä.) erhalten ist, der feste Vorgaben erzwingt. Die Rekonstruktion geht davon aus, dass sich über den Grundrissen der Doppelbaracken ein basilikaartiger Aufbau erhob. Mindesteingangshöhen von ca. 2 m und Mindestdachneigungen von 15–20 Grad führen dabei automatisch zu einer Giebelhöhe von über 8 m. Die hier verfochtene Zweistöckigkeit fußt nicht nur auf praktischen Überlegungen, sondern auch auf dem Befund einzelner schmaler Korridore im Kopfbaubereich und (in Phase 3) auch im Mannschaftstrakt. Solche Korridore pflegen in Grundrissen ziviler Bauten als Treppen gedeutet zu werden, wohingegen gleichartige Befunde in Militärbaracken bisher merkwürdigerweise lediglich als „Flure" angesprochen wurden. Das Modell versteht sich als Diskussionsbeitrag im Sinne einer „Maximalforderung", da bisherige Rekonstruktionsvorschläge eher minimale, gedrungene Lösungen anbieten. Das Obergeschoss dürfte über einem trennenden Rähm gesondert abgezimmert worden sein, da die Wandelemente sonst zu hoch und unhandhabbar geraten wären. Die vorliegende zweigeschossige Pfostenbaulösung ist nach Auskunft von Sachverständigen mit statischen Erfordernissen vereinbar, jedenfalls angesichts des tragfähigen, lehmdurchsetzten Heidenheimer Kiesbodens.

Die Nutzung des mutmaßlichen Obergeschosses (Schlafräume, Vorratsspeicher für Pferdefutter und Einstreu?) ist nicht festzulegen, ebenso wie weit es ausgebaut war – als vollwertiges Stockwerk oder als Halbgeschoss mit Empore? Das Aalener Modell favorisiert eine flexible Lösung: Über den Deckenbalken (auch über den Ställen) ließen sich nach Bedarf Bodenplanken auflegen oder wieder abnehmen. So konnten je nach Lagerplatz- oder Beleuchtungsbedarf – diese beiden Parameter sind entscheidend – unterschiedliche Raumlösungen realisiert werden. Denkbar wäre eine den Jahreszeiten angepasste Handhabung: Im Sommer kann man sich eine weitgehend offene Lösung im Sinne eines Halbgeschosses vorstellen und im Winter, wenn Vorräte eingelagert werden mussten und eine Wärmedämmung wünschenswert war, ein geschlossenes Stockwerk mit Leiterluke. Für eine solche Doppelbaracke waren rund 250 Eichen notwendig – ein enormer Rohstoffbedarf, der in der Frühzeit der Okkupation der Alb wohl noch aus der Umgebung zu decken war. Es verwundert aber nicht, dass in einigen jüngeren Kastellen, wie z. B. in Aalen und Welzheim, keine Barackenstrukturen des Typs Heidenheim entdeckt wurden. Dort bevorzugte man offenbar alternative, holzsparende Bauweisen.

Die Heidenheimer Doppelbaracken nehmen eine Sonderstellung unter den Soldatenquartieren ein. Kleinere Doppelbaracken sind inzwischen auch aus anderen rätischen Kastellen bekannt geworden, z. B. Rainau-Buch, Ruffenhofen und Ellingen. Mit Ausnahme des unsicheren Falls Ellingen handelt es sich um Stallbaracken für *turmae*. Eine Reihung von 15 bzw. 13 *contubernia* ist aber selbst für Legionslager außergewöhnlich (z. B. Inchtuthil und Vindonissa). Unterhalb der *castra legionis* lässt sich diesbezüglich vorerst nur das flavische Lager Rottweil III an die Seite der Heidenheimer Befunde stellen, das bisher als Vexillationslager für Legionsabteilungen gedeutet wird. Auf Parallelen in Moos-Burgstall, Unterkirchberg und Vindonissa wurde bereits hingewiesen. Leider fehlen Kenntnisse über das Aussehen der Baracken im Vorgängerlager Günzburg. Die Baracken stellen im Grundriss eine Art Zwitter zwischen Legions- und Hilfstruppenquartieren dar: Während sich die Größe an Legionsbaracken orientiert und solche von *cohortes equitatae* (vgl. z. B. Künzing, Oberstimm, Wallsend, South Shields), aber auch solche von *alae quingenariae* (z. B. Krefeld-Gellep, Dormagen, Carnuntum, Echzell) übertrifft, unterscheiden sich die Kopfbauten (jedenfalls in Phase 2) von denen anderer *auxilia* nur im Falle der Zweigeschossigkeit. Mit Heidenheim gibt es tatsächlich einen spezifischen „Barackentyp *ala milliaria*", dessen Größe auf Rang und Bedarf der Truppe zugeschnitten war.

Durch die Kombination der Grabungsergebnisse in den Kastellen Heidenheim und Aalen entstand ein „Musterplan" für ein *ala milliaria*-Kastell (Anlage 20.1; 20.2). Die Reste der Bebauung des Mittellagers lassen sich mit den Aalener Grundrissen recht gut zur Deckung bringen *(principia, praetorium, horrea)*. Bei Errichtung des Kastells Aalen hatte man weitgehend auf die älteren Heidenheimer Baupläne zurückgegriffen, was für das Stabsgebäude schon länger bekannt ist. Das Aalener Lager ist etwas größer (6,07 ha), da es im Gegensatz zum Heidenheimer am Hang liegt und deswegen mehr Platz zum Gefälleausgleich beansprucht. Im Prinzip aber wurde hier derselbe Kastellplan noch einmal verwirklicht. Die geringen Barackenspuren aus der Gründungszeit des

Aalener Lagers finden Parallelen in den jüngsten Umbauten der Baracke I in Heidenheim. Später hat man offenbar abweichende Konstruktionstechniken gewählt.

Die nachkastellzeitliche Nutzung des Areals weist im Norden *(praetentura)* und Süden *(retentura)* unterschiedliche Muster auf. Der Schutt des Mauerkerns bildete im Westen vielleicht teilweise den Unterbau für eine neue Vicus-Straße oder einen kleinen Platz, von der noch eine gepflasterte Partie und ein Straßengraben erhalten waren. Die nachkastellzeitliche Nutzung der *praetentura* lässt sich mit Ausnahme eines Brunnens weder durch Befunde noch durch Funde fassen. Eine anfänglich wohl geplante Vicuserweiterung stagnierte offenbar. Dieses Ergebnis passt zu den Feststellungen von R. Sölch (2001), dass der Vicus nach dem Abzug der Truppe vielmehr schrumpfte. Die Nutzung des *praetentura*-Areals als Stapel- oder Lagerplatz ist vorstellbar. Es erhielt zwar keine Platzbefestigung, blieb aber konsequent frei von Abfalldeponierungen. In der *retentura* hingegen konnte die bereits 1966 festgestellte mehrperiodige Zivilbebauung – es handelt sich um die Parzelle eines großen Streifenhauses – bestätigt und weiter differenziert werden.

Zur Infrastruktur des Reiterlagers gehörten auch verschiedene Außenanlagen, zu denen ebenfalls neue Aufschlüsse vorliegen. Dass die kastellzeitlichen Zaungräbchen im Gewann „Fürsamen" ca. 1 km nördlich des Kastells Pferdekoppeln umhegten, ist wahrscheinlich. Solche Einfriedungen wurden auch unweit der Alenkastelle *Gelduba* und *Carnuntum* entdeckt. Der archäologische Befund des *campus* ist mit den Beschreibungen Arrians (2. Jh.) vereinbar. Auf den damaligen Auewiesen hatte man wohl öfter mit Staunässe zu kämpfen wie partielle Kiesaufschüttungen und improvisierte Drainagegräbchen dokumentieren. „Pfützenauffüllungen" mit Abfällen aus dem Kastell fanden tendenziell erst während der späten Kastellzeit statt. Das Fundmaterial stellt in jeder Hinsicht eine Stichprobe aus dem Kastellbestand dar, wobei „Militaria" vom Pferdegeschirr vorherrschen. Andererseits fehlen Eisengegenstände, die Verletzungen der Hufe hätten verursachen können, bis auf eine Lanzenspitze vollständig. *Campi* sind derzeit nur in Echzell und Künzing lokalisierbar. An einigen Kastellplätzen zeigen verschleppte *campestres*-Weihungen ihre Existenz an. Die inzwischen an anderen Orten, z.B. Ruffenhofen und *Burginatium*/Kalkar, teilweise recht erfolgreich durchgeführten Prospektionen römischer Reiterlager und der sie umgebenden Areale durch Geophysik und/oder Luftbildarchäologie lassen sich in Heidenheim so nicht anwenden, da die Befunde zwei und mehr Meter tief unter der heutigen Oberfläche liegen. Ca. 20 m vor der Westumwehrung verlief parallel zu dieser während der älteren Kastellzeit (Phase 1–2) ein flacher, zwei Meter breiter Sohlgraben, der zur Abgrenzung des Militärareals gedient haben könnte. Spätestens um 150 n. Chr. wurde er mit Kastellabfall einplaniert.

Vor der West- und Nordumwehrung (zwischen Umwehrung und *campus*) fanden sich ausgedehnte Grubenkomplexe, die als Abfalldeponien des Kastells in ehemaligen Entnahmegruben für Kies zu deuten sind. Ihre Benutzungsabfolge ließ sich grob erkennen, wobei die Grube vor dem Westtor zu den jüngsten zählt. Das Fundspektrum ist chronologisch und funktional mit dem im Kastell gefundenen identisch. Vereinzelt ergaben sich Hinweise, von wo der Abfall angeliefert wurde (Baracken, *fabrica*).

Zur Truppengeschichte der *ala II Flavia pia fidelis milliaria* wurden alle inschriftlichen Quellen gesammelt und einer Revision unterzogen. Bisher galt Vespasian als Gründer der *ala II Flavia p. f. milliaria*. Unter allen bekannten *alae milliariae* wäre sie dann die älteste. Noch nicht in Betracht gezogen wurde Domitian, der erstmals auch andere *alae milliariae* aufstellen ließ. Es ist nämlich nicht auszuschließen, dass sie wie die *legio I Flavia Minervia* erst anlässlich der Chattenkriege 83–85 n. Chr. ausgehoben wurde, wobei ihr Kern vielleicht die obergermanische, quingenare (vespasianische) *ala II Flavia gemina* bildete, die nach 82 n. Chr. nirgendwo mehr belegt ist, während die rätische *ala II Flavia p. f. milliaria* im ältesten Militärdiplom für Raetia von 86 n. Chr. erstmals urkundlich erwähnt wird. Nach dem Chattenkrieg wurden auch andere *auxilia* von Obergermanien nach Rätien verlegt. Im Gegensatz zu den meisten anderen der insgesamt neun bekannten *alae milliariae* im Römischen Reich gibt es nach bisherigem Quellenstand keinen Hinweis dafür, dass sie als schlagkräftige „Schlachtenkavallerie" zu auswärtigen Kriegsschauplätzen abkommandiert wurde. Überhaupt fehlt jedes Zeugnis dafür, dass sie oder Teile von ihr Rätien jemals verlassen hätten, mit Ausnahme des Saturninus-Putsches und einzelner *equites singulares* aus ihren Reihen. Stets blieb sie – von Günzburg bis Aalen – am Westrand der Provinz stationiert. Neben einem gewissen Flankenschutz für die südliche obergermanische Grenze könnte dies auch mit innenpolitischen Lehren aus den Ereignissen des Vierkaiserjahres 69 n. Chr. in Zusammenhang stehen. Durch diese „innenpolitische Komponente" lässt sich Heidenheim mit dem frühseverischen Lager Niederbieber in Obergermanien vergleichen.

Die Quellenbasis von vier bekannten Kommandeuren ist für die Beurteilung eines eventuellen ritterlichen Laufbahnschemas zu schmal. Mindestens einer von ihnen blieb nach der *militia quarta* dauerhaft in der Zivilverwaltung. Als Träger ritterlicher Militärspitzenämter sind (noch) keine ehemaligen *praefecti* aus Heidenheim/Aalen bezeugt. War die *ala II Flavia p. f. milliaria* in Friedenszeiten eher eine „Verwaltungstruppe"?

Die *(ala) II F(lavia)* gestempelten Ziegel sind für die Abfolge der Truppenstandorte Günzburg (Donau) und Heidenheim bedeutsam. Der Bestand dieser seltenen Stempel auf *tegulae* und einem *later* beträgt in Günzburg drei, in Heidenheim acht Exemplare, wobei nur die drei Neufunde Kastellstrukturen sicher zugeordnet sind. Es handelt sich dabei um ein und denselben Stempel, der durch einen kleinen Makel unverwechselbar ist. Eine in Günzburg gefundene *tegula* sowie ein in Heidenheim gefundener *later* mit diesem Stempel wurden stichprobenartig geochemisch analysiert. Ihre Tone stammen zwar aus demselben geologischen Kontext (obere Süßwassermolasse), die Spurenelemente weisen aber auf verschiedene Lagerstätten hin – und damit wahrscheinlich auch auf verschiedene Ziegeleistandorte. Die Günzburger Truppenziegelei wurde beim Bau des Heidenheimer Kastells offenkundig an einen anderen Produktionsort in der Region verlegt, der mangels Referenzen bisher nicht lokalisiert werden kann. Aus logistischen Gründen kommen z.B. Aschberg und Faimingen an der Brenzmündung in Frage. Auf eine Truppenziegelei in Heidenheim selbst gibt es hingegen gar keine Hinweise. Die *IIF*-gestempelten Ziegel sind die einzigen gestempelten am „Alb-Limes". Vergleiche mit anderen rätischen Hilfstruppenstempeln legen den Schluss nahe, dass die Stempelung mit dem Transport der Ziegel über Wasserwege (hier die Brenz) zusammenhängen könnte.

Unter den rund 70 Besitzerinschriften und Graffiti, eine für Alenkastelle erwartungsgemäß hohe Quote, befinden sich elf Turmeninschriften des Typs *t(urma) (Name des Offiziers) (Name des Soldaten)*. Nur 11,6% unter den 48 sicher les- oder ergänzbaren Personennamen sind nicht lateinischen Ursprungs. Gemessen an militärischen wie zivilen Vergleichsplätzen (ca. 20%) spiegelt sich darin ein überdurchschnittlich hoher Latinisierungsgrad. Möglicherweise manifestiert sich auch hierin der besondere Status der „Ersatzlegion" Rätiens. Neben Rätien kommen anhand der Namen auch Ostgallien, das Rheinland und Hispanien als Rekrutierungsgebiete in Betracht; ein Diplomempfänger war Afrikaner. Insgesamt spiegeln die Graffiti eine im Vergleich zu anderen Hilfstruppen überdurchschnittlich hohe Schriftvertrautheit (mit Verwaltungsaufgaben) wider. Krüge tragen am häufigsten Besitzergraffiti, gefolgt von Tellern aus Terra Sigillata. Neben Getränken enthielten die Krüge vielleicht auch Pflegemittel für die Pferde. So empfiehlt der Veterinär Pelagonius (4. Jh.), man solle wunde Stellen der Pferde mit Essig einreiben.

Die Bewaffnung bestand aus Lanzen, Wurfspeeren mit vierkantigen Spitzen sowie aus Pfeil und Bogen; Hinweise auf Schwerter fehlen bis auf das Bruchstück eines Schwertriemenhalters wohl nur zufällig. Danach war die *ala milliaria* ein mit verschiedenen Waffengattungen ausgerüstetes, hochmobiles „Expeditionsheer im Kleinen". An Schutzwaffen sind Helme, Schuppenpanzer, Kettenhemden und Schilde nachweisbar. Die rund 80 bronzenen Zierbeschläge und -anhänger sind bei ähnlichem Formenreservoir deutlich kleiner als solche des 1. Jh. Neben Niello(-ersatz), Punzornamenten und Weißmetallüberzügen tritt farbiges Email in „Cloisonnetechnik", vor allem in Form runder Zierknöpfe. Zwei davon wurden röntgenanalytisch auf Herstellungstechniken untersucht. Die Haftung des Glases auf der Bleibronze wurde durch Voroxidation erreicht, die Farbgebung durch Metalloxide (Fe, Cu, Pb, Mn). Den Schmelzpunkt der Glasfritte senkte man durch die Beimischung von Bleioxid. Beschläge in „keltoider" Durchbruchstechnik kommen in Phase 3 bereits vor, was durchaus überraschte.

Für künftige Vergleichszwecke als „dated site" ist das Keramikspektrum des Abbruchhorizontes des Kastells (Phase 3) besonders nützlich. Terra Sigillata aus Mittelgallien, die ab Phase 2a vorkommt, und Heiligenberg (ab Phase 3; Relief-TS von *Ianus* und *Reginus*) dominieren, viele südgallische Gefäße blieben bis dahin in Verwendung. Mittels ICP-MS-Keramikanalysen sind mindestens zwei Sigillaten aus Phase 3 Rheinzabern zugewiesen, was überraschte. Rheinzabern hat also bereits vor 160 n. Chr. Westrätien beliefert. Der Napf Drag. 33 löst Drag. 27 in Phase 3 ab, beide Formen kommen aber bis zum Schluss vor. Die Tellerform Drag. 32 fehlt noch. Trinkbecher der sog. „Rätischen Ware" mit den Verzierungsstilen Drexel 2a, 2b und 3a liegen in wenigen Exemplaren in Phase 3 vor, solche der Stilgruppe Drexel 1 sind ab Phase 2b und in Phase 3 in größeren Mengen vertreten. Rätische Reibschalen gibt es bereits ab Phase 1, eine mit orangeroter Mehrspurpinselbemalung aus Schwabmünchen gehört zu den allerjüngsten Stücken.

Die feinchronologische Typengliederung der Keramikgefäße gelang anders als erhofft nur teilweise: Terra Nigra sowie Trinkbecher mit verschliffenem Karniesrand und Griesbewurf zeigten nicht die erhoffte chronologische Empfindlichkeit, ebenso handgeformte Ware (oft Lavezimitate). Sie kommen während aller Phasen vor. Tendenzielle Entwicklungen bieten eher Reibschüsseln und Backteller. Letztere nehmen in der Spätzeit sowohl an Umfang als auch an Menge zu.

Nach makroskopischen und produktionstechnischen Merkmalen ließen sich zehn Warenarten definieren und ausführlich beschreiben. Alle Waren außer Terra Sigillata zeichnen sich makroskopisch durch einen mehr oder weniger hohen Glimmeranteil aus, der für die südlich der Schwäbischen Alb anstehenden Molassetone typisch ist. Je ein repräsentativer Vertreter wurde geochemisch beprobt. Die Ergebnisse zeigen eine weitgehende geochemische Übereinstimmung, was auf geologisch gleiche Tonvorkommen schließen lässt. Alle Gefäßreste könnten sogar aus derselben Töpferei stammen. In Frage kommen Faimingen und Schwabmünchen sowie (zumindest für die spätere Kastellzeit) auch Aislingen-Aschberg, jedoch kaum Günzburg.

VIII Verzeichnis der abgekürzt zitierten Literatur

Adam 1994	J.-P. Adam, Roman Building. Material and Techniques. Translated by A. Mathews (London 1994).
Alföldy 1986	G. Alföldy, Die Truppenkommandeure in den Militärdiplomen. In: W. Eck/H. Wolff (Hrsg.), Heer und Integrationspolitik. Die römischen Militärdiplome als historische Quelle. Passauer Hist. Stud. 2 (Köln, Wien 1986) 385–436.
Alföldy 1989	G. Alföldy, Die Inschriften aus den Principia des Alenkastells Aalen. Fundber. Baden-Württemberg 14, 1989, 293 bis 338.
Alföldy 2004	G. Alföldy, Die lineare Grenzziehung des vorderen Limes in Obergermanien und die Statthalterschaft des Gaius Popilius Carus Pedo. In: E. Schallmayer (Hrsg.), Limes Imperii Romani. Beiträge zum Fachkolloquium „Weltkulturerbe Limes" November 2001 in Lich-Arnsburg. Saalburg-Schr. 6 (Bad Homburg 2004) 7–20.
Baatz 1973	D. Baatz, Kastell Hesselbach und andere Forschungen am Odenwaldlimes. Limesforsch. 12 (Berlin 1973).
Baatz 1976	D. Baatz, Das Kastell Munningen im Nördlinger Ries. Saalburg-Jahrb. 33, 1976, 11–62.
Bakker 2005	L. Bakker, Römisches Castrum und Stadtbibliothek: Ausgrabungen im Augsburger Annahof. Arch. Jahr Bayern 2005, 70–73.
Balle 1997	G. Balle, Untersuchungen in der frühalamannischen Siedlung von Bietigheim „Weilerlen", Stadt Bietigheim-Bissingen, Kreis Ludwigsburg. Arch. Ausgr. Baden-Württemberg 1997, 142–146.
Balle 2000	G. Balle, Neues zum Reiterkastell von Heidenheim. Arch. Ausgr. Baden-Württemberg 2000, 90–94.
Becker 2000	T. Becker, Lavezgefässe. In: Schmid 2000, 159–172.
Biegert/Lauber 1995	S. Biegert/J. Lauber, Töpferstempel auf glatter Sigillata vom vorderen/weströtischen Limes. Fundber. Baden-Württemberg 20, 1995, 547–666.
Biegert 2003	S. Biegert, Chemische Analysen zu glatter Sigillata aus Heiligenberg und Ittenweiler. In: B. Liesen/U. Brandl (Hrsg.), Römische Keramik-Herstellung und Handel. Kolloquium Xanten 15.–17.06.2000. Xant. Ber. 13 (Mainz 2003) 7–28.
Birley 1966	E. Birley, Alae and cohortes milliariae. In: Corolla Memoriae Erich Swoboda dedicata (Graz, Köln 1966) 54–67.
Birley/Blake 2007	A. Birley/J. Blake, Vindonissa Research Report – the Excavations 2005–2006 (Vindolanda 2007).
Bishop/Coulston 1993	M. C. Bishop/J. C. N. Coulston, Roman military equipment from the Punic Wars to the fall of Rome (London 1993).
Bloemers 1978	J. H. F. Bloemers, Rijswijk (Z. H.), „De Bult". Eine Siedlung der Cananefaten II (Amersfoort 1978).
Böhme 1977	H. W. Böhme, Römische Beamtenkarrieren. Cursus honorum. Kl. Schr. Zur Kenntnis röm. Besetzungsgesch. Südwestdeutschlands 16 (Stuttgart 1977).
Burnham 2006	B. C. Burnham, Roman Britain in 2005: I. Sites Explored, 1. Wales. Britannia 37, 2006, 370–384.
Buxton/Howard-Davis 2000	K. Buxton/C. Howard-Davis (edd.), Bremetenacum. Excavations at Roman Ribchester 1980, 1989–1990. Lancester Imprints Series 9 (Lancaster 2000).
Carnap-Bornheim 1994	C. von Carnap-Bornheim, Die beinernen Gegenstände aus Kastell und Vicus in Niederbieber. Bonner Jahrb. 194, 1994, 341–395.
Chapman 2005	E. M. Chapman, A Catalogue of Roman Military Equipment in the National Museum of Wales. BAR Brit. Ser. 388 (Oxford 2005).
Cichy 1971	B. Cichy, Das römische Heidenheim (Heidenheim 1971).
Coulston/Dodge 2000	J. Coulston/H. Dodge, Ancient Rome: The Archaeology of the Eternal City (Oxford 2000).
Czysz u. a. 1995	W. Czysz u. a., Die Römer in Bayern (Stuttgart 1995).
Czysz 2002	W. Czysz, Gontia. Günzburg in der Römerzeit (Friedberg 2002).
Czysz 2003	W. Czysz, Heldenbergen in der Wetterau. Feldlager, Kastel, Vicus. Limesforsch. 27 (Mainz 2003).
Czysz 2004	W. Czysz, Römische Töpfer am Aschberg zwischen Aislingen und Gundremmingen. In: Leben aus der Geschichte. Festschr. J. Weizenegger. Hrsg. vom Historischen Verein Günzburg e. V. (Günzburg 2004) 167–205.
Davison 1989	D. P. Davison, The Barracks of the Roman Army from the 1st to 3rd Centuries A.D. A comparative study of the barracks from fortresses, forts and fortlets with an analysis of building types and construction, stabling and garrisons. BAR Int. Ser. 472 (Oxford 1989).
Deschler-Erb u. a. 1991	E. Deschler-Erb/M. Peter/S. Deschler-Erb, Das frühkaiserzeitliche Militärlager in der Kaiseraugster Unterstadt. Forsch. in Augst 12 (Augst 1991).

Deschler-Erb 1998	S. Deschler-Erb, Römische Beinartefakte aus Augusta Raurica. Rohmaterial, Technologie, Typologie und Chronologie. Forsch. in Augst 27 (Augst 1998).
Deschler-Erb 1999	E. Deschler-Erb, Ad arma! Römisches Militär des 1. Jahrhunderts n. Chr. in Augusta Raurica. Forsch. in Augst 28 (Augst 1999).
Devijver 1989	H. Devijver, L´armée Romaine en Maurétanie Césarienne. In: Ders., The equestrian officers of the Roman Imperial Army. Mavors VI, ed. by M. P. Speidel (Amsterdam 1989) 249–260.
Dietz u. a. 1979	K. Dietz/U. Osterhaus/S. Rieckhoff-Pauli/K. Spindler, Regensburg zur Römerzeit (Regensburg 1979).
Dietz 1983	K. Dietz, Kastellum Sablonetum und der Ausbau des rätischen Limes unter Kaiser Commodus. Chiron 13, 1983, 497–536.
Dietz 1995	K. Dietz, Neue Militärdiplome aus Faimingen und Pförring. Arch. Jahr Bayern 1995, 113–115.
Dixon/Southern 1992	K. R. Dixon/P. Southern, The Roman Cavalry (London 1992).
Dolenz 1998	H. Dolenz, Eisenfunde aus der Stadt auf dem Magdalensberg. Arch. Forsch. zu den Grabungen auf dem Magdalensberg 13 (Klagenfurt 1998).
Ebner 1997	D. Ebner, Das römische Gräberfeld von Schwabmünchen, Lkr. Augsburg. Materialh. Bayer. Vorgesch. 73 (Kallmünz/Opf. 1997).
Eck/Pangerl 2007	W. Eck/A. Pangerl, Titus Flavius Norbanus, *praefectus praetorio* Domitians, als Statthalter Rätiens in einem neuen Militärdiplom. Zeitschr. Papyrologie u. Epigraphik 163, 2007, 239–251.
Eingartner/Eschbaumer/Weber 1993	J. Eingartner/P. Eschbaumer/G. Weber, Faimingen-Phoebiana I. Der römische Tempelbezirk in Faimingen-Phoebiana. Limesforsch. 24 (Mainz 1993).
Faber 1994	A. Faber, Das *Auxiliar*kastell und der Vicus von Regensburg-Kumpfmühl. Münchner Beitr. Vor- u. Frühgesch. 49 (München 1994).
Fahr/Reichmann 2002	R. Fahr/Chr. Reichmann, Die Kasernen des Kastells *Gelduba* (Krefeld-Gellep) in frühflavischer Zeit. Germania 80/2, 2002, 475–489.
Fasold 1985	P. Fasold, Die früh- und mittelrömischen Gläser von Kempten-Cambodunum. In: J. Bellot/W. Czysz/G. Krahe, Forschungen zur provinzialrömischen Archäologie in Bayerisch-Schwaben. Schwäbische Geschichtsquellen u. Forschungen (Augsburg 1985) 197–230.
Fassbinder/Lüdemann 2002	J. Fassbinder/H. Lüdemann, Das Numeruskastell in Wörth a. Main: Bestandsaufnahme und Magnetometrie. Arch. Jahr Bayern 2002, 65–67.
Féret/Sylvestre 2004	G. Féret/R. Sylvestre, Les graffites sur céramique d´*Augusta Raurica* (Univ. Lausanne 2004, unpubliziert).
Fink 1971	R. O. Fink, Roman Military Records on Papyrus. Philol. Monogr. American Philol. Ass. 26 (London 1971).
Fischer 1973	U. Fischer, Grabungen im römischen Steinkastell von Heddernheim 1957–1959. Schr. Frankfurter Mus. Vor- u. Frühgesch. 2 (Frankfurt/Main 1973).
Flügel 1996	C. Flügel, Handgemachte Grobkeramik aus *Arae Flaviae* – Rottweil. Fundber. Baden-Württemberg 21, 1996, 315–400.
Forrer 1911	R. Forrer, Die römischen Terrasigillata-Töpfereien von Heiligenberg-Dinsheim und Ittenweiler im Elsass. Mitt. Ges. Erhaltung Gesch. Denkmäler Elsass 23, 1911, 526–768.
Foy/Nenna 2006	D. Foy/M.-D. Nenna, Corpus des signatures et marques sur verres antiques (Aix-en-Provence, Lyon 2006).
Franke 2003	R. Franke, ARAE FLAVIAE V. Die Kastelle I und II von Arae Flaviae/Rottweil und die römische Okkupation des oberen Neckargebietes. Forsch. u. Ber. Vor- u. Frühgesch. Baden-Württemberg 93 (Stuttgart 2003).
Garbsch 1978	J. Garbsch, Römische Paraderüstungen. Münchner Beitr. Vor- u. Frühgesch. 30 (München 1978).
Garbsch 1984	J. Garbsch, Ein römisches Paradekettenhemd von Bertoldsheim, Ldkr. Neuburg-Schrobenhausen. Neuburger Kollektaneenblatt 136, 1984, 239–253.
Gaubatz-Sattler 1999	A. Gaubatz-Sattler, Sumelocenna. Gesch. u. Topographie des römischen Rottenburg am Neckar nach den Befunden und Funden bis 1985. Forsch. u. Ber. Vor- u. Frühgesch. Baden-Württemberg 71 (Stuttgart 1999).
Gogräfe/Kell 2002	R. Gogräfe/K. Kell (Hrsg.), Haus und Siedlung in den römischen Nordwestprovinzen. Grabungsbefund, Architektur und Ausstattung. Internat. Symposium der Stadt Homburg 2000 (Homburg/Saar 2002).
Goguey/Reddé 1995	R. Goguey/M. Reddé, Le camp légionnaire de Mirebeau. Monogr. RGZM 36 (Mainz 1995).
Gostencnik 2005	K. Gostencnik, Die Beinfunde vom Magdalensberg. Arch. Forsch. zu den Grabungen auf dem Magdalensberg 15 (Klagenfurt 2005).
Greiner 2002	B. Greiner, Der Kastellvicus von Rainau-Buch: Siedlungsgeschichte und Korrektur dendrochronologischer Daten. In: L. Wamser/B. Steidl (Hrsg.), Neue Forschungen zur römischen Besiedlung zwischen Oberrhein und Enns. Kolloquium Rosenheim 2000 (Grunbach 2002) 83–89.
Grönke/Weinlich 1991	E. Grönke/E. Weinlich, Die Nordfront des römischen Kastells Biriciana-Weissenburg. Die Ausgrabungen 1986/1987 (Kallmünz/Opf. 1991).
Grönke 1999	E. Grönke, Grundsätzliches zur Pferdehaltung in römischen Kastellen – Die Ställe im Alenkastell in Weissenburg. In: Kemkes/Scheuerbrandt 1999, 91–100.

Gschwind 1998	M. Gschwind, Pferdegeschirrbeschläge der zweiten Hälfte des 3. Jahrhunderts aus Abusina/Eining. Saalburg-Jb. 49, 1998, 112–138.
Gschwind 2004	M. Gschwind, ABUSINA. Das römische *Auxilia*rkastell Eining an der Donau vom 1. bis 5. Jahrhundert n.Chr. Münchner Beitr. Vor- u. Frühgesch. 53 (München 2004).
Haalebos 1977	J. K. Haalebos, Zwammerdam – Nigrum Pullum. Ein *Auxilia*rkastell am Niedergermanischen Limes. Cingula III (Amsterdam 1977).
Hagendorn 2003	A. Hagendorn, Zur Frühzeit von Vindonissa. Veröff. Ges. Pro Vind. XVIII (Brugg 2003).
Hänggi u. a. 1994	R. Hänggi/C. Doswald/K. Roth-Rubi, Die frühen römischen Kastelle und der Kastell-Vicus von Tenedo-Zurzach. Veröff. Ges. Pro Vindonissa (Brugg 1994).
Heiligmann 1990	J. Heiligmann, Der „Alb-Limes". Ein Beitrag zur römischen Besetzungsgeschichte Südwestdeutschlands. Forsch. u. Ber. Vor- u. Frühgesch. Baden-Württemberg 35 (Stuttgart 1990).
Heiligmann 1996	J. Heiligmann, Vormarsch auf die Schwäbische Alb: Das Kastell Urspring. In: Ulmer Museum (Hrsg.), Römer an Donau und Iller. Neue Forschungen und Funde (Sigmaringen 1996) 43–51.
Hirt 2000	M. Hirt, Les médecins à Avenches. Etude basée sur l´ensemble du materiel pouvant se rapporter aux médecins sur le site de l´antique *Aventicum*. Bull. de l´Association Pro Aventico 42, 2000, 93–133.
Hobley 1998	A. St. Hobley, An Examination of Roman Bronze Coin Distribution in the Western Empire A.D. 81–192. BAR Internat. Ser. 688 (Oxford 1998).
Hodgson 2002	N. Hodgson, „Where did they put the horses?" revisited: the recent discovery of cavalry barracks in the Roman forts at Wallsend and South Shields on Hadrian´s Wall. In: Ph. Freeman et al. (edd.), Limes XVIII. BAR Int. Ser. 1084 (Oxford 2002) 887–894.
Hodgson 2003	N. Hodgson, The Roman Fort at Wallsend (Segedunum). Excavations in 1997–8. Tyne and Wear Museums Arch. Monogr. 2 (Newcastle upon Tyne 2003).
Hodgson/Bidwell 2004	N. Hodgson/P. T. Bidwell, *Auxilia*ry Barracks in a New Light: Recent Discoveries on Hadrian´s Wall. Britannia 35, 2004, 121–157.
Höpken 2003	C. Höpken, Küche und Werkstatt in Kontubernien des Flottenlagers Köln-Alteburg. Kölner Jahrb. 36, 2003, 727–735.
Höpken 2003a	C. Höpken, Herstellung quarzkeramischer Melonenperlen im römischen Flottenlager Köln Alteburg: Terminologie – Technologie – Befund. In: B. Liesen/U. Brandl (Hrsg.), Römische Keramik. Herstellung und Handel. Kolloquium Xanten, 15.–17.6.2000. Xantener Ber. 13 (Mainz 2003) 353–363.
Hoerner 2000	B. Hoerner, Zu den Anfängen der ostgallischen Terra-Sigillata-Industrie im 1. Jahrhundert n.Chr.: Chémery-Faulquemont und Boucheporn (Lothringen). In: K. Strobel (Hrsg.), Forschungen zur römischen Keramikindustrie. Produktions-, Rechts- und Distributionsstrukturen. Akten des 1. Trierer Symposiums zur antiken Wirtschaftsgeschichte (Mainz 2000) 103–150.
Hoffmann 1995	B. Hoffmann, The Quarters of Legionary Centurions of the Principate. Britannia 26, 1995, 107–151.
Hoffmann 2002	B. Hoffmann, Römisches Glas aus Baden-Württemberg. Arch. u. Gesch. Freiburger Forsch. zum ersten Jahrtausend in Südwestdeutschland 11 (Stuttgart 2002).
Hofmann 1985	B. Hofmann, Catalogue de estampilles sur vaisselle sigillée (Paris 1985).
Hofmann 1988	B. Hofmann, L´atelier de Banassac (Paris 1988).
Hopewell 2005	D. Hopewell, Roman Fort Environs in North-West Wales. Britannia 36, 2005, 225–269.
Hultsch 1862	F. Hultsch, Griechische und römische Metrologie (Berlin 1862).
Hüssen 2000	C.-M. Hüssen, Die römische Besiedlung im Umland von Heilbronn. Forsch. Vor- u. Frühgesch. Baden-Württemberg 78 (Stuttgart 2000).
Hüssen 2002	C.-M. Hüssen, Neue Forschungsergebnisse zu Truppenlagern und ländlichen Siedlungen an der Donau und im raetischen Limesgebiet. In: Ph. Freeman et al. (edd.), Limes XVIII. BAR Int. Ser. 1084 (Oxford 2002) 535–548.
Hüssen/Mehler 2004	C.-M. Hüssen/N. Mehler, Kösching – Neues zum Kastell Germanicum und zur mittelalterlichen Befestigung der Marienkirche. Arch. Jahr Bayern 2004, 84–86.
Imperium Romanum	Imperium Romanum. Roms Provinzen an Neckar, Rhein und Donau. Herausgegeben vom Arch. Landesmus. Baden-Württemberg. Ausstellungskat. Stuttgart 2005.
Jae 1996	M. Jae, Terra Sigillata aus dem Kastell und Lagerdorfbereich von Hammersbach-Marköbel, Main-Kinzig-Kreis, Hessen (ungedr. Magisterarbeit Freiburg i.Br. 1996).
Jae 2003/04	M. Jae, Die Dislokation der Alen und Kohorten am obergermanischen Limes. Heidenheimer Jahrb. 2003/04, 7–51.
James 2004	S. James, The Excavations at Dura-Europos conducted by Yale University and the French Academy of Inscriptions and Letters 1928 to 1937. Final Report VII: The Arms and Armour and other Military Equipment (London 2004).
Johnson 1987	A. Johnson, Römische Kastelle des 1. und 2. Jahrhunderts n.Chr. in Britannien und in den germanischen Provinzen des Römerreiches (Mainz 1987).
Jütting 1995	I. Jütting, Die Kleinfunde aus dem römischen Lager Eining-Unterfeld. Bayer. Vorgeschbl. 60, 1995, 143–230.

Stüben 1995	P. Stüben, Gelduba II. Ihre verlorenen Spuren am Strom (Krefeld 1995).
Suter u. a. 2004	P. J. Suter et al., Meikirch. Villa romana, Gräber und Kirche (Bern 2004).
Terrisse 1972	J.-R. Terrisse, Les céramiques sigillées Gallo-Romains des Martres-de-Veyre (Puy-de-Dôme). Gallia suppl. 19 (Paris 1972).
Thiel 2005	A. Thiel, Das römische Jagsthausen – Kastell, Vicus und Siedelstellen des Umlandes. Materialh. Arch. Baden-Württemberg 72 (Stuttgart 2005).
Tränkle 2000	F. Tränkle, Bemerkungen zur sog. „Günzburger Kastell-Bauinschrift" (Vollmer Nr. 196). In: Schmid 2000, 57–64.
Ulbert 1959	G. Ulbert, Die römischen Donau-Kastelle Aislingen und Burghöfe. Limesforsch. 1 (Berlin 1959).
Ulbert 1969	G. Ulbert, Das frührömische Kastell Rheingönheim. Die Funde aus den Jahren 1912 und 1913. Limesforsch. 9 (Berlin 1969).
Ulbert 1970	G. Ulbert, Das römische Donau-Kastell Risstissen. Teil 1: Die Funde aus Metall, Horn und Knochen. Urkunden Vor- u. Frühgesch. Südwürttemberg-Hohenzollern 4 (Stuttgart 1970).
Ulbert 1971	G. Ulbert, Römische Bronzeknöpfe mit Reliefverzierung. Fundber. Schwaben N. F. 19, 1971, 278–297.
Unz/Deschler-Erb 1997	C. Unz/E. Deschler-Erb, Katalog der Militaria aus Vindonissa. Militärische Funde, Pferdegeschirr und Jochteile bis 1976. Veröff. Ges. Pro Vindonissa 14 (Brugg 1997).
van Driel-Murray/Hartmann 1999	C. van Driel-Murray/H.-H. Hartmann, Das Ostkastell Welzheim, Rems-Murr-Kreis. Forsch. u. Ber. Vor- u. Frühgesch. Baden-Württemberg 42 (Stuttgart 1999).
Walke 1965	N. Walke, Das römische Donaukastell Straubing-Sorviodurum. Limesforsch. 3 (Berlin 1965).
Weber 2000	G. Weber, Von Holz zu Stein. Zum Bauwesen in den Nordwestprovinzen. In: L. Wamser (Hrsg.), Die Römer zwischen Alpen und Nordmeer. Zivilisatorisches Erbe einer europäischen Militärmacht. Ausstellungskatalog Rosenheim 2000, 81–87.
Weber 2000a	G. Weber (Hrsg.), Cambodunum – Kempten. Erste Hauptstadt der römischen Provinz Raetien? (Mainz 2000).
Welker 1974	E. Welker, Die römischen Gläser von Nida-Heddernheim. Schr. Frankfurter Mus. Vor- u. Frühgesch. (Frankfurt 1974).
Wolff 2000	H. Wolff, Das Heer Raetiens und seine „Militärdiplome" im 2. Jahrhundert n. Chr. Bayer. Vorgeschbl. 65, 2000, 155–172.
Zanier 1992	W. Zanier, Das römische Kastell Ellingen. Limesforsch. 23 (Mainz 1992).
Zwahlen 1995	R. Zwahlen, Vicus Petinesca – Vorderberg. Die Holzbauphasen (1. Teil) (Bern 1995).

IX Tafel 1–46

Tafel 1

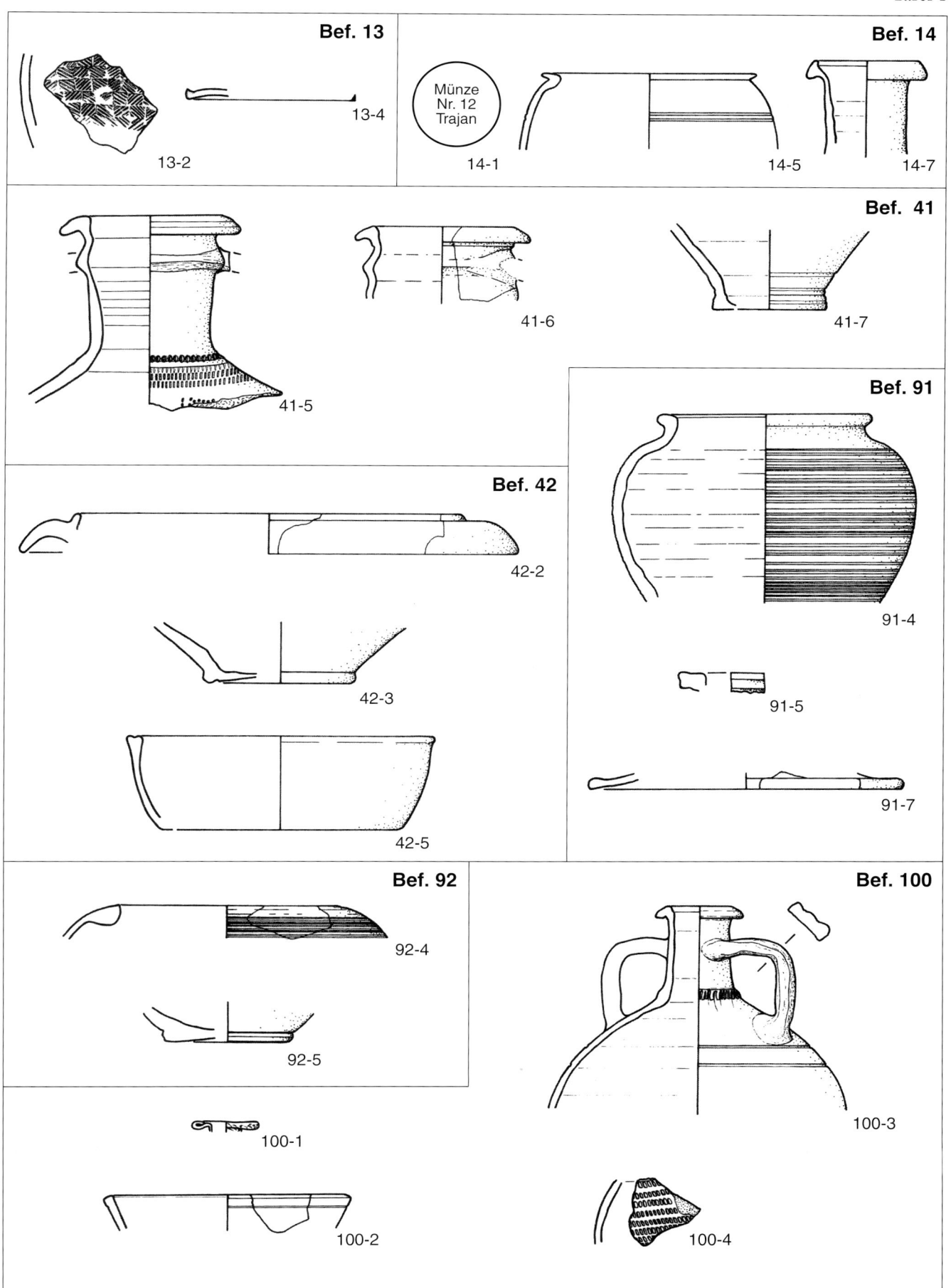

Bef. 13
13-2
13-4

Bef. 14
Münze Nr. 12 Trajan
14-1
14-5
14-7

Bef. 41
41-5
41-6
41-7

Bef. 42
42-2
42-3
42-5

Bef. 91
91-4
91-5
91-7

Bef. 92
92-4
92-5

Bef. 100
100-1
100-2
100-3
100-4

Gruben Phase 1

Tafel 4

Bef. 580

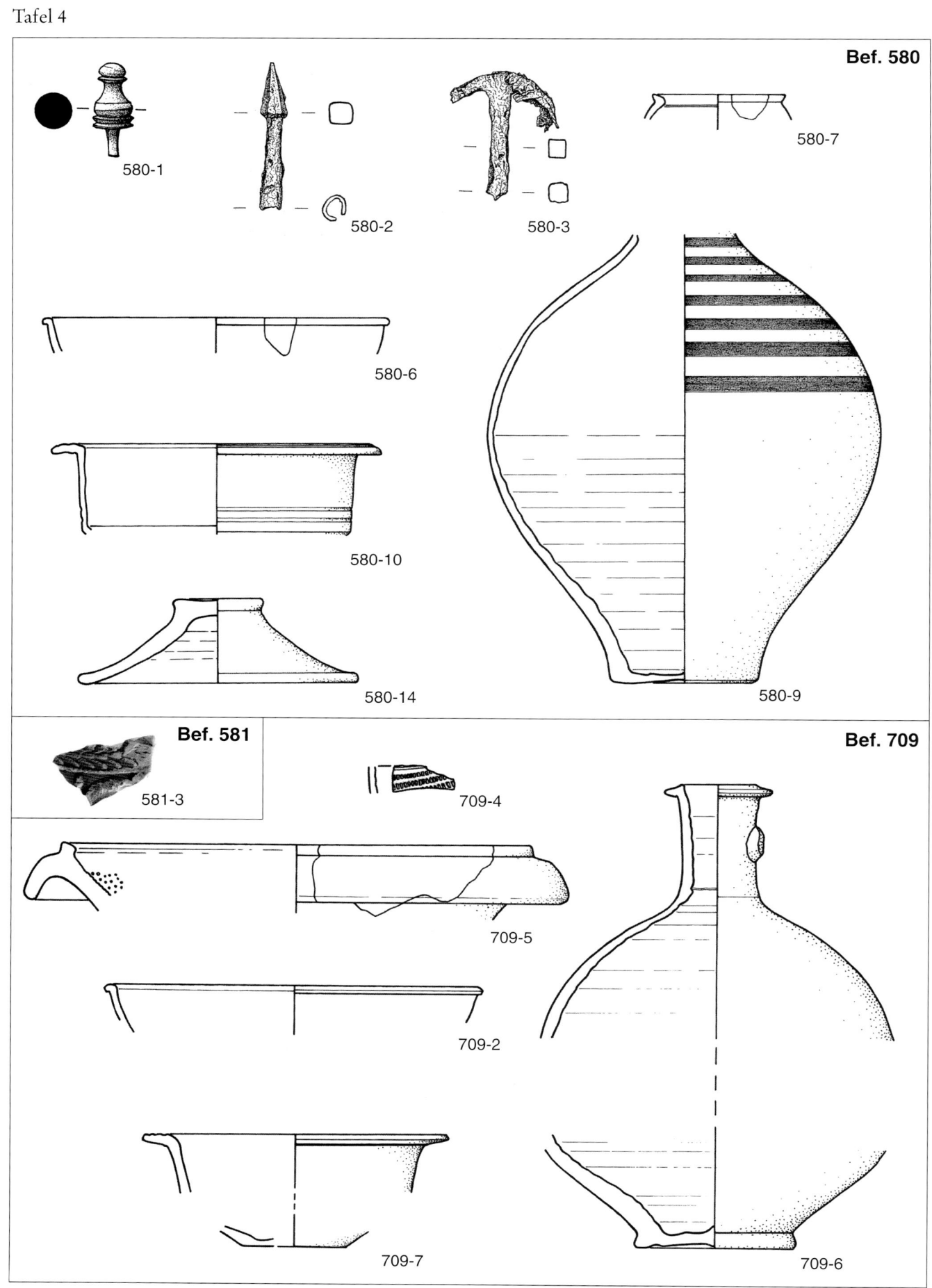

580-1
580-2
580-3
580-7
580-6
580-10
580-14
580-9

Bef. 581

581-3

Bef. 709

709-4
709-5
709-2
709-7
709-6

Gruben Phase 1

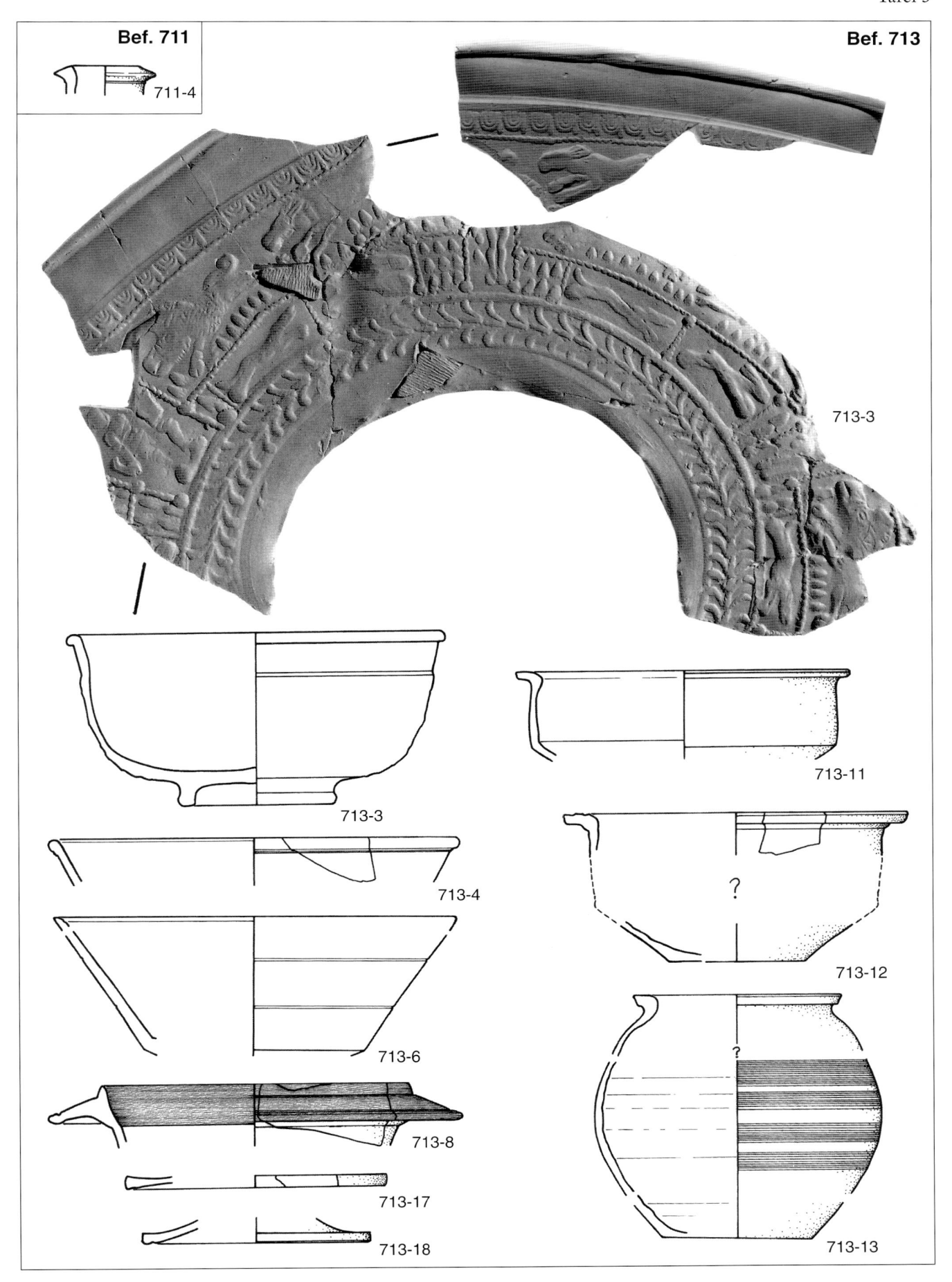

Tafel 5

Bef. 711

711-4

Bef. 713

713-3

713-3

713-4

713-6

713-8

713-17

713-18

713-11

713-12

713-13

Gruben Phase 1

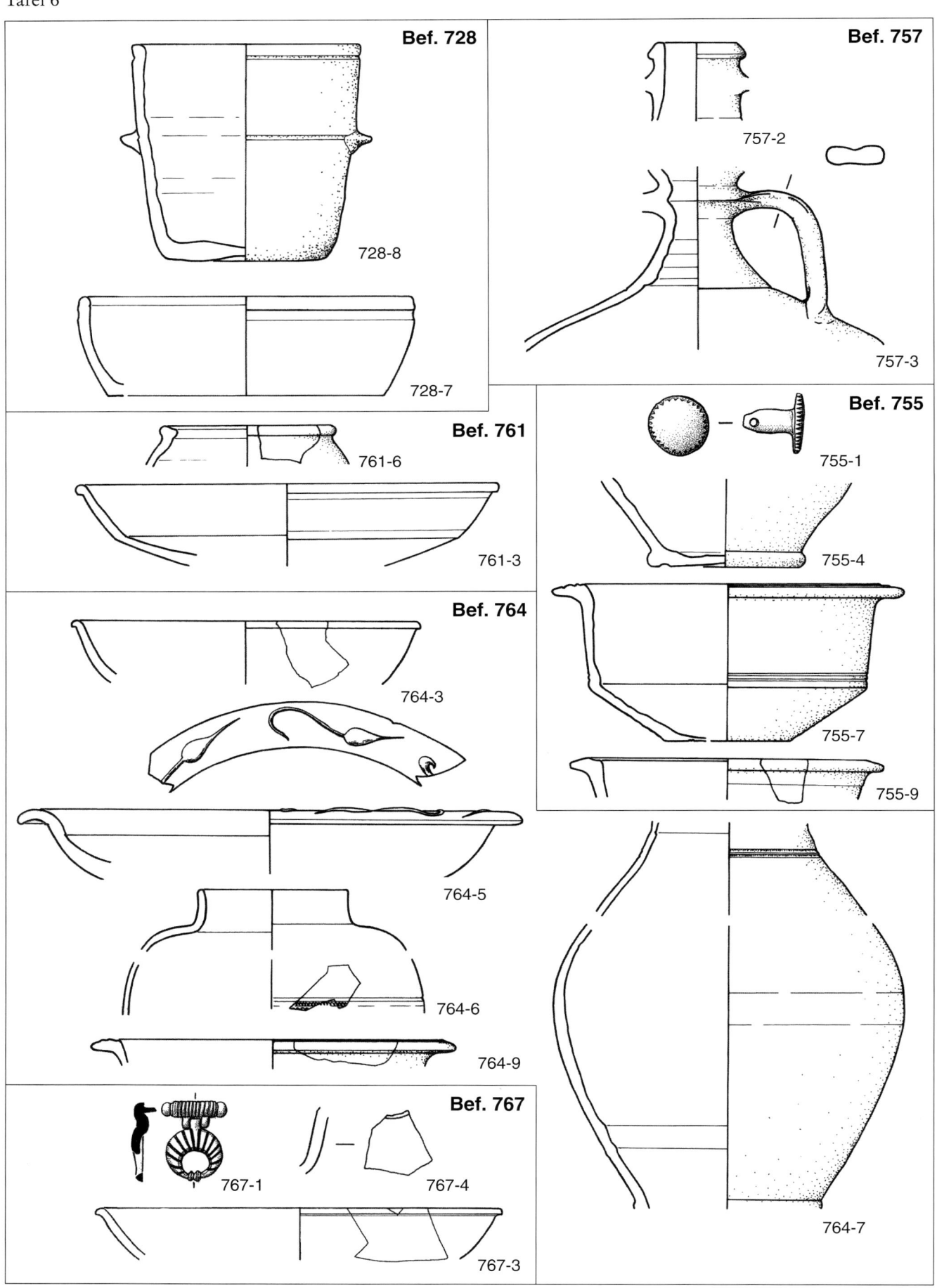

Tafel 6

Bef. 728
728-8
728-7

Bef. 757
757-2
757-3

Bef. 761
761-6
761-3

Bef. 755
755-1
755-4
755-7
755-9

Bef. 764
764-3
764-5
764-6
764-9
764-7

Bef. 767
767-1
767-4
767-3

Gruben Phase 1

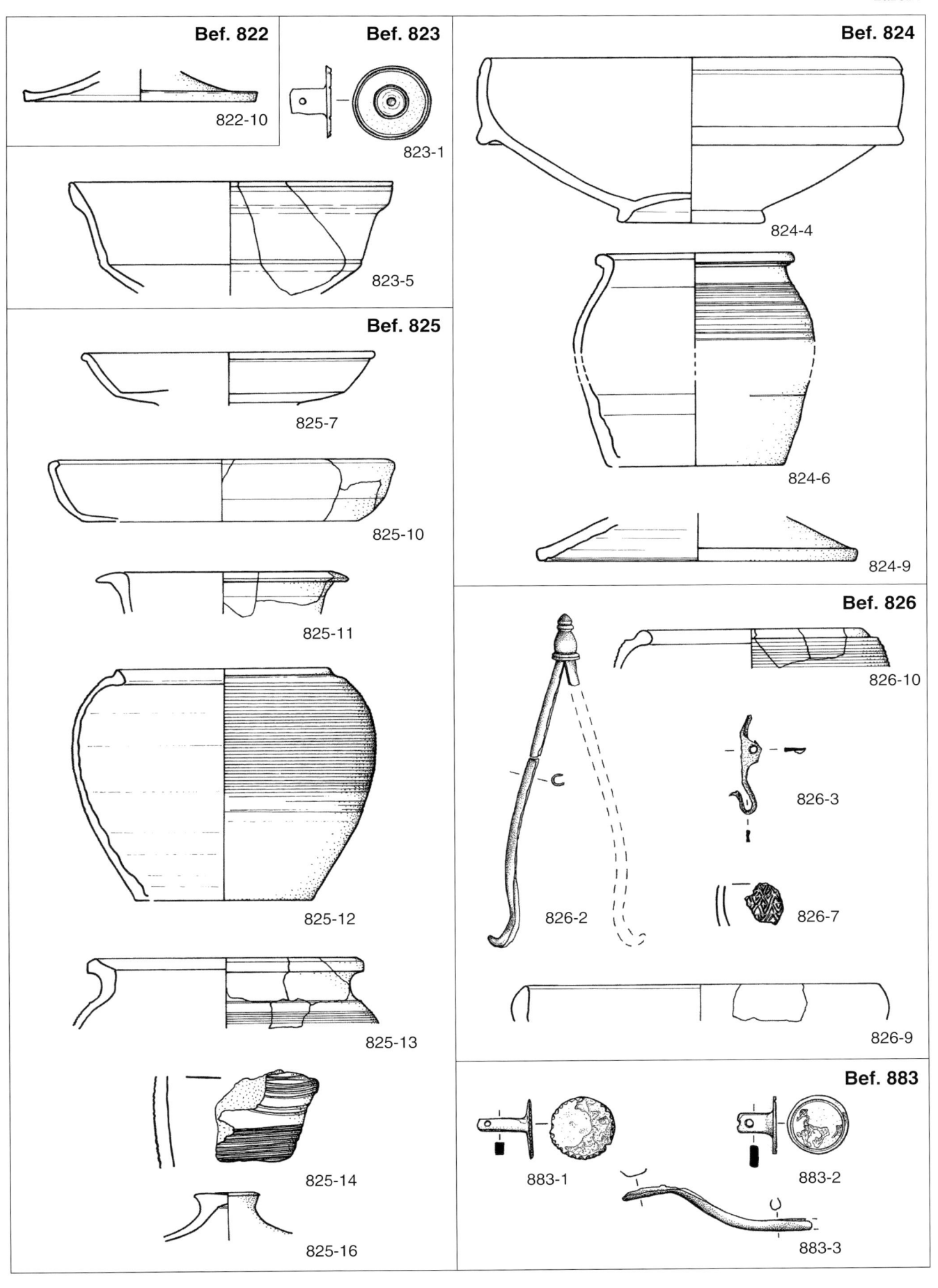

Tafel 7

Bef. 822
822-10

Bef. 823
823-1
823-5

Bef. 824
824-4
824-6
824-9

Bef. 825
825-7
825-10
825-11
825-12
825-13
825-14
825-16

Bef. 826
826-10
826-2
826-3
826-7
826-9

Bef. 883
883-1
883-2
883-3

Gruben Phase 1

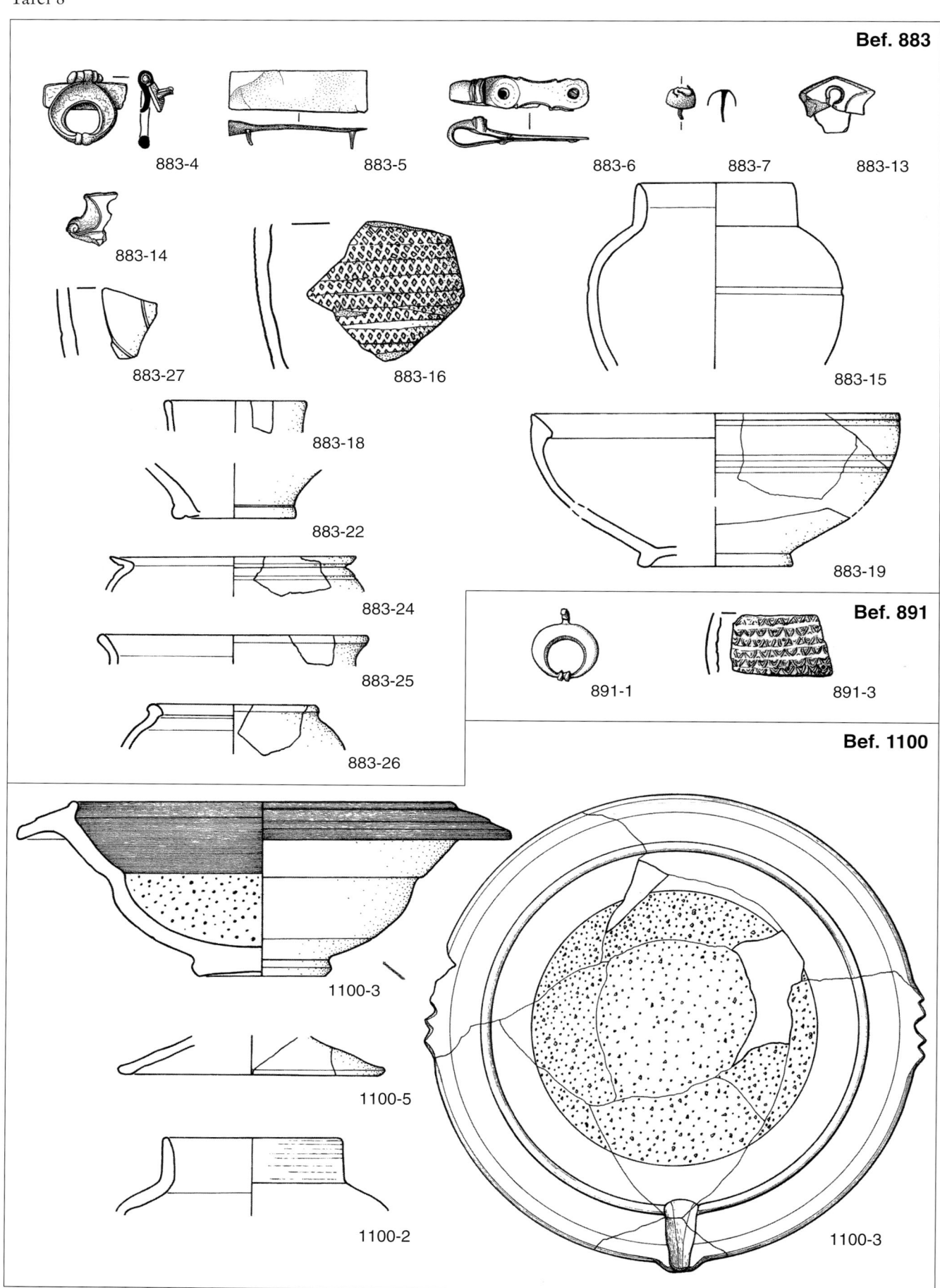

Tafel 8

Bef. 883

883-4
883-5
883-6
883-7
883-13
883-14
883-27
883-16
883-15
883-18
883-22
883-24
883-19
883-25
883-26

Bef. 891

891-1
891-3

Bef. 1100

1100-3
1100-5
1100-2
1100-3

Gruben Phase 1

Tafel 9

Bef. 1108

1108-6

1108-2

Bef. 75

75-1

75-3

75-5

75-6

75-7

75-12

75-10

Bef. ZOH-72

72-1

72-2

72-3

72-4

72-5

72-7

75-16

75-17

75-18

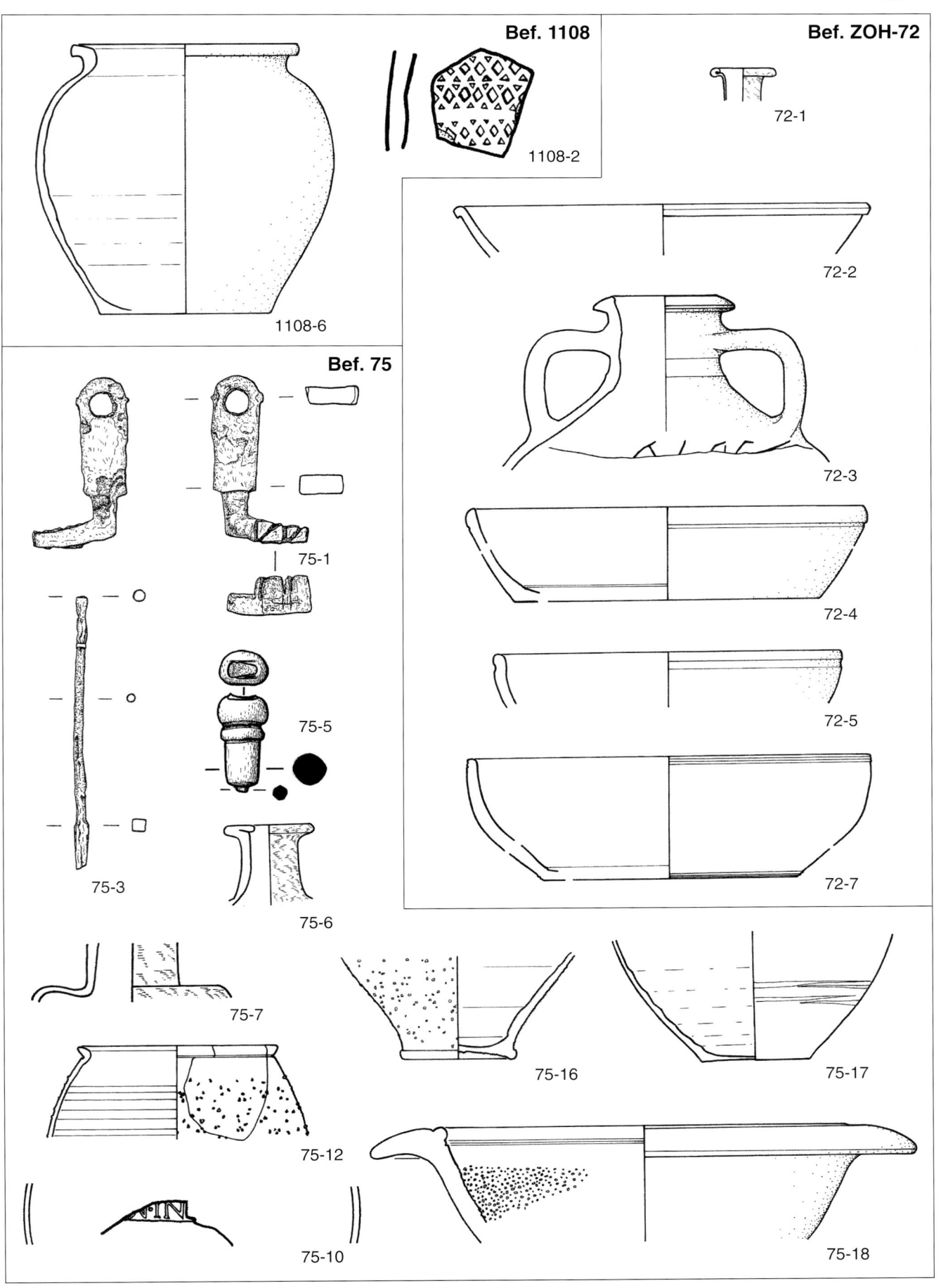

Gruben Phase 1 (Bef. 1108), Gruben Phase 2a (Bef. ZOH-72 und Bef. 75)

Tafel 10

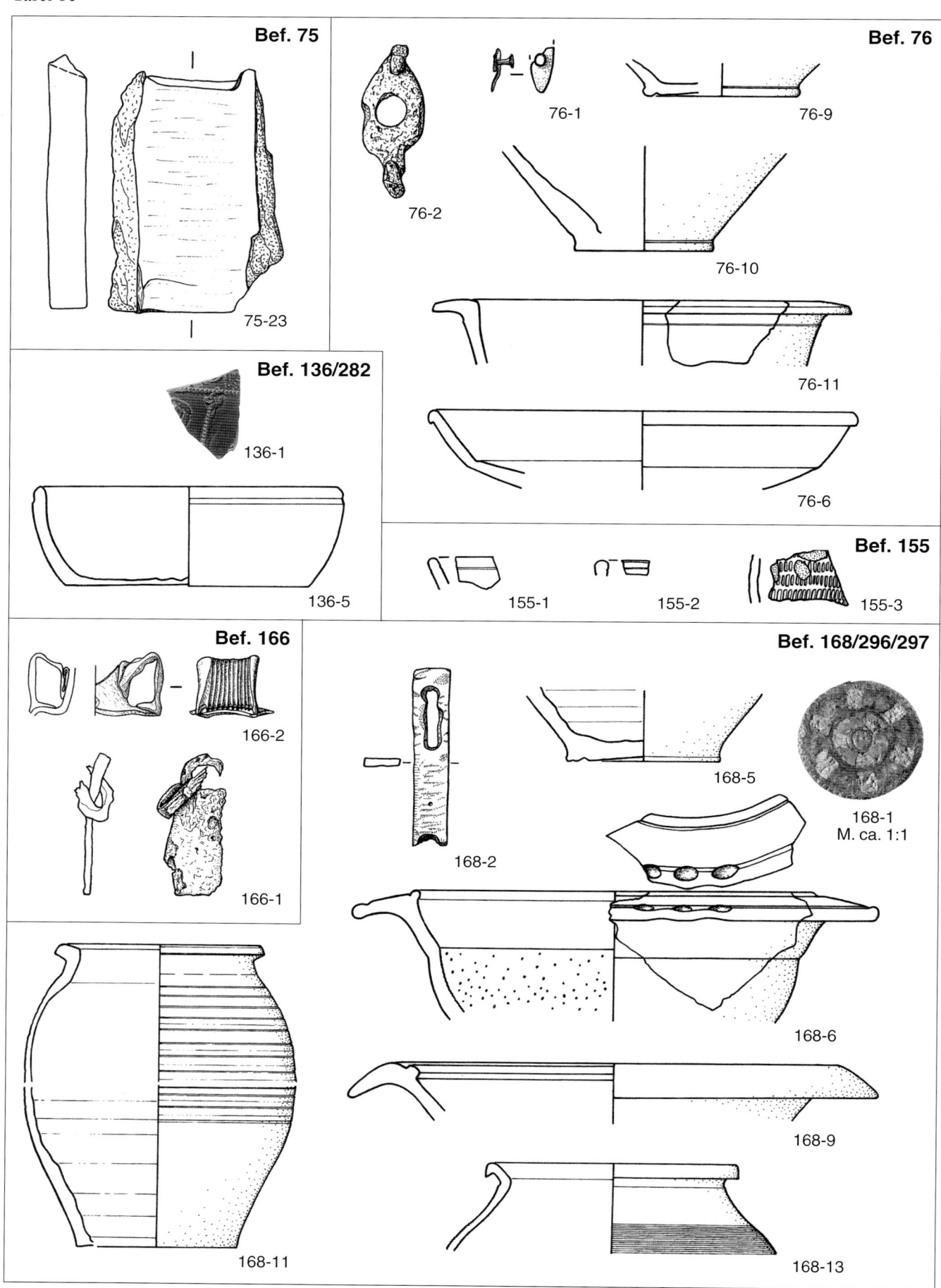

Bef. 75

75-23

Bef. 76

76-1
76-2
76-9
76-10
76-11
76-6

Bef. 136/282

136-1
136-5

Bef. 155

155-1
155-2
155-3

Bef. 166

166-2
166-1
168-11

Bef. 168/296/297

168-2
168-5
168-1 M. ca. 1:1
168-6
168-9
168-13

Gruben Phase 2a

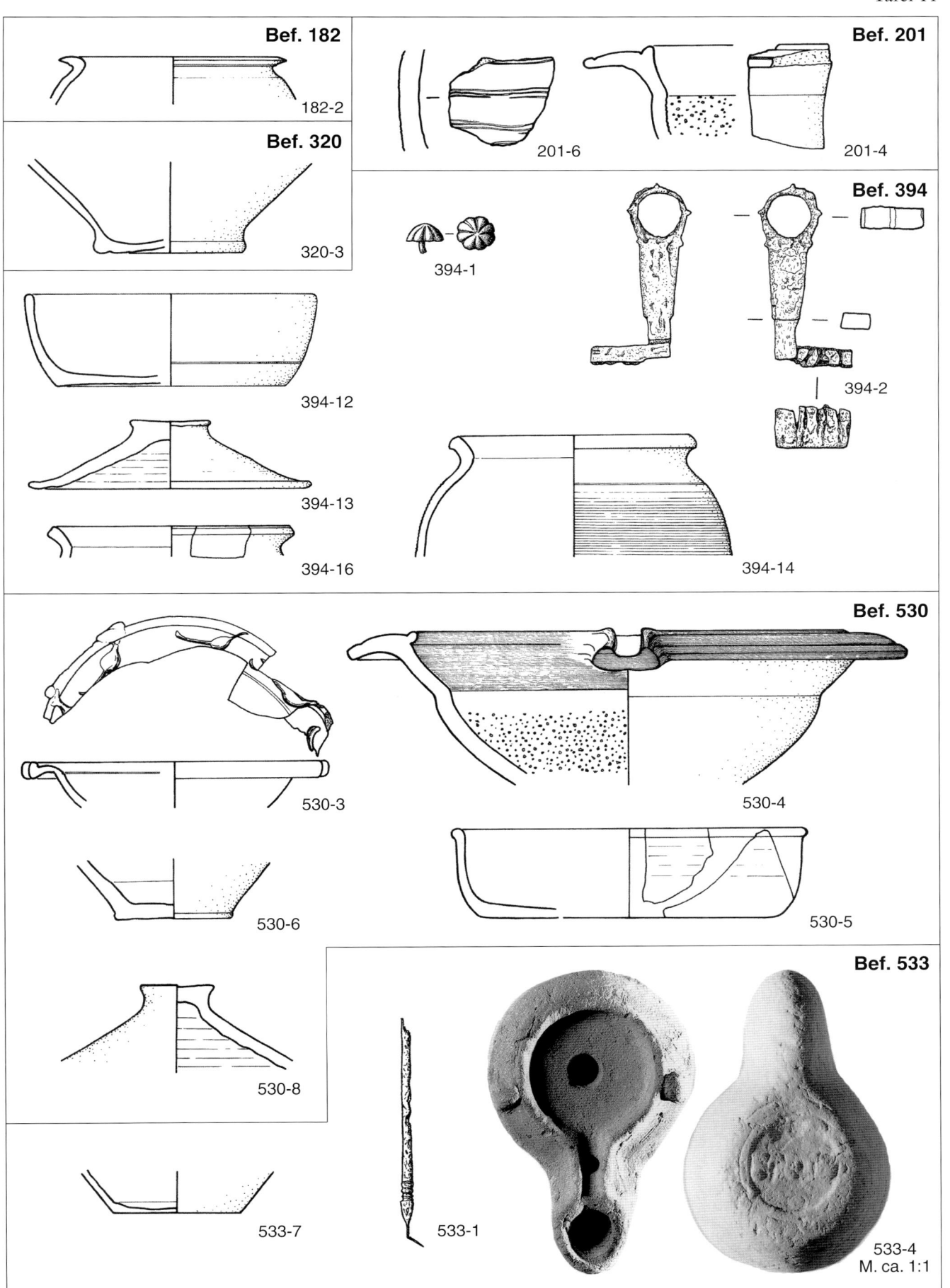

Tafel 11

Bef. 182
182-2

Bef. 201
201-6
201-4

Bef. 320
320-3

Bef. 394
394-1
394-12
394-13
394-2
394-16
394-14

Bef. 530
530-3
530-4
530-6
530-8
530-5

Bef. 533
533-7
533-1
533-4
M. ca. 1:1

Gruben Phase 2a

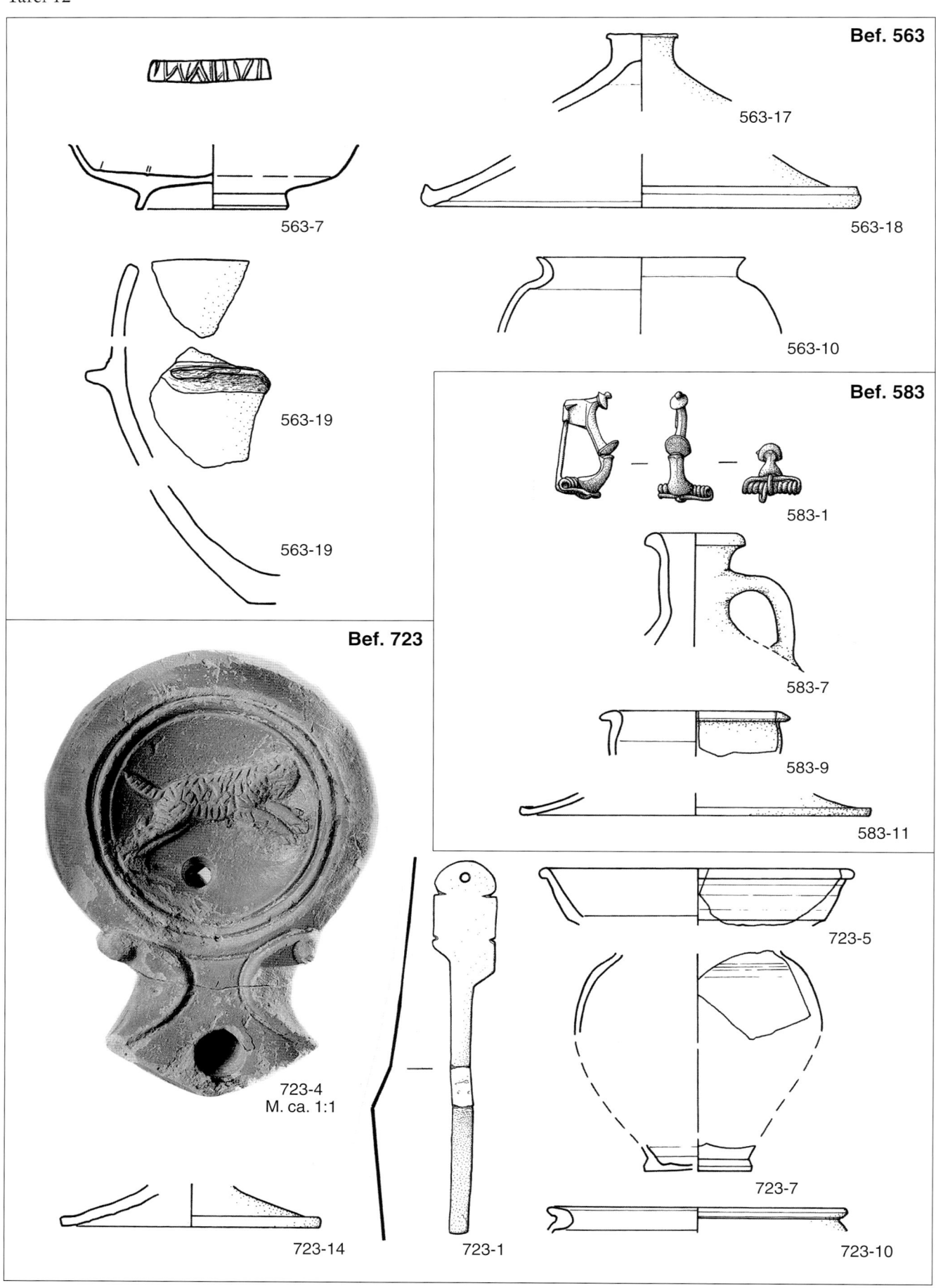

Tafel 12

Bef. 563

563-7
563-17
563-18
563-10
563-19
563-19

Bef. 583

583-1
583-7
583-9
583-11

Bef. 723

723-4
M. ca. 1:1
723-14
723-1
723-5
723-7
723-10

Gruben Phase 2a

Tafel 13

Bef. 724

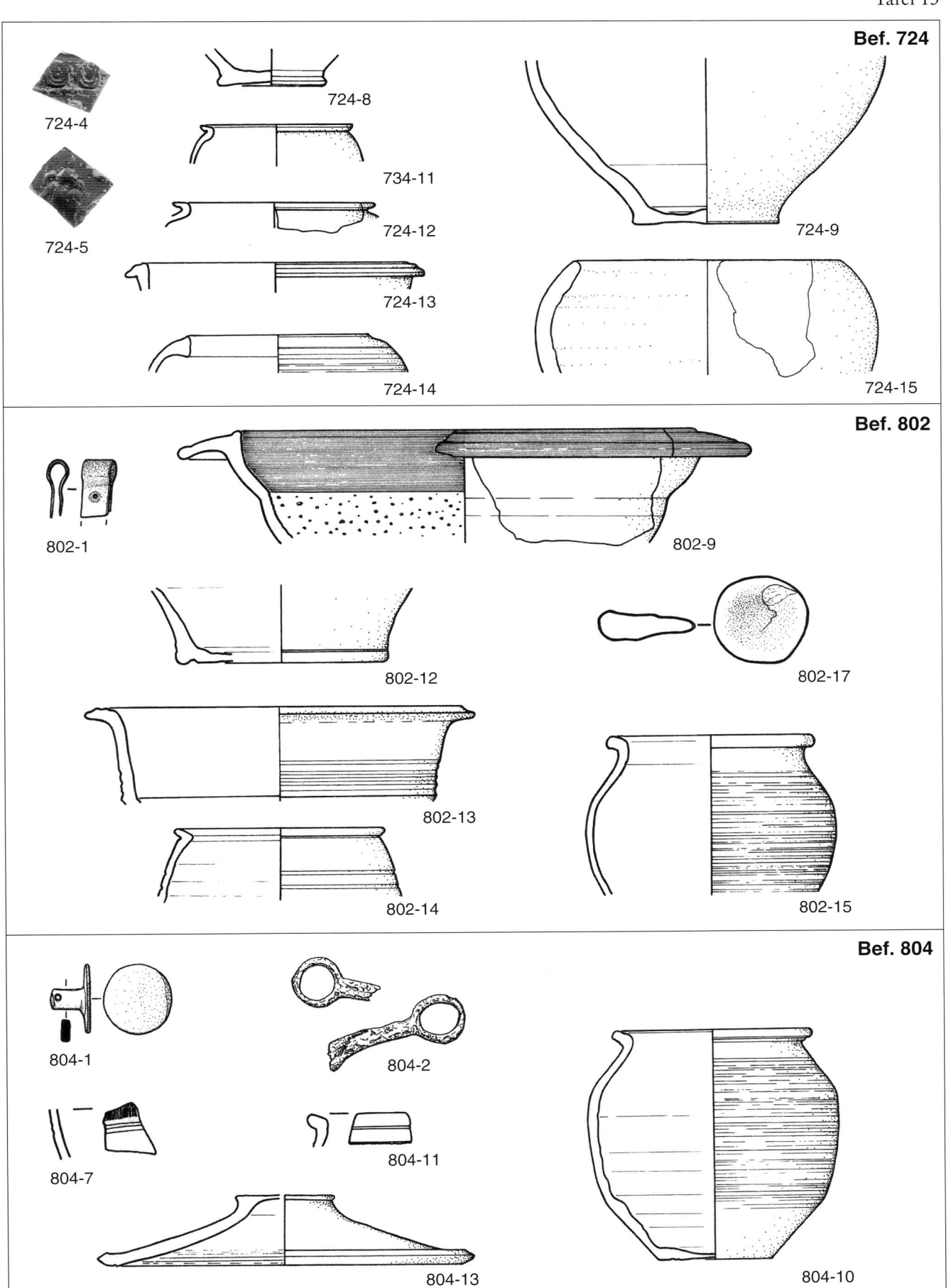

724-4
724-5
724-8
734-11
724-12
724-13
724-14
724-9
724-15

Bef. 802

802-1
802-9
802-12
802-17
802-13
802-14
802-15

Bef. 804

804-1
804-2
804-7
804-11
804-13
804-10

Gruben Phase 2a

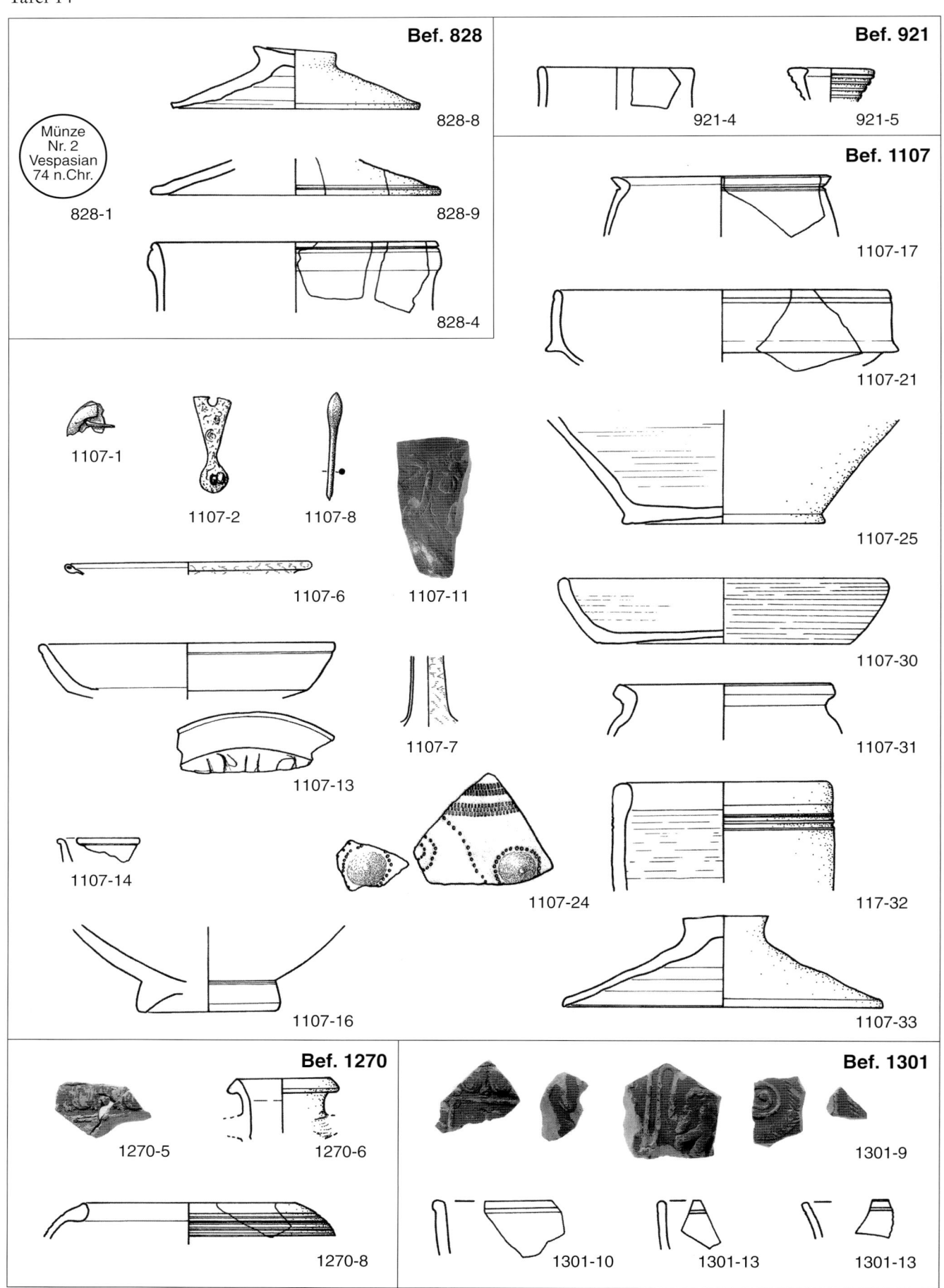

Tafel 14

Bef. 828

Münze Nr. 2 Vespasian 74 n.Chr.

828-1
828-8
828-9
828-4

Bef. 921

921-4
921-5

Bef. 1107

1107-1
1107-2
1107-8
1107-6
1107-11
1107-17
1107-21
1107-25
1107-30
1107-13
1107-7
1107-31
1107-14
1107-24
117-32
1107-16
1107-33

Bef. 1270

1270-5
1270-6
1270-8

Bef. 1301

1301-9
1301-10
1301-13
1301-13

Gruben Phase 2a

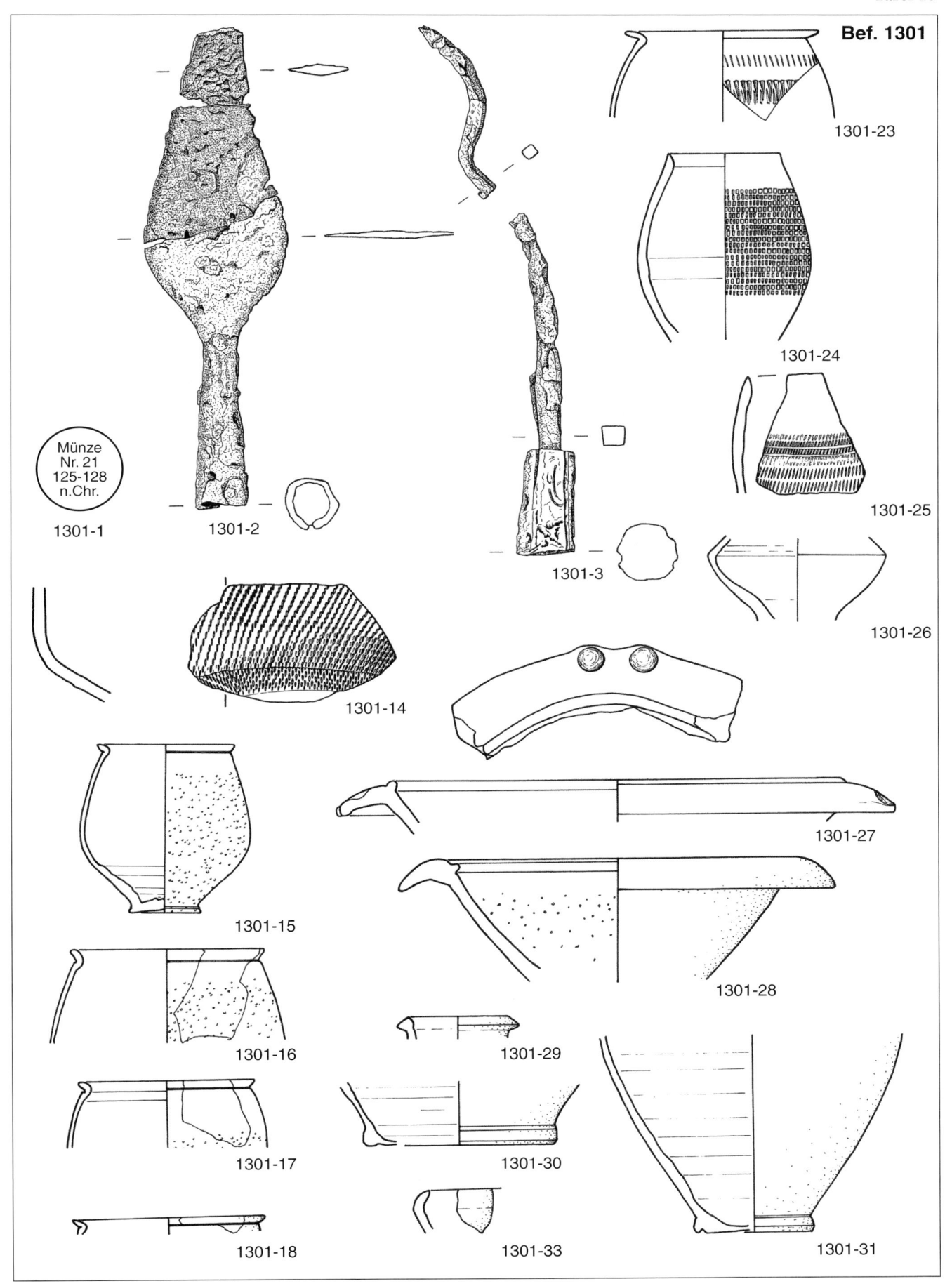

Tafel 15

Bef. 1301

Münze Nr. 21 125-128 n.Chr.

1301-1 1301-2 1301-3

1301-23
1301-24
1301-25
1301-26
1301-14
1301-27
1301-15
1301-28
1301-16
1301-29
1301-17
1301-30
1301-18
1301-33
1301-31

Gruben Phase 2a

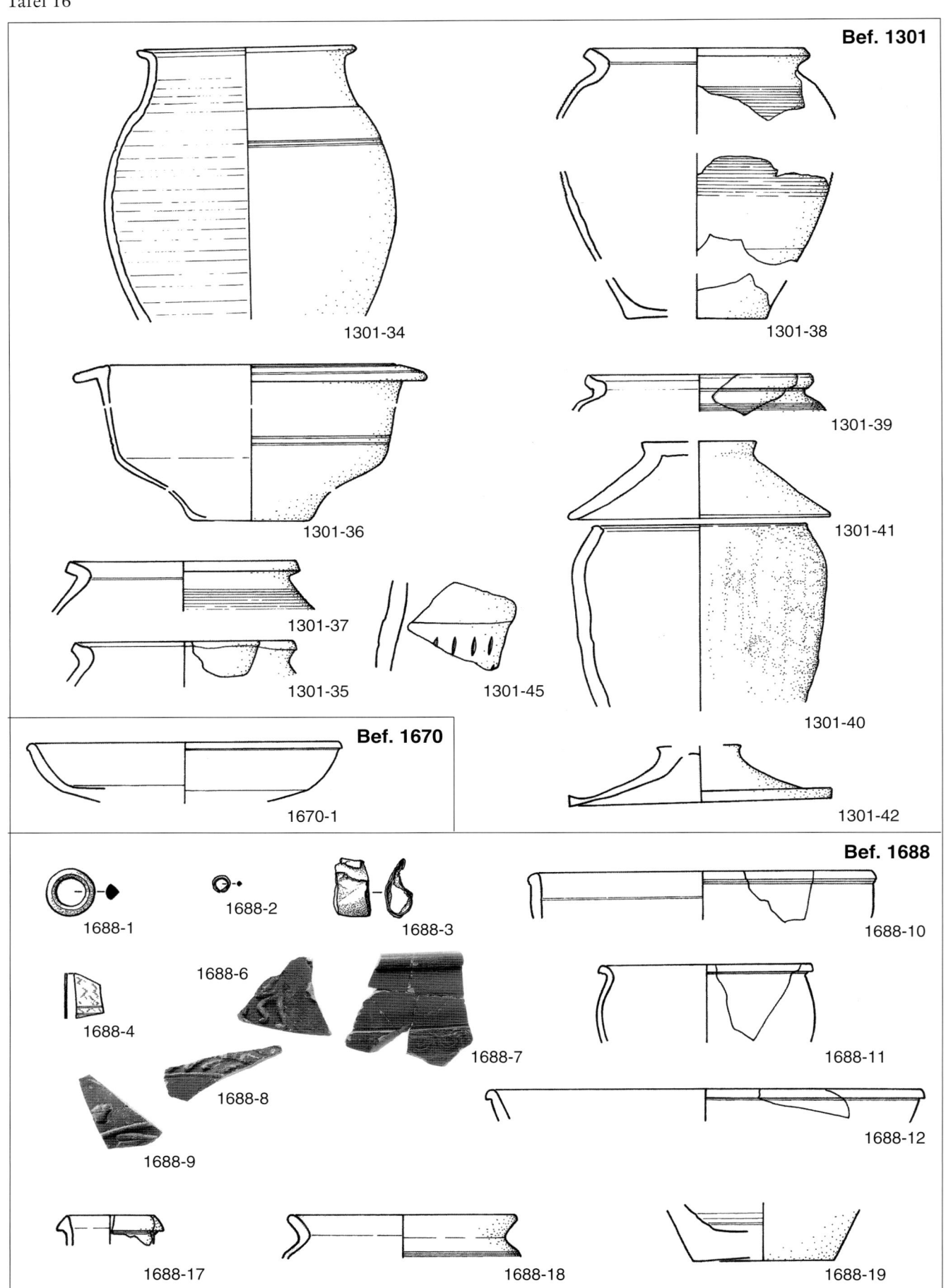

Tafel 16

Bef. 1301

1301-34
1301-38
1301-36
1301-39
1301-41
1301-37
1301-45
1301-35
1301-40
1301-42

Bef. 1670

1670-1

Bef. 1688

1688-1
1688-2
1688-3
1688-10
1688-4
1688-6
1688-7
1688-11
1688-8
1688-9
1688-12
1688-17
1688-18
1688-19

Gruben Phase 2a

Tafel 17

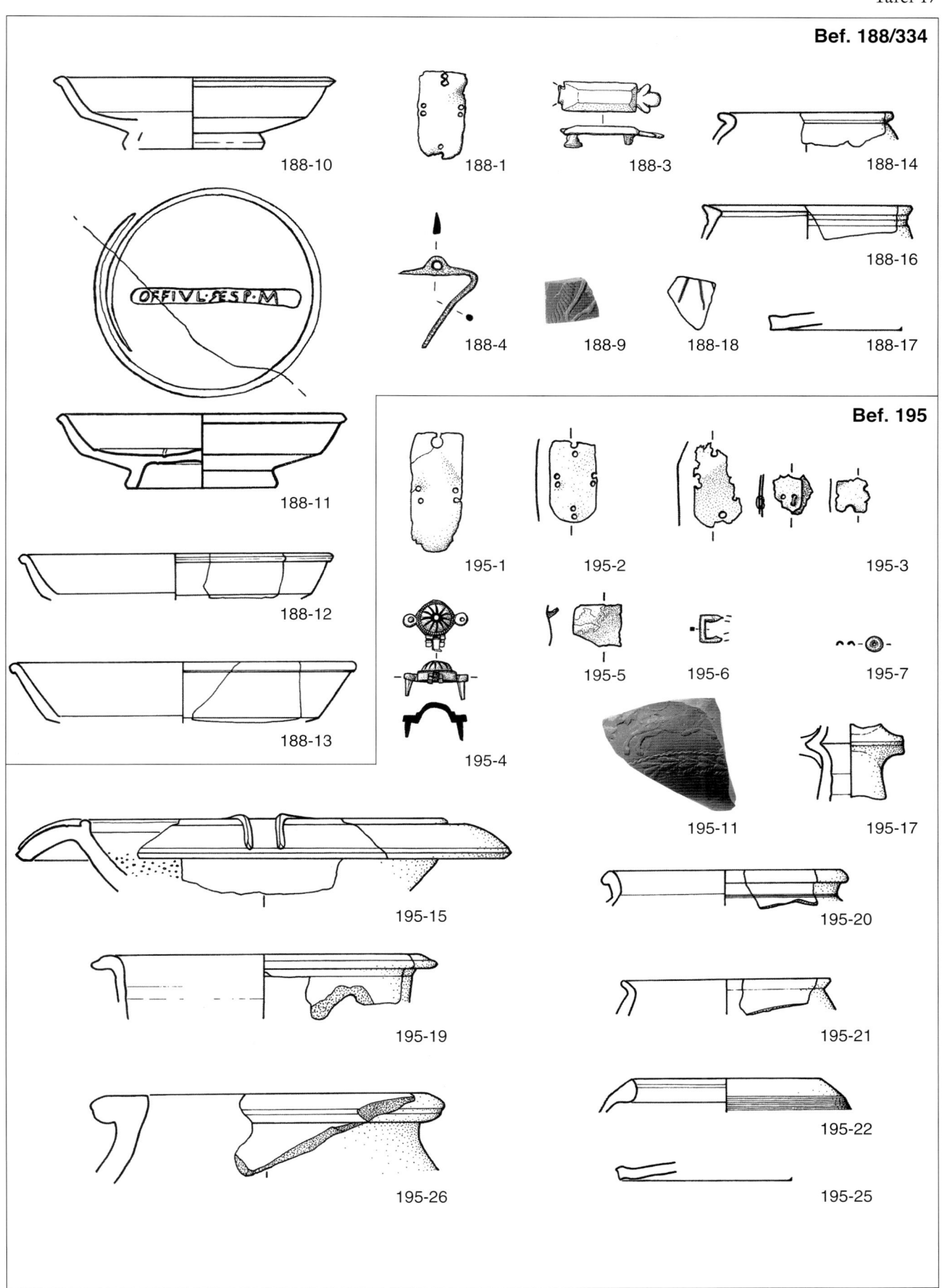

Bef. 188/334

188-10
188-1
188-3
188-14

ORFIVL·SESP·M

188-4
188-9
188-18
188-17
188-16

188-11

188-12

188-13

Bef. 195

195-1
195-2
195-3

195-4
195-5
195-6
195-7

195-11
195-17

195-15

195-20

195-19
195-21

195-26
195-22
195-25

Fundkomplexe Phase 2b

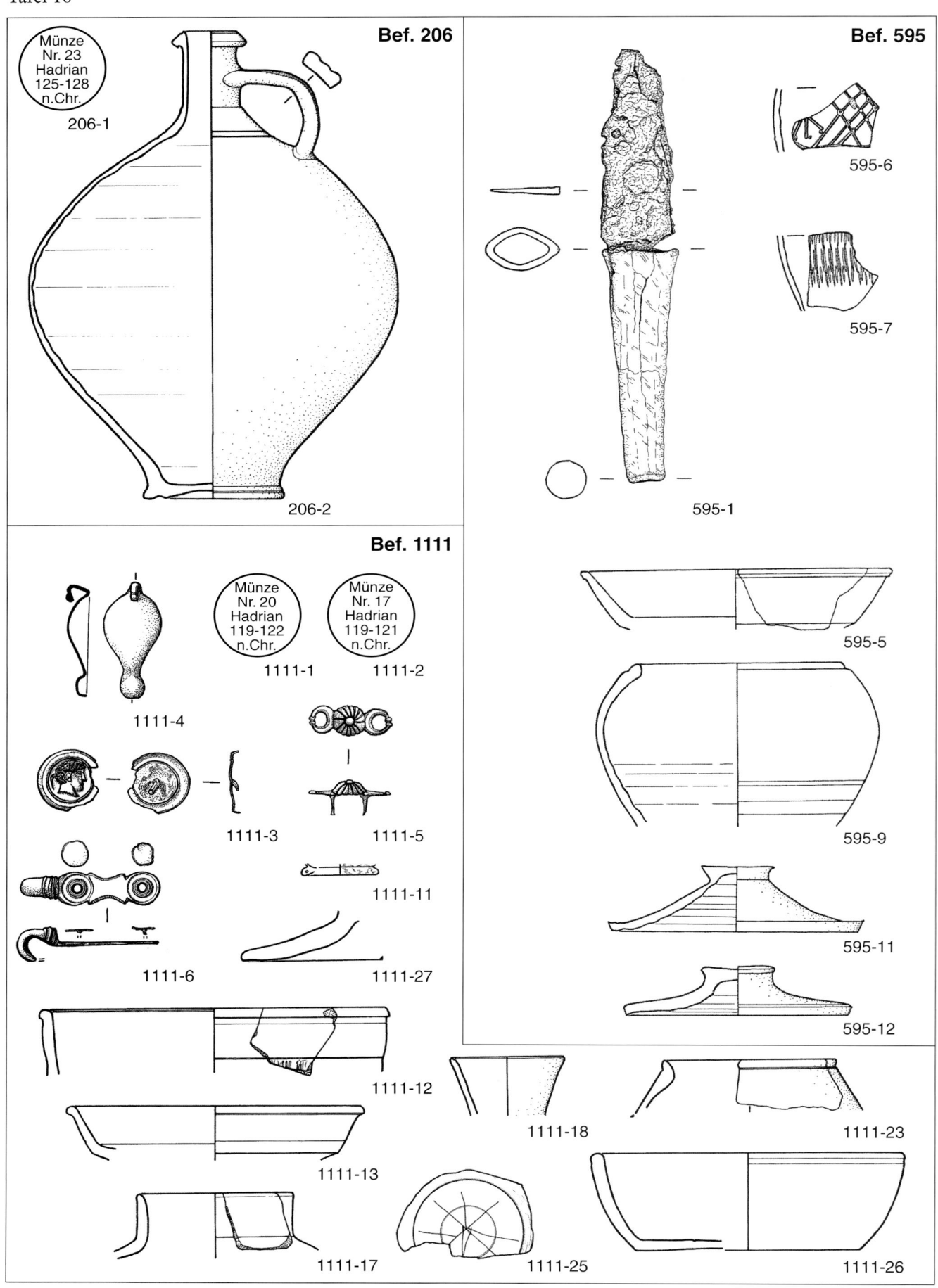

Tafel 18

Bef. 206

Münze Nr. 23 Hadrian 125-128 n.Chr.
206-1

206-2

Bef. 595

595-6

595-7

595-1

595-5

595-9

595-11

595-12

Bef. 1111

1111-4

Münze Nr. 20 Hadrian 119-122 n.Chr.
1111-1

Münze Nr. 17 Hadrian 119-121 n.Chr.
1111-2

1111-3

1111-5

1111-6

1111-11

1111-27

1111-12

1111-13

1111-17

1111-18

1111-25

1111-23

1111-26

Fundkomplexe Phase 2b

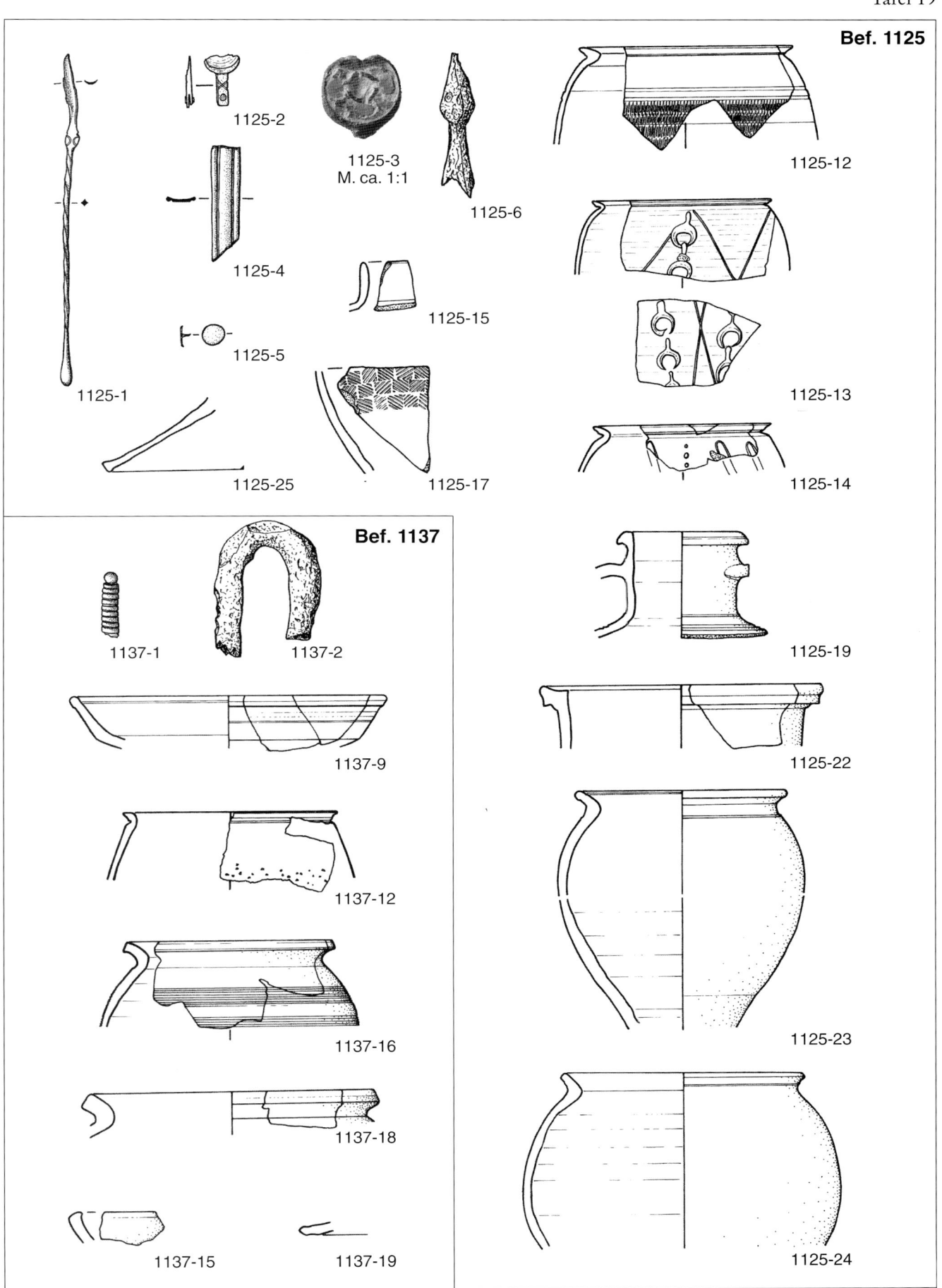

Tafel 19

Bef. 1125

1125-1
1125-2
1125-3 M. ca. 1:1
1125-4
1125-5
1125-6
1125-12
1125-13
1125-14
1125-15
1125-17
1125-19
1125-22
1125-23
1125-24
1125-25

Bef. 1137

1137-1
1137-2
1137-9
1137-12
1137-15
1137-16
1137-18
1137-19

Fundkomplexe Phase 2b

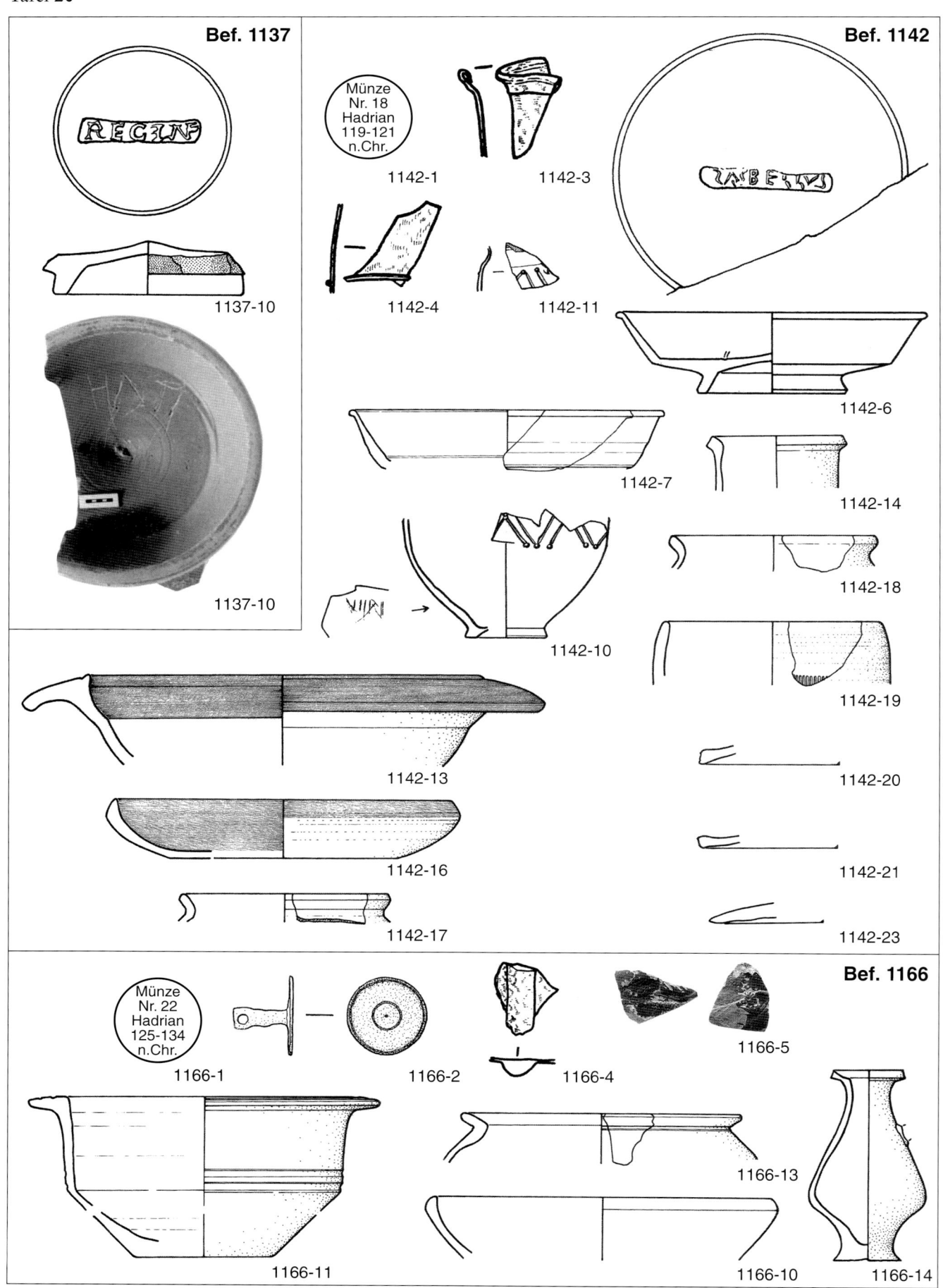

Tafel 20

Bef. 1137

1137-10

1137-10

Bef. 1142

Münze Nr. 18 Hadrian 119-121 n.Chr.

1142-1
1142-3
1142-4
1142-11
1142-6
1142-7
1142-14
1142-10
1142-18
1142-13
1142-19
1142-16
1142-20
1142-17
1142-21
1142-23

Bef. 1166

Münze Nr. 22 Hadrian 125-134 n.Chr.

1166-1
1166-2
1166-4
1166-5
1166-11
1166-13
1166-10
1166-14

Fundkomplexe Phase 2b

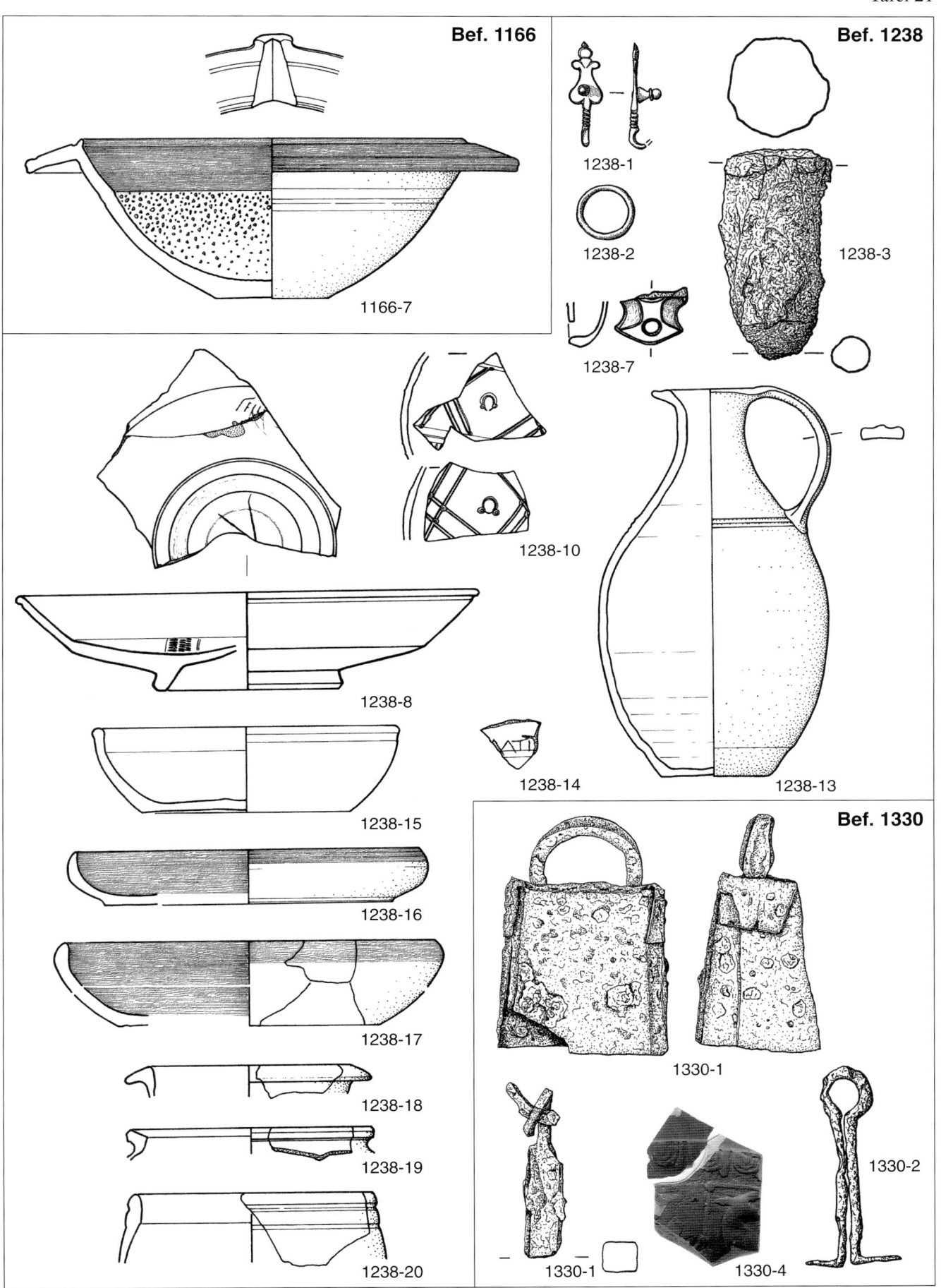

Tafel 21

Bef. 1166

1166-7

Bef. 1238

1238-1

1238-2

1238-3

1238-7

1238-10

1238-8

1238-13

1238-15

1238-14

1238-16

1238-17

1238-18

1238-19

1238-20

Bef. 1330

1330-1

1330-1   1330-4   1330-2

Fundkomplexe Phase 2b

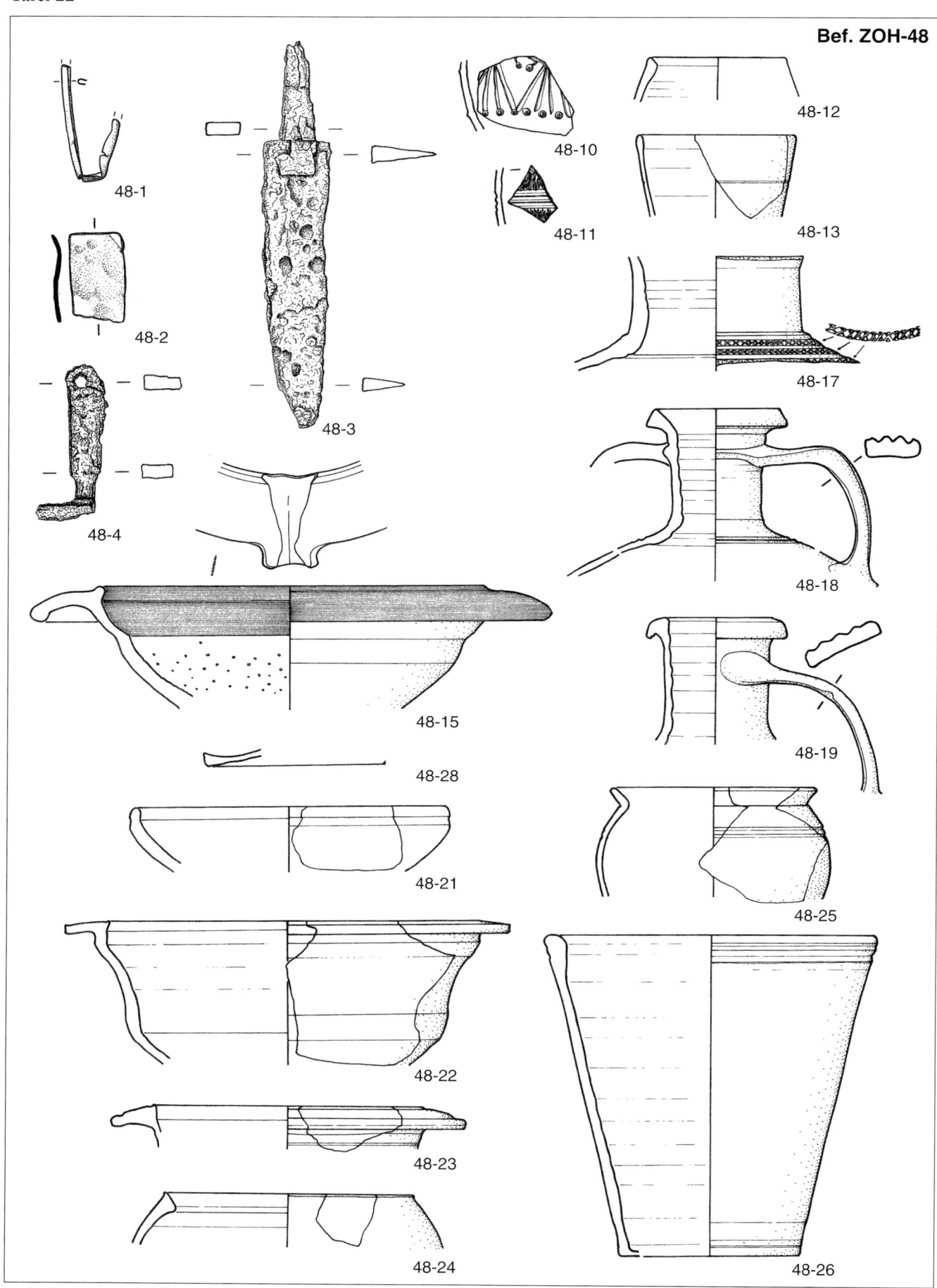

Tafel 22

Bef. ZOH-48

48-1
48-2
48-4
48-3
48-10
48-11
48-12
48-13
48-17
48-18
48-19
48-15
48-28
48-21
48-25
48-22
48-23
48-24
48-26

Fundkomplex Phase 3

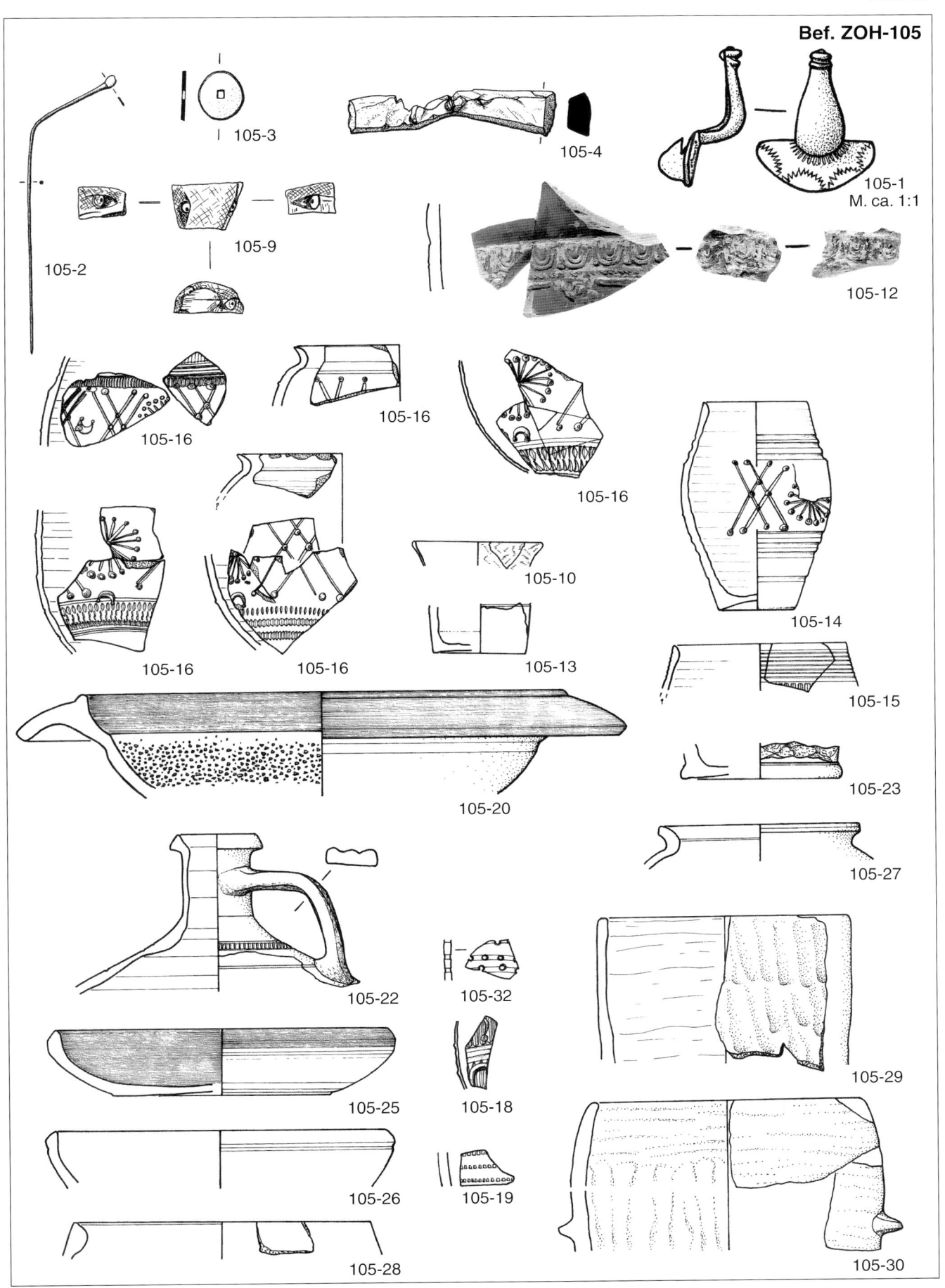

Tafel 23

Bef. ZOH-105

Fundkomplex Phase 3

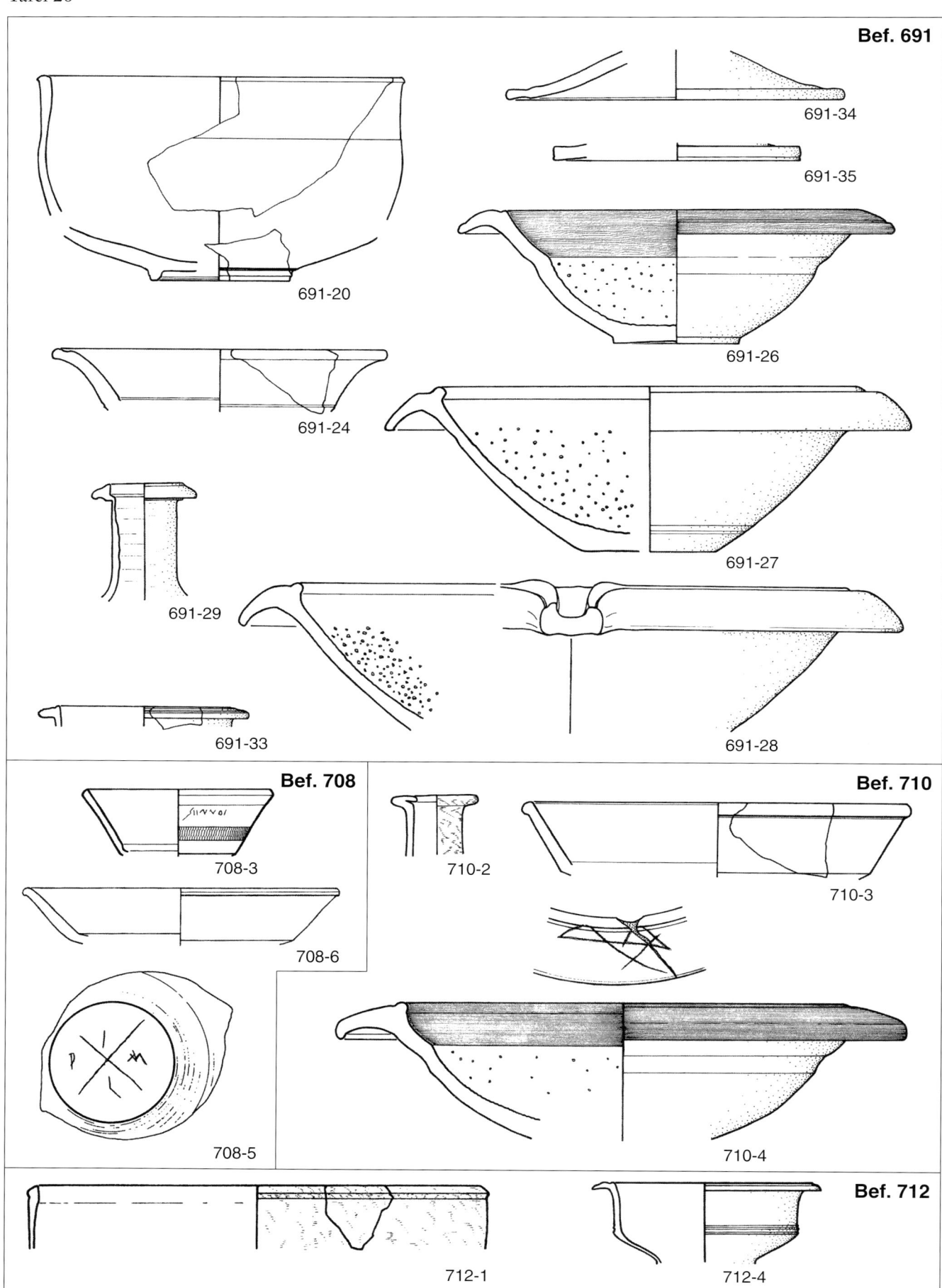

Tafel 26

Bef. 691

691-20
691-34
691-35
691-26
691-24
691-27
691-29
691-33
691-28

Bef. 708

708-3
708-6
708-5

Bef. 710

710-2
710-3
710-4

Bef. 712

712-1
712-4

Fundkomplexe Phase 3

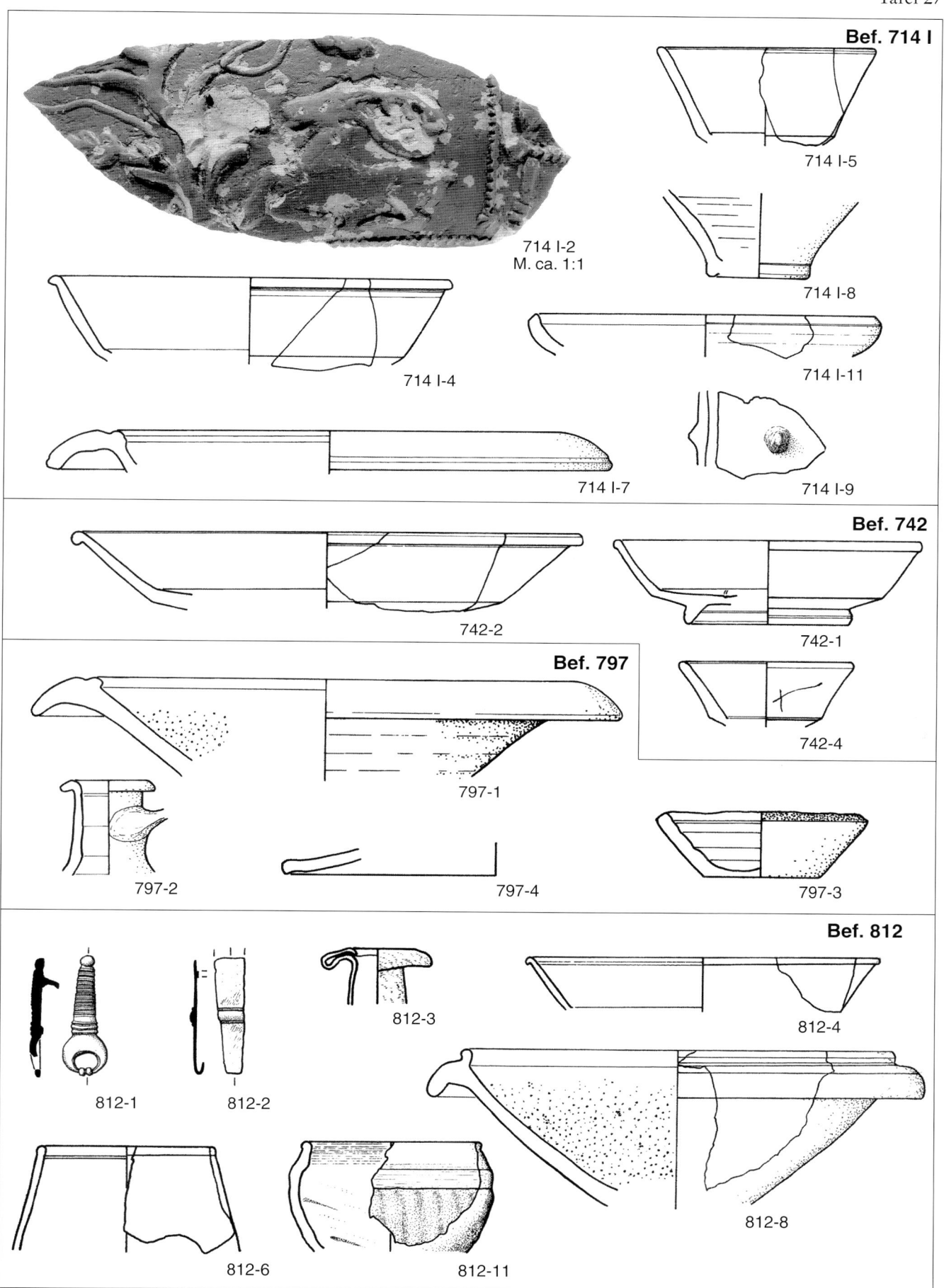

Tafel 27

Bef. 714 I

714 I-2 M. ca. 1:1

714 I-5
714 I-8
714 I-4
714 I-11
714 I-7
714 I-9

Bef. 742

742-2
742-1
742-4

Bef. 797

797-1
797-2
797-4
797-3

Bef. 812

812-1
812-2
812-3
812-4
812-8
812-6
812-11

Fundkomplexe Phase 3

Tafel 30

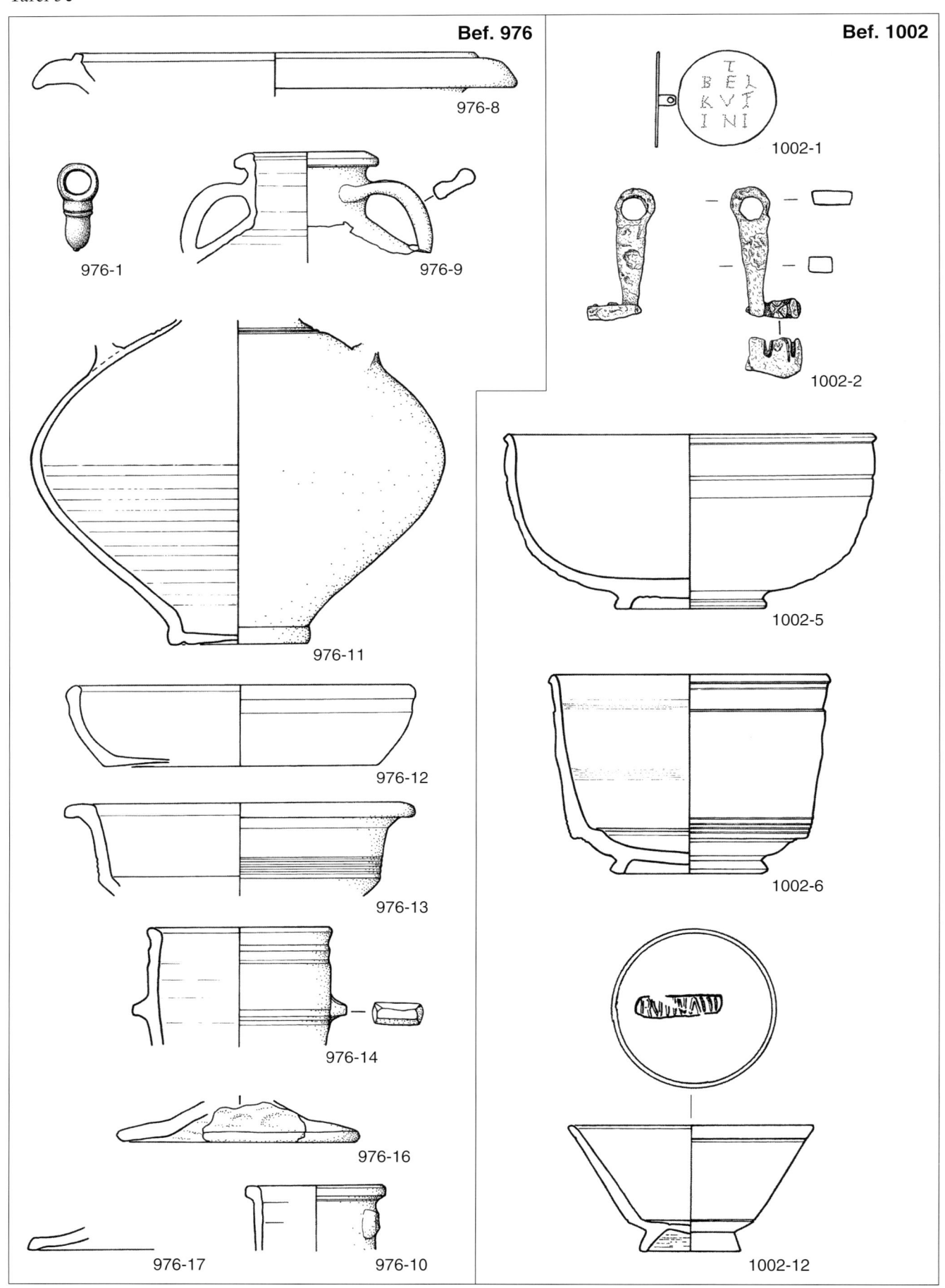

Bef. 976

976-8
976-1
976-9
976-11
976-12
976-13
976-14
976-16
976-17
976-10

Bef. 1002

1002-1
1002-2
1002-5
1002-6
1002-12

Fundkomplexe Phase 3

Tafel 31

Bef. 1002

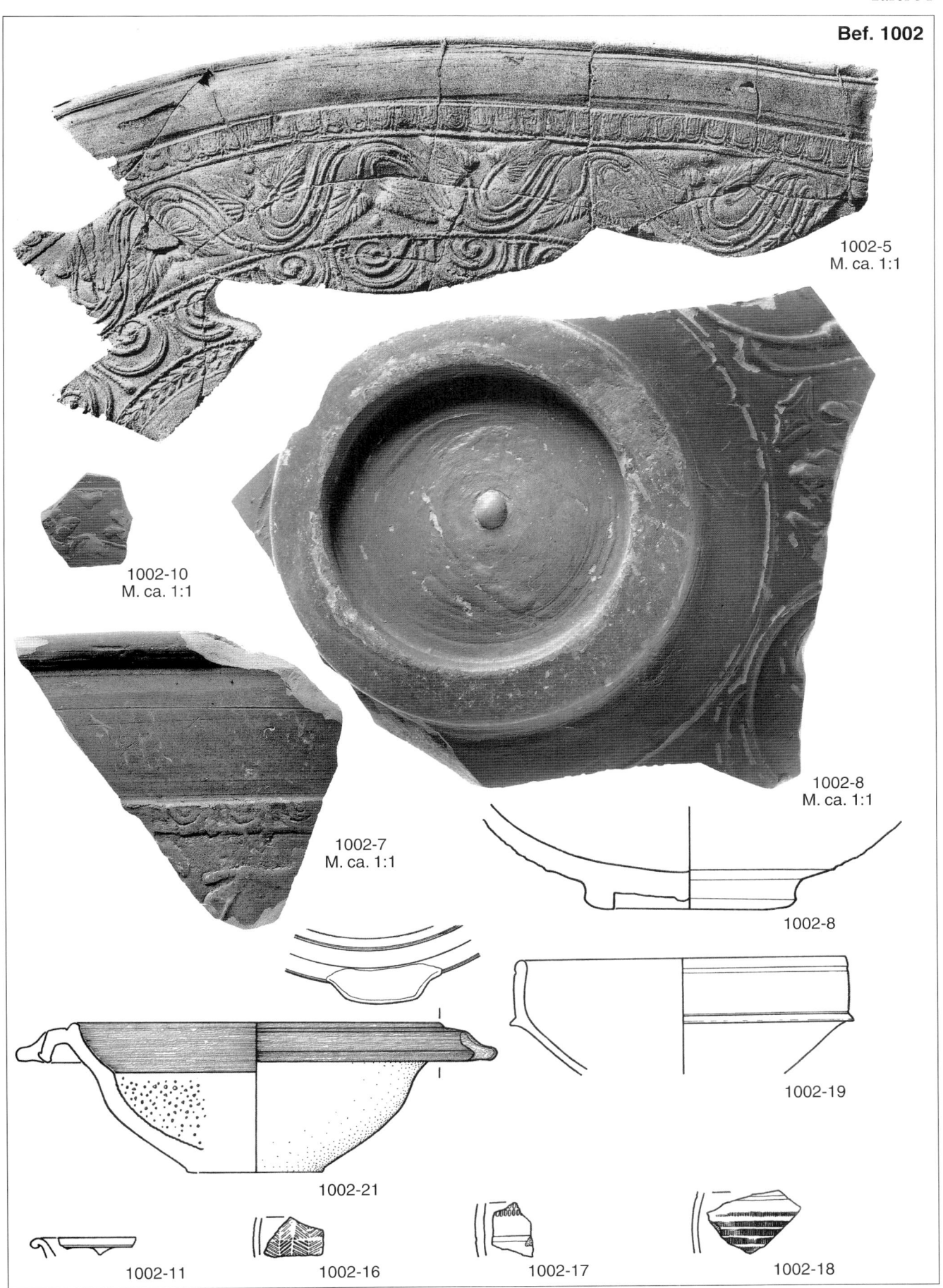

1002-5
M. ca. 1:1

1002-10
M. ca. 1:1

1002-8
M. ca. 1:1

1002-7
M. ca. 1:1

1002-8

1002-19

1002-21

1002-11 1002-16 1002-17 1002-18

Fundkomplex Phase 3

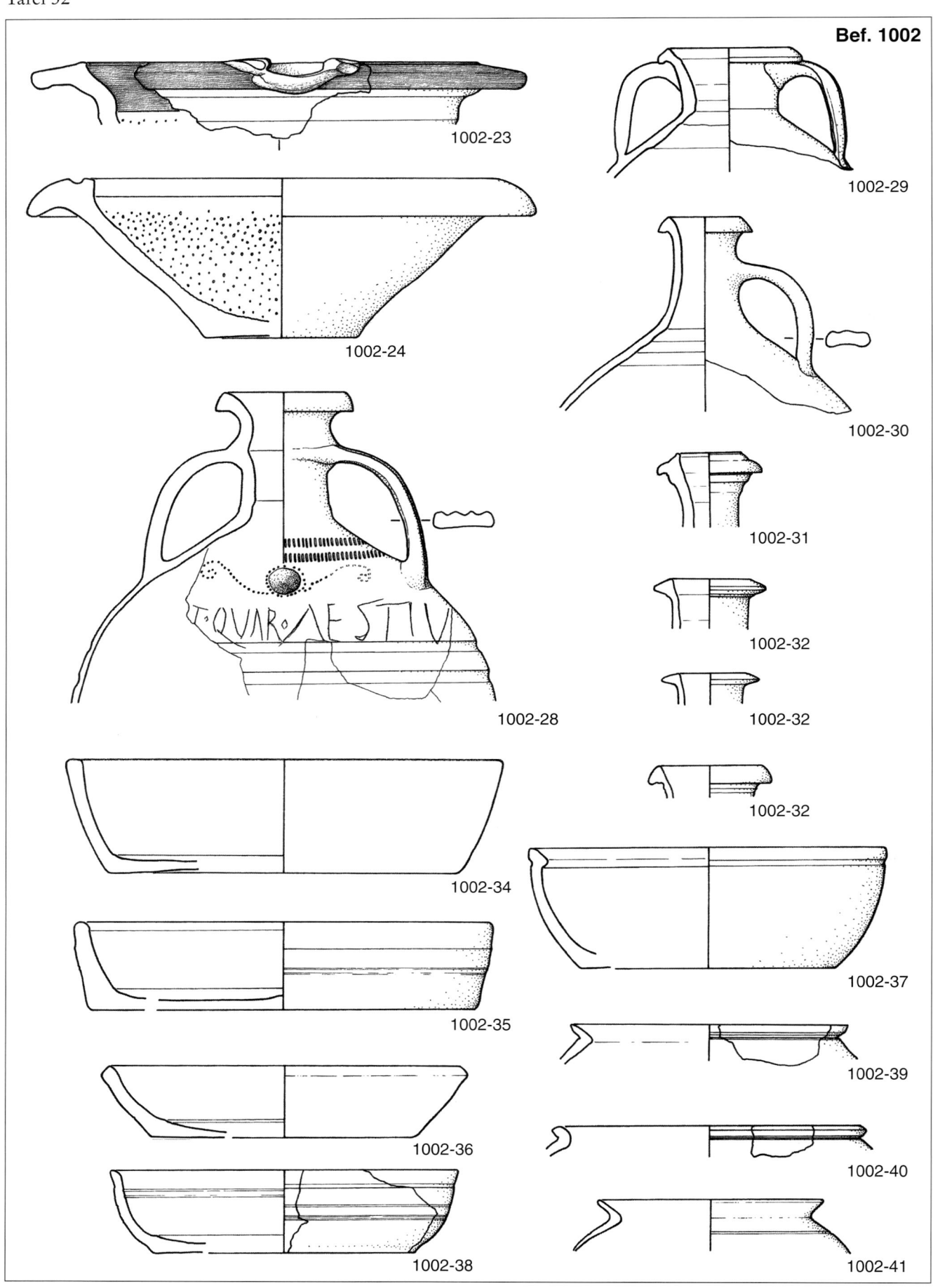

Tafel 32

Bef. 1002

1002-23
1002-24
1002-28
1002-34
1002-35
1002-36
1002-38

1002-29
1002-30
1002-31
1002-32
1002-32
1002-32
1002-37
1002-39
1002-40
1002-41

Fundkomplex Phase 3

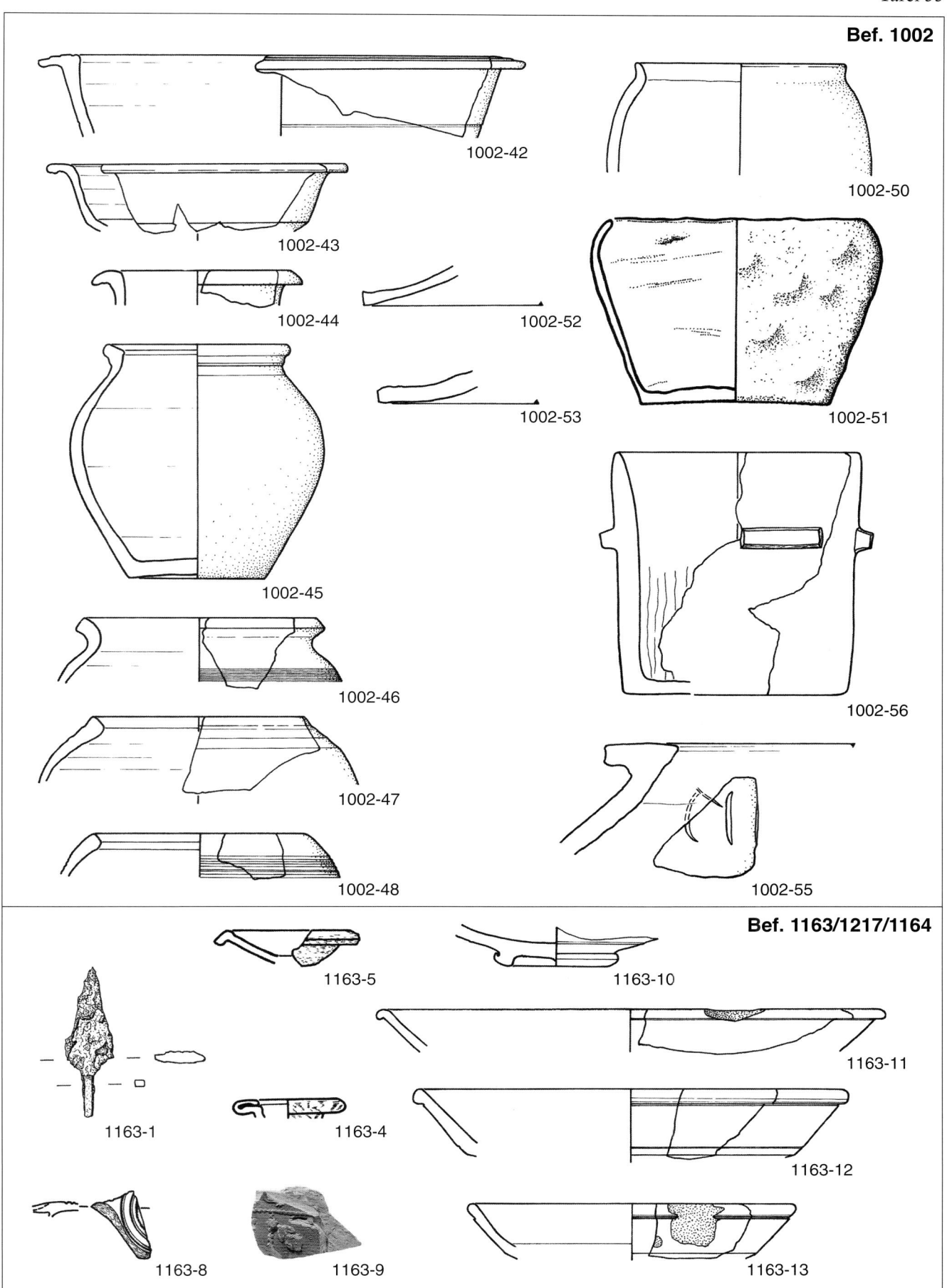

Tafel 33

Bef. 1002

1002-42
1002-43
1002-44
1002-45
1002-46
1002-47
1002-48
1002-50
1002-51
1002-52
1002-53
1002-55
1002-56

Bef. 1163/1217/1164

1163-1
1163-4
1163-5
1163-8
1163-9
1163-10
1163-11
1163-12
1163-13

Fundkomplexe Pase 3

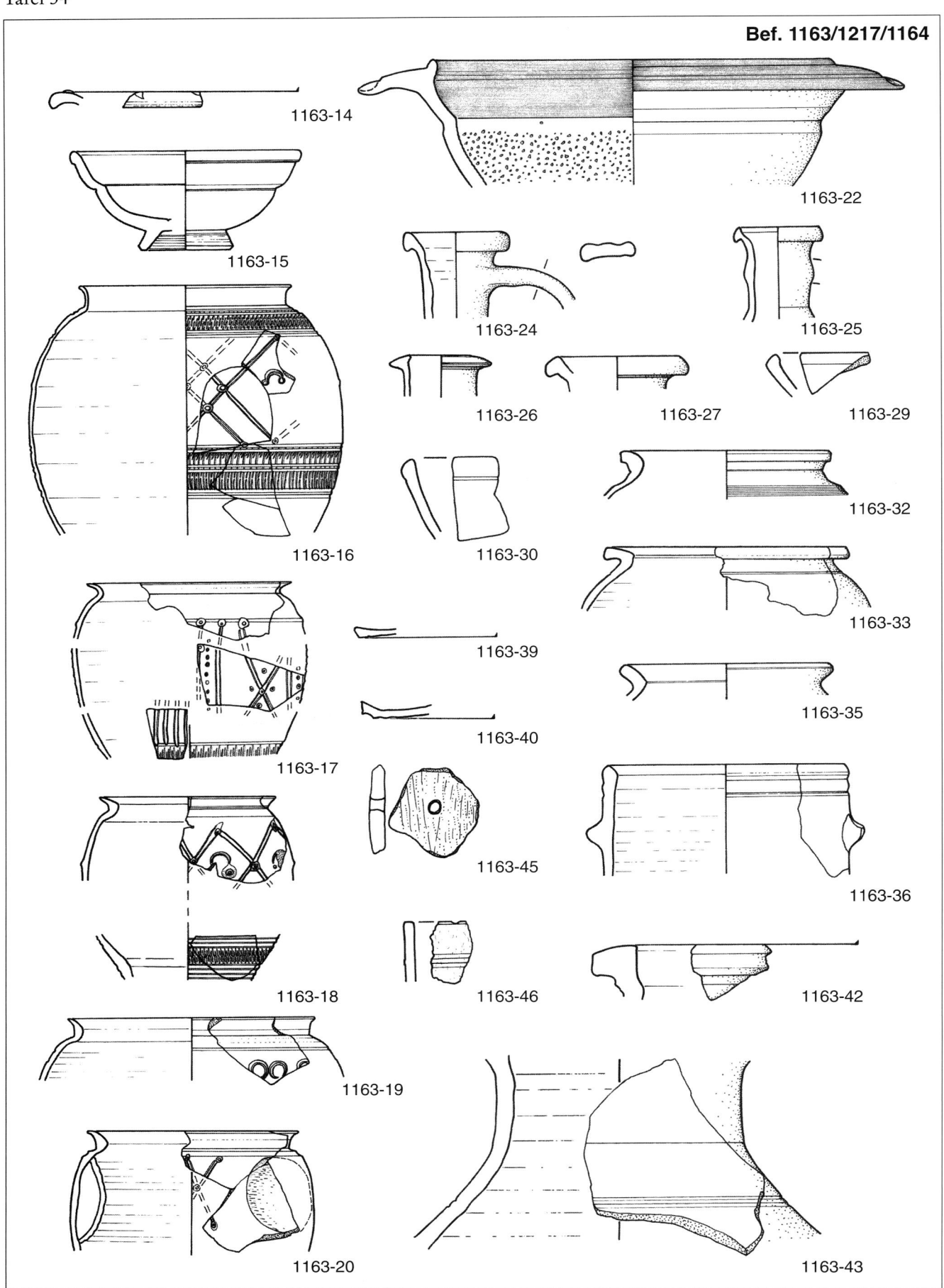

Tafel 34

Bef. 1163/1217/1164

1163-14
1163-22
1163-15
1163-24
1163-25
1163-26
1163-27
1163-29
1163-16
1163-30
1163-32
1163-33
1163-17
1163-39
1163-40
1163-35
1163-45
1163-36
1163-18
1163-46
1163-42
1163-19
1163-20
1163-43

Fundkomplex Phase 3

Tafel 35

Bef. 1163/1217/1164

1163-41

Bef. 1207

1207-1
1207-10
1207-9
1207-8

Bef. 1219

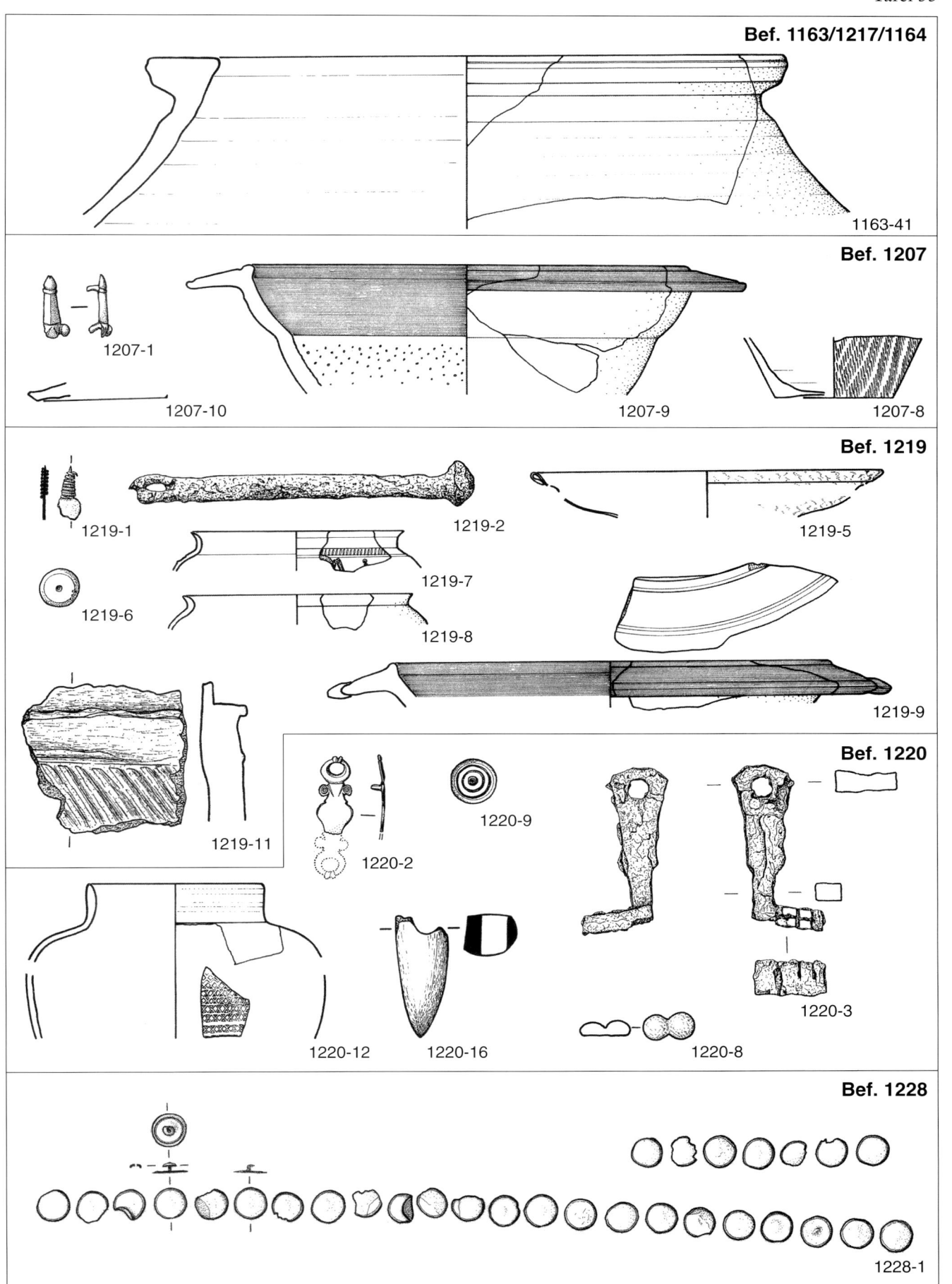

1219-1
1219-2
1219-5
1219-6
1219-7
1219-8
1219-9
1219-11

Bef. 1220

1220-2
1220-9
1220-3
1220-12
1220-16
1220-8

Bef. 1228

1228-1

Fundkomplexe Phase (2b-) 3

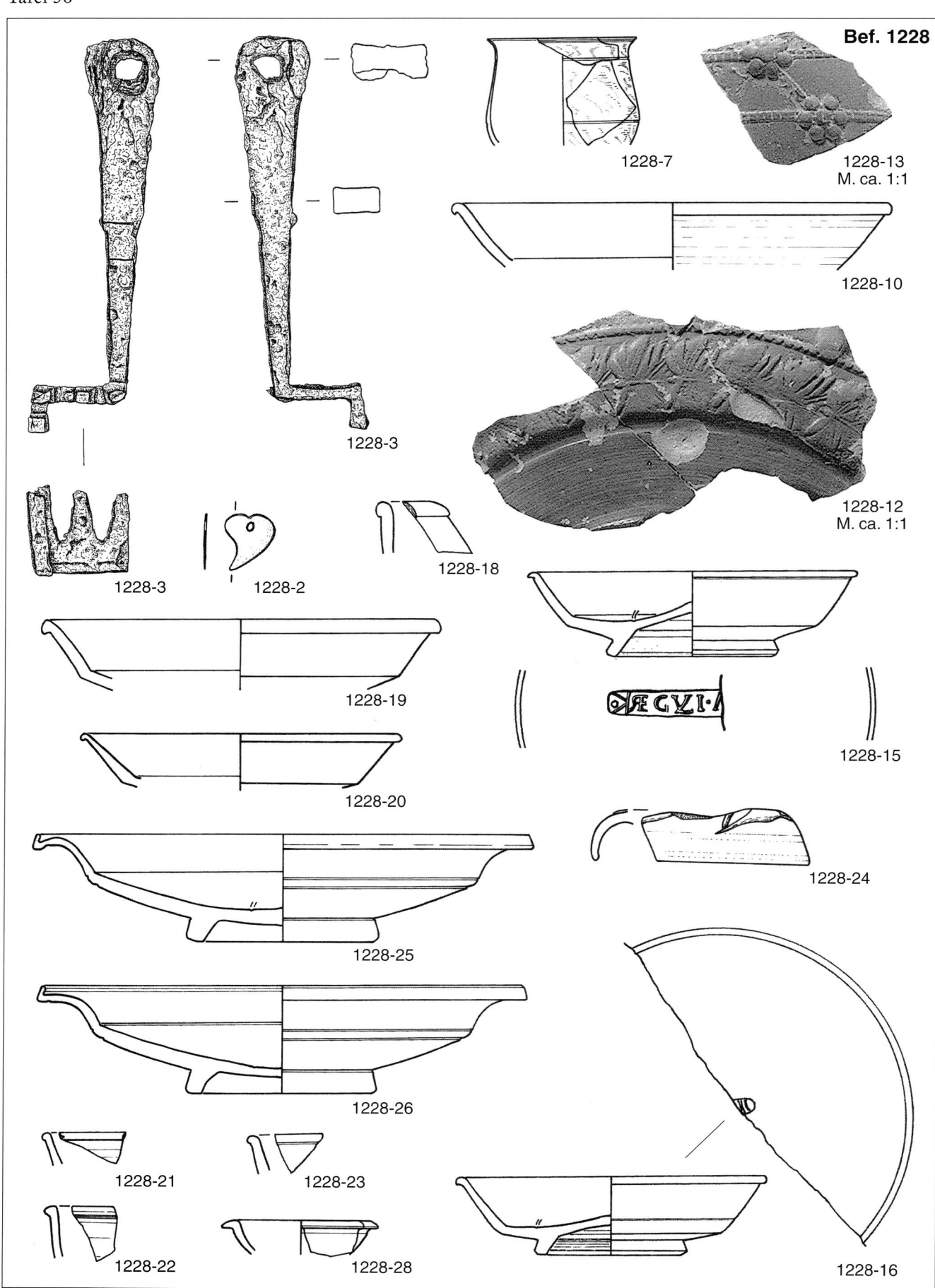

Tafel 36

Bef. 1228

1228-3

1228-3 1228-2 1228-18

1228-7

1228-13
M. ca. 1:1

1228-10

1228-12
M. ca. 1:1

1228-19

1228-20

1228-15

1228-25

1228-24

1228-26

1228-21 1228-23

1228-22 1228-28

1228-16

Fundkomplex Phase 3

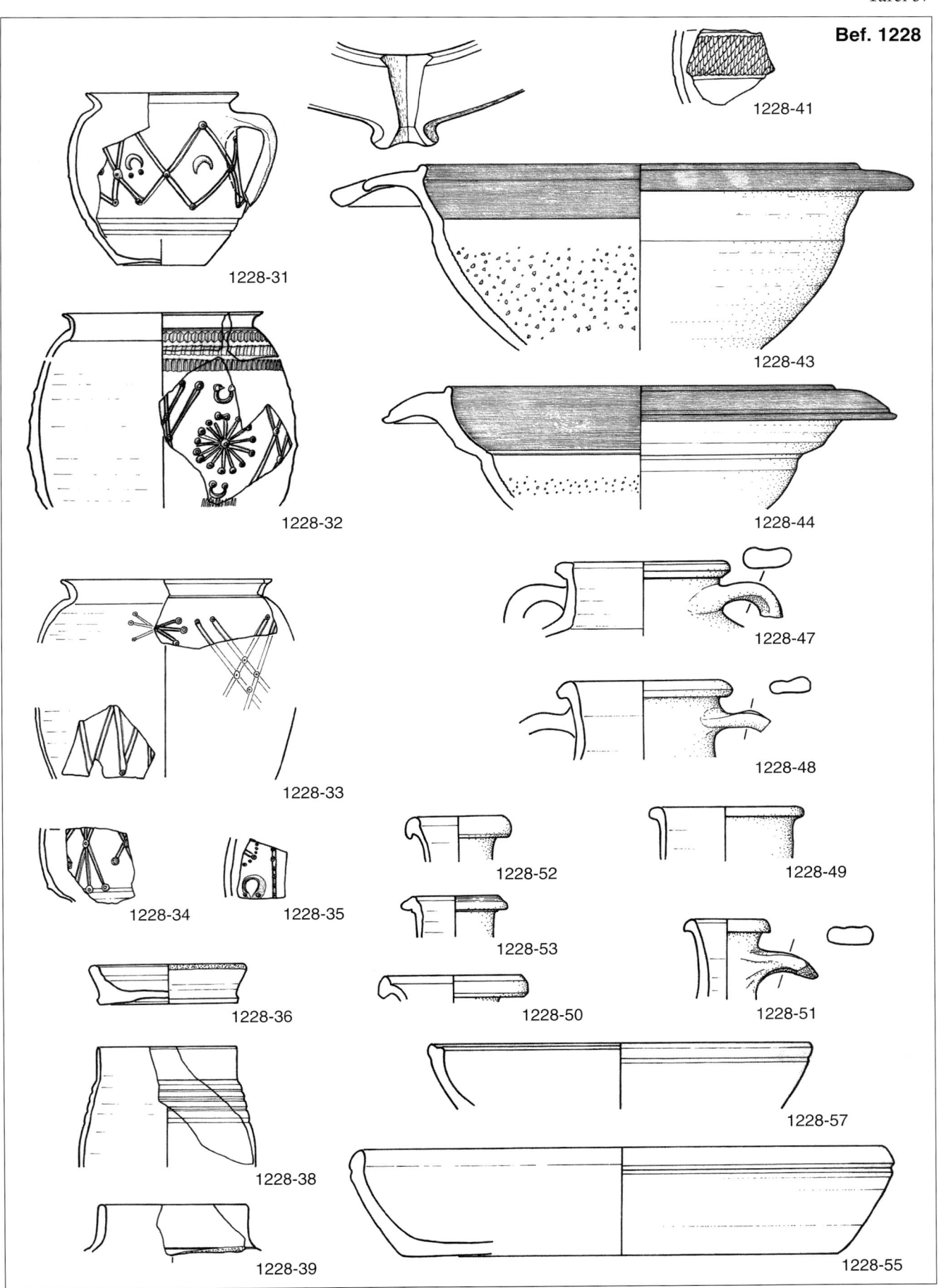

Tafel 37

Bef. 1228

1228-31

1228-32

1228-33

1228-34　1228-35

1228-36

1228-38

1228-39

1228-41

1228-43

1228-44

1228-47

1228-48

1228-52　1228-49

1228-53

1228-50　1228-51

1228-57

1228-55

Fundkomplex Phase 3

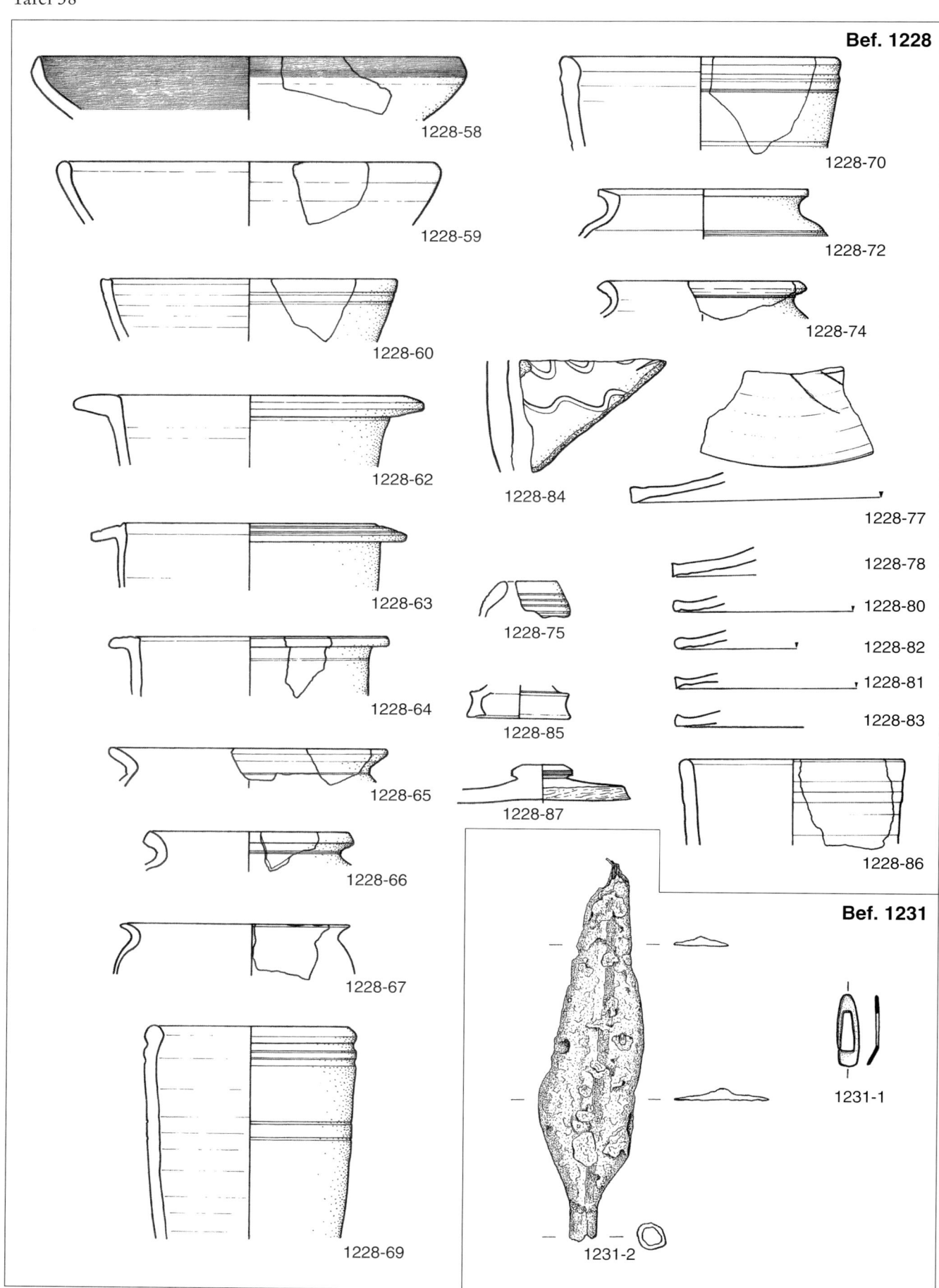

Tafel 38

Bef. 1228

1228-58
1228-59
1228-60
1228-62
1228-63
1228-64
1228-65
1228-66
1228-67
1228-69
1228-70
1228-72
1228-74
1228-84
1228-77
1228-75
1228-78
1228-80
1228-82
1228-81
1228-83
1228-85
1228-87
1228-86

Bef. 1231

1231-1
1231-2

Fundkomplexe Phase 3

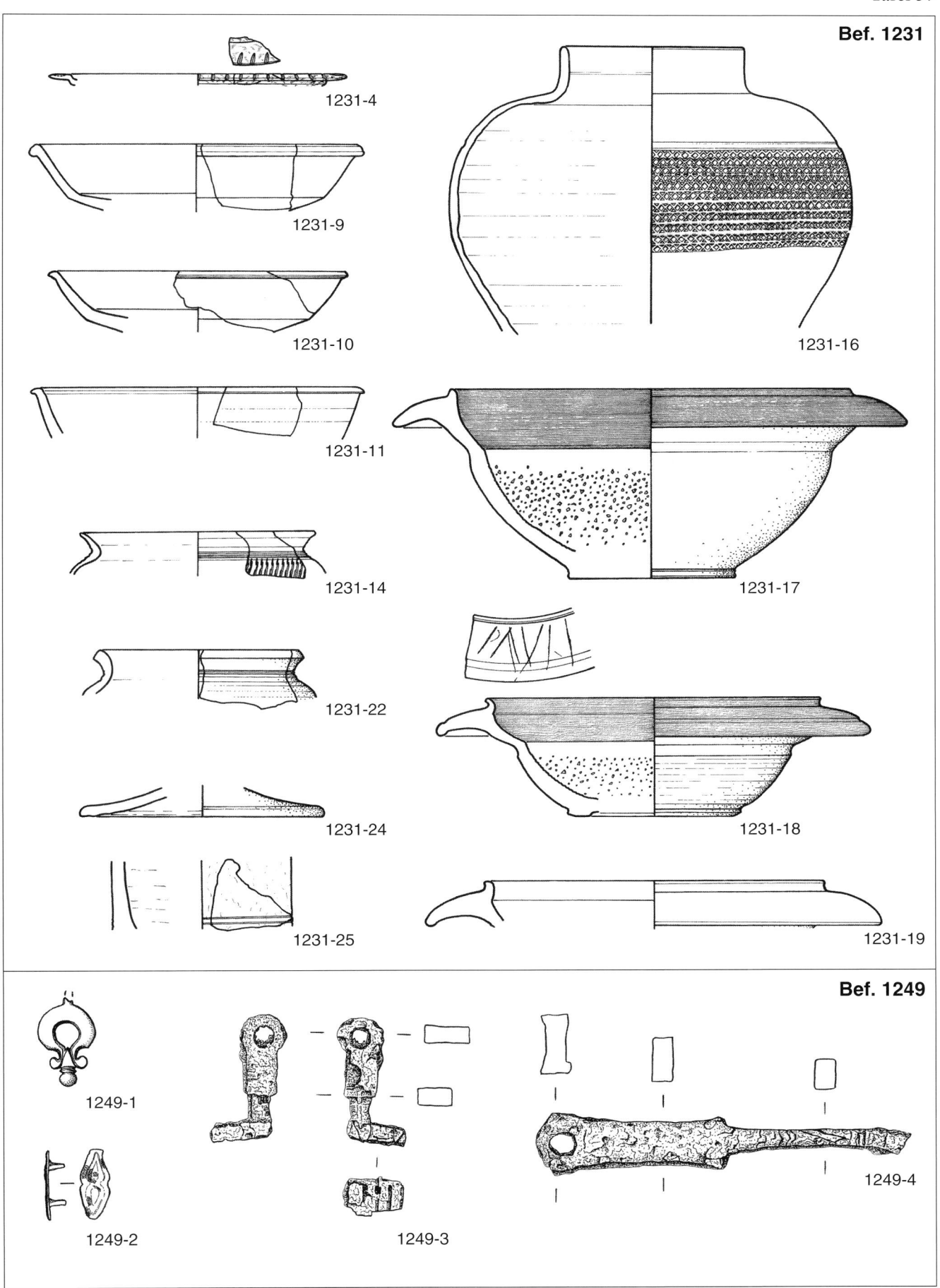

Tafel 39

Bef. 1231

1231-4
1231-9
1231-10
1231-11
1231-14
1231-22
1231-24
1231-25
1231-16
1231-17
1231-18
1231-19

Bef. 1249

1249-1
1249-2
1249-3
1249-4

Fundkomplexe Phase 3

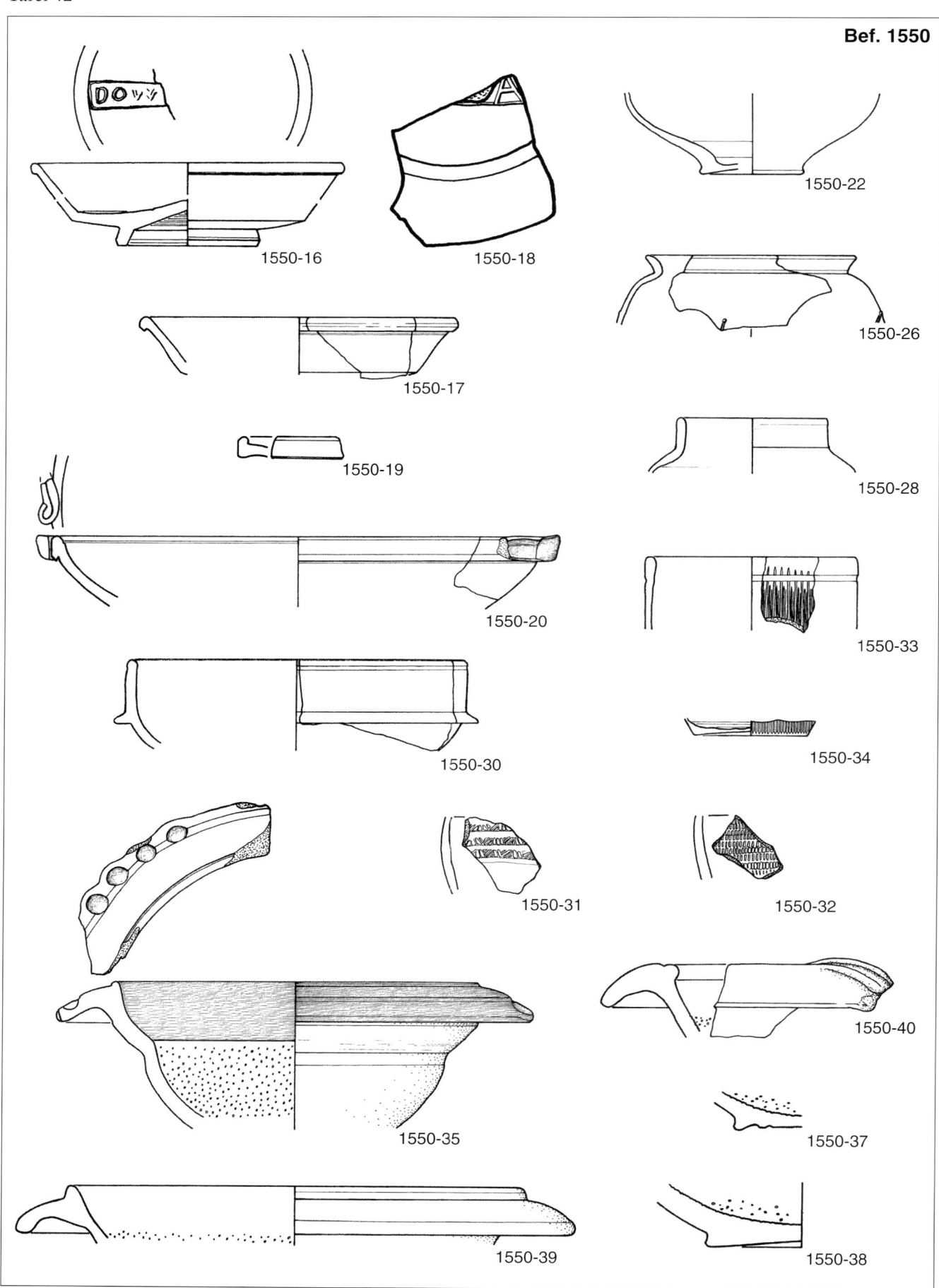

Tafel 42

Bef. 1550

1550-16
1550-18
1550-22
1550-17
1550-26
1550-19
1550-28
1550-20
1550-33
1550-30
1550-34
1550-31
1550-32
1550-35
1550-40
1550-37
1550-39
1550-38

Fundkomplex Phase 3

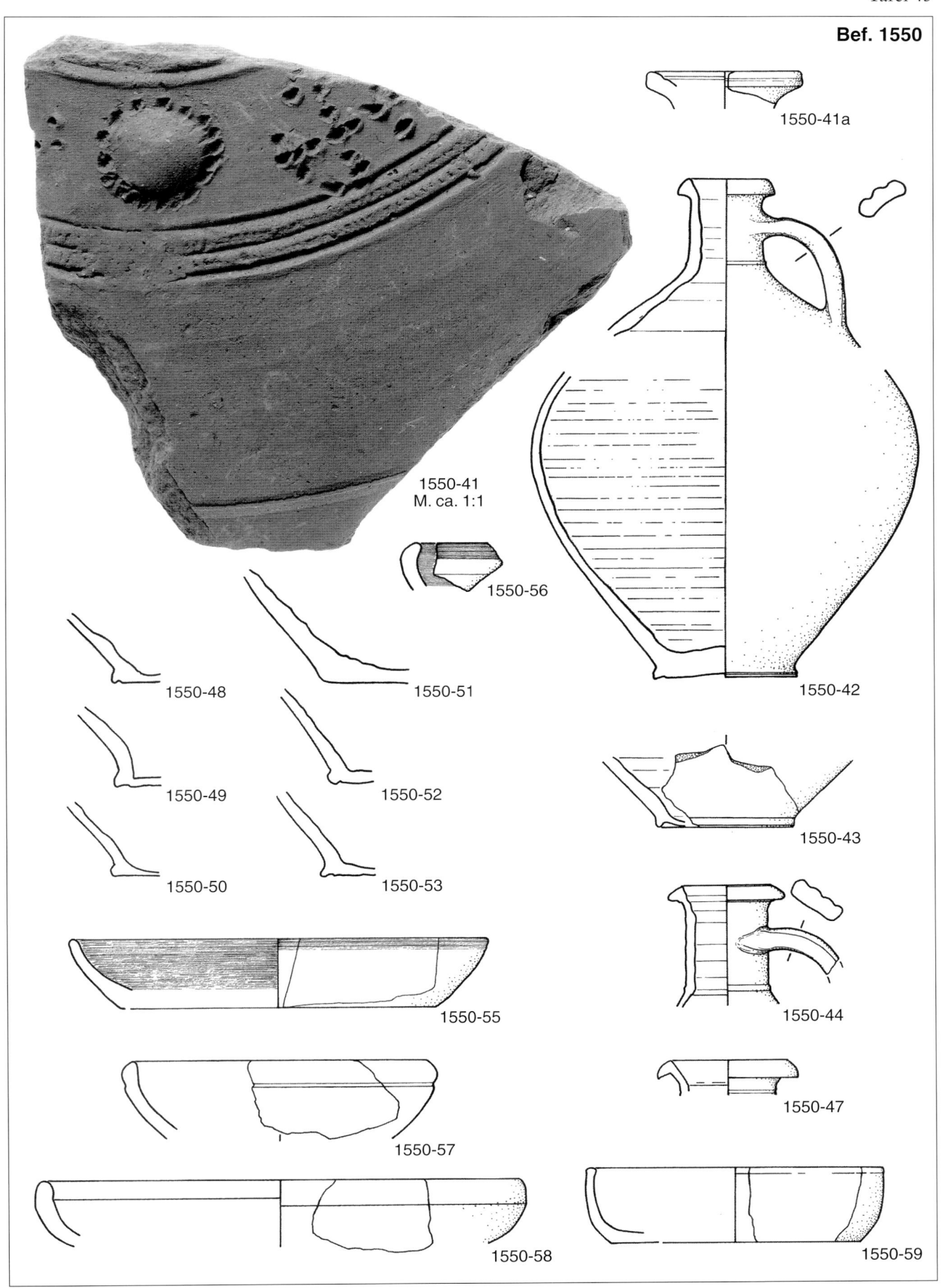

Tafel 43

Bef. 1550

1550-41a

1550-41
M. ca. 1:1

1550-56

1550-48

1550-51

1550-42

1550-49

1550-52

1550-50

1550-53

1550-43

1550-55

1550-44

1550-47

1550-57

1550-58

1550-59

Fundkomplex Phase 3

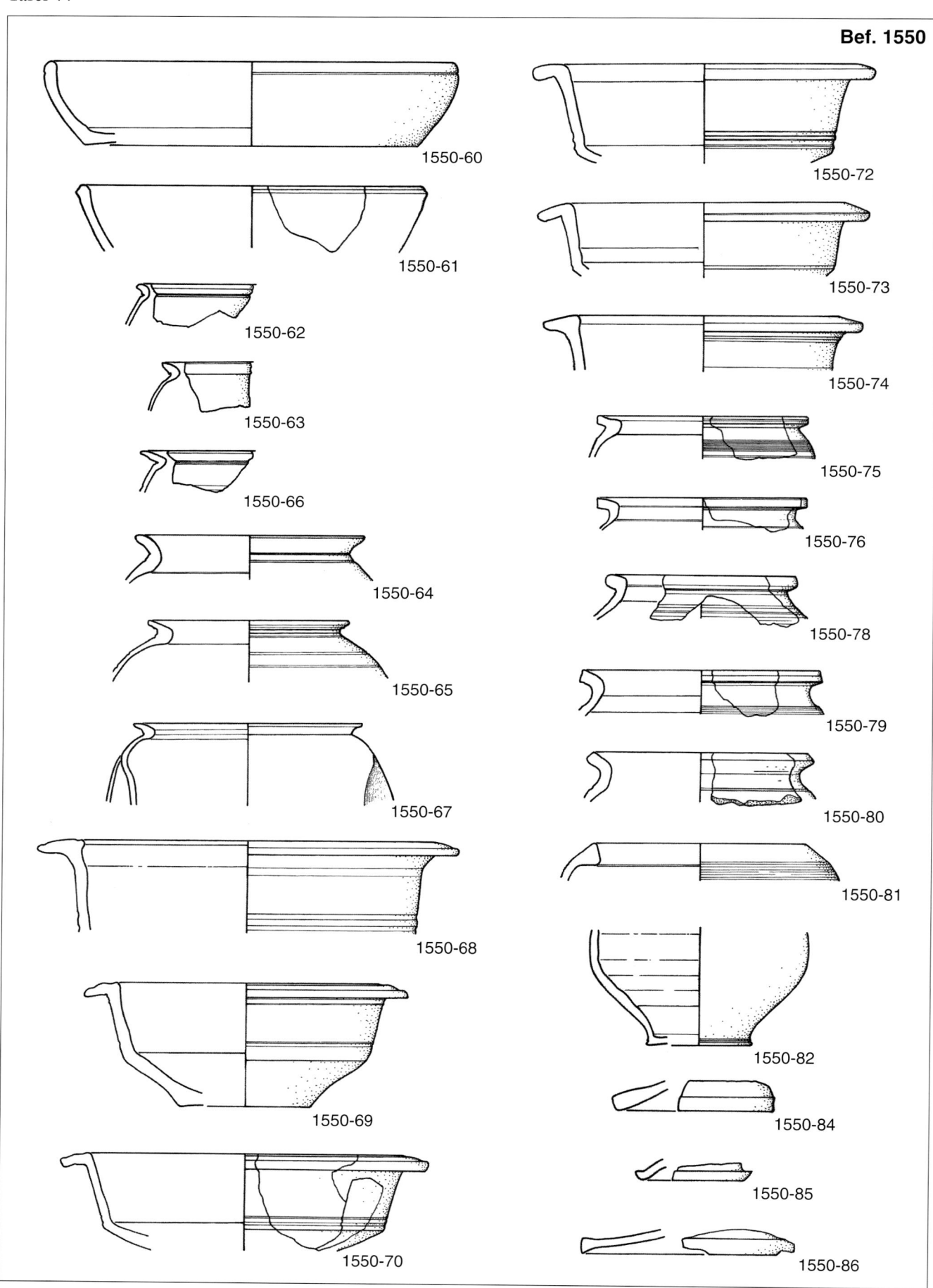

Tafel 44

Bef. 1550

1550-60
1550-61
1550-62
1550-63
1550-66
1550-64
1550-65
1550-67
1550-68
1550-69
1550-70
1550-72
1550-73
1550-74
1550-75
1550-76
1550-78
1550-79
1550-80
1550-81
1550-82
1550-84
1550-85
1550-86

Fundkomplex Phase 3

Tafel 45

Bef. 1550

1550-89
1550-90
1550-88
1550-91
1550-94

Bef. 1553

1553-1
1553-3
1553-5
1553-6
1553-10
1553-8
1553-12
1553-11
1553-14
1553-15
1553-13

Bef. ZOH-102

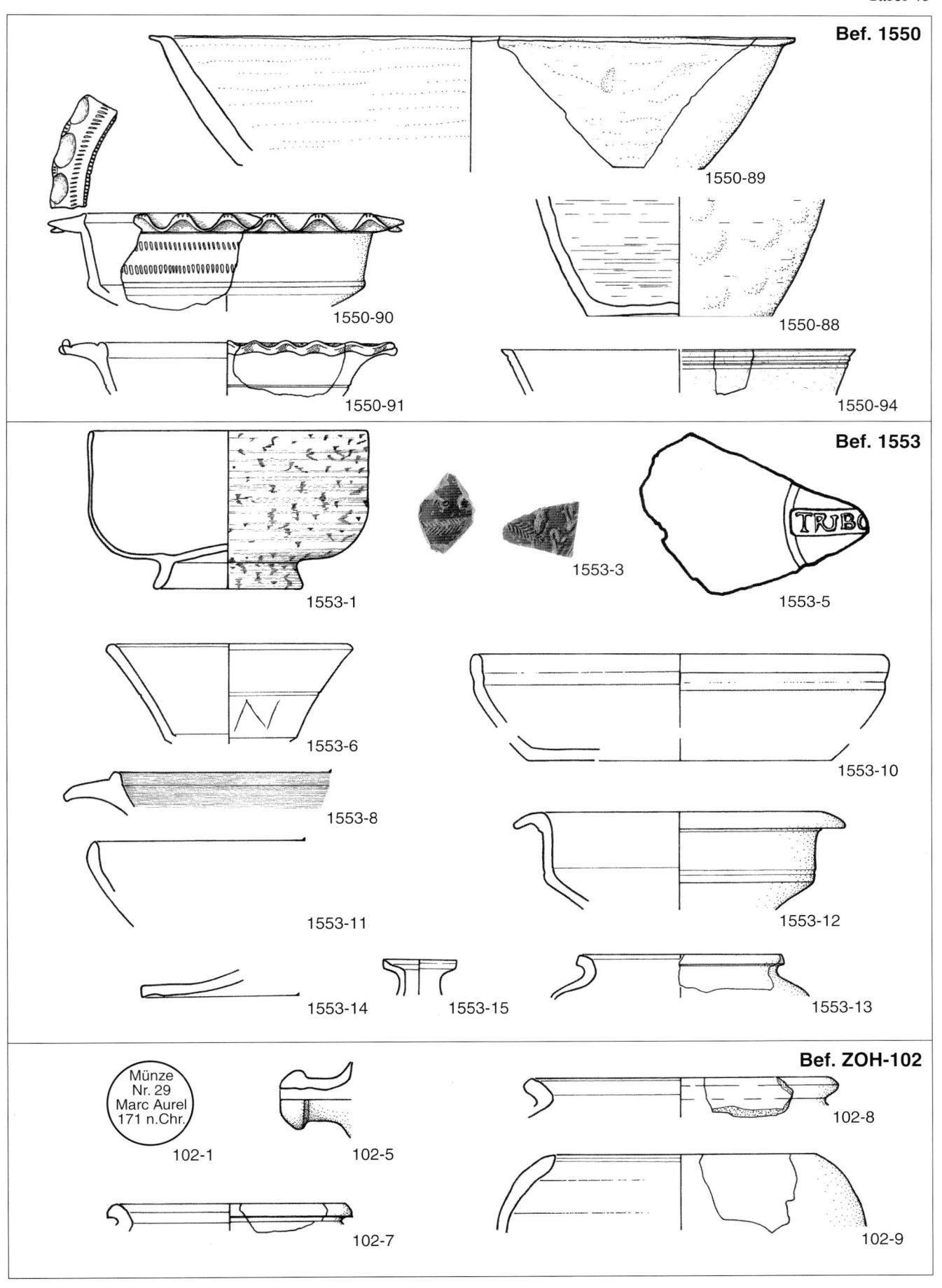

Münze Nr. 29 Marc Aurel 171 n.Chr.
102-1
102-5
102-8
102-7
102-9

Fundkomplexe Phase 3 (Bef. 1550 und 1553), Phase 4 (Bef. ZOH-102)

Tafel 46

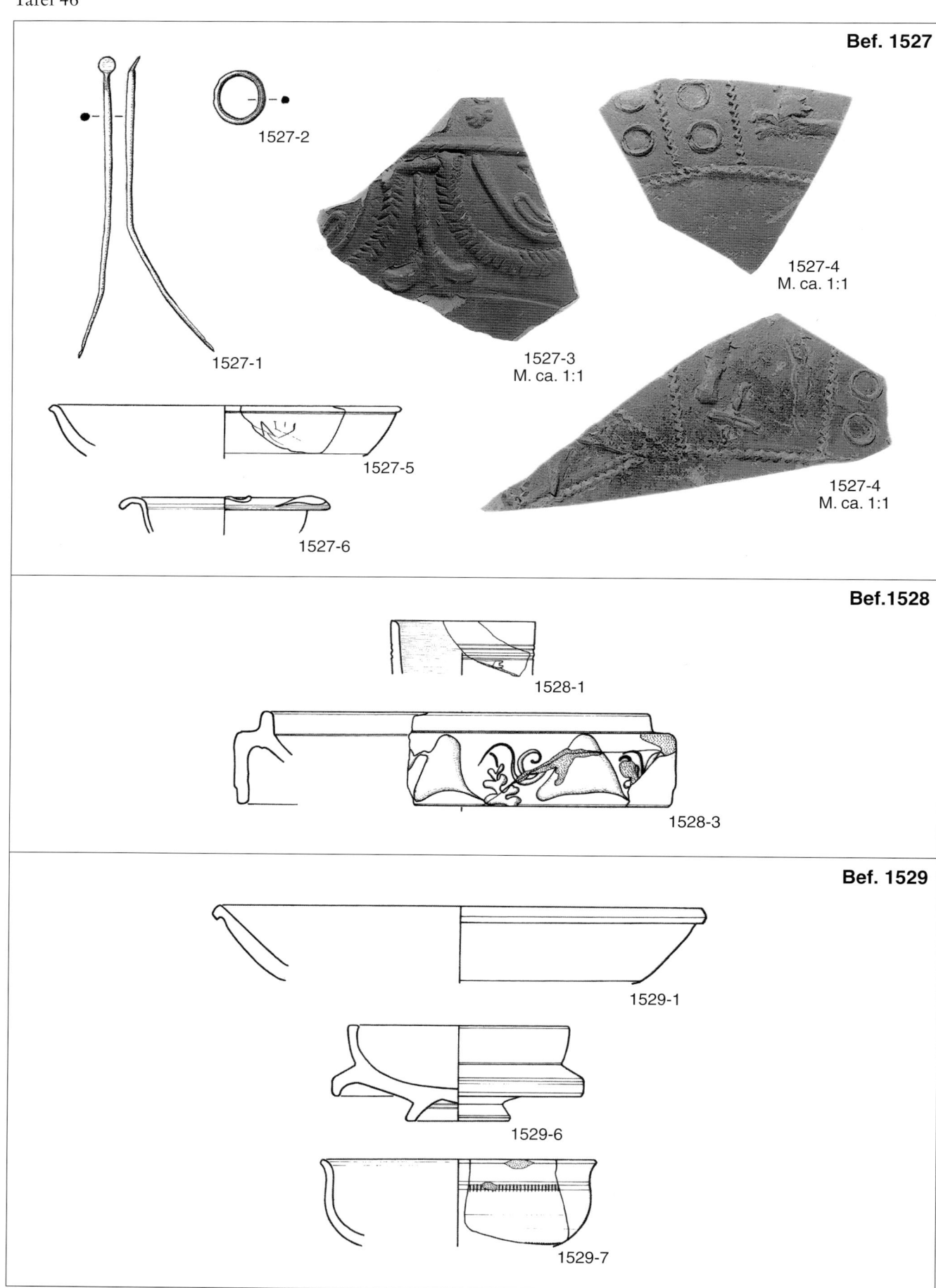

Bef. 1527

1527-1
1527-2
1527-3
M. ca. 1:1
1527-4
M. ca. 1:1
1527-4
M. ca. 1:1
1527-5
1527-6

Bef. 1528

1528-1
1528-3

Bef. 1529

1529-1
1529-6
1529-7

Fundkomplex Phase 4

X Anlage 1–25

0 5 10 Meter
Maßstab 1:400

0 5 10 20 30 Fuß
römische Fuß *(pes Monetalis)*
1 Fuß = 0,2958 Meter

2003

2003

Finanzamt

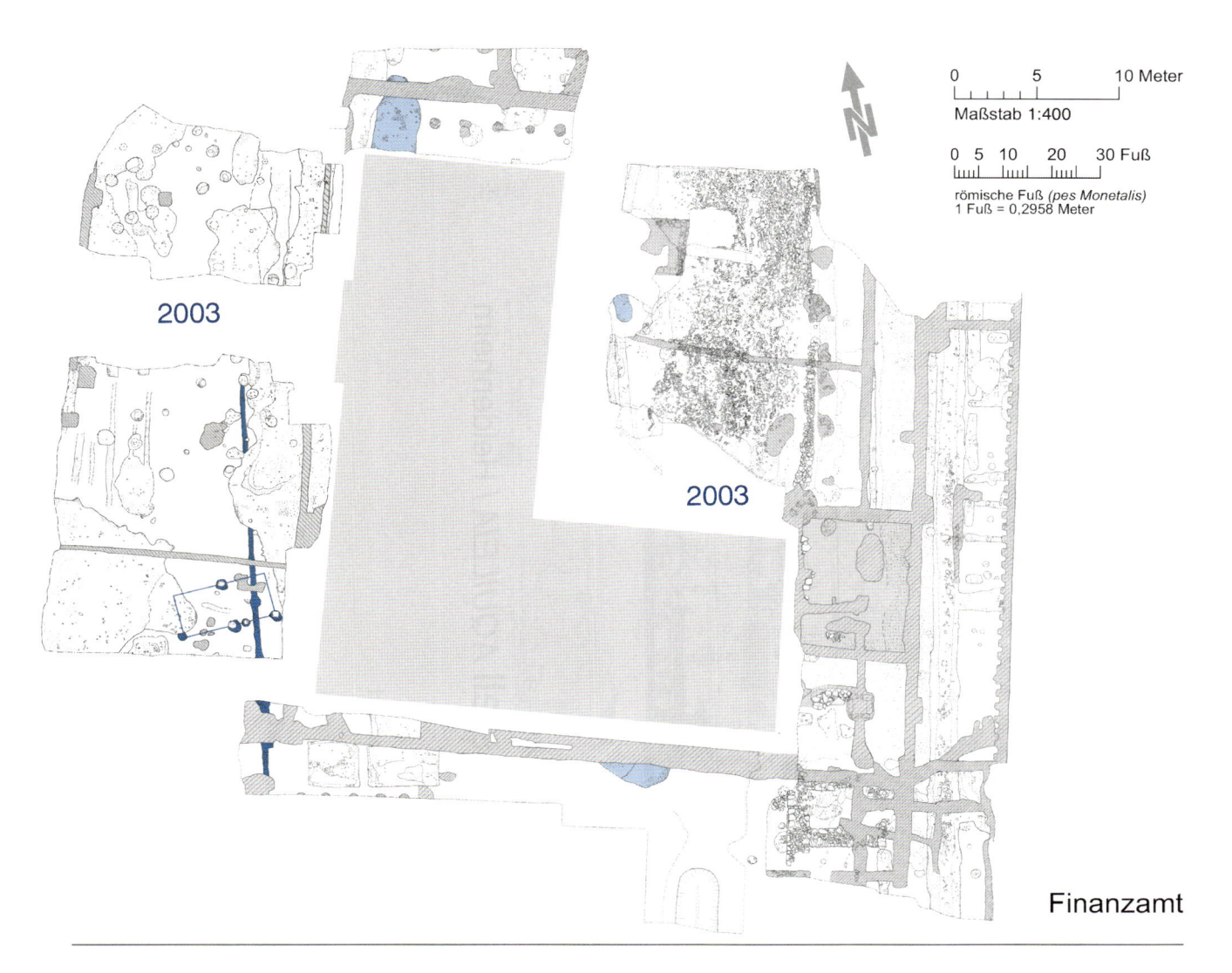

Bestandsplan - "ZOH"

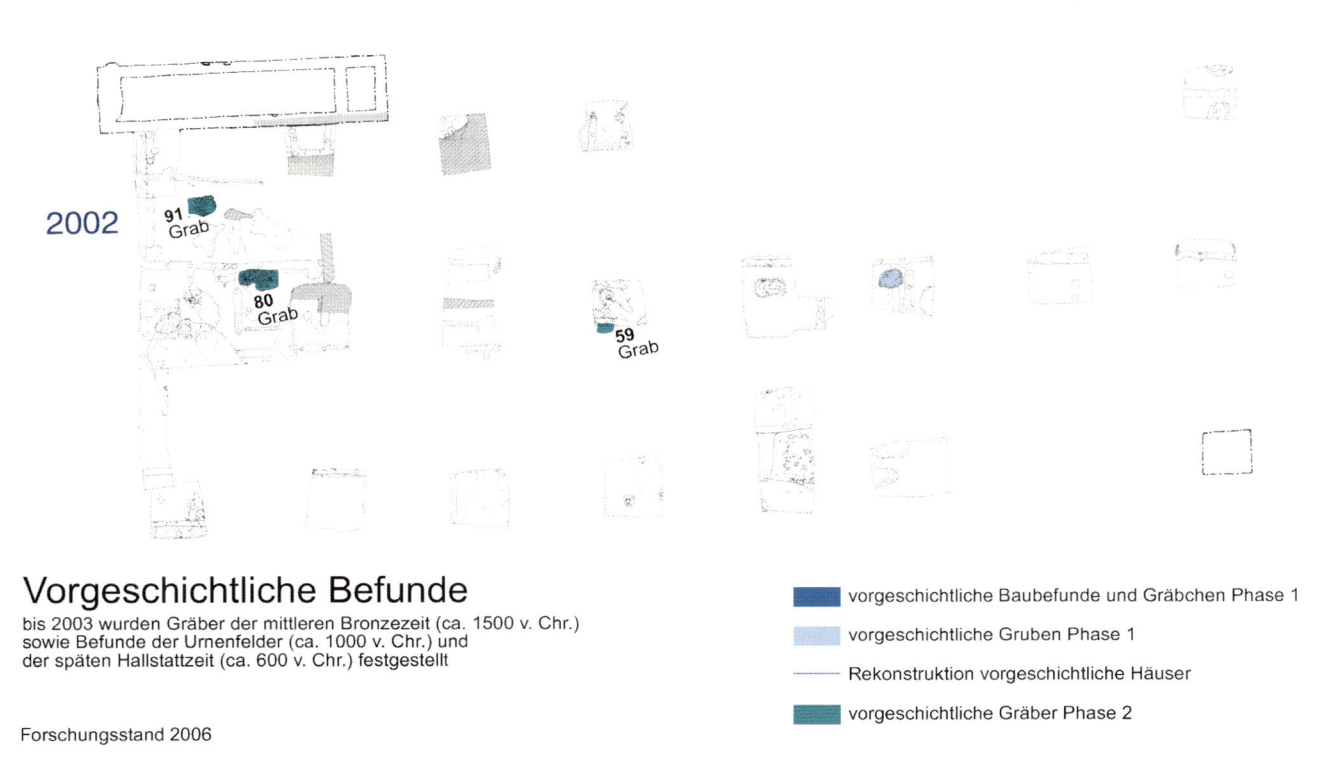

2002

91 Grab

80 Grab

59 Grab

Vorgeschichtliche Befunde
bis 2003 wurden Gräber der mittleren Bronzezeit (ca. 1500 v. Chr.)
sowie Befunde der Urnenfelder (ca. 1000 v. Chr.) und
der späten Hallstattzeit (ca. 600 v. Chr.) festgestellt

Forschungsstand 2006

- vorgeschichtliche Baubefunde und Gräbchen Phase 1
- vorgeschichtliche Gruben Phase 1
- Rekonstruktion vorgeschichtliche Häuser
- vorgeschichtliche Gräber Phase 2

Anlage 2 – Vorgeschichtliche Befunde, Bereich Finanzamt (oben) und „ZOH" (unten).

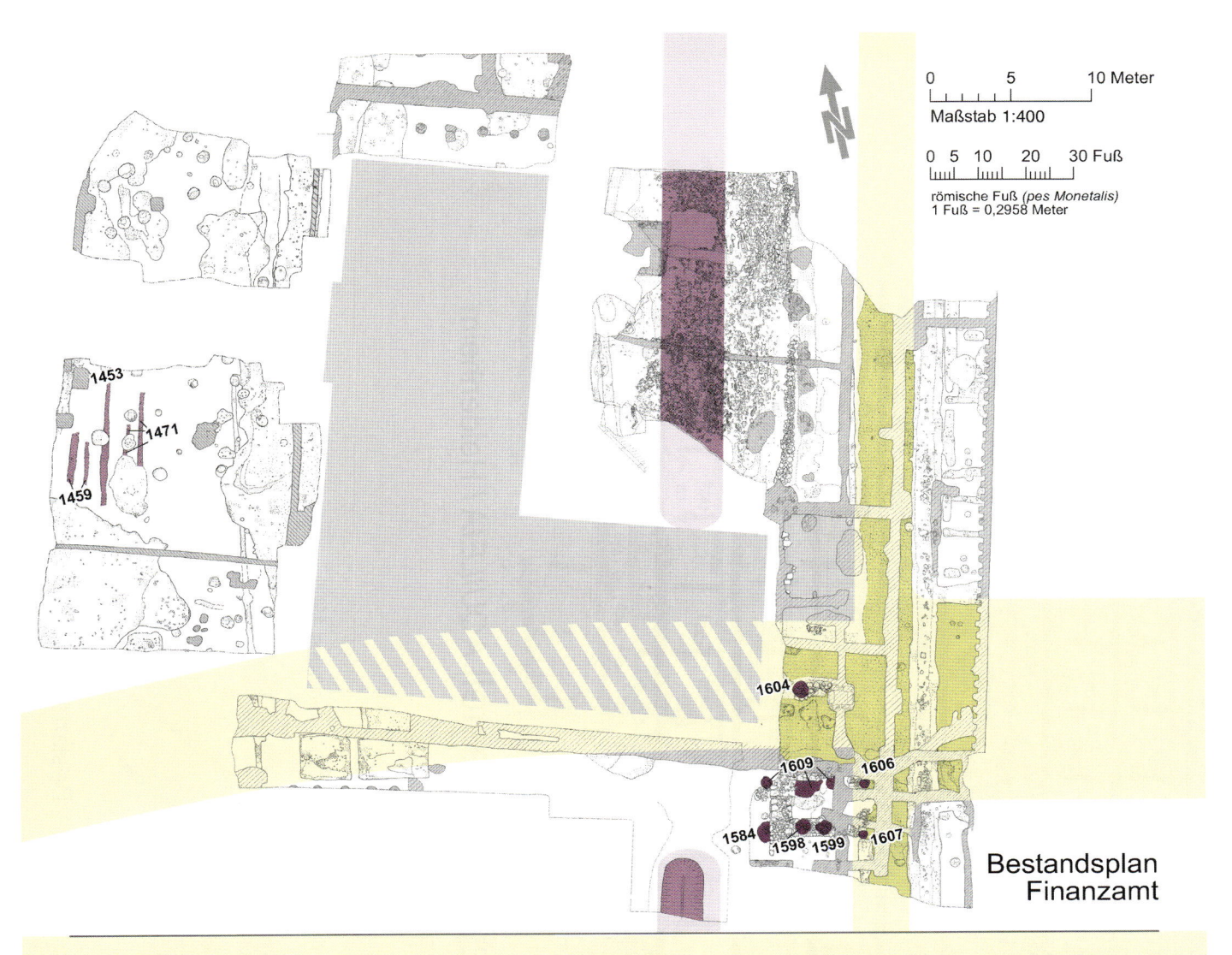

Bestandsplan
Finanzamt

Bestandsplan *RETENTURA DEXTRA* - "ZOH"

Römisches Reiterkastell *AQUILEIA* / Heidenheim

Phase 1

- Pfosten Phase 1, Anfang 2. Jahrhundert
- Gruben Phase 1, Anfang 2. Jahrhundert
- Kastellgraben gesichert/rekonstruiert Phase 1 - 3
- Straße gesichert/vermutet

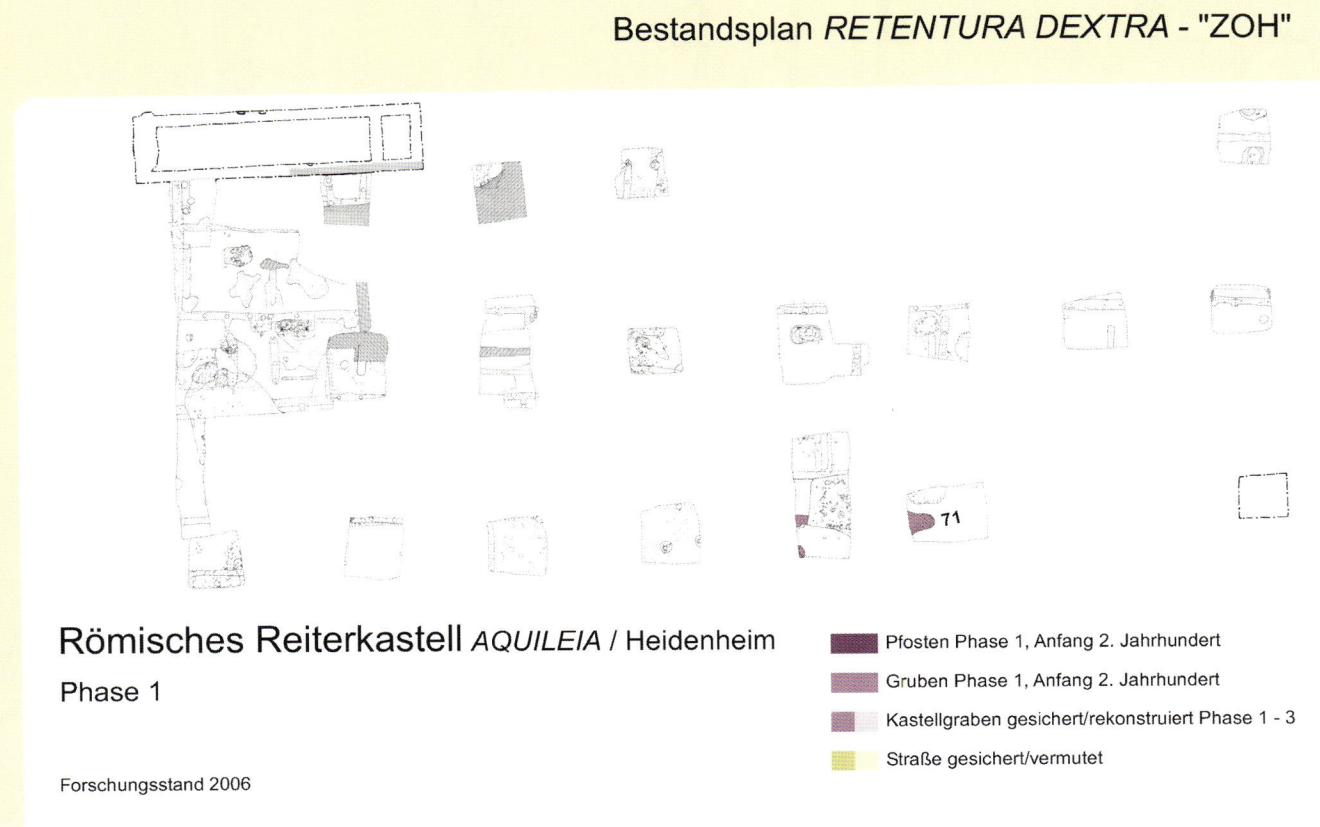

Forschungsstand 2006

Maßstab 1:400

römische Fuß *(pes Monetalis)*
1 Fuß = 0,2958 Meter

Anlage 4 – Römisches Reiterkastell Phase 1, Bereich Finanzamt (oben) und „ZOH" in der *retentura dextra* (unten).

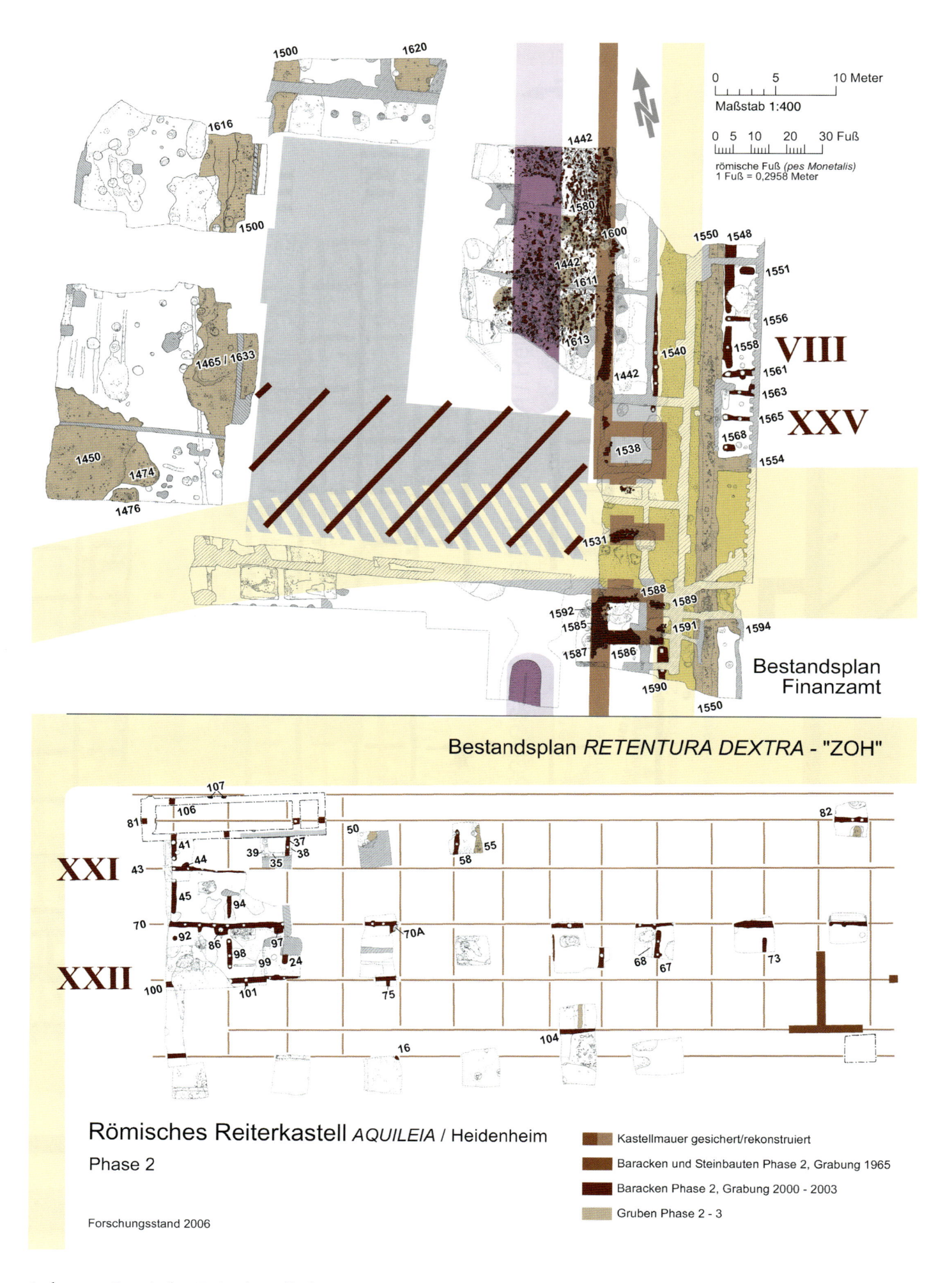

Anlage 7 – Römisches Reiterkastell Phase 2, Bereich Finanzamt (oben) und „ZOH" in der *retentura dextra* (unten).

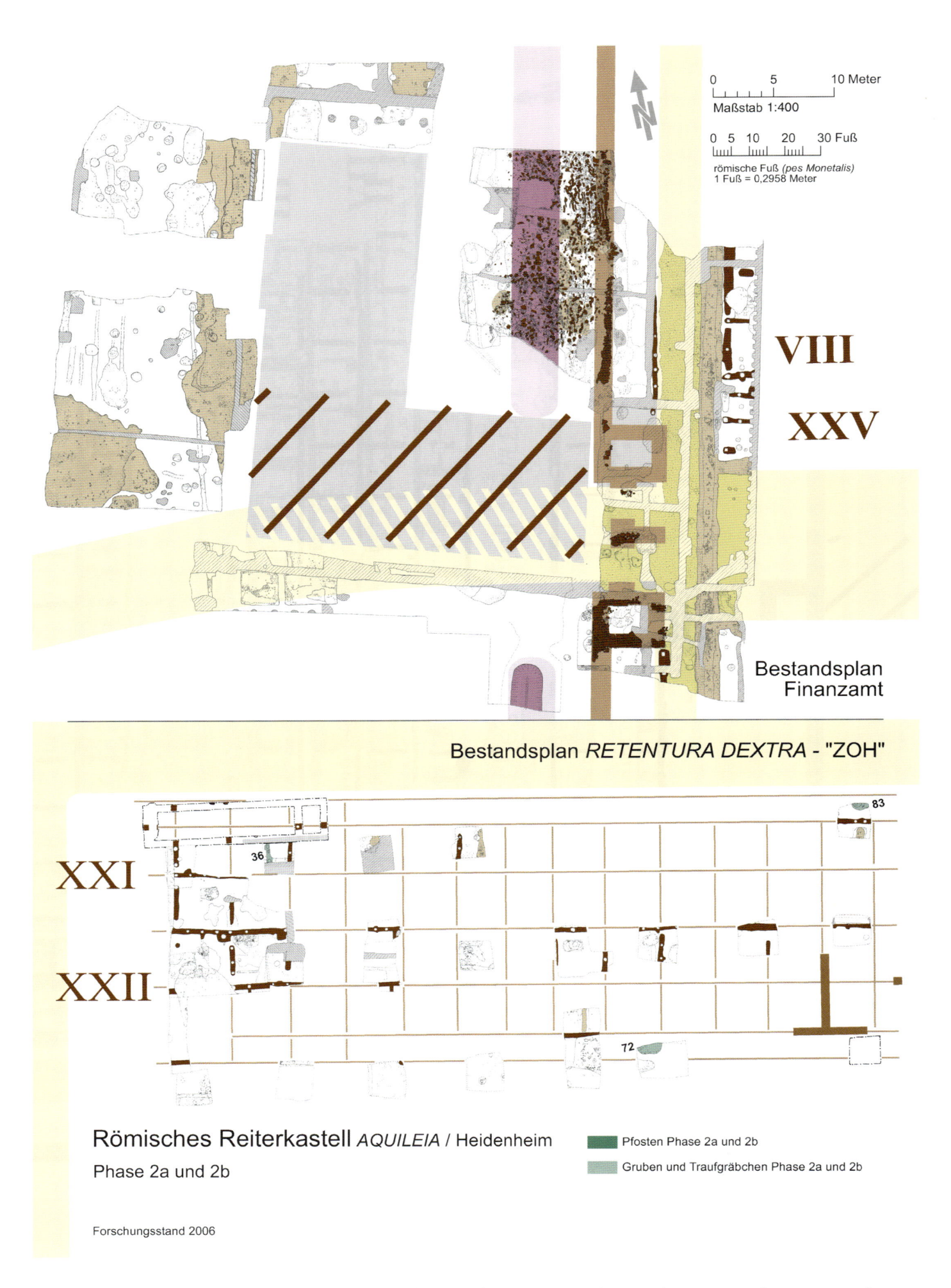

Anlage 9 – Römisches Reiterkastell Phase 2a und 2b, Bereich Finanzamt (oben) und „ZOH" in der *retentura dextra* (unten).

Bestandsplan Finanzamt

Bestandsplan RETENTURA DEXTRA - "ZOH"

Römisches Reiterkastell *AQUILEIA* / Heidenheim
Phase 3

- Baracken Phase 3, bis spätestens um 160 n. Chr.
- Gruben Phase 3

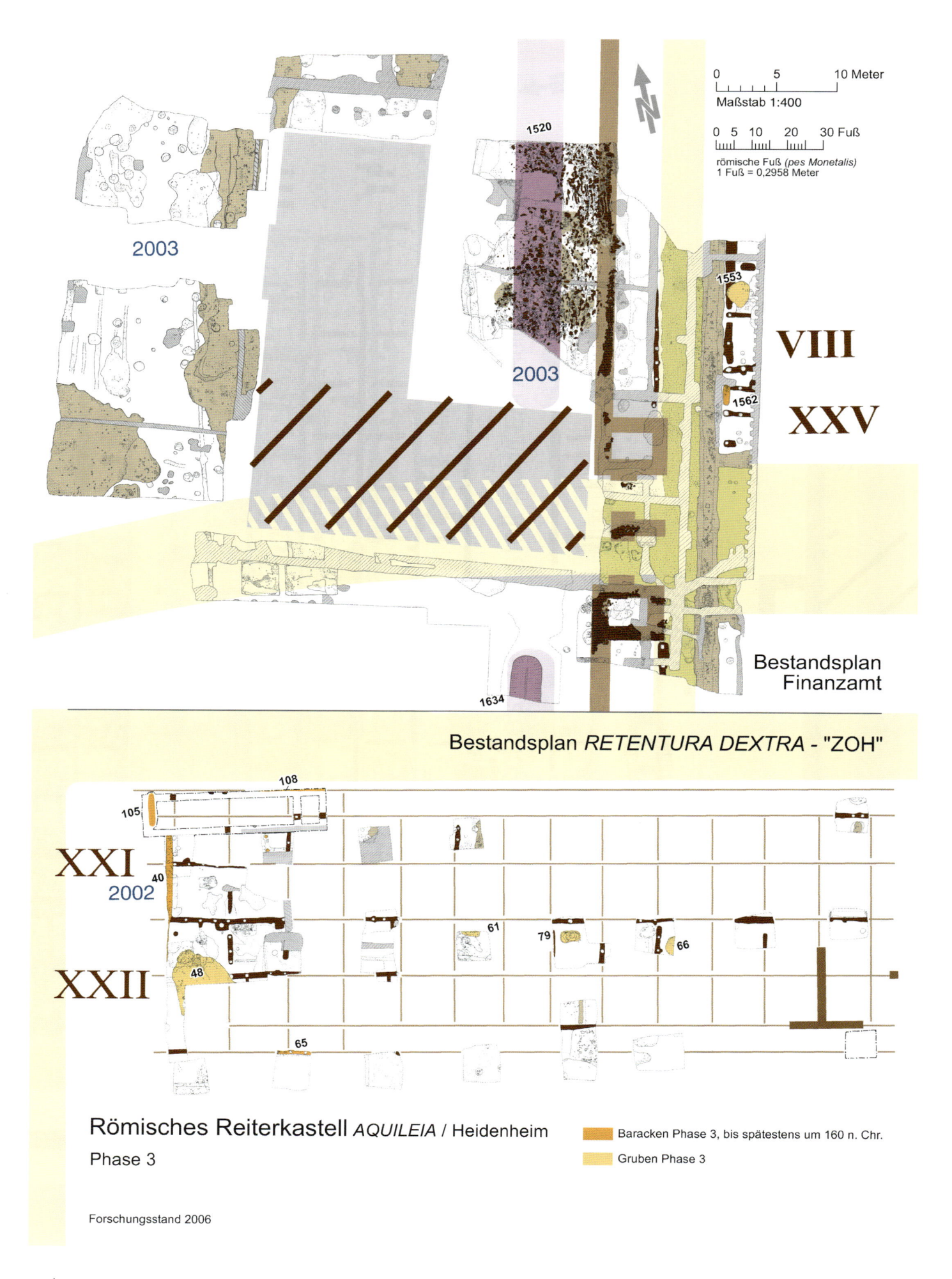

Forschungsstand 2006

Anlage 11 – Römisches Reiterkastell Phase 3, Bereich Finanzamt (oben) und „ZOH" in der *retentura dextra* (unten).

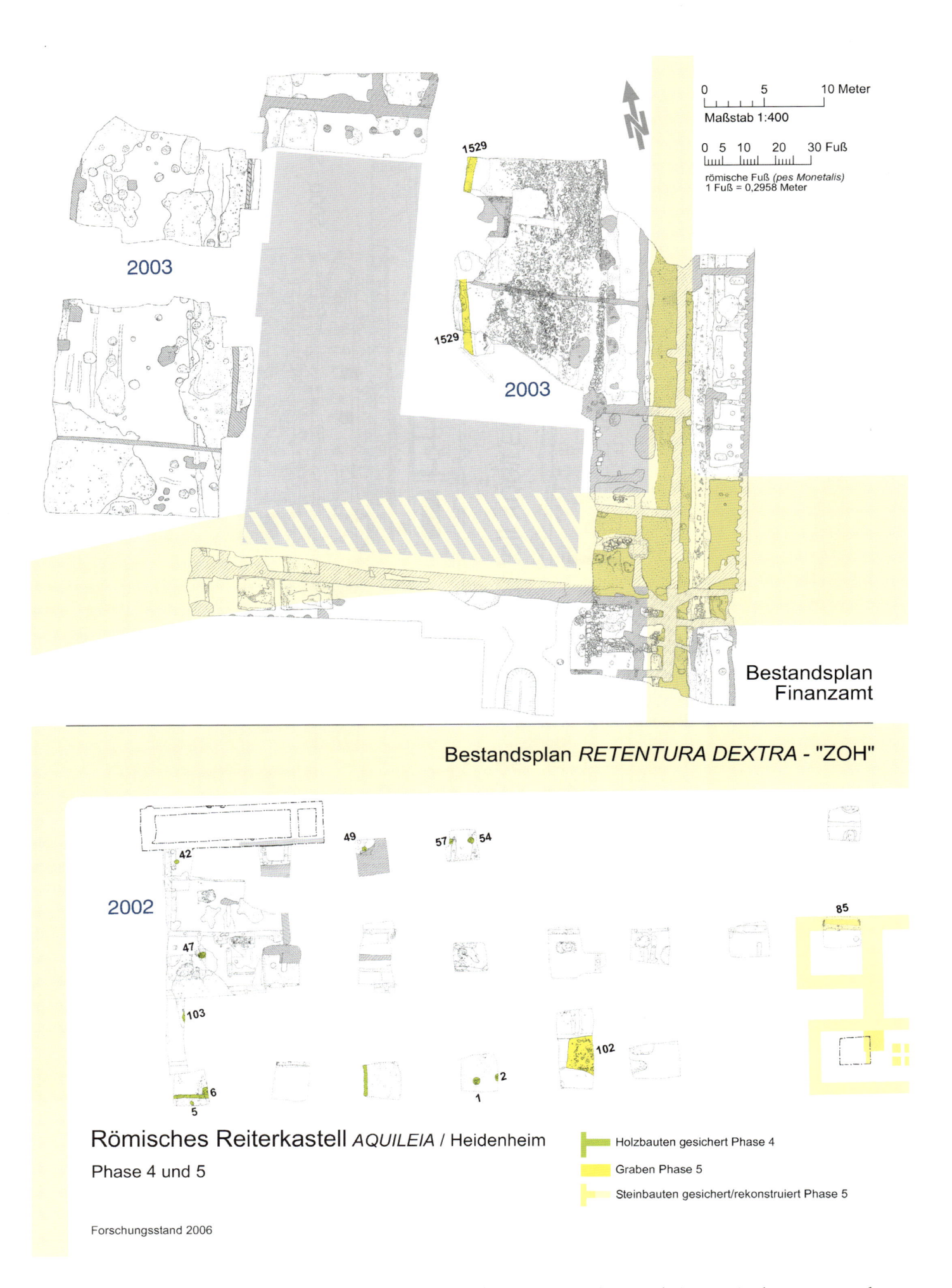

Anlage 13 – Römisches Reiterkastell Phase 4 und 5, , Bereich Finanzamt (oben) und „ZOH" in der *retentura dextra* (unten).

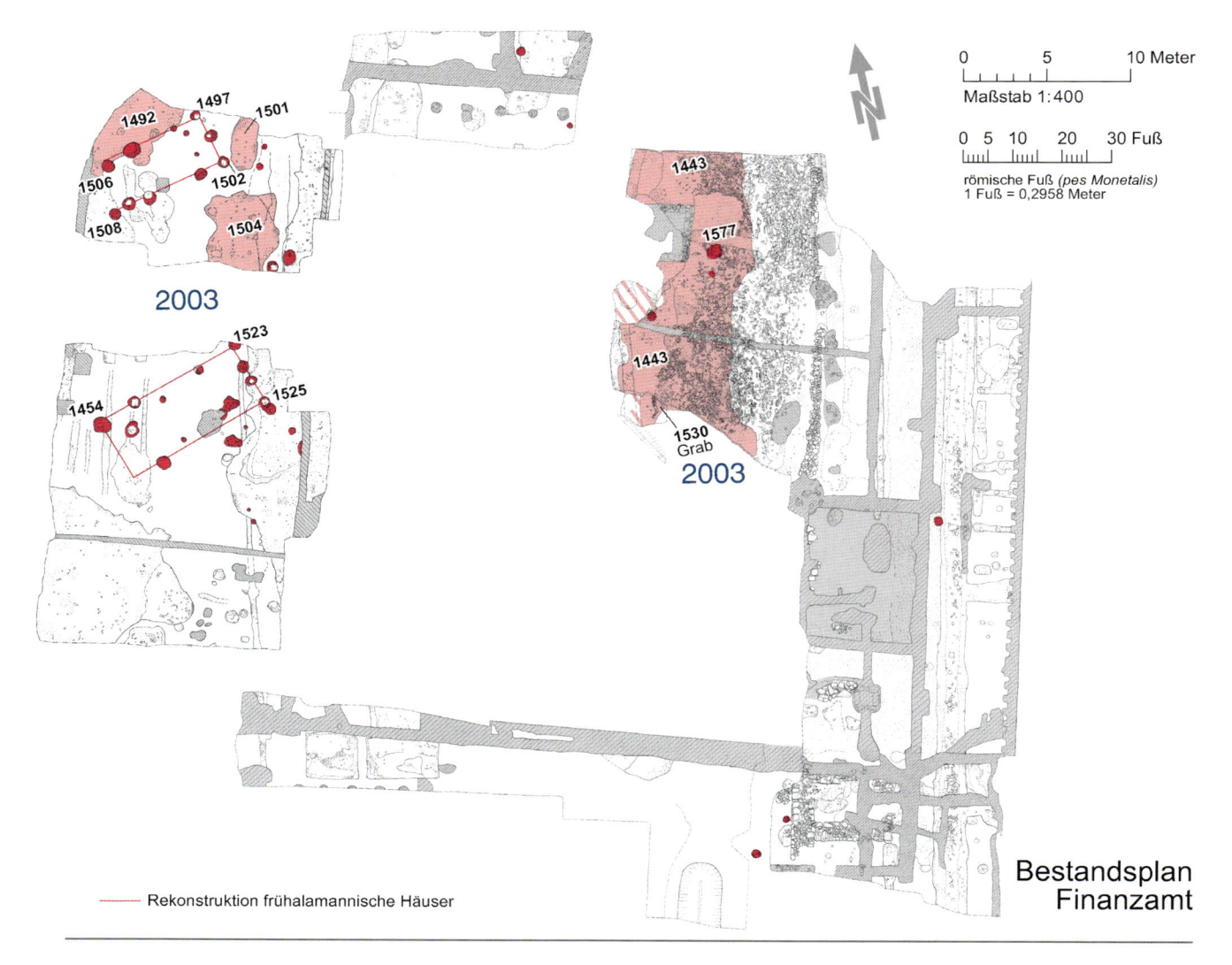

Bestandsplan Finanzamt

Bestandsplan RETENTURA DEXTRA - "ZOH"

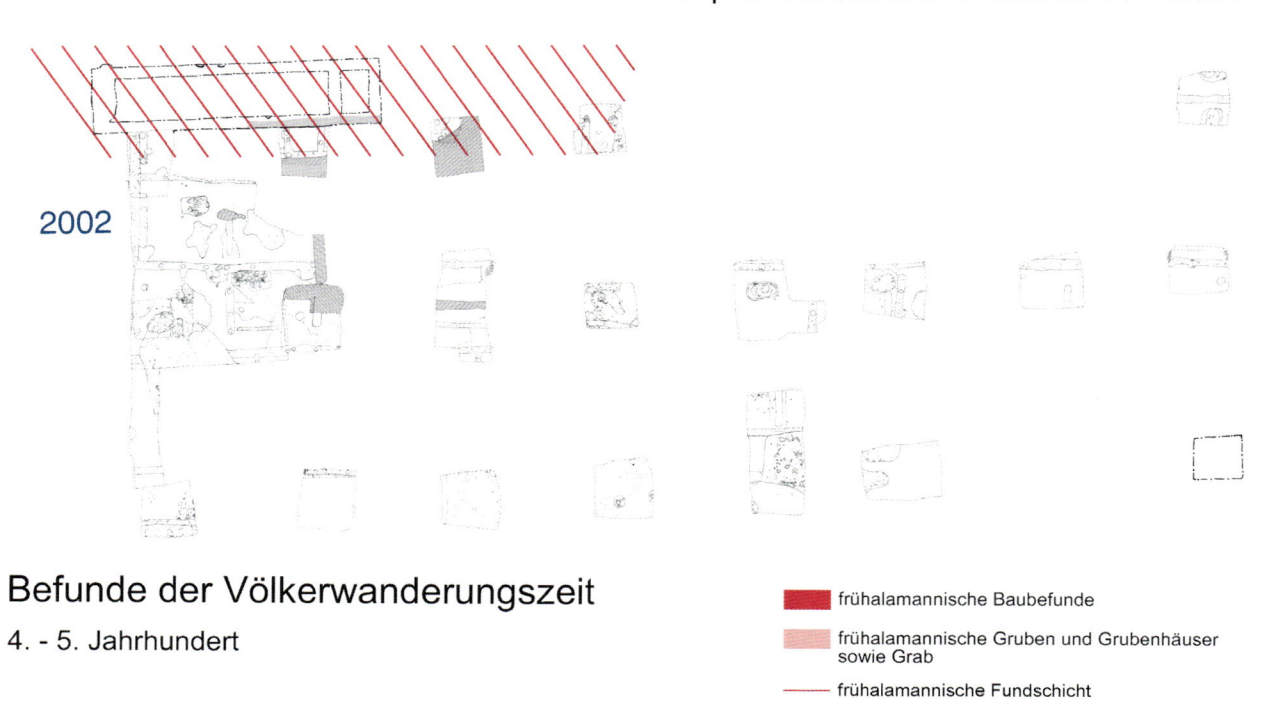

— Rekonstruktion frühalamannische Häuser

Befunde der Völkerwanderungszeit
4. - 5. Jahrhundert

- ■ frühalamannische Baubefunde
- ■ frühalamannische Gruben und Grubenhäuser sowie Grab
- — frühalamannische Fundschicht

Maßstab 1:400

römische Fuß *(pes Monetalis)*
1 Fuß = 0,2958 Meter

Anlage 15 – Befunde der Völkerwanderungszeit, Bereich Finanzamt (oben) und „ZOH" (unten).

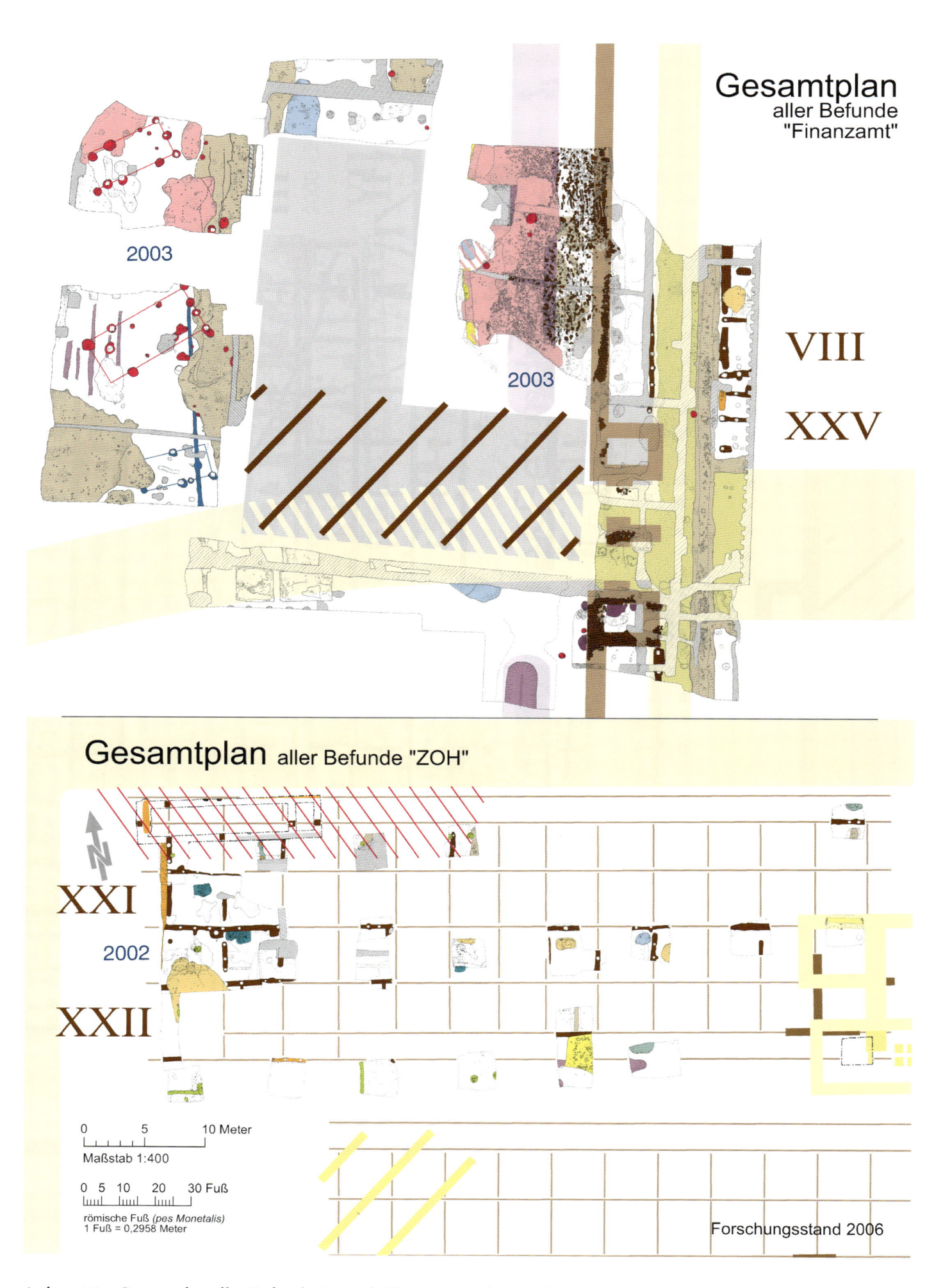

Anlage 17 – Gesamtplan aller Befunde, Bereich Finanzamt (oben) und „ZOH" (unten).

Römisches Reiterkastell
AQUILEIA / Heidenheim

Gesamtplan der römischen Befunde nördlich des Kastells
(unter Berücksichtigung von Rabold/Sölch 1994)

Strukturen des Kastells

- Pfosten Phase 1, Anfang 2. Jahrhundert
- Gruben Phase 1, Anfang 2. Jahrhundert
- Kastellgraben gesichert/rekonstruiert Phase 1 - 3
- Straße gesichert/vermutet
- campus gesichert
- Kastellmauer gesichert/rekonstruiert
- Baracken und Steinbauten Phase 2, Grabung 1966
- Baracken Phase 2, Grabung 2000/03
- Rekonstruktion Baracken Phase 2
- Gruben Phase 2 - 3
- Fund- und Befundstelle außerhalb der gesicherten Bebauung

Vergrößerter Ausschnitt 1:400 der Abfallgruben vor der Nordumwehrung

Maßstab 1:1000

römische Fuß (pes Monetalis)
1 Fuß = 0,2958 Meter

Forschungsstand 2006

Anlage 19 – Gesamtplan der römischen Befunde nördlich des Kastells (unter Berücksichtigung von Rabold/Sölch 1994).

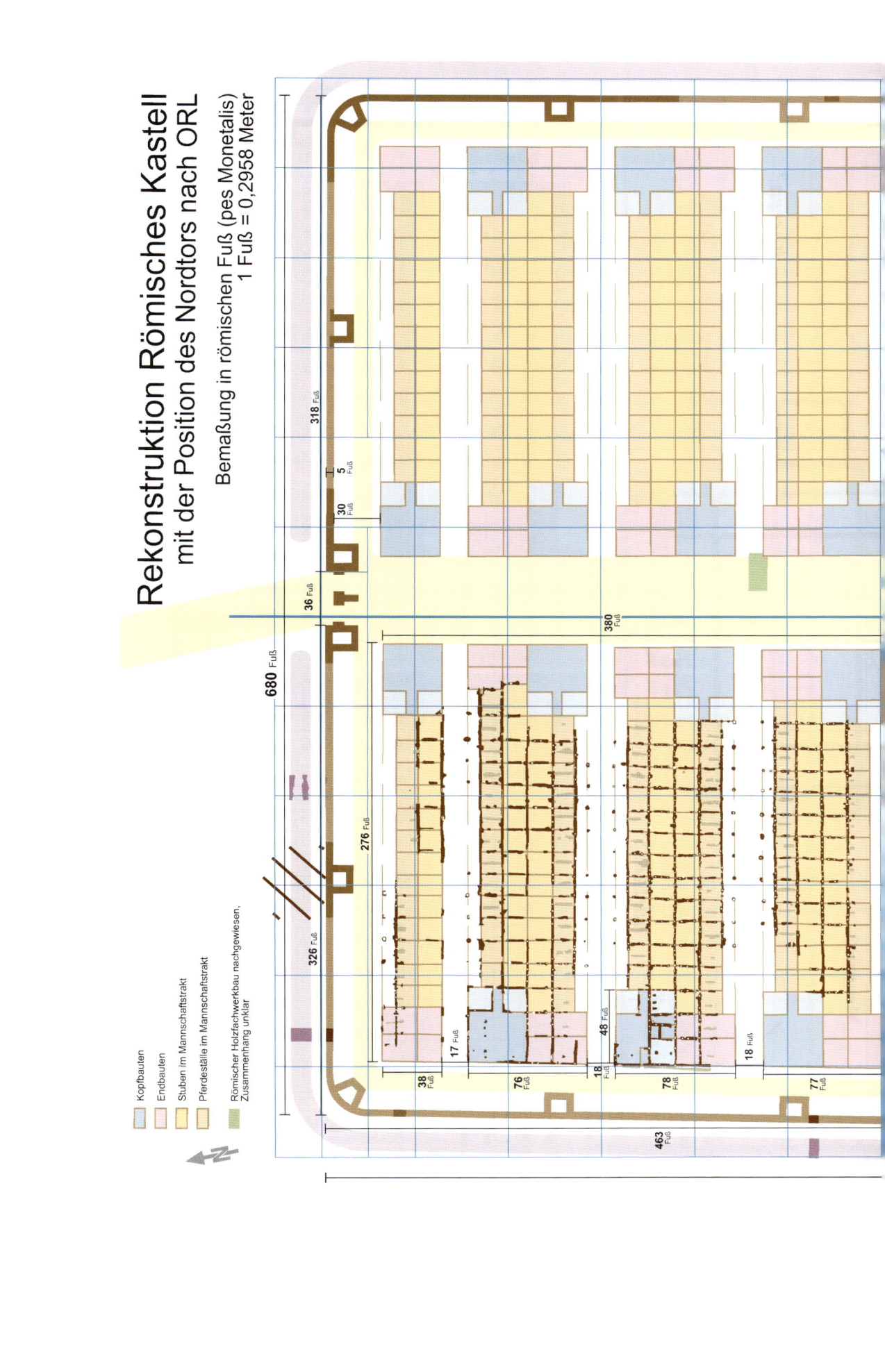

Rekonstruktion Römisches Kastell
mit der Position des Nordtors nach ORL

Bemaßung in römischen Fuß (pes Monetalis)
1 Fuß = 0,2958 Meter

Legende:
- Kopfbauten
- Endbauten
- Stuben im Mannschaftstrakt
- Pferdeställe im Mannschaftstrakt
- Römischer Holzfachwerkbau nachgewiesen, Zusammenhang unklar

Anlage 20.2 – Rekonstruktion des Kastells mit der Position des Nordtors nach ORL, Maße in römischen Fuß (*pes Monetalis*; 1 Fuß = 0,2958 m).

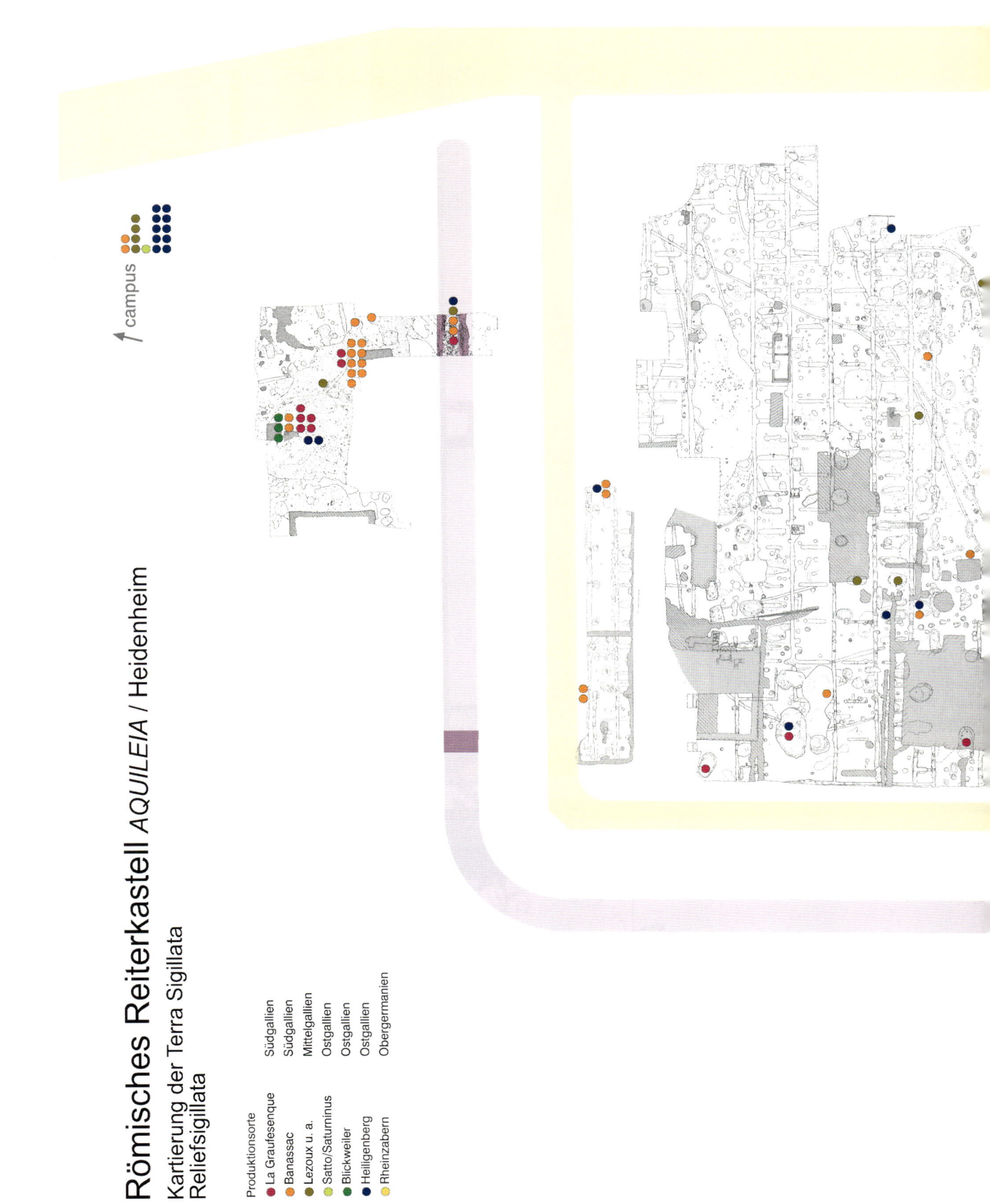

Römisches Reiterkastell AQUILEIA / Heidenheim

Kartierung der Terra Sigillata
Reliefsigillata

Produktionsorte

- La Graufesenque — Südgallien
- Banassac — Südgallien
- Lezoux u. a. — Mittelgallien
- Satto/Saturninus — Ostgallien
- Blickweiler — Ostgallien
- Heiligenberg — Ostgallien
- Rheinzabern — Obergermanien

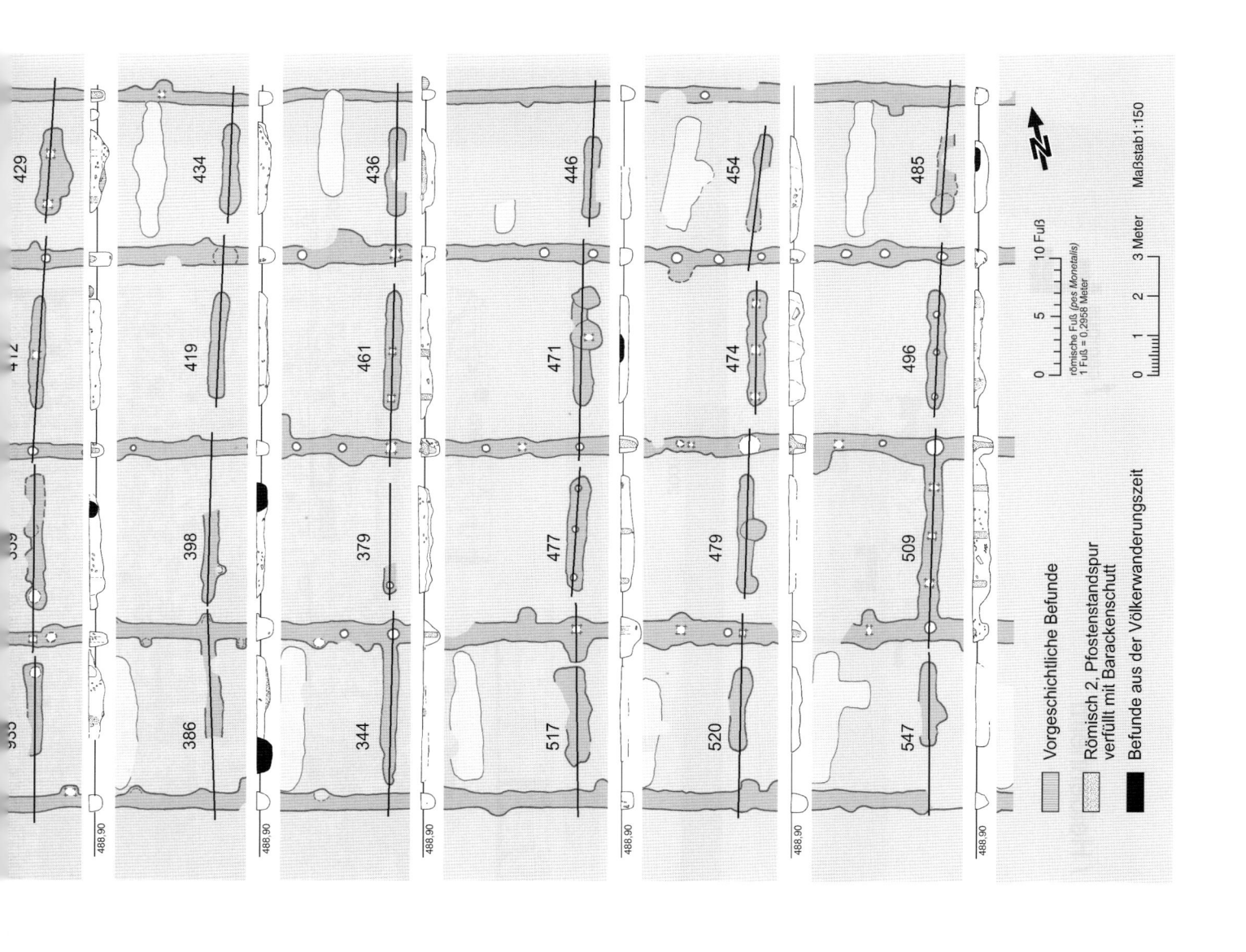

Anlage 24 – Profilschnitte durch die Pfostengräbchen im Mannschaftstrakt der Baracke IV/V, Phase 2.

VERÖFFENTLICHUNGEN DES
LANDESAMTES FÜR DENKMALPFLEGE BADEN-WÜRTTEMBERG
Archäologische Denkmalpflege

FORSCHUNGEN UND BERICHTE ZUR VOR- UND FRÜHGESCHICHTE IN BADEN-WÜRTTEMBERG
Kommissionsverlag Konrad Theiss Verlag Stuttgart

Bände 1–2 und 3/2–35	vergriffen
Band 36–55	auf Anfrage beim Verlag.
Band 3/1	Robert Koch, Das Erdwerk der Michelsberger Kultur auf dem Hetzenberg bei Heilbronn-Neckargartach (2005).
Band 56	Susanne Buchta-Hohm, Das alamannische Gräberfeld von Donaueschingen (Schwarzwald-Baar-Kreis) (1996).
Band 57	Gabriele Seitz, Rainau-Buch I. Steinbauten im römischen Kastellvicus von Rainau-Buch (1999).
Band 58	Das jungsteinzeitliche Dorf Ehrenstein (Gemeinde Blaustein, Alb-Donau-Kreis). Ausgrabung 1960. Teil III: Die Funde (1997).
Band 59	Rainer Wiegels, LOPODVNVM II. Inschriften und Kulturdenkmäler aus dem römischen Ladenburg am Neckar (2000).
Band 60	Ursula Koch, Das alamannisch-fränkische Gräberfeld bei Pleidelsheim (2001).
Band 61	Eberhard Wagner, Cannstatt I. Großwildjäger im Travertingebiet (1995).
Band 62	Martin Luik, Köngen-Grinario I. Topographie, Fundstellenverzeichnis, ausgewählte Fundgruppen (1996).
Band 63	Günther Wieland, Die Spätlatènezeit in Württemberg. Forschungen zur jüngeren Latènezeit zwischen Schwarzwald und Nördlinger Ries (1996).
Band 64	Dirk Krausse, Hochdorf III. Das Trink- und Speiseservice aus dem späthallstattzeitlichen Fürstengrab von Eberdingen-Hochdorf (Kr. Ludwigsburg). Mit Beiträgen von Gerhard Längerer (1996).
Band 65	Karin Heiligmann-Batsch, Der römische Gutshof bei Büßlingen, Kr. Konstanz. Ein Beitrag zur Siedlungsgeschichte des Hegaus (1997).
Band 66	Hanns Dietrich, Die hallstattzeitlichen Grabfunde aus den Seewiesen von Heidenheim-Schnaitheim (1998).
Band 67	Wolfgang Brestrich, Die mittel- und spätbronzezeitlichen Grabfunde auf der Nordstadtterrasse von Singen am Hohentwiel (1998).
Band 68	Siedlungsarchäologie im Alpenvorland V (1998).
Band 69	Gerhard Fingerlin, Dangstetten II. Katalog der Funde (Fundstellen 604–1358) (1998).
Band 70	Johanna Banck-Burgess, Hochdorf IV. Die Textilfunde aus dem späthallstattzeitlichen Fürstengrab von Eberdingen-Hochdorf (Kreis Ludwigsburg) und weitere Grabtextilien aus hallstatt- und latènezeitlichen Kulturgruppen (1999).
Band 71	Anita Gaubatz-Sattler, SVMELOCENNA, Geschichte und Topographie des Römischen Rottenburg (1999).
Band 72	Siegfried Kurz, Die Heuneburg-Außensiedlung (2000).
Band 73	Jutta Klug-Treppe, Hallstattzeitliche Höhensiedlungen im Breisgau (2003).
Band 74	Ursula Maier/Richard Vogt, Siedlungsarchäologie im Alpenvorland VI. Botanische und pedologische Untersuchungen zur Ufersiedlung Hornstaad-Hörnle IA (2001).
Band 75	Barbara Sasse, Ein frühmittelalterliches Reihengräberfeld bei Eichstetten am Kaiserstuhl (2001).
Band 76	Reinhard Sölch, Die Topographie des römischen Heidenheim (2001).
Band 77	Gertrud Lenz-Bernhard, LOPODVNVM III, Ladenburg-Ziegelscheuer (Rhein-Neckar-Kreis) – neckarswebische Siedlung und Villa rustica (2002).
Band 78	Claus-Michael Hüssen, Die römische Besiedlung im Umland von Heilbronn (2001).
Band 79	Andrea Neth, Eine Siedlung der frühen Bandkeramik in Gerlingen, Kreis Ludwigsburg (1999).
Band 80	Günther Wieland, Die keltischen Viereckschanzen von Fellbach-Schmiden und Ehningen (1999).
Band 81	Veit Dresely, Schnurkeramik und Schnurkeramiker im Taubertal (2004).
Band 82	Martin Luik, Köngen-Grinario II. Historisch-Archäologische Auswertung (2004)
Band 83	Gebhard Bieg, Hochdorf V. Der Bronzekessel aus dem späthallstattzeitlichen Fürstengrab von Eberdingen-Hochdorf (Kr. Ludwigsburg) (2002).
Band 84	Dieter Quast, Die frühalamannische und merowingerzeitliche Besiedlung im Umland des Runden Berges bei Urach. Mit Beiträgen von Wilhelm Tegel und Klaus Düwel (2006).
Band 85	Joachim Köninger, Siedlungsarchäologie im Alpenvorland VIII. Die frühbronzezeitlichen Ufersiedlungen von Bodman-Schachen I. Mit einem Beitrag von Kai-Steffen Frank (2006).
Band 86	Abbau und Verhüttung von Eisenerzen im Vorland der mittleren Schwäbischen Alb (2003).
Band 87	Siegfried Kurz/Siegwalt Schiek, Bestattungsplätze im Umfeld der Heuneburg (2002).
Band 88	Claus-Joachim Kind, Das Mesolithikum in der Talaue des Neckars. Die Fundstellen von Rottenburg Siebenlinden 1 und 3 (2003).
Band 89	Julia Katharina Koch, HOCHDORF VI. Der Wagen und das Pferdegeschirr (2006).
Band 90	Jutta Hoffstadt, Siedlungsarchäologie im Alpenvorland VII. Die Untersuchung der Silexartefakte aus der Ufersiedlung Hornstaad-Hörnle IA (2005).
Band 91	Thomas Schmidts, LOPODVNVM IV. Die Kleinfunde aus den römischen Häusern an der Kellerei in Ladenburg (2004).
Band 92	Forschungen zur keltischen Eisenerzverhüttung in Südwestdeutschland (2005).
Band 93	Regina Franke, ARAE FLAVIAE V. Die Kastelle I und II von Arae Flaviae/Rottweil und die römische Okkupation des oberen Neckargebietes (2003).
Band 94	Ernst und Susanna Künzl, Das römische Prunkportal von Ladenburg. Mit Beiträgen von Bernmark Heumekes (2003).
Band 95	Klaus Kortüm/Johannes Lauber, Wahlheim I. Das Kastell II und die nachfolgende Besiedlung (2004).
Band 96	Egon Gersbach, Die Heuneburg, eine Wehrsiedlung/Burg der Bronze- und frühen Urnenfelderzeit und ihre Stellung im Siedlungsgefüge an der oberen Donau. Mit einem Beitrag von Jutta Precht (2006).
Band 97	Peter Knötzele, Zur Topographie des römischen Stettfeld (Landkreis Karlsruhe). Grabungen 1974–1987. Mit einem Beitrag von Gerwulf Schneider (2006).
Band 98	Siedlungsarchäologie im Alpenvorland IX (2006).
Band 99	Kristine Schatz, Cannstatt II. Die Sauerwasserkalke vom Stuttgarter Neckartal und das altpaläolithische Fundlager „Bunker" (2007).
Band 101	Frühe Zentralisierungs- und Urbanisierungsprozesse. Zur Genese und Entwicklung frühkeltischer Fürstensitze und ihres territorialen Umlandes. Kolloquium des DFG-Schwerpunktprogramms 1171 in Blaubeuren, 9.–11. Oktober 2006 (2009).
Band 102	Ingo Stork, Die spätkeltische Siedlung von Breisach-Hochstetten (2007).
Band 103	Katrin Roth-Rubi, Dangstetten III: Das Tafelgeschirr aus dem Militärlager von Dangstetten (2007).
Band 104	Sebastian Gairhos, Stadtmauer und Tempelbezirk von SVMELOCENNA. Die Ausgrabungen 1995–99 in Rottenburg am Neckar, Flur „Am Burggraben" (2008).
Band 105	Siegfried Kurz, Untersuchungen zur Entstehung der Heuneburg in der späten Hallstattzeit (2008).